マレーシア語辞典

KAMUS BAHASA MALAYSIA-JEPUN

Disusun oleh

ONOZAWA Jun

HONDA Chizue

Diterbitkan oleh

DAIGAKUSYORIN Co. Ltd

Dicetak di Jepun

2007

マレーシア語辞典

Kamus Bahasa Malaysia-Jepun

小野沢　純　編著
本田　智津絵

大学書林

まえがき

　この『マレーシア語辞典』は，マレーシア語(＝マレー語)の基本的な語彙を収録し，マレーシア語を初めて学ぶ者から中級クラスを対象にした辞書である．マレーシアの国語である「マレー語」(bahasa Melayu)は，1970年代から多民族国家の国語の立場を強調して「マレーシア語」(bahasa Malaysia)と呼ばれるようになった．もちろんマレー語もマレーシア語もまったく同一の言語を指しており，呼び方の違いだけである．ここではマレーシア語の名称を使う．

　わが国におけるマレー語辞書は戦前・戦中にいくつか出版された．主なものとして次の三冊がある：

- ―平岡潤造・バチー・ビン・ウォンチ『馬来―日本語字典』(南洋協会台湾支部，1927年，880頁)
- ―武富正一・南方調査室監修『馬来語大辞典』(旺文社，1942年，1074頁)
- ―統治学盟『標準馬来語大辞典』(博文館，1943年，1774頁)

　しかし，戦後になるとほとんど出版されていない．小野沢　純編『マレーシア語常用6000語』(大学書林，1991年，459頁)の語彙集があるくらいだ．ただその語彙集も例文がないため，作文や会話表現になると使いにくいとのクレームが学生諸君からあった．そこで，基本的な語彙の実際の使い方が分かるように，語句と例文をできるだけ掲載した辞書をつくろうという目的で仕上がったのが，本辞典である．

　本辞典の特徴は，第一に，基本的な単語については語句・例文を示してその語彙の使い方が提示されている．第二に，熟語や慣用表現をできるだけとりあげ，ときにはフォーマルでない口語的な表現例をも載せるようにした．本辞典は，読解のためだけでなく，実践的な会話表現や作文にも活用することをねらいとしているからである．第三に，日本とマレーシアとの関係が近年ますます緊密になっているところから，マレーシアとのビジネスにかかわる時にマレーシア事情の理解に少しでも役立つ辞典を心掛けた．基本的な時事用語やビジネス用語をできるだけとりあげるとともに，

必要に応じて単語の背景やマレーシアの社会文化的事情をも簡単に説明されている．

なお，マレーシア語(マレー語)とインドネシア語とは同類の言語であるものの，発音のみならず，語彙の使い方などで両者の違いが近年しだいに顕著になっている．本辞典は当然のことながらマレー半島で使われているマレーシア語に限定している．マレーシア語とインドネシア語との比較を逐一明示していないが，インドネシア語を習得した者ならマレーシア語の語義・語釈がインドネシア語のそれと違うことが分かるように整理したつもりである．

例文は，マレーシアで使われている既存のマレーシア語辞書に主に依拠した(例文を引用した出典は「凡例」にリスト・アップ)．その他に，東京外国語大学および拓殖大学国際開発学部で編者が使用してきた教材からも集めた．基本的な社会用語や時事用語の実際の使われ方を会得するために新聞(Utusan Malaysia など)からの例文を補充してある．現代小説，古典作品(主に『スジャラ・マラユ』サマド版)からも例文を採集した．

本辞典の編纂にあたり，Faridah Mohamed 氏(東京外国語大学・拓殖大学講師)および Syed Zainuddin bin Syed Harun 氏(拓殖大学講師)から例文のチェックやその他貴重なアドバイスを得た．また，マレーシア語辞典の出版に強い熱意を示され，編者を長い間辛抱強く支援してくださった大学書林社長佐藤政人氏に深く敬意と謝意を表したい．

1908年に日本で最初の馬来語(マレー語)教育が東京外国語学校(現東京外国語大学)東洋語速成科と東洋協会専門学校(現拓殖大学)研究科でほぼ同時に始められた．それからちょうど100年目になるが，本辞典がこれからのマレーシア語学習とマレーシア地域研究に少しでも役に立てば幸いである．

2007年9月

小野沢　純

凡　　例

1．語　源

マレーシア語は英語やアラビア語，サンスクリット語などからの借用語が多い．本辞典では重要と思われる語彙についてのみ，その語源を見出し語の次に（　）で付記した．英語からの借用語については，元の英語を併記した．

　　（例）　abad　　（Ar）　世紀
　　　　　　agama　（Sk）　宗教
　　　　　　akaun　（英）　account 会計

（語源略字）

（英）	英語	（Jw）	ジャワ語
（Ar）	アラビア語	（Po）	ポルトガル語
（Bl）	オランダ語	（Pr）	ペルシャ語
（Ch）	中国語	（Sk）	サンスクリット語
（Id）	インドネシア語	（Tm）	タミル語
（Jk）	ジャカルタ語		

語源の特定には，*Kamus Dewan, Edisi Ketiga* (DBP, 1994) および Yang KuiYee, Chan Meow Wah, *Kamus Istilah Baru Bahasa Malaysia*, (The World Book Co. (M)Sdn. Bhd., 1990) に依存した．

2．用　語

専門分野および表現法は〔　〕【　】で表示する．

　　〔動〕　　動物
　　〔植〕　　植物
　　〔虫〕　　昆虫
　　〔鳥〕　　鳥類
　　〔魚〕　　魚介類
　　〔食〕　　食物，料理

　　【諺】　　ことわざ
　　【王室】　王室用語
　　【口語】　口語的表現
　　【俗語】　スラング
　　【古典】　古典マレー語
　　【比喩】

3．発音

綴字 e の発音は①[ə]と②[é]の二通りあるが，後者の場合は見出し語の次に（　）で é の表示を付した．表示のないのは全て①[ə]である．

（例）　**perang**　戦争
　　　　perang (pérang)　赤褐色

4．成句・慣用表現

Simpulan bahasa などの熟語や成句，よく使われる慣用表現はイタリック体にする．口語的な会話表現もイタリック体とし，訳語は「　」で示す．

（例）　*apa boleh buat* 仕方がない．
　　　　Jangan cakap *yang bukan-bukan*. 馬鹿げたことを言うな．
　　　　"*Terima kasih, cikgu.*"「先生，ありがとうございます」

5．《　》の解説

訳語の後に，必要に応じて《　》を付けて，語の背景やマレーシアの社会文化的事情を解説する．

6．引用した例文の主な出典

〇辞書
　—Daud Baharum, *Kamus Prima*, Pearson Malaysia, 2005.
　—*Kamus Mega*, Golden Books Centre Sdn. Bhd, 1997.
　—*Collins Headstart Easy Learning Bilingual Dictionary English ～ Malay, Malay ～ English*, Headstart Publishing (M) Sdn. Bhd, 2002.
　—Asmah Haji Omar, *Kamus Ayat*, Eastview Productions Sdn Bhd, 1985.
　—Kelana C. M, Lai Choy, *Kamus Perwira*, Penerbitan Daya Sdn. Bhd, 1998.
　—Mohd. Salleh Daud, *Kamus Komprehensif Federal*, Federal Publications, 1993.
　—*Kamus Dewan, Edisi Keempat*, DBP, 2005.
　—*Kamus Bahasa Melayu Nusantara*, Dewan Bahasa dan Pustaka, Berunei Darussalam, 2003.

〇小説・古典作品
　—Abdul Talib Mohd. Hassan, *Saga*, Utusan Publications & Distributors Sdn. Bhd. 1995.
　—Shahnon Ahmad, *Ranjau Sepanjang Jalan*, DBP, 1966.
　—A. Samad Said, *Salina*, DBP, 1965.
　—Abdullah Hussain, *Kuala Lumpur Kita Punya*, Syarikat Karyawan,

1967.
—Siti Rohayah Atan, *Kasih dan Air Mata*, Percetakan Sdn. Bhd. 1992.
—Mohd. Affandi Hassan, *Pura Bujangga*, DBP, 1990.
—A. Samad Ahmad ed, *Sulalatus Salatin, Sejarah Melayu*, DBP, 1979.
（『スジャラ・マラユ』のサマド版，本辞典で引用頁を付記）
○新聞・その他
—*Utusan Malaysia Online, Berita Harian Online, Bernama Com*.
—Anwar Ridhwan, *Perbualan Asas Bahasa Melayu*, DBP 2004.

7．付録に「日本語—マレーシア語語彙集」
巻末の付録として，よく使われる日本語の単語約1500語をリストアップした．マレーシア語単語の使い方は，本文のマレーシア語見出しを先ず引いてから，例文を参照してほしい．

8．辞形変化の早見表
〈接頭辞 me〜/ pe〜 を付加したときの辞形変化と頭音の組み合わせ〉

辞形変化	1 me〜 pe〜	2 meng〜 peng〜	3 mem〜 pem〜	4 men〜 pen〜	5 meny〜 peny〜
頭音	m n ng ny l r w y	母音 (a, i, u, e, é, o) g h 〈k〉	b 〈p〉 〈f〉	c d j z 〈t〉	〈s〉

A

abad (Ar) 世紀, 100年: *abad ke-21* 21世紀. Melaka ditakluki oleh Portugis pada *abad ke-16*. マラカは16世紀にポルトガルに支配された. *abad emas* 黄金時代, 全盛期. *abad pertengahan* 中世. *abad al-abid* 恒久, 永遠.

berabad-abad 数世紀にわたって: Permusuhan di antara dua buah negera itu berlanjutan *berabad-abad* lamanya. 両国間の対立は数世紀に及ぶ.

abadi (Ar) 永遠の, 永久の, 不滅の: *kasih sayang yang abadi* 永遠の愛情.

mengabadikan 1 永続させる, 恒久化する: Kasih sayangnya terhadap gadis itu tidak dapat *diabadikan*. その少女への愛情は長続きできなかった. 2 ～を永遠に称える, 永遠の記念とする: Sebuah tugu telah dibina untuk *mengabadikan* jasa-jasa orang itu. その方の功績を永遠に称えて塔が建てられた.

terabadi いつまでも残る.

keabadian 永遠, 不滅: *keabadian* kasih sayang seorang ibu. 母親の愛情が変わらないこと.

pengabadian 恒久化, 永久化.

abah I お父さん《子どもが父親を呼ぶときの呼称》, 父＝bapa, ayah: "*Bukankah begitu, abah?*" 「そうじゃないの, お父さん」. Saya panggil ayah saya *abah*. 僕は父をアバと呼びます.

abah II 方向, 目標: *Tak tentu abahnya*. 目標が定まらない.

mengabah (～へ)向かう: Kapal terbang itu *mengabah* ke utara. 飛行機は北へ向かった.

mengabahkan 向かわせる: *mengabahkan* kapal ke pelabuhan 船の進路を港に向ける.

abai 軽視する, 気にかけない, 無頓着な.

mengabaikan 1 軽視する, 気にかけない, 怠る: Perkara itu tidak boleh *diabaikan begitu sahaja*. その事を全く無視するわけにはいかない. Dia *mengabaikan* tugas, kewajipan dan tanggungjawab sebagai guru. 彼は教師としての任務と義務, 責任を怠る. 2 無駄にする: Sayang sekali peluang keemasan itu awak *abaikan*. あの絶好のチャンスを無駄にするなんて残念だ.

terabai 放置・無視される: Ladang yang *terabai* itu telah dipenuhi rumput-rumpai. 放置された畑は雑草におおわれてしまった.

pengabaian 軽視, 怠惰, 不注意.

abaka 〔植〕アバカ (Musa textilis).

abang 1 兄: *Abang* tidur. 兄は寝ている. 2《夫, 恋人あるいは年上の男性に対する砕けた呼び掛け》あなた, お兄さん: "*Abang*, bangunlah sekarang juga." 「あなた, いますぐ起きて」"*Abang*, berapa harga baju ini?"(男性の店員に)「この服はいくらですか?」

ABC [air batu campuran] マレー風かき氷.

Abd. [Abdul] (人名).

abdi (Ar) 奴隷: *abdi negara* 公僕.
　mengabdi ～の奴隷になる.
　mengabdikan 隷属させる.

aberasi (英) aberration 逸脱.

abiliti (英) ability 能力.

ABIM [Angkatan Belia Islam Malaysia] マレーシア・イスラム青年同盟.

abjad (Ar) 文字(字母)の配列順(アルファベットなど): Penyenaraian nama peserta dibuat *mengikut / menurut susunan abjad*. 参加者の名簿はアルファベット順である.
　mengabjadkan アルファベット順に配列する.
　pengabjadan アルファベット表記.

abnormal (英) abnormal 異常な: *keadaan abnormal* 異常な事態.
　keabnormalan 異常.

absen (absén) (英) absent 欠席する.

abstrak (英) abstract 抽象的な: *lukisan abstrak* 抽象画, *seni abstrak* 抽象芸術.
　mengabstrakkan 抽象化する.
　keabstrakan 抽象性.

abu 灰, 粉末: *abu gunung berapi* 火山灰, *tempat abu* 灰皿, *abu rokok* タバコの灰; Jaga supaya *abu rokok* awak tidak jatuh ke atas permaidani. タバコの灰がカーペットの上に落ちないよう気をつけなさい. *Seperti abu di atas tunggal*.【諺】切株の上の灰の如し(地位や立場が不安定なこと). *Sudah jadi abu arang.*【諺】炭の灰になった(壊れて役に立たない). *Terpegang di abu hangat*.【諺】熱い灰を掴んでしまう(出鼻をくじく).
　keabu-abuan 灰色がかった.
　mengabu 灰になる: Kain yang dibakar sudah *mengabu*. 布が燃えて灰になった.
　mengabui 1 灰をかける. 2 = *mengabui mata* 目つぶしをくらわす, (人を)だます: Ada golongan yang cuba *mengabui mata* orang ramai. 大衆をだますグループがいる.

abuh I 騒がしい.

abuh II (Jw) 腫れる.

abuk (=habuk) ごみ, ちり: *abuk-abuk* サゴの実を使った菓子.
　berabuk ちりがたまっている.

abun; *abun-abun* 幻想, 夢想: *Gila di abun-abun.*【諺】不可能なことを夢見る.

abung; *limau abung* 〔植〕ザボン

abur; **mengabur** (金, 財産を)浪費する.
　pengabur 浪費家.

abus 小さな部分, 破片: Beberapa *abus* dari gelas yang pecah itu tersepah di lantai. 壊れたガラスの破片が床に散乱している.

acah; **beracah-acah** ふざける, からかう: Dia *beracah-acah saja*, bukan sungguh-sungguh. 彼はふざけているのであって, 本気ではない.

acak; *acak-acak* 急いで, あわてて.

acang; *acang-acang* 使者, 使節: Raja itu mengutus *acang-acang* baginda ke negeri itu. 王はその国へ使者を派遣した.

acap I = **acap-acap, acapkali** しばしば, 何度も: Dia masih melakukannya, walaupun sudah *acapkali* ditegur. たびたび批判されたのに, まだ彼はそれをやっている.

acap II 1 (畑や家などが)水に浸か

る：Sudah seminggu *acaplah* kampung itu. 村が浸水してもう一週間にもなる. **2** (刃物などが)深々と突き刺さる：Keris itu pun *acaplah*. クリスが深く突き刺さった.

mengacapi 〜を水浸しにする：Hujan *mengacapi* jalan raya. 雨が道路を水浸しにした.

acar 〔食〕アチャール《キュウリ,マンゴーなど野菜,果物のマレー風漬物》.

mengacar アチャールをつくる：Siti *mengacar* sayur-sayuran. シティは野菜の漬物をつくった.

acara I (会議)事項,議題：プログラム,行事,(競技)種目：*acara persidangan* 会議の議題. *juru acara* 司会者. *acara rasmi* 公的行事. *acara sambutan* 歓迎行事. *acara tahunan* 年間行事. *acara sukan* 競技種目. Ada *acara* apa di televisyen? テレビで今何をやっているの？ Apakah *acara* awak pada musim cuti nanti? 今度の休暇にはどんなことを計画しているの？ Desas-desus itu sudah jadi semacam *acara tahunan*. その噂はもう年中行事になってしまったみたい. *acara* keirin lumba basikal Sukan Olimpik オリンピック大会での自転車のケイリン(競輪)種目.

acara II (Jw) = **mengacarakan** 客をもてなす：Emak sedang sibuk *mengacarakan* tetamu di ruang tamu. お母さんは客間でお客さんのもてなしで忙しい.

aci；*tak aci* = tak adil【口語】ずるい, 正当でない：*Tak acilah* kalau awak yang makan dulu. 君が先に食べるなんてずるいよ.

acu I；**mengacu** (液体などを)型にはめて作る, 型に流し込む：*mengacu* agar-agar dalam bekas 寒天を容器に流し込む.

acuan 型, 鋳型：*acuan jongkong* 鋳型. mencurahkan susu getah ke dalam *bekas acuan*. 天然ゴムの樹液(ラテックス)を型に流し込む.

acu II；**mengacu** 武器を振りかざして脅す.

mengacukan **1** (拳や武器を)振り上げる：*mengacukan* tinju 拳を振り上げる. *mengacukan* pistolnya *kepada* kami 私たちに向けてピストルを振りかざす. **2** 計画する, 主催する：*mengacukan* persembahan 催物を計画する.

acuh 気にかける, 注意を払う：*tak acuh akan* nasihat 忠告に耳を貸さない. **acuh tak acuh** 全く関心を示さない, 無頓着な. sikap mereka yang *acuh tak acuh* 彼らの無関心な態度. Dia *acuh tak acuh terhadap* saya. 彼女は僕のことなど眼中にない.

mengacuhkan 気にかける：*tidak mengacuhkan* 気に留めない：*tidak mengacuhkan* nasihat gurunya 先生の忠告を無視する.

acum；**mengacum** そそのかす, 扇動する：Dia cuba *mengacum* Kassim dan kawannya supaya bergaduh. 彼はカシムとその友人がケンカするようそそのかした.

acuman **1** 扇動. **2** 反抗.

pengacum **1** 扇動者. **2** 敵, 交戦相手.

acung；**mengacung** (手を)上にあげる：*mengacung* tangannya bila dipanggil. 呼ばれたら手をあげる.

mengacungkan 突きつける：*mengacungkan senjata* 武器を人に突きつける, *mengacungkan tangan* 手をあげて示す, 手を振りかざす.

ada

ada **1** (物などが)ある, 存在する: *Di atas meja ada buku.* 机の上に本がある. *Pada masa itu, barang ini belum ada.* 当時はその商品はまだなかった. *Ada apa-apa soalan?* 何か質問ありますか? **2** (人や生き物が)居る, 実在する, 生きている: "*Ali, emak awak ada di rumah?*"「アリ, 君のお母さんは家にいますか?」"*Tidak ada.*"「いません」. *Ada seorang murid masih berdiri.* まだ立ったままの生徒がひとりいる. *Ada orang duduk di sini?* ここの席空いてますか. "*Ali takut, ayah.*" "*Ayah ada*, jangan takut."「僕(アリ)こわいよ, お父さん!」「お父さんがいるから, こわがるな」. *Ayahnya masih ada tetapi emaknya sudah meninggal.* 父親はまだ生きているが母親は亡くなった. *Tuhan ada.* 神は存在する. *Mereka menyangka hantu benar-benar ada.* 幽霊は実在すると彼等は思っている. **3** 有る, 持っている: *Awak ada apa? Saya ada basikal.* 君は何があるの? 僕には自転車がある. *Saya tidak ada wang.* 私にはお金がない. *Saya tertarik kepadanya, kerana banyak hal yang tidak ada pada suami saya itu ada padanya.* 私が彼に惹かれた理由は, 夫にはないものが彼にはたくさんあるからだ. "*Saya ada perkara penting sikit nak cakap.*"「君に少し話しておきたい大切なことがあるんだ」. **4** 確かに, 本当に, 間違いなく《次の動詞を強調するはたらき》: *Dia ada datang semalam.* 彼は昨日間違いなく来た. *Kita ada bawa bekalan makanan, bukan?* 本当にお弁当を持ってきたんだろうね? *Ada pegawai itu menandatangani surat itu.* 役人が間違いなく書類にサインした. *Ada sajalah yang akan berlaku.* また同じことが起こるだろう.

ada-ada saja またはじまった. どうしようもない: "*Ali, kenapa kerja sekolah awak tak siap ini?*"「アリ, なぜ宿題が出来てないの」"*Semalam buku teks saya tertinggal di kelas.*"「昨日, 教科書を教室に置き忘れました」"*Awak ini ada-ada sajalah, Ali.*"「またはじまった. どうしようもないね, 君は」

Ada apa? = *Apa hal? / Apa yang telah terjadi?* どうしたの? *Apa ada dia?* 彼に何か起きたというの? "*Ali, panggil saya? Ada apa?*"「アリ, 僕を呼んだ? 何か用か?」"*Ada apa menelefon saya pagi-pagi begini?*"「こんなに朝早く電話してくるなんて何があったの?」

ada kala, ada kalanya 時々: *Ada kalanya dia marah tanpa sebab.* ときどき彼は訳もなく怒る.

ada panggilan telefon 電話です: "*Ada panggilan telefon untuk awak.*"「君への電話です」.

ada yang A ada yang B A もいれば(あれば) B もいる(ある): *Di Zoo Negara ada berbagai jenis haiwan. Ada yang tinggal di dalam sangkar dan ada yang tinggal di dalam kandang.* 国立動物園にはさまざまな種類の動物がいる. 檻の中にいるものおれば, 柵の中にいるのもいる. *Ada sungai yang panjang dan ada sungai yang pendek.* 長い川もあれば, 短い川もある.

yang ada = *sedia ada* 現行の, 現在あるもの: *Peraturan yang ada menetapkan begitu.* 現行の規則はそのように定めている. *Program yang ada tidak baik.* 現在のプログラムは良くない. *Mari kita makan apa*

ada

yang ada. 有り合わせのものを食べよう。"You tak kisahkah makan *apa-apa yang ada*?"「あり合せのものでも構わないですか」。"Saya tidak minta *sediakan ini itu … apa yang ada*, saya makan."「私はあれこれ要求しないし、あるものなら何でも食べます」。Buanglah sikap 'cukup dengan *apa yang ada*' '現状に満足する'態度をやめよう。Pemain pasukan kita memberikan *seluruh apa yang ada pada* mereka. わが国チームの選手たちは今ある力をすべて出し切った。Dasar ketika itu berbeza sama sekali dengan *apa yang ada hari ini*. 当時の政策は今日のものと全く違っていた。Malaysia mendesak masyarakat kewangan antarabangsa mengharamkan sistem urus niaga pertukaran mata wang asing *yang sedia ada*. マレーシアは現行の外国為替取引制を禁止せよと国際金融界に強く迫った。

Adakah 《疑問文の冒頭に付き、やや強意の疑問文になる》: *Adakah* Kuala Lumpur ibu negara Malaysia? クアラルンプールはマレーシアの首都ですか? *Adakah* encik nampak adik saya? 僕の弟を見かけませんでしたか。

adalah 1 すなわちそれは～である《主語と述部を結ぶ強勢語》: Bilik ini *adalah* bilik kuliah kita. この部屋が私たちの教室である。Arahan yang telah kita terima itu *adalah* daripada guru besar. 私たちが受け取った指示は、校長からのものである。2 確かに《論説など強調するための文の冒頭に置いて語調を整えるはたらき》: *Adalah* jelas bahawa ekonomi Malaysia bertumbuh pesat. マレーシア経済が急成長したことは明白である。3 *tidak adalah* そういうことはないでしょう: Saya makan setakat nak rasa sedap, bukan nak makan sampai perut besar. *Itu tidak adalah*. 私はおいしいと感じたところ(腹八分)で食べるのを止め、満腹するまでたべようとは思わない。そこまで食べるということはないでしょう。4【古典】実は、ほかでもない: "*Adalah* hamba mendengar khabar paman konon ada menaruh seorang anak perempuan, amat baik parasnya." (p.25)「実はわしは叔父上にたいそう美しい娘がいるという噂を聞いたのだが」

adanya 《文語の終結語》: *demikian adanya*. そういうわけです、～というしだいです. *Begitulah adanya.* Nampaknya masih tiada perubahan dalam hal ini. そのような次第です。本件はまだ何も変っていないようです。

adapun 【古典】～ところで、～についてだが《題目提示の冒頭語: akan とも結びついて Adapun akan になることが多い》: *Adapun* pelayaran itu sangatlah berbahaya. ところであの航海だが、実に危険だった. *Adapun akan* Raja Kida Hindi itu ada beranak seorang perempuan, terlalu baik parasnya (p.4). キダ・ヒンデイ王には、容姿端麗の娘がいた.

berada 1 居る、滞在する: Suami saya *berada* di Malaysia sekarang. 夫はいまマレーシアにいます. 2 金持ちの、裕福な: Orang *berada* tidak selalunya bahagia. 金持ちは幸せとはかぎらない.

keadaan 状態、情勢: Bagaimana *keadaan* saudara? どうしていますか, 元気ですか? Kanak-kanak yang dilaporkan hilang itu *berada*

adab

dalam keadaan selamat. 行方不明と報じられた子供は無事だった. *keadaan sebenar bandar ini* この都市の実状.

mengada-ada ばかげたことを言う: Jangan *mengada-ada* sepanjang hari, usahakanlah apa yang boleh. ばかげたことを1日中言うな, 出来ることをしなさい.

mengadakan 1 行う, 開催する: *mengadakan* pesta universiti 大学祭を開催する. *mengadakan* kempen キャンペーンを行う. 2 準備する, 都合する: *mengadakan* wang yang diperlukan 必要資金を準備する.

seada-adanya =*apa-apa yang ada* 現在あるものだけ: Makanlah *seada-adanya*. あるものだけを食べなさい.

adab (Ar) 礼儀正しいこと, 丁寧, マナー: *menjaga adab* マナーを守る. *adab tertib* 規律, エチケット. *kurang adab* 非礼な, 礼儀に欠ける. *adab makan* 食事のマナー.

beradab 儀礼正しい, 洗練された.

mengadabi 尊重する, 敬意を表す.

peradaban 文化, 文明: *peradaban Timur* 東洋の文明.

Adam =Nabi Adam アダム.

adang; **adang-adang**, **adangan** 仕切り(壁), 区切り.

mengadang 1 閉鎖する, ふさぐ: *mengadang* jalan itu 道路を封鎖する. 2 待ち伏せする.

mengadangkan 封鎖する, ブロックする: *mengadangkan* jalan itu *dengan* kereta peronda パトカーで道路を封鎖する.

pengadang 閉鎖, 障害(物).

pengadangan 障害のある場所.

adap → hadap.

adat 習慣, 伝統: *adat istiadat* 慣習. *adat resam* 慣例. *kurang adat* 礼儀知らず. *luar adat* 例外. *melanggar adat* 慣習を破る. *tahu adat* 礼儀正しい.

beradat 1 礼儀正しい. 2 慣例的に行う: Tamu itu disambut *dengan beradat*. 慣例(伝統)に従って賓客を迎える.

mengadatkan 慣例とする: Orang di sini *mengadatkan* pengantin lelaki diarak ke rumah pengantin perempuan. ここの人たちは新郎が新婦の家に行列をつくって行進するのを慣例としている.

teradat 習慣となる, 伝統となる: Berjabat tangan apabila berjumpa *sudah teradat* dalam masyarakat Malaysia. 人に会ったとき握手するのがマレーシア社会ではすでに習慣になっている.

adegan (Jw) (劇, 歌劇の)幕, 場面.

adik 1 弟・妹: *adik lelaki* 弟. *adik perempuan* 妹. *adik bongsu* 一番下の弟・妹. *adik kandung* 実の弟・妹. *adik ipar* 義理の弟・妹. 2 あなた《女の恋人・妻および年下への親密な呼びかけ; **dik** と省略》.

beradik 兄弟・姉妹: Saya anak bongsu daripada *tiga beradik*. 僕は三人兄弟の一番下です. Saya *beradik* dua orang. 私には二人の弟がいる.

adik-beradik, **adik kakak** 兄弟・姉妹: *adik-beradik* Wright ライト兄弟. Mereka *bergaduh adik-beradik* dalam pembahagian harta pusaka. 彼等は遺産分配をめぐって兄弟喧嘩した. Ali anak kedua daripada *5 orang adik-beradik*. アリは五人兄弟の二番目. *Berapa (orang) adik-beradik (awak)?* あなたは何人兄弟ですか?《答え方》「私

たちは三人兄弟です」→ *Kami tiga orang.* ＝ *Kami tiga adik-beradik.* ＝ *Adik-beradik saya tiga orang. Saya, Ali dan Siti tiga beradik.* 《三人は話者＝自分を含む. マレーシア語の兄弟の数え方は自分も含める》

adil (Ar) **1** 公平な: Emak *adil* terhadap anak-anaknya. 母は子どもに公平である. **2** 適正な: tuntutan yang *adil* 適正な要求.

mengadili 審理する, 裁く.

mengadilkan 公平に審判する.

keadilan 公平, 正義: Raja memerintah *dengan penuh keadilan.* 王は公平に統治した.

ketidakadilan 不公平.

pengadil 裁判官, 審判員: *pengadil perlawanan bola sepak* サッカー試合のレフェリー.

pengadilan 裁判所, 審判, 判決: *dibawa ke muka pengadilan.* 裁判にかける.

adinda 【王室】弟君, 妹君.

adjektif (adjéktif): *kata adjektif* 形容詞.

administrasi (英) administration 管理, 経営, 行政.

adoi 「痛い!」「ああ!」《痛みや驚きを表す感嘆詞》

adres (adrés) (英) address 住所, 宛名.

adu I; **beradu 1** 競争する, 戦う: *beradu layang-layang* 凧揚げ競争をする. *beradu lidah* 口論する. *beradu nasib* 運を試す. *beradu tenaga* 力比べする. *ayam yang sedang beradu* 闘鶏. **2** 衝突する: Bas itu *beradu* dengan jambatan itu. バスが橋に衝突した.

mengadu 闘わせる, ぶつける: Orang kampung itu suka *mengadu ayam*. 村人は闘鶏が好きだ. *meng-*

adu layang-layang 凧上げ競争をする. *mengadu kepala ke dinding* 頭を壁にぶっつける.

aduan 競争, 賭け: *aduan kuda* 競馬, *ayam aduan* 闘鶏.

pengaduan 闘い(闘鶏, 闘牛など).

peraduan 競争, コンクール: *Peraduan Ratu Cantik* itu telah dibatalkan. 美人コンテストが中止させられた. *peraduan melukis* 絵画コンクール.

adu domba; **mengadu domba, mengadu-dombakan** お互いに対立させる, 仲違いさせる, けしかける→ melaga-lagakan: Mereka cuba *mengadu-dombakan* kaum Cina dan India yang tinggal di kawasan itu. 彼らはその地域に住む華人とインド人をお互いに仲違いさせるようにしかけた.

adu II; **mengadu** 〜に言い付ける, (苦情, 不満を)訴える: Saya pulang *mengadu kepada* ayah. 僕は家に帰って父に言い付けた. Kami akan *mengadu kepada* polis. 警察に訴えますよ. Dia *mengadu kepada* guru *tentang* kehilangan bukunya. 彼は本が紛失したことを先生に訴えた. *mengadu kesejukan* 寒さを訴える. *mengadu sakit perut* 腹痛を訴える.

mengadukan 訴える: (人をおとしめるために)〜を通報する, 密告する: Saya mesti *mengadukan hal ini kepada* pengurus awak. このことをあなたのマネージャーに通報しなければならない. Saya tidak sangka dia akan *mengadukan saya*. 彼が私のことを密告するとは想像もしてなかった.

aduan 訴え, 苦情, 告訴: *membuat aduan* 告訴する. Tindakan serta merta sedang diambil terhadap

adu

aduan yang diterima. 受け取った苦情に対してただちに対策を講じております.

pengaduan 訴えること: *Pengaduan* boleh dibuat di mana-mana balai polis. どこの警察署にでもレポートする(訴える)ことができる.

adu III【王室】; beradu （王が)眠る《*tidur* の王室用語》: Baginda pun *beradulah*. 王様は御休みになられた.

peraduan 宮廷の寝室.

aduh「ああっ!」《痛みや驚きを表す感嘆詞》*"Aduh, sakitnya!*"「ああっ, 痛いよう!」

mengaduh, mengaduh-aduh （苦痛などで)泣き叫ぶ.

aduk; mengaduk かき混ぜる.

mengaduk-aduk （衣類や本, 机の中を)搔き回す.

adukan 混合物.

teraduk-aduk 無秩序, 混乱した.

adun I; mengadun 粉と水を混ぜてこねる: Emak hendak membuat roti canai. Dia membubuh air dan garam ke dalam tepung dan *mengadunnya*. 母はロティ・チャナイを作ろうとして, 水と塩を小麦粉の中に混ぜて練った.

adunan パンなどの生地, 練り粉.

adun II 綺麗な.

beradun 化粧する.

mengadunkan 飾る, 着飾る.

adunan 飾り.

ADUN [Ahli Dewan Undangan Negeri] 州議会議員.

advans (英) advance 前払い金.

aerobik (aërobik) (英) aerobics エアロビクス.

afidavit (英) affidavit 宣誓供述書.

Afrika アフリカ: *Afrika Selatan* 南アフリカ.

agak かなり, やや: Hari sudah *agak jauh malam*. Saya harus pergi. もうかなり夜遅いので, 帰らねばなりません. Itu *agak mahal sedikit*. それは値段がやや高い.

agak-agak, agaknya おそらく, もしかして: *Agak-agak* hari ini hujan. おそらく今日は雨でしょう. *Agaknya* dia telah jatuh sakit. もしかしたら彼は病気になったのかもしれない.

beragak, beragak-agak ためらう.

mengagak 推測する, 思う: Saya *agak* dia tidak datang hari ini. 彼は今日来ないと思う. *Agak* saya dia sudah pulang. 彼はもう帰ったと思う. Di situ ada ramai orang yang sukar *diagak* rakyat negara mana. どこの国から来た人か推測するのが難しいほどたくさんの人々がいた.

mengagak-agak 見当をつける, 憶測する: *mengagak-agak* makna perkataan itu その単語の意味をあれこれ憶測する.

teragak, teragak-agak ためらう, 躊躇する: Dia *teragak-agak* sama ada hendak pergi atau tidak. 彼は行くべきかどうかためらった. Saya *tidak akan teragak-agak untuk* mematuhi arahan. 命令にはためらうことなく従います. Kerajaan *tidak teragak-agak* mengambil tindakan tegas terhadap sesiapa yang ～ 政府は, ～した者に対しては躊躇せず厳しく取り締まる.

agama (Sk) 宗教《*agama* だけでイスラム教を意味する場合が多い》: *agama Buddha* 仏教. *agama Hindu* ヒンドゥ教. *agama Islam* イスラム教. *agama Kristian* キリスト教.

beragama 宗教を信仰する, 信心深い: *beragama Islam* イスラムを信仰

する, イスラム教徒である.

mengagamakan 宗教的とみなす.

keagamaan 宗教的.

agar 〜するように, できるように=supaya : Dia makan ubat *agar* sakitnya lekas baik. 彼は病気が早く直るように薬を飲んだ. Belajarlah rajin-rajin *agar* lulus. 合格するように一生懸命に勉強しなさい.

agar-agar ゼリー, 寒天.

agenda (agénda) (英) agenda 議題, 議事日程. 政治的討論事項.

agensi (agénsi) (英) agency 代理店 : *agensi hartanah* 不動産代理店. *agensi insurans* 保険代理店.

agih =bahagi 分ける, 分配する.

beragih 資産を分配する.

mengagih, mengagihi, mengagihkan 分ける, 分配する.

penagihan 分配, 分け前.

Agong 〔Yang di-Pertuan Agong の短縮〕マレーシア国王《国王は9人のスルタンから互選され, 任期が5年》.

agresif (agrésif) (英) aggressive 攻撃的な, けんか腰の.

keagresifan 攻撃的.

pengagresif 侵略者, 攻撃者.

agrokimia 農薬.

agung 1 最大の, 偉大な : *balai agung* 大会堂. *balairung agung* 公式謁見の間. *seniman agung* 偉大な芸術家. *tiang agung* 大しょう《帆柱のひとつ》. 2 全員を対象にした総会 : *Mesyuarat Agung UMNO* UMNO(統一マレー人民団結組織)党総会. *persidangan agung* 総会・全体会議.

mengagungkan, memperagungkan 称賛する, 褒め称える : sangat *mengagungkan* pemimpinnya 指導者を褒め称える.

mengagung-agungkan 繰り返し称賛する.

keagungan 偉大, 高貴, 栄光.

Ahad (Ar) 1 日曜日 (=hari Ahad) : Hari ini *hari Ahad*. Esok hari Isnin. 今日は日曜日. 明日は月曜日. 2 (数字の)1 : *Allahu Ahad*. アッラーの神は唯一なり. 3 1週間.

ahli I 1 組織(団体)の一員, メンバー : *ahli rumah* 家族. *ahli jawatankuasa* 委員会委員. *ahli parlimen*=wakil rakyat 国会議員. Saya menjadi *ahli persatuan itu*. 私はその協会のメンバーになった. 2 (Id) 専門家, 達人→ **pakar** : *ahli bahasa* 言語学者. *ahli politik* 政治家. *ahli sains* 科学者.

keahlian 会員, メンバーシップ : *Keahliannya* dalam kelab itu telah digantung selama dua tahun. 彼はそのクラブの会員資格を2年間停止された.

ahli II ; **ahlil, ahlu, ahlul** 親戚.

aib (Ar) 1 恥, 不名誉 : *memberi aib kepada* 〜に恥をかかせる. *merasa aib* 恥をかく. 2 間違い : Jika saya ada *aib*, harap maafkan. もし私に間違いがあったら, 許してください.

mengaibkan 〜に恥をかかす, 名誉を汚す : Perbuatan itu sangat *mengaibkan* nama keluarganya. その行為は彼の家族の名誉を汚した.

keaiban 恥, 不名誉.

Aidilfitri (Hari Raya Aidilfitri) イスラム教の断食明け初日の祝日 (Hari Raya Puasa ともいう).

air 1 水. 2 飲み物, ジュース : *air bah* 洪水. *air batu* 氷. *air bawah tanah* 地下水. *air belanda* 清涼飲料. *air besar* 大便. *air buah* ジュース. *air kecil* 小便, 尿. *air lautan* 海水. *air liur* よだれ ; Makanan ini kelihatan sedap, meleleh *air liur saya*. この食べ物は美味しそうに見えるので, よだれが垂れた. *air mandi*. a マンディー用水. b 日常茶飯事. *air mani* 精液. *air masak* お湯. *air mata* 涙. *air kopi* コーヒー. *air mati* a 溜まり水. b 沸騰したあとで冷やした水. *air mineral*, *air galian* ミネラルウォーター. *air mentah* 生水. *air minum* 飲料水. *air muka* 表情. *air paip* 水道水. *air pancut* 噴水. *air pasang* 満潮. *air perigi* 井戸水. *air sungai* 川水. *air surut* 干潮. *air sembahyang* 礼拝用の水. *air tangan* (人の)力量; *Air tangan kita itu akan mempengaruhi yang kita masak*. 料理の良さをきめるのは料理人の腕次第だ. *air tawar* 淡水. *air teh* お茶. *air terjun* 滝. *air wangi* 香水. *Air dah sampai dekat hidung, baru nak belajar kuat-kuat*. 切羽詰ってから(いよいよとなってから), はじめて真剣に勉強する. *Ada air, adalah ikan*. 【諺】水の在るところには必ず魚がいる(人間至る所に青山あり).

berair 水がある: *Dia menangis. Matanya berair*. 彼女は泣いたので, 目に涙がたまっていた.

mengairi 灌漑する, ～に水を注ぐ: *Ampangan Muda mengairi sawah-sawah di sekitarnya*. ムダ・ダムは周辺の水田に灌漑する.

pengairan 灌漑.

perairan 領海: *di perairan Malaysia* マレーシア領海で.

keairan 水にぬれる, 洪水になる: *Rumahnya keairan*. 家が浸水した.

ais (英) ice 氷(=*air batu*): *ais kering* ドライアイス.

aiskrim (英) ice-cream アイスクリーム: *aiskrim batang* アイスキャ

ンディ.

ajaib (Ar) 奇妙な, 不思議な: *suatu kejadian yang sungguh ajaib*. 実に奇妙な出来事.

keajaiban 奇妙, 不思議, 奇跡: *tujuh keajaiban dunia* 世界の七不思議. *Jangan mengharapkan keajaiban*. 奇跡を望むな.

mengajaibkan 驚かす, びっくりさせる.

ajak 誘い: *ajak-ajak ayam* 口先だけの本気でない誘い; *Dia ajak saya minum kopi. Saya tidak mahu sebab saya tahu dia hanya ajak-ajak ayam*. 彼は私をコーヒーに誘ったが, 私は口先だけの誘いであるのを知っていたので, 断った.

mengajak 1 誘う, 招待する: "*Saya nak mengajak awak makan malam*."「僕は君を夕食に誘いたい.」"*Boleh, awak nak mengajak siapa lagi?*"「いいわよ, 他に誰か誘うの?」*Ajak Ali ke rumah*. アリを家に来るよう誘いなさい. 2 勧める: *Yang di-Pertuan Agong mengajak umat Islam mengikis sikap itu*. 国王はイスラム教徒にそのような態度を払拭するよう勧めた. *Toh Penghulu mengajak penduduk-penduduk bergotong-royong*. 区長さんは住民に相互扶助するよう勧めた.

ajakan 招待, 誘い, 説得: *Kawan-kawannya menerima ajakan Ali*. 友人はアリの誘いを受け入れた.

ajal (Ar) 寿命, 臨終: *menemui ajal, menanti ajalnya, menghadapi ajalnya* 臨終を迎える.

ajar 教える: *tunjuk ajar* アドバイス. *kurang ajar* 無作法な, 失礼な.

ajaran 1 教え, 教義: *mengikut ajaran ibu bapa dan guru*. 両親と先生の教えに従う. 2 罰: *mendapat*

aju

ajaran daripada polis. 警察から罰を受ける.

belajar 勉強する, 習う: *belajar keras, belajar bersungguh-sungguh* 一生懸命に勉強する. Saya *belajar* bahasa Malaysia. 私はマレーシア語を勉強しています. Kami *belajar* bahasa Malaysia *dengan* Cikgu Faridah. 私たちはファリダ先生からマレーシア語を学んでいます. *belajar daripada pengalaman lalu* 過去の経験から(教訓として)学ぶ. *belajar lagi* bahasa Inggeris 英語をブラッシュアップする. *belajar sendiri* bahasa Latin ラテン語を独学する. *keluar negeri untuk belajar* 留学する.

berpelajaran 教育を受けた: Orang yang *berpelajaran* tidak akan berkelakuan begitu. 教育を受けた者ならそのような振る舞いを決してしない.

mempelajari 〜を完全に習得する, 〜を研究する: Saya hendak *mempelajari* dasar pembangunan Malaysia. 私はマレーシアの開発政策について研究したい.

mengajar 1 教える: Cikgu Faridah *mengajar* murid-muridnya Bahasa Malaysia. ファリダ先生は生徒にマレーシア語を教えています. 2 叱る, 罰を与える: Ayah *mengajar* adik yang nakal itu. 父はいたずらな弟を叱った.

mengajari 〜に教える: Dia *mengajari* murid-murid tahun 4. 彼は4年生を教えている.

mengajarkan 〜を教えている: Dia *mengajarkan* mata pelajaran Bahasa Inggeris. 彼は英語の科目を教えている.

pelajar 生徒, 学生《小学生から大学生までを対象にして使われる》: Saya pelajar universiti dari Jepun. 僕は日本から来た大学生です.

pelajaran 1 学課, レッスン, 勉強: *mata pelajaran* 科目. 2 教育: *sistem pelajaran* 教育制度. *Kementerian Pelajaran* 文部省《*Kementerian Pendidikan* と呼んだ時期があった》. 3 (Id) 教訓→ **pengajaran**: Pengalaman pahit itu menjadi satu *pelajaran* bagi diri saya. その苦い経験は私自身にとってひとつの教訓となった.

pembelajaran 勉強の仕方, 学習: pengajaran dan *pembelajaran* Bahasa Malaysia kepada pelajar asing 外国人学生に対するマレーシア語の教授方法と学習方法.

pengajar 教員: *tenaga pengajar tetap* 専任教員.

pengajaran 1 教訓: Peristiwa itu menjadi *pengajaran* bagi mereka. その事件は彼等にとっての教訓になった. 2 教えること, 教え方: *Pengajaran* guru muda itu amat menarik. その若い先生の教え方はとても興味深い.

terpelajar 学識のある, 教育のある.

aju; **mengajukan** (質問を)向ける, 提示する: *mengajukan soalan / pertanyaan kepada* 〜に質問をする; Ali *mengajukan* soalannya *kepada* pengerusi persatuan. アリは協会会長に質問した. Saya hendak *mengajukan* dua pertanyaan *kepada* Prof. Ali. 私は二つの質問をアリ先生にしたい. Dr. Mahathir berkata, beliau sering *diajukan* soalan oleh pemimpin luar tentang bagaimana Malaysia berjaya mengekalkan perpaduan kaum itu. マハティールさんが言うには, マレーシアはどのようにして種族統合を維持するのに成

功したのかと外国の指導者からいつも質問されたという.

ajuk I; **mengajuk** 物真似する, からかう: Burung tiung dapat *mengajuk* cakap manusia. 九官鳥は人間がしゃべるのを真似することができる. Budak nakal itu *mengajuk* orang tua itu berjalan. いたずらっ子はその老人の歩く真似をしてからかった.
ajukan 物真似.

ajuk II; **mengajuk** 計る, 見込む.
ajukan 予測.

akad (Ar) 契約, 約束: *akad nikah* (イスラム教に基づいた)契りを結ぶ儀式, 婚姻の手続き.
berakad 契約に署名する.

akademi (akadémi) (英) academy 学園, 学院; (大学内の)研究センター: *Akademi Tentera Laut* 海軍兵学校.

akal (Ar) **1** 理性, 知力: *akal budi* 理性. *kurang akal* 理性を欠く. *akal fikiran* 常識: *Gunakanlah akal fikiranmu*. もっと常識をわきまえよ. **2** 工夫, 方法: *cari akal* 方法を模索する. *menjalankan bermacam-macam akal* さまざまな工夫をする. "*Saya ada akal*."「良い考えを思いついたぞ」. **3** ごまかし, 策略: *Itu akalnya sahaja.* それはごまかしにきまっている. *Sang Kancil menggunakan akal untuk memerangkap Sang Belang.* 子鹿さんは虎さんを捕まえるために策略を使った.
hilang akal 途方にくれる.
tak masuk akal とんでもない・道理に合わない: *Tak masuk akal awak pergi kerja kalau masih sakit.* まだ病気が直っていないのに仕事に行くなんてとんでもない. *panjang akal, banyak akal* アイディアが豊富な; Dr. Mahathir *panjang akal*. マハティール氏はアイディア・マンだ.
berakal 聡明な, 知性のある: *orang yang berakal* 聡明な人.
mengakali (人を)だます: *Jangan mengakali saya.* 私をだますな.

akan **1** 〜だろう, 〜するつもりだ: Dia *akan* datang esok. 彼は明日来るでしょう. Hari *akan* hujan. 雨が降るでしょう. *Akan* ada hujan. 雨になるだろう. **2** 〜に関して, 〜に対して《補語導入の前置詞の働き》: lupa *akan* ibu bapa 両親のことを忘れる. tidak sedar *akan* diri 覚えていない. takut *akan* gempa bumi 地震を怖がる. **3** 〜については, 〜といえば: *Akan* Raja Sulan itu raja besar sekali. スラン王はといえば, 偉大な王であった.

seakan-akan まるで〜のように: Wajah gadis itu *seakan-akan* wajah kakaknya. 少女の顔つきはまるで姉さんのようだ.

akar 根: *akar rambut* 毛根. *akar umbi* グラス・ルーツ(草の根), 根っこ, 根源; *sokongan rakyat peringkat akar umbi* terhadap BN 国民戦線に対する草の根レベルの国民の支持. *Wang ialah akar semua kejahatan.* お金はすべての悪の根源だ.
berakar **1** 根をはる: *Tengoklah pokok muda ini berakar.* 見てごらん, この若木は根っこを生やした. **2** (物事が)根付く, 定着する: *Rasuah sudah demikian berakar.* 汚職が根付いてしまった.

akaun (英) account 口座: *akaun bank* 銀行口座. *akan bersama* 共同口座. *akaun deposit* 預金口座. *akaun semasa* 当座預金.
perakaunan 会計.

akauntabiliti (英) accountability 説明責任, アカウンタビリティー.

akauntan (英) accountant 会計士.

akbar (Ar) 偉大な: *Allahuakbar*. アッラーは偉大なり.

akhbar (Ar) **1** 日刊, 新聞＝surat khabar: *akhbar harian* 日刊紙. *sidang akhbar* 記者会見. *akhbar lama* 古新聞. **2** ニュース, 報道.

akhir (Ar) 最後, 終わり: *Kereta api yang akhir telah berlalu.* 終電がすでに通った. *Awaklah yang paling akhir tiba.* 最後に到着したのは君だよ. *peringkat akhir Piala Thomas* トーマスカップの決勝戦. *perlawanan akhir* 決勝トーナメント. *pusingan akhir* 決勝リーグ. *separuh akhir* 準決勝. *suku akhir* 準々決勝. *mara ke perlawanan akhir,* / *mengesahkan tiket ke akhir* 決勝に進出する. *akhir sekali* 最後に. *pada akhir pidato* 演説の最後に. *akhir minggu* (Id) 週末→*hujung minggu* 週末.

akhir-akhir ini 最近: *Akhir-akhir ini saya sangat sibuk.* 最近, とても忙しい.

sejak akhir-akhir ini このところ, 最近になってずっと: *Dia sakit sejak akhir-akhir ini.* 彼はこのところ病気している. *Sejak akhir-akhir ini, begitu banyak berita tentang DEB.* このところ新聞ではDEB(新経済政策)についてたくさん論じられるようになった.

pada saat-saat akhir 最後の段階で: *Pada saat-saat akhir ia membatalkan tempahan hotel itu.* 彼はホテルの予約をドタキャンした.

akhir sekali, *akhir kata*, *akhir kata dengan ini* 《スピーチで》最後に: "*Akhir sekali*, saya mohon maaf sekiranya terdapat apa-apa salah dan silap sepanjang saya bekerja di sini."「最後に, ここで働いていた間もし私に何か至らぬことがありましたらどうぞお許し下さるようお詫び申し上げます」.

berakhir 終わった, 完成した: *Mesyuarat telah berakhir.* 会議が終了した. *Drama itu berakhir dengan suasana gembira.* ドラマはハッピーエンドで終わった. *Segala sesuatu akan berakhir.* / *Setiap yang bermula akan berakhir.* 何事にも終わりがある. *berakhirnya Perang Dingin* 冷戦の終結.

mengakhiri 終える: *Perdana Menteri Dr. Mahathir mengakhiri ucapannya secara tiba-tiba dengan menangis.* マハティール首相は突然涙を流して演説を終えた. *Sebagai mengakhiri kata, sekali lagi saya mengucapkan ribuan terima kasih.* 《挨拶》最後にもう一度お礼を申し上げます. *mengakhiri kerjaya diplomatiknya* 外交官人生を終える.

terakhir 最後の: *pilihan terakhir* 一番最後に選ぶもの. *pertandingan terakhir* 決勝戦. *Bilakah kali terakhir awak ke mari?* ここに最後に来たのはいつでしたか？ *Malaysia kali terakhir menjulang Piala Thomas pada 1992.* マレーシアがトーマス杯で優勝した最後の年は1992年. *Kali terakhir Merapi mengalami letupan kuat ialah pada 1994.* ムラピ山が最後に爆発したのは1994年です. *Marilah kita selesaikan masalah ini untuk terakhir kalinya.* 今回を最後にこの問題を解決しよう. "*Yang terakhir saya berterima kasih kepada saudara semua di*

akhirat

atas kerjasama yang saudara berikan."「最後になりましたが、皆様のご協力に対し感謝いたします」.

akhirnya; akhir-akhirnya 結局, 最終的に: Jika awak tidak berbuat apa-apa sekarang, apa akan jadi *akhirnya*? 今何もしないと, しまいにはどうなってしまうだろうか. *Akhirnya* mereka membuat keputusan untuk membantah cadangan itu. ついに彼らはその計画に反対することを決意した.

akhiran 接尾辞.

akhirat (Ar) 死後の世界. (dunia akhirat) *di dunia dan di akhirat* 現世と死後の世界で.

akhlak (Ar) 振る舞い, 道徳, モラル: *pendidikan akhlak* 道徳教育.

berakhlak 道徳的な: *tidak berakhlak* モラルに欠けた.

aki 祖母, 祖父: *Tok aki* 御爺さん.

akibat 結果, 〜の結果《良くない結果の場合が akibat, 良い結果は hasil に使い分けされている》: *menanggung akibat* daripada perbuatan kita sendiri 自分の行為の結果に責任をもつ. Kamu sudah puas berseronok. Sekarang kamu harus *menanggung akibatnya*. 君は充分楽しんだから, 今度はその(良くない)結果の責任を担わねばならない. Kakinya patah *akibat* kemalangan motosikal. バイク事故で足を骨折した. Banyak pokok tumbang *akibat* dipukul ribut malam tadi. 昨夜の強風の結果, たくさんの樹木が倒れた. *Sebagai akibat* kemalangan itu, dia jadi lumpuh. その事故の結果, 彼は身体が麻痺した.

akibatnya 最終的に, 結果的に: Dia melanggar undang-undang. *Akibatnya* dia dipenjarakan. 彼は法を犯した. その結果, 禁固刑に処せられた.

berakibat 〜で終わる: Sikap demikian akan *berakibat buruk terhadap* hubungan kita. そのような態度は私たちの関係に悪い結果をもたらすことになろう.

mengakibatkan 結局〜に終わる, 〜を引き起こす: Hujan yang lebat telah *mengakibatkan* banjir besar di kawasan itu. 大雨はその地域に大規模な洪水を引き起こした.

akidah (Ar) 信仰.

akil-baligh (Ar) 成人・大人になった(イスラム信仰の観点から). Dia sudah *akil-baligh* sekarang. 彼はもう大人に成長した.

akrab 親密な: *kawan akrab* 親しい友人. *akrab dengan* 〜と親密である. Dia *kadang-kadang akrab kadang-kadang dingin*. 彼女はときどき親密になったり, ときどき冷たくなる(気まぐれである).

akrobat アクロバット.

aksen (aksén) (英) accent アクセント.

aksesori (aksésori) (英) accessory アクセサリー.

aksi 格好をつける, 振りをする: *Jangan aksi!* ふざけるな! Dia tidak benar-benar marah, hanya *aksi saja*. 彼は本気で怒っていない, 怒った振りをしているだけ.

beraksi 1 (歌手や俳優が)演技をする, ショーをする(スポーツ選手が)試合をする: Siti sebagai artis Melayu pertama berjaya *beraksi* secara solo di Royal Albert Hall. シティはマレー人のアーティストとして初めてロイヤル・アルバート・ホールの舞台に立って独演した. Kedua-dua pasukan *beraksi* tanpa penonton. 両チームは無観客で試合をした. **2** 格好をつける, 大げさに言う.

akta 法律, 証書: *Akta Keselamatan Dalam Negeri* 国内治安維持法(ISA). *Akta Syarikat* 会社法.

aktif (英) active 活動的な.
　mengaktifkan 活性化する.

aktivis (英) activist 活動家.

aktor (英) actor 男優.

aktres (英) actress 女優.

aku 一人称《目上ではなく, きわめて親しい間柄で用いられる: 僕・俺・あたし》.
　mengaku 自供する, 供述する, 認める: *Lelaki itu mengaku mencuri ayam itu.* その男は鶏を盗んだことを自供した. *Tenggang tidak mahu mengaku mereka sebagai ibu bapanya.* テンガンは彼らが自分の親であることを認めなかった. *mengaku salah, mengaku bersalah* (法廷で)罪を認める. *mengaku tidak bersalah* 無罪を主張する. *mengaku kesilapannya* 過ちを認める. *mengaku kalah* 負けを認める, 負けたとあきらめる.
　mengakui 承認する, (権利を)主張する: *Aminah mengakui dia bersalah.* アミナは自分が罪を犯したことを認めた. *Malaysia belum lagi mengakui negari itu.* マレーシアはまだその国を承認していない. *jururawat diakui* 公認された看護師.
　memperakukan 提案・提議する.
　akuan 承認した, 承認, 証言.
　pengakuan 承認, 証言.

aku janji 確約(実施することを確約した協定): *Terdapat aku janji kerajaan Jepun untuk meningkatkan keupayaan Malaysia termasuk di bidang industri kenderaan.* 日本政府は自動車産業などマレーシアの能力アップを確約している.
　mengaku janji 確約する.

akuakultur (英) aquaculture 魚・海草の養殖.

akuarium (英) aquarium 水槽, 水族館.

akur 同意する, 受け入れる, 従う: *Dia sentiasa akur akan perintah ibu bapanya.* 彼は親の命令につねに従う. *akur dengan* peraturan yang ditetapkan oleh kerajaan 政府が決めた規則に従う.

ala 〜風の, 〜スタイルの: sarapan *ala* Eropah ヨーロッパ風の朝食.

alaf (Ar) 千の, ミレニアム.

alah I 負ける=kalah.
　beralah, mengalah わざと降参する, わざと勝たしてやる: *Dia selalu mengalah apabila adiknya menangis.* 彼は弟が泣きだすと, いつでも弟に勝たしてやる.
　mengalahkan 打ち負かす(本気で): *Pemain badminton kita mengalahkan pemain badminton England.* わが国のバドミントン選手がイギリスの選手に勝った. *Tidak seorang pun dapat mengalahkan Ali dalam ilmu algebra.* 幾何学でアリより優れた者は誰もいない.

alah II; **alahan** アレルギー体質(=alergi): *Saya alah pada sotong.* 私はイカに対してアレルギーになる. *Dia mudah alah.* 彼はすぐアレルギーになる.

alah III (感嘆詞): *alah mak* (びっくりして)あらま!

alam I (Ar) 自然, 自然の力, 大地, 世界: *alam fikiran* 思索の世界(哲学). *alam ghaib* 神秘の世界. *alam haiwan* 動物界. *Alam Melayu (Dunia Melayu)* マレー世界《マレー半島, インドネシアやフィリピンなど

alam

東南アジア海域世界のマレー系民族の全体をいう》. *alam mimpi* 夢の世界. *alam semula jadi* 自然・天然; *keindahan alam semula jadi* 自然の美. *alam sekitar / sekeliling* 環境. *pencemaran alam sekitar* 環境汚染. *alam sekitar manusia* 人間環境. *alam semesta* ユニバース, 全世界. *alam tumbuh-tumbuhan* 植物界. *bencana alam* 自然災害. *fenomena alam* 自然現象. *ilmu alam* 地理学. *kuasa alam* 自然の力. *pemandangan alam* 自然の景色. *memelihara / menjaga alam* 自然を守る. *mesra alam sekitar* 環境に優しい.

kealaman 環境.

alam II; **mengalami** (Ar) 経験する, (怪我や事故, 損害などを)蒙る・受ける: *mengalami* kecederaan ringan 軽傷を負う. *mengalami kesulitan / krisis* 困難・危機に直面する. *mengalami* nasib yang sama 同じ運命に会う. Bangunan itu *mengalami* kerosakan teruk. ビルはひどく破壊された. Saya pernah *mengalami* kemalangan lalu lintas di Pantai Timur. 僕は(マレー半島)東海岸で交通事故を経験した.

pengalaman 経験: *pengalaman yang sukar (untuk) dilupakan* 忘れがたい経験. Kami belajar daripada *pengalaman* pahit. 私たちは苦い経験から学ぶものだ. Saya *mempunyai pengalaman* mengajar bahasa Jepun di Malaysia. 私はマレーシアで日本語を教えた経験がある. Dia *mempunyai banyak pengalaman* sebagai guru. 彼は教員としてたくさんの経験を持っている. Kita sepatutnya belajar dari *pengalaman* lalu. 過去の経験から学ぶべきです.

berpengalaman 経験をつんだ.

alamak 「ああ!あらま〜!」驚いたときに使われる感嘆詞.

alamat 1 住所, 宛先: *Apa alamat awak?* 君の住所はどこですか? *dengan alamat* 〜気付けで; Harap hantar surat *dengan alamat* pejabat saya. 私の事務所気付けで手紙を送ってください. 2 兆候, きざし, しるし: Menurut orang Melayu dahulu kala, jika burung hantu berbunyi di atas bumbung rumah, *alamatnya* tidak baik. 昔のマレー人によると, もしフクロウが家の屋根の上で鳴いていると, それは良くない兆候です. Jika didapati anak gadis sedang mandi atau membasuh, ia *membawa alamat* yang baik. もし娘がマンディや洗濯をしている最中であることがわかったら, それは縁起の良い前兆です《マレーの伝統的慣習として花嫁候補の身辺をひそかに調べに来たときの言伝え》. Guruh dan petir *memberi alamat* bahawa hari akan hujan. 雷と稲妻は雨になるしるしである. *mempercayai alamat daripada mimpi* 夢からの啓示を信じる.

beralamat 1 宛名の書いてある: Surat itu tidak *beralamat* pengirim. その手紙は差出人の住所が書いてない. Rumahnya *beralamat* 301. Jalan Ampang, KL. 彼の住所はクアラルンプール市, アンパン通り 301. 2 兆候がある: Awan gelap biasanya *beralamat* turunnya hujan. 黒い雲はふつう雨が降る前兆である.

mengalamatkan 1 〜宛に送る: *mengalamatkan* surat itu *kepada* guru besar 手紙を校長宛に送る. 2 〜を示す: Bunyi itu *mengalamatkan* bahaya. その音は危機を示している.

alang I → **halang** 横木(桁, 梁), 横(線), 仕切り壁.
mengalang 妨害する.
alangan 障害(物), 妨害.

alang II (大きさが)中くらい, 中程度の: *alang kepalang* 少しだけ, 不十分な.
bukan alang (*kepalangan*) 普通ではない～, 非常に～な: *mengambil masa yang bukan alang* かなりの時間がかかる. *Bantuannya bukan alang kepalangan.* 彼の支援は半端でなかった.
alang-alang, alang-alangkan 気乗りしない, いい加減: *Jangan belajar alang-alangkan sahaja.* いい加減に勉強してはだめ. *usaha yang alang-alang* いい加減な努力. *Wangnya tinggal alang-alang sahaja.* 彼のお金は少ししか残っていない.

alangkah～ どんなに・なんと～ことか《Alangkah+形容詞 nya: 感嘆文をつくるはたらき》: *Alangkah cantiknya rumah ini!* この家はなんと美しいことか!

alas 敷物(下に敷くものの一般をいう), 基礎, 土台: *alas baju* 洋服の裏地. *alas cawan* カップの受け皿＝ソーサー. *alas kaki* 足置きマット(敷物). *alas keputusan* 決定の根拠. *alas meja* テーブルクロス. *alas tiang* (柱の)礎石. *alas rumah* 家の土台. *alas perut* **a** 朝食. **b** お腹にたまるちょっとした食物.
beralas **1** 敷物付き: *Meja itu tidak beralas.* その机にはテーブルクロスがなかった. **2** 根拠のある: *kata-katanya yang tidak beralas* 根拠のない話.
beralaskan **1** ～を敷物にする: *tidur beralaskan daun pisang* バナナの葉っぱを下に敷いて寝る. **2** ～に基礎を置いた.
mengalas, mengalasi ～を基礎にする, ～を土台とする: *Ibu mengalas meja itu dengan sehelai tikar.* 母は机の下にムシロを敷いた. *Sekadar mi segera sudah cukup untuk mengalas perut yang lapar.* 即席めんだけで空腹のときの腹ごしらえに十分だった.
mengalaskan ～を敷く, ～に基づく: *Ibu mengalaskan sehelai tikar di bawah meja itu.* 母はムシロを机の下に敷いた. *mengalaskan kejadian itu pada khabar angin saja.* その事件については噂だけに基づいている.

alasan 根拠, 口実, 言い訳, 理由: *memberi alasan mengapa tidak boleh datang.* 来れなかった理由をいう. *membuat alasan menolak* 断わる口実をつくる. *Itu hanya alasan sahaja.* それは言い訳にすぎない. "*Saya selalu saja sibuk. Saya banyak kerja lain.*" "*Itu cuma alasannya.*" 「私はいつも忙しい, 他にもたくさん仕事がある」「それは言い訳にすぎない」. *Apabila ditanya mengapa mereka tidak hadir kerja, mereka memberi alasan yang tidak boleh diterima seperti terlupa atau tertidur.* 彼らはなぜ出勤しなかったのかと尋ねられると, 忘れていたとか寝過ごしたからなど, およそ受け入れがたい言い訳をする.

alat 設備, 道具, 身体の器官: *alat ganti* スペアパーツ. *alat kawalan jauh* リモート・コントロール. *alat muzik* 楽器. *alat pandu automatik* 自動操縦. *alat pertanian* 農機具. *alat pertolongan cemas* 救急用具. *alat solek* 化粧用具. *alat tukang kayu* 大工道具. *alat tulis* 文房具.

alatan, peralatan 器具, 設備: *peralatan tulis* 筆記用具. *peralatan menyelam* 潜水用具.

mengalati, memperalati 設備を備える, 装備する.

memperalat, memperalatkan 1 〜設備を利用する, 〜を備え付けた. 2 〜を利用する, 道具として使う: *memperalatkan Islam untuk tujuan politiknya* イスラムを政治的目的のために利用する.

album (英) Album アルバム.

alergi アレルギー: *alergi terhadap bawang putih* ニンニクにアレルギー反応を起こす.

algebra (algébra) (英) 幾何学.

alif (Ar) ジャウィ文字の第1字.

alih 移る, 変える: *alih angin* 転地する. *alih bahasa* 翻訳. *alih musim* 季節の交代. *alih rumah* 転居. *telefon mudah alih* 移動電話. *mengambil alih* 引き継ぐ.

beralih 移る, 移動する: *Dia beralih ke Kuala Lumpur.* 彼はクアラルンプールに移った. *Mari kita beralih topik perbualan ke perkara lain.* 話題を変えましょう.

mengalih, mengalihkan 移す, 移動する, 移し変える, 変える: *mengalih tajuk percakapan kepada 〜, / mengalihkan pokok perbualan kepada 〜* 話題を〜に変える. *mengalihkan kerusi itu ke atas pentas* 椅子をステージの上に移動する. *Dia mengalihkan mukanya ke arah tingkap.* 彼女は顔を窓の方へ向けた. *Mari kita mengalihkan perhatian kita ke cadangan baru itu.* 新たな提案に注目しましょう. *mengalih suara* ダビングする; 吹き替える: *Filem telah dialih suara ke dalam bahasa Jepun.* その映画は日本語に吹き替えられた.

peralihan 移り変わり, 交代, 変換機: *Peralihan kuasa itu berjalan lancar.* 政権交代は円滑に行われた. *Program itu sedang dalam masa peralihan.* 計画は移行期にある. *Fesyen rambut wanita berubah menurut peralihan zaman.* 女性の髪型のファッションは時代の移り変わりに伴って変わる. *zaman peralihan* 移行期, 過渡期.

alim (Ar) 宗教(イスラム)上の知識がある, 信心深い, 敬虔な: *Dia orang Islam yang alim.* 彼は敬虔なイスラム教徒だ.

kealiman 敬愛, 善良さ.

alir; mengalir 流れる: *Air sungai mengalir ke laut.* 川の水は海に流れる. *Air mata kebahagiaan mengalir di pipinya.* うれし涙が彼女の頬を流れた.

mengalirkan 流す, 〜を水路をつかって流す: *Mereka cuba mengalirkan air parit yang tersekat itu.* つまった溝の水を流そうとした. *Tolong tunjukkan saya mengalirkan air di bilik mandi.* 風呂場(マンディ室)の水の流し方を教えてください.

aliran 1 流れ: *aliran elektrik* 電流: *terkena aliran elektrik* 感電する. *aliran emas ke luar negeri.* 金の国外流出. 2 意見・思想の傾向, 流派: *aliran zaman* 時代の潮流. *aliran fikiran baru* 新思想派. *Saya percaya bahawa aliran ini akan berterusan.* このような傾向が続くと思います. 3 系統: *pelajar aliran sains* 理系の学生. mengambil mata pelajaran *aliran sains* 理系の科目を選択する.

pengaliran 流れ, 流出: *peng-*

amah

aliran darah di dalam pembuluh darah 血管内における血行.

alis 眉毛＝bulu kening.

alit (化粧用の)ライナー: *alit bibir* リップライナー. *alit mata* アイライナー.

alkisah (Ar) 物語, 歴史上の出来事.

alkohol (英) alcohol アルコール, アルコール飲料.

Allah (Ar) アッラーの神(イスラム教の唯一神).

Allahyarham (Ar) 故～(イスラム教徒の男性に用いる).

Allahyarhamah (Ar) 故～(イスラム教徒の女性に用いる).

Almarhum (Ar) 故～(イスラム教徒である王家の男性に用いる).

Almarhumah (Ar) 故～(イスラム教徒である王家の女性に用いる).

almari (Po) 戸棚, タンス: *almari buku* 本棚. *almari makanan* 食器棚. *almari pakaian* 衣裳タンス.

along I アロン(長男・長女に対する愛称): "Saya nak cakap dengan *Along* sikit."「お兄ちゃんに少し話したいことがある」

along II 【俗語】ヤミ金融業者, 悪徳高利貸し (ceti haram).

alpa (Sk) ～に不注意な, 無頓着な: Jika kita *alpa*, barang ini akan dicuri orang. 注意していないと, この品物は人に盗まれてしまうよ. Ibu bapa ini *alpa* akan anak-anaknya. この両親は子ども(の世話)に無頓着である. *alpa* semasa membuat pemeriksaan itu 試験のときにケアレス・ミスをする.

 kealpaan 不注意: Harap maafkan *kealpaan* saya. 私の不注意をお許しください.

Al-Quran (Ar) コーラン(イスラム教の経典).

alu I (Jw) 杵(きね), すりこぎ＝antan.

alu II; mengalu-alukan ～を歓迎する, 挨拶する: Tuan rumah *mengalu-alukan* tetamunya dengan ucapan "Selamat datang". ホストは「よくいらっしゃいました」と挨拶を述べてお客さまを歓迎した. menyampaikan *ucapan alu-aluannya* 歓迎の辞を述べる.

aluminium アルミニウム.

alun (波の)うねり, (湖, 川の)さざ波.

 beralun-alun (水面や音が)波立つ, うねる: Padi di sawah *beralun-alun* ditiup angin. 水田の稲が風に吹かれて波打つ.

 mengalun, mengalun-alun (海水や音が)高く低くうねる, リズミカルに響く.

alunan (波や音の)うねり, 調べ: *alunan lagu* 曲の調べ. *Alunan muzik juga kedengaran di pasar raya.* スーパーマーケットでは音楽の調べも聞こえる.

alur 細い溝, 裂け目, くぼみ: *alur air* 溝. *alur cahaya* 光線. *alur laser* レーザー光線.

am (Ar) 一般の, 普通の, 公共の: *orang am* 一般人. *pendidikan am* 普通の教育. *pada amnya* 一般に. *hari kelepasan am,/ cuti am* 公休日.

amacam ＝**apa macam?**【口語】**1** 元気かい？《あいさつ Apa khabar? の俗語的表現》. **2** どうだい？＝bagaimana: "*Amacam* kerja pejabat you sekarang?" "Sibuk!"「会社の仕事はいまどう？」「忙しい」.

amah 家政婦, 女中＝pembantu rumah.

amal (Ar) 1 善行, 慈善: *konsert amal* チャリティー・コンサート. *pertunjukan amal* チャリティー・ショー. *amal kebajikan* 慈善行為. *kerja amal* 慈善事業. *membuat kerja-kerja amal* 慈善事業をする. 2 実践, 実行(習慣的に物事を実践していること): *Banyak amal, sedikit bicara.* 有言実行.

beramal 1 慈善事業をする: *Dia suka beramal kepada golongan masyarakat miskin.* 彼は貧しい人々に慈善事業をするのが好きだ. 2 習慣として行う.

mengamalkan 実行する, 実践する: *mengamalkan puasa* 断食を実践する. *Dia selalu mengamalkan ilmu-ilmu yang diajarkan di sekolah.* 彼は学校で教わった学問をつねに実践した.

amalan 1 善行, 慈善行為. 2 実践, 習慣 (kebiasaan): *Amalan bersenam setelah bangun tidur itu sudah bertahun-tahun dibuatnya.* 起きてから体操することをもう数十年もしてきた. *Amalan 'belanja makan' menjadi perkara biasa di kalangan mereka.* 食事をおごる習慣は彼らの間では当たり前になっている. *Sudah menjadi amalan mereka berjalan-jalan setiap pagi.* 毎朝散歩するのが彼等の習慣になっている. *Amat sukar hendak menghentikan amalan merokok.* タバコを吸う習慣を止めることは難しい. *pada amalannya* 実質的には(実際に行われている現状からいうと).

pengamalan 実行, 遂行: *Pengamalan merokok boleh mendatangkan penyakit barah.* 喫煙を恒常的に行っていることは癌になるおそれがある.

amali 実験, 実地訓練: *latihan amali* 実地訓練. *membuat kerja-kerja amali* 実験をする.

aman 平和な, 安らかな: *aman damai* 平和な, 平穏な. *hidup aman* 平和に暮らす.

mengamankan ～を安定させる.

keamanan 平和, 安定, 治安: *Hadiah Nobel Keamanan* ノーベル平和賞.

amanah =amanat (Ar) 1 信託, 信頼: *tabung amanah* 信託基金. *pecah amanah* 背信. *Dia menaruh amanah terhadap saya.* 彼は私を信頼している. 2 メッセージ: *Dia meminta menyampaikan amanahnya kepada anaknya yang sedang belajar di luar negeri. Amanahnya itu ialah "rajin-rajin belajar".* 彼は留学している息子にメッセージを届けてくれるよう頼んだ. そのメッセージとは「まじめに勉強しなさい」. 3 信頼できる: *Kita boleh tinggalkan wang itu dengan Encik Bahari. Dia amanah orangnya.* そのお金をバハリさんにあずけてよい. 彼は信頼できる人柄だから.

beramanah ～に任せる: *Dia beramanah kepada peguamnya.* 彼は弁護士に任せた.

mengamanahkan ～を委ねる, 委託する: *Ayah mengamanahkan wang itu kepada Encik Bahari.* 父はそのお金をバハリさんに委託した.

amar (Ar) (神や王の)命令, 戒律.

amaran 注意, 警告, 警戒: *amaran lisan* 口頭による警告. *amaran gempa bumi* 地震の警戒. *memasang alat amaran awal* 早期警報装置を設置する. *sistem amaran awal tsunami* 津波早期警戒システム. *mengeluarkan amaran tsunami* 津波警

amboi

を出す. Guru besar *memberi amaran kepada* murid-muridnya supaya tidak ponteng sekolah. 校長は生徒たちに学校をサボらないようにと警告を出した.

amat I とても, たいへん: Cerita itu *amat* menarik. 話はとても面白い.

memperamatkan, memperamat-amat 〜を強める, 増す.

teramat はなはだ, 極めて: *teramat sejuk* はなはだしく寒い.

keamatan 激しさ, 強烈さ.

amat II; **mengamati, mengamat-amati, memperamat-amati** 観察する, 監督する, 注意を払う: Tolong *amati* barang-barang saya sementara saya pergi ke bilik air. トイレに行っている間, 私の荷物を見守ってください. Dia *mengamati* batu cincin itu, didapatinya batu itu palsu. 彼はその指輪の原石を注意深く観察したが, 原石は偽物と分かった. *Jika diamati betul-betul*, よく見ると.

pengamatan 観察: mempunyai *daya pengamatan* yang baik 良い観察力をもつ.

amatur (英) amateur アマチュア, 素人.

ambal 絨毯, マット.

ambang 1 敷居(ambang pintu). 2【比喩】門出の時, 出発点, 転換期: *Ambang Kemerdekaan* 独立前夜祭; menyambut *Ambang Kemerdekaan ke-50* di Dataran Merdeka 独立50周年前夜祭をムルデカ広場で祝う. Kami *di ambang kehidupan baru*. 私たちは新生活へまさに出発しようとしています. Orang Melayu sudah berada *di ambang perubahan*. マレー人は変革の出発点にすでに立っている.

ambil; **mengambil** 取る, 得る: *mengambil abu* 目的を果たせない. *mengambil alih* 引き継ぐ. *mengambil angin* 散歩をして新鮮な空気を吸う. *mengambil bahagian dalam* 〜に参加する. *mengambil berat* 慎重に考慮する. *mengambil contoh* 見習う. *mengambil 〜 sebagai contoh* 〜を例にとると. *mengambil gambar* 写真を撮る. *mengambil hati* **a** 人を喜ばす, 魅了させる. **b** 失望する. *mengambil jalan ini* この道を通る. *mengambil keputusan* 決心する; *mengambil keputusan mengenai* masa depan saya 自分の将来について決心する. *mengambil keputusan untuk* tinggal di sini ここに滞在するよう決心する. *mengambil kesempatan / peluang ini* この機会をうまく利用する. *mengambil kira* 考慮する, 配慮する. *mengambil masa* 時間をかける. *mengambil muka* 機嫌をとるのがうまい. *mengambil peduli / pusing* 気にする; Jangan *mengambil pusing tentang* saya. 私のことは心配しないでください. *mengambil risiko* 危険をおかして. *mengambil senang* 安易に考える. *mengambil tahu* 知る, 情報を入手する. *mengambil tindakan terburu-buru* 早まった行動を取る. *mengambil tindakan terhadap* 〜に対して取り締まる.

mengambilkan 〜のために取る: Emak *mengambilkan* secawan kopi untuk bapa. 母は父のためにコーヒーを取ってやった.

pengambil 参加者, 保持者.

pengambilan 獲得, 収集, 採用: *pengambilan gula* yang berkelebihan 砂糖を過度に摂取すること. *pengambilan pekerja* 労働者の採用.

amboi 「あれ, あれ」《驚きや哀れみを

ambulans

表す時の感嘆詞》: "*Amboi*? cantik sungguh bunga ini!"「あれ、なんて美しいんだろう、この花は!」.

ambulans (英) ambulance 救急車.

Amerika (amérika) アメリカ.

Amerika Syarikat アメリカ合衆国 (United States of America).

Amil (Ar) アミール(ザカット＝喜捨を徴集する役目のイスラム教の官吏).

Amin (Ar) アーメン(イスラムのdoa＝祈願で最後に言う言葉).

A. M. N. [Ahli Mangku Negara] (国王から授与される称号)の略称.

amoi (Ch) アモイ《華人の娘への伝統的な呼称》.

ampai; ampaian 洗濯物を干す紐.

mengampai, mengampaikan 掛ける, つるす.

terampai つるされた, ぶら下がっている.

ampai-ampai 〔魚〕クラゲ＝ubur-ubur.

ampang ダム, 貯水池＝empang.

ampu 支える＝menyokong. *kaki ampu* 支持者, 部下; Mereka nak balas dendam atasnya pada *kaki ampu* Jepun. 彼らは日本軍の支持者に報復しようとしていた.

mengampu, mengampukan 1 (落ちないように手などで)下から支える. 2 媚びる, お世辞を言う: Ada juga orang yang suka *mengampu* pegawai atasnya. 上役によく媚を売る役人もいる. 3【古典】支配する, 統治する: *mengampu* negeri Pasai パサイ王国を統治する.

pengampu 支持者, へつらう人.

ampun 許し, 赦免: Ali *meminta ampun kepada* emaknya. アリは母に謝った. "*Ampunlah*. Janji tak buat lagi."「許して, もうしないと約束するから」.

mengampuni, mengampunkan ～を許す, 容赦する: Emak *mengampuni* anaknya. 母は息子を許した. Emak *mengampunkan* kesalahan anaknya. 母は息子の過ちを許した.

ampunan, keampunan 許し, 容赦.

pengampun 寛容な人.

pengampunan 大赦, 恩赦, 赦免: Banduan itu *menerima pengampuanan daripada* raja. 囚人は王様から恩赦をもらった.

amuk; beramuk, mengamuk 狂ったように暴れる, アモック状態になる: Apabila didapatinya sawahnya dirosakkan orang, dia *mengamuk* di seluruh kampung itu dengan menetak sesiapa sahaja yang hampir dengannya. 自分の田んぼが誰かによって荒らされたのを知るや, 男は村中を暴れ回り, 近くの人びとを見境もなく叩き切った.

pengamuk 暴れ狂った人.

～an 〈～an 接尾辞の意味〉. 1 行為を示す抽象名詞: lawat*an* 訪問. keluar*an* 生産. 2 行為の結果を示す物・事柄: tulis*an* 字体, 作品. buat*an* 製品. cuci*an* 洗濯物. 3「～された人」: suruh*an* 使者. jemput*an* 招待者. 4「～する人」: lulus*an* 合格者. tamat*an* 卒業生. 5「～する方法, やり方」: cuci*an* 洗い方. buat*an* 作り方. 6 道具, 用具: ukur*an* 計測器. acu*an* 型, 鋳型. 7「～する場所」: kurung*an* 牢屋. bua*ian* 揺りかご. 8 集合体をしめす: laut*an* 大洋. gugus*an* 群島. kalang*an* 階層. 9 集合的単位: tahun*an* 毎年の. 1990 *an* 90 年代. 10「～の性質の物」: manis*an* 甘いもの. kotor*an* 汚物.

11 ［重複語＋an］ 集合体・種類: sayur-sayur*an* 野菜類. gali-gali*an* 鉱物.

anai-anai シロアリ（白蟻）.

anak **1** 息子又は娘, 子ども: Saya bukan *anak* kecil lagi. 僕はもう子どもではない. **2** 小さい動物: *anak burung* 小鳥. **3** 構成員, 小さな構成物: *anak perahu* 船員. *anak telinga* 耳たぶ. *anak adam* 人類. *anak air* 小川. *anak angin* そよ風. *anak angkat* 養子. *anak batu* 小石. *anak bongsu* 末っ子. *anak buah* 部下, 子分. *anak burung* 小鳥. *anak cucu* 子孫. *anak dagang* 外国人. *anak dara* 生娘. *anak haram* 私生児. *anak ikan* 小魚. *anak isteri* 妻子. *anak kandung* 実子. *anak kembar dua* 双子. *anak kunci* 鍵. *anak mata* 瞳. *anak muda* 青年. *anak murid* / *didik* 教え子. *anak negeri* ＝国民. *anak panah* 矢. *anak pinak*＝*anak cucu* 子孫. *anak raja-raja* 王族. *anak sekolah* 学童. *anak sungai* 小川. *anak syarikat* 子会社. *anak syarikat milik penuh* 完全子会社. *anak tangga* 階段. *anak teruna* 若者. *anak tiri* 継子. *anak tunggal* 一人っ子. *dasar seorang anak bagi satu keluaraga*「一人っ子政策」（一家族に子どもは一人）. *anak yatim（piatu）* 孤児. *anak ayam kehilangan ibu* 母をなくしたヒヨコ. *anak wang* 利子. *anak watan* 土地っ子.

anak-anak **1** ＝**kanak-kanak** 幼少, 幼い: Dia *masih anak-anak*. 彼女はまだ幼い. *Anak-anak tetap anak-anak* walau bagaimanapun. 子どもはどんなことがあっても子どものままだ. **2** 人形＝boneka.

beranak **1** 子を生む＝melahirkan anak : Isterinya baru *beranak*. 彼の奥さんは出産したばかり. *Yang nak beranak bukan yang suami tu tetapi isteri*【口語】子を産むのは夫の方ではなく, 妻です. *sijil beranak* 出生証明書. *rumah sakit beranak* 産院. **2** 子を持つ: Kami *beranak* tiga. 私たちは三人の子がある. **3** 親子連れで《親子〜人：人数＋*beranak* という表現をする》: *dua beranak* 親子二人連れ（父か母と子一人）, *tiga beranak* 親子三人連れ（両親と子一人か片親と子二人）. Aminah makan *tiga beranak*. アミナは親子三人で食事した. Apa yang dibualkan oleh *orang dua beranak itu* berdua-dua saja？ 親子二人だけで何を話したのか.

beranakkan 〜を子として生む: "Menyesal sekali *beranakkan* kau." "Hanim tidak minta dilahirkan."「お前を生んだことを後悔しているわ」「私ハニムは生んでくれと頼んでいないわよ」

anak-beranak 親子関係, 家族: (sekeluarga): "Itu bapa awak？ Bukan macam *anak-beranak*."「あれは君のお父さん？親子でないみたい」. Dialah yang membantu *kami anak-beranak*. 彼が私たちの家族を助けてくれた.

anak-anakan 人形, 操り人形.

keanak-anakan 子供じみた: *berkelakuan keanak-anakan* 子どもじみた振る舞いをする.

peranakan **1** マレー人と外人との混血: *peranakan Cina* マレー人と結婚した華僑・華人. **2** 〜生れの: *pemuda peranakan Melaka* マラカ生れの若者. **3** 子宮.

anakanda【王室】**1** 息子・娘, 子ども. **2**《親や叔父叔母宛の手紙文で自分のことを saya の代わりに anakanda と言う》: *Anakanda akan* balik kampung pada bulan depan. (親396の手紙で)僕は来月帰省します. Sampaikan salam *anakanda* kepada nenda. おばあちゃんによろしくお伝えください.

anak tiri 継子.
menganaktirikan 継子扱いする, 無視する, 差別する.

analis (英) analyst 解説者, アナリスト.

analisis (英) analysis 分析: *analisis berangka* 数値分析. *analisis kos faedah* 費用効果分析. *analisis maklumat* 情報分析. *analisis pasaran* 市場分析. *analisis sistem* システム分析.
menganalisis 分析する.
penganalysis アナリスト.

anarki (英) anarchy 無政府状態.
anarkis (英) anarchist 無政府主義者, アナーキスト.

anasir (Ar) 要素, 分子: *Kita hendaklah berwaspada terhadap anasir jahat di kalangan kita.* 私たちは自分たちの間にいる良からぬ輩に用心すべきである.

anatomi (英) anatomy 解剖学.

ancam; **mengancam** ～を脅す, 脅迫する, 怖がらせる: *Mereka mengancam hendak membunuh Ali.* 彼らはをアリを殺すぞと脅した. *Ali diancam akan dibunuh.* アリは殺すぞと脅された.
mengancamkan (凶器を用いて)脅す: *Dia mengancamkan pistolnya kepada pekedai itu.* 彼は店主をピストルで脅した.
ancaman 脅し, 脅迫: *menghadapi ancaman daripada musuh.* 敵の脅迫に直面する. *Mereka di bawah ancaman senjata api.* 彼らは銃口を突きつけられていた.
pengancam 脅迫者.
pengancaman 脅迫行為.
terancam 脅かされる: *Nyawanya terancam.* 彼の生命が脅かされた.

anda あなた《地位, 年齢, 性別に関係なく不特定多数の二人称: テレビのコマーシャルや新聞広告, 掲示などでよく使われるようになった》: *Anda dilarang merokok di sini.* ここは禁煙です.

andai; **andainya**, **seandainya**, **andai kata** 仮に～, もしも: *Andainya saya jutawan,* もしも私が大金持ちならば. *Andainya dia tidak hadir, engkaulah yang harus menggantikannya.* 仮に彼が欠席なら, 君が代りに出席しねばならない. *Andai kata Napoleon tidak menjual Louisiana pada tahun 1803, mungkin Amerika Syarikat tidak akan menjadi kuasa besar seperti hari ini.* もし仮にナポレオンが1803年に(植民地)ルイジアナをアメリカに売らなかったとしたならば, 多分アメリカは今日のような大国になっていなかっただろう.
berandai-andai 話し合う, 討論する.
mengandaikan 推測する, 例を挙げる.
andaian 仮定の話, 推測: *Saya tak mahu buat andaian.* 仮定の話をしたくない. *Andaian anda itu salah.* あなたの推測は間違っている.

andal 頼りになる, 当てになる.

andam (Pr): **berandam, mengandam** 前髪を刈込むこと《マレーの伝統で花嫁が前髪を整髪する儀式がある》: *mak andam* 新婦の整髪師.

andang I (ヤシの葉の)たいまつ.

andang II; **andang-andang** (船の)マスト.

anduh; **menganduh, menganduhkan** 縛って倒れないように支える. **anduhan** 骨折した腕などを支えるため首からつるした紐. **penganduh** 骨折した手足に当てる添え木.

aneh (anéh) 不思議な, 妙な: Di kampung itu terdapat satu *kejadian yang aneh,* iaitu pisang Tok Mat berbuah dua kali. その村で奇妙な出来事があった, マットおじいさんのバナナの実が二度なった.《諺に, *Pisang tak akan berbuah dua kali.* バナナの実は二度ならない=一度騙されたり損をすると次から警戒する》. **menganehkan** 当惑させる. **keanehan** 奇抜さ, 異様さ.

aneka (anéka) さまざまな種類の: *serba aneka* さまざまな. *aneka jenis, aneka ragam* さまざまな種類の. *aneka barang* あらゆる品物. bunga yang *aneka warna* さまざまな色の花. **beraneka ragam** 種々の, いろいろな: orang yang *beraneka ragam* さまざまなタイプの人たち. **keanekaragaman** 多様性. **penganekaan** 多様化, 分散: *penganekaan pelaburan* 投資の分散. *penganekaan pertanian* 農業の多様化.

angan-angan 1 願望, 夢, 空想: *Angan-angan saya ialah* menjadi orang kaya. 僕の夢は金持ちになることです. *dalam angan-angan saya,* 私が空想・想像するには. 2 白昼夢: *angan-angan Mat Jenin* 実現しそうにないことを夢見る; Cita-cita saya untuk menjadi jutawan kini bukan lagi *angan-angan Mat Jenin.* 億万長者になる私の夢はいまや白昼夢ではなくなってきた.

berangan-angan, mengangan, mengangan-angankan 夢想する, 妄想する. Dia *berangan-angan hendak menulis* sebuah novel. 彼は小説を書きたいと夢みている. **mengangankan, menganganangankan** 切望する: Kami *mengangankan* perang segera tamat. 戦争がすぐ終わるよう切望する.

anggal 1 (船の積荷が)軽い. 2 (病気が)軽い. 3 暇である. **mengganggali, mengganggalkan** (積荷, 負担を)軽くする.

anggap; **menganggap** 考える, 〜とみなす: Saya *menganggap* Fatimah *sebagai* kakak saya. 私はファティマを姉とみなします. Orang Jepun *selalu dianggap seperti* orang kaya. 日本人は金持ちと思われがちだ. *Jangan menganggap rendah* orang hanya kerana dia miskin. ただ貧しいからといって人を見下すな. orang yang *sudah dianggap dan menganggap diri sendiri sebagai* Melayu. 自他ともマレー人と認めるような人々. *Anggap sahaja begini.* このように考えてください(私なら次のように思います). **anggapan** 見解, 見方, 考え: *anggapan umum* 通常の考え. *pada anggapan saya* 私の見解では. *Anggapan awak itu tidak benar.* 君の見解は間違いだ. Awak terlampau khuatir tentang *anggapan orang lain* terhadap dirimu. 君は自分に対する他人の見方をあまりにも気にしすぎている.

anggar; **menganggar, menganggarkan** 見積もる, 概算する, 推定する: Jawatankuasa itu *menganggarkan* perbelanjaan yang diperlukan lebih kurang RM5 juta.

委員会は必要経費を約500万リンギットと見積もった. Kadar pengangguran di Malaysia kini *dianggarkan* lebih kurang 3%. マレーシアの失業率は現在3％と推定される.

anggar-anggar およそ, だいたい.

anggaran 概算, 見積り, およそ: Dia hendak tinggal di situ *anggaran empat lima malam lagi*. 彼はあそこにあと約4, 5泊するつもりだ.

anggerik 〔植〕ラン(蘭) = orkid.

anggit; mengangit 1 (ヤシの葉で)屋根を葺く. 2 太鼓(グンダン)に籐(ラタン)で皮を張る.

anggota (Sk) 1 手足, 身体の各部分: *anggota badan* 身体の部分. 2 構成員, メンバー: *anggota kehormat* 名誉会員. *Anggota Tetap* Majlis Keselamatan, Pertubuhan Bangsa-Bangsa Bersatu (PBB) 国連安全保障理事会常任理事国. *kad anggota* 会員証.

beranggota 会員を持つ.

menganggotai 〜の会員になる: Dia mahu *menganggotai* Persatuan Linguistik Malaysia. 彼女はマレーシア言語学会の会員になりたがっている.

keanggotaan メンバーシップ: *syarat-syarat keanggotaan* 会員資格.

angguk; berangguk, mengangguk うなずく, 頭を下げる: *tukang angguk, pak turut* イエスマン. *mengangguk* tanda setuju 同意した印としてうなずく.

berangguk-angguk, mengangguk-angguk 何度もうなずく.

menganggukkan うなずく, 頭を下げる: Bila ditanya, ia hanya *menganggukkan kepalanya ke atas dan ke bawah*. 彼は尋ねられると, 頭を上下に振ってうなずくだけであった.

terangguk-angguk しきりに首を振る: *terangguk-angguk* kerana mengantuk 眠くなったので首を何度も上下に振る(舟をこぐ).

anggur I ブドウ(葡萄): *air anggur* ブドウ・ジュース, ワイン. *anggur kering* レーズン. *ladang anggur* ブドウ畑.

anggur II; menganggur 失業した, 職なしの: Dia *menganggur* sudah berbulan-bulan. 彼はもう数ヵ月も失業している.

penganggur 失業者.

pengangguran 失業: *kadar pengangguran* 失業率.

angin 風, 空気; うわさ: *Angin bertiup*. 風が吹く. Pokok-pokok bergoyang *ditiup angin*. 風に吹かれて木が揺れる. *Sekiranya tidak ada angin, takkan pokok bergoyang*. 【諺】風がなければ, 木は揺れない(火の無い所に煙は立たぬ).

angin-angin = *khabar angin* うわさ: Jangan pedulikan *angin-angin* semacam itu. そのようなうわさは気にするな.

cakap angin 無駄話をする.

makan angin = *ambil angin* 遊覧する, 息抜きをする, 散歩をする: Mari kita *pergi makan angin* ke Pulau Pinang minggu depan. 来週ペナン島に遊びに行こう.

masuk angin 風邪をひく.

Angin apa pula hari ini? 今日はいったいどういう風の吹き回しだい? *Anginnya tidak baik hari ini*. 今日は彼女の機嫌が良くない.

mata angin 方位.

《風の表現→》: *angin darat* 陸風. *angin laut* 海風. *angin lalu* 通り風. *angin musim* 季節風. *angin puting beliung* 竜巻. *angin ribut / badai*

暴風. *angin taufan* 台風. *angin kencang* 強風. *angin sepoi-sepoi bahasa* そよ風. *angin paksa / buritan* 順風・追い風. *angin sakal / haluan* 逆風・向い風.

berangin　風のある：Hari ini tidak berangin sama sekali. 今日は全く風がない. Tayar basikal ini *tidak berangin*. 自転車のタイヤは空気が入っていない.

mengangin　風をあてる《ふるい(篩)で空モミ(籾)を飛ばして選別することをいう》：Petani sedang *mengangin padi*. 農民達はふるいを使って籾を分けている.

mengangini, menganginkan　空気を入れる, 風をあてる, 風のあたる場所に置く：*mengangini bola* ボールに空気を入れる. *menganginkan pakaian basah di luar* 濡れた着物を外で風にあてる.

peranginan　バルコニー, リゾート地, 保養地：*tempat peranginan* リゾート地. *pulau peranginan* Langkawi ランカウイ・リゾート島.

angka　数字, 数値：*angka Arab* アラビア数字. *angka atas* 分子. *angka bawah* 分母. *angka bulat / penuh* 整数. *angka ganda / kandungan* 倍数. *angka ganjil* 奇数. *angka genap* 偶数. *angka pecahan* 分数. *angka pengisi* 約数. *angka statistik* 統計値. *pertumbuhan dua angka* 二桁の成長. *angka kematian* 死者の数.

angka-angka, perangkaan　統計：*Jabatan Perangkaan* 統計局.

berangka-angka　黙考する.

mengangkakan　番号をつける, 数字を付す：*mengangkakan halaman buku itu*. 本のページに番号(頁数)をつける.

angkara　残酷, 残虐：Kejadian ini *angkara* kumpulan itu. この事件はあのグループの残虐行為だ.

angkasa　空, 大気：*angkasa lepas* 宇宙. *kapal angkasa* 宇宙船. *pelancaran kapal angkasa* 宇宙船の打ち上げ. *penerbangan angkasawan ke angkasa lepas* 有人宇宙飛行. *ruang angkasa bumi* 大気圏：*memasuki semula ruang angkasa bumi* 大気圏に再突入する.

mengangkasa　飛ぶ.

angkasawan　宇宙飛行士(男性).

angkasawati　宇宙飛行士(女性).

angkat　持ち上げる, 運ぶ：*angkat berat / besi* 重量挙げ. *angkat kaki* 逃げる. *angkat sumpah* 宣誓. *anak angkat* 養子. *ayah angkat* 養父, 名付け親. *keluarga angkat* ホームステイ・ファミリー.

berangkat　【王室】(王が神輿に乗って)行く=行幸, 来る, 到着する：Yang di-Pertuan Agong *berangkat* tiba semalam untuk lawatan rasmi ke Jepun. 国王は日本への公式訪問のため昨日到着された.

keberangkatan　出発, 発車.

mengangkat　**1** (下から)持ち上げる：*Angkat tangan jika ada pertanyaan*. 質問があれば, 手を上げなさい. Mereka *mengangkat* lemari itu ke atas lori. 彼等は戸棚をトラックの上へ持ち上げた. *mengangkat muka* 前を向く, 立ち向かう. *mengangkat senjata* 抗戦する. *mengangkat sumpah* 宣誓する. *mengangkat topi* 敬礼する. *mengangkat bahu* 肩をすくめる；Dia tak menjawab pertanyaan saya, sebaliknya dia cuma *mengangkat bahunya*. 彼は私の質問に答えず, 逆に肩をすくめるだけだ. **2** 取り除く, 持ち去る, 片付ける：*mengangkat sampah* ゴミを

angkatap

収集する. *Jangan mengangkat meja ini.* この机は持って行くな. *Tolong angkat kotak berat ini.* Sakit kaki saya menahannya. この重い箱を取り除いてください. 足が痛いので. *Hari dah nak hujan. Tolong angkat pakaian masuk ke dalam rumah.* 雨になりそうだから, 衣服(洗濯物)を家の中に取り込んでください. *Lepas itu dia angkat kertas semua dan pergi keluar.* それから彼は書類を全部片付けてから外へ出た. **3** 養子にする. **4** 任命する: *Kami mengangkatnya menjadi pengerusi.* 私たちは彼を議長に任命した. **5** 誉める, 持ち上げる=memuji: *Saya bukanlah nak angkat diri saya, tetapi saya telah pun berjuang untuk bahasa Melayu.* 自分のことを誉めるわけでは決してないが, 私もマレー語のために闘った. *Dia pandai mengangkat bosnya.* 彼は上司にごまをするのか上手い.

mengangkat-angkat 誉める, お世辞をいう: *Dia pandai mengangkat-angkat ketuanya.* 彼は上司にお世辞を言うのが上手い.

angkatan 1 軍隊: *Angkatan Tentera Malaysia (ATM)* マレーシア国軍. **2** 世代: *angkatan baru* 新世代. *angkatan muda* 青年層. *Angkatan Sasterawan 50 (ASA 50)*「50年世代」《1950年代に出現したマレーシアの現代文学グループ》.

angkatap 〔係数〕: *Dalam y=2x 2 adalah angkatap.* y=2xの式で2は係数である.

angkit Ⅰ; **angkit-angkit**=*belat angkit-angkit* 竹製の日除け(すだれ).

angkit Ⅱ; **mengangkit** 軽いものをひょいっと摘み上げる.

angklung アンクロン(竹製の楽器).

angkor; *besi angkor* (エンジンをかける) クランク.

angkubah =*angka ubah* 変数.

angkuh 横柄な, 生意気な=sombong: *Jangan angkuh.* お高く止まるな.

mengangkuhkan 誇りに思う, 得意になる (=*mengangkuhkan diri*).

keangkuhan 高慢さ.

angkut (重いものを)運ぶ, 移送する.

berangkut 何度も運ぶ.

mengangkut 1 持ち上げて運ぶ, 少しづつ何度も運ぶ: *mengangkut air* 水を運ぶ《井戸から水を汲んで一杯づつ何度も運ぶニュアンス》. *mengangkut kayu api* 薪を運ぶ.《一般に重い物を運ぶか往復して持ち運ぶ場合に angkut を使う. なお, マレーシア語の運ぶ=membawa には運び方によって固有の語彙がある: 例えば, 頭で運ぶは *junjung*, 手で摘んで運ぶは *jinjing* など》. **2** (車輛が)輸送する: *Lori digunakan untuk mengangkut kayu balak ke pelabuhan.* 丸太を港に輸送するのにトラックを使う.

angkutan 輸送品, 貨物, 輸送.

pengangkutan 交通, 輸送, 運搬, 移送: *masalah pengangkutan bandar* 都市交通問題.

angpau (Ch) アンパオ(紅包): 中国正月のお年玉《赤い色の小さな包みに割り切れる数のお金を入れる》.

angsa 〔鳥〕ガチョウ(鵞鳥): *angsa putih* ハクチョウ(白鳥).

ani-ani (Jw) アニ・アニ《稲穂をつみとる小刀: 昔は使われていたが, 今日では機械による稲刈りが一般的になっている》.

aniaya (Sk) 抑圧, 拷問, 虐待: *berbuat aniaya kepada* 〜 虐待する.

menganiaya, menganiayai 抑圧する, 拷問にかける, 迫害する: *ibu tiri yang menganiaya anak tirinya* 継子を虐待する義母.

penganiaya 迫害者, 抑圧者, 残酷な人.

penganiayaan 迫害, 拷問.

animasi (英) animation アニメーション: *animasi komputer* コンピュータ・アニメーション.

animisme (英) animism アニミズム.

anjak ; beranjak 動く, 移動する: *Anjak ke belakang.* 後ろへ移動しなさい.

anjakan シフト, 転換: *anjakan paradigma* パラダイムの転換.

anjakan minda 発想の転換; *Para petani perlu bersedia untuk melakukan anjakan minda.* 農民たちは発想の転換をする準備が必要だ. *melakukan anjakan minda sesuai dengan perubahan yang berlaku* 進行している変化に適応して発想を転換する.

anjal ; menganjal (ゴムが)伸縮する.

anjiman ; kapal anjiman イギリス東インド会社が使用した商船.

anjing 1 犬: *anjing ajak / liar* 野良犬, 野犬. *anjing buruan* 猟犬. *anjing laut* アザラシ. *anjing serigala* 狼犬. *anjing hitam* 悪党. *anjing pengesan* 警察犬. *penyakit anjing gila* 狂犬病. *Anjing menyalak.* 犬が吠える. *seperti anjing dengan kucing* 犬猿の仲. **2**【比喩】まわし者, 密告者: *Dia menjadi anjing musuh kerajaan.* 彼は反政府勢力のまわし者になった.

menganjing 犬のように扱う.

anjung アンジョン《高床式のマレー家屋の正面又は側面に突き出たバルコニー, 一般に来客用》.

beranjung アンジョンの付いた(家): *membangunkan rumah beranjung* アンジョン付きの家を建てる.

menganjung 1 =**menganjungkan** 高く持ち上げる: *menganjung layang-layang* 凧を持ち上げる. **2** = **menganjung-anjung**, **menganjungkan** お世辞を言う, 誉めそやす: *Orang suka dianjung-anjung.* 人は持ち上げられるとうれしい.

anjung-anjung, anjungjungan お世辞, おだて: *Ia tidak termakan oleh anjung-anjungan.* 彼はそのおだてに乗らなかった.

anjur ; menganjur 前方に進む, 突き出す: *Tanahnya anjur ke laut.* 彼の土地は海の方に突き出ている. *masa anjur* リードタイム.

beranjur リードする, 先導する.

menganjurkan 1 ～するように提案する, 前面に出す: *Kerajaan menganjurkan supaya* rakyat menanam padi dua kali setahun. 政府は国民が稲の二期作をするよう提案した. *Ayah saya menganjurkan saya supaya jangan* berhenti pekerjaan itu. 父は私にその仕事をやめないようにと提言した. **2** 主催する: *DBP menganjurkan* pertunjukan kebudayaan ini. DBPがこの文化ショウを主催した.

anjuran 1 提案, 要望: *Anjuran itu diterima* oleh ahli-ahli lain. その提案は他の会員から受け入れられた. **2** 主催: *Pertunjukan kebudayaan ini adalah anjuran DBP.* この文化ショウはDBPの主催によるもの.

penganjur 提案者, 発起人, スポンサー, 主催者.

ansur ; **beransur, beransur-ansur**
1 しだいに, 徐々に : Warna langsir itu *beransur-ansur* pudar. カーテンの色は徐々にくすんできた. **2** (病状などが)改善する : Setelah memakan ubat itu, dia *beransur-ansur* sembuh dari penyakitnya. 薬を飲んだあと, 彼は病気から徐々に回復した.
mengansur 少しずつ行う, 徐々に前進する : Peti televisyen ini *boleh diansur*. このテレビは分割払いで買えますよ.
mengansurkan **1** 前方に動かす. **2** 少しずつ支払う, 分割払で支払う : Hutang barang itu *sudah diansurkan*. その品物の借金は分割支払い済みです.
ansuran 分割払い : Basikal itu dibelinya *dengan ansuran* RM50 sebulan. あの自転車は月50リンギットの分割払いで購入した. *Ansuran* basikalnya berjumlah RM50 sebulan. 自転車の分割払いは月50リンギット. Boleh saya bayar ini *secara ansuran*? これを分割払いでいいですか.
antan =alu.
antap Ⅰ (大きさの割には)重い : *merentang antap* 近道を探す.
antap Ⅱ 物静かな, 口数が少ない.
mengantapkan 静かにさせる : *Antapkanlah* anak yang menangis itu. 泣く子を静かにさせなさい.
antar-antar 長いつき棒(杵).
antar → **hantar** ; **pengantar**. **1** 序文, まえがき(kata pengantar). **2 bahasa pengantar** 媒介言語 : Bahasa Malaysia digunakan *sebagai bahasa pengantar pendidikan* di sekolah kebangsaan. 国民学校ではマレーシア語が教育の媒介言語として使われている.

antara (2つ以上の場所・物)の間に, ～の中に. (時間の)間隔 : *antara benua* 大陸間. *antara generasi* 世代間. *antara muka* インターフェース. *antara muka pengguna* ユーザー・インターフェース. *di antara Tokyo dan / dengan Osaka* 東京と大阪の間に. *antara pulul 3 dan 4 petang* 午後3時と4時の間. *Antara tidur dengan jaga* ia terdengar orang memasuki biliknya. うつらうつらしていると, 誰かが部屋に入る音が聞こえてきた. Kanak-kanak yang berumur *antara 5 hingga 10 tahun* boleh mengambil bahagian. 5才から10才までの子供が参加できる. Perhubungan *antara kedua-dua negara* itu semakin pulih. 両国の関係はますます改善した. mesyuarat dua hala *antara kedua-dua negara*. 両国間の会議. Pilih satu *antara dua cara ini*. この二つの方法から一つを選べ.
di antara ～の中で : *Di antara semua gadis itu*, dia yang tercantik. すべての少女の中で, 彼女が一番の美人だ. *Di antara orang Melayu* ada yang menjadi pedagang. マレー人の中には商人になった人も一部いる. Universiti Malaya disenaraikan sebagai *antara 100 universiti terbaik dunia*. マラヤ大学は世界の最優秀大学100校の中にリスト・アップされた. *Ini antara kita saja.* / *Ini hanya antara kita berdua.* これはここだけの秘密だよ. =Ini rahsia. *antara beberapa lama* しばらくして. *Antara dua hari* ia akan pulang. 二日経ってから帰るでしょう. *Ingat antara belum kena*. 【諺】転ばぬ先の杖.
antara lain = *di antaranya* =

antaranya 中でも, 特に.

di antara satu sama lain お互いに: Kita hendaklah tolong menolong *di antara satu sama lain*. お互いに助け合うべきです.

berantara 間隔がある, 間を置いて: *tidak berantara lagi* 連続して, 絶え間なく. Rumah kami *berantara* 4 meter *dengan* rumahnya. 私たちの家は彼の家とは4メートルの間隔がある. Awak tak perlu bimbang kerana *masa berantara* untuk kami ke lapangan terbang masih banyak lagi. 心配無用, 空港に着くまでの時間はまだたっぷりあるから.

mengantara 仲介者・仲裁者になる.

mengantarai 隔てる, 仲裁者になる: Dia *mengantarai* perselisihan itu. 彼がその対立の仲裁役になった.

pengantara 仲介者, 媒体.

perantaraan, **pengantaraan** 仲介, 媒介: *bahasa perantaraan* (国際会議等の)媒介言語. Saya kirim surat ini *dengan perantaraan* kawan saya di Malaysia. この手紙はマレーシアの友人を介して送る.

antarabangsa 国際, インタナショナル: *hubungan antarabangsa* 国際関係. *pasaran antarabangsa* 国際市場. *perdagangan antarabangsa* 国際貿易. *persidangan antarabangsa* 国際会議. *perairan antarabangsa* 公海. *bertaraf antarabangsa* 国際級の.

mengantarabangsakan 〜を国際化する.

Antartika (英) Antarctic 南極. *Lautan Antartika* 南氷洋.

antena (anténa) (英) antenna アンテナ.

antidadah 麻薬防止. *kempen antidadah* 麻薬防止キャンペーン.

antik (英) antique 古代の, 骨董品.

anting; **anting-anting** イヤリング.

antiseptik (antiséptik) (英) antiseptic 消毒剤, 殺菌剤.

antitoksin (英) antitoxin 抗毒素.

antologi (英) anthology アンソロジー, 選集.

antraks (英) anthrax 炭疽(たんそ)菌.

antropologi (英) anthropology 人類学 (kaji manusia).

antuk → **hantuk**.

antukar 〔鳥〕クイナ(水鶏).

antul; **mengantul** (ボールなどが)跳ね返る, 弾む.

anu 1《度忘れして思い出せないときなどの感嘆詞》あのー, えーっとー. 2《人の名前や物事をはっきり言うのがはばかれる場合に》何々某, かくかくしかじかの〜, 誰それの, どこそこの, アレ: *si anu yang pandai* さる賢い方. *si anu di kampung anu* 某村の某氏. *tempat anu* 某所. *Si anu datang dengan hajat anu*. 某氏がしかじかの意図で来た. Khuatir benar anak itu 'anunya' dipotong orang. その子は"あそこ"を切り取られるのではないかと心配した. Menteri Besar hendaklah boleh menjawab jika timbul pertanyaan kenapa *si anu* dapat, tanah itu, *si anu* tidak. 州首相は, なぜ某氏が土地を取得できて, 某氏ができないのかという質問が出てきたら, 答えられるようにしておくべきだ.

anugerah (Sk) (神や王からの)恩恵, 慈悲, 恩賜; (国王, スルタン, 政府が授ける) 賞, 称号: *dengan anugerah Allah* 神の御恵みにより. *memberi anugerah akan* 〜 (王が)〜に褒美を授ける. *Anugerah Nobel* ノーベル賞. *Anugerah Sastera*

Negara 国家文学賞. *Anugerah Akademi* アカデミー賞. *Anugerah Pelakon Lelaki Terbaik* 最優秀主演男優賞. *Anugerah Pelakon Wanita Pembantu Terbaik* 最優秀助演女優賞.

menganugerahi, menganugerahkan 下賜する, 授与する: Yang di-Pertuan Agong *menganugerahkan* pingat kepada beliau. 国王が氏に勲章を授与した. Universiti Malaya *menganugerahkan* ijazah kedoktoran kehormat kepada ~ マラヤ大学は~に名誉博士号を授与した.

anugerahan 下賜品, 授与品.

penganugerahan 授与, 贈与.

anut; **menganut, menganuti** ~を信仰する, ~に従う: *menganut agama Islam* イスラム教を信仰する.

anutan 信仰の対象, 忠誠.

penganutan 信仰.

penganut 信徒, 信者. 信奉者: *penganut agama Islam* イスラム教徒. *penganut humanisme*: ヒューマニスト人文主義者.

anyam; **menganyam** (布や籠などを)編む: *menganyam bakul* 籠を編む. *menganyam rambut* 髪を編む. belajar *menganyam tikar* 筵(むしろ)の編み方を学ぶ.

anyaman 編んだ布または物: *Anyamnya* sungguh cantik. 彼女の編んだものは実に美しい.

penganyam 編む人.

anyang 〔古典〕**1** アニャング《香辛料をつけただけで食べる生肉・生貝料理》. **2** 唐辛子と塩で調理し生で食べる果物.

anyelir 〔植〕カーネーション.

apa **1** 《疑問詞》何, どんなもの?: *Apa ini?* = *Apakah ini?* = *Ini apa?* これは何ですか? *Ini kamus apa?* これは何の辞書ですか? *Nak makan apa?* 何を食べたいの? *Apa terjadi selepas itu?* それからどうなったの? **2** = *apa yang* 〜《関係詞として》〜するもの・すること: Belilah *apa yang* perlu. 必要なものを買いなさい. Tanyalah kepada guru *apa yang* awak tidak tahu. 君の知らないことを先生に質問しなさい. Maaf, saya tidak dengar *apa yang* awak tanya tadi. ごめん, さっき君が尋ねたことを聞き取れなかった. "*Apa* kaum lain boleh buat, orang Melayu boleh buat." kata Dr. Mahathir. 「他の種族ができることなら何でもマレー人もできる」とマハティール氏が言った. *Apa yang* akan terjadi tak dapat diubah. 運命づけられたことは変えられない.

Apa bendanya 〜? 〜は一体全体何か?

Apa boleh buat. 仕方がない.

Apa hal? = *Ada apa?* どうしたの?

Apa khabar? こんにちは, 元気ですか?

Apa macam? 【口語】どう, 元気?

Apa pasal? = *Apasal?* 【口語】なぜ?

apa saja 何でも, どれでも = barang apa, segala apa, segala sesuatu, apa-apa; Pembangkang menentang *apa saja* yang dibuat oleh kerajaan. 野党は政府のすることは何でも反対する.

apa saja pun boleh 何でも構いません.

apa tidaknya 確かに = memang ya.

apa pun 〜であろうとも: *Apa pun* terjadi, kita *tetap* bersama. 何

が起きようとも,我々はいつも一緒だ. *Apa pun* yang awak putuskan, saya *tetap* di sisi awak. あなたがどんなことを決めても,わたしはあなたのそばにいる,離れない. *Biar apa pun yang berlaku*, saya *tetap* sayangkan awak. 何が起きてもかまわないわ,私はいつもあなたを愛しているわ.

apa-apa 1 何でも,いかなる＝apa saja: *Apa-apa saja* dimakannya. 彼は何でも食べた. Mereka tidak memberi *apa-apa* perhatian. 彼等はいかなる注意も払わなかった. Dia masih belum dapat *apa-apa* pekerjaan. 彼はまだいかなる仕事にも就いていない. Kakak tak kata *apa-apa*. 姉さんは何も言わなかった. *Saya tak ada perasaan apa-apa terhadap mereka*. 彼らのことを何とも思っていない. 2 何か (sesuatu): *Kalau ada apa-apa* もし何かあったら; Kalau ada *apa-apa* masalah, segera telefon saya, ya. もし何か問題があったら,すぐ私に電話しなさい. Ada *apa-apa* yang hendak ditanya? 何か質問したいことがありますか? Ada *apa-apakah* menelefon saya? 私に電話してくるなんて何かあったの? *Itu bukan apa-apa*. それは些細なことだ. Saya kira *telah terjadi apa-apa*. 何か良くない事が起きたのではないかと思う. Saya takut *apa-apa* terjadi pada mereka. 彼らに何か起きたのではないかと心配した.

tidak apa-apa ＝**tidak apa** ＝ **tak apalah**＝**tidak mengapa** 大丈夫です,何でもない,構いません,心配に及びません: *Tak apa-apa*? 大丈夫ですか? *Saya tak apa-apa*. 私は大丈夫ですよ. "**Apalah awak ni**, bising sangat ini." 【口語】「全くあんたという人は,うるさくて仕方がない」.

mengapa-apakan ～ (人に)何かよくないことを仕掛ける: *Tolong jangan apa-apakan saya*. 私に何もしないでください. Saya *bukan apa-apakan* anda. 私はあなたに何もしませんよ.

apabila ～の時,～の場合: *Apabila musim hujan tiba, payung sangat laku*. 雨季が来ると,傘がよく売れる.

apalagi ～はなおさら,ましてや；とりわけ: Membaca pun belum pandai, *apalagi* menulis. 読み方もまだ上手くない,ましてや字を書くなんて. Saya tidak ada wang satu sen pun, *apalagi* lima ringgit. 僕は1セントのお金も持っていない,ましてや5リンギットなんて. "Bagus. Ya, *apalagi* yang dapat saya katakan selain dari bagus." 「すばらしいという以外に何と言ったらよいか!」

aparteid (aparteíd) (英) aparth-eid アパルトヘイト(南アフリカ共和国の旧人種差別政策).

apartmen (英) apartment アパート.

apatah ましてや《反語のはたらき》: Ali yang bergaji tetap tidak mampu membeli kereta, *apatah lagi saya yang miskin ini*. 定職のあるアリが車を買えないでいるのに,ましてやこの貧乏な私はどうして買えようか. *Apatah* yang hendak ditakutkan, awak kan pahlawan handal? 何を恐れているのですか,あなたは英雄ではないですか.

api 火,炎,(タバコをつける)火: *api kebakaran* 火事の炎. *bara api* 燃屑. *bunga api* 花火. *kayu api* 薪. *kereta api* 汽車. *alat pemadam api* 消火器. *bermain api* 火遊びをする. *Mari kita hidupkan api*. 火をおこそう. *Kalau tak ada api, masakan ada asap*.

api-api

【諺】火のない所に, 煙は立たぬ.

berapi 炎を出している, 燃えている: *gunung berapi* 火山. *gunung berapi aktif* 活火山. *Gunung berapi ini* mungkin boleh meletus pada bila-bila masa. この火山はいつでも爆発する可能性がある. Dapurnya *tidak berapi*. 台所からは炎が出ていない《貧しさを示す表現》.

berapi-api 元気のよい, 熱狂的な, 激怒した, 感情的になる: *Marahnya berapi-api*. 真っ赤になって怒る. Ucapannya penuh dengan *perkataan yang berapi-api*. 演説は激烈な言葉に満ちていた.

mengapi 炎のような.

mengapi-apikan 〜を駆り立てる, 喚起する: Dia *mengapi-apikan* kawan-kawannya supaya bergaduh satu sama lain. 彼は友達がお互いにけんかするようけしかけた.

memperapikan 焼く, あぶる.

perapian オーブン, 調理台.

api-api ホタル(蛍)(＝kelip-kelip).

apik きちんとした, 整っている.

apit; **berapit** 1 両側から挟まれて〜: *duduk berapit* 挟まれて座る. 2 寄り添って: kedua-dua penggantin itu *duduk berapit*. 新郎新婦はぴったり寄り添って座った.

mengapit 1 両側から挟む: Dia suka *duduk diapit* perempuan muda. 彼は若い女性に挟まれて座るのが好きだ. Dua orang pengawal *mengapit* Presiden. 二人の警護が大統領を両側から挟んだ. 2 搾る, 圧搾する: *mengapit minyak* 油を搾る.

apitan クリップ, 絞り器.

pengapit 1 絞り器. 2 新郎・新婦の付き添い人. 3 王の随行者, 補佐.

aplikasi (英) application アプリケーション, 適用: *aplikasi data* データ・アプリケーション.

mengaplikasikan 適用する.

April 4月.

apron エプロン.

apung 浮く.

apung-apung 浮標.

berapung, **berapung-apung**, **terapung-apung** 浮いている, 漂っている: Kertas tidak tenggelam tetapi *terapung-apung di atas air*. 紙は沈まず, 水面にぷかぷか浮く.

berapungan 大量に浮いている, 水の上にちらばって浮いている.

mengapung 1 浮く, 浮き上がる: Mayat orang yang tenggelam itu *mengapung* pula. 水中に沈んでいた人間の死体がやがて浮き上がってきた. 2 フローする(変動相場制にする): IMF menggesa Malaysia *mengapung* semula Ringgi. IMFはマレーシアにリンギットを変動相場制に戻すよう促した.

mengapungkan 1 浮かせる, 漂わせる. 2 為替を変動相場制にする: *mengapungkan* Ringgit secara terurus berbanding sekumpulan mata wang asing terpilih リンギットを通貨バスケット方式による管理変動相場制にする.

ara 〔植〕イチジク.

Arab アラビア, アラブ: *negara-negara Arab* アラブ諸国. *bahasa Arab* アラビア語.

Arab Saudi サウジアラビア.

arah 1 方向: berjalan *ke arah timur* 東の方へ歩く. *arah aliran* トレンド, 動向. *arah aliran dunia* 世界のトレンド(動向). *arah tiupan angin* 風の向き. 2 方法, 目標: Kelakuannya sudah tidak tentu *arah lagi*. 彼の振る舞いは訳がわからない.

berarah 〜に向かって, 〜の目標を持つ.

mengarah 1 〜に向かって: *berjalan mengarah timur*. 東に向かって歩く. 2 導く, 指導する: *mengarah lalulintas* 交通を整理する. *mengarah filem* 映画を監督する.

mengarahkan 1 向ける: Polis telah *mengarahkan* kereta-kereta ke jalan lain. 警察は車輛を他の道路へ行かせた. 2 〜に指示・命令する: Ketuanya *mengarahkannya* supaya menaip surat itu. 上司は彼にその文書をタイプするように命令した. Saya *diarahkan* bertugas di Malaysia. 私はマレーシア勤務を命じられた. *mengarahkan* orang ramai menyelamatkan diri 避難するよう一般の人々に勧告する.

arahan 指揮, 指示, 命令: *mengikut arahan* guru besar 校長の指示に従う. tidak seharusnya *menunggu arahan* daripada kerajaan 政府からの指示を待つ必要はない. *tidak mempedulikan arahan* 命令を無視する.

pengarah 取締役, 重役, 監督: *Pengarah Urusan* 社長. *pengarah filem* 映画監督. *Anugerah Pengarah Terbaik* 最優秀監督賞.

arai アライ (米などの容量を計るマレーの伝統的な度量衡: 1 arai＝2 cupak＝2.27304 リットル).

arak I アルコール, 酒類: *kaki arak* 酒飲み. *kesalahan minum arak* 飲酒の罪.

perarakan 酒造 (酒を醸造する所).

arak II; **arakan**, **arak-arakan**, **perarakan** 1 行列, 行進, パレード: *perarakan haram* 無許可のデモ. *Perarakan* tidak dilangsungkan kerana hujan. パレードは雨のため行われなかった. 2【古典】行進などに使う籠, 神輿: Maka baginda naiklah ke atas *perarakan emas*. 王様が黄金の神輿の上に乗られた.

berarak, **berarak-arakan** 行列して歩く: Murid-murid sekolah itu *berarak* ke padang sekolah. 生徒たちは校庭に向けて行進した.

mengarak 大勢で付き添って行く, 〜をみんなで担いで運ぶ: *mengarak pengantin* 新郎新婦を行列をつくって送る. Maka *diarak* oranglah baginda masuk ke dalam istana. 王様を神輿に乗せて大勢で宮殿の中へ運んだ.

arakian; **arkian** 【古典】さらに, そのうえ, それから, そこで《新しい話題や新たなパラグラフへの導入を示す起動語. ヒカヤットなど古典マラユ語作品の中で用いられる》.

aral (Ar) 支障, 障害, 妨げ＝halangan: *Kalau tidak ada aral*, saya akan datang. 障害がなければ, 行きます. *jika tiada aral melintang* 支障がなければ.

aram; **mengaram** 復讐心を持つ, 恨む: Dia *mengaram terhadap* Ali. 彼はアリに恨みを抱いている.

arang 炭: *arang batu* 石炭. *arang kayu* 木炭. *kayu arang* 黒檀. *arang di muka* 汚名恥辱: *Membasuh arang di muka*【諺】汚名を晴らす. *Menang jadi arang, kalah jadi abu.*【諺】勝っても負けてもどっちも損をする.

mengarang 炭化する: Kayu itu sudah *mengarang*. 材木が炭化した.

aras 水位, 水準＝paras: Air sudah naik *aras pinggang*. 水位は腰の高さまで上がった.

mengaras 〜に達する: *sampai mengaras awan* 雲に達するまで.

arau まだらのある, 斑点がある.
arca (Sk) 影像, 像, イメージ.
  mengarcakan 像を制作する.
  kearcaan 影像のような.
arena (aréna) (英) arena アリーナ, 競技場, 分野: *arena sukan* スポーツ競技場. *arena politik* 政治の分野.
argus 〔動〕モルモット.
ari =**kulit ari** 薄皮, 表皮.
arif (Ar) 賢い, 学識のある: 精通している, 熟知している: *arif bijaksana* 賢明にして思慮深い. orang biasa yang *tidak arif tentang* dunia perniagaan ビジネス界に精通していない素人. memang *arif tentang* bidang pergigian 歯科に詳しい.
  mengarifi 理解する, 知る: *mengarifi pelajaran itu* その教科を理解する.
  kearifan 才気, 賢さ.
arih; **mengarih** (抱こうとして)両手を伸ばす: Dia *mengarih tangannya* dan memeluk anaknya. 彼は両手を伸ばし息子を抱いた.
arik I (Ar) 寝つかれない, 不眠症.
arik II; **mengarik** 金切り声を出す.
arip 眠気がさす, とても眠い.
aritmetik 算数=《足し算=mencampur, 引き算=menolak, 掛け算=mendarab, 割り算=membahagi》.
Arjuna 【古典】アルジュナ《ヒンドゥの神々: 叙事詩マハバラーターの中にうたわれる伝説の英雄》.
arked (arkéd) (英) arcade アーケード.
arkib (英) archives 記録(古文書)保存館.
  mengarkibkan 資料を保存する.
arkitek (arkiték) (英) architect 建築家, 設計士.

armada (Po) 艦隊.
arnab (Ar) 〔動〕ウサギ(兎).
aroma 芳香.
artifisial (英) artificial 人工の.
artikel (英) article 記事, 論説.
arus (水, 風, 電気などの)流れ: *arus air mata* 感涙. *arus deras di sungai* 川の急流. *arus elektrik* 電流. *arus lalulintas* 交通の流れ. *arus lautan* 海流. Mereka ketinggalan *dalam arus pembangunan*. 彼等は開発の流れに取り残された.
arwah (Ar) 魂, (死者の)霊魂. 2 (イスラム教徒の)故人=Allahyarham: *arwah Pak Mat* 故マットさん.
AS [Amerika Syarikat] アメリカ合衆国.
asa (Sk) 希望: *putus asa* 絶望, 諦める; Dia *mudah putus asa*. 彼はすぐ諦めてしまう. Jangan putus asa. 諦めるな. Saya sudah *putus asa* untuk menjadi doktor. 医者になるのをもう諦めた.
  asa-asaan 希望.
  mengasakan 希望する, 期待する.
asah 研ぐ, 磨く, 鋭利にする.
  berasah 研がである, 磨かれた: Kapak itu *sudah berasah*. その斧は研いである.
  mengasah 研ぐ, 磨く, 鋭くする: *mengasah pisau* ナイフを研ぐ. *mengasah pensel* 鉛筆を研ぐ. *mengasah budi / otak / fikiran* 思考を鋭敏にする. *mengasah hati* 怒らせる.
  asahan 研いだもの, 研磨する道具: *batu asahan* 砥石.
  pengasah 研磨機.
asai 〔虫〕コクゾウムシ(穀象虫); 腐朽した: *kerusi asai* 腐朽した椅子.
asak 混雑, 殺到.
  berasak, berasak-asak 殺到する, 群がる: Orang *berasak* menaiki

bas. バスに乗ろうと人が殺到する. bas yang *penuh berasak-asak* 乗客が満杯のバス.

berasak-asakan 突進する, 殺到する. Mereka *berasak-asakan* hendak membeli tiket. 切符を買うとして押し合いになる.

mengasak, mengasaki ～に詰め込む, 押込む: *mengasak mulutnya dengan kuih*. お菓子を口いっぱいに頬張る. *diasak dengan soalan* 次々に質問を浴びる.

mengasakkan ～を押し付ける, 詰め込む: *mengasakkan buku-buku dalam almari*. 本を棚の中に詰め込む.

asal I (Ar) もともとの, 起源, 由来, 出生地: *rancangan asal* 最初の計画. *pita yang asal* 本物のテープ. *negara asal* 祖国. *tempat asal dahulu* かつての出身地, 生まれ故郷; Dalam satu pelayaran Tenggang singgah *di tempat asalnya dahulu*. ある航海でテンガンは自分のかつての出身地に立ち寄った. *Warna asal kereta ini putih*. この車のもともとの色は白. Pokok getah *asalnya* dari Brazil. 天然ゴム樹木の発生地はブラジルだ.

asal usul 起源, 由来: Tahukah awak *asal usul* nama bandar Melaka? マラカの名前の起源を知っていますか? *asal usul pertikaian* けんかの原因.

pada asalnya もともとは.

berasal ～に由来する, ～の出身である: "*Berasal dari mana?*"「出身はどちら?」"*Berasal dari Ipoh.*"「イポ出身です.」Saya *berasal dari* Kyoto. 私は京都出身だ. Beliau *berasal dari* raja Melaka. あの方はマラカ王族の出である.

asal II; **asalkan, asal sahaja** ～さえすれば, ～である限り: *Biar lambat asal selamat*. 【諺】急がば回れ. Tak kisah kucing itu hitam atau putih *asalkan ia dapat menangkap tikus*. 猫は黒であれ白であれ, ネズミを捕りさえすれば構わない. Saya akan pergi *asal sahaja awak pergi juga*. 君が行きさえすれば僕も行く. *Jangan asal saja*. ぼやぼやするな, 気をつけよ.

asam 1 〔植〕タマリンド. 2 酸っぱい: *Asam* benar buah ini. この果物は実に酸っぱい. *muka asam* 渋い表情, 浮かぬ顔つき.

asam garam a さまざまな辛苦・人生経験: *tahu asam garam* (人生の)酸いも甘いも知る, 物事のすべてを熟知している. Serangan pribadi adalah *asam garam* dalam politik. 個人攻撃は政治の世界では当たり前の辛苦である. b 塩酸.

asap 煙, 蒸気: *asap api* 煙. *Asap berkepul-kepul keluar*. 煙がもくもく上る.

berasap 煙を出す, 煙たい: *Dapur tidak berasap*. 【諺】台所から煙が出ない(極貧のこと).

mengasap, mengasapi 煙をあてる, 燻製にする: *mengasapi ikan* 魚を燻製にする. *ikan yang diasap* 燻製にした魚. *mengasapi nyamuk* 煙を炊いて蚊を追い出す.

perasap, perasapan 香炉.

asar (Ar) 午後(正午から日没前までの時間帯), アサール(イスラムの午後の礼拝): Saya tiba di rumah nenek *pada waktu Asar*. 僕はアサールの頃におばあちゃん宅に着いた.

asas 基礎, 原則: *batu asas* 礎石. *asas demokrasi* 民主主義の原則. *asas ekonomi* 経済的基礎. Men-

campur, menolak, mendarab dan membahagi adalah asas pelajaran matematik. 足し算と引き算,掛け算,割り算が算数の基本です.

berasas, berasaskan 〜に基礎をおく,〜に基づく: *tuduhan yang tidak berasas* 根拠のない非難. *sistem ekonomi yang berasaskan kapitalisme* 資本主義に基づく経済制度.

mengasaskan 設立する,基礎をつくる: Dr. Mahathir *mengasaskan Dasar Memandang Ke Timur* pada tahun 1982. マハティール首相が82年にルック・イースト政策を創設した.

pengasas 創立者,先駆者: Datuk Onn adalah *pengasas* UMNO. ダト・オンが UMNO の設立者である.

ASAS 50 [Angkatan Sasterawan 1950]:「50年世代」(1950年代に結集したマレー人文学者グループ).

asasi (Ar) 基礎的の,根本の: *hak-hak asasi manusia / rakyat* 基本的人権.

aset (asét) (英) asset 資産: *aset bersih* 純資産. *aset cair* 流動資産. *aset tetap* 固定資産.

asfalt (英) asphalt アスファルト.

berasfalt アスファルト舗装がされてある: *Jalan kampung itu belum berasfalt.* カンポンの道路はまだ舗装されていない.

asfar (Ar) クリーム色,淡黄色.

asi I 反逆する,裏切る.

asi II 正しい,正当な.

asi III 注目,関心: *mengambil asi* 注意を払う.

Asia アジア: *Asia Pasifik* アジア太平洋. *Asia Tenggara* 東南アジア. *Asia Timur* 東アジア.

asid (英) acid 酸,酸性の物: *asid amino* アミノ酸. *asid urik* 尿酸.

asimilasi (英) assimilation 同化.

berasimilasi 同化する.

mengasimilasikan 同化させる.

asin 塩辛い: *air asin* 塩分のある水. *merasai asin garam* 酸いも甘いもさまざまな経験を積んでいる.

mengasini 〜に塩をかける. *Ini sudah diasini.* これに塩をかけた.

mengasinkan 塩辛くさせる,塩漬けにする: *pandai mengasinkan ikan dan sayur* 魚と野菜を塩漬けにするのが上手い.

asinan 塩漬け(果物や野菜など).

keasinan 塩分.

asing 1 外国の: *orang asing* 外国人. *bahasa asing* 外国語. *modal asing* 外国資本. 2 異なる,違った: Tempura dan Sushi merupakan makanan yang *tidak asing lagi* bagi orang Amerika. アメリカ人にとってテンプラと寿司はもはやなじみのない食べ物ではなくなった.

asing-asing 個別に,別々に: Mereka pergi *asing-asing.* 彼等は別々に行った.

berasing, mengasing 1 〜から孤立する,離れる: Anak ini *berasing dari kawan-kawannya.* この子は友達から孤立している. 2 別のものに変わる: Perangai Ali sudah *mengasing.* アリの性格が変わった.

berasingan, berasing-asingan 別々に,異なった: *tinggal berasingan* 別居する; Suami isteri itu sudah *tinggal berasingan* sejak beberapa bulan lalu. その夫婦は数カ月前から別居している.

mengasingkan 隔離する,分離する,区分けする: *mengasingkan orang berkulit putih daripada orang yang berwarna.* 白人と有色人種とに分離する. *mengasingkan* surat *mengikut* tempat 手紙を(あて先)場所別に区分けする.

terasing 孤立した, 離れている: *kawasan yang terasing* 孤立した地域.

keasingan 特異性, 独自性.

pengasingan 分離, 隔離, 孤立: China mengubah *sikap pengasingan*. 中国は孤立主義的態度を変えた.

asisten (英) assistant アシスタント.

askar (Ar) 軍隊 (tentera), 兵隊・兵士 (perejurit).

asli 本来の, 先住の, 固有の, 天然の: *orang asli* オラン・アスリ; 先住民. *getah asli* 天然ゴム. *kulit asli* 本物の皮. *lagu asli* オリジナル・ソング.

keaslian 独創性, オリジナリティ.

asma 喘息.

asmara 愛情: *kisah asmara yang sedih* 悲恋物語.

berasmara 愛している, 愛し合う.

aspek (aspék) (英) aspect 局面, 外観.

asrama (Sk) 寄宿舎, 寮: *asrama puteri* 女子寮.

berasrama 寄宿舎付きの, 全寮制の: *sekolah berasrama* 全寮制の学校.

astaka (Sk) = *balai astaka* 宮廷内の演武堂《屋根があって, 四方壁なく, 祝祭のとき演技を公衆に観覧させる所. 王や高官は階段の上座に座る》.

astrogi (英) astrology 占星術.

astronomi (英) astronomy 天文学.

asuh; **mengasuh** 1 しつける, 世話する, 養育する: *bapa asuh* 養父. *anak asuh* 養子. Anak Fatimah *diasuh oleh neneknya* semenjak kecil lagi. ファティマの子供は小さいときから祖母に育てられた. 2 管理する: *mengasuh buruh* 労働者を管理する.

asuhan, pengasuhan 養育, 教育: *Dia dalam asuhan neneknya*. 彼はおばあちゃんに育てられた.

pengasuh 世話人, 養育者, 看護人, 保護者: *inang pengasuh* 乳母.

asung; **menasung** そそのかす, 挑発する.

asyhadu (Ar) 確信する: *asyhadu an lailahaillallah*. アッラー以外に神はいない, と信じる.

asyik (Ar) 1 没頭する, 夢中で〜する: *Dah asyik berbual lupa akan makan*. 話に夢中になり食べるのも忘れる. 2 大いに喜ぶ, 惚れる: Raja *sedang asyik kepada* tuan puteri itu. 王は王女に夢中になっている.

asyik-asyik いつも, 常に: *Ia asyik-asyik datang*. 彼はよく来る.

mengasyikkan 夢中にさせる, 没頭させる: Buku itu *mengasyikkan* pembaca. その本は読者を魅了する.

atap 1 屋根: *atap rumah* 屋根. *atap genting* 瓦屋根. *atap zink* トタン屋根. 2 アタップ(ニッパヤシ)の葉(屋根を葺くために用いる).

beratap 屋根のある.

mengatap, mengatapi 屋根を葺く: *mengatap rumahnya dengan genting*. 瓦で屋根を葺く.

atas 1 上: 上層部: *di atas meja* 机の上に. *dari atas bukit* 丘の上から. *tingkat atas* 上の階. *bibir atas* 上唇. *perintah dari atas* 上層部からの指令. *atas sungai* 川上, 上流.

negeri atas angin 風上の国《=マレー半島から西に位置するインド, ペルシャ, アラビア, ヨーロッパなどを指す》.

di atas 〜 **a** 〜の上で: *Jangan bermain di atas jalan*. 道路の上で

は遊ぶな. **b** 前述・前記のとおり: *seperti yang disebut di atas* 前述の通り. **c** 〜より以上の: Gajinya di atas RM1,500. 彼の給与は 1,500 リンギット以上です.

~ **ke atas a** 上へあがる: Dia baru naik ke atas. 彼はやっと昇進した. **b** 〜から上, 〜以上の: gaji *RM1500 ke atas*. 1,500 リンギット以上の給与. orang yang *berumur 18 tahun ke atas* 18才以上の者.

2《前置詞的役割になり》〜について, 〜もとづき, 〜のために: *atas biaya* 〜の費用で. *atas dasar kemanusiaan* 人道的理由で. *atas jasa* 〜のおかげで. *atas kebaikan hati* 〜の好意のおかげで. *atas kemahuan sendiri* 自分の希望で. *atas perintah kerajaan* 政府の命令で. *atas permintaan mereka* 彼等の要請で. *atas pertimbangannya* それを考慮して. *atas tekanan kerajaan* 政府の圧力で. *atas usaha saya sendiri* 自身の努力で. *atas undang-undang* 法律に従って. *atas usul* 〜の提案によって.

atasan 上位の, 上司 (orang atasan).

atas-mengatasi, beratas-atasan 〜互いに張り合う: *Dalam pelajaran, mereka atas-mengatasi satu sam lain*. 勉強で彼等はお互いに競争している.

mengatas 上にあがる: *Debu mengatas*. 埃が上がる.

mengatasi 〜を上回る, 〜に打ち勝つ, 克服する: *mengatasi lawannya* 敵に打ち勝つ. *mengatasi masalah* 問題を克服する.

pengatas 分子: *Dalam pecahan 6 / 7, nombor 6 disebut pengatas*. 分数 6 / 7 で, 6 は分子といいます.

atau 1 あるいは, または: pensel *atau* pena 鉛筆またはペン. **2** すなわち, 言い換えれば, 《とくに, 外来語を説明するときによく使われる》.

atendan (aténdan) (英) attendant 世話人, 付添人, トラックの運転助手.

atlas (英) atlas 地図帳.

atlet (atlét) (英) athlete スポーツ選手: Pasukan Malaysia yang dianggotai seramai *41 atlet* daripada 8 acara sukan. 8 競技に参加する 41 人の選手から成るマレーシア・チーム.

atmosfera (atmosféra) (英) atmosphere 大気.

atom (英) atom 原子: *bom atom* 原子爆弾.

atur 整理, 配列: *atur cara* (セミナーや会議の) プログラム, 式次第.

beratur 1 整列する, 順番に並ぶ, 行列をつくる: *beratur di padang sekolah* 校庭に整列する. Kereta selalu *beratur panjang* di depan stesen minyak. ガソリンスタンドの前にいつも車が長い行列をつくる. "*Sila beratur.*"「並んで下さい.」 **2** 行儀良い, きちんと整理されている: Murid-murid hendaklah *beratur dengan baik*. 生徒諸君は行儀良くしてください. Perkakas dapur *beratur dengan baik*. 台所用品はきちんと整理されている.

mengatur 1 整理する, きちんとする: Dia *mengatur* buku-buku di dalam almari. 彼は棚の中の本類を整理した. **2** アレンジする, とりまとめる, 仕切る: Akan saya *atur* supaya segalanya berjalan lancar. 全てが上手行くよう私が仕切りましょう. Kejadian itu *rancangan yang diatur*. あの事件は仕組まれた計画 (やらせ) だ.

teratur 整理された, 規則ただしい, きちんとしている: Keadaan biliknya *teratur*. 彼の部屋は整理されている. Nenek Kinsan berjalan pun *teratur*. Berdiri pun lurus dan tak condong. きんさんは歩くのもシャキッとし, 立っているときもピンと立ち, 傾くことはない. *secara teratur* 整然と, きちんと. *tidak teratur* 雑然としている, 散らかっている; Biliknya selalu *tidak teratur*. 彼の部屋はいつも散らかっている.

aturan 1 整理. 2 礼儀, マナー正しい: Dia *tak tahu aturan*. 彼はマナーが悪い. 3 =*peraturan* 規則.

peraturan 規則: *peraturan sekolah* 校則. *peraturan lalu lintas* 交通規則. *Peraturan dibuat untuk dilanggar*. 規則というものは破られるためにつくる.

audio (英) audio 音声, オーディオ: audio-visual=*pandang-dengar* 視聴覚 (AV).

audit (英) audit 会計検査・監査: *audit dalaman* 内部監査. *audit hujung tahun* 年度末監査.

mengaudit 会計検査・監査する.

juruaudit 監査役.

aulia (Ar) 聖人, 聖者, 守護主, 支配者: Hang Tuah hulubalang dan *aulia* segala lelaki. ハン・トゥアは武将であり, 全ての男の守護主である.

aum (ライオンや虎の)ほえ声, うなり声.

mengaum ほえる, うなる.

mengaum-aumkan 【口語】騒ぎ立てる, あっちこっちへ言いふらす.

aung (猛獣などの)うなり声, 吼え声.

mengaung うなる.

aur 竹=buluh, bambu: *Seperti aur dengan tebing*.【諺】竹と川岸の如く, お互いに助け合う.

aura オーラ: Penyanyi itu *mempunyai aura*. あの歌手にはオーラがある.

aurat (Ar) (イスラム教の教えで)露出してはならない身体の部分.

auta ごまかし, 法螺(ホラ).

autograf (英) autograph 自筆の署名, サイン.

automasi (英) automation オートメーション.

mengautomasikan 自動化する.

automobil (英) automobile 自動車.

autopsi (英) autopsy 解剖.

awak 1 君, あなた(同等ないし目下への呼びかけ). 2 (船・飛行機の)乗組員, 乗務員.

awal 1 初め, 最初: *dari awal hingga akhir* 初めから終わりまで. *pada awal tahun ini* 今年の初め. *awal bulan* 月初め. *awal pagi* 早朝に. *Dari awal lagi* saya sudah tahu bahawa ~. 私は最初から~であることを知っていた. 2 早目に, 時期早尚: *balik awal* 早目に帰る. Saya datang ke pejabat *awal*. 私は早目に出勤している. dua hari *lebih awal daripada yang dijadualkan* 予定よりも2日早く(=2日前倒して). Bas itu sampai *lebih awal*. バスが予定よりも早く着いた. *Terlalu awal untuk saya membuat sebarang komen mengenai hal itu*. 僕がそのことについてコメントするのは時期尚早だ. *Sama ada dasar itu telah membuahkan hasil, masih agak awal lagi* untuk dibuat kesimpulan. その政策が成果をあげたかどうか, 結論付けるのは時期尚早だ.

awal mula 最初に=mula-mula sekali.

awal-awal, *awal-awal lagi* 最

awam

初から，端から，もっと早くから：Kenapa tak beritahu saya *awal-awal*? なぜもっと早く知らせてくれなかったのか. Mereka *awal-awal lagi* memberi alasan tidak mempunyai kuasa untuk ~. 彼らは～する権限がないと端から言い訳をする.

berawalkan ～で始まる：perkataan-perkataan yang *berawalkan* huruf 'a' a で始まる単語.

mengawalkan 早める.

awalan 接頭辞《me, ber, ter など》.

awam 一般の，公共の：orang *awam* 一般人, 庶民. perkhidmatan *awam* 公共サービス・公務員制度. kepentingan *awam* 公共の利益. kemudahan *awam* 公共施設. tempat *awam* 公衆の場：berkelakuan tidak sopan *di tempat awam* 公衆の場でみだらな行為をする.

mengawamkan 1 公にする, 発表（公布）する＝mengumumkan：Kerajaan telah *mengawamkan* peraturan memakai topi keledar untuk semua penunggang motosikal. 政府はバイクに乗る者に対しヘルメット着用の規則を公表した. 2 提案する, 支持する：Kerajaan *mengawamkan* cadangan itu. 政府はその計画を提案した.

awan 雲：*awan bakat merah* あかね雲. *awan berarak* 巻雲. *awan biru* 青空. *awan hitam* 黒雲. *awan hujan* 雨雲. *awan kilat* 雷雲. *awan larat* 浮雲. *awan sisik* うろこ雲. *awan panas*（火山噴火で噴出する）熱雲あるいは火砕流. Gunung Merapi kembali menyemburkan *awan panas*. ムラピ山は再び火砕流を噴出した.

berawan （空が）曇におおわれる：Menurut ramalan cuaca, langit akan *berawan*. 天気予報によると, 曇りになるでしょう.

mengawan 雲のようになる, 空高くあがる：Kemuncak gunung itu tinggi *mengawan*. 山の頂が高々とそびえる.

awang I （若者に対する呼称）若い衆：*awang dan dayang* 青少年諸君.

perawangan 【古典】王の下僕になった若者.

awang II; **awang-awang** ＝ **awang-awangan** ＝ **awang-gemawang** 【古典】天界と地界の間：*masih di awang-awang* まだはっきりしない, 期待できない.

awas 気をつける, 危ない：*Awas! Jalan di hadapan sedang diperbaiki.* 注意せよ！ 前方の道路補修中！ *Awas buaya*「ワニに注意」《ワニが出没するから注意するように, という看板》. *awas penglihatan* 神通力がある.

berawas, berawas-awas 用心深い.

mengawas, mengawasi 注意深くみる, 監視する, 管理する：*mengawasi* anaknya yang bermain-main di tepi pantai. 海岸で遊んでいる子を注意して見守る.

pengawasan 監視, 監督, 管理：*Kamera pengawasan* dipasang di kawasan gelap. 薄暗い所に監視カメラを設置する.

pengawas 監視者, 監督者：*pengawas asrama* 寮監. *pengawas hutan* 森林監視官.

awek (awék) 【俗語】彼女, 恋人（＝makwe）.

awet (awét) (Jw) 長持ちする：*awet muda* いつまでも若い：Beliau *awet muda*, sungguhpun umurnya sudah tujuh puluhan. 70才台なのに実に若い.

ayah 父: *ayah bonda* 両親(＝ibu bapa, orang tua).

ayahanda 父君【王室】, 父上(手紙の中での父親への呼び掛け).

ayak (Jw): **ayakan**, **pengayak** ふるい.
mengayak ふるいにかける: *mengayak tepung* 粉をふるいにかける.

ayam 鶏(ニワトリ), 鶏肉: *ayam belanda* 七面鳥. *ayam itik* 家禽(鶏, アヒルなど). *ayam panggang* ロースト・チキン. *ayam sabungan* 闘鶏. *kari ayam* チキン・カレー. *kokok ayam* 夜明け. *selesema ayam* 鳥インフルエンザ. *tidur-tidur ayam* うたた寝. *Seperti ayam kais pagi makan pagi, kais petang makan petang.*【諺】その日暮らし.

ayan てんかん.

ayap【古典】食べる《平民・庶民が食べる場合: 王族が食べるのは santap という》.
ayapan【王室】王が臣民にふるまう食事.

ayat (Ar) 文章, (コーランの)経句: *muka surat 97, ayat 5.* 97頁の5行目.

ayu (Jw) 雅びやかな, 上品な.

ayuh (感嘆)さあ早く: *Ayuh lekas pergi*! 早く行こう! *Ayuh makan*! 早く食べて.

ayun 前後(左右)の揺れ, 揺れ動く.
ayunan 揺りかご.
berayun, **berayun-ayun** 前後(左右)に揺れ動き, 揺れる.
mengayun 揺する: *mengayun buaian* 揺りかごを揺らす.
mengayunkan ～を揺さぶる: *mengayunkan begnya sambil berjalan* 歩きながらバッグを揺さぶる.

azab (Ar) **1** 刑罰, 虐待. **2** 苦悩.
keazaban 虐待, 苦悩.
mengazab 虐待する, 罰する.
mengazabkan 苦悩を負わせる.

azam (Ar) 決意, 目標, 意図.
berazam ～したい希望がある: *berazam untuk melanjutkan pelajaran ke luar negeri.* 留学したい希望がある.
mengazamkan ～を目指す, 意図する.
keazaman 決意, 意図, 目標, 希望: *Keazaman saya untuk mengurangkan berat badan.* 私の目標は体重を減らすこと.

azan (Ar) アザーン《イスラム教徒に1日5度の祈りの時間を知らせる呼びかけ: 時間になると, 各地のモスクからアザーンが流れる. テレビでもアザーンを流す》.

azimat お守り, 護符: *Dia memakai azimat yang berupa kuku harimau.* 彼は虎の爪の形のお守りを身に付けている.

B

bab (Ar) **1** 章: *Buku ini ada 10 bab.* この本は10章から成る. **2** 事柄, 問題: *Mereka cukup ligat dalam bab gosip.* 彼らはゴシップの

事になるととても活発になる.

Baba パパ《マレー半島生まれでマレー語を主たる言語とするなどマレー化が進んだ華人とその子孫の男性. 女性は Nyonya ニョニャという》.

babak (劇,試合などの)幕,場面,シーン: satu *babak* yang menyentuh perasaan 感動的なシーン. *pada babak kedua* (サッカー試合の)後半戦で.

babar; **membabar** 伸ばす,広げる. **membabarkan** 1 広げる,開く: *membabarkan layar* 帆を広げる. 2 説明する: *membabarkan* pendapatnya kepada penduduk kampung 自分の意見を村民に説明する.

babas; **membabaskan** (違う方向に)運ぶ,動かす: Angin kencang *membabaskan* perahu itu *ke* sebuah pulau. 強風が舟を島の方に運んでしまった.

terbabas 外れる,逸脱する: *terbabas ke bahu jalan.* (車が)路肩に外れた. Kereta itu *terbabas ke kiri jalan* dan terus masuk ke dalam gaung. 車は道路の左側に逸脱し,そのまま谷に落ちた.

babat I 類,種類,グループ: 水準,レベル: Kalau bersahabat, cari sama *babat*. 付き合うならば,同じレベルの者をさがせ.

sebabat 同類の,同水準の: 釣り合った,均衡した: Menantu haruslah seorang yang *sebabat*. 嫁は同じレベルの者でなければならない. Hukuman itu *tidak sebabat dengan* kesalahan yang dilakukannya. その刑罰は犯した罪と均衡していない.

babat II ; **membabat** (雑草,藪,灌木を)刈る, 伐採する: *membabat* semak di belakang rumah. 家の裏の藪を刈る.

babi 豚: *babi alu* バク(漢). *babi balar* 白豚. *babi hutan* 猪. *gila babi* = *pitam babi* = *sawan babi* てんかん. *babi tunggal* 群れをつくらない猪. *babi rusa* 長い牙のある猪. *bintang babi* 金星, 宵の明星.

membabi ; *membabi jalang* 不義をする. *membabi buta* 猪突猛進する, 思慮なく暴れ狂う, 向こう見ずにやる.

pembabibutaan 猪突猛進.

babil 1 頑固な, 強情な: *Babil sangat* budak ini. この子は強情すぎる. 2 勇敢な: perwira-perwira *babil* 勇敢な勇士.

berbabil 争う, 喧嘩する, 論争する.

kebabilan 闘争心, 議論好き: Peristiwa itu membakar seluruh *kebabilanku.* その出来事は僕の闘争心を搔き立てた.

perbabilan 紛争, 論争.

babit ; **membabitkan** 巻き込む: Ia *membabitkan* Ali *dalam* peristiwa pembunuhan itu. 彼はアリをその殺人事件に巻き込んだ.

terbabit 巻き込まれる: Macam mana awak boleh *terbabit dalam* perkelahian itu? 君はどのようにしてその喧嘩に巻き込まれたのですか.

babuk もうろくした = nyenyak : Ia belum tua, tetapi sudah *babuk* pula. 彼はまだ年老いていないのに, もうろくしている.

baca ; **membaca** 1 読む, 朗読する: *baca buku* 本を読む. *membaca al-Quran* コーランを朗読する. *membaca doa* お祈りを言う, 祈禱する. *membaca dalam hati* 黙読する. *membaca khutubah* 説教する. *membaca sajak* 詩を人前で朗読する. Murid-murid *membaca*, cikgu mendengar. 生徒たちは朗読し, 先生がそれを聞く. 2 人の心・気持ちを読む:

Mereka tak dapat *membaca isi hati Ali*. 彼らはアリの気持ちを読めなかった. Dia pandai, *boleh membaca erti tersembunyi sesuatu tulisan*. 彼は行間を読めるほど賢明だ. **3** (手相を)見る: Ia pandai *membaca tapak tangan*. 彼は手相を見るのが上手だ.

mambacai よく読む, 入念に調べる: *membacai ayat itu* 文章をよく調べる.

membacakan (〜に)読み聞かせる: Ali *membacakan neneknya* surat itu. アリはおばあちゃんに手紙を読んであげた.

bacaan **1** 読みもの, 読本: *Di kapal itu, disediakan juga bacaan*. 船には読みものも用意されていた. *bacaan ringan* 軽い読みもの. *Ini buku bacaan Tahun 2*. これは2年生の読本です. **2** 読み方, 読むこと: *bilik bacaan* 読書室. *Bacaan Ali jelas lagi lancar*. アリの読み方は明瞭でしかも流暢だ. *bacaan dalam hati* 黙読. *bacaan kuat* 大きな声での音読. **3** (計器の)指数, 目盛り.

pembaca 読者: *Akhbar ini ada banyak pembacanya*. この新聞は読者が多い.

pembacaan 読むこと, 読書: *pembacaan sajak* 詩の朗読. *Pembacaan akhbar dalam waktu pejabat tidak dibenarkan*. 勤務時間中の新聞読みは許されていない.

terbaca 読める: *Tulisannya tak terbaca*. 彼の字は読めない.

bacak I (Jk) 濡れる, 湿る.

bacak II (鶏の毛が)まだらな, ぶち(斑).

bacang (embacang)〔植〕ウママンゴー(マンゴーに似たウルシ科の果樹).

bacar **1** (けなして)おしゃべりな, 口数が多い: *bacar mulut* 相手のことにお構いなく一方的にしゃべりまくること. *perempuan yang bacar* おしゃべりな女性. **2** 陽気な: *Pak Ali pendiam tetapi isterinya bacar*. アリさんは寡黙だが奥さんが陽気だ.

kebacaran 多弁, おしゃべりなこと: *Dia dibenci kerana kebacarannya*. 彼女はおしゃべりなため嫌われている.

bacin くさい臭い, 悪臭: *baju yang berbau bacin*. 悪臭のする服.

bacok (Jk) **membacok** 叩き切る, 切りつける: *membacok* orang dengan parang. 鉈で人を切る.

bacokan, pembacokan 叩くこと, 切りつけること.

bacuk 竹の椀(ヤシの樹液などを入れる容器).

bacul 臆病な=penakut. 闘争心のない, 気迫を欠いた, 意気消沈した: *tidak berjiwa, lemah dan bacul* 活気がなく, 弱気で気迫のない.

kebaculan 軟弱さ, 無気力, 臆病.

bad (Pr) 風: *bala bad* 風上(西方).

bada I =bada pisang 揚げバナナ.

bada II; *tidak terbada, tidak terbada-bada* 数えきれない: *Penonton tidak terbada banyaknya*. 見物人は数えきれないほどいた.

bada III; **berbada** (船などが)衝突する, 乗り上げる: *Perahu berbada dengan batu karang*. 船がサンゴ礁に乗り上げた.

bada IV =bada seluang〔魚〕ロスボラ.

badai I **1** 暴風: *Di tengah laut, kapal itu ditimpa badai*. 海の真ん中で船は暴風に襲われた. **2** (感情や状態の)動яс, 混乱: *dunia yang penuh badai* 混沌とした世界. *Badai*

badai

di hatinya masih belum reda. 彼女の動転した気持ちはまだ治まらない.
membadai 1（暴風が）吹き荒れる：（感情や状態が）荒れ狂う：Tiba-tiba ribut *membadai*. 突然暴風が吹き荒れた. 2（気持ちや考えを）乱す：*membadai hatiku*. 心を乱す.

badai II 許可なしに〜する：Mereka *badai* masuk ke bilik. 彼らは許可なしに部屋に入って来た.

badai III；**terbadai** 横たわる，（船が）座礁した：Sudah 2 bulan dia *terbadai* di hospital. もう2カ月も入院している.

badak I〔動〕サイ：*badak air* カバ. *badak gajah / raya / sumbu* 一角サイ. *badak kerbau / berendam / sumatera* 二角サイ. *badak tampung / murai* バク（=tenuk）.

badak II〔食〕*kuih badak / cucur badak* 揚げお菓子の一種《皮は小麦粉とサツマイモからつくり，中身にココナッツやチリー，エビをまぶしたもの》.

badal（Jw）（メッカ巡礼のための）代理店，エージェント.

badam I〔植〕アーモンド.

badam II＝bunga badam（ハンセン病を示す）赤い皮膚斑点.

badan 1 胴体，身体：*tubuh badan* 身体. *susuk badan* 体形. *Badannya lebih panjang daripada kakinya.* 胴体が足よりも長い. *tidak sedap badan* 身体の調子が良くない. 2（物の）主要な部分：*badan kereta* 車体. 3 組織，団体，機関：*badan kebajikan* 福祉団体. *Badan-Badan Bukan Kerajaan*＝NGO. *badan politik* 政治団体. FELDA ialah sebuah *badan kerajaan*. FELDA（連邦土地開発庁）は政府機関. *badan penasihat* 顧問団. *badan kebajikan* 福祉団体.

berbadan 〜な身体をもつ：*berbadan dua* 妊娠している. *berbadan kurus*. 細い身体をしている.

perbadanan 政府機関，局，公社：*Perbadanan Kemajuan Ekonomi Negeri Pahang* パハン州経済開発公社.

badang 竹で編んだふるい（篩）：menampi padi dengan *badang* 籾をふるいにかける.

badang jarang **a** 教えるのは上手だが自分でやるのが下手. **b** 口が軽い（秘密を漏す）.

badani；**badaniah**（Ar）肉体，身体.

badar I 満月（美的表現）：*muka badar* 満月のような.

badar II（イカン・ビリスのような）小魚.

badar III；*badar sila*＝*raja badar* 上質の白布地.

badar IV；*batu badar* 指輪用の水晶石（預言者ムハンマドの戦勝地から産出したとされる幸運の石）.

badi 1 物の気（怪），祟り《死体や死骸が引き起こすというマレーの伝統信仰》：Dia *terkena badi orang mati* ketika terpandang mayat di tepi jalan semalam. 彼は昨日道端で死体を見たとき死人の祟りに取りつかれた. 2 生れたときに取りつかれたという特異な性格・振る舞い（マレーの伝統信仰）.

berbadi 1 〜に似た振る舞いをする：Budak itu *berbadi* seekor kera. その子は猿のような振る舞いをする. 2 競争心のある：Tanamkan semangat *berbadi*. 競争心を植え付けよ.

badik I 短剣.

badik II；**membadik** 後ろからボールを蹴る.

badminton（英）バドミントン.

badut 道化師(ピエロ).
  membadut 道化師の如くおどける.

Badwi (Ar) ベドウィン(Bedouin: アラブ系遊牧民).

bagai 1 〜のように＝sebagai, bagaikan: Ia menjerit *bagai* orang gila. 彼は気の狂ったように叫んだ. *Bagai* kera mendapat bunga 【諺】猿が花を手にした如し(猫に小判). **2** 種類, タイプ: beberapa *bagai* 何種類かの: Beberapa *bagai* lukisannya telah dipamerkan. 何種類かの絵画が展示された. **3** 匹敵するもの(人): Kecantikan anak gadis itu *tidak ada bagainya*. あの娘の美しさに匹敵する者はいない(他に比類がない).

berbagai, berbagai-bagai さまざまな, 各種の: *berbagai* jenis haiwan さまざまな種類の動物. membincangkan *berbagai-bagai* perkara さまざまな事を論じる. Ada *berbagai-bagai* kaum di Malaysia; Melayu, Cina, India, Iban, Kadzan dan lain-lain lagi. マレーシアにはさまざまな種族がいる, マレー人, 華人, インド人, イバン人, カダザン人など等.

sebagai 1 〜として〜: *sebagai* wakil Jepun 日本代表として. Mereka melantik Ali *sebagai* pengerusi. 彼らはアリを議長に任命した. **2** 〜のように: Orang itu berkelakuan *sebagai* orang bodoh. その人は愚か者のように振る舞った. **3** 〜するため (＝untuk): membuat pengumuman *sebagai* menjawab pertanyaan. 質問に答えるために声明を出した.

sebagai lagi ＝*sebagai pula* とりわけ.

sebagainya 1 等(略して sbg): buah nanas, buah durian *dan sebagainya*. パイナップル, ドリアン等. **2** 正しく, 正当に: diperlakukan *sebagainya*. 正しく行う.

mempelbagaikan, memperbagaikan 多様化する: *mempelbagaikan* eksport 輸出を多様化する. *mempelbagaikan* ekonomi 経済を多様化する. *memperbagaikan* hasil pertanian 農産品を多様化する.

pelbagai, perbagai, perbagai-bagai さまざまな: *pelbagai* buku さまざまな本: *Pelbagai* buku dibacanya. さまざまな本を彼は読んだ.

kepelbagaian 多様性, 多様さ: *kepelbagaian* kaum 種族の多様性. *Kepelbagaian* dialek Melayu sangat mengagumkan. マレー語方言の多様さには驚くべきものがある.

pempelbagaian 多様化: *pempelbagaian* keluaran 生産の多様化.

bagaimana どのように, どんな【疑問詞】＝macam mana: *Bagaimana* sekarang？ どう調子は？《元気かどうか尋ねる挨拶》. *Bagaimana* datang ke sini？ここへどうやって来たのか？ *Bagaimana rasanya* kari ini？このカレーの味はどう？ *Bagaimana pendapat anda mengenai* hal itu？その事についてのあなたのご意見はいかがですか. "*Bagaimana* awak tahu ini semua？" "Saya *terdengar* mereka bercerita dengan guru besarnya."「君はどうやってこのことを知ったのか」「彼らが校長と話しているのをふと耳にしたから」. "*Bagaimana dengan* yang ini？"「こっちの方はどうですか？」《店員が商品をすすめるときなど》. Pekerjaan *yang bagaimana*？ どのようなお仕事ですか. Muzik *yang bagaimana* anda suka？ どのような音楽があなたは好きですか. Saya suka Beatles. ビー

トルズが好きです.

bagaimana ～ *nya*! どんなに～だろうか, なんと～ことか《感嘆文》: *Bagaimana gembiranya* Ali melihat ayahnya pulang! 父親が帰ってくるのを見てアリがどんなに喜んだことか! *Bagaimana risaunya* hati Kak Yam ketika mendapat tahu yang anaknya berkahwin dengan orang asing. 息子が外国人と結婚することを知ってヤムさんはどんなに心配したことか.

Bagaimana kalau ～(するのは)いかがでしょうか: *Bagaimana kalau* kita pergi makan sekarang? 今から食べに行くのはどうでしょうか. Maaf, sekarang saya sangat sibuk. *Bagaimana kalau* pada pukul satu. すみません, 今は忙しいので, 1時ならどうでしょうか. "Bila nak datang ke rumah saya?"「いつ私の家に来ますか」"*Bagaimana kalau* esok petang?"「明日の午後はどうでしょうか?」

bagaimana pun いずれにしても, どうなろうとも: Hari akan hujan. *Bagaimana pun* saya tetap akan pergi. 雨が降るかもしれない. いずれにせよ僕は相変わらず行きます. *Bagaimana pun* saya akan terus menyokong awak. どうなるとも僕はいつも君をサポートするよ.

sebagaimana ～のように (=seperti): *sebagaimana yang dikatakan tadi* さっき述べたように.

bagan 1 魚を干すのに使う板材. 2 船着場. 3 略図.

bagasi 手荷物(bagasi tangan): *tuntutan bagasi* 手荷物受け取り所. *bagasi kabin* 機内持ち込み用の手荷物.

bagi Ⅰ【前置詞】 1 ～のために: Buku ini *bagi Ali*. この本はアリのためのもの. 2 ～(人)に関しては, にとっては: *Bagi saya*, tak apalah. 私にとっては, まったく構いません. pentadbiran *bagi* rakyat, *oleh* rakyat dan *untuk* rakyat 人民の人民による人民ための行政.

bagi pihak ～を代表して, ～の代わりに: Izinkan saya bercakap *bagi pihak* tuan rumah. ホストを代表して発言させてください. *Bagi pihak* kerajaan dan rakyat Malaysia, saya ingin menyampaikan rasa simpati dan kesedihan kepada mangsa dan keluarga malang. マレーシア政府と国民に代わって, 犠牲者とそのご家族に同情と哀悼の意を申し上げます.

bagi Ⅱ → **bahagi**【口語】くれてやる, 与える: ～させる: Dia *bagi* saya seringgit. 彼は僕に1リンギットくれた. *Bagi* aku pinjam. 俺に貸してくれ.

bagian 分け前.

membagikan, membagi-bagikan 分ける.

bagih (病人の身体から)厄除け, 悪魔払い.

berbagih 厄除けする.

baginda (Sk) 王様, 陛下(スルタンや王に対する三人称の尊称): *Baginda* sedang santap. 王様はお食事中です.

bagitahu【口語】知らせる(=beritahu): Ada sesuatu aku nak *bagitahu* kau. お前に知らせたいことがある.

baguk 〔魚〕ゴンズイ(海鯰).

bagung 鈍重な, 不格好な.

bagur (人・動物の背や体重が)早く成長しすぎる, 肥大になる.

bagus すばらしい, 美しい: Rumah

ini *bagus* sekali. この家は実にすばらしい. Lihat gunung itu. *Bagus sekali*! あの山をご覧ください. 実にすばらしい. "Apa? Awak dapat kerja? *Bagus*!"「何? 仕事みつかったって? それはすばらしい!」"*Bagus tidur*, Aminah?"「よく眠れたアミナ?」. *Bagus sekali kalau* anda dapat datang ke majlis itu. そのパーティに来てくだされ ばたいへん嬉しいです. Pemandangan ini *bagus sekali* kalau diambil gambar. この景色は写真に撮るとすばらしい.

membaguskan, memperbaguskan 良くする, 改善する: *membaguskan* bilik 部屋を良くする.

kebagusan すばらしさ.

bah 洪水=banjir: *air bah* 洪水, *musim bah* 洪水の季節. Kampungnya *telah bah*. 村は洪水に遭って冠水した.

bahadur【古典】**1** 英雄. **2** 勇敢な.

bahagi; **bahagian 1**(分割した)部分, (全体の中の)部分: Kek besar itu dibahagikan kepada *empat bahagian*. その大きなケーキを4つに分けた. Epal itu dipotong menjadi *empat bahagi*. リンゴを4つに切った. *Bahagian* bawah belakang saya sakit. 私の背中の下の部分が痛い. **2** (本・話の)部分, 面: *Bahagian* terakhir buku ini tidak begitu manarik. この本の最後の部分はあまりおもしろくない. **3** 分け前, 割り当て: *Bahagian* saya belum saya terima lagi. 僕の分け前を僕はまだ受け取っていません. Yang ini *bahagian* awak, yang itu *bahagian* saya. こっちは君のもの, あっちは僕のものだよ. **4** (組織の)部局, 部門, 支部: Ayah saya bekerja di *bahagian penjualan* di syarikat itu. 父はその会社の販売部で働いています.

mengambil bahagian dalam ~ 参加する: Kami *mangambil bahagian dalam* pertandingan itu. 私たちはその試合に参加します.

membahagi 1 分ける, 分割する: *membahagi dua* 二分する. Keuntungan itu *dibahagi* dua, setengah untuk Ali dan setengah lagi untuk saya. 利益を二つに分けた(二分した), 半分をアリが, もう半分を僕が得た. Ia *membahagi* hasil tanaman kepada empat bahagian. 彼は作物の収穫を4つに分割した. **2** 分配する: Kek itu *dibahagi* kepada anak-anaknya. ケーキを子供達に分配した. Ketua kampung *membahagi* harta itu sama rata. 村長は財産を平等に分配した. **3** 割る: Cuba *membahagi* 66 dengan 3. 66を3で割りなさい. 66 *dibahagi* 3 jadi 22. 66÷3=22. *kira-kira bahagi* 割り算. *dua bahagi*【古典】3分の2. *tiga bahagi* 4分の3.

membahagikan =**membahagi 1** 分配する, 分割する: Ia *membahagikan* syarikatnya *kepada* dua bahagian. 彼は会社を二分割した. Pelajar-pelajar *dibahagikan kepada* empat kumpulan kecil. 学生たちを四つの小グループに分けた. Sastera Melayu dapat *dibahagikan* kepada sastera lama dan sastera baru. マレー文学は古典文学と現代文学とに分けることができます. **2** 分離する, 切り離す: Selat Melaka *membahagikan* Semenangung Malaysia dengan Sumatera. マラカ海峡がマレー半島とスマトラを分離している. **3** 与える: Ahmad *membahagikan* buku itu kepada Rama. アハマドはその本をラマに与えた.

membahagi-bahagikan 1 分配する：*membahagi-bahagikan* rampasan. 略奪品を分配する. 2 それぞれに配る：*membahagi-bahagikan* risalah. パンフレットを配布する. 3 分割する＝membahagi：Kerajaan *membahagi-bahagikan* daerah itu kepada beberapa bahagian. 政府はその地域をいくつかの部分に分割した.

pembahagian 分配, 分割：*pembahagian harta pusaka* 遺産の分割. Mereka sedang membincangkan *pembahagian harta pusaka*. 彼らは財産の分与について話し合っている.

pembahagi (数学)除数, 約数：*pembahagi persekutuan terbesar* 最大公約数.

sebahagian ～の一部, 多少, いくらか：*Sebahagian* wang itu disimpan di bank. そのお金の一部を銀行に貯金した. ～ *sudah menjadi sebahagian daripada* kehidupan sehari-hari rakyat di negara ini ～はこの国の人々の日常生活の一部になっている. Agama Islam adalah *sebahagian daripada* hidup orang Melayu. イスラム教はマレー人の生活の一部である.

sebahagian kecil daripada wang itu そのお金のほんの一部.

sebahagian besar daripada wang itu そのお金の大部分.

terbahagi 分けられた, 分配された, 分割された：Kumpulan itu *terbahagi dua*. グループは二つに分けられた.

bahagia 穏やかな, 幸せな：Hidup keluarga itu sangat *bahagia*. その家族の生活はとても幸せであった.

berbahagia 幸せに感じる：Belajar bersungguh-sungguh supaya engkau *berbahagia* kelak. やがて幸せになれるようしっかり勉強せよ.

membahagiakan 幸せにする：Tidak sanggup ia *membahagiakan* isterinya. 妻を幸せにできなかった.

kebahagiaan 満足, 幸福, 満足：Ia hendak memberi *kebahagiaan* kepada isterinya. 彼は妻を幸せにしようとしている.

bahak；**terbahak-bahak** ワハッハと大笑いする：Mendengar jawapanku, dia ketawa *terbahak-bahak*. 僕の答えを聞いて, 彼女は大笑いした.

bahala 災難, 被害, 事故→ **bala II**：ditimpa *bahala*. 災難に遭う.

baham 1 もぐもぐむさぼり食う, (猛獣が)噛み殺す：Seorang petani mati dibaham harimau. 農民がトラに噛み殺された. 2 噛む：*membaham* sirih. シレーを噛む. 3 (人を乱暴に)叩きのめす：Dia *membaham* pencuri itu dengan sebatang kayu. 彼は泥棒を棒で叩きのめした.

bahan 材料, 資材：*bahan api* 燃料. *bahan asli* 天然資源. *bahan api nuklear* 核燃料. *bahan bakar* 燃料. *bahan kasar* 原料. *bahan mentah* 原材料. *bahan makanan* 食材. *bahan bualan / perbincangan* 話題. *bahan ketawa / jenaka* 物笑いの種, 笑い話, 笑い者；Saya yang masih muda ini, akan jadi *bahan ketawa* jika mengambil seorang yang sudah berusia 50 tahun sebagai isteri. まだ若い僕が50才の女性を妻にしたら物笑いの種になるだろう. ～ *bukan bahan jenaka* ～は決して笑い話ではない.

bahana 大騒音：*bahana letusan gunung berapi* 火山の爆発音.

bahang 熱気：Kini *bahang perayaan* kian terasa. 今やお祭りの熱気

がますます感じられる.

berbahang 熱くなる.

membahang 燃やす.

baharu =baru. **1** 新しい: rumah baharu 新しい家. bukan perkara baharu 別に目新しいことではない. **2** さっき, たった今: Dia baru sampai. さっき着いたばかりだ. Saya masih baru di sini. 僕はここにまだ来たばかりです. "Oh, ya, saya baru teringat". 「たった今思い出しました」. **3** そのときになってやっと: Petang baru dia datang. 午後になってやっと来た.

membaharui 修理する, 更新する, 新たにする, 繰り返す: membaharui jalan 道路を修理する. membaharui lesen memandu 運転免許を更新する. membaharui kad pengenalan ID カードを更新する.

pembaharuan 改革, 革新: pembaharuan sosial 社会改革. membuat pembaharuan dalam 〜を改革する.

bahas; **berbahas, berbahas-bahas** 討論する, 論争する: Mereka berbahas tentang hak wanita. 彼らは女性の権利について討論した.

membahas, membahaskan 1 討論する, 議論する: Mereka membahaskan masalah itu. 彼らはその問題について討論した. **2** 批判する, 反対意見をのべる: Ali telah membahaskan pendapat Musa dengan panjang lebar dalam forum itu. アリはそのフォラムでムサの見解を詳細に批判した. Kenyataan itu tidak dapat dibahaskan lagi. その声明にもはや反論できない.

bahasan 批判, 調査.

perbahasan 1 討論, 議論: perbahasan tentang rang undang-undang 法案に関する討論. **2** 討論会: Perbahasan antara universiti-universiti itu disiarkan secara langsung melalui televisyen. 大学間の討論会はテレビで中継された.

pembahas 討論者, 発言者: Pihak pembahas dari sekolah kami telah memenangi perbahasan semalam. わが校の討論者は昨日の討論会で優勝した.

bahasa 1 言語, 言葉: bahasa Jepun 日本語. bahasa Inggeris 英語. bahasa Malaysia マレーシア語. bahasa Melayu マレー語. bahasa baku 標準語. bahasa basahan=bahasa hari-hari 日常語. bahasa daerah 地方語, 方言. bahasa dalam=bahasa istana 王室用語《食べる makan の王室用語は santap》. bahasa gerak-geri ボディ・ランゲージ. bahasa halus 丁寧語《例えば, 死ぬ mati の丁寧語は meninggal dunia》. bahasa ibunda 母語. bahasa isyarat 手話. bahasa kebangsaan 国語. bahasa kedua 母語に次ぐ言語. bahasa mulut=bahasa lisan 口語. bahasa pasar 市場のマレー語. bahasa pengantar 使用言語, (学校)教育言語. bahasa percakapan 日常会話語. bahasa rasmi 公用語. bahasa rojak ごちゃまぜの言語(マレー語と英語をチャンポンに使うなど). ilmu bahasa 言語学. "Apa bahasa Inggerisnya 'Jumpa lagi'?". 「Jumpa lagi を英語で何と言うの?」. **2** 礼儀, 作法: budi bahasa 礼儀, 礼節, 躾. kurang bahasa 行儀悪い; Orang yang selalu bercakap kasar itu dikatakan kurang bahasa. いつも乱暴にしゃべる人は行儀悪いといわれる. Tidak tahu bahasa. 礼儀を知らない. Bahasa menunjukkan bangsa【諺】行儀を見れば, その人の

素性がわかる.

berbahasa 1 〜語で話す: Dia selalu suka *berbahasa* Inggeris. 彼はいつも英語で話すのが好きだ. 2 礼儀正しい, 上品な: Orang yang *berbahasa* tetap dihormati ramai. 礼儀正しい人はいつも多くの人々から尊敬されます.

membahasakan, memperbahasakan 1 話す; 言葉で表現する: *membahasakan* bahasa Melayu マレー語を話す. Saya tidak sanggup *membahasakan* kesedihan itu. 私はその悲しみを言葉で言い表すことができません. 2 〜と呼ぶ: Hilmy *membahasakan dirinya* "saya", sedang Haji Karman *membahasakan dirinya* "aku". ヒルミーは自分のことを「saya」と呼び, ハジ・カルマンは「aku」を使った. 3 恭しく話しかける: Mereka *memperbahasakan* menteri itu ke pentas. 彼らは大臣に舞台へ上がるよう丁重に申し上げた.

kebahasaan 言語上の *masalah-masalah kebahasaan* 言語上の諸問題.

bahawa 〔接続詞〕〜ということ《英語の接続詞 that に相当する》: Dia berkata *bahawa* dia akan balik ke Malaysia minggu depan. 彼は来週マレーシアへ帰ると言った. 《論説によく使われる強調倒置構文》. *Tidak benar bahawa* 〜ということは間違っている. *Boleh dikatakan bahawa* 〜と言えよう. *Tidak keterlaluan jika dikatakan bahawa* 〜と言っても過言でない. *Tidak dapat dinafikan bahawa* 〜であることは否定できない. *Bukan rahsia lagi bahawa* 〜ということはもはや秘密ではない. *Sudah diketahui umum bahawa* 〜ということは一般に知られている. *Adalah pengetahuan umum bahawa* 〜ということは周知の事実である.

bahaya 危険: *bahaya api / perbakaran* 火事になる危険. *bahaya maut* 死の危険.

berbahaya, merbahaya 危険な, 危ない.

membahayakan 〜を危うくする, 危険な.

bahkan その上, それどころか.

bahtera (Sk) 平底の大型荷船.

bahu 肩: *bahu jalan* 路肩.

bahu-membahu 助け合う.

membahu 肩でかつぐ.

baid (Ar) 遠い, 遠縁の.

baiduri オパール(宝石).

baih; **pembaih** (やり投げ用の)やり.

baik 1 良い, 良好な: Kereta ini *baik benar, jarang rosak*. この車はとても良い, めったに故障しない. Kelakuannya *baik*, rupa parasnya pun cantik. 彼女の立ち振る舞いは良く, その容貌も美しい. Buku ini *baik* dibaca oleh kanak-kanak. この本は子供が読むと良い. Program itu *baik dicuba*. その計画はやってみる価値がある. 2 元気な, 健康な: "Apa khabar?" "*Baik-baik* sahaja." 「元気ですか」「とても元気です」. Dia sudah *baik* dari sakit. 彼はもう病気から元気になった. 3 =**Baiklah** (賛意の返事として)はい, わかりました: "Ambil buku itu." "*Baiklah, mak*" 「その本を持って行きなさい」「はい, 分かりました, 母さん」. 4 = **baiklah** (奨励)〜した方が良い:

Baiklah minum ubat ini この薬を飲んだ方が良い. *Baiklah anda naik bas.* バスに乗った方が良いですよ. *Baik diingat tiada orang yang sempurna.* 完璧な人間なんていないことをよく覚えておきなさい(よく肝に銘じよ).

baik ~ atau / mahupun — ~であろうが—であろうが: *baik kawan mahupun lawan* 友達だろうが、敵であろうが. *Baik hujan atau panas, ia tetap datang.* 雨であろうが晴れであろうが彼は必ず来る.

lebih baik ~した方が良い: *Lebih baik kita pergi sekarang.* 今行った方が良い. *Lebih baiklah awak tidur sekejap.* 君はちょっと寝た方が良い.

baik-baik **1** 注意する, 気をつけて: *Baik-baik jalan* 気をつけて行きなさい. *Baik-baik sewaktu melintas di jalan raya.* 道路を横切るときは注意しなさい. **2** ちゃんと, よく, 正しく: *Baca soalan itu baik-baik.* 質問をちゃんと読みなさい. *Belajarlah baik-baik supaya lulus dalam peperiksaan.* 試験に合格するよう真面目に勉強しなさい. **3** とても良い: *Dia orang baik-baik.* 彼はとても良い人です.

berbaik, **berbaik-baik**, **berbaikan** 仲が良い, 友好的な: *Eloklah kita berbaik-baik dengan jiran tetangga.* 隣人と仲良くした方が良い. *Mereka telah berbaik semula.* 仲直りした.

berbaiki 【古典】= **membaiki** 修理する.

membaik = *mambaik pulih* 修復する: *Dewan Tunku Canselor yang musnah dalam kejadian kebakaran dapat dibaik pulih dalam tempoh 5 bulan.* 火事で焼けたマラヤ大学大講堂を5カ月で修復できた.

membaiki 直す, 修理する: *membaiki jambatan yang roboh* 崩れた橋を修理する. *membaiki jawapan yang salah* 間違った答えを訂正する.

membaikkan 直す: 治療する, 修復する *membaikkan kelakuan budak-budak yang jahat* 悪い子供たちの行動を直す. *Ubat ini dapat membaikkan penyakit anda.* この薬はあなたの病気を治すでしょう. *Siti membaikkan persahabatannya dengan Ahmad.* シティはアハマドとの交友関係を修復した.

memperbaik さらに良くする, 改善する: *memperbaik kedudukannya* 自分の地位を改善する. *dasar untuk memperbaik taraf ekonomi orang Melayu.* マレー人の経済水準を向上させるための政策.

kebaikan **1** 親切: *Kami membalas kebaikan orang itu.* 私たちはあの人の親切に報いる. **2** 利益: *Kerajaan membuat jalan-jalan baru untuk kebaikan rakyat.* 政府は国民の利益のために道路を造る.

pembaikan 修復, 修理, 補修, 訂正: *kerja-kerja pembaikan jalan* 道路の補修工事.

perbaikan 改良, 改善, 改訂: *perbaikan buku* 本の改訂.

sebaik **1** ~と同じくらい良い: *Adakah lagi jam tangan yang sebaik ini?* これと同じくらい良い腕時計がもっとありますか. **2** ~するや否や= **sebaik saja**, **sebaik-baik**: *Pencuri itu ditangkap sebaik saja ia memasuki rumah orang.* 泥棒は人の家に侵入するや逮捕された.

sebaiknya ~した方が良い, ~すべきである: *Sebaiknya kita berbincang dulu sebelum bertindak.* 行動

する前に 話し合うべきです. *Sebaiknya* awaklah yang bercakap dengan cikgu. 君こそ先生と話した方が良いよ.

sebaik-baiknya 1 一番良い: Inilah cara *yang sebaik-baiknya*. これこそが最善の方法だ. Itulah *yang sebaik-baiknya*. それがベストです. 2 可能な限り良く: Kesempatan ini hendaklah dimanfaatkan *sebaik-baiknya*. この機会を最大限に良く利用すべきです.

terbaik 最も良い, 最優秀の: Filem *Terbaik*(映画祭で)最優秀映画. Pengarah *Terbaik* 最優秀監督. Pelakon Lelaki *Terbaik* 最優秀男優.

Baitulmuqaddis エルサレム.

baja I 肥料: *baja* tahi lembu 牛糞の肥料. menabur *baja* 肥料を撒く.

membaja, membajai 肥料を与える: *membajai* pokoknya *dengan* tahi kuda. 樹木に馬糞を与える.

baja II = besi baja 鋼鉄.

bajak 鋤(すき).

membajak 鋤で耕す.

pembajak: jentera *pembajak* 耕運機; Pak Ali menggunakan *jentera pembajak* untuk membajak sawahnya. アリさんは田んぼを耕す時, 耕運機を使う.

bajet (英) budget 予算, (国の)予算案: *Bajet* Negara 国家予算. *Bajet* 2003 2003年度予算案《予算はbelanjawanが使われていたが, belanjaが主に支出を意味するので, 2003年の予算案からはマレーシア政府は歳入・歳出を含む英語のbudgetをあてはめるようになった》.

baji くさび: Pintu itu renggang, lalu dibubuh *baji* supaya boleh ditutup dengan baik. ドアにすき間があるので, よく閉まるようにくさびを付けた.

bajik; kebajikan 福祉: *berbuat kebajikan kepada orang* 人に福祉をほどこす.

baju 1 上着. 2 衣類, 服: *baju* hujan レインコート(雨外套). *baju* kot 背広. *baju* kebangsaan 民族衣装. *baju* bajang 燕尾服. *baju* belah ボタンのない前開きの上着. *baju* beskat チョッキ. *baju* dalam 肌着. *baju* kebaya クバヤ《身体にぴったりとして胸元まで切り込んだマレーの伝統的女性上着》. *baju kurung* バジュ・クロン《胸の開いていない丈の長いゆったりとしたマレーの伝統的女性服》. *baju* mandi 水着. *baju* Melayu バジュ・マラユ《長袖で襟の詰まったボタンなしの男性用の伝統的マレー式上着, 祝い事などに着用》. *baju* panas = *baju sejuk* セーター. *baju* rantai 鎖かたびら. *baju* teluk belanga 襟のないバジュ・マラユ. memakai *baju* 着物を着る; Siapakah yang *memakai baju* merah itu? あの赤い服を着た人はだれですか. membuka *baju* 着物を脱ぐ.

berbaju 衣服を着る: Budak-budak itu tidak *berbaju*. 子どもは服を着ていない.

membajui ~に服を着せる: Siti *membajui* anak patungnya. シティは人形に服を着せた.

bak I ~のように(= seperti): *Bak* kata orang tua-tua, biar lambat asal selamat. 昔の人が言うように, 急がば回れ. dijual *bak* goreng pisang panas. 揚げたてのバナナの如くよく売れる.

bak II (Ch) 中国墨.

bak III 桶, 大きな箱.

bak IV 【俗語】やる, くれる(= beri, kasi) *Bakku* barang yang engkau pegang itu. お前がつかんでいるものを俺にくれ.

baka I 家系, 家柄, 一族, (動物の)血統, 品種, 原産: *saka baka* 祖先. *membuang baka* 家名に汚点を残す. Mereka datang dari *baka* yang baik. 彼らは良い家柄の出身である.

baka II 永遠の, 恒久の: *alam yang baka* 恒久の世界.

bakal 将来の〜: *bakal isteri* 将来の妻. *bakal pemimpin* 将来の指導者.

bakar 燃やす: *bahan bakar* 燃料. *ikan bakar* 焼き魚. *kayu bakar* たき木.

membakar 1 焼く, 燃やす: *membakar kayu* 木を燃やす. *membakar sampah* ゴミを焼却する. *membakar dirinya sendiri* 焼身自殺をする. 2 (料理として)焼く, あぶる: *membakar roti* パンを焼く. *membakar kuih* お菓子を焼く. 3 人を怒らせる, 感情を高揚させる: *membakar darah / hati* 人を怒らす; Kelakuannya *membakar hati* isterinya. 彼の行動は妻を怒らせた.

membakarkan 焼く, あぶる.

terbakar 1 燃える, 火がつく: Rumah besar itu *terbakar*. その大きな家が燃えてしまった. Jika telaga dan paip-paip minyak di situ *terbakar* dan meletup, もしもそこの油井と石油パイプに火がつき, 爆発したならば. 2 怒り狂う, 燃えあがる, キレる: Tiba-tiba isteri saya *terbakar*, lalu dilemparkannya kayu kepada saya. 突然妻がキレて, 棒を僕に投げつけた.

kebakaran 火事: *kebakaran hutan* 森林火災. *Kebakaran* yang dahsyat telah berlaku pagi ini. 今朝すごい火事が起きた. Malam tadi ada / terjadi kebakaran besar di Jalan Ampang. 昨夜アンパン通りで大火事があった. *memadam kebakaran* 火事を消す.

pembakaran 燃やすこと: *pembakaran terbuka* 野焼き(焼畑農耕の). *pembakaran dengan sengaja* 放火. *pembakaran mayat* 遺体の焼却. Pembakaran mercun diharam. 爆竹をすることは禁じられている.

pembakar 1 放火者. 2 バーナー, オーブン.

bakat 1 生れつきの才能. 2 (傷)跡. 3 前兆.

berbakat 1 才能のある: Setiausaha Negara AS, *seorang pemain piano berbakat* プロ級のピアノ奏者でもある米国の国務長官. P. Ramlee *berbakat besar*. Dia bukan sahaja boleh berlakon, tetapi juga boleh mengarah filem, bermain alat muzik, mencipta lagu, menyanyi dan melawak. P. ラムリーは偉大な才能があった, 演劇をするばかりか映画監督にもなり, 楽器を弾き, 作曲し, 歌手やコメディアンにもなった. 2 跡がある.

membakat 1 〜を象徴する. 2 跡を残す.

bakau [植] マングローブ: *hutan bakau* マングローブ林.

baki (Ar) 残り, 残金, 差(額): *Mana bakinya*? おつりはどこ? Setelah dibelanjakan RM20, *bakinya* masih ada RM12. 20 リンギットを使ったが, 残りがまだ 12 リンギットある.

berbaki 残る, 余る.

bakteria (baktéria) (英) bacteria バクテリア.

bakteriologi (baktériologi) bacteriology (英)細菌学.

bakti (Sk) 忠義, 誠実さ, 献身, 奉仕: *membuat bakti kepada* ～に献身する: *membuat / menabur bakti kepada* negara 国に献身する.

berbakti, membakti 献身する, 忠誠を尽くす, ～に忠実な: *berbakti kepada orang tua* 親孝行する. Tunku telah banyak *berbakti kepada* nusa dan bangsa. トゥンクは祖国と国民にたくさん献身した. Wanita itu *berbakti kepada* suaminya. その女性は夫に尽くした.

membaktikan ～に捧げる, ～に尽くす, 献上する.

kebaktian 献身, 忠誠.

baku (Jw) 標準の, 基本の: *bahasa baku* 標準語. *sebutan baku* 標準的発音. *bahan baku* 基本原料. *harga baku* 原価=harga pokok.

membakukan 標準化する.

pembakuan 標準化.

bakuh ボモ(呪術医)が呪いとして子どもの額につける十文字印.

bakuk I 〔鳥〕lengkua あお鳩.

bakuk II bakuk daun〔魚〕ヒシコ.

bakul (竹, 籐の)かご(籠), バスケット: *bakul sampah* 屑籠.

membakulsampahkan ～を屑籠に捨てる.

bakung 〔植〕ハマユウ.

bakup (殴られたり, 泣いて目や顔が)腫れ上がる: Mata Ali *bakup* kerana menangis. 泣いたのでアリの目が腫れ上がっている.

bal =bal lampu 電球.

bala I (Sk) 軍隊, 兵士: *bala bantuan* 救助隊; Kami meminta *bala bantuan*. 私たちは救助隊(の派遣)を要請した. *bala keselamatan* 治安部隊. *bala tentera* 兵隊, 軍.

bala II 災難, 不幸, 災害=bahala: *bala bencana* 天災. *doa tolak bala* 災難除けの祈祷. Banjir di Pantai Timur *mendatangkan bala kepada* penduduk-penduduknya. 東海岸の洪水は住民に災害をもたらした. *Inilah balanya*. これがおとしまえだ.

bala III ～させる(=biar): *Bala ia bermain di tempat itu*. 彼をそこで遊ばせておきなさい.

balad (Ar) 城都, 国.

balada (英) ballad バラード.

balah; berbalah 争う, 対立する, 喧嘩する, 口論する: Mereka *berbalah tentang* pusaka ayahnya. 彼らは父の遺産をめぐって対立してた.

berbalahan, berbalah-balahan 争い合う.

membalah 反対する, 文句を言う: Janganlah *membalah* nasihat orang tua. 親の忠告に反対するものではない.

perbalahan (意見や考えの)口論, 対立: Dia senjaga mencari *perbalahan*. 彼はわざと争いを探している.

balai 1 宮廷内の公務を執り行う建物(一殿, 一所, 一室, 一堂, 一館): 宮廷高官の役所, 官邸: *balai mengadap / penghadapan* 謁見所. *balai adat* 伝統儀式を行う宮廷内の社. *balai agung* **a** 役所(=balai kota). **b** 謁見所. *balai angin=balai bayu=balai peranginan* 休憩所, 東屋. *balai angkat-angkat* 宮廷楽団の奏楽堂. *balai api pintu=balai tengah* 宮殿の待合室(謁見所の隣の詰め所). *balai astaka* 特設高台(宮殿広場に設けた屋根付きの高台で王が行う儀式を臣民が拝謁する). *balai bendul=balai mentor* 謁見所隣りの控所. *balai besar* 謁見所. *balai derma* 慈善院(王から貧民への下賜品を引き渡す場所). *balai gambang=balai* *kembang* 水上の納涼亭. *balai gendang* モスク用太鼓納屋. *balai kecil* 非公式の謁見所(王の私邸にある謁見所). *balai sari* 庭園の東屋. *balai larangan* 女官控え所. *balai limas* ピラミッド形の屋根をした建物. *balai lintang* 宮殿の右側の建物. *balai luar* (王宮外の)一般待合所. *balai madat* 吸煙所. *balai pancalogam* 大理石で造られた建物. *balai pancapersada* 王族の新郎新婦が浄めの儀式を行う所. *balai pembujangan* 王宮内で儀式のために一時的に設けるの特設公舎. *balai paseban* = *balai pistaka* 謁見所(= *balai besar*). *balai raya* 公会堂. *seri balai* 王の御座所(謁見所の中央の一番高い所にある). **2** 公共の建物, 公堂, 会館, ホール: *balai berlepas* 出発ロビー(空港・駅の). *balai ketibaan* 到着ロビー. *balai bomba* 消防署. *balai polis* 警察署. *balai raya* 公民館, 公会堂. *balai bomba* 消防署. *balai pustaka* 図書館.

balai-balai ボモ(呪術医)が治療のために使用する小屋.

balairung (王の)謁見の間.

balak 丸太, 原木 (kayu balak): *balak hanyut* 流木. berpaut pada *balak hanyut* 流木につかまる.

membalak 伐採する.

pembalakan 伐採, 伐採業: *pembalakan yang tidak terkawal* 乱伐.

balang (細首の)瓶.

balap; **menbalap** (車などが)走る.

balar 白子, (皮膚や毛髪は)白色の.

balas I 受け答える, 応じる, 返す: *balas dendam* 復讐, 報復. *balas membalas* 報復する. *bertindak balas* 報復する. *melancarkan tindakan balas terhadap* ～に対して報復措置をとる. *tindakan balas AS* 米国の報復措置.

berbalas 1 受け答える: Kami berjabat tangan dan *berbalas senyuman*. 私たちは握手をしてお互いにっこり笑った。Mereka pandai *berbalas* pantun. 彼はパントゥン(四行詩)を歌い合うのがうまい。**2** 反応がある: Cintanya tidak *berbalas*. 彼の愛は報われなかった。Surat saya belum *berbalas*. 私の手紙にまだ返事がない。

balas-berbalas, **berbalas-balas**, **berbalas-balsan**, **berbalasan** 応酬する, 応じる: Pasukan polis *berbalas-balas* tembakan dengan penjenayah itu. 警察隊は犯人たちと撃ち合いになった。

balas-membalas 応酬する, やり合う.

membalas 1 答える, 返事する: *membalas surat* 手紙に返事を書く: Saya tidak dapat *membalas* surat saudara dengan cepat kerana terlalu sibuk. 余りにも忙しかったのであなたの手紙に返事を書けませんでした。"Sudah siapkah kerja rumah?" "Sudah," *balas* budak itu. 「宿題終わったの」「終わったよ」とその子が答えた。*membalas salam* 挨拶を交わす。**2** 応じる, ～の返礼をする, 報いる (membalas budi / jasa / guna / kebaikan): Saya tidak tahu bagaimana hendak *membalas budi baik* saudara. あなたのご親切にどう返したらよいかわかりません。Ibu *membalas kiriman* kuih Mak Soyah. 母はソヤさんからのお菓子の贈物にお返しをした。**3** 報復する, 仕返しする: *membalas serangan* 反撃する。***membalas dendam*** 報復・復讐する, 恨みを晴らす, あだ討ちする: *membalas dendam* (terhadap)

balas

kematian ayahnya 父親の死にあだ討ちをする(復讐する). bersumpah akan *membalas dendam terhadap* ~に対して報復すると誓う. *membalas sakit hati* 憂さを晴らす. *membalas dengan tuba selepas menerima madu*【諺】蜂蜜をもらってから毒で報復する(恩を仇で返す).

balasan 1 返事, 答え: Surat saya masih *belum ada balasan lagi.* = Surat saya *belum berbalas*. 私の出した手紙にまだ返事がない. Sudah menerima *balasan daripada mereka*? 彼らから返事をもらいましたか. 2 返礼, 答礼: Kalau kita berbuat baik, *balasannya* baik juga. 良いことをすれば, そのお返しも良いものになる. "Saya tidak mengharapkan *balasan*. Sebagai jiran kita perlu bantu membantu."「私はお返しなど期待してません. 隣人としてお互いに助け合う必要があります.」3 報い, 報復, 罰: Si Tenggang *menerima balasannya* kerana ia menderhaka ibu bapanya. トゥンガンは親に反逆したので報いを受けた.

pembalasan 返事, 返礼, 報復: *menerima pembalasan dari* ~から返礼・仕返しを受ける.

balas II (英) ballast (船の)底荷, バラスト.

balas III 盗む.

balas IV ~のように(=seperti).

balb (英) bulb 電球.

baldi 手桶, バケツ.

balet (balêt) (英) ballet バレエ(舞踊).

balgham; balgam (Ar) 痰.

bali; *darah bali* 臆病者.

baliah 呪術師.

baligh (Ar) 大人びる頃, 子供から成人へ成熟すること(=*akil-baligh*), 年頃の: *mencapai umur baligh* 大人びる年頃に.

balighah; balighat (Ar) 年頃の娘, 大人の女性.

balik 1 戻る, 帰る: Saya nak balik sekarang. そろそろ帰ります. *balik ke rumah, balik rumah* 帰宅する. Ayah belum *balik dari* pejabat. 父はまだオフィスから帰ってません. *balik bercuti* 休暇で帰る. *pergi-balik* 往復する. 2 もう一度, やり直す(=semula): *menarik balik* 撤回する. *mengambil balik* 取り戻す. *kira balik* 数え直す; Cuba *kira balik* hitungan ini. この計算をやり直してごらん. *set balik / semula* リセット. 3 後ろに, 反対側に, 裏, 陰=sebalik: Saya tidak nampak adik saya yang menyorok di *balik* pintu itu. 僕はドアの後ろに隠れている弟が見えなかった. *Ada udang di balik batu*【諺】石の裏にエビがいる(隠された意図がある). 4 逆さの, 裏返しの: *bulu balik* 鶏の逆毛. *balik belah* 上下あべこべ. Bajunya *sudah balik*. 彼の服が裏返しになっていた.

balik kampung 帰省する. *balik sedar* 意識を回復する. *balik adab* 無作法な. *bali akas* 生き返る. *balik andar* 手ぶらで(成功せずに)帰る. *balik belah* 上下あべこべに. *balik bokong* (服が)裏返しに. *balik gagang* (敵側に)寝返る. *balik hari* 日帰りをする; Bapa saya pergi ke Pulau Pinang *balik hari*. 父はペナン島に行き日帰りした. *balik jungkir* (頭と足が)逆さまになる. *balik kekat* 潮変り. *balik kerak* 別れた妻と復縁すること《釜のお焦げを取りに戻ることから》. *balik kuang* 頭を下にぶら下げる. *balik mata*. **a** 悪事を黙認すること. **b** 手品, 記述. *balik pong-*

balik

kang 上下さかさまに. *balik rujuk* 離縁した妻と再婚する, 復縁する. *balik sakit* (病気が)ぶり返す. *balik sedar* (失神した者が)気をとり戻す.

berbalik 1 戻る, 引き返す, 振り返る, Uターンする: Setelah sampai separuh jalan, ia *berbalik* mengambil beg yang tertinggal di rumah. 彼は途中まで行ってから家に置き忘れたバッグを取りに引き返した. Ia *berbalik* melihat isterinya. 彼は後ろを振り返って妻を見た. ***berbalik kepada*** 〜の話に戻すと: *Berbalik kepada* cerita itu tadi, さっきの話に戻ると. 2 位置・方向が逆になる, (前後, 上下が)反対になる: Kereta itu *berbalik* kerana kemalangan jalan raya. 道路事故のためその車の方向が逆になった. 3 (考えや心が)変わる: Sikapnya *berbalik* seperti dahulu. 彼女の態度が昔のように変わった. *berbalik hati* 心変わりする. *berbalik mudik* = *berbalik muka* 考えが変わる.

membalik はね返る: Bola getah *membalik* apabila kena dinding. ゴムボールは壁に当たってはね返った.

membalik-balik 1 (本やページを)何度もめくる, ひっくり返す: Kanak-kanak itu *membalik-balik* halaman buku itu. その子は本のページを何度もめくっていた. Ia *membalik-balik* ikan 彼は(焼いている)魚を何度もひっくり返した. 2 繰り返しする(考えるなど): Air matanya jatuh apabila *membalik-balik* bagaimana sengsara hidupnya. 自分の人生がいかにみじめであるかと考えるたびに涙が落ちる.

membaliki 〜に戻る: Ahmad *membaliki* keluarganya setelah 10 tahun. アハマドは10年後に家族のもとに戻った.

membalikkan 1 返却する, 返す: *membalikkan* buku yang dipinjamnya. 借りた本を返す. 2 ひっくり返す, 逆さにする: Anak nakal itu *menterbalikkan* botol itu di atas lantai. その悪戯っ子がビンを床の上にひっくり返した. 3 向きを返す: (考え, 心を)変える: Mereka *membalikkan semula* perahu itu 彼らは舟の向きを元に戻した. *membalikkan perkataan* 前言を翻す. *membalikkan kepala* 後ろを振り向く. *membalikkan muka* 顔を背ける. *membalikkan punggung* 〜に背を向ける. *nembalikkan badan* 寝返りを打つ.

terbalik 逆になる, ひっくり返る, 裏返しになる, 転覆する: Kereta itu *terbalik* akibat kemalangan itu. 事故で車がひっくり返った. Tujuh sekeluarga nyaris maut apabila bot yang dinaiki *terbalik*. 乗った船が転覆して七家族が危うく死にかけた. Bajunya *terbalik*. 服が裏返しになっている. Kedudukannya telah *terbalik*. 立場が逆転した. Semuanya sudah bertukar, dan *sudah terbalik*. 全てが変わり, 逆転している. *macam nak terbalik* まるでひっくり返ったみたい, 倒れそうになる; Teruknya bilik awak. *Macam nak terbalik*. 君の部屋はなんとひどい(散らかっている). まるで(部屋が)ひっくり返ったみたい.

menterbalikkan ひっくり返す, 逆転する: *menterbalikkan kereta itu* 車をひっくり返す.

keterbalikan 逆, 反対=lawan.

kebalikan (その)逆, 反対のもの: Yang benar sama sekali *kebalikannya*. 真実は全くその逆です.

pembalikan 返却, 反射, 向きを返

baling

ること.

sebalik, di sebalik 〜の裏に, 反対側に: Apakah motif *di sebalik* keinginan itu? その意欲の裏にどんな動機があるのか.

sebaliknya 逆に, 他方: *Bukan demikian, tetapi sebaliknya.* そうではなく, 全く逆です. *Dia tidak terus pulang ke rumah, sebaliknya dia pergi menonton wayang.* 彼は真っすぐ家に帰らずに, 逆に映画を観に行った.

baling 投石.

membaling 投げる: *membaling batu* 石を投げる. *baling batu sembunyi tangan*. 石を投げて手を隠す(悪事をしても知らん振りをする). *Jika dibaling batu pada sekelompok rakyat Malaysia, mungkin separuh daripada mereka yang terkena batu itu bergelar Datuk.* マレーシア人の群れに石を投げれば, 半分はダトの称号を持った者に当るだろう.

membalingkan 〜を投げる: *membalingkan batu pada* anjing itu その犬に向って石を投げる.

balkoni (英) balcony バルコニー.

baloi; berbaloi 釣り合う, 均衡, バランス: Upah itu *tidak baloi dengan* kerjanya. 賃金はその仕事と釣り合っていない.

balon (英) balloon 風船.

balu 未亡人.

balun; membalun (むち, 棒で)打つ, たたく.

balung とさか(鶏冠).

balut 包帯.

berbalut 包帯が巻かれている: *Kaki kirinya masih berbalut.* 左足にまだ包帯がまかれたままである.

membalut, membaluti 包む, 包帯をする: *membalut luka* 怪我したところに包帯をする. *membalut hadiah* プレゼントを包装紙に包む.

pembalut 包帯: *kain pembalut* 包帯.

bambu (Id) 竹→ **aur**, **buluh**.

bampar (英) bumper 自動車のバンパー.

banar; sinar-banar 輝かしい.

banci 国勢調査, センサス: *banci penduduk* 人口調査.

membanci 国勢調査をする, 記録する.

bancian 登録, 国勢調査: *menjalankan bancian* 人口調査をする.

bancuh; membancuh 1 混ぜる, かき回す: *membancuh susu* ミルクをかき混ぜる. 2 (カードを)切る.

bancuhan 混ぜたもの, 混合物.

bandar (Pr) 港町, 商港, 港市, 都市: *Datuk Bandar* (大都市の)市長; *Datuk Bandar Shanghai* 上海市長. *bandar raya, kota raya* 大都市. *bandar raya kembar* 姉妹都市. *luar bandar* 農村, 地方. *pusat bandar* 都心, 都市の中心街. *kawasan pinggir bandar* 郊外. *turun ke bandar* 大都市へ行く.

membandarkan 都市化する *membandarkan* kawasan penempatan peneroka FELDA フェルダ入植者の居住地を都市化する.

bandaran 市政の, 市営の.

pembandaran 都市化: *proses pembandaran* 都市化の過程.

perbandaran 地方自治体の: *pegawai perbandaran Tokyo* 東京都庁の職員. *majlis perbandaran* 市役所.

bandela (Po) 梱包, 荷物.

banding 比較, 類似, 匹敵.

sebanding 〜に匹敵, 〜と同等.

berbanding, *berbading dengan*

bangsa

~ = *dibanding dengan* ～と比較すると，～に比べて: Jumlah penagih dadah yang dikesan sepanjang Januari hingga Mac lalu didapati semakin berkurangan *berbanding* tempoh yang sama tahun lalu. 1～3月期の麻薬中毒者数は前年同期と比べてますます減少している.

membanding, membandingkan, memperbandingkan 比べる，比較する: Itu *tidak boleh dibandingkan*. それは比較できない.

jika dibandingkan dengan ～と比べると.

kalau dibandingkan, kalau dibuat perbandingan 比較すると.

perbandingan, bandingan 比較，類似: Dia sukar dicari *bandingannya*. 彼女に匹敵する者を見つけることは難しい.

tiada bandingnya, tiada bandingan 他に匹敵するものがない，比類ない.

banduan 囚人，非拘留者.

bandul (時計の)振り子.
　berbandul 1 揺れる. 2 振り子のある.
　membandul 揺れる.

bang (イスラムの)祈禱の時を知らせる太鼓の号音 (→ *azan*).

bangat 早く，迅速に.
　membangatkan 早める，急がせる.

bangau 〔鳥〕シラサギ(白鷺).

bangga 誇りに思う，満足に思う.
　berbangga 誇る，光栄に思う.
　membanggakan ～に誇りをもたらす，～の自慢の種となる.
　kebanggaan 誇り，自慢: merupakan *kebanggaan* negara 国の誇りになる.

bangka; *tua bangka* 非常に年老いている.

bangkai 1 死骸，死体. 2 残骸: *bangkai kereta* 自動車の残骸.

bangkang; **membangkang** 反対する，異議をとなえる: *membangkang* cadangan itu その提案に反対する.
　pembangkang 野党，反対: *parti pembangkang* 野党.

bangkit; **berbangkit** 1 起きる，立ち上がる: *bangkit* dari tempat duduknya 座っている場所から立ち上がる. *bangkit daripada tidur* selepas dikejutkan oleh ibunya 母に起こされてから起きる. 2 (気持ちが)こみ上げる: Perasaan marahnya mula *bangkit*. 怒りの気持ちがこみ上がってきた.
　membangkit, membangkit-bangkit (昔のことを)掘り返す，蒸し返す: *membangkit-bangkit* hal-hal yang sudah lampau. 過去の事を蒸し返す. Buat apa kita *membangkit* perkara yang sudah lepas? 過ぎ去った事柄を何のために蒸し返すのか.
　membangkitkan (寝ているのを)起こす，(気持ちを)かき立てる: Tindakannya telah *membangkitkan* kemarahan ayahnya. 彼の行動が父親を怒らせた.
　kebangkitan 1 高揚，興隆: *kebangkitan semula Islam* イスラムの復興. *kebangkitan bangsa Asia* アジア民族の覚醒. 2 蜂起，反乱: *kebangkitan rakyat* 人民の蜂起.

bangku (Po) ベンチ.

bangkut 成長の止まった，発育不全.

banglo; *rumah banglo* (英) bungalow 一戸建て住宅.

bangsa (Sk) 1 国民(同じ国籍=

bangsal

nationality を持つ人々)＝rakyat: *Bangsa Malaysia* バンサ・マレーシア《マレーシア国民：多民族国家の中で統一されたマレーシア国民の形成が『ワワサン2020』の大目標》. *bangsa Jepun*＝*rakyat Jepun* 日本国民・日本人. *Pertubuhan Bangsa-Bangsa Bersatu* 国連. *demi nusa dan bangsa* 国家と国民のために. **2** 民族, 種族＝kaum: *bangsa Melayu* マレー人・マレー民族. *masyarakat berbilang bangsa* / *kaum* 多民族社会《民族・種族は最近では bangsa よりも kaum の方が使われ, bangsa は 1 の国民の意味に使われつつある》. **3** 高貴な家柄＝keturunan mulia: *rosak bangsa* 高貴な家柄に傷がつく. **4** 種類＝jenis: *Kucing dan harimau sama bangsa.* 猫とトラは同じ種類だ. **5** 性別＝jantina: *lajur pertama diisi dengan nama, yang kedua dengan bangsa, yang ketiga dengan umur.* 1行目は氏名を記入し, 2行目は性別, 3行目は年令を記入する.

bangsawan 貴族, 高貴な.

berbangsa, **berbangsakan** **1** 〜の民族に属す. **2** 高貴な家柄の.

kebangsaan 国家の, 民族の: *Hari Kebangsaan*＝ナショナル・デー(マレーシアでは8月31日の Hari Kemerdekaan＝独立記念日). *bahasa kebangsaan* 国語. *lagu kebangsaan* 国歌. *semangat kebangsaan* 民族主義(ナショナリズム)精神.

sebangsa 同じ民族の, 同じ国民の: *Kita sebangsa.* 私たちは同じ国籍を持つ国民である.

bangsal 小屋：家畜小屋, 物置小屋.

bangsat **1** 悪人, ならず者. **2** 貧しい人.

bangsawan **1** 貴族. **2** バンサワン(マレーの伝統喜劇).

bangun **1** 起きる: *Bangun*! Sudah pagi. 起きろ, もう朝だ. Saya *bangun* pada pukul enam pagi ini. 僕は今朝6時に起きました. *bangun tidur* 起きる(＝眠りから覚める). *belum bangun* まだ起きていない. *masih bangun* まだ寝ていない. **2** 立ち上がる, 起立する: Cikgu Zabedah masuk ke dalam kelas. Semua murid *bangun*. ザベダ先生が教室に入ったら, 生徒全員が起立した. *bangun semula* 再び起き上がる, 復興する. *jatuh bangun* 栄枯盛衰.

membangun 起き上がる, 発展途上の, 目が覚める: *membangun negara* 国造りをする. *negara membangun* 発展途上国. *teguran membangun* 建設的な批判.

membangunkan **1** 起こす. **2** (気持ちなどを)かきたてる. **3** 建てる, 築く: *membangunkan semula* Iraq イラクを復興する. **4** 導入する, 設置する＝mewujudkan, menciptakan: *membangunkan* sistem amaran awal 早期警戒システムを導入する.

bangunan 建物, ビル: *bangunan bersejarah* 歴史的建造物. *bangunan pencakar langit* 高層ビル.

pembangun **1** 創立者. **2** デベロッパー(コンピューター・ソフト).

pembangunan 発展, 開発: *pembangunan perisian* ソフトウェア開発. *pembangunan semula* 復興.

banir (植物の)気根.

banjar 列, 並び.

banjaran 列: *banjaran gunung* 山脈.

berbanjar, **berbanjar-banjar**, **berbanjaran** 何列も並んで, 連なる.

membanjarkan 列に並べる.

banjir (Jw) 洪水: *banjir kilat* 突然の洪水・増水. *dilanda banjir* 洪水に襲われる. *Sungai banjir akibat hujan lebat.* 大雨の結果, 川が洪水になる.

membanjir (人が)押し寄せる.

membanjiri 溢れる, 殺到する: *Lorong itu dibanjiri dengan lautan manusia.* その横丁は人の波であふれた. *Barang Jepun membanjiri pasaran.* 日本製品が市場に溢れた.

kebanjiran 1 洪水に遭う: *Jalan-jalan kebanjiran sekarang.* 道路は今や冠水した. 2 たくさんの人(物)で溢れる: *Pejabat polis kebanjiran dengan panggilan telefon.* 警察署に電話が殺到した.

bank (英) bank 銀行: *akaun bank* 銀行口座. *bank data* データバンク. *deposit bank* 銀行預金. *Bank Dunia* 世界銀行. *Bank Negara Malaysia* マレーシア中央銀行. *kadar bank* 銀行レート. *penyata bank* 月ごとの銀行残高証明書.

pembankan 銀行業.

perbankan 銀行産業, 銀行業務: *perbankan Internet* インターネット銀行, インターネット・バンキング.

bankrap (英) bankrupt 破産.

bankuet (bankuét) (英) banquet 宴会.

bantah; **berbantah** 口論する.

membantah 反対する, 異議を唱える, 抗議する, 反論する: *membantah tindakan Amerika Syarikat itu* 米国の措置に抗議する. *Mereka membantah kehadiran bekas PM pada majlis itu.* 彼らはその会議への元首相の出席に抗議した. *membantah ~ atas alasan* —という理由で~に反対する.

membantahkan, memperbantahkan ~に反対する, 異議を唱える.

bantahan 反対, 抗議, 異議: *melancarkan / mengadakan bantahan anti-Jepun* 反日抗議を行う. *membuat bantahan terhadap* ~に異議を唱える, 反対する. *tidak melayan bantahan daripada ~* ~からの抗議を受けつけなかった. *bantahan (terhadap) pembinaan ladang ternakan ayam* 養鶏場建設に対する反対・抗議. *Jika tidak ada bantahan,* もし反対がなければ.

bantai; **membantai** 1 屠殺する = menyembelih. 2 打つ, 殴る. 3 がつがつ食べる.

bantaian 1 屠殺, 屠殺所. 2 屠殺された動物.

pembantaian 屠殺, 屠殺所.

bantal 枕: *bantal golek / guling / peluk* 抱き枕. *Lepas bantal berganti tikar.*【諺】妻を亡くした夫が妻の姉妹と結婚する.

bantat (菓子やパンが)膨らまない: *Kuih yang bantat itu tidak sedap rasanya.* 膨らんでいない菓子は味がおいしくない.

banteras; **membanteras** (貧困, 病気, 悪い因習などを)撲滅する, 根絶する: *membanteras gejala ponteng* サボる現象を撲滅する. *membanteras rasuah* 汚職を撲滅する. *membanteras kegiatan lanun di Selat Melaka* マラカ海峡における海賊行為を撲滅する.

pembanterasan 撲滅, 根絶: *pembanterasan rasuah* 汚職の撲滅.

banting; **membanting** 1 ~叩きつける, 脱穀する: *membanting padi* 籾を脱穀する. 2 投げつける: *membanting Ali ke lantai* アリを床に投

げつける. *membanting tulang* 必死に働く.

bantu 援助, 助け.
  bantu-membantu 助け合う.
  berbantu 〜の援助で.
  membantu 助ける, 手伝う: *membantu emak memasak* 母の料理を手伝う.
  bantuan 援助: *bantuan ekonomi* 経済援助. *Bantuan Pembangunan Rasmi* 政府開発援助 (ODA).
  pembantu 助手, 支援者: *pembantu rumah* メイド, 女中.

bantut 阻まれる, 妨げられる.
  membantut 妨害する, 邪魔する.
  membantutkan 妨げる, 阻止する: Kadar bunga yang tinggi telah *membantutkan* pertumbuhan ekonomi. 高金利が経済成長を妨げた.
  terbantut 妨げられた, 完了していない.

banyak 1 たくさんの, 多い: Ada *banyak* nyamuk. たくさんの蚊がいる. Dia kenal *banyak* orang kaya. 彼はたくさんの金持ちと知り合いだ. Dia *banyak* bicara kerja sedikit. 彼は話ばかりして行動をしない. Saya *banyak* kerja.=Saya ada banyak kerja. 私は仕事がたくさんある《忙しい》. Cepatlah! Kita *tidak ada banyak* waktu. 急いで, 時間がないから. *Banyak sekali* yang harus saya buat hari ini. 今日はやることが多くて忙しい. ***banyak terjadi*** よくあること; Di sini rasuah *banyak terjadi*. ここでは汚職が日常茶飯事である. 2 とても, 極めて: Terima kasih *banyak*. たいへんありがとうございます. Dia telah *banyak* berubah. 彼女はとても変わった. 3 合計, 量: Saya tidak tahu *berapa banyak* wang itu. どれほどの金額のお金なのか知りません.
  banyak-banyak 1 大量の: membeli sayur *banyak-banyak* 大量の野菜を買う. 2 とても, 本当に: Terima kasih *banyak-banyak*. とてもありがとうございます. Saya minta maaf *banyak-banyak*. たいへん申し訳ありません.
  berbanyak-banyak 大量に, とても: Dia mengucapkan *berbanyak-banyak* terima kasih kepada saya kerana menolongnya. 彼は私に助けてくれてとてもありがとうと言った.
  kebanyakan 1 ほとんどの〜, 大半の〜=sebahagian besar: *Kebanyakan pelajar* lulus dalam peperiksaan itu. ほとんどの学生はその試験に合格した. 2 普通の〜, 一般の〜: ***orang kebanyakan*** 庶民, 大衆, 平民. 3 量, 数.
  membanyakkan, memperbanyakkan 増やす, 多くする: *membanyakkan lagi* bilangan ahlinya 会員数を増やす. *memperbanyakkan lagi* bas バスの本数を増やす(増発する). *Banyakkan* minum air. 水をたくさん飲みなさい(水を飲む回数を増やしなさい).
  perbanyakan 掛け算.
  terbanyak 最多の, 最高の: mendapat undi yang *terbanyak* 最高票を獲得する.
  sebanyak 〜だけの(数量). melawat *sebanyak dua kali* sebulan 月に2回訪問する. pertumbuhan ekonomi *sebanyak* 8% 8％の経済成長. Saya tidak mempunyai wang *sebanyak itu*. 僕はそのような大金を持っていません.
  sedikit sebanyak 少なくとも.
  sebanyak-banyaknya できるだ

け多く.

bapa =bapak **1** 父. **2** 年長の男性に対する呼び掛け. **3** 開拓者, 先駆者: *ibu bapa* 父母・両親=orang tua. *bapa saudara* 叔父. *bapa kemerdekaan* 独立の父.

bar バー: *bar alat* ツール・バー. *bar skrol* スクロール・バー.

bara; *bara api* 熾(おき), 燃えさし. *Ikan ini dibakar di atas bara*. この魚は炭火の上で焼く.

berbara 1 燃えている: *Batang kayu itu masih berbara*. その木材はまだ燃えている. **2** 激怒した.

membara 1 熱く燃える: *semangat membara* 熱烈な精神; *Semangatnya membara untuk mempertahankan negara* 祖国を守ろうと彼らの精神は燃えたぎっている. **2** 激怒する: *Api kemarahannya semakin membara*. 怒りの炎はますます激化した.

barah がん(癌)=kanser: *barah payu dara* 乳がん.

barang 1 物, 製品: *barang akhir* 最終製品. *barang baki* 在庫品. *barang ganti* スペア部品. *barang kemas* 装身具, 宝石類. *barang kepunyaan* 身の回り品. *barang mewah* 奢多品. *barang perlu* 必需品. *barang keperluan harian* 日常必需品. *barang perhiasan* 装飾品. *barang runcit* 雑貨. *barang siap* 完成品, レディメードの商品. **2** およそ, 約: *Ada barang 200 orang di situ*. そこには約200人がいた. **3** [barang+疑問詞] 〜であろうとも: *barang apa pun terjadi* 何が起きても. *barang sesuatu* 何であれ. *barang siapa* 誰であれ. *barang bila* いつでも. *barang ke mana* どこへでも. *Itu sudah barang tentu*. それは当然のこと(もちろんのこと)である. **4** 【古典】*barang* 〜 *kiranya* 願わくば〜であれかし=moga: *Barang dilanjutkan Allah Taal kiranya umur Duli Yang di-Pertuan*. 王が長生きされますように. "*Barang Daulat tuanku bertambah-tambah*" *seraya ia mohon kembali* (p.26).「陛下の権勢がますます強まりますように」と申し上げて(ドゥマン・レパール・ダウンが)そこを辞去した.

【早口ことば】→ *Di dalam balang ada barang-barang*.

barangan 商品, 製品, 財: *barangan ekonomi* 経済財. *barangan tidak tahan lama* 非耐久財.

barang-barang 品々.

sebarang いかなる, 何でも, 誰でも: *Sebarang pekerjaan diterimanya*. いかな仕事でも彼は引き受けた. *Saya boleh membuat sebarang kerja*. 私はいかなる仕事でもやれます. *Saya tidak memilih sebarang orang*; *saya pilih orang baik-baik*. 私は誰でもいいから選んでいるわけでなく, 良い人を選んでいる.

bukan sebarang 〜 普通でない, ただならぬ, 異常なほどの: *bukan sebarang gemuk* 異常なほど太っている. *Dia bukan sebarang orang*. 彼はただならぬ人物だ.

sudah barang tentu もちろん.

barangkali 多分, おそらく: *Rumah ini sunyi sahaja*; *barangkali tidak ada orang*. この家はとても静かだ, 多分人がいないのだろう.

kebarangkalian 可能性.

barat 1 西: *barat daya* 南西. *barat laut* 北西. *pantai barat Semenanjung Malaysia* マレーシア半島部の西海岸. **2** [Barat] 洋洋, 西欧, 欧米諸国: *orang Timur dan orang*

barbeku

Barat 東洋人と西洋人. *negara Barat* 欧米諸国. *kebudayaan Barat* 西洋文化.

kebaratan, kebarat-baratan 西洋風の, 西洋かぶれ.

membaratkan 西に向かう, 西洋化する.

pembaratan 西洋化.

barbeku (barbéku) (英) barbecue バーベキュー.

barikad (英) barricade バリケード.

baring ; berbaring 横たわる, 寝る : *berbaring* di atas sofa ソファーの上に横たわる.

membaringkan 横たえる, 寝かせる : *membaringkan* bayinya di atas katil 赤ん坊をベッドの上に寝かせる.

terbaring 横たわる, 大の字になる : Seorang lelaki *terbaring* berlumuran darah di tengah jalan. 男が道路の真ん中に血だらけで横たわっていた.

baris 線, 列 : Duduk di *baris kedua*. 二列目に座ってください. membaca dua *baris* puisi 二行の詩を読む.

berbaris 1 並ぶ, 行列をつくる, 整列する, 整列して歩く : Kanak-kanak *berbaris* di sepanjang jalan. 子どもたちは道路沿いに整列して並ぶ. Orang ramai *berbaris* panjang sejak sebelum matahari terbit. 大衆が日の出前から長い行列をつくる. **2** 一列に, 並んで.

membaris 列に並ぶ.

membariskan 列に並ばせる.

barisan 1 縦列, 並び : *dua barisan pelajar* 二列に並んだ生徒たち. *barisan gigi* 歯並び. Faridah tersenyum menunjukkan *barisan giginya* yang putih bersih. ファリダが微笑むと, 清潔で白い歯並びが見える. **2** チーム, 軍隊. **3** 戦線 : *Barisan Nasional (BN) = National Front (NF)* 国民戦線《マレーシアの与党連合》.

pembaris 定規, ものさし.

perbarisan パレード, 行列行進.

baru → **baharu**. 1 新しい. **2** さっき, 先ほど. **3** その時になってやっと : Petang, *baru* mereka balik. 午後になってやっと彼らは帰ってきた. "Eh! *Baru* saya ingat."「エッ, やっと思い出した」. **4**(果物や魚などが)新鮮な.

barut 幼児の腹掛け.

bas (英) bus バス : *bas awam* 公共バス. *bas ekspres* 長距離急行バス. *bas henti-henti* 市内バス(路線バス). *bas kilang* 工場通勤バス. *bas persiaran* 観光バス. *bas sekolah* 通学バス. *naik bas* バスに乗る.

basah 濡れた, 湿った : *ikan basah* 鮮魚.

basah kuyup ずぶ濡れ : Kami semua *basah kuyup* terkena air hujan. 雨に降られてずぶ濡れになる.

tertangkap basah 現行犯で捕まる.

berbasah-basah, berbasahan 濡れる.

membasahi (涙, 水が)~を濡らす : Air mata *membasahi* pipinya. 涙が彼女の頬を濡らした. Peluh *membasahi* tubuhnya. 汗が身体を濡らす.

membasahkan 水をかけて~を濡らす : *membasahkan* kain itu untuk mengelap meja テーブルを拭くために布を濡らす.

basahan 入浴時に使用する布(= kain basahan), 日常よく使うもの, 日常茶飯事になっていること : *pakaian basahan sahaja* ただの普段着.

basi 1 腐りかけた(飯): Nasi itu nasi semalam dan *sudah basi*. ご飯は昨日のもので, もう腐りかけている. 2 古くさい, 時代遅れ: Cerita itu *sudah basi*. その話しはもう古い. Fesyen begini *sudah basi*. このようなファッションは時代遅れだ.

basikal (英) bicycle 自転車.
berbasikal 自転車に乗る.

basmi; **membasmi** (Jw) 一掃する, 根絶する: *membasmi rasuah* 汚職を撲滅する. *membasmi penyakit malaria* マラリアを一掃する.
pembasmi 駆除剤, 破壊者.
pembasmian 根絶, 撲滅, 一掃: *program pembasmian kemiskinan* 貧困撲滅計画.

basuh 洗浄, 水洗い.
membasuh 水で洗う, 洗浄する: *membasuh pakaian* 着物を洗濯する. *membasuh tangan* sebelum makan 食べる前に手を洗う.
basuhan 洗ったもの, 洗濯物: *Basuhan itu belum kering*. 洗濯物はまだ乾いていない.
pembasuh 洗濯機, 洗濯屋: *mesin pembasuh kain* 洗濯機. *sabun pembasuh* 洗濯石鹸. *pembasuh mulut* 食後のデザート.
pembasuhan 洗浄, 洗濯.

bata; **bata-bata**, **batu bata** れんが(煉瓦): Dinding rumah itu dibuat daripada *bata* 家の壁はれんがでできている.

batal (Ar) 1 違法な. 2 失敗の, 不成功の. 3 無効な: Kontrak itu *batal*. その契約は無効になった.
membatalkan 1 廃止する, 無効にする, 放棄する: lesen memandunya *dibatalkan* 運転免許を無効にされた. 2 止める, 中止する, 取り消す: *membatalkan* kepergiannya ke Hawaii pada saat-saat terakhir. ハワイ行きをドタキャンする. *kuliah dibatalkan* 休講になる. *membatalkan janji* 約束を反故にする. *membatalkan aduan itu* 訴えを取り下げる.
pembatalan 取り消し, 廃止: *hak pembatalan* 拒否権.

batang 1 幹, 茎: *Batang* pokok oak itu kuat. 樫の木の幹は堅い. 2 棒状のものや長いものを数える助数詞(〜本): dua *batang* pensel 二本の鉛筆. tiga *batang* sungai 三本の川. *batang air* 川. *batang leher* 首筋. *batang hidung* 鼻柱・姿形. *batang tubuh*. **a** 胴体. **b** 自分自身. *sebatang kara* 兄弟や親類がいない.

batas 1 あぜ: berjalan di atas *batas* sawah padi 田んぼのあぜの上を歩く. 2 境界(線): Pokok kelapa ini merupakan *batas* antara kebun Pak Ali dengan kebun Pak Mat. このヤシの木がアリさんの畑とマットさんの畑の境界線になっている. Keadaan di *batas* negara itu tegang. 国境線の情勢は緊迫している. 3 限界, 限度: *tidak ada batasnya* 限度がない. *Tiap-tiap satu itu ada batasnya*. 何事にも限度というものがある. mengejar kekayaan yang *melampaui batas*. 限度を超えた富の追求.
membatasi 境界をつける, 区別する, 制限する: *membatasi perbelanjaan* 支出を制限する.
pembatasan 制限: *pembatasan perbelanjaan* 支出の制限.
perbatasan 境界線: di *perbatasan* Malaysia-Thailand マレーシアとタイとの国境線で.
terbatas 制限された, 限られた: kerana wangnya *terbatas* (持っている)お金が限られているので. *tidak*

terbatas 無制限の; *kekuasaan yang tidak terbatas* 限度のない権力.

bateri (英) battery 電池, バッテリー.

bati → **sebati** 一体化する.

batik; *kain batik* バティック.

batil (Tm) (ココナッツや鉄などで作られた)容器.

batin (Ar) 精神, 内面, 隠された, 目に見えない: *dalam batin* 心の中で. *lahir batin* 心をこめて; *Saya mencintainya lahir batin.* 僕は彼女を真剣に愛している.

batu 1 石. 2 宝石. 3 マイル(＝1.6km): *batu api* 火打石. *batu arang* 石炭. *batu bata* れんが(煉瓦). *batu-bataan* 岩石. *batu hamper* 巨石. *batu kapur* 石灰石. *batu karang* サンゴ. *batu kelikir* 砂利. *batu loncatan* 踏み石, 踏み台, (利用するための)手段. *batu marmar* 大理石. *batu permata* 宝石. *batu nautika* 海里マイル. *batu ujian* 試練. *zaman batu* 石器時代.

berbatu-batu (道などが)石だらけ.

membatu 1 固くなる: *Roti yang tadinya lembut telah membatu.* さっきまで柔らかったパンがもう固くなった. 2 沈黙する: *diam membatu* 沈黙する. *Pelajar itu membatu saja apabila ditegur oleh gurunya.* 生徒は先生から怒られて沈黙した.

batuk 咳: *batuk yang tidak henti-henti* 咳が止まらない. *melepaskan batuk di tangga* 【諺】仕事を中途半端にやること, 真剣にやらない.

berbatuk 咳をする.

membatukkan 咳き込む, 咳払いをする.

terbatuk; **terbatuk-batuk** 咳き込む: *Dia terbatuk-batuk semasa hendak memulakan ucapannya.* 演説を始めようとしたとき突然咳が止まらなくなった.

bau におい: *bau bunga-bunga* 花の香り. *bau badan* 体臭. *bau busuk* 悪臭. *bau mulut* 口臭. *bau bacang* 遠い姻戚関係.

berbau ～ においがする, においを出す, ～的性質(要素)を醸し出す: *Bilik itu berbau lemon.* その部屋はレモンの香りがする. *Malang tak berbau.* 不運(災難)は予測できない.

membaui ～を嗅ぐ, ～を嗅ぎつける: *membaui minyak wang itu* 香水の匂いを嗅ぐ.

bau-bauan, bauan 芳香, 香水.

pembau 嗅覚器官.

baucar (英) voucher 商品引換券, 割引券.

bauk 首と顎(あご)の間に生える細長いひげ.

bauksit (英) bauxite ボーキサイト(アルミニウムの原鉱).

baulu 〔食〕バウル《マレーの伝統的菓子: 小麦粉と砂糖, 卵を混ぜてオーブンで焼く》.

baur 混合物, 混ざった: *campur baur* 混じり合った.

berbaur 1 混ざっている. 2 交際する, 付き合う: *berbaur dengan segala kawan sekelas* すべての同級生と付き合う.

membaurkan 1 混ぜる. 2 と交際させる, と結婚させる.

bauran 混ざったもの.

pembauran 混合.

perbauran 1 混合物. 2 結婚.

terbaur 混ざった.

bawa; **membawa** 1 持って行く, 携帯する: *bawa balik* 持ち帰る; *Makan di sini atau nak bawa balik?* ここで召し上がりますか, それともお持ち帰りでしょうか. *bawa keluar* 持ち出す. *membawa masuk*

4kg heroin ke Singapura シンガポールに4キロのヘロインを持ち込む. Jangan *membawa masuk* telefon bimbit. 携帯電話を持ち込むな. *membawa* kamera *ke mana-mana* カメラをどこへ行くときも携帯する. *Bawalah bersama* kad pengenalan anda. 身分証明書を携行しなさい. **2** 連れて行く, 導く: *membawa pergi* 連行する; Orang yang mencuri itu *dibawa pergi* polis. 盗んだ者は警察に連行された. *membawa pulang* 連れ戻す; Ada pelajar yang *dibawa pulang*. 召還された学生もいた. Bolehkah anda *membawa* saya *ke* majlis itu? その会合に私を連れて行ってくれませんか. Saya akan *membawa* anda *melihat-lihat*. 私はあなたを観光に連れて行きます. **3** 〜をもたらす (=**membawa kepada** 〜): *membawa kesulitan* トラブルをもたらす. kemalangan yang *membawa maut* 死をもたらす事故. *membawa hasil* 成果をあげる. Penipuan dapat *membawa kepada* pencurian. 人を騙すとそのうち泥棒になるだろう. Tindakan pantas dua orang anggota polis trafik wanita itu berjaya *membawa kepada* tertangkapnya seorang peragut. 交通婦人警官二人のすばやい行動がひったくり犯の逮捕をもたらした. Siaran langsung Piala Dunia di televisyen bermula pada waktu tengah malam *membawa sehingga ke pagi*. ワールドカップのテレビ中継は真夜中に始まり, 朝までかかる. **4** (人を)巻き込む: Janganlah *dibawa-bawa* orang tua saya dalam perkara ini. この問題に私の親を巻き込むな. **5** (車を)運転する: *membawa kereta* 車を運転する.

dari petang bawa ke malam 午後から夜まで.
bawa diri = *bawa lari* 逃げる.
bawa berat 妊娠している.
membawakan **1** 〜のために運んでやる: *membawakan* neneknya teh おばあちゃんのためにお茶を運んでやる. **2** 演ずる: *membawakan lagu-lagu baru* 新曲を歌う.
bawaan **1** 持ち物. **2** 手みやげ. **3** 嫁入り道具.
pembawaan **1** 性格=perangai, 生まれ持った性格: *pembawaan* yang buruk 良くない性格. *mengubah pembawaan semula jadi*. 生まれ持った性格を変える. *Anda pun mempunyai pembawaan ingin tahu.* あなたも好奇心がある. **2** 運搬.
terbawa **1** 係った, 関係した: *terbawa* dalam perkara ini 本件に係わる. **2** (誤って, 気付かずに)持っていく.
terbawa-bawa 持ち込まれる, 影響される. Mentaliti perempuan melayan lelaki ini *terbawa-bawa dalam* persekitaran pejabat. 男に仕えるという女性のメンタリティが職場環境にも持ち込まれる. Dia *terbawa-bawa dengan* pengaruh Barat. 彼は西欧かぶれになっている.
terbawa-bawa hingga kini (昔から)今日まで続いている.

bawah 下の, 下に, 〜のもとで: *bawah tanah* 地下. *kereta api bawah tanah* 地下鉄. *bawah laut* 海底. *bilik bawah* 地下室. *tingkat bawah* 地階.
di bawah 〜の下で: Tiga orang mati *di bawah* runtuhan rumahnya. 倒壊した家の下敷きになり3人が死亡した.
di bawah ini 以下の: Bacalah

bawal

ayat-ayat *di bawah ini*. 以下の文章を読みなさい.

ke bawah 下の方へ: *Murid-murid itu berumur 12 tahun ke bawah*. それらの生徒は12歳以下だ.

bawah umur 未成年の: *pelajar-pelajar bawah umur* 未成年の生徒.

membawah (誰かの)下につく.

membawahkan 指導する,支配する.

mengebawahkan 下げる,下す.

bawahan, sebawah, sebawahan 1 部下: *Orang bawahan akan menerima saja perintah dari atas*. 部下は上からの命令をただ受けるだけである. 2 下位の者,下層階級: *pekerja bawahan* 下層労働者.

bawal 〔魚〕マナガツオ (bawal putih).

bawang 〔植〕ネギ類: *bawang benggala, bawang besar, bawang bombai, bawang Cina* タマネギ(玉葱). *bawang daun* 長ネギ. *bawang putih* ニンニク.

baya 年齢=umur.

sebaya 同じ年齢の: *Anak itu sebaya dengan anak saya*. その子は私の子と同じ歳だ.

bayam 〔植〕ホウレン草.

bayang; **bayang-bayang** 1 影: *bermain dengan bayang-bayang sendiri* 自分の影で遊ぶ. *takut kepada bayang-bayang* 影に怯える. 2 (鏡や窓,水面に映った)姿・影,人影,輪郭,シルエット: *Tiba-tiba saya lihat bayang-bayang orang di tingkap*. 突然窓に映った人影を見た. nampak *bayang-bayang orang* dekat rumah Pak Ali アリさんの家の近くで人影が見えた.

berbayang, berbayang-bayang (〜に)反射して映る: *Benda itu nampak berbayang-bayang di tingkap*. 窓に物影が映って見える.

membayangkan, membayang-bayangkan 1 想像する: *Saya tidak dapat membayangkan bagaimana kehidupan anaknya di luar negeri*. 息子が外国でどのような暮らしをしているのか私は想像もできない. *Bayangkan, dunia tanpa penyakit barah!* 癌のない世界を想像してみたまえ. 2 〜をにおわす,示唆する: *Ayah tidak pernah membayangkan kepada kami bahawa ia akan membeli kereta baru*. 父は新車を買うそぶりを僕らに一度も見せない.

membayangi 〜を追いかける.

terbayang, terbayang-bayang 目に浮かぶ,思い浮かべる *Sesuatu yang tidak baik terbayang pada wajahnya*. 彼女の表情には何か良くないことが浮かんでいる. *Dia selalu terbayang-bayang akan* perempuan itu. 彼はあの女性のことをいつも思い浮かべている. *Peristiwa ngeri itu terbayang-bayang di hadapan mata*. あの恐ろしい事件が目の前に思い浮かぶ.

bayangan 1 影,影響: *kabinet bayangan* 影の内閣. keluar dari *bayangan* orang besar itu その偉人の影(影響)から逃れる. 2 想像: *Itu hanya bayanganmu*. それは単に君の想像にすぎない. *Ini di luar bayangan saya sama sekali*. これは全く私の想像外のことです. 3 ヒント,徴候: *Sudah ada bayangan bahawa dia akan meletakkan jawatannya*. 彼は辞職するだろうという兆候が実はあった. *Pernyataan itu tidak memberikan apa-apa bayangan tentang* perkara yang telah berlaku. その声明は何が起きたのかを示唆するものでなかった.

bayar; **membayar** 1 支払う: *membayar bil* 請求書を支払う. *membayar di muka* 料金の前払い. *membayar di belakang* 料金の後払い. *membayar dengan tunai = membayar dengan tunai* 現金で払う. *membayar secara kredit = membayar dengan kad kredit* クレジット・カードで支払う. *membayar kembali wang itu* そのお金を払い戻す. Kali ini saya yang akan *membayar* makan malam. 今回は私が夕食を支払います. 2 (約束や誓約などを)達成する, 実行する: *membayar janji itu* その約束を実行する. 3 (親切などに)報いる: *membayar budi* 恩に報いる.

berbayar 支払い済み, 完済した: *gaji tidak berbayar* 未払い賃金. Hutang itu *belum berbayar*. 借金がまだ返済されていない.

bayaran 支払い, 料金, 賃金: "Bolehkah saya minta bayarannya?"「お勘定をお願いします」. *bayaran pendahuluan* 頭金. *bayaran bulanan* 毎月の支払い. *bayaran balik* 払い戻し. *bayaran masuk* 入場料. *menjelaskan bayaran* 支払う. *mengenakan bayaran* (金額を)請求する; Pelawat ke Menara KL akan *dikenakan bayaran* sebanyak RM20. KLタワーへの見学者は20リンギットが課せられる.

pembayar 支払い者.

pembayaran 支払い: *Pembayaran* boleh dibuat dengan cek? 小切手で支払ってもいいですか.

bayi 赤ん坊: *bayi tabung uji* 試験管ベビー. *bayi pramatang* 未熟児.

bayu そよ風.

bazar バザー(市場).

bazir; **membazir** (Ar)浪費する.

membazirkan 浪費する, 無駄づかいする: *membazirkan wang dan air* お金と水を浪費する.

pembaziran 浪費: *mengelakkan pembaziran* 浪費を避ける.

B. B. [Bangsa-Bangsa Bersatu] 国連(国際連合)の略《国連はPBB= *Pertubuhan Bangsa-Bangsa Bersatu* ともいう》.

bebal 鈍い, 愚かな.

beban; **bebanan** 1 重荷: *membawa beban* 重荷を運ぶ. 2 負担, 責任: *beban hutang* 借金の負担. *menjadi beban kepada* ～の負担になる. *melemparkan beban kepada orang lain = membebani orang lain* 他人に責任を押し付ける.

membebani 重圧をかける, 責任を与える.

membebankan ～に負担をかける: Dia *membebankan* tanggungjawab itu *kepada* saya. 彼は責任を私に押し付けた.

bebas (bêbas) 1 自由な: *bebas berbuat apa saja* 自由に何でもしてよい. *pasaran bebas* フリーマーケット. *Harap bebas saja*. くつろいでください. 2 解放された, 免れる(阻害するものから), (やっかいなことや問題が)ないこと: *bebas cukai* 免税. *sekolah yang bebas daripada kegiatan jenayah* 犯罪行為のない学校. *sungai yang bebas daripada pencemaran* 汚染されていない川. *masyarakat bebas rasuah* 汚職のない社会. *zon bebas senjata* 休戦地帯. Negeri ini *bebas daripada wabak selesema burung* この国は鳥インフルエンザに感染されていない. *menjadikan Malaysia negara bebas*

bebat

dadah マレーシアを麻薬のない国にする. Adakah Selat Melaka kini *bebas daripada sebarang insiden jenayah lanun*? マラカ海峡は今は海賊事件がなくなりましたか.

membebaskan 1 釈放する, 解放する, 保釈する：Tebusan itu akan *dibebaskan* tak lama lagi. 人質は間もなく解放されるだろう. 2 独立を与える.

pembebasan 解放, 免除：*pembebasan tebusan itu* 人質解放. *pembebasan tahanan politik* 政治犯の釈放.

kebebasan 自由, 独立：*kebebasan akhbar* 報道の自由. *kebebasan bercakap* 言論の自由. *kebebasan bersuara* 表現の自由. *kebebasan beragama* 信教の自由. *kebebasan badan kehakiman* 司法の独立. *kebebasan berhimpun* 集会の自由.

bebat 包帯＝balut.
　membebat 包帯をする, 巻く.

bebawang → **bawang**.

bebenang 繊維, 糸状のもの.

beberapa いくつかの：*beberapa orang tetamu* 何人かのお客. *beberapa hari selepas itu* その後何日かして.

bebola 丸い物：*bebola ikan* フィッシュ・ボール.

beca (béca) (C) ペチャ(三輪車型の人力車).

becak (bécak) ぬかる, 泥んこの：Jika hujan, jalan ini *becak*. 雨が降ると, この道は泥んこになる.

bedah 手術：*bedah siasat* 解剖. *perkakas bedah* 手術道具. *pakar bedah* 外科医.
　membedah 手術する：Pakar bedah yang *membedah* pesakit itu その患者を手術した外科医.

pembedah 1 執刀医. 2 手術道具.

pembedahan 手術：*pembedahan jantung* 心臟手術. *pembedahan plastik* 整形手術. *menjalani pembedahan* 手術を受ける. *melahirkan bayi menerusi pembedahan Caesarean* 帝王切開をして出産する.

bedak 粉おしろい(白粉)：*bedak wangi* タルカム・パウダー.
　berbedak おしろいをした：Mukanya *berbedak* tebal. 顔に厚化粧している.
　membedaki, membedakkan ～におしろいをつける.

bedal 殴打：*kena bedal* 殴られる.
　membedal 1 (むちなどで)打つ：*membedal* kerbaunya *dengan buluh* 竹で水牛を叩く. 2【俗語】食べつくす：*membedal nasi* 飯を平らげる. 3 (意見に)反対する.

bedil (銃, 大砲などの)武器.
　membedil 銃撃する.
　bedilan 銃撃：*terkena bedilan* 銃撃される.

beduk (イスラム寺院で使われる)大太鼓.

bedung ; bedungan 赤子・幼児をくるむ布(おくるみ), おむつ.
　membedung (赤子を)くるむ.

beg (bég) (英) bag バッグ, 鞄：*beg bimbit* ブリーフケース. *beg galas* バックパック. *beg pakaian* スーツケース. *beg tangan* ハンドバッグ. *beg udara* (自動車の)エアバッグ.

begini このように, こんな：*Maka dalam keadaan begini*. だからこのような状況では. Anda tidak dibenarkan *buat begini*. あなたがこのようなことをするのは許されていない. *Maaf keadaan menjadi begini*. こんな事になってすみません. "*Begini saja.*" 「実はこうです」.

begitu 1 そのように、そんな："Sudah lama tidak hujan, *bukankah begitu*?"「もう長いこと雨がふっていない、そうじゃありませんか」"Ya, tetapi boleh jadi petang ini ada hujan"「そうだね、でも午後には雨になるかも」"*Begitukah*?"「そうですか」"Kenapa *jadi begitu*?"「どうしてそうなるのですか」. "*Begitu sajakah*?"「それだけ？」. **begitu sahaja** そのままの状態で：Meskipun saya melambai-lambaikan tangan, bot itu berlalu *begitu sahaja*. 私は手を振ったが、船はそのまま通り過ぎてしまった。Awak jangan menerima *begitu sahaja* apa yang dikatakannya. 彼の言ったことを額面どおりに受け取るな。Kebahagiaan itu sebenarnya tidak datang *begitu sahaja* tanpa usaha kerjasama rakyat berbilang kaum. 多民族からなる国民の協力なしには幸せはひとりでに来るものでない. *begitu juga* 同様に、同じように：Ali rajin, *begitu juga* adiknya. アリはまじめです。同様に弟もそうです。"*Jangan begitu*."「もうやめてよ、ばかなことしないで」. "*Bukan begitu, begini*."「そうじゃなくて、こうです」. *Begitulah keadaannya*. 事態はそのようになっています。*Begitulah seharusnya*. 本来ならそうであるべきです。2 非常に、とても：*begitu rajin bekerja* とても勤勉に働く。*tidak begitu* ~ それほど~でない＝tidak berapa ~：*tidak begitu pedas* それほど辛くない。

Beijing 北京《以前は Peking を使っていた》.

bekal 1 物資(金・食物など)：*bungkus nasi bekal* 弁当. membawa *bekal roti dan air* パンと水を携行する. 2 将来役立つ備え.

membekali ~に供給する、蓄える：Semua ibu bapa hendaklah *membekali* anak-anaknya *dengan* pendidikan yang sebaik-baiknya. すべての親は子どもにできるだけ良い教育を与えるべきだ.

membekalkan 供給する、提供する：Syarikat itu *membekalkan* buku teks *kepada* sekolah-sekolah di kawasan itu. 会社は地域の学校に教科書を供給した.

bekalan 蓄え、供給、支給品、弁当：*lebihan bekalan* 供給過剰. *bekalan kuasa* 電力供給. *putus bekalan elektrik* 停電. *memakan bekalan yang dibawa* 持参した弁当を食べる.

pembekal 供給者、サプライヤー.

bekam；**membekam** 切開して汚い血を押し出す.

bekas I 容器：*bekas plastik* プラスチック容器.

bekas II 1 跡、軌跡：*bekas jari* 指紋. menemui *bekas kaki* arnab ウサギの足跡を見つける. 2 元の~、以前の：*bekas isteri* 前妻. *bekas Perdana Menteri* 元首相.

berbekas, membekas ~の跡がある、強い印象を残す：Filem itu tidak *berbekas* pada saya sama sekali. 僕にはあの映画の印象がまったくない.

membekaskan ~の跡を残す.

bekerja 働く→ **kerja**.

beku 凍った、凝固した：*makanan beku* 冷凍食品. *takut beku* 氷点. *mencairkan suasana beku* 打ち解けさせる、話の口火を切る.

membeku 凍る、固くなる：Air *membeku* pada suhu 0 darjah. 水は零度で凍る. *makanan yang membeku* 冷凍食品.

bela

membekukan 凍らせる、固まらせる、凍結する：Kerajaan membuat keputusan *membekukan* serta merta semua pembangunan itu. 政府はすべての開発を即時凍結することを決定した.

kebekuan 凝固.

pembekuan 凍結.

bela 世話、保護：*tindakan bela diri* 自己防衛.

berbela 手入れしてある：*misainya berbela* 顎鬚が手入れされている.

membela 守る、世話する、育てる：Saya selalu *membela* awak. 僕はいつも君を守るよ. *membela ayam dan itik* 鶏と家鴨を飼う.

terbela 守る、保護してある.

belaan ペット.

pembela 保護者、世話人.

pembelaan 世話、養育、保護：*pembelaan negeri* 国防.

bela (béla) 殉死、仇討ち：*menuntut / mengambil bela* 仇を討つ.

membela 1 〜の恨みを晴らす、仇討ちする：*membela kematian ayahnya* 父の仇討ちをする. 2 殉死する.

pembela 仇討ちをする者.

pembelaan 殉死.

belacan 〔食〕ブラチャン《塩漬け発酵した小エビのペースト》.

belacu 染色していない木綿の生地.

belah 1 ひび、スリット：*memecah belah* mereka 彼らを分裂させる. 2 粉々になる. 3 側、一方、片側：*kedua-dua belah* jalan 道の両側.

belahan 1 割れ目、スリット. 2 半分.

berbelah 分ける、割る.

berbelah bagi 分裂している：Ahli-ahli persatuan itu *berbelah bagi*. 協会の会員は分裂している.

berbelah hati 決心がつかず迷う：Dia *berbelah hati* hendak membuat keputusan itu. 彼は決心するのに迷っていた.

membelah 割る、切る：*membelah dua buluh itu* 竹を二つに割る. *membelah kayu api* 薪を割る. *Membelah kek itu* menjadi dua. ケーキを二つに切る.

terbelah ひび割れる：Saya sakit kepala, *kepalaku seperti hendak terbelah*. 頭が痛い、頭が割れそうだ. Akibat gempa bumi itu, jambatan-jambatan runtuh, bangunan-bangunan ranap dan jalan-jalan *terbelah*. 地震の結果、橋は崩壊し、建物は倒壊し、道路はひび割れした.

sebelah 1 片方：*sebelah* kiri jalan itu 道の左側. *kejayaan sebelah pihak sahaja* 一方的な勝利、一人勝ち. 2 〜側、〜のそば：*di sebelah* 〜の側に、隣に. *rumah sebelah* 隣の家、近所の家. Ini Pak Kassim, bapa saudara *sebelah* emak saya. こちらがカシムさん、私の母方の叔父です. 3 (時を示す)：*sebelah pagi* 朝方.

sebelah-menyebelah, bersebelahan 並んで：*duduk sebelah-menyebelah = duduk bersebelahan* 一緒に並んで座る. *tinggal sebelah-menyebelah* 両側に並んで住む.

menyebelah, menyebelahi 一方に偏る、一方に味方する：Dia selalu *menyebelahi* kawannya. 彼はいつも友達の味方をする.

belai, **belaian** 1 愛撫. 2 おだて、お世辞.

membelai, membelai-belai 1 愛撫する、(幼児を)あやす、(やさしく)なでる：*membelai rambutnya mesra* 彼女の髪をやさしくなでる. 2 (風が)やさしく吹く.

belajar → **ajar** 学ぶ, 学習する, 勉強する: *belajar daripada kesilapan orang lain* 他人の過ちから学ぶ(教訓とする). *belajar di luar negeri* = *keluar negeri untuk belajar* 留学する.

pelajar 学生.
pembelajaran 学習.

belaka 全く: *sia-sia belaka* 全くの無駄.

belakang 1 後ろ, 後部: *di belakang sekolah* 学校の後ろに. *duduk di belakang Faridah* ファリダの後ろに座る. *dari belakang* 後ろから. *Pindah ke belakang*. 後ろへ移動しなさい. *melihat ke belakang* 後ろを見る. *berkata di belakang* 陰で文句を言う. *masih tertinggal di belakang* 後ろに取り残される. 2 背中: *kena tembak di belakangnya* 背中を刺される. *sakit belakang* 背中の痛み. 3 後で(時間): *Kita hendaklah bekerja keras supaya di belakang hari kita akan hidup senang*. 後で楽に暮らせるように今勤勉に働くべきだ.

belakangan, kebelakangan 1 最近: Biasanya Ali ramah, tapi *kebelakangan ini* namapnya kurang mesra. アリはいつもは陽気なのに, 最近はあまり打ち解けていないように見える. 2 とうとう, 最後に.

membelakang 〜に背を向ける: *duduk membelakang ke pintu* ドアに背を向けて座る. *berjalan membelakang matahari* 太陽に背を向けて歩く.

membelakangi 1 〜に背を向ける: *Jangan membelakangi saya*. 私に背を向けるな. *Rumah saya membelekangi sungai*. 私の家は川を背にしている. *Kami tidur saling membelakangi*. 私たちはお互いに背を向けて寝た. 2 〜を無視する, 背く: *membelakangi ajaran Tuhan* 神の教えに背く.

terbelakang, terkebelakang 立ち遅れ: *Kita terbelakang daripada jadual*. 予定よりも遅れている. *Saya terbelakang dalam pelajaran saya*. 僕は勉強に立ち遅れている.

belalai 象の鼻 (=belalai gajah).
belalang 〔虫〕バッタ.
【早口ことば】→ ***Belalang terbang ke padang lalang***.

belanak 〔魚〕ボラ(鯔).
Belanda オランダ.

belang 縞, まだら模様: *kuda belang* しま馬. *pak belang* 虎. *menunjukkan belang* **a** 力を誇示する. **b** 本性をあらわす: *Orang mati meninggalkan nama, harimau mati meninggalkan belangnya*.【諺】良い人は名声(名誉)を残して死ぬが, 良くない人は悪名を残して死ぬ.

belanga 素焼きの土鍋 (periuk belanga).

belangkas 〔魚〕カブトガニ: *macam belangkas* (男女が)いつも二人でくっついている.

belanja 1 支出, 経費, 生活費: *Projek itu memakan belanja yang sangat tinggi*. そのプロジェクトは巨額の経費がかかる. *belanja dapur* 生活費. 2 (お金を)費やす: *belanja berhemat* 節約してお金を使う. 3 (人に)おごる: *Saya belanja hari ini*. 今日は僕のおごりだ. *Kalau awak kalahkan saya, saya belanja minum bir*. もし僕を負かしたら, 君にビールをおごるよ. *Nanti awak belanja saya makan tengah hari saja*. こんど僕に昼食をおごってくれ.

berbelanja 1 買い物をする: *pergi*

belanjawan 76

berbelanja 買い物に行く. **2** 費やす: *berbelanja banyak untuk membeli pakaian* 服を買うのに大金を費やす.

membelanjakan (お金を)支出する: *membelanjakan wang yang banyak untuk membina rumah itu* 家を建築するために大金を支出する.

pembelanja 浪費家.

perbelanjaan 支出: *perbelanjaan awam* 公共支出. *perbelanjaan isi rumah* 家計支出. *perbelanjaan modal* 資本支出. *perbelanjaan pengguna* 消費者支出. *perbelanjaan tunai* 現金支出.

belanjawan 予算→ **bajet**.
belanjawan lebihan 黒字財政. *belanjawan terimbangan* 均衡財政.

belantan 棍棒, 警棒.

belantara 森林, ジャングル (hutan belantara).

belas I 同情, 哀れみ *belas kasihan* 深い同情: *Tsunami itu meruntuhkan segala bangunan tanpa belas kasihan.* 津波は非情にもあらゆる建物を倒壊させた.

berbelas 同情する, 哀れに思う.

membelaskan 同情をかきたてる.

belas II 11〜19 までの接尾辞(例: 11=sebelas, 12=duabelas).

berbelas-belas, **berbelasan** 数十の〜.

belasan 11 から 19 の数. 10 代の〜: *belasan tahun* ティーン・エージャー; *Anak-anak belasan tahun tidak dibenarkan masuk.* 10 代の子どもは入れない.

belasah; **membelasah** (棒など長く硬いもので)打つ, 殴る.

belat 魚棚.

belatuk 〔鳥〕キツツキ.

beleber (beléber) 無駄ばなしをする, うるさく小言を言う=merepek.

belek (bélék); **membelek**, **membelek-belek** 精密検査をする, 注意深く調べる: *membelek gambar yang lama* 古い写真を注意深く調べる. *membelek-belek anak rambutnya* 巻き毛をいじくる.

belenggu (Tm) **1** 手錠, 足かせ. **2** 鎖.

membelenggu, **membelenggui** **1** 手錠をかける, 足かせをする. **2** 鎖につなぐ, 捕える.

terbelenggu **1** (手錠などを)かけられる: *Kedua-dua belah tangannya terbelenggu.* 両手に手錠がかけられた. **2** 束縛される: *Hidupnya terbelenggu oleh hutang.* 彼の生活は借金で束縛されている.

belerang (belérang) 硫黄.

beli; **membeli** 買う: *membeli kamus baru* 新しい辞書を買う. *daya membeli* 購買力. *membeli buah durian dengan harga RM5* ドリアンを5リンギットで買う. *Ubat ini boleh dibeli di mana-mana.* この薬はどこででも買えます.

membeli-belah 買い物をする, ショッピングする: *pusat beli-belah* ショッピング・センター.

belian 品物, 購入物: *harga belian* 買い付け価格.

pembeli 買い手.

pembelian 購入, 購入物.

belia (Sk) 若者=anak muda.

beliak; **membeliak**, **terbeliak** 目を丸くする.

membeliakkan (目を)丸く開く.

beliau あの方《三人称は一般に dia, ia だが, 年上, 目上, 社会的地位の高い人に対する尊称の三人称として使われる》.

belikat 背骨 (tulang belikat).

belimbing 〔植〕ブリンビン(スター

フルーツ).

belit 1 (ヒモなどの)一巻き. 2 (道や川が)曲がりくねった.

berbelit, berbelit-belit 1 ～に巻きつく. 2 (道が)曲がりくねる: Jalan mendaki Bukit Fraser's *berbelit-belit*. フレザーズ・ヒルへ登る道は曲がりくねっている. 3 (話や物事が)複雑に錯綜した, まわりくどい, 分かりにくい: *jawapan yang berbelit-belit* まわりくどい答え. *Jangan berbelit-belit, terus saja pada persoalannya.* まわりくどいのはよせ, ポイントをついた説明をしなさい. *bercakap berbelit-belit* とりとめもない話をする. *Bahasa Melayu dan Inggeris berbelit-belit dicampuradukkan.* マレー語と英語がごちゃまぜになってまわりくどい.

membelit 1 ～に巻きつく: *Ular membelit lehernya.* ヘビが彼の首に巻きついている. 2 騙す.

membeliti ～を囲む, 取り巻く.

membelitkan ～を巻き付ける: *membelitkan kain di keliling kepala* 頭の周りに布を巻く.

pembelit うそつき, 騙し屋.

beliung 手斧: *angin puting beliung* つむじ風, 竜巻.

belok (bélok) 曲がる: *belok ke kanan, belok kanan* 右に曲がる. *belok ke kiri, belok kiri* 左に曲がる. *Tolong belok ke kanan.* 右へ曲がってください.

belokan 曲線, 曲がり角.

berbelok, membelok 曲がる: *dilarang membelok ke kanan* 右折禁止.

berbelok-belok 曲がりくねった.

membelokkan 方向を変える: *membelokkan keretanya ke kanan* 車を右の方へと曲げる.

belon (bélon) (英) balloon 風船, 気球, バルーン.

belot (bélot) 裏切る, 反逆する: *belot terhadap* kawannya 友達を裏切る.

berbelot, membelot 裏切る, 敵に寝返る, 改宗する: *membelot kawannya* 友達を裏切る.

pembelot 反逆者, 裏切り者.

pembelotan 反逆行為, 裏切り.

belukar ブルカール(二次林).

belum まだ～していない: *belum makan* まだ食べていない. *Abang belum tidur.* 兄はまだ寝ていません. *Dia masih sakit, belum sembuh.* 彼はまだ病気です, まだ治っていない. "*Sudah makan?*" "*Belum*"「食事したか」「まだです」. *Saya belum menghabiskan kerja rumah saya.* 僕はまだ宿題を終えていません.

belum lagi = *masih belum* まだ～してない Bas *belum lagi* datang. / Bas *masih belum* datang. バスがまだ来ない. Sudah pukul 7:00 malam, Ali *belum lagi* balik dari sekolah. もう夜7時になるのに, アリはまだ学校から帰って来ない.

belum pernah～ 一度も～していない: Saya *belum pernah* makan durian. ドリアンをまだ一度も食べたことがない.

belum lama ini =baru-baru ini 最近.

belum ada duanya 初めてのこと: Hal seperti ini *belum ada duanya*. このような事は初めてだ.

sebelum ～する前に, 以前に: *sebelum* masuk ke kelas 教室に入る前に.

sebelum ini これまで・従来の～: pemilihan-pemilihan *sebelum ini* これまでの選挙. *Pernahkah* awak belajar bahasa Jepun *sebelum ini*? これまで日本語を学んだことがありますか. *Pendapatannya kini mencecah sehingga RM150 sehari berbanding RM50 sehari sebelum ini.* 彼らの収入はこれまで1日50リンギットだったのに今や150リンギットにまで達した. *Sebelum ini kita tidak pernah terfikir tsunami akan melanda negara ini.* 津波がわが国を襲うなんてこれまで考えたこともなかった.

sebelumnya 1 事前に, 前もって: *Anda harus membuat tempahan sebelumnya.* 事前に予約しねばならない. *Awak kena memberitahu saya sebelumnya.* 君は前もって僕に知らせるべきだよ. 2 以前に, それ以前に: *edisi sebelumnya* それ以前の版. *Sebelumnya dia pernah bekerja di syarikat kami.* 彼はそれ以前にかつてわが社に働いていたことがある.

belulang 皮革(牛皮など).
beluncas 〔虫〕イモムシ, 毛虫.
belut 〔魚〕ウナギ(鰻).

bena (béna) 気付く, 気にかける: *bena tak bena* 気にかけない. *Ali mendengar kata-kata ibunya dengan bena tak bena saja.* アリは母親の話を気にかけずに聞いていた.

membenakan 気に留める.

benak 1 バカ, 愚かな(=benak hati). 2 脳裏: *Kata-katanya masih terngiang-ngiang di benakku.* 彼の言葉はまだ私の脳裏に鳴り響いている.

benam; **membenamkan** 沈める, 浸す: *membenamkan timba ke dalam air* バケツを水の中に沈める.

terbenam (太陽が)沈む, 消える: *sampai matahari terbenam di sebelah barat* 太陽が西に沈むまで. *terbenamnya kapal Titanic* タイタニック号の沈没.

benang 糸: *benang bulu* 羊毛. *benang jahit* 縫い糸. *benang kapas* 木綿糸. *benang sutera* 絹糸. *tidak ada seurat benang pun* =*tanpa seurat benang* 一糸もまとわずに; *Dia tidak memakai apa-apa: tidak ada seurat benang pun.* 彼女は何も着ていない, 一糸もまとわない. *menegakkan benang basah*【諺】濡れた糸を立てる(できない相談, 不可能なこと).

benar 1 正確な, 正しい, 真実の: *cerita yang benar* 本当の話. *jawapan yang benar* 正しい答え. *tidak benar* 真実ではない. *Berkatalah yang benar.* 真実を話しなさい. *Awak benar dalam hal ini.* 本件については君が正しい. *Awak benar mengatakan bahawa* ~君が~と言うのは正しい. *Benarlah jika dikatakan bahawa 'masuk Islam' tidak sama ertinya dengan 'menjadi Melayu'.*「イスラム教に入信する」と「マレー人になる」ことは同じではないと言っても間違いではない. **Yang benar**, (手紙文で)敬具. 2 〔副詞〕本当に, 非常に: *Mahal benar harga barang-barang di Tokyo.* 東京の物価は非常に高い. 3 《相手の言ったことに強く同意するときの返事》正にそのとおりです: *Benar, itu yang saya maksudkan.* そのとおり, 私が言いたかった(意図した)のはそれです. 4 (統計の)実質(名目は nominal / semasa): *KDNK benar* 実質GDP.

benar-benar 本当に, 非常に: *Ali benar-benar mencintai Aminah?* アリはアミナを本当に愛しているのだろうか. *Saya benar-benar minta* maaf. 本当にごめんなさい. Saya *benar-benar* letih hari ini. 今日は非常に疲れた.

membenarkan 1 認める, 肯定する, 断言する: Dia *membenarkan bahawa dia sudah menerima cek itu.* 彼はそのチェックを受け取ったことを認めた. 2 許可する: *tidak dapat dibenarkan* ～は許可されない. Ayah tidak *membenarkan* saya keluar malam. 父は私が夜に外出するのを許可しない. 3 訂正する, 直す: *membenarkan kesalahan* 誤りを訂正する. *membenarkan kata-kata yang telah terlanjur itu* 言い過ぎた言葉を訂正する.

kebenaran 1 信頼性, 信憑性. 2 許可, 承認: *mendapat kebenaran* 許可を得る. 3 真実, 正しさ: *mencari kebenaran* 真実を追究する.

sebenar 本当の, 本物の, 正確な: *punca sebenar* 本当の原因. Inilah *emas yang sebenar*, bukan tiruan. これは本物の金だ, 偽物ではない. *Angka kematian sebenar* belum diketahui. 正確な死者数はまだ分からない.

sebenarnya 本当は～, 実際は～, 真実の～: Saya ingin mengetahui *apa yang sebenarnya berlaku.* 本当に何が起きたのかをぜひ知りたい. Saya sendiri tidak tahu *apakah sebenarnya yang berlaku.* 私自身いったい何が起きたのか分からなかった. Dia tahu *hal yang sebenarnya.* 彼は本当の事を知っている. Mawai atau *nama sebenarnya* Asmawi Ani. Mawi または本名の Asmawi Ani. Hari ini saya ingin untuk mengetahui *perasaan hati saudari yang sebenarnya.* 今日は君の本当の気持ちをどうしても知りたい. Dia bukan bomoh *dalam erti kata yang sebenarnya.* 彼は本当の意味でのボモ(呪術医)ではない.

sebenar-benarnya まじめに～.

bencah 沼地, 湿地.

bencana (Sk) 1 (自然の)災害, 災難: *bencana alam, bencana semula jadi* 自然災害, 天災. *bencana gempa bumi* 地震災害. *bencana rentas sempadan* 国境を超えた災害. *mangsa bencana* 災害の犠牲者. *melawat kawasan bencana* 被災地を訪れる. *ditimpa bencana itu* 災害に遭う. *dilanda bencana gempa bumi* 地震災害に襲われる. 2 害悪, 悪巧み.

kebencanaan 悲劇.

membencanakan 災害をもたらす.

benci 憎む, ひどく嫌う: Saya sangat *benci akan / pada* dia. 私は彼のことをひどく嫌いだ.

benci-membenci 互いに嫌い合う.

membenci ～を憎む, ～を嫌う.

kebencian 憎しみ, 憎悪.

benda (Sk) 1 物, 物体, 財産, 事柄: *benda asing* 異物. *harta benda* 財産. *benda cair* 液体. *benda hidup* 生き物. 2 物事, 事柄 (=hal): *Benda lepas* buat apa ungkit lagi? 過去の事を何のためにほじくるのか. *Benda ini benda yang besar.* このことは重大なことだ. Saya muda, tak terfikir *benda sebesar ini* akan berlaku. 私は若かったのでこのような重大なことが起こるとは考えられなかった. *Apa benda ini?* これはいったい何か. Pada masa depan saya tidak akan *buat benda bodoh ini* lagi. これからはこのようなバカなことはもう決してしません.

berbenda 金持ち.

kebendaan 実利主義, 物質主義: *kekayaan kebendaan* 物質的富.

mementingkan kebendaan 物質主義を重視する. Masyarakat sekarang terlalu *kebendaan*. 今日の社会はあまりにも物質主義的すぎる.

perbendaan 収集したもの, 財産.

bendahara (Sk) ブンダハラ(マレー王国の宰相).

perbendaharaan 国庫, 宝物.

perbendaharaan kata 語彙.

bendahari (Sk) ブンダハリ(マレー王国の財務大臣).

bendalir 液体.

bendalu 1 寄生植物, 寄生木. 2 他人に生活を依存する人(パラサイト).

bendang 田んぼ, 水田=sawah.

bendera (bendéra) (Po) 旗: *bendera putih* 白旗. *bendera kebangsaan* 国旗. *bendera setengah tiang* 半旗. *mengibarkan bendera* 旗を掲揚する. *pembawa bendera* 旗手.

benderang; *terang benderang* 明るい, 鮮やかな.

bendi I 二輪馬車.

bendi II (béndi) 〔植物〕オクラ(= kacang bendi).

bendul 戸口の敷居, 横梁.

bendung; **bendungan** ダム, 堰.

membendung 1 せき止める. 2 阻止する: *membendung serangan lanun* 海賊の襲撃を阻止する.

beng (béng) 【口語】氷が入った(飲み物): *teh beng* 氷入りのアイスティ. *kopi O beng* 氷入りのコーヒー.

bengal 1 動転する, 度を失う. 2 頑固な, 強情な, 人の話を聞かない.

bengang 1 耳鳴り. 2 怒る: Saya *bengang* betul *dengan* budak itu. あの子には本当に怒っている.

bengawan (Jw) 大河: *Bengawan Solo* ソロ川(ジャワ島中部の川).

Benggala インドのベンガル地方.

benggol (bénggol) こぶ.

bengis 1 残酷な, 無慈悲な: *pengganas bengis* 残酷なテロリスト. 2 辛辣な. *perut bengis* 嫉妬深い.

membengis 残虐に振舞う, 怒り狂う.

kebengisan 残酷, 冷酷さ.

pembengis 残酷な人, 冷酷な人.

bengkak こぶになる, むくむ, 腫れる: Dahinya *bengkak* kerana kena tumbuk. 額が殴られて腫れた.

membengkak, bengkak-bengkil 腫れ上る: *tangannya membengkak* 手が腫れた.

bengkalai; **terbengkalai** 未完成の, 放棄された: Projek perumahan itu sudah lama *terbengkalai*. その住宅建設計画はもう長いこと実施されていない. Janji itu masih *terbengkalai*. 約束がまだ実行されていない.

bengkang (béngkang); **berbenkang-bengkok** 曲がりくねった, ジグザグの: Jalan itu *bengkang-bengkok*. 道はジグザグしている.

bengkarak 骸骨.

bengkarung 〔動物〕トカゲ.

bengkel (béngkél) 1 小規模な修理工場. 2 ワークショップ, 集会.

bengkeng (béngkéng) 短気な, 怒りっぽい.

membengkengi ～を叱る, 叱りつける.

bengkok (béngkok) 1 曲がった, ゆがんだ: Kayu ini *bengkok*, tidak lurus. この材木は曲っている, 真っ直ぐではない. 2 不正な, 不正直な: Dia *bengkok hati*. 彼は不正直だ.

membengkok 曲がる, ゆがむ.

membengkokkan 曲げる: *membengkokkan besi* 鉄を曲げる.

benian; *peti benian* 貴重品を入れ

る小箱.

benih 1 種, 種子: *benih padi* 種籾. 2 苗, 若木: *menyemai benih durian* ドリアンの苗木を植える. 3 原因, 源: *menemui benih penyakit itu* 病気の原因を見つける. 4 出身, 子孫: *benih orang bangsawan* 貴族の出身.

membenih 〜の感情がわきおこる.

membenihkan 〜をつくりあげる: *membenihkan kejayaan* 成功する.

benjol (bénjol) (頭や額の)こぶ: *benjol pada* dahi 額のこぶ.

bentak; membentak がみがみ怒鳴る: "Jangan buat begitu lagi." *bentak* Ali. 「二度とそんなことをするな」, とアリががみがみ怒鳴った.

bentang; membentang 1 広がる: Sawah padi *membentang* di kiri kanan jalan. 水田が道の左右に広がっている. 2 広げる＝**membentangkan**: *membentang tikar* 筵を広げる. 3 説明する, 分析する.

membentangkan 1 広げる, 伸ばす: *membentangkan lukisan-lukisan itu di atas lantai* 床の上に絵画を広げる. 2 (意見などを)開陳する, 説明する, 分析する: *membentangkan pendapatnya* 意見を開陳する. *membentangkan kertas kerja* ワーキングペーパーを提出する. *membentangkan* Bajet 2008 2008年度予算を提出する.

bentangan 1 広がった, 広げられた. 2 レイアウト.

terbentang 広がる, 開かれる: Sawah padi *terbentang*. 水田が広がっている. melihat laut biru yang *terbentang luas* 広々とした海を見る.

bentar; sebentar ちょっとの間＝sekejap: *Tunggu sebentar.* ちょっと待ってください. *sebentar lagi, sekejap lagi, tak lama lagi* あと少し

したら. *sebentar tadi* ついさっき. *sebentar sahaja* ほんのちょっとだけ.

sebentar-sebentar 断続的に: Hujan *sebentar-sebentar* turun. 雨が降ったり止んだりする.

bentar (béntar); **berbentar** 動き回る: *mengambil jalan bentar* 回り道をする.

membentari 〜周りを回る: Kuda itu *lari membentari* lapangan. 馬が広場を走り回る.

perbentaran 競馬コース.

bentara (Sk) 式部官, 儀式官.

benteng (bénténg) とりで(砦), 要塞, 堤防: *benteng pemecah ombak* 防波堤. *benteng pertahanan* 要塞.

bentuk 1 形, 様式, 形式: *bentuk hati* ハートの形. novel yang ditulis *dalam bentuk surat* 手紙の形態で書かれた小説. 2 指輪のような曲がったものに使う助数詞: Saya membeli *sebentuk* cincin untuk isteri saya. 妻に1個の指輪を買った.

berbentuk 〜の形をした: coklat yang *berbentuk hati* ハート型のチョコ. *berbentuk segi tiga* 三角形の.

membentuk, membentukkan 1 組織する形成する: ASEAN *dibentuk* oleh 10 buah negara. アセアンは10カ国によって形成されている. 2 曲げる, 形づくる: *membentuk* cincin itu perlahan-lahan 指輪をゆっくり曲げる. *membentuk* seekor arnab *daripada* tanah liat itu 粘土からウサギを形づくる.

bentukan 形, 造形.

pembentukan 組織, 編成, 形成.

terbentuk 設立・組織された, 形成された: Perangainya yang kurang baik itu *terbentuk* sejak dia masih kecil. 彼の悪い性格は幼い頃から形成された.

bentur; **membentur** 衝突する，ぶつかる．
terbentur ～にぶつかる．

benua 大陸: *Benua Asia* アジア大陸． *Benua China* 中国大陸．
kebenuaan 大陸性〜，大陸的〜: *iklim kebenuan* 大陸性気候．

benyek (bényék)（ご飯が）べとべとした: *nasi yang benyek dan ber-air* べとべとして水気のあるご飯．

benzin; **benzina**（英）benzine ベンジン．

ber〜 〈ber 接頭辞の意味〉 **1** 所有: *ber*wang 金がある． **2** 使用: *ber*cermin mata メガネをかける．**3** 状態: *ber*gembira 嬉しい． **4** 参加: *ber*sekolah 通学する． **5** 放出: *ber*darah 出血する． **6** 集合: *ber*kumpul 集まる． **7** 主体の行為: *ber*soleh 化粧する．**8** 継続の行為: *ber*jual 商う． **9** 相互行為: *ber*kahwin 結婚する． **10** 受身的状態: *ber*balas 報いられる．

ber〜an 〈共接辞〉**1** 反復・連続・複数: *ber*gugur*an* ばらばら落ちる．**2** 相互行為: *ber*kenal*an* 知り合う．

ber 〜kan 〈共接辞〉 *ber 〜A〜kan+B*: B を A にする； Dia *ber*isteri*kan* orang Jepun. 彼は日本人を妻にした．

berahi (Sk) 強い恋心，慕情: *menaruh perasaan berahi terhadapnya* 彼女に恋心を抱く． *cinta berahi* 恋慕．
memberahikan うっとりさせる，惚れぼれさせる: Kelakuan gadis itu sungguh *memberahikan*. あの娘の仕草は人をうっとりさせる．

berai; **cerai-berai** ばらばらに散らばる: Setelah kejadian itu, keluarganya telah *cerai-berai*. その事件後かれの家族がばらばらに別れた．

berberai 散らばった，ばらまかれた．
memberai-beraikan **1** ばらまく，離散させる．**2**（ニュースを）広める．

berak (bérak) 排泄物，大便．
memberak 排泄する，大便をする．
memberaki, **memberakkan** **1** 〜に排泄する． **2** だます，欺く．
terberak 大便をもらす．

beranda （英）verandah ベランダ．

berang (bérang) 激怒する (naik berang): *berang dengan* tindakan mereka 彼らの行為に激怒する．
memberang 激怒する．
memberangi 〜を怒る．
keberangan 怒り．

berangan 〔植〕チェスナッツ．

berang-berang 〔動〕カワウソ．

berangsang; **memberangsangkan** 気持ちを鼓舞する，人を奮起させる: Nasihatnya *memberangsangkan* saya untuk berjaya. そのアドバイスによって絶対成功するぞという気になった． Kata-katanya sungguh *memberangsangkan*. 彼の言葉がとても励みになった．

berani 勇敢な，度胸のある: *berani lalat* 勇敢なふりをする． *berani mati* 死ぬことをいとわない; *serangan berani mati* 自爆テロ． *berani bersumpah* 誓約する． *berani bertaruh* 賭けてもいい; *Saya berani bertaruh dia tidak akan datang*. 彼女は絶対に来ない，と断言してもよい．
memberanikan 勇気づける，激励する．
memberanikan diri 〜 あえて〜する，思い切って〜する: Akhirnya, saya *memberanikan diri* berucap di hadapan umum. ついに私は人前で思い切って演説した．
keberanian 勇気，勇敢．
pemberani 勇敢な英雄．

berapa (疑問詞)どのくらい,どんなに: *Berapa harganya*? 値段はいくらか? *Berapa jumlahnya*? どのくらいの量? *Berapa orang*? 何人ですか? *Berapa kali*? 何回か? *Berapa jam*? 何時間か? *Berapa lama*? どのくらい長く(時間)? *Berapa banyak*? どのくらい(量)? *Berapa jauh*? どのくらい遠いか(距離)? *Berapa besar*? どのくらい大きいか? *Pukul berapa sekarang*? 今は何時ですか? *berapa pun* いくらでも,いくつでも.

tidak (*se*)*berapa* ~ あまり~でない(= *tidak begitu* ~): *tidak berapa lama lagi* あと少しで. *tidak berapa pedas* あまり辛くない. Terimalah hadiah yang *tak berapa* ini daripada kami. 私たちからのつまらないプレゼントをお受け取りください《日本語と同様の謙遜した表現》. Bantuan yang saya berikan itu *tidak seberapa*. 私がした支援は大したことではありません. Saya tak tahu apa nak kata kerana PM Dr. Mahathir yang selalu saya lihat di televisyen sudi mengunjungi rumah saya yang *tidak seberapa ini*. テレビでいつも見ているマハティール首相が粗末な我が家にわざわざ来てくれたので,何と言ってよいか分かりません.

seberapa ~ *yang boleh / mungkin* できるだけ~: Kami hendak menghabiskan kerja itu *seberapa cepat yang boleh*. できるだけ早く仕事を仕上げます. *seberapa banyak yang mungkin* できるだけたくさん. 【古典】しばらくして(次の常套句): *Setelah berapa lamanya, Setelah berapa lama antaranya, Antara berapa lamanya, Berapa lama antaranya*.

beras 米(コメ),穀類: *beras ketan / pulut* もち米. *beras kunyit* 黄色に着色した米《結婚披露宴用に》. *beras wangi* 香り米. *beras basah, beras kumbah, beras lembap* 無駄な,使い道のない.

berberas 米のある,米を食べる.

berat 1 重い,重さ: Batu ini sangat *berat*, saya tidak terangkat. この石は重いので,持ち上げられない. *berat badan* 体重; Berat badannya semakin bertambah. 彼女の体重はますます増えている. *angkat berat* 重量挙げ. 2 難しい,厳しい,深刻な: Soalan ini *terlalu berat* bagi murid-murid itu. この問題(質問)は生徒には難しすぎる. Ini *kerja berat* これは厳しい仕事だ. *hukuman lebih berat* より重い刑罰. Dia *sakit berat*. 彼は重病だ. *luka berat* 重傷. *kesalahan berat* 重い罪. *memberi perhatian berat kepada* ~, *mengambil berat tentang* ~に配慮する,に気をつける; Orang ramai semakin *mengambil berat tentang* keadaan tubuh badan masing-masing. 一般の人々は自分の身体についてますます気をつけるようになった. 3 ~に味方する,公平でない: *berat pada* ~に味方する. *berat sebelah* 偏る,偏重した; Pengadil itu ternyata *berat sebelah*. 審判は明らかに偏っている. *berat bibir, berat lidah, berat mulut* 口が重い,寡黙な.

berat hati 気が重い,気が進まない: Saya *terasa berat hati* hendak meninggalkan ibu bapa di kampung. 両親を田舎に残しておくのは気が重い. **dengan berat hati** 嫌々ながら. *berat kepala* 理解が遅い,鈍い. *berat mata* 眠くなる. *berat kaki, berat siku, berat tangan, berat*

berdikari 84

tulang 怠ける, 働きたくない.

memberatkan 1 負担をかける: Saya harap permintaan saya tidak *memberatkan* anda. 私の要求があなた様に負担にならないようにと願っています. 2 重視する, 強調する: Suaminya *lebih memberatkan* keluarganya sendiri. 夫は自分の家族の方をより重視した.

memberati 1 〜を重くする: *memberati* guni itu *dengan* batu その袋に石を入れて重くする. 2 〜に負担をかける: Saya tidak mahu *memberati* anda. 私はあなたに負担をかけたくない.

keberatan 1 気が進まない, 支障がある, 反対である, 難色を示す=**ber-keberatan**: *kalau tidak ada keberatan*, 差し支えなければ, 支障なければ, 異存なければ: *Kalau awak tidak keberatan*, boleh tak datang ke rumah saya sekarang? もし差し支えなければ, 今から私の家に来ませんか. Saya *keberatan* menerima tugas itu. その仕事を引き受ける気になれない. Saya *rasa keberatan untuk* meninggalkan kampung ini. 僕はこの村を去りがたい. 2 負担, 困難: *Tidak ada keberatan bagi* kerajaan menjalankan rancangan itu. その計画を実施することは政府にとって困難ではない.

berdikari [berdiri atas kaki sendiri] 自立する.

beregu ダブルス: *pertandingan beregu campuran* 混合ダブルス試合.

berek (bérék) (英) barracks バラック, 兵舎.

beres (bérés) 1 片付いた, 整理された: *kurang beres* あまり片付いてない. Jangan khuatir. Segala-galanya *akan beres*. 心配しないで, すべてがうまく行くから. Masala itu *sudah beres*. その問題はすでに片付いている. "*Tahu beres sahaja.*"「私にまかせてください, わたしがうまく処置するから」. 2 (借金を)清算する, 完済する.

membereskan 1 片付ける: *membereskan kerja rumah* 宿題を片付ける. 2 (借金を)返済する, 完済する.

beret (bérêt) ベレー帽.

berguk (Ar) 女性がメッカ巡礼する際に, 顔や身体を覆うベール.

berhala 1 偶像. 2 寺院 (*rumah berhala*).

beri; **memberi** 1 与える, 渡す: Saya *memberi* emak buku itu. / Saya *memberi* buku itu *kepada* emak. 僕はその本を母にあげた. 2 許す, 〜させる: Saya tidak *diberinya* masuk. 僕は入らせてもらえなった. 【古典】では用例が多い: Maka hanya Tun Perak tiada ia *diberi* raja pulang lagi ke Kelang, dijadikan baginda bentara (p.91). そこでトゥン・ペラだけは王によって(故郷の)クランに帰ることを許されず, 式武官に任命された.

beri isyarat 合図する: Saya akan *memberi isyarat kepadamu* bila saya sudah siap. 僕の準備ができたら君に合図するよ.

beri ingat 思い出させる.

beri izin 認める, 許す.

beri jalan 道を空けてやる: *Beri jalan pada* orang tua itu. お年寄りに道を空けなさい.

beri kesempatan 機会を与える: *Beri dia kesempatan*. 彼にチャンスを与えよ.

beri keterangan 説明する.

beri kuasa 権限を与える.

beri makan 養う: Saya harus *memberi makan kepada* keluarga yang besar. 大家族を養わねばならない.

beri malu 侮辱する.

beri muka 甘やかす: Mengapa selalu *memberi muka kepadanya*? なぜいつも彼女を甘やかすのか.

beri ~ pinjaman ～に貸す: Saya *memberi* Ali *pinjaman* sebanyak RM10. 僕はアリに10リンギットを貸した.

beri saksi 証言する.

memberikan ～を与える: *Tolong berikan* kerusi ini *kepadanya*. どうかこの椅子を彼に渡してください.

pemberi 提供者, 贈与者: *pemberi pinjaman* 貸し手. *memberi pelindungan kepada pemberi maklumat* 情報提供者を保護する.

pemberian プレゼント, 贈り物, 提供, 贈与: *pemberian hari jadi* 誕生日のプレゼント.

beria 1 (病気が)重病な. 2 (態度が)真剣な.

beri-beri (béri-béri) 脚気.

beringin 〔植〕バンヤン樹: ペンガルボダイジュ.

berita (Sk) ニュース, 知らせ, 便り: *berita akhir*, *berita terkini* 最新ニュース. *berita rasmi* 公式ニュース. *tajuk berita* ニュースのヘッドライン. *menerima berita* 知らせを受け取る. Kejadian itu *menjadi berita utama* di televisyen hari pagi ini. その事件が今朝のテレビのトップニュースになった. *berita panas / hangat* ホットニュース. *Tiada berita berita baik*. 便りのないのは良い便り. Sungguh lama saya *tidak mendapat berita* daripada saudari. Apa khabar saudari sekarang? 随分長いことあなたから何の便りもありません. お元気でしょうか《手紙文》.

memberitakan 伝える, 報告する.

beritawan, pemberita 記者, ジャーナリスト.

pemberitaan 報道発表, 報告書.

beritahu; **memberitahu, memberitahukan** 知らせる, 告げる: Ali *memberitahu* saya berita itu. / Ali *memberitahukan* berita itu *kepada* saya. アリが僕にそのニュースを知らせてくれた. Kalau mak saya cari di sini, tolonglah jangan *diberitahu* saya ada di sini. もし僕の母がここに探しに来たら, 僕がここにいることをどうぞ言わないでほしい.

pemberitahu 報告者.

pemberitahuan 通知, 通達.

berkas (薪などの)束.

memberkas 1 束ねる: *memberkas* ranting-ranting 小枝を束ねる. 2 逮捕する: Polis *memberkas* penjenayah itu 警察は犯人を逮捕した.

memberkaskan しばる.

pemberkasan 1 束. 2 逮捕, 拘束.

terberkas 束ねられた.

berkat (Ar) 1 神の恵み. 2 ～のおかげで, ～の結果: *berkat berusaha siang dan malam*, 昼夜努力したおかげで. *Berkat bantuan anda*, kami semua selamat sampai di rumah. みなさんが助けてくれたおかげで, 私たち全員は無事家に着きました. Saya mencapai kejayan ini *berkat doa ibu saya*. 私は母親の祈願のおかげでこの成功を達成した. 3 幸せ, 幸運な: Anak ini dianggap *membawa berkat*. この子は幸運をもたらすと思われている. *memberi berkat kepada* ～に幸せを与える.

memberkati ～に幸せをもたらす,

恵みをもたらす: Semoga Tuhan *memberkati* anda. 神があなたに恵みをもたらしますように.

berlian (英) brilliant ダイヤモンド.

Bernama [*Berita Nasional Malaysia*] (ブルナマ)マレーシア国営通信社.

bernas 中身のある, 含蓄のある: padi yang *bernas* 実のつまった稲. memberikan ucapan yang *bernas* 内容の濃いスピーチをする.

berontak 反逆する, 反乱する.

memberontak 反乱を起こす, 反抗する.

pemberontak 反逆者, 反徒.

pemberontakan 反乱, 暴動, 反抗.

bersih 1 清潔な, きれいな, (空気や水が)澄んだ, クリーンな: pakaian yang *bersih* 清楚な服装: persekitaran yang *bersih* クリーンな環境. 2 純粋の, ネット: pengeksport *bersih* produk pertanian 農産品の純輸出国. 3 (政治などの)悪影響のまったくない.

membersihkan きれいにする, 浄化する: selalu *membersihkan* bilik いつも部屋をきれいにする(掃除する). tanah-tanah yang telah *dibersihkan* tetapi tidak dibangunkan oleh pemaju. デベロッパーによって整地したが開発(着工)していない土地.

kebersihan 清潔さ, 潔白.

pembersih 1 掃除人. 2 掃除機 (pembersih vakum).

pembersihan 清掃: mengadakan / melakukan / melancarkan *pembersihan* 清掃する, 一掃する.

bersin くしゃみ, くしゃみをする: Orang putih mengucapkan "Bless you" apabila seseorang kenalan itu *bersin*. イギリス人は誰か知っている人がくしゃみをすると「Bless you」と言う.

terbersin くしゃみをする.

bertih 炒った米: *bertih* jagung ポプコーン.

beruang [動] クマ(熊): *beruang* kutub 北極熊.

berudu [動] オタマジャクシ.

beruk [動] サル(尾短猿).

berus (英) brush ブラシ: *berus* gigi 歯ブラシ. *berus* cat 塗装用ブラシ. *berus* lukisan 絵画用ブラシ.

memberus ブラシをかける, 磨く: *memberus* gigi 歯を磨く. *memberus* rambut 髪をブラシで梳かす.

besan (bésan) 婚姻により生じた双方の親同士の姻戚関係.

besar 1 大きい: rumah *besar* 大きな家. Rumah itu *besar* あの家は大きい. 2 成人した, 生長する: Anak saya *sudah besar*. 息子はもう成人した. Kalau tak makan, *bagaimana nak besar*? 食べなかったら, どうやって大きくなれるのか. apabila *besar*, bila *besar* nanti 大人になったら; Bila *besar* nanti, nak jadi apa? 大きくなったら, 何になりたいか. 3 偉大な, 重要な: orang-orang *besar* 偉い人たち. guru *besar* 校長. 4 大量な, 多い: Gajinya *besar*. 給料は多い. *mulut besar, cakap besar* ほら吹きの. *besar hati* **a** 横柄な. **b** 喜ぶ. *besar kepala* 横柄な, 頑固な.

besar-besaran 大々的に: merayakan Hari Kebangsaan *secara besar-besaran* ナショナル・デイを大々的に祝う.

berbesar; *berbesar hati* 誇りに思う.

membesar 1 成長する, 大きくなる: Makin lama pokok rambutan

itu makin *membesar*. ランブータンの木はますます大きくなった. **2** えらくみせる, いばる.

membesarkan **1** 大きくする, 拡張する: *membesarkan rumahnya* 家を拡張する. *membesarkan jalan* 道を広げる. *membesarkan foto* 写真を拡大する. *membesarkan bunyi* radio itu ラジオの音を大きくする. **2** 重視する: Kita tak usah *membersarkan* perkara yang seperti itu. そのような事を重視する必要はない. **3** 育てる, 養育する: Janda muda itu *membesarkan* empat orang anak. 若い未亡人は4人の子供を育てた. Saya *dibesarkan* di Osaka. 僕は大阪で大きくなった.

membesar-besarkan 大げさに言う, 誇張する: Jangan *membesar-besarkan* perkara yang kecil. 些細なことを大げさに言うな.

memperbesar, memperbesarkan さらに拡大する・拡張する, もっと大きくする: Rumah ini sudah besar, janganlah *diperbesar* lagi. この家はもう十分に大きいので, これ以上は拡張するな. Hal ini tentu *memperbesarkan* kekhuatiran di kalangan penduduk kampung itu. この事は必ずや村民の不安を増幅させるだろう.

kebesaran **1** 偉大さ, 栄光, 名誉, 高貴さ: dianugerahkan *pangkat kebesaran* 栄光ある位階が授けられる. *pingat kebesaran, bintang kebesaran* 名誉勲章. *pakaian kebesaran* 正装, 晴れ着. *hari kebesaran* 祭日. **2** マレー王の権威を象徴するもの・威厳: *alat-alat kebesaran raja* 御物, 神器. *payung kebesaran* 王宮儀式に使う御物としての傘. Mahkota dan keris merupakan *lambang kebesaran* Raja-Raja Melayu. 王冠とクリスはマレー王族の威厳を象徴するもの(御物)である. *adat kebesaran Kerajaan Melaka* マラカ王朝の威厳ある伝統.

pembesar **1** 高官, 首長, 区長. **2** 拡声器(＝pembesar suara).

pembesaran 拡大, 増強, 拡張.

sebesar 〜と同じくらい大きな: batu *sebesar ibu jari* 親指大の石.

terbesar 最大の: Jepun merupakan rakan perdagangan *terbesar* ASEAN. 日本はアセアンの最大の貿易パートナー. Belanda merupakan pengeluar barangan makanan *kedua terbesar di dunia*. オランダは世界第二位の食料品生産国だ. Syarikat A adalah syarikat *kedua terbesar selepas* syarikat B. A 社はB 社に次ぐ二番目に大きな会社だ.

besbol (bésbol) (英) baseball 野球.

besen (bésen) (英) basin 洗面器.

besi 鉄: *besi baja, besi waja* 鋼鉄. *besi berani* 磁石. *besi buruk* 古鉄. *besi kuda* 蹄鉄. *besi lembut* 軟鉄. *besi serpih* 鉄くず. *tukang besi* 鍛冶屋.

membesi 鉄のような, とても堅い.

besok (bésok) → **esok** **1** Hari ini hari Rabu, *besok* hari Khamis. 今日は水曜日, 明日は木曜日です. *Masih ada hari besok*. 明日があるさ. **2** 後日に, 後で＝*besok-besok*; *besok lusa*; *Besok lusa* kita bincangkan perkara ini. この事は追って議論しよう.

bestari (béstari) 知的な, 聡明な: *pelajar bestari* 聡明な生徒. *sekolah bestari* (マレーシアの)スマート・スクール《コンピューターなど情報教育が完備した学校のこと》.

beta (béta) (Sk)【王室】(王族が自

betapa

分の事を指して)私, 朕.

betapa 1 いかに~したことか!(感嘆文): *Betapa gembiranya*! どんなに嬉しいことか! *Betapa gembiranya* anak-anak itu melihat emaknya pulang. 子供らは母親が帰って来たのを見てどんなに喜んだことか. 2 どのように: *Betapa dia akan datang* kalau dia tidak berwang? 彼はお金がないのに、どうやって来るのだろうか. 3 たとえ~でも: *Betapa dicarinya*, tidak juga ditemukan. どんなに探しても、見つからなかった. *Betapa pun kecil* pendapatan saya, 私の所得がたとえどんなに少なくとも, ***Biar betapa pun juga*** ~, ***tetapi*** — たとえどんなに~しても: *Biar betapa pun juga lambatnya* dia masuk ke tempat tidur, *tetapi* tepat pada jam itu dia terus bangun. 彼はたとえどんなに遅く寝ても、その時間に正確に起きる. 4【古典】~に則り: Maka surat pun disuruhnya sambut dengan sepertinya, *betapa* adat menyambut surat raja-raja yang besar-besar itu (p.101). (ゴアの王はマラカ王国からの)親書を、偉大な王からの親書を受領する儀式に則って然るべく受け取るよう臣下に命じた.

betas 1 ほころびる. 2 ひびが入る.
 membetas (服などを)ほどく, (皮などに)ひびを入れる.

betik 〔植〕パパイヤ.

betina メス(雌): *kucing betina* メス猫. *ayam betina* 雌鶏.

beting (河口などの)浅瀬, 砂洲(beting pasir).

betis すね(脛) (tulang betis), ふくらはぎ (buah betis).
 membetis 歩く=berjalan.

betul 1 正しい, 本当に, 本当に: jawapan yang *betul* 正解. *Betulkah* dia akan balik minggu depan? 彼が来週帰ってくるって本当ですか. "*Memang betul*." 「まさしくそのとおりです」. "*Betul kata-kata awak*". 「君の言う通りだよ」. "*Betul jangkaan anda*!"「あなたの予想した通りでした」. 2 本物, 真正の: *emas betul* 純金. 3 ちょうど、まさに: *pada pukul satu betul* 1時きっかりに. 4《副詞的に》非常に、とても: *Mahal betul kereta itu*. 実に高価だ、あの車は.

betul-betul 本当の, 実際の, 正しく: *Saya betul-betul* pasti tentang hal itu. 私はそのことについて本当に確信しています. *Buat betul-betul*. 正しくやりなさい.

berbetul【古典】1 (衣装など)きちっと着なおす. 2 ~に相応しい, 合致する.

berbetulan 正確に、ちょうど、直接.

berkebetulan 同時に.

membetulkan, memperbetul 1 直す, 訂正する: *membetulkan bajunya* 服装を正す. *membetulkan duduknya* 居住まいを正す. 2 認める: *membetulkan tuduhan* 訴えを(そのとおり間違いないと)認める.

kebetulan たまたま, 偶然にも: *secara kebetulan sahaja* 全く偶然にも; *Kami bertemu hanya secara kebetulan*. 私たちは全く偶然に会った. *Ini hanya satu kebetulan*. これは全くの偶然だ. Sebuah kereta *kebetulan* lalu di tempat kejadian itu. 一台の車がたまたま事件現場を通った.

pembetulan 訂正.

sebetulnya 本当は~, 実際には~.

betung 大竹 (=buluh betung).

beza (bêza) 違い, 差異: "Cara orang Melayu makan lain daripada cara Barat". "*Apa bezanya?*"「マレー人の食べ方はヨーロッパ人の食べ方と違う」「どう違うのか」. *Tidak ada bezanya.* 違いがない, 同じではないか.

berbeza 違う, 異なる: *pendapat yang berbeza* 異なる意見. *Pendapat saya berbeza dengan pendapat anda.* 私の意見はあなたのとは違う. *berbeza pendapat* 意見を異にする; *Kami berbeza pendapat mengenai rancangan itu.* 私たちはその計画について意見を異にする. *Sekarang keadaan berbeza sama sekali.* 今は状況が一変している. *Jenisnya sama, tetapi warnanya berbeza.* 種類は同じだが, 色が異なる. *berbeza daripada biasa* 普通とは(いつものは)違う. *memberi layanan berbeza terhadap* ～に対して差別待遇をする.

berbeza-beza, berbezaan 別々の, それぞれ異なった. *Besar buah durian itu berbeza-beza.* ドリアンの大きさはそれぞれ異なる. *Reaksi kami berbeza-beza tergantung pada orangnya.* 私たちの反応は人によって別々でした.

membezakan 1 区別する, (違い)を識別する, 分類する: *Sekali padang sukar hendak membezakan anak kembar itu yang mana kakak dan yang mana adik.* 一目見ただけであの双子はどっちが姉でどっちが妹か識別するのが難しい. *tidak dapat membezakan antara benar atau salah* 正しいことと悪いことを区別できない. 2 差別する, えこひいきする = **membeza-bezakan**: *Dia sedikit pun tidak membezakan antara anaknya dengan anak tirinya.* 彼女は自分の子と継子とを少しも差別しない.

membeza-bezakan 差別する: *Jangan membeza-bezakan orang.* 人を差別するな.

memperbezakan 1 区別する: *memperbezakan yang baik dengan yang buruk* 善悪を区別する. 2 差別する.

pembezaan 区別・差別すること: *menghindarkan pembezaan* 差別を避ける. *Dulunya pembezaan warna kulit berlaku di Afrika Selatan.* 皮膚の色での差別が昔は南アであった.

perbezaan 違い, 差異, ギャップ, 格差: *perbezaan antara A dan B* A と B の違い. *perbezaan pendapat* 意見の相違. *perbezaan ekonomi antara kedua-dua negara* 両国間の経済格差. *merapatkan jurang perbezaan antara Melayu dan bukan Melayu* マレー人と非マレー人との格差を縮める.

bgn [bangunan] 建物.

Bhd [Berhad] 上場会社.

biadab 1 失礼な, 無作法な. 2 野蛮.

kebiadaban 品の悪さ, 無礼.

biak 肥沃な, 実りの多い, 多産の: *Sel-sel berkembang biak dengan cepat sekali.* 細胞は急速に繁殖する.

berbiak, membiak よく育つ, 繁茂する.

membiakkan 育てる, 飼育する = menternak.

pembiak 養殖物.

pembiakan 繁殖, 養殖, 飼育.

biar 1 ～させる, させておく: *Biarlah saya pergi dulu, ya?* お先に失礼させて下さいね. *Saya tak boleh janji bila. Biar masa yang menentukan.* いつか約束はできない. 時が決めてくれる. "*Biar saya makan dulu. Saya nak cepat ini.*"「先に食べるよ. ちょ

biara

っと急いでいるので」. **2** ～した方が良い: *Biar saya mati daripada menyerah diri*. 降伏するより死んだ方がましだ. *Kanak-kanak biar tidur 10 jam. Tidur paling penting untuk membesar*. 子どもは10時間寝た方がよい. 大きくなるためには寝ることが一番大切だ. **3** ～するように: *Berilah saya wang, biar saya beli kamus ini*. この辞書を買えるように僕にお金をくれ.

Biar begitu sahaja, Biarkan sahaja. そのままにしておきなさい.

biar bagaimana pun しかしながら.

biar apa pun どんなことがあっても: *Biar apa pun yang terjadi, saya tetap dengan pendirian saya*. どんなことがあっても私は自分の意見を変えません.

biar bagaimana ～ sekalipun, biar betapa pun juga ～nya たとえどんなに～であろうとも: *Biar bagaimana terlambat sekalipun, dia akan pulang ke rumah*. どんなに遅くなっても, 彼は家に帰る. *Biar bagaimana lembut lelaki berkata pun,* Idah tidak percaya. 男がたとえどんなにやさしい口をきいても, イダは男を信用しなかった. *Biar betapa pun juga lambatnya Johan masuk ke tempat tidur, tetapi tepat pada jam itu dia terus bangun*. ジョハンはたとえどんなに遅く寝ても, ちょうどその時間にちゃんと起きる.

Biarlah dulu. おかまいなく, どうぞかまわないでください.

membiarkan ～させる, 許す, 放っておく, 見過ごす: *Biarkan dia seorang diri*. 彼女をひとりにさせておこう. *membiarkan pintu itu terbuka* ドアを開けたままにしておく.

Biarkan sahaja. いいから, そのままにしておいてください: *Selepas gempa bumi, ada bangunan yang dibiarkan begitu sahaja*. 地震の後も放置されたままの建物がある. Tidak bijak jika kita *membiarkan* peluang yang sedang berada di depan kita *berlalu begitu sahaja*. 私たちの目の前に現にある機会をただ見過ごしてしまうのは賢明でない. Eloklah *dibiarkan sahaja* apa mereka hendak kata. 彼らに言いたいことを言わせておけばよい. Pun begitu, kita tidak boleh *membiarkan* semua ini *berlalu* tanpa berbuat apa-apa. そうであっても, 何もせずに黙って見過ごすわけにはいかない. Temankan Aminah, tak patut *biarkan* dia sendirian. アミナの相手をしてやれ, 彼女を一人にさせておくべきでない. *Tak boleh dibiarkan*. (それは)放っておけない. *Biarkan saja supaya terjadi*. どんな結果になろうとも思いどおりにやらせなさい.

terbiar, kebiaran 放置されたまま, 無視されたまま: *tanah sawah terbiar* 放棄水田. Selama ini dusun itu *terbiar sahaja* tanpa diusahakan. これまで果樹園は何の手入れもせずに放置されたままだった. Kematiannya *tidak akan terbiar begitu saja*. 彼の死をこのまま放置できない. Ada banyak mayat *terbiar di atas jalan*. 道路にたくさんの死体が放置されていた.

keterbiaran 放置.

biara 僧院.

biarpun ～であるけれでも: *Biarpun* dia miskin, dia kuat berusaha. 彼は貧乏であるけれども, 一生懸命に努力する.

bias; **membias** 外れる, 方向が変わる: Air hujan *membias* masuk ke dalam bilik. 雨水が外れて部屋の中に入ってきた.

membiaskan 〜をそらす, 変更させる.

pembiasan, biasan 反映.

terbias そらされる, 向きを変えさせる.

biasa (Sk) **1** 普通の, 通常の: *orang biasa* 普通の人. *perkara biasa* 普通の事, よくある事. *durian saiz biasa* 普通サイズのドリアン. ***macam biasa, seperti biasa*** いつものように, いつもの通り: Operasi penerbangan *berjalan seperti biasa*. 飛行機の運航は通常通り行なわれた. ***luar biasa*** 特殊な, 非常に. **2** 慣れる: ***sudah biasa, sudah jadi biasa*** もう慣れた; Saya *sudah jadi biasa dengan* kehidupan di Kuala Lumpur. 私はクアラルンプールの生活にもう慣れた.

biasanya いつもは〜, 通常は〜: *Biasanya* saya berjalan kaki ke sekolah. 普段は歩いて学校へ行く.

membiasakan 慣れる, 親しむ: *membiasakan diri dengan* 〜に慣れる.

kebiasaan 習慣, 癖: *sudah jadi kebiasaan* 習慣・慣例になる; *Sudah menjadi kebiasaan baginya untuk* minum secawan kopi setiap pagi. 毎朝一杯のコーヒーを飲むことが彼の習慣になっている.

terbiasa 習慣になっている.

biasiswa 奨学金.

biawak 〔動〕イグアナ.

biaya (Sk) **1** 費用, 経費, 支出: *atas biaya sendiri* 自腹を切って, 自費で. *Berapa biaya* bas ke KL ? KLまでのバス料金はいくらですか. Projek itu *memakan biaya* yang besar. そのプロジェクトは巨額の経費がかかる. **2** 補助金: *biaya kerajaan* 政府からの補助金.

membiayai 〜の費用を負担する: Lawatan sambil belajar ke Malaysia itu *dibiayai* mereka sendiri bukannya ditanggung kerajaan. マレーシアへの修学旅行は彼らが費用を自己負担するものであり, 政府は全く負担しない.

membiayakan 費やす, 支出する.

biayaan 融資.

pembiayaan 経費の支出, 資金: *pembiayaan gerakan* 運動資金.

bibir **1** 唇: *kedua-dua bibir* 両方の唇. *membaca gerak bibir* 読唇術で理解する. **2** 縁, へり: *bibir hutan* ジャングルの縁. **3** 口, しゃべり: *bibir manis* = cakap manis. Dia *hanya di bibir saja*. 彼は口先だけ, 行動がない.

bibit **1** 種, 苗木. **2** (事柄の)種, 原因.

bibliografi (英) bibliography 図書目録.

bicara (Sk) **1** 裁判, 審理. **2** 意見. **3** 討論, 話し合い.

berbicara 討議する, 意見を述べる, 話す: *berbicara tentang* perkara itu その事について討論する.

membicarakan, memperbicarakan **1** (法廷で)審理する, 裁く: Mahkamah akan *membicarakan* tertuduh itu esok. 裁判所は明日被告について審理する. Kenapakah lama sangat untuk *membicarakan* satu kes penipuan ? ひとつの詐欺罪の事件で裁判審理がなぜこんなに長くかかるのか. **2** 論ずる, 話し合う: *membicarakan* masalah banjir itu 洪水問題につき論議する.

pembicara スポークスマン.

pembicaraan 討論, 話し合い.

perbicaraan 公判, (法廷での)審理: *Perbicaraan kes pembunuhan itu belum selesai.* その殺人事件の公判(裁判)はまだ終結していない.

bicu ジャッキ.

bidadari (Sk) **1** 天使. **2** 美しい女性.

bidai 竹製のすだれ.

bidal; **bidalan** 格言.

bidan (Sk) 助産婦.

bidang **1** 分野, (専門)部門: *bidang kuasa* 司法権. *bidang profesional, bidang pengkhususan* 専門分野. *Apakah bidang yang anda ceburi?* あなたの専攻分野は何ですか. **2** 幅: *Bidang kain ini lebarnya 2 meter.* この布の幅は2メートル. **3** (土地やマットなど)平面を数える助数詞: *membeli sebidang tanah di situ* そこの土地一区画を購入する.

bidas; **membidas** **1** 反論する, 反駁する; 批判する: *Osman membidas kenyataan yang dibuat terhadapnya.* オスマンは自分に対してなされた声明に反駁した. *membidas apa saja* 何でも批判する. **2** 跳ね返る.

bidasan 反駁, 批判, 跳ね返り, 反撃.

bidik; **membidik** 片目をつぶって(銃の)狙いをつける: *membidik harimau itu* トラ(虎)に狙いをつける.

biduan (Sk) 男性歌手.

biduanda (王宮の)侍者, 使者.

biduanita (Sk) 女性歌手.

biduk (漁や荷役用の)細長い小船.

bifstik (英) beefsteak ビフテキ.

bihun (Ch) 〔食〕ビーフン.

bijak (Sk) **1** 賢い, 聡明な: *bijak pandai* 賢者, インテリゲンチァ. *bijak bestari* 聡明な. **2** 言葉が流暢な: *bijak berbahasa Jepun* 日本語をうまく話す. **3** ふさわしい, 相応の.

kebijakan 聡明さ, 能力.

bijaksana (Sk) 知識・経験豊かな, 聡明な.

kebijaksanaan 聡明さ, 知性: *Terserah kepada kebijaksanaan anda.* あなたの判断・決定次第です.

bijan ごま(胡麻): *minyak bijan* ごま油.

biji **1** 種, 種子. **2** 穀類, 穀物 **3** (卵やビー玉, 果物など)小さくて, 丸い物を数える助数詞(〜個): *dua biji epal* 2個のリンゴ. *empat biji piring* 4枚の小皿. *biji mata* 瞳, 恋人.

biji-bijian, bijirin 穀類.

berbiji 種のある: *Pisang ini berbiji.* このバナナには種がある.

bijih 鉱石, 原鉱: *bijih timah* 錫鉱石. *bijih besi* 鉄鉱石.

bikar (英) beaker (化学実験の)ビーカー.

bikin; **membikin**【口語】**1** 〜を作る *bikin sendiri* 自分で作る. *bikin kuih* お菓子を作る. **2** する, 行う: *Awak bikin sendiri, jangan minta tolong sesiapa.* 君は一人でやりなさい, 人に助けを求めるな. *Cakap tak serupa bikin.* 言うこととやることが違う(言行不一致).

bikinan 製品, 成果.

pembikinan 製造.

bil (英) bill 請求書, 請求金額: *bil air* 水道料金請求書. *bil elektrik* 電気料金請求書. *bil telefon* 電話料金請求書.

bila **1** いつ(疑問詞): *Bila datang ke Tokyo?* いつ東京に来たのですか. *Bilakah hari jadi awak?* 15 *hari bulan Ogos.* 君の誕生日はいつですか？8月15日です. **2** (接続詞)〜の

bilik

とき,もし〜の場合: *Bila dia datang, berikan surat ini kepadanya* 彼が来たら,この手紙を彼に渡してください. *Bila ada masa saja, kita belajar.* 時間があればいつでも勉強する. *Bila habis sekolah, balik rumah tak pergi ke mana-mana.* 学校が終わったら,家に帰ってどこへも出かけない.

bila-bila いつでも,いかなる時でも: "Tak jumpa Faridah minggu ni?" "Jumpa Faridah boleh *bila-bila*."「今週はファリダに会わなかったの?」「ファリダにはいつでも会える」.

bila-bila masa, bila-bila saja いつでも: *Anda boleh datang bila-bila saja apabila anda senang.* あなたが暇なときならいつでも来て結構です. *Kemalangan boleh berlaku bila-bila masa dan di mana-mana saja.* 事故はいつでもどこでも起こり得る.

sampai bila-bila いつまでも: *Saya tak akan melupakannya sampai bila-bila.* 僕はそれをいつまでも忘れっこない.

bilah 1 (竹や木などの)一片. 2 (刀や剣など)長く鋭い物を数える助数詞.

bilal (Ar) ビラール(イスラム教モスクで祈禱の時を知らせる係).

bilang I 1 量,数: *tidak masuk bilang* 計算に入れない. 2 いつも,毎〜(=sebilang): *bilang bulan* 毎月.

bilangan 量,数: *bilangan penduduk* 人口数. *bilangan pelajar yang lulus* 合格した生徒数.

berbilang 数々の〜,複数の〜: *masyarakat berbilang kaum* 多民族社会; *Rakyat Malaysia berbilang kaum.* マレーシア国民は多民族から成る.

membilang, membilangkan 数える: *membilang* dengan jari 指で数える. *membilang* bintang di langit 夜空の星を数える. belajar *membilang* 数え方を習う.

kebilangan 有名な.

pembilangan 計算: *pembilangan undi* 得票数の計算.

sebilangan 〜の一部: *Sebilangan murid tidak hadir.* 一部の生徒が出席しなかった. *sebilangan kecil* 〜少数の. *sebilangan besar* 〜大多数の〜.

terbilang 1 有名な=terkenal,卓越した: universiti-universiti *terbilang* 有名大学. 2 数えられる: tamu yang datang *tidak terbilang banyaknya* 数えられないほどの客が来た.

bilang II ; membilang 【口語】言う,話す=bercakap, berkata: Apa dia *bilang*?=Apa dia kata? 彼女は何と言ったのか. Emak *bilang* jangan pergi. お母さんは,行くなと言った.

membilangi 知らせる.

pembilang 通告者,知らせる人.

bilas ; membilas (仕上げに)水ですすぐ,リンスする: *membilas rambutnya selepas bersyampu* シャンプーした後,髪をリンスする.

bilateral (英) bilateral 二者の,二国間: *perdagangan bilateral* 二国間貿易. *perjanjian bilateral* 相互条約.

bilik 部屋,室: *dalam bilik* 部屋の中. *bilik air, bilik belakang, bilik kecil* 洗面所,トイレ(=tandas). *bilik bacaan* 読書室. *bilik menunggu* 待合室. *bilik rehat* 休憩室. *bilik tetamu* ゲストルーム,客室. *bilik tidur* 寝室.

berbilik-bilik 仕切られた,〜部屋にわけられた.

bilion (英) billion 十億.
berbilion, berbilion-bilion 数十億の.

bilionair (英) billionare 億万長者.

bilis; **ikan bilis** 〔魚〕アンチョビ（インドアイノコイワシ）.

bilur みみずばれ.

bimbang 心配な, 不安な: *Jangan bimbang.* 心配するな. *Apa yang saya bimbang ialah* 〜 私が心配していることは〜. *berasa bimbang* 心配する. *nampak bimbang* 心配そうに見える. *Mereka bimbang* akan berlaku tsunami pula. 今度は津波が起こるのではないかと彼らは心配する.
berbimbang 心配する.
membimbangkan 心配させる, 悩みの種になる: *Dan lebih membimbangkan,* 〜 もっと心配なことは〜.
kebimbangan 心配, 不安: *melahirkan kebimbangan bahawa* 〜ではないかと心配する.

bimbing; **berbimbing** 手をつなぐ: Ali berjalan *berbimbing tangan* dengan ayahnya. アリはお父さんと手をつないで歩いた.
berbimbingan, berbimbing-bimbingan 手をつなぐ, 協力する: Kanak-kanak itu berjalan sambil *berbimbingan tangan.* 子供らは手をつなぎながら歩く. Kita perlu *berbimbingan tangan* untuk mengatasi masalah ekonomi negara. 私たちはわが国の経済問題を解決するために協力すべきだ.
membimbing 1 手をひっぱって先導する, 誘導する: Ali *membimbing* neneknya menuruni tangga. アリはおばあちゃんの手を引いて階段を下りた. 2 (勉強や仕事を)指導する, 教える: Tugas guru *membimbing* anak sekolah. 教員の任務は生徒を指導することです.
bimbingan 指導, ガイド: *di bawah bimbingan* Prof. Ali アリ教授の指導の下で. Saya lulus dengan baik *berkat bimbingan Cikgu Ali.* 僕はアリ先生の指導のお陰で良い成績で合格した. *memberi bimbingan kepada* pelajar itu 生徒を指導する.
pembimbing 指導者, リーダー.

bimbit 手で運ぶ: *telefon bimbit* 携帯電話. *beg bimbit* ブリーフケース.
membimbit 手で運ぶ, 手を引いて教える: *membimbit* sebuah beg バッグを手で運ぶ.

bin (Ar) 〜の息子(男性)の名前に付ける: Ali *bin* Ismail アリ・ビン・イスマイル《イスマイルの息子の》の意味: bin の次が父親の名前→女性は binti》.

bina 建物: *seni bina* 建築樣式. *bina badan* ボディビル.
membina 1 建築する, 築く: *cadangan / teguran yang membina* 建設的な提案・批判. *membina rumah tangga* 所帶を築く. *membina masa depan yang cemerlang* すばらしい未来を築く. *membina semula* 再建する: *membina serta memulihkan semula* Aceh selepas bencana gempa bumi 震災後のアチェの復興再建. 2 発展させる, 育成する, 強化する: Hubungan ini harus terus *dibina.* この関係を引き続き強化しなければならない.
binaan 建物, 建築物.
pembina 建築者, 設立者.
pembinaan 建築, 発展: *industri pembinaan* 建設業. *tapak pembinaan* 建設用地. *pembinaan*

rumah kos rendah 低コスト住宅の建設.

binasa (Sk) 壊れた, 朽ちた, 壊滅した: Bangunan itu *binasa* akibat gempa bumi. 地震で建物が崩壊した.

membinasakan, memperbinasa 壊す, 破壊する, 破壊させる: Gajah *membinasakan* kebunnya. 象が農園を破壊した.

pembinasa 破壊者.

pembinasaan 破壊, 解体.

binatang 動物: *binatang hidup-hidupan, binatang ternakan* 家畜類. *binatang maging* 肉食動物. *binatang maun* 草食動物. *binatang kesayangan* ペット.

bincang; **berbincang** 話し合う, 討議する: *berbincang mengenai perkara itu* その事を話し合う.

berbincang-bincang 無駄話する.

membincangkan, memperbincangkan 〜を討論・話し合う: *membincangan perkara itu* その事について話し合う. *Masalah itu akan dibincangkan lebih lanjut lagi dalam bab berikutnya.* その問題は次章でさらに詳しく論じる.

pembincang 討論者.

perbincangan 話し合い, 会議: *mengadakan perbincangan tentang* 〜について話合いをする.

bincu 口紅.

membincu 口紅をつける＝meng-gincu.

bincut; **bincang-bincut** こぶ, 腫れ物.

bindu 旋盤.

bingar; **hingar-bingar** うるさい, 騒々しい＝riuh rendah.

bingit 1 大きな音のため一時的に(耳が)聞こえなくなること: *Bingit telinga* mereka kerana teriak anak itu. 子どもらの叫びで耳が聞こえなくなる. 2 (耳にすると)不愉快になる, 穏やかでない.

bingkai 縁, 額縁, フレーム: *bingkai cermin* 鏡の縁. *bingkai mata* 目の縁. Mereka masih lagi belum terlepas dari *bingkai* kesan penjajahan. 彼らは依然として植民地統治の影響という枠組みから解放されていない.

membingkai, membingkaikan フレームに入れる, 額に入れる: *membingkai sijil itu* 証書を額に入れる.

bingkas; **berbingkas, membingkas** 跳ね返る, 急に立ち上がる, 飛び起きる: Ali *bingkas* bangun apabila terdengar namanya dipanggil. アリは自分の名前が呼ばれるのを聞いて急いで立ち上がった.

bingkis 【古典】贈り物, 手土産.

bingkisan 手紙を添えた贈り物: Setelah musim balik maka baginda pun membalas surat serta *bingkisan*. (インドからの一行が)インドに帰る時期になると, 王様は親書とお返しの土産を添えた.

membingkis, membingkiskan 手紙を添えて贈り物を贈る.

bingung 1 うろたえる, 途方に暮れた, 困惑する: Saya *bingung* mengenai apa yang harus saya lakukan. 何をすべきか途方に暮れた. Dia *bingung* melihat begitu ramai orang. 大勢の人を見てうろたえた. 2 バカな, 愚かな.

kebingungan 当惑, うろたえる: Dia *kebingungan*. 彼女はうろたえた.

membingungkan 困惑させる, 当惑させる.

bini 女房《isteri よりも粗野な表現, 亭主は laki》.

bintang 1 星, 星座: *bintang ber-*

binti 96

edar 惑星. *bintang komet, bintang sapu* 彗星. *bintang pari* 南十字星. *bintang tujuh* 北斗七星. *bintang timur, bintang pagi* 明けの明星. *ilmu bintang* 天文学. *Bintang Tiga* マラヤ共産党《党旗に三つ星が描かれているから》. **2** 運勢: *bintang terang* 運の良い人. *Bintangnya sedang naik sekarang.* 彼女の運勢は今や上向きになっている. **3**(映画や音楽界の)花形スター: *bintang filem* 映画スター, 俳優. *bintang bola sepak* サッカーのスター. *hotel lima bintang* 五つ星ホテル. **4** 勲章: *bintang kebesaran* 名誉勲章. *bintang laut* 〔魚〕ヒトデ.

membintangi ～に出演する: *membintangi filem itu* その映画に出演する.

perbintangan 天文学, 占星術.

binti (Ar) ～の娘《女性の名前に付ける: *Aminah binti Ismail* イスマイルの娘のアミナ→男性は bin》.

bintik そばかす, しみ, 斑点, まだら.

berbintik, berbintik-bintik 斑点のある, しみのついた, まだらの.

biografi (英) biography 伝記.

biola (英) violin バイオリン.

biologi (英) biology 生物学.

bir (英) beer ビール.

birai **1** 手すり, 欄干. **2** 縁.

biras 義理の兄弟・姉妹.

biri-biri 〔動〕ヒツジ(羊).

biring I 汗疹(あせも) (=*biring peluh*).

biring II 黄色味がかった赤(鶏の羽など).

biro (英) bureau (官庁の)局, 事務局.

birokrasi (英) bureaucracy 官僚制度, 官庁の煩雑な手続き.

birokratik (英) bureaucratic 官僚主義的な.

biru 青色, ブルー: *biru tua* ダークブルー.

membiru ブルーになる: *Langit yang gelap mula membiru.* 真っ暗な空が青色に変わり始めた.

bisa **1** 毒: *Ular itu ada bisa.* その蛇は有毒だ. **2** 激痛: *tidak boleh berjalan kerana bisa kudisnya* 疥癬の激痛で歩けない.

berbisa 有毒の: *ular berbisa* 毒蛇.

bisik; **berbisik, berbisik-bisik** ささやく, つぶやく, ひそひそと話す.

bisikan ささやき.

membisiki ～にささやく.

membisikkan ささやく, 小声で伝える: *membisikkan sesuatu kepada kawannya* 友達に何事かを小声で伝える.

bising うるさい, 騒々しい: *bunyi bising* 騒音. *Murid-murid berbuat bising dalam kelas.* 生徒たちが教室で騒ぐ. *Jangan buat bising.* うるさくするな.

membisingkan 騒音をたてる.

kebisingan 騒ぎ, 騒音: *tidak tahan lagi kebisingan ini.* この騒音にもう耐えられない.

biskop (英) bishop 司教.

biskut (英) biscuit ビスケット.

bismillah (Ar) ビスミラー(アッラーの名において).

bisu 口のきけない, ものが言えない.

membisu 黙りこくる, 沈黙する: *membisu sahaja sepanjang mesyuarat itu berlangsung* 会議が行われている間中黙りこくる. *Membisu sajalah mengenai hal ini.* この事について何も言わないでください.

pembisuan 沈黙.

bisul おでき, 腫れ物.

bius 1 失神, 気を失った. 2 麻酔薬 (=*ubat bius*). *kena bius* 麻酔をかけられる.

  membius 麻酔をかける, 意識を失わせる: Doktor *membius* penyakit itu sebelum menjalankan pembedahan. 医者は手術前に患者に麻酔をかける. *membius lukanya* 怪我した所に局部麻酔をする.

  kebiusan 失神状態, 無意識状態.

blaus (英) blouse ブラウス.

blok (英) block ブロック, 区画.

bobos 壊れて大穴が開く.

bocor 1 穴, 穴が開いている: Rumah *bocor* waktu hujan. 雨が降ると家は雨漏りがする. 2 暴露された, (秘密が)漏れる: *bocor mulut* 秘密を守れない. "Alamak, *bocor pula* rahsia saya!"「ありゃ, 秘密がばれたか!」.

  membocorkan 漏らす, 暴露する: *membocorkan rahsia* 秘密を漏らす. *membocorkan* soalan peperiksaan 試験問題を漏らす.

  kebocoran 漏洩, 漏れ.

  pembocor 秘密を漏らす人.

bodek (bodék); **membodek** (上役に)ごまをする, お世辞を言う, おべっかを言う, へつらう =mengampu: *membodek ketua atau pemimpin* 上司や指導者にへつらう.

bodoh バカな, 愚かな.

  membodohkan 1 馬鹿にする. 2 騙す.

  kebodohan 愚かさ.

bogel (bogél) 裸の, 衣服を着ていない: Kanak-kanak itu *telanjang bogel, tidak ada seurat benang pun di badannya*. その子は素っ裸で一糸もまとっていない.

  berbogel 裸の: *berbogel saja* 素っ裸になる.

  membogelkan 衣服を脱がせる: *membogelkan diri* 裸になる.

bohong うそ, 偽り: *bohong besar* 大嘘. *bercakap bohong* 嘘を言う. Bercakap *bohong* lama-lama mencuri. 嘘つきは泥棒のはじまり. *bercerita bohong* 嘘をつく.

  berbohong, membohong 嘘をつく.

  membohongi ～に嘘をつく.

  membohongkan, memperbohongkan 嘘とみなす, 否定する: Dia *membohongkan* semua kataku. 彼は僕の話のすべてを嘘だとみなしている.

  pembohong 嘘つき.

  pembohongan 嘘をつくこと.

boikot (英) boycott ボイコット.

  memboikot ボイコットする.

bola ボール: *bola keranjang* バスケットボール. *bola lampu* 電球. *bola sepak* サッカー. *bola tampar* バレーボール. *bola tampar pantai* ビーチ・バレーボール. *bola tangan* ハンドボール. menjadikan penduduk *seperti bola* yang dirujuk ke sana ke sini 住民をあちこちにたらい回しにする. Saya *dibuat seperti bola* yang ditendang ke sana sini. 私はあちこちたらい回しされた.

bolak; **bolak-balik** 1 往復する=pulang pergi, berulang-alik: kami *bolak-balik ke* Osaka. 大阪を往復した. *bolak-balik angkasa lepas* スペース・シャトル. 2 (話や行動が)矛盾する, あっちこっちに飛ぶ, 一貫性がない: Cakapnya *bolak-balik*. 彼の話には一貫性がない.

  berbolak-balik 回転する, 堂々巡り.

  membolak-balik, membolak-balikkan (本を)ぱらぱらめくる,

boleh

(言葉を)曲解する: *membolak-balik majalah* 雑誌のページをぱらぱらめくる. *membolak-balik perkara itu* そのことを曲解する.

boleh (bolêh) **1** できる(可能): *Budak itu sudah boleh berjalan.* その子はもう歩ける. *Bolehkah awak bercakap* bahasa Inggeris? 君は英語を話せますか. *Boleh sedikit.* 少しできます. *Tidak boleh. / Tak boleh.* できない. **2** 〜してもよい(許可): *Awak boleh pulang sekarang.* 君はもう帰ってもよろしい. "*Bolehkah saya bercakap dengan* Encik Ali?"《電話で》「アリさんをおねがいします」. "*Bolehkah saya bertanya beberapa perkara?*" "*Boleh, apa salahnya.*"「いくつかの事をお尋ねしてもよろしいでしょうか」「いいですとも」. *Bolehkah saya minta tolong belikan ubat?* 薬を買ってくださるようお願いしていいですか《丁寧な依頼》.

《boleh の口語的表現例》
"*Saya tanya sikit boleh?*"「ちょっとものを尋ねてもいい?」 "*Pakai telefon boleh?*"「電話をかしてね」.
3 〜してくれませんか(依頼) = Bolehkah ＋(二人称主語)〜: *Bolehkah encik tunggu sekejap lagi? / Bolehkah encik tolong tunggu sekejap?* どうかもう少しお待ちいただけませんか. *Bolehkah cik tolong panggilkan doktor?* どうか医者を呼んでくれませんか.

kalau boleh, tolong 〜 できれば, 〜してください(依頼): *Kalau boleh, tolong* buka pintu ini. できましたら, このドアを開けてください. *Kalau boleh, tolong* singgah di rumah saya. できれば, 私の家に立ち寄ってくれませんか.

tidak boleh 〜してはいけない, だめです: Awak *tidak boleh* minum bir. ビールを飲んではいけません. Awak *tak boleh berbuat begitu* kepada orang yang tua. お年寄りにそのようなことをしてはいけません. "*Bolehkah saya masuk?*" "*Maaf, tak boleh.*"「入ってもいいですか」「すみません, だめです」. "*Bolehkah saya merokok di sini?*" "*Tidak, tidak boleh.*"「ここでタバコを吸ってもいいですか」「いいえ, だめです」. Awak tak tahulah apa yang *boleh* kita buat dan apa yang kita *tidak boleh* buat. 何をしてよいか, 何をしてはだめを君は分かっていないのだ.

boleh tak 《付加疑問文の例文》【口語】: "*Boleh tak masuk?*"「入ってもよいですか」. "*Boleh tak saya tahu nama anda?*"「お名前を伺ってもよろしいですか」. "*Boleh makan tak?*" "*Bolehlah.*"「食べていいですか」「いいよ」. "*Boleh tak jalan malam ini?*" / "*Malam ini boleh jalan tak?*"「今晩デートしてくれない?」. "*Tolong tunggu di sini sekejap. Boleh tak?*"「ちょっとここで待ってください. いいね」.

boleh jadi おそらく, たぶん: "*Boleh jadi dia akan datang nanti.*"「たぶん彼女はあとから来るでしょう」. "*Bukan boleh jadi lagi. Dah tentu datang.*"「たぶんじゃなくて, 来るのは決まっている」.

boleh tahan, boleh juga 結構良い, 決して悪くない: Bahasa Jepunnya *boleh tahan.* 彼の日本語は決して悪くない. "*Mari kita pergi menonton filem itu.*" "*Boleh juga.*" 「その映画を観に行きましょう」「結構ですね」《boleh juga にはあまり積極

boleh ubah 変更可能.
apa boleh buat 仕方がない.
tak boleh jadi あり得ない.
apa sahaja boleh terjadi 何でも起こり得る; Dalam dunia politik *apa sahaja boleh terjadi*. 政治の世界では何でも起こり得る.
tak boleh tak 必ず.
membolehkan, memperbolehkan 〜を認める, 〜できるようにする: Pihak berkuasa *tidak memperbolehkan* dia memasuki negara itu. 当局は彼の入国を認めなかった.
kebolehan 能力, 才能.
berkebolehan 能力のある: wanita muda yang *berkebolehan* 能力のある若い女性.
seboleh-bolehnya できるだけ: *Seboleh-bolehnya*, datanglah ke jamuan makan malam ini. 可能な限り今晩の夕食会に来てください.

bolos (Jk): **membolosi** 〜をすり抜ける, 逃亡する: *berjaya membolosi kepungan polis* 警察の包囲網を巧みにすり抜けて逃げる.

bolot I; **membolot** 独り占めする, 独り勝ちする: *membolot semua hadiah* 賞品を独り占めする, 賞品を総なめする.
pembolot 独占者.
pembolotan 独占.

bolot II; **membolot** あわてて包む, 巻く.

bom (英) bomb 爆弾: *bom atom* 原子力爆弾. *bom pemedih mata* 催涙弾. *bom tangan* 手榴弾. *bom waktu / jangka* 時限爆弾.
mengebom 爆弾を落とす.
pengebom 爆弾を落とす者(機器): *pengebom berani mati* 自爆テロリスト. *kapal terbang pengebom* 爆撃機.
pengeboman 爆撃: *pengeboman dari udara* 空爆.

bomba 1 消防団(pasukan bomba): *kereta bomba* 消防車. 2 ポンプ.
kebombaan 消防.

bomoh ボモ《マレーの伝統的な精霊信仰に基づく呪術医》.

bon (英) bond 債券. *bon kerajaan* 国債. *bon korporat* 社債.

bonceng (boncéng) (Jk) (代金を支払わずに)ただ食いやただ乗りをする人 (=tukang bonceng).
membonceng 1 (バイクや自転車に)相乗りにする: *Aminah membonceng motosikal Ali*. アミナはアリのバイクに相乗りした. *Jangan membonceng orang. Nanti awak yang ditangkap polis.* 他人を相乗りさせるな. 君が警察に捕まるぞ. 2 (代金を支払わずに)ただ食いやただ乗りをする, 他人にたかる: *banyak yang membonceng hasil perjuangan orang lain* 他人が獲得した成果にたかる人が多い.

bonda 1【王室】母君. 2 母上(手紙などの文面で使用する母親への敬称).

bondong 群集, 群れ.
berbondong-bondong, berbondongan 集団で, 群れになって.

boneka (bonéka) (Po) 人形, 操り人形, 傀儡.

bonet (bonét) (英) bonnet. 1 婦人用の帽子. 2 自動車のボンネット.

bonggo ボンゴ(太鼓の一種).

bonggol 1 (木の)こぶ. 2 (ラクダなどの)こぶ, 隆肉.

bongkah (材木, 石, 粘土などの砕いていない)塊.
berbongkah-bongkah (道が)でこぼこな.

bongkak 尊大な, 横柄な, うぬぼれた: Dia *bongkak*, tidak mahu berkawan dengan orang yang berpangkat rendah. 彼は尊大だ, 地位の低い人と友達になりたがらない.
  membongkak 横柄に振る舞う.

bongkar; **membongkar** 1 こじ開ける: terpaksa *membongkar almarinya* yang berkunci kerana mencari barang yang hilang なくした物を探すため鍵のかかっていたタンスをこじ開けざるを得なかった. Pencuri itu *membongkar pintu itu* untuk masuk ke dalam rumah. 泥棒はドアをこじ開けて家の中に押し入った. 2 ひっかき回して探す: *membongkar kain baju* di dalam almari itu untuk mencari kunci laci 引き出しの鍵を探すためにタンスの中にある衣服を引っかき回した. 3 (荷を)下ろす: *membongkar muatan* 積荷を下ろす. 4 (秘密を)暴く, (過去の事を)穿る: *membongkar maklumat sulit* 秘密情報を暴く. Mengapa *membongkar perkara lama*? 昔の事をなぜ穿るのか. 5 (錨を)上げる: *membongkar sauh* (出航するため)錨を上げる.
  terbongkar (秘密が)暴かれる: Akhirnya, rahsia itu *terbongkar* juga. 最後に秘密がやっぱり暴かれた. Baru teka-teki itu *terbongkar*. やっと謎が解けた.

bongkok 背中の曲がった: orang tua yang *sudah bongkok* 背中の曲がった老人.
  membongkok 1 背を曲げる, 腰をかがめる: Ibu *membongkok* dan mencium pipi anaknya. 母親は腰をかがめて子どもの頬にキスをした. 2 敬意示す: *membongkok kepada orang besar* 偉い人に(腰をかがめて)敬意を示す.
  membongkokkan (身体を)曲げる, おじぎする: Dalam budaya Melayu, kanak-kanak harus *membongkokkan badan* semasa berjalan di hadapan orang tua. マレーの文化では子どもは年老いた人の前を歩くときは身体をかがめねばならない.

bongok 小太りで背の低い, ずんぐりした.

bongsu 一番年下の(息子または娘): anak *bongsu* 末子; anak *bongsu* daripada tiga beradik 三人兄弟のうちの一番下の弟(妹).

bonus (英) bonus ボーナス.

bopeng (bopêng) 痘瘡, あばた.

borak 無駄話, おしゃべり.
  berborak, **berborak-borak**, **memborak** おしゃべりをする.
  memborakkan 大げさに話す, ほら話をする.

borang フォーム(書式用紙): *borang permohonan* 申請フォーム.

borek (borék) 1 斑点のある, あばたのある. 2 (鳥の)羽に白いぶちがある.

boria ボリア《マレーの伝統舞踊》.

borong 卸売: dibeli *pada harga borong* 卸値で買う.
  memborong 1 大量に買い付ける: *memborong durian itu* ドリアンを大量に買い付ける. 2 請け負う: *memborong kerja membina jambatan itu* 橋の建設事業を請け負う.
  memborongkan 1 卸し売りをする: *memborongkan durian itu kepada seorang tauke* ドリアンをタウケ(華人の商人)に卸売りした. 2 請け負わせる: *memborongkan kerja membina jambatan ini kepada seorang kontraktor* 橋の建設をあるコントラクターに請け負わせる.

pemborong 卸売業者, 請負業者.

boros **1** 浪費をする, 無駄遣い: *berbelanja dengan boros* 無駄遣いをする. **2** (結んだ紐が)緩む.

berboros 無駄遣いをする, 浪費する.

memboroskan 浪費する, 無駄にする: *memboroskan wang keluarganya* 家計を浪費する.

keborosan 浪費, 無駄遣い.

pemboros 浪費家.

bos (英) boss 雇い主, 上役, ボス.

bosan あきる, 退屈する, うんざりする: *bosan* menunggu Beckham ベッカムを待つのがあきる. Saya *bosan dengan* tingkah lakunya. 私は彼の振る舞いにうんざりしている.

membosankan うんざりさせる, 退屈な: program televisyen yang *membosankan* 退屈なテレビ番組.

kebosanan 退屈, 倦怠.

bot (英) boat ボート, 船: *bot laju* スピード・ボート. *bot penyelamat* 救助艇.

bota (Sk) 巨人, 大男=gergasi, raksasa.

botak 禿げ頭.

membotakkan; *membotakan kepala* 頭を坊主にする.

botani (英) botany 植物: *ahli botani* 植物学者. *taman botani* 植物園.

botol (英) bottle ボトル: *kaki botol* 酒飲み. *botol air panas* 魔法瓶.

membotolkan ～をボトル(ビン)に詰める: Mesin itu *membotolkan* bir secara automatik. 機械がビールを自動的にビンに詰める.

boya (英) buoy ブイ, 浮標: *boya amaran tsunami* 津波警報浮標.

boyot; **memboyot** (腹が)膨れた: perutnya yang sudah *memboyot* (妊娠して)膨れた腹.

bp; **b / p** [bagi pihak] ～の代理として.

Braille (brél) 点字.

brek (brék) (英) brake ブレーキ: *kerosakan brek* ブレーキの故障. *brek angin* エアブレーキ.

membrek, membrekkan ブレーキをかける: *membrek kereta, memberekkan keretanya* 車にブレーキをかける.

briged (brigéd) (英) brigade 大部隊, 団体.

brigedier (brigédiér) (英) brigadier 准将, 少将.

Britain 英国: *Negara Britain* 英国.

British *kerajaan British* 英国政府.

brokej (brokéj) (英) brokerage 仲買手数料.

broker (英) broker ブローカー, 仲買人: *broker forex* 為替ブローカー. *broker insurans* 保険ブローカー. *broker saham* 株のブローカー.

brokoli 〔植〕ブロッコリ.

brosur (英) brochure パンフレット.

BSKL [Bursa Saham Kuala Lumpur] クアラルンプール証券取引所《2004年から Bursa Malaysia＝マレーシア証券取引所に改称された》.

buah 1 果物: *buah durian* ドリアンの実. **2** 結果, 成果: Segala usahanya *tidak memberi buah*. 彼のすべての努力は実を結ばなかった. **3** (鞄やトラック, 家, 国など)不定形のものを数える助詞: *sebuah rumah* 1軒の家. tiga *buah* kereta 3台の車. empat *buah* pulau 4つの島.

buah baju ボタン. *buah bibir* 話題, 話の種; Dia sekarang menjadi *buah bibir*. 彼女がいま話題になって

いる. *buah dada* 乳房. *buah fikiran* 見方, 意見. *buah hati* 恋人. *buah mulut* ゴシップ, 噂; Dah jadi *buah mulut* orang-orang kampung. もう村人の噂になっているよ. *buah pelir* 睾丸. *buah pinggang* 腎臟=ginjal. *buah tangan* 手土産.

buah-buahan 様々な果物類: *buah-buahan Malaysia* マレーシアの果物類.

berbuah 実がなる, 成果をもたらす: Pokok durian itu belum *berbuah*. あのドリアンの木はまだ実がなっていない.

membuahkan つくりだす, もたらす: Pokok ini *membuahkan* rambutan yang besar-besar. この木はとても大きなランブータンの実をつくる. *membuahkan hasil* 成果をあげる: *membuahkan hasil yang diharapkan* 期待した成果をあげる.

menyebuahkan 統一する.

buai; **berbuai, berbuai-buai** 揺れる: Pokok kelapa itu *berbuai* ditiup angin. ヤシの木が風に吹かれて揺れている.

buaian 1 揺りかご. 2 ブランコ: *berayun di atas buaian* ブランコに乗る. *buaian roda* 大観覧車.

membuai, membuaikan 揺らす, 揺り動かす: *membuaikan bayi* 赤ん坊を揺らす.

buak 沸騰する音.

membuak (液体が)ほとばしる: Darahnya *membuak* keluar. 血がほとばしる.

bual 話す, おしゃべりをする.

berbual, berbual-bual, membual おしゃべりをする, 無駄話をする: *teman berbual* 話し相手; Tiada *teman berbual* di sini. ここには話し相手がいない. *Kami cuma berbual-bual saja*. 私たちはただおしゃべりをしていただけです.

membualkan, memperbualkan ～について話す, 大げさに話す.

bualan おしゃべり: *bahan bualan* 話題; Kereta baru itu sekarang *menjadi bahan bualan* orang ramai. その新車がいま人々の話題になっている.

pembual おしゃべりな人.

perbualan 会話, 噂話: *perbualan telefon* 電話での会話.

buang 捨てる, 追放する: *buang adat* 慣習を無視する. *buang air besar* 大便をする. *buang air kecil* 小便をする. *buang belakang* 逃げる, 無視する. *buang diri* 孤独になる. *buang kerja* 解雇する. *buang muka* 見たくないので顔を背ける. *buang sekolah* 退学, 放校; *kena buang sekolah* 退学させられる. *mengambil tindakan buang sekolah* 退学処分をする. *buang undi* 投票する. *buang masa / waktu* 時間を無駄にする; *Buang masa* cakap dengan dia orang. 【口語】奴らと話をするのは, 時間の無駄だ. *Tanpa buang masa, polis terus ke tempat kejadian*. 直ちに警察は事件現場に急行した. *hukuman buang negeri* 流刑. *kena buang* 【口語】クビになる (解雇される).

membuang 1 捨てる, 投げ捨てる: *membuang sampah* ごみを捨てる. 2 削除する, ぬぐう: *membuang lumpur di dahinya* 額の泥をぬぐう. 3 浪費する, 無駄にする: *tanpa membuang masa* 直ちに; *Tanpa membuang masa, dia terus ke tempat kejadian*. 直ちに事故現場に急行した. Entah bagaimana, dia *membuang kesempatan* yang sedemikian baik. なぜか彼はそのような良い機会を無駄にした. **4** 追放する, 流刑にする: *membuang* raja itu ke pulau itu 王をその島へ流刑にする. *dibuang sekolah, kena buang sekolah* 退学させられる. *dibuang negeri* 亡命する.

membuangkan 捨てる, 見捨てる.

buangan 捨てたもの, 亡命: *kerajaan buangan* 亡命政府.

pembuangan 投棄, 追放.

terbuang 1 捨てた: *makanan yang terbuang* 捨てられた食べ物. **2** 無駄になる.

buas どう猛な, 残酷な: *binatang buas* どう猛な動物.

membuas 残酷に振る舞う.

kebuasan 残酷, 暴力.

buat 1 〜をする, 行う: *Apa* Kassim *buat?* カシムは何をしているのか. *Buat apa sekarang,* Kassim? 今何をしてるのか, カシム? *Buat apa di sini?/Apa yang awak buat di sini?* ここで何をしているのか. "*Saya dah tak tahu nak buat apa.*"「僕はどうしたらよいか分からなかった」 *Buatlah macam rumah sendiri.* 自分の家のようにしなさい(くつろぎなさい). *Silalah buat diri anda selesa.* どうぞ楽にしてください. *Saya boleh buat sendiri.* 一人でできます. "*Buat apa susah-susah,* mak cik?"「おばさん, お構いしないでください」. **2** 《前置詞》〜のために, 〜の間: *Buat apa?* 何のため. *buat sementara, buat masa ini* 当分の間は, 当面は. *buat pertama kali* 初めて. *buat selama-lamanya* 永久に. *Buat saya*=bagi saya, pada saya, untuk saya 私にとっては, 私に関しては; "*Buat saya,* tak apa. Orang lain, tak tahulah." 「私に関しては大丈夫です(問題ない). 他の人については知りませんが」. **3** 〜するふりをする: Mereka *buat tak tahu.* 知らんぷりをする(とぼける). Tahu tapi *buat-buat tak faham.* 知っているがわざと分からないふりをした.

buat-buat tak dengar a 聞こえないふりをする: *Saya* panggil Ali banyak kali. Dia *buat-buat tak dengar sahaja.* 僕はアリを何度も呼んだが, 彼は聞こえないふりをしているだけだ. **b** 〜を聞こうとしない: Dia *buat-buat tak dengar* nasihat emaknya. 彼は母親の忠告を聞こうとしなかった.

berbuat 〜をする, 行う: *berbuat baik* 良いことをする. *berbuat jahat* 悪いことをする. *tidak boleh berbuat apa-apa* 何もできなかった. *Jangan berbuat begitu.* そのようにしてはだめだ. Sekiranya anda enggan *berbuat demikian,* もしそうしたくないならば, berminat untuk *berbuat demikian* そのようにするのに興味がある. *Berbuatlah* seperti di rumah sendiri. 自分の家のようにくつろいでください. Jika awak *berbuat begitu,* saya akan *berbuat sama.* もしあなたがそうするならば, 私も同じことをする. *berbuat sesuatu* 何かをする. *Berbuatlah sesuka hatimu.* 好きなようにしなさい.

membuat 1 〜をつくる: *membuat rumah* 家を造る. *membuat kopi* コーヒーをつくる. *mumbuat kuih* お菓子を作る. Kasut ini *dibuat daripada* kulit lembu. この靴は牛皮から作られた. *membuat api* 火を起こす. *Jangan buat cerita-cerita* seperti itu yang tentunya tidak benar. そのような間違った話をでっち上げるな(捏造するな). **2** 一を〜の状態にさせる:

membuat mereka *takut* 彼等を怖がらせる. *membuat* dia *tenang* 彼女を落着かせる. *membuat* para penyokong Jepun *terdiam* 日本のサポーターを黙らせる. Melalui masakan, kita boleh *buat* orang lain *gembira*. 料理を通じて人を喜ばせます. "Maaf kerana *membuat* anda *tertunggu*."「お待たせしてすみませんでした」. **3** 〜をする, 行う: Saya tidak tahu *apa yang perlu dibuat*. 何をすべきか(どうしたらよいか)分かりません. *Apa yang perlu dibuat masih tidak dapat dibuat*. する必要のあることがいまだに出来ないでいる. *Apa yang hendak dibuat*, 何をしようとも. *Ini tidak pernah dibuat orang*; これは前例がない. *Sebab tidak pernah dibuat orang itulah maka saya melakukannya*. 前例がないから, 私がやるのだ. *membuat kerja-kerja itu dengan teratur* きちんと仕事をする. *membuat kerja rumah* 宿題をする. **4** 呪いをかける: *membuat* dia *sakit* 彼女に呪いをかけて病気にさせる. Ia sangka *ini dibuat orang* mungkin oleh bekas suaminya yang masih menaruh dendam terhadapnya. 彼女はこれは人から呪いをかけられたと思った, 多分, 未だに自分に恨みを抱く別れた夫から.

〜 *dibuatnya* 【口語】そのために, 〜のせいで: Letih *dibuatnya*. そのせいで疲れた. Terperanjat besar Aida *dibuatnya*. そのせいでアイダはひどくびっくりした.

membuat-buat 〜のふりをする: *senyuman yang dibuat-buat* 作り笑い. *Itu hanya dibuat-buat*. それは見せかけだけだ.

membuatkan 〜のためにする, つくる: *membuatkan adiknya secawan kopi* 弟にコーヒー1杯を作ってやった. Tolong panaskan air dan *buatkan* saya kopi. お湯を沸かして私にコーヒーを作ってください.

buatan **1** 製品, 製造: *buatan Malaysia* マレーシア製 (Made in Malaysia). bom *buatan sendiri* 自家製の爆弾. **2** 人工の, 人造の, 偽りの: *bunga buatan* 造花. *tidur buatan* うそ寝. *sakit buatan* 仮病. *rambut buatan* カツラ. **3** 魔術, 呪い: *terkena buatan orang* 人に呪われる.

pembuat 製作者, 製造者, メーカー.

pembuatan 製造: *Pembuatan Kelengkapan Asal* 相手先ブランドによる製造(OEM).

perbuatan 振る舞い, 行為: *Perbuatan siapa ini*? これは誰がやったのか? *perbuatan kekanak-kanakan* 子供っぽい振る舞い.

terbuat 〜によって作られた.

buaya **1** 〔動〕ワニ(鰐). **2** 女たらし = *buaya darat*.

bubar **1** 終了する: Persidangan itu *bubar* dua hari kemudian. 会議は二日後に終了する. **2** 解散する, 解会する, 離散する: Para pemogok itu tidak mahu *bubar*. デモ隊は解散しようとしない. Pasangan suami isteri itu akan *bubar*. その夫婦は離婚するだろう.

membubarkan **1** 解散させる: *membubarkan Parlimen* 国会を解散させる. *Parlimen dibubarkan*. 国会は解散した. **2** 終わらせる, 止めさせる, 追い散らす, 放棄する: *membubarkan* suruhanjaya itu setelah selesai tugasnya 任務が終了したのでその委員会を解散する. *membubarkan* program pembangunan senjata nuklear 核兵器開発の計画を放

棄する.

pembubaran 解散: *pembubaran Parliamen* 国会の解散. *pembubaran Dewan Rakyat* 下院の解散.

bubu 筌《うけ:竹を編んで作った筒型または籠状の魚具》.

bubuh; **membubuh** 1 置く, 据える, 入れる: *membubuh sedikit gula ke dalam kopi itu* コーヒーに砂糖を少し入れる. *membubuh baja* 施肥する. 2 (印などを)書きこむ: *membubuh tandatangan* 署名する.

membubuhi 置く, 据え付ける.

bubuk I 〔虫〕コクゾウムシ(米や竹, 木に巣食う殻象虫).

bubuk II 細かい粉(コーヒー粉など): *bubuk kopi* コーヒー粉. *bubuk kayu* 鉋の粉末.

membubuk 粉にする.

bubul; **membubul** (網などを)修繕する.

bubur お粥: *bubur ayam* 鶏肉入りお粥. *bubur kacang hijau* 緑豆入りのお粥. *Nasi sudah menjadi bubur*. 【諺】覆水盆に返らず.

bucu 突き出たかど(角), へり, ギザギザ.

budak 1 子ども: *budak lelaki* 男の子. *budak perempuan* 女の子. 2 奴隷=hamba.

budak-budak 子ども達.

berbudak-budakan, **kebudak-budakan**, **kebudakan** 子どもっぽい: *perangai kebudak-budakannya* 彼の子どもっぽい振る舞い.

membudak へり下る, ～の召使い・奴隷になる.

membudakkan, **memperbudak** 奴隷扱いする.

budaya 1 文化, 文明, 慣習, 生き方: *budaya hipi* ヒッピー文化. *budaya kuning* 有害な西洋文化. *budaya SMS* (携帯の)ショートメール文化. berani mengubah *budaya hidup* 思い切って生き方を変える. 2 洗練された, 教養のある.

berbudaya 教養のある.

membudaya 慣習になる.

membudayakan 1 洗練させる, 教え込む. 2 慣例化する, 定例化する: *membudayakan lawatan mengejut* 予告なしの突然の訪問を慣例化する.

budayawan 文化人, 知識人.

kebudayaan 文化, 教養: *menghargai kebudayaan bangsa kita* 我々の民族文化を尊重する. *kebudayaan rakyat* 大衆文化. *aspek-aspek kebudayaan* 文化的な側面.

Buddha 仏陀, 仏教: *agama Buddha* 仏教. *penganut agama Buddha* 仏教徒.

budi (Sk) 1 知性: *membentuk budi manusia* 人間の知性を形成する. 2 人格: Orang itu sangat baik *budinya*. あの人は性格がとても良い. 3 親切 (=budi baik): *Budi baik anda tetap saya hargai selama-lamanya*. あなたの親切にはいつまでも感謝します. *Budi baik orang tak boleh saya lupakan sampai bila-bila*. 人の親切はいつまでも忘れない. 4 恩, 恩義: *hutang budi* 恩義. *berhutang budi kepada* ～に恩義がある. *mengenang budi* 恩を忘れない. *tidak mengenang budi* 恩を忘れる, 恩知らず. *membalas budi* 恩返しをする.

budi akal 理性.

budi bicara a 理性. b 自由裁量権: Soal pelantikan menteri terletak atas *budi bicara* PM. 大臣の任命は首相の自由裁量にまかされる.

budi bahasa 良い振る舞い, 礼節.

budi pekerti a 性格. b 振る舞い:

budiman

Jagalah budi pekerti kita supaya kita tidak dianggap kurang ajar. 無礼な者と見なされないように自分たちの振る舞いには気をつけよ.

sebudi akal 全力で, 懸命に.

hilang budi 茫然とした.

berbudi 知性のある, 教養のある, 親切な: Awak telah banyak *berbudi kepada* kami. あなたは私たちに親切でした.

budiman 賢い, 知的な: *isteri yang budiman* 知的な妻.

budu 〔食〕ブドゥ(小魚の塩漬).

Bugis ブギス人《インドネシア・スラウェシ島の住民: 航海術に優れ, マレー半島にも移住したものが多い》.

buih 泡: *buih sabun* 石鹸の泡. "Maka lembu kenaikan baginda itu pun *muntahkan buih*, maka keluar daripada *buih* itu seorang manusia lelaki, hadir dengan pakaiannya" (p.22)「王様の乗りものである牛が泡を吐き出した. すると泡の中から服を着たままの一人の男子が現れた」(『スジャラ・マラユ』から). "Sebermula pada suatu hari, hanyut *buih* dari hulu terlalu besar, maka dilihat orang dalam *buih* itu ada seorang budak perempuan, terlalu baik rupanya (p.27).「ある日のこと, 川の上流からとても大きな泡が流れてきました. よく見ると, 泡の中には一人の美しい少女がいました」(同上).

berbuih, membuih 泡を出す: *berbuih mulut* 止めどなくしゃべる. Semangat Pepsi Cola yang *berbuih* sekejap apabila dibuka penutupnya. 栓を抜くと一瞬だけ泡の出るペプシコーラの精神.

bujang 独身者, 結婚適齢期の男女: Dia belum berkahwin lagi, dia masih *bujang*. 彼はまだ結婚していない, 独身のままです. *katil bujang* シングル・ベッド. *kopi bujang* コーヒーだけ《お菓子などがない》.

membujang 独身のままでいる.

bujangga (Sk) 文人, 詩人, 学識者.

bujur 1 卵形の, 楕円の: muka yang *berbentuk bujur* 卵形をした顔. *bujur bulat, bujur telur* 楕円形. *bujur sirih* 長円形. *bujur sangkar, empat persegi tepat* 正四角形. Telur ayam *bujur* bentuknya. 鶏の卵は形が楕円形をしている. 2 縦の長さ. *Bujur Timur* 東経.

membujur 縦の方向に, 縦に置いた～.

membujurkan 縦に置く.

terbujur 縦に伸びた.

buka I; ***membuka*** 1 開ける, 開く: *membuka pintu* ドアを開ける. *membuka tingkap* 窓を開ける. 2 脱ぐ: *membuka kasut* 靴を脱ぐ. *membuka baju* 服を脱ぐ. 3 広げる: *membuka payung* 傘を広げる. *membuka layar* 帆を広げる. 4 始める, 営業する: *membuka kedai* 店を始める. Bank *dibuka* dari pukul berapa hingga ke pukul berapa? 銀行は何時から何時まで開いていますか. Klinik ini *buka 24 jam* sehari. このクリニックは一日24時間開いている. Menteri *membuka majlis itu* dengan rasminya. 大臣がその会議を正式に開催宣言した. 5 暴露する: *buka rahsia* 秘密を暴露する. Cerita itu belum masanya lagi *dibuka*. まだその話を明かすときではない. *buka lampu* 電灯をつける. *buka jalan* 道を開く, 開拓する, 先導する. *membuka mulut* 口を開く(話し始める); cuba *membuka mulutnya* untuk berkata

berbuka = *berbuka puasa* 断食を明ける: Pukul berapa *berbuka puasa*? 何時に断食を明けるのか.

membukakan ～のために開ける, 開ける.

terbuka 1 開けたまま. 2 晒される. 3 一般に公開した: *rumah terbuka* オープン・ハウス. *secara terbuka* 堂々と, 開けっ広げに. *bersikap terbuka* オープンな態度をとる.

pembuka オープナー, 栓抜き.

pembukaan 開会, 開始, オープニング: *majlis pembukaan, upacara pembukaan* 開会式: Seluruh dunia tertumpu ke Stadium Olimpik Sydney menyaksikan *upacara pembukaan Sukan Olimpik Sydney* yang gilang gemilang itu. シドニー・オリンピックの華やかな開会式を見ようとシドニー・オリンピック競技場に全世界の注目が集まった.

perbukaan 断食明け後の食物・飲物.

buka II 幅, 広さ: *Buka jalan ini 10 meter.* 道路の幅は10メートル.

bukan 1 ～ではない: Ini bukukah? *Bukan*, ini *bukan* buku. これは本ですか？いいえ, これは本ではありません. Ini *bukan* buku saya. これは僕の本ではありません. Ini buku Ali, *bukan* buku saya. これはアリの本です, 僕の本ではありません. Nama saya *bukan* Yuko, *tetapi* Yoko. 私の名前は優子ではなく, 容子です. *Bukan* saya yang makan, *tapi* Alilah. 食べたのは僕でない, アリです. *Bukan itu saja* そればかりでない. Hadiah ini *bukan* untuk Ali, tapi untuk emak. このプレゼントはアリにではなく, お母さんにあげるもの. 2 ～ではなくその逆である《しばしば強い否定のときに使う》: *Bukan* saya malas. 僕は決して怠け者でない(むしろ勤勉だ). Dia *bukannya* miskin. 彼は貧しいどころでない. Dunia *bukannya* luas. この世は狭い. 3 《二重否定文・部分否定文のbukan》: Dia *bukan tidak tahu*. / *Bukan* dia *tidak tahu*. 彼は知らないわけがない. Saya *bukan tidak mengerti* perasaan awak. 君の気持ちが分からないわけではない. *Bukannya kerajaan tak mahu* bantu, 決して政府が支援したくないというわけではない. *Bukan semua* orang kaya. すべての人が裕福なわけではない. 4 非～: *orang bukan Islam* 非イスラム教徒, *orang bukan Bumiputera* 非ブミプトラ. *Badan-Badan Bukan Kerajaan* ＝ NGO. 5 ～ですよね《付加疑問文: 会話ではしばしば省略されて *kan* になる》: "Besok cuti, *bukan*?" 「明日は休みですよね？」 "Awak *kan* masuk angin?" 「風邪をひいたんだよね？」.

bukan saja A, tetapi B Aのみならじ, Bも: Nampaknya, orang kita *bukan sahaja* liat membaca, menulis *pun* liat. われわれは本を読むのが嫌いなだけでなく, ものを書くことさえ嫌うようだ.

bukan main ~ はなはだしく～: *bukan main* panasnya 暑さが尋常でない.

bukan-bukan 1 馬鹿げた: *perkara yang bukan-bukan* 馬鹿げたこと. Jangan cakap *yang bukan-bukan*. 馬鹿なことを言うのはよせ. 2 非常に～: *bukan-bukan* bodohnya 非常に馬鹿な.

bukankah, bukantah ～ではないですか? *Bukankah begitu?* そうでは

bukit

ないですか. *Bukankah macam saya cakap dulu*? 僕が前に言ったとおりだろう?

bukannya (強い否定): *Bukannya* mudah untuk mengawal sempadan yang panjang. 長い国境線を警備することは決して容易ではない. *Bukannya* susah sangat buat kek. ケーキをつくることは決して難しくありません. Dunia ini *bukannya* luas! 世の中は本当に狭い!

membukankan 否定する, 拒否する, 批判する: *membukakan tuduhan kami* 私たちの訴えを拒否する.

bukit 丘, 小さな山: *anak bukit* 小さな丘. *bukit bukau* 丘と渓谷.

berbukit-bukit 丘が多い.

membukit 丘のように(高い).

bukti 証拠, あかし(証): *mendapat bukti tentang* ~ の証拠を摑んだ. *mengemukakan bukti* 証拠を提示する. *mempunyai bukti kuat* 強力な証拠を持っている. *tanpa bukti kukuh* 証拠不十分で.

berbukti 確実な, 実証済みの~.

membuktikan 1 証明する, 実証する: Tertuduh cuba *membuktikan* bahawa dia tidak bersalah. 被告は自分が無罪であることを証明しようとした. *membuktikan* bahawa bumi ini bulat 地球が丸いことを実証する. 2 見せる, 示す.

pembuktian 証明, 確認.

terbukti 証明される, 立証された: Kebenaran akan *terbukti* juga akhirnya. 真実は最後に証明される.

buku I 本: *buku catatan* メモ帳. *buku haram* ブラックリスト. *buku harian* 日記. *buku kulit kertas* ペーパーバック(紙表紙本). *buku latihan* 練習帳. *buku nota* ノート・ブック. *buku panduan* ガイドブック. *buku panduan telefon* 電話帳. *buku putih* 白書. *buku rujukan* 参考書. *buku skrap* スクラップ・ブック. *buku teks* 教科書. *buku tunai* 現金出納簿.

membukukan 1 本として出版する. 2 メモする, 記録する.

pembukuan 記録.

buku II 1 継ぎ目, 節: *buku buluh* 竹の節目. *buku jari* 指の関節. *buku lima* 拳. *buku lali* 踝(くるぶし). 2 (石けんや, パン, 糸など)塊のものを数える助数詞: *dua buku sabun* 2個の石鹼. *tiga buku roti* 三斤のパン. *sebuku mentega* 一塊のバター.

berbuku 継ぎ目のある, でこぼこの.

perbukuan 節目, 継ぎ目, 結び目.

bulan 1 月: *bulan purnama*, *bulan mengambang* 満月. *bulan sabit* 三日月. *bulan gerhana* 月食. *anak bulan* 新月. 2 (暦の上での)月: *bulan Mac* 三月. *bulan depan*, *bulan datang*, *bulan muka* 来月. *bulan puasa*, *bulan Ramadan* 断食月. *sebulan sekali* 月1回. *hari bulan* 日付. *bulan madu* ハネムーン. *sudah bulan baharu* 給料をもらったばかり. *sudah bulan gelap* もうお金がない. *bagai bulan dengan matahari*【諺】月と太陽の如し(ぴったり釣り合う).

bulan-bulan, bulan-bulanan 1 月のような形をしたもの. 2 標的.

bulanan 毎月の, 月次の: *gaji bulanan* 月給.

berbulan 1月が出る. 2 1カ月間.

berbulan-bulan 数カ月にわたる.

membulan 月のような.

bulang 髪を結ぶ布きれ.

bulat 1 丸い, 円形の: *muka yang bulat* 丸顔. 2 すべて: *suara bulat*, *bulat kata* 全員一致で意見が一致した. *bulat hati*, 正直に, 一生懸命に.

telanjang bulat 丸裸になる.

bulatan 1 円, 輪: *membuat bulatan* dengan alat jangkanya コンパスをつかって円をつくる. 2 ロータリー.

bulat-bulat 1 丸い物. 2 丸まる, すべて, 全面的に: *menolak bulat-bulat* 全面的に拒否する. *meniru bulat-bulat* budaya asing 外国文化を丸まる真似る.

membulatkan 1 団結する, 結合する, 固める: *membulatkan fikiran* 考えを固めた. Saya telah *membulatkan tekad* sejak setengah tahun lepas bahawa saya akan bersara daripada dunia bola sepak. 私はサッカー界から引退の決意を半年前から固めていた. 2 (数を)切り上げる. 3 丸を描く. Perkataan-perkataan yang Cikgu Faridah *bulatkan* sudah saya baca dan semak. ファリダ先生が丸をつけた単語を私が読んで直した.

sebulat 一致した: *secara sebulat suara*, *sebulat suara*, *suara bulat*, *bulat kata* 全員一致で意見が一致した; *setuju sebulat suara* 全員一致して賛成する. *menyokong sebulat suara* pelan penyelesaian itu その解決策を全会一致で支持する.

buldozer (英) bulldozer ブルドーザー.

buli I 小瓶.

buli II; **membuli** (弱い者を)いじめる, いじめ: *buli di sekolah* 学校でのいじめ. *kejadian / kes buli* いじめ事件. *kejadian buli* semasa pergi atau pulang dari sekolah 登下校の際になされるいじめ. *membuli kawan lain* 他の友をいじめる. *kegiatan membuli di sekolah* 学校でのいじめ.

Saya pernah *dibuli* oleh pelajar senior. 僕はかつて先輩にいじめられたことがある. *Aktiviti buli* berjalan. いじめ行為が行われている.

pembuli いじめをする者.

buli-buli 腎臓.

bulu 1 体毛: *bulu mata* まつ毛. 2 鳥の羽. 3 植物や葉の細かい毛: *bulu kening* 眉毛. *bulu roma* 体毛. *bulu tangkis* 羽根, シャトル.

berganti bulu 態度・意見を変える.

tidak pilih bulu, / *tak kira bulu* 人の地位・血統を見てえこひいきをしない: memerangi rasauh *tak kira bulu* えこひいきせずに汚職と闘う.

berbulu 毛または羽の生えている: *berbulu lebat* 毛深い. *berbulu hitam* 黒い体毛をしている.

membului 毛をむしる: *membului ayam* yang disembelih tadi itu さっき屠殺した鶏の毛をむしる.

buluh 竹＝aur, bambu. ～ *dibuat daripada buluh*. ～は竹から作られる. *buluh perindu* 風琴笛.

pembuluh 管: *pembuluh darah* 血管. *pembuluh getah* ゴム・ホース.

bulur; **kebulur**, **kebulur-kebelai**, **keburulan** 飢える, 飢餓: *mati kebuluran* 餓死する.

mengebulurkan 飢餓を引き起す.

bulus 中に入ることができる.

terbulus (穴の)中に落ちる.

bumbu (Jw) 料理の薬味, スパイス.

membumbui 味付けをする.

bumbung; **bumbungan** 屋根: *tukar bumbung rumah* 屋根を葺き替える. Rumahnya *berbumbung genting* 家の屋根は瓦である.

membumbung 上がる, 高くのぼる.

bumi (Sk) 1 地球, 世界: Bulan mengedari *bumi*. 月は地球の周りを

回る. **2** 地上, 大地: *gempa bumi* 地震. *bagai bumi dengan langit*【諺】地面と空の如し(月とスッポン).

membumi【古典】〜に住む.

membumikan 土に埋める.

mengebumikan 埋葬する.

pengebumian 埋葬: *upacara pengebumian* 埋葬式, 葬式.

bumiputera (Sk) ブミプトラ, 土着民, 土地っ子《マレーシアの政治的文脈ではマレー人およびその他の先住民を指す》.

buncis〔植〕インゲン豆(＝*kacang buncis*).

buncit 太鼓腹.

membuncit 太鼓腹をした, 腹がふくれる: *Perutnya semakin membuncit.* 彼の腹はますます太鼓腹になってきた.

membuncitkan (腹を)ふくらます.

bundar 丸い: *meja yang bundar* 丸いテーブル.

bunga **1** 花: *bunga kertas*〔植〕ブーゲンビリア. *bunga matahari*〔植〕ヒマワリ. *bunga mawar / ros*〔植〕バラ. *bunga raya*〔植〕ハイビスカス《マレーシアの国花》. **2** 柄, 模様: *Bunga pada kain itu sangat menarik.* 布の模様はとても魅力的だ. **3** 利子: *bunga wang* 利子(＝*anak wang*). *membayar bunga atas wang yang kami pinjam* 借りたお金に利子を払う. *Pinjaman itu dikenakan bunga sebanyak 6% setahun.* その借金には年率6％の利子がかかる. **4** しるし, 徴候=*alamat, tanda*.

bunga api 花火. *bunga bahasa* 格言. *bunga karang* サンゴ. *bunga rampai* 文集, 詩集. *bunga telur* 飾り茹で卵《結婚式のときに来客に贈呈する》.

bunga-bungaan **1** 様々な花々. **2** 造花.

berbunga **1** 花が咲く: *Pokok sakura sudah berbunga.* 桜が開花した. *berbunga setahun sekali* 一年に一回花が咲く. **2** 利子が付く: *tiada berbunga* 利子が付かない.

bungkam 沈黙, 無言.

membungkam 無言のまま, 沈黙を続ける.

kebungkaman 沈黙.

bungkus 包み, 小包:(屋台などで食べ物の)持ち帰り: *kertas bungkus* 包み紙. "*Minta bungkus.*"「持ち帰り用に包んでください」.

berbungkus 包んだ: *Nasi itu sudah berbungkus.* ご飯はもう包んである.

membungkus **1** 包む: *membungkus nasi lemaknya di dalam daun pisang.* ナシ・ルマをバナナの葉っぱに包む. **2** 持ち帰る: "*Bungkuskan ini satu.*"「これを持ち帰りでひとつください」. **3** 隠す, 秘密を守る. **4** 逮捕する.

pembungkus 包み紙.

bunian (目に見えない)森の妖精=*orang bunian*.

buntak 背の低い太っちょ, むっちりした.

buntal **1** 膨れた, 膨れ上がった. **2** ＝*ikan buntal*〔魚〕フグ(河豚).

buntang 目を見開く, 目をむく.

berbuntang, membuntang, terbuntang **1** (目が)見開いている. **2** (死んだ魚が)水面に浮いている.

buntil; buntilan 布袋, ポーチ, ナップサック.

bunting **1** (動物が)妊娠している. **2** (植物の)実が熟した: *Padinya di sawah sudah bunting.* 田んぼの稲が実った.

buntu (道が)行き止まり, (考えが)

行き詰まる (=*fikiran buntu*): Jalan ini *buntu*. この道は行き止まりです.

jalan buntu 1 行き止まりの道路. 2 (物事が)行き詰まる, 暗礁に乗り上げる (=*mengalami / menemui jalan buntu*): Siasatan polis mengenai letupan bom itu *menemui jalan buntu*. 爆弾事件に関する警察の捜査は行き詰まっている. Perundingan itu *mengalami jalan buntu* kerana soal kecil. 会談は小さな問題で暗礁に乗り上げた.

membuntukan 道を封鎖する, 妨げる.

kebuntuan 行き詰まり, 障害: Perundingan itu *menemui kebuntuan*. 会談は行き詰まってしまった.

buntung (手, 足, 尾などが)切断された.

membuntungkan 切断する.

buntut 1 尻尾, 後部: *buntut kereta* 車のお尻. duduk di *buntut* gajah 象の臀部に座る. 2 結果, 成果.

berbuntut 1 尾がある. 2 ～の結果, ～の成果.

berbuntut-buntut 列をなす.

membuntut, membuntuti ～の後について行く, ～に従う: Ali suka *membuntut ibunya*: ke mana saja ibunya pergi, dia ada di belakangnya. アリは母親の後について行くのが好きだ, 母親がどこへ行こうともその後ろにいる.

bunuh 殺す: *bunuh diri* 自殺. *hukum bunuh* 死刑. *kes bunuh* 殺人事件: seorang wanita yang disyaki terlibat dalam *kes bunuh* kanak-kanak itu 幼児殺人事件にかかわった疑いのある女性.

berbunuhan, berbunuh-bunuhan, bunuh-membunuh 互いに殺し合う: *berbunuhan sesama sendiri* 自分たち同士で(仲間内で)殺し合う.

membunuh 1 殺す: *membunuh nyamuk* 蚊を殺す. *membunuh diri* 自殺する. 2 (火を)消す, (字を)消す: *membunuh api* 火を消す.

pembunuh 殺人犯人, 人殺し: *pembunuh upahan* 雇われ殺し屋.

pembunuhan 殺人, 殺害.

terbunuh 殺される, (事故で)死ぬ: *terbunuh dalam kemalangan* 事故死する.

bunyi 1 音, 音色: *bunyi bising* 騒音; *mengeluarkan bunyi bising* 騒音を出す. *bunyi kapal terbang* 飛行機の音. *bunyi tembakan* 銃撃音. 2 発音: Dua perkataan itu sama sahaja *bunyinya*. その二つの単語は発音が同じだ. 3 (手紙などの)内容: Beginilah *bunyi suratnya* yang saya terima daripadanya. 彼から届いた手紙の内容はこうです.

bunyi-bunyian 楽器, 音楽.

berbunyi 1 鳴る, 音を出す: Loceng sekolah *berbunyi*. 学校の鐘が鳴っている. 2 ～と書いてある (手紙, 看板など): "Ibu sakit tenat.", *demikian berbunyi* telegram itu. 「母重態」, とその電報に書いてあった. memegang sepanduk yang *berbunyi* "Membantah Bom Atom" 「原爆に反対」と書いた横断幕をかかげる.

membunyikan 鳴らす: *membunyikan hon kereta* 車の警笛を鳴らす. *membunyikan radio* ラジオをつける.

burai; **terburai** (袋などの中身が)外にはみ出て散乱する: Dendam hampir 6 dekad itu *terburai semula*. 約60年来の恨みが再び表に現れた. Otaknya *terburai* terkena bilah kipas helikopter. ヘリコプターの翼に当たり脳が飛び散った.

buran イソギンチャク.

burit; **buritan** 船尾.

bursa 証券取引所: *bursa komoditi* 商品取引所. *bursa saham* 証券取引所. *Bursa Malaysia* マレーシア証券取引所. *Bursa Saham Kuala Lumpur* (BSKL) クアラルンプール証券取引所 (KLSE). *Bursa Urusniaga Sekuriti dan Sebutharga Automasi Malaysia* マレーシア店頭市場メスダック (MESDAQ).

buru; **buru-buru** 急いで, あわてて: *buru-buru pulang* あわてて家に帰る.

berburu 狩猟する: *berburu binatang-binatang hutan* ジャングルの動物を狩猟する.

berburu-buru 追跡する.

memburu 1 猟をする: *memburu binatang hutan* ジャングルの動物を狩猟する. 2 (警察が)指名手配する: *lelaki yang diburu polis* 警察から指名手配されている男. 3 追求する, (地位や富を)得るために努力する: *memburu waktu yang hilang* 失った時間を取り戻す.

memburu-buru, **memburukan**, **memburu-burukan** せかせる, 急がせる: Jangan *memburu-buru pemandu*. 運転手をせかせるな.

buruan 1 獲物: tidak mendapat *apa-apa buruan* hari ini 今日は何の獲物も獲れない. 2 おたずね者, 指名手配: *orang buruan* おたずね者. Dia *menjadi buruan* pihak keselamatan Indonesia. 彼はインドネシアの治安当局から指名手配されている.

pemburu 1 漁師. 2 狩猟の道具.

pemburuan 狩猟, 捜査: Kerajaan mengharamkan *pemburuan harimau*. 政府は虎の狩猟を禁止した.

terburu-buru 急いで, あわただしく: keluar *dengan terburu-buru* あわてて飛び出す. Jangan *terburu-buru* buat kesimpulan. あわてて結論を出すな. Kerana *terburu-buru*, saya lupa payung saya. あわてていたので, 傘を忘れた.

buruh 労働者: *buruh asing, buruh pendatang* 外国人労働者. *buruh kasar* 肉体労働者, ブルーカラー. *Hari Buruh* メーデー. *buruh tak mahir* 非熟練労働者. *buruh asing tanpa izin* 不法外国人労働者.

memburuh 労働者として働く.

buruhan 労賃, 給与.

pemburuhan 労働.

buruk 1 (状況, 性格が)悪い, 邪悪な, 醜い: Keadaan semakin *buruk* di Iraq. イラク情勢はますます悪化している. *perangai yang buruk* 悪い性格. *buruk hati* 邪悪な. *buruk laku* 振る舞いが悪い. *buruk mulut* 口が汚い, 口が悪い. *buruk salah* 誤解する. *buruk sangka* 悪く思う, 偏見をもつ; Saya memberi teguran kepadanya, tetapi dia *buruk sangka* pula! 私は彼に注意したのに, 彼は悪く思っている. **buruk siku** 人に贈ったプレゼントを自分で取り戻してしまうこと(人にあげたお土産をちゃっかり食べてしまうなど). 2 使い古した, 古ぼけた: *kain buruk* 使い古した布. *Rumah buruk* itu hampir roboh. 古ぼけた家は朽ちかけている.

memburuk 腐る, 悪化する: *Keadaan memburuk*. 状況がさらに悪くなった. Ingatan saya *memburuk*. 私の記憶力がおぼつかなくなってきた.

memburukkan 1 駄目にする.

2 =**memburuk-burukkan** 悪口を言う,傷つける,侮辱する: Saya tidak berniat *memburuk-burukkan* Ali. 僕はアリを侮辱するつもりはなかった. Usaha hendak *memburukkan nama* saya nampak berterusan. 私を貶めようとする試みがまだ続いているようですね.

keburukan 邪悪さ,醜さ,欠点 *mencari keburukan orang lain* 他人の欠点(粗)をさがす.

burung 1 鳥: *burung dara, merpati* 鳩. *burung gagak* カラス. *burung hantu* フクロウ. *burung hijrah, burung yang berhijrah* 渡り鳥. *burung kakak tua* 九官鳥,オウム; *Burung kakak tua itu pandai menyebut, "Selamat datang"*. そのオウムは「いらっしゃいませ」と上手に言う. *burung kertas* 紙飛行機. *selesema burung* 鳥インフルエンザ. 2 オチンチン(幼児の).

burut ヘルニア,脱腸.

busjaket (busjakét) (英) bush jacket ブッシュジャケット.

busuk 1 腐る: *telur busuk* 腐った卵. 2 くさい臭い: Saya tidak tahan *bau busuk* ini. このくさい臭いに耐えられない. 3 悪い,堕落した: *busuk budi* 性格が悪い. *busuk hati* 邪悪な. *busuk mulut* 人を罵倒する.

membusuk 腐る,腐敗する: Buah-buahan ini *sudah membusuk*. これらの果物は腐ってしまった.

membusukkan 腐らせる.

kebusukan 邪悪さ,腐敗.

busung 1 水腫(症),むくむ. 2 河口にたまった砂.

membusung 1 膨らむ: *perut yang membusung* 膨らんだ腹. 2 (砂が)たまる.

busur 弓.

membusur 1 弓形の. 2 弓で射る.

busut 1 小高い土地. 2 蟻塚.

but (車の)トランク.

buta 1 盲目の: *buta ayam*=*raban ayam* 夕暮れ時に良く見えないこと(鳥目). *buta hati* 冷酷な. *buta kayu, buta huruf* 文盲の. *gelap buta* 真っ暗やみ. *malam buta* 闇夜. *Cinta itu buta*. 恋は盲目. 2 よく判断・理解できない.

membuta 1 知らぬふりをする: *membuta tuli sahaja* なにも気にかけない,向こう見ず,闇雲に,めったやたらに: *menyokong ~ secara membuta tuli sahaja* ~を闇雲に支持する. 2 寝る,うたた寝をする.

membutakan 盲目にする,目をつぶる: *membutakan matanya terhadap* ~を見て見ぬふりをする,目をつぶる,黙認する.

kebutaan 盲目.

butang (英) button ボタン: *butang henti* 停止ボタン. *butang tekan* プッシュ・ボタン.

butik (英) boutique ブティック.

butir 1 細かい種子: *butir beras* 米粒. 2 詳細,詳述: *mengetahui butir-butir* 詳細を知る. *butir-butir lanjut tentang* ~に関するより詳しい事. 3 小さくて丸いものを数える助詞: *sebutir telur* 卵1個.

butiran 詳しい情報: *butiran lanjut* mengenai ~に関する詳細.

butuh 【俗語】男性性器: *kepala butuh* 亀頭.

buyung I 水を入れる土器 (buyung air).

buyung II 息子への呼びかけ.

buyut 曾祖父母の両親.

buyutan, kebuyutan 高齢の,老齢の.

C

cabai (Id)〔植〕唐辛子, チリ→ **cili**.
cabang 枝, 支流, 支店: *cabang ranting* 小枝. *cabang sungai* 支流. *cabang atas* 上流階級.
  bercabang 枝のある, 分枝する, (道や川, 考え, 意見が)分かれている: *lidah bercabang* 二枚舌. *bercabang dua* 二つに分かれている. Jalan ini *bercabang* di hujung. この道は行きつくと二つの道に分かれる.
  bercabang-cabang, cabang-bercabang 枝のある, 支流のある, いくつかに分かれる: pokok yang *bercabang-cabang* 枝分かれしている樹木. Saya sesat kerana jalan itu *bercabang-cabang*. 道路がいくつかの小道に分かれていたので, 道に迷ってしまった.
cabar; *cabar hati* おどおどした, 臆病な.
  mencabar 1 挑戦する: *mencabar* pasukan yang lebih kuat より強いチームに挑戦する. 2 異議申し立てる, 反対する: *mencabar* keputusan mahkamah itu 裁判所の決定に異議申し立てをする. 3 (仕事や任務, 努力が)挑む価値のある, チャレンジングな: Saya sedang mencari kerja yang lebih *mencabar*. もっとチャレンジングな仕事をさがしています.
  mencabarkan 落胆させる, ～をあざける: Awak seharusnya memerangsangkan bukan *mencabarkan* adik. 君は弟を落胆させるのではなく元気づけるべきだ.
  cabaran 1 挑戦. 2 非難, 対抗.
  pencabar 挑戦者.
cabik 1 (布などが)引き裂かれた, やぶれた: *baju yang cabik* やぶれた服. 2 布などを数える助数詞 (～枚).
  cabik-cabik 引き裂かれた: Buang baju yang *sudah cabik-cabik itu*. やぶれた服は捨てなさい.
  mencabik, mencabikkan, mencabik-cabik 引き裂く: *mencabik-cabik bajunya* 服をびりびりに引き裂く.
cabuk 用無しの～, ぼろぼろの.
cabul 1 わいせつな, 下品な, 淫らな, 不作法な: *filem cabul* わいせつな映画. *gambar cabul* ポルノ写真. *kata-kata yang cabul* 下品なことば. 2 慣習に反する: *perbuatan cabul* terhadap penduduk kampung itu 村の住民に慣習に反する行為.
  bercabul 1 淫らな行為をする, 卑猥なことをする: *tidak segan bercabul* di hadapan orang ramai 人前で堂々と卑猥な行為をする. 2 (病気が)蔓延する, (戦争が)広がる.
  mencabul, memcabuli 1 性的ないたずらをする, セクハラをする, 性的虐待をする: *mencabul kehormatan kanak-kanak* 児童に性的虐待をする. *mencabuli gadis itu* その娘にいたずらをする. 2 権利を侵害す

る, (法を)犯す: *mencabul undang-undang antarabangsa* 国際法を犯す.

pencabulan わいせつ行為, 性的いたずら, 性的虐待: *pencabulan kanak-kanak* 児童に対する性的虐待.

cabur 騒乱, 反乱.

cabut 1 引き抜く: *Tolong cabut duri yang tercucuk pada tapak kaki saya.* 足の裏に刺さっているとげを引き抜いてください. 2 逃走する (=*cabut lari*), 抜け出す: *Pencuri itu cabut lari dari rumah itu.* 泥棒はその家からさっと逃げ出した. *Ada yang cabut selepas mendapat gaji.* 給料をもらった後に出勤しなくなる者もいる.

mencabut 1 引き抜く: *mencabut gigi* 歯を抜く. *mencabut loteri* くじ引きをする. *mencabut paku* 釘を抜く. *mencabut nyawa* 生命を奪う. *mencabut undi* 投票で選ぶ. 2 ~から立ち去る. 3 (言葉を)撤回する. 4 キャンセルする. 5 引用する.

cabutan くじ引き, 引用: *dengan cabutan undi* 投票で. *cabutan bertuah* ラッキー・ドロー.

pencabut (くぎなどを)引き抜く道具.

pencabutan 引用, 引き抜き, 撤回.

tercabut 引き抜かれた, 引き抜ける.

cacah 入れ墨.

bercacah 入れ墨がしてある.

mencacah 入れ墨をする, 刺す.

cacak 直立.

mencacak 1 ~を垂直に突き立てる: *mencacak tiang* 柱を立てる. 2 ~が直立する: *Mereka berdiri mencacak di tengah panas selama satu jam.* 暑い日差しの中に一時間も直立したままだった.

mencacakkan 直立させる, ~を垂直に立てる: *mencacakkan tiang* 柱を立てる.

tercacak 直立した, 垂直に立てた: *Dia tercacak di situ kerana terkejut.* 彼女はショックでその場に釘付けになった.

cacar 天然痘: *cacar air* 水ぼうそう, 水痘. *cacar palsu* はしか. *ubat cacar* 種痘.

bercacar 予防注射を受ける, 種痘をした: *Murid-murid akan bercacar besok.* 生徒たちは明日予防注射を受ける.

mencacar 予防注射をする, 種痘をする.

pencacaran 予防注射.

cacat 欠陥のある(身体, 精神などに): *cacat anggota, cacat badan, cacat bentuk, cacat fizikal* 身体障害. *cacat mental* 精神障害. *cacat pendengaran* 聴覚障害.

bercacat 身体に障害のある.

mencacat 非難する, 傷つける: *mencacat orang* 人を貶す, 人の粗を探す.

kecacatan 欠点, 欠陥.

cacau 1 困惑した, 心が定まっていない. 2 不明瞭な.

mencacau うわ言を口走る.

pencacau 人を困惑させるために用いる呪文.

caci =*caci maki* 侮辱, ののしり.

bercaci-cacian ののしり合う.

mencaci ののしる, 侮辱する.

cacian 侮辱, ののしり.

pencaci 侮辱する人.

cacing 〔動〕ミミズ, 回虫: *cacing bulat* 回虫. *cacing karung, cacing tanah* ミミズ. *mencari cacing untuk dijadikan umpan kail* 釣りの餌にするミミズを探す.

cadang; **bercadang** ~するつもりである: *bercadang hendak* ~するつ

もりである; *Saya bercadang hendak belajar di luar negeri* 僕は留学するつもりです.

mencadangkan 1 提案する, 提議する: *Dia mencadangkan supaya perkara itu diberitahukan kepada guru besar.* 彼はその事を校長に知らせるよう提案した. 2 候補者をたてる, 推薦する: *mencadangkan Ali sebagai / untuk ketua pasukan* アリをチーム・リーダーに推薦する(指名する). 3 予備として保つ. 4 計画する, 立案する.

cadangan 1 提案: *Apakah cadangan anda?* あなたの提案は何ですか. *kertas cadangan* プロポーザル. 2 予備の, 準備: *pemain cadangan* 補欠選手. 3 計画.

pencadang 建議者, 提案者.

pencadangan 提案, 任命, 計画.

cadar 1 ベッドシーツ, テーブルクロス: *kain cadar* ベッドシーツ. 2 (顔, 身体を包む)覆い.

bercadar 覆う, 覆い隠す.

bercadarkan ～で覆う.

Caesar シーザー《ローマ皇帝》: *bersalin secara pembedahan Caesarean* 帝王切開で出産する.

cagar; **cagaran** 抵当, 担保, 内金.

mencagar, mencagarkan ～を抵当に入れる, ～を質草にする: *mencagarkan tanah* 土地を抵当に入れる.

cagut; **mencagut** くちばしで～をつつく.

cahang 味気のない, 味の足りない.

cahaya (Sk) 光, 輝き, きらめき: *cahaya mata* 愛児. *cahaya matahari* 太陽の光. *cahaya ultra lembayung* 紫外線. *Saya dahulu biasa belajar di bawah cahaya lilin.* ロウソクの光の下で学んだものだ.

bercahaya 光る, 輝く.

mencahayai 光らせる, 光りをつける.

cair 1 液体状の: *makanan cair* 流動食. *teh cair* 薄い紅茶. 2 (秘密などが)漏れやすい. 3 やる気のない.

cecair 液, 液体.

cairan 液体.

mencairkan 液状にする, 薄める: *mencairkan ais* 氷を溶かす. *mencairkan kopinya* dengan menambah air lagi お湯を加えてコーヒーを薄める.

pencair 溶媒.

caj (英)charge 料金: *caj khidmat* サービス料. *caj bank* 銀行手数料.

cakah (角度などが)広い(90度から180度の間).

mencakah 1 = *berjalan mencakah* 大またで歩く. 2 (支店網などを)広げる.

cakap I 話, ことば, 話す, 言う: *cakap angin* 噂話. *cakap besar* 自慢, 大言壮語. *cakap belakang* 陰口を言う. *cakap kosong* 実行のない空疎な話. *cakap mulut* 口論. *cakap ajuk* 直接話法. *cakap pindah* 間接話法. *cakap lain, buat lain.* 言行不一致. *cakap tidak serupa bikin.* 言行不一致. *bikin serupa yang dicakap.* 言行一致. "*Apa yang you cakap ni?*"「お前は何ちゅうことを言うのだ」. "*Percayalah cakap aku ini.*"「この俺の話を信じろ」. "*Jangan cakap lepas mulut.*"「口から出まかせを言うな」. "*Alah, cakap saja.*". "*Sungguh.*"「まあ, 口先だけでしょう」「本気だよ」. "*Jawab cakap aku. Lekas.*"「俺の話に答えろ, 早く」. "*Jangan cakap hal itu lagi.*"「もうその事は言うな」.

cakap-cakap 噂=*khabar angin*: *cakap-cakap orang ramai* 人々の噂.

cakap-cakap belakang 陰口. *Cakap-cakap itu* terus kedengaran. その噂があいかわらず聞こえてくる. Saya fikir itu cuma *cakap-cakap* saja. 私はそれは単なる噂だとばかり思っていた.

bercakap 話す, しゃべる: *bercakap bahasa Jepun* 日本語を話す. *bercakap dalam bahasa Jepun* 日本語で話す. Tak baik *bercakap kasar dengan* kakak sendiri. 自分の姉に失礼な口のきき方はよくない.

Bercakap mengenai / tentang ～と言えば: *Bercakap tentang mandi*, awak berdua ini sudah mandi atau belum? マンディと言えば、二人とももうマンディしましたか?

bercakap-cakap 雑談をする.

mencakapkan, mempercakapkan 1 ～について話す. 知らせる: "Ada satu perkara yang nak saya *cakapkan dengan* cikgu." "Apanya?"「先生に話しておきたいことがひとつあります」「何だね?」. 2 (言語を)しゃべる.

percakapan, cakapan 会話, 話.

cakap II; **bercakap** 【古典】～する勇気がある: Maka baginda titah menyuruh menaiki Hang Jebat, seorang pun tiada *bercakap*. 王様がハン・ジュバットをやっつけるよう命じたが, 勇気のある者は一人もいなかった.

cakap III (Id).

bercakap ～できる, 可能な.

kecakapan 能力.

mempercakap, mempercakapkan 可能にする, できるようにする.

cakar 1 (鳥獣の)爪. 2 ひっかき跡: *luka kena cakar kucing* 猫にひっかかれて怪我した. *seperti cakar ayam* (字が)きたない, 下手だ.

bercakar, bercakaran 爪を使って戦う, けんかをする.

mencakar 爪でひっかく.

pencakar 熊手: *pencakar langit* = *pencakar awan* 高層ビル.

cakera (Sk) 1 円盤. 2 ディスク. 3 車輪. *cakera keras* ハードディスク. *cakera liut* フロッピーディスク. *cakera padat* = CD. *cakera padat video* = VCD. *cakera padat digital* = DVD. *cakera optik digital* デジタル光ディスク.

cakerawala 宇宙, 天空, 惑星 (planet).

caklempong (caklémpong) チャクレンポン=小太鼓(マレー伝統楽器).

cakup; **mencakup** 1 (犬などが口で)くわえる. 2 息を吸うかのように大きく口を開ける.

mencakup-cakup 息を吸うために, 何度も口を開ける.

calang; *bukan calang-calang* 普通でない; Orang muda itu *bukan calang-calang orangnya*. その若者はただ者ではない.

calar ひっかき傷: *calar-balar* ひっかき傷だらけ. Badan kereta ini elok, tidak *calar*. この車の車体はきれいだ, ひっかき傷がない.

bercalar ひっかき傷をつけた.

mencalarkan ～をひっかく.

tercalar 傷のある, 傷ついた.

calit 汚れ, しみ: *calit api* マッチ.

bercalit 汚れのある, しみのある.

mencalit ～にしみ・汚れをつける.

mencalitkan ～をつけて汚す.

calon 候補者, 志願者.

mencalonkan (候補者として)指名する: *mencalonkan diri sebagai* ～に立候補する. Pramoedya Ananta Toer *dicalonkan* beberapa kali *untuk* Hadiah Nobel dalam bidang kesusasteraan. プラムデイアは何度もノーベル文学賞候補になる.

pencalon 指名者.

pencalonan 指名,候補者.

cam; **mengecam, mengecamkan** 注意して観察する,識別する,見つけ出す: *mengecamkan mayat* 死体を鑑識する. Semua orang terkeliru dan tersilap *mengecam* kembar seiras ini. すべての人がこの似た双子を見分けるのに間違えてしまう. Dia sudah tidak *mengecam akan* saya. 彼はもう私が誰かを認識できなくなっている. Zainun *mengecam* lelaki itu *sebagai* orang yang menyerangnya. ザイヌンは自分を襲ったのはその男だと特定した.

pengecaman 観察,監督.

camar 〔鳥〕カモメ(鷗).

cambah 1 つぼみ,芽. 2 もやし.

bercambah 1 芽を出す. 2 そこら中にたくさんある: Barang seperti ini *bercambah* di pasar. このような品物は市場にたくさんある. Hari ini peluang *bercambah*. 今日,チャンスはそこら中にある. 3 現れる.

mencambahkan (種を)播く: *mencambahkan* bijih benih jagung トウモロコシの種を播く.

percambahan 発芽.

cambuk 1 むち. 2 刺激,励まし: memberi *cambuk* kepada ～にインセンティブを与える.

mencambuk 1 むちで打つ: *mencambuk* kuda 馬にむちを入れる. 2 命令する.

camca (Ch) 小さいスプーン.

campak I; **mencampak** 投げ捨てる: *mencampak* batu 石を投げる; 【比喩】その地から永久に去る. *mencampak buang* 無駄に捨てる. *mencampak wang* 貧乏人に金をばら撒く. Kalau *dicampak batu* di Jalan Tuanku Abdul Rahman, ia akan jatuh di atas kepala Datuk. (人ごみの多い)トゥンク・アブドル・ラーマン通りで石を投げると必ずダトゥ《Datukの称号を持つ人》の頭の上に落ちるだろう.

mencampakkan (持っていたものを)投げつける.

tercampak 1 投げられる: *tercampak keluar* dari kereta 車から投げ出される. 2 追放される.

campak II *sakit campak* はしか,風疹.

camping; **compang-camping** (服が)ぼろぼろに破れた.

campur 混じる: *campur aduk* = *campur baur* 混じり合う. *salad campur* ミックス・サラダ. *sekolah campur* 男女共学の学校. 2 加える,プラスする: Lima *campur* dua *jadi* tujuh. 5+2=7. kira-kira *campur* 足し算. *ASEAN campur Tiga* = ASEAN+3 (ASEAN10カ国+日本,中国,韓国). 3 干渉する: *campur mulut* (他人の事に)口出しする. *campur tangan* 干渉する. *campur tangan kuasa-kuasa besar* 大国の干渉. Budak-budak tak usah *campur hal* orang besar. 子どもは大人の話に口出ししなくてよろしい. *masuk campur* 口を出す, 干渉する.

bercampur 1 混ざる: Minyak dan air *tidak bercampur*. 水と油は混合しない. 2 付き合う, 交際する: *bercampur gaul* 交際する. Jangan *bercampur dengan* kumpulan jahat. 悪い連中と付き合うな.

bercampur-campur, bercampuran まちまちである: Reaksinya

bercampur-campur. その反応はまちまちである.

mencampur ～を混ぜる, 加える: Kita *mencampur* tepung, gula dan mentega untuk membuat kuih itu. お菓子を作るには小麦粉と砂糖, バターを混ぜます.

mencampuri 1 混ぜる: Susu ini sudah *dicampuri* air. このミルクは水が混ざってしまった. 2 ～に干渉する, ～にかかわる: Jiran saya suka *mencampuri* hal orang lain. 隣人は他人の事に干渉したがる. 3 ～と付き合う: Jangan *mencampuri* kumpulan jahat. 悪い連中と付き合うな.

mencampurkan ～を混ぜる, ～と一緒にする: *mencampurkan* santan ke dalam kari itu カレーの中にサンタン(ココナッツ・ミルク)を混ぜる. *mencampurkan* susu *dengan* air 牛乳に水を混ぜる.

campuran 混合物: *campuran* pasir dan simen 砂とセメントの混合物. membentuk *kerajaan campuran* 連立政権を樹立する.

pencampur ミキサー, 混合機.

percampuran 1 混合, 混合物 (= campuran). 2 付き合い, 交際.

tercampur 混ざってしまう: Buku-buku saya *tercampur dengan* buku-buku Ali. 僕の本がアリの本とごちゃ混ぜになってしまった.

camuk ; bercamuk 散乱している: Makanan *bercamuk* di atas lantai. 床に食べ物が散乱している.

can I (英) chance 好機, チャンス: Kasi *can* saya bercakap. 【口語】僕に話すチャンスをくれ.

can II ; bercan 【口語】～と恋愛する.

canai 研いだり・すりつぶしたりする時に使う石 (*batu canai*): *roti canai* ロティ・チャナイ《小麦粉と卵, バターで作った生地を薄く伸ばして焼いたパン. カレーにつけて食べる》.

mencanai 1 研ぐ, 鋭くする: *mencanai kapak* 斧を研ぐ. 2 小麦粉を練ったものを薄く平らにのばす: *mencanai* adunan tepung itu 練り粉を平らにのばす.

pencanai 研磨機, 粉砕機.

canang チャナン(人を呼ぶ合図の小さいどら・鐘).

mencanangkan 1 どらを鳴らして知らせる. 2 公表する.

canda 1 振る舞い, 性格. 2 冗談.

candi (Sk) (仏教, ヒンズー教の)寺院.

candu 阿片(アヘン).

mencandu 中毒になる.

pencandu 阿片中毒者: *pencandu tenis* テニス愛好家.

cangak ; mencangak 首を伸ばして見上げる.

tercangak-cangak きょろきょろあたりを見回す.

canggah 1 果実を取るために先端が二股に分かれた長い棒. 2 先が分かれた枝.

bercanggah 1 長い棒を使う. 2 (意見が)対立・分かれる, 矛盾する: *pendapat yang bercanggah* 対立した意見. Keputusan ini *bercanggah dengan* keputusan mereka. この結論は彼らの結論と矛盾する. 3 枝が分かれている.

mencanggah 長い棒で船を漕ぐ.

mencanggahi ～と意見が対立する.

canggih 洗練された, 最新の, 先端的な: *kemudahan canggih* 最新の設備.

canggung 1 不慣れな, 不器用な. 2 居心地が悪い, 恥ずかしい: *merasa*

canggung 〜すると居心地が悪い. **3** 適していない, 場違いな: Bahasa yang digunakannya agak *canggung*. 彼の使った言葉はやや不適当である.
kecanggungan **1** 居心地の悪さ. **2** 恥ずかしさ. **3** 不快さ.

cangkat **1** 高台, 丘. **2** 浅い.

cangkerang (Jw) (貝)殻.

cangkir 陶器のカップ.

cangkuk ; pencangkuk フック.
bercangkuk フックを使う.
mencangkuk 引っ掛ける.
mencangkukkan (フックを)〜に引っ掛ける.

cangkul くわ(鍬).
mencangkul くわで耕す.

cangkung ; bercangkung, mencangkung しゃがむ: bangun dan *mencangkung* 立ったりしゃがんだりする. Anjing itu terus *duduk cangkung*. 犬はお座りをしたまま.

cangkup ; mencangkup 食べ物を口一杯に詰め込んで食べる.

canguk ; mencanguk, tercanguk うなだれて立つまたは座る.

canselor (英) chancellor 学長, 大法官.

cantas ; mencantas **1** (枝や花の先端を)切り落とす, 剪定する. **2** (不必要な支出を)削減する, 節約する.

cantik 美しい, きれい, 素晴らしい: *cantik molek* かわいい, きれい.
bercantik-cantik 化粧する.
mencantikkan 美しくする.
kecantikan 美しさ, きれいさ.
pencantik 化粧品.

cantum ; bercantum **1** (傷口が)治る, ふさがる. **2** 結合・統合する: Semenanjung Tanah Melayu, Sabah dan Sarawak *bercantum* dalam Persekutuan Malaysia dalam tahun 1963. マレー半島とサバ, サラワクは1963年にマレーシア連邦に統合した.
mencantum, mencantumkan **1** くっつく, 結合する: Tali yang diputus itu *dicantumkan semula*. 切れたひもをもう一度つなぎ合わせる. **2** 接ぎ木する.
cantuman, percantuman 接ぎ木.

cap **1** 印, 判. **2** 商標: *cap dagangan* 商標. *cap jari* 指紋, 拇印. *pemeriksaan cap jari* 指紋照合. *cap pengesahan setem* 証明印. *cap pos* 消印. *cap tarikh* 日付印.
mengecap **1** 印を押す, 印刷する, プリントする. **2** 〜と見なす＝menganggap: Mereka *mengecap* orang yang tidak menyokongnya *sebagai* pengkhianat. 彼らは自分たちを支持しない者を裏切り者と見なしている.
mengecapkan 印を押す, 印刷する.

capai ; mencapai **1** (手をさしのべて)〜をつかむ: Ali *mencapai* cermin mata yang dihulurkan oleh Johan. アリはジョハンが差し出したメガネを手でつかんだ. John *mencapai* tangan Ani. Digenggamnya. Ani membiarkan saja. ジョンはアニの手をとり, 握った. アニはされるままにした《小説の文体から》. **2** 〜を達成する, 〜に到達する: *mencapai cita-cita* 理想を達成する. Ayahnya *telah mencapai* umur 90 tahun. 彼の父はもう90歳に到達した.
capaian アクセス(コンピュータ用語): *capaian maklumat* 情報アクセス. *capaian rangkaian* ネットワーク・アクセス.
pencapaian **1** 達成. **2** 成果, 業績, 成績: *Pencapaiannya* dalam peperiksaan itu sangat memuaskan. 彼女の試験の成績はとても満足すべ

きものだった. *ujian pencapaian* アチーブメント・テスト.

tercapai 達した, 達成した: *Cita-citanya hendak menjadi peguam sudah tercapai.* 弁護士になりたいという彼の理想は達成された. *Tujuan kami sudah tercapai.* 私たちの目的は達成された.

capak I; tercapak またがる.

capak II; mencapak, mempercapak 無視する, 見下げる.

capal チャパール《革底のマレー風スリッパ: 一般にバジュ・マラユ〈マレー服〉を着るときに履く》.

capang (角や髭が)長く曲る.

capati チャパティ《インド系のパン》.

capik びっこをひく, 足を引きずる(= berjalan capik).

tercapik-capik びっこをひきながら歩く・走る.

capuk 斑点, しみ.

bercapuk-capuk 斑点がつく.

cara 1 方法, やり方: *cara untuk membuat kek* ケーキの作り方. *Bagaimana cara* membuat kek ini? このケーキの作り方はどうするのですか. *Ini cara belajar yang baru.* これが新しい勉強の仕方だ. *Terangkan kepada saya cara melakukannya.* そのやり方を私に教えてください. *Saya tidak tahu cara berfikirnya.* 私は彼の考え方がわからない. *Cakap-cakap belakang bukan cara saya.* 陰口を言うことは私の流儀ではない. 2 様式, 慣習: *cara Barat* 西洋式の.

cara hidup 生活様式, ライフスタイル: *cara hidup yang aneh* 変わった生き方. *Cara hidup* kita berlainan daripada *cara hidup* di Barat. 私たちの生き方は西欧の生き方と違う.

cara-cara 1 様々な方法. 2 儀式, 慣習. 3 規則.

secara ～的に, ～のように: *secara besar-besaran* 大々的に. *secara berasingan* 別々に. *secara diam-diam* 密かに. *secara ringkas* 簡潔に. *secara singkat* 簡潔に, 短く. *secara langsung* 直接的に. *secara tidak langsung* 間接的に. *secara tidak rasmi* 非公式に. *secara umum* 一般的に.

caram 婚約指輪.

carang; mencarang (日光が)ますます暑くなる.

cari; mencari 1 ～を探す: *mencari kunci yang hilang itu* なくした鍵を探す. *cari akal / jalan / ikhtiar* 方法を模索する. *mencari alasan / helah* わざと口実をつける. *mencari fasal / gaduh / pasal / salah* わざとけちをつける, わざとけんかを売る. *mencari jalan hendak* menangkap pencuri itu. 泥棒を捕まえる方法を模索する. *mencari kaki* 仲間を探す. *mencari nama* 人から誉めてもらえるように努める. *gerakan mencari* 捜索活動. *pasukan mencari dan menyelamat* 救助隊. *mencari dan menyelamat* 捜索・救助する; *Usaha mencari dan menyelamat mangsa gempa bumi yang masih tertimbus diteruskan hari ini.* 生き埋め(下敷き)になっている地震の被災者を捜索・救助する作業が今日も続いている. *mencari muka* おべっかを使う. 2 (生計をたてるため)努力する: *mencari nafkah / makan / rezeki* 生計を立てる; *mencari nafkah sebagai guru* 教員をして生計を立てる. *Mereka sanggup berbuat apa saja untuk mencari nafkah.* 生計を立てるためなら何でもする用意がある.

mencari-cari 1 くまなく探す: Saya sudah *mencari-cari* tetapi masih tidak jumpa. くまなく探したがまだ見つからない。**2** わざと〜の口実を探す: *Jangan mencari-cari kesusahan.* わざと波風を立てるな.

mencarikan 〜を探す.

pencarian = *mata pencarian* 収入, 生計の手段, 仕事: nelayan-nelayan yang kehilangan *mata pencarian* ekoran bencana ombak besar tsunami. 津波の被害に遭って生計の手段を失った漁民.

sepencarian 共有財産: *harta sepencarian, harta carian, harta bersama* 夫婦の共有財産《離婚やイスラムの一夫多妻制での夫婦間の財産分与のときに使われる表現》: Isteri pertama boleh menuntut *harta sepencarian,* walaupun tidak diceraikan, sekiranya suami mereka berpoligami. 第一夫人は夫が別の妻を娶るとき, 離婚していない状態でも夫婦の共有財産を要求できる。Menurut Undang-Undang Keluarga Islam, isteri boleh memohon *pembahagian harta sepencarian* apabila suami hendak berpoligami. イスラム家族法によると, 夫が一夫多妻を行う場合に妻が夫婦の共有財産の分配を請求することができる.

carigali 鉱物資源の探査.

mencarigali (石油などの)探査をする.

carik 1 (紙・布が)引き裂かれた: Kain itu *sudah carik*, mesti dijahit balik. あの布は破れているので, 縫い直さねばならない。**2** 紙, 手紙を数える助数詞(〜枚, 〜通)=helai, keping: *secarik* surat 一通の手紙. *Secarik* kain pun tiada di badannya. 身体には一枚の服も着ていない.

mencarik, mencarikkan 引き裂く, 破る: *mencarikkan* surat khabar 新聞を破く.

mencarik-carik, mencarik-carikkan ずたずたに引き裂く, 繰り返し引き裂く.

carta (英) chart 表, チャート: *carta alir* フローチャート. *carta cuaca* 気象図. *carta marin* 海洋図. *carta aliran data* データ・フローチャート.

carter (英) charter 乗り物をチャーターする: *carter* sebuah bas untuk ke Melaka マラカへ行くためバスをチャーターする.

carum; caruman 料金, 会費.

mencarum (基金などに)定期的に料金や会費を支払う: *mencarum kepada Kumpulan Wang Simpanan* EPFに定期的に支払う.

pencarum 会員, 会費を払った人.

carut 卑語, 汚い言葉 (*carut-marut*).

bercarut, bercarut-carut 汚い言葉を使う.

mencarut, mencarut-carut ののしる, 罵倒する.

pencarut ののしる人.

cas (英) charge 充電.

mengecas, mengecaskan 充電する: *mengecas bateri* バッテリーに充電する.

cat ペンキ, 塗料: *cat air* 水で薄める塗料. *cat alas* 下塗りペンキ(塗料). *cat minyak* 油性塗料. *tukang cat* ペンキ職人.

bercat ペンキが塗ってある.

mencat, mengecat ペンキを塗る.

catat; mencatat, mencatatkan 1 記録する, メモする: *mencatat* semua aktiviti hariannya dalam diari 毎日のすべての行動を日誌に記録する。Wartawan *mencatat* ucapan PM.

新聞記者は首相の演説をメモにした. Catatlah apa yang dikatakannya. 彼の話したことをメモにとりなさい. Mencatat minit mesyuarat 議事録をつくる. **2** 登録する: *mencatatkan nama-nama orang yang berderma* 寄付した人たちの名前を登録する. **3** (歴史を)つくる, (成功を)収める, (記録を)達成する: *mencatat sejarah baru* 新たな歴史をつくる. *mencatat kemenangan besar* 大勝利を収める. *mencatat markah baik* 良い成績を収める.

catatan メモ, 控え, 注記: *buku catatan* メモ帖. *catatan bawah, catatan kaki* 脚注.

pencatat 記録者.

tercatat 記録された: *tercatat dalam sejarah* 歴史に残る; *orang yang tercatat dalam sejarah* 歴史に残る人物.

catu; **catuan** 配給, 割当て: *catuan air, catuan bekalan air* 給水制限: *Catuan air telah dikenakan.* 給水制限が課せられた. *mendapat catuan beras* 米の配給を受ける.

mencatu 配給する, (消費を)制限する: *mencatu air* 給水制限をする.

mencatukan 少しずつ配給する.

pencatuan 配給.

catur (Sk) チェス.

cawak I えくぼ. (= *cawak pipi*).

cawak II 犬の首輪.

cawan (Ch) カップ, 茶碗(つまみがあるもの): *cawan kopi* コーヒーカップ.

cawang; **cawangan** 支部, 支店: *cawangan syarikat* 支社.

cawat ふんどし. *bercawat ekor* (犬が)尻尾を巻く.

cebak; **mencebak** (土などを)掘る.

cebek; **mencebek** 腕を下にさげて運ぶ.

cebelus; **mencebeluskan** 〜を穴に入れる.

cebik; **mencebik** 下唇を突き出す(すねたり, 泣きそうになったとき).

mencebikkan; *mencebikkan bibir* 口をとがらせて怒る; *Dia mencebikkan bibirnya apabila dia tidak diberi benda yang diingininya.* 彼は欲しかった物をもらえなかったので口をとがらせて怒った.

cebis 小片, 一切れ: *secebis kertas* 一切れの紙.

mencebis 少し切り裂く, 少し切る: *mencebis kain* 布をちょっと切り裂く. *mencebis sarapan* 朝食を少しだけ食べる.

cebok (cébok); **pencebok** 手桶.

bercebok 排泄後, 肛門を洗う.

mencebok **1** 手桶で水をすくう. **2** 排泄後, 肛門を洗う.

cebol (cébol) 小びと.

cebur 水面に物が落ちるときの音(パシャン, ポチャン).

mencebur **1** パシャンと音をたてる. **2** 水中に飛び込む = *mencebur ke air*: *mencebur ke dalam sungai itu* 川の中に飛び込む.

menceburi = *menceburi diri dalam* 〜にかかわる, 専念する.

menceburkan **1** 〜を水に投げ入れる. **2** *menceburkan diri dalam* 〜に身を投じる, 携わる, 参加する.

cecah; **sececah** **1** 少しの間, しばらくの間 = *sekejap*. **2** 少し: *hanya sececah saja* ほんの少しだけ.

bercecah 少しずつ.

mencecah **1** 少しつける, 軽くさわる: *rambut mencecah bahu* 髪が肩に触れる. *Madu itu dicecahnya dengan pisang goreng.* 彼は揚げバナナに蜂蜜をちょっとつけた. **2** (数量)

〜に達する: Jumlah kematian akibat bencana tsunami itu *mencecah* 65 orang. 津波による死亡者数は65人に達した. ASEAN *mencecah* umur 40 tahun tahun ini. アセアンは今年で(創立)40年になった. Harga sebiji durian boleh *mencecah* sehingga RM60. ドリアン1個の値段が60リンギットにも達することがある. Berikutan hujan berterusan rumah mereka dinaiki air sehingga *mencecah* satu meter. 長雨のため彼らの家は1メートルに達するまで冠水した.

mencecahkan 軽く触れる: *mencecahkan tangannya ke tanah* 手を地面に軽く触れる.

tercecah 軽く触れた: Kakinya *tercecah* air apabila naik sampan itu. 小舟に乗るとき, 足が水に触れた.

cecair 液体: terdapat bahan letupan *cecair* dalam pesawat itu 機内に液状の爆発物があった.

cecap; **mencecap** 〜の味見をする: *mencecap kari itu* カレーの味見をする.

cedera I (Sk) 傷ついた, 怪我をした: *cedera parah* 重傷を負う. *mengalami cedera ringan* 軽傷を負う. Kakinya *cedera* semasa bermain bola sepak. サッカーをしているときに足に怪我をした.

mencederakan 傷つける, 怪我させる: Dia dituduh *mencederakan* jirannya dengan parang. 彼は隣人を鉈で傷つけたとして訴えられた.

kecederaan 怪我: *mendapat kecederaan ringan saja* 軽傷ですんだ. *mengalami kecederaan teruk pada kaki kanan* 右足に重傷を負う. Mereka selamat dan *tidak mengalami sebarang kecederaan*. 彼らは無事でいかなる怪我もしていない.

masa kecederaan (サッカー)ロスタイム: Nakata menjaringkan gol kemenangan *di masa kecederaan*. ロスタイムになって中田が勝利のゴールをきめた.

tercedera 傷ついた, 怪我した: *tercedera pada kakinya* 足に怪我.

cedera II 不和, 対立.

bercedera 争う, 口論する.

kecederaan, percederaan 口論, 対立.

cedera III 約束を破る, 裏切る, 反逆する.

mencedera, mencederakan 〜を裏切る. 2 不意打ちにする.

kecederaan 裏切り.

cedok (cédok); **mencedok** 1 ひしゃくですくう: *mencedok sup* スープをすくう. 2 (人の作品を)真似る.

pencedok ひしゃく, レードル.

cegah; **mencegah** 避ける, 防止する: *mencegah dia merokok* 彼が喫煙するのを禁じた. *mencegah kemalangan daripada berulang* 事故が繰り返さないよう防ぐ.

pencegahan 防止, 予防: *pencegahan bencana* 防災. *Badan Pencegah Rasuah* 汚職防止局. *Bahagian Pencegah Jenayah* 犯罪防止部.

cegat; **tercegat** 直立する: Kak Yam *tercegat* di muka pintu. ヤムさんがドアの前に突っ立っていた.

cek I (cék) (英) cheque 小切手: *cek berpalang* 銀行渡り小切手. *cek kembara* トラベラーズチェック(旅行小切手). *cek pos* 郵便小切手. *cek tunai* 現金小切手.

cek II (cék) (英) check チェックする, 調べる.

cekah; **bercekah** (果物や皮が)割れた, 皮がむけた.

mencekah （両手に挟んで）割る、圧す：*mencekah durian itu dengan tangannya* ドリアンを両手に挟んで割る。

cekak; **secekak** 親指と他の指との間の長さ、ひとつかみの〜。

bercekak ＝ *bercekak pinggang* 両手を腰にあてる。

mencekak 親指と他の指でつまむ、わしづかみする：*mencekak beberapa batang lilin* 何本かのロウソクをわしづかみする。

cekal; *cekal hati* しっかりと、勇気を持った：*Kaum wanita lebih cekal dan rajin daripada lelaki.* 女性の方が男性よりもしっかりして真面目である。

mencekalkan 〜することを心に決める、心に誓う：*mencekalkan hatinya untuk* mengatasi masalah itu その問題を解決することを心に決める。

kecekalan 決心、決意。

cekap 1 〜できる、有能な、上手な、うまい：*kakitangan kerajaan yang setia dan cekap* 忠実で有能な公務員。*tidak cekap* 無能な。 2 早い、迅速な＝*pantas*。 3 素敵な、きれいな＝*cantik*。

bercekap 〜することができる。

kecekapan 有能さ、能力、技能：*Kecekapannya sebagai seorang ahli ekonomi telah diketahui ramai.* 彼のエコノミストとしての有能さはよく知られている。

cekau; **mencekau** 1 （爪、手、口などで）つかむ：*mencekau lengan saya dengan kuat* 私の腕を強くつかむ。 2 探す、取る。

cekik; **mencekik** 1 首を絞める、絞めつける（*mencekik leher*）：*Bob mencekik Kassim dengan tangannya.* ボブは手でカシムの首を絞めた。 2 〜を苦しめる。 3 【俗語】喰う＝*makan*：*mencekik darah* 金を搾り取る。

cekikan 絞殺。

tercekik 首を絞められる、窒息した、（食べた物が）喉につかえる：*Seorang kanak-kanak mati tercekik gula-gula.* 飴が喉につかえて子どもが窒息死した。

cekuh I; **mencekuh** 手摑みする：*dicekuhnya parang itu* 山刀を手で摑む。

cekuh II 器用に〜する＝*cekap*。

cekung 凹面の、くぼんだ、へこんだ：*Matanya cekung kerana kekurangan tidur.* 睡眠不足で眼がくぼむ。*kanta cekung* へこんだレンズ、凹レンズ。

cekup; **mencekup** 1 （虫などを）手のひらでつかまえる・覆う：*mencekup belalang itu* バッタを手でつかまえる。 2 手で食べる。 3 逮捕する。

cela 1 欠陥、欠点：*Kita semua mempunyai cela.* 誰でも欠点はある。*Sifat mudah marah, satu-satunya cela pada kelakuannya.* すぐ怒りぽいのが彼の唯一の欠点だ。 2 恥、不名誉：*Kelakuannya itu membawa cela kepada keluarganya.* 彼の振る舞いが家族に不名誉をもたらした。 3 批判：*puji dan cela* 賞賛と批判。

mencela 非難する、ののしる、悪口を言う、人の粗さがしをする：*mencelah gurunya* 先生の悪口を言う。*mencela apa saja* 何でも非難する。

celaan 非難、批判：*Kenapa saya selalu harus mendapat celaan?* 私はなぜいつも非難されねばならないのか。*tidak mempedulikan celaannya* その非難を気にしない。

kecelaan 欠点、欠陥：*Kajian itu*

mempunyai kecelaan yang serius. その研究は重大な欠陥がある.

tercela 非難される, 不名誉な: *perbuatan yang tercela* 非難されるべき行為, 不名誉な行為.

celah 1 間, 隙間, 間隔: *celah dinding* 壁の隙間. *Saya renungi Ali di celah-celah asap rokok.* タバコの煙の隙間からアリを覗いた. *masuk di celah-celah kenderaan lain* 他車の隙間に入り込む. *mengisi celah itu* 隙間を埋める. *Wakil rakyat itu sanggup datang di celah-celah kesibukan tugas.* 代議士は仕事で忙しい合間をぬって喜んでやって来る. 2 話に割り込む, 邪魔する: "*Jemput minumlah,*" *celahnya.*「飲んでください」と彼女が口を挟んだ.

bercelah 隙間がある: *Giginya bercelah.* 歯に隙間がある.

mencelah, mencelah-celah 1 〜の間に入れる: *Ali mencelah di antara orang banyak.* アリは人混みの中に入り込んだ. 2 人の話に割り込む, 口を挟む: *Ia suka mencelah kata-kata emaknya.* / *Ia suka mencelah apabila emaknya bercakap.* 彼女は母親の話にすぐ割り込む.

celak マスカラ, アイライン.

bercelak マスカラがついている.

mencelak, mencelaki (目に)マスカラをつける.

celaka 1 不運な, ついていない: *Nasibnya sungguh celaka.* 彼は本当に不運だ. 2 邪悪な, 呪うべき, 悪い: *anak celaka* 悪餓鬼. 3「畜生!」(怒りや苛立ちを表す感嘆詞): *Celaka! Saya tersalah beli ubat.* こん畜生! 間違った薬を買ってしまった.

mencelakakan 不幸にさせる, 困らせる, 傷つける: *Saya tidak bermaksud mencelakakan anda.* 私はあなたを困らせるつもりはありません.

kecelakaan 災難, 事故: *Banjir mendatangkan kecelakaan.* 洪水は災難をもたらす. *kecelakaan jalan raya* 交通事故.

celam; **celam-celum** (家に)出入りする: *Alinah suka celam-celum di rumah jirannya.* アリナは隣の家に出入りするのが好きだ.

celana ズボン: *celana pendek* 半ズボン.

celaru; **bercelaru** 無秩序な, 混乱した, 乱れた, だらしない: *Hidupnya bercelaru sejak dia hilang pekerjaan.* 失業してからは彼の生活がだらしなくなった. *Fikiran saya bercelaru.* 私は考えが混乱している. *membuka minda yang bercelaru* 混乱した気持ちをさらける. *rancangan yang masih bercelaru* まだ混乱したままの計画.

mencelarukan 混乱させる, 〜を無秩序にする: *Kenyataan menteri itu telah mencelarukan keadaan.* 大臣の声明は事態を混乱させた.

kecelaruan 1 混乱, 乱れ: *kecelaruan fikiran* 思考の混乱. *kecelaruan seks* 性の倒錯. 2 対立, 抗争.

celik 1 (目が)開いている. 2 = **mencelik** 見える, 盲目でない. 3 気付く: *celik budaya* 文化を理解できる. *belum celik lagi* まだ気付いていない. *celik huruf* 読み書きできる: *Kadar celik huruf* meningkat daripada 50.8% ketika kita baru merdeka kepada 93.5% hari ini. 識字率は独立当時の 50.8 %から現在の 93.5 %まで上昇した.

mencelikkan 1 目を開く(=mencelikkan mata): *Oleh kerana terlalu mengantuk, dia tidak dapat mencelikkan matanya.* 眠かったので

目を開けていられなかった. **2** 目を覚まさせる, 気付かせる: Dia cuba *mencelikkan mata* penduduk kampung tentang pentingnya pelajaran. 村人に教育の重要さを気付かせようとした.

celoteh (celotêh) 雑談, お喋り: terkekeh mendengar *celoteh* Ziana ジアナのお喋りを聞いてげらげら笑う.

berceloteh 雑談する.

celup 偽物の, 本物でない: *tayar celup* 再生タイヤ.

bercelup メッキがしてある: *bercelup emas* 金メッキしてある.

mencelup, mencelupkan 1 液体に浸す, つける: *mencelupkan* roti itu ke dalam tehnya パンを紅茶の中にちょっと浸ける. Campuran makanan laut dan sayur-sayuran *dicelup* dalam adunan tepung gandum dan telur sebelum digoreng. 魚や野菜を混ぜたものを小麦粉と卵の中につけてから揚げる. **2** 染める.

celupan 染め物, 染色.

pencelup 染料, 染め師.

cemar 1 汚い=kotor. **2** 汚名, 不名誉な.

bercemar, mencemar; *bercemar / mencemar duli* 【王室】. (王が)お出ましになる.

mencemari, mencemarkan 1 汚染する, 汚くする: *mencemarkan bilik itu* 部屋を汚す. *mencemarkan persekitaran* 環境を汚染する. **2** (名声などを)傷つける, 汚す: *mencemarkan nama baik keluarganya* 家族の名声を傷つける. Perbuatannya *mencemarkan nama baik* negara Malaysia. 彼の行為はマレーシアの名声を汚した.

kecemaran 汚さ, 不潔.

pencemaran 汚染, 公害: *pencemaran alam sekitar* 環境汚染. *pencemaran kimia* 化学汚染. *pencemaran laut* 海洋汚染. *pencemaran udara* 大気汚染. *pencemaran nama baik* 名誉毀損.

tercemar 汚染されている: Air ini sudah *tercemar*. この水は汚染されている.

cemas 1 心配な, 気がかりな (*cemas hati*): merasa *cemas* mengenai 〜を心配する. membuat 〜 *cemas* 〜を心配させる; Awak membuat kami *cemas*. 君は私たちを心配させている. *cemas yang tidak perlu* 取り越し苦労. **2** 緊急な: *peti pertolongan cemas* 救急箱. *mendarat cemas* (飛行機が)緊急着陸する.

cemas-cemas あやうく〜する, もう少しで〜する=nyaris: *Cemas-cemas* saya tenggelam dalam sungai itu. 危うく川の中に沈むところだった.

bercemas 心配な, 落着かない.

mencemaskan 不安を募らせる, 心配させる: Gempa bumi kuat di barat Sumatera itu amat *mencemaskan* Semenanjung Malaysia. 北スマトラの地震はマレーシア半島部にかなり不安を募らせた. *mengharungi detik mencemaskan* 不安(緊急事態)に直面している.

kecemasan 1 危険, 不安. **2** 非常事態, 緊急: *bantuan kecemasan* 緊急援助. *panggilan kecemasan* 緊急の電話. *pintu kecemasan* 非常ドア. *rawatan kecemasan* 応急手当. *dalam keadaan kecemasan* 非常事態では. Pada waktu *kecemasan* telefon bimbit sangat berguna. 緊急時には携帯電話がとても役に立つ. *melakukan pendaratan kecemasan* 緊急着陸する.

pencemas 臆病者.

cembung 凸面の, 膨らんだ: kanta cembung 凸レンズ.

cemburu 1 嫉妬, ねたみ: *cemburu terhadap / akan* 〜に対してねたむ. *cemburu buta* 理由なく嫉妬する. 2 猜疑心=curiga: *Hatinya berasa cemburu apabila melihat isterinya bercakap-cakap dengan temannya.* 妻が友人と話しているのを見ると彼の心は猜疑心が高まる.

bercemburu 1 ねたむ. 2 疑い深くなる.

mencemburui, mencemburukan 1 〜に嫉妬する, 〜をねたむ: *mencemburui kejayaan kawannya* 友達の成功をねたむ. 2 〜を疑う= mencuriga, mengesyaki: *mencemburui semua orang asing* すべての外国人を疑う.

cemburuan; bercemburuan 嫉妬, 互いにねたみ合う.

cemerkap 不注意な, 軽率な.

kecemerkapan 軽率さ: *Saya malu atas kecemerkapan saya sendiri.* 私は自分の軽率さを恥ずかしく思う.

cemerlang 1 光輝く: *Cahaya bulan kelihatan cemerlang.* 月光が輝いて見える. 2 すばらしい, 見事な, (成績が)優秀な: *mendapat keputusan yang cemerlang dalam peperiksaan itu* 試験で優秀な成績をおさめた.

kecemerlangan きらめき, 輝かしい: *kecemerlangan sejarah negeri Melaka* マラカ王国の歴史的栄光.

cemeti ムチ.

mencemeti ムチを打つ: *mencemeti kuda* 馬にムチを打つ.

cempaka (Sk) 〔植〕クチナシ.

cempedak 〔植〕ヒメハチミツ(ジャック・フルーツ).

cempera; bercempera 散り散りになる.

cemuh; mencemuh, mencemuhkan からかう, バカにする: *kena cemuh* からかわれる. *Dia mencemuhkan pendapat saya.* 彼は僕の意見をバカにした.

cemuhan 嘲り, からかい, 嘲笑の的: *Dia menjadi cemuhan orang seluruh bandar.* 彼は町中で嘲笑の的になった.

cencaluk 〔食〕小エビの塩付け.

cencang; mencencang (肉や野菜を)細切りにする, 細かく刻む, みじん切りにする: *mencencang ubi itu halus-halus* イモをとても細く切る.

cendana (Sk) 〔植〕ビャクダン(白檀).

cendawan 1 キノコ: *cendawan beracun* 毒キノコ. *Bagai cendawan tumbuh dengan banyaknya selepas hujan.*【諺】雨後の筍. 2 カビ(黴), 菌.

bercendawan (食物に)カビが生えている: *roti yang sudah bercendawan* カビの生えたパン.

cendekia 知的な, 賢い=cerdik.

cendekiawan インテリ, 知識人.

cenderahati みやげ.

cenderamata 1 みやげ, 贈り物, 記念品: "*Ini cenderamata dari Jepun, silalah.*"「これは日本からのおみやげです, どうぞ.」*cenderamata ulang tahun kedua puluh lima sekolah kita* わが学校の創立 25 周年の記念品. 2 恋人=kekasih.

cenderawasih 〔鳥〕極楽鳥.

cenderung 1 傾いた=condong. 2 〜に興味を抱く, 心が傾く(*cenderung kepada* 〜), 〜の傾向がある: *Saya lebih cenderung kepada ilmu* hisab daripada mata pelajaran lain. 僕は他の科目よりも数学の方に興味があります. Saya lebih *cenderung untuk* makan di luar. 私はどちらかというと外食する傾向がある. Yang kuat *cenderung* menguasai yang lemah. 強者が弱者を支配する傾向にある. **3** ～の味方になる: Hakim yang adil *tidak cenderung kepada* pihak mana pun. 公平な判事はどちらにも味方しない.

mencenderungkan 傾かせる.

kecenderungan 傾向, 興味, 好み: Di antara orang yang berkuasa terdapat *kecenderungan* menyalahgunakan kekuasaan itu 権力者の間では権力を濫用する傾向がある. Ibu bapa patut memperhatikan *kecenderungan* anak-anaknya. 親は子どもの興味に関心を向けるべきだ.

cendol (céndol) 〔食〕チェンドル《緑豆粉からできた緑色のゼリーをコナッツ・ミルクや砂糖のシロップで混ぜたデザート》.

cengang; bercenganganan, tercengang 驚いた, びっくりした, 唖然とする: Kami *tercengang* melihat bangunan tinggi itu. その高いビルを見て驚いた.

mencengangkan, mentercengangkan 驚かす, びっくりさせる: Cara dia bermain piano *mencengangkan* para penonton. 彼のピアノの弾き方は観客を驚かせた.

cengkadak; cengkadu, cengkaduk 〔虫〕カマキリ.

cengkam; cengkaman 1 爪でつかむこと: *kena cengkam kucing* 猫に引っ搔かれる. **2** 支配.

mencengkam 1 爪でつかむ: Harimau itu *mencengkam* mangsanya dengan kukunya. トラは獲物を爪でつかんだ. **2** 支配する.

mencengkamkan 爪で押さえる.

cengkaman 爪による押さえ, 支配: *di dalam cengkaman negara-negara besar* 大国の支配におかれる.

pencengkam 絞め具.

cengkeram 手付金, デポジット: membayar *cengkeram* RM100 untuk rumah itu 家の手付金として100リンギットを払う.

cengkerama 1 散歩, 散策. **2** おしゃべり.

bercengkerama 1 散策する: *bercengkerama di tepi pantai* 海辺を散策する. **2** おしゃべりする, 冗談を言う.

cengkerik 〔虫〕コオロギ.

cengkih 〔植〕丁字(クローブ).

cengkung 凹形の, 落ち窪んだ＝cekung: Pipi dan matanya *cengkung* kerana kekurusannya itu. 彼女はやせすぎたため, 頰と眼が落ち窪んだ.

centong (céntong) しゃもじ(= centong nasi).

mencentong しゃもじですくう.

ceongsam (céongsam) (Ch) 長衫 (チョンサム: 女性用中国服の一種).

cepat 1 早い, 速い, 素早い: *Cepatlah sikit*. 少し急いでね. berjalan *dengan cepat* 速く歩く. Jam ini *cepat* 5 minit. この時計は5分進んでいる. *tiba lebih cepat daripada dijadual* 予定よりも早く着く. Secara "Siapa Cepat Dia Dapat", jangan buang masa lagi. 先着順, 早い者が勝ち, グズグズするな. *cepat kaki, ringan tangan* てきぱき働く. **2** すぐに, 直ちに: *cepat bertindak* すぐに行動する. Anita *cepat* bosan, *cepat* marah. Sebab itulah Anita tidak ramai kawan. アニタはあきっぽく, すぐ怒りっぽい. だから友達

が多くないのだ. *cepat tangan* 盗み癖がある. *cepat kesian* すぐ同情する.

bercepat-cepat, bersecepat, bersicepat 急いで、あわてて.

mencepatkan, mempercepatkan 速める、加速する: *mempercepatkan dua hari dari tarikh sebenar itu* 2日間前倒しする.

kecepatan 速度、スピード: *kecepatan bunyi* 音速.

secepat 〜と同じくらい早く: *secepat kilat* 閃光のごとく素早く.

secepat mungkin, secepat yang dapat できるだけ早く.

ceper (cépér) 1 (皿などが)浅い. 2 金属製の容器(皿).

cepiau 帽子.

cepu 1 ふた付きの小箱(タバコ入れなど). 2 (食物、着物を入れる)容器.

ceracak ; menceracak, berceracakkan 真っ直ぐにそびえ立つ.

cerah 1 晴天: *cerah ceria* 晴天. *hari cerah* 晴天. *Hari ini langit / udara cerah.* 今日は空が晴れている. *Cuaca hari ini sangat cerah.* 今日の天気は快晴. 2 (表情が)明るい、平穏な、優秀な: *bongkar cerah, fajar cerah* 夜明け. *masa depan yang cerah* 明るい未来. 3 (肌が)色白な: *kulit yang cerah* 色白な肌. *cerah perut* 下痢.

mencerahkan 明るくする、幸せにする: *memasang lampu untuk mencerahkan biliknya* 電灯を付けて部屋を明るくする.

kecerahan 明るさ.

cerai 1 分ける、分離する: *cerai susu* 離乳する. 2 離婚: *meminta cerai daripada / kepada suaminya* 夫に離婚を求める. *nikah cerai* 結婚と離婚.

bercerai 離婚する、分離した: *Dia bercerai buat kali kedua.* 彼の離婚は二度目だ.

bercerai-cerai = **bercerai-berai** ばらばらになる、別れ別れになる、分散する.

menceraikan 1 分ける、分離する. 2 〜と離婚する: *menceraikan isterinya* 妻と離婚する.

ceraian (法律や条約などの)小項目: Lihat muka 4, *cerai 1*. 4頁第1項目を見なさい.

perceraian 1 分離. 2 離婚.

ceramah 講演、講義: *memberi ceramah tentang / mengenai* 〜について講演する. *mendengar ceramah oleh* 〜の講演を聴く.

berceramah 講演する、講義する.

menceramahkan 〜について講演する.

penceramah 講演者.

cerancang ; bercerancang, bercerancangan 真っ直ぐ上へ鋭く伸びている.

cerang 密林の中で樹木が伐採された空地.

ceranggah ; berceranggah 1 たくさん枝のある. 2 真っ直ぐ鋭く伸びている.

ceranguk ; berceranguk 上を見上げなら.

cerat やかんの口.

cerca ; cercaan 侮辱、非難、ののしり.

mencerca, mencercai 侮辱する、ののしる.

kecercaan 侮辱.

cerdas 頭脳明晰な、知性がある. = cerdik.

mencerdaskan 知能を高める.

kecerdasan 知能、知性: *darjah kecerdasan* IQ指数. *kecerdasan otak* 頭脳明晰さ.

cerdik 1 利口な, 知的な: *cerdik pandai* 知識人, インテリ, 賢人. 2 ずる賢い. *Kancil binatang yang cerdik*. 小鹿はずる賢い動物だ.
kecerdikan 1 賢さ: *Kecerdikannya luar biasa*. 彼の賢さは普通以上だ. 2 ずる賢さ.
cerek (cérék) やかん.
cerewet (cerêwét) 1 文句の多い: *Bukan cerewet, tetapi berhati-hati*. 文句が多いのではなく, 注意深いのだ. *Dia tidak cerewet tentang makanan*. 彼は食べ物にはうるさいことを言わない. 2 骨の折れる, 困難な: *Pihak lelaki juga ramai yang terlalu cerewet dalam soal mencari jodoh*. 男性側にも結婚相手を探すのに苦労している者が多い.
cergas 元気な, 活発な: *Orang yang tua itu masih cergas lagi*. その老人はまだ元気溌剌としている. *bergerak cergas* 活発に活動する.
mencergaskan 活発化する, 活発にする: *Senaman dapat mencergaskan perjalanan darah*. 運動は血行を良くする.
kecergasan 活発さ.
ceria 元気な=cergas: *Dia kelihatan ceria hari ini*. 今日は元気に見える.
cerita (Sk) 話, 物語: *cerita dongeng* おとぎ話. *cerita mulut* 口承噺. *cerita pendek* = *cerpen* 短編小説. *cerita gelap* 探偵小説. *cerita lucu* 笑い話. *cerita burung* 信用できない話. *cerita rekaan* 作り話. *jalan cerita* プロット. *Itu cerita masa lalu*. それは昔の話《今は事情が異なる, の意味で使う》. *Cerita ini benar-benar berlaku*. これは本当に起きた話です.
bercerita 話をする, 朗読する: *bercerita mengenai* ～について話をする. *Harap bercerita secara singkat apa yang sesungguhnya terjadi*. 実際に何が起きたのか簡潔に話してください.
menceritai ～に話をする.
menceritakan 話をする, 打ち明ける: *Hal itu menceritakan segala-galanya*. その事がすべてを物語っている. *tidak mahu menceritakan apa yang sebenarnya berlaku*. 実際に何が起きたかを言いたがらない.
pencerita 話者, 朗読者.
penceritaan 朗読.
cermat 1 用心深い, 慎重な *dengan cermat* 用心深く: *dipilih dengan cermat* 慎重に選ぶ. *memandu dengan cermat* 慎重に運転する. 2 節約する: *berjimat cermat* 倹約する.
bercermat 慎重にする, 気をつける.
mencermati ～注意して観察する.
mencermatkan 1 注意して～をする. 2 節約をする: *mencermatkan penggunaan elektrik* 電気の使用を節約する.
kecermatan 1 慎重. 2 節約.
cermin 1 鏡: *cermin muka* 鏡. *Aminah melihat dirinya di dalam cermin*. アミナは鏡で自分の姿を見た. 2 ガラス: *cermin mata* 眼鏡. *cermin mata hitam* サングラス. 3 状況や状態を反映するもの. 4 (見習う) お手本, 鑑: *cermin kehidupan* 人生の鑑.
bercermin 1 鏡をのぞく. 2 鏡が付いた～. 3 ～に見習う: *Bercerminlah pada Ali*. アリに見習え.
mencermini ～に鏡を向ける.
mencerminkan 反映する, 描く: *Wajahnya mencerminkan perasaan gementarnya*. 表情は神経質な気持ちを反映している.
cerminan 映像, 鏡に映った影.

cerna (Sk) 消化した, 砕く: *makanan yang mudah cerna* 消化しやすい食物.

mencerna, mencernakan 消化する: よく考える: *mencernakan makanan dengan sempurna* 食べ物を完全に消化する. *Jangan mengambil keputusan sekarang, cerna dahulu.* 今結論を出すな, まずよく考えよ.

pencernaan 消化.

ceroboh 粗野な, 下品な, 不徳な: *perbuatan / tindakan yang ceroboh* 下品な行為.

menceroboh 1 侵入する, 侵犯する: *menceroboh sempadan negeri Thai* タイの国境を侵犯する. *menceroboh masuk rumah orang* 他人の家に侵入する. *menceroboh asrama puteri* 女子寮に侵入する. 2 人に粗野な扱いをする, 乱暴する.

penceroboh 侵入者, 侵犯者, (コンピューターの)ハッカー.

pencerobohan 侵入, 侵犯: *menentang pencerobohan dari luar* 外からの侵入に対抗する.

cerobong 煙突.

cerpen (cerpén) [cerita pendek] 短編小説.

cerpenis (cerpénis) 短編作家.

cerucuk パイル(建造物の土台を強化するために埋め込む杭).

ceruk 1 (部屋や台所の)隅: *bersembunyi di ceruk biliknya* 部屋の片隅に隠れる. 2 (壁や地面の)窪み. 3 (田舎の)片隅: *orang dari ceruk kampung* 田舎者. *di seluruh ceruk rantau* どこででも, 全国各地から.

cerun (丘・堤防などの)斜面, 傾斜.

mencerun 傾斜になる, 坂になる: *Atap mencerun sedikit.* 屋根は少し傾斜している.

cerut I ; cerutu 葉巻たばこ.

cerut II ; mencerut ～の回りを縛りつける: *mencerut leher* 首の回りを縛る.

cetak (cétak) 印刷, プリント: VCD *cetak rompak* 海賊版のVCD. *kegiatan cetak rompak* (印刷の)海賊版行為. *mesin cetak* 印刷機.

mencetak 印刷する, 捺染する: *mencetak risalah* パンフレットを印刷する.

mencetakkan ～用に印刷する, ～を出版する.

cetakan 印刷, 出版物: *cetakan pertama* 初版. *cetakan semula* 再版.

pencetak 印刷機, 印刷者.

percetakan 印刷所: *syarikat percetakan* 印刷会社.

pencetakan 印刷: *pencetakan laser* レーザー印刷. *pencetakan ofset* オフセット印刷. *pencetakan skrin* スクリーン印刷. *pencetak pancut dakwat* インクジェット・プリンター.

cetek (cétek) 1 (水深が)浅い: *sungai yang cetek* 浅い川. 2 (経験・知識が)乏しい: *cetek pengetahuan* 知識が乏しい.

mencetekkan 浅くする.

kecetekan 浅さ.

ceti (céti) チェティ《マレー半島におけるインドのマラバールあるいはコロマンデル出身の高利貸をいう》.

cetus 石などをこすり合わせた時の音.

mencetus 火花を立てる, 火打石で火を起こす.

mencetuskan 1 火花を立てる. 2 (事件・出来事を)引き起こす, 勃発させる: *mencetuskan Perang Dunia Kedua* 第二次世界大戦を勃発させた. *mencetuskan kebimbangan rakyat* 国民の不安を引き起こす. *mencetuskan kemarahan* ～の怒りを呼び

起こす.

cetusan 1 火打石 (cetusan api). 2 勃発: *cetusan peperangan* di Timur Tengah 中東における戦闘の勃発.

pencetusan 勃発, 発生, ひらめき.

tercetus 勃発する: Perang telah *tercetus*. 戦争が勃発した.

China 中国(中華人民共和国), 中国大陸《→ Cina と区別する》: *negara China* 中国. *perdagangan antara Malaysia dan China* マレーシアと中国との間の交易. Dia bukanlah *wanita China* atau *Cina tempatan*, sebaliknya merupakan wanita Melayu. 彼女は(中国本国の)中国人女性でもなければローカルの華人女性でもなく, それどころかマレー人女性であった.

ciap (鳥が)ピーピー鳴く音.

menciap, menciap-ciap (鳥が)ピーピー鳴く.

cicak 〔動〕ヤモリ.

cicir 少しずつこぼれる.

berciciran, berkeciciran こぼれて回りに四散する: *Beras berciciran sepanjang jalan.* 米が道に沿ってこぼれ落ちていた.

mencicirkan 少しずつこぼす.

keciciran 落ちこぼれ, 中途退学(ドロップアウト): menangani *isu keciciran* pelajar-pelajar 生徒のドロップアウト問題に対処する.

tercicir 1 落ちこぼれる: *tercicir merata-rata* 一面に散らばる. Darah *tercicir* di seluruh bilik itu. 血が室内に散らばっている. 2 途中でなくした・落とした: Barangkali buku itu *tercicir* apabila awak mengejar saya. 君が僕を追いかけている途中でその本を落としたにちがいない. 3 (発展などに)取り残される: Dalam pelajaran dia tidak pernah *tercicir*. 彼は勉強でこれまで取り残されたことはない.

cicit ひまご(曾孫).

cik ～さん《主に未婚の女性, およびそれほど親しくない男・女への呼称》: *Cik Fatimah* ファティマさん. *Cik tinggal di mana?* どこに住んでいますか.

Cik Puan 王族出身でないが王と結婚した夫人: *Cik Puan Kedah* クダー王夫人.

cikgu 先生《先生への呼称も含む》: "Selamat pagi, *cikgu*."「先生, お早ようございます」. Nasihat *cikgu* Ali tak nak ikut. 先生の忠告にアリは従おうとしなかった.

ciku 〔植〕チク(サポジラ).

cili 〔植〕唐辛子, チリ: *cili kembung, cili manis* アマトウガラシ, ピーマン. *cili merah* 赤唐辛子. *cili api* 【比喩】小さいが強い. *Kecil-kecil cili padi.*【諺】山椒は小粒でもぴりりと辛い.

cimpanzi (英) chimpanzee チンパンジー.

Cina *orang Cina* 華人. *masyarakat keturunan Cina Malaysia* マレーシアの華人系社会《中国の国名および地理上の中国大陸を China と表記するが, 多民族国家マレーシアの華人を orang Cina, kaum Cina と表記し, その文化についても, *bahasa Cina* = 華語, *sekolah Cina* 華文学校というように Cina で統一している》. → **China**.

cincai; **cincai-cincai, cincai-boncai** 1 いい加減な態度, 中途半端で真面目でないこと. 2 つまらないこと: Sekarang saya kerja di restoran. Tapi kerja saya buat *cincai-boncai*. 今レストランで働いているが, 僕の仕事はつまらない.

cincang → cencang.

cincaru 〔魚〕オニアジ.

cincin 指輪: *cincin kahwin* 結婚指輪. *cincin tanda* 婚約指輪. *Seperti cincin dengan permata*【諺】指輪と宝石の如し(ぴったし釣り合っている).

cinta 愛, 恋する: *Aku cinta padamu.* 君を愛している. *cinta berahi* 激しく愛し合っている. *cinta kasih* とても愛している. *cinta pertama* 初恋. *cinta sejati* 純愛. *cinta pandang pertama* 一目ぼれ. *jatuh cinta dengan / pada* 〜と恋に落ちる; Mereka *jatuh cinta pandang pertama.* 二人は一目ぼれした. *Dia tidak ada hubungan cinta dengan* usahawan itu. 彼女はその実業家とは恋愛関係にはない. *Tiada perasaan cinta di hati* kedua-dua orang. 二人の間には恋愛感情はない.

bercinta, bercintakan 愛する, 慕う.

bercinta-cintaan 愛し合う.

mencinta 愛する.

mencintai / menyintai 1 〜を愛する. 2 〜を切望する, 〜を望む.

kecintaan 愛, 愛情, 恋人.

pencinta 愛好者, ファン, 恋人: *pencinta anjing* 愛犬家.

pencintaan 愛, 愛情.

percintaan 1 恋愛: *percintaan, pertunangan dan perkahwinan* 恋愛, 婚約そして結婚. 2【古典】悲しみの情: maka *percintaan* baginda pun hilanglah. やがて王の悲しみが消えた.

tercinta 最愛の: *isteri tercinta* 最愛の妻.

cip (英) chip 半導体素子, チップ: *cip ingatan* メモリーチップ. *cip mikro* マイクロチップ.

cipta 創造力 (=daya cipta): *hak cipta* 著作権.

mencipta 1 発明する, 創造する: Alexander Grahan Bell *mencipta* telefon. ベルが電話を発明した. Tuhan mencipta dunia ini. 神がこの世を創造した. 2 (記録を)樹立する: Atlet itu *mencipta rekod baru dunia* dalam acara angkat berat. その選手が重量挙げで世界新記録を樹立した.

menciptakan 1 創造する, 創作する, 発明する. 2 (記録を)達成する: *menciptakan rekod baru* 新記録を樹立する.

ciptaan 創造物, 発明品, 作品.

pencipta 創造者, 製作者.

penciptaan 創造, 創作すること.

ciri I (Sk) 特徴, 特性: Saya tak tahu *ciri-ciri* apa yang ada pada beliau. あの方にどんな特徴(魅力)があるのか私は知らない.

bercirikan 〜を特徴としている: Malaysia *bercirikan* negara berbilang kaum マレーシアは多民族国家を特徴としている.

mencirikan 〜の特徴となる: Kepelbagaianlah yang *mencirikan* masyarakat Asia Tenggara 多様性こそが東南アジア社会の特徴となっている.

ciri II【古典】(王の即位式やその他の儀式に唱じられる)祝詞, 呪文.

membaca ciri 祝詞を言う: Batala *membaca cirinya*, maka Sang Nila Utama digelar oleh Batala, Seri Tri Buana. バタラが王の即位式で祝詞を読み, 就任したサン・ニラ・ウタマにスリ・トリ・ブアナ王の称号を授けた.

cirit 1 糞, 下痢便: *cirit-birit, cirit-mirit* 下痢. 2 ごみ, かす: *cirit kopi* コーヒーの出がらし.

mencirit, tercirit 下痢になる.
menciriti 下痢便で汚す.
cis チェッ！くそっ！《怒り，憎悪の感嘆詞》.
cita 熱望，望み.
cita-cita 理想，夢，希望，望み： *cita-cita menjadi guru,* / *cita-cita nak jadi guru* 先生になる夢.
bercita-cita 〜したがる，を望む，願う： *bercita-cita akan* menjadi doktor 医者になる夢がある． Setiap orang *bercita-cita hendak* pergi ke seberang laut. だれでも海外に行きたいと願う. *bercita-cita tinggi* 高い野望を持つ.
mencita-cita, mencita-citakan 〜を夢見る，〜を想像する，〜を希望する： *mencita-citakan* hidup yang berbahagia 幸せな生活を夢見る.
citarasa 味覚，味.
cium 1 鼻で嗅ぐ． 2 キスをする．
bercium 1 匂いを嗅ぐ． 2 キスをする： *bercium di khalayak ramai* 公衆の面前でキスをする．
bercium-ciuman キスを交す．
mencium 1 匂いを嗅ぐ． 2 キスをする． 3 嗅ぎとる，感じとる： *mencium ada sesuatu yang tidak kena.* 何か良くないことがあるぞと嗅ぎつける．
menciumi 何度もキスをする．
ciuman; **penciuman** 1 鼻で嗅ぐ． 2 キス．
pencium 1 嗅覚． 2 キスする人．
cocok 1 ぴったりする，合致する： *pada waktu yang cocok* 都合の良い時に． *tidak cocok dengan dia* 彼とは合わない． Ubat ini *tidak cocok dengan* saya. この薬は私に合わない． Pakaian ini *cocok untuk* ke jamuan parti? この着物はパーティに行くのに合っているか． 2 同意できる： Ada persefahaman yang *cocok* antara mereka berdua itu. 二人の間には同意した相互理解がある．
mencocokkan 1 合わせる，一致するよう： *mencocokkan jam dengan* waktu yang betul. 時計を正しい時間に合わせる． 2 調整する，適応する： Kami harus *mencocokkan diri dengan* keadaan kampung. 村の状況に適応すべきだ．
kecocokan, kesecocokan 適合性，両立性.
secocok 相応しい，同意できる： Teman *secocok dengan* dia banyak. 彼に相応しい友はたくさんいる．
cogan 旗，たれ幕： *cogan kata* スローガン.
coklat (英) chocolate チョコレート，赤茶色： *coklat susu* ミルク・チョコレート.
colek (colék); **mencolek** 1 指先でちょと触れる： *mencolek* dinding *dengan* telunjuk kanannya 右手の人差し指で壁をちょっと触れる． 2 指先でほじくり出す： *mencolek tahi hidung* 鼻くそをほじくる．
pencolek マッチ (=pencolek api).
secolek 一つまみ，ほんの少しの： mengambil *secolek* garam 塩を一つまみ取る． *Saya mendapat secolek saja.* 私はほんの少ししかもらわなかった．
coli ブラジャー： *buka coli* ブラジャーをとる．
colok (偶像の間に立てる)線香.
comel I (comél) (小さな子どもを指して)かわいい，美しい．
comel II (comél) 文句を言う，不平をこぼす．
comelan 不平，文句.

pencomel 文句ばかり言う人.

comot; **comot-momot** とても汚い, 汚れた: Kanak-kanak itu pulang dengan *muka yang comot*. その子は汚れた顔をして家に帰ってきた.

compang; **compang-camping** (衣服,布などが)破れた,ぼろぼろの: *pakaian compang-camping* ぼろぼろの服.

condong 1 傾いた: *matahari condong* 日没,日がしずむ. *Tiang itu condong ke kiri*. 柱が左に傾く. 2 ～に引かれる,好む: *condong pada mempelajari bahasa asing* 外国語を学ぶのを好む.

mencondong 傾いている: *Tiang itu mencondong ke arah rumah jiran*. 柱が隣の家の方に傾いている.

mencondongkan 傾ける: *mencondongkan badannya ke depan* 身体を前に傾ける.

congak I 暗算: **mencongak** 暗算する,推測する: *Budak itu dapat mencongak kira-kira itu dengan pantasnya*. その子は計算を素早く暗算できた.

congak II; **congak-cangit** 頭を何度も上げ下げする.

mencongak, mencongakkan (頭・顔を)上げる,見上げる: *mencongak untuk melihat bintang* 星を見るために上を見上げる. *Semasa lagu kebangsaan dinyanyikan, mereka mencongakkan kepala*, berdiri tegak. 国歌斉唱の間,彼等は頭を上げて起立していた.

congkak I; **congkak-bongkak** 高慢な,うぬぼれた: *bercakap dengan congkak kepada pekerjanya* 従業員に横柄に話す.

kecongkakan 高慢,うぬぼれ.

congkak II (main congkak) チョンカック《舟形の板の上に彫った穴に,貝殻や種子を入れて遊ぶマレー人の伝統的遊戯》.

conteng (contêng) 落書き,汚れ.

berconteng-conteng 落書きされた.

menconteng, mencontengkan 落書きする,汚す: *menconteng buku itu dengan pensel* その本に鉛筆で落書きをする. *menconteng arang di muka* 【諺】顔に炭で落書きをする(恥をかかせる).

contoh 例,見本,型: *Pengalaman Malaysia memang boleh dijadikan contoh*. マレーシアの経験はお手本になり得る. *Malaysia telah menjadi contoh kepada masyarakat pelbagai etnik di seluruh dunia*. マレーシアは全世界の多民族社会のお手本になった. *memberi contoh baik* 良い見本を示す.

sebagai contoh たとえば.

mencontoh, mencontohkan 真似する,見本とする.

mencontohi ～を見習う,真似る: *Kita patut mencontohi pelajar itu*. その生徒に見習うべきだ.

mempercontohkan 例に挙げる.

contohan 例,実例.

contohnya たとえば.

copet (copêt); **pencopet, tukang copet** スリ.

mencopet 掏(す)る: *Wang saya dicopet semasa dalam bas*. バスの中にいるときお金が掏られた.

corak 1 模様. 2 色. 3 柄,形.

bercorak 1 模様のある,柄の入った: *kain bercorak* 模様の入った布. 2 形のある,特徴のある.

mencorakkan 1 模様を描く,デザインする: *mencorakkan kain itu dengan bunga ros* 布にバラの花の

模様を描く. **2** 形づくる.
pencorakan 図案, デザイン.
corat-coret スケッチ.
coreng (coréng) 長いひっかき傷, なぐり書き, 落書き = conteng.
coreng-moreng 汚れた状態.
bercoreng, bercorengan,
bercoreng-coreng 一面にひっかき傷のついた, 書きなぐられた.
mencoreng, mencorengkan いたずら書きする, 落書きする, 汚す: *Jangan mencoreng dinding.* 壁にいたずら書きをするな. *mencoreng mukanya dengan arang* 炭で顔を汚す.
coret (corét) 長い線.
corat-coret, coretan **1** 下書き, スケッチ. **2** 書きなぐった線, 落書き. **3** 寸劇.
mencoret **1** 線を引く: *mencoret perkataan-perkataan yang salah eja* スペルの間違った単語に線を引く. **2** 線を引いて字を消す: *Dia mencoret nama saya daripada daftar itu.* 彼はそのリストから私の名前を削除した. **3** スケッチする. **4** 寸劇を書く.
corong I **1** 漏斗(じょうご). **2** 煙突 (corong asap). **3** ランプのホヤ (corong lampu). **4** スピーカー, メガフォン. **5** マイクロフォン (corong radio).
corong II; **lampu-corong** スポットライト.
mencorong 明るく輝く, 光を当てる.
mencorongkan 光を当てる, 放送する: *mencorongkan lampu-lampu ke arah bangunan itu* そのビルに向けてライトを当てる.
corot (競争などで)最後尾, 取り残されてびりになる: *Kedudukan saya dalam peperiksaan sering di tempat tercorot.* 僕の試験の順位はいつもビリだった.
pencorot 最後尾の人, 最下位の人.
cota (警察の)棍棒, バトン.
cotok くちばし.
mencotok くちばしでつつく, ついばむ: *Ayam sedang mencotok padi jemuran.* 鶏が乾燥中の籾をついばんでいる.
cuaca (Sk)天候, 天気: *Bagaimana cuaca di Malaysia?* マレーシアの気候はどうですか. *Cuacanya agak panas sepanjang tahun.* 気候は年中かなり暑い. *Baiknya cuaca hari ini. / Hari ini cuacanya baik.* 今日はいい天気ですね. *Diharapkan cuaca cerah.* 晴れるといいですね. *cuaca baik* 晴れ. *ramalan cuaca* 天気予報. *ilmu kaji cuaca* 気象学.
cuai 軽率な, うかつな, 不注意な: *pemandu cuai* 注意が足りない運転手. *memandu dengan cuai* 不注意に(注意を怠って)運転する. *Bukan dia tidak tahu, hanya dia cuai saja.* 彼は知らないのではなく, ただうかつだった.
mencuaikan 無視する, 軽視する: *Jangan mencuaikan kerja sekolahmu.* 学校の宿題をおろそかにするな.
kecuaian, pencuaian 不注意, 軽率, 過失: *Kecuaian pemandu menjadi punca kemalangan itu.* 運転手の不注意が事故の原因となった. *Adakah ia berunsur jenayah atau hanyalah satu kecuaian?* それは犯罪の要素をもつのかあるいは単なる過失にすぎないのだろうか.
cuak 怯える, 怖がる = takut: *Hatinya cuak juga mendengar cerita hantu itu.* おばけの話を聞けばやっぱり怖くなる.

cuar; **mencuar**, **tercuar** (柱などが)上方に突き出ている.

cuba (人に何かを促したり,丁寧に命じたりするときに)どうぞ~: *Cuba masukkan surat ini ke dalam laci.* どうぞ手紙を引出しに入れてね.

　cuba kalau 仮に.

　cuba-cuba 試みる,試し.

　mencuba 試す,試験する: *Sangat mudah, sekarang silakan mencuba.* ほんとうに易しいですから,ちょっと試してみてください. *mencuba mendaki Gunung Everest* エベレスト山への登頂を試みる.

　mencuba (運や能力,忠誠心などを)試してみる,試験する.

　cubaan 試練: *cubaan hidup* 人生の試練.

　percubaan 実験,試み: *membuat percubaan kimia* 化学の実験をする. *tempoh percubaan* 試用期間. *peperiksaan percubaan* 模擬試験.

cubit; **cubitan** つねること,つまむこと.

　mencubit ~をつねる,~をつまむ: *mencubit pipi* 頬をつねる.

　secubit ひとつまみ: *Jika tawar, bubuhlah secubit garam.* 味が薄かったら,塩をひとつまみ入れなさい.

cuci; **mencuci / menyuci** 洗う: *mencuci pakaian kotor* 汚れて着物を洗濯する. *mencuci filem* 写真を現像する. *mencuci gambar* 写真を焼き増しする.

　cuci kering ドライクリーニング.

　cuci mata 1 目を洗う. 2 美しいものを観賞して喜ぶ(目の保養).

　cuci perut 下剤を飲む.

　cuci tangan 1 手を洗う. 2 責任を負わない,かかわりたくない.

　cucian 1 洗濯物: *Ada kain cucian?* 洗濯物はありますか. 2 洗い方: *Cucian bajunya kurang bersih.* 彼女の洗い方はあまりきれいでない.

　pencuci 1 洗濯人. 2 洗濯機,洗剤: *botol pencuci kanta sentuh* コンタクト・レンズの洗浄液の瓶.

　pencuci mulut 食後のデザート.

　pencucian 洗濯,洗濯屋.

cucu 孫: *cucu Adam* 人間. *cucu cicit, anak cucu* 子孫.

　bercucu 孫を持つ.

cucuk 1 ピン,留め針: *cucuk sanggul* ヘアピン. 2 注射. 3 (細くて先の鋭いものを数える助数詞)~本: *10 cucuk sate* 10本のサテ.

　bercucuk, *bercucuk tanam* 農作物を植える→農耕する.

　mencucuk / menyucuk 1 刺す,突く,穴を開ける: *mencucuk jarinya dengan sebatang pensel* 鉛筆で彼の指を突く. *Bau peluh di belakang baju pemuda itu menyucuk-nyucuk lubang hidungnya.* 青年の上着の後ろから出る汗の臭いが鼻の穴を突いた. *bau yang mencucuk hidung* 鼻を刺す悪臭. 2 (身体が)刺すようにチクチク痛い: *Badannya selalu menyucuk.* 身体がいつもチクチク痛い. 3 注射する: *mencucuk pesakit* 患者に注射する. 4 穴を通して,物をつなぐ. 5 牛などに輪をつける. 6 (人を怒らせるように)けしかける: *Dialah yang mencucuk Ali sehingga menimbulkan pergaduhan.* 彼がアリをけしかけて,喧嘩になった.

　mencucukkan 突き刺す,穴を開ける.

　cucukan 穴,ピアスの穴.

　pencucuk 1 針,ピン. 2 扇動者.

cucunda 【王室】孫.

cucur まき散らす,水をまくこと: *cucur atap* 屋根の樋.

bercucuran こぼれ落ちる, 滴り落ちる: Air mata *bercucuran* ketika berpisah. 別れるときに涙がこぼれ落ちる. Dia *bercucuran air mata*. 彼女は涙をぽろぽろと流した.

mencucuri 1 ～に水をかける: *mencucuri* ikan *dengan air* 魚に水をかける. 2 (神が)～に授ける.

mencucurkan (涙などを)流す, 落とす: *mencucurkan air mata* 涙をこぼす.

cucuran 流れ, 排水: *dengan cucuran air mata* 涙を流して. *cucuran darah* 流血.

tercucur 流れる: Darah *tercucur* dari luka itu. 傷口から血が流れ出る.

cuil; mencuil 指先でちょっと触れる: Jangan *cuil* kek ini. このケーキを指先で触ってはだめです.

cuit; mencuit 指先でトントンと合図するかのように触れる: Dia *mencuit* belakang saya *dengan* telunjuknya. 彼女は私の背中を人差し指でトントンと触れた.

cuka (Sk) 酢: *cuka getah* 蟻酸.

cukai 税金: *balik cukai* 税金の払い戻し. *bebas cukai* 免税. *cukai dua kali* 二重課税. *cukai barangan dan perkhidmatan* 消費税. *cukai nilai ditambah* 付加価値税. *cukai eksport* 輸出税. *cukai harta* 不動産税. *cukai import* 輸入税. *cukai kastam* 関税. *cukai langsung* 直接税. *cukai tak langsung* 間接税. *cukai pendapatan* 所得税. *cukai pendapatan perseorangan* 個人所得税. *pengecualian cukai pendapatan* 所得税控除. *cukai pintu* 固定資産税. *cukai warisan* 相続税.

bercukai 課税対象の: *barangan bercukai* 課税対象品.

mencukai 課税する: *mencukai semua kereta* すべての車に課税する.

pencukaian 課税: *kadar pencukaian yang tinggi* 高い税率.

cukup 1 充分な, ちょうどよい, 満たされた, 十分にそろった: Jangan memasak lagi. *Ini sudah cukup*. これ以上料理をつくらないで. これでもう十分です. Tak ada wang yang *cukup untuk* membeli sebuah kereta 車を購入するための十分なお金がない. Tingginya *sudah cukup*, tetapi lebarnya kurang 10 sentimeter. 長さは十分だが幅が10センチ足りない. *Cukup sekian saja kerja kita hari ini*. / Cukuplah buat hari ini. Mari kita pulang. 今日の仕事はここまでで結構です. さあ帰りましょう. Tambah satu lagi *cukup 20 tahun*. あと一つ足すとちょうど20才になる. *Tidak cukup dengan itu*, それだけではまだ不十分であり(それに加えてさらに), *cukup bulan* 月が満ちる(妊娠期間). *cukup makan* 食うに足りるだけの; Pendapatannya hanya *cukup makan* untuk mereka sekeluarga. 彼の所得は一家が食うに足りるだけにすぎない. *cukup umur* 成人に達した. 2 非常に～: *cukup baik* とっても良い. berasa *cukup penat* selepas pulang dari sawah 田んぼ仕事のあとはとても疲れる.

cukup-cukup ちょうどよい: wang *cukup-cukup untuk* menjelaskan hutang sahaja 借金を返済するにちょうどよいお金.

mencukupi 1 充分足りている: Gajinya *mencukupi* untuk perbelanjaan anak isterinya. 彼の給料は妻子を養うに十分足りている. Bagi Ali gaji yang sebanyak itu *tidak mencukupi*. アリにとってはそれだけ

の給料は不充分である．**2** 補充する，十分になるよう増やす：untuk *mencukupi* hasil beras negara 国内の米の収量を補充するために．**3** (条件や要望を)満たす：tidak *mencukupi syarat-syarat* yang ditetapkan 決められた条件を満たしていない．*mencukupi kehendaknya* 要望を満たす．

mencukupkan 補充する，充分にする，満たす：Untuk *mencukupkan pendapatnya* dia terpaksa menjual mi di sebelah malam. (足りない)所得を補充するために彼は夜間にソバを売る仕事をせざるをえない．

mencukup-cukupkan なんとかやりくりする：Gaji kami begitu kecil sehingga kami harus *mencukup-cukupkan belanja*. 給料が非常に少ないので，支出をやりくりしなければならない．

kecukupan；*tidak kecukupan* 足りない：Kerana *tidak kecukupan gajinya*, dia terpaksa menjual mi. 給料が足りないので，ソバを売らざるをえない．

secukupnya 望むだけいくらでも：Ambillah *secukupnya*. 欲しいだけ取りなさい．

cukur；**bercukur** (自分の)ひげを剃る，ひげを剃った．

mencukur (他人のひげ，髪を)かみそりで剃る．

pencukur 1 かみそり：*pisau cukur* かみそり．**2** 理容師．

cula (Sk) サイの角《古典では男性用の強精剤をも意味する》．

culas 怠惰な，のろのろしている：*culas bekerja* のろのろ仕事をする．

culik；**menculik** 誘拐する，拉致する：*menculik* kanak-kanak itu 児童を誘拐する．

penculik 誘拐犯：Penculik itu meminta wang tebusan. 誘拐犯は人質の身代金を要求した．

penculikan 誘拐，拉致．

cuma 単に，ただ～：Harga secawan kopi *cuma* 50 sen *saja*. コーヒー1杯の値段はたったの50セント．

cuma-cuma, percuma 1 無駄な，役に立たない：Segala susah payah mereka *cuma-cuma saja*. 彼らの努力は無駄になってしまった．**2** 無料の：*secara cuma-cuma, secara percuma, dengan percuma* 無料で．

mempercumakan 1 無駄にする．**2** 無料で与える．

cumbu；**cumbuan** おだて，お世辞，甘い言葉：Jangan terpedaya oleh *cumbuan* lelaki. 男のおだて(甘い言葉に)だまされるな．

bercumbu-cumbu, bercumbu-cumbuan 男女が抱き合っていちゃつく，甘い言葉を交わす：Tidak baik *bercumbu-cumbu* di depan umum. 公衆の面前でいちゃつくのは悪い．

mencumbu, mencumbui おだてる，～に甘い言葉を言う：Dia pandai *mencumbui* gadis itu. 彼は娘に甘い言葉を言うのが上手い．

cun 【口語】かわいい＝*cantik*：Wah! *Cunlah* rambut awak. わあ，あなたの髪はなんとかわいいことか！

cungap；**cungap-cungip** 息切れ，あえぎ．

mencungap, tercungap-cungap 息せき切る，あえぐ：Azmi *tercungap-cungap* ketika tiba di garisan penamat. アズミはゴールラインに着いたら息切れした．

cungkil；**mencungkil 1** ほじくり出す：*cungkil gigi* つまようじ．*mencungkil kelapa* ヤシの実の中身をほじくり出す．*mencungkil pandangan* (人の)見解を引き出す．**2** 詳

細に検討・調査する, 秘密を暴く: *mencungkil rahsia* 秘密を暴く.

bercungkil ほじくり出した.

pencungkil 穴から物をほじくり出すための道具: *pencungkil gigi = cungkil gigi* つまようじ.

cupak チュパック(米などを計る伝統的度量衡 1 cupak = 2 leng = 1.13652 リットル): *Yang secupak takkan jadi segantang*【諺】1 チュパックのものは 1 ガンタン = 4.5409 リットルにはならない(決まっていることは変えられない).

cuping 小片: *cuping hidung* 鼻孔. *cuping telinga* 耳たぶ.

secuping 一片・一切れの.

curah ; mencurah 1 (水などを)注ぐ: *mencurah air* dari baldi ke dalam tong バケツから桶の中へ水を注ぐ. *mencurah / membuang garam ke laut* 塩を海に注ぐ / *mencurah air ke daun keladi*【諺】サトイモの葉に水を注ぐ(忠告しても役に立たない=馬の耳に念仏). 2《自動詞》激しく降り注ぐ, 大量に来る: Hujan *turun curah* dari langit. 雨が激しく降る. *hujan yang turut mencurah-curah* 激しく降り続く雨.

mencurahi 1 ~に激しく注ぐ. 2 授ける.

mencurahkan 注ぐ, 撒き散らす: Dia *mencurahkan isi hatinya* kepada saya. 彼は私に心情を吐露した. *mencurahkan perhatian* kepada ~に集中する, 専念する. *mencurahkan waktu untuk* belajar 勉強に時間を費やす. *mencurahkan sepenuh tenaga kami untuk* menjayakan projek ini このプロジェクトを成功させるために全力を注ぐ.

curam (丘や堤防, 道の)急な斜面: menuruni *jalan curam* 急な坂道を下る.

mencuram 斜面になる.

curaman 斜面, 坂.

curang 不正直な, 不正: *berlaku curang* 不正をする: *Isterinya berlaku curang* 妻が不義をする.

mencurangi だます, 欺く.

kucurangan 不正, いかさま.

curi ; mencuri 盗む: *mencuri basikal* 自転車を盗む. *mencuri melihat* ~を盗み見する. *curi tulang* 骨休みをする(怠ける). *kereta curi* 盗難車. *Mencuri itu perbuatan bodoh.* 盗みは愚かな行為だ.

curi-curi, mencuri-curi こっそりと, 密かに: *mencuri-curi masuk ke dalam bilik itu* その部屋にこっそり入る. *mencuri-curi pandang akan gadis itu* その娘を盗み見する. *curi-curi makan* 盗み食いする. Ali keluar dengan kakak saya *secara mencuri-curi*. アリは僕の姉とこっそりデートした. *diambil gambarnya secara curi* 盗撮される.

curian 盗難品.

kecurian 1 盗難: *kes kecurian* 盗難事件. 2 盗まれる = kena curi: Orang kaya itu *kecurian* malam tadi. 昨夜その金持ちは盗難に遭った. Rumahnya *kecurian*. 彼の家は泥棒に入られた.

pencuri 泥棒.

pencurian 窃盗: dituduh *melakukan pencurian* 窃盗した疑いで訴えられる.

curiga (Sk) 1 疑わしい, 疑う: Saya *curiga akan* orang itu. 私はあの人を疑っている. 2 用心する, 警戒する.

mencurigai 疑う: Mereka *mencurigai* dia berbohong. 彼らは彼がうそをついていると疑っている.

mencurigakan 疑いが生じる，〜に疑いの目を向ける: Kelakuannya *mencurigakan*. 彼の行動は疑わしい.

kecurigaan 疑い，不振.

cuti 休暇, 休日: *cuti am* 公休日. *cuti penggal* (学校の)学期末休み. *cuti salin / bersalin* 産休. *cuti sakit* 病気療養休暇. *cuti sekolah* 学校の休暇期間. *cuti tahunan* 年次休暇. *cuti umum* 公休日. *cuti Hari Kebangsaan* ナショナル・デー休日(8月31日). *dalam masa cuti* 休みになると. *mengambil cuti tahunan* 年休をとる.

bercuti 休暇中である，休む: Ali *bercuti* hari ini. アリは今日は休暇をとっている. Saya *bercuti* di rumah bapa saudara di Mersing 僕はメルシンの叔父さんの家で休暇を過ごします. Sekolah *sedang bercuti* 学校は休暇中. *bercuti sakit* 病欠する.

percutian 休暇: *pusat percutian* リゾート地.

D

d / a [dengan alamat] 〜気付，方: Anda boleh menulis surat kepada saya *dengan alamat* pejabat. 私に事務所気付で手紙を書いてください.

dabak; **mendabak** 突然起こる，期せず.

dabik; **mendabik dada** (勇気を示すため)胸を叩く.

pendabik dada 自惚れ屋，自尊心の高い人.

dacing (Ch) はかり(秤)，天秤.

mendacing 天秤を使って計る.

dada 胸，胸部: *dada akhbar* 新聞の1面. *dada ayam* 鳩胸. *dada bidang* 広い胸. *buah dada* 乳房. *dada lapang* 我慢強い，すぐ怒らない. *dengan dada terbuka* 自ら進んで，喜んで.

berdada 胸のある.

berdada-dadaan 1対1で闘う＝berlawan satu sama satu.

mendada 1 胸を張って偉そうに歩く(＝berjalan mendada saja). 2 (ボールなどを)胸で止める: Pemain itu *mendada saja akan* bola itu. 選手はボールを胸で止めた.

dadaan 胸部.

dadah 1 麻薬(大麻，ヘロイン，マリハナなど). 2 薬類.

dadak; **mendadak** 突然，急に: *kematian mendadak* 急死. *perubahan mendadak* 急な変更. *masuk dengan mendadak sahaja* 急に入って来た. *kejatuhan mendadak harga getah* 天然ゴム価格の急落. Air laut surut *secara mendadak*. 急に潮が退く. Kereta saya berhenti *dengan mendadak* di tengah-tengah jalan sesak. 私の車は混雑した道のど真ん中で急停車した. Paras air naik *mendadak*. 水位が急上昇した.

dadar; *kuih dadar* 〔食〕小麦粉とココナツミルク，砂糖，卵でつくったパンケーキの一種: *telur dadar* オ

ムレツ.

dadih (Sk) 水牛や牛の濃いミルク, ヨーグルト.

dadu (Po) **1** サイコロ. **2** 立方体.

daduh; **mendaduh** 子守歌を歌って子供を寝かしつける＝mendodoikan.

daduk; **mendaduk** こじきをする, 物乞いする＝mengemis.

pendaduk こじき, 物乞い＝pengemis.

daerah (daérah) **1** 地区, 地域, 郊外: *bahasa daerah* 方言. *siaran daerah* 地域放送. *daerah pedalaman* 奥地. *daerah padang pasir* 砂漠地帯. **2** 郡＝district《州 negeri を構成する行政単位～半島マレーシアに79の daerah がある》: *pegawai daerah* 郡長 (植民地時代は DO＝Distric Officer). *daerah pentadbiran* 行政区.

kedaerahan 地域主義.

daftar (Ar) **1** 目録, リスト. **2** 登録: *daftar buku* 図書目録. *daftar harga* 価格リスト. *daftar hitam* ブラックリスト. *daftar kedatangan* 出席簿. *daftar kelahiran* 出生記録簿.

berdaftar 登録された: *surat berdaftar* 書留書簡. *pengundi berdaftar* 登録済みの選挙有権者.

mendaftar, **mendaftarkan** 登録する, (手紙を)書留にする: *mendaftar nama* 名前を登録する. *mendaftarkan diri* 登録する. *mendaftar sebagai pengundi* 有権者として登録する. *mendaftar masuk* チェックインする. *mendaftar keluar* チェックアウトする.

pendaftaran 登録, 登記.

pendaftar 登録官: *pendaftar syarikat* 会社登録官.

dagang I 外来の, 外国人, 旅人: *orang dagang, anak dagang* よそ者, 外来者, 外国人; Dia *orang dagang* di negeri kita; negerinya jauh dari sini. 彼はわが国にいる外国人だ, 彼の国はここから遠い. Waktu itu banyak *orang dagang* tinggal di Melaka. 当時はたくさんの外国人がマラカに住んでいた. *dagang merantau* 各地を渡る旅人. *beras dagang* 外米.

berdagang 外国に行く, 外国に暮らす (＝*berdagang diri*): *berdagang ke sini* 他所からここへ移り住む.

dagang II 貿易, 商業: *kapal dagang* 商船. *sekolah dagang* 商業学校. *orang dagang* 商人.

daganган 商品: membawa *dagangan* dari negeri-negeri Timur 東洋諸国から商品を運ぶ.

berdagang 商う, 取引する: *berdagang kereta terpakai* 中古車を商う. *berdagang kain* 衣服の商売をしている. *berdagang saham* 株式の取引をする.

mendagangkan, **memperdagangkan** 商う, 売買する: *memperdagangkan kain sutera* 絹織物を商う.

pedagang 商人, 貿易商.

perdagangan 商業, 貿易, 取引: *barang-barang perdagangan* 商品. *perdagangan asing* 外国貿易. *perdagangan antarabangsa* 国際貿易. *perdagangan dalam negara* 国内取引. *perjanjian perdagangan* 貿易協定.

daging 肉《daging のみで牛肉 daging lembu を示す場合が多い》: *daging babi* 豚肉. *daging lembu* 牛肉. *daging darah* 肉親, 子孫. *daging asap* 燻製肉, 乾燥肉. *daging mentah*

生肉. *daging cencang* バラ肉.

dagu あご(顎).

dah [sudah]【口語】: *dah makan*=sudah makan もう食べた. *Dah lama tak jumpa.*=Sudah lama tak jumpa. 久しぶりだね.

dahaga **1** のどが渇いた=haus: Sudah beberapa jam tidak minum: saya *berasa dahaga*. 何時間も飲んでいないので, のどが渇いた. **2** 渇望する: Anak itu *dahaga akan* kasih sayang ibunya. その子は母親の愛情を渇望している(飢えている).

berdahaga のどが渇く.

mendahagai 渇望する: *mendahagai* kasih sayang ibu 母親の愛を渇望する.

mendahagakan のどを渇かせる, 渇望する: Bekerja di tengah panas *mendahagakan*. 直射日光の下で働くとのどが渇く. Jangan hanya *mendahagakan* kemewahan hidup. 豪華な暮らしを渇望するだけではだめだ.

kedahagaan のどの渇き: *mati kerana kedahagaan* のどの渇きで死ぬ.

dahagi 反乱, 反抗.

mendahagi (統治者に)反抗する: *mendahagi* pihak Inggeris. イギリス当局に反抗する.

dahak 痰, つば.

berdahak 痰をだす, つばを吐く: *berdahak di depan umum* 公衆の面前でつばを吐く.

daham ; **berdaham** 咳払いをする(人の注意を引くために): Dia menarik perhatian orang lain *dengan berdaham*. 彼は咳払いをして他人の注目を引いた.

dahan 木の枝: *Dahan* pokok rambutan itu sudah patah. ランブタンの木の枝は折れていた.

berdahan 枝がある.

dahi ひたい(額).

dahsyat (Ar) ひどい, 恐ろしいほどの, 悲惨な, 無残な: *kemalangan yang dahsyat* ひどい事故.

mendahsyat 激化する, 悪化する.

mendahsyatkan, **memperdahsyat** 恐ろしい: *kemalangan yang mendahsyatkan itu* 恐ろしい事故.

kedahsyatan 恐ろしさ, 無残さ: *kedahsyatan perang nuklear* 核戦争の恐ろしさ.

dahulu =dulu **1** 昔, 過去の, 以前: *zaman dahulu kala* 昔の時代. *pada masa dahulu* 過去に, 以前に. *Pada suatu masa dahulu* 昔々《昔話の導入句》. *Pada masa kecil dahulu saya tinggal di kampung*. 小さい頃私はカンポンに住んでいた. Saya tinggal di sana *dahulu*. 昔, そこに住んでいた. *kalau dahulunya* 昔ならば. *Dahulu tidak ada bom atom*. 昔は原爆はなかった. *orang-orang dahulu kala* 先人, 昔の人. *tiga hari dahulu* 三日前. **2** 先ず最初に, 先頭に, 一番早く: *terlebih dahulu* まず最初に; *Terlebih dahulu* saya ingin mengucapkan banyak terima kasih. まず最初にお礼を申し上げます. *Berehatlah dahulu* とりあえず休憩しなさい. *jalan dahulu* 先に・先頭に歩く. Kura-kura yang *sampai dahulu* ke garisan penamat. ゴールに先に着いたのは, カメだった.

mendahului 〜より先行する, リードする: *mendahului* kereta lain 他の車を追い越す. tidak boleh *mendahului* Perdana Menteri 首相を差し置いて先にやることはできない. Hilmy berjalan *mendahului* Salina. ヒルミーがサリナの前を歩いた. Amerika

Syarikat telah *mendahului* Rusia mendarat di bulan. 米国がロシアに先駆けて月に上陸した. Datuk Onn *mendahului zamannya*. ダド・オンは時代を先駆けていた(先を読んでいた).

mendahulukan 〜を優先する: *mendahulukan keluarganya daripada* orang lain 誰よりも自分の家族を優先する. Kepentingan diri *didahulukan daripada* kepentingan umum. 公共の利益よりも自分の利益を優先する. Siapa yang datang dulu *harus didahulukan*. 先に来た人を優先すべきだ.

pendahulu 前任者, 以前の.

pendahuluan 1 (本や論文の)まえがき, 序文: *kata pendahuluan* 序文. 2 始まり: *sebagai pendahuluan* 手始めとして, 前菜として. 3 前払い: *pendahuluan bank* 銀行信用. *bayaran pendahuluan* 頭金. *wang pendahuluan* 頭金. *pendahuluan tunai* 現金前払い.

terdahulu その前に, 直前の, 以前の: Perdana Menteri *terdahulu* 前首相. pemimpin *terdahulu* これまでの指導者たち. Itu alamat saya *yang terdahulu*. それは私の以前の住所です. *Terdahulu itu*, それに先立ち.

daif 惨めな, 虚弱な.

dail (英) dial ダイヤル: *dail automatik* 自動ダイヤル.

mendail ダイヤルする(電話番号を回す): *mendail nombor itu* その番号をダイヤルする.

dajal (Ar) 1 世界の終末の日に出現すると信じられている悪魔. 2 邪悪な(人).

dakap; **berdakap-dakapan** 抱き合う: Anak dan ibu *berdakap-dakapan* sambil menangis-tangisan. 母と子は泣きながら抱き合った.

mendakap 抱きしめる: Ibu itu menangis sambil *mendakap* anaknya. 母は子をだきしめながら泣いた.

dakapan 抱擁: Bayi itu terlena *dalam dakapan ibunya*. 赤ちゃんは母に抱かれながらすやすや寝る.

daki I; **mendaki** (山, 丘に)登る: *mendaki gunung* 登山する.

pendaki 登山者.

pendakian 登山: *Pendakian* Gunung Kinabalu memakan masa lebih dari satu hari. キナバル山への登山は1日以上かかる.

daki II (身体の)垢, 汚れ: Badannya penuh dengan *daki* hitam. 身体中が黒く汚れている.

dakwa 訴え, 苦情: *kena dakwa* 訴えられた.

dakwa-dakwi 様々な訴え.

berdakwa 係争中である: Orang yang dituduh dan yang menuduh sedang *berdakwa* satu sama lain. 被告と原告はお互いに係争中である.

mendakwa 1 (法的に)告訴する, 告発する, 訴える: Dia *didakwa* telah mencuri kereta itu. 彼は自動車を盗んだとして告訴された. 2 主張する, 言い張る: Ali *mendakwa* ternampak hantu di bilik air. アリはトイレで幽霊を見たと言い張った. *mendakwa* pernah terserempak dengan makhluk gergasi かつて巨人にばったり出会ったと言い張る. Dia *mendakwa* dirinya warga Britain. 彼は自分が英国人であると主張した.

mendakwai 要求する: *mendakwai* semua harta itu 全ての財産を(自分のものだと)要求する.

mendakwakan 〜を告発する, 〜に対して告訴する.

dakwaan 訴え, 申し立て, 主張:

dakwah

Dakwaan itu ditolak. 訴えは却下された.

pendakwa 告訴人, 原告: *pendakwa raya* 検察官; *Pendakwa raya* telah *mendakwa* Hassan kerana mencuri. 検察官はハッサンを盗みの嫌疑で起訴した.

pendakwaan 訴訟.

terdakwa 被告: *yang terdakwa* 被告. *Terdakwa* tidak mengaku salah. 被告は無罪を主張した.

dakwah (Ar) イスラム原理主義運動, 伝道活動.

berdakwa 伝道する, 教えを説く.

pendakwah 伝道者, 説教師.

dakwat (Ar) インク=tinta.

dalal 1 仲介者, 代理人, エージェント. 2 手数料, コミッション.

dalam I (前置詞)〜において, 〜で bercakap *dalam bahasa Malaysia* マレーシア語で話す. *dalam tahun depan* 来年において. *Dalam sehari ada 24 jam.* 1日は24時間ある. *Dalam berbual-bual nasi sudah terhidang.* おしゃべりをしている間に, ご飯が用意された.

dalam II 1 中, 内, 内部: *di dalam rumah* 家の中で. *di dalam negeri* 国内で. *orang dalam* 内部の人間. *masalah dalam keluarga* 家庭内の問題. *seluar dalam* 下着. *dalam atau luar* 内外の; menyertai pertandingan *dalam atau luar negara* 国内外の試合に参加する. 2 (川が)深い, (知識が)深い: *lubang yang dalam* 深い穴. *makna yang dalam* 深い意味. *pengetahuan yang dalam* 深い知識.

dalaman 1 内部: *faktor dalaman* 内部要素. *masalah dalaman negara* 国内問題. campur tangan dalam *isu dalaman* Malaysia マレーシアの国内問題に干渉する. 2 内臓.

mendalam 1 深い: Luka pada tangannya semakin *mendalam*. 手の傷はますます深くなる. 2 (愛情や知識が)深い, 表面的なものではない: Kasih sayangnya semakin *mendalam*. 彼の愛情はますます深まる.

mendalami, memperdalami 深める: *mendalami pengetahuan / ilmu* 知識を深める.

mendalamkan 1 深める. 2 知識を深める.

pedalaman 内陸, 奥地: *daerah pedalaman* 奥地. 〜 terletak jauh *di pedalaman* 〜は奥地にある.

pendalaman 深化, 深めること.

sedalam 深さ: Kereta yang mereka naiki terhumban ke dalam sebuah terusan *sedalam* 10 meter. 彼らの乗った車が深さ10mの水路に墜落した.

dalam III 王宮, 宮殿内: *bahasa dalam = bahasa istana* マレー王室用語.

dalang 1 ワヤン・クリット(影絵)劇を演じる影絵師(ダラン). 2 影の首謀者, 黒幕: *dalang utamanya* 首謀者. terdapat orang yang bekerja di bank itu menjadi *dalang* dalam rampasan bank itu. 銀行で働く内部の者がその銀行強盗事件の黒幕となっていたことが判明した.

mendalang 影絵芝居を演じる.

mendalangi 裏で画策する, 首謀する: Tentu ada orang yang *mendalangi* rusuhan itu. あの暴動を裏で画策した者が必ずいる. Orang itu *mendalangi* siri serangan bom itu. その人物が連続爆破事件の首謀者である.

dalih (Ar) 口実, 言い訳: Dia tidak datang bekerja *dengan dalih sakit*.

彼は病気を口実に出勤しなかった.

berdalih 言い訳をする: Janganlah *berdalih* lagi. 言い訳はもうよせ.

mendalihkan 口実とする.

dalil 証拠, 証明＝bukti.

berdalil 証明済みの, 証拠のある.

mendalil 証拠に基づいて証明する.

dalu; **dalu-dalu**, **dedalu** 寄生植物.

damai 1 平和, 和平: *perjanjian damai* 和平協定. *proses damai* 和平プロセス. *aman damai* 平和な. hidup *dengan damai* 平和に暮らす. menyelesaikan masalah itu *secara damai* 問題を平和に解決する. 2 静寂な. 3 修復する.

berdamai 1 仲直りする, 和解する, 関係を修復する: tidak mahu *berdamai dengan* suaminya 夫と仲直りしたくない. 2 合意に達する.

mendamaikan, **memperdamaikan** 1 和解させる. *mendamaikan* A *dengan* B AとBを和解させる. 2 合意に達するために話し合う.

kedamaian 平和, 平穏.

perdamaian 和平, 和解: *perjanjian perdamaian* 和平協定. *sidang perdamaian* 和平会議.

damak; **anak damak** 吹矢, ダーツ.

damar ダマール(樹脂: 松やになど, 松明の原料となる).

mendamar ダマールを採集に行く.

dami (英) dummy 見本, 模造品.

dampar; **mendampar** (舟や波が)流れに乗って岸に押し寄せる.

terdampar (難破した舟や波が)岸に打ち寄せられる, 漂着した: Ikan mati *terdampar di pantai*. 死んだ魚が海岸に打ち上げられた.

damping 近い, 親しい.

berdamping, **berdampingan** 1 近くに, 近づく, 親しくなる: *berdamping dengan* orang politik 政治家と親しくなる. 2 一緒に, 並んで: duduk *berdamping* 並んで座る.

mendampingi 同伴する, 近くにいる: Saya akan *mendampingi* isteri saya ke majlis jamuan itu. そのパーティには私が妻を同伴して行く.

perdampingan 親密.

dan 〜と〜, および, そして《英語のandと同じ》: *saya dan Ali* 僕とアリ. *makan dan minum* 食べて飲む.

dan sebagainya ＝dsg 等など (etc).

dan lain-lain ＝dll 等など (etc).

dana (Sk) 基金: *dana amanah* 信託基金. *dana modal* 資本金. *dana modal minima* 最低資本.

danau (Id) 湖→ **tasik**.

dandan 装飾.

berdandan 飾る, 化粧をする: Dia sedang *berdandan*. 化粧中です.

dandanan 装飾, 装飾品.

pendandan 美容師.

dandang ボイラー.

dangau 水田や畑にある見張り小屋.

dangkal 1 浅い＝cetek: kolam yang *dangkal* 浅い池. 2 知識が浅い: Pengetahuan saya mengenai ilmu ekonomi adalah *dangkal*. 私の経済学についての知識は浅いです.

dansa (英) dance ダンス.

berdansa ダンスをする.

dapat I 《助動詞》〜できる＝boleh: *dapat pergi sekarang*. 今から行ける. *tidak dapat datang* ke sekolah semalam 昨日は学校へ来れなかった. ***dapat dikatakan*** 〜と言える; *Dapat dikatakan* dia tidak akan mengubah pendiriannya. 彼は自分の意見を変えない, と言えよう. *Itu dapat terjadi pada siapa pun*. それ

dapat

は誰にでも起こり得る.

dapat II 1 得る, 受け取る, もらう: *dapat wang sebanyak RM50* 50 リンギットを受け取る. *dapat banyak ikan* 魚をたくさん釣る. 2 出会う, 見つかる: *Ali mencari kamusnya yang hilang itu tetapi tidak dapat juga.* アリは失くした辞書を探したが, やっぱり見つからなかった.

berdapat ふさわしい, ぴったりした.

mendapat 1 手に入れる, 得る: *mendapat hadiah* 贈物を貰う. *mendapat banyak keuntungan dari jualan saham itu.* 株の売却からたくさん利益を得た. *mendapat berita* 知らせを受ける. ***mendapat tahu*** 知る; *Saya mendapat tahu bahawa Pak Ali akan bersara tidak lama lagi.* アリさんが間もなく定年退職することを知った. 2 経験する: *mendapat pengalaman menarik* おもしろい経験をする. 3 見つかる＝menemui: *mendapat apa yang dicari* 探していたものが見つかる.

mendapati 1 見つける, 見つかる (＝didapati): *Guru itu mendapati mereka merokok di dalam kelas.* 彼らが教室でタバコを吸っているのを先生が見つけた. *Dia didapati mencuri barang itu.* 彼が盗んでいるのが見つかった. *Selepas diperiksa, doktor mendapati ayahku menghidap penyakit barah.* 検査した後, 医者は父が癌にかかっていることを見つけた. 2 分かる, 知る, 判明する, 結論付ける＝mengetahui: *Kajian itu mendapati 75% isteri mengalami penderitaan zahir.* その調査によって妻の75％が肉体的苦痛を受けていることが判明した. *Dia mendapati anaknya ponteng sekolah apabila guru itu menelefonnya.* 先生が電話してきたので彼は息子が学校をさぼったことを知った. 3 得る＝peroleh: *mendapati banyak wang* 大金を得る. *mendapati untung besar* 大もうけをする. *Gaji yang didapati tiap-tiap bulan habis dibelanjakannya.* 彼は毎月もらう給料を使い切ってしまう.

mendapatkan 1 会いに行く・来る, ～を訪れる: *Kanak-kanak itu berlari mendapatkan gurunya.* 子供は走って先生に会いに行った. *Seorang polis datang mendapatkan Ali.* 警官がアリに会いに来た. *Dia pulang ke rumah dan mendapatkan ayahnya untuk mengadukan hal itu.* 彼は家に帰り, 父親に会ってその事を訴えた. 2 手に入れる, 取得する: *mendapatkan wang* 資金を得る. *mendapatkan pertolongan daripada ketua kampung* 村長から助けを得る.

pendapat 意見, 考え: *pada pendapat saya* 私の意見では. *Bagaimana pendapat anda mengenai Perdana Menteri baru itu?* 新首相についてあなたはどう思いますか. *Bagaimana pendapat awak kalau kita pergi menonton wayang malam ini?* 今晩映画を見に行くのはどうだろうか. *Mari kita mendengar pendapatnya.* 彼の意見を聞こうよ.

berpendapat ～と考える, 思う: *Doktor itu berpendapat bahawa ～* その医者は～という意見です. *Saya berpendapat sebaliknya.* 僕はそうは思いません.

sependapat 同じ意見である, 賛成する: *Saya sependapat dengan awak.* 僕は君に賛成する. *Kami selalu sependapat.* 私たちはいつも同じ意見だ.

pendapatan 所得: *pendapatan benar* 実質所得. *pendapatan keluarga* 世帯所得. *pendapatan perseorangan* 個人所得. *pendapatan purata* 平均所得. *pendapatan per kapita rakyat* 国民1人当たりの所得. Berapakah *pendapatan* anda？あなたの給与はいくらですか.

terdapat ある, いる, 存在する＝ada: Di dalam gua itu *terdapat* seekor harimau. その洞窟にトラが1頭いた. *Terdapat* banyak ikan di sungai ini. この川に魚がたくさんいる. Arang batu *terdapat* di kawasan ini. この地域には石炭がある. Masjid *terdapat* di mana-mana. モスクはどこにでもある.

sedapat: *sedapat sahaja* 受け取るや否や. *sedapat mungkin*, *sedapat-dapatnya* 出来るかぎり＝seberapa dapat, sebolehbolehnya.

dapur 1 台所, キッチン. 2 料理用ストーブ: *dapur gas* ガスレンジ. *dapur masak* ガス台. *dapur kayu* 薪を使う台所(竈). *dapur umum* (災難時の)炊き出し. *belanja dapur* 毎日の食費. *orang sedapur* 家族全員.

dara 少女, 処女: *anak dara* 処女, 花嫁. *anak dara tua* オールドミス.

darab (Ar) 掛け算: *kira-kira darab* 掛け算. *sifir darab* 掛け算表.

mendarab, **mendarabkan** 掛け算をする: 5 *didarabkan* 5 jadi 25. 5×5＝25.

darah 血, 血統: *pemeriksaan / ujian darah* 血液検査. *darah tinggi* 高血圧. *Jenis darahnya* jenis O. 彼の血液型はO型. *darah putih* 貴族の血統. *darah raja* 王族の血統. *darah gemuruh* 当惑する. *naik darah* 怒る. *tanah tumpah darah* 生地, 母国.

darah daging 血肉化した (sudah menjadi darah daging,＝sudah mendarah daging): Kebiasaan itu *sudah menjadi darah dagingnya*. その習慣は彼の中で血肉化した.

berdarah 1 血を流す, 流血の: *kejadian berdarah* 流血の事件. memakai kemeja yang *berdarah* 血のついたシャツを着る. 2 ～の血統をもつ: *berdarah campuran* 混血である; Puteri itu *berdarah campuran Melayu dan Switerland* (di sebelah ibunya). 王女はマレー人とスイス人(母方が)の混血である. *berdarah bangsawan* 貴族の血筋をもつ(貴族の出身である).

mendarah, **mendarah daging** 血肉化する, 習慣になった: Tradisi ini *telah mendarah daging* di kalangan rakyat. この伝統は人々の間にすでに習慣になっている.

pendarahan 出血: *Pendarahan* itu belum berhenti. 出血がまだ止まらない. *pendarahan otak* 脳出血. meninggal akibat *pendarahan* 出血多量で死ぬ.

sedarah 同じ血統の, 同じ種類の.

darat 陸地, 陸上, 内陸, 高地: *angkatan darat* 陸軍. *darat darau* 高地. tinggal *di darat* 陸に住む.

mendarat 1 上陸する: Tentera Jepun *mendarat di* pantai di Kota Bharu. 日本軍はコタバルの海岸に上陸した. Penyu *mendarat di pantai* untuk bertelur setiap tahun. 毎年, 海亀が産卵のため海岸に上陸する. 2 (空から)着陸する: Kapal terbang itu *mendarat di KLIA*. 航空機はクアラルンプール国際空港に着陸した. Manusia pertama *mendarat di permukaan bulan* pada Julai tahun

1969. 人間が 1969 年 7 月に初めて月面に着陸した. *berjaya mendarat di bulan*. 月面着陸に成功する. *mendarat cemas di sawah* 水田に緊急着陸する. **3** 陸上を行く: Lebih selamat kita *mendarat* daripada belayar. 航海するよりも陸上を行くほうが安全だ.

mendarati 〜に上陸する.

mendaratkan （船や飛行機を）着陸・上陸させる.

daratan 陸地, 本土: berada jauh dari *daratan* 陸から遠く離れた所にいる. *lupa daratan* よく考えもせずに度を過ごしたことがある.

pendaratan 着陸: Pesawat itu membuat / melakukan *pendaratan kecemasan* akibat cuaca buruk. 航空機は悪天候ゆえに緊急着陸をした.

dari 《前置詞》〜から（場所・時間）: *dari Tokyo ke Osaka* 東京から大阪へ. Saya *dari* Osaka. 僕は大阪出身です. *dari pukul 7:00 hingga pukul 8:00* 7 時から 8 時まで. *dari sekarang* 今から. *dari hari ke hari* 日に日に, 日ごとに; Keadaan bertambah buruk *dari hari ke hari*. 状況は日ごとに悪化している. *dari tahun ke tahun* 毎年.

Saudara dari mana? **a** さっきどこへ行ったのですか（= Saudara tadi ke mana?）. **b** どこの出身ですか（= Saudara berasal dari mana?）. *Dari mana awak tahu*? どうやって知ったのか. "***Dari mana ini?***"（電話で）「どちらさまですか」= Siapa di situ?

dari luar 見た目には, 外見上: *Dari luar* dia nampak bahagia sekali. 彼女は見た目には幸せそうに見える.

dari mula lagi 最初から: Dari *mula lagi* saya tahu bahawa perkara ini tidak akan berhasil. このことはうまくいかないだろうと私は最初から知っていた. Saya sudah mengatakan *dari mula lagi* bahawa saya tidak setuju dengan cadangan itu. 私はその提案に賛成しないと最初から言っていた.

darihal 〜について, 〜に関して.

daripada 《前置詞》**1** 〜（人）から: surat *daripada* ayah 父からの手紙. **2** 〜よりも（比較）: Ali lebih tinggi *daripada* saya. アリが僕よりも背が高い. *Daripada tak bersenam*, baiklah bersenam. 運動しないよりもした方がましだ. Walau sedikit pun sudah lebih *daripada tidak*. 少しもしないよりはましだよ. **3** 〜で, 〜から（作られている）: Bunga ini dibuatkan *daripada* plastik. この花はプラスチックからつくられた. **4**【古典】〜について, 〜として: Raja di Goa pun terlalu sukacita mendengar bunyi surat raja Melaka mengatakan *daripada* jalan mufakat itu (p. 101). ゴアの王は, 友好関係について語ったマラカ王の親書の内容を聞いて, たいそうお喜びになられた.

darjah (Ar) **1** （小学校）学年. **2** 水準, レベル: *Darjah kecerdikannya sangat tinggi*. 彼の知的レベルはとても高い. **3** （角度や温度）度: Suhu bilik ini tetap 18 *darjah* Celsius. この部屋の温度は 18°C のままです.

berdarjah 〜の地位・水準を持つ.

darjat (Ar) 地位, ステータス: *mementingkan darjat* ステータスを重視する. *sama darjat* 同じ地位.

berdarjat きわだった, 高い地位の.

mendarjatkan 〜を平等にする.

darurat (Ar) 非常事態, 緊急・非常

の〜: *dalam keadaan darurat* 非常事態で. *zaman darurat di Tanah Melayu* マラヤにおける非常事態期《1948〜1960年：マラヤ共産党によるゲリラ闘争の時代》. "Darurat Jerebu"「ジュルブ(煙害)非常事態」《1997年にサラワク州に、2005年にスランゴール州の一部にジュルブの被害を受けて非常事態が宣言された》. Kerajaan *mengisytiharkan / mengumumkan keadaan darurat*. 政府は非常事態を宣言した.

mendaruratkan 1 緊急事態を引き起こす. 2 強制する.

das 鉄砲や大砲の発砲音.

dasar 1 政策, 原則: *dasar awam* 公共政策. *Dasar Ekonomi Baru* 新経済政策(1971〜1990年). *dasar kewangan* 金融政策. *dasar luar* 外交政策. *dasar persekitaran* 環境政策. *dasar tanah* 土地政策. *Dasar Pandang ke Timur* ルック・イースト政策. 2 基本, 基礎, 土台: *dasar kain* 布の裏地. **pada dasarnya** 基本的には. 3 底, 床: *dasar laut* 海底. 4 性格, 態度, 個性.

berdasar, berdasar kepada 〜に基づく, 基調にする: Tuduhan itu *tidak berdasar*. その批判には根拠がない.

berdasarkan 〜に基づく: Jangan membeza-bezakan orang *berdasarkan* jantina atau kaumnya 性別や種族別に人を差別するな. Saya tahu hal itu *berdasarkan pengalaman*. 経験に基づいてその事は知っています.

mendasar 基本的な: *masalah mendasar* 基本的問題.

mendasarkan 基礎・根拠を〜に置く: *mendasarkan teorinya kepada* 〜 その理論の根拠を〜に置く.

dasawarsa (Sk) 10年.

data (英) data データ(資料): *pemprosesan data elektroni* 電子データ処理 (EDP). *sistem pengurusan pangkalan data* データベース管理システム (DBMS).

datang 来る, 〜の出身である: Sila *datang ke* rumah saya. 私の家に来てください. "*Datang, datanglah ke rumah, bila-bila senang.*"「家にきてください，暇なときいつでも」. "*Selamat datang.*"「ようこそ, よくいらっしゃいました」. Ibu bapa Tenggang *datang* hendak berjumpa anaknya. テンガンの両親が息子に会いに来た. Saya *datang dari* Osaka. 私は大阪出身です. Giliran saya *sudah datang* 私の順番が来た. Kebahagiaan *tidak datang dengan sendirinya*. Awak harus berusaha mencapainya. 幸せはひとりで来ない. 努力して得ねばならない. *datang bulan* 月経. *bulan akan datang* 来月. *minggu akan datang* 来週. *datang terlambat* 遅刻する. Siapa yang *datang dulu*. *dilayani dulu*. 先に来た者が優先される(早い者が勝ち). *Datang-datanglah ke sini jika senang*. 暇なときはいつもここに来なさい. Masa senang dan masa susah *datang silih berganti*. 楽しいときと苦しいときが交互に来る.

datang sekarang【古典】現在まで: Sebab itulah alam Minangkabau itu dinamai "Pagar Ruyung" yang disebut *datang sekarang* (p.23). それ故にミナンカバウ国は"シュロ(棕櫚)の棚"と呼ばれるようになり, 現在までもそのように言われている.

berdatang【古典】: **berdatang sembah** (王に)言上する, 奏上する: Maka Raja Kida Hindi pun *ber-*

datar 152

datang sembah pada Raja Iskandar akan peri dendamnya dan berahinya akan tapak hadrat Raja Iskandar (p.7). キダ・ヒンデイ王は自分が言葉に言い尽くせぬほどアレクサンダー大王を敬愛していることを申し上げた.

berdatangan 大勢集まる,あらゆる場所から集まる: Awal pagi lagi para peminat sudah *berdatangan* ke dewan untuk menyaksikan persembahan jenaka itu. 早朝から大勢のファンがそのコメディを聞きに集まってきた.

datang-mendatangi 訪問し合う.

mendatang 1 突然現れる. 2 他所から来た~: *kaum yang mendatang* 渡来人. *orang mendatang* 外国人. 3 来る,次の(期日): *hari Jumaat mendatang* 次の金曜日. *tahun mendatang* 来年. *pada masa mendatang* 将来に.

mendatangi 1 訪問する: Kami *didatangi* orang yang tidak diundang. 私たちは招いていない人の訪問を受けた. 2 (良くない事が)襲う,襲撃する: Kami tidak bishabis *didatangi* masalah. 問題が次から次へと私たちに降りかかる.

mendatangkan 1 もたらす,引き起こす: *mendatangkan penyakit* 病気をもたらす. *mendatangkan hasil* 成果をあげる. *mendatangkan faedah* 利益をもたらす. 2 連れてくる: *tukang masak yang didatangkan dari Itali* イタリアから連れてきたコック.

kedatangan 到着: *Kedatangan musuh tidak diduga sama sekali.* 敵の襲来はまったく予想しなかった.

pendatang 他所者,移民: *pendatang haram* = *pendatang asing tanpa izin* (PATI) 不法入国者.

datar 平らな: *tanah datar* 平地.
 mendatar 平らな,水平に: *menegak and mendatar* 垂直と水平.
 mendatarkan 平らにする.
 pendataran 平らにすること,整地.

dataran 広場,平地,平野: *Dataran Merdeka* 独立広場. *Dataran Tien An Men* 天安門広場.

Datin 1 Datuk の称号を持つ者の妻に対する呼称. 2 Datuk と同等の女性への称号.

Dato' → Datuk.

Datuk 1 ダト《国王および各州のスルタンから功績のあった者に授与される称号》. 2 地位の高い者への敬称: *Datuk Bandar* 市長. *Datuk Bendahara* 宰相(マレー王国時代の).

datuk 1 祖父. 2 長老: *datuk nenek* 先祖.

daulat 1 ダウラット(神聖にして不可侵の王権). 2 = *Daulat Tuanku*!「はい,王様!」「王様万才!」(王に対するあいさつ・返事).
 berdaulat 1 最高の主権を持つ: *negara yang berdaulat* 主権国家. 2 幸運な.
 mendaulat 王に服従する.
 mendaulatkan ~に尊厳・権限をもたせる.
 kedaulatan 主権,絶対的な権威: *kedaulatan rakyat* 国民主権. *penyerahan kedaulatan kepada kerajaan sementara* 暫定政権に主権委譲.

daun 1 葉. 2 薄くて平たいもの: *daun pintu* ドアの扉. *daun tingkap* 窓の扉.

daur (Ar) 周期.

dawai 針金: *dawai berduri* ばら線(有刺鉄線).

daya 1 力, 能力: *daya beli* 購買力. *daya cipta*, *daya kreatif* 創造力. *daya kuda* 馬力. *daya pasaran* 市場の力. *daya penarik* 魅力. *daya pengeluaran* 生産力. *daya saing* 競争力. *daya tahan* 耐久力, 忍耐力. *daya upaya* 工夫. *daya usaha* 努力. 2 方法・方策: Kami *sudah habis daya* untuk menyelesaikan masalah itu. その問題を解決する方策がつきた(お手上げ状態).

berdaya 力・能力がある: pada harga yang *berdaya saing* 競争力のある価格で. Ibunya *sudah tidak berdaya lagi* menegahnya. 母親にはそれを禁じる力がもはやなかった.

mendaya; **mendayakan**, **memperdaya**, **memperdayakan**, **mendayai** だます.

sedaya; *sedaya upaya* できるだけ努力する: *berusaha sedaya upaya hendak / untuk* 〜しようとできるだけ努力する; Saya berusaha *sedaya upaya untuk* makan bersama keluarga sekurang-kurangnya sekali sehari. 少なくとも1日1回家族と一緒に食事するようできるだけ努力しています. Kerajaan akan terus *buat sedaya upaya untuk* melindungi kepentingan rakyat. 政府は国民の利益を守るために最善の努力を引き続きする.

terdaya 〜する能力がある: *Saya akan buat apa yang terdaya*. 出来るだけの努力をする.

terperdaya, **terpedaya** だまされる: Jangan *terpedaya dengan / oleh* kata-kata manis. 甘い言葉にだまされるな.

dayang; **dayang-dayang** 王に仕える女官, 侍女.

dayu; **mendayu**, **mendayu-dayu** かすかな 音楽・歌声が遠くから聞こえる.

mendayukan 子供を寝かしつけるために小声で歌う.

dayung (舟の)オール.

mendayung (舟を)漕ぐ: *mendayung sampan* サンパンを漕ぐ.

debar; **debaran** (心臓の)鼓動.

berdebar, **berdebar-debar** (心臓が)鼓動する, (胸が)ドキドキする.

mendebarkan ドキドキさせる, ハラハラさせる: Hatinya *berdebar* menunggu panggilan namanya itu. 名前が呼ばれるのを待っているとき心臓がドキドキした.

debat (débat) (英) debate 討論.

berdebat, **berdebat-debatkan** 討論する.

mendebat 討論する, 議論する.

mendebatkan, **memperdebatkan** 〜に関して討論する.

perdebatan 討論.

debu 埃, ごみ, 粉塵: *penuh dengan debu* 埃にまみれる. *debu gunung berapi* 火山灰(火山爆発で噴出する粉塵).

berdebu 埃っぽい: *jalan yang berdebu* 埃っぽい道路.

mendebu 塵状になる, 粉のようになる.

mendebukan 埃をたてる.

debunga 花粉: *deman debunga* 花粉症; Tahun ini saya menderita *deman debunga*. 今年は私は花粉症に悩まされている.

mendebungakan 授粉する.

dedah 暴かれた, さらされた.

mendedah, **mendedahkan** 人前に出す, (秘密を)暴く, 暴露する: *mendedahkan betis* 腿を露出する. *mendedahkan rahsia* 秘密を暴露する. Lelaki inilah yang *mendedah-*

kan tempat persembunian Azhari. この男がアザハリの隠れ場所を暴露した.

pendedahan 露出, 暴露.

terdedah 人前にさらされた, 暴かれた: *Rahsianya sudah terdedah.* 彼の秘密はもう暴かれた. Rantau ini *mudah terdedah kepada* bahaya gempa bumi serta tsunami. この地域は地震と津波の危険にさらされやすい.

dedak ぬか(糠): *Dedak dijadikan makan ayam.* ぬかを鶏のエサにする.

dedar (身体が)熱っぽい.

Deepavali デパバリ(ヒンドゥー教徒の祝日).

defenden (défénden) (英) defendent 被告(人).

definisi (définisi) (英) definition 定義.

mendefinisikan 定義づける.

defisit (défisit) (英) deficit 赤字, 不足: *defisit fiskal* 財政赤字. *defisit bajet* 予算赤字幅.

degam ドガーンという音(大砲の発砲音やドアがしまる音).

degar; **berdegar-degar** 声を大にして(話す): Walaupun kami semua *bercakap berdegar-degar tentang* hak asasi manusia, われわれは基本的人権について声高にしゃべるけども.

degil 頑固な: *degil tegar* 頑固な, 強情な.

berdegil 頑固に振る舞う, さからう.

kedegilan 頑固.

pendegil 頑固者.

degup 1 何かが落ちた音. 2 心臓の鼓動のような音: *degup jantung* 心臓の鼓動.

dehem (dehém); **berdehem**, **men-**

dehem (人に注意を促すために)エヘンと咳払いする.

dekad (dékad) (英) decade 10年間: Kita sudah *lima dekad* merdeka 独立してからすでに50年すぎた.

dekah; **dekahan** 大笑い.

berdekah-dekah 大声で笑う.

dekam; **berdekam**, **mendekam** しゃがむ.

dekan (dékan) (英) dean 学部長.

dekat 1 (距離・空間的に)近い: *dekat sekolah* 学校に近い. *dekat sini* この近く. Jangan datang *dekat api.* 火に近寄るな. Tahun Baru *sudah dekat* 正月が近づいた. *Sudah dekat* pukul 8:00. もう8時近くになる. "Ani *dah dekat* nak berlaki pun masih gopoh macam anak-anak bila buat kerja sikit."【口語】「アニはもう結婚してよい年頃になったというのに, ちょっとした仕事をするにしてもまだ子どものようにあわてる」. 2 (人間関係が)近い, 密接: Ada contoh yang *dekat dengan kita* 私たちに身近な例がある. 3 およそ(時間や数量): tunggu *dekat sejam* 1時間近く待つ.

dekat-dekat とても近い: *Jangan dekat-dekat* 近づくな. Apabila *dekat-dekat nak balik,* baru kita sentuh sikit soal politik. 帰る間際になって, やっと政治の問題にちょっとふれた.

berdekat, **berdekat-dekat** 隣同士で: *duduk berdekat-dekat* 並んで座る.

berdekatan 隣接している, 最寄の: stesen *yang berdekatan* 最寄の駅. rumah *berdekatan dengan* pantai 海岸に隣接した家.

mendekat 1 近づく. 2 親しくなる.

mendekati 1 〜に近づく: Beliau *mendekati* saya lalu mengucapkan terima kasih. その方は私に近づいてきてありがとうと言った. **2**(時間に)近づく: Peperiksaan *mendekati masanya*. 試験が近づく. **3** 〜に接近する(親しくなるために): Amerika Syarikat *mendekati* China. 米国が中国に接近する.

mendekatkan 近づける: *mendekatkan diri dengan* ibu bapa 両親に近づく.

terdekat 最も近い, 最寄りの: *dalam masa terdekat ini* ごく近いうちに.

kedekatan すぐ近くの.

pendekatan アプローチ: *sedang mencari pendekatan untuk menyelesaikan masalah itu* その問題を解決するためのアプローチを模索中である.

deklarasi (déklarasi) (英) declaration 宣言, 申告.

delegasi (délegasi) (英) delegation 派遣団, 代表団.

delima 〔植〕ザクロ: *batu delima* ルビー.

demam 熱病, 熱がある: "*Demamkah?*"「熱がありますか」. *demam alergi* アレルギー熱. *demam ketar*, *demam dingin* 悪寒. *demam kuning* 黄熱病. *demam pilihan raya* 選挙フィーバー. *demam selesema* 風邪の熱. *demam Piala Dunia* ワールド・カップ・フィーバー.

mendemamkan 熱を引き起こす.

demi 1 〜のために: *demi kepentingan syarikat* 会社の利益のため. **2** 一つずつ, 次々: *seorang demi seorang* 一人ずつに. **3** 〜するや否や: *Demi* terdengar berita itu, dia pun menangis. そのニュースを聞くや, 彼女は泣き出した. **4** 神に誓って〜: *demi Allah* アッラーの神に誓って.

demikian このように, そのように: Dia berkata *demikian*. 彼はそのように言った. *Kalau memang demikian*, もし本当にそうならば. *Oleh yang demikian*, それ故に. *dalam keadaan demikian* そのような状況のもとでは. *Demikianlah halnya*. 以上のような次第です. Kami belum pernah menemukan bencana *sedemikian dahsyat*. 私たちはこれほどひどい災害に遭遇したことがない.

demokrasi (démokrasi) democracy 民主主義: *negara demokrasi* 民主主義国家. *demokrasi berparlimen* 議会制民主主義.

demokrat (démokrat) democrat 民主主義者.

demonstrasi (démonstrasi) demonstration デモ: *demonstrasi jalanan* 街頭デモ.

dempet (dempét) 互いにくっつく.

berdempet 互いにくっつき合う.

mendempetkan くっつける: *mendempetkan pipinya ke pipi gadis itu* 頬をその少女の頬にくっつける.

denai ジャングルの中の動物の足跡.

denak おとり(囮).

denda 罰金, 罰: Ali *dikenakan denda* RM100. アリは100リンギットの罰金が科せられた.

mendenda, mendendai 罰金を科す: *mendenda* Ali RM100 アリに100リンギットの罰金を科す.

dendaan 罰則, 罰金.

dendam 恨み, 復讐心 (= dendam hati): *menaruh / menyimpan / mempunyai dendam terhadap* 〜 = *dendam terhadap* 〜に恨みを抱く. *membalas dendam* 恨みを晴らす, 復讐する. *dendam berahi* 強い愛情.

dendang

berdendam 恨む, 復讐する: *berdendam terhadap* ～を恨む.

mendendam, mendendami ～に恨みを抱く, 怒りを抱く: *mendendami saya* 私に恨みを抱く.

mendendamkan ～について恨みを抱く: *Tak baik mendendamkan perkara yang seperti itu.* そのような事に恨みを抱くのは良くない.

dendaman, kedendaman 敵意, 恨み.

dendang (déndang) 口ずさむ, 鼻歌.

berdendang, berdendang-dendang 歌う, 口ずさむ.

mendendang, mendendangkan 楽しむために歌う.

dendeng (déndéng) 乾燥肉.

dengan I 1 ～と一緒に, と共に: *pergi dengan emak* 母と一緒に行く. *berjumpa dengan kawan* 友達に会う. 2 ～で(～を使って, 方法で): *pergi ke sekolah dengan bas* バスで学校に行く. *makan dengan tangan* 手で食べる. *Dengan cara ini, awak akan belajar lebih baik.* この方法によって君はもっと勉強できるようになるよ. 3 ～によって, ～ゆえに: *dengan yang demikian* このようにして(このような理由で). *dengan kematian ayahnya itu*, 父親の死によって, *Dengan bantuan anda*, *seminar ini berjaya.* あなたの支援のおかげでこのセミナーは成功しました. 4《副詞句 dengan ～ (nya)》: *berjalan dengan pantasnya* 素早く歩く. *tiba dengan selamat* 無事に到着した. *dengan segera* 直ちに. *dengan disedari* ～と知りながら. *Dengan hormat* 拝啓. 5 ～と, そして＝dan: *arnab dengan kura-kura* ウサギとカメ. *api dengan minyak* 火と油. *ikan dengan kucing* 魚と猫.

dengan II 【古典】奴隷 (hamba, sahaya): *penghulu dengan* 奴隷の元締め. *Datuk Bendahara itu banyak sungguh dengannya.* ブンダハラにはたくさんの奴隷がいる.

dengar; mendengar 1 聞く, (注意して)聴く: *Dengar betul-betul.* よく注意して聞きなさい. *Tidak mahu dengar kata orang.* 人の言うことに耳を傾けたくない. *mesti mendengar nasihat ibu bapa* 親の忠告を聞かねばならない. *tersalah dengar* 聞き違いをする. *Saya tak dapat mendengar suaranya.* 彼女の声を聞きとれなかった. *Saya tak dengar apa-apa pun.* 私は何も聞いておりません. 2 耳にする, ～と聞いた, 知る: *Saya dengar, dia sekarang sudah menjadi orang kaya.* 彼が今や金持ちになったと僕は聞いています. *Saya dengar awak akan pergi ke Malaysia minggu depan.* 君が来週マレーシアに行くと聞いているけど. *Saya dengar Ali sakit sekarang.* アリが病気だそうです. *Saya baru saja mendengar berita itu.* 私はそのニュースをたった今知ったばかりです. *Desas-desus itu sering didengar.* その噂はよく耳にする. *membuat kesimpulan berdasarkan apa yang didengar* 人から聞いたことに基づいて結論を出す.

mendengarkan, mendengari ～を聞く, 聴く, ～に注意を向ける: *mendengarkan lagu-lagu Melayu moden* 現代マレー音楽を聴く. *Dia menjerit supaya suaranya dapat didengari.* 彼は自分の声が聞かれるようにと叫んだ.

memperdengar, memperdengarkan 聞かせる.

dengarnya 聞くところによると：*"Bila beliau datang ke sini?" "Dengarnya hari Jumaat ini."*「いつここに来られるのですか」「聞くところによると、今週の金曜日」

kedengaran 聞こえる、知られる：*Beberapa tembakan kedengaran dari kawasan itu.* 数発の銃声がその地区から聞こえてきた。*Ada keluhan yang kedengaran bahawa bantuan itu tidak sampai kepada mangsa bencana itu.* 援助が被災者に届いていないという苦情が聞こえる.

pendengar 聞き手、聴衆者、聴覚器官：*Saya hanya menjadi pendengar.* 私はもっぱら聞き役にまわった.

pendengaran 聴力, 聞くこと.

terdengar 1 ふと耳にした、思わず聞いてしまった：*Saya terdengar dia memberitahu kawannya tentang hal itu.* 彼女が友達にその事を告げているのをたまたま聞いてしまった。2 聞こえる：*Saya sudah teriak, tetapi suara saya tidak terdengar.* 叫んだけれども、私の声は聞こえなかった。*Desas-desus mulai terdengar bahawa* 〜という噂が聞こえてきた.

denggi (dénggi) デング熱病 (demam denggi).

dengki ; kedengkian 嫉妬, ねたみ (=hasad dengki).

berdengki 嫌う.

mendengki, mendengkikan 嫉妬する、ねたむ.

dengking 犬がキャンキャン鳴く声. **berdengking, mendengking** キャンキャン鳴く.

dengkur いびき=keruh. **dengkuran** いびきの音. **berdengkur, mendengkur** いびきをかく：*tidur berdengkur* いびきをかきながら寝る.

dengung ; dengungan (飛行機, 蜂などの) ゴォー・ブーンという音：*Saya terasa dengungan di telinga sewaktu berada di dasar laut.* 海底に潜っていたら、ゴォーという音を耳に感じた.

berdengung, berdengung-dengung, mendengung ブーンと音がする.

dentam ; berdentam ズドン・バタンという音 (ドアなどを荒っぽく閉める音や花火の炸裂音).

dentum ; berdentum ドーン、ババーンという激しい音《大砲や爆弾、交通事故の衝突音など：dentam よりも激しい音のとき使う》：*Tiba-tiba kami terdengar satu bunyi berdentum.* 突然ドーンという激しい音が聞こえてきた.

denyut → debar.

depa ドゥパ《両腕を左右に広げた時の、指の先から指の先までの長さを示すマレーの伝統的単位。尋(ひろ)と同じ 1 depa=2 ela=1.8286 m》.

depan 1 前面, 正面：*di depan sekolah* 学校の前で. *di depan umum* 公衆の面前で. *ke depan* 前に向かって；*melihat ke depan dengan penuh harapan* 大きな希望を持って将来を見る. *muka depan akhbar* 新聞の1頁(トップ記事). 2 次の(週, 月)：*minggu depan* 来週. *bulan depan* 来月. *tahun depan* 来年.

berdepan 向かい合う、直面する：*berdepan dengan kenyataan* 事実に直面する.

berdepan-depan 対面する.

mendepan 〜に向ける.

mendepankan, mengedepankan 提案する、提議する：*mendepankan cadangan itu* 提案を出す.

terdepan, terkedepan 最前：

Guru besar itu berada *di tempat terdepan*. 校長が最前列にいた.

depang; **mendepang, mendepangkan** (両手を)左右に真横に広げる.

depot (dépôt) (英) depot 貯蔵庫, 倉庫.

depus 風が吹くような音.

dera 1 虐刑, 体罰. 2 処罰, 罰金.

mendera 虐待する, 体罰を与える, 罰する: *mendera anak-anak mereka* 自分の子どもを虐待する.

penderaan 虐待: *penderaan kanak-kanak* 子どもへの虐待. *penderaan ke atas tahanan-tahanan* 捕虜への虐待. *penderaan seksual* 性的虐待.

derai; **berderai, berderai-derai** たて続けに, 粒になってパラパラと, (涙, 雨など)滴になってポトポトと: *Air matanya jatuh berderai-derai*. 涙がポタポタと落ちる.

derak-derik (ベッドなどが)ギシギシする音.

deram; **deraman** (雷などの)とどろき, 虎の咆哮.

berderam, berderam-deram, menderam-deram とどろく, 咆える.

derang I 硬貨など金属物が落ちた音.

derang II; **berderang** 夜明け.

deras 1 急速な(流れ): *Air mata mengalir deras saja*. 涙がどっと流れた. *arus deras* 急流. *Hujan turun deras* 雨が激しく降る. 2 素早い(行動). 3 大きな(音・声).

menderas 1 素早く動く. 2 (雨などが)激しく降る.

menderaskan, memperderas 速度を上げる, 素早くする.

kederasan 速さ, 速度 = kelajuan: *Kederasan kereta api itu* mulai menurun. 列車の速度が落ち始めた.

derau I; **berderau** 相互扶助する《昔はとくに稲作農民の田植えや稲刈り作業時にみられた》.

derau II; **derauan** 風の音や水・雨のはねる音.

berderau, berderau-derau, menderau, menderau-derau 風や雨の音がする.

deret (dérét); **deretan** 列, 並び.

berderet 列に並ぶ.

berderet-deret 長蛇の列に並ぶ, 長い列をなして〜.

menderetkan, memperderetkan 列にする, 並ばせる.

derhaka (Sk) ドゥルハカ《王に対する不服従, 不忠な, 反逆を意味するマレーの伝統思想》: *anak yang derhaka* 親不孝をする子.

menderhaka あざむく, 裏切る, 反逆する: *Jangan menderhaka kepada ibu bapa*. 両親を裏切ってはならない. *menderkaha kepada negara* 国家に反逆する.

kederhakaan 裏切り, 反逆.

penderhaka 背信者, 裏切り者.

deria 感覚器官: *deria pendengaran* 聴覚器官. *deria penglihatan* 視覚器官. *deria perasa* 触覚器官. *Ikan memunyai deria mengesan kedatangan gempa bumi dan tsunami*. 魚は地震と津波を察知する触覚がある.

dering ベルや電話の音.

deringan ベルの音が鳴る: *deringan telefon* 電話が鳴る音.

berdering, berdering-dering, mendering ベルの音を鳴らす: *Telefon berdering*, *dia mendapatkan telefon*. 電話が鳴ったので, 彼は電話をとった.

derita (Sk) 苦難, 試練.

menderita, menderitai 苦しむ, 〜を被る: Ramai rakyat *menderita* akibat peperangan. 戦争の結果, 多くの国民が苦しむ.

penderitaan 苦労, 苦しみ.

derivatif (英) derivative デリバティブ(金融派生商品): *pasaran derivatif* デリバティブ市場.

derma (Sk) 寄付, 施し: *memberikan derma* 寄付をする.

berderma, menderma 寄付する.

penderma 寄付者, 貢献者.

pendermaan 寄付, 貢献: *pendermaan darah* 献血.

dermaga (Jw) 波止場, 防波堤.

dermasiswa 奨学金.

dermawan 慈善家.

kedermawan 慈善活動, チャリティ.

deru ゴォー, ゴォーと鳴る音(嵐や風, 雷など).

berderu, menderu, menderu-deru ゴォーと鳴る, うなる.

derum ; menderum (ラクダや象が)跪く.

menderumkan 〜を跪かせる.

desa (désa) (Sk) 1 村落, 田舎. 2 地域.

desak ; berdesak 押し合う, 群がる.

berdesak-desakan 押し合う, 殺到する.

mendesak 1 押し退ける. 2 (Id) 強要する, 強く要求する: *mendesak dia supaya menyelesaikan kerja rumahnya* 宿題をやり終えるよう強要した. 3 緊急の, 差し迫った: *Waktu amat mendesak.* 時間がとても差し迫っている.

mendesakkan 強く要求する, 強要する.

pendesakan 圧力をかけること: *kumpulan pendesakan* 圧力団体.

terdesak 1 押しつぶされる: *terdesak ke sudut bilik* 部屋の隅に押しやられた. 2 困った状態にある: *merasa sangat terdesak* とても困ったと感じる. 3 強要されて〜せざるを得ない: *Kerana terdesak, barulah dia mula mengerjakannya.* 強要されてやっとそれをし始める.

desakan 強要, 圧力: *Disebabkan desakan ibunya, dia berhenti sekolah.* 母親からの圧力によって彼は学校を中退した.

desas ; desas-desus 1 噂=khabar angin: *Desas-desus itu* menjadi buah mulut penduduk kampung. その噂は村人の話題になった. 2 ささやき声: Dari bilik sebelah kedengaran *desas-desus*. 隣の部屋からささやき声が聞こえてきた.

mendesas-desuskan 1 うわさを広める. 2 ささやく.

desibel (désibel) (英) decibel デシベル(電圧・音波・力の比の単位).

desiliter (désiliter) (英) deciliter デシリットル (=1/10 リットル).

desis ひそひそとささやく声(desus よりもさらに小さい声).

mendesis 1 こっそりささやく. 2 小さな声で言う.

destar (Pr) 頭巾, ターバン.

desus ; berdesus, berdesus-desus, mendesus, mendesus-desus ひそひそ声をさせる.

mendesuskan ささやく.

detektif (détéktif) (英) detective 探偵, 捜査官.

detik 1 秒, 瞬間. 2 時計などのチクタク・チクタクとう音→ **tik**.

berdetik 1 (時計が)チクタク・チクタクという. 2 (心臓や気持ちが)ドキドキする, 高ぶる.

detus 銃の発射音, 花火の爆発音.

dewa (dēwa) (Sk) 神, 偶像(古代インド神話).

dewan (déwan) **1** ホール, 空間. **2** 会議, 評議会, 委員会: *Dewan Negara* 国会(上院). *Dewan Rakyat* 国会(下院). *Dewan Undangan Negeri* 州議会.《日本の国会のマレーシア語訳: 衆議院: *Dewan Rendah Parlimen*. 参議院: *Dewan Tinggi Parlimen*.》

dewasa (déwasa) (Sk) 成人, 大人《マレーシアでは参政権を持てるのは21才から》: *dewasa* berumur 21 tahun ke atas. 21歳以上の成人. Bayaran masuk: *orang dewasa* RM2, *kanak-kanak* RM1. 入場料: 大人2リンギット, 小人1リンギット.

mendewasakan 成熟する.

kedewasaan 大人になること.

dewi (déwi) (Sk) **1** 女神: Venus ialah *dewi cinta*. ビーナスは愛の神. **2** 美しい女性.

di I 《場所を示す前置詞》~に, ~で: *di sini* ここに. *di situ* あそこに. *di sana* 向こうに. *di atas meja* 机の上に. *di bawah* 下に. *di belakang* 後ろに. *di dalam* 中に. *di depan* 前に. Mereka tinggal *di rumah teres itu*. 彼らはそのテラスハウスに住んいる.

di II 《接頭辞》:〈di動詞の意味〉**1**《目的語をフォーカスする文: 語順は目的語+di動詞(+動作主)》~をする: Buku itu sudah *dibaca* Ali. その本は, すでにアリは読んだ. Kami beli makanan. Minuman *dibeli* oleh Kassim. 僕らは食物を買うが, 飲物については, カシムが買う. Akhirnya Tenggang menyesal dengan perbuatan yang *dilakukannya*. ついにテンガンは自分のやった行動を悔やんだ. "Siapakah yang *nak dicari* di sini?「ここで(君は)誰を探しているのか」. "Saya gemar mengumpul setem." "Sudah banyakkah setem yang *dikumpul*?"「僕は切手収集が趣味です」「もうたくさん切手を収集したの」. "Apa yang *dicari* di sini, Ali?" "Kamus saya."「ここで何をさがしているの, アリ?」「僕の辞書です」"Surat saya sudah *diterima*, Ali?" "Sudah."「僕の手紙を受け取ったかい, アリ?」「受け取ったよ」. Mereka membawa hasil tanamannya untuk *dijual* di pasar minggu. 収穫した農作物を日曜市に運んでから販売する.

2《客観的な解説・説明のdi動詞》~を~する: Ikan ini *dibawa* dengan lori ke pasar. これらの魚はトラックで市場に運びます. Orang yang menangkap ikan *disebut* nelayan. 魚を捕まえる人を漁師と言う. Mula-mula buah kelapa itu *dibelah-belah*. Kemudian isinya *dicungkil dan dikeringkan*. まずヤシの実を割り, 次に中身をほじくり出して, 乾かす. "Kenapa hari itu *disebut* Hari Kebangsaan?"「どうしてその日をナショナル・デーと言うのですか」"Saya hendak hantar surat ini ke Tokyo." "Hendak *dikirim* dengan pos udara atau pos laut?"「この手紙を東京に送りたいです」(郵便局員)「航空便それとも船便で送りますか」. "Macam manakah ini *digunakan*?"「これはどうやって使うのですか」. Kesilapan itu amat *dikesali dan tidak disengajakan*. (新聞記事の訂正)誤りは遺憾であり, 故意になしたものではありません. Noordin gagal *ditangkap* kerana dikatakan tidak berada di tempat persembunyian itu ketika serbuan polis *dibuat* 警察の手入れをした時に隠れ

家にいなかったとのことで、ノルデインを逮捕するのに失敗した. Bibirnya comel, matanya bulat *bila dibuka*. その子の唇はかわいい、目は開けると丸い.

3《動作の強調, 動作連続する文：語順は di 動詞＋目的語》～する, ～する：Tun Ali *tahu* hal yang sebenarnya, lalu *disembunyikannya* Hang Tuah, tidak *dibunuh*. トゥン・アリは真実を知っていたので、ハン・トゥアを置い, 殺さなかった. Lam *masuk* ke bilik. *Diambilnya* botol bir dan *dibawanya* ke halaman, lalu *diberinya* kepada bapanya. ラムは部屋に入った. ビール瓶を取り, 庭に持って行き, 父親にあげた《動作の連続》. Encik Rosli *simpan* kereta di bawah rumah. *Ditekannya* minyak sebelum *dimatikan* enjin. *Dibukakannya* pintu lalu *ditutupnya* semula kuat-kuat. ロスリさんは(高床式の)家の下に駐車した. アクセルをふかしてからエンジンを止めた. 車のドアを開け, 再び強く閉めた. Ali masuk ke bilik. *Dibaringkannya* badannya di atas katil. *Diambilnya* sebuah buku tipis kecil. *Dibukanya* beberapa lembar, *direnuginya, dibacanya* beberapa baris seketika, kemudian *diletakkannya*. *Dipandangnya* kulit depan buku itu. アリは部屋に入った. 身体をベッドの上に横たえ, 小さな薄い本を手にして, 数ページめくってからしばらく数行をじっと見て読み出した. やがて本を置き, 表紙をながめた.

4《受身表現の di 一動詞文》～される：Saya *dipukul* Ali. 僕はアリに殴られた. Anjing itu *dilanggar* bas. 犬がバスに轢かれた. Pencuri itu *ditangkap* oleh polis. その泥棒は警察に逮捕された. Dia *ditinggalkan* oleh kekasihnya. 彼は恋人に捨てられた. Semasa umurnya 15 tahun Zarina sudah *dikahwinkan dengan* seorang pemuda yang tidak pernah dilihatnya. ザリナは 15 才のときこれまで一度も見たことのない青年と結婚させられた. Kalau hari ini kita *dibuli*, esok-esok kita pula yang akan *membuli*. 私たちは今日いじめられたとすると, 後日今度はいじめる側になるものだ. *Yang membunuh* dan *yang dibunuh* biasanya mempunyai hubungan. 殺した者と殺された者は関係があるものだ. Bila lampu kereta dinyala, pemandu boleh *melihat* dengan lebih jelas dan juga *dilihat* oleh pemandu lain bagi mengelakkan perlanggaran. 車のランプを点灯すれば, ドライバーは外をはっきり見ることができるし, 同時に他のドライバーからもはっきり見られるから衝突を避けることになる. Orang-orang keturunan India Islam sekarang ini *sudah dianggap dan menganggap diri sendiri* sebagai Melayu. イスラム教徒のインド系の人々は自他ともにマレー人として認める.

dia 1 彼, 彼女(三人称代名詞)：Dia anak Pak Ali. 彼はアリさんの息子です. *dia orang*【俗語】やつら(＝mereka). **2** それ, あれ："Ada satu perkara yang nak saya cakapkan dengan awak." "*Apa dia*?"「君に話しておきたい事がある」「それって何?」. Yang awak mahu itu *apa dia*? 君たちが欲しているのは, 一体何か. Saya tidak tahu *apa dia* "komunis", dan tidak ingin tahu. "共産主義"とは何か知りませんし, 知りたくもありません. *Apa dianya*

diabetes (diabétes) (英) diabetes 糖尿病＝penyakit kencing manis.

dialek (dialék) (英) dialect 方言.

dialog (英) dialogue 対話.
  berdialog 対話する.

diam I 沈黙した, 静かな, 静止した: *diam sahaja* ただ黙っているばかり. *diam tak diam* いつの間にか, 知らず知らずのうちに; *Diam tak diam dah habis cuti musim panas.* いつの間にか夏休みが終わってしまった.
  diam-diam 静かに, 秘密裏に, こっそり: *secara diam-diam* 密かに, こっそりと; *berkahwin secara diam-diam* 密かに結婚する. *diam-diam ubi* 寡黙であるが経験・知識が豊かな人.
  berdiam, berdiam-diam 静かにしている, 沈黙している: *mengambil sikap berdiam diri* 沈黙する態度をとる.
  mendiamkan, memperdiamkan 1 静かにさせる: *Diamkan saja!* ほっといてくれ! ＝*Biarkan saja.* 2 動作を止める: *mendiamkan ayunan itu* ゆりかごを止める. 3 無視する: *Awak tak harus mendiamkan perkara ini, harus melaporkannya kepada polis.* 君はこの事を無視すべきでない, 警察にレポートすべきだ.
  pendiam 無口な人.
  terdiam 静かになる, (驚いて)言葉を失う: *Dia terdiam melihat kemalangan ngeri itu.* 彼はその恐ろしい事故を見て言葉を失った.

diam II 住む＝tinggal.
  mendiami 〜に住む, 住みつく: *rumah yang didiaminya sejak 17 tahun lalu* 彼はこれまで17年間住んでいた家.
  kediaman; tempat kediaman 自宅, 居住地, 住宅地.

dian ろうそく.

diang; berdiang 火のそばで身体を温める.
  mendiang 焼く, ローストする.
  pendiang 調理用こんろ, ストーブ.

diari (英) diary 日記, 日記帳 (＝buku diari).

didih; berdidih, mendidih 1 沸騰する: *Air itu sedang mendidih.* お湯が沸騰している. 2 はげしく怒る: *Dia lekas mendidih darahnya.* 彼はすぐ激怒する.
  mendidihkan 1 沸かす: *mendidihkan air* お湯を沸かす. 2 精神を高揚させる.
  pendidihan 沸かすこと.

didik; mendidik しつける, 教育する, 養育する: *mendidik anak-anak* 子どもをしつける.
  didikan 教育, しつけ.
  pendidik 教師, 教育者.
  pendidikan 教育, 訓練: *pendidikan kemasyarakatan* 社会教育. *pendidikan prasekolah* 幼児教育. *pendidikan sepanjang hayat* 生涯教育. *Pendidikan seks di sekolah akan diperkenalkan.* 学校で性教育が導入される.
  berpendidikan 教育を受けた.
  terdidik しつけられてきた: *Saya telah terdidik sedemikian.* 私はそのようにしつけられてきた.

diesel (diésel) (英) diesel ディーゼル・エンジン.

dif (Ar) 来賓: *dif-dif kehormat* 賓客, 重要人物 (VIP).

digital デジタル: *mengurangkan jurang digital* デジタル・ギャップ

を埋める.

dik [adik] 弟, 妹の略.

dikir アッラーを称える詩, 詩歌. *dikir barat* ディキール・バラット (クランタン・トレンガヌ地方の伝統的詩歌).

berdikir 詩を唱和する.

dikit; sedikit 少ない, 少し, わずかの: Saya ada hanya *sedikit* wang. お金は少ししかない. Saya boleh bercakap bahasa Malaysia *sedikit sahaja*. 僕はマレーシア語を少ししか話せない. Masukkan *sedikit* gula. 砂糖を少し入れてください. *Ada urusan sedikit*. ちょっとした用があるので. *sedikit masa lagi* もう少したしたら.

sedikit pun 少しも: Saya *sedikit pun* tidak khuatir mengenai anak saya. 私は息子のことを少しも心配していない.

sedikit demi sedikit 少しずつ: *Sedikit demi sedikit dia menguasai cara bergaul dengan orang lain*. 少しずつ彼は他人との交際の術を習得した.

sedikit-sedikit 少しずつ: *menyimpan wang sedikit-sedikit* お金を少しずつ貯める. *Ali makan kuih itu sedikit-sedikit*. アリはお菓子を少しずつ食べた. *Sedikit-sedikit lama-lama jadi bukit*. 【諺】ちりも積もれば山となる.

sedikit sebanayk 多かれ少なかれ, 約, およそ=lebih kurang.

berdikit-dikit 少しずつ: *berbelanja berdikit-dikit* (お金を) 気をつけて支出する.

mendikit-dikitkan, menyedikitkan 減少させる, 減らす, 少なくする: *mendikit-dikitkan belanja supaya boleh menyimpan wang* 貯金できるように支出を少なくする.

sedikitnya, sedikit-sedikitnya 少なくとも.

diktator (英) dictator 独裁者, 支配者.

dilema (diléma) (英) dilemma ジレンマ, 窮地.

dinar (Ar) 金貨.

dinasti (英) dynasty 王朝.

dinding 壁.

berdinding, berdindingkan 壁をめぐらす, 壁がある.

mendinding, mendindingi 壁をつくる.

dingin 1 涼しい, 冷たい: *cuaca yang dingin* 涼しい天候《寒いは sejuk》. 2 (態度や気持ち, 関係が) 冷たい, 不親切な, 態度が冷たい: *dingin hati* 不幸せな. *Era Perang Dingin* 冷戦時代. *hubungan dingin* 冷たい関係. *sambutan dingin* 冷やかな歓迎. *bersikap dingin terhadap* ～に冷たい態度をとる.

mendingin 冷たくなる.

mendingini, mendinginkan 1 冷やす: Minuman ini akan *mendinginkan* badan anda. この飲み物はあなたの身体を冷やすでしょう. 2 怒りを鎮める: *mendinginkan hatinya yang marah* 彼の怒りを鎮める.

kedinginan 1 涼しさ. 2 不親切.

pendingin クーラー, 冷蔵庫: *pendingin udara* エアコン. *lemari pendingin* 冷蔵庫.

dingin beku 冷凍: *ikan dingin beku* 冷凍魚.

mendinginbeku, mendinginbekukan 冷凍にする: *mendinginbekukan daging itu dalam peti ais* 肉を冷蔵庫の中で冷凍する.

terdinginbeku 凍る.

dinihari (Id) 明け方→ **fajar**.

dioksida (英) dioxide 二酸化物.
diplomasi (英) diplomacy 外交.
diplomat (英) diplomat 外交官.
diraja (Sk) 王立の, 王室の: *keluarga diraja* ロイヤル・ファミリー. Setelah berkahwin, beliau menjadi *ahli keluarga diraja* 結婚して彼女は皇室の一員となった. *Polis Diraja Malaysia* マレーシア国家警察.
dirgahayu 【王室】王の長寿を祈願.
diri I 自分自身, 自己, 自分の身体: *diri sendiri* 自分自身; Saya tetap dengan *diri saya sendiri* dalam apa juga keadaan sekali pun. 私はたとえどんな状況におかれてもあくまでも自分自身でありたい. *sebagai diri saya sendiri* 一個人として; bukan sebagai PM tetapi *sebagai diri saya sendiri* 首相としてではなくて私一個人として. *kedudukan diri sendiri* 自分自身の立場. *membentuk diri.* 自己形成する. *melihat dirinya di dalam cermin* 鏡の中の自分を見る. *menilai diri sendiri* 自己評価する; Wajar dibuat *pemeriksaan diri* dan *penilaian diri.* 自己点検と自己評価をすべきだ. *membunuh diri* 自殺する. *menyerah diri* 投降する. ***memohon diri = minta diri*** 暇を乞う; *Saya minta diri dulu.* お先に失礼します.
diri II; **berdiri** 直立する, 立つ: *berdiri tegak* 直立する. Jangan *berdiri* dekat pintu. ドアの近くに立たないで. Sang kancil *berdiri* di tebing sungai. 小鹿さんが川岸に立っていました. ***berdiri di atas kaki sendiri*** 自分の足の上に立つ=自立する. *berdiri sendiri* 自立する.
mendirikan 1 立てる: *mendirikan tiang telefon* 電話用柱を立てる. **2** 建設する: *mendirikan rumah* 家を建設する. **3** 設立する: *mendirikan persatuan baru* 新しい協会を設立する. ***mendirikan rumah tangga dengan*** ～と所帯をもつ=結婚する.
pendiri 設立者, 創立者.
pendirian 1 意見, 主張: *Pendirian* Malaysia *terhadap* isu Iraq diterima oleh negara anggota OIC. イラク問題に対するマレーシアの意見はイスラム諸国会議加盟国から受け入れられた. **2** 建築物. **3** 団体.
berpendirian 意見をもつ.
terdiri ～から成る: ***terdiri daripada*** ～から成り立つ, 構成される; Masyarakat Malaysia *terdiri daripada* berbagai kaum. マレーシア社会はさまざまな種族から構成されている.
Disember (英) December 12月.
disiplin (英) discipline 規律.
berdisiplin 規律のある.
mendisiplinkan 規律を守らせる.
diskaun (英) discount 割引.
disket (diskét) (英) diskette ディスケット(フロッピーディスク). *disket berformat* フォーマット済みのディスク.
disko (英) disco ディスコ.
diskriminasi (英) discrimination 差別: *diskriminasi jantina* 性差別. *diskriminasi ras, diskriminasi rasial* 人種差別.
mendiskriminasikan 差別する.
diskusi (英) discussion 討論.
dividen (dividén) (英) dividend 配当金.
dll [dan lain-lain] 等など (etc).
doa (Ar) 祈り: *doa kepada Tuhan* 神への祈り. *mengucapkan doa* 祈る.

berdoa, mendoa 祈る, 祈禱する: *berdoa untuk* keamanan 平和のために祈る. Kita *berdoa* sebelum makan. 食事をする前にお祈りをする. *Berdoalah* semoga tidak berlaku. (良くないことが)起こらないように祈る. Kami merestui perkahwinan mereka dan *berdoa* agar mereka hidup bahagia. 彼らの結婚を祝福し, 幸せに暮らすよう念願します.

mendoakan 〜を祈る: Saya *mendoakan* kesihatan dan kesejahteraan anda sekalian 皆さんの健康とご多幸を祈念します. Saya *doakan* semoga agar saudara berjaya. ご成功を祈ります.

dobi; **tukang dobi** 洗濯屋.

dodoi 子守歌.
mendodoi 〜に子守歌を聞かせる.
mendodoikan 子守歌を歌う.

dodol 〔食〕ドドール《もち米とココナツ・ミルク, ヤシ砂糖からつくる黒褐色の粘りのある菓子》.

dogol 1 角(つの)のない. 2 禿げた.
mendogolkan 〜の頭を剃る.

dokoh ペンダント.

doktor (英) doctor 医者, 博士: *doktor bedah* 外科医. *doktor binatang*, *doktor veterinar* 獣医. *doktor gigi* 歯医者. *doktor jiwa* 精神科医.

doktrin (英) doctrine ドクトリン, 主義, 教義.

dokumen (dokumén) (英) document 書類, 文書: *dokumen rasmi* 公式文書.

dolak; **dolak-dalik** 決心がぐらつく, 考えや話が変わりやすい: Dia selalu *berdolak-dalik* tentang hal itu. 彼はその事になるといつも考えがふらつく.

dolar (英) dollar ドル(通貨): *dolar AS* 米ドル.

domba (Pr) 羊.

domestik (英) domestic 家庭の, 自国の.

dompet (dompét) 財布, 札入れ.

dondang I; **dondang sayang** ドンダン・サヤン《即興のパントゥン=四行詩を楽器に合わせて二人が掛け合いながら歌うマレーの伝統的歌謡》.

dondang II; **dondangan** 揺りかご.
mendondang, mendondangkan 揺りかごをゆらす.

dongak, terdongak 1 見上げる: *mendongak ke langit* 空を見上げる. 2 (頭などが)上に傾く: *Kepalanya mendongak.* 頭が上に傾く.

mendongakkan 頭を上げる: *mendongakkan kepalanya memandang puncak gunung itu* 頭を上げて山頂を見上げる.

dongeng (dongéng) おとぎ話, 童話, 伝説.
dongengan 根拠のないうわさ・話.
berdongeng 根拠のないことを言う.
mendongengkan 物語る.

dorong; **mendorong** 1 前に押し出す: Nelayan itu *mendorong* sampan mereka ke laut. 漁師たちはサンパン(小舟)を海に押し出した. 2 促す: Ali *mendorong* saya *supaya* terus mencuba. アリは僕に試し続けるよう促した.

dorongan 励まし, 推進.
pendorong 刺激剤, 促進者.
terdorong 1 前に押し出される: Saya *terdorong* dari tangga dan hampir-hampir terjatuh. 僕は階段から押し出されて危うく落ちそうになった. 2 心が惹かれて: *Terdorong*

dosa

oleh rasa ingin tahu, saya ke sana untuk melihat sendiri. 好奇心に惹かれて,そこへ行って自分の眼で見てきた.

dosa (Sk) 罪,罪悪: *dosa asal* (= *khatiah Adam*) 原罪.

berdosa 1 罪を犯す. 2 罪深い: *orang-orang yang tidak berdosa* 罪のない人々.

pendosa 犯罪人.

dozen (dozén) (英) dozen ダース, 12個組み.

draf (英) draft 草案,手形振り出し. *draf bank* 銀行為替手形.

dram (英) drum ドラム.

drama (英) drama ドラマ: *drama komedi* コメディー・ドラマ. *drama radio* ラジオドラマ.

drebar (drébar) (英) driver 運転手.

dsg [dan sebagainya] 等など=dll.

dua 2: *dua orang* 二人. *dua kali* 二度. *dua puluh* 20. *dua belas* 12. *dua ratus* 200. *dua angka* 二桁の; Malaysia akan mencatatkan *pertumbuhan ekonomi dua angka* tahun ini. マレーシアは今年二桁の経済成長率を達成するだろう. *dua kali lima* 全く同じだ,代わり映えしない(2×5=5×2). **dua kalimah syahadat** (イスラム教徒の)信仰告白→ **syahadat**. *dua sejoli* 相思相愛の二人. *dua serangkai* どこへ行くにも二人だけで行動する仲.

duanya 匹敵するもの,前例: Dia belum ada duanya. 彼女に匹敵する者がいない. Peristiwa ini *belum ada duanya*. この出来事は前例がない.

berdua, berdua-dua, berdua-duaan, berduaan 二人だけで,連れ立って: Saya ingin berbicara *berdua* dengan awak. 僕は君と二人だけで話をしたい. Apa yang dibualkan oleh orang dua beranak itu *berdua-dua saja*? 親子二人だけで何を話しているのか. ketika dia *berdua-dua dengan* isteri orang 彼が人妻と二人だけになったとき. Kalau saya bawa dia, tentu kita tak dapat berdua. もし彼を連れて来たら,僕たちは二人だけになれない. *berduaan dengan* lelaki lain sedang sudah mempunyai suami 夫がいるのに別の男と二人だけになる.

menduakan 倍にする: *menduakan isteri* もう一人の妻を娶る. Suami saya sudah *menduakan* saya. 夫は二番目の妻を娶った. *menduakan suami* (妻が)不倫する. *menduakan pekerjaan* 兼業する. *menduakan syarikat* 同時に二つの会社で働く.

kedua 1 二番目: *Perang Dunia Kedua* 第二次世界大戦. 2 両方とも,両方とも=**kedua-duanya** 両方とも: Kedua-dua anaknya belajar di London. 彼の子供は二人ともロンドンで学んでいる. *Kedua-duanya dapat melepaskan diri.* 両方とも逃げることができた. *Awak tidak boleh melakukan kedua-duanya sekaligus.* 両方を一度にできない.

pendua コピー,写し: *kertas pendua* コピー用紙. *mesin pendua* 複写機. *kunci pendua* 合鍵; membuat *kunci pendua* 合鍵を作る.

perdua, seperdua 半分.

dubur 肛門.

duda (Jw) 男やもめ.

duduk 1 座る: Sila *duduk* di sini. ここにお座りなさい. Ada orang *duduk* di sini? この席は空いてますか. "Boleh saya *duduk* di sini?"「ここに座ってもいいですか」"Boleh, apa salahnya. *Duduklah*."「いいですよ、かまいません。お座りなさい」. *duduk diam saja* 黙って座っているだけ. *duduk sama rendah dan berdiri sama tinggi dengan* ~ = *berdiri sama tinggi, duduk sama rendah* ~と同じ水準である(地位や立場が). **2** 住む: Sudah lama *duduk* di kampung ini? この村にもう長く住んでいるのですか. **3** 【古典】結婚する = berkahwin : Antara tiga tahun lamanya baginda (Raja Suran) *duduk dengan* Tuan Puteri Mahtabul Bahri itu (p.15). 三年間スラン王はマータブル王女と結婚された.

duduk-duduk 休息する: *duduk-duduk dan berbual-bual di tepi pantai* 海岸でおしゃべりしながら休息する.

menduduki **1** ~に座る: *menduduki kerusi besar* 大きな椅子に座る. **2** ~に住む: *menduduki hutan itu* ジャングルに住む. **3** (試験を)受ける: *memduduki ujian PMR* PMR (下級中等教育修了資格) の試験を受ける. **4** ~を占領する: Tiga tahun tuju bulan lamanya Jepun *menduduki* Tanah Melayu. 日本は3年7ヵ月マレー半島を占領した.

mendudukkan **1** 座らせる: *mendudukkan dif-dif kehormat di barisan depan* 賓客を最前列に座らせる. **2** (問題を)解決する.

kedudukan **1** 位置: *Kedudukan kapal itu* belum dapat dikesan. 船の位置はまだ確認できていない. **2** 居住地: Jamuan itu akan diadakan di *kedudukan duta besar itu*. パーティは大使の邸宅で行われる. **3** 状況: mengkaji *kedudukan perkara itu* sebelum mengambil tindakan 措置を講じる前に事柄の状況をよく調べる. **4** 地位: meningkatkan *kedudukannya* dalam syarikat itu 会社における自分の地位を引き上げる.

penduduk 住民, 人口.

pendudukan 占領, 統治: *zaman pendudukan Jepun* 日本の占領時代.

berkedudukan 地位がある: Bapanya *berkedudukan tinggi*. 彼の父親は高い地位にある.

bersekedudukan **1** (結婚せずに)同棲している: Pasangan itu sudah lama *bersekedudukan*. あのカップルはもう長いこと同棲している. **2** 性的関係を持つ.

terduduk 突然座り込む.

duet (duét) (英) duet デュエット.

duga; **menduga** 推測する, 推量する, 予想する, 当てる: Saya *menduga* dia tidak akan datang. 彼は来ないと僕は思うよ.

Silakan menduga. 当ててごらん.

seperti yang diduga 予想していた通り: *Seperti telah diduga*, segalanya berjalan lancar. 予想していた通り, すべてが順調に進んだ. Rumah itu lebih besar daripada *yang saya duga*. その家は私が予想していたよりも大きかった.

tidak diduga 予期せぬ: tetamu yang *tidak diduga* 予期せぬ客. Saya *tidak menduga* dia akan bertindak seperti ini. 彼はこのように行動するとは私も予期していなかった. *Sesuatu yang tidak diduga* telah berlaku. 予期せぬことが実際に起きた.

dugaan **1** 推測, 推量. **2** 試練: menganggap apa yang berlaku sebagai *dugaan Allah* 起きたことはアッラーの神からの試練とみなす. *dugaan hidup* 人生の試練.

dugal

(*di*) *luar dugaan* 思いがけずに，予想もしなかった．想定外： mendapat banyak undi *di luar dugaan* 予想外に大量の得票を得る．*Hal itu di luar dugaan sama sekali.* その事は全く予想もしていなかった．

terduga 推測される．

tidak terduga 予想できない，予期しない： Pelantikannya sebagai Naib Presiden memang *tidak terduga*. 彼が副総裁補に任命されたことは誰も予想できなかった．sesuatu yang *tidak pernah terduga olehnya* 彼女が一度も予想していなかった事柄．

dugal 吐き気をもよおす．

dugas; **mendugas** 慌てふためいて行く．

dugong 〔動〕ジュゴン．

duit お金，銭《wang よりも俗語的響き》： *duit curai, duit kecil, duit pecah* 小銭．*duit kopi, duit teh, duit rokok* 礼金，手数料，褒美．*duit balik, duit tukaran* おつり．*duit syiling* 硬貨．*Kalau ada duit*, apa saja boleh dibeli. お金があれば，なんでも買える．

duitan, *mata duitan* 拝金主義者，守銭奴： Dia *mata duitan*; segala sesuatu diukur dengan wang. 彼は拝金主義者だ，何事もお金で計る．

duka (Sk) 悲しみ： *suka duka* 喜びと悲しみ．*duka nestapa* 悲しみ．Saya dapat melihat *duka* pada wajahnya. 私は彼女の表情に悲しみの情を見た．

berduka 悲しむ，不幸となる： Saya sangat sedih apabila melihat awak *berduka*. 君が悲しんでいるの見るとこっちもとても悲しくなる．

mendukakan; **mendukakan hati** 悲しませる： Janganlah kamu *mendukakan hati* ibumu. 君の母親を悲しませるな．

dukacita 悲しくなる，悲しみ： Saya *berasa dukacita* mendengar berita itu. その知らせを聞いて哀しくなった．*dengan dukacitanya* 残念なことに，悲しいことだが； *Dengan dukacitanya dimaklumkan bahawa* ～残念なことに次のことをお知らせしなければなりません《手紙文や公示》： *Denagn dukacitanya saya memaklumkan bahawa* anak saya Ali tidak dapat pergi ke sekolah selama tiga hari kerana demam. 息子のアリが発熱のため三日間学校を休みますことを残念ながら通知いたします《手紙文》．*melahirkan rasa dukacita dan simpati terhadap* ～に対して哀悼の念を表明する．*Terimalah dukacita kami atas kematian bapa anda.* あなたのお父さんがお亡くなりになったことにお悔やみ申し上げます．

berdukacita 哀悼を示す： Kami sangat *berdukacita atas kematian* bapa anda. 私たちはあなたのお父さんの死に哀悼の意を表します．

mendukacitakan 悲しませる： *berita yang mendukacitakan* 悲しい知らせ，悲報．

duku 〔植〕ドゥク(ビワに似たセンダン科の果樹)．

dukun ドゥクン(祈りや魔術などで病人を治療する呪術医)．

dukung *kain dukung* 赤ん坊をダッコするための布．

mendukung 1 腰または背中にしょって運ぶ(ダッコする，オンブする)： *mendukung anaknya* 子をダッコする．*mendukung anaknya di belakang*. 子を背中にオンブする．2 布

に包んで運ぶ．**3** 支持する: *mendukung rancangan kami* 私たちの計画を支持する．

dulang 木製の平皿, 盆．

mendulang 砂金・錫鉱石をすくう．

duli (Sk)【古典】【王室】陛下, 殿下《王への尊称: duli の本来の意味は, 王の足元の塵, ほこり, ごみ, さらに転嫁して王の御足. 臣下が王に直接話しかけるのをはばかり, 王の足元に話しかける意味から, 王への尊称となった. 日本語の「陛下」の由来と符合する》. *Duli Yang Maha Mulia* 陛下. *Duli Yang Maha Mulia Seri Paduka Baginda Yang di-Pertuan Agong* 国王陛下《マレーシア国王への尊称》. *Ke bawah duli baginda / tuanku* 陛下. *Duli Baginda* 王様. *Duli Yang Dipertuan* 王様. *Duli Paduka* 王様. *bercemar duli*（王が）お出ましになる《平民は berjalan》. *menjunjung duli*（王の命令を）実行する, 王に謁見する. *mata duli* 踝.

dulu → **dahulu**. *lebih baik daripada dulu*. 昔よりも良くなっている. *Saya minta diri dulu.* / *Saya nak pergi dulu.* お先に失礼します. *dulu-dulu* 昔は. *Dulu dulu, sekarang sekarang.* 昔は昔, 今は今. *Lain dulu lain sekarang.* 今は昔と違う. *dari dulu sampai sekarang* 昔から現在まで. *Datang dulu dilayani dulu.* / *Siapa yang datang dulu: dilayani dulu.* 早い者（先着）順に. *membayar dulu* 前払いする. *nanti dulu* ちょっと待って.

DUN [Dewan Undangan Negeri] マレーシアの州議会．

dungu 愚鈍な, バカな．

dunia **1** 世界: *Dunia Ketiga* 第三世界. *dunia Melayu* マレー世界. *popular di seluruh dunia* 全世界で有名な. **2** 分野: *dalam dunia perniagaan* 商業の分野で. *dunia siber* サイバー・ワールド. **3** 人類: *seluruh dunia* 全人類. **4** 現世: *dunia akhirat* 現世と死後の世界. **5**【古典】地界（天界・海底に対応する）=dalam dunia: "Adalah hamba ini datang dari dalam dunia." (p.15)「実を申すと, この私は地界からやって来たのです」. "Jikalau anak hamba kita ini sudah besar, hendaklah tuan hamba hantar ia *ke dalam dunia*." (p.16)「もしも我が三人の息子らが大人になったなら, 彼らを（海底から）地界へ送ってくだされ」.

keduniaan 世俗: *kesenangan keduniaan* 世俗の快楽.

sedunia 全世界: *Hari Kanak-kanak Sedunia* 世界子どもの日《マレーシアでは毎年10月の最後の土曜日》.

duniawi 現世の, 世俗: *hilang minat tentang hal-hal duniawi* / *keduniaan* 世俗の事柄に関心がなくなる.

dupa (Sk) 安息香．

duri **1** とげ(棘). **2** 困難, 苦難. *Bagai duri dalam daging*【諺】獅子身中の虫; *Masalah bekalan air menjadi duri dalam daging hubungan Malaysia-Singapura.* 水供給問題がマレーシア・シンガポール関係の獅子身中の虫となっている.

berduri **1** とげのある: *Bunga mawar berduri.* バラの花はとげがある. **2** 苦難に直面する.

berduri-duri **1** とげがたくさんある. **2** 困難だらけの.

menduri **1** とげのような. **2**（〜の感情を）傷つける.

durian 〔植〕ドリアン: *dapat durian runtuh*【諺】棚からぼた餅. *seperti mentimun dengan durian*【諺】まるで月とスッポン.

durjana (Sk) 罪, 罪深い＝jahat, kejam.
  kedurjanaan 罪, 邪悪.

dusta (Sk) 嘘の, 間違った.
  berdusta 嘘をつく.
  mendustai 〜に嘘をつく.
  mendustakan 嘘だと思う.
  pendusta 嘘つき.

dusun 1 果樹園: *dusun durian* ドリアンの果樹園. 2 辺ぴな山奥.

duta 大使, 使節: *duta besar* 大使. *kedutaan besar* 大使館.

duti (英) duty 税: *duti eksport* 輸出税. *duti kastam* 関税. *duti setem* 印紙税.

duyun; **berduyun-duyun** 大勢で続々と(行く, 来る): *Orang keluar berduyun-duyun dari pawagam*. 映画館から人が続々と出てきた.

duyung ジュゴン＝dugong. 人魚: *Ikan duyung itu separuh ikan dan separuh manusia*. 人魚とは半分が魚であと半分が人間.

dwibahasa バイリンガル, 二カ国語.

DYMM [Duli Yang Maha Mulia] 陛下.

E

ecer (écér); **mengecer** 1 (水, 油を)まき散らす. 2 (秘密を)広める, もらす. 3 (面を)平らにする *mengecer simen* di hadapan rumahnya 家の前のセメントを平らにする.

E-dagang 電子商取引 (＝perdagangan elektronik).

edar (édar); **beredar**, **mengedar** 1 回転する: Bumi *beredar mengelilingi* matahari. 地球は太陽の周りを回転する. 2 回覧する, 出回る, 流通する: Buku seperti ini banyak *beredar* di kalangan pelajar. このような本は学生の間で大量に出回っている. 3 移動する: Tibalah masanya untuk *beredar*. 出発する時が来た. Dia sudah *beredar*. 彼はすでに立ち去った.

mengedari 〜の周辺を回る, 歩き回る: *berjalan mengedari* kolam 池の周りを歩き回る. *mengedari dunia dengan berjalan kaki* 徒歩で世界を一周する.

mengedarkan, **memperedarkan** 1 配布する, 回覧する: Majalah itu *diedarkan* hanya kepada ahli persatuannya. その雑誌は会員のみに回覧されている. 2 流通させる: Kerajaan telah *mengedarkan* nota wang baru 2000 yen. 政府は新二千円紙幣を流通させた.

edaran 1 回転, 自転, 循環: *edaran air* 水の循環. 2 流通: Wang ini tidak lagi *dalam edaran*. この通貨はもう流通していません.

peredaran 1 回転, 自転, 循環:

Peredaran bumi mengelilingi matahari mengambil masa satu tahun. 地球は太陽の周辺を回転するのに1年かかる. *peredaran darah* 血液の循環. **2** 流通. **3** 移動, 推移, 変遷: *peredaran masa / zaman* 時間の推移・変遷.

pengedar **1** 卸売業者, 流通業者: *pengedar dadah* 麻薬売人. **2** 回送.

pengedaran 流通: *pengedaran dadah* 麻薬の売買. *pengedaran buku* 本の流通.

edisi (édisi) (英) edition 版: *edisi ke 5* 第5版, *edisi pelajar* 学生版.

edit (édit) (英) edit: **mengedit** 編集する.

pengedit 編集者.

pengeditan 編集.

editor (éditor) (英) editor 編集者.

editorial (éditorial) (英) editorial. 論説, 社説.

efektif (éféktif) (英) effective 効果的な, 効果のある, (薬が)よく効く.

efisien (éfisien) (英) efficient 能力のある.

egois (égois) (英) egoist 利己主義者.

egoisme (égoisme) (英) egoism 利己主義.

eh (éh) 「え！」驚きを表す感嘆詞.

ehem (éhém) 「エヘン」(せきばらいするときの音).

ehwal (éhwal) (=hal-ehwal) 事情, 事柄: *hal-ehwal dalam negeri* 国内事情. *hal-ehwal semasa* 時事問題. *hal-ehwal Malaysia* マレーシア事情.

eja (éja); **mengeja** (Ar) つづる.

ejaan つづり, スペリング.

ejek (éjék); **mengejek, mengejekkan** からかう, 不愉快にさせる, バカにする: *Arnab mengejek kura-kura kerana berjalan perlahan.* ウサギはカメが歩くのが遅いとバカにした.

ejekan あざけり, 冷やかし.

ejen (éjén) (英) agent エージェント, 代理人, スパイ: *ejen harta benda* 不動産屋. *ejen pelancongan* 旅行代理店.

eka (éka) (Sk) 単一の: *eka pihak* 単独の.

ekabahasa (ékabahasa) 一言語を用いた, 一言語使用者.

berekabahasa 一言語(＝母語)しか知らない: *murid-murid yang berekabahasa Melayu* マレー語しか話せない生徒たち.

ekar (ékar) (英) acar エーカー(広さの単位＝0.405ヘクタール).

E-Kerajaan 電子政府 (E-government).

ekologi (ékologi) (英) ecology エコロジー, 生態学.

ekonomi (ékonomi) (英) economy 経済. *analisa ekonomi* 経済分析. *arah aliran ekonomi* 経済トレンド. *bantuan ekonomi* 経済援助. *Dasar Ekonomi Baru* 新経済政策 (*New Economic Policy*). *ekonomi dunia* 世界経済. *ekonomi makro* マクロ経済. *ekonomi mikro* ミクロ経済. *ekonomi matang* 成熟経済. *ekonomi pasaran* 市場経済. *ekonomi-pengetahuan* 情報経済. *kemelesetan ekonomi* 経済不況. *kemunduran ekonomi* 経済後退. *krisis ekonomi* 経済危機. *pertumbuhan ekonomi* 経済成長. *kadar pertumbuhan ekonomi* 経済成長率.

ekor (ékor) **1** 尾, 尻尾: *ekor kucing* 猫の尻尾. **2** 動物や鳥を数える助数詞: *tiga ekor gajah* 3頭の象. *dua ekor nyamuk* 2匹の蚊. **3** 最後

部, ～の後: *ekor perarakan* パレードの最後部.

berekor 1 尾のある: Harimau *berekor* panjang. トラは尻尾が長い. 2 延々と続く: *berekor ke dalam mahkamah* 裁判所まで続く.

berekor-ekor 次々と, 続々と: Pelajar-pelajar *berekor-ekor* mendaki bukit itu. 生徒たちは次々に山頂に登った.

mengekor, mengekori 1 ～の後をついていく: *selalu mengekori emaknya* いつも母親の後について行く. 2 真似る: Jangan *mengekori* orang lain. 他人の真似をするな.

ekoran 結果, ～の結果として《接続詞のはたらき》: *ekoran dari perbincangan* 討論の結果. *ekoran rusuhan itu*, その暴動の結果. Ini *ekoran* permintaan terhadap ayam merosot. これは鶏肉の需要が低下した結果である. 60 orang terkorban *ekoran* tsunami itu. 津波の結果, 60名が犠牲になった.

ekosistem (ékosistem) (英) ecosystem 生態系.

eksekutif (éksékutif) (英) executive 経営幹部, 重役: *Ketua Pegawai Eksekutif* 最高経営責任者 (CEO).

ekshibit (ékshibit) (英) exhibit 証拠物件.

eksotik (éksotik) (英) exotic 外国の, 異国風の.

ekspatriat (ékspatriat) (英) expatriate 駐在員.

ekspedisi (ékspedisi) (英) expedition 探検.

eksperimen (ékspérimen) (英) experiment 実験.

ekspert (ékspert) (英) expert 専門家, 熟練者.

eksploitasi (éksploitation) (英) exploitation 搾取, 悪用.

mengeksploitasi 搾取する, 悪用する.

ekspo (ékspo) (英) expo, exposition 展示会, 博覧会.

eksport (éksport) (英) export 輸出. *cukai eksport* 輸出税. *ejen eksport* 輸出業者. *industri eksport* 輸出産業. *insentif eksport* 輸出奨励策. *kuota eksport* 輸出割当. *eksport semula* 再輸出. *peraturan eksport* 輸出規制.

mengeksport 輸出する.

pengeksport 輸出業者, 輸出国.

ekspres (éksprés) (英) express 急行: *bas ekspres* 急行バス.

ekstremis (ékstremis) (英) extremist 過激.

ekuiti (ékuiti) (英) equity 資本金.

ekzos (ékzos) (英) exhaust (自動車の) 排気パイプ.

ela (éla) ヤード (長さの単位=0.91メートル).

elak (élak); **mengelak** ～から免れる, 逃げる, 避ける: *mengelak daripada melanggar seekor ayam* 鶏を轢くのを避ける. "Tiba-tiba datang motosikal. *Saya tak sempat nak mengelak*. Saya dilanggarnya."「突然バイクがやって来て, 避ける暇がなかったので, 轢かれてしまった」. Kita tidak boleh *elak* daripada menyentuh tentang Proton. 国産車プロトンについて触れるのを避けるわけにはいかない. *Kita tidak boleh mengelak daripada memperkatakan tentang* ～について言及せざるを得ない. *mengelak diri daripada media* マスコミから身を避ける.

mengelak-elak まともに答えたがらない: Beliau *mengelak-elak*

emigran

apabila wartawan bertanyakan. 記者が質問するとあの方はのらりくらりして質問に答えなかった.

mengelakkan 〜をよける,〜を避ける: *tidak dapat dielakkan* 避けられない. *mengelakkan diri daripada* 〜を避ける. *bagi mengelakkan tragedi yang sama berulang* 同じ悲劇が繰り返されるのを避けるために.

pengelakan 回避.

elaun (élaun) (英) allowance 手当: *elaun belanja hidup* 生活手当. *elaun kerja malam* 夜勤手当. *elaun keluarga* 家族手当. *elaun lebih masa* 残業手当. *elaun pengangguran* 失業手当. *elaun perumahan* 住宅手当.

elektrik (éléktrik) (英) electric 電気: *tenaga elektrik* 電力. *Bekalan elektrik terputus.* 停電した.

elektronik (éléktronik) (英) electronic エレクトロニクス, 電子(の): *borang elektronik* 電子フォーム(書式). *kerajaan elektronik* 電子政府. *muzik elektronik* 電子音楽. *otak elektronik* 電子頭脳. *pemprosesan elektronik* 電子処理.

elemen (élemén) (英) element 要素: *Elemen tidak menentukan hilang serta-merta.* 不安定要素が即刻消えた.

elit (élit) (英) elite エリート: *kaum elit* エリート層.

elok (élok) 良い, 美しい.

eloklah 〜 / **elok lagi** 〜 = *lebih baik* するとよい: *Sekarang sudah hampir senja, eloklah kita pulang.* もう夕方になったから, 家に帰ろうよ. *Saya rasa eloklah saya pergi dulu.* そろそろお暇いたします. *Elok lagi kita berdiri di sini.* ここに立ってい

た方が良い. "Hah, *elok pun* you datang! Boleh tolong saya, tak?"「わあ, ちょうど良いときに来てくれた!手伝ってくれるよね」.

mengelokkan, memperelok (部屋や家, 公園などを) 美しくする, 改良する.

keelokan 美, 良さ.

seelok 〜と同等に良い・美しい.

seelok-elok 〜するや否や: *Seelok-elok saya tiba di rumah, hari pun hujan.* 私が家に着くや否や, 雨が降り出した.

seelok-eloknya 一番よいのは, 〜した方が良い: *Seelok-eloknya, gunakan pensel 2B.* 2Bのエンピツを使った方が良いです.

emak お母さん, 母親.

emas 金: *emas kahwin* 婚資金《結婚時に婿方が嫁方に支払うお金》. *emas merah* = *emas sepuluh mutu* = *emas tulen* 純金. *emas putih* プラチナ. *emas muda* 合金. *ikan emas* 〔魚〕金魚. *kertas emas* 金箔.

keemasan 金色の, 黄金の, 絶好の: *peluang keemasan* 絶好のチャンス; *membiarkan peluang keemasan ini berlalu* この絶好のチャンスを見送る.

embun 露: *embun pagi* 朝露. *titik embun, air embun* 水滴. *kutu embun* 夜遊びが好きな者.

berembun 露にぬれた.

mengembun 露になる, 水滴になる.

e-mel (e-mél) (英) E-mail Eメール.

emergensi (émergensi) (英) emergency 非常事態: *undang-undang emergensi* 有事立法.

emeritus (émeritus) *profesor emeritus* 名誉教授.

emigran (émigran) (英) emigrant (他国への)移住者, 移民.

emigrasi (émigrasi) (英) ＝emigration (他国への)移住.

emosi (émosi) (英) emotion 感情: *dengan penuh emosi* 感情を込めて.

empang; **empangan** ダム, 堰: *paras air di empangan* ～ダムの水位. *empangan hidroelektrik* 水力発電用ダム.

mengempang 1 ～にダムを作る: *mengempang parit* 溝を遮断してダムを作る. 2 遮断する, 防止する: *Lori yang terbalik itu mengempang jalan* 転覆したトラックが道路を遮断した.

pengempangan 遮断, 防壁:

empat 4: *segi empat = emapat segi* 四角. *empat segi bujur* 長方形. *empat segi sama* 四辺形. *empat segi selari* 平行四辺形. *empat musim* 四季. *perjumpaan empat mata* 二人だけの会談.

berempat 4人で, 4個で: *Mereka pergi berempat ke Zoo Negara* 彼らは四人で国立動物園へ行った.

berempat-empat 4人で, 4個ずつ.

keempat 4番目の, 4つ全部.

mengempatkan 4番目の妻になる.

memperempatkan 4つに分ける.

seperempat 4分の1.

empayar (émpayar) (英) empire 帝国.

empedal (鳥の)砂嚢.

emporium (émporium) (英) emporium (百貨店形式)大型商店.

empuk (食物, 着物, 声などが)柔らかい.

mengempukkan やわらかくする.

empulur (草木の)髄.

empunya 1 持ち主, 所有者: *Saya tak tahu siapa yang empunya pisau ini.* このナイフの持ち主が誰か私は知りません. *si empunya diri sendiri* ご本人は《口語的表現》. 2 所有する＝mempunyai.

En. [Encik]の略: En. Ali＝Encik Ali アリさん.

enak (énak) (Id) 美味しい→ sedap.

enakmen (énakmén) (英) enactment 法令.

enam 6: *enem segi* 6角形.

berenam 6人で, 6個で.

keenam 6番目の, 6つ全部.

seperenam 6分の1.

enap; **enapan** 沈澱物＝endap.

mengenap 沈殿する: *Biarkan kotoran itu mengenap ke dasar tangki tersebut.* 汚物をタンクの底に沈殿させた.

enau 砂糖椰子.

encik ～さん(成人男性への敬称) *Encik Ali* アリさん＝Mr. Ali. "*Encik tinggal di mana?*" [どちらにお住まいですか?].

endah (éndah) 心にとめる, 注意を払う (＝endah akan).

tak endah 気にしない, 無視する: *Ali tak endah akan nasihat ibu bapanya.* アリは親の忠告を無視した. *Dia buat tidak endah sahaja apabila saya menegurnya.* 私が彼をたしなめたら, 彼は無視する振りをした.

tak endah tak 全く気にしない, 意に介さない: *Orang ramai bersikap endah tak endah sahaja terhadap masalah ini.* 大衆はこの問題を全く意に介しない.

mengendahkan ～に注意を払う, 気にする: *tak mengendahkan nasihat* 忠告に耳を傾けない.

endap I; **endap-endap**, **endapan** 沈殿物.

mengendap 沈殿する.
mengendapkan 沈殿させる.

endap II;**mengendap** 隠れてこっそり見る.

enggan 気が進まない，〜したくない＝tak mahu, tak sudi: Saya *enggan* bekerja hari ini. 今日は働く気になれない. *enggan menjawab* 答えたがらない. Dia *enggan* pergi bersama kita, katanya dia letih. 彼女は疲れているというので，私たちと一緒に出かけたくない. *Jangan enggan bertanya*. 躊躇せずに質問しなさい. Saya *enggan melihat* Ali menjadi begitu. アリがあのようになるのを見たくない.
mengenggankan ためらう.
enggan-enggan 嫌々，躊躇.
keengganan 〜したがらないこと.

enggang 〔鳥〕＝**burung enggang** サイチョウ(犀鳥).

engkau お前《目下あるいは親しい間柄の相手への呼称》: "Aku tak akan beri duit itu kepada *engkau*." 「俺はあの金をお前になんかにやらないよ」.

engkol (éngkol) L 型手動クランク.

engku 1 王族への尊称. 2 叔父, 伯父, 祖父.

England イギリス.

engsel (éngsél) ちょうつがい(蝶番).

engsot (éngsot);**berengsot, mengengsot** ちょっとだけ動く・移動する: Dia *mengengsot* sedikit kerana terduduk di atas skirt emaknya. 彼女は母親のスカートの上に間違って座ってしまったので, ちょっとだけ身体を動かした.

enjin (énjin) (英) engine エンジン: *enjin diesel* ディーゼル・エンジン. *enjin omboh* ピストン・エンジン.

enjut; **mengenjut, mengenjut-enjut, terenjut-enjut** ゆっくりと上下に動かす, 上下に揺れる: Kepalanya *terenjut-enjut* mengikut irama muzik itu. 音楽のリズムに乗って頭がゆっくりと上下に揺れる.

ensiklopedia (énsiklopédia) (英) encyclopedia 百科事典.

entah;**entahkan** 1 知らない, わからない. *Entahlah*, 知らない, 分からない. "Mengapakah dia menangis?" "*Entah*."「なぜ彼女は泣いているのか」「分からない」. *Entah bagaimana* どうやってだか分からないが: *Entah bagaimana* dia dapat berjalan ke hospital dengan kakinya yang patah. 彼女はどうやってだか分からないが, 足が折れているのに病院まで歩いて行けた. *Entah mengapa* なぜだか分からないが: *Entah mengapa* secara tiba-tiba muncul cadangan itu daripada Kementerian Pelancongan. なぜだか分からないが突然その提案が観光省から出された. *Entah ke mana* どこへ行くのかわからない: "Ali? *Entah ke manakah*, saya tak tahu" 「アリ? どこへ行ったか, 知らない.」. *entah bila* いつだった分からない: baju yang *entah bila* kali terakhir basuhnya 最後にいつ洗濯したのか分からないような上着. 2 〜かもしれない. *entah ada entah tiada* あるかもしれないし, ないかもしれない. *Entah* dia datang, *entah tidak*. 彼は来るかもしれないし, 来ないかもしれない.
entah-entah きっと, 多分＝boleh jadi, barangkali, jangan-jangan: *Entah-entah* tiket itu sudah habis dijual. きっと切符はもう売れきれてしまったかもしれない.
berentah 知らないと言う.

enteng (énténg) 重要でない, 容易な: *Itu perkara enteng.* それはたいして重要な事ではない. *tidak boleh dipandang enteng* 軽視できない.

entrepot (éntrépot) (英) entrepot 中継貿易港, 貨物集散地.

epal (épal) apple リンゴ.

epidemik (épidémik) (英) epidemic (病気の)流行, 感染.

epik (épik) (英) epic 叙事詩.

epilog (épilog) (英) epilogue エピローグ(結び).

era (éra) (英) era 時代: *era penjajahan* 植民地時代. *era baru* 新時代: *Hubungan Malaysia—Singapura memasuki era baru.* マレーシア・シンガポール関係は新しい時代に入った.

erak (érak); **bererak, mengerak** 別れる, 分離する.

mengerakkan ほどく, 分離させる.

eram; mengeram 1 (鳥が卵を)温めてかえす, 孵化する: *Ibu ayam mengeram telurnya.* めんどりが卵を温めている. 2 (家の中などに)じっと閉じこもっている. 3 座る, 跪く.

pengeram (=mesin pengeram) 孵化器.

pengeraman 孵化.

erang (érang); **erangan** うめき声.

mengerang 痛くてうめく: *Kami ternampak Ali sedang mengerang kesakitan.* アリが痛さでうめいているのを私たちは目にした.

erat 1 (結び目が)堅い. *Dia menggenggam erat tangan saya* 彼女は私の手をしっかりと握った. 2 (関係が)密接な, 親しい: *hubungan yang erat* 緊密な関係. *kerjasama erat di antara negara-negara sekitar* 周辺諸国間の緊密な協力.

mengeratkan, mempererat (結びつき, 関係を)強化する, 結び目をかたくする: *mengeratkan hubungan antara negara* 国の間の関係を緊密にさせる.

Eropah ヨーロッパ: *Eropah Barat* 西欧. *Eropah Timur* 東欧. *Kesatuan Eropah.* 欧州連合(EU).

erti 1 意味 (=makna): *Apakah erti perkataan itu?* その言葉の意味は何ですか. *"Lama" membawa erti yang lebih menekankan kuantiti masa.* 「古い」は時間の量を強調するという意味がある. 2 利益, 用途: *Tidak ada ertinya jika gajinya kecil sahaja.* 給料が低ければ意味がない.

bererti 1 意味がある, 〜を意味する: *Warna merah pada Jalur Gemilang bererti keberanian.* マレーシア国旗の赤い色は勇気を意味する. 2 意味のある, 有益な, 使い道がある: *saat yang sangat bererti bagi saya* 私にとってとても意味のある瞬間.

mengerti 理解する, 分かる: *Saya mengerti perasaan awak.* 君の気持ちはよく分かります. *Anda mengerti maksud saya?* 私の意図が分かりましたか.

mengertikan, dimengertikan 説明する, 定義付ける, (人に)理解させる: *perkara susah untuk dimengertikan* 理解しがたい事柄. *Ayat ini tidak dapat dimengertikan.* この文章は理解できない.

ertian 定義, 意味.

pengertian 1 意味. 2 理解・知識: *pengertian mendalam* 深い理解. 3 概念. 4 説明.

seerti 同じ意味: *kata seerti dengan perkataan ini* この言葉の同義語.

esa (ésa) 唯一の: *Tuhan yang esa.* 唯一の神.
  keesaan 唯一性: *keesaan Tuhan* 神の唯一性.

esak (ésak); **mengesak, teresak, teresak-esak** すすり泣く (=menangis teresak-esak).
  esakan すすり泣き.

esei (ései) (英) essay 随筆, エッセイ.

esok (ésok) =besok. **1** 明日: *Hari ini hari Isnin, esok hari Selasa.* 今日は月曜日,明日は火曜日. **2** 今後= kelak.
  esok lusa 明日か明後日, 後日.
  mengesokkan hari 明日に延期する.
  keesokan=keesokan harinya=keesokannya その翌日.

estet (éstét) (英) estate エステート《マレーシアでは 100 エーカー以上の農園をいう》: *estet getah* 天然ゴム農園.

estetik (éstétik) エステ.

etana (英) ethane 〔化学〕エタン.

etanol (英) ethanol 〔化学〕エタノール.

eter (éter) (英) ether 〔化学〕エーテル.

eternet (éternét) (英) ethernet イーサネット 〔通信用語〕.

etika (étika) (英) ethics 倫理: *mematuhi etika kerja* 労働倫理を守る.

etiket (étikét) (英) etiquette エチケット (礼儀作法).

etilena (英) ethylene 〔化学〕エチレン.

etnik (étnik) (英) ethnic 民族, 種族, エスニック: *kelompok etnik* エスニック集団.

etologi (étologi) (英) ethology 民族学.

Euro (éuro) ユーロ (欧州連合の通貨).

evolusi (évolusi) (英) evolution 進化.

F

fabel (英) fable 寓話.

fabrik (英) fabric 織物: *fabrik bulu* 毛織物.

faedah (faédah) (Ar) **1** 有益, 利益, 効力: *Tidak ada faedah* ～してもだめである. *memberi faedah kepada* ～に利益をもたらす. *faedah kematian* 死亡給付金. *faedah sampingan* フリンジ・ベネフィット (賃金外給付). *analisis faedah-kos* 便益費用分析. **2** 利子. *faedah pinjaman* ローン利率.
  berfaedah 有益な, 利益のある, 有利な: *tidak berfaedah* 役に立たない, 無益だ.

faham (Ar) **1** 分かる, 知っている: *Sudah faham?* 分かりましたか? *Tak faham.* 分かりません. *Kurang faham* あまりよく分かりません. *Kalau ada yang belum faham sila angkat ta-*

ngan. まだ分からない人いたら, 手を挙げてください. *salah faham* 誤解する. *Buku itu susah nak faham.* その本は分かりにくい. *"You bukan tak faham dengan saya?" "Lebih lagi faham."*「君は僕の事情を分からないはずはないよね?」「分かりすぎるほど分かっている」. **2** =**fahaman** 理解, 知識, 意見, 考え, イデオロギー, 信念: *menurut fahaman saya* 私の考えでは. *faham antarabangsa* 国際主義. *faham kemanusiaan* 人道主義. *faham kapitalis* 資本主義.

memahamkan 1 理解するために熟考する: *Saya memahamkan perkara itu.* その事をよく考えた. **2** 知らせる: *Kami difahamkan oleh guru besar bahawa esok hari cuti.* 私たちは明日は休日であると校長から知らされた.

memahami 〜を充分に理解する: *tidak memahami ajaran cikgunya* 先生の教えをよく理解していない.

sefaham, sefahaman 同じ意見である: *Saya sefaham dengan awak dalam hal ini.* この点では僕は君と同じ意見だ.

bersefahaman 同じ考え, 同意する.

kefahaman 理解.

persefahaman 同意, 相互理解: *Dalam hal ini, ada persefahaman antara saya dengan Aminah.* この事については, 私とアミナの間で同意があります.

fail (英) file ファイル: *fail induk* マスターファイル. *fail peribadi* 個人ファイル.

memfailkan 〜をファイルする.

fajar (Ar) 夜明け (fajar menyingsing): *Orang Islam berpuasa dari sebelum terbit fajar sampai mata-hari terbenam.* イスラム教徒は夜明け前から日没まで断食をする.

fakir (Ar) **1** 最貧困者 (=fakir miskin). **2** 托鉢僧. **3**【古典】私=saya.

faks (英) =fax ファックス: *kertas faks* ファックス紙. *mesin faks* ファックス機.

memfakskan ファックスで送信する.

fakta (英) fact 事実.

faktor (英) factor 要素, 要因: *faktor kemanusiaan* 人的要因. *faktor persekitaran* 環境要因.

fakulti (英) faculty 学部.

falak (Ar) **1** 宇宙. **2** 天文学.

falsafah (英) philosophy 哲学: *ahli falsafah* 哲学者. *falsafah politik* 政治哲学.

berfalsafah 深く追求する, 哲学的に思索する.

famili (英) family 家族.

fana (Ar) 一時的な, つかの間の: *berpindah dari negeri yang fana ke negeri yang baqa*=meninggal つかの間の国から永久の国へ移る=亡くなる.

memfanakan 全滅する, 破壊する.

fantasi (英) =fantasy 空想, ファンタシー, 空想的作品.

fantastik (英) fantastic 空想的な, 奇想天外な.

faraid; hukum faraid (Ar) イスラム教の相続.

faraj (Ar) 女性性器 (kemaluan).

fardu (Ar) イスラム教による義務, 戒律: *menunaikan fardu haji* メッカ巡礼の義務を実行する.

fardu ain すべてのイスラム教徒個人に守ることを義務づけられた励行(一日五度の礼拝, 断食など).

fardu kifayah イスラム教徒が集団で励行すべき戒律(埋葬など).

farmasi (英) pharmacy 薬局. *ahli farmasi* 薬剤師.

fasa (英) phase 段階.

fasal (Ar)＝*pasal*【口語】**1** 章, 条項: *fasal 153 Perlembagaan Malaysia* マレーシア憲法153条. **2** 〜について, 〜に関しては: *Lupakanlah fasal kejadian tu*. その出来事については忘れなさい. *Apabila bercakap fasal masa depan*, 将来について言えば, *Fasal itu, serahkan saja kepada saya*. それについては僕にまかせてくれ. *Fasal saya, tak ada apa-apa masalah*. 私に関しては, 何も問題ありません. **3** 理由, 原因, なぜなら, 〜なので: *Fasal awak datang lambat*, saya terlepas bas. 君が遅刻したから, 僕はバスに乗れなかった. *Fasal apa datang lambat?* なぜ遅刻したのか? *Saya datang lambat fasal hari hujan*. 雨が降ったので, 遅刻した.

fasih (Ar) 流暢に, 堪能な, 上手に(しゃべる): *fasih bercakap bahasa Jepun, fasih berbahasa Jepun* 日本語を流暢にしゃべる. *fasih lidah, berlidah fasih* 雄弁な, 流暢な, 堪能な.

fasis (英) fascist ファシスト.

fasisme (英) fascism ファシズム.

fatwa (Ar) ムフティ(mufti)によるイスラム教義に基づく裁定.

fauna (英) fauna 動物群相.

Februari (英) February 2月.

federal (féderal) (英) federal 連邦の: *kerajaan federal* 連邦政府.

feminis (féminis) (英) feminist フェミニスト.

fenol (fénol) (英) phenol 〔化学〕フェノール.

fenomena (fénoména) (英) phenomenon 現象.

feri (féri) (英) ferry フェリー.

fesyen (fésyen) (英) fashion ファッション, 流行.

memfesyenkan 流行を追う.

feudal (féudal) (英) feudal 封建制度.

fikir; **memikir** 〜と思う, 考える〜, 想像する, 推測する: *Saya fikir orang itu kakak Ali*. 僕はあの人がアリの姉さんと思った. *Jangan fikir banyak*. そんなに考え込まないで. *Awak fikirlah cakap saya ini*. 僕の話をよく考えてみてくれ. *Saya tidak boleh kata apa-apa sekarang. Saya nak fikir dalam-dalam*. 今は何も言えない. よく考えてみたい. *Peragut sekarang tidak fikir dua kali untuk mencederakan mangsa menggunakan pisau*. 今日の引ったくり犯は何も考えずに相手をナイフで怪我させる.

berfikir 考える, 思う: *berfikir panjang* 熟考する, よく考える; *Dia berfikir panjang tentang* cadangan itu tetapi tidak dapat membuat kesimpulan. 彼女はその提案をよく考えたが, 結論を出せなかった. *Beri saya masa untuk berfikir*. 考える時間をください.

memikirkan 熟考する, 配慮する, 重視する: *Ya, nanti saya fikirkan. / Biar saya fikirkan dulu.* (それについて)考えておきます. *Fikirkanlah betul-betul.* よく考えなさい. *memikirkan semula perkara ini* この事を再検討する. *memikirkan perkara itu sebelum membuat keputusan.* 決心する前にその事について熟考する. *memikirkan masa depannya* 将来にことをよく考える.

terfikir ふと思い起す, 思いつく:

fiksyen

Sebelum ini *kami tidak pernah terfikir akan* dilanda bencana gempa bumi. これまでは地震に襲われるなんて思いもよらなかった. *Pada masa dahulu kami tidak pernah terfikir untuk* melancong ke China. 昔は中国へ観光に行くなどとは思ったこともなかった.

fikiran 意見, 判断, 決心, 記憶: *pada fikiran saya*, 私の意見では. *mengubah fikiran* 考えを変える. *Bagaimana fikiran awak?* 君はどう思いますか？

 berfikiran 〜な考えをもつ: *berfikiran sempit* 考えが狭い. *berfikiran luas / terbuka* 広い考えをもつ, 度量が広い.

 pemikiran 思考.

 sefikiran 同意見である.

fiksyen (英) fiction フィクション.

filamen (filamén) (英) filament フィラメント.

filem (英) film フィルム, 映画. *filem hitam putih* 白黒フィルム. *filem warna* カラー・フィルム. *mencucikan filem* 写真を現像する. *melihat filem* 映画を観る. *membuat filem* 映画を製作する.

Filipina フィリピン.

Firaun ファラオ(古代エジプト王の敬称), 暴君.

firdaus (英) paradise 楽園, 天国.

firma (英) firm 企業, 会社.

firman (Ar) 神のお告げ.

fiskal (英) fiscal 国庫の, 財政上.

fitnah (Ar) 中傷, 悪口, 誹謗.

 fitnah-memfitnah 互いに悪口を言う.

 memfitnah, memfitnahkan 中傷する: *membuat fitnah* 中傷する. *memfitnahkan kawan* 友達を中傷する.

fius (英) fuse ヒューズ.

fizik (英) physics 物理学.

fizikal (英) physical 肉体的な, 物質の, 自然の: *latihan fizikal* 肉体的訓練. *geografi fizikal* 自然地理学.

fleksibel (fléksibel) (英) flexible 柔軟な.

fokus (英) focus 焦点.

 berfokus 集中する.

 memfokuskan 〜の焦点を合わせる, 〜に集中させる.

fomen (fomén) (英) foreman 親方, 現場監督.

fon (英) font フォント, 同一書体.

fonem (foném) (英) phoneme 音素.

formal (英) formal 儀礼的な, フォーマル, 正規の.

format (英) format フォーマット(型, 体裁): *format data* データ・フォーマット. *format sistem* システム・フォーマット.

formula (英) formula 公式: *Formula Satu* F1 フォーミュラ・ワン.

forsep (forsép) (英) forceps ピンセット.

formaliti (英) formality 形式的, 形だけのこと: *hanya formaliti saja* 形だけにすぎない.

forum (英) forum フォーラム: *Forum Serantau ASEAN* 東南アジア諸国連合(ASEAN)地域フォーラム(ARF).

fosforus (英) phosphorous 3価燐.

fosil (英) fossil 化石.

foto (英) photo 写真: *melihat album foto* 写真アルバムを見る. *mengambil foto* 写真を撮る.

fotogenik (fotogénik) (英) photogenic 写真写りのよい.

fotograf (英) photograph 写真.

fotokopi フォトコピー.

fotostat （英）photostat 複写機, フォトコピー: Apa yang awak *fotostat* lama sangat ni? さっきから何をそんなにコピーしているの？

foya; **berfoya-foya**, **foya-foya** （お金や時間を使って）気ままに過ごす: *berfoya-foya* di Pulau Bali バリ島で気ままに過ごす.

francais （英）franchise フランチャイズ.

frekuensi (frékuénsi)（英）frequency 周波数, 頻度: *audio frekuensi* 可聴周波数.

fros （英）frost 霜, 氷点下.

fungsi （英）function 機能, 働き, 任務: *fungsi paru-paru* 肺の機能. *fungsi guru* 教員の任務. *fungsi darjah* 関数.

berfungsi 機能する: Mesin ini tidak *berfungsi* lagi. この機械はもう機能していない.

G

gabah 籾(もみ).

gabal 雑な(仕事).

gabenor （英）governor. 1 （中央銀行）総裁: *Gabenor Bank Negara Malaysia* マレーシア中央銀行総裁. 2 スルタンのいないペナン, マラカ, サバ, サラワク4州の統治者《1975年以降は, Yang Dipertua Negeri と称され, Gabenor は使わない》.

gabung 束ねたものを数える助数詞(〜束): tiga *gabung* tebu 三束のサトウキビ.

bergabung 結合する, 合併する, 合同する, 参加する: Kedua-dua bandar *bergabung* menjadi satu. 二つの都市が合併して一つになる. *Bolehkah saya bergabung*? 参加してもいいですか？

menggabungkan 1つに束ねる, 結合させる, 合併させる, 統合させる: *menggabungkan* dua satelit 二つの衛星を結合させる. *menggabungkan* semua syarikat kecil *menjadi satu*. すべての小さな会社を結合させて一つにする.

gabungan 1 束, 束ねられたもの. 2 連合(会), 合同(組織): *Gabungan Pelajar-Pelajar Melayu Semenanjung* (GPMS) マレーシア半島部マレー人学生連合会.

pergabungan 結合, 合併.

penggabungan 結合・統合・合併すること: *penggabungan* bank 銀行の合併.

gabung jalin; **menggabungjalinkan** 混ぜる, つなぎ合わせる: *menggabungjalinkan* dua budaya yang berbeza 二つの異文化を混交する.

gabus コルク.

gada; **penggada** 棍棒.

menggada 棍棒でなぐる.

gada-gada 長三角旗(風の方向を知るために船の帆柱につける旗).

gadai 質に入れること: *gadai janji* 抵当. *rumah gadai, pajak gadai* 質屋. *tebus gadai* 質から請け出す.

Saya tidak *gadai* lesen dan permit yang saya ada. 私が所有している(政府からの)ライセンスや許可を他人に渡してコミッションを取得するようなことはしていない.

bergadai 質に入れて金を借りる: Dia terpaksa *bergadai* untuk menyara hidup keluarganya. 彼は家族を養うために質入せざるをえなかった. *bergadai nyawa untuk ~* 命を賭けて~する; Dia sanggup *bergadai nyawa* demi ibunya. 彼は母のためなら命を賭ける用意がある.

menggadaikan ~を質に入れる.

gadaian 質草=*barang gadai*: Dia tidak ada wang untuk menebus semula gadaiannya. 彼は質草を買い戻すだけの金がない.

pegadaian 質屋.

penggadaian 質に入れること, 質屋.

tergadai 質に入っている: Rumahnya *sudah tergadai*. 家は質に入っている.

gadang; **mengadang** 横柄な態度をとる.

gading 1 象牙(=*gading gajah*): *menara gading* 象牙の塔. 2 アイボリー色, 象牙色 (*warna gading*). *Tak ada gading yang tak retak.* 【諺】ひびのない象牙はない(物には完璧なものはない).

bergading 象牙のある.

menggading 1 象牙で突き刺す. 2 (若いココヤシが)象牙に似ている.

gading-gading 船の肋材, 車輪のふち.

gadis 少女, 娘.

gado-gado (Jw)〔食〕ガド・ガド《野菜にナッツやタマリンドを混ぜたインドネシア風のサラダ》.

gaduh 1 けんか, 争い, 大騒ぎ: *Jangan gaduh!* けんかするな, 騒ぐな. *membuat gaduh* けんかをする, 騒ぐ. *mencari gaduh* けんかを売る: "Kenapa awak tumbuk saya? Ok, *nak cari gaduhkah?*"「なぜ僕を殴ったか, けんかを売るつもりか」. 2 心配する: *Jangan gaduh*, nanti saya urusukan semuanya. 心配するな, 私が全てをうまく処理するから.

gaduh-gempur, **kegaduhan** 騒乱, 混乱.

bergaduh けんかする, 争う, 大騒ぎをする.

bergaduhan 互いに言い争う.

menggaduh, **menggaduhkan** 1 混乱させる, 乱す. 2 心配する: *Jangan mengaduh tentang* hal saya. 私のことを心配しないで.

perguduhan 騒乱, けんか.

gagah 1 勇敢な: *gagah berani / perkasa* 勇敢な. 2 強い, たくましい: Walaupun sudah tua, namun dia masih *gagah* berjalan ke kedai. 年老いたけれども, まだ元気に店まで歩いて行く.

bergagah-gagahan 1 互いに力比べをする. 2 格好をつける.

menggagahi 1 制圧する. 2 暴行する.

menggagahkan 勇気を出す, 勇気付ける: *menggagahkan diri* 勇気を出す.

kegagahan 勇敢さ.

gagak 〔鳥〕カラス.

gagal 失敗する, 落第する: *gagal dalam peperiksaan* 試験に落第する. *gagal dalam percintaan, gagal bercinta* 失恋する. *gagal dalam hidup* 人生に敗れる. *gagal temuduga kerja* 就職の面接に失敗する. Noordin *gagal* ditangkap polis. 警察はノルデインを逮捕するのに失敗した.

menggagalkan 失敗させる, 挫折させる.

kegagalan 失敗, 挫折: *kegagalan percintaan* 失恋. *Dia kecewa kerana kegagalannya dalam peperiksaan itu.* 試験に失敗したので落ち込んでいる.

gagang 1 (花や植物の)茎. 2 (受話器, 銃の)握る部分: *gagang telefon* 受話器: *meletakkan gagang telefon perlahan-lahan* 受話器をゆっくり置く. *gagang pistol / senapang* 銃の握り. *balik gagang* 反逆する.

gagap ; **menggagap** どもる: *Dia gagap sejak masih kanak-kanak.* 彼は子どものときからどもる.

tergagap-gagap どもりながらしゃべる: *Dia tergagap-gagap ketika bercakap.* 話すときにどもる.

gagas ; **menggagas** 抱負を持つ.
gagasan 構想, アイディア.
gagau ; **menggagau** 手探りする, 暗中模索する＝meraba-raba: *menggagau mencari lilin dalam gelap* 暗闇の中でろうそくを手探りする.

tergagau 手探りして進む.

gahara (Sk) 王家の嫡出.

gaharu (kayu gaharu) (Sk) [植] 沈香.

gait ; **penggait, gaitan** フック, 留め金.

menggait 1 (留め金などで)引っ掛ける: *menggait buah-buah kelapa* ヤシの実をフックで引っ掛けてとる. 2 掘る.

gajah (Sk) [動] 象, 巨大なもの: *Gajah makan pisang.* 象はバナナを食べる. *gajah lalang* 飼い慣らされた象. *gajah liar* 野生の象. *gajah menyusu* 母屋につながるひさし. *main gajah-gajahan* チェスをする. *nyamuk gajah* 巨大な蚊. *badak gajah* 巨大なサイ.

gaja putih 1 白い象. 2 [比喩] 高価なだけで役に立たないもの (*seperti gajah putih*): *projek gajah putih* 資金ばかりかかるが無駄なプロジェクト. *Gajah mati meninggalkan tulang.* [諺] 人の功績は亡くなった後も忘れられない. *Gajah sama gajah berjuang, pelanduk mati di tengah-tengah.* / *Gajah bergajah-gajah, pelanduk mati tersepit.* [諺] 偉い人たちが対立すると, 被害を受けるのはいつも庶民の方.

bergajah 象に乗る, 象を使う.

gajak 振る舞い, 行動.

gaji 給与, 給料: *gaji bulanan* 月給. *gaji harian* 日当. *kenaikan gaji* 昇給. *gaji pokok* 基本給. *hari gaji* 給料日. *gaji minimum* 最低賃金. *menerima gaji* 給与を得る.

makan gaji 給与のために働く: *semasa saya bekerja makan gaji dahulu* 昔サラリーマンとして働いていたとき.

makan gaji buta sahaja あまり働かずに給料をもらう.

bergaji 給与を得る: *bergaji besar* 高い給料をとる. *bergaji tetap* 決まった給料を得る.

menggaji 雇う, 雇用する: *menggaji 40 pekerja* 40人の従業員を雇う. *menggaji pendatang asing tanpa izin (PATI)* 不法入国外国人を雇う. *menggaji dia dengan gaji yang besar* 高給で彼を雇う.

gajian 労働者, 使用人 (＝orang gajian).

penggajian 雇用.

gajus [植] カシューナッツ.

gala ; **segala-gala** 全ての.

segala-galanya 全て: *Duit bukan segala-galanya di dunia fana* ini. この世はお金が全てではない.

galah 長い棒: mengait buah rambutan itu dengan *galah panjang* 長い棒を使ってランブータンの実を引っ掛けてとる.

bergalah 棒を使う, 竿で舟をこぐ.

menggalahkan 竿を使って舟を動かす.

galak 1 (犬などが)どう猛な: anjing yang *galak* どう猛な犬. 2 (泣き声が)激しくなる: Tangisan bayi itu semakin *galak*. 赤ん坊の泣き声がますます激しくなる.

menggalakkan 1 励ます, 奨励する: *menggalakkan* Ali *supaya* belajar アリに勉強するよう励ます. *menggalakkan* dia meneruskan pelajarannya 彼女に勉強を続けるよう励ます. 2 けしかける, 煽動する: Dia *menggalakkan* orang-orang *agar* memberontak. 彼は民衆に反乱するようにとけしかけた. 3 刺激する, (食欲を)そそる: Nasi beras baru ini memang *menggalakkan selera*. Tiga kali saya tambah nasi. この新米のご飯は食欲をそそる. 三回もおかわりした.

galakan 励まし, 奨励: *memberi galakan kepada* ～を励ます. Dia *menerima / mendapat galakan daripada isterinya untuk* belajar terus. 彼は引き続き勉強するように妻から励ましを受けた.

penggalak 1 支持者. 2 ブースター(昇圧機).

penggalakan 奨励.

galang 支柱, 枕木: *galang kepala* 枕(=bantal). *galang perahu* 陸上の舟に敷く枕木.

bergalang 支柱を使う.

menggalang 1 ～を支える: tidur di atas sofa sambil *menggalang kepalanya dengan* kusyen 頭をクッションに寄り掛かりながらソファーの上で寝る. 2 邪魔する, 妨害する: Lelaki itu cuba *menggalang* usaha kami. その男が私たちの事業を妨害しようとした.

menggalangkan ～を支柱にする: Dia tidur dengan *menggalangkan* lengannya. 彼は腕を枕にして寝た.

galangan 障害, 差し障り.

galas 天秤棒: *membawa beg galas* リュックサックを背負う.

menggalas 1 天秤棒で担ぐ= mengandar. 2 肩で荷物を担ぐ: *menggalas beg* バッグを背負う. 3 行商する.

gali; **bergali**, **menggali** 穴を掘る, 採掘する: *menggali lubang* 穴を掘る. *menggali lubang menutup lubang*【諺】借金を払うためにまた借金する.

galian 鉱物: *air galian* ミネラル・ウォーター. *bahan-bahan galian* 鉱物資源.

gali-galian 鉱物類.

penggali 1 掘る人: *penggali kubur* 墓掘り人. 2 鍬, シャベル.

galir 1 (ネジや鍵が)緩む, はずれる. 2 (演説が)なめらかな.

galur → alur.

gam I 糊(のり): *sapukan gam* 糊を塗る.

gam II; *kena gam* 発禁される.

mengegam (芸人の活動を)禁止する, 抑制する: Pelakon itu *digam* dari muncul di kaca televisyen kerana kelakuannya yang tidak senonoh. その俳優はみだらな行為ゆえにテレビに出るのを禁じられた.

gamak 推測する, 憶測する.

menggamak, **menggamak-gamak** 1 手にとってその重さや大

きさを推測する. **2** 憶測する, 推量する.

gamaknya たぶん, おそらく.

tergamak 平気で～する: *tergamak menyembelih manusia* 平気で人間の首をはねる. *Dia tergamak mencederakan anaknya sendiri.* 彼女はわが子を平気で傷つけた.

tak tergamak ～する気になれない: *Saya tidak tergamak menyampaikan berita sedih itu keadanya.* 私はその悲報を彼女にどうしても伝える気になれない.

gamam; **tergamam** びっくりする, ぎょっとする, 唖然とする: *tergamam melihat lembaga hitam itu* 黒い影を見てぎょっとする.

kegamaman 狼狽, 驚き.

gamang (高所恐怖症)下を見ると怖くなる: *Saya berasa gamang apabila melihat ke bawah dari tempat yang tinggi.* 高い所から下を見ると怖くてめまいがする.

gamat 騒がしい=bising: *Dewan itu gamat dengan tepukan penonton.* 講堂は観客からの拍手で騒然とした.

kegamatan 騒がしさ.

gambang 木琴.

gambar 写真, 絵, 絵画: *mengambil gambar* 写真を撮影する. *membuat gambar perahu* 舟の絵を描く. *gambar bumi* 地図. *gambar foto* 写真. *mengambil gambar kenangan* 記念写真を撮る. *gambar sisip*, *gambar slaid* スライド. *wayang gambar* 映画. *gambar rajah* 図表. *Adakah gambar keluarga anda?* 家族の写真はありますか: *Saya akan kirimkan gambar nanti kepada anda.* あとから写真を送ります.

bergambar **1** 挿絵付きの～: *kamus bergambar* 挿絵入りの辞書. *buku cerita bergambar* 絵本. *wang kertas bergambar pokok pisang* バナナの木の挿絵がある紙幣《日本軍政時代の10ドル紙幣のこと》 **2** ポーズをとる(写真を撮る): *Dalam gambar ini, saya bergambar dengan kawan baik saya.* この写真では僕は親友と写っています. *Bolehkah saya bergambar dengan anda?* あなたと一緒に写真を撮ってもかまいませんか. *bergambar beramai-ramai* 集合写真を撮る.

menggambar 絵を描く, 描く: *suka menggambar pemandangan* 風景を描くのが好きである.

menggambarkan **1** 絵を描く: *menggambarkan seekor harimau* 虎を描く. **2** 描写する, 表現する: *Bab ini menggambarkan kehidupan rakyat di zaman Jepun* 本章は日本軍政時代における住民の生活を描写している. *Keadaan kemalangan itu tidak dapat digambarkan dengan kata-kata.* 事故の状況は言葉では言い表せないほど(ひどい). *Tidak ada kata-kata yang lebih tepat untuk menggambarkan keadaan kemalangan itu melainkan ～* 事故の状況をより正確に言い表すには～と言うしかない.

gambaran **1** 絵図: *gambaran rentas* 断面図. **2** 印象, 描写, 説明.

tergambar 描かれている, 思い起こす: *Macam-macam tergambar dalam kepalanya.* 彼女の頭にはいろんなことが思い浮かんだ. *Kegembiraannya tergambar pada wajahnya.* 彼女の喜びが表情に表れている. *Apabila kita menyebut Melayu, tergambarlah di mata kepala kita* hanya orang Melayu yang diam di Semenanjung saja. マレー人と言うと, 私たちの頭に浮かぶのは, マレーシア半島部に居住するマレー人のみである.

penggambar 絵描き.

penggambaran 1 図解, 挿絵. 2 (映画の)撮影: *melakukan penggambaran* di dalam laut 海中で撮影する.

gambir 〔植〕ガンビール《嚙みタバコの材料のほか, 染料, 血止剤などの医薬品にもなる》.

gambus リュート(六本の弦を持つアラビアの弦楽器).

gambut 柔らかい土, ピート(泥炭): kebakaran *tanah gambut*. 泥炭が燃えること.

gamelan (gamélan) ガメラン.

gamit 指を使った合図.

menggamit 指で合図する, (こっちへ来るよう)手招きする: *menggamit dia dari jauh* 遠くから彼に指で合図した. faktor yang *menggamit mereka ke sini* 彼らをここに引き寄せた要因.

ganas 狂暴な, どう猛な: *anjing yang ganas* どう猛な犬.

mengganas 狂暴になる, 暴力的になる, 恐れさせる, (暴風や伝染病が)ますます激しくなる: Gajah itu *mengganas* apabila kakinya tercedera. 象は足を怪我して狂暴になった. Ribut *mengganas* sepanjang malam. 暴風が夜通し激しくなった. Wabak taun *mengganas*. コレラが猛威をふるう.

keganasan テロ, 狂暴, 暴力: *menghapuskan keganasan* テロを撲滅す. bertindak balas *melakukan keganasan* テロを行って報復する. *keganasan rumah tangga* 家庭内暴力.

pengganas テロリスト, 暴徒: *kumpulan pengganas* テロ集団. *tindakan pengganas* テロ活動.

pengganasan 暴力行為.

ganda 倍: *dua kali ganda* 二倍. *tiga kali ganda* 三倍. *berlipat ganda* 何倍にも跳ね上がる.

berganda 倍増する.

berganda-ganda, ganda-berganda 数倍.

menggandakan, mempergandakan 数倍に増やす.

gandaan 倍増, 相乗: *kesan gandaan ekonomi* 経済への相乗効果. *kata gandaan* 重複語・畳語.

pergandaan 倍数.

penggandaan 倍増.

ganding; berganding, bergandingan 1 一緒に並んで: *berjalan berganding ke sekolah* 一緒に並んで学校へ行く. berjalan *berganding tangan* 手をつないで歩く. 2 協力する: *berganding tenaga* membersihkan kawasan sekolahnya みんなで協力して学校の周辺を掃除する. *berganding bahu bersama* membaiki jalan 協力して道路を補修する. *berganding bahu dengan* negara-negara lain 他国と協力する.

menggandingkan, mempergandingkan 1 つなぐ, つなげる: *menggandingkan* tangan isterinya 妻の手をつなぐ. 2 ～に近付ける, 関連づける: *menggandingkan* masalah itu *dengan* kejadian sebentar tadi その問題をさっき起こった出来事と関連づける.

gandum (Pr) 小麦: *tepung gandum* 小麦粉.

ganggang; berganggang 身体を暖める.

menggangang 火に暖める, 火にあたる.

ganggu; **mengganggu, mengganggui** 邪魔する, 妨げる, 妨害する: Dahulu kampung ini selalu *diganggu oleh* pencuri 昔, この村はいつも泥棒に悩まされた. *mengganggu tidurnya* 睡眠を邪魔する. *mengganggu fikiran* 〜を悩ます. "*Maaf jika menggagngu.*"「ご迷惑になるようでしたらごめんなさい」. "*Maaf mengganggu* encik *malam-malam begini.*"「こんなに夜遅くお邪魔してすみません」. "*Saya minta maaf mengganggu* Pak Salim sudah satu jam lamanya.*"《辞去するときの決まり文句》「サリムさん, もう1時間もお邪魔してしまい, すみません」.

gangguan 障害, トラブル, 邪魔: *gangguan bekalan elektrik* 電力供給障害(停電トラブルのこと): Bandar itu *mengalami gangguan bekalan elektrik*. その都市が停電した. *Gangguan bekalan air* akan berlaku. 断水になる. *gangguan seksual* セクハラ.

pengganggu 妨害ばかりする人.

terganggu 邪魔される, 妨害される.

gangsa (Sk) 青銅, ブロンズ: *pingat gangsa* 銅メダル.

ganja 大麻.

ganjak; **berganjak** 1 ちょっと動く, 場所を変える: Dia *tidak berganjak sedikit pun*. 彼は微動だにしない. 2 (意見などを)変える, ぶれる: Sokongan mereka kepadanya *tidak berganjak*. 彼に対する彼らの支持は変わらなかった. Pendiriannya *tidak berganjak* walaupun dia diugut beberapa kali. 何度も脅かされたが, 自分の意見を変えなかった.

mengganjak, mengganjakkan 動かす.

ganjar; **mengganjar, mengganjari** 1 〜に報償を与える, 報いる: *mengganjar Ali* アリに報償を与える. 2 〜を罰する: Pengganas-pengganas itu akan *diganjar* kalau tertangkap. テロリストは逮捕されれば罰せられる.

mengganjarkan 1 報償を与える: *mengganjarkan* Ali *dengan* sebuah buku, / *mengganjarkan* sebuah buku *kepada* Ali アリに1冊の本を報償として与える. 2 罰する.

ganjaran 1 報償, お駄賃: *menerima ganjaran* sebanyak RM1,000 dari pejabatnya オフィスから1,000リンギットの報償金を受け取る. 2 (Id) 報い, ペナルティ: Orang yang berdosa akan *menerima ganjarannya* di akhirat. 罪深いものは死後の世界で報いを受ける.

ganjil 1 奇妙な, 変な: *Ganjil* sungguh pokok pisang itu: jantungnya dua. このバナナの木は奇妙だ: つぼみが二つある. 2 奇数=nombor ganjil: *Angka-angka ganjil* ialah 1, 3, 5, 7 dan seterusnya. 奇数とは1, 3, 5, 7など.

mengganjil 奇妙に振る舞う, 変な振る舞いをする.

mengganjilkan 1 奇妙な. 2 奇数にする.

keganjilan 奇妙, 異常.

gantang 1 ガンタン(粉米などの容量を計るマレーの伝統的単位: 1 gantung=2 arai=4.54609リットル). 2 枡(米を計る容器). *Melukut di tepi gantang.*【諺】枡の淵についている米屑(人目につかない小さな事, 低く見られる事).

ganti 代わり, 代理: *sebagai ganti* 〜の代理として, 〜の代わりに: memberikan hadiah kepada pekerjanya *sebagai ganti wang* お金の代わりにプレゼントを従業員に与える. "Jadi, nak makan apa *sebagai ganti*?"「それでは代りに何を食べればいいの」. *kata ganti* 代名詞. *tayar ganti* スペア・タイヤ. *alat ganti* スペア・パーツ. *ganti rugi (silih rugi)* 賠償.

berganti 代わる, 替わる, 取り換える: *berganti nama kepada* ~ 名前を~に変える. *berganti pakaian* 着替える. *berganti bulu* 態度・意見を変える. *hari berganti hari* 日に日に.

berganti-ganti, bergantian 順番に, 交代しながら: Kami *berganti-ganti* memandu kereta itu sepanjang malam. 僕らは交代しながら車を夜通し運転した. Saya *bergantian* beratur dengan adik saya untuk mendapat tiket balik ke kampung halaman. 僕は帰省切符を取るために弟と交代で並んだ.

mengganti 1 取り換える: *mengganti* basikal lama saya *dengan* sebuah basikal yang baru 僕の古い自転車を新しい自転車に取り替える. 2 ~の代わりになる, 代理になる: Ia *mengganti* tempat pengurus selama tiga bulan. 彼は三ヵ月間マネージャーの代理を務めた. 3 弁償する: Pihak insurans *mengganti* belanja membaiki keretanya. 保険会社が車の修理費を弁償する.

menggantikan ~代わりに, 取り換える, ~の後任者にする: Datuk Seri Abdullah *menggantikan* Tun Dr. Mahathir アブドラ氏がマハティール氏の後任になった. Tenggang telah *menggantikan tempat* bapanya. テンガンは父親の後任者(跡継ぎ)になった. Kami hanya berpakaian lengan pendek *menggantikan* kot dan tali leher kerana penghawa dingin tidak dibuka sepenuhnya. 冷房が全面的につかないので, 背広とネクタイに代わって半袖を着ているだけだ.

pengganti, gantian 代理, 後任者. *pengganti* PM Abdullah アブドラ首相の後任. *pemain gantian* 控え選手.

penggantian 交代, 取換え: *penggantian ketua kampung* 村長の交代. *penggantian atap rumah* 屋根の葺替え.

pergantian 変更: *pergantian nama* 名前の変更. *pergantian musim* 季節の変わり.

gantung; *gantung diri* 首吊り自殺する. *hukum gantung (sampai mati)* 絞首刑. *kahwin gantung* 正式な式をする前の婚約又は結婚. *jambatan gantung* つり橋. *lampu gantung* シャンデリア.

bergantung 1 ぶら下がる: Monyet-monyet itu *bergantung* di dahan kayu. サルたちが木の枝にぶら下がっている. 2 ~に依存する, ~に左右される, ~次第である: *bergantung kepada* anak-anaknya 子供たちに依存する. Penduduk di pulau ini *bergantung hidup dengan* sektor pelancongan. この島の住民は生計を観光業に依存している. Jangan terlalu *bergantung kepada* bantuan kerajaan. 政府の支援にあまりにも依存するな. *bergantung kepada* keputusan PM 首相の決定に左右される. *Itu bergantung kepada* anda. それはあなた次第です. *Bergantung pada keadaan.* 状況次第です.

menggantung 1 絞殺する. 2 解雇する: *menggantung* pemain itu kerana tidak mengikut arahan jurulatihnya 監督の命令に従わなかっ

たのでその選手を解雇する. **3** 延期する, 停止する: Pelajar itu *digantung sekolah sementara*. その生徒は停学処分をうけた. *menggantung atau membatalkan* lesen memandu 運転免許を停止あるいは剝奪する. Sultan *menggantung dan melucutkan gelaran Datuk* mereka yang disabitkan kesalahan oleh mahkamah. 裁判で有罪が確定した者のDatukの称号をスルタンは停止および剝奪する. Kilang ini *digantung sementara* lesen operasinya. この工場は操業ライセンスが一時停止された.

menggantungkan 1 吊るす: *menggantungkan* gambar Yang di-Pertuan Agong 国王の写真を吊るす. **2** 〜に託す, 〜に依存する: Saudaralah yang menjadi tempat Aminah *menggantungkan harapannya*. アミナが願いを託せるのは君だけだ.

tergantung 1 つるされた: Layang-layangnya *tergantung* pada tiang itu. 凧が柱につるされたままだ. **2** 〜に左右される, 〜次第である: Perkara ini *tergantung kepada* keputusan anda. この事はあなたの決定次第です.

penggantungan 停止: *penggantungan lesen memandu* selama dua minggu bagi mereka yang terbabit dalam kemalangan jalan raya 交通事故を起こした者は二週間の免停(運転免許の停止).

pergantungan 1 つるす物, つるす場所, 拠り所. **2** 依存: *budaya pergantungan kerajaan* 政府に依存する文化. mengurangkan *pergantungan* kepada dolar AS 米国ドルへの依存を軽減する.

ganyah; **mengganyahkan** 強くこする: Lantai itu *diganyahkan* kuat dengan berus supaya keluar semua dakinya. 床の汚れを落とすために床をブラッシで強くこすった.

gapai; **bergapaian** 手を伸ばす. **menggapai** 〜を取ろうと手伸ばす: *menggapai* pelampung itu 浮き輪を取ろうとして手を伸ばす.

menggapai-gapaikan 手を伸ばしてつかもうとする: Budak itu menangis dan *menggapai-gapaikan tangannya kepada* ibunya. その子は泣きながら手を伸ばして母親をつかもうとした.

gara-gara I 天災, 騒動＝bencana.

gara-gara II 〜の(悪い)結果, 〜の故に: *Gara-gara judilah* dia menjadi miskin. 博打故に貧乏になった.

garam 塩, 塩のアルカリ. *garam dapur* 食塩. *garam galian* 岩塩. *banyak makan garam* ＝ *banyak menelan garam hidup*【諺】人生経験が豊富だ.

bergaram 塩を含んでいる.

menggaram 塩辛くなる.

menggaramkan, **menggarami** 塩をかける: *menggarami ikan itu* 魚に塩を振りかける.

garang どう猛な, (風が)激しい＝galak.

gari 手錠.

bergari 手錠をかけている: dibawa ke balai polis *dengan tangan bergari* 手錠をかけられて警察署に連行される.

menggari 手錠をかける: Polis *menggarinya* tetapi dia berjaya melarikan diri. 警察が彼に手錠をかけようとしたが,彼は見事に逃げた.

garing (Jw) 固くてぱりぱりした, カ

garis

リカリに乾く：Dia suka makan *ikan goreng yang garing*. カリカリに揚げた魚を食べるのが大好きだ.

garis; **garisan** 線, ライン, 境: *garis akhir / penamat* ゴールライン. *garis bawah* アンダーライン・下線. *garis besar / kasar* 大綱・概要. *garis bentuk* 概観, アウトライン. *garis bujur* 経度. *garis lintang* 緯度. *garis Jadi* 南回帰線. *garis Sartan* 北回帰線. *garis panduan* ガイドライン. *garis pusat* 直径; Pokok itu *bergaris pusat 5.32 meter*. 直径5.32メートルの樹木. *garis sejajar* 平行線. *garis tegak* 垂直線. *garisan dua* di jalan-jalan 道路の二車線.

bergaris 線の引いてある: *kertas bergaris* 線の引いてある用紙.

bergaris-garis 線が沢山引いてある.

menggaris ～に線を引く, 引っかく: *menggaris halaman bukunya dengan dakwat merah* 本のページに赤インクで線を引く.

menggariskan ～に線を引く: *menggariskan perkataan-perkataan yang penting* 重要な単語にアンダーラインを引く.

penggaris, **kayu penggaris** 定規, 線引き.

garpu (Po) フォーク.

garu くま手, まぐわ.

bergaru 引っ掻く.

menggaru (土や頭などを)掻く: *menggaru kepala sahaja* (誇り)頭をかく.

menggaru-garu 繰り返し引っ掻く: *Anjing itu menggaru-garu badannya*. 犬が自分の身体を引っ掻き回す.

penggaru まぐわ.

garuda ガルーダ《神話の世界に出てくる鷲のような動物》.

garuk → **garu**.

gas (英) gas ガス: *gas air mata*, *gas pemedih mata* 催涙ガス. *gas beracun* 有毒ガス. *gas asli cecair* 液化天然ガス (LNG). *minyak gas* 灯油. *gas petroleum cecair* 液化石油ガス (LPG).

gasak I 【口語】～に任す, 放っておく, 好きなようにさせる = ikut suka hati: Kalau Ali nak pergi juga dalam hujan yang lebat ini, *gasaklah*. この激しい雨の中をアリがどうしても行きたいというなら, 勝手にさせればよい.

gasak II; **menggasak** 1 激しく殴る: Pencuri itu *digasak* oleh orang-orang kampung sehingga pengsan. 泥棒は村人に激しく殴られて失神した. 2 すばやく平らげる, 急いで～する: Apa sahaja makanan yang ada di hadapannya *digasaknya* habis-habis. 目の前にある食べ物なら何でもすぐ平らげてしまった.

gasal 奇数 *nombor gasal* = angka ganjil.

gasing こま(独楽).

bergasing こまを回す.

gasolin (英) gasoline ガソリン.

gatal 1 かゆい: Tangan saya (*rasa*) *gatal* digigit nyamuk. 蚊に刺されて手がかゆい. 2 ふしだらな, みだらな, 好色の.

gatal-gatal ～したいと熱望する: *gatal-gatal mulut* 人の悪口を言いたがる. *miang gatal-gatal* 好色の.

menggatalkan かゆくする.

kegatalan かゆみ, かゆさ.

gaul; **bergaul**, **bergaulan** 1 混じる. 2 交際する, 付き合う: Jangan bergaul dengan mereka. 彼らとは付

menggaul 混ぜる, 混合する.
menggauli, mempergauli 〜と付き合う.
menggaulkan 〜と混ぜ合わせる: *menggaulkan* simen *dengan* pasir セメントと砂を混ぜ合わせる.
pengaulan 付き合い, 交際, 混合.
gaun (英) gown 女性の西欧風ドレス(裾が広がる).
gaung I こだま(エコー).
bergaung こだまする, 響く.
gaung II 山峡, 深い谷, 崖下: Bas itu terjunam ke dalam *gaung* sedalam 20 meter. バスが深さ20メートルの崖下に転落した.
gawai I (Jw) 仕事, 義務 → **pegawai** 職員.
gawai II イバン族の伝統祭礼.
gawat (Jw) 危険な.
kegawatan 危機: *kegawatan ekonomi* 経済危機.
gaya (Sk) 1 行為, 振る舞い. 2 スタイル, 様式, 方法: *gaya bebas* 自由形, フリースタイル: *100 m gaya bebas* 100メートル自由形. *gaya berlari yang baik* 良い走り方.
gaya-gayanya おそらく, 〜のようだ.
bergaya 1 見せびらかす. 2 〜のふりをする, 品をつくる, ポーズをとる.
menggayakan 1 やって見せる. 2 見せびらかす.
penggayaan 表現.
gayung I 長い杖のついたひしゃく.
gayung II 1 武器として使う杖. 2 殴打.
bergayung シラット(マレー式護身術)をする.
gayut; bergayut ぶら下がる: Orang utan *bergayut pada* pokok. オランウータンが木にぶら下がる.
menggayuti 1 〜に掛かっている. 2 の負担となる.
menggayutkan 〜を掛ける, 吊り下げる: *menggayutkan* topinya di belakang pintu 帽子をドアの後ろに掛ける.
gear (géar) (英) gear ギア.
menggear ギアを入れる.
gebar 掛け布団 (= kain gebar).
gebu 1 (土や根菜が)やわらかい: *tanah gebu* やわらかな土壌. 2 (肌が)すべすべしている: si cantik manis yang *berkulit gebu ini* 肌がすべすべした可愛い子ちゃん.
gecar 1 よだれ・唾液(air liur)が出る: kuih yang *membuat mulut anda gecar* よだれが出そうなお菓子. 2 液体.
gedempol (gedémpol) 太った (= gemuk gedempol).
gedombak グドンバック(片面のみに山羊の革を張ったマレーの伝統的手太鼓).
geduk グドク(高い音を出すマレーの伝統的太鼓).
gedung 大きな建物, ビル: *gedung putih* ホワイトハウス(アメリカ大統領官邸). *gedung membeli-belah* ショッピング・コンプレクス.
gegak うるさい, 騒々しい: *gegak-gempita* 騒がしい.
gegar; bergegar 1 振動する: Rumah-rumah *bergegar* apabila gempa bumi berlaku. 地震が起きると家が震動する. 2 轟く.
menggegar, menggegarkan 振動させる, 動揺させる: Skandal itu *menggegarkan* rakyat. そのスキャンダルは国民を動揺させた. gempa bumi yang *menggegarkan* pulau Jawa. ジャワ島を振動させた地震.

gegaran 振動: *gegaran susulan* 余震. *gegaran kuat gempa bumi* 地震の強い振動. *pusat gegaran* 震源地. *Berlaku gegaran kuat.* 強い振動が起きた. *merasai gegaran gempa bumi* 地震の振動を感じる. *Bangunan itu pecah akibat gegaran kuat letupan bom itu.* 爆弾の爆発による強い振動の結果,ビルが壊れた.

tergegar 激しく揺れる,動揺する.

gegas; **bergegas, bergegas-gegas, tergegas-tergegas** 急いで,慌てて: *Dia bergegas pulang.* 慌てて家に帰った. *Kami bergegas ke tempat tadi.* さっきの場所に急行した. *Mereka bergegas turun apabila kediaman mereka bergegar.* 住居が振動したので,慌てて階下に降りた.

menggegas, menggegaskan 急がせる,急ぐ.

gegat 〔虫〕シミ(衣魚).

gegendang 鼓膜 (*gegendang telinga*).

geger (*géger*) 大騒ぎする,パニック.

gejala 1 現象: *gejala sosial* 社会現象. *gejala kemerosotan disiplin di kalangan remaja* 若者の間に見られる規律の低下現象. *Gejala itu sudah lama berlaku.* その現象はもう長いこと生じている. 2 きざし,前兆,兆候: *Gejala perpecahan dalam parti sudah lama dilihat orang.* 党内分裂の兆候はずっと前からあった. 3 病気の症状: *Apakah gejala penyakit barah kulit?* 皮膚がんの症状は何ですか.

gejolak 激しい炎.

gelabah; **menggelabah** とまどう,もがく,不安になる: パニックになる: *Pelajar menggelabah menanti keputusan peperiksaan.* 生徒たちは不安な状態で試験の結果を待つ.

geladah; **menggeladah** 徹底的に探す.

geladak (船の)デッキ,甲板.

gelagat 1 振る舞い,行動=tingkah laku: *Saya kecewa dengan gelagat pelajar yang kebudak-budakan.* 生徒たちの子どもっぽい振る舞いにがっかりした. 2 きざし,兆候=tanda.

gelak 大笑いする=ketawa: *gelak berbahak-bahak,/gelak-gelak ketawa* ゲラゲラ笑う.

menggelakkan ～を見て笑う,嘲笑する.

tergelak 思わず笑う.

gelam 〔植〕ユーカリ樹.

gelama 〔魚〕コニベ(ニベ科) (= *ikan gelama*).

gelamai 〔食〕グラマイ《餅米粉にココナツミルクと砂糖を加えて作るマレーの菓子》.

gelambir (老人などの)喉のたるみ.

gelang 輪,腕輪,足首飾り: *gelang getah* ゴム輪. *gelang kunci* 鍵の束.

gelang-gelang 輪状のもの.

pergelangan *pergelangan tangan* 手首. *pergelangan kaki* くるぶし.

gelanggang 1 競技場: *gelanggang tenis* テニス・コート. *gelanggang ais* アイススケート場. 2 闘鶏場. 3 戦場 (*gelanggang perang*). *gelanggang politik* 政界.

bergelanggang 戦う.

gelap 1 暗い: *gelap gelita* 真っ暗闇; *Gelap-gelita di sini. Saya tidak dapat melihat apa-apa.* ここは真っ暗闇,何も見えない. 2 不法の,ヤミの〜: *pasar gelap* 闇市場. *kumpulan gelap* 闇のグループ. 3 (物事,将来が)不透明な. *gelap fikiran* 正気を失う. *gelap hati* 愚かな. *mata-mata gelap* 探偵.

bergelap, bergelap-gelap 1 暗く

なる, 暗い所にいる: Bandar Raya New York *bergelap* apabila bekalan elektrik terputus. 停電のためNY市は真っ暗になった. **2** 秘密裏に行う.

menggelapkan **1** 暗くする. **2** 盗む, 横領する: dituduh *menggelapkan* wang syarikat 会社の金を横領したかどで訴えられる.

kegelapan 暗がり, 暗がりにつつまれる.

gelar; **gelaran** **1** 称号: Dr. Mahathir terima *gelaran* Tun. マハティールさんは Tun の称号をもらった. **2** あだ名=nama julukan: Di sekolah saya diberi *gelaran* "Si Pendek". 学校では私は"ちびちゃん"というあだ名をもらっています.

menggelar, **menggelari** 称号を与える, あだ名をつける: Kami *menggelari* awak "Si Pendek". 私たちは君に"ちびちゃん"というあだ名をつけよう.

menggelar diri sebagai 〜と自称する: Mereka *menggelar diri mereka sebagai* "KMM". 彼らは"KMM"と自称している.

gelas (英) glass グラス,: *Gelas* ini dibuat dari kaca このグラスはガラスから作られた. *mengangkat gelas* 乾杯する; Mereka *mengangkat gelas* sebagai tanda ucap selamat dalam hubungan kedua-dua negara. 彼らは両国関係の安泰を祝う印として乾杯した.

gelatuk; **menggelatuk** (寒さや恐怖で歯が)ガタガタする.

gelebar; **tergelebar** 落ちて散る.

gelecek (gelécék); **menggelecek** **1** 滑る. **2** (サッカー)ドリブルする.

tergelecek 滑る.

geledah (gelédah); **menggeledah** くまなく捜す, 物色する: Pencuri *menggeledah* kedai dan gedung pasar raya dengan sebebas-bebasnya. 泥棒たちは店舗やスーパーの倉庫を勝手気ままに物色した.

penggeledahan くまなく捜すこと, (家宅)捜索.

geleding; **menggeleding** (板などが)ねじれる, よじれる.

gelegak; **menggelegak** **1** (湯が)沸騰する: *air menggelegak* お湯が沸く. Masukkan ikan itu ke dalam minyak yang *menggelegak* 高温の油の中に魚を入れなさい. **2** 怒る: *Hati saya menggelegak* mendengar kata-katanya itu. 彼の言ったことを聞いて私は怒りに震えた.

menggelegakkan 〜を沸かす: *menggelegakkan air* お湯を沸かす.

gelegar I 梁, 桁.

gelegar II 雷鳴.

gelegata 発疹.

gelek (gélék); **menggelek** **1** 転がる: Bola itu *menggelek* ke dalam lubang. ボールが転がって穴に落ちた. *tarian gelek* ベリーダンス(腹をくねらせて踊る中近東の踊り). **2** 転がして平らにする, 丸くなるよう手で転がす: *menggelek adunan tepung* パン生地を平らにのばす. **3** 轢く: Ali *menggelek* kaki adiknya dengan basikalnya. アリは自転車で弟の足を轢いてしまった.

penggelek ローラー.

tergelek 転がった, 轢かれる: Seekor ular *tergelek* di atas jalan oleh kereta. 一匹のヘビが道路で車に轢かれていた.

gelekak; **menggelekak** (塗料, 皮などが)剥げる=terkelupas.

gelema =dahak 唾, 痰, 粘液.

gelemaca (眼球の)硝子(しょうし)

液.
gelembung 1 泡. 2 シャボン玉. 3 水脹れ.
  bergelembung, menggelembung 空気やガスでふくらむ, (ヤケドなどで皮膚が)水脹れする.
gelempang → gelimpang.
gelen (gélén) (英) gallon ガロン (容量の単位).
gelencong (geléncong); **tergelencong** 方向を変えた.
  menggelencong (風や車などが)方向を変える.
gelendong (geléndong) 糸巻き.
geleng (géléng) 首を左右に振る.
  bergeleng, bergeleng-geleng, menggeleng, mengeleng-geleng 首を左右に振る.
  menggelengkan (拒絶や驚きなどで)首を左右に振る: *hanya menggelengkan kepalanya saja* bila ditanya 質問されたら, ただ首を横に振るだけ.
gelepai; menggelepai ぶら下がっている.
gelepar; menggelepar, menggelepar-gelepar (鳥が)羽ばたく.
geletak (gelétak); **menggeletak, tergeletak** 大の字に倒れる, 横たわる: Mayat *tergeletak* merata-rata. 死体があちこちに横たわっていた.
geletar; menggeletar (寒さや恐ろしさで)震える.
geletek (gelétek); **menggeletek** 1 指でくすぐる. 2 けしかける.
geletik; menggeletik 1 のたうつ. 2 (心臓が)どきどきする. 3 (時計が)コチコチ(tik, tik, tik)いう.
geli 1 くすぐったい(terasa geli). 2 可笑しくなる(geli hati): *Geli hatiku* membaca kartun itu 漫画を読んで可笑しかった. geli hati 可笑しく

なる, 滑稽に感じる. 3 (蛇などを)見てこわがる. 4 (やすりをかける金属音を)聞いてぞくっとする.
  menggelikan 笑わせる, 滑稽な: Cerita itu *menggelikan hati*. その話は滑稽だった.
  penggeli 滑稽な物 (=*penggeli hati*)
geliat; menggeliat 1 起きたときに背伸びをする: Saya *menggeliat malas* ketika bangun dari tidur. 朝起きたら背伸びする. 2 強くねじる.
  tergeliat (手や足が)捻挫する, ねじれる: *Kakinya tergeliat*, tak boleh berjalan. 足が捻挫して, 歩けない.
gelicau (鳥が)さえずる.
geliga 動物の体内に解毒作用のある結石. *berotak geliga / ayam / udang / telur* 愚かな, 馬鹿な.
gelimpang bergelimpangan 大の字に寝そべる, 倒れる, あたりに横たわる: Beribu-ribu mayat terus *dibiarkan bergelimpangan* di sana sini. 数千の遺体があちこちに転がったままである. Kami terkejut dengan fenomena bermacam-macam ikan naik ke darat dan *bergelimpangan* di pantai sejurus selepas ombak besar datang. 大波が来た直後にさまざまな魚が海岸に打ち上げられて辺りに横たわっているという現象を見てびっくりした.
gelincir; menggelincir 滑って転ぶ.
  menggelincirkan 滑らせる.
  tergelincir 1 滑って転ぶ: *tergelincir* apabila terpijak kulit pisang バナナの葉を踏んで足をすべらせた. *tergelincir* ketika berjoging. ジョギングをしているときに滑って転ぶ. 2 (列車が)脱線する: *tergelincir dari landasan* 線路から

脱線する. Kereta api laju Shinkansen *tergelincir* dalam gempa bumi dahsyat itu untuk pertama kalinya. 強烈な地震で新幹線が初めて脱線した. **3** (口が)滑る: Saya meminta maaf kerana *tergelincir lidah saya*. 口がつい滑ってしまい、ごめんなさい.

gelinjang; **bergelinjang** 歓喜して飛び跳ねる.

gelintang; **tergelintang** 横たわる.

gelintar; **menggelintar** あちこち探す.

gelintir; **segelintir** 少数の、一握りの(人間): *Hanya segelintir orang saja* yang dijemput ke perjamuan itu. 一握りの人だけがそのパーティーに招待された. *perbuatan segelintir* 一部の人間の行動. *serangan bom yang dilakukan oleh segelintir pihak* 一握りの人間が行なった爆破事件.

gelisah 心配な、不安な、心が穏やかではない、気が気でない: Emak *berasa gelisah* kerana anaknya masih belum balik lagi. 母は息子がまだ帰って来ないので気が気でなかった.

menggelisah 心配になる、不安になる.

menggelisahkan 心配させる.

kegelisahan 心配、不安: *menyembunyikan kegelisahannya* 不安を隠す.

geliung ガリオン船.

gelobor (着物の丈が)長すぎる.

gelodak; **menggelodak** (気持ちや精神が)高揚する、活気づく.

gelojoh **1** 食意地が張っている. **2** (仕事などが)ぞんざいな、いい加減な.

gelombang **1** 波浪、波. **2** 音波. **3** (軍の攻撃や政治運動の)一連の動き: *gelombang haba* 熱波. *gelombang kejutan* 衝撃波. *gelombang mikro* マイクロ波. *gelombang pasang surut* 高浪. *gelombang panjang* 長波. *gelombang pendek* 短波. *gelombang pembaharuan* 改革の波.

bergelombang, **menggelombang** **1** 波立つ: Padi *bergelombang* ditiup angin. 稲が風に吹かれて波打つ. Bot itu terapung-apung *di laut yang bergelombang*. 船は高波の中で漂流している. **2** 連続して起こる.

gelonggang (犬などの)首輪.

gelongsor 滑り台.

menggelongsor 滑り落ちる.

gelongsoran 地滑り、滑り台.

gelora (Ar) **1** しけ(時化): Bot itu karam dipukul *gelora*. しけに打たれて船が沈没した. *musim gelora* 雨期. **2** 落ち着かない不安: *gelora hati* 不安な気持ち.

bergelora, **menggelora** **1** しける、激しくなる. **2** 不安な気持ちになる.

menggelorakan 気持ちをかき立てる: Ucapan yang berapi-api itu *menggelorakan* semangat kami. 情熱的な演説は私たちの精神を高揚させた.

gelugur 〔植〕グルゴノキ(オトギリソウ科の果樹).

gelumang; **bergelumang** 汚れた: wakil rakyat yang *turun padang dan bergelumang* 現場に下りて(選挙民と対話しながら)汚れながら活動する国会議員. Bajunya *bergelumang*. 服がどろだらけ.

menggelumangi 〜を汚す.

geluncur; **mengeluncur** 滑り落ちる: *mengeluncur turun* dari tebing sungai itu 川の堤防から滑り落ちる.

gelung; **gelungan** **1** コイル、巻き付いたもの. **2** 巻き髪、束髪に結っ

gelupas

た.

bergelung (蛇やひもが)巻きつく: Ular *bergelung*. 蛇がとぐろを巻く.

menggelung 1 とぐろ巻きにする. 2 髪を束髪に結う.

menggelungkan ぐるぐる巻く.

gelupas; **menggelupas** (塗料などが)剥げ落ちる.

gelut 格闘.

bergelut 格闘する, 争う, 取っ組み合いをする, 競う, レスリングする: *bergelut dengan* peragut itu ひったくり犯と争う. *bergelut dengan kematian* 死と闘う. Pihak berkuasa kini *bergelut untuk* mendapatkan maklumat sebenar. 当局は今正しい情報を入手しようと必死だ.

pergelutan 争い, 戦い, レスリング: *pergelutan hidup* 生きる闘い.

gema こだま(エコー), 反響.

bergema, menggema こだまする.

gemal 一束, 一把: *segemal padi* 一束の稲.

menggemal 束にする, 一まとめにする.

gemalai; **lemah-gemalai** しなやかな身動き (=gerak-geri yang lemah-gemalai).

bergemalai 手を振る, (葉が)揺れる.

gemar 大好きである: Saya *gemar membaca*. 私は読書が大好き.

bergemar 楽しむ, 楽しい.

menggemari 非常に好きである.

menggemarkan 喜ばせる.

kegemaran 趣味, 好み, 好物: *makanan kegemaran* 好きな食物, 好物. *pelakon kegemaran* 好きな俳優. Apakah *kegemaran* awak? 君の趣味は何ですか. *Kegemaran saya* membaca. 僕の趣味は読書です.

penggemar 愛好家, ファン.

gemas 怒り, うんざりする: Dia *gemas* apabila mengetahui keputusan itu. 彼はその決定を知って怒った. Saya *gemas* melihat sikapnya. 彼の態度を見るとうんざりする.

gembala (Sk) 牧夫, 牧童.

menggembala, menggembalakan 家畜を遊牧・飼育する: *menggembala kerbau* 水牛の世話をする.

gembar; **gembar-gembur**, **bergembar-gembur** 騒ぎ立てる, 吹聴する: Dia selalu *bergembar-gembur tentang* kekuatannya. 彼はいつも自分の力強さを吹聴する.

menggembar-gemburkan 騒ぎ立てる, 大げさにする: Media asing suka *menggembar-gemburkan* cerita yang berlaku di negara ini. 外国のメディアはこの国で起きた事を大げさに取り上げたがる.

gembira 喜ばしい, うれしい: Saya *gembira* dapat bertemu dengan anda. 私はあなたにお会いできてうれしいです. Saya *gembira* awak berjaya. 君が成功して僕はうれしい.

bergembira 大喜びする.

menggembirakan 喜ばせる.

kegembiraan 喜び, うれしさ, 誇り: Mereka menari *dengan penuh kegembiraan*. 彼らは喜びのあまり踊った.

gembleng (gembléng) (Jw); **menggembleng** (努力, エネルギーを)結集する: *menggembleng usaha / tenaga* 力・努力を結集する; *menggembleng tenaga* secara berpasukan dalam menangani cabaran di peringkat global dan juga dalaman. 内外の挑戦に対応するとき総力を結集する.

gembur (土が)軟らかい: *tanah yang gembur* 軟らかい土.

genap

menggembur, menggemburkan (土を)軟らかくする.

gementar 震える, 振る.

gemerencang (金属などがぶつかりあって)カチンという音.

menggemerencangkan うるさくさせる.

gemerencing; **bergemerencing** (チェーンや腕輪の)じゃらじゃらした音.

gemerlap; **gemerlapan, bergemerlapan** きらきら光る: Kalung berliannya *bergemerlapan* dalam gelap. 彼女のダイヤモンドのネックレスが暗闇のなかできらきら光った.

gemilang 輝かしい, 立派な: *Jalur Gemilang*「栄光の横縞」(マレーシア国旗の愛称). *saat gemilang* 栄光の瞬間.

kegemilangan 栄光, 輝き: *zaman kegemilangan Melaka* 栄光のマラカ時代.

gempa 振動, 地震: *gempa bumi* 地震. *gempa bumi (berukuran) 8.5 pada skala Richter* マグニチュード8.5の地震. *dilanda gempa bumi* 地震に襲われる.

gempal (体格が)丈夫な, がっしりした: *berbadan gempal* がっしりした身体だ.

gempar 騒がしい, 大騒ぎする: *berita gempar* センセーショナルなニュース. Kampung itu *gempar* dengan kematian ketua kampungnya. 村は村長の死で大騒ぎになった.

menggemparkan, mempergemparkan 騒がせる, 動揺させる, 衝撃的な: Berita itu *menggemparkan* orang kampung itu. そのニュースは村人たちを動揺させた. *peristiwa yang menggemparkan* 衝撃的な事件.

tergempar 突然の, 緊急の: *lawatan tergempar* 突然の訪問. *sidang / mesyuarat tergempar* 緊急会議; Kabinet *mengadakan mesyuarat tergempar* berikutan peristiwa letupan bom itu. 内閣は爆弾事件のあと緊急会議を開いた.

gempita; *gegak gempita* 騒動, 大騒ぎ.

gempur; **menggempur** 粉砕する, 破壊する: *menggempur kubu kuat* 強固な防壁を粉砕する.

penggempur 破壊者, 破壊する機械.

penggempuran 破壊, 猛攻, 攻撃.

gemuk 太った: *gemuk padat* 丸ぽっちゃりに太った. *gemuk gedempung, gemuk gedempol* 太りすぎ. *gemuk gempal* (体軀が)頑丈な.

menggemukkan 太らせる.

kegemukan 肥満.

gemulai → **gemalai**.

gemuruh 轟音: *menerima tepukan gemuruh* 万雷の拍手を得る.

bergemuruh 1 雷のような音がする. 2 (恐怖で)どきどきする.

kegemuruhan 騒乱.

gen (gén) (英) gene 遺伝子.

genang; **bergenang, tergenang** (水が)淀む, 冠水する, 浸水する: Air mata *bergenang* di matanya. 涙が目にたまる.

menggenangi (水が)~に溜まる, 冠水する: Air sungai itu meninggi lalu *menggenangi* kampung itu. 川の水かさが上がり, 村に浸水した.

kegenangan 淀み, 冠水, 浸水.

genap 1 ちょうど, 十分な: Hari ini *sudah genap setahun* saya menjadi PM. 首相になって今日でちょうど1年になる. Hari ini *genaplah setahun* selepas tragedi tsunami itu. あの津波の悲劇が起きてから今日で丸一年になる。Umurnya *genap 4 tahun* 年令はちょうど4才. **2** 偶数の: *angka genap* 偶数.

sudah genap 全員が揃う: *Semua orang sudah genap*. Kita sudah bersedia untuk pergi. 全員が揃ったので、出発する準備が整った。

genap-genap それぞれの.

menggenapkan いっぱいになるまで増す.

segenap すべての: Kamus ini untuk *segenap lapisan masyarakat*. この辞書はすべての階層向けです。menumpukan *segenap tenaganya* kepada pekerjaan itu 全精力をその仕事に集中する.

gencat; **tergencat** 停止する: Pertumbuhan ekonomi negara ini *tergencat* akibat kegawatan mata wang Asia. わが国の経済成長はアジア通貨危機のため停止した.

gencatan 停止: *gencatan senjata* 停戦. melakukan *gencatan senjata* 停戦をする. AS menawarkan *perjanjian gencatan senjata*. 米国が停戦協定を提案した. bersetuju mengadakan *gencatan senjata*. 停戦することに同意する.

gendala (Sk) 障害, 妨害: *tanpa sebarang gendala* 何の障害もなく. *kalau tidak gendala*, 支障なければ.

menggendalakan 妨害する, 防ぐ.

tergendala 妨害される, 中止される: Mesyuarat itu *tergendala* disebabkan gangguan bekalan elektrik. 会議は停電によって中断した.

gendang グンダン(手で打ち鳴らすマレーの伝統的な細長い手太鼓): *Gendang perang* sudah dipalu. 開戦の太鼓が鳴らされた.

gendeng (géndéng) 傾いた=condong.

mengendengkan 傾ける.

genderang 大太鼓.

gendong (géndong); **menggendong** 背中にかつぐ(おんぶする), (幼児などを)肩から腰につるした布に入れてかつぐ: Aminah *menggendong* bayinya ke pasar. アミナは赤ちゃんをおんぶして市場にでかけた.

gendongan 1 かつがれる物. 2 背中にかつぐための布.

penggendong かつぐ人.

gendut 太鼓腹.

generalisasi (英) generalization 一般化.

generasi (géerasi) (英) generation 世代: *generasi baru* 新世代. *generasi ketiga* 第三世代.

geng (géng) (英) gang ギャング.

genggam 一握り, 一つかみ: *segenggam padi* 一つかみの籾. *segenggam nasi* 一握りのご飯. *segenggam pasir* 一つかみの砂.

menggenggam 1 ぐいっと手でつかむ: *menggenggam tangannya* ぐいっと彼女の手を握る. 2 支配する.

menggenggamkan こぶしを握る. (=menggenggamkan tangan).

genggaman 1 握りこぶし. 2 手の中に握ったもの. 3 掌中.

genit 可愛い, 愛らしい, 綺麗な: *gadis genit* 可愛らしい少女.

genjur (髪, ロープが)硬い, 硬直した.

genta ベル, 装飾用の小さな鐘.

gentar 1 振動, 震動. 2 ひるむ, 恐れる: *tidak gentar dengan* ancaman itu その脅しにひるまない. *tidak gentar kepada* undang-undang 法律を恐れない.

bergentar, **menggentar** (寒さや恐ろしさで)震える, 揺れる.

menggentarkan 1 震えあがらせる. 2 震動させる, 揺らす: *Gempa bumi itu menggentarkan semua bangunan.* その地震はすべての建物を振動させた. 3 騒ぎを起こす.

gentaran 震え, 振動: *merasakan gentaran* 震度を感じる.

gentas 1 (花などを)摘んだ. 2 済んだ, 終わった.

menggentas 1 摘む. 2 終わらせる, 終了させる.

gentian 繊維, ファイバー: *gentian semula jadi* 天然繊維. *gentian tiruan* 合成繊維. *gentian kaca* グラスファイバー. *gentian-optik* 光ファイバー.

genting I 1 ほっそりした, 狭い. 2 山あいの細い道, 地峡: *Genting Kra* クラ地峡. 3 危機的な: *Keadaan di Timur Tengah semakin genting.* 中東情勢は一段と危機的な状況だ.

menggenting 1 狭くなる. 2 危機的な状況になる: *Hubungan kedua-dua negara itu semakin menggenting.* 両国の関係はますます危機的になった.

kegentingan 危機.

genting II 屋根かわら (atap genting).

genyeh (gényéh); **mengenyeh** 指で目をこする: *Jangan genyeh mata awak jika termasuk abuk.* 目にゴミが入っても, 指で目をこするな.

geografi (英) geography 地理学.

geologi (英) geology 地質学.

gera; **menggera** びっくりさせる, 危険信号を送る, 警告する: *Dia meniup wiselnya untuk menggera kami tempat itu berbahaya.* 彼はホイッスルを吹いて, その場所が危険であると私たちに警告した.

penggera 誰かを脅かす人又は機器, 警報機: *penggera burung* かかし. *penggera kebakaran* 火災警報器.

gerabak 列車: *gerabak penumpang* 客車. *gerabak barang* 貨車.

geragas; **menggeragas** 指で髪をとかす.

geragau; *udang geragau* 小エビ.

geraham 臼歯: *geraham bongsu* 知恵歯.

gerai 屋台: *gerai di tepi jalan* 道端の屋台.

gerak 動き: *gerak balas* 反応. *gerak kerja* 活動. *gerak geri / gerik / garit* 人の行動. *gerak laku / langkah* 振る舞い, 態度.

bergerak 1 動く, 移動する: *Jangan bergerak.* 動くな, 静止せよ. *klinik bergerak* 移動診療所. 2 活動する: *memerlukan wang untuk bergerak* 活動資金を必要としている.

menggerakkan 動かす, 起こす: *tidak dapat menggerakan tangannya* 手を動かせない. *menggerakkan hati saya* 私の心を打つ.

gerakan 運動, 活動: *gerakan bawah tanah* 地下運動. *gerakan mencari dan menyelamat* 捜索・救出活動. *gerakan kerak bumi* 地殻変動.

pergerakan 動き, 活動: *pergerakan wanita* 婦人運動.

tergerak hati 感動する: *Tergerak hati saya mendengar kisah sedih itu.* その悲しい話を聞いて私は感動した. *Hatinya tergerak untuk menelefon ibunya.* 母に電話したいとの衝動にかられた. *Saya tidak tergerak untuk menyertai perbualan mereka.* 僕は彼らの会話に加わる気になれなかった.

geram (Pr) **1** 激怒する: Hatinya sangat *geram* melihat kelakuan anak itu. その子の行動を見て彼は激怒した. **2** 情愛の気持ちがわく: *Geram* saya melihat anak kecil yang comel itu. その可愛い小さい子を見ているととても愛おしくなった.

menggeram 1 怒る. **2** (トラが)うなる.

kegeraman 怒り, 激怒.

geran (英) grant 土地所有権.

gerangan 一体全体~?《疑問詞と結びついて, 強い疑問を表現するときに使う, pula と同じはたらき》: *Siapakah gerangan* si cantik itu? あの美人は一体だれですか? Kalau dia sakit, saya hairan *mengapa gerangan* dia pergi kerja. 彼が病気なのに, 一体なぜ出勤したのかおどろいた. *Apakah gerangan* yang awak lakukan? 君は一体全体何をしでかしたのか.

gerat V字型の刻み目.

gerbang I (髪が)ぐちゃぐちゃな: Rambutnya *gerbang* ditiup angin. 風に吹かれて髪がぐちゃぐちゃだ.

gerbang II アーチ (=pintu gerbang).

gereja (geréja) (Po) キリスト教会.

gerek (gérék); **bergerek-gerek** たくさん穴がある.

menggerek 穴をあける.

penggerek 穴あけ器, ドリル.

gerengseng (geréngséng) 大きな鍋 (銅製または真鍮製の).

gergaji (Sk) のこぎり (鋸): *seperti gergaji dua mata*【諺】両方から利益を受ける.

menggergaji のこぎりで切る: *menggergaji* papan ini *menjadi dua* この板をのこぎりで二つに切る.

gergasi (Sk) **1** (神話の)巨人. **2** 巨大な, (経済や政治面で)力のある: *yu gergasi* 巨大なサメ. *labu gergasi* 巨大なカボチャ. *Gergasi China bangun dari tidur.* 中国の巨人が目を覚ました.

gerhana (Sk) [天文] 食(蝕): *gerhana bulan* 月食. *gerhana matahari* 日食.

geriak; **menggeriak** (昆虫などが)うじゃうじゃと群がる.

gerigi; **bergerigi** ギザギザがある.

gerila (英) guerilla ゲリラ(戦).

gerimis 霧雨 (=hujan gerimis).

gering【王室】臥せる(病気)《平民には sakit》: Sultanah Kedah *mangkat* setelah *gering* seminggu. クダのスルタン夫人は1週間病に伏せた後, 崩御された.

gerlap → **gemerlap** きらきら光る.

gerobok (Jk) 食器戸棚, タンス.

geroda =**garuda** ガルーダ(伝説上の巨鳥).

gerombol; **bergerombol** 集団で集まる《ネガティブな文脈で使われる》: Pengganas-pengganas *bergerombol* untuk menyerang. テロリストたちが襲撃するために集った.

gerombolan 一味, 一群, 集団.

geronggang 穴がある, 空洞.

gersang (土地が)不毛, 肥沃でない.

gertak こけ脅し (gertak sambal).

gertakan こけ脅し行為.

menggertak 驚かす, 脅迫する: Dia hanya *menggertak* saja. 彼はこけ脅しをしているだけだ. Ayahnya *menggertak* hendak mengikat anaknya di pokok, kalau dia ponteng sekolah. 父は息子に学校をサボったら, 木に縛るぞとおどかした.

menggertakkan 1 虚勢で脅す, 怖がらせる. **2** (馬に)拍車をかける.

gerudi ドリル.
　menggerudi 穴をあける.
geruh 不運な: *nasib yang geruh* 不運.
　geruh-gerah あらゆる不幸.
　kegeruhan 不運.
gerun 恐ろしくなる, ぞっとする: *gerun gementar* とても恐ろしい. *Saya gerun melihat ke bawah.* 下を見てぞっとした.
　menggerunkan (人を)怖ろしがらせる.
gerundang 〔動〕オタマジャクシ.
gerut-gerut 〔魚〕イサキ.
gerutu; **mengerutu** (肌や顔面が)ざらざらしている.
gesa; **gesa-gesa**, **bergesa-gesa**, **tergesa-gesa** 急いで, 慌てて: *Jangan tergesa-gesa.* 慌てないで. 焦らないで. *Saya tidak tergesa-gesa.* 私はべつに慌てていませんよ. *Saya harus tergesa-gesa.* 私はぐずぐずしていられません(時間がないのです).
　menggesa, **menggesa-gesakan** 1 急がせる, せきたてる: *menggesa-gesakan Ali keluar dari kereta* アリに車から出るようせきたてた. 2 強く要請する: *menggesa kerajaan supaya* 〜せよと政府に強く要請する.
　gesaan 要請: *kerana gesaan ibunya* 母親の要請により.
gesek (gésék); **bergesek**, **tergesek** こする, こすれる: *Kereta saya tergesek kereta awak.* 私の車が君の車をこすってしまった.
　menggesek (弦を)ひく, こする: *menggesek gitar* ギターをひく. *menggesek mata* 目をこする.
　mempergesek-gesekkan 二つのものをこすり合わせる: *mempergesek-gesekkan dua belah tapak tangan*, 両手の平をこすり合わせる.
　gesekan ひくこと, こすること.
gesel (gésél); **bergesel** さわる, 触れる, こする: *kadang-kadang bergesel badan, bergesel bahu* ときどき身体がさわり, 肩が触れ合う. *bergesel dengan kereta* 車と接触する.
　menggesel, **menggeselkan** さわる, こすりつける: *Kucing itu menggesel badannya kepada tuannya.* そのネコは飼い主に体をこすりつけた.
　tergesel こすってしまった: *Kereta itu tergesel tiang lampu.* 車が電柱をこすってしまった.
　geselan こすれること: *geselan daun-daun yang kering* 乾燥した葉がこすれ合うこと.
geser (gésér); **bergeser** 1 こすれる: *Gelas-gelas di dalam kotak itu bergeser apabila dibawa.* 箱の中のグラスが運ぶときにこすれ合った. 2 ずらる, ちょっと動かす: *bergeser tempat duduknya* 座る場所をずらす.
　menggeser, **menggeserkan** ずらす, ちょっと動かす: *menggeser buku-buku itu ke tepi* 本を端にずらす. *menggeserkan kerusi itu ke belakang* イスを後ろへ少しずらす.
　geseran こすれること, 摩擦.
　pergeseran ずれ, 摩擦, 紛争, 対立: *Pergeseran di antara dua buah negara* semakin memuncak. 両国間の対立はますます激化した. *Sudah wujud pergeseran di antara Jepun dengan AS.* 日本と米国の間にすでに摩擦が生じている.
　tergeser 脇に追いやられる: *Golongan pemimpin yang tidak disenangi itu telah tergeser.* 人気のない指導陣は追放された.
getah 天然ゴム, 樹液: *getah alam* 天然ゴム. *getah tiruan* 合成ゴム. *ladang-ladang getah* ゴム農園(プラ

getap

ンテーション). *kebun getah*. 小規模なゴム農園. *susu getah* ラテックス(採集された白色のゴム樹液). *getah pemadam* 消しゴム.

terkena getahnya そのとばっちりを受ける: Mereka meninggalkan saya, dan sayalah yang *terkena getahnya*. 彼らは僕を置いて逃げたので、僕がそのとばっちりを受けた.

bergetah 1 樹液を含んでいる. 2 ねばねばする. 3 樹液を採集する.

menggetah 1 樹液を採集する. 2 鳥もちのようなものを使って鳥を捕まえる. 3 ゴム状になる.

getap; **menggetap** (唇を)ぎゅっと嚙む.

getar; **bergetar**, **menggetar** 震動する, 揺れる, 震える: *bergetar ditiup angin* 風で揺れる.

menggetarkan 〜を震動させる.

getaran 震動, 震え: Dapatkah awak merasakan *getaran* tadi? さっき振動を感じましたか.

pengetar バイブレーター.

getek (gétek) (女性が)男好き, 男の気を引こうとして品をつくる.

getil; **menggetil** 指でぱちっと弾く.

getir (Jw) 苦い.

kegetiran 苦味.

getu; **menggetu** 爪でつぶす: *menggetu kutu* シラミをつぶす.

gewang (géwang) 真珠貝=siput mutiara.

ghaib (Ar) 1 神秘的な. 2 目に見えない: *kuasa ghaib* 目に見えない力. 3 消えた, 消滅した: *sudah ghaib* いなくなった.

keghaiban 奇怪, 神秘.

ghairah (Ar) 熱望, 欲望, 愛欲: tidak dapat mengawal *perasaan ghairah* 欲望をコントロールできない.

mengghairahkan 1 (嫉妬や愛情の気持ちを)扇情する: *Babak-babak yang mengghairahkan* telah dipotong. 扇情的な場面はカットされた. 2 熱望する: *mengghairahkan kuasa* 権力を渇望する.

ghalib (Ar) 1 成功した. 2 普段の: *pada ghalibnya* 普段は, いつもは.

gharib (Ar) 珍しい, 特別な=aneh.

ghazal ガザル(アラブ音楽の要素を取り入れたマレーの歌謡).

giat I 行動的な, 熱心な: *giat dalam banyak perkara* 多くの事にかかわる. *belajar dengan giat* 熱心に勉強する.

bergiat 一生懸命に活躍する: *bergiat aktif di Malaysia* マレーシアで活発に活動している.

menggiatkan, **mempergiat**, **mempergiatkan** 〜を鼓舞する, 強化する: *menggiatkan usaha untuk menjayakan rancangan itu* 計画を成功させる努力を強化する.

kegiatan 活動: *kegiatan luar* 室外活動.

giat II あざけりの言葉.

menggiat からかう, あざける.

gigi 歯: *gigi batu*, *gigi palsu* 義歯. *gigi bongsu* 親知らず・知恵歯. *gigi sejati / kekal* 永久歯. *gigi susu* 乳歯. *doktor gigi* 歯科医. *gigi air* 水際. *gigi hutan* 密林の端. *gigi rambut* 毛の生え際. *memberus gigi* 歯をみがく. *barisan giginya yang putih bersih*. 白くて清潔な歯並び. *tinggal gigi dengan lidah sahaja* 【諺】歯と舌しか残っていない(財産を使い果たす).

bergigi 歯が生える, 歯がある.

gigih 辛抱強い, 我慢強い: 頑固な, 強情な: *berusaha dengan gigih untuk mencapai cita-citanya* 理想

を達成するために辛抱強く努力する.
kegigihan 辛抱,我慢:頑固,強情.

gigil → **geletar** 震える.

gigit; **menggigit** 咬む, 嚙む: *digigit anjing* 犬に嚙まれる. *menggigit jari*, *menggigit tekunjuk* がっかりする.

bergigit, bergigitan 互いに咬む.

tergigit 間違って嚙む.

tergigit lidah 1 間違って舌を嚙む; Saya *tergigit lidah* semasa bercakap. 話をしている間に誤って舌を嚙んでしまった. 2 他人の批判に無頓着. 3 負い目があるので率直に話せない.

gila 1 気違いじみた, 狂気じみた: Kami *akan menjadi gila* jika terus melakukan kerja ini. この仕事を続けると気違いになってしまう. 2〜に夢中である: *gila pada / gilakan / tergila-gila pada Asmah* アスマに入れあげる・夢中になる・惚れる. 3【俗語】非常に, すごく, 超〜: *kenyang gila* もう腹いっぱいだ. *lapar gila* 超腹へった. *lambat gila* めちゃくちゃに遅れる.

gila anjing 狂犬病.
gila kuasa 権力亡者.
gila perempuan 女狂い.
gila wang 金の亡者.
gila judi 博打狂.
harga gila 信じられない値段.

bergila-gila, gila-gilaan, menggila 激しくなる,気違いのように振る舞う: Hujan semakin *menggila*. 雨はますます激しくなった. Sakit kepalanya semakin *menggila*. 頭痛が一段と激しくなる.

menggilai 〜を大好きになる: Mawi *digilai* ramai. マウイはたくさんの人に好かれている. *menggilai sukan bola sepak* サッカー狂になる.

tergila-gila, tergila-gilakan 〜に夢中である, 〜を欲しがる.

kegilaan 大好きになる: pemuda yang *kegilaan* dan kedahagaan wanita 女に狂い女に飢えている若者.

gilang → **gemilang**.

gilap; **menggilap** みがく(磨く): *menggilap kasut* 靴をみがく. *menggilap dan mengasah potensi ke arah membentuk diri* 自己形成に向けて可能性をみがく.

bergilap 磨かれてぴかぴかした: kasut yang *bergilap* ぴかぴかした靴.

gilas; **menggilas** 砕く, 粉砕する.

giling; **menggiling** 1 粉をひく, 臼をひく: *menggiling lada* 胡椒をひく. *batu giling* 臼石. *anak batu giling* 杵石. 2 土地を平らにする.

giling-giling, penggiling 粉砕器, ローラー.

gilir; **bergilir** 回転する, 循環する.

bergilir-gilir, bergiliran 順番に, 交代で, 交互に, かわるがわる: *kerja bergiliran* シフトで働く. *bergilir-gilir berjaga pada malam itu* その夜は交代で見張りをした. Susah dan senang *datang bergilir-giliran*. 苦しみと楽しみが交互にやって来る.

menggilirkan, mempergilirkan 順番で行う.

giliran ローテーション,順番: Sila ambil *nombor giliran*. 順番札をおとりください. *menunggu giliran* 順番を待つ. Siapakah *gilirannya*? 次は誰の番? Sekarang *giliran awak* membaca. 今度は君が読む番だよ. Hari ini *giliran saya* belanja. 今日は僕がおごる番だよ. *sistem giliran ketua negara* 元首の交代制度.

gilis; **menggilis** (列車などが) 轢く: Tiga orang maut *digilis kereta api*

3人が列車に轢かれて死亡した.

gimnastik (英) gymnastics 体操.

gincu (Ch) 口紅: *memakai gincu merah* 赤い口紅をつける.

  menggincu 口紅をつける.

ginjal 腎臓.

girang 喜ぶ, うれしい: *girang hati* 喜ぶ.

  bergirang 喜ぶ: *bergirang hati* 喜ぶ.

  menggirangkan 喜ばせる: *membeli hadiah itu untuk menggirangkan kekasihnya* 恋人を喜ばせるためにプレゼントを買う.

  penggirang 陽気な人.

  kegirangan 喜び, とてもうれしい: *melompat-lompat kegirangan* うれしくてピョンピョン跳ねる.

giring; **menggiring** 1 (家畜を)追いたてる. 2 (悪者を)連行する.

giring-giring 小さいベル(自転車や装飾用の).

gisal; **menggisal** こする=gosok, gesel: *Jangan gisal mata tu!* 目をこするな.

gitar (英) guitar ギター.

giur; **menggiurkan** 人を引きつける, 魅惑的な: *Cara wanita itu berpakaian sungguh menggiurkan*. 彼女の衣装の着かたは実に魅惑的だ.

  tergiur 魅せられる: *Ramai lelaki tergiur dengan kecantikan wajahnya*. 多くの男性が彼女の美貌に魅せられた.

glikogen (英) glycogen グリコゲン, 糖原.

gliserin (英) glycerine グリセリン.

glob (英) globe 地球儀.

global (英) global 全世界の, 世界的: *kenaikan suhu global*, *kepanasan global* 地球温暖化.

globalisasi (英) globalization グローバライゼーション.

glukosa (英) glucose ブドウ糖.

gobek (gobék) ゴベック(キンマの葉を粉砕する小箱).

gocoh; **tergocoh-gocoh** 急いで: *Ali tergocoh-gocoh masuk ke dalam bilik*. アリは急いで部屋の中に入った.

goda; **menggoda**, **menggodai** 1 誘惑する, 勧誘する: *menggoda lelaki lain* 他の男を誘惑する. *menggoda kawannya supaya menghisap rokok.* 友達にタバコを吸うよう勧誘する. 2 魅惑的な: *Gadi itu sungguh menggoda*. その娘はとても魅惑的だ. 3 苦しめる, 困惑させる: *Kejadian semalam masih menggoda fikirannya* 昨日の出来事がまだ彼の思考を苦しめている.

  godaan, **penggodaan** 誘惑, 魅惑: *berjaya melawan godaan* 誘惑に勝つ.

  penggoda 誘惑者.

  tergoda 誘惑された: *mudah tergoda oleh wanita cantik* 美人にはすぐ誘惑されやすい.

godak; *nasi godak* 混ぜご飯.

  menggodak 混ぜご飯をつくる.

gogok; **menggogok** がぶがぶ飲む.

gol (英) goal ゴール: *penjaga gol* ゴール・キーパー. *bola masuk ke dalam gol* ボールがゴールに入った. *gol sendiri, jaringan sendiri* (サッカーの)オウーン・ゴール, 自殺点. *menjaringkan gol* ゴールに入れる(得点する).

golak; **bergolak** 1 (政情, 考え, 気持ちが)混乱した, 不安な: *Keadaan politik di negeri ini sedang bergolak* この国の政情は混乱している. *Rumah tangganya bergolak.* 家庭内がごたごたしている. 2 茹でる, 沸

騰させる: *air yang bergolak* 沸騰している湯.

pergolakan 混乱, 騒乱, 困難: *pergolakan politik* 政治的混乱. *pergolakan rumah tangga* 家庭内のいざこざ.

golek (golék); *ayam golek* ロースト・チキン. *bantal golek* 長まくら. *bola golek* ルーレット.

bergolek 回転する, 転がる, 横たわる: *Bola itu bergolek ke dalam gol.* ボールが転がってゴールに入った. *Kekayaan itu tidak datang bergolek.* 富というのはひとりで転がって来るものではない.

menggolekkan 1 転がす: *menggolekkan bola* ボールを転がす. 2 横たえる: *mengolekkan diri di atas lantai* 床の上に身体を横たえる.

tergolek 転がり落ちる: *Ali tergelincir lalu jatuh tergolek dari atas tangga.* アリは滑ってしまい, 階段の上から転がり落ちた.

golf (英) golf ゴルフ: *bola golf* ゴルフ・ボール. *kayu golf* ゴルフのクラブ. *padang golf* ゴルフ場.

golok 山刀.

golong; **menggolong, menggolongkan** 区分けする, 分類する: *menggolong pelajar-pelajar mengikut umur* 学生を年令別に分ける. *Tolong golongkan buku-buku ini mengikut bidangnya.* これらの本を分野ごとに分類してください. *Kes itu digolongkan sebagai kes pembunuhan.* この事件は殺人事件として分類された.

golongan グループ, 階層: *golongan kaya* 富裕層. *golongan miskin* 貧困層. *golongan terkecil* 少数派. *golongan kanan* 右翼. *golongan kiri* 左翼. *golongan berpendapatan rendah* 低所得者層. *Lagu ini termasuk ke dalam golongan* lagu pop. この歌はポップ音楽に含まれる.

penggolongan 分類.

tergolong 分類される: *Mereka tergolong ke dalam kelas atasan.* 彼らは上流階級に分類される.

gomol → **gelut**.

goncang; **bergoncang** 1 揺れる = bergegar: *Botol di atas meja itu bergoncang.* テーブルの上のビンが揺れる. 2 (考えや意見が)動揺する, 変わりやすい: *Keadaan bergoncang.* 情勢が不安定である. *Hatinya bergoncang.* 心が動揺する. *Rumah tangga mereka bergoncang dengan kehadiran orang ketiga.* 家庭内は第三者が入ってごたごたしている.

menggoncang, menggoncangkan 1 強く振る: *menggoncang botol* ビンを振る. 2 揺るがす, 震撼させる: *Kegawatan mata wang Asia menggoncangkan keadaan ekonomi negara ini.* アジア通貨危機はこの国の経済情勢を揺るがした. *Perkembangan ini akan menggoncangkan keadaan.* この進展は形勢を逆転させる. *Kes pembunuhan itu menggoncangkan seluruh negara.* その殺人事件は全国を震撼させた.

goncangan 揺れ, 振動.

gondol; **bergondol** 1 禿げた. 2 (木などに)葉がない. 3 (土地が)不毛の.

menggondolkan 1 坊主頭にする, (山地を乱伐して)禿山にする: *bukit digondalkan* 丘を乱伐して禿山にする. 2 (財産を)使い果たす.

gong ゴン(銅鑼: マレーの伝統的楽器), 銅鑼の音.

gonggong; **menggonggong** 1 (犬や鳥が)口でくわえる: *Anjing ini menggonggong tulang.* 犬が骨をく

わえている. **2** (犬が)吠える=menyalak: Anjing itu *menggonggong* apabila ada orang mendekati rumah itu. 家に近づく人がいると犬が吠える.

gonggongan 犬の吠え声.

gopoh; **tergopoh-gopoh, tergopoh-gapah** 慌てて〜, 急いで〜: *tergopoh-gapah* berlari ke dalam biliknya 慌てて部屋に走って入る. Jangan buat keputusan yang *gopoh*. 早まった結論を出すな.

goreng (goréng) 炒める, 揚げる, 揚げたもの: *pisang goreng* 揚げバナナ. *ikan goreng* 揚げた魚. *mi goreng* 焼きそば. *nasi goreng* ナシ・ゴレン(焼き飯, チャーハン).

gorengan 炒め物.

menggoreng **1** 炒める, 揚げる. **2** はったりをかける, ホラを吹く.

penggorengan フライパン=kuali.

gores (gorés) 引っかく.

bergores, bergores-gores 引っかいた.

menggores 引っかく: *menggores kereta* 車を引っ掻く. *menggores hati saya* 私の心を傷つける.

menggoreskan 〜で引っかく.

penggores 引っかく道具.

goresan 引っかき傷: Ada *goresan* pada mukanya. 顔に引っかき傷がある.

gores api マッチ.

gosok; **bergosok** **1** こすりつける, アイロンがかけられた: *baju yang sudah bergosok* アイロンがかけられた上着. **2** 磨いてある: pergi ke sekolah *dengan gigi yang tidak bergosok* 歯を磨かずに学校へ行く.

menggosok **1** 磨く, こする: *menggosok gigi* 歯をみがく. *menggosok sampai hilang* 消えるまでこする. **2** アイロンをかける: *menggosok pakaian* 着物にアイロンをかける.

menggosokkan こすりつける, すり込む: *menggosokkan minyak ke tangan adiknya* 油を妹の手にこすりつける.

penggosok **1** ブラシ. **2** 掃除人.

gotong; **gotong-royong** (Jw) 相互扶助, 協力する.

bergotong, bergotong-royong 助け合う, 協力して働く.

menggotong 大勢で運ぶ.

goyah **1** 揺れる, がたがたする: Tiang itu *goyah*. 柱が揺れる. Sebatang gigi *sudah goyah*. 一本の歯がぐらぐらしている. **2** 不安定な: Syarikat ini sudak lama *goyah*. この会社はすでに以前から不安定になっていた.

menggoyahkan 揺らす, 変えようとする: *menggoyahkan pendiriannya* 自分の意見を変えようとする.

goyang **1** 揺れる: *kerusi goyang* ロッキング・チェア. *goyang kaki* 足をぶらぶらさせる; 仕事もせずにのん気に暮らす. Kepercayaannya terhadap fahaman Marxisme sudah *goyang*. マルキシズムに対する彼の信頼は揺れた. **2** 不安定な: Kedudukannya semakin goyang. 彼の地位はますます不安定になった.

bergoyang 揺らす, 揺れる, 振動する: *Pokok bergoyang* 木が揺れる. *Meja itu bergoyang*. テーブルが振動する.

menggoyang, menggoyangkan **1** 振る, 揺らす: *menggoyangkan buaian* 揺り籠を揺らす. **2** 不安定にする.

goyangan 揺れ.

kegoyangan 揺れ, 不安定さ.

graduan (英) graduate (大学)卒業生: *graduan menganggur* 職のな

い大卒者.

grafik (英) graphic グラフィック: *grafik komputer* コンピューター・グラフィック. *reka bentuk grafik* グラフィック・デザイン.

granit (英) granite 花崗岩, 御影石.

gred (gréd) (英) grade 等級, 階級.

gris (英) grease 油脂, グリース.

gua 洞穴.

guam 紛争, 対立.
 berguam 対立する.
 guaman, perguaman 紛争, 法廷闘争.
 peguam 弁護士: *Peguam Negara* 司法長官(検事総長).

gubah; menggubah 1 (花などを)生ける. 2 作詞・作曲する.
 gubahan 1 生け花. 2 作詞・作曲.
 penggubah 作詞家, 作曲家.

gubal; menggubal (法律・政策)を制定する・策定する: *menggubal undang-undang yang baru* 新法を策定する.
 penggubal 立法者.
 penggubalan (法律・政策の)策定, 立法: Penghapusan kemiskinan akan menjadi teras *penggubalan* Rancangan Malaysia. 貧困の根絶がマレーシア計画を策定するときの基本となる. *proses penggubalan undang-undang* 法律の策定過程.

gudang 倉庫.
 bergudang-gudang 倉庫がたくさんある.
 menggudangkan 倉庫に保管する: *menggudangkan guni gula* 砂糖袋を倉庫に保管する.

gugat; menggugat 1 (地位などを)脅かす: Dua muka baru mampu *menggugat* kedudukan Presiden itu. 二人の新人が大統領の地位を脅かすことになる. *menggugat keselamatan* 治安を脅かす. 2 (約束不履行などを)責める, きびしく追及する: Penduduk kampung *menggugat* ahli parlimen itu kerana beliau tidak menepati janjinya. その代議士が約束を履行しないので, 村民が彼を責めた. *digugat* kerana tidak menepati janji 約束を守らなかったので, 責められた. 3 告訴する.
 gugatan 告訴, 請求, 要請.
 tergugat 脅かされる: Jangan bimbang, kedudukan anda dalam syarikat ini *tidak akan tergugat*. 心配しないで. この会社におけるあなたの地位は決して脅かされないから. Saya *berasa tergugat dengan* kata-katanya tadi. 私はさっきの彼の発言で脅威を感じる.

gugup 1 うろたえる, 神経質になる, パニックになる: Saya begitu *gugup* mendengar nama saya sendiri. 僕は自分の名前が呼ばれているのを聞いてとてもうろたえた. *Jangan gugup*. 落ち着きなさい. 2 騒々しい, 混乱: Apabila bas itu berlanggar, *keadaan menjadi gugup* dengan jeritan penumpang-penumpang. バスが衝突したので, 乗客の叫び声などで状況は騒然となった.
 menggugupkan パニックに陥る.
 kegugupan パニック(になる).
 penggugup パニックに陥り易い人.

gugur 1 (葉・髪などが)落ちる: menunggu *durian gugur* ドリアンが落ちるのを待つ. 2 流産: *Kandungannya gugur*. 彼女は流産した. 3 戦死する: Dia *gugur* ketika menentang musuh. 彼は敵と戦って戦死した. 4 地位・権利を失う, 失効する: Keanggotaan akan *gugur* dengan sendirinya kalau yuran ini tidak dijelaskan. 会費が未納だと,

メンバーシップは自動的に失効する. *gugur hati* 恋におちいる. *gugur talak* 夫側が離婚宣言すること. *musim gugur* 秋.

berguguran たくさん落ちる.

menggugurkan 1 落とす: Tentera udara Amerika Syarikat telah *menggugurkan* sebiji bom atom di Hiroshima. 米空軍は広島に一発の原子爆弾を投下した. 2 堕胎する: Dia menggandung tetapi mahu *menggugurkan* kandungannya. 彼女は妊娠したがおろしたがっている.

keguguran 流産する: Sudah dua kali isterinya *keguguran*. 彼の妻二度も流産している.

pengguguran 投下: *pengguguran bayi* 堕胎.

gugus 束, ふさ.

gugusan 一群, 群島: *Gugusan Pulau Melayu* マレー群島.

bergugus-gugus グループで, 束で.

gula 砂糖: *gula batu* 氷砂糖. *gula getah* ガム. *gula melaka, gula kelapa* ココナツ砂糖. *penyakit gula* 糖尿病.

gula-gula 1 キャンディ. 2 愛人. 3 甘い言葉.

menggula, menggula-gula ほめる, お世辞を言ってほめる: Saya tahu dia hanya hendak *menggula-gula* saya. 私は彼が私にお世辞を言っているのが分かっている.

menggulai ～に砂糖を入れる: Maaf, saya terlupa *menggulai* kopi itu. ごめん, コーヒーに砂糖を入れるのを忘れてしまった.

gulai マレー風カレー汁.

menggulai カレー汁をつくる.

menggulaikan ～をカレー煮にする.

guli おはじき遊び.

guling; **guling-gantung, guling-gelantang** 辺り一帯に転がる.

berguling, mengguling 転がる.

bergulingan, berguling-guling ゴロゴロ転がる: *berguling-guling di atas pasir* 砂の上で転げ回る.

menggulingkan 転がす, 倒す: *percubaan untuk menggulingkan kerajaan* 政府を倒す計画.

gulung 巻いたもの(助数詞): *dua gulung kertas* 紙2巻. *segulung ijazah* 学位.

gulung tikar 倒産する: Universiti itu terpaksa *gulung tikar* kerana ketiadaan pelajar. その大学は学生がいないため閉鎖(倒産)せざるをえない. *isu IPTS gulung tikar* 私立大学の閉鎖問題.

bergulung-gulung, gulug-gemulung 巻き上げてある, たくさん巻いてある: *bergulung-gulung kertas tandas* ぐるぐる巻きのトイレット・ペーパー. Ombak datang *bergulung*. 波が巻くように押し寄せる. memakai kemeja dengan lengan *bergulung* シャツの袖を捲り上げて着る.

menggulung 1 巻く, まくる: *menggulung surat khabar* 新聞をぐるぐる巻きにする. *menggulung kaki seluar* ズボンの裾をまくる. *menggulung lengan bajunya* 袖をまくる(仕事を始める用意をする). 2 (演説・話を)結ぶ, 切り上げる: *menggulung ucapan* 挨拶を締めくくる.

gulungan 巻物: *gulungan filem* フィルムの巻物.

penggulungan (会議の)終結: *ucapan penggulungan* 閉会の挨拶.

gulut; **bergulut, bergulut-gulut, tergulut-gulut** 急いで～する.

menggulut 急がせる.

gumpal (土, 泥, 粉などの)塊.

bergumpal 塊になっている.

menggumpal, menggumpalkan (粘土や紙を)塊に固める: *menggumpal tanah liat itu bulat-bulat* 粘土を丸く固める.

segumpal 一摑みの.

guna (Sk) **1** 使い道, 効用, 利便性, 利点, 用途: *Apa gunanya?* それは何の役に立つか? *Tak ada gunanya* 役に立たない. *Tidak ada gunanya menyesali apa yang telah terjadi.* 起きてしまったことを後悔しても何の意味もない(覆水盆に返らず). *banyak gunanya* 使い道がたくさんある. *tidak tahu membalas guna* 受けた親切に対してお礼を言えない. **2** 〜のために: *guna keselamatan negara* 国家安全のために.

guna tenaga 人的資源, 雇用.

berguna 役に立つ, 有用な: *Dia tak berguna satu sen pun.* 彼は1センの価値もない.

menggunakan, mempergunakan 〜を使う, 利用する, 消費する: *makan gunakan sepit* 箸を使って食べる. *makan gunakan tangan* 手を使って食べる. *menggunakan kekuatan tentera* 武力を行使する. *menggunakan kesempatan ini sebaik-baiknya* この機会を最大限に利用する. *Gunakan sebelum 31/12/2007.* 消費期限は2007年12月31日.

kegunaan 利益, 有益.

pengguna 消費者, ユーザー.

penggunaan 使用, 消費, 適用, 応用: *Penggunaan telefon bimbit adalah sama sekali dilarang dalam kawasan lokap.* 留置所内での携帯電話の使用は全面的に禁止されている. *pengurangan dalam penggunaan minyak* 石油消費の削減.

guna-guna (迷信上の)惚れ薬.

gundah 1 悲しみ, 心配. **2** なつかしむ.

gundah-gulana 悲しみ: *menyembunyikan perasaan gundah-gulananya* 悲しみを隠す. *Dia berasa gundah-gulana dengan berita itu.* 彼女はその知らせで悲しみを感じた.

bergundah-gulana 悲しむ: *Dia masih bergundah-gulana dengan kamatian isterinya.* 彼は妻の死をまだ悲しんでいる.

gundik 王の側室, 妾, 愛人.

guni 麻袋.

gunting はさみ, 裁断の仕方: *rambut gunting GI* GIカットの髪. *Tolong gunting rambut saya sedikit.* 髪を少し切ってください. *Seperti gunting makan di hujung.*【諺】密かに物事を運ぶ.

bergunting 1 髪を人に切ってもらう, カットされた: *pergi bergunting rambut* 髪切りに行く. *Kain yang bergunting itu disimpannya dulu.* カットされた布を彼女はしまった. **2** (自分で髪やひげを)切る: *setiap pagi ayah bergunting misai.* 父は毎朝口ひげをカットする.

menggunting はさみで切る: *Kondaktor bas menggunting tiketnya.* バスの車掌が切符を切った. *seorang pemuda yang berambut panjang seperti sudah tiga bulan tidak digunting* もう三カ月も床屋に行っていないような長髪の若者.

penggunting 1 美容師. **2** 切る道具.

guntur 雷 = guruh.

gunung 山: *gunung ais* 氷山. *gunung berapi* 火山. *gunung berapi aktif* 活火山. *gunung berapi mati* 死火山. *Gunung Kinabalu* キナバル

gurau

山《マレーシアの最高峰 4175m, サバ州》. *gunung payung* 愛しい人. *Tak akan lari gunung dikejar*【諺】あわてて事を急ぐにおよばず.

gunung-ganang, gunung-gunung 山々.

gunung-gemunung 山脈=banjaran gunung.

menggunung 山のように高くなる.

pergunungan 山地, 山岳地帯.

gurau 冗談: *gurau senda* 冗談.

bergurau 冗談を言う: *suka bergurau* 冗談を言うのが好きだ. *Jangan bergurau.* 冗談はよせよ. *Tadi saya cuma bergurau saja, jangan marah.* さっきのは冗談にすぎないから, 怒らないで.

mempergauraukan 〜をからかう.

gurindam グリンダム(2行で構成された教訓を含むマレーの伝統詩の形式).

gurita 〔魚〕タコ (ikan gurita).

guru (Sk) 先生, 教師, 教員: *guru besar, pengetua guru* 校長. *guru gantian* 代行教員. *guru penolong* 教頭. *guru pelatih* 見習い教師. *guru sandaran* 補助教員. *guru sementara* 臨時教師. *guru bahasa Jepun* 日本語の先生. *Guru kencing berlari, murid kencing berlari.*【諺】生徒は教師の姿を見習う.

berguru 1 〜に師事する (*berguru kepada/dengan* 〜): *Mereka mahu berguru dengan Prof. Ali.* 彼らはアリ教授の下で学びたがっている. 2 先生のように振舞う.

bergurukan 〜の下で学ぶ: *Kami bangga kerana dapat bergurukan Pof. Ali* アリ教授の下で学べることができるのを誇りにしている.

perguruan (学校などの)教育機関, 教員養成: *Maktab Perguruan* 師範学校.

guruh 雷=guntur.

gurun 砂漠: *Gurun Sahara* サハラ砂漠.

penggurunan 砂漠化: *Proses penggurunan bumi menjadi semakin rancak.* 地球の砂漠化のプロセスはますます急速になってきた.

gus 同時.

sekaligus 一度に, 一括して, 同時に: *bayaran sekaligus* 一括払い.

gusar 怒る=marah.

gusi 歯ぐき: *gusinya bengkak* 歯ぐきが腫れる.

gusti 取っ組合いの格闘技(レスリング).

H

hab (英) hub ハブ, 中心.

haba 1 熱さ. 2 熱, 熱力: *gulingan haba* 熱間圧延. *kerjaan haba* 熱間加工.

habib (Ar) 1 恋人=kekasih. 2 Sayid の称号をもつ男性に対するアラビア語の呼び掛け.

habis 1 終わる, 完了した, もう残っていない: *Kari sudah habis.* カレーはもうなくなった. *Bas ke Melaka* *sudah habis.* マラカ行きのバスは終了した. **2** 全体, 全部, ほとんどの〜: *Habis harta bendanya* diangkut pencuri. 彼の全ての財産は泥棒に持って行かれた. *Pekerja syarikat itu habis dipecat.* 会社の従業員は全員が解雇された. **3** 一番の〜＝paling《比較の最上級を示す》: *Menara Kembar Petronaslah bangunan yang habis tinggi* di seluruh dunia. ペトロナス・ツイン・タワーが世界で一番高いビルだ. **4** 〜した後: *Habis menggosok gigi*, dia pun tidurlah. 歯をみがいた後, すぐに寝た. *Habis itu*, kami pulang. その後, 家に帰った. **5** だから, そこで, そうなら＝jadi: "*Saya tidak mahu pergi, habis, awak nak buat apa?*"「僕は行きたくない, だから君はどうするの」.

berhabis ＝*berhabis wang* 金を使い果たす, 浪費する.

menghabisi 終える: *menghabisi ucapan* スピーチを終える. *menghabisi nyawanya* 人を殺す.

menghabiskan 1 (金, 労力を)使い果たす, (時を)過ごす: *menghabiskan semua wang* お金を全部使い果たす. *Pesawat itu bergelar di ruang udara Los Angeles selama tiga jam untuk menghabiskan minyaknya.* 航空機は油を使い果たすためにロスの上空を三時間旋回した. *menghabiskan hujung minggu di* Hakone 週末を箱根で過ごす. *menghabiskan cuti Krismas dan akhir tahun.* クリスマスと年末休暇を過ごす. ***menghabiskan masa*** 時を過ごす: *menghabiskan masa bersama-sama teman wanita* ガールフレンドと一緒に時を過ごす. *menghabiskan masa menonton TV dan video* テレビとビデオを見て過ごす.

menghabiskan kebanyakan masanya dengan membaca buku 読書してほとんどの時間を過ごす. **2** 〜を完了する, 終わらせる: *Dia berjanji akan menghabiskan kerjanya besok* 彼は仕事を明日終わらせると約束した.

kehabisan 尽きる, 使い果たした: *Kereta itu kehabisan minyak dalam perjalanan* 車は道中で油が尽きた.

penghabisan 最後, 終末: *kereta api yang penghaisan* 終電. *pada penghabisan cerita* 物語の結末では.

sehabis 1 〜の後, 終了後〜: *Sehabis sahaja PM bercakap*, perbarisan pun bermula 首相の話が終わるや, パレードが始まった. **2** 最も, とても: *kereta yang sehabis mahal di negeri ini* 国中で一番高価な車.

habis-habis 1 徹底的に: *berfikir habis-habis* 徹底的に考える. **2** せいぜい: *Dia tak suka makan sayur. Habis-habis dia makan tomato sahaja.* 彼女は野菜が好きでない. 食べたとしてもせいぜいトマトぐらいだ.

tak habis-habis いつまでも, 止めなく: *Dia tak habis-habis* menonton TV. いつまでもテレビを観ている.

habis-habisan, berhabis-habisan 渾身の力を振り絞って, 能力の限り: *berjuang habis-habisan* 力を振り絞って戦う.

sehabis-habis, sehabis-habisnya 全て, 完全に, できるだけ, 最善の: *berfikir dengan sehabis-habis* 徹底的に考える.

habitat (動植物の)生息地.

hablur; **habluran** 水晶, 結晶.

habuan 1 分け前, 取り分. **2** 機会, 幸運: *Kalau ada habuan*, 機会があれば.

habuk ちり, ほこり.

berhabuk 1 ほこりで一杯の, ほこりっぽい: Meja ini *berhabuk*. このテーブルはほこりっぽい. 2 中身のないことをしゃべりまくる. 3 (外国語が)流暢な.

kehabukan ほこりで一杯, ほこりっぽい.

had (Ar) 制限, 限度: *had nyawa* 寿命. *had laju* 速度制限. *memandu melebihi had laju* スピード違反して運転する. *had umur* 年齢制限. *had umur layak memiliki lesen memandu ialah 17 tahun* 運転免許を保有できる年令は17歳から. *menaikkan had umur kelayakan memiliki lesen memandu daripada 17 tahun kepada 20 tahun* 運転免許を保有できる年齢制限を17歳から20歳へ引き揚げる. *had usia bersara* 退職年限. *tanpa had* 無制限に. *menjamu selera tanpa had* 食べ放題. *Gurau pun ada hadnya. Kalau lebih, tak sedaplah.* 冗談もほどほどに. やりすぎると, 良くない.

berhad 1 制限をうける. 2 ＝**Berhad** 上場された株式会社《Bhdと省略される. 未上場の株式会社はSendirian Berhad＝Sdn. Bhd》.

mengehadkan 1 ～を制限する, 規制する: *mengehadkan bilangan peserta itu kepada 10 orang sahaja* 参加者を10人だけに制限する. 2 ～を割り当てる.

pengehadan 規制.

terhad ～に限定する・制限する.

hadam (Ar) 消化する: *Makanan berlemak susah hadam*. 脂っこい食物は消化に悪い. *makanan yang mudah hadam*. 消化しやすい食物.

menghadamkan 消化する.

penghadaman 消化.

hadap 1 前方. 2 方向.

hadapan 1 前面, 前方: *Semua guru berdiri di hadapan murid*. すべての先生たちが生徒の前に立っている. *ke hadapan* 先頭を行く; 他よりも進んでいる; *negara yang ke hadapan dalam bidang teknologi maklumat dan komunikasi (ICT)* 情報通信分野で先端を行く国. 2 未来の: *masa hadapan* 将来.

berhadapan ～と向かい合って: duduk *berhadapan dengan* Aminah ketika sarapan 朝食のときアミナと向かい合って座る.

menghadap 1 ～に面する: *Rumah saya menghadap ke laut* 私の家は海に面している. 2 (王に)謁見する, 謁見すること: *Sultan Pahang menerima menghadap Perdana Menteri* パハンのスルタンは首相の謁見を受けた. 3 (裁判所に)出頭する.

menghadapi 1 ～に面する: duduk *menghadapi* guru besar 校長の真向かいに座る. 2 ～に会う: takut *menghadapi* orang banyak itu 大勢の人に会うと怖い. 3 直面する, 対決する: bersedia untuk *menghadapi* sebarang kemungkinan いかなる可能性にも直面する用意がある. *menghadapi dugaan, halangan dan cabaran* 試練と障害, 挑戦に直面する.

menghadapkan 1 ～を向ける: *menghadapkan meriam ke laut* 大砲を海の方に向ける. *menghadapkan pertanyaan itu kepada* ketua kampung その質問を村長に向けて出す. 2 (裁判所などへ)持ち出す, 提起する: Saya akan *menghadapkan* dia *ke* mahkamah atas tuduhan menipu. 私は彼を詐欺罪で裁判所に

訴える.

penghadapan 謁見の間.

terhadap 〜に対する,〜に関して: Dia baik hati *terhadap* saya. 彼は私に対して親切です. Cintanya *terhadap* Asmah tidak akan berubah. 彼のアスマに対する愛情は決して変わらない.

hadas (Ar)(イスラム教上)身体が不浄で,礼拝ができない状態.

hadiah (Ar) 贈り物, プレゼント, 賞, 賞品: Ini *hadiah* untuk awak. これは君へのプレゼントです. *Hadiah Nobel* ノーベル賞. *hadiah percuma* フリーギフト. *hadiah siswa* 奨学金. *mendapat hadiah pertama* 1 等賞を得る. *menyampaikan hadiah* 賞を授与する.

menghadiahi 〜に贈り物をする: Ayah *menghadiahi* saya jam tangan. 父は僕に時計をプレゼントしてくれた.

menghadiahkan 贈呈する: *menghadiahkan* kekasih *dengan* jam tangan, / *menghadiahkan* jam tangan *kepada* kekasih 恋人に時計をプレゼントする.

hadir I (Ar) **1** 出席している: *tak hadir di sekolah* 学校を欠席した. **2** 備わっている, ある = berhadir: Sarah *hadir dengan* bakat semula jadi. サラは生まれ持った才能がある.

menghadiri 〜に出席する, に参加する: *menghadiri pertemuan* 会合に出席する. Konvensyen yang *dihadiri* kira-kira 300 peserta itu bermula semalam. 約 300 人の参加者が出席した会議は昨日始まった.

hadirin 出席者, 聴衆: "*Para hadirin yang dihormati sekalian*"「敬愛するご出席の皆さん」.《スピーチで》.

kehadiran 1 出席, 参加. **2** (人や動物の)出現, 姿を現すこと: *Kehadiran kawanan ikan lumba-lumba mengejutkan nelayan* イルカの大群の出現は漁師を驚かせた.

hadir II【古典】; **berhadir** (船や武器の)準備をする・用意をする: Maka Demang Lebar Daun pun menyuruh segala hulubalang *berhadir* perahu akan mengiring itu. DLM は武将たちに王に随行する船を準備するように命じた.

menghadirkan (船の出港を)準備させる: "Adalah yang seperti titah itu, telah sedialah tuanku patik *hadirkan*" (p.37).「ご下命どおり, 船の準備をさせました」.

hadirat (Ar)(アッラーの神, 預言者, 王)の御前.

hadis (Ar) ハディース(預言者ムハンマドの言行に関する伝承).

hafal → **hafaz**.

hafaz (Ar) 暗記.

menghafaz, menghafazkan 暗記する: Orang Islam *menghafaz* ayat-ayat Quran sejak kecil lagi. イスラム教徒は幼い頃からコーランの文章を暗記する.

hafbek (hafbĕk)(英) halfback (サッカー, ラグビー, ホッケーの)ハーフバック.

haid 月経(期間).

hairan (Ar) **1** 驚く: Saya *hairan melihat* 〜を見て驚いた. ***Tidak hairanlah jika*** 〜 であっても決して驚くにあたらない(当然である); *Tidak hairanlah jika wawasan 2020 akan mendapat kejayaan yang cemerlang*. 2020 年ビジョンがすばらしい成果をあげても決して驚くにあたらない. **2** 奇妙な, 不思議な: *Hairan juga* bagaimana wang itu boleh hilang. どうやってそのお金が消えてしまったのか不思議でならない.

menghairani 〜に対して驚く.

menghairankan 驚かす, 当惑させる.

kehairanan, kehairan-hairanan 驚き, びっくり仰天した.

haiwan (Ar) 動物.

kehaiwanan 動物に関する事柄: *sifat kehaiwanan* 動物の特性.

hajah (Ar) メッカ巡礼をした女性.

hajarulaswad イスラム教徒の巡礼の目的地であるカーバ神殿にある聖なる黒石.

hajat (Ar) 1 目的, 意図, 希望: Memang *hajat* Ali untuk menjadi pengerusi persatuan itu. その協会の議長になるのがアリの意図であった. 2 必要: Mungkin ada *hajat* dia datang itu. たぶん彼女が来る必要があろう.

berhajat 1 〜する意思がある, 〜するつもりである: Saya *tidak berhajat* bekerja di luar negeri. 私は海外で働くつもりはない. Saya sudah lama *berhajat* menemui anda. 以前からあなたにお会いしたいと希望していました. 2 必要としている.

berhajatkan, menghajatkan 〜が欲しい, 必要である: Kalau saudara *berhajatkan* bantuan, hubungilah saya. 君が支援を必要とするときは僕に連絡してください.

menghajati 〜を求める・希望する: mendapati segala yang *dihajatinya* 希望するもの全てを手に入れる.

haji (Ar) 1 メッカ巡礼(=fardu haji). 2 メッカ巡礼をした男性: *pergi haji, naik haji* メッカへ巡礼の旅に出る. *menuaikan haji di mekah*. メッカ巡礼する. *jumaah haji* メッカへ巡礼する一行.

hak 権利, 財産, 所有権: *hak asasi manusia* 基本的人権. *hak akses* アクセス権. *hak cipta* 著作権. *hak edar* 代理販売権. *hak istimewa* 特権. *hak mengundi* 投票権. *hak milik* 所有権. *hak politik* 参政権. *hak harta benda* 不動産権利.

berhak 権利がある, 正当な: Saya *berhak* menyuarakan pendapat saya. 私は自分の意見を表明する権利がある.

hakikat (Ar) 真実, 事実, 現実: Kita mesti *mengakui hakikat bahawa* 〜 私たちは〜という事実を認めるべきだ. Kita mesti *menerima hakikat bahawa* 〜 私たちは〜という現実を受けとめねばならない. Bagaimanapun *hakikatnya* tidak demikian. しかしながら現実はそうでなかった. *pada hakikatnya* 実のところ, 実際に.

hakim 1 裁判官, 判事: *hakim besar* 主任判事. *Hakim Mahkamah Persekutan* 連邦裁判所判事. *Hakim Mahkamah Tinggi* 高等裁判所判事. *Tuan Hakim Besar* 裁判長; *Tuan Hakim Besar* menghakimkan perbicaraan itu 裁判長がその公判を裁く. *menjadi hakim sendiri* 罪を犯したと見なされる人に対して(集団リンチなど)好き勝手に振舞う. 2 審判=pengadil. 3【古典】賢人: Panggil segala *hakim dan utus*. 賢人と使者たちを呼びなさい.

menghakimi, menghakimkan 裁く, 裁定する.

kehakiman 裁判, 司法.

penghakiman 裁判, 審判.

hakis; **menghakis, menghakiskan** 〜を徐々に破壊する, 浸食する: Air hujan *menghakis* tebing sungai. 雨水が川岸を浸食した.

hakisan 浸食, 磨耗: *hakisan angin* 風食. *hakisan tanah* 土壤浸食.

terhakis 浸食された, 摩滅した.

hal 1 出来事, 事件, 事(柄), 問題, 用事: Saya tidak tahu *tentang hal itu*. その事について私は知りません. *Kalau ada apa-apa hal*, datanglah kepada saya. 何か問題あったら, 私まで来てください. Bagi saya *tidak ada hal*. 私にとっては何も問題はありません. Makan dengan tangan pun *tak menjadi hal*. 手で食べるのも苦にならない. Saya minta diri dulu. *Saya ada hal lain*. お先に失礼します, 他に用事があるので. *Saya ada hal*, jadi mahu pergi dulu. 用事があるので, お先に失礼します. Saya tak boleh pergi. *Saya ada hal*. 私は行けません, 用事があるので. *buat hal dengan isteri orang*【口語】人妻と不倫する. *Hal apa?* = *Apa hal?* どうしたのですか: "*Apa halnya* nak ke Pulau Pinang?"「どうしてペナン島へ行くのですか」"*Ada urusan sikit*."「ちょっとした用事があるので」. "Saya baru terima telefon dari Kuching." "Telefon? *Apa halnya?*"「さっきクチンから電話があったの」「電話?どうしたの(何が起きたの)?」. *dalam hal ini* この場合. *pada halnya* 実際には~. *Demikianlah halnya dengan* ~ = *Begitu juga halnya dengan* ~についても同様である. 2 ~について, ~に関して: Dia menceritakan *hal* pengalamannya. 彼は自分の経験について話をした.

menghalkan ~について話し合う, 記述する: Semua orang kampung *menghalkan* kejadian semalam itu. すべての村民は昨日の出来事について話し合っている.

terhal 妨げられた.

hal-ehwal 事情, 問題: *hal-ehwal luar negeri* 外交問題. *hal-ehwal semasa* 時事問題. *hal-ehwal wanita* 女性問題.

hala 方向, 進路: pergi *hala barat* 西へ行く.

hala tuju 方向性: *hala tuju dan masa depan negara* 国家の方向性と将来. *membentuk hala tuju PBB* 国連の方向性を定める.

dua hala バイラテラル, 双方の: *perdagangan dua hala* バイラテラル貿易(両国間の貿易). *hubungan dua hala* 両者の関係. *dalam hubungan dua hala Malaysia-Indonesia* マレーシア・インドネシアの2カ国間関係において. *tidak tentu hala* 不安定な, 混乱した.

berhala ~に向かって.

menghala ~の方向に向かう: *menghala ke barat* 西へ向かう. *jalan raya yang menghala ke Baghdad* バグダットへ向かう道路.

menghalakan ~を向ける.

sehala 一方通行 (*jalan sehala*). Jalan ini *sehala*. この道路は一方通行です.

halaju スピード, 速さ, 速度: *halaju bunyi* 音速. *halaju cahaya* 光速. *halaju jatuh* 落下速度.

halakah (Ar) 地域, 集団.

halal (Ar) 1 ハラール(イスラム教の教義にかなった食物など): *daging yang halal* ialah daging yang disembelih secara Islam ハラールな肉とはイスラム式に屠殺された肉. *binatang yang halal dimakan* (イスラム上)食べてよい動物. 2 合法的な: *dengan cara halal* 合法的に, 正当に; mencari wang *dengan cara*

halaman

halal 合法的にお金を稼ぐ.
menghalalkan 認める, 許可する. 合法化する: Malaysia tidak akan *menghalalkan* pelacuran. マレーシアは売春を合法化することはない.
kehalalan 合法, 正当.
halaman (Ar) **1** 庭, 地区: *halaman belakang* 裏庭. *halaman rumah* 家の庭. *kampung halaman* 故郷, 郷里, 田舎. **2** ページ, 頁: Bukalah buku teks *pada halaman 17.* 教科書の17頁を開きなさい. *halaman depan* フロント・ページ.
halang; menghalang, menghalangi, menghalang-halangi 妨げる, 邪魔する, 阻止する: *menghalang kelancaran lalu lintas* 交通の順調な流れを妨げる. Tidak ada orang yang berani *menghalang* dia merokok di sini. 彼がここで喫煙するのを勇気をもって阻止する者はいない. *menghalang penglihatannya* 視界を遮る.
menghalangkan 障害物を置く.
halangan 障害(物), 支障: *Ada halangan,* saya tidak boleh datang. 支障があるので, 行けません. *Jika tidak ada apa-apa halangan,* saya akan ke sana. もし何か支障がなければ, そちらへ行きます. Bahasa-bahasa lain bebas digunakan *tanpa halangan.* その他の言語は何の妨げもなく自由に使用されている.
penghalang 障害.
terhalang 遮断された, 妨げられた.
halau; menghalau, menghalaukan 追い払う, (牛・馬などを)追う. Dia *menghalau* suaminya *keluar* dari kediaman mereka. 彼女は夫を家から追い出した.
halia 〔植〕ショウガ(生姜).
halilintar 稲妻, 稲光.

halim 優しい, 親切な.
halimun 霧, もや.
halipan → lipan.
halkum **1** のど. **2** のどぼとけ.
haloba 強欲な=tamak.
haluan **1** 方向(進路), ねらい, 目標: *angin haluan* 向かい風. *tiada tentu haluannya* 方向が定まらず. *menukar haluan kepada* ~に方針を変える. *mengubah haluannya* 方向を変える. **2** 船首: Cat dari *haluan kapal itu* dahulu. 船首から先に塗装せよ.
menghaluankan ~の目的で, ~に向ける.
halus **1** きめの細かい, 滑らかな: *pasir halus* きめ細かい砂. *hasil kerja tangan yang halus* 繊細な手工芸品. *kulit halus* 滑らかな肌. *daging itu dicencang halus* 肉をみじん切りにする. **2** 礼儀正しい, もの優しい: *Tingkat lakunya halus.* 彼女の振る舞いは礼儀正しい. *mempunyai sifat yang halus* 優しい性格をしている. **3** 細い: *dawai halus* 細い針金.
halus-halus 注意深く.
berhalus やさしく(話す).
menghalusi ~を詳細に調べる: Jika kita *mengharusi* kejadian itu, tahulah kita siapa yang bersalah. その出来事を詳細に調べれば, 誰が悪いか分かるでしょう.
menghaluskan ~を滑らかにする, ソフトにする: Krim ini dapat *menghaluskan* skin anda. このクリームはお肌を滑らかにします.
kehalusan 優しさ, 繊細さ: *kehalusan kerja tangannnya* 彼女の手芸の繊細さ.
halwa (Ar) **1** 果物の砂糖漬. **2** (目や耳を)楽しませるもの (*halwa mata, halwa telinga*). **3** 鶏につく

ノミ.

hamba (Ar) 1 奴隷: *hamba Allah* 人間. *hamba sahaya* 奴隷. *hamba berhutang, hamba tebusan* 債務奴隷. *hamba seks* 慰安婦. 2 私《謙遜した表現》.

berhamba 奴隷になる,奴隷をもつ.
berhambakan, memperhamba 奴隷のように扱う.
perhambaan 奴隷制度.

hambar 1 味のない=tawar: *Makanan ini hambar*. この食物は味がない. 2 (態度・反応が)冷たい,無関心: *Ucapan itu agak hambar* そのスピーチは反応がやや冷たかった. *senyuman yang hambar* 冷ややかな微笑み.

menghambar, menhambarkan がっかりする, 失望する.

hambat I; **berhambat-hambat, berhambat-hambatan** 追跡する, 追いかける.
menghambat, memperhambat 1 (獲物や犯人を)追跡する, 追いかける: *Pemburu itu sedang menghambat seekor rusa*. ハンターが鹿を追いかけている. 2 心をひきつける, 心を捉える: *Sikap pemimpin itu menghambat hati rakyat*. その指導者の態度は国民の心をひきつけた.

hambat II; **menghambat** 〜を妨げる, 邪魔する: *Kekurangan wang telah menghambat projek kami*. 資金不足が私たちのプロジェクトを妨げた.
hambatan 障害, 妨げ.
penghambat 障害物.
terhambat 妨げられる: *Projek kami terhambat kerana kekurangan wang*. 私たちのプロジェクトは資金不足のため妨げられた.

hambur I; **berhamburan** 1 ばらまかれた, 散らかった: *Makanan berhamburan di atas lantai*. 床に食物がばらまかれていた. *lari berhamburan* ちりぢりに逃げる. 2 水が滴り落ちた: *Air matanya keluar berhamburan*. 涙がぱらぱらと落ちる.

menghambur, menghamburkan ばらまく, 撒き散らす: *menghambur baja di ladang itu* 畑に肥料を散布する.

menghamburi 〜にばらまく: *menghamburi kubur itu dengan bunga* お墓に花をばらまく.

hambur II; **menghambur** 飛び込む, 飛び降りる=terjun: *menghambur ke laut* 海に飛び込む.

hamil (Ar) 妊娠している: *pencegah hamil* 避妊剤(用具).
menghamilkan 妊娠する: *menghamilkan anaknya yang kedua* 二番目の子を妊娠している.
menghamili 〜を妊娠させた.
kehamilan 妊娠: *Kehamilannya sudah masuk lima bulan*. 彼女は妊娠5ヵ月に入った. *pada peringkat awal kehamilan* 妊娠初期に.

hamis (羊肉や牛肉の)生臭さ.

hampa 1 空っぽな: *padi hampa* 実のない籾. 2 成果のない, 無駄な, 失敗: *Usaha itu akhirnya hampa saja*. 努力は結局無駄だった. 3 = *hampa hati* 失望する, がっかりする: ***berasa hampa hati*** がっかりする. *Saya hampa kerana dia tidak datang*. 彼が来なかったので私はがっかりした.

menghampakan 1 空にする: *menghampakan tong sampah* ゴミ箱を空にする. 2 がっかりさせる: *Saya tidak bermaksud menghampakan anda*. 私はあなたを失望させるつもりはまったくない.

kehampaan 失望, 落胆: *Kehampaan* jelas terbayang pada wajahnya. 落胆の色が顔の表情にはっきりと表れていた.

hampagas 真空(空間).

hampar *batu hampar* 平らで大きな石《洗濯するとき濡れた衣服を叩きつけるのに使う》.

menghampar 広がる: Tanah sawah *luas menghampar di depan mata*. 水田が目の前に広々と広がる.

menghamparkan, menghampari 1 (敷物や巻物を)広げる: *menghamparkan tikar* untuk tamu-tamu お客のために莚を広げる. *menghampari lantai dengan* permaidani 床に絨毯を広げる. 2 説明する, 詳しく述べる.

terhampar 1 広がっている: Masa depan yang cerah *terhampar di depannya* 明るい未来が彼の前に広がっている. 2 散らばる.

hamparan 敷物(莚, カーペットなど).

hampas 1 かす, ごみ: membuang *hampas kelapa* ヤシの実を取り除いた殻を捨てる. 2 役にたたない.

hampir 1 〜の近くに(dekat): Jangan letak kereta anda *terlalu hampir dengan* pintu. あまりドアの近くに駐車しないでください. 2 ほとんど, あやうく: Dia pernah *hampir mati*. 彼はかつて死にそうになったことがある. Waktu itu saya berasa seolah-olah *terlalu hampir dengan maut*. その時僕はほとんど死ぬかと思った. Sebiji kelapa terjatuh dan *hampir saja* kena kepala saya. ヤシの実が突然落ちてきてあやうく僕の頭に当るところだった. 3 間もなく: Pilihan raya *hampir*. 選挙が近い.

hampir-hampir ほとんど, あやうく〜しそうになる: Saya *hampir-hampir* terjatuh dari tangga. 僕はあやうく階段から落ちそうになった. Saya *hampir-hampir* menangis kegembiraan. 僕は嬉しさのあまり泣きそうになった.

berhampiran 〜に隣接して, 最寄りの: perhentian bas yang *berhampiran dengan* rumah kami 最寄のバス停. Dia duduk *berhampiran saya*. 彼女は僕の脇に並んで座った.

menghampiri 〜の近くに行く(来る): Jangan *menghampiri* anjing itu. あの犬に近づくな. Nampaknya kita *menghampiri* saat berpisah. いよいよお別れの時が近づきました.

menghampirkan 〜を近づける.

hampiran 近所, 隣人.

terhampir 最寄の: hospital yang *terhampir dengan* rumah saya 私の家から一番近い病院.

hamput; menghamput 叱る, ののしる: *kena hamput* 叱られる.

hamun 侮辱, ののしり: Saya tak mahu *kena hamun* oleh ayahnya. 僕は彼の父からのしられたくない.

menghamun, menghamuni 侮辱する, ののしる, 非難する: tidak patut *menghamun* orang lain 他人を侮辱すべきでない.

hancing 小便臭い悪臭.

hancur 1 砕けて粉々になる, 壊れる: Cawan itu jatuh lalu *hancur*. カップが落ちて粉々に砕けた. gelas keselamatan yang *tidak akan hancur* apabila pecah 壊れても粉々に砕けない安全ガラス. Cermin itu *hancur berkecai*. ガラスが粉々に砕ける. *telur hancur* スクランブル・エッグ. Perkahwinan mereka akan *hancur*. 彼らの結婚は壊れるだろう.

Cita-citanya *hancur* oleh kedatangan Jepun. 日本軍の襲来によって彼らの夢は壊された. Bandar itu *hancur*. 町は崩壊した. **2** 溶ける, 溶解した: Gula *hancur* dalam air panas. 砂糖はお湯の中で溶けてしまう. **3** 悲しい, 失望した (*hancur hati*): *Hatinya hancur* mendengar berita buruk itu. 悪い知らせを聞いてひどく悲しくなった.

menghancurkan 〜を壊す, 粉々に砕く, 溶かす, (希望, 信頼を)だめにする: *menghancurkan* segala yang telah dicapai sehingga kini. 今まで達成したことすべてを壊す. Kejadian itu *menghancurkan* cita-cita saya. その出来事が僕の夢をぶち壊した.

kehancuran 破壊, 壊滅.

hancur lebur; **menghancurleburkan** 破壊する: Kes itu *menghancurleburkan cita-cita saya*. その事件が僕の夢を壊した.

handai 友人, 仲間: *sahabat handai* 友人・知人・同僚.

berhandai-handai 友人になる.

handal 上手な, 熟練した: pemain tenis yang *handal* 上手なテニス選手. Dia *handal* dalam bahasa Jepun. 彼女は日本語が上手だ.

kehandalan 熟練, 腕のよさ.

hangat 1 熱い, 熱烈な: *sambutan hangat* 熱烈な歓迎. *perbincangan hangat* 激烈な討論. *cinta hangat* 熱愛. **2** 新しい(ニュース, 出来事): *berita hangat* ホットニュース.

hangat hati 非常に怒る. *Hangat-hangat tahi ayam*. 【諺】熱しやすく冷めやすい.

menghangat 熱くなる (緊張する).

menghangatkan 1 温める: menyalakan unggun api untuk *menghangatkan badan* 身体を温めるために焚き火をする. *Harap menghangatkan* makanan itu sebelum memakannya. その食物は食べる前に暖めてください. **2** (状況を)活気づける, 緊張させる: Kedatangan penyanyi popular itu *menghangatkan suasana* majlis itu. 人気歌手が来たことがパーティの雰囲気を盛り上げた.

kehangatan 1 熱: *kehangatan matahari* 太陽の熱. **2** 暖かさ.

hangit 焦げる臭い: bau roti bakar yang *hangit* トーストが焦げる臭い.

menghangitkan (飯やケーキを)焦がす.

hangus (火事で)全焼した, 黒焦げになる: Rumah itu *hangus dijilat api dalam kebakaran*. 家は火事で全焼した.

menghanguskan 〜を黒焦げにする.

kehangusan (魚などが)黒焦げになる.

hantam; **menghantam** 激しく打つ.

hantar; **menghantar**, **menghantarkan 1** 送る, 届ける, 配達する: *menghantar* surat dan poskad 手紙と絵葉書を送る. *menghantar bola* ボールをパスする. Kad jemputan itu sudah *dihantar*. 招待状はもう送った. ***menghantar pulang*** 送還する, 送り届ける; *menghantar pulang* pekerja-pekerja asing ke negara asalnya 外国人労働者を出国国へ送還する. Pekerja asing *menghantar pulang wang* ke negara asalnya. 外国人労働者が祖国に送金する. **2** 同行する, 見送る: *menghantar dia ke* lapangan terbang 彼を飛行場まで見送る.

hantu

datang menghantar (人を)見送る. "Saya nak *hantar you* balik." "Tak payahlah. Saya boleh balik sendiri."「僕が君を(家まで)送りますよ」「いいです,一人で帰れるから」. **3** 〜を入学(入会)させる. **4** 派遣する: Empat bulan lagi saya akan *dihantar bertugas ke* Malaysia. 私は4ヵ月後にマレーシアに転勤となる.

hantaran **1** 配達物. **2** (新郎の)持参金(wang hantaran). **3** (サッカーの)パス: *membuat hantaran lintang kepada* Nakata 中田へクロスパスをする. Nakata *menerima / mendapat hantaran* Nakamura. 中田が中村からパスを受ける.

penghantaran 移送, 配達: *penghantaran pulang* 送還; Proses *penghantaran pulang* pendatang asing tanpa izin akan berjalan lancar. 不法入国外国人労働者の送還は円滑に進むだろう. *penghantaran pulang wang* ke negara asal 祖国への送金.

penghantar 発信者, 配達人.

pengantar → **antar**.

hantu **1** 悪霊, お化け: Saya tidak percaya *hantu itu ada* 僕はお化けがいるとは信じない. *kena hantu* お化けにとりつかれる. **2** 邪悪な人: *hantu judi* 博打狂. *anak hantu* 悪い子. *burung hantu* フクロウ. *jari hantu* 中指.

berhantu 呪われる: Rumah itu *berhantu*. あの家はおばけが出る.

menghantui とりつく: Rasa takut *menghantui fikirannya*. 恐怖感が彼の頭にとりつく. Dia *dihantui* rasa takut. 彼は恐怖感にとりつかれている.

hantuk; berhantuk ぶつかる,衝突する.

menghantuk, menghantukkan 当てる, ぶつける: *menghantuk gelasnya pada gelas Ali* グラスをアリのグラスに当て乾杯する. Zidane *menghantuk dada pemain lawan dengan kepalanya* ジダンは相手選手の胸に頭突きした (= Zidane *menghantukkan kepalanya ke dada pemain lawan itu.* = Zidane *menanduk dada pemain lawan itu.*).

hanya 〜だけ, 〜のみ=cuma, saja: *hanya seorang saja.* たった1人だけ. *Hanya* Lim *saja* yang datang. 来たのはリムのみだった. Saya *hanya* ingin tahu. 私は知りたいだけです. Buku ini *hanya* untukmu. この本は君にだけです.

hanyir 生臭い, 青臭い(若すぎる).

hanyut **1** 漂う: Bajunya *hanyut dibawa arus deras*. 着物が急流に流されて漂う. **2** 放浪する: *hanyut ke negeri lain* 外国を放浪する.

berhanyut-hanyut 漂流している, さ迷う.

menghanyutkan 〜を押し流す: *dihanyutkan ombak besar ketika mandi di pantai* 海岸で泳いでいたら大波に押し流された.

hanyutan 漂流物.

hapus **1** 消える, 消滅する: Tanda itu akan *hapus* jika dicuci dengan sabun. その印は石鹸で洗えば消える. **2** (罪が)許される: Dosanya *tidak akan hapus.* 彼の罪は決して消えない(許されない).

menghapus 拭き取る, 消す: *menghapus kira hutang* 借金を帳消しにする; cadangan supaya negara-negara maju *menghapus kira hutang* yang diberikan kepada negara-negara membangun. 発展途上国に供与した先進国の借款を帳

消しにする提案.

menghapuskan 1 拭き取る, 消し取る: *menghapuskan* tulisan di papan hitam 黒板の字を消す. Tolong *hapuskan* nama saya daripada senarai ini. このリストから私の名前を削除してください. 2 根絶する, 廃止する: *menghapuskan* penyakit-penyakit 病気を根絶する. *menghapuskan* hukuman mati 死刑を廃止する.

penghapusan 廃止, 根絶: *penghapusan sistem apartheid* アパルトヘイト制度の廃止. *penghapusan cukai* 税の撤廃.

terhapus 消される, なくなる: Hak istimewa itu *sudah terhapus*. その特権はすでに廃止されている.

harakah; **harakat** (Ar) 闘争, 運動.

haram (Ar) 1 不法の: *anak haram* 私生児. *pendatang haram* 不法入国者. *rumah haram* 不法に建てた家屋. *bekerja secara haram* 不法に働く. *buku haram* 発禁本. *perkumpulan haram* 違法な集会. 2 イスラム教の教義によって禁止されている(食物など): Wang judi itu *haram* menurut agama Islam. 博打のお金はイスラム教では禁止されている. 3 本当に: *Haram* aku tak tahu. 本当に僕は知らない.

mengharamkan 〜を禁止する, 〜を拒絶する: *mengharamkan* makan duit bunga 利子を取得することを禁ずる. Buku itu sudah *diharamkan*. 本は発禁になった. *mengharamkan* kemasukan feri negara itu ke pelabuhan itu 同国のフェリーの入港を禁止する.

pengharaman 禁止: *pengharaman import ayam hidup* 生きた鶏の輸入禁止. *menyokong pengharaman penggunaan senjata nuklear* 核兵器使用禁止を支持する.

harap 1 望む, 期待する: "Saya *harap* begitu."「そのように願いたい. そうなら良いですね.」. *putus harap*, *hilang harap* 失望した. 2 どうぞ, どうか〜してください《=haraplah: Tolong 〜よりも強い依頼と期待感がある》: *Harap* tunggu di sini. どうかここで待ってくださいね. *Harap* bersabar. 我慢してくださいね. *Harap* mendapat jawapan daripada pihak anda dengan segera. 早急にご返事くださるようお願いします《手紙文》.

Harap jangan 〜しないでほしい: *Harap jangan* bising. 騒がしくしないでほしい. *Harap jangan* merokok. タバコを吸わないで.

berharap 望む, 期待する: Saya *berharap* dapat segera bertemu dengan anda. あなたにすぐ会えるよう望む.

berharapkan 〜を望む, 期待する.

mengharap, **mengharapkan** 〜を望む, 期待する, 〜をあてにする: Jangan *mengharap* pada dia 彼に期待するな. *Diharap* anda datang pada pukul tiga. 3時に来てください. *Diharap* saudari dapat membalas surat ini. この手紙に返事をくださるよう期待してます《手紙文》. *mengharapkan* banyak daripada anak-anak 子どもを大いにあてにする. Seperti *diharapkan*, dia berjaya. 期待どおり, 彼は成功した. Dasar itu tidak berjalan *seperti diharapkan*. その政策は期待したようには実施されていない. hasil *seperti yang diharapkan* 期待された成果.

harapan, **pengharapan** 希望, 期待, 信頼できる人: *tetap taruh hara-*

hardik

pan, / *masih menaruh harapan* いつまでも願っている(希望を捨てない). *perenang harapan* 将来が期待される水泳選手. *"Ini di luar harapan saya."*「驚きました、これは私の希望していた以上のすばらしいことです」. *Masih ada harapan.* まだ希望がある、あきらめない. *Tidak ada harapan sembuh.* 病気が治る望みはない.

hardik; **menghardik** (けんかや怒ったときに)悪態をつく、怒鳴る.

harem (harêm) ハーレム.

harga 価格、値段、代金、価値: *harga baku* 標準価格. *harga buka* 初値. *harga borong* 卸売価格. *harga runcit* 小売価格. *harga bumbung* 最高価格. *harga mati* 固定価格《値段の交渉でこれ以上まけられないという価格》. *harga pasaran* 市場価格. *harga tunai* 現金価格. *harga tutup* 終値. *Berapa harga?* = *Berapa harganya?* = *Harganya berapa?* 値段はいくらですか. *Buku ini harganya RM10.* = *Buku ini RM10 harganya.* = *Harga buku ini RM10.* この本の値段は10リンギット. *Mereka juga ada harga diri.* 彼らだって自尊心がある.

berharga 1 価格が〜である; *membeli jam tangan yang berharga RM3,000* 値段が3,000リンギットの腕時計を買う. 2 高価な、貴重な、価値のある: *barang berharga* 高価な品物.

menghargai 1 (価格を)見積もる. 2 真価を認める、尊敬する、感謝する: *Hargailah diri sendiri.* 自分を大切に. *Saya sangat menghargai nasihat anda.* あなたのアドバイスをたいへん感謝しております. *Dia tidak menghargai sumbangan pekerjanya.* 彼は従業員の貢献をありがた

く認めていない. *Kerjasama anda sangatlah dihargai.* ご協力いただければ誠にありがたく存じます《公的手紙文》.

menghargakan 〜の値段にする.

penghargaan 尊敬、感謝: *memberi penghargaan* 尊敬する.

hari 日、1日(24時間)、日中: *hari besar* 祝祭日. *hari depan* 将来. *hari gaji* 給料日. *hari jadi, hari lahir* 誕生日. *hari keputeraan* 王族の誕生日. *hari kelepasan, hari cuti* 休日. *hari biasa* 平日. *Hari Kebangsaan = Hari Kemerdekaan* ナショナル・デー(8月31日). *Hari Buruh* メーデー. Hari Natal クリスマス. *Hari Raya, Hari Raya Puasa, Hari Raya Aidilfitri* 断食月明けのハリラヤ. *Hari Raya Aidiladha, Hari Raya Haji* ハリラヤ・ハジ(メッカ巡礼祭). *hari ini* 今日. *dua hari yang lalu* 二日前. *tiga hari tiga malam* 三日三晩. *setiap hari, tiap-tiap hari* 毎日. *pada suatu hari* ある日. *pada satu hari dahulu* 昔々ある日. *pada satu hari nanti* いつかある日に. *dari hari ke hari* 日々. *siang hari* 昼間. *malam hari* 夜間. *tengah hari* 正午. Hari ini *hari apa?* 今日は何曜日か? Hari ini *hari Isnin.* 今日は月曜日です. *hari Khamis malam Jumaat* 木曜日の夜=malam Jumaat. *Berapa hari bulan?* 何月何日ですか. 4 *hari bulan Disember.* 12月4日です. *Hari sudah malam.* もう夜になった. *Hari sudah gelap.* 日が暮れた. *Hari nak hujan.* 雨が降るでしょう. *Hari nampak nak panas.* 暑くなりそう. *Hari pun hampir pukul 10.* もうすぐ10時になります. *Pada hari yang baik* upacara perkahwinan pun dilangsungkan. 吉日に結婚式が執り

行われた.

harian 毎日の, 日刊紙: *catatan harian* 日記. *perbelanjaan harian* 毎日の経費. *pekerja harian* 日雇い労働者.

berhari-hari 数日間も: Sudah *berhari-hari* dia tidak makan. 彼女はもう何日間も食べていない.

berhari raya ハリラヤを祝う, ハリラヤを過ごす: Pada tahun ini kami akan *berhari raya* di kampung halaman bersama keluarga. 今年はハリラヤを故郷で家族と過ごします.

sehari 1日: Kota Rom tidak terbina *dalam sehari* ローマは1日にして成らず.

sehari-hari 毎日の, 日常の.

sehari-harian 1日中.

seharian, harian 毎日の, 日常の: *urusan seharian* 日常の用事.

hari bulan (=hb) 日付, 年月日.

harimau トラ(虎)=*harimau belang*. *harimau bintang* 〔動〕ヒョウ(豹). *harimau kumbang* 〔動〕ブラック・パンサー.

harmoni (英) harmony 調和, 一致: *hidup dalam suasana yang harmoni* 平穏に暮らす.

keharmonian 調和, 平穏.

harmonika (英) harmonica ハーモニカ.

harta (Sk) 財産: *harta benda* 財産, 資産. *harta benda awam* 公共財. *harta pusaka* 遺産. *harta karun* 所有者不明の財宝. *harta pencarian* 取得財産(遺産との対比). *harta sepencarian*=*harta bersama*=*harta carian suami isteri* 夫婦が共に取得した財産(夫婦の共有財産).

berharta 富んだ, 金持ちの.

hartawan 金持ち.

hartanah 不動産: *ejen hartanah* 不動産代理店.

haru; **haru-biru**, **haru-hara** 混乱した, 騒乱.

mengharu 1 混ぜる: *mengharu tepung* 粉を混ぜる. 2 不安を駆り立てる, 悩ます.

mengharukan 1 混乱させる: Cadangan baru itu *mengharukan* majis malam tadi. 新しい提案が昨夜の会議を混乱させた. 2 感動させる: Bunyi yang indah itu *mengharukan* perasaan pendengar. その美しい音色は聴衆の心を感動させた.

keharuan 1 混乱, 騒動. 2 激情・感情.

terharu 1 悲しみ・哀れみを感じる. 2 感動する, 感激する: *terharu* dan menitiskan air mata 感激して涙を流す. Saya *terharu mendengar itu* それを聞いて感動した・ショックを受けた. Kami tentu *terharu dengan* sambutan yang hangat itu. 熱烈な歓迎に感動した.

haruan *ikan haruan* 〔魚〕ハルアン(雷魚).

harum 1 良い香り, かぐわしい: Bilik ini *harum dengan* bunga ros. この部屋はバラの香りで芳しい. 2 有名な: Nama Malaysia *semakin harum* dalam bidang ~ マレーシアは~の分野でますます有名です.

harum-haruman, **haruman** 匂い, 香り.

mengharumi, **mengharumkan** 1 良い香りにする. 2 有名にする: *mengharumkan* nama Malaysia マレーシアの名声を高める.

keharuman 1 香り, 芳香. 2 名声.

harung; **mengharung**, **mengharungi** 1 (川, 森などを)横切る. 2 (困難に)立ち向かう, 直面する=

harus

menghadapi: *mengharungi hidup* 人生に立ち向かう. *mengharungi laluan yang penuh berduri* 辛苦に満ちた道に直面する.

harus 1 ～しなければならない: Kami *harus* belajar rajin-rajin. 私たちはまじめに勉強しなければならない. 2 おそらく,多分: Ali *harus* tidak datang kerana sakit. アリは病気のためおそらく来ないでしょう.

mengharuskan 義務づける,許す.

keharusan 1 義務. 2 可能性.

seharusnya 当然(本来ならば)～すべきである: Awak *seharusnya* datang lebih awal. 君はもっと早く来るべきです.

hasad (Ar) ねたみ,嫉妬 (=hasad dengki): *menaruh hasad akan* ～に嫉妬する. *sikap hasad dengki apabila melihat ada orang Melayu yang berjaya* 成功したマレー人がいるのを見ると嫉妬する態度.

berhasad ～に嫉妬する (=berhasad dengki).

hasanah 綺麗な,美しい(女性).

hasil 1 生産物,製品: *hasil bumi, hasil tanaman* 作物,収穫物. *hasil pertanian* 農産品. *hasil sampingan* 副産物. 2 収益,歳入,税金: *hasil jualan kaset* カセット売り上げの収益. 3 結果,成果: *Bagaimana hasil segalanya?* 成果はどうですか. *Hasilnya tidak mungkin dapat dilihat segera.* 成果はすぐには見ることはできないだろう. *tidak begitu menampakkan hasil seperti yang diharapkan.* 期待された成果をあまりあげていない.

berhasil 1 生産力がある. 2 成功した: Semua usahanya telah *berhasil*. 全ての努力は成功した.

menghasilkan 1 産出する,生産する: *menghasilkan beras* untuk eksport 輸出米を生産する. 2 創作する: *menghasilkan lukisan* 絵画を創作する. 3 ～をもたらす,引き起こす: Persidangan itu *menghasilkan keputusan* yang sangat baik. 会議はとても良い結論を出した.

hasilan 仕事,作業.

kehasilan 製品.

penghasil 生産者,製造機械.

penghasilan 生産,収入.

hasrat (Ar) 願望,切望 = harapan: *mempunyai hasrat kuat untuk pergi belajar di luar negeri* 留学するという強い願望がある. *hasratnya untuk ～ tidak kesampaian* ～したいという希望が叶えられなかった.

berhasrat ～を望む,願う: *tidak berhasrat untuk* campur tangan dalam ～に介入するつもりはない.

menghasratkan ～を強く欲しがる,欲求する: *menghasratkan kereta baru* 新車を欲しがる. Mereka *menghasratkan* seorang anak lelaki. 彼らは男の子を欲しがっている.

hasta (Sk) 肘から中指の先までの長さを指す(マレーの伝統的単位: 1 hasta = 2 jengkal = 45.72cm).

hasut; **menghasut** けしかける,挑発する: *menghasut* dia *supaya membalas dendam* 報復するように彼にけしかける.

hasutan 扇動,挑発.

penghasut 扇動者.

hati I 1 心・気持. 2 中心. 3 肝臓: *hati ayam, hati tikus* 弱虫. *hati batu* 頑固. *hati kecil* 真意,良心. *hati nurani* 良心. *hati panas* 怒り. *ambil hati* (人に)こびる,機嫌をとる. *baik hati* 親切. *barbalik hati* 心変りする. *berdua hati* 躊躇する. *ada hati pada* ～が好きだ,～に気がある;

Dia *ada hati pada* Aminah. 彼はアミナに気がある. *besar hati* 横柄な, 誇りに思う. *buah hati, jantung hati* 恋人. *gerak hati* 感情. *hancur hati* がっかりする, 失望する. *iri hati* うらやましい, 嫉妬. *jatuh hati* 恋する. *jauh hati, kecil hati* 心が傷つく, 怒る. *keras hati* 頑固な, 強情な. *kurang hati* 気が向かない. *makan hati* 嘆かわしく思う. *maksud hati* 目的. *mata hati* 心底. *pekat hati* センシティブな, 敏感な. *puas hati* 満足. *rendah hati* 控え目. *sakit hati* 心が傷つく, 悔やむ. *senang hati, suka hati* 喜ぶ, 嬉しい. *tinggi hati* うぬぼれる. *dari hati ke hati* 誠実な. *dari hati sanubari* 心底から. *dengan senang hati* 喜んで; Saya *dengan senang hati* memberi kerjasama. 喜んで協力します. *dengan sepenuh hati* 本気で; Saya mencintai Aminah *dengan sepenuh hati*. 僕はアミナを本気で愛します. *dengan setengah hati* 気乗りしない.

berhati 〜な心情の持ち主である: *berhati batu*. **a** 頑固な, 強情な. **b** 心がない, 非人間的な. *berhati berlian / emas* とても親切な. *berhati keras* 気が強い. *berhati perut* 親切な, 思いやりある; *diktator yang tidak berhati perut* 無慈悲な独裁者. *berhati putih* 誠実な.

sehati 心を1つにした, 全員一致の: Mereka *sehati* dalam membuat keputusan mereka. 彼らは決定するときは全員一致する.

hati II; **hati-hati, berhati-hati** 注意を払う, 気をつける: "Berhati-hati, nanti jatuh." 「気をつけてください. そうしないと, 落ちますよ」. *Berhati-hati kalau berbicara*. 言葉に気をつけろ. Saya *kurang berhati-hati*. Saya nak cepat. 僕はあまり注意していなかった. 急いでいたので.

memerhati, memerhatikan, memperhatikan 注意深く観察する: *memperhatikan air mukanya* 表情を注意して観る.

pemerhati 観察者, オブザーバー.

pemerhatian 観察, 監視.

perhatian 注意, 関心: *memberi perhatian kepada* 〜に注意(関心)を払う. *mendapat perhatian* 関心を得る; Saranan Malaysia itu *mendapat perhatian* ketua-ketua negara APEC. マレーシアの提案はAPEC首脳の関心を得た. "Terima kasih di atas *perhatian* anda semua." 《スピーチの最後に》「ご清聴ありがとうございます」.

hatta 【古典】さて, その後〜, 次に《ヒカヤットなど口承の伝統文学作品における話の冒頭の起動語》.

haus I **1** (Id) のどの渇いた→ **dahaga**. **2** 渇望する, 切望する: Dia sangat *haus* akan ilmu pengetahuan. 彼は知識を得ようと渇望している.

menghauskan **1** のどを渇かす. **2** 〜を渇望する.

kehausan 渇き, 渇望.

haus II 使い古した, すり切れた: *Kasutnya sudah haus* 靴がすり切れた.

menghauskan すり減らす.

hawa I (Ar) **1** 大気, 空気. **2** 気候: *hawa tropika* 熱帯気候.

berhawa 〜の気候・空調の: *bilik berhawa dingin* 冷房付きの部屋. *negeri-negeri berhawa sederhana* 温帯地域の国々. *negeri-negeri berhawa hujan tropikal* 熱帯雨林諸国.

menghawa 蒸発する, 気化する.

penghawa; *penghawa dingin* 冷房(エアコン).

hawa II 欲望, 衝動 (=hawa nafsu): *bertindak mengikut hawa nafsu* 欲望のまま行動する.

hawar 伝染病 (=*penyakit hawar*).

hayat (Ar) 生命, 人生: *hayat ekonomi* 経済生活. *hayat jentera / purata, jangka hayat* 平均寿命. *ilmu hayat* バイオロジー. *tanda hayat* 記念品. *selagi ada hayat* 命あるかぎり. *sepanjang hayat saya* 私の生涯を通して. *pendidikan sepanjang hayat* 生涯教育.

menghayati 正しく理解・認識する, 意味をよく吸収する, 事の良さがよく分かる: *memahami dan menghayati tujuan itu* その目的を理解し, よく認識する. *kurang menghayati Wawasan 2020* 2020年ビジョンをよく理解していない. *menghayati hikayat lama* ヒカヤットの良さがわかる. *Apa yang cikgu katakan itu wajar direnungi dan dihayati.* 先生の言ったことをよく考え, よく理解すべきだ.

hb [hari bulan] 月日: 11 *hb* September 9月11日.

hebah (hēbah) (Ar) 発表, 放送, ニュース.

menghebahkan 1 公表する, 放送する. 2 (宗教や政治信条を)広める, 伝える.

hebahan 発表.

penghebah 発表者.

juruhebah アナウンサー.

hebat (hêbat) (Ar) 1 (物事が)ものすごい, 激しい, 尋常ではない: *Perlawanan bola sepak itu sungguh hebat!* あのサッカーの試合は本当にすごかった! *bunga api yang hebat* ものすごい花火. *novelis muda yang hebat* これまでになく注目される若手小説家. 2【古典】怖れる, 怖がる, 不安な=takut: *Raja China itu terlalu hebat mendengar khabar itu.* 中国の皇帝はその便りを聞いてたいそう怖れた.

hebat-hebatan 大々的に.

kehebatan すごさ, 力.

menghebat いっそう激しくなる.

menghebatkan, memperhebat 強化する, 激しくする: *menghebatkan usaha mencari mangsa tanah runtuh* 土砂崩れの被害者を救済する活動をさらに強化する.

heboh (hêboh) 大騒ぎする, パニック状態: *selepas heboh-heboh tentang politik wang* 金権政治で大騒ぎした後. *Orang kampung heboh kerana anak kecil itu hilang.* 小さな子がいなくなったので, 村人たちは大騒ぎになった. *Janganlah buat heboh hanya bila berlaku malapetaka.* 災害が起きたときだけ大騒ぎするのはよくない.

menghebohkan 騒がす.

mengheboh-hebohkan ～を大げさに騒ぐ.

kehebohan 騒ぎ, 騒動.

hektar (hêktar) (英) hectare ヘクタール (面積の単位=1万平方メートル).

hela (héla); **menghela, menghelakan** 引っ張る, 引きずる: *menghela nafas*=*menarik nafas* 息を吸う: *Melihat gambar itu, dia menghela nafas lega.* 彼はその写真を見て, ほっと安堵した.

helah (hélah) 1 策略, たくらみ: *tipu helah* だまし, トリック. 2 弁解, 逃げ口実: *membuat / memberi helah* ～という逃げ口実をつくる.

berhelah 1 だます. 2 弁解する, 言い逃れる: *sudah tak dapat berhelah* *lagi* もう弁解できなくなった.

menghelah 〜をだます＝menipu.

menghelahkan 1 〜をだまし取る: *menghelahkan wang orang lain* 他人の金をだまし取る. 2 口実を探す: *Jangan awak cuba menghelahkan lagi.* もう言い訳を探そうとするな.

helai 紙など薄くて幅広いものを数える助数詞(〜枚).

  sehelai 1枚(の): *tinggal sehelai sepinggang* 着のみ着のままにある(火事などで).

  berhelai 数枚(の).

  helaian 1枚の紙.

helang 〔鳥〕ワシ(鷲).

helikopter (hélikopter) ヘリコプター.

helo (hélo) ハロー, もしもし《電話で》: "*Helo, ini rumah Cikgu Kassim?*" (電話で)「そちらはカシム先生のお宅でしょうか?」"*Ya. Siapa yang bercakap di sana?*"「はいそうですが, どちら様ですか?」"*Helo, saya Emiko, bolehkah saya bercakap dengan Cikgu Kassim?*"「もしもし, こちらは恵美子です, カシム先生をおねがいします」"*Boleh. Cikgu Kassim di sini. Apa khabar, Emiko di Malaysia?*"「はい, 私です. 恵美子さん, マレーシアで元気ですか」.

hemah (hémah) 礼儀, 礼節, マナー.

hemat (hémat) (Ar) 1 (Id) 節約する, 倹約する→ berjimat: *Orang yang hemat akan menjadi kaya.* 節約する人は金持ちになる. 2 注意深い: *jika tidak hemat memandu kereta,* 車を注意深く運転しないと. 3 意見, 立場: *pada hemat saya* 私の意見では.

  berhemat 1 (Id) 節約する: *berbelanja secara berhemat* 節約して(お金を)支出する. 2 注意深く＝ berhati-hati: *jika kita tidak berhemat,* 不注意でいると.

  menghemat, menghematkan 〜を節約する. *menghematkan air, elektrik dan waktu* 水と電力, 時間を節約する.

  kehematan 節約.

  penghematan 節約すること.

hembus 1 (風が)吹く. 2【口語】消え去る: *Hembus dari rumah itu.* 家から消える.

  berhembus 吹く: *Angin berhembus.* 風が吹く.

  menghembus (息などを)吹きつける, (煙, 息などを吐き出す): *menghembus lilin* 蠟燭に息をかける, 蠟燭を吹く. *menghembus keluar asap rokok* タバコの煙を吐き出す.

  menghembuskan 〜を吹き出す, 吐き出す: *menghembuskan nafas terakhir* 息を引き取る(亡くなる).

  penghembus 送風機, ふいご.

hempap; menghempap 押しつぶす, 〜の上に倒れる, 下敷きになる (dihempap): *Dia mati dihempap oleh pokok yang tumbang.* 彼は倒れた木に押しつぶされて死んだ. *Seorang murid parah teruk selepas dihempap sebatang tiang telefon konkrit yang tumbang.* 一人の生徒が倒れたコンクリートの柱の下敷きになって大怪我をした.

  menghempapkan 重い物を上に落とす.

  terhempap 押しつぶされた.

hempas 下に投げる.

  berhempas ＝ *berhempas-pulas* 一生懸命に働く: *Ada yang gemar menjadi 'rakan tidur' daripada berhempas-pulas untuk belajar seni perdagangan dan industri.* 商工業の技を一生懸命に学ぶよりも'スリー

hempedal

ピング・パートナー'となりたがる者がいる.

menghempas 1 ~を投げつける, 投げ落とす, ~に打ちつける: *menghempas bukunya ke atas meja itu* 本を机の上に強く投げ落した. 2 戸を激しく閉める: *menghempas pintu biliknya untuk menunjukkan kemarahannya* 部屋のドアをバタンと閉めて怒りを示した.

terhempas (飛行機が)墜落した, 投げつけられた: *Kapal terbang itu jatuh terhempas.* 飛行機が墜落した. *Kapal terbang itu terhempas dengan 110 penumpang.* 飛行機は乗客110名を乗せて墜落した.

hempedal 砂囊(さのう).

hempedu 胆汁.

hendak 《会話体では nak に短縮される》. 1 ~したい, 欲しい (= mahu): *Saya hendak tidur sekarang* 僕は今から眠りたい. *Anak saya hendak bilik masing-masing* 子供たちはそれぞれの部屋を欲しがっている. *Hendak kritik,* kritiklah. *Hendak kata,* katalah. *Saya tak kisah.* 批判したいなら, 批判せよ. 言いたいなら言えば, 私は気にしない. 2 ~するつもり, ~しようとする, ~しそうだ: *Bilakah awak hendak ke Jepun lagi?* いつまた日本へ行くつもりですか. *Pokok itu kelihatan hendak tumbang.* あの木は倒れそうだ. *Hujan hendak turun petang ini.* 午後雨が降りそうだ. *Jika ditakrifkan istilah "Melayu", ada banyak huraiannya.* 「マラユ」という用語を定義すると, さまざまな解釈がある. 3 ~するための(=untuk): *Tidak ada wang hendak membayar yuran sekolahnya.* 学校の費用を払うためのお金がない. *Kami sudah bersiap hendak pergi menonton wayang.* 映画を観に行くための用意ができている. 4 すること(動名詞句): *Memang senang saja hendak mengenal orang Jepun* 日本人を見分けることは実に簡単です. *Susah hendak berhenti merokok.* 禁煙するのは難しい.

hendaklah ~すべきだ, ~するように: *Anda hendaklah diam.* 静かにするようにしてください. *Saudara hendaklah membawa bekalan.* お弁当を持ってくるように. *Kita selalu hendaklah berhati-hati di dalam apa juga perkara.* 私たちはどのような事でもつねに注意を払うべきだ. *Pilihan raya umum hendaklah diadakan dalam masa 60 hari selepas tarikh pembubaran Parlimen.* 国会が解散された日から60日以内に総選挙を行なわねばならない.

hendaknya ~したほうが良い: *Semua kanak-kanak hendaknya dapat memasuki sekolah.* 子供は全員が学校に入学できたほうが良い.

kehendak 1 希望, 望み, 願望: *selalu mengikut kehendak anaknya* いつも子供の望みどおりにする. *Jika itulah kehendak Pemuda UMNO, maka jalanlah.* それが UMNO 青年部の希望なら, そうしなさい. 2 趣旨, 意図.

berkehendak ~を望む, 期待する.

berkehendakkan 要求する, 必要とする.

menghendaki, mengehendaki ~を欲する, ~を望む, ~を願う: *Bapa menghendaki anak-anak berhari raya di kampungnya* 父は子供たちが村でハリラヤを過ごすよう望んでいる. *Awak sekalian dikehendaki sampai di universiti pada* pukul 8:00 besok pagi. 諸君は明朝8時に大学に着くように.

hendal (héndal) (英) handle 取っ手, ハンドル.

hendap; **menghendap** (人に知られないように)隠れて覗く,覗き見をする,身をかがめて覗く: *serangan hendap* 不意打ち,奇襲攻撃. *Askar sedang menghendap musuh di dalam hutan itu.* 兵士たちはジャングルの中にいる敵を隠れて偵察している. *Kita tidak boleh menghendap dan merakam gambar orang mandi.* 人がマンデイしているのを覗き見して盗撮してはいけない.

hening 1 澄んだ,透明な: *air sungai yang hening* 澄んだ川の水. 2 静かな: *malam yang hening* 静かな夜.

mengheningkan 1 浄化する,清掃する: *mengheningkan air yang kotor* 汚れた水を浄化する. 2 鎮める: *mengheningkan suasana bising dalam kelas* 教室の騒がしい雰囲気を鎮める.

keheningan 1 清浄,透明. 2 静寂: *Salakan anjing memecahkan keheningan malam itu.* 犬の鳴き声が夜の静寂を破る.

hensem 【俗語】ハンサムな: *Mukanya hensem, tapi perangainya macam setan.* 顔はハンサムだが,性格は悪魔のようだ.

hentak; **menghentak** 1 踏みつける: *menghentak papan itu* 板を踏みつける. 2 刺す=menikam: *Samseng itu menghentak dia sehingga mati.* ヤクザは彼を刺し殺した.

menghentak-hentak (駄々をこねて足を)バタバタさせる: *Kanak-kanak itu menghentak-hentak kakinya.* その子は足をばたつかせた.

menghentakkan 踏みつける,叩きつける: *menghentakkan kasutnya di atas lantai* 床の上に靴を踏みつける.

penghentak 地ならし棒.

hentam; **menghentam** 強く殴る,殴打する.

henti 止まる: *tidak henti-hentinya* 止まることなく,連続して. *bas henti-henti* 市内バス《急行ではなく,各バス停に止まる路線バスのこと》. *perjalanan tanpa henti* 直行すること.

berhenti 1 止まる: *Bas berhenti di sini?* バスはここに止まりますか. 2 終わる: *Hujan sudah berhenti.* 雨はもう止んだ. **tidak berhenti-henti** 止むことなく,連続して,絶え間なく; *Hujan telah turun empat hari tidak berhenti-henti.* 雨が4日止むことなく降った. 3 途中で止める: *berhenti merokok* 喫煙を止める,禁煙する. *Murid-murid berhenti bercakap bila guru masuk* 先生が入ってきたとき,生徒らはおしゃべりを止めた. *Seperti pesan emak saya, kalau sedang sedap makan, berhenti.* 母の言い付けのように,腹八分で止める. 4 休む,休憩する: *Pesawah itu berhenti untuk minum* 稲作農民は休憩して飲み物を飲む. 5 辞職する: *Dia sudah berhenti bekerja di sini.* 彼はここで働くのを辞めた.

memberhentikan 1 ～を止める: *memberhentikan keretanya di bawah pokok itu* 車を木の下に止める. 2 止めさせる,終わらせる: *memberhentikan peperangan* 戦争を終結させる. 3 ～を解雇する: *Dia sudah diberhentikan.* 彼は解雇された.

menghentikan, memperhentikan

herba

〜を止める, やめる, 絶つ: *menghentikan bas itu* バスを止める. *memperhentikan segala perbuatan jahat* 悪い行為をやめる. *menghentikan pembinaan jambatan itu* 橋の建築を中止する.

sehenti =one stop《英語の直訳》; *pusat sehenti*=one stop agency; *mewujudkan pusat sehenti bagi mengurangkan proses kelulusan sesuatu projek* プロジェクトの認可プロセスを少なくするためにワン・ストップ・エージェンシーを設置する.

terhenti 止まる, (話などが)遮られる. *Kegemparan itu tidak terhenti di situ sahaja*. 騒ぎはそこに止まらなかった(さらに騒ぎが続いた).

tidak terhenti-henti 途切れることなく, 絶えず: *Dia tidak terhenti-henti mengambil berat tentang isu pemuda-pemudi* 彼女は青少年問題を絶えず気にかけていた.

keberhentian 辞職.

pemberhentian 解雇, 退職: *pemberhentian kerja* 解雇. *skim pemberhentian secara sukarela* 自主退職計画.

penghentian 終わったこと.

perhentian (バス, タクシー, 電車の)停留所, 駅: *perhentian bas* バス停.

herba (英) herb 薬草, ハーブ.

herdik (hérdik); **herdikan** 叱責, 非難.

mengherdik 〜を叱る, 叱責する.

heret (héret) → **hela**.

hero (héro) (英) hero 英雄.

heroin (héroin) (英) heroine ヘロイン(麻薬).

herot (hérot) ねじれた, 傾斜した, 真っ直ぐでない: *Garis ini nampak herot sedikit*. この線は少し斜めに見える.

herot-benyot, **herot-berot** 非常にねじれた.

herotan (真実を)曲解した.

mengherotkan ねじ曲げる.

hias; **berhias** 身を飾る, 盛装する: *berhias diri* 化粧をする.

berhiaskan 〜で飾った.

menghias, **menghiasi**, **memperhiasi** 〜を飾る, 美しくする: *Upacara Pembukaan Sukan Olimpik Athens 2004 menghiasi muka depan akhbar-akhbar semalam*. 2004年アテネオリンピック大会開会式が昨日の新聞の1面を飾った.

menghiaskan 飾る, 〜を使って美しくする: *menghiaskan diri dengan intan berlian* ダイアモンドで身を飾る.

hiasan, **perhiasan** 飾り, 装飾品.

terhias 飾られた, 装飾した.

hiba (Ar) かわいそうに思う, 同情する: *berasa hiba melihat kebuluran di Somalia* ソマリアの飢餓を見てかわそうに思う.

berhiba 悲しく思う, 哀れに思う.

menghibakan 哀れみを感じる, 〜に同情する: *menghibakan hati* 〜を哀しませる.

kehibaan 同情, 悲しみ.

hibrid (英) hybrid (動物種)の雑種, ハイブリッド.

hibur; **menghibur**, **menghiburkan** 慰める, 励ます, 楽しませる: *Awak hendaklah menghibur diri sekali-sekala* 時には息抜きすべきだ.

hiburan, **penghiburan** 娯楽.

penghibur エンターテーナー, 芸人.

terhibur 慰められた, 楽しんだ.

HICOM [Heavy Industries Corpo-

hidang; **menghidangkan** 1 (食物・料理を)出す, 供する, 食卓に並べる: *menghidangkan makanan di atas meja* 食卓の上に食物を出す. *Kira-kira pukul 1 tengah hari, saya sedang menghidangkan makan tengah hari untuk anak-anak dan suami saya.* 正午1時頃に子供と夫に昼食を出していると. 2 (音楽などを)披露する, 演奏する: *menghidangkan lagu Jepun* 日本の歌を披露する.

hidangan 1 料理, 食物, ごちそう. 2 (音楽, 劇などの)上演, 演奏.

hidap; **menghidap**, **menghidapi** 病気にかかる・感染する: *penyakit-penyakit yang sering dihidapi lelaki* 男性がよくかかる病気. *sudah lama dihidapi barah* 長いことがん(癌)にかかっている.

hidapan 感染した病気, 慢性疾患.

penghidap 感染者.

hidrat (英) hydrate 水酸化物.

hidraulik (英) hydraulic 水力, 水圧の.

hidroelektrik (hidroéléktrik) (英) hydroelectric 水力発電力.

hidrogen (hidrogén) (英) hydrogen 水素.

hidrokarbon (英) hydrocarbon 炭化水素.

hidu; **menghidu** 臭いをかぐ: *Ikan menghidu tsunami.* 魚は津波(の襲来)を嗅ぎ取る.

terhidu 臭いをかぐ: *mati selepas terhidu gas beracun* 有毒ガスをかいでしまったので死んだ.

hidung 鼻: *batang hidung* 鼻柱. *hidung belang / putih* 女たらし. *hidung tinggi* 高慢な. *muka hidung* 姿. *hidung dicium pipi digigit*【諺】見せかけだけの愛情.

hidup 1 生きている: *masih hidup, belum mati* まだ生きている, 死んでいない. 2 住む, 生活する, 暮らす: *tempat hidup* 住む場所. *tak dapat hidup dari pencen saja* 年金だけでは生活できない. *hidup dengan / dari bersawah* 稲作をして生計を立てる. *Mereka hidup gembira dan bahagia.* 楽しく幸せに暮らした. 3 生活, 暮らし: *Orang di kampung ini hidupnya aman.* この村の人々は暮らしが平穏です. 4 (機械などが)動いている: *peluru hidup* 実弾; *latihan menembak menggunakan peluru hidup* 実弾を使った射撃訓練. 5 新鮮な. 6 (感嘆表現)万歳! *Hidup Malaysia!* マレーシア万歳!

seumur hidup 一生涯.

hidup-hidup 生きたまま.

hidupan, **hidup-hidupan** 生物: *hidupan liar* 野生の生き物(動物).

menghidupi 1 (殺さずに)生かしておく. 2 養う: *Saya harus menghidupi keluarga saya* 家族を養っていかねばならない.

menghidupkan 1 復活させる. 2 生き生きとさせる: *menghidupkan suasana di kelas* クラスの雰囲気を生き生きとさせる. 3 (機械を)作動させる: *menghidupkan enjin / TV / lampu* エンジン・テレビ・電灯をつける.

kehidupan 1 生活, 暮らし: *menjalankan kehidupan seharian* 日常生活をする(営む). 2 生きていること, 生存: *tiada tanda-tanda kehidupan di pulau itu* 島に人が生存している形跡がない.

penghidupan 生計.

hieraki (hiéraki) (英) hierarchy

ヒエラルヒー(階層性組織).
hijab (Ar) カーテン, ベール.
hijau 1 緑(色). *hijau muda* 薄緑. *hijau tua* 濃い緑. 2 未熟な, 熟していない.
  menghijau 緑色になる, 緑色にみえる: *Padi di sawah menghijau.* 水田の稲は緑色になった.
  menghijaukan 緑化する.
  kehijauan 緑色.
  kehijau-hijauan 緑がかった.
Hijrah ヒジュラ《預言者ムハンマドのメッカからメディナへの移住: 西暦622年》.
  tahun Hijrah ヒジュラ暦(イスラム暦).
  berhijrah 移る, 転居する, 移住する: *berhijrah ke KL* KLへ転居する. *Dia dilahirkan di Rusia dan berhijrah ke Kanada sejak usianya 12 tahun.* 彼女はロシアで生まれたが12才のときからカナダに移住した. *burung yang berhijrah* 渡り鳥.
  menghijrahkan (軍隊を)移動させる.
  penghijrahan 移住, 人口移動: *penghijrahan cendekiawan* 頭脳流出. *penghijrahan ke luar negara* 海外移住. *penghijrahan penduduk luar bandar ke bandar* 農村人口の都市への移動.
hikayat (Ar) ヒカヤット《マレー古典の一ジャンル: 史記, 物語, 伝説などを含む.『ヒカヤット・ハン・トゥア』など》: *membawa hikayat* ヒカヤットを朗読する.
hikmat (Ar) 1 魔力: *pedang hikmat* 魔法の剣. 2 知恵.
  berhikmat 魔法のかかった, 超自然的な.
  menghikmati, **menghikmatkan** 魔法をかける.

hilang 消えた, なくなった, 見失う: *Jam tangan saya hilang.* 腕時計がなくなった. *Kemarahan guru itu belum hilang lagi.* 先生の怒りはまだ消えない. *hilang dari pandangan* 視界から消えた. *23 orang maut dan 17 orang lagi hilang dalam gempa bumi itu.* 地震で23人が死亡, 17人がまだ行方不明である. "*Takkan Melayu hilang di dunia*". この世からマレー人は決して消えない. *Pasport saya hilang entah ke mana.* 私のパスポートがどこかになくなってしまった.
  hilang akal 理性を失う.
  hilan fikiran 気を失う.
  hilang harapan 信頼を失う.
  hilang malu 恥知らず.
  hilang nyawa 死亡する.
  hilang nama 名声を失う.
  hilang sabar 癇癪をおこす.
  menghilang 消えうせる, 見えなくなる.
  menghilangkan 〜を紛失する, 消し去る: *menghilangkan buku kakaknya* 姉の本をなくす. *Minum air untuk menghilangkan dahaganya* 渇きを癒すために水を飲む. *menghilangkan tulisan* 字を消す.
  menghilankan diri a 気を失う. b 姿を消す: *Pencuri itu menghilankan diri dalam gelap.* その泥棒は暗闇に姿を消した.
  kehilangan 1 紛失, 損失, 失踪, 行方不明: *kehilangan seorang guru* ある教員の失踪. 2 〜を失う: *kehilangan pengaruh* 影響力を失う. *kehilangan kerjanya* 職を失う. *tidak kehilangan identitinya* アイデンティティを失わない. 3 死なれる, 亡くす: *seorang kanak-kanak yang baru kehilangan ibunya* 母に死なれ

たばかりの子, 母を亡くした子. Dia kehilangan ayahnya. 彼は父に死なれた.

penghilangan 消失, 消滅.

hilir 下流, 川下: berjalan hilir mudik あちこち歩く. tidak mengetahui hulu hilirnya 物事の発端を知らない.

menghilir 河口(下流)へ下る: menghilir ke bandar 都市(港町)へ行く.

menghilir-mudikkan 思いのままに振舞う.

himbau; menghimbau (人の名前を)遠くから呼ぶ: Kedengaran orang menghimbau namanya. 遠くから彼の名前を呼ぶ声が聞こえた.

himpit 密集した, 圧縮された.

berhimpit, berhimpitan, berhimpit-himpit 押し合う: duduk berhimpit dalam lori kecil itu 小さなトラックの中に押し合って座る.

menghimpit, menghimpitkan ～を押しつぶす, 絞る, 圧搾する, 締める: menghimpit Ali ke dinding アリを壁に押し付ける.

terhimpit 押しつぶされた, 圧力をかけられる: mati terhimpit akibat runtuhan bangunan 建物の倒壊で押しつぶされて死ぬ.

himpun; berhimpun 集合する: Pelajar-pelajar dikehendaki berhimpun di dewan. 生徒たちは講堂に集合するように求められた.

menghimpunkan 集める, 収集する: menghimpunkan kekuatan 力を結集する.

himpunan 1 収集, 集合, 集会: membuang himpunan sampah ゴミの山を捨てる. 2 アンソロジー, 文集.

penghimpunan 集まり.

perhimpunan 1 集会. 2 協会, 団体: perhimpunan agung 総会. Perhimpunan Agung Pertubuhan Bangsa-Bangsa Bersatu 国連総会.

hina (Sk) 1 劣る: Dia merasakan dirinya hina di sisi abangnya yang berjaya. 彼は成功した兄の脇にいると劣等感を感じる. 2 野卑な, 卑しい: Dia selalu dipangang hina 彼はいつも軽蔑された.

menghina, menghinakan, memperhina 侮辱する, 軽蔑する: Saya tidak bermaksud hendak menghina awak. 僕は君を侮辱するつもりはなかった.

hinaan, penghinaan 侮辱.

terhina 侮辱された: Saya berasa terhina dengan ejekan itu. 僕はその冷やかしで侮辱された感じがした.

hincut 足の不自由な.

terhincut-hincut びっこをひいて歩く.

hindar; menghindar, menghindarkan ～を端による, 遠ざかる, 避ける, ～から—を防ぐ: Kami berusaha menghindarkan bahaya itu その危険を避けるよう努力する. Awak menghindarkan saya daripada bahaya itu. 君が僕をあの危険から防いでくれた.

Hindu; agama Hindu ヒンドゥー教.

hingar = hingar-bingar 騒々しい=riuh-rendah.

hingga 1 ～まで, ～にいたるまで《前置詞として》: hingga sekarang 現在まで; Hanya lima orang sahaja yang datang hingga sekarang. 現在まで来たのは五人にすぎない. Dia tidur hingga ke petang 彼は夕方まで寝た. Saya tunggu bas itu dari pukul 8:00 hingga pukul 9:00. バス

を8時から9時まで待った. Dia belajar *hingga* dia faham. 彼は分かるまで勉強した. Kami sibuk sekali *hingga* tidak ada waktu untuk makan. 忙しくて食べる時間もない. *Hingga jumpa lagi*. また会う日まで《手紙文で》. **2** 限界(=batas): Had laju di jalan raya ada *hingganya* 道路のスピード制限には限度がある.

berhingga 限界がある.

menghinggakan, memperhinggakan 制限する, 規制する.

perhinggaan 限界, 制限.

sehingga, sehinggakan 〜まで, その結果《接続詞として》: Mereka asyik berbual-bual *sehingga* tidak sedar kawannya datang 話に夢中になり, (その結果)友達が来たのに気づかなかった. Kami ketawa *sehingga* mengalir air mata. 涙が出るほど笑う. *sehingga sekarang* 今日まで. Sekianlah dahulu kali ini. *Sehingga berjumpa lagi*, saya ucapkan berbanyak-banyak terima kasih. 今回はこれにて失礼します. またお会いするまで. どうもありがとうございます《手紙文》.

terhingga《一般に否定形で使う》; ***tak* *terhingga*** 無限の: Terima kasih *tak terhingga* di atas bantuan anda. あなたの支援をたいへん感謝いたします. Kegembiraannya *tidak terhingga* apabila dia lulus peperiksaan itu. 合格したときの喜びは尋常でなかった. Kesakitannya *tidak terhingga*. 痛さは耐えられなかった.

hinggap **1** (鳥などが枝に)止まる: Burung itu *hinggap* di tingkap. 鳥が窓に止まっている. **2** (病気に)冒されている=hidapi: Muda-mudahan penyakit itu *tidak hinggap pada* kanak-kanak kecil. 病気が小さな子に移らないように願いたい.

hinggut 揺れる.

menghinggut 揺らす.

hipi; *golongan hipi* (英) hippy ヒッピー《規制の秩序からの自由を求めた1960年代の若者》.

hipokrit (英) hypocrite 偽善者.

hipotesis (hipotésis) (英) hypothesis 仮説, 仮定.

hirau; **menghirau, menghiraukan** 構う, 気にかける: Dia *tidak menghiraukan* langsung apa yang berlaku di sekelilingnya. 彼は周辺で何が起きているのか全く気にしない.

hiris 薄片, 一切れ.

hirisan 薄片, 一切れ.

menghiris 薄切りにする, スライスする: *menghiris bawang* タマネギをスライスする. Peristiwa itu betul-betul *menghiris hati saya*. あの出来事で心を痛めた.

terhiris 切り傷をつくる: Aminah *terhiris jarinya* semasa mengupas epal. アミナはリンゴをむいているとき誤って指に切り傷をした. *Hatinya terhiris* dengan cembuhan kawan-kawannya. 彼女の心は友達の嫉妬によって傷ついた.

hiruk; **hiruk-pikuk, hiruk-piruk** 騒ぎ, 騒動=huru-hara.

menghiruk 騒ぎを起こす.

hirup; **menghirup** **1** (液体を)すする: *menghirup kopi* yang masih panas lagi まだ熱いコーヒーをすする. **2** (空気, 煙草を)吸う: *menghirup* udara gunung yang segar 新鮮な山の空気を吸い込む.

hisab (Ar) **1** 計算, 数学. **2** 配慮する.

menghisab **1** 計算する, 数える. **2** 配慮する.

hisap ; menghisap 吸い込む, 吸う: *hisap rokok* タバコを吸う《*merokok* よりも口語的表現》: Rokok ini siapa yang *menghisapnya*? このタバコを吸ったのは誰か. *menghisap dadah* 麻薬を吸う.

penghisap 1 喫煙者. **2** ストロー.

histori (英) history 歴史(学).

hitam 黒, 黒い: *hitam bogot, hitam kumbang, hitam legam* とても黒い. *hitam putih* 黒白, はっきりした. *papan hitam* 黒板. *hitam manis* 赤黒い. *Rambut sama hitam hati masing-masing*【諺】人はそれぞれ考えが異なる.

kehitam-hitaman 黒ずんだ, 黒っぽい. *biru kehitam-hitaman* ダーク・ブルー.

menghitamkan, menghitam 黒くする.

hitung 計算する: *ilmu hitung* 数学. *hitung panjang* 平均 (=rata-rata): *Hitung panjang pendapatan mereka RM1500 sebulan.* 彼らの平均所得は月額1500リンギット.

hitungan 1 計算. **2** 計算結果. **3** 意見, 見方.

menghitung 数える, 計算する: *Bolehkah menghitung sampai 100 dalam bahasa Jepun?* 日本語で100まで数えられますか.

menghitungkan, memperhitungkan 考慮する, 配慮する: *memperhitungkan umur dan pengalaman* 年令と経験を配慮する. *bercakap dengan tidak menghitungkan akibatnya* 結果を考えずに話す.

perhitungan 1 計算: *salah perhitungan* 計算違い. **2** 意見, 考慮.

terhitung 数えられる: *tidak terhitung banyaknya* 数えきれないほど多い.

Hj. [Haji] メッカ巡礼者—男性.

Hjh. [Hajah] メッカ巡礼者—女性.

hlm [halaman] ページ, 頁.

hobi (英) hobby 趣味.

hodoh 醜い, とても愚かな.

kehodohan 醜さ, 愚かさ.

hoki (英) hockey ホッケー.

hompej (hompéj) (英) home page インターネットのホームページ.

hon (英) horn 自動車の警笛.

hormat (Ar) 尊敬, 敬意: Kami *hormat terhadap / menghormati* orang-orang tua 年配者を尊敬する. *melakukan kunjungan hormat ke atas* Perdana Menteri 首相を表敬訪問する. *bayaran hormat* 謝礼金, 報奨金. *dengan hormat, dengan segala hormat* 謹んで《手紙文やスピーチで》. "*Dengan segala hormatnya, saya ingin mempersilakan Tuan Pengerusi Majlis untuk memberikan ucapannya.*" 「謹んで会長さんにご挨拶を賜りますようお願い申し上げます」. *Dengan segala hormatnya dimaklumkan adalah surat anda bertarikh 19 April 2006 telah diterima.* 2006年4月19日付けの貴信拝受いたしました《手紙文》.

berhormat 尊敬される, 名誉ある: *Yang Berhormat* 国会議員に対する尊称 (YBと略). *Yang Amat Berhormat* 首相, 副首相, 州首相に対する尊称(YABと略).

kehormat 高貴な, 名誉職の: *doktor kehormat* 名誉博士. *tetamu kehormat* 名誉来賓. *memberi tabik kehormat kepada* ~に敬礼する(儀式で).

kehormatan 名誉, 光栄, 名声: *untuk mempertahankan kehormatan negara* 国家の名誉を守るために.

menghormat, menghormati 尊敬する, 尊重する: *menghormati oran lain* 他人を尊敬する.

penghormatan 名誉: *memberikan penghormatan ke atas* segala sumbangan Dr. Mahathir マハティール首相の貢献に敬意を表す. *upacara penghormatan terakhir* 告別式. *memberi penghormatan terakhir kepada* pemimpin Palestin itu パレスチナの指導者を告別する(弔う).

terhormat 名誉ある, 高貴な.

hormon (英) hormone ホルモン.

horoskop (英) horoscope. **1** 十二宮図. **2** 占星術, 星占い.

hos I (英) hose ホース, 流水管.

hos II (英) host ホスト国(開催国) = tuan rumah: Malaysia *menjadi hos kepada* ~ マレーシアは〜の主催国になった.

hospital (英) hospital 病院《rumah sakit よりも hospital の方をよく使う》: *Hospital Besar* Kuala Lumpur クアラルンプール総合病院.

hostel (hostél) (英) hostel ホステル, 学生寮.

hotel (hotél) (英) ホテル.

hoverkraf (英) hovercraft ホーバークラフト.

hubung; *hubung kait* 関係, 結びつき.

berhubung; *berhubung dengan* **1** 〜に関係する, 〜に関して: semua kerja yang *berhubung dengan* hartanah 不動産に関するあらゆる業務. *Berhubung dengan* faks anda bertarikh 19 April 2006. 2006年4月19日付け貴ファックスに関して《手紙文》. **2** 〜につながる, 結びつく: Jalan ini *berhubung dengan* Lebu Raya Federal この道路はフェデラル・ハイウエーにつながっている. **3** 〜と連絡する, 〜に伝達する: *berhugung dengan* penduduk kampung itu 村民に連絡する.

berhubungan **1** 〜に関連している, 〜に関して: semua perkara yang *berhubungan dengan* pembangunan 開発に関するあらゆる事柄. **2** 〜と連絡する, 連絡を取り合う: Sudah lama dia *tidak berhubungan dengan* kami. もう長いこと彼は私たちに連絡してこない.

menghubungi 連絡する: *Hubungi* saya bila di Malaysia. マレーシアに来たら私に連絡ください. Saya akan *menghubungi* anda *dengan telefon* mengenai perkara ini. 私はこの事についてあなたに電話で連絡いたします. Semuanya selamat dan *sudah saling menghubungi* satu sama lain. 全員は無事で, お互いに連絡を取り合っている.

menghubungkan 〜を連結する, つなげる: Jalan ini *menghubungkan* Pulau Pinang *dengan* Pantai Timur. この道路がペナン島と東海岸をつないでいる. Tak ada bukti yang *menghubungkan* saya *dengan* kejadian itu. 私と事件を結びつける証拠はない.

hubungan 関係, 結合: *hubungan cinta dengan* 〜との恋愛関係. *hubungan darah* 血縁関係. *hubungan dingin* 冷たい関係. *hubungan diplomatik* 外交関係. *hubungan rapat* じっ懇の間柄. *hubungan renggang* 疎遠な関係. *hubungan dua hala* バイラテラル関係. *hubungan erat dan akrab* 親密な関係. *hubungan persaudaraan antara keduadua negara* 両国間の友好関係. *hubungan suami-isteri* 夫婦関係.

perhubungan 1 コミュニケーション, 通信: Ada banyak *alat perhubungan* seperti telefon bimbit dan emel 携帯, Eメールなどたくさんの通信手段がある. 2 運輸.

hud (英) hood 自動車エンジンのカバー, ボンネット.

hudud (Ar) イスラム教に基づく刑法.

hujah (Ar) (意見に賛成したり反対するための)証拠, 根拠, 理由, 論拠, 反論: Dia *memberikan hujahnya* untuk mempertahankan pendapatnya. 彼は自分の意見を守るための論拠を示した.
  berhujah 理屈を述べる, 論争する.
  menghujah 反論する.
  menghujahkan 反論する, 釈明する, 理屈をつける, 論証する: Untuk menentang pandangan itu, orang boleh *menghujahkan bahawà* ～その意見に反対するために, 人は～と反論できる.

hujan 雨, 雨が降る: *hujan lebat, hujan deras* 豪雨, 大雨. *hujan angin* 雨風. *hujan batu, hujan beku* ひょう, あられ. *hujan buatan* 人工雨. *hujan panas* お天気雨. *hujan ribut* = *hujan dan petir* = *hujan ribut beserta kilat* 雷雨. *musim hujan* 雨季. *hutan hujan tropika* 熱帯雨林. *Hujan turun dengan lebatnya.* 雨が激しく降る. *Hujan turun tidak berhenti-henti.* 雨が降り続けた. *Sudah lama tidak hujan.* もう長い間雨が降らない. *Esok akan hujan lagi.* 明日もまた雨になる. *Nampaknya nak hujan. / Nampaknya macam hujan akan turun.* 雨が降りそうだ. "*Macam mahu hujan nampaknya.*" 「雨になりそうですね」. *Hujan sudah mulai turun.* 雨が降り出した. *kena hujan* 雨に降られる; Di tengah jalan kami *kena hujan*, kami semua habis basah. 道の途中で雨に降られ, 僕らは皆ずぶぬれだ.
  berhujan, berhujan-hujan 雨にぬれる, 雨のなかを歩く: Nelayan *berhujan* dan *berpanas* mencari nafkah. 漁師は生計のためなら雨にも暑い中にもさらされる.
  menghujani 1 (矢, 爆弾, 質問などで絶え間なく)攻撃する, 降ってくる《*dihujani* として使われる》. 2 たくさんの質問をする: Saya *dihujani dengan pertanyaan*. 私は質問攻めにあった. Orang itu *dihujani oleh harta*. その者に宝の雨が降ってきた(宝に恵まれた).
  menghujankan 1 雨にさらす. 2 爆弾を投下する, 砲撃する.
  kehujanan 雨に降られる: Saya *kehujanan* sewaktu pulang tadi. さっき帰る途中に雨に降られた.

hujung 1 端, 末端, 尖端: *di hujung jalan* 道の終わりに. sebuah hotel *di hujung bandar* 町の郊外にあるホテル. *hujung jari* 指先. *hujung pensel* 鉛筆の先端. *hujung pangkal* (物事の)起こり・発端. 方向性・両者の関係. 2 (週, 月, 年などの)終わり, (会議や演説などの)終わり: *hujung minggu* 週末. *hujung bulan* 月末. *hujung tahun* 年末; Kalau *hujung minggu*, saya selalu pergi memancing. 週末になると, いつも魚釣りに行く.
  berhujung 尖端がある: parang yang *berhujung tajam* 鋭い先端をした刀. **berhujung minggu** 週末を過ごす; Awak *berhujung minggu* di mana? 週末をどこで過ごしますか.

hujungan 結末, 結果.

penghujung 終わり: *pada penghujung bulan ini* 今月末に. *Kejadian itu berlaku pada penghujung abad ke-18.* その事件は18世紀末に起きた. *tidak ada penghujungnya* 終わりがない.

hukum (Ar) **1** 法律, 規制: *berdasarkan hukum* 法律に基づくと. *hukum adapt* アダット法(慣習法). *hukum antarabangsa* 国際法. *hukum jenayah* 犯罪法. *hukum syariah* シャリア法(イスラム法). *melanggar hukum* 法律を犯す. **2** 判決: *hukum bunuh / mati* 死刑. *hukum penjara seumur hidup* 終身刑. *hukum gantung* 絞首刑. **3** (自然の)法則: *hukum alam* 自然法, 自然の法則; *Jika diikuti hukum alam*, 物事の成り行きに従えば. *Hukum Newton* ニュートンの法則. **4**【古典】決定, 裁き, 命令: *Sultan Ahmad di atas kerajaan, terlalu adil perintah baginda pada barang hukumnya* (p66). スルタン・アハマッドが統治すると, いかなる裁きでも王はとても公平であった.

menghukum, menghukumkan 1 判決を下す: *Dia dihukum penjara lima tahun* 彼は禁固5年の刑が下された. *dihukum mati* 死刑の判決を受けた. *Orang yang mengedar dadah akan dihukum seberat-beratnya.* 麻薬を流通する者は極刑に処せられる. **2** 定める.

hukuman 判決, 罰: *hukuman mati* 死刑. *Dia menjalani hukuman penjara lima tahun* 彼は5年の実刑に服している. *Hukuman biasanya dikurangkan satu pertiga jika banduan berkelakuan baik.* 模範囚ならば刑は一般に三分の一減刑される.

hulu 1 川上, 上流 (=hulu sungai) →川下 hilir. **2** 内陸, 奥地, 田舎: *orang hulu* 山奥に住む人々. **3** 柄(え): *hulu keris* クリスの柄. **4**【王室】頭=kepala: *gering hulu* (王が)頭痛がする. *Tatkala anak raja itu keluar ditumpu oleh bidannya akan hulu baginda manjadi lembang sama tengah, tinggi kiri kanan* (p.54). その王子がお生まれになるとき, 産婆が王子の頭をそっと押し付けたので, 頭のちょうど真ん中がへこみ, 左右両側が高くなってしまった. *Dia tidak tahu sama ada dia hendak ke hulu atau ke hilir* 彼は自分が何をしようとしているのか(何を言おうとしているのか)分かっていない. *Tidak ketahui hulu-hilirnya.* 何が何やらさっぱり分かっていない.

berhulu 1 ～が起源の, 始まりの. **2** 柄(え)のある: *Parang itu sudah tidak berhulu lagi.* その刀は柄が取れてしまった.

menghulu 上流に向かう (=mudik).

menghulukan 【古典】先導・指導する.

hulubalang 武官, 指揮官.

hulur; menghulur 1 (ひもなどを)緩める. **2** 引き延ばす, 延期する. **3** (手足を)突き出す, 手渡す: *menghulur bantuan* 支援を差しのべる, 援助する.

menghulur-hulur 遅らす.

menghulurkan (ひもなどを長くなるように)緩める, 手渡す, 送る, (手などを)突き出す: *menghulurkan pertolongan* 援助をさし伸べる. *Kerajaan sentiasa sedia menghulurkan tangannya.* 政府はいつでも手をさし伸べる用意がある. *menghulurkan* *roti kepada* pengemis itu パンを乞食に手渡す. *menghulurkan kepalanya* ke luar tingkap 頭を窓の外に突き出す. *menghulurkan jaring* ke dalam laut 網を緩めて海底へ下ろす.

huluran 援助, 補助.

huma 乾田, 開墾地: *padi huma* 陸稲.

berhuma 乾田で働く, 乾田を持つ.

humanisme (英) humanism 人道主義, 人文主義.

humban; **penghumban** 投石に使うヒモ.

menghumban, menghumbankan 投げつける, 放り出す: *menghumbankan* batu ke arah polis 警察に向けて石を投げる.

terhumban 墜落した: *Bas terhumban* ke dalam gaung. バスが谷に墜落した.

humor (英) humour ユーモア.

hunggis → *unggis*.

huni; **berhuni** 居住する, 住みつく.

menghuni 居住する: China adalah negara yang *dihuni* oleh 1.29 bilion orang atau 21% daripada penduduk dunia. 中国は世界人口の21％にあたる12.9億人が住んでいる国です. *menghuni rumah* di Melaka マラカの家に住む.

penghuni 居住者, 住人: *penghuni khemah* (災害)避難所生活者.

hunjam; **menghunjam** 1 上から下へ突き刺す. 2 頭から突っ込む. 3 十分理解する.

menghunjamkan 〜を上から下へ突き刺す.

hunus; **menghunus** (剣・ナイフを)鞘から抜く.

terhunus 鞘から抜いた.

hurai; **menghurai** (結び目, ロープなどを)ほどく.

menghuraikan 1 (結び目, ロープなどを)ほどく: *menghuraikan ikatan tali kasut* 靴ひもをほどく. 2 説明する, 分析する, 調べる.

huraian 1 説明, 解釈. 2 結論.

penghuraian 分析.

terhurai (結びなど)解かれて緩くなった, 説明・分析された.

hurikan ハリケーン (hurricane).

huruf (Ar) 文字, アルファベット: *huruf besar* 大文字. *huruf blok* ブロック文字. *huruf kecil* 小文字.

huru-hara 騒動, 混乱.

menghuru-harakan 騒動を引き起こす.

hurung; **berhurung, menghurung, menghurungi** 群がる, あふれる: *gula* yang *dihurung* oleh semut-semut アリにたかられた砂糖.

hutan; **utan** 1 森, ジャングル. 2 野生の: *hutan asli* 原生林, 自然林. *hutan belantara / rimba* 大密林. *hutan semula jadi* 自然林. *hutan bakau* マングローブ林. *hutan hujan tropika* 熱帯雨林. *hutan lipur*, *hutan simpan* 保護林. *orang hutan, orang utan* オランウータン.

menghutan 密林のようになる.

kehutanan 林学.

perhutanan 森林保護.

hutang 借金, 負債: *hutang budi* 恩義. *hutang darah* 血債(報復). *hutang-piutang* 負債.

berhutang (人から)お金を借りる.

menghutangkan, memperhutangkan (お金を)貸す: *Kerana kasihan padanya, saya sering menghutangkan dia wang* 彼が可哀そうなので, 私はいつも彼にお金を貸します.

terhutang *terhutang budi* ter-

hadap / kepada ～に対し恩義がある, 借りがある; *Saya terhutang budi kepadanya.* 私は彼に対し恩義がある.

huyung; **terhuyung-huyung, terhuyung-hayang** ふらつく, よろめく.

I

～i 〈～i 接尾辞の意味〉 **1**「何度も, じっくり, 入念に」: 語幹の行為を繰り返すこと: *membacai* 繰り返し読む. *mempelajari* じっくり学ぶ. **2** 場所・方向を示す《前置詞 di, ke, pada などに置き換えられる》: *memasuki*=*masuk ke* ～に入る. *menduduki*=*menduduk di* ～を占領. *mengirimi*=*mengirim kepada* ～に送る. **3** 語幹の示すものを与える: *memagari* (*pagar*) ～に塀を設ける. *membiayai* (*biaya*) ～の費用を負担する.

ia I 1 三人称(彼, 彼女, 彼ら). **2** それ, あれ(物事を示す).

ia II はい (肯定の返事)=ya.

beria-ia 本気で, まじめに: *Kali ini dia beria-ia sangat hendak menolong saya.* 今度は彼が本気になって僕を助けようとした.

mengiakan はいと返事する, 肯定する: *Ali mengiakan apa sahaja yang dikatakan oleh ayahnya.* アリは父親が言ったことすべてに, はいと認めた.

seia, seia sekata 全会一致, 全員が合意する: *Mereka seia sekata untuk mengutuk orang itu.* 彼らは全員が一致してその人を非難した. *Mereka tidak seia sekata dalam projek itu.* 彼らはそのプロジェクトに全員一致とはならなかった.

iaitu すなわち～, それは～である《前述したことを言い換えるとき》: *Kami menyanyi "Negaraku", iaitu lagu kebangsaan Malaysia* 私たちは「ヌガラク」, すなわちマレーシアの国歌を歌う.

ialah それは～である《～前の語句・文を受けて》: *Kesihatan ialah harta benda yang tidak ternilai harganya.* 健康は値段のつけることのできない財産だ. *Yang penting sekarang ialah kita mesti menang* いま重要なことは, 勝たねばならないこと. *Saya sudah dua kali mengunjungi Kyoto sebelum ini ialah dalam tahun 1982 dan pada tahun 1997.* 私がこれまでに京都を二度訪問したのは, 1982 年と 1997 年です. *Cuma satu-satunya malam yang kami dapat berkumpul bersama-sama satu keluarga ialah pada waktu malam Hari Raya.* 私たち家族全員が集まることの出来る唯一の夜は, ハリラヤの前夜です.

ianya その事.

ibadah; **ibadat** (Ar) (イスラム)信仰上の勤行・お勤め: *ibadah melontar* メッカ巡礼のときに悪魔を退治する意味での石投げの儀礼. *ibadat sembahyang Jumaat* 金曜日

beribadat お勤めをする, 敬虔な.
peribadatan 勤行, 敬虔な行為.
Iban イバン族《主にサラワク州に居住し, 同州の最大の種族》.
ibarat (Ar) **1** 〜のような＝seperti: *Ibarat bunga*, sedap dipakai, layu dibuang. 花の如し, 若々しいと使うが, 萎れると捨てられる. **2** 例え話, 比喩＝kiasan: Dalam bahasa Melayu, ada banyak *ibarat*, misalnya, "Seperti rusa masuk kampung", dan sebagainya. マレー語にはたくさんの比喩がある, 例えば「カンポンに入り込んだ鹿の如し」〔おどおどと驚愕すること〕などがある. **3** 教訓: Kita boleh mengambil *ibarat* dari cerita arnab dengan kurakura. ウサギとカメの話から教訓を得ることができる.
mengibaratkan 喩える, 〜と見なす: *mengibaratkan* hidupnya *bagaikan* satu perjalanan. 人生を旅に喩える. *mengibaratkan* kehidupan manusia ini *seperti* roda, sekali ke atas sekali ke bawah. この人生を車輪に喩える; 上になったり下になったりする.
iblis (Ar) 悪魔.
ibni; ibnu (Ar) 高貴な家柄の息子.
ibu **1** 母: *ibu bapa* 両親. *Hari Ibu* 母の日: Saya mengucapkan *Selamat Hari Ibu*.「母の日」おめでとうございます. *ibu saudara* 叔母. *ibu tunggal* シングルマザー. *ibu tiri* 義母. **2** 年長の女性に対する呼び掛け. **3** 主たる部分: *ibu emas* 純金. *ibu jari* 親指. *ibu kandung* 実母, 生みの親. *ibu negara, ibu negeri. ibu kota* 首都. *ibu pejabat* 本社, 本部. *ibu rumah* 母屋. *ibu roti* イースト, パン種.
beribu 母を持つ, 母親とみなす.
keibuan 母性, 女らしさ: Sudah ada *naluri keibuan*. もともと母性本能がある.
ibunda 【王室】母君.《手紙文で》母上《母親が息子に宛てた手紙の例: 自分のことは saya ではなく, ibunda を使う》: *Ibunda* akan turun ke KL minggu depan. Tolong datang jumpa *ibunda* di lapangan terbang. お母さんは来週KLに行きます. 飛行場に迎えに来てください. *bahasa ibunda* 母語.
idah I (Ar) 愛の印としての贈り物.
idah II (Ar) 離婚または夫の死亡後, その妻が再婚してはならない期間(100日間).
idam **1** 妊婦の食欲. **2** 熱望.
mengidam, mengidamkan, mengidami, mengidam-idami (妊婦がつわりで)食べたがる, 〜を熱望する: ibu-ibu mengandung yang terlalu *mengidam* memakan telur penyu 海亀の卵を食べたがる妊婦. Sudah lama saya *mengidam* untuk menjadi peguam. 私は昔から弁護士になりたいと熱望している.
idaman; idam-idaman あこがれ, 理想の: *perempuan idamannya* あこがれの女性. *lelaki idaman*: sopan-santun, rajin, mempunyai prinsip hidup dan tidak merokok 理想の男性: 礼儀正しい, 真面目, 生活の信条を有し, タバコを吸わない男性. *rumah idaman saya* 私のあこがれの家. Aminah menjadi *idaman pemuda-pemuda*. アミナは若者のあこがれだ.
idea (idéa) (英) idea アイディア, 考え, 意見.
identiti (idéntiti) (英) identity アイデンティティー, 独自性 (＝*jati diri*): Setiap kumpulan etnik *tidak*

ideologi

hilang identiti masing-masing. 各エスニック集団はそれぞれのアイデンティティを失わない. *mengesahkan identiti*（遺体などの）身元を確認する. *Identiti* ～ telah disahkan melalui pemeriksaan cap jari. 指紋照合によって～の身元が確認された. kegiatan kecurian *identiti pelanggan* perbankan Internet ネット・バンク顧客の認証番号（パスワードなど）を盗む行為.

ideologi (idéologi)（英）ideology イデオロギー, 観念形態.

idola アイドル: Siapakah *idola* remaja di Malaysia kini? 今マレーシアで誰が若者のアイドルですか. *idola* dan budaya popular アイドルと大衆文化.

igal; mengigal 1（孔雀などが）尾羽を広げる. 2 踊る.

igau; mengigau 寝言を言う.

iguan 1 寝言: tiba-tiba terdengar *iguan* suaminya 突然夫の寝言が聞こえてきた. 2 ブーイング, 罵声: *menerima iguan buruk dalam perlawanan bola sepak itu* サッカーの試合でブーイングを受ける.

ihram (Ar) *pakaian ihram* メッカ巡礼の服装（肩からかける白地の縫い目のない布）.

ihsan (Ar) 良い行為, 親切, 善意: *membuat ihsan kepada* penduduk kampung itu 村民に親切をする.

ijab (Ar) 契り: *ijab kabul* 結婚.

berijab kabul 結婚する: Pasangan itu akan *berijab kabul* pada bulan Mac. カップルは3月に結婚する.

mengijabkabulkan 結婚させる: Pasangan itu selamat *diijabkabulkan*. カップルは無事結婚した.

ijazah (Ar) 1 学位（学士以上）: *ijazah doktor kehormat* 名誉博士号. 2 許可.

ikal（髪が）ちぢれた, ウェーブした: *rambut ikal mayang* ばさばさとした長髪.

ikan 魚: *ikan air tawar*, *ikan darat* 淡水魚. *ikan laut* 海水魚. *ikan mentah* 生魚. *ikan basah*, *ikan yang masih baru* 鮮魚. *ikan kering* 干し魚. *ikan asin*, *ikan masim* 塩漬けした魚. *ikan bakar* 焼き魚. *ikan pekasam* 保存した魚. *ikan salai* 燻製魚. *ikan emas* 金魚. *ikan lumba-lumba* イルカ. *ikan paus* クジラ. *ikan tongkol* マグロ.

berikan 魚釣りに行く: Kami pergi *berikan* di sungai. 川に魚釣りに行く.

perikanan 漁業: *soal-soal perikanan* 漁業問題. *Jabatan Perikanan* 水産局.

ikat 1 バンド, しばること: *ikat kepala* はちまき. *ikat pinggang* ベルト, 腰巻. *ikat jaminan* 保釈金. 2 束ねられたものを数える助数詞（～束）: *satu ikat* manggis 一束のマンゴスチン.

berikat 結んである, 同盟している: Bungkusan itu sudah *berikat*. その荷物はすでに結んである. *Pihak Berikat*（第二次大戦の）連合軍.

mengikat 結ぶ, しばる: *mengikat tali leher* ネクタイをしめる. *mengikat* bungkusan itu *dengan* tali 荷物をひもでしばる. *mengikat jamin* 保証金を払う. *mengikat janji* 約束をする. *mengikat kontrak* 契約をする. *mengikat pertunangan* 婚約を結ぶ. *mengikat perut* 節約して食費を切り詰める. *mengikat tali persahabatan* 親交を結ぶ.

ikatan 1 結び方: Ikatan kainnya

kurang ketat. 布の結ぶ方がきつくない。**2**束: *ikatan wang* お金の束. **3** つながり, 関係. *mempunyai ikatan dengan kerajaan* 政府とつながりを持つ. **4** 協会.

perikatan **1** 協会: *menubuhkan satu perikatan yang akan membela nasib penduduk kampung* 村民の運命を守る協会を組織する. **2** 関係, 同盟: *Kedua-dua negara itu bercadang untuk membentuk satu perikatan*. 両国は同盟の結ぶ計画をしている. *Parti Perikatan* 連盟党《1955年に結成され,独立後の政権を掌握した与党連合》.

terikat **1** しばられる, 拘束される: *terikat dengan janji* 約束にしばられる. *Kami tidak terikat oleh halangan apa-apa*. 私たちは何の支障にもあっていない. **2** (試合で) 引き分けになる: *Pasukan Itali dan pasukan Perancis terikat 1-1*. イタリアとフランス・チームは1:1の引き分けになった.

ikhlas (Ar) 誠実な, 正直な: *dengan ikhlas* 誠実に. *tidak ikhlas* 誠実さがない. *Yang ikhlas* (手紙文の結語) 敬具.

keikhlasan 誠意, 正直: *meragui keikhlasannya* 彼の誠実さを疑う. *menolong mereka dengan penuh keikhlasan* 心から誠意をもって彼らを支援する.

ikhtiar I (Ar) 努力, 工夫, 手段: *mencari ikhtiar* 工夫する; *Saya perlu mencari ikhtiar untuk menyelesaikan masalah ini*. この問題を解決するために工夫する必要がある. Bas mogok hari ini. *Apa ikhtiar kita untuk pergi sana?* 今日はバスがストライキ,あそこに行くにはどんな手段があるだろうか.

berikhtiar 工夫する, 努力する: *berikhtiar untuk mengatur rancangan itu* その計画をアレンジするために工夫する.

mengikhtiarkan 工夫する: *mengikhtiarkan berbagai cara untuk menipu* 騙すためにさまざまな方法を工夫する.

ikhtiar II 選択, 自由意志.

mengikhtiarkan 意見を出す.

ikhtisar (Ar) 概略, 摘要, 要約=ringkasan: *membuat ikhtisar, memberi ikhtisar* 要約する: *Saya akan memberi ikhtisar mengenai apa yang terjadi*. 私が起きたことを要約して言います.

mengikhtisarkan まとめる, 概略をいう: *mengikhtisarkan ucapan yang panjang* 長い演説を要約する.

iklan (Ar) 広告, 宣伝.

mengiklankan 広告する: *membeli ubat yang diiklankan dalam surat khabar* 新聞の広告に出ていた薬を買う.

pengiklan 広告会社.

pengiklanan 広告.

periklanan 広告業.

iklim **1** 気候, 風土: *iklim kebenuaan* 大陸性気候. *iklim tropika* 熱帯性気候. *iklim sederhana* 温帯性気候. **2** 環境: *iklim antarabangsa* 国際環境. *iklim pelaburan* 投資環境.

keikliman 気候上の.

ikon (英) icon アイコン.

ikrab (Ar) 親密な, 親しい.

mengikrabkan 親しくする.

keikraban 親密さ.

ikrar (Ar) 宣誓.

berikrar 宣誓する: *berikrar tidak akan menyertai kegiatan itu* その活動に決して参加しないと誓う.

mengikrarkan 1 誓う, 約束する. 2 認識する, 承認する.
pengikraran 誓い.

IKS [Industri Kecil dan Sederhana] 中小企業.

iktibar (Ar) 教訓, 手本: *mengambil iktibar daripada pengalaman lalu* 過去の経験から教訓を得る. *memberi iktibar kepada kehidupannya* 彼の人生に手本を与える. *menjadi iktibar* 教訓となる: Bencana banjir itu langsung *tidak dijadikan iktibar*. あの洪水の災害がまったく教訓になっていなかった.

iktikad (Ar) 信仰.
beriktikad 心から信じる.
mengiktikadkan 信仰する.

iktiraf; **mengiktiraf, mengiktirafkan** 認める, 承認する: *mengiktirafkan kemerdekaan negara baru itu* 新生国の独立を承認する.
pengiktirafan 承認, 認識: Jasa-jasanya hanya *mendapat pengiktirafan* selepas 10 tahun. 彼の功績は10年経ってやっと認められた.

iktisad (Ar) 経済.

ikut 1 ～と一緒に行く, ついて行く: *Ikutlah saya.* 私について来なさい. *Sila ikut saya. / Sila ke sini.* こちらへどうぞ. *Saya nak ikut emak ke pasar.* 私は母について市場へ行く. "*Tunggu sekejap. Saya nak ikut sama.*"「ちょっと待ってね. 私も(あなたに)ついて行くから」. "*Nak kemana ni?*" *Ikut sajalah!*"「どこへ行くの?」「だまってついて来いよ」. *ikut bersama* 同行する; *Sani juga ikut bersama* サニもついて行きました. Kami nak ke rumah Ali. Awak *nak ikut sama*? 僕らはアリの家に行くけど, 君も一緒に行くか. *Jalanlah dulu, kami ikut belakang.* 先を歩いてください, 僕らはその後について行きます. 2 従う: *ikut suka=ikut kemahuan hati* 好きなようにやる. *ikut telunjuk* 追随するだけ. *Kalau nak ikut saya, saya hendak seronok sahaja ... tak nak belajar.* もしも自分の好きなようにしてよいなら, 遊びたかった, 勉強などしたくなかった. *Bodyguard kata ini tak boleh, itu tak boleh, kita pun ikut saja.* ボディガードがこれやっちゃだめ, あれやっちゃだめと言うので, 私は従うしかない. 3 一緒に～する: *Bolehkah saya ikut duduk?* あなたと一緒に座ってもかまいませんか. 4 参加する: *ikut serta dalam* ～に参加する; *Dia ikut serta dalam kelab kami* 彼は私たちのクラブに参加した.

ikut-ikut 1 真似る: *Dia hanya ikut-ikut saja.* 彼は真似しているだけ, 主義主張がないやつだ. 2 介入する: *Jangan ikut-ikut.* 余計なおせっかいするな.

ikutan 手本, 見本, モデル: *menjadi ikutan* お手本になる. *sebagai model ikutan* 手本のモデルとして.

ikut-ikutan みんなにつられて真似をする, 付和雷同する: *Jangan ikut-ikutan.* 人につられて真似するな.

berikut; **berikutnya** 以下の, 以下は, 次の: *Jawablah soalan-soalan yang berikut ini.* 以下の質問に答えよ. *Kita akan turun di stesen yang berikutnya.* 次の駅で降ります.
Berikut adalah ～, *Berikut ini adalah* ～ 以下は～である.
～ *adalah seperti berikut*, ～は以下のとおりです. *Siapa berikutnya?* 次はだれですか. *tahun berikutnya* 翌年.

berikutan ～の後, ～の結果, ～に

伴い: *Berikutan dengan rusuhan itu*, polis menangkap beberapa orang pelajar. 暴動の結果、警察は学生数名を逮捕した. Ramai orang mati bukan kerana letupan gunung berapi itu tetapi akibat ombak besar tsunami *berikutannya*. たくさんの人が死んだのは火山の噴火ではなく、その後の津波によってである.

mengikut 1 〜に同行する: *Saya mengikut PM ke Jepun*. 私は首相に同行して日本へ行く. 2 真似る: *Anak-anak suka mengikut perbuatan bapanya*. 子どもは父親の行動を真似したがる. 3 (道を)通る＝melalui: *Nak ikut jalan mana?* どの道を通りますか《タクシーの運転手がよく使う表現》. *Nak ikut jalan lama*. 旧道を行こう. 4 従う: *golongan yang hanya mengikut kecenderungan semasa*. 時流に流される層・無党派層《選挙のときの浮動票を指すとき》. 5 〜によると《前置詞的役割》: *mengikut nasihat doktor* 医者の忠告によると.

mengikutnya 次の (＝yang berikutnya, yang seterusnya): "*Stesen mengikutnya KL Sentral*"「次の駅はKLセントラルです」《電車内のアナウンス》.

mengikuti 1 〜(授業・研修・コース)に参加する、受ける、出席する: *mengikuti kursus bahasa Malaysia* マレーシア語のコースを受ける. *mengikuti seminar di KL anjuran DBP* DBP主催のKLでのセミナーに参加する. *mengikuti zaman* 時代に取り残されない. 2 〜の後について行く: *mengikuti jejak bapanya* 父親の足跡に従う. 3 注意深くウオッチする: *mengikuti fesyen semasa* 時の流行を追う.

pengikut 1 同行者、随員. 2 信者. 3 部下.

ilai; **mengilai, mengilai-ngilai** 笑いどよめく、大声で笑う.

ilham (Ar) 1 神からの啓示. 2 インスピレーション、ひらめき、霊感: *Tiada ilham lagi*. (それに関して)まだひらめきがわかない. *masih belum mendapat ilham untuk* melakukan 〜するかどうかのインスピレーションがまだわからない.

ilmiah (Ar) 学問の、学究的な.

ilmu (Ar) 知識, 学問: *ilmu adab* 倫理学. *ilmu bahas* 弁証学. *ilmu bahasa* 言語学. *ilmu bangsa* 民族学. *ilmu batu* 地質学. *ilmu falak* 天文学.

berilmu 知識のある、博学な.

imaginasi (英) imagination 想像力、創造力.

imam (Ar) イマーム(イスラム教の導師).

iman (Ar) 1 (神への)信仰心: *orang yang tidak kuat imannya* 信仰心が強くない人. 2 信用.

beriman 信心深い.

berimankan 〜を信じる, 〜を信仰する: *hanya berimankan wang*. 金だけを信じる.

keimanan 信仰、信用.

imbalan お返し、反対給付: *sebagai imbalan* 〜のお返しに、返礼に.

imbang 均衡、バランス.

berimbang *bajet berimbang* 均衡予算.

berimbangan バランスがとれている: *Kekuatan kedua-dua negara itu tidak berimbangan*. 両国の勢力はバランスがとれていない. *Katakatanya tidak berimbangan de-*

imbas

ngan tindakannya. 彼の言葉と行動は釣り合いがとれていない. **imbangan, keseimbangan** 均衡, 釣合, バランス, 収支: *imbangan akaun modal* 資本収支. *imbangan akaun semasa* 経常収支. *imbangan pembayaran* 収支残額. *imbangan perdagangan* 貿易収支.

seimbang, seimbangan 等しい, バランスのとれた, 匹敵する, 拮抗する: *makanan seimbang* バランスのある食物. *masyarakat seimbang* 均衡のとれた社会. *pembangunan seimbang* 均衡した発展.

mengimbangi 1 〜とバランスをとる. 2 匹敵する, 対抗する. 3 〜を補う.

mengimbangkan, menyeimbangkan 均衡させる, 等しくする: *menyeimbangkan taraf ekonomi bumiputera dengan lain-lain kaum* ブミプトラの経済水準を他の種族と均衡させる.

imbas 1 一瞬=sekejap. 2 気流, 電流: *sekali imbas, memandang sekali imbas* 一瞬だけ見る. *jika dilihat sekali imbas* 一見すると.

imbas-imbas そっくり, 酷似した.

mengimbas ちょっと考えてみる, ざっと見る: *mengimbas erti kemerdekaan* 独立の意味をちょっと考えてみる. *Dia hanya sempat untuk mengimbas tajuk berita itu sebelum pergi.* 出かける前にそのニュースのタイトルをざっと見るだけしか余裕がなかった.

mengimbas kembali 振り返ってみると, 回顧すると: *jika mengimbas kembali beberapa langkah setakat ini* これまでのいくつかの措置を振り返って見ると. *Jika diimbas kembali empat program itu, 4つの行事を振り返ってみると. *mengimbas kembali peristiwa yang berlaku tahun lepas* 去年の出来事をちょっと振り返ってみると. *mengimbas kembali detik-detik semasa kecilnya,* 幼少の頃を振り返ると. 2 スキャン(走査)する: *mengimbas* gambar itu ke dalam komputernya 写真をパソコンにスキャンする. *Juruwang itu mengimbas kod bar itu.* キャッシャーがバーコードを走査した.

imbasan 気流, 素早い動き.

pengimbas スキャナー: *pengimbas laser* レーザー・スキャナー.

seimbas わずかな間, ほんの一瞬: *Saya dapat melihat penyanyi terkenal itu seimbas lalu.* その有名歌手をほんの一瞬見ることができた.

imbau; **mengimbau** 呼びかける: *Beliau mengimbau supaya penduduk-penduduk kampung ini bersatu padu.* あの方は村人が団結するよう呼びかけた.

imbuh 付け加えること, 追加.

imbuhan 1 接辞. 2 手当て: *Kakitangan awam akan menerima imbuhan sebanyak dua bulan gaji.* 公務員は給料2か月分の手当てを受け取る.

berimbuhan 接辞をつける.

mengimbuh 加える.

imej (iméj) (英) image 画像, イメージ, 印象: *memberi imej yang buruk kepada* kaum wanita 女性に悪印象を与える. *memberi imej negative* ネガティブなイメージを与える.

imigran (英) immigrant 移民.

imigrasi (英) immigration 移住.

imigresen (imigrésén) (英) immigration 移民, 入国審査. *pejabat imigresen* 入国管理事務所, 移

民局.

imlak 口述.
mengimlakkan 口述する.

imperialis (impérialis) (英) imperialist 帝国主義者.

imperialisme (impérialisme) (英) imperialism 帝国主義.

impi; **impian** 夢, 理想, 憧れ: supaya *impian* itu menjadi kenyataan その夢が実現するように. Saya mempunyai *impian* untuk belajar di luar negara. 僕には留学する夢がある. *menghancurkan impian* 夢を壊す.

mengimpi-impikan 憧れる, 夢見る: Inilah kereta yang saya *impi-impikan*. 僕が憧れていた車がこれだ.

implikasi (英) implication 言外の意味, 暗示, 含意.

import (英) import 輸入: *import-eksport* 輸出入. *cukai import* 輸入税. *kuota import* 輸入割当て. *barang-barang import* 輸入品. *pemain import* (プロ・サッカーチームなどに雇われる)外国人選手.
mengimport 輸入する.
pengimport 輸入者.

imsak (Ar) 断食が始まる未明の時分(日の出より二時間くらい前の時分): TV Malaysia menyiarkan waktu berbuka puasa dan *waktu imsak* テレビは断食明けの時間と断食が始まる時間を放送する.

inai ヘンナ(指甲花)の葉から採った紅.
berinai ヘンナで爪を赤くする《マレーの伝統的結婚式前日に行われる仕来り》.
menginai ヘンナで爪に色をつける.

inang (王族および高官の子供の)乳母: *inang pengasuh* 乳母兼子守. *mak inang* 乳母《呼称》.

inap; **menginap** (人の家や宿に)泊まる: *menginap di rumah kawan*, *mendapat penginapan di rumah kawan* 友達の家に泊まる.
penginap 宿泊者.
penginapan 1 宿泊: *memberi penginapan kepada pelajar Jepun* 日本人の学生を泊める. 2 宿泊所, 宿: *menyediakan tempat penginapan bagi pelajar-pelajar dari Jepun* 日本からの学生のために宿泊所を用意する.

incang; **incang-incut** ひん曲がった, 曲がりくねっている.

inci (英) inch インチ(長さの単位:= 2.54cm).

incut → **incang**.

indah 美しい, きれい: *indah permai* 実に美しい. *Indah khabar daripada rupa*.【諺】噂は現実よりも誇張されるもの.
keindahan 美しさ: terkenal dengan *keindahan* semula jadi. 自然の美しさで有名である.
mengindahkan, memperindah 美しくする.

indang; **mengindang** 米などをふるいにかける.

indeks (indéks) (英) index 指数, 目録: *indeks harga borong* 卸売価格指数. *indeks harga pengguna* 消費者物価指数. *indeks harga runcit* 小売価格指数. *Indeks Pencemaran Udara* 大気汚染指数. *Indeks Pengeluaran Perindustrian (IPP)* 工業生産高指数. *indeks primer* 主要指数.

indera (ヒンドゥー教の)主神, 王.
keinderaan 天国=kayangan.

India インド.

indik; **mengindik** 踏みつける, は

indikasi (英) indication 指示, 兆候.

individu (英) individual 個人: *lelaki individu keseluruhan akhir* (競技)男子個人総合決勝.

individualis (英) individualist 個人主義.

induk 1 母(主に動物): *induk ayam* 母鶏. 2 母体, 基本: *induk jari* 親指. *induk karangan* 社説. *induk roti* イースト菌. *badan induk* 本部. *kapal induk* 母船. *pelan induk* マスタープラン.

industri (英) industry 産業, 工業: *industri automotif* 自動車産業. *industri berat* 重工業. *industri kecil dan sederhana* 中小企業. *industri kimia* 化学産業. *industri komunikasi* 通信産業. *industri ringan* 軽産業. *revolusi industri* 産業革命. *industri senja* 斜陽産業. *industri tekstil* 繊維産業.

mengindustrikan 工業化する.
pengindustrian 工業化.
perindustrian 工業の.

inflasi (英) inflation インフレーション.

infrastruktur (英) infrastructure インフラ (=prasarana), 社会基盤.

ingat 1 覚えている: *Masih ingatkah pada kejadian itu?* あの事件をまだ覚えていますか? *Saya masih ingat lagi namanya.* 私はまだ彼女の名前を覚えている. *Selepas itu, saya tidak ingat apa-apa.* その後, 何も覚えていません. *Saya tidak ingat pula dengan pasti.* はっきり覚えていません. *Sepanjang yang saya ingat*, 私の記憶する限り. 2 思い出す: *Saya ingat yang saya belum makan te-ngah hari.* 昼食をまだ食べていないことを思い出した. *tidak dapat ingat apa-apa* 何も思い出せない. *Eh, baru saya ingat.* あっ, やっと思い出した. 3 気がつく: *Dia masih belum ingat akan dirinya* 彼はまだ意識不明だ. 4 ～と思う=fikir, rasa: *Saya ingat dia tak akan datang.* 彼は来るはずがないと思う. *Dia masih ingat saya kaya seperti dulu.* 彼は私が昔のように裕福だとまだ思っている.

ingat-ingat 注意する, 気をつける: *Bila berenang di sungai, ingat-ingatlah.* 川で泳ぐときは, 気をつけなさいよ.

ingat-ingat lupa あまりよく覚えていない, うろ覚えだが: *Sudah lama tak pergi ke rumah awak. Saya ingat-ingat lupalah jalan ke sana.* しばらく君の家に行ってないので, 道をはっきり覚えていないよ.

beringat, beringat-ingat いつも注意する, 用心深い, 細心な: *Kita mesti beringat-ingat apabila melintas jalan raya.* 道路を横断するときはいつも用心しねばならない.

mengingat 思い出す, 思い起こす: *mengingat kembali arahan gurunya* 先生の指示を思い起こす. *Jangan mengingat lagi perkara yang sudah lepas.* 過ぎたことを思い出すな. *Kalau diingat*, 振り返ってみると(回想すると).

mengingati 覚えている, 思い起こす: *Saya masih mengingati pesan nenek saya.* 祖母の言いつけをまだ覚えている.

mengingatkan 1 ～について考えている: *Dia masih mengingatkan orang-orang kampungnya sungguhpun dia sudah berpindah bandar.* 彼は都会に引っ越してしまったもの

のまだ村の人々のことを考えている. **2** 注意する: Guru besar *mengingatkan* murid-murid jangan pergi ke sana. 校長先生は生徒たちにあそこに行かないようにと警告した. **3** ～を思い起こさせる: Tsunami baru-baru ini *mengingatkan* saya *kembali* kejadian 70 tahun yang lalu. 最近の津波は私に70年前の出来事を思い出させた. Gambar ini *mengingatkan* saya *kepada* kenangan lama di Malaysia. この写真は私にマレーシアでの記憶を思い起こさせた. Nama itu *mengingatkan saya akan* kawan saya di KL. その名前は私にKLにいる友人を思い出させた. **4** ～考慮すると, かんがみて: Kami memberikannya tugas baru ini *mengingatkan* pendidikan yang diperolehnya. 彼の受けた教育を考慮して彼にこの新しい仕事を与えた. *Perlu diingatkan bahawa* ～について想起する必要がある, 以下のことを忘れてはならない.

memperingati **1** ～を記念する, 想う: mengadakan perayaan untuk *memperingati* kemerdekaan negara ini この国の独立を記念して祭りを行う. majlis *memperingati* setahun tsunami 津波一周年を記念した催し. *Hari Memperingati Kekasih* 恋人を想う日《2月14日:日本のバレンタインの日のこと》. **2** 記録する.

memperingatkan ～に注意を喚起する: *memperingatkan* dia *agar jangan* melakukan perkara seperti itu そのようなことをしないよう彼に注意を喚起した.

ingatan 思い出, 記憶: *Masih baru dalam ingatan ialah* ～. / *Masih segar lagi dalam ingatan ialah* ～ まだ記憶に新しいことは～; Peristiwa Mei 13 itu *masih segar dalam ingatan* ramai. 5.13事件は多くの人の記憶にまだ新しい. *Kalau tak salah ingatan saya*, 私の記憶違いでなければ. *Menurut ingatan saya*, 私が記憶しているかぎりでは. *daya ingatan* 記憶力.

peringatan **1** 警告: *tidak mempedulikan peringatan itu* 警告を無視する. *memberi peringatan awal kepada* ～ に対して早めに警告を出す. **2** 記念: Hadiah ini *sebagai tanda peringatan* persahabatan kita. このプレゼントは私たちの友情の記念の印です. **3** 記録.

seingat, seingat saya 私の知る限り.

teringat ふと思い出す, 気がつく: Awak *teringat* bagaimana kita berkenalan? 僕たちがどうやって知り合いになったか君は覚えているか? Rasa malas teramat nak bangun bila *teringat* hari ni Isnin.【口語】今日は月曜日だと思うと, 起きるのがとても億劫になる.

baru teringat やっと思い出した: "*Baru teringat*, kita pernah berjumpa dulu."「やっと思い出しました, 前に一度お会いしましたね」.

teringatkan ～ = *teringat akan* ～のことをふと思い起こす.

Inggeris イギリス, 英語: *bahasa Inggeris* 英語. *orang Inggeris* イギリス人.

ingin ～したい, ～望む: Saya *ingin* sekali belajar di luar negeri. 僕は海外にぜひ留学したい. Ada sesuatu yang *ingin* dikatakannya, tetapi tidak terkeluar dari mulutnya. 彼女は何か言いたいことがあったが, どうしても口から出て来なかった. *perasaan ingin tahu* 好奇心. Anak-

ingkar 250

anak *selalu ingin tahu*. 子どもはいつも好奇心がある.

beringin, beringinkan, berkeinginan 切望する, 望む.

mengingini, menginginkan 願う, 望む: *Saya takut terjadi perkara yang tidak diingini*. 望まない(良くない)ことが起きるのではないかと心配した.

keinginan 望み, 願望.

teringin 熱望する: '*Tak Teringin Pun*' (*TTP*)【口語】(夫が)もう一人の妻と結婚する意志がないこと.

ingkar; **mengingkari** 嫌がる, 従わない: *mengingkari janji* 約束を守らない. *mengingkari perintah rajanya* 王の命令に従わない.

ingus 鼻水.

ini これ, これら, この: *Ini apa?* これは何ですか. *Ini buku*. これは本です. *Ini buku?* これは本ですか. *Buku ini buku saya*. この本は私の本です. *Saya ini dikatakan kasar*. この私は人から粗野だと言われている. "*Minta ini dan yang ini*." (ショッピングで)「これとこれをください」. "*Ini dia*."「はい, これ」《相手に物などを渡すときに言う表現》. "*Inilah Saiful yang Cikgu katakan itu*."「この人が, 先生が言っていた, あのサイフル君ですよ」"Oh, *ini* Saiful. Ya. Apa khabar Saiful?"「やー, サイフル君ですか, はじめまして」. "Helo, *ini* Kedutaan Besar Malaysia di Jepun?"《電話で》「ハロー, そちらは駐日マレーシア大使館でしょうか」"Betul. *Ini* Kedutaan Besar Malaysia."「そうです. こちらはマレーシア大使館です」. *ini itu* あれこれ. Yang menjadi masalanya ialah tidak cukup masa, *ini* nak selesai, *itu* nak selesai. これも終わらせたい, あれも終わらせたい, 問題なのは時間が十分にないことです.

inisiatif (英) initiative イニシアチブ, 先導.

injak; **injak-injak** (ミシン, 自転車の)ペダル.

menginjak 足を踏み入れる=memijak: *Saya tidak suka menginjak lantai yang sejuk*. 冷い床に足を踏み入れたくない.

menginjakkan (足を)かける, 踏む: *Neil Amstronglah orang pertama yang menginjakkan kakinya ke bulan*. 月に足を踏み入れた最初の人がニール・アームストロングです.

menginjak-injak **1** (法規などを)踏みにじる, 無視する: *menginjak-injak undang-undang* 法律を踏みにじる. **2** 何度も踏みつける: *Jangan menginjak-injak rumput* di taman ini. この公園の芝を踏みつけるな.

injap 1 漁網, 筌(うけ)の口. **2** バルブ.

injek (injék); **menginjek** 注射する, 注入する.

Injil (キリスト教の)聖書.

inkuiri (英) inquiry 問い合わせ: *inkuiri awam* 公聴会.

insaf (Ar) 自覚する, 気づく, 目覚める, 認識する: budak yang *insaf* 自覚するようになった子. Dia *insaf* perbuatannya adalah salah. 彼は自分の行為が間違いであることに気づいた. Dia baru *insaf akan* apa yang dilakukannya. 彼は自分が何をしたのかやっと自覚した. Dia mula *insaf dengan* perbuatannya itu. 彼は自分がした行為について目覚め始めた.

menginsafi 気づく, 自覚する, 目覚める: *menginsafi* kelemahannya sendiri 自分自身の弱さに気づく.

menginsafkan 認識させる, 気づか

せる, 思い知らせる: Kejadian itu telah *menginsafkan* kami *supaya tidak* bersikap sombong lagi. その出来事は横柄な態度をもうとらないようにと私たちに思い知らせた.

keinsafan 認識, 理解.

insan (Ar) 人間, 人類: *insan biasa* 普通の人間. *pembangunan modal insan* 人間資本の開発. *menjadi insan yang berguna* 役に立つ人間になる.

insang (魚の)えら: Ikan bernafas dengan *insangnya*. 魚はえらで呼吸する.

insentif (inséntif) (英) incentive 報奨金, インセンティブ: *insentif cukai* 税制上の優遇措置.

inspeksi (inspéksi) (英) inspection 検査, 調査.

inspektor (inspéktor) (英) inspector 調査官, 警部 (=inspektor polis).

institusi (英) institution 組織, 団体.

institut (英) institute 研究所, 高等専門学校: *Institut Penyelidikan Ekonomi Malaysia* マレーシア経済研究所 (MIER).

insurans (英) insurance 保険: *insurans kemalangan* 傷害保険. *insurans kesihatan rakyat* 国民健康保険. *insurans nyawa* 生命保険. *insurans sosial* 社会保険.

berinsurans 保険に入った.

menginsuranskan 〜を保険に入れる: *menginsuranskan nyawanya dengan jumlah* RM50 *ribu* 彼に5万リンギットの生命保険をかける. *menginsuranskan rumahnya daripada kebakaran* 家に火災保険をかける.

insya-Allah (Ar) (イスラム教徒の慣用句) もしも神が欲し給うならば, 神の御心ならば.

intai; **mengintai** のぞき見する: Dia *mengintai* gadis itu dari celah pintu 彼はドアの隙間から少女をのぞき見した. *mengintai* gadis itu mandi 女の子がマンディしているのをのぞき見する.

mengintaikan, mengintai-intaikan スパイする, 監視する.

pengintai スパイ.

pengintaian 監視, 観察.

intan (Jw) ダイヤモンド=berlian.

intelek (intelék) (英) intellect. **1** 知性・英知. **2** 知性がある人.

intensif (inténsif) (英) intensive 集中, 集約: *intensif buruh* 労働集約的. *intensif modal* 資本集約的.

berintensifkan 〜を集約する: *operasi yang berintensifkan buruh* 労働集約的な作業.

mengintensifkan 集約化する.

internasional (英) international 国際 《*antarabangsa* の方をよく使う》.

Internet (internét) (英) Internet インターネット. *Internet tanpa wayar* ワイヤレス・インターネット (無線インターネット).

interviu (英) interview インタビュー.

inti **1** 中核, 肝心な部分, 本質. **2** (菓子やパイの)詰め物, 中身: *Inti kuih* ini dibuat dari kelapa dan gula. このお菓子の中身はココナッツと砂糖から作られる.

inti pati エッセンス, 摘要, 要旨: Perubahan merupakan *inti pati* kehidupan. 変革こそ人生のエッセンス.

inti sari 本質, 摘要=inti pati: *inti sari rancangan* 計画の摘要.

intip; **mengintip** 偵察する, 監視する: Mereka selalu *mengintip* kami. 彼らはいつも私たちを監視している.

intipan, pengintipan 偵察, 監視.

pengintip スパイ, 探偵.

intonasi (英) intonation イントネーション, 音調.

inventori (invéntori) (英) inventory 在庫品, 商品目録.

invois (英) invoice 送り状, 請求書.

iodin (英) iodine ヨウ素.

ipar 義理の: *abang ipar* 義理の兄. *adik ipar* 義理の弟.

IPTA [Institusi Pengajian Tinggi Awam] 国立高等教育機関(国立大学).

IPTS [Institusi Pengajian Tinggi Swasta] 私立高等教育機関(私立大学・カレッジ).

irama リズム, テンポ.

iras; **seiras, iras-iras** 似ている, 同じような=serupa: *kembar seiras* 顔がよく似ている双子. Rupanya *seiras dengan* rupa ibunya. 彼女の容姿は母親に似ている.

iri; **iri hati** ねたみ, 嫉妬, 羨む: *iri hati kepada* 〜に嫉妬する. *berasa iri hati akan* kejayaan jirannya 隣人の成功をねたむ. *perasaan iri hati* 嫉妬心.

mengiri ねたむ, 嫉妬する.

irik; **mengirik** 脱穀する (mengirik padi).

iring ついて行く.

beriring, beriringan 同行する, 一緒に歩く: Murid-murid *berjalan beriringan* ke sekolah. 生徒たちは集団で登校した.

mengiring, mengiringi 1 同行する, 随行する: *mengiringi* Perdana Menteri 首相に同行する. 2 後について行く. 3 伴奏する: Pemain piano *mengiringi* penyanyi. ピアノ奏者は歌手の伴奏をする.

iringan 伴奏, 行列: *dengan iringan muzik* 音楽の伴奏をともなって.

pengiring 従者, 同行者.

seiring 一緒に, 並んで: *berjalan seiring* 並んで歩く.

iris I 薄切りしたものを数える助数詞(〜枚).

mengiris=menghiris (肉や野菜を)薄切りにする: *mengiris cili* チリを薄切りにする. *mengiris hati* 心を傷つける.

irisan 薄切りにしたもの.

iris II (英) iris 虹彩.

irung 小さな杯.

isak; **terisak-isak** すすり泣く (menangis terisak-isak).

isi 1 果肉: *isi rambutan* ランブータンの果肉. 2 中身, 内容, 実体: mementingkan *isi* bukan bentuk 格好・形ではなく内容を重視する.

isi padu 体積・容積.

isi dada / hati 思い, 考え.

isi perut 1 内臓. 2 感情.

isi rumah 家族, 世帯: *pendapatan isi rumah* bumiputera ブミプトラの世帯当り所得. *isi kandungan dan bentuk rupa* 中身と外見.

berisi 1 実がある: *artikel yang berisi* 内容のある記事. 2 太った: Hamidah *badannya berisi*. ハミダは身体が太っている.

berisikan 〜が中に入っている.

mengisi (箱, ビンなどに)中身を詰める, 満たす: *Isi penuh* tangki kereta ini. ガソリンを満タンにしてくれ. *mengisi borang* 用紙に記入する. *Isi kad ini.* このカードに記入しなさい.

mengisi waktu / masa 時間を過

ごす: *Untuk mengisi waktu*, kami pergi menonton wayang. 時間をつぶすために、映画を見に行った. *mengisi masa lapang* 余暇をすごす、暇をつぶす.

mengisikan 〜を中に入れる、記入する、(穴を)埋める: *Isikan tempat-tempat kosong dengan perkataan-perkataan yang sesuai*. 空欄を正しい単語で埋めなさい《試験問題の決まり文句》. *Isikan nama, tarikh lahir, jantina, alamat penuh dan nombor telefon dalam kad ini*. このカードにあなたのお名前と生年月日、性別、住所、電話番号を記入してください.

pengisihan 配列、分類.

perisian ソフトウエア: *perisian antivirus* ウイルス駆除ソフトウエア. *syarikat perisian* terbesar di dunia 世界最大のソフトウエア会社.

terisi いっぱいに満たされた.

seisi 全員、すべての: *seisi rumah* 家族全員. *seisi negeri* 全国民.

Islam イスラム教: *masuk Islam* イスラム教に入信する. *rukun Islam* イスラム法. *orang Islam, umat Islam* イスラム教徒.

mengislamkan イスラム教徒にする、イスラム化する.

Islamiah (Ar) イスラムの.

Isnin (Ar) 月曜日.

istana (Sk) 宮殿、皇居、御所、御座所: *Istana Tetamu* 迎賓館.

isteri 妻: *Puan Aminah ialah isteri Encik Ali* アミナさんはアリさんの妻. *pasangan suami isteri* 夫婦のカップル. *isteri tua* 最初に結婚した妻(第一夫人). *isteri muda* 二番目以降の妻.

beristeri 結婚した.

beristerikan 〜を妻とする: *Dia mahu beristerikan orang putih*. 彼は白人を妻にしたがっている.

istiadat (Ar) 1 慣習: *adat istiadat* 慣習、伝統. *mengikut istiadat Jepun* 日本の慣習に従う. 2 儀式: *istiadat penyampaian hadiah* 授賞式.

beristiadat 慣習に従った.

istilah 専門用語: *Saya tidak biasa dengan istilah undang-undang*. 私は法律用語に詳しくない.

beristilah 専門用語を使用する.

mengistilahkan 定義付ける.

istimewa (istiméwa) 1 特別の: *hak istimewa* 特権. 2 身体障害の: *orang istimewa* 身体者障害者. *pelajar istimewa* 身体障害の生徒.

istimewa pula, *istimewa lagi* 特に.

mengistimewakan 特別扱いする.

keistimewaan 1 特徴、特性: *hak-hak keistimewaan* 特権. 2 利点、優位性: *Berkahwin muda ada keistimewaannya*. 早婚には利点がある.

istirahat (Ar) 休息、休暇: *waktu istirahat* 休憩時間. *Mari kita istirahat*. 休憩しよう. *ambil istirahat* 休憩をとる.

beristirahat 休息する、休む: *Sudah waktu untuk beristirahat*. そろそろ休憩する時間です. *Beristirahat!* 休め!《軍隊用語》.

peristirahatan 休息所、リゾート.

isu (英) issue 問題点、争点.

isyak (Ar) 夕暮れ (=waktu isyak): *fardu isyak* イスラム教の夕暮れ時の祈り (sembahyang isyak).

isyarat (Ar) 合図: *memberi isyarat kepada* 〜に合図を送る: *Adnan meletakkan jari telunjuk ke mulutnya, memberi isyarat supaya jangan terlalu kuat*. アドナンはあまり大きな声を出さないよう

にと人差し指を口に当てて合図した. Beberapa kejadian aneh di laut biasanya berlaku *sebagai isyarat* sebelum sesuatu kejadian yang tidak diingini menimpa nelayan. 海で奇妙な出来事が起きるのは一般に漁師に良からぬことが生じる合図(前兆)として起こるものだ. *lampu isyarat* 信号: Apabila *lampu isyarat* bertukar hijau. 信号が緑に変わったとき. *bahasa isyarat* 手話.

mengisyaratkan 合図する: Dia *mengisyaratkan kepada* saya *dengan tangan* supaya berhenti. 彼は私に止まるように手で合図した.

isytihar (Ar) 声明, 発表: *mengeluarkan isytihar* 発表する.

mengisytiharkan 発表する, 宣言する: Perdana Menteri *mengisytiharkan* darurat jerebu semalam. 首相は昨日, ジュルブ(煙害)の非常事態を宣言した.

perisytiharan, pengisytiharan 声明, 発表: *pengisytiharan darurat* 非常事態宣言. *perisytiharan perang* 宣戦布告. Semua wakil rakyat wajib *membuat pengisytiharan harta*. すべての代議士は資産公表をしなければならない. *membuat penipuan pengisytiharan harga* 価格の発表を偽ってする.

Itali イタリア.

italik (英) italic イタリック体.

itik 〔動〕アヒル.

itu それ, それら, あれ, その: *Apa itu?* あれは何ですか. *Itu durian.* あれはドリアンです. *Durian itu* sedap. あのドリアンはうまい. *Itu* saya faham. そのことは私はよく分かっています. "Mengapa *itu* yang awak tanya? Tidak percayakah awak kepada saya?"「なぜそんなことを聞くの?私を信用していないのですか, 君は」《次は文節を明示する itu, 指示代名詞でない》. Membantu *itu* memang kerja setiausaha. 補助することが秘書の仕事である. Masa *itu* emas. 時は金なり. Bercakap *itu* memang senang. しゃべることは易しい. Dia kaya *itu* memang jelas. 彼が裕福なのは明白である.

itu ini あれこれ: bertanya *itu ini* kepada cikgu. 先生にあれこれ質問する. menempah *itu ini* あれこれ注文する. Jika duduk di rumah saja, kami asyik fikir *itu ini*. 家の中にだけいると, あれこれ考え込む.

itulah 1 それこそが: *Itulah* sumbangan Malaysia kepada dunia dan *itulah* cara kita. それこそが世界に対するマレーシアの貢献である, それこそがわれわれのやり方だ. 2 だから言っただろう《注意を喚起するとき》: "Kawan-kawan dah pergi dulu. *Itulah*, lain kali gunalah jam loceng."「友達は先に行ったよ. だから言っただろう!これからは目覚まし時計を使いな」. "Kata doktor saya digigit nyamuk. Lagi pun saya tidur tidak pakai kelambu."「蚊に刺された, とお医者さんに言われた. しかも蚊帳なしで寝た」"*Itulah* kamu Raju. Cikgu selalu suruh kita pakai kelambu bila tidur."「だから言っただろう, ラジュよ. 寝るときは蚊帳を吊るよう, 先生はいつもみんなに命じてきた」.

izin (Ar); **keizinan** 許可, 免許: Dia *meminta izin dari* bapanya untuk pergi menonton wayang gambar. / Dia *meminta keizinan* bapanya untuk pergi menonton wayang gambar. 彼女は映画を見に行ってよいか父に許可を求めた. *me-*

minta keizinan cuti kepada 〜に休暇を求める.

mengizinkan 許可する,〜させる: *Izinkan saya* meluahkan pandangan mengenainya. それについて私に意見を言わせてください. *Sama ada cuaca mengizinkan,* 天候に関係なく. *Kalau cuaca mengizinkan,* 天気が良ければ.

J

jabat; **jabatan** 1 (役所の)〜局: *Jabatan Bekalan Air* 水道局. 2 (大学の)〜学科: *Jabatan Pengajian Melayu* マレー研究学科.

berjabat 握手する (=berjabat tangan): *berjabat tangan dengan* 〜と握手する.

menjabat 1 つかむ. 2 〜の役職に就く.

pejabat オフィス(役所・会社), 職場: *Pejabat Pos* 郵便局. *Pejabat Tanah* 土地管理局=Land Office.

jadah; **haram jadah** (Pr) 私生児.

jadam 蘆薈(アロエ樹)から採取した薬.

jadi 1 なる, 至る, 起る, 発生する: Dia mahu *jadi doktor* 彼は医者になりたがっている. Malaysia *menjadi negara maju* pada tahun 2020. マレーシアは 2020 年に先進国になる. Sekarang *jadi pemandu teksi* lumayang pendapatannya. 今やタクシーの運転手になると収入がいい. Saya *jadi percaya* bahawa saya salah 僕は自分が間違っていたと信じるに至った. *Jangan jadi seperti saya.* 私のようになるなよ. Apakah yang perlu kami buat *supaya jadi macam Malaysia*? マレーシアのようになるには,私たちは何をすべきか? *Apa sudah jadi dengan / kepada kaum lelaki?* 男どもはいったいどうなったのか. *Apa dah jadi dengan awak?* 君に何があったのか. *Apa akan jadi* selepas perang ini tamat? この戦争が終わった後いったいどうなるだろうか. Kita ini *nak jadi apa?* 僕たちはいったいどうなるんだ? ***Apa nak jadi, jadilah.*** なるようになる. ***Kenapa jadi begini?*** どうしてこうなってしまったのか. ***Macam mana jadi begitu?*** どうしてそうなったのか(悪いことが起きた場合). 2 成功する, 終わった: *Akhirnya jadi juga* pekerjaan itu. 結局その仕事はうまく終わった. 3 確かに, 間違いなく: Kami *jadi* pergi ke pesta itu semalam. 昨日確かにパーティに行った. ***tidak / tak jadi*** 実現しなかった, 結局のところそうならなかった; *Tidak jadi.* そうならなかった(実現しなかった). Saya *tidak jadi pergi* ke pesta itu. 私は結局そのパーティに行かなかった. Dia berjanji membantu, tetapi kemudian *tidak jadi.* 彼は助けると約束したが,結局そうならなかった. 4 だから, それで〜 (=jadinya): Kereta itu

jadual

mahal, *jadi* saya tidak membelinya. その車は高かった、だから買うわなかった。Emak saya sakit, *jadi* dia tidak datang hari ini. 母は病気です、だから今日は来ません。"Saya datang dengan bas." "*Jadi apa?*" "*Jadi saya terlambat.*"「僕はバスで来ました」「だからどうしたの?」「だから遅刻しました」. **5** 同意する: "Anda yang akan membayar makanan, dan saya yang membayar minuman". "*Jadi*".「君が食べ物を支払い、僕は飲み物を払う」「賛成」.

hari jadi 誕生日.
semula jadi 自然.

jadi-jadian, jadian 1 (昔話の中で) 動物に化けることができる人間、化身: Itu bukan harimau betul, tetapi *harimau jadian*. あれは本物のトラではなく、人間がトラに化身したもの. **2** 人工の〜: *bunga jadian* 造花.

menjadi 〜になる、〜に変わる: Rambutnya *menjadi* putih. 彼の髪が白くなった. Malaysia akan *menjadi sebuah negara maju* yang seimbang pada tahun 2020. マレーシアは2020年に均衡のとれた先進国になる. Saya minta maaf *keadaan menjadi begini*. 事態がこうなってしまいすみません. Kemalangan itu *menjadi berita utama*. その事故がトップ記事になった.

menjadi-jadi, berjadi-jadi ひどくなる、増加する、上昇する: Penyakit AIDS *menjadi-jadi*. エイズがますますひどくなった. Harga barang *menjadi-jadi*. 物価がますます上昇している. Gejala itu *semakin menjadi-jadi*. その現象がますます顕著になってきた.

menjadikan 1 〜にさせる: Kotak sakti itu *menjadikannya* muda. 魔法の箱が彼を若くさせた. *menjadikan* Malaysia *negara maju* menjelang 2020 マレーシアを2020年までに先進国にさせる. **2** 指名する、〜にする: Guru besar *menjadikan Kassim sebagai* ketua kelas itu. 校長がカシムを級長に指名した.

kejadian 出来事, 事件: *kejadian ragut* 引ったくり事件. *ketika kejadian itu berlaku* 事件が起きたとき. *kejadian aneh* yang tidak pernah berlaku. かつて起きたこともない不思議な出来事. *di tempat kejadian* 事故現場で.

penjadi 制作者, 創造者.

terjadi 起きる, 生じる: Sebelum *terjadi apa-apa*, baiklah kita balik. 何か起きる前に、帰った方がよさそうだ. Saya ingin tahu *apa yang sebenarnya terjadi*. 本当に何が起きているのかをぜひ知りたい. *Apa sahaja boleh terjadi, macam-macam boleh berlaku*. 何でもあり、いろんな事が起こり得る. *Walaupun apa yang terjadi*, 何が起きようとも. Kita hanya berbisik sesama sendiri. *Inilah yang telah terjadi selama ini*. ただ自分たちでひそひそ話し合っていただけ、これがこれまでの実態です. Desas-desus itu *tidak terjadi dengan sendiri*. Ia dicetuskan. その噂はひとりでに流れたのではなく、わざと流したのだ. *Apa hendak jadi biarlah terjadi*. どんなことがあろうとも、なさざるを得ない.

jadual (Ar) (統計などの) 表, リスト, 予定表, 時刻表: Lihat *jadual 3*. 表3を見なさい. Rujuk *jadual* pada muka surat 100. 100頁の表を参照しなさい. *jadual perjalanan* 旅行の日程表. *jadual waktu* 時刻表. *de*-

ngan jadual yang ketat タイトなスケジュールで. *menurut jadual, / mengikut jadual, / seperti yang dijadualkan,* スケジュール通りに,予定通りに; *Semua pesawat berlepas dari KLIA ke London hari ini seperti yang dijadualkan.* 全ての航空機は本日予定通り KLIA(クアラルンプール国際空港)からロンドンへ出発します.

berjadual 予定通り〜.

menjadualkan 予定をたてる,〜する予定である: *Dia dijadualkan tiba esok* 彼は明日到着する予定です.

jag (英) jug 水差し, ジャグ.

jaga 1 見張る, 気をつける: *Jaga diri baik-baik, ya.* 気をつけてね《別れるときの決まり文句》. *Jaga-jaga, hujan lebat akan turun malam ini.* 気をつけろ, 今晩激しい雨が降る. *Jaga kesihatan anda baik-baik.* くれぐれもご健康に気をつけてください. "Ini hadiah untuk anda." "Terima kasih, saya akan *jaga / simpan* dengan baik."「これはあなたへのプレゼントです」「ありがとう, 大切にします」. 2 目覚める: *sudah jaga dari tidur* 眠りから覚めた. 3 番人, ガードマン.

berjaga 1 寝ないでいる: *Minah berjaga sepanjang malam.* ミナは一晩中寝ないで起きていた. 2 見張る.

berjaga-jaga 1 用心する, 予防する, 警戒する: *Kita mesti berjaga-jaga semasa melintasi jalan raya.* 道路を横断するときは気をつけねばならない. *Pihak polis berada / diletakkan dalam keadaan berjaga-jaga.* 警察は警戒態勢でいる. *mengambil langkah berjaga-jaga* (伝染病などの)予防措置を講じる; *Berjaga-jaga terhadap* kemungkinan banjir 洪水の可能性があるので気をつけよ. 2 夜通し寝ないでいる. 3【古典】王族の結婚の前に何日も昼夜にわたり宴会を催す仕来りのこと (adat berjaga-jaga, pekerjaan berjaga-jaga): *Maka terlalulah ramai orang berjaga-jaga itu, empat puluh hari empat puluh malam dengan segala bunyi-bunyian.* (p. 27) そこで大勢の人たちが40日40晩にわたり, にぎやかに祝宴を行った.

menjaga, menjagai 1 見張る: *menjaga rumah* 家を見張る. 2 世話をする: *menjaga adik-adiknya* 弟たちの世話をする. 3 守る: *menjaga keselamatan kampungnya* 村の治安を守る. *menjaga kebersihan* 清潔さを守る.

menjagakan 起こす.

jagaan 保護, 管理.

penjaga 見張番, ガードマン: *penjaga gol* (サッカー)ゴール・キーパー.

penjagaan 保護, 監督: *hak penjagaan anak-anak* 子どもを養育する権利.

terjaga 1 (眠りから)起きる, 目覚める: *terjaga dari tidur, terjaga daripada tidurnya* 眠りから目覚める; *Pagi ini saya lewat terjaga dari tidur. Tidak sempat untuk bersarapan.* 今朝は寝坊した. 朝食をとるひまがなかった. 2 守られている.

jagat I (Sk) 世界, 宇宙.

sejagat 全世界, グローバル. *persaingan dunia sejagat* 全世界からの競争.

jagat II そばかす, しみ.

jaguh (Jw) 1 チャンピオン, 勝者, (ある分野に)突出した人物: *jaguh kampung* 田舎の勝者, 小山の大将. *jaguh tinju* ボクシングのチャンピオ

ン. **2** 候補者: *jaguh UMNO* UMNOの候補者. **3** (闘鶏の)雄鶏.

menjaguhkan 推薦する, 候補にする.

kejaguhan 能力, 才能.

jagung トウモロコシ.

jahanam **1** 破壊された. **2** 邪悪な. **3** 地獄 (=neraka jahanam): "*Pergi jahanam.*"「地獄へ行け!」《相手を罵倒する野卑な言い方》.

menjahanamkan **1** 破壊する. **2** 呪う.

jahat (振る舞いや性格が)悪い, 邪悪な: *lelaki yang jahat* 悪い男.

berjahat 悪事を働く: *Dia ditangkap sedang berjahat dengan seorang gadis.* 一人の少女に悪さをしていたので逮捕された.

menjahati (人を)傷つける, 害する.

menjahatkan 侮辱する.

kejahatan 悪事, 犯罪: *paksi kejahatan* 悪の枢軸. *melakukan berbagai kejahatan* さまざまな犯罪を行う.

penjahat 悪人, 犯人: *penjahat perang* 戦犯.

jahil (Ar) **1** イスラムの教えに疎い, 無知な. **2** 愚かな.

kejahilan (宗教上の)無知.

jahit; **menjahit** 縫う: *menjahit baju* 上着を縫う.

jahitan 裁縫, 縫い物.

penjahit **1** 仕立て屋. **2** 縫い針.

jaja; **berjaja**, **menjaja** 行商する: *menjaja pada waktu malam untuk menambahkan pendapatannya* 収入を増やすために夜は行商をする.

menjajakan **1** 行商する: *menjajakan ikan* 魚を行商する. **2** 広める: *menjajakan khabar* ニュースを広める.

penjaja 行商人.

penjajaan 行商.

jajah; **menjajah** **1** 植民地化する, 支配する: *Inggeris menjajah negeri ini hampir 100 tahun.* イギリスはこの国をほぼ百年間植民地として支配した. *Malaysia pernah dijajah oleh Inggeris* マレーシアはかつてイギリスに植民地化された. **2** 旅行する: *menjajah pulau itu* 島を旅行する.

jajahan 植民地, 領地: *tanah jajahan* 植民地. *tanah jajahan British* 英領.

penjajah 植民地支配者.

penjajahan 植民地支配.

terjajah 植民地化された.

jajar; **berjajar** 列に並べて: *duduk berjajar* 列をつくって座る.

sejajar **1** 平行した: *dua garisan yang sejajar* 平行した二本の線. **2** 並んで: *Pokok-pokok itu ditanam sejajar.* 樹木は並んで植えられた. **3** = *sejajar dengan* (政策・趣旨)に沿って: *menggunakan bahasa kebangsaan sejajar dengan dasar kerajaan* 政府の政策に沿って国語を使う.

jaket (jakét) (英) jacket ジャケット: *jaket keselamatan* 救命胴衣.

Jakun ジャクン族《半島部マレーシアの先住民グループのひとつ, パハン州, ジョホール州, ヌグリ・スンビラン州に多い》.

jala 魚をとる網.

menjala 網で魚を捕える: *menjala ikan di sungai* 川で魚をとる.

penjala 漁師.

jalan **1** 道, 道路: *jalan bawah* 地下道. *jalan belakang* 裏道. *jalan buntu* 行き止まりの道. *jalan cerita* 話のプロット. *jalan darah* 血管. *jalan darat* 陸路. *jalan kaki* 徒歩, 競歩〔競技種目〕. *jalan pintas* /

singkat 近道; Tiada *jalan pintas capai kejayaan*. 成功するのに近道なし. *jalan raya* 大通り, 道路. *jalan sehala* 一方通行. *jalan tar* 舗装道路. *jalan tengah* 中庸. *di tengah jalan* 道中に; *Di tengah jalan arnab itu tertidur*. ウサギは道中居眠りをしてしまった. *jalan tol* 有料道路. *jalan pulang* 帰り道; *Saya tersesat dan tidak tahu lagi jalan pulang*. 僕は道に迷ってしまい, 帰り道が分からなくなった. **2** 方法: *jalan fikiran* 考え方. *mencari jalan untuk menyelesaikan masalah itu* 問題を解決する方法をさがす. **3** (車, エンジンなどの)動き: *Jalan jam ini kurang baik*. この時計の動きはあまり良くない. **4** 行く＝pergi【口語】: *Selamat jalan* さよなら. *Saya jalan dulu, ya*. お先に失礼します. *Jalan terus*. 真っ直ぐ行ってください《道案内する場合など》.

jalanan **1** 路上, 街頭, 道路: *demonstrasi jalanan* 街頭デモ. *penyanyi jalanan* 街頭で歌う歌手. *seniman jalanan* 大道芸人. *jalanan udara* 空路. **2** ～の途中で: *Kami bertemu di jalanan* tadi. 僕らはさっき道の途中で出会った.

berjalan **1** 歩く, 動く: *berjalan kaki ke sekolah* 徒歩で学校へ行く. **2** 旅行する. **3** (物事が)行われる: *Mesyuarat telah berjalan selama dua jam*. 会議は2時間行われた. "*Semuanya OK, berjalan baik*." 「すべてOK, うまくいってます」.

berjalan dengan lancar 順調に進んでいる. うまくやっている.

berjalan-jalan 散歩する, ぶらつく: *berjalan-jalan di taman* 公園を散歩する.

menjalani ～ **1** 通る, 通過する:

tidak boleh *menjalani* jalan ini この道路を通れない. **2** (手術・検査など)受ける, 経験する: *menjalani pembedahan* 手術を受ける. *menjalani peperiksaan* 試験を受ける. *menjalani pemeriksaan kesihatan* 健康診断を受ける. *menjalani hukuman penjara 6 tahun*. 6年の刑に服す.

menjalankan **1** 動かす, 運転する: *menjalankan lori* トラックを運転する. **2** 行う, 実行する: *menjalankan kerja* 仕事をする. *menjalankan kempen* キャンペーンをする.

pejalan 歩行者 (＝pejalan kaki): *kawasan pejalan kaki* 歩道.

perjalanan **1** 旅行, 道程: *Dalam perjalanan ke sekolah Ali nampak kebun Pak Hassan*. 学校へ行く途中アリはハッサンさんの農園を目にした. *Dalam perjalanan balik ke Jepun saya singgah di Bali* 日本へ帰る途中, バリに立ち寄った. *Perjalanan yang akan kita lalui tidaklah begitu lurus*. 私たちがこれから通る道程は, 決して真っ直ぐではありません. *Perjalanan kemerdekaan masih jauh*. 独立への行程はまだ遠い. **2** 経営, 運営: *perjalanan pejabat* 事務所の運営. **3** 流れ, 時の経過: *perjalanan darah* 血行. *Masalah ini akan diselesaikan oleh perjalanan waktu*. この問題は時の流れ(時間の経過)によって解決されるだろう.

jalang 野生の, 荒々しい.

jalar; **berjalar-jalar**, **berjalaran** 這う, 這いまわる.

menjalar **1** 這いまわる: *Ular menjalar*. 蛇が這いまわる. *Urat menjalar*. 虫が這う. *Tumbuh-tumbuhan menjalar di pagar*. 植物が塀に絡みつく. **2** 伝染する: Penya-

kit itu telah *menjalar* ke kawasan ini. その病気がこの地域にも伝染した.
menjalarkan 這い回らせる, 広める.

jalin; **menjalin, menjalinkan** 1 編む: *menjalin* bakul daripada rotan 籐から籠を編む. 2 (話を)まとめる, (小説)にする: *menjalin cerita* 話をまとめる. 3 (関係を)結ぶ: *menjalin persahabatan* 親交を結ぶ. *menjalinkan hubungan baik dalam masa yang singkat* 短い時間に友好を結ぶ. *menjalinkan hubungan seks dengan* 〜と性的関係を結ぶ.

jalinan 編み物.

jalur 縞, 筋: ***Jalur Gemilang*** 「栄光の横縞」《マレーシア国旗の愛称. 1997 年の独立記念日からこの呼び方が正式に使われている》. *jalur lebar* ブロードバンド.
berjalur, berjalur-jalur 縞模様の, 列状になった: baju merah *berjalur* hitam 黒い縞模様のある赤い上着.

jam (Pr) 1 時計: *jam bandul* 振り子時計. *jam digital* デジタル時計. *jam pasir* 砂時計. *jam penggera / loceng* 目覚まし時計. *jam tangan* 腕時計. 2 1 時間(60 分): *jam kerja* 勤務時間. Saya tidur selama *8 jam* semalam. 昨日は 8 時間寝た. Saya tidur *pada jam / pukul* 8 malam tadi. 昨夜は 8 時に寝た.
berjam-jam 数時間にもわたって.

jamah; **menjamah** ちょっと味見する, 指などで触る.

jamak I 複数で, 大勢で: "Orang-orang" adalah *bentuk jamak* bagi "orang". "orang-orang"は"orang"の複数形である.
menjamakkan 増やす.

jamak II ありふれた, 普通の.
menjamakkan 一般化する.
kejamakan 通常.

jambak I 房, 束: *sejambak kunci* 鍵の束.
berjambak-jambak 房状になった, 束になった: menerima *berjambak-jambak bunga* daripada perempuan itu 女性からたくさんの花束をもらう.

jambak II 馬の額の毛.

jamban トイレ, 洗面所.

jambang I もみあげ.

jambang II; **jambangan** 花瓶, 花束: *Jambangan bunga* dipersembahkan kepada Baginda. 花束を王様に差し上げた. Penyanyi itu menerima *jambangan bunga* daripada peminat-peminatnya. その歌手はファンから花束をもらった.

jambat; **menjambat** 1 橋: *jambatan angkat-angkat* はね橋. *jambatan gantung* つり橋. *jambatan pelampung* 浮き桟橋. 2 仲介者.
menjambatani 1 橋を架ける: Mereka cuba *menjambatani* negara miskin dan kaya. 彼らは貧しき国と富める国との橋渡し役を試みている. 2 伝達する.

jambu 〔植〕グアバ, フトモモ.

jambul 1 (鳥などの)冠毛. 2 帽子の飾り毛.

jamin; **jaminan** (Ar) 保証: *surat jaminan* 保証書. *wang jaminan* 保証金, 担保. *memberi jaminan kepada* 〜に保証する, 安心するように確約する.
menjamin 保証する: Tukang emas *menjamin* emas ini tulen. 金屋はこの金が本物であると保証した.
penjamin 保証人.
terjamin 保証済みの, 保証された.

jampi 呪文.

jampi-jampah さまざまな呪文.

menjampi, menjampikan 呪文をかける (=membaca jampi kepada ～): *Bomoh itu menjampi pesakit itu. / Bomoh itu membaca jampi kepada pesakit itu.* ボモが患者に呪文をかけた.

jampuk I 〔鳥〕フクロウ (burung hantu).

jampuk II; menjampuk 人の話に口をはさむ, 話に割り込む.

jamu; jamuan 1 宴会, パーティー: *jamuan makan malam* ディナー・パーティー. *Ada jamuan di rumah awak semalam?* きのう君の家でパーティーがあったのかい? 2 (客に出す)ごちそう, 食べ物: *Jamuan itu sungguh sedap.* ごちそうは実においしかった.

berjamu 1 (お客を)もてなす: *Mereka sedang sibuk berjamu.* 彼らはお客の接待に忙しい. 2 訪問する=berkunjung: *berjamu ke rumah Ali* アリの家を訪問する.

menjamu, menjamui, memperjamu (人を)もてなす: *Dia menjamu anak-anak itu dengan kuihnya.* 彼女は子供たちにケーキをふるまった. **menjamu selera** 満足するまで食べる: *Mereka menjamu selera dengan makanan yang dihidangkan* 彼らは出された料理を心行くまで食べた. *"Semua dijemput menjamu selera."*「みなさん, どうぞお食事を楽しんでください」.

menjamukan, memperjamukan お客に(食べ物を)ご馳走する: *Dia menjamukan keknya kepada anak-anak itu.* 彼女はケーキを子供たちにご馳走した.

jamu-jamu; jejamu ジャム・ジャム(数種類の葉や根の絞り汁から作られた生薬).

jamung たいまつ(ヤシの葉から作る)=andang, obor.

jamur (Jk)〔植〕キノコ.

jana (Sk) 生活, 生命.

jana kuasa 発電機: *stesen jana kuasa* 発電所.

menjana kuasa 発電する.

janda 未亡人, 寡婦.

menjanda 未亡人として暮らす.

jangan ～するな《禁止を表す》: *Jangan berdiri dekat pintu.* ドアの近くに立つな. *Jangan mandi di situ.* そこで水浴びをしてはいけない.

Jangan tidak ～ 必ず～すること: *"Jangan tidak datang, ya."*「必ず来なさいよ」.

jangan-jangan おそらく, 多分.

jangankan ～するどころか, ～は言うに及ばず: *Jangankan hendak makan, minum pun saya tak mahu.* 僕は食べたいどころか, 飲むことさえしたくない.

janggal (発音や言い方の)調子がおかしい, ずれている, 何かぴったりしない.

janggalan 騒音, 耳障りな音.

janggus 〔植〕カシューナッツ=gajus.

janggut あごひげ: *menyimpan janggut* あごひげをたくわえる.

berjanggut あごひげが生えた.

Musang Berjanggut 「あごひげを生やしたじゃこう猫」《P. ラムリー主演の名作映画, 1959 年》.

jangka I 測量器具: *jangka bunyi* 聴力計. *jangka cahaya* 光度計. *jangka laju* 速度計. *jangka lukis* コンパス. *jangka suhu* 温度計.

menjangka, menjangkakan 推測する, 予想する, ～の予定である:

Saya *tidak menjangka* hujan petang ini. 今日の午後に雨になるとは予想しなかった. *Tiada siapa pun menjangka* gempa bumi dan tsunami ini akan berlaku. このような地震と津波が起きると予想した人は誰もいなかった. Tsunami ini *tidak dijangka sama sekali* akan berlaku. 津波が起ころうとは全く予想もしていなかった. Perkara itu bukanlah suatu yang *tidak dijangka* その事は予想されないことではなかった. Kerja itu tidalah semudah *yang dijangka*. その仕事は予想したほど容易でなかった. *seperti yang dijangka* 予想通り. *Apa yang dijangka* sudah pun berlaku, berlaku *lebih awal daripada yang dijangka*. 予想していたことが現実に起きてしまった, 予想していたよりも早く起きてしまった. Beliau *dijangka* dilantik sebagai Timbalan Perdana Menteri. あの方が副首相に任命される予定です.

jangkaan 推測, 予測: Kejadian itu *di luar jangkaan kami*. その出来事は私たちの想定外のことだった.

jangka II 期限, 期間 (＝jangka masa, jangka waktu): *jangka panjang* 長期. *jangka pendek* 短期. *jangka umur* 寿命. *jangkan hayat* 平均寿命. *bom jangka* 時限爆弾. *alat jangka waktu* 時限装置; menggunakan *alat jangka waktu* 時限装置を使う.

dalam jangka 〜の期間内で: Saya datang lagi *dalam jangka 3 bulan*. 3ヵ月以内にまた来ます. *Dalam jangka waktu satu jam* saya tidak dapat membuat karangan itu. 1 時間以内ではその作文は書けなかった. *dalam jangka masa panjang* 長期的に.

jangkat 浅い＝cetek: sungai yang *jangkat* 浅い川.

jangkau; **menjangkau** 1 (何かをつかもうと前へ)手を伸ばす: *menjangkau kuih* di atas meja itu テーブルの上のお菓子に手を出す. 2 達する, とどく: *menjangkau umur 40-an* 40 才台に達する.

jangkit; **berjangkit, menjangkit** (火や病気が)広まる, 感染する, 伝染する: *penyakit berjangkit* 感染症. Penyakit itu *berjangkit dari* satu orang *kepada* orang yang lain その病気は人から人へと感染する. *berjangkit kepada manusia* 人間に伝染する.

menjangkiti 〜に感染する: *menjangkiti manusia* 人間に感染する. Orang itu *dijangkiti* SARS. その人はサーズに罹った. kawasan yang *dijangkiti* selesema burung 鳥インフルエンザ汚染地域. Dia disahkan *dijangkiti* wabak penyakit. 彼は伝染病にかかったことが確認された.

menjangkitkan 〜を広める.

jangkitan 感染, 伝染: Setakat ini tiada *jangkitan* virus selesema burung itu kepada manusia. 鳥インフルエンザ・ウイルスの人間への感染は今のところまだない. *jangkitan di antara manusia* 人間同士の感染.

kejangkitan 伝染病に感染した.

janik 〔動〕ウニ.

janin 胎児.

janji 約束, 契約, 条件: *janji-janji kosong* 空約束. *membuat / mengikat / mengadakan janji* 約束する. *melaksanakan / menunaikan / menepati janji* 約束を実行する. *mungkir / pecah janji* 約束を破る. Maafkan saya, saya *janji tak buat lagi* すみません, もうしないと約束

します. *belum melaksanakan segala janji* yang dibuat dahulu 以前にした全ての約束をまだ実行していない. *Janji tetap janji*. 約束はあくまでも約束だ.

janji temu アポイントメント: Saya ada *janji temu dengan* Encik Kassim pada pukul 3.00 petang. カシム氏と午後3時に会うアポイントメントがある.

berjanji 約束する, 同意する: *berjanji akan / hendak* ～すると約束する; Ayah telah *berjanji hendak* membelikan Ali sebuah basikal. 父はアリに自転車を買ってあげると約束した. Dia mengaku atas kesilapan yang dilakukannya dan *berjanji tidak akan mengulangi* kesilapan tersebut. 彼は自分の犯した過ちを認め, 同じ過ちをぜったい繰り返さないと約束した.

menjanjikan 1 ～を与えると約束する: Ayahnya *menjanjikan* basikal *untuknya*. 父は彼に自転車を与えると約束した. 2 希望・可能性を与える.

perjanjian 協定, 契約, 合意: *perjanjian asas* 基本的合意. *perjanjian damai* 和平協定. *perjanjian memorandum persefahaman* 覚書 (MOU). *perjanjian perdagangan* 貿易契約, 取引契約. *Perjanjian Perdagangan Bebas* 自由貿易協定 (FTA). *perjanjian pertahanan* 防衛協定. *Perjanjian Perkongsian Ekonomi Jepun-Malaysia* 日本マレーシア経済連携協定. *mengadakan / menjalin perjanjian* 協定を結ぶ.

jantan 1 雄(オス): *ayam jantan* 雄鶏. 2 勇敢な.

kejantanan 雄雄しさ.

menjantani 交尾する.

jantina 性別: *jantina berlainan* 異性; tertarik kepada *jantina berlainan* 異性に惹かれる. *menukar jantina melalui pembedah* 手術をして性転換する. *menjalani pembedahan pertukaran jantina* 性転換手術を受ける.

jantung 心臓: *sakit jantung* 心臓病. *serangan penyakit jantung* 心臓発作. *jantung pisang* バナナの芽. つぼみ. *jantung terhenti* 心拍停止.

Januari (英) January 1月.

jarak I 距離: *jarak jauh* 遠距離. *pendidikan jarak jauh* 通信教育. *ditembak dari jarak dekat* 近距離から撃たれた. *mengekori kenderaan dengan jarak terlalu dekat* 車間距離をとらずに(前の)車についていく. *Jarak penglihatan amat terhad kerana jerebu yang hebat*. ひどいジュルブ(煙害)により視界が低下した.

jarak-jarak すこし離して.

berjarak 離れている, 距離がある: Rumah saya *berjarak* dua kilometer dari stesen kereta api. 私の家は駅から2キロの所にある.

menjarakkan 距離を置く, 離れる.

penjarakan 分離, 離別.

jarak II 〔植〕トウゴマ, ヒマ. *minyak jarak* ヒマシ油.

jarang 1 めったに～しない: *jarang berlaku* めったに起こらない. *jarang dapat* 入手が難しい. *jarang dipakai* 普段は使われない. Saya *jarang* berjuma dengan dia, dalam setahun ada dua tiga kali saja. 彼女にはめったに会わない, 一年に二〜三度しか会わない. 2 離れた, すき間のある: Giginya *jarang*. 歯の間に隙間がある. 3 たくさんではない: Penduduk di padang pasir sangat *jarang*. 砂漠の人口は少ない. 4 透き通った, 透明

jari

の(プラスチック・布・紙について): menggunakan *kertas jarang* untuk menyalin peta 地図を写すのに透き通った紙を使う. *beg plastik jarang* 透明のプラスチック袋. *kainnya jarang* 透けて見える布. *blaus yang jarang* シースルーのブラウス.

jarang-jarang たまに, 間隔を置いて: Kes seperti itu *jarang-jarang berlaku*. あのような事件はめったに起こらない.

menjarangkan 1 分ける. 2 少なくする: *menjarangkan kelahiran anak* 産児制限すること.

penjarangan 希薄.

jari 指, 指状のもの: *ibu jari* 親指. *jari telunjuk* 人差指. *jari hantu, jari tengah* 中指. *jari manis* 薬指. *jari kelengkeng, jari anak* 小指. *jari lima* 〔動〕ヒトデ. Pelajar yang cemerlang di sini *sudah tidak lagi boleh dibilang dengan jari*. ここでは優秀な生徒は指で数えられないほどたくさんいる.

jari-jari 1 格子: *jari-jari tingkap* 窓の格子. 2 (車輪の)スポーク= jejari: *jari-jari roda* 車輪のスポーク. 3 放射線.

jari-jemari 指全体のこと.

jaring ネット, 網.

jaring-jaring (鉄)格子.

menjaring 1 網に入れる(シュートする) *menjaring gol* シュートする. 2 網で(魚を)つかまえる: *menjaring ikan-ikan* 魚を網でつかまえる.

menjaringkan 得点を入れる: *menjaringkan bola* ボールをゴールに入れる. Pasukan kami *menjaringkan dua gol*. わがチームが2点を入れた.

jaringan 1 網状のもの. 2 得点数: Ali *melakukan dua jaringan*. アリは2得点(ゴール)をした. *jaringan sendiri pasukan Jepun* (サッカーの)日本チームのオゥーン・ゴール(自殺点). Jepun seri tanpa *jaringan* dengan Croatia. 日本は(サッカーの)得点なしでクロアチアと引き分けた. 3 ネットワーク: *jaringan kawasan tempatan* 企業内情報通信網(LAN). *jaringan seluruh dunia* ワールド・ワイド・ウェブ(WWW.).

terjaring 網にかかる, 罠にはまる.

jarum 針, (時計などの)針: *jarum panjang* 時計の長い針(時間). *jarum pendek* 時計の短い針(分). *jarum peniti* (*penyemat*) 安全ピン. *jarum halus* 巧みな騙し. *jarum suntikan* 注射針.

jarum-jarum はかりの針.

menjarum 針でとめる.

jaruman 1 縫い目. 2 陰謀.

jasa 功績, 奉仕, 手柄: mengucapkan terima kasih di atas *jasa* Dr. Mahathir *dalam* memimpin Malaysia selama 22 tahun 22年間マレーシアを率いたマハティール氏の功績に感謝する.

jasa baik **a** 親切: Kami berterima kasih atas *jasa baik* anda. あなたの親切に感謝いたします. **b** 物事を解決する影響力.

jasa bakti 献身.

berjasa 1 功績をたてる: *banyak berjasa kepada negara* 国にたくさん功績をたてた. 2 有益な.

jasad (Ar) 身体, 肉体.

jasmani (Ar) 身体の, 肉体の: *menjalani latihan jasmani* 肉体の訓練をする.

jata 紋章=lambing: *jata negara* 国の紋章.

jati I; *jati diri* アイデンティティ.

sejati 本物の, 純粋な, 真の=

tulen: *cinta sejati* 純愛. Kawan yang menolong kita waktu kita memerlukan bantuan adalah *teman sejati*. 困った時の友こそ真の友.

kejatian, kesejatian 信憑性, 純粋さ.

jati II 〔植〕チーク樹 (= kayu jati).

jatuh **1** 落ちる, 下落する: *jatuh ke tanah* 地面に落ちる. *jatuh ke bawah* 降格する. *jatuh bangun* 転んだり起きたりする; *jatuh bangun negara* 国家の盛衰. **2** (日付がある時に) 当たる: Majlis perkahwinannya *jatuh pada* 31 Ogos. 彼らの結婚式は8月31日にあたる. **3** (病気などに) なる: *jatuh sakit* (= kena sakit) 病気になる. *jatuh miskin* 貧乏になる. **4** 失敗する: *jatuh dalam peperiksaan* 試験に落ちた. **jatuh cinta**, **jatuh hati** 恋に落ちる; Sultan terpandang Azrinah dan terus *jatuh hati*. スルタンはたまたまアズリナを見たが, すぐに恋に落ちた. *jatuh cinta pandang pertama* 一目ぼれする.

menjatuhkan **1** 落とす: Monyet itu *menjatuhkan buah kelapa* dari atas pokok itu. サルがヤシの実を木の上から落とした. **2** 倒す, 破壊する, 負かす: rancangan untuk *menjatuhkan presiden itu* 大統領を倒す計画. **3** (名誉を) 汚す, 傷つける: Jangan *menjatuhkan nama keluarga* 家族の名誉を汚すな. **4** (刑罰などを) 科する: Mahkamah itu *menjatuhkan hukuman mati kepada tertuduh* 裁判所は被告に死刑を下した.

kejatuhan 降下, 下落.

terjatuh (うっかり) 転ぶ.

jauh **1** 遠い, 遠い所, (関係が) 遠い: *jauh dari rumah* 家から遠い. Saya tinggal *jauh dari* stesen kereta api. 私は駅から遠くに住んでいる. Mereka datang *dari jauh*. 彼らは遠い所からやって来た. Dia *saudara jauh dengan saya*. 彼は私の遠い親戚です《遠い親戚は bau-bau bacang という熟語もある》. *Jauh di mata, dekat di hati.* 【諺】遠くに離れていても, 一時も忘れない. **2** はるかに (jauh lebih): *jauh lebih murah daripada* di sini ここよりもはるかに安い. Rahmat *sudah jauh dengan tidurnya*. ラーマットはもうとっくに寝てしまった. *sudah jauh malam*, *jauh-jauh malam* もう夜遅い; *jauh-jauh malam baru balik* 夜遅くなってからやっと帰ってきた. *jauh daripada cukup* 十分どころではない (大いに不足している).

jauh-jauh できるだけ遠く: *Pergilah jauh-jauh* できるだけ遠くに行け.

berjauh 遠くにいる.

berjauhan 遠く離れ離れになる: Adik-beradik itu tidak mahu *berjauhan*, sentiasa hendak bersama-sama. あの姉妹は遠くに離ればなれになりたくないので, いつも一緒にいたい. Dia *tinggal berjauhan daripada ibu bapanya*. 彼女は親元から離れて住んでいる. *tinggal berjauhan dengan keluarga* 家族と遠く離れて住む.

berjauh-jauhan 遠くに位置している, 互いに避ける: mereka kelihatan *berjauh-jauhan* 彼らはお互いに避けているようだ.

menjauh 遠くへ行く, 離れて行く.

menjauhi 避ける: *menjauhi tempat berbahaya* 危険な場所を避ける. *menjauhi rokok dan arak* タバコと酒を避ける. Dia sengaja *men-*

jauhi kita. 彼は意図的に私たちを避けている.

menjauhkan 〜から離す, 遠ざかる, 避ける: Dia *menjauhkan diri dari* kita. 彼は私たちを避けている.

kejauhan 1 遠いところ: Saya nampak dia *di kejauhan*. 私は遠くに彼女がいるのが見えた. 2 とても遠い.

sejauh 〜の距離: Saya berjalan *sejauh* 4 kilometer setiap hari. 私は毎日4キロ歩く.

sejauh mana? どの程度まで?: *Sejauh mana* kita hendak berbaik dengan orang seperti itu? あのような人とはどの程度まで付き合うべきか? Saya nak tengok *sejauh mana* awak mampu menggunakan perkataan-perkataan yang canggih. 君が洗練された用語をどれくらい使える能力があるのかを見たい.

jauhari (Ar) 1 宝石職人, 宝石商. 2 専門家.

Jawa ジャワ: *orang Jawa* ジャワ人. *Jawa Tengah* 中部ジャワ.

jawab (Ar) 答える, と答えた: "Selamat pagi, cikgu," *jawab* semua murid.「先生, おはようございます」と生徒全員が答えた. Tolong *jawab dalam* bahasa Malaysia. マレーシア語で答えてください.

soal jawab 質疑応答.

berjawab 返事・答えがある《否定表現になるのが普通》: Surat itu *tidak berjawab*. その手紙に返事がない. Apabila saya telefon semula, nombor itu *tidak berjawab*. 折り返し電話すると, その番号から応答がない. Banyak persoalan *belum berjawab*. 多くの問題がまだ答えられていない(解決していない). misteri yang *belum berjawab* 未解決のミステリー.

menjawab 答える, 返事する: *menjawab soalan* 質問に答える. *Jawab soalan di bawah*. 以下の質問に答えなさい. soalan yang sukar *untuk dijawab* 答えるのに窮する質問. *menjawab* apa yang disoal oleh guru. 先生から質問されたことに答える. *menjawab balik* 口答えする; Jika saya memarahi adik saya, dia akan *menjawab balik*. 私が弟をしかると, 彼は口答えする.

jawapan 答え, 返事: *jawapan yang betul / tepat* 正しい答. *jawapan taksa* 不明瞭な返事. *jawapan tak jujur* 誠意のない答. *jawapan bertulis* 文書による回答. *memberi jawapan* 答える.

penjawab 回答者.

jawat 握る=jabat.

berjawat 握る, 握手する (=berjawat tangan).

menjawat 1 握る. 2 役職に就く.

jawatan 役職, ポスト, 地位: *memegang jawatan itu* 役職を握る. *menjawat jawatan guru* 教職につく. *meletakkan jawatan* 辞任・辞職する.

perjawatan 人事: *Bahagian Perjawatan* 人事部.

jawatankuasa 委員会: *jawatankuasa kerja* 作業委員会. *jawatankuasa penasihat* 顧問委員会. *Jawatankuasa Pelaburan Asing* 外国投資委員会 (FIC).

Jawi 1 ジャウイ: アラビア文字を用いた書体 (=huruf Jawi): *tulisan Jawi* ジャウイ文字. 2 マレー人, マレー語 (=bahasa Jawi): *Jawi Peranakan* マレー人とインド人・アラブ人との混血.

jaya (Sk) 成功した, うまくいった.

berjaya 成功する, 首尾よく〜した: Dia *berjaya lulus* dalam peperiksaan. 彼は首尾よく試験に合格した. Pencuri itu *berjaya* ditangkap polis. その泥棒は警察が首尾よく逮捕した.
menjayakan 成功させる, 達成させる.
kejayaan 成功, 勝利.
jaz (英) jazz ジャズ.
JB [Johor Bahru] ジョホール・バル《ジョホール州の州都》.
jean (英) jeans ジーンズ.
jebak; **jebakan** わな(罠), トラップ, (鳥を捕まえる)おとり籠: *memasang jebak* わなを仕掛ける.
menjebak わなを仕掛けて捕まえる: *menjebak burung* おとりを使って鳥を捕まえる. *menjebak pencuri itu* わなを仕掛けて泥棒を捕まえる.
terjebak わなにはまる, (悪い状態に)はまる, 抜け出せなくなる, (危機的状態に)陥る: *terjebak dalam aktiviti jenayah seperti penagihan dadah*. 麻薬中毒のような犯罪行為にはまる. *pelajar-pelajar yang mudah terjebak dalam* gejala salah laku di sekolah 学校で悪事にはまりやすい生徒. Kedua-dua negara *terjebak dalam kancah krisis*. 両国は危機的状態に陥った.
jed (英) jade 翡翠(ヒスイ).
jejak 1 足跡: *mengikuti jejak harimau* 虎の足跡をついて行く. 2 振る舞い, 行動: *mengikut jejak* 見習う, 後を継ぐ: Ali *mengikut jejak* bapanya dan menjadi seorang doktor. アリは父を見習って医者になった.
berjejak 足跡を残す, 〜を踏む: Kaki saya bagai *tidak berjejak di tanah*. 足が地に着いていないような思いだ.
menjejak 1 足を踏み入れる: *menjejak lantai simen itu* セメントの床に足を踏み入れる. 2 訪問する: Inilah pertama kali dia *menjejak* Semenanjung Malaysia. 彼は今回が初めてマレーシア半島部を訪れた.
menjejaki (足)跡を追う: *menjejaki kesan itu hingga ke dalam hutan*. 足跡をジャングルの中まで追う. Polis telah dapat *menjejaki* pembunuh itu. 警察は殺人犯を追跡できた.
menjejakkan (足を)踏み入れる: Sebaik saja saya *menjejakkan kaki di dalam* kelas, semua mata terpaku ke arah saya. 私が教室の中に足を踏み入れるやいなや, 全員の目が私の方に向けられた.
jejaka (Jk) 若い男, 独身の男.
jejal; **berjejal, berjejal-jejal** ぎっしり詰まった, いっぱいになった.
jejalan いっぱいになった状態.
menjejal, menjejali 詰め込む.
jejambat 立体交差の高架道路(フライ・オーバー).
jejantas 歩道橋.
jejari; **jari-jari** 半径: Gempa bumi ini telah meranapkan bangunan *di sekitar 100 kilometer jejari*. 地震は半径100キロ周辺の建物を倒壊させた.
jejas 壊れた, 傷つく.
menjejaskan 傷つける, 駄目にする, 破壊する, 悪影響をもたらす: *menjejaskan nama baik sekolah* 学校の名誉を傷つける. Insiden itu tidak *menjejaskan* hubungan perdagangan antara kedua-dua negara. 事件は両国間の通商関係に悪影響をもたらさない.
jejasan 傷, 怪我.
terjejas 駄目になる, 台無しになる,

jejentik

被害を受ける: Penglihatannya *terjejas* akibat kemalangan itu. 事故の結果,彼の視力が悪くなった. mangsa yang *terjejas dengan* gempa bumi 地震で被害を受けた犠牲者.

jejentik =jentik-jentik 蚊の幼虫,ぼうふら.

jejer (jéjér); **jejeran** 列, 行列.
berjejer 列になった, 並んだ.
menjejer, menjejerkan 列をつくる, 並べる: *menjejer kerusi-kerusi itu* イスを列に並べる.

jek (英) jack ジャッキ, 起重機.

jel (jél) (英) jail 刑務所 (penjara): *kena jel* 刑務所に入れられる. *masuk jel* 服役する.
mengejel 刑務所に入れる.

jela (jéla); **berjela, berjela-jela** (髪,紐などが) 長くなってぶら下る.

jelajah; **menjelajah, menjelajahi** あちこち巡回する, 探検する, 遊説する: *PM selalu menjelajah* seluruh Malaysia. 首相はいつも国中を巡回する. *jelajah seluruh negara* 全国を遊説する.
penjelajah 探検家.
penjelajahan 探検.

jelak 飽きた, うんざりした: *jemu jelak* とても飽きた.

jelang; **menjelang** 1 (時が) 近づくと, 〜に際して, 〜をひかえて: *Cuti hujung tahun menjelang.* 年末の休みが近づいてきた. *Hari Raya menjelang tiba.* ハリラヤがそろそろやって来る. *Menjelang* Hari Raya, suri rumah sibuk membuat kuih-muih. ハリラヤをひかえて, 主婦はお菓子作りに忙しい. *Menjelang* Hari Raya saya nak balik kampung. ハリラヤには帰省する. menjadikan Malaysia negara maju *menjelang* 2020 マレーシアを2020年までに先進国にさせる. 2 (人を) 訪問する: balik ke kampung untuk *menjelang* ibu bapanya 田舎に帰って親を訪ねる.

jelangak; **menjelangak** 1 見上げる. 2 (不注意に) よそ見する.

jelapang 穀倉 (主に籾米を貯える): *jelapang padi* 米倉地帯《主にクダ州を指す》.

jelas 1 明らかな, はっきりした: suara yang *jelas* 明瞭な声. tulisan yang *jelas* はっきり分かりやすい字. *Itu jelas.* それは明白, 疑う余地なし. *Tidak jelas.* はっきりしない. 2 (借金返済, 仕事が) 完済する, 終了する: Hutangnya sekarang *sudah jelas.* 彼の借金は完済した.
berjelas-jelas 明確に, はっきりと.
menjelaskan 1 明らかにする, 説明する: Awak hendaklah *menjelaskan* sebabnya. 君は理由を説明すべきです. 2 (借金を) 返済する, 終わらせる: *menjelaskan hutangnya* 借金を返済する.
kejelasan 明確さ.
penjelasan 1 説明, 釈明: *membuat penjelasan lanjut berhubung* 〜ついて詳しく説明をする. 2 (借金の) 完済, (仕事の) 完了: *penjelasan hutang* 借金の完済.

jelata; **rakyat jelata** 庶民, 大衆.

jelepok (jelépok) どさっと倒れる: Dia *jatuh terjelepok* di atas lantai. 彼は床の上にどさっと倒れた.

jelik 悪い, 醜い: sikap yang *jelik* 良くない態度.
menjelikkan 中傷する, 悪口を言う: *menjelikkan* orang lain 他人の悪口を言う.

jeling; **jelingan** 横目で見ること.
menjeling 横目で見る, 流し目をする: Gadis itu *menjeling kepada* kekasihnya 娘は恋人に流し目を送っ

jemput

た. Apabila ditegur, dia *menjeling sahaja*. 彼は批判されたとき, 横目でちらっと見るだけだった.

jelir; **menjelir**, **terjelir** 舌を突き出す.

menjelirkan (舌を)突き出す: Budak itu *menjelirkan lidahnya* apabila saya memarahinya. その子は私が叱ると, 舌をぺろっと出した.

jelita 美しい, 愛らしい: Dia mempunyai *wajah yang jelita*. 彼女は美貌の持ち主です.

kejelitaan 美しさ, 魅力.

jelma; **menjelma** 1 変身する, 生まれ変わる: Tuan puteri itu *menjelma menjadi* seekor ular. その姫君は一匹の蛇に変身した. 2 現れる, (心の中に)浮かぶ: Dari jauh *menjelmalah* seorang petani. 遠くから一人の農夫が現れた. Hari Raya *menjelma* manakala bulan Ramadan pula melabuhkan tirainya. ラマダーン(断食月)が終わると, ハリラヤがやって来る《修辞的な表現》.

menjelmakan 変身させる: *menjelmakan diri menjadi* ～ 変身して～になる; Orang di sini percaya harimau dapat *menjelmakan dirinya menjadi* manusia. ここの人たちは虎が人間に変身すると信じる.

penjelmaan 化身, 生まれ変わり: Kebanyakan orang kampung percaya bahawa gadis itu adalah *penjelmaan* dewi. 多くの村民はその少女が女神の化身であると信じている.

jeluak; **menjeluak** 1 吐き気がこみあげる. 2 (水などが)あふれ出る.

menjeluakkan (気持ち・感情を)表す.

jelujur; **menjelujur** 仮縫いする.

jelum; **berjelum**, **menjelum** (水をかぶらずに, スポンジなどで)身体を拭いてきれいにする: *Selama dia sakit, dia hanya menjelum sahaja*. 病気の間, 彼女はシャワーを浴びずに身体を拭いてきれいにした.

jelutung 〔植〕クワガタノキ.

jem (jém) (英) jam 〔食〕ジャム.

jemaah (Ar)(イスラム)信徒の集団: *jemaah haji* メッカ巡礼団. *jemaah menteri* 閣僚=kabinet. *sembahyang berjemaah* (金曜日の)集団礼拝.

berjemaah 集団で, 一緒に: *berjemaah di masjid* モスクで集団で礼拝する.

jemala 〔古典〕頭=kepala.

jemba ジュンバ. 1 長さを示すマレーの伝統的単位: 1 jemba=2 depa =3.6576m). 2 土地の面積を示す伝統的単位: 1 jemba=13.377lm².

jembalang 地神(動物に化ける幽霊).

jemput I どうぞ～してください《勧誘の表現=sila, silakan》: *Jemput datang ke rumah saya*. どうぞ私の家に来てください. "*Jemput, jemput!*"「どうぞ, どうぞ!」《食物など人に勧めるときの決まり文句》.《ジョホール王国時代に王族やサイド(Syed)に対して勧めるとき sila, silakan, persila が使われ, それ以外の一般人には jemput, jemputlah が使われていたという. 現在, jemput が使われているのは, マレー語の本家であるジョホール・リアウ地域の影響が大きいからだろう. もちろん今日では sila, silalah も一般に定着している. なお, インドネシア語の勧誘は主に silakan を使う, jemput は使わない》.

menjemput 1 招待する: Dia *menjemput* kami semua ke majlis perkahwinan itu 彼は私たち全員を結婚式に招待した. 2 〔古典〕迎えに行く,

連れに行く: Maka segala menteri baginda dalam Canda Kani datanglah beberapa puluh buah kapal *menjemput* baginda (p.29). そこでチャンダカニの高官たちが何十艘もの船を仕立てて王様(インドのタジトム・シャーのこと)を迎えにやって来た.《現代マレーシア語の menjemput はこの「迎えに行く」の意味がすたれ,「招待する」のみである. 一方, インドネシア語はもっぱら「迎えに行く」. インドネシア語の中に古典マラユ語がそのまま残っている事例》.

jemputan 1 招待. 2 招待客(= orang jemputan).

jemput II; **menjemput** 指でつまむ.

sejemput ひとつまみ.

jemput-jemput 〔食〕ジュンプット・ジェンプット(バナナを揚げて作ったマレー風お菓子).

jemu 飽きる, 退屈した: "Saya selalu makan mi segera, *tak jemu pula tu*."「いつもインスタント麺を食べているが, 決して飽きないよ」. Sejak itu media *tidak jemu-jemu* menyiarkan skandal penyanyi itu. それ以来メディアはあきもせずにその歌手のスキャンダルを報じている.

menjemukan 退屈させる, うんざりさせる.

kejemuan 退屈, 嫌悪.

jemur; **menjemur** 天日で乾かす.

berjemur 日光にあたる, 日光浴する: Orang-orang Eropah suka *berjemur* di dalam panas. ヨーロッパ人は日光浴するのが好きだ.

jemuran 1 干した物. 2 ベランダ.

penjemuran 物干し場.

jen (jén) 〔英〕gene 遺伝子.

jenahak 〔魚〕ミナミフエダイ.

jenak 一瞬, 少しの間.

sejenak 一瞬: *sejenak pendek* ちょっとだけ. *berfikir sejenak sebelum menjawab* 答える前に一瞬考える.

jenaka 1 滑稽話(民間伝承の一種). 2 おかしな.

berjenaka 冗談を言う, ひやかす.

jenama ブランド, 商標.

berjenama 有名なブランド(商品)の: *barangan berjenama* 有名なブランド商品.

menjenamakan ブランド名を売り込む: Minggu Malaysia berlangsung di London untuk *menjenama*, mempromosikan Malaysia sebagai destinasi percutian. 観光地としてのマレーシアを売り込むために, ロンドンで「マレーシア週間」が開催された.

jenang 1 支柱. 2 監督者.

menjenang, menjenangi 監督する, 手配する.

jenayah (Ar) 犯罪: *jenayah antarabangsa* 国際犯罪. *jenayah komputer* コンピューター犯罪, ハッカー. *perbuatan jenayah* 犯罪行為. *kesalahan jenayah* 犯罪: *melakukan kesalahan jenayah* 犯罪を犯す. *terbabit dengan kesalahan jenayah* 犯罪にかかわる.

penjenayah 犯罪者, 犯人: memburu *penjenayah-penjenayah itu* 犯人たちを追跡する. *penjenayah perang* 戦犯.

jenazah 遺体(主にイスラム教徒の) → mayat: *membawa balik jenazah itu ke Malaysia* 遺体をマレーシアへ持ち帰る.

menjenazahkan 埋葬する.

jendela (jendéla) (Po) 窓=tingkap.

jeneral 〔英〕general 将軍.

jengah; **menjengah** 1 首を伸ばし

て見る: Lepas mendengar jeritan jiran, saya *menjengah ke bawah* dan ternampak anaknya terbaring di tanah. 隣人の叫びを聞いて、首を出して見下ろすと、彼女の息子が地面に横たわっているのが目に入った. *Jangan menjengah keluar tingkap apabila bas sedang berjalan.* バスが走行中は、窓から首を出すな. **2** 訪れる.

jengkal ジュンカル(親指と他の指との間の長さを示すマレーの伝統的な単位).

jengkel (jéngkél) 苦々しい、悔しい.

menjengkelkan いらいらさせる.

jengket (jéngkét); **berjengket, menjengket, bersejengket** つま先立ちする、つま先で歩く: *Kerana adiknya sedang tidur, dia berjengket masuk ke dalam bilik.* 弟が寝ているので、彼はつま先立ててそっと部屋に入った.

jengking 〔動〕サソリ (=kala jengking).

jenguk; menjenguk 1 首を伸ばして見る=menjengah: *Dia menjenguk keluar tingkap itu apabila mendengar kereta berhenti.* 車が止まる音を聞いたので、彼は部屋の窓から首を出してのぞいた. **2** 顔を見に来る、見舞う= **menjenguk-jenguk**: *Ali tak pernah menjenguk muka ke rumah saudara bapanya.* アリは叔父さんの家に顔を出したことが一度もない.

menjengukkan 首を伸ばす: *menjengukkan kepalanya ke dalam bilik.* 部屋の中まで首を伸ばして見る.

jengul; menjengul, terjengul 突き出る: *Kepalanya jengul dari lubang* 穴から首が突き出ている.

menjengulkan (頭などを)突き出す: *menjengulkan kepalanya dari lubang itu* 穴から首を突き出す.

jenis (Ar) **1** 種類、型: *Dia bukan jenis orang yang bergaduh.* 彼はけんかをするタイプではない. *Saya bukan jenis ulat buku.* 僕はガリ勉のタイプではない. *jenis darah* 血液型. *Apakah jenis daging ini?/Ini daging apa?* これは何の肉ですか. *Ini daging ayam.* 鶏肉です. **2** 階層. **3** 男女の性: *jenis kelamin* 性別. *berhubungan jenis* 性的関係をもつ.

berjenis 素敵な(物・性格).

berjenis-jenis 様々な、いろいろの: *Kedai ini menjual berjenis-jenis pakaian.* この店は様々な衣装を売っている.

menjeniskan 分類する.

sejenis 同種、同族、同性: *perkahwinan sesama jenis, perkahwinan sesama kaum sejenis, perkahwinan sejenis* 同性婚(同性間の結婚).

penjenisan 分類.

jenjang I (首が)長い.

jenjang II 階段、段々: *menaiki jenjang pelamin* 結婚式を行う.

berjenjang, berjenjang-jenjang 階段状になった、段々になった: *sawah berjenjang-jenjang* 棚田.

jentera (Sk) **1** 機械、糸車、車輪. **2** 機関、組織: *jentera kerajaan* 政府機関.

berjentera 1 機械化した. **2** 回転する.

kejenteraan エンジニアリング.

penjenteraan 機械化.

jentik; menjentik 1 指先ではじく: *menjentik semut itu* dari atas mejanya 机の上のアリを指先ではじきとばす. **2** つまむ、ねじる: *menjentik telinga* 耳をつまむ. **3** 怒る、

批判する.

jentikan 1 はじくこと. 2 つまむこと. 3 批判.
  sejentik ほんの少しの.
jentik-jentik; **jejentik** 〔虫〕ぼうふら.
jentolak ブルドーザー.
jenuh 1 満腹: *jenuh makan* ～を満腹するまで食べる. 2 十分に～した, 飽きた: Kita *sudah jenuh* bercakap tentang keburukan politik wang. 金権政治が悪いことについてはこれまで十分すぎるほど話してきた. *Sudah jenuh* saya menunggu tetapi dia belum juga sampai. いやになるほど待っているが彼女はまだ現れない.
  menjenuhkan 満腹になる, 満足する.
  kejenuhan 飽和状態, 満足.
jepit ペンチ, ピンセット.
  menjepit 挟む (=mengapit, menyepit).
  terjepit 挟まれた, 挟みうちに合う: jarinya *terjepit* di celah pintu 指がドアの隙間に挟まれた. Saya *terjepit antara dua pihak*. 私は両方の板ばさみになっている.
Jepun 日本: *orang Jepun* 日本人. *bahasa Jepun* 日本語.
  kejepunan 日本的な.
jera 懲りた (=jeran, serik): Dia *telah jera* bergaul dengan Ali. 彼はアリと付き合うのにもう懲りた.
jerait; **berjerait**, **berjeraitan** からまった, もつれた(紐, 根, 指などが) memisahkan tali yang *berjeraitan* もつれた紐を解く.
jeram 急流.
jerami わら.
jeran → jera.
jerang; **menjerang**, **menjerangkan** 煮炊きする, (湯を)沸かす: *menjerang air* untuk membuat kopi お湯を沸かしてコーヒーをつくる. *menjerang nasi* 料理をする.
jerangkung 人骨 (=tulang manusia).
jerat 1 わな: *memasang jerat* わなを仕掛ける. 2 欺くこと.
  menjerat わなにかける, だます.
  terjerat わなにかかった.
jerawat にきび.
  jerawatan, **berjerawat** にきびのある, にきび面の.
jerebu ジュルブ《もや, かすみ: 密林の野焼きによる煙害がインドネシア・マレーシア・シンガポール一帯で見られる: 90年代から使われた新語, 英語では haze》.
  berjerebu かすみがかった, もやの深い.
jerembap; **terjerembap** (うつ伏せに)倒れる=tersungkur: Saya tersepak akar besar lalu *jatuh terjerembap*. 大きな根っこを思わず蹴ってしまったら, うつ伏せに倒れた.
  menjerembapkan (うつ伏せに)倒す, 破滅させる.
jerempak; **berjerempak**, **terjerempak** ばったり会う=terseremak: Waktu di pasar semalam, saya *terjerempak* dengan Cik Minah. きのう市場に行ったら, ミナさんにばったり出会った.
jerih 疲れた, 疲れ果てた: *penyakit jerih* 喘息(ぜんそく).
  jerih lela, *jerih payah* 勤労, あらゆる努力をして: *jerih perih* 奮闘努力: Segala *jerih perih* terhalang. あらゆる努力が阻まれた.
  berjerih まじめに働く.
  menjerihkan 疲れさせる.
  kejerihan 疲労: *hilanglah kejerihan* 疲れが消えた.

jerit; **jeritan** 叫び声, 悲鳴: mendengar *jeritan minta tolong* 助けを求める叫び声を聞く.
menjerit 叫ぶ, 悲鳴をあげる: "Tolong!" *jerit* Ali.「助けて」とアリが大声で叫んだ. *menjerit minta tolong* 助けを求めて叫ぶ.

jerjak 格子, 格子窓, グリル: *tulang jerjak* 肋骨, あばら.
berjerjak 格子のある.

jerkah きびしい言葉, 怒鳴り声.
menjerkah がみがみ言う, 怒鳴る.

Jerman ドイツ.

jernih (水が)澄んだ, 透明な: *Air sungai itu sangat jernih sehingga kita boleh nampak ikan di dalamnya.* 川の水がとても澄んでいて川の中の魚を見ることができるほどだ. *hatinya jernih* 誠実な, 悪意がない. *Sekarang soal itu sudah jernih.* その問題は片付いた.
menjernihkan 1 きれいにする. 2 (表情を)明るくさせる: *menjernihkan suasana* 雰囲気を明るくさせる. *menjernihkan keadaan* 事態を良くする(改善する).
kejernihan 透明, 率直.

jersi 〔英〕 jersey ジャージー生地.

jeruk 漬物(塩漬や酢漬にした果物や野菜): *jeruk mangga* マンゴの漬物. *jeruk mentimun* キュウリの漬物.
menjeruk 果物や野菜を塩漬けにする.
penjerukan 保存.

jerumus; **menjerumuskan** 1 うつ伏せに倒す, 転落させる. 2 陥れる.
terjerumus 1 つんのめる＝tersungkur: *terjerumus ke dalam sawah* 田んぼの中につんのめる. 2 (困難な状況に)陥る: *terjerumus dalam politik* 政治的なやっかいな問題に陥る. *terjerumus dalam kegiatan jenayah* 犯罪行為に陥る.

jerung 〔魚〕大型のサメ＝yu.

jerut; **menjerut** 絞める, 結ぶ: *Dia mati disebabkan lehernya dijerut dengan kain.* 首を絞められて死ぬ.

jeti (jéti) 〔英〕 jetty 桟橋.

Jibrail ガブリエル(大天使).

jidal 指貫.

jihad 聖戦(イスラム教の).
berjihad 聖戦に加わる.

jijik 1 嫌な, むかむかする: *Saya jijik melihat ular.* 蛇を見ると嫌になる. 2 汚い＝kotor.
menjijikkan うんざりさせる.
kejijikan 嫌悪.

jika; **jikalau** ＝kalau もし～ならば. *Saya akan pergi jika tidak hujan.* 雨が降らなければ, 行きます. *Ambillah alat ini jika memerlukannya* もし必要なら, この道具を使いなさい.

jilat; **berjilat** なめる, 味見する.
menjilat 1 なめる. 2 (火が)広がる: *Rumahnya musnah dijilat api dalam kebakaran petang semalam.* 彼の家は昨日の午後に火事で全焼した.
menjilat-jilat 何回もなめる.

jilid (Ar) 製本, 巻.
menjilid 製本する.
penjilid 製本屋.

jimat (Ar) 節約: *jimat cermat, ingat jimat* 節約する, つつましい. *mengadakan kempen jimat air* 節水キャンペーンを行う.
berjimat, berjimat-jimat 節約する, つつましい: *tidak tahu berjimat* 節約することを知らない. *berjimat-cermat penggunaan minyak dan tenaga elektrik* 石油と電力の消費を節約する.

menjimat, menjimatkan 節約する,節減する: *menjimatkan air* 節水する.

kejimatan 節約.

jin (Ar) 魔神,霊魔,妖精.

jinak 1 (動物が)人に馴れている. 2 人懐こい.

berjinak-jinak 馴染みになる,親しく付き合う.

menjinakkan, memperjinak 飼いならす.

jingga だいだい色,オレンジ色.

jingkit ; berjingkit-jingkit ぴょんぴょん跳ねながら歩く.

jinjang (首が)細い.

jinjing ; menjinjing 手に提げて運ぶ: *menjinjing satu beg plastik yang penuh dengan buah-buahan* 果物でいっぱいになったプラスチックの袋を手に提げて運ぶ.

jinjit I ; menjinjit =menjinjing 手に提げて運ぶ.

jinjit II (Jw) → **jengket**.

jintan 〔植〕ヒメウイキョウ(クミン)=*jintan hitam*,アニス=*jintan manis*.

jip (英) jeep ジープ.

jiran (Ar) 隣人 (=tetangga): *negara jiran* 隣国. *kawan sejiran* 親しい友人. *jiran yang paling hampir / dekat* 一番近い隣人.

berjiran ～の近所に住む,近所同士の: *Kami berjiran.* 私たちは近所同士です. *Kami berjiran dengan mereka.* 私たちは彼らと近所同士だ.

kejiranan 近所,近隣.

jirat (Ar) (非イスラム教徒の)墓,墓石.

jirim 物質.

jirus I ; menjirus (花に)水を与える. *menjirus pokok-pokok bunga dengan air* 花に水をあげる.

jirus II (角などが)先が尖っている.

jisim (Ar) 1 肉体,身体. 2 物体.

jitu 正確な,的を射る: *ukuran yang jitu* 正確な計測. *jawapan yang jitu* 正確な答え.

kejituan 正確さ.

penjituan 正確.

jiwa (Sk) 生命,精神,心理,感情: *sakit jiwa* 精神病 (=penyakit mental).

berjiwa 生き生きとした.

kejiwaan 心理,精神.

jodoh 1 配偶者(結婚の相手),生涯の伴侶,一対の片方: *mencari jodoh* 結婚相手をさがす. *mencari jodoh sendiri* 結婚相手を自分で見つける. *memilih jodoh* 結婚相手を選ぶ: *bertemu jodoh dengan* ～と結婚する. *pasangan jodoh pertemuan* 結ばれるのが運命づけられていた新婚カップル. 2 縁,結婚する運命: *Apa boleh buat, kami tak ada jodoh.* 仕方がないよ,私たちは縁がなかったんだ. *Semoga jodoh berpanjangan.* 末永くお幸せに《結婚式でのお祝いの表現》.

berjodoh ～と結婚する.

menjodohkan, memperjodohkan 結婚させる.

penjodoh 助数詞 (=penjodoh bilangan).

perjodohan 結婚.

joget (jogét) ジョゲット《マレーの伝統舞踊: 女性踊り手が男性を誘ってペアで踊るのが基本》.

johan (Pr) 1 チャンピオン,優勝者. 2【古典】世界(dunia).

kejohanan 決勝戦.

joli I 一対,一組.

sejoli 男女一組=sepasangan.

joli II ; berjoli 金を浪費する,楽しむ.

jolok; **menjolok** 1 (棒で)つついて落とす, (穴の中を)つつく. 2 人から情報を聞き出す.

jolokan 1 推測, 取調べ. 2 あだ名: Normala mendapat *jolokan* "Wanita Melayu Tercantik" ノルマラは「一番のマレー美人」というあだ名がある.

penjolok (果物を叩き落とすための)棒.

jom 【口語】さあ〜しようよ＝Marilah: Jom pi Langkawi. さあランカウイ(島)へ行こうよ《クダ方言》.

jong ジャンク(三本マストの平底帆船).

jongang (前歯が)突き出た, 出っ歯.

jongkang; **menjongkang** (歯や唇が)突き出た.

jongkang-jongket シーソ.

jongket (jongkêt): **menjongket**, **menjongket-jongket**, **terjongket** (尾や唇などの)端が上にあがる.

jongkok; **berjongkok**, **menjongkok** しゃがむ, かがむ: *menjongkok sambil membasuh kain* しゃがんで洗濯をする.

jongkong 1 煉瓦の型をした錫や銀のインゴット. 2 丸木舟.

joran; **batang joran** 釣竿.

jorong キンマを入れる楕円形の容器.

jua → juga.

juadah 1 ご馳走, 料理, 食物: *menikmati juadah pada majlis perkahwinan itu* 結婚式でご馳走を頂く. 2 米が原料の菓子.

juak-juak 王に仕える従者.

jual 売る (=menjual): *jual ikan di pasar* 市場で魚を売る.

jual beli 売買, 商う.

jual mulut 話し好き, おしゃべり.

berjual 商う, 商売する(継続した職業として売る): Bapa saya *berjual kereta*. 父は車の販売をしている.

berjualan 商売をする.

menjual 売る: Bapa saya *menjual keretanya kepada encik Ali*. 父は車をアリさんに売った. Di mana ada dijual telefon bimbit? 携帯電話はどこで売っていますか. 〜 *habis dijual serta-merta* 〜は即時完売した. Rumah ini *akan dijual*. この家は売りに出される. Akhbar ini *dijual di jalan-jalan dengan harga RM1:00*. この新聞は1リンギットで街角で売られている. *menjual mahal* もったいをつける.

jualan 商品, 販売: *jualan garaj* ガレージ・セール. *jualan lambak*, *jualan mega* 大売り. *jualan langsung* 直販. *jualan lelong*, *jualan murah* セール, 安売り. *jualan singkat* 株の空売り《ショート・セールの直訳》.

penjual 売り手, 売り子.

penjualan 1 販売: *penjualan candu* アヘンの販売. 2 (Id) 販売所.

terjual, *habis terjual* 売り切れる: Makanan di gerai ini *habis terjual pada waktu petang*. この屋台の食べ物は午後には売り切れてしまった.

juang; **berjuang** 争う, 戦う.

menjuang 攻撃する.

memperjuangkan 〜を勝ち取るために戦う.

pejuang 兵士, 戦士.

perjuangan 戦い, 闘争.

juara 1 (Id) 優勝者, チャンピオン. 2 専門家.

kejuaraan 1 決勝戦. 2 スポーツにおける才能.

jubah (Ar) アラブ風の裾の長い白

jubli (英) jubilee 記念祭: *jubli perak* 25周年記念. *jubli emas* 50周年記念. *jubli intan* 60周年記念.

jubur (Ar) 肛門(dubur).

judi 賭博,博打: *kaki judi* 博打狂.博打を打つ,賭け事をする.

berjudi 博打を打つ,賭け事をする.

menjudikan, memperjudikan 賭けをする,博打を打つ.

penjudi 博徒,ばくち打ち.

judul (Id) 題名.タイトル→ **tajuk**.

juga 1《同じ》〜もまた: Dia orang Jepun. Saya *juga* orang Jepun 彼は日本人,私もまた日本人です. 2《疑問詞＋juga: 譲歩》どんなに〜であろうとも: Siapa *juga* yang datang, saya mengalu-alukannya. 誰が来ようとも,私は歓迎します. 3《事態不変》〜でもやっぱり: Doktor melarang Ali merokok, tetapi dia merokok *juga*. 医者がアリにタバコを禁じたが,彼はやっぱり吸ってしまう. Anak orang anak orang *juga*. 【諺】他人の子はやっぱり他人の子. 4《婉曲な表現》まあまあ〜: "Perempuan itu cantikkah?" "Cantik *juga*, tetapi tidaklah secantik Aminah"「その女性は美しいですか」「まあまあ美しい,でもアミナほど美しくない」. Boleh *juga*. してもいいよ(消極的な賛意); "Mari kita pergi tengok sekarang." "Boleh *juga*."「今から見に行こうよ」「行ってもいいよね」. 5《強調の juga: 直前の語句を強調する》Pergi *sekarang juga* 今すぐ行きなさい. Mahal *juga* makanan di Tokyo. 東京の食物の値段は実に高い. "Banyak barang yang emak kamu beli?" "*Banyak juga*."「君のお母さんはたくさんの物を買ったの?」「かなりたくさん」. 6《反復》再び,もう一度: Saya menelefonnya pagi tadi. Sekarang *juga* saya menelefonnya. 今朝彼に電話したが,今再び電話した.

juita 1 美しい,かわいい. 2《恋人への呼びかけ》愛する人よ.

jujur 正直な,信頼できる.

kejujuran 正直,誠意.

Julai (英) July 7月.

julai 先端の小枝.

berjulai, menjulai, terjulai ぶら下がる,垂れ下がる.

julang; menjulang 1 肩に担ぐ,肩車をする: Wakil rakyat baru yang menang dalam pilihan raya iitu *dijulang oleh* penyokong-penyokongnya. 選挙で当選した新国会議員は支持者に肩車された. 2《火などが》高々とあがる. 3 尊敬する: Puteri Masako paling dihormati dan *dijulang* oleh rakyat. 雅子妃は国民から最も尊敬されている.

julap (Ar) 下剤,通じ薬.

juling やぶにらみ,斜視.

julung 最初の,初めての,主要な.

julung kali 初めて: Acara yang dianjurkan *julung kali* oleh UMNO UMNOが初めて主催した企画. Sidang Kemuncak Asia Timur *julung kali* 最初の東アジア首脳会談. Buat *julung kalinya* dia berjumpa dengan Perdana Menteri 初めて首相に会った. Fenomena tsunami merupakan *buat julung kali* dalam sejarah bencana alam di Malaysia. 津波の現象はマレーシアにおける天災の歴史上初めてだ.

julur; menjulur (舌などが)突き出る,外にはみ出る.

menjulurkan (舌などを)突き出す: Budak nakal itu *menjulurkan lidahnya*. そのいたずらっ子は私に舌

Jumaat (Ar) 金曜日: *sembahyang Jumaat* 金曜日の礼拝《金曜日の昼にモスクに集合して集団で礼拝すること; そのためオフィスの昼休み時間は他の日より長くなる》.

berjumaat 金曜日のお祈りをする.

jumlah 1 合計, 総額: *jumlah dagangan* 売り上げ総額. *jumlah kos* 全コスト. *jumlah kos purata* 平均コスト. "*Jumlahnya berapa?*"「全部でいくらですか」(お会計してください). 2 ～の数(数量): *Jumlah pelajar di sekolah ini telah meningkat*. 学校の生徒数は増加した.

berjumlah 合計～である: *Penduduk Jepun berjumlah 120 juta orang*. 日本の人口は合計で1.2億人.

menjumlah 足し算をする.

menjumlahkan ～を合計する.

sejumlah 1 ～の数, 計～. 2 一部の: *Sejumlah penduduk telah dipindahkan dari kawasan banjir itu*. 洪水被害地から一部の住民を避難させた. *sejumlah besar* = sebahagian besar 大部分の.

terjumlah 含まれる = termasuk: *Dia terjumlah orang yang kaya juga*. 彼もまた金持ちの中に含まれる.

jumpa; **berjumpa** 会う, 出会う. *Jumpa lagi* さよなら(ではまたね). *Selamat berjumpa*. はじめまして; "*Selamat datang ke Kyoto, Cikgu Ali.*"「京都によくいらっしゃいました, アリ先生」 "*Selamat berjumpa, terima kasih.*"「はじめまして, ありがとう」. *datang jumpa* 会いに来る. "*Ali, ada orang nak jumpa.*"「アリ, 君に会いたいという人がいる」. *Kalau awak sakit, lekas jumpa doktor*. 病気になったら, 早く医者に行きな. *Sudah lama tak jumpa*. 久しぶりですね. *Lama tak jumpa* dengannya mungkin dua tiga tahun. 彼女にはもう2～3年も会っていない. *Saya berjumpa kawan lama semalam*. 僕は昨日昔の友達に会った.

menjumpai ～に会う, ～を見つける, 発見する: *pergi menjumpai ketua kampung* 村長に会いに行く. *Mayat lelaki dibunuh dijumpai di longkang itu* 殺された男性の死体が排水溝で見つかった. *dijumpai mati berlumuran darah* 血だらけで死んでいるのが発見された. *Puas dicarinya Nahidah, tetapi tak dijumpainya*. ナヒダをよく探したが, 見つからなかった.

perjumpaan 集会, 会合.

terjumpa 偶然出会う, 出くわす: *Kami terjumpa seorang budak yang sedang menangis*. 私たちは泣いている一人の子に偶然出会った.

Jun (英) June 6月.

junam; **menjunam** 真っ逆さまに飛び込む, (価格・株価が)急落する: *Kapal terbang itu menjunam lalu terhempas ke bumi*. 飛行機が急に落下し, 地面に墜落した.

terjunam 真っ逆さまに突っ込む: *Bas itu terjunam ke tali air*. バスが水路に突っ込んだ.

jung ジャンク(中国の平底帆船).

jungur (豚や犬, ワニの)突き出た鼻.

junjung; **menjunjung** 1 頭に物を置いて運ぶ: *menjunjung bakulnya di atas kepalanya* 籠を頭の上に乗せて運ぶ. 2【王室】受け取る = terima: *Junjung kasih, Tuanku* 王様, ありがとうございます《Terima kasih の王室用語》. *HangTuah menjunjung segala perintah raja*. ハントゥアは王の命令に従った. 3 尊敬する: *Kami harus menjunjung tinggi* hak asasi manusia 基本的人権を尊重すべきだ.

junjungan 頭の上に乗せたもの.

junta 軍事政権.

juntai; **berjuntai** ぶら下がる,垂れ下がる: *duduk berjuntai di atas tangga itu* 階段の上に足をぶら下げて座る.

menjuntaikan (足を)ぶらつかせる: *menjuntaikan kaki ke tanah* 足を地面にぶらつかせる.

terjuntai ぶら下がった.

jurai 1 細長い衣切れ. 2 房, 束.

juraian からまったもの.

berjurai, **terjurai** ぶら下がる.

jurang 格差, ギャップ: 峡谷: *jurang (perbezaan) ekonomi* 経済格差. *jurang perbezaan usia* 年齢差. *jurang digital* 情報格差, デジタル・デバイド. *jurang generasi* 世代ギャップ. *jurang pendapatan* 所得格差; *Jurang pendapatan antara golongan kaya dan miskin semakin melebar.* 金持ちと貧乏人との所得格差がますます拡大している. *Jurang pemahaman antara ibu bapa dan sekolah semakin renggang.* 父母と学校の間の理解のギャップがますます広がっている. *DEB bertujuan mengurangkan jurang ekonomi antara Melayu dan kaum lain.* 新経済政策はマレー人とその他の種族との経済格差を縮めるのが目的だ.

juri (英) jury 陪審.

jurnal (英) journal 定期刊行物.

jurnalis (英) journalist ジャーナリスト.

juru 専門家, エキスパート.

kejuruan 熟練, 専門技術.

jurubahasa 通訳.

jurucakap スポークスマン, 広報官.

jurudamai 仲裁者, 調停者.

jurugambar 写真家.

juruhebah アナウンサー.

jurujual セールスマン, 販売員.

jurulatih (スポーツ・チームの)監督.

jurumasak コック.

jururawat 看護師.

jurus I 真っ直ぐ, 直接.

berjurus-jurus ～続けて.

menjurus ～の方へ向かう.

menjuruskan ～に向ける, ～に集中させる.

jurusan 1 方向. 2 (Id)(学問の)分野, (大学の)学科→ **jabatan**.

jurus II; **sejurus** ちょっとの間: *berfikir sejurus sebelum menjawab pertanyaan itu* 質問に答える前に一瞬考える. *sejurus selepas* ～のあとすぐに: *Sejurus selepas serangan bom, kakitangan kedutaan besar itu berasak-asak keluar dari bangunan itu.* 爆弾攻撃の直後に大使館のスタッフは建物から外へ殺到した.

berjurus-jurus 何度も.

jurutaip タイピスト.

juruteknik (juruténknik) 技術者, 専門家.

jurutera エンジニア: *jurutera komputer* コンピュータ・エンジニア *jurutera perisian* ソフトウェア・エンジニア.

juruterbang パイロット, 操縦士.

juruukur 測量士, 測量技師.

juruwang キャッシャー, レジ係.

jus (英) juice ジュース: *jus oren* オレンジ・ジュース.

justeru 1 ちょうど, 正確に. 2 実際は, 実のところは.

justeru itu だから, それゆえに: *Permintaan terhadap getah telah meningkat, justeru itu harga getah turut naik.* 天然ゴムへの需要が増加

した,そのためゴムの価格も上昇した.
jut (英) jute ジュート.
juta 百万(1,000,000).
  jutaan=berjuta-juta 数百万の,多大な: *Jutaan terima kasih.* たいへんありがとうございます《手紙文》.
  jutawan 大金持ち.
juzuk (Ar) 構成物質, 部分.

K

Kaabah (Ar) カーバの黒石(メッカのイスラム教聖殿に祭られている高さ15mの聖石,カーバ神殿ともいう).
kabel (英) cable ケーブル.
kabilah (Ar) 部族, 民族 (= kaum).
kabinet (kabinét) (英) cabinet. 1 内閣: *kabinet koalisi* 連立内閣. *rombakan kabinet* 内閣改造. *sidang kabinet* 閣議. 2 戸棚, キャビネット.
kabisat 閏年(=tahun kabisat).
kabu; **kabu-kabu**, **kekabu** 〔植〕カポック, キワタ(木綿).
kabul; **mengabulkan** (要求や理想を)受け入れる, 同意する, 実現する: *Kami mengabulkan permintaan mereka.* 私たちは彼らの要求を受け入れた.
  terkabul 1 同意する, 受け入れる(=kabul akan ~). 2 (理想や要求が)実現した: *Keinginannya terkabul.* 彼の理想が実現した.
  pengabulan 是認, 同意.
kabung I 喪の際に頭に巻きつける白布.
  berkabung 喪に服する.
  perkabungan 1 喪服, 喪章(頭や帽子に白い小布をつける). 2 喪中.
kabung II 砂糖ヤシの木. *gula kabung* ヤシ糖.

kabur ぼんやりとした, はっきりしない: *ingatan yang kabur* あいまいな記憶.
  mengaburkan, **mengaburi** ~をぼやけさせる, 曖昧にさせる.
  kekaburan ぼんやりした状態.
kabus 1 霧, かすみ. 2 かすんだ. *Tidak nampak apa-apa. Kabusnya masih tebal.* 何も見えない, 霧がまだ濃い.
  berkabus かすみがかった.
kabut 1 濃い霧, 濛気(もうき). 2 ぼんやりとした.
  berkabut 1 かすみがかった. 2 悲しい.
kaca 1 ガラス: *kaca keselamatan* 安全ガラス. *kaca mata* (Id) メガネ《マレーシア語は cermin mata》. *pada kaca mata orang Jepun* 日本人の目からすると. 2 鏡(=kaca muka): *kaca pembesar* 拡大鏡. 3 見本.
  berkaca 1 ガラス・鏡を用いている. 2 鏡をのぞく.
  berkaca-kaca (目や水面などが)光る: *matanya berkaca-kaca menahan air mata* 涙をこらえて目が光っていた.
  mengaca 鏡に自分自身を映し出す.
kacak 1 (男が)ハンサムな: Ramai gadis tertarik kepada penyanyi

kacang

yang *kacak* itu. 多くの少女がそのハンサムな歌手に惹かれる. **2** 尊大な: sikap yang *kacak* 尊大な態度.

kacang 豆類: *kacang bendi, kacang lendir* オクラ. *kacang buncis* インゲン. *kacang kedelai, kacang soya* 大豆. *kacang merah* アズキ. *kacang panjang* ササゲ. *kacang tanah* 落花生.

kacapiring 〔植〕クチナシ.

kacau 無秩序な, 混乱している (= *kacau bilau*).

berkacau **1** 混乱した. **2** 混ざっている.

kekacauan 混乱, 不安.

mengacau **1** 混ぜる. **2** 妨害する, 邪魔する: Dia *mengacau* orang buat kerja. 彼は人が仕事をしているのを邪魔する. **3** 不安にさせる, イライラさせる: *Jangan mengacau.* やっかいな事を起こすな.

pengacau **1** 扇動家. **2** ミキサー.

kacip ビンロウジ(檳榔子)を切る道具.

mengacip ビンロウジを切る.

kacuk 混ぜる, 加える.

mengacukkan (動植物を)交配させる.

kacukan 混ぜた, 混血した: *orang kacukan India dengan Melayu* インド人とマレー人の混血.

kacung; belalang kacung 〔虫〕カマキリ.

kad (英) card カード: *kad ahli* 会員カード. *kad ATM* キャッシュ・カード. *kad Hari Raya* ハリラヤ・カード. *kad jemputan* 招待状. *kad kredit* クレジットカード. *kad magnet* 磁気カード. *kad pengenalan* ID カード, 身分証明書《マレーシアでは12歳以上の者が対象になる, 1年以上滞在する外国人も取得を義務づけられる》. *kad prabayar* プリペイド・カード. *kad telefon* テレフォン・カード. *kad ucapan* グリーティング・カード. *kad kuning* イエロー・カード(サッカー). *kad merah* レッド・カード; mengeluarkan / melayangkan *kad merah* (審判が)レッド・カードを出す.

kadang; **kadang-kadang, kadangkala, terkadang-kadang** 時々: *kadang-kadang sahaja* kami makan luar, tidak selalu. 時々外食する, いつもではない.

kadar (Ar) **1** レート, 率, 割合: *kadar faedah* 金利. *kadar guna tenaga* 雇用率. *kadar kelahiran* 出生率. *kadar pertukaran asing* 外国為替レート. *kadar pertumbuhan ekonomi* 経済成長率. *kadar penyertaan wanita dalam tenaga kerja* 女性の労働参加率. *kadar untung* 利益率. bertambah dengan *kadar* 2% 2％の割合で増加する. **2** 能力, 力: *ala kadar(nya)*. **a** 質素な = sederhana: Meja VIP mempunyai menu yang sedap-sedap sebaliknya meja rakyat dihidangkan dengan *makanan yang ala kadar*. VIPのテーブルには豪華なメニューがあるのに対して, 庶民のテーブルには質素な食物が出される. **b** 能力に応じて: menderma *ala kadarnya* その人の能力に応じて寄付する. **3** 地位, 階級.

berkadar 比例した: **berkadar songsang** 逆比例する, 反比例する: Isi padu gas *berkadar songsang* dengan beratnya. ガスの容積は重さと反比例する.

sekadar **1** ただ, 単に: Saya *sekadar* bermain-main *sahaja*. 単にふざけただけ. Itu *hanya sekadar* satu cadangan. それは単なる提案にすぎ

ない. **2** 〜と釣り合って.

kadbod (英) cardboard 厚紙, ボール紙.

kadet (kadét) (英) cadet 士官候補生.

kadi (Ar) カディ《イスラム教の法官: マレーシアでは郡(Daerah)に1名のカディがいる》.

kadim I (Ar) (近い関係の)親戚.
sekadim 血縁.

kadim II (Ar) 永遠の, 恒久の.

kaduk; Pak Kaduk のろまな男(マレー民話の主人公).

kaedah (kaédah) 方法, 手法, 原理: *kaedah mengajar* 教える手法. *kaedah siasatan polis* 警察の取り調べ方法. *menggunakan kaedah bersoal jawab* 応答方式を採用する.

kafan (Ar) 遺体を包む衣.
berkafan (遺体が)衣で包まれる.
mengafani (遺体を)衣で包む.
mengafankan **1** (遺体を)衣で包んでやる. **2** 遺体を包む衣にする.

kafein (kaféin) (英) caffeine カフェイン.

kafilah (Ar) 隊商.

kafir (Ar) イスラム教を信仰しない人, 異教徒(イスラム教徒にとっての).
megafir; mengafirkan 〜を真のイスラム教徒とはみなさない.

kafir-mengafir お互いを真のイスラム教徒でないと非難し合うこと.

kaget (kagét) (Jw) 驚いた.
mengagetkan 驚かす.
kekagetan 驚き, 驚愕.

kagum (Jw) 驚いた, 感心した: *menyatakan rasa kagum dengan* 〜について驚きを表明する.
mengagumi 〜に驚く, 感嘆する.
mengagumkan 驚かす.

kah 《疑問詞やその他の単語につけて疑問の意を強調する》: *Ini buku-kah?* これは本ですか. *Ini buku awakkah?* これは君の本ですか. *Sudahkah makan?* 食事はもう済んだか. *Bilakah awak nak ke Singapura?* いつシンガポールへ行くのか. *Saya tak tahu langsung. Hidupkah, matikah, tak tahu.* 私は全く知らない, 生きているのか, 死んだのか. *Orang kampungkah, orang bandarkah, itu tak penting.* 田舎者か, 都会人か, それは重要でない. *Apakah corak bangsa negeri ini, belutkah, ularkah atau nagakah?* この国の国民のパターン(特徴)は何だろうか, 鰻か蛇かそれとも竜か. *Tak kira, hujankah tak hujankah.* 雨が降ろうが降るまいが, 関係ない.

Kaherah カイロ(エジプトの首都).

kahwin (Pr) 結婚, 結婚する: *kahwin dua* 二番目の結婚をする. *kahwin lagi satu* もう一人の妻をもつ. *kahwin beramai-ramai* 集団結婚. *kahwin campur antara kaum di Malaysia* マレーシアにおける種族間の通婚.

kahwin campuran 通婚.

kahwin gantung イスラム法上は婚姻しているが夫婦がまだ同居していない《日本的に言えば入籍したが, 披露宴も同居もしていない状態》.

kahwin lari 駆け落ち婚.

kahwin paksa 親の決めた結婚.

berkahwin 結婚する: *Dia akan berkahwin pada tahun depan.* 彼女は来年結婚する. *sudah berkahwin* もう結婚している.

berkahwin lain もう一人の妻をめとる(一夫多妻制度で): *Dia sedia membenarkan suaminya berkahwin lain.* 彼女は夫がもう一人の妻をもつことに同意する用意がある.

berkahwin lebih, berkahwin

lebih dari satu 妻を一人以上持つこと.

berkahwin lagi もう一人の妻をめとる: *Lelaki Melayu suka menyimpan hasrat untuk berkahwin lagi.* マレー人の男性はもう一人の妻と結婚したいという願望をひそかに持っているものだ.

berkahwin semula (一般に)別れた前の妻と復縁する＝*merujuk*.

berkahwin campur (外国人・種族の異なる人と)通婚する.

mengkahwini ～と結婚する: *mengkahwini orang Jepun* 日本人と結婚する.

mengahwinkan 1 ～を結婚させる. 2 二つの異なる要素を組み合わせる.

perkahwinan 1 結婚: *perkahwinan yang diatur oleh keluarga* 見合い結婚. *perkahwinan suka sama suka* 恋愛結婚. 2 結合.

kail; *mata kail* 釣り針.
mengail 魚を釣る.
pengail 1 釣り人. 2 釣り道具.

kain 布, 生地, 衣服: *kain baju* 衣料. *kain basahan* **a** 普段着. **b** マンディ用の浴衣. *kain buruk* 古着. *kain cadar* ベッドシーツ. *kain selimut* ブランケット.
berkain 衣服を着る.

kais; **mengais, mengais-ngais** 1 (鶏などが餌を求めて土や砂を)引っ掻きまわす, ほじくる. 2 身を粉にして働く. *kais pagi makan pagi, kais petang makan petang*【諺】その日暮らし; *rakyat miskin yang kais pagi makan pagi* untuk hidup 生きるためにその日暮しする貧しき国民.
mengaiskan 1 ～を引っ掻く. 2 生計手段を探す.

kaisar 皇帝.

kait かぎ, 鉤, フック.
berkait (フックで)つるされた.
berkaitan, berkait-kaitan ～に関連した: *Kedua-dua masalah itu saling berkaitan.* その二つの問題はお互いに関連している.
mengait 1 かぎで引っ掛けて(果物を)もぎ取る. 2 かぎ針編みをする.
mengaitkan つなぐ, 結合させる, 関係づける.
kaitan 関連, 関係: *kaitan erat antara A dan B* A と B の間の緊密な関係. *mempunyai kaitan dengan* ～と関係を持つ. *kaitan dengan kemalangan* 事故との関連. *Ini tidak ada kaitan dengan saya* これは私と関係ありません.
perkaitan つながり, 関係.
pengait フック, かぎ.

kajang ヤシの葉で編んだ覆い.
mengajangi 仕切りをする.

kaji (Ar) 1 知識, 能力. 2 学問: *kaji baka* 遺伝学. *kaji bina* 解剖学. *kaji hayat* 生物学. *kaji selidik* 調査, (アンケート)調査, 研究: *menjalankan kaji selidik* 調査をする.
mengaji 1 コーランを習う＝コーランを朗読する (*membaca Quran*): *Pada tiap-tiap malam, ramai kanak-kanak mengaji di surau itu* 毎晩たくさんの子供たちが礼拝所でコーランを朗読する. 2 勉強する, 学習する: *belajar mengaji dengan Ustazah itu* そのウスタザから(コーランを)学ぶ.
mengkaji 調査する, 研究する: *mengkaji keadaan kemiskinan di kampung itu* その村の貧困状態を調査研究する. *mengkaji masalah itu* その問題を深く研究する. *mengkaji semula* 再検討する, 再調査する.
kajian 研究の成果, 調査: *mem-*

buat kajian untuk 〜を調査する. **buat kajian mengenai laut** 海について調査する. **membuat kajian semula** 再調査をする. **kajian kemungkinan** 予備調査. **kajian kes** ケーススタディー, 事例研究. **hasil kajian, dapatan kajian** 研究の成果・結果.

pengajian 1 コーランの学習. 2 研究, 学問: *Jabatan Pengajian Melayu* マレー研究学科. *institusi pengajian tinggi* 高等教育機関(大学のこと).

pengkaji 研究者.

pengkajian 研究, 調査.

terkaji 研究された.

kak →kakak.

kakak 1 姉. 2 年上の女性への呼びかけ.

kakaktua I 〔鳥〕*burung kakaktua* オウム.

kakaktua II くぎ抜き.

kakanda; kanda 1【王室】兄君, 姉君. 2 (手紙文で)兄上, 姉上.

kakap; mengakap 巡回する, パトロールする.

kaki 1 足. 2 フィート(長さの単位). 3 裾(底辺): *kaki bukit* 丘のふもと. *kaki gunung* 山の麓. 4 〜を好む人: *kaki botol* 酒飲み. *kaki judi* 博打好き. *kaki ayam* 裸足で; *berjalan berkaki ayam* 裸足で歩く. *bekas kaki* 足跡. *kaki bangku* ベンチの足. *kaki dian, kaki lilin* ろうそく. *kaki hujan* 雨足. *kaki langit* 水平線. *kaki lima* カキ・リマ《道路際と店舗の間の狭いスペース; 歩道の一部を云う》. *kaki tangan* 手首; *terikat kaki tangan* 拘束される, 自由がない, もう権限がない, 手足がしばられている. *kaki tiga* (カメラの)三脚. *berjalan kaki* 徒歩で行く. *laluan jalan kaki* 歩道.

berkaki 足がある〜. *berkaki ayam* 裸足になる; *Ali berkaki ayam ketika bermain di halaman rumah.* アリは家の庭で遊ぶときは裸足だ.

mengaki 1 無償で働く. 2 命令に従う.

kakitangan 職員(公務員, 会社員), スタッフ, 助手: *kakitangan kerajaan* 政府の職員. *kakitangan awam* 公務員.

kaktus 〔植〕サボテン.

kaku 1 硬直した, こわばった. 2 (行動などが)ぎこちない: *mulutnya kaku, bahasanya kaku, kaku lidah* 話がなめらかでない. *gerak-geri pelakon itu kaku* あの役者の振る舞いはぎこちない.

kekakuan 硬直, こわばり.

kala I 時, 時代: *ada kalanya* 時々. *barang kala* いつでも. *dahulu kala* 昔に. *di kala ini* 現在. *pada kala itu* そのとき, その当時.

berkala 定期的に.

berkala-kala 時々.

sekala, sekali-sekala 時々.

kala II 〔動〕サソリ (kala jengking).

kalah 負ける, 失敗する, 失う: *kalah teruk* 大敗する. *kalah dalam pertandingan itu* 試合に負ける. *tak mahu mengaku kalah* 負けを認めたくない. *Saya kalah RM10.* (賭けなどで)10 リンギット損した.

mengalah 降参する, 負ける: Kalau dengan Ali, *saya mengalah.* / *Saya mengalah kepada Ali.* アリには負ける. *Akhirnya saya mengalah juga.* ついに根負けした.

mengalahkan 打ち負かす.

kekalahan 敗北, 負け: *kekalahan besar* (試合での)大敗.

kalam I ペン, 筆記具.

kalam II 言葉: *kalam Allah* アッ

ラーの言葉.

kalang; **kalangan** (人間の)集団, グループ: *di kalangan* ～の間で: *di kalangan orang Melayu* マレー人の間では. Skandal ini bukan rahsia *di kalangan kami*. このスキャンダルは私たちの間では秘密ではない.

kalau もし～, ～としたら: *Kalau hari tidak hujan, kami akan ke pasar*. 雨が降らなければ, 市場に行く. *Kesihatan anda terjejas kalau anda terus merokok*. もしこのまま喫煙を続ければ, 健康は悪化するだろう. *Kalau dulu* mereka sokong saya, sekarang saya nak bantu mereka balik. これまでは彼らが私を支持してくれたので, これからは私がお返しに彼らを助けたい.

kalau-kalau もしかして～ではないかと: *Saya bimbang kalau-kalau ada orang yang melihat saya*. もしかしたら僕を見た人がいるのではないかと心配した. *Cuba tanya kepada orang itu kalau-kalau dia tahu*. もしかしたら知っているかどうか, その人に聞いてみたら.

Bagaimana kalau ～ ～したらどうなるだろうか: *Bagaimana kalau beliau tidak datang?* もしあの方が来なかったらどうなるか.

kalau begitu, kalau macam tu もしそうなら: "*Saya terlalu sibuk sekarang.*" "*Kalau begitu, saya akan ke sana esok.*"「今とても忙しい」「そうならば, 明日そちらに行きます」. "*Kalau macam tu, saya pergi dulu.*"「もしそうなら, 僕は先に行くよ」.

kalau boleh もしできることなら: *Kalau boleh*, saya mahu membatalkan program ini. もし可能ならば, 私はこの計画をとり止めた方が良いと思う.

kalau mahu その気になったとき: Kita boleh menjadi kaya *kalau mahu*. その気になれば金持ちになれる.

kalau soal ～の問題になると: *Kalau soal* makanan, dia sangat memilih. 食べ物になると, 彼は好き嫌いが激しい.

kalau tidak そうしないと: Airnya mestilah selalu ditukar, *kalau tidak* ikan ini akan mati. 水はつねに取り替えねばならない, そうしないとこの魚は死んでしまう.

kalaupun たとえ～でも (=walaupun): *Kalaupun* awak tahu, diam sajalah! たとえ知っていても, 黙っていなさい.

kalbu (Ar) 心 (=hati), 感情: *Saya tidak tahu apa yang tersimpan di kalbunya*. 彼女の心に何が秘められているのか(どう感じているのか)僕は知らなかった.

kaleidoskop (kaléidoskop) (英) kaleidoscope 万華鏡.

kalendar (kaléndar) (英) calendar カレンダー, 暦.

kaleng (kaléng) **1** ブリキ板, 缶. **2** 缶詰: *makanan dalam kaleng* 缶詰の食物.

kali I 1 (数字で)掛ける, 掛け算する: *tiga kali ganda* 三倍. *dua kali tiga jadi enam* 2×3=6. **2** 回数, 度数: *Saya dua kali gembira*. 私は二重にうれしい.

kali ini 今回. *lain kali* 次回. *Berapa kali?* 何回. *tiga kali sehari* 1日3回.

setiap kali 毎回, ～するたびに: Pastikan anda menutup pintu *setiap kali* anda keluar. 外出するたびにドアを閉めたか確認しなさい.

kali pertama 最初、初めて: Inilah *kali pertama* lawatan saya ke Pulau Pinang. / *Inilah pertama kali* saya melawat Pulau Pinang. ペナン島訪問は今回が初めてです。 *Ini adalah pertama kali* bagi saya, tetapi saya mahu mencuba. 私にとっては今回が初めてですが、トライしてみたいです。

kali terakhir 最後に、直近の: *Kali terakhir* saya datang ke KL *ialah* pada bulan Mac lalu. KLに最後に来たのはこの３月でした。Dua budak iu ditemui di gua agak jauh dari tempat *kali terakhir* mereka dilihat. 二人の子は、彼らを最後に見た場所からかなり離れた洞窟で発見された。

kali-kali 掛け算表、九九表。

kalian, sekalian みなさん全員: anda sekalian みなさん。*Para hadirin yang dihormati sekalian* ご列席の皆様《スピーチの決まり文句》。

berkali; ***berkali ganda*** 何倍になる: Bilangan saudagar Melayu *meningkat berkali ganda*. マレー人の商人の数は数倍にも増えた。

berkali-kali 繰り返し、何回も: Awak sudah *berkali-kali* melakukan kesilapan yang sama. 君は同じ間違いを何度も繰り返している。Kalau kita buat sesuatu *berkali-kali*, kita akan menjadi cekap. 何事も何回もやれば、必ず上手くなる。

mengalikan, memperkalikan 掛ける。

perkalian 掛け算。

sekali 1 一回、一度: *sekali seminggu* 一週間に一回. *sekali setahun,* / *setahun sekali* 一年に一回. *tiga bulan sekali* 三カ月に一回. Gempa bumi raksasa itu berlaku hanya *sekali* dalam tempoh 250 tahun. 巨大地震は 250 年に一回しか起こらなかった。

sekali pandang 一目見て: Mereka jatuh cinta *sekali pandang*. 彼らは一目ぼれした。**2** とても、非常に: *cantik sekali* とても美しい。**3** (何もかも)一緒に、同時に: Jangan datang *sekali* dengan Ali. アリと一緒に来るな。Pemuda-pemuda itu ditahan *sekali*. 若者たちは皆同時に逮捕された。Kalau nak ajak Aminah, ajaklah Hana *sekali*. アミナを誘うなら、同時にハナも誘いなさいよ。Bawa kekasihmu *sekali*. 君の恋人も一緒に連れてきなさい。Pembeli motosikal wajib beli *sekali* topi keledar. オートバイ購入者はヘルメットを同時に購入するよう義務づけられている。

sekalipun **1** ～であるけれど＝walaupun: Dia tidak suka makan ubat, *sekalipun* dia sakit tenat. 彼はひどい病気であるけれども、薬を飲みたくない。**2** たとえ～であっても: *dengan apa cara sekalipun* どんな方法ででも. *walau apa yang terjadi sekalipun* たとえどんなことが起ころうとも. *dalam apa juga keadaan sekalipun* たとえどんな状況になってでも. *jika ～ sekalipun* ～であっても; *Jika anaknya menangis sekalipun*, たとえ子供が泣いても。

sekali-kali 全く、全然: Saya *tak mahu gagal sekali-kali*. 落第は全くしたくない。

sekali-sekali, sesekali, sekali-sekala 時々、たまに: *Sekali-sekali sahaja* saya bertemu dengan dia, tidak selalu. 彼女とはたまに会うだけ、いつもではない。

kali II (Jw) 川＝sungai.

kalimantang 光線: *lampu kalimantang* 蛍光燈.
mengalimantang 色とりどりの.

kalimat (Ar) 文, 語句.

kalis (Ar) 水に濡れない, 〜を通さない. 感染から免れた, (ガラス, 金属が)光らない: *kalis air* 防水性の. *kalis api* 耐火性の. *kalis karat* 耐さび性の. *baju kalis peluru* 防弾チョッキ.

kalium 〔化学〕カリウム(化学記号 K).

kalkulator (英) calculator 計算機.

kaloi 〔魚〕グラミ.

kalori (英) calorie カロリー.

kalsium (英) calcium 〔化学〕カルシウム(化学記号 Ca).

kalung 首輪, ネックレス.
kalungan, kalungan bunga 花輪.
berkalung ネックレスをしている.
mengalungkan 〜 を首にかける.

kalut 1 混乱した. 2 うわ言をいう.
kalut-malut 混乱状態の (= kacau-bilau, kelam-kabut, kalut-marut).
berkalut 1 混沌とした, 混乱した. 2 うわ言をいう.
mengalutkan, mengalut-malutkan 混乱させる, 動揺させる.

kambing 〔動〕山羊: *menjadi kambing hitam* やり玉になる.

kambus; mengambus (土に)埋める.
terkambus 1 土で埋める. 2 (川が)浅くなる.

kamera (kaméra) (英) camera カメラ. *kamera digital* デジタルカメラ. *kamera video* ビデオカメラ. *kamera litar tertutup (CCTV)* 監視カメラ. *mengambil foto bayi itu dengan kamera* カメラで赤ちゃんの写真を撮る.
berkamera カメラ付の: *telefon bimbit berkamera* カメラ付携帯電話.

kami (話し相手を除いた)私たち→ **kita**.

kamil (Ar) 完璧な, 完全な.

kampit ムンクアン(mengkuang)などで編んだ小袋.

kampung 1 カンポン, 田舎, 村落: *kampung halaman* 故郷. *ayam kampung* 地鶏. *tanah kampung* 宅地, 敷地(水田 sawah に対応して). *balik (ke) kampung* 帰省する, 田舎に帰る; Lama tak nampak, *balik kampungkah*? しばらくですね, 田舎に帰っていたの? 2 都市の中での特定種族の移住区(〜街). *kampung Keling* インド系住民が居住している地区. 3 非近代的, 遅れている.
berkampung 集まる, 集合する: Malam ini kita *berkampung*, malam esok kita bercerai. 今晩集合して, 明晩には解散する.
mengampungkan 集合させる.
kampungan 伝統的な, 昔風の.
kekampunan 田舎風な, 野暮な.
perkampungan 1 村, 村落. 2 集会場所.

kampus (英) campus キャンパス.

kamu 君たち, お前《同等ないし目下に使うくだけた二人称》.

kamus (Ar) 辞書: *kamus bahasa Jepun* 日本語の辞書.

kan [bukan]の 短縮形(付加疑問文): Ini *kan* kopi saya? これは僕のコーヒーですよね? Hari ini sangat panas, *kan*? 今日はとても暑いですよね? *Kan* kedai itu sudah tutup? 店はもう閉まったでしょうね? *Kan* tak baik? (それは)良くないじゃあ

kanabis (Ar)(英) cannabis インド大麻(マリファナ, ハシシ).

Kanada カナダ.

kanak-kanak 子ども(低学年の小学生以下の子): Ada *seorang kanak-kanak* yang menangis. 泣いている子が一人いる. *masih kanak-kanak* まだ幼い.

kekanak-kanakan 子どもじみた.

kanan 1 右: di sebelah *kanan* 右側の. Terus saja ke *kanan*. (車を運転するとき)このまま右側を通ってください. *Lihat ke kiri ke kanan* 左右を見よ. 2 (地位などが)高い, 重要な: *pegawai kanan* 高官. *menteri kanan* 有力な閣僚. "*Sudah jadi orang kanan, ya?*"「出世したのね」《皮肉なニュアンス》. 3 右派(保守派).

tangan kanan 1 右手. 2 最右翼, 有望なスタッフ.

langkah kanan 運がいい.

menganan 右に曲がる.

terkanan 1 一番右の. 2 有名な.

kancah 1 大鍋. 2 (闘争や政治の)争う場所: *kancah peperangan* 戦場. *kancah politik* 政界; Ahli politik itu kembali semula ke *kancah politik Jepun*. その政治家はまた日本の政界に復帰した. 3 (戦いなどによって生じた)危機的状況(＝*kancah krisis*): *terjebak ke dalam kancah krisis* 危機に陥る.

kancil 〔動〕カンチール(ネズミジカ). *akal kancil* ずる賢い.

kancing 1 ボタン・ファスナー. 2 かんぬき.

berkancing ボタン・かんぬきなどをかけた.

mengancing ボタン・かんぬきなどをかける: terlupa *mengancing* ba-junya. 上着のファスナーをかけ忘れる.

terkancing ボタン・かんぬきなどがかかった.

kandang 家畜小屋, 囲い: *kandang kambing* 山羊小屋. *pulang ke kandang* 元の場所・出身地へ戻る. *kandang orang salah* (法廷内の)被告席.

kandar; **pengandar** (肩に担いで物を運ぶための)担ぎ棒.

mengandar 棒を担いで運ぶ.

kandas; **terkandas** 途中で動けなくなる, (船が)座礁した, 失敗する: Banyak kereta *terkandas* beberapa jam dalam banjir kilat. 突然の洪水でたくさんの車が数時間も立ち往生した. Kapal itu *terkandas di batu karang*. 船がさんご礁に座礁した. Rancangan kami *terkandas separuh jalan*. われらの計画は道半ばで失敗した. Saya *kandas dalam peperiksaan itu*. 私は試験に失敗した.

mengandaskan 失敗させる.

kekandasan 失敗.

kandung 1 小物入れ, 財布. 2 血のつながった(家族関係): *anak kandung* 実子. *emak kandung* 実母. 3 子宮.

mengandung 妊娠している: wanita yang *mengandung tiga bulan* 妊娠三ヵ月の女性. Isterinya sarat *mengandung lapan bulan*. 彼の妻は妊娠八ヵ月で出産が間近い. 2 〜を入れる, 〜でいっぱいにする.

mengandungi 〜を含む, 中に入れている: Bakul itu *mengandungi* buah-buahan. そのかごには果物類が入っている.

kandungan 1 内容: *isi kandungan surat itu* 手紙の内容. mengulas lanjut mengenai *kandungan per-*

kanggaru

bincangan itu 会談の内容について詳しく説明する. **2** 目次. **3** 子宮.

　terkandung 満ちている.

kanggaru (英) kangaroo 〔動〕カンガルー.

kangkang 開いた股の間.

　mengangkang 両足を大きく開く, またがる.

　terkangkang 両足を大きく開いた.

kangkung 〔植〕カンコン.

kanji 澱粉, 糊(のり).

　berkanji **1** 澱粉の. **2** 糊付けした.

　menganji 糊付けする.

kanser (英) cancer がん(癌).

kanta レンズ: *kanta lekap / sentuh* コンタクトレンズ《しかし, 日常会話では *kontak lens* となる》. *kanta mata ikan* 魚眼レンズ. *kanta zum* ズームレンズ. *mata tanpa kanta* 裸眼.

kantin (英) canteen (学校, 会社の)食堂, 売店.

kantuk; **mengantuk** 眠たい: Saya *sangat mengantuk* kerana malam tadi saya tidak lena tidur. 昨夜ぐっすり眠れなかったので, とっても眠たい.

　terkantuk 睡魔に突然襲われる.

kantung ポケット, 袋: *menyeluk kantungnya* mencari duit kecil ポケットに手を入れて小銭を探す.

kanun (Ar) 法律, 規則, 法典.

　berkanun 法律に基づいた～.

　mengkanunkan 法律を制定する.

　pengkanunan 法律制定.

kaolin (英) kaolin カオリン, 高陵土, 陶土, 白土.

kapai; **terkapai-kapai** **1** 何かをつかもうと手を動かす: Dalam kejadian tsunami itu, mereka *terkapai-kapai* meminta pertolongan sebelum ditelan ombak besar. 津波が起きたとき, 彼らは助けを求めて手を振っていたが, やがて大波にのみ込まれてしまった. **2** 途方に暮れる.

kapak 斧(おの).

kapal 船: *kapal angkasa* 宇宙船. *kapal barang* 貨物船. *kapal kontena* コンテナ船. *kapal korek* (鉱山の)浚渫船. *kapal layar* 帆船. *kapal perang* 戦艦. *kapal periuk* 駆逐艦. *kapal pukat harimau* トロール船. *kapal ronda* 巡視艇. *kapal selam* 潜水艦. *kapal tangki* タンカー船. *kapal terbang* 飛行機.

　berkapal **1** 船を保有する. **2** 航海する.

　mengapalkan 船で運ぶ.

　perkapalan 海運, 航海.

kapar; **kaparan** 川の水面に浮いているゴミや木ぎれ.

　berkaparan めちゃめちゃに散らばる: Selepas letupan itu mayat-mayat kelihatan *berkaparan*. 爆発の後, 死体が散乱しているのが見えた.

　mengaparkan 一面に散らかす.

　terkapar 散らかった.

kapas 綿花, 綿, 綿糸.

kapi 滑車.

kapit; **pengapit** 従者, 護衛者, 随行者: *pengapit pengantin* 結婚式での新婚カップルの付添い人.

　berkapit 随行者を伴った.

　mengapit **1** 随行する. **2** 圧搾する, 押しつぶす: *mengapit pengantin* 新郎新婦に付き添う.

　terkapit 押しつぶされる, 挟まれる: *jarinya terkapit pintu* 指がドアに挟まれた.

kapitalis (英) capitalist 資本主義者, 資本家.

kapitalisme (英) capitalism 資本主義.

kapsul (英) capsule カプセル.

kapten (kaptén) (英) captain 隊長, キャプテン, 大尉: *kapten kapal* 船長.

kapuk 〔植〕カポック.

kapur **1** 石灰, 生石灰: *batu kapur* 石灰石. **2** チョーク (＝kapur tulis).
　mengapur 石灰を塗る.
　mengapuri (石灰で)白くする.
　mengapurkan キンマの葉を石灰とともに用意する(噛み煙草の準備).
　pekapur, perkapuran 石灰を入れる容器.

kara; **kacang kara** 〔植〕フジマメ.

karah 歯石, 垢.

karam 沈む: *Kapal itu karam di tengah laut.* その船は海の真ん中で沈没した.
　mengaram 沈んでいる.
　mengaramkan 沈める.
　kekaraman 沈没.

karan (英) current 電流 (＝karan elektrik). *Minah karan* 女工さん.

karang I 珊瑚, さんご礁 (batu karang).

karang II 花輪.
　mengarang **1** 花を生ける (mengarang bunga). **2** 作文をする; (本や歌, 詩を)創作する, 著作する, 作曲する: *mengarang buku* 本を書く.
　karang-mengarang 作文, 執筆: *Hobi saya karang-mengarang.* 私の趣味は文章を書くこと.
　karangan **1** 花輪: menerima *karangan* dari anak 子どもから花輪を受け取る. **2** 創作, 作品: *menyemak karangan muridnya* 生徒の作文を手直しする. **3**【古典】職人, 職工, 名工, 工匠.
　pengarang **1** 首輪を作る糸. **2** 作者, 著者, 作家: Siapakah *pengarang* novel "Salina"? 小説『サリナ』の作者は誰ですか. **3** 編集者, エディター: menjadi *pengarang* di syarikat penerbitan 出版の編集者になる.

karang III (口語) 後に, 後で＝nanti: *Karang* saya akan berjumpa dengan anda. 後ほどあなたにお会いします. *malam karang* 今晩.

karang IV; **pekarangan** 庭, 敷地: *karang rumah* 家の庭.

karat I 錆.
　berkarat **1** 錆びた: *tidak mudah berkarat* 錆びにくい. **2** 古い. **3** 邪悪な.
　karatan **1** 錆びだらけのもの. **2** 邪悪な.

karat II (英) carat カラット(宝石の単位): cincin berlian 8 *karat* yang besar 8 カラットの大きなダイヤモンドの指輪.

karbida (英) carbide 炭化物, カーバイド.

karbohidrat (英) carbohydrate 炭水化物.

karbon (英) carbon. **1** 炭素(化学記号C). **2** カーボン紙. *karbon dioksida* 二酸化炭素, 炭酸ガス. *karbon monoksida* 一酸化炭素. *kertas karbon* カーボン紙. *salinan karbon* カーボン紙による複写.

kargo (英) cargo 船荷, 貨物.

kari (Tm) カレー.

karib (Ar) **1** 親密な: *tiga sahabat karib sejak kecil* 幼少からの三人の親友. **2** 近親の.
　mengaribkan 親しくさせる.
　kekariban 親密さ, 近さ.

karikatur (英) caricature 風刺漫画.

karipap 〔食〕カレー・パフ《カレーが入ったパイ状のお菓子》.

kartel (kartél) (英) cartel 1 カルテル, 企業連合. 2 党派連合.

kartrij (英) cartridge カートリッジ.

kartun (英) cartoon 漫画, 動画.

karun 1 大金持ち. 2 不正に貯めた(財産).

karung 麻袋.

karut; **berkarut** 1 うそである. 2 (考えが)混乱した: Cerita itu tidak benar, *semua karut belaka*. その話は本当でなく、全てがまったくのうそであった.

mengarut 1 うそをつく. 2 混乱する.

karya (Sk) 芸術作品, 文学作品.

berkarya 執筆する.

pengkarya 作家.

perkaryaan 作家活動.

kasa ガーゼ(=kain kasa).

kasar 1 荒っぽい, 粗野な, 無礼な, ざらざらした, きつい(仕事): *cepat bertindak kasar* すぐキレる. *kata-kata kasar* 乱暴な言葉. *buruh kasar* 肉体労働者. *kerja kasar* 肉体労働. *dikira secara kasar* 概算すると.

berkasar ぶしつけな態度をとる: Kita tidak boleh *berkasar dengan orang*. 私たちは他人にぶしつけな態度をとってはならない.

kekasaran 荒さ, 無礼さ.

kasau 屋根を支える梁(はり): *kasau betina* 小さな梁. *kasau jantan* 大きな梁.

kaset (kasét) (英) cassette カセット(録音テープ・録画フィルム用の).

kasi I 【口語】与える, やる=beri: "Pergi *kasi* ayam makan tu."「鶏にエサをやってくれ.」.

kasi II 去勢された.

kasih 愛, 愛情 (=kasih sayang): Ibu memberi *penuh kasih sayang* terhadap anak. 母親は子供に対し愛情に満ちている.

terima kasih ありがとう.

berkasih 愛する.

berkasih-kasihan 愛し合う, 仲が良い: Mereka sudah *berkasih-kasihan* sejak belajar di universiti. 彼らは大学時代から愛し合っていた.

mengasihi 〜を愛する: *Kepada Aminah yang dikasihi* 愛するアミナへ《手紙文の書き出し》.

mengasihani 〜を哀む, 〜に同情する.

kasihan 可哀想に! 哀れみ, 同情.

kekasih 恋人.

kekasihan 愛情.

pengasih; *ubat pengasih* 惚れ薬.

kasino (英) casino カジノ.

kasta (インドの)カースト制度, 階級.

kastam (英) customs 税関.

kasut 靴: *kasut bola* フットボール用の靴. *kasut seret* スリッパ. *kasut tumit tinggi* ハイヒール.

berkasut 靴を履いた〜, 靴を履く.

kata 1 語, 単語. 2 話: *kata alu-aluan* 歓迎の辞. *kata dua* 最後通牒. *kata pinjaman* 借用語. *kata kunci* キーワード. *kata laluan* (コンピューターの)パスワード. *kata masukan* = *kata entri* 辞書の見出し語. *kata orang* 噂では, 人の話では. *kata-kata kosong* 空虚な言葉. *kata pendahuluan* = *kata pengantar* 序文, はしがき. *kata sepakat* 合意, コンセンサス; *mencapai kata sepakat* コンセンサスに達する. *kata terbitan* 派生語. 3 〜と言った, 言う: "Selamat pagi," *kata guru besar*. *Kata murid-murid*, "Selamat pagi, cikgu."「おはよう」と校長先生が言いました. 生徒たちは「先生, おはようございます」と言いました. "Bangun Rahmat!

Bangun *kataku*!"「起きろ, ラフマット！起きろと言ってるだろう！」 *"Betul juga kata-kata saudara"* 「全くあなたの言うとおりです」. *"Saya sudah kata, berhentilah merokok."*「禁煙しなさい, と以前から言ったでしょう」 *"Betul juga kata-kata* kamu Emiko. Mulai esok pak cik hendak berhenti merokok."「恵美子, お前の言う通りだよ. おじさんは明日から禁煙するよ」. *Apa dia kata?* 彼は何と言ってたか. *Dia kata* dia nak datang ke sini. 彼はここに来るって. *Saya bukan hendak kata* 〜と言うつもりは毛頭ありません. *Saya pun tak tahu apa nak kata.* 何といったらよいか分かりません. *Saya tak ada apa nak kata.* 言いたいことは何もありません. ***dengan kata lain, dalam erti kata lain*** 換言すれば.
***Apa kata anda mengenai* 〜?** 〜についてあなたはどう思いますか: *Apakah kata anda mengenai* Wawasan 2020? 2020年ビジョンについてあなたはどう思いますか.
Nak kata 〜と言うけれども: *"Durian sedap, ya?" "Nak kata sedap, sedap juga."* 「ドリアンはうまいですよね」「うまいと言えば, まあうまい」. *Nak kata* kerja, tapi masih duduk di kantin. 働くと言うけれども, まだ食堂に座ったままじゃないか. *Nak kata* tidak ada kerja, banyak kilang dibuka. 仕事がないと言うけれども, 工場がたくさんオープンしてるではないか. *Nak kata* saya hendak sorong anak saya ke hadapan, saya tidak buat. わが子を後押ししているのではないかと, 人は言うけれども, そんなことはしていない.

berkata 話す, 言う: *berkata dengan perlahan-lahan* ゆっくりしゃべる. *tidak berkata apa-apa* 何も話さない. *berkata sepatah dua* 一言述べる《挨拶のスピーチなどするとき》.
berkata-kata おしゃべりする: *Jangan berkata-kata* apabila cikgu berada di kelas. 先生が教室にいるときは, おしゃべりをしないで. *berkata-kata di belakang* 裏で文句を言う, 陰口を言う.

mengata 1 言う: Sebelum dia pengsan, *ada sesuatu yang dikatanya.* 失神する前に何か言った. *"Saya tak boleh tutup mulut awak. Nak kata, katalah."*「君の口を封じることはできない. 言いたいなら, 言いなさいよ」. *jangan dikata lagi* 言わずもがな; Nama-nama kuda itu sedap sekali. Ada dalam bahasa Melayu, ada dalam bahasa Cina, Inggeris *jangan dikata lagi*. 競馬の名前はマレー語のものもあり, 中国語のものもあり, 英語は言わずもがなだ. 2 人の悪口を言う: *mengata orang* 人の悪口を言う. Jangan *mengata sesiapa pun.* 誰の悪口をも言ってはならない. Dia suka *mengata saya.* 彼は私の悪口をよく言う.

mengata-ngatai, mengatai 〜人の悪口を言う, 〜を悪く言う: Dia suka *mengatai orang.* 彼は人の悪口をよく言う.

mengatakan 1 〜と言う: Saya *tidak pernah mengatakan* ini kepada orang lain. この事を今まで他人に言ったことがない. *Boleh dikatakan bahawa* ikan itu besar juga. その魚はかなり大きかったと言える. *Tidak keterlaluan jika dikatakan bahawa* 〜と言っても過言でない. Bagus! *Ya, apalagi yang dapat saya katakan selain* bagus. すばらしいという以外に何と言ったらいいか！

Katakan sahaja pun dah cukup. 言うだけで十分です。 "*Itu nak kata, katakanlah.*"「そのことを言いたいなら、はっきりと言いなさいよ」。"*Apa dia? katakanlah.*"「それって何? はっきり言いなさい」。"*Inilah Saiful yang cikgu katakan itu.*"「この人が、先生が言っていたあのサイフルさんですよ」。"*Oh, ini Saiful. Ya, apa khabar, Saiful?*"「やー、サイフルさんですか、初めまして」。*Apa yang hendak saya katakan sekarang ialah* ~. 私が今ぜひ言いたいことは~。**2** ~に知らせる、表明する: *Ada suatu perkara penting yang saya nak katakan kepada anda semua.* みなさんにお知らせしたい重要な事があります。

memperkatakan ~について論じる: *Buku ini akan memperkatakan tentang orang Melayu.* 本書はマレー人について論じる。*Jika memperkatakan mengenai* ~ついて言えば。*Isu yang hangat diperkatakan baru-baru ini ialah masalah* ~. 最近熱心に議論されている問題は~。

katakanlah ~と仮定すると: *Katakanlah awak kaya,* apa yang hendak awak buat? 君が金持ちだとすると、何をしたいか?

perkataan 単語, 語彙(ボキャブラリー), 語句: *Hendaklah awak turut akan perkataan orang tua.* 君は両親の言葉に従うべきです。*dengan perkataan yang lain* 換言すれば。

sekata **1** 同様な, 均等な, 均一の, 同等な: *Pembangunan tidak sekata di seluruh negeri.* 開発は全国内で均等でない。**2** 満場一致で: *seia sekata* 賛成する、同じ意見である。 *tidak sekata tentang segala-galanya* あらゆることで意見が一致しない。

kata dua 最後通牒: *memberi kata dua* 最後通牒を与える。*Kata dua itu tamat tempohnya pada pukul 6 petang ini.* 最後通牒の期限は今日午後6時に切れる。

katak 〔動〕カエル(蛙): *lompat katak* 蛙飛び。*katak puru* ヒキガエル。*katak di bawah tempurung*【諺】井の中の蛙大海を知らず。

katalog (英) catalogue カタログ。

kategori (英) category カテゴリ。

kati カティ(重さを測る伝統的な度量衡: 1 kati=16 tahil=604.79g)。

katik (人や鶏が)矮小な。

katil (Tm) ベッド(tempat tidur)。
bersekatil 同じベッドで寝る。

katod (英) cathode カソード(陰極)。

Katolik カソリック教会。

katung; **terkatung**, **terkatung-katung** **1** (水面に)浮き沈みしている。**2** (将来が)不確定な。

katup **1** 閉まった。**2** 弁(装置), バルブ。
berkatup しっかりと閉まっている。
mengatup (窓やドアを)閉める。

kau (engkau) (お前, 君) の略語。

kaul I (Ar) **1** 発言, 言葉。**2** 意見, 考え。

kaul II (Ar) 誓い, 誓約。
berkaul 誓う。

kaum (Ar) **1** 種族, エスニック集団: *Rakyat Malaysia terdiri daripada pelbagai kaum.* マレーシア国民はさまざまな種族から構成されている。*kaum Melayu, kaum Cina* マレー人, 華人。*rusuhan kaum* 種族暴動。**2** 同族, 氏族: *kaum keluarga, kaum kerabat* 親族。*kaum asli* 先住民。**3** グループ, 社会階層: *kaum wanita* 婦人層。*kaum ibu* 母親のグループ。*kaum muda, kaum belia* 若

者. *kaum atasan* エリート階級. *kaum buruh* 労働者階級.

berkaum 同族の, 血縁の.

perkauman 種族・エスニシティにかかわること: *perasaan perkauman* 種族主義的感情. *sikap perkauman di kalangan rakyat Malaysia* 国民の間にある種族主義的態度.

kaunseling (英) counseling カウンセリング, 相談.

kaunter (英) counter カウンター, 売台.

kaup → kaut.

kaut; **mengaut** (手で)すくい上げる, かき集める.

kawah 1 大きな鍋. 2 火口, 噴火口, クレーター: *kawah baru* 新たにできた噴火口. *kawah lahar* 火口丘.

kawal (Tm) 1 見張り, 警備員. 2 監視.

berkawal 1 見張りをする. 2 警備された.

mengawal, mengawali 1 警備する, 監視する: *mengawal sempadan* 国境を警備する. 2 抑える, 抑制する, 統制する, 管理する: *Kita berjaya mengawal kebakaran daripada terus merebak.* 火事がさらに燃え広がるのを食い止めることに成功した.

kawalan 監視, 守られている, 規制されている: *kawalan dalaman* 内部規制. *kawalan kelahiran* 産児制限. *kawalan ketat* 厳しい取締り. *kawalan modal* 資本規制.

pengawal 監視員, 警備員.

pengawalan 監視, 見張り.

kawan 1 友人, 同僚: *Dia tidak ramai kawan.* 彼は友達が多くない. 2 一群, 集団.

berkawan 1 付き合う: *Selagi saya hidup, saya tidak akan berkawan kembali dengan dia.* 私は生きている限り彼とはよりを戻すことは決してない. 2 集団で.

berkawan-kawan 集団で, 群れをなして.

mengawan (動物が)交尾する.

mengawani 〜と付き合う.

kawasan 地域, 地帯. *kawasan lindung marin* 海洋保護地域. *kawasan perdagangan bebas* 自由貿易地区. *Kawasan Perdagangan Bebas ASEAN* ASEAN自由貿易地域 (AFTA). *kawasan pantai* 海岸地域.

kawat I 1 ワイヤー. 2 電報 (= berita kawat, berita khabar).

mengawatkan 電報を送る.

kawat II; **berkawat** (Ar) 行進する.

kaya 1 金持ち, 裕福な: *orang kaya* 金持ち, 裕福な人. 2 〜に富む, 〜がたくさんある (*kaya dengan* 〜), (神の力が)強い: *Buah ini kaya dengan vitamin.* この果物はビタミンをたくさん含んでいる. *negeri yang kaya dengan sumber alam* 天然資源が豊富な国. *kaya dengan pengalaman* 経験が豊富である. *orang kaya-kaya* 名声の高い人.

kaya-raya とても金持ち, 裕福な.

kekayaan 1 裕福. 2 (神の)偉大さ. 3 富, 財産.

mengayakan 1 金持ちになる. 2 豊かにする.

memperkaya, memperkayakan 金持ちにさせる, 豊かにする: *uranium diperkayakan* 濃縮ウラニウム.

kayangan 神の住む場所, 天国.

kayap 皮膚病, 疱疹(ほうしん).

kayau; **mengayau** 首狩りをする.

pengayau 首狩り族.

kayu I 木材, 材木: *kayu api, kayu bakar* まき, たきぎ(薪). *kayu manis*

kayu

シナモン(スパイスの一種). *kayu ukur* 尺度, バロメーター. *batang kayu* 幹, 樹幹.

kayu-kayuan, kayu-kayan さまざまな木材.

perkayuan 1 木材産業, 伐木搬出. 2 木製家具.

kayu II 1 反物(布, 織物)を数える単位. 2 長さを示すマレーの伝統的単位(1 kayu=20 ela=18.28m).

kayuh; pengayuh 1 かい(櫂). 2 自転車のペダル.

berkayuh, mengayuh 漕ぐ: *berkayuh basikal* 自転車を漕ぐ.

mengayuhkan (舟や自転車を)漕ぐ.

KDNK [Keluaran Dalam Negara Kasar] 国内総生産(GDP).

ke 1《方向を表す前置詞》〜へ, に向かって: *Nak ke mana?* どこへ行くの? *Saya pergi ke sekolah.* 学校へ行きます. *sebelum ke Malaysia* マレーシアへ行く前に. *Minggu depan saya akan ke Malaysia.* 来週私はマレーシアへ行きます. *Kapal itu belayar menuju ke selatan.* 船は, 南に向かって航海した. 2《数字の前に接続としてつけ, 序数を示す》: *abad yang ke-21* 21世紀. *anak ke empat* 4番目の子. 3【口語】=*kah*《とくに, 漫画では-*kah*が*ke*になる》: *Dia tak ada kekasih ke?* 彼は恋人がいないのか?

ke〜 〈*ke*接頭辞の意味〉 1 語幹の意味する人・物・動作: *kekasih* 恋人. 2 [*ke*+数詞] 序列(序数): *buku ketiga* 三番目の本. *Jepun adalah rakan dagang ketiga terbesar Malaysia.* 日本はマレーシアの三番目に大きな貿易パートナーである. 3 [*ke*+数詞] 全部そろって: *ketiga buku* 三冊全部の本, 三巻全.

ke〜an 〈*ke〜an* 共接辞の意味〉 1 状態・状況をしめす抽象名詞: *kecantikan* 美, 美しさ. 2 場所を示す名詞: *kejauhan* 遠い所. *ketinggian* 高所. 3 「〜される人・物」: *kesayangan* 愛される人. *kepercayaan* 信頼される人. 4「「〜された, 〜の被害をこうむる」: *kecurian* 盗まれた. *kehujanan* 雨に降られる. *kematian* 死なれる. 5「可能, できる」: *kedengaran* 聞こえる. *kelihatan* 見える. 6 形容詞的意味: *kenamaan* 有名な. *kebendaan* 物質的な. 7 度合いが過ぎる意味: *kesakitan* 痛くてしかたがない. *ketakutan* 怖がっている. 8「〜的な, 〜らしい」: *tradisi kemelayuan* マレー的な伝統. *sifat-siaft kelakian* 男らしい性格. 9「あたかも〜のような」[*ke*+重複語+*an*]: *kemerah-merahan* 赤みがかった. *kebarat-baratan* 西洋かぶれした.

kebal 1 不死身な(=*kebal daging, kebal pakan*), 弾丸を通さない: *kereta kebal* 装甲車. *bilik kebal* 金庫室(貴金属や重要書類を保管するための部屋). 2 治外法権を持つ.

mengebalkan 免疫性を与える.

kekebalan 免疫, 治外法権.

kebas I 1 (足が)しびれる. 2 麻痺する.

mengebaskan (足を)しびれさせる: *duduk bersila lama-lama boleh mengebaskan kaki* あぐらをかいて長く座っていると足がしびれる.

kebas II *kebas kain* 布をばさばさと強くはらう音.

mengebas, mengebaskan 1 ほこりをはらうために〜をたたく: *mengebas habuk di atas meja dengan kain* 机の上のほこりを布でたたく. 2【口語】盗む, ちょろまかす.

kebat 束ねたもの, くるんだもの.

mengebat 縛る, くくる.
pengebat 包帯, 縛るのに使うもの.
kebaya クバヤ(マレー女性の伝統的な長袖上着).
kebayan 1 マレーの昔話にでてくる男女の仲をとりもつ老婆(＝nenek kebayan). 2 召使.
kebuk (自動車などの)シリンダー.
kebun 庭園, 畑, 農園: *kebun buah-buahan* 果樹園. *kebun getah* 小規模ゴム園. *kebun sayur* 菜園. *tukang kebun* 庭師.
berkebun (畑, 庭で)栽培する.
perkebunan 園芸, 農園地帯.
pekebun 農園経営者.
kecah (kécah); **berkecah** 散らかっている.
mengecahkan 散らかす, ばらまく: Bila makan, jangan *mengecahkan* nasi di atas meja. 食事のときはテーブルの上にご飯をこぼすな.
kecai; **berkecai**, **berkecai-kecai**, **terkecai** 粉々に壊れる: Pinggan itu *jatuh berkecai* di atas lantai. お皿が床に落ちて粉々に壊れた. Percubaan itu pernah *berkecai*. その試みは以前に失敗している.
kecam; **mengecam**, **mengecamkan** 非難する, 批判する＝membida, mencela: *mengecam* orang-orang malas 怠け者を非難する.
kecaman 批判, 非難.
pengecam 批評家.
pengecaman 認識, 確認.
kecamuk; **berkecamuk** 1 (戦いが)激しくなる. 2 (思考や気持ちが)混乱する: Fikirannya *berkecamuk*. 彼は思考が混乱した.
kecap; **mengecap** 1 味見する: *mengecap* sup itu スープを味見する. 2 経験する: *mengecap* nikmat pembangunan 開発の良さを経験した.

mengecap kebahagiaan 幸せを味わう.
kecapi (Sk) クチャピ(マレーの伝統的楽器)四弦琵琶.
kecek (kécék) 1 おしゃべり. 2 だます.
mengecek 1 おしゃべりをする. 2 うまいことを言って説得する, だまし取る: Dia *mengecek* coklat daripada adiknya. 彼は弟からまんまとチョコレートをだまし取った.
mengecekkan 1 〜のことをうわさする. 2 自慢する.
pengecek 1 おしゃべりな人. 2 人をおだてるのがうまい人.
keceng (kécéng) 片目を閉じた.
mengeceng, **mengecengkan** (mata) (ねらいをつける時)片目を閉じる.
sekeceng (mata) 一瞬.
kecewa (kecéwa) 1 がっかりする, 失望する: Kalau gagal, *you akan kecewa seumur hidup*. 失敗すれば, 君は一生失望するだろう. Saya *sangat kecewa dengan* keputusan peperiksaannya. その試験の成績に本当にがっかりした. Dia *berasa kecewa kerana* tidak dapat memasuki sekolah berasrama penuh. 彼は全寮制の学校に入れなかったのでがっかりした. 2 失敗する: Saya *kecewa dalam* peperiksaan itu. 僕は試験に失敗した.
mengecewakan 1 失望させる, がっかりさせる. 2 失敗させる.
kekecewaan 失望: *melahirkan kecewaan* 失望感を表明した.
terkecewa がっかりする: Awak akan *terkecewa* di kemudian hari jika awak tidak berusaha sekarang. 今努力しないと後日きっとがっかりするよ.

kecil 1 小さい: *rumah kecil* 小さな家. *Rumah saya kecil.* 僕の家は小さい. 2 幼い, 若い: *Adik saya masih kecil.* 弟はまだ小さい. *ketika kecil lagi* 幼い頃. *semenjak dari kecil* 幼少の頃から. 3 とるに足らない: *perkara kecil saja* ささいな事柄. *peranan kecil* 小さな役割. 4 (地位, 評判などが)低い: *orang kecil* 地位の低い人・部下. 5 少ない, 少量の: *Sebilangan kecil sahaja pelajar yang memilih kursus bahasa itu.* その言語コースを選択する学生は少ない. *modal yang kecil* 少量の資本.

kecil hati (心が)傷つく, 嫌な気分になる, 気分を害する: *Saya berasa kecil hati mendengar kata-katanya.* 彼の発言を聞いて私は気分を害した.

kecil-kecilan 小規模に, ささやかに: *secara kecil-kecilan* 小規模に.

berkecil 1 (心が)傷つく, 機嫌を損ねる (berkecil hati): *Janganlah berkecil hati dengan sikapnya itu.* 彼の態度に機嫌を損ねないで. 2 小心な.

berkecil-kecil 小規模に, 少しずつ.

mengecil 小さくなる: *Sotong mengecil bila dimasak.* イカは調理すると小さくなる.

mengecilkan, memperkecilkan 1 減らす, 小さくする. 2 見くびる, 軽視する.

kecimpung 水のはねる音.

berkecimpung 1 (水の中で)跳ね回る. 2 (〜の分野に)たずさわる, 活躍する: *Mereka sudah lama berkecimpung dalam* lapangan politik. 彼らは政治の分野にもう長いことたずさわってきた.

kecoh I (kêcoh) だます行為.

mengecoh, mengecohkan 〜をだます.

pengecoh 詐欺師.

kecoh II (kêcoh) 騒がしい, 騒動: *Bilik perbicaraan itu menjadi kecoh apabila keputusan itu diumumkan.* 判決が発表されると法廷は大騒ぎになった. *Menagpa kecoh-kecoh ini?*【口語】なぜこんなに大騒ぎするの?

mengecoh, mengecohkan がやがやする, 雑音をだす.

kekecohan 騒ぎ.

kecuali 1 〜以外, 〜を除いて, 例外: *Semua orang pergi kecuali saya.* 僕を除き全員が行う. 2 中立.

berkecuali 1 例外のある. 2 中立の: *negara-negara berkecuali* 中立国. *Dalam pengundian itu saya berkecuali.* その投票で私は中立を守った.

mengecualikan 〜を排除する, 〜を除く.

kecualian, kekecualian 例外: *tidak ada kecualiannya* 例外はない.

pengecualian 例外, 排除, 除外: *tanpa pengecualian* 例外なく.

perkecualian 中立: *menjamin perkecualian* 中立を保証する.

terkecuali 免除された, 例外になる: *tiada satu pun terkecuali* だれも免除されない, 例外はない. *tidak terkecuali di Malaysia* マレーシアでも例外でない. *Tidak terkecuali orang Malaysia.* マレーシア人も例外でない.

kecundang (試合や闘いに)負ける, 敗北する: *ayam yang kecundang dalam* pertarungan itu 闘鶏に敗れた鶏.

kecup; mengecup 口づけする.

kecur (よだれを)流す.

kecut 1 縮む, しなびる. 2 恐れる (=kecut hati). *kecut perut* 怖くなる; *Kecut perut Aminah dibuatnya.* そのせいでアミナはとても怖くなった.

mengecut 縮む, 小さくなる: *daun itu mengecut* 葉がしなびる. *kain itu mengecut setelah dibasuh* その着物は洗濯したら縮んだ.

mengecutkan 1 縮ませる. 2 怖がらせる.

pengecut こわがり屋, 小心者, 臆病者.

pengecutan 収縮, 縮小.

Kedah クダ州(マレー半島北西部の州).

kedai 店, 店舗. *kedai buku* 書店. *kedai gunting* 理髪店. *kedai kopi* コーヒーショップ, 喫茶店. *kedai makan* レストラン. *kedai runcit* 小売店.

kedaian ショーウィンド, ショーケース.

berkedai 1 店を持つ, 経営する. 2 (店で)買い物をする.

mengedaikan 品物を並べる.

pekedai 店主, 店の経営者.

perkedaian 1 開店. 2 ショーウィンド, ショーケース. 3 陳列物.

kedana 貧しい.

kedap 1 (布の織目が)つまっている. 2 (空気や水が入らないほど)密閉した.

kedek (kédék); **kedek-kedek**, **mengedek-ngedek**, **terkedek-kedek** よろよろと歩く: *Itik itu berjalan terkedek-kedek.* アヒルがよちよち歩く.

kedekut けちな, しみったれの.

kedelai =*kacang kedelai* 大豆.

kedi 女っぽい男, 男っぽい女.

kedik (後ろに)身体をそらす.

kedip まばたきをする.

kedipan またたき, ウインク.

berkedip, **berkedip-kedip**, **terkedip**, **terkedip-kedip** (目が)またたく, (星やランプが)点滅する.

mengedipkan まばたきをする, ウインクをする.

kedut; **berkedut** しわになった, くちゃくちゃになった.

mengedut しわになる.

mengedutkan ~をしわくちゃにする.

keembung 〔植〕ホウセンカ.

keirin 〔日本語〕ケイリン《競輪 *lumba basikal* の一種目: オートバイに先導されて6~7人が争う, シドニー・オリンピックから正式種目》: *Josiah menduduki tempat kelima peringkat akhir acara keirin pada Sukan Olimpik di Athens.* ジョシアはアテネ・オリンピック大会のケイリン種目決勝で5位になった.

kejam I 目を閉じた.

mengejam, **mengejamkan** (目を)閉じる: *mengejam matanya kerana megantuk* 眠たくて目を閉じる.

kejam II 残酷な, 残忍な.

mengejami (人を)残酷に扱う.

kekejaman 残酷.

kejang (身体が)よく曲がらない, 硬直した.

berkejang, **berkejang-kejang** 足がひきつるまで伸ばす.

mengejangkan (足を)伸ばす.

kejap 瞬き(=kedip).

berkejap-kejap 瞬きする.

mengejapkan ウインクをする.

sekejap 一瞬, 少しの間: *Tunggu sekejap.* ちょっと待って下さい. *sekejap lagi* あと少しで, もう直ぐに.

kejar 追跡する: *bermain kejar-kejar* 鬼ごっこをする.

berkejar 突進する, 殺到する.

berkejaran, berkejar-kejaran 追いかけっこする, 大勢で走る.

mengejar, mengejari 追う, 追跡する: Arnab *mengejar* kura-kura tetapi kura-kura sampai dahulu. ウサギはカメを追いかけたがカメの方が先に到着した.

mengejarkan 〜急いで(病院などへ)運ぶ: Pesakit itu *dikejarkan ke hospital* dengan ambulans. 患者は救急車で病院へ運ばれた. Lima jentera bomba *dikejarkan ke tempat kejadian*. 5台の消防車が(火事)現場に急行した.

pengejaran 追跡.

terkejar 〜に追いつく: Sampai bila-bila pun kami tidak akan *terkejar dengan* mereka. 僕らはいつになっても彼らに追いつけない.

terkejar-kejar 急いで, 慌てて.

kejat 1 硬直した, 固い: *mati kejat* 硬直死. 2 密着した, 密閉した.

mengejatkan 密閉させる, 固く閉める.

pengejatan 密閉.

keji 下品な, 恥かしい: *mengeluarkan kata-kata keji* 下品な言葉を発する.

mengeji, mengejikan 軽べつ・見下す.

kekejian 卑しさ, 軽べつ.

kejora; *bintang kejora* 金星, 宵いの明星.

keju (kéju) 〔食〕チーズ.

kejur (身体が)硬直した＝kejang, kaku.

kejut; mengejut 突然の, 不意の＝mendadak: *datang mengejut* 突然やって来た. *lawatan mengejut* 突然の(予告なしの)訪問, 電撃訪問. *mati mengejut* 不慮の死, 突然死.

mengejutkan 1 (寝ているのを)起こす: *mengejutkan* adiknya *dari tidur* 弟を起こす. *dikejutkan daripada tidurnya* oleh kicau burung 小鳥のさえずり声で眠りから覚める. 2 〜を驚かす. 3 (行動を)促進する.

kejutan ショック: *buat / memberi kejutan kepada* 〜にショックを与える: *maut terkena kejutan elektrik di bilik air* トイレで感電死する.

terkejut 1 びっくりする, 驚く: Saya *terkejut* mendengar berita itu その知らせを聞いて驚いた. 2 突然目を覚ます: Saya *terkejut bangun dari tidur* apabila kedengaran bunyi itu. その音が聞こえてきたので, 目を覚ました.

kek (kék) (英) cake ケーキ: *memotong kek* ケーキをカットする.

kekal 永久の, 永遠の, 長続きする: *kekal abadi* 永久の. *dunia yang kekal* 死後の世界.

berkekalan いつまでも続く.

mengekalkan 〜 を永続させる, 守る: *mengekalkan persahabatan antara mereka* 彼らの間で親交を長続きさせた. *kekalkan majoriti dua pertiga* 三分の二のマジョリティを守る.

kekekalan 永久, 恒久, 永遠.

pengekalan 恒久化.

kekang; kekangan 1 馬勒(おもがい, くつわ等). 2 障害, 防止: *mengurangkan beberapa kekangan dari segi kewangan* 財政面のいくつかの障害を減らす.

mengekang 1 (馬などを)止める. 2 制御する, 防止する, 食い止める: berjaya *mengekang* penurunan jualan keretanya 自動車販売の落ち込みを食い止めることに成功した. *mengekang* kemasukan pendatang asing tanpa izin 不法外国人労働者

の流入を食い止める.

pengekangan 制止, 制御.

kekasih 恋人→ **kasih**.

kekeh (kékéh), **kekek** (kékék); **terkekeh-kekeh** ケッケッケと大声で笑う (tertawa terkekeh-kekeh).

kekok (kékok) (動作が)ぎこちない, 緊張してこわ張る: *Kakiku kekok*. 私の足の動きはぎこちない.

kekekokan ぎこちなさ.

K-ekonomi (英) Knowledge-based economy ケー・エコノミー(知識集約型経済).

kekunci; papan kekunci キーボード(パソコンの).

kekwa (kékwa) 〔植〕菊.

kelab (英) club クラブ.

kelabu 灰色, グレー.

keladak かす, くず, ごみ.

keladi; ubi keladi 〔植〕サトイモ.

kelah; ikan kelah 〔魚〕コイ(鯉).

kelah (kélah); **perkelahan** (Ar) ピクニック.

berkelah ピクニックに行く: *pergi beramai-ramai berkelah di tepi pantai* 大勢で海岸にピクニックに行く.

kelahi 口論, けんか.

berkelahi 口論する, けんかする.

memperkelahikan 1 ～をけんかさせる. 2 ～でけんかする.

perkelahian 口論, けんか.

kelak やがて, 後で, 後から. *Dia akan datang kelak*. 彼女はやがて来るでしょう.

kelakar 喜劇, 冗談.

berkelakar 冗談を言う, おどける.

kelalang デカンター(食卓用の装飾ガラス瓶), フラスコ.

kelam 目がかすむ, はっきりしない, ぼんやりする: *matanya kelam* 目がかすむ. *kelam lebam* 真っ暗闇.

kelam-kabut 混乱した, 動転した: *Pada masa itu dia kelam-kabut dan tidak tahu apa hendak dibuat*. その時彼女は気が動転し, どうしたらよいか分からなかった.

mengelam ぼんやりとなる, はっきりしなくなる.

mengelamkan 暗くする.

kekelaman 暗闇.

pengelaman 暗くなること.

kelambu 蚊帳: *memakai kelambu* 蚊帳をつる.

berkelambu 蚊帳をつる: *tidur dengan tak berkelambu* 蚊帳をつらずに寝る.

kelamin 1 性: *jenis kelamin* = jantina 性別 (lelaki-perempuan 男・女. jantan -betina オス・メス). *alat kelamin* 性器. *penyakit kelamin* 性病. *mengadakan hubungan kelamin* 性交渉を行う. 2 一対の, 一組の: *katil kelamin* ダブル・ベッド. 3 家族の, 夫婦の: *Beberapa kelamin* kehilangan rumah dalam kebakaran itu. 火事で数家族が家を失う. Jamuan itu dihadiri oleh *lima kelamin*. 会食に五家族が出席した.

berkelamin 家族で=berkeluaga, カップルで: *Orang yang berkelamin tidak boleh tinggal di asrama ini*. 家族のあるものはこの寮に住めない. *Sebelum berkahwin mereka sudah berkelamin ke sana sini*. 彼らは結婚する前にカップルであっちこっちに行った. *bersiar-siar berkelamin dan berpasang-pasang* 家族やカップルで散歩する.

mengelamin ～と結婚する=mengahwini.

sekelamin 家族そろって, カップルで: *Mereka sekelamin balik ke*

kelamun

kampung. 家族そろって帰省した.

kelamun；**mengelamun** 白昼夢を見る.

pengelamun 白昼夢を見る人.

kelana 放浪者.

berkelana, mengelana 歩き回る,さまよう.

kelangkang 股.

kelanit；**mengelanit** 縫い目を解く.

Kelantan クランタン州(マレー半島東海岸北部の州, 州都は Kota Bharu).

kelap；**kelap-kelip** (目の)瞬き.

mengelapkan (mata) (目を)瞬く.

sekelap, sekelap mata 一瞬＝sekejap.

kelapa 〔植〕ヤシ(椰子)：*kelapa kering* コプラ. *kelapa sawit* オイル・パーム. *minyak kelapa* ヤシ油. *minyak kelapa sawit* パーム油. *santan kelapa* サンタン(ココナツミルク).

kelar 1 (魚や木の)切り目, (身体の)傷跡. 2 ムカデの節.

berkelar, berkelar-kelar (刀傷や殴打の)痕跡がある.

mengelar (魚などに)切り目をつける：ikan itu *dikelar-kelar* sebelum-digaram 魚に切り目をつけて塩をふる.

kelas (英) class. 1 教室：*masuk ke dalam kelas* 教室に入る. Di mana *kelas* itu? その教室はどこですか. 2 学級, クラス：*kelas tahun 2* 二年生のクラス. 3 授業 (=kuliah)：Saya ada *kelas* sekarang. 今から僕は授業がある. *Kelas apa*? 何の授業？ *Kelas bahasa Inggeris*. 英語の授業です. memberi *kelas tambahan* kepadanya. 彼女のために補講をする. 4 ランク, 階級：*kereta api kelas satu* 1 等列車. *orang-orang kelas atasan* 上流階級の人々. *kelas pertama* ファースト・クラス(飛行機の座席). *kelas perniagaan* ビジネス・クラス(飛行機の座席). *kelas ekonomi* エコノミー・クラス(飛行機の座席).

berkelas, berkelas-kelas 階級に分かれている, 分類する.

mengelaskan 階級・集団に分ける, 分類する.

pengelasan 分類.

kelasa (ラクダなどの)こぶ.

kelasi (Pr) 船員, 水夫.

kelawar 〔動〕コウモリ.

keldai 〔動〕ロバ.

kelecek (kelécék)；**mengelecek** (ボールなどを)ドリブルする.

keledar (keládar)；*topi keledar* ヘルメット. *tali pinggang keledar* 安全ベルト, シートベルト.

keledek (keládék)；*ubi keledek* サツマイモ.

kelek (kélék) 脇の下.

mengelek 脇の下に挟んで運ぶ.

kelekatu 〔虫〕羽蟻.

kelemayar 〔虫〕ヤスデ.

kelemumur (頭の)ふけ.

kelencong (keléncong)；**ter-kelencong** 当初行くはずだった方向からはずれる.

kelengkeng (keléngkéng)；*jari kelengkeng* 小指.

kelenjar 腺(せん).

kelentong (keléntong) (行商人の使う)小型の太鼓.

kelepai；**berkelepai, terkelepai** (旗や枝が)垂れ下がる.

keletah (kelétah) (娘が)あだっぽい, なまめかしい.

keli；*ikan keli* 〔魚〕ナマズ.

keliar；**berkeliaran** あたりをうろうろする：pelajar sekolah yang

berkeliaran di pusat hiburan pada hari persekolahan 学校のある日に盛り場をうろうろする学校の生徒.

kelibat 瞬間, チラッと見ること: *wajah dan kelibat* (人の)姿形.

sekelibat, sekelibat mata 一瞬の間.

kelikir; *batu kelikir* 砂利, 小石.

keliling 周り, 周囲: *berjalan-jalan di kawasan keliling rumah saya* 家の周辺を散歩する.

mengelilingi 1 周囲を巡る, 周りを囲む: *Kapal angkasa itu mengelilingi bumi selama 21 jam.* 宇宙船は地球を21時間で周る. *penerbangan mengelilingi bumi sebanyak 14 kali.* 地球を14周する飛行. *Kalau boleh, mahu kelilingi dunia.* できることなら世界一周したい. *sebuah kampung terpencil yang dikelilingi bukit dan gunung.* 丘や山に囲まれた人里離れた村. *Malaysia sebuah negara maritim yang dikelilingi perairan.* マレーシアは海に囲まれた海洋国である. *duduk mengelilingi meja* テーブルを囲んで座る. 2 あちこち旅をする.

mengelilingkan (文書などを)回覧する.

pekeliling 環状(道路), 通知(状): *jalan pekeliling* 環状道路. *surat pekeliling* 回状.

sekeliling ～の周囲, 周り.

kelim 縫い目, 継ぎ目.

mengelim 縁縫いをする.

kelinci (Id) ウサギ→ **arnab**.

kelindan I トラックの運転助手.

kelindan II 針に通した縫い糸, 織り糸.

kelindan III 糸車.

keling; *orang keling* 1 マレー半島に移住した南部インド出身のインド人(タミル人)を指す蔑称. 2 インド系のイスラム教徒 (= keling *pelikat*).

kelip I; **berkelip, berkelip-kelip** まばたく, 輝く.

berkelipan 輝いている.

mengelipkan ウインクする, まばたく. (= mengelipkan mata).

sekelip 一瞬のうちに (*dengan sekelip mata, dalam sekelip mata, dalam masa sekelip mata*): *Dia kehilangan anak isteri dalam sekelip mata.* 彼は一瞬にして妻子を失った. *Semuanya berlaku dalam sekelip mata.* すべてが一瞬のうちに起きた.

terkelip, terkelip-kelip まばたく, 点滅する.

kelip II (英) clip クリップ.

kelip III; **kelip-kelip** 〔虫〕ホタル.

kelip IV; **kelip-kelip** 装飾用に用いられるキラキラ光る紙, 色紙.

keliru 勘違いする, 間違える: *Harap jangan keliru akan maksud saya ini.* 私の意図を誤解しないでください.

mengelirukan 1 混乱させる: *mengelirukan musuh* 敵を混乱させる. 2 (人に)誤解を与える: *Ucapannya mengelirukan.* 彼のスピーチは誤解を与えるものだった. 3 ～を誤りだと批判する.

kekeliruan 1 混乱. 2 間違い, 誤解: *menimbulkan kekeliruan* 誤解を招く.

terkeliru 間違える, 困惑する: *Saya minta maaf, saya terkeliru.* ごめんなさい, 私が間違えていました. *Saya terkeliru dengan keterangannya itu.* 彼の説明に困惑している.

kelisa 〔魚〕クリサ.

kelit; **berkelit** ひらりと身をかわす.
  mengelit 〜を避ける.
kelmarin 1 一昨日. 2 昨日. 3 数日前.
kelodak (川底などに堆積した)沈泥, 土砂.
kelok (kélok) 1 カーブ, 曲がり角. 2 グラフなどの曲線.
  berkelok, mengelok 1 曲がる. 2 方向を変える.
  berkelok-kelok (道が)曲がりくねった.
  mengelokkan 1 曲げる. 2 方向を変える.
kelola; **mengelola** 運営する, 経営する.
  mengelolakan 〜を運営する, 〜を管理する.
  pengelola 経営者, 管理者.
  pengelolaan 管理, 経営.
kelompok 集団, グループ, 群れ.
  berkelompok, berkelompok-kelompok グループをつくって, 集団で: *hidup berkelompok* 集団で生活する. *secara berkelompok* 集団で: *tanam pisang secara berkelompok* 集団でバナナを栽培する.
  mengelompokkan グループ分けをする, いくつかの集団に分ける.
kelong (kélong) ケロン(大規模な魚とりの道具: 定置網に似た魚網).
kelopak 薄い覆い: *kelopak bunga* 花の萼(がく), 花被. *kelopak mata* まぶた.
kelu; *kelu lidah* (驚きや恐怖のあまり)口がきけない.
  mengelukan 黙らせる, 静かにさせる.
keluang 〔動〕オオコウモリ.
keluar 1 外へ出る: *keluar dari rumah* 家から外へ出る. *keluar negara* 外国へ行く. *keluar sekolah* 卒業する. *keluar dari dalam air* 水中から出て来る. Air panas *tidak keluar*. お湯が出ない. *keluar dengan Aminah malam ini* 今晩アミナとデートする. *"Keluar dari situ"*, jerit orang tua itu. 「そこから出て行け」と老人が叫んだ. 2 現れる: Sudah lama beliau *tidak keluar ke depan umum*. もう長いこと人前に姿を現さなかった. 3 辞める: *keluar dari persatuan itu* その協会を辞める. 4 出版する: Majalah terbaru itu *belum keluar*. 最新号の雑誌はまだ出版されていない. 5 出口: *pintu keluar* 出口. *pintu masuk* 入口. 6 【王室】(王が)御座所(宮殿の自室)から公務へ出かけること, お出まし: Maka Raja Iskandar pun *keluarlah* ke penghadapan, dihadap oleh segala raja-raja dan ulama (p.5). やがてアレクサンダー大王が御座所をお出ましになり, 謁見所に入られた. 大勢の王族やイスラム導師などが謁見した.
keluaran 製品, 産品, 出版物: *barang-barang keluaran syarikat itu* 会社の製品. *Keluaran Dalam Negara Kasar* (*KDNK*) 国内総生産 (GDP). *Keluaran Negara Kasar* (*KNK*) 国民総生産 (GNP).
mengeluarkan 1 取り出す: *mengeluarkan buku-bukunya dari dalam beg* バッグの中から本を取り出す. *mengeluarkan benda asing daripada* 〜から異物を取り出す. 2 意見を表明する: *mengeluarkan pendapat yang negative* 否定的な意見を表明する. 3 (金を)費やす: *megeluarkan wang yang banyak untuk pelajaran anak-anak kami* 子どもの教育のために多額の金を支出する. 4 生産する: *mengeluarkan*

2000 botol sehari 1日2000本のビンを生産する. **5** 追い出す, 免職させる: Pegawai itu telah *dikeluarkan* kerana curang. その役人は不正があったため免職させられた.

mengeluari 【古典】迎え討つ, 抗戦する: Setelah sudah kampung semuanya, maka *dikeluarinyalah* oleh Raja Kida Hindi akan Raja Iskandar (p.4). 全員が集まるや, キダ・ヒンデイ王はアレクサンダー大王を迎え討つことにした.

pengeluar 製造者.

pengeluaran 製造, 生産: *pengeluaran berlebihan* 過剰生産. *pengeluaran besar-besaran* 大量生産.

terkeluar **1** 外に出る: Ada sesuatu yang ingin dikatakannya, tetapi *tidak terkeluar dari mulutnya*. 彼は何か言いたいことがあったが, 口から出なかった. "Memang saya *dah terkeluar daripada garis panduan* BN, jadi saya kata saya kena letak jawatan."「たしかに私はBN(国民戦線)のガイドラインから逸脱してしまったので, 辞任せざるを得ないと申し上げた」. **2** 取り除かれる, 排除される: Namanya *terkeluar daripada senarai itu*. 彼の名前がリストから削除されている. **3** 口を滑らす: Ia menyesal kerana *terkeluar* kata-kata yang seperti itu. 彼はそのような言葉を思わず口にしたので後悔した.

keluarga (Sk) 家族, 一族, 親類: *keluarga angkat* ホスト・ファミリー. *kaum keluarga* 親類. *keluarga sedarah* 血族. *kepala keluarga* 家長. *Keluarga anda ada berapa orang?* あなたの家族は何人ですか.

berkeluarga 家庭を持つ, 結婚する.

kekeluargaan 家族の, 親戚の: Saya *mempunyai hubungan kekeluargaan dengan* Encik Tanaka. 私は田中さんと親戚関係にある.

sekeluarga 一家: lima *sekeluarga* 5人家族, 一家5人; Lima *sekeluarga* terbunuh dalam kemalangan lebuh raya. 高速道路の事故で一家5人が死亡した.

kelubi ヤシの一種.

kelubung ショール, ベール.

berkelubung ベールに包まれた, 包装された.

keluh; **keluh-kesah** 嘆き, 不平・不満.

berkeluh, **mengeluh** 嘆く, 不平を言う, ため息をつく: *mengeluh kerana yuran tuisyen yang tinggi* 高い講義料金を嘆く. Tiba-tiba terdengar Aziz *mengeluh*. アジズがため息をつくのが突然聞こえてきた.

mengeluhkan ～について嘆く.

keluhan 嘆き, ため息, 不満, 愚痴: *mendengar keluhan warga tua* お年寄りの愚痴を聞いてやる.

keluli 鋼鉄, はがね.

kelupas; **berkelupas**, **mengelupas**, **terkelupas** (皮などを)むく, 剝ぐ.

kelusuh; **kelusuh-kelasah** とても不安になる.

kem (kém) (英) camp キャンプ.

kemala 魔法の石.

kemam; **berkemam** 口の中に入れる, 口に含む.

kemarau 干ばつ, 乾期 (=*musim kemarau*).

kemas 小ぎれいな, さっぱりとした: *kemas dan rapi* きちんと整理された, さっぱりとした. Biliknya sangat *kemas*. 部屋はとても小ぎれいだ.

berkemas, **berkemas-kemas** 整

理する, 整頓する: Mereka sedang *berkemas* untuk pergi melancong. 彼らは旅行に行くため整理しているところです.

mengemas, mengemasi きれいに配置する, 片付ける: Saya sudah *mengemas* beg saya. 僕はバッグを片付け終えた. *mengemas rumah* 家を片付ける(掃除する).

mengemaskan 〜を片付ける, 整頓する: *mengemaskan barang-barang di bilikaya* 部屋にある物を整理整頓する. *Selepas para jemputan pulang, pinggan mangkuk dikemaskan.* お客が帰った後, 食器類を片付けた.

pengemas 清掃人.

kemas kini 最新の, 最新式の: *sistem yang kemas kini* 最新式のシステム.

mengemaskinikan 最新式にする, 更新する, 改訂する: *laman web ini belum dikemaskinikan* このサイトはまだ更新されていない.

kembali 1 戻る, 元に戻る, 繰り返す: *sudah kembali dari luar negeri* 外国から戻った. *Semuanya kembali seperti biasa, seolah-olahnya tidak ada apa-apa yang berlaku.* すべてがいつものように戻った, まるで何も起こらなかったかのように. 2 再び=semula, sekali lagi: *Jawapan saya salah, jadi saya membuatnya kembali.* 僕の答は間違いだったので再び答えた. *kembali ke rahmatullah* 逝去する.

mengembalikan 〜を返す, 元に戻す. 回想する.

kembalian 戻ってきたもの.

pengembalian 返却, 返還, 修復, 回復.

perkembalian 戻ること.

sekembalinya 戻るや否や.

kemban; **berkemban** 女性がサロンを胸部に堅く結び, 乳房を覆う.

kembang 1 (花が)咲く, 開花する. 2 拡がる. 3 発展する.

berkembang 1 開花する. 2 発展した, 拡大する: *dasar fiskal berkembang* 財政拡大政策.

mengembang 拡大する, 拡がる.

mengembangkan 1 〜を拡げる. 2 〜を発展させる.

pengembangan 拡大, 拡張.

perkembangan 発展, 成長.

kembar 1 双子・三つ子など: *anak kembar dua* 双子. *anak kembar lima* 五つ児. *kembar Siam* シャム双生児. *kembar seiras* 一卵性双生児. *lima pasangan kembar* 五組の双子. *bandar raya kembar* 姉妹都市; *Ipoh adalah bandar raya kembar Fukuoka.* イポは福岡市との姉妹都市です. 2 対の. 3 よく似ている.

berkembar 1 対になる, ペアになる: *Menara Berkembar Petronas* ペトロナス・ツイン・タワー. *landasan kereta api berkembar* 鉄道の複線. *bandar berkembar* 姉妹都市. 2 酷似している.

kembaran 一対, ペア.

mengembarkan 〜を一対・ペアにする.

kembara; **mengembara** ぶらつく, 放浪する.

pengembara 放浪者, 探検家.

pengembaraan ぶらつくこと, 放浪, 探検.

kembiri 去勢された.

kemboja 〔植〕インドソケイ《葬式のときによく使う白い花, 墓地に植えられるので bunga kubur とも呼ばれる》.

Kemboja カンボジア国.

kembung I 膨らむ, 気体が詰まる. **mengembung** (空気などが)充満する. **mengembungkan** ～を膨らます. *mengembungkan pipi* 頬を膨らます.

kembung II; ikan kembung〔魚〕サバ.

kemeja (keméja) (Po) ワイシャツ, シャツ.

kemelut 危機.

kemenyan 安息香《エゴノキ科の樹液を固めた樹脂, 燃やすと香りのある煙が出る》: *membakar kemenyan oleh bomoh* ボモ(呪術医)が安息香を焚くこと.

kemik へこむ, くぼみ. =lekuk.

kemis; **berkemis**, **mengemis** 物乞いをする.
pengemis 乞食.

kempen (kémpén) (英) campaign キャンペーン, 運動: *melaksanakan kempen* キャンペーンを実施する.
berkempen キャンペーン(運動)を行う: *berkempen pilihan raya* 選挙運動をする. *tempoh berkempen* 選挙運動期間.

kempis 1 くぼんでいる, へこんでいる. 2 (タイヤが)パンクした=*tayar basikalnya sudah kempis*.

kempunan 1 強く欲しがる, 切望する: *Perempuan hamil itu kempunan buah pahit.* 妊婦はすっぱい果物をほしがる. 2 (欲しがっていたのが手に入らず)がっかりした: *Durian itu telah habis dimakan oleh kawan-kawannya. Dia kempunan durian.* ドリアンを友人に食べられてしまい, 彼はがっかりした.

kempung (頬が)こける, 落ち窪む.

kemudi 1 (船の)舵, 方向舵, (車の)ハンドル. 2 指導者, 最高責任者. 3 馬のたてがみ.
berkemudi 舵を取る, ハンドルを握る.
mengemudikan 1 ～を案内する, 先導する. 2 ～管理する, 運営する. 3 舵をとる, ハンドルを握る.
pengemudi 1 運転手, 操縦者. 2 リーダー, 指導者.

kemudian 後で, その後: *kemudian daripada itu* その後に. *kemudian hari* 後日. *hari kemudian* 将来. Saya telefon *kemudian*. また後から電話します.
mengemudiankan ～を後回しにする, 延期する.
terkemudian 1 最後に, やっと. 2 しばらく後～.

kemuncak 頂点, 頂上, 絶頂: *sidang kemuncak* 首脳会議: *Sidang Kemuncak ASEAN* アセアン首脳会議, アセアン・サミット. *mencapai kemuncak* 絶頂に達する.

kemut; **kemut-kemut**, **mengemut**, **terkemut-kemut** 1 (口が)もぐもぐ動く. 2 ぶらぶら, ゆっくり(歩く).

kena 1 ぶつかる, さわる: *kereta itu kena tiang elektrik* 車が電柱にぶつかった. *Mata saya kena lada.* 目にこしょうが入ってしまった. 2 (的に)正確に当たる, 合致する: *Seluar itu memang kena dengan* warna bajunya ズボンは上着の色にぴったり合っている. *Nyanyiannya kena dengan* muzik. 彼女の歌は音楽によく合っている. *kena pada masanya / waktunya* 時期を得た; mesej yang *kena pada masanya* 時期を得たメッセージ. Penubuhan EAEC dianggap *belum kena pada waktunya*. EAEC(東アジア経済協議

kena 体)の結成は時期尚早とされていた. *kena (pada) tempatnya* ぴったり合う, 適している, 適材適所である; *Tidak kena pada tempatnya jika merokok di dalam kereta api.* 汽車の中でタバコを吸うのは正しくない. *Pendekatan itu tidak kena tempatnya.* そのようなアプローチの仕方が適切でない. *Pemilihan Ibrahim sebagai presiden kena pada tempat dan waktunya.* イブラヒムが会長に選ばれたことは適材であり時期も得ている. **tepat kena pada sasaran** 目標にぴったり当たる. **tidak kena dengan** ~に間違い・不備・問題がある, 悪い; "*Ada apa-apa yang tidak kena (dengan anda)?*" "*Tidak, tiada apa-apa.*"「何か問題(不都合)はありませんか・大丈夫ですか?」「大丈夫です」. "*Apa lagi yang tidak kena?*"「(あなたにとって)他に何が不満・問題なのか」. *Ada sesuatu yang tidak kena dengan syarikat ini.* この会社に何か良くない問題がある. *Dia mencium ada sesuatu yang tidak kena.* 何か問題があることを彼は感じ取った. *Entah apa yang tidak kena dengan cahaya semula jadi.* 自然の光でなぜ悪いのか(だめなのか)分からない. **3** 被る, ~される: *Saya kena pukul.* 僕は殴られた. *kena hujan* 雨に降られる. *kena sakit* 病気にかかる. *kena marah* 叱られる. *kena tangkap* 捕まる. *kena tipu* だまされる. **4** ~せざるを得ない＝*terpaksa*: *kena bangun pagi-pagi* 早起きせざるを得ない.

kena-mengena 関わり, つながり, 関係: *Perkara itu tak ada kena-mengena dengan diri saya.* その事は私とは無関係だ.

berkenaan 関係する, 当該の, ~に関して, について (*berkenaan dengan*): *Saya akan bercerita berkenaan dengan kejadian itu.* その事件についてお話しましょう. *pihak yang berkenaan* 関係当局. *Ia terserah kepada parti berkenaan.* それは当該する党にまかす.

mengena 当たる, たたく, 良い成果をあげる: *tembakannya mengena.* 銃撃は的を射た.

mengenai **1**《前置詞として》~に関して, について: *bercerita mengenai kejadian itu* その事件について話す. **2**《他動詞として》的を射る, 命中する: *Sebiji telur mengenai muka Presiden itu.* 卵が大統領の顔に命中した. *Sepakan dari jarak jauh mengenai tiang gol sebelah kiri.* (サッカー)ロング・シュートが左側のゴール・ポストに当たる.

mengenakan **1** 着る, 身に付ける: *mengenakan topi* 帽子をかぶる. *mengenakan cermin mata* メガネをかける. **2** ~を課す, 賦課する: *Tuan Hakim telah mengenakan hukuman mati ke atas pembunuh itu.* 裁判長はその殺人者に死刑を下した. *mengenakan cukai atas minuman keras* 酒類に関税を賦課する. *mengenakan sekatan ekonomi* 経済封鎖を課す.

pengenaan 賦課, 適用.

terkena **1** 影響される, だまされる: *terkena oleh kata-kata manis* 甘い言葉にだまされる. **2** 触れる, 撃たれる: *Kain batiknya terkena lumpur.* バティックの布に泥がついてしまった. *Baju itu kering dengan sendirinya apabila terkena angin.* 上着は風にあたると, 自然に乾いた. *Orang itu maut terkena kejutan elektrik.* その人は感電して死

んだ. Ali *terkena* sedas tembakan *pada* dada kanan. アリは右胸に１発の銃弾を撃たれた. Matanya *terkena* serbuk simen. 目にセメントの粉末が入る.

kenal 1 （人と）知り合いになっている：Saya *kenal dia* semenjak kecil lagi. 僕は彼を小さい時から知っている. 2 見覚え・聞き覚えがある, 識別する, 見分ける：Saya *tidak kenal akan* suara Daim. 僕はダイムの声に聞き覚えがない. Saya *tidak kenal* suaranya semasa bercakap melalui telefon. 電話で話しているとき彼女の声を識別できなかった. Saya *tidak kenal* tulisan siapa ini. 私はこれが誰の字か見分けられない. Awak *boleh kenal* orang yang mencuri beg awak itu? 君のバッグを盗んだ者に見覚えがありますか. 3 少し知っている, できる：Saya *kenal namanya saja* bukan orangnya. 私は彼の名前は知っているが, 本人とはまったく面識がない. *tak kenal malu* 恥を知らない. *kenal huruf* 読むことができる.

kenal-mengenal お互いに知り合いになっている.

berkenal; *berkenal dengan* 〜と知り合う, 付き合う.

berkenalan 知り合いになる："*Selamat berkenalan.*"「初対面の挨拶」「初めまして, どうぞよろしく」. Saya *berkenalan dengan* Aminah di jamuan itu. 僕はそのパーティでアミナと知り合いになった.

berkenal-kenalan 互いに知り合う.

mengenal 1 識別する, 見分ける：Saya *mengenal* mukanya, tetapi sudah lupa namanya. 彼の顔を見分けられるが, 名前は忘れてしまった. Senang saja *hendak mengenal* orang Jepun. 日本人を見分けることは簡単だ. *dapat mengenal yang mana baik dan yang mana buruk, yang mana salah dan yang mana betul* 善と悪, 間違いと真実とを見分けることができる. Cinta *tidak mengenal usia*. 恋は年齢（差）を知らない《年齢差がある新婚カップルを評して》. 2 知っている：Dia bekerja dari pagi hingga malam *dengan tidak mengenal penat lelah*. 彼は朝から夜まで疲れを知らずに働いた. *tak mengenal belas kasihan* 哀れみを知らない（非情な）.

mengenali 1 〜とよく知り合いになっている：Saya *mengenali* dia begitu lama. 私は彼とは長いこと知り合いになっている. *orang yang tidak dikenali* 知らない人. 2 見分ける, 識別する：Orang ramai *mengenali* bintang filem itu walaupun beliau menyamar diri. 大衆はその映画スターが変装してもすぐ本人だと見分けてしまう. suara yang *tidak dikenali* 聞きなれない声. 3 熟知する, 理解する：Anda perlu tinggal di sini lama untuk *mengenali* corak kebudayaan negeri ini. この国の文化的特徴をよく理解するためにはここに長期に滞在する必要がある. *mengenali* Malaysia dengan lebih mendalam マレーシアをより深く知る. Tunku Abdul Rahman *dikenali sebagai* "Bapa Merdeka". ラーマンは「独立の父」として知られている.

memperkenalkan 1 〜を紹介する：*memperkenalkan diri* 自己紹介する. "Saudari Emiko, sila *perkenalkan diri.*"「恵美子さん, 自己紹介をしてください」. *Izinkan saya memperkenalkan diri saya.* 自己紹

kenal pasti

介させていただきます.
《自己紹介の用語》 *nama* 氏名. *tarikh lahir* 生年月日. *asal* 出身地. *tempat tinggal* 現住所. *hobi* 趣味. *cita-cita* 理想. *aktiviti sekarang* 現在の活動. *makanan kegemaran* 好きな食物. *warna kegemaran* 好きな色. *fesyen diminati* 興味のあるファッション. *pelakon kegemaran* 好きな俳優. *penyanyi pujaan* アイドル歌手. *lelaki idaman* 理想の男性.
Saya *memperkenalkan* murid baru itu *kepada* kawan-kawan saya. 僕はその新しい生徒を友達に紹介した. Melalui tontonan drama televisyen dan wayang gambar, serba-sedikit latar belakang sejarah dan cara kehidupan orang Jepun telah *diperkenalkan* kepada rakyat Malaysia. テレビ・ドラマや映画を通じて, 日本の歴史と日本人の生活様式がほんの一部分だがマレーシアの人びとに紹介された. **2** 導入する, 知らせる: Sistem baru *diperkenalkan*. 新制度が導入された. *memperkenalkan semula* hukuman mati 死刑を再導入(復活)させる.

kenalan 知り合い, 知人: Dia salah seorang *kenalan* saya waktu di Malaysia dulu. 彼は昔私がマレーシアにいたときの知り合いです. Dia hanya *kenalan biasa*, bukan kawan rapat. 彼は普通の知り合いであって, 親友ではありません.

pengenalan 1 身元証明: *kad pengenalan* 身分証明書, IDカード. **2**(本の)まえがき: membaca *pengenalan* buku itu その本のまえがきを読む.

perkenalan 知り合うこと, 付き合い: *Perkenalan* saya dengan Aminah bermula di jamuan itu. 私のアミナとの付き合いはそのパーティで始まった.

terkenal 有名な: penulis yang *terkenal* 有名な作家. Beliau *terkenal dengan* novel moden. 彼は現代小説で有名です. Dia *terkenal jahat*. 彼は評判が悪い. Dia *tidak terkenal* waktu itu. 彼女はその当時は有名でなかった.

kenal pasti; **mengenal pasti** 確定する, 認定する, はっきり決める, 識別する: *mengenal pasti tema* テーマを確定する.

kenan; **berkenan 1** 同意する, 満足する, 喜ぶ: Dia *berkenan* menemui anda. 彼はあなたにお会いするのを同意した. Saya *berkenan dengan* si Ali itu. 私はあのアリを気に入った. *berkenan pada* ~, / *berkenan di hati* ~の好みにかなう, ~のお気に入りになる; Yang mana *berkenan pada awak*, ambillah. 君が気に入ったものなら何でも持って行きなさい. Buat masa ini belum ada gadis yang *berkenan hati Ali*. 今のところアリの好みにかなう女性はまだいない. **2** 《王や高官への敬語的表現》~された, ~遊ばす: Duli Yang Maha Mulia Sultan *berkenan* menyampaikan hadiah-hadiah itu. スルタンが賞を下賜された. Baginda telah *berkenan* meletakkan batu asas bangunan itu. 王様は建物の礎石を置かれた.

memperkenan, **memperkenankan** 是認する, 同意する: *memperkenankan* permintaan itu 要請を是認する.

perkenan, **perkenanan** 同意, 承諾.

kenang 思い出, 回想.

mengenang 覚えている, 思い出す:

mengenang semula tempoh 22 tahun lalu 過去22年間を思い起こす. *tidak mengenang budi* 恩を忘れる.

mengenangkan 〜を思い出す.

kenangan 思い出, 記憶, 回想: *Melihat Ali sedang makan memberi saya kenangan kepada kisah lama.* アリが食べているのを見ていると, 昔を思い出させる.

kenang-kenangan 記念品, みやげ.

terkenang, terkenangkan (〜を)ふと思い出す: *Aku selalu terkenang kampung tempat lahirku.* 私はいつも生まれ故郷を思い出す. *Saya tak boleh terkenangkan namanya.* 私は彼の名前をどうしても思い出せない.

kenanga 〔植〕イランイランノキ(バンレイシ科の常緑樹).

kenapa なぜ, どうして?=mengapa: *Kenapa awak tidak suka durian?* なぜドリアンが好きでないの? *Kenapa awak bermasam muka sepanjang hari?* なぜ君は1日中不機嫌な顔をしているのか?

kenari; *burung kenari* 〔鳥〕カナリア.

kencang 1 (風が)強い: *Angin bertambah kencang.* 風がますます激しく吹く. 2 固く縛った, ピンと張った. 3 強固な.

kekencangan 強さ, 速さ.

mengencang 早くなる, 強くなる.

mengencangkan 1 強くする, 強化する. 2 速度を上げる, 早める.

kencing 尿, 小便(=air kencing): *kencing darah* 血尿. *kencing malam* 夜尿. *kencing manis* 糖尿. *menjalani ujian air kencing* 尿検査をする.

berkencing 小便をする.

mengencing 1 〜に小便する. 2 【俗語】〜と性交渉する.

terkencing 小便をもらす: *hampir terkencing apabila melihat* 〜を見て小便をもらしそうになる.

kendak 不倫の相手, 愛人.

berkendak 不義密通を犯す: *Hang Kasturi berkendak dengan seorang dayang-dayang yang dipakai oleh raja di dalam istana.* ハンカストリは王宮内で王の女官に不義をはたらいた.

kendali 馬勒, くつわ.

mengendali, mengendalikan 1 管理する, 経営する. 2 (感情を)抑制する. 3 〜に勒をつける.

kendalian 1 業務. 2 管理, 操作.

pengendali マネージャー, 管理者, オペレーター.

pengendalian 管理, 経営.

kendati =kendati pun 〜であるけれども.

kendera (Sk): *berkendara* 交通手段を用いる, 車で〜.

mengenderai (馬, 車など)に乗る.

kenderaan 乗り物, 輸送: *kenderaan umum* 公共輸送機関. *kenderaan yang diubahsuai* 改造車. *Kenderaan yang mereka naiki terbakar dalam kemalangan itu.* 彼らの乗っていた車は事故で焼けた.

berkenderaan 乗り物に乗る.

kenderi 金の重量の単位(12 kenderi=1 mayam).

kendi 水差し(陶器・錫製の).

kendong (kéndong); **mengendong** 布に包んで肩からぶら下げて運ぶ.

kendur 1 (縛った紐などが)緩い, たるんだ: *tarik tali yang kendur itu.* たるんだ紐を引っ張る. 2 (皮膚に)しわのある.

mengendur (緊張を)緩める, リラ

kenduri

ックスする.
mengendurkan ～を緩める, 和らげる: *mengendurkan* permusuhan terhadap umat Islam イスラム教徒に対する敵対感を和らげる.
kekenduran 緩さ.

kenduri (Pr) クンドゥリ(マレーの伝統的な共食儀礼, 饗宴, 祝宴).
kenduri-kendara 様々な種類の饗宴.
berkenduri 1 共食儀礼を行う. 2 共食儀礼に出席する. *mengadakan kenduri* クンドゥリをする.

kening 1 眉毛 (bulu kening). 2 額(ひたい): *beradu kening* 面と向かって. *angkat kening* 合図する, 惹きつける. *terangkat kening* 日の出る頃(午前7時～午前8時). *belum terangkat kening* 日の出の直前(午前7時).

kenit とても小さな: Badan *kenit* macam ini hendak tolong aku? こんなに小さい身体で俺を助けるって?

kental 1 (Id) 液体がねばねばした, 濃厚な(スープや紅茶など)→ **pekat.** 2 親しい(友人関係). 3 強固な, 固く: *kental* mengamalkan adat istiadat Melayu マレーの慣習を固く守る.
mengental 固くなる, 凝固する.
mengentalkan 1 固める. 2 親交を深める.
kentalan ねばねばしたもの.
kekentalan 粘着性, 粘度.

kentang; *ubi kentang* ジャガイモ.

kentara = **ketara** よく見える, 顕著な.

kentut 屁, おなら: Siapa yang *kentut* tadi? さっきおならをしたのは誰か.
berkentut 屁をする.

kenyal 1 弾力性のある, 伸縮自在の. 2 (肉が)硬い.
mengenyal 弾む.
kekenyalan 伸縮性.

kenyang 1 満腹した, いっぱいの: *kenyang gila* 【口語】もう満腹だ. Saya *sudah kenyang*, tak boleh makan lagi. 満腹です, もう食べられません. 2 ～でいっぱい, もう嫌になる: Kami *kenyang* mendengar keluhannya yang tak habis-habis. とどめない愚痴を聞くのに辟易する.
mengenyangkan 食欲を満たす.
kekenyangan 満腹, 満足.

kenyit; **mengenyit** ウインクしたり眉を上げて合図する.
mengenyitkan; *mengenyitkan matanya kepada* ～にウインクする.
kenyitan 瞬き, ウインク.

kepada 《前置詞: 人に対し》～へ, ～に向かって, ～の: Dia mengirim surat *kepada* kawannya. 彼は友へ手紙を送った. Dia bekerja sebagai setiausaha sulit *kepada* seorang menteri. 彼はある大臣の個人秘書として働いた.

kepah ムール貝.

kepak 翼, 翼状のもの.
berkepak-kepak, **mengepak-ngepak**, **terkepak** 翼を羽ばたく.

kepal; **kepalan** 1 一握り, 一つかみ. 2 握りこぶし (= kepal tangan).
mengepal 手で握る, つかむ.
mengepalkan (手などを)つかむ, 握る.
sekepal 一握りの(飯, 土など).

kepala 1 頭. 2 リーダー, 長, 頭: *kepala angin* 軽率な, 思慮を欠く. *kepala berat* 鈍感な, 愚鈍な. *kepala batu* 石頭, 頑固な. *kepala berita* 新聞記事の大見出し. *kepala negara* 国家元首. *kepala ringan* 頭の回転が速い, 気転が利く. *kepala sekolah* 校長.

kepala surat レターヘッド. *kepala susu* コンデンスミルク. *kepala tahun* 年頭. *kepala udang* 馬鹿. *besar kepala* 横柄な. *cukai kepala* 人頭税. *mata kepala* 眼球. *pening kepala* めまい. *sakit kepala* 頭痛. *dengan kepala yang sejuk* 冷静に. Siapakah *kepala di sini*? ここの責任者は誰ですか.

mengepala 指導者になる.
mengepalai ～を導く, 先導する.
mengepalakan 1 ～を長として任命する. 2 (ボールを)ヘディングする. 3 (象などに)乗る.
pengepala 指導者.

kepalang 少しだけの, 普通の: *bukan kepalang* 尋常でない, 非常に; Ramainya orang *bukan kepalang*. 人の多さは尋常でなかった.

kepialu (さまざまな病気による)極度の高熱: *demam kepialu* (腸チフス, マラリアによる)継続的な高熱. *demam kepialu ketulangan* リュウマチ性疼痛を伴う高熱.

kepil ～と並んで, そばに.

keping 1 薄い, 平たい. 薄くて平たい物の助数詞(～枚, ～切れ): *dua keping roti* 2枚のパン. 2 断片, 破片.
berkeping-keping バラバラになる.
mengeping 薄切りにする.
kepingan 1 一片. 2 薄くて平たいもの.

kepit; **berkepit** 手をつないで, 手をとって: *jalan berkepit* 手をつないで歩く.
mengepit 1 指に挟む, つまむ. 2 腋の下にかかえて運ぶ: *mengepit fail* ファイルをわきの下にかかえる.

kepompong さなぎ(蛹), まゆ.

kepuk 籾米を入れる貯蔵箱.

kepuk-kepuk 高い襟, ハイカラー.

kepul I; **kepulan** 厚い雲・煙 (kepul-kepul asap): *kepulan asap panas* (火口から噴出する)灼熱の噴煙.
berkepul, berkepul-kepul, mengepul (煙が)もくもくと立ちのぼる: *Asap berkepul-kepul naik ke langit*. 煙が空へ立ちのぼる.

kepul II クプル(米を計る伝統的容量単位; 1 kepul=0.28リットル).

kepung; **berkepung** 取り囲む.
mengepung 取り囲む: *mengepung pencuri itu* 泥棒を取り囲む.
kepungan 包囲網: *meloloskan diri daripada kepungan polis* 警察の包囲網をすり抜ける.
terkepung 取り囲まれた: *Akhirnya terkepung juga penculik-penculik itu*. ついに誘拐犯たちは取り囲まれた.

kera 〔動〕マカークザル(アジア, 北アフリカの尾長猿).

kerabat (Ar) 血縁, 親族 (=kaum kerabat): *kerabat diraja* 王族, ロイヤル・ファミリー.
berkerabat 血縁関係のある.

kerabu I 耳輪, イヤリング.
berkerabu イヤリングをつける.

kerabu II 〔食〕唐辛子や塩などをかけて食べる野菜サラダ.

kerah クラー《マレー王国時代の強制的な荷役制度》.
mengerah, mengerahkan 召集する, 動員する, 出動させる.
pengerahan 召集, 動員.

kerajang *emas kerajang* 金箔.

kerak 物の硬い表面, 外皮: *kerak bumi* 地殻; *pergerakan kerak bumi* 地殻変動. Nasi itu ada *keraknya*. ご飯に焦げ(こげ)がある.

keramat (Ar) 1 クラマット(超自然的力を授けられたとされる神聖さ).

2 神聖な物・場所.

kerambit 先端の曲がった小刀.

kerana なぜなら、その理由は、〜ので＝sebab: Dia tidak datang *kerana dia sakit.* 彼女は病気なので来なかった. Projek itu gagal *kerana tidak mendapat sokongan rakyat.* そのプロジェクトは失敗した. なぜなら民衆の支持を得られなかったから. *oleh kerana* 〜, *dari kerana* 〜故に. *(oleh) kerana itu* それ故に.

Jika tidak kerana 〜がいた(あった)からよいものの、もしいなかったならば; Hari ini lebih ramai penuntut wanita di universiti berbandingan penuntut lelaki. *Jika tidak kerana* penuntut wanita, jumlah penuntut Melayu di universiti akan tinggal hanya separuh. 今日大学では女子学生の方が男子学生よりも多い. 女子学生がいたからよいものの、もしいなかったならば、大学におけるマレー人の学生数は全体の半分にすぎないだろう. *Jika tidak kerana* resesi dunia 1930, hari ini orang Melayu mungkin menjadi kaum minoriti di Malaysia. 1930年の世界恐慌があったからそうなったのだが、もし恐慌がなかったと仮定したならば、今日マレーシアにおいてマレー人は少数民族になっていたかもしれない. *Jika tidak kerana* China dan Rusia menggunakan kuasa veto, satu resolusi mungkin dicapai untuk mengenakan sekatan ekonomi dan perdagangan terhadap negara tersebut itu. 中国とロシアが拒否権を使わなかったと仮定したら、当該国に対する経済・貿易封鎖を課す(国連安保理)決議が採択されていただろう.

keranda (Sk) 棺.

kerang 貝: *kerang rebus* ゆでた貝.
kerang-kerangan 貝類.
pekerangan, perkerangan 甲殻類の動物.

kerangka 1 骨格, 骨組み, 枠組み. 2 草案.
terkerangka まだ草案の段階にある, まだ始まったばかりの段階にある.

kerani 事務員.
perkeranian 事務職, 事務の仕事: *kerja perkeranian* 事務作業.

keranjang バスケット, 籠. *mata keranjang* 浮気者, 誰とでも遊ぶ.

kerap; **kerap-kerap, kerap kali** しばしば、たびたび: berkunjung *sekerap mungkin* できるだけ頻繁に訪問する.
mengerapi 繰り返す.
kekerapan 頻繁, 何度も繰り返す.

keras 1 固い, 厳しい: *keras batang leher* 頑固な. *keras hidung* 狭量な. *keras kaku, keras membatu* 固い. *keras kepala* 頑固な. *keras mangkas* 固くて熟していない. *bersikap keras terhadap* 〜に強い態度をとる. 2 (声, 音などが)大きい, 荒い, 強い: *keras lidah* 発音が悪い. *dengan suara yang keras* 大きな声で. 3 熱心に: *berusaha keras untuk* 〜するために一生懸命に努力する. *bekerja keras* 一生懸命に働く. 4 (病気が)重い, 深刻な: *sakit keras* 重病. *minuman keras* 酒類.
berkeras 1 固く決心する. 2 断固として.
mengeraskan 1 固くする. 2 強める, 増強する. 3 強制する. 4 音を大きくする.
kekerasan 暴力, 残酷, 強制力: *kes jenayah kekerasan* 暴力犯罪事件.

kerat 1 部分, 断片. 2 わずか.

berkerat 切られた, 分けられた.

mengerat 切る, 割る: *mengerat kayu* 材木を切断する.

keratan 切られた部分, 断片: *keratan akhbar* 新聞の切り抜き.

terkerat 切られた, 分けられた.

keraton (Jw)(ジャワの)王宮.

kerawai 〔虫〕スズメバチ.

kerawang (織物・彫刻の)透かし編み, 透かし彫り細工(格子細工).

kerawit; *cacing kerawit* ぎょう虫.

kerbang (髪が)ばらばらな, ざんばら髪の.

kerbau 〔動〕水牛: *Seekor kerbau membawa lumpur, semuanya terpalit*【諺】誰か1人が悪さをすると, 全員が謗りを受ける.

kerdil 1 こびと(= *orang kerdil*). 2 矮小な.

kerdip; **berkerdip** (目が)瞬く, ぱちぱちする= berkedip, kerlip.

kerek (kérék), **kerekan** 滑車.

keremut しわのある(顔).

kerenah (kerénah) スタイル, 姿勢, 心構え: *mengelak kerenah birokrasi* お役所的なスタイル(官僚的なやり方)を避ける.

kerengga 〔虫〕大きなアカアリ.

kerengkiang 穀物貯蔵庫.

kerepek (kerépék) ポテトチップ, バナナチップ.

kerepot (顔に)しわがある= keremut.

kereta (keréta) 乗り物, 車: *kereta baru* 新車. *kereta bomba* 消防車. *kereta kebal* 装甲車. *kereta kabel* ケーブルカー. *kereta kuda* 馬車. *kereta lembu* 牛車. *kereta lumba* レーシング・カー. *kereta mati / mayat / jenazah* 霊柩車. *kereta penumpang* 乗用車. *kereta terpakai* 中古車. *kereta ronda* パトロール・カー. *kereta sakit* 救急車. *kereta sorong* 手押し車. *kereta sewa* ハイヤー.

berkereta 車に乗る.

kereta api 列車, 汽車: *kereta api cepat* 急行. *kereta api bawah tanah* 地下鉄.

keria; *kuih keria* クリア《サツマイモやジャガイモを小麦粉で揚げて砂糖をまぶしたマレーの伝統菓子》.

kerikil; *batu kerikil* 砂利.

kerincing 1 クリンチン(真鍮製のシンバルに似たマレーの伝統的楽器). 2 金属をたたく音.

kering 1 乾いた, 乾燥した, 乾季(= *musim kering*): *ikan kering* 魚の干物. *kelapa kering* コプラ(ヤシの胚乳を乾燥したもの). *Air mata sudah kering.* 涙がもう乾いた. *kering darahnya* 驚愕する.

kering-kelontang, *kering-kontang* 干上がる, 乾ききった. カラカラに乾く; *Sawahnya kering-kontang kerana air tidak dapat disalurkan ke sawah.* 水田は水を流し入れることができないので干上がってしまった. *tak kering gusi* 笑いが止まらない; *Kata-kata dan gelagatnya membuatkan kita tidak kering gusi.* 彼の話と振る舞いで私たちは笑いが止まらなかった. 2 破産した, 金欠状態.

mengering 乾く.

mengeringkan 〜を乾かす.

kekeringan 1 乾燥, 乾いた状態にある. 2 破産した, 〜が不足した: *bank yang kekeringan modal* 資本が枯渇した銀行. 3 陸揚げした(船).

pengering 乾燥機: *pengering rambut* ヘア・ドライヤー.

pengeringan 乾燥.

keringat (Jw) 汗 → **peluh**.

berkeringat, **keringatan** 汗をか

keris

く, 汗をかいた状態.

mengeringatkan あくせく働く.

keris クリス《マレーの伝統的短剣》: *keris pendua = keris cadangan* (儀式用の)予備のクリス. *sarung keris* クリスの鞘.

berkeris クリスを使う.

mengeris クリスで刺す.

kerisi; **ikan kerisi** 〔魚〕イトヨリ. **kerisi bali** ヒメダイ.

kerisik 乾燥したバナナの葉.

keriting 巻き毛の, 縮れ毛の: *Ada penduduk berambut keriting di Papua.* パプアに縮れ毛の住民がいる.

mengeriting, mengeritingkan パーマをかける.

kerja (Sk) 仕事, 働き, 仕業, 義務, 責任: *kerja amal* ボランティアの仕事. *kerja bakti* 社会事業. *kerja kosong* 空きポスト(未採用ポスト). *kerja lebih masa* 残業. *kerja pejabat* 事務仕事. *kerja raya* 公共事業. *kerja sementara* 臨時の仕事, アルバイト. *kerja tangan* 手工芸. *kerja tetap* 定職. **kerja rumah** a 宿題: "*Hari ini, cikgu hendak beri kerja rumah sikit.*"(先生が生徒に)「今日は少し宿題を出します」. b 家事, 家の仕事: "*Kakak saya tak suka buat kerja rumah.*"「姉は家事をしたがらない」. **kerja sekolah** 宿題: "*Hari ini ada kerja sekolah, tak?*"(母が子に)「今日は宿題があるんでしょう?」. *pengenalan sistem kerja lima hari seminggu* 週五日勤務制度(週休二日制)の導入. *Saya sangka ini adalah kerja Anwar.* これはアンワールの仕業であると私は推測した.

bekerja 仕事をする, 働く: *bekerja keras* 一生懸命に働く. *bekerja menangkap ikan* 魚を捕って働く(漁業に従事している). *bekerja lebih masa* 残業をする. *bekerja matimatian* 必死になって働く. *bekerja di / dengan syarikat itu* その会社で働いている. *bekerja sambilan* アルバイトをする; *bekerja sambilan sebagai pelayan di restoran* レストランのウエイトレスとしてアルバイトする. *Bekerja bersama-sama saya, bukan bekerja untuk saya.* 私のために働くのではなく, 私と一緒に働いてくれ. *Jangan bekerja terlalu banyak.* 働きすぎるな. *Anda bekerja sebagai apa?* あなたの職業は何ですか.

mengerjakan 1 成し遂げる, 行う, 完了させる: *Kerjakanlah sebaik-baiknya* ベストを尽くしたまえ. *mengerjakan perintah* 命令を実行する. *mengerjakan pembedahan* 手術をする. *Saya harus mengerjakan ini dengan segera.* 僕はこれをすぐにやり遂げねばならない. *Sudah bertahun-tahun saya mengerjakan itu-itu saja.* 同じことをもう何年もやっています. 2 (土地を)耕作する: *mengerjakan tanah* 耕作する. 3【古典】あやめる, 殺す: *selamanya pun hamba hendak mengerjakan Raja Pekan itu* (p.86). 私めも長いことラジャ・プカンを殺したいと思っていたところです.

pekerja 労働者, 従業員: *Hari Pekerja* メー・デー(5月1日). *kesatuan sekerja* 労働組合.

pekerjaan 1 仕事, 職業: *Apakah pekerjaan anda? / Anda bekerja sebagai apa? / Pekerjaan yang bagaimana?* あなたの職業は何か. *Saya pegawai kerajaan.* 私は公務員です. *tidak ada pekerjaan* 職がない. *Dia melukis sebagai pekerjaan sambilan.* 彼はアルバイトとして絵を

描く. *pekerjaan tetap* 定職；tamat pengajian dan *mendapat pekerjaan tetap* 学校を卒業して定職を得る. **2** 【古典】王族の結婚式に向けての祝宴：memulai *pekerjaan berjaga-jaga* 結婚式前に行われる何日もの祝宴を始める. **3**【古典】(王の)振る舞い，(王室関連の)儀礼・事柄："Apa bicara tuan hamba akan *pekerjaan* Sultan Malikul Mansur?"「貴公はスルタン・マリクル・マンスールのこと(振る舞い)をどう思うか」. "Pada barang sesuatu *pekerjaan* hendaklah engkau mesyuarat dengan segala menterimu." (p.65). (王が王子に向かって)「どんなこと(王室儀礼)をするにも高官たちと協議するのだぞ」.

kerjasama 協力，共同作業：*memberi kerjasama penuh kepada* ～に全面的に協力する. *Kerjasama Ekonomi Asia Pasifik* アジア太平洋経済協力会議，APEC.

bekerjasama 協力する.

kerjaya 経歴，キャリア：Najib *memulakan kerjayanya* sebagai eksekutif Petronas. ナジブはペトロナスの重役としてキャリアをスタートした. Wanita profesional terpaksa membuat pilihan antara *kerjaya* dan keluarga. 職業婦人はキャリアと家庭とのどちらかを選ばざるを得ない.

kerkah；**mengerkah** **1** バリバリ噛む. **2** 利用する，採取する.

pengerkah 臼歯（＝gigi pengerkah).

kerlap；**berkerlapan**, **mengerlap** キラキラ輝く.

kerling；**mengerling** 横目でチラッと見る.

kerlingan 流し目.

kernyih にこやかな笑い.

mengernyih にこやかに笑う.

kernyit しわ(皺).

keroncong クロンチョン(マレーの伝統的な大衆音楽).

kerongkong；**kerongkongan** **1** 食道，のど. **2** のどぼとけ.

kerongsang ブローチ.

keropeng (keropéng) かさぶた.

mengeropeng かさぶたをはがす.

keropok 〔食〕クロポック(油で揚げたマレー風エビせんべい).

keropos 小穴だらけの，浸透できる.

kerosin (kérosin) （英）kerosene 灯油.

kersang 乾いて不毛の土壌.

kersik 砂利（＝batu kerikil).

kertas 紙：*kertas bungkus* 包装紙. *kertas dinding* 壁紙. *kertas kerja* ワーキングペーパー. *kertas kira* 計算用紙. *kertas pasir* 紙やすり. *kertas putih* 白書. *kertas surih* トレーシングペーパー. *kertas terpakai* 古紙. *wang kertas* 紙幣.

kertau 〔植〕桑の木.

keruan 確かに，周知のように：*keruan sahaja* もちろん，当然. *belum keruan* 未確定の. *sudah keruan* すでに周知の.

tak keruan めちゃくちゃな，混乱した：*Ucapannya tak keruan.* 彼のスピーチは支離滅裂だ.

keruh **1** 濁っている：*air keruh* 泥水. **2** 不快な，混乱した：*keruh hati* 邪心のある. Suasana dalam negeri masih *keruh*. 国内情勢はまだ混乱している.

mengeruh 濁る.

mengeruhkan **1** ～を汚す. **2** 混乱させる.

keruk 掘り出す音，掘削.

mengeruk **1** 掘る，掘り起こす. **2** つかむ. **3** （ポケットに）手を突っ込

む.

kerumun; **berkerumun** 周りに群がる, 集合する.
  mengerumuni, mengerumunkan 〜の周りに群がる: *Lalat mengerumuni makanan itu.* 蠅が食べ物に群がる.
  kerumunan 集まり, 群れ.

kerusi (Ar) **1** 椅子, 席: *kerusi lipat* 折りたたみ椅子. *kerusi malas* 安楽椅子. *kerusi panjang* 長いす. *kerusi tangan* 肘掛け椅子. *kerusi roda* 車椅子. *Kerusi ini kosongkah? Sudah ada orang.* この席空いてますか？もう人がいます. **2** 地位: *kerusi tetap* (委員会などの)常任メンバー, 常任理事国. **3** 議席: *219 kerusi Parlimen* 国会議員219議席.
  berkerusi; *berkerusi roda* 車椅子を使う; *orang tua yang berkerusi roda* 車椅子の老人.
  mempengerusikan (会議の)議長を務める, 議事を進める: *Dr. Mahathir mempengerusikan Sidang Kemuncak OIC.* マハティール首相がOIC(イスラム諸国会議)の議長を務めた.
  pengerusi **1** 議長, 司会: *pengerusi mesyuarat* 会議の司会. **2** 会長: *Pengerusi Petronas* 国営石油会社ペトロナス社の会長.

kerut しわ.
  kerut-merut **1** しわがある. **2** (髪の毛が)カールした.
  berkerut, berkerut-kerut, terkerut しわのある.
  mengerutkan **1** 〜にしわを寄せる. **2** 縮む, 縮小する.

kerutu 粗い, ざらざらした.
  mengerutu (皮膚が)がさがさな.

kes (kês) (英) case 事件, 事例: *Sehingga hari ini belum ada kes selesema burung dikesan di negara ini.* これまでわが国では鳥インフルエンザに感染したケースがない.

kesah; **keluh-kesah** 溜め息.

kesal **1** 気の毒に思う (=*kesal hati*), 残念である, 遺憾に思う, 後悔する: *Apabila sudah tua, dia kesal kerana malas belajar pada masa kecilnya.* 彼は年取ってから, 若い頃に勉強を怠けたことを後悔している. *PM melahirkan rasa kesalnya terhadap pencemaran alam sekitar.* 首相は環境汚染について遺憾の念を表明した. **2** がっかりした, 不満がある, いらだつ, しゃくにさわる: *Dia sangat kesal akan kelakuan anaknya yang biadab itu.* 彼は品の悪い息子の行為にがっかりして腹立つ. *Amat kesal dia dengan tuduhan itu.* その非難に対して彼はとてもしゃくにさわった. *Saya merasa kesal kalah dalam pertandingan itu.* 試合に負けて面白くない気分だ.
  mengesali **1** 〜を気の毒に思う, 〜を残念に思う: *Dia kesali tidak dapat memenuhi permintaan anaknya.* 彼女は息子の要望をかなえてやれなくて残念でならなかった. **2** 〜にいらだつ, 不満だ, がっかりする: *Dia sungguh mengesali sikap anaknya yang malas belajar itu.* 勉強を怠ける息子の態度にいらだちを感じた.
  mengesalkan いらいらさせる, がっかりさせる: *Kegagalan itu mengesalkan hati kami.* その失敗は私たちをいらだたせた.

kesan **1** 影響, 効果: *kesan teruk* ひどい影響. *kesan balas* 反応. *kesan ekonomi* 経済的影響. *kesan gandaan* 相乗効果. *kesan perang* 戦争の影響. *kesan sampingan* 副作用, 付

随した効果; *tidak menimbulkan apa-apa kesan sampingan.* 何ら副作用をもたらさない. *membawa kesan buruk terhadap* sistem ekologi 生態系に悪影響をもたらす. *memberi kesan besar dalam* ～に大きな影響を及ぼす. *memberi kesan jangka panjang* 長期的な影響をもたらす. *memberi kesan buruk kepada* kestabilan di Asia Timur. 東アジアの安定に悪影響を及ぼす. *Kesannya jauh lebih dahsyat daripada apa yang beliau bayangkan.* その影響は彼が予想した以上にひどかった. **2**印, 跡, 結果: *kesan tapak kaki* 足跡. *kesan luka* 傷跡. *kesan minyak* 油の跡. baju dengan *kesan darah* 血痕のついた上着. lima *kesan tikaman* pada bahagian kepala 頭部に5箇所の刺し痕. Menjadi terlalu gemuk adalah *kesan* makan berlebihan. 肥満は過食の結果である. Ramai pelancong datang ke sini untuk melihat *kesan-kesan sejarah.* たくさんの観光客が史跡を見にやって来る. **3**印象: *Saya mendapat kesan bahawa* ～という印象を受けた. Kata-kata akhir itu amat kuat *kesannya* pada hati Mahani. その最後の言葉はマハニの心に強く残った. Lawatan saya ke Malaysia kali ini *meninggalkan kesan* yang mendalam di hati saya. 今回のマレーシア訪問は僕の心に深い印象を残した.

berkesan 1 効果的な: Sistem pengankutan awam di sini belum *berkesan.* ここの公共輸送システムはまだ効果的でない. **2** 跡が残る.

mengesan, mengesani 跡をたどる, 探知する, 見つける: Kes wabak selesema burung telah *dikesan* di negara itu. 鳥インフルエンザの感染がその国で見つかった. 4 rakyat Malaysia masih belum *dikesan* lagi. まだ4名のマレーシア人が行方不明. *mengesan gempa bumi* 地震を探知する. *mengesan lebih awal tanda-tanda ancaman tsunami* 津波の兆候を早期に探知する.

mengesankan (傷, 印など)をあとに残す.

pengesan 探知機: *pengesan suara* 盗聴器. Telefon ini *dipasangi pengesan suara.* この電話は盗聴されている.

pengesanan 検知, 探知: *alat pengesanan logam* 金属探知機. *sistem pengesanan awal kejadian gempa bumi* 地震早期探知システム.

kesat 1 ざらざらした, かさかさした. **2** 乱暴な(ことば, 振るまい): *menghamburkan kata kesat* 乱暴なことばを撒き散らす. *mengeluarkan kata-kata kesat kepada* Zidane ジダンに暴言を吐く.

mengesat 拭き取る, 取り去る.

pengesat 1 ドアマット (=*pengesat kaki*). **2** ハンカチ, 鼻紙 (=*pengesat tangan*).

kesemua → **semua**.

kesot (késot); **berkesot, mengesot** お尻を地面(床)にすって身体を動かす, ゆっくり動く: Anaknya belum boleh berjalan, baru *pandai mengesot* その子はまだ歩けないが, やっとお尻をこすって上手に動けるようになった.

mengesotkan 引きずって動かす.

kesturi (Sk) じゃ香.

kesuari 〔鳥〕ヒクイドリ.

kesuma 1 美女. **2** 花.

kesumat 憎しみ, 対立.

ketagih → **tagih I** 常習.

ketagihan (麻薬などを)常習する.

ketahui

　penagih 常習者.
ketahui → **tahu**.
ketak 1 皺. 2 体節.
ketam I; **mengetam** (米を)収穫する.
　pengetaman 刈入れ, 収穫.
ketam II かんな, 削り機.
　berketam 削られた.
　mengetam (かんなで)削る.
ketam III 〔動〕カニ.
ketap; **mengetap**, **mengetapkan** 口を食いしばる, 唇を嚙む.
ketar; *ketar gegar* 身震いする.
　terketar-ketar 震える.
ketara 明らかな, 明白な (=kentara).
ketat きつい, 厳しい, 厳格な: *musuh ketat* 強敵. *dikawal ketat* 厳重に警備する.
　mengetatkan 固く締める, 厳しくする: *mengetatkan kawalan* 警備を強化する.
　memperketat 強化させる, 厳格化する.
　keketatan 厳格さ, 厳しさ.
ketawa 笑い, 笑う: *menahan ketawa* 笑いをこらえる. Saya tidak boleh *menahan ketawa*. 笑いをこらえることができなかった. Saya tidak boleh *berhenti ketawa*. 笑いを止めることができなかった.
　mengetawakan 〜を笑う.
ketayap 白い色のコピア(帽子).
ketegar 頑固な (=ketegar hati).
ketemu (Jw) 出会う.
　mengetemui 会う, 出くわす.
　mengetemukan 1 〜と会う. 2 発見した, 発明した. 3 〜に紹介する, 出合わせる.
keti 1万 (10,000).
　berketi-keti 何万もの〜.
ketiak 腋の下: *di bawah ketiak orang* 〜の指揮下にある. *bau ketiak* 腋臭.
ketika 〜のとき, 時: Saya sedang tidur *ketika* dia datang. 彼が来たとき, 私は寝ていた. Saat paling menggembirakan dalam hidupnya ialah *ketika* didukung oleh bapanya pada lewat petang sebaik pulang dari bekerja. 彼の人生の中で一番嬉しい瞬間は, 仕事から帰ってきた父に抱っこされるときだ. *pada ketika itu* その時. *untuk beberapa ketika pula* しばらくの間. menanti *untuk beberapa ketika lagi* もう少し待つ. *dari satu ketika ke ketika yang lain* いつも, 常に.
　berketika 1 決った時間に〜. 2 ちょうどよい時間に〜.
　seketika 1 ちょっとの間, 一瞬: *terdiam seketika* 一瞬黙ってしまった. 2 〜の時: *pada seketika itu* その時.
ketimbung 水のはねる音.
　berketimbung 水をはねさせる, 水遊びをする.
keting; *urat keting* アキレス腱.
ketola (Sk) 〔植〕ヘチマ.
ketopong; *ketopong besi* 兜(ペルシャ式ヘルメット).
ketot (kétot) 成長の止まった, 小さな: *pokok ketot* 成長の止まった木.
ketua 1 (村の)長老. 2 指導者, リーダー: *ketua negara* 元首. *ketua kampung* 村長. *Ketua Pegawai Eksekutif* 最高経営責任者 (CEO). *Ketua Menteri*=Chief Minister 州首相《スルタンのいないペナン・マラッカ・サバ・サラワクの4州の州知事に相当》. *ketua pasukan* (チームの)主将・キャプテン.
　berketuakan 〜をリーダーにする.
　mengetuai 〜を導く, 〜の長をつと

める.

pengetua (カレッジの)学校長.

ketuat いぼ, こぶ.

ketuhar オーブン: *ketuhar elektrik* 電気オーブン. *ketuhar gelombang mikro* 電子オーブン. *ketuhar pembakar* オーブン・トースター.

ketuk I ノック, コツコツたたく.

mengetuk ノックする, たたく: *mengetuk pintu* ドアをノックする.

mengetukkan ～をノックする, ～を叩く.

pengetuk 金づち.

ketuk II (卵を産んだ直後の雌鶏の)鋭い鳴き声.

berketuk (卵を産んだ直後の雌鶏が)鋭い鳴き声をあげる.

ketuk ketampi うさぎ跳び(スクワット): *membuat / melakukan ketuk ketampi dalam keadaan bogel* 裸でうさぎ跳びをする.

ketul 塊=kepal.

berketul-ketul 塊になって.

ketulan 塊.

seketul 一塊: *seketul kepala ikan tongkol* マグロの頭一塊.

ketumbar 〔植〕コリアンダー(香菜).

ketumbit ものもらい(眼の腫物).

ketupat 〔食〕クトゥパット《ヤシの葉でもち米を菱形に包んで炊いたちまきの一種; ハリラヤのご馳走》.

ketur 痰壺.

Kg. [kampung] (カンポン)の略語.

kg キログラム.

khabar (Ar) 報道, ニュース, 消息: "*Apa khabar?*" 「こんにちは」(挨拶). "*Khabar baik*" 「こんにちは」(返事). *khabar baik* 良い知らせ. *khabar buruk* 悪い知らせ. *surat khabar* 新聞. *khabar angin* うわさ; *Mereka melarikan diri di tengah khabar angin akan berlaku ombak besar tsunami.* 津波が起きるといううわさが広まる中で彼らは逃げた. *Ibu saya baru menelefon saya dari Jepun bertanyakan khabar.* 母がさっき日本から電話をかけてきて私が元気かどうか尋ねた(私の安否を尋ねた).

berkhabar, berkhabarkan 報告する, 物語る.

mengkhabarkan 報告する, 知らせる.

khabarnya 噂によると,

perkhabaran 報道, 知らせ.

khadam (Ar) 召使い, 家来.

khairat (Ar) 慈善, 福祉.

berkhairat 慈善行為を行なう, 寄付する.

khaki (英) khaki カーキ色の布(= kain khaki).

khalayak (Ar) **1** 大衆, 公衆(= khalayak ramai): *di depan khalayak ramai* 公衆の面前で. **2** (芸術作品の)読者, 観衆. **3** 神の創造物.

khalifah (Ar) カリフ(イスラム教国の教主).

khalwat (Ar) **1** 隠とん, 隠居. **2** 結婚前の男女によるいかがわしい行為(イスラム教の教義から見て).

berkhalwat 1 隠とんする, 隠居する. **2** (結婚前の男女が)2人だけになりいかがわしい行為をする: *Gadis dan teruna itu ditangkap kerana berkhalwat.* その娘と若者は二人だけでいたので逮捕された.

Khamis (Ar): *hari Khamis* 木曜日.

khas (Ar) 特別な.

mengkhaskan 特別に用意する・確保しておく: *Sebahagian keuntungan itu saya khaskan kepada kos operasi Yayasan itu.* 利益の一部を基金の運営費用に特別に割り当てる.

terkhas 専用の, 特別の.
khasiat (Ar) 特別な効能, 栄養.
　berkhasiat 栄養分のある.
khatan (Ar) 割礼(イスラムの儀式).
　berkhatan 割礼をする.
　mengkhatankan ～を割礼する.
khatulistiwa (Ar) 赤道.
khayal (Ar) 夢, 空想: *Itu khayal saja.* それは夢にすぎない.
　berkhayal 夢みる, 夢中になる.
　mengkhayalkan ～を空想する.
　khayalan, pengkhayalan 夢, 幻想.
khazanah (Ar) 1 財産. 2 財宝をしまう場所, 宝庫. *khazanah negara* 国庫.
khemah (khémah) (Ar) テント: *khemah pelarian* 難民キャンプ. *khemah sementara* (災害の)臨時避難所.
　berkhemah テントを張る, キャンプする.
　perkhemahan キャンプ場, 野営地.
khianat (Ar) 裏切り.
　berkhianat 裏切る: *berkhianat terhadap negara* 国家を裏切る.
　mengkhianati ～を裏切る: *mengkhianati bangsa dan negaranya* 国民と国家を裏切る.
　pengkhianat 裏切り者, 内通者.
　pengkhianatan 裏切り, 暴露.
khidmat (Ar) サービス, 奉仕, 勤務: *khidmat pesanan ringkas* 携帯電話のショート・メール・サービス(SMS).
　berkhidmat 1 勤務する, 勤める. 2 任務を果たす: Tun Dr. Mahathir bersara selepas *berkhidmat* sebagai Perdana Menteri selama 22 tahun. マハティール氏は22年間首相として任務を果たして退職した.
　perkhidmatan 勤務, サービス: *khidmatan luaran* アウトソーシング(外注). *khidmatan nasihat* コンサルタント・サービス. *perkhidmatan awam* 公共サービス. *perkhidmatan kewangan* 金融サービス. *perkhidmatan maklumat* 情報サービス.
khilaf うっかりミス.
khuatir (Ar) 心配な, 不安な: Saya *khuatir kalau-kalau* terlambat sampai di kerja. 私は仕事場に遅れて到着するのではないかと心配した. *Jangan khuatir*. Segalanya akan berjalan baik. 心配しないで. すべてうまく行くから.
　kekhuatiran 心配, 不安: *Kekhuatiran menjadi kenyataan.* 不安が現実になった.
　mengkhuatiri ～を心配する, 懸念する: Seorang kanak-kanak *dikhuatiri* mati lemas. 児童が水死したのではないかと懸念された. Projek pembinaan kilang itu *dikhuatiri* akan mencemarkan air di empangan itu. 工場建設はダムの水を汚染するのではないかと懸念される.
　mengkhuatirkan 1 ～を心配する. 2 ～を心配させる.
khusus (Ar) 特別な, 特に.
　mengkhususkan 専門とする.
　pengkhususan 専門化, (学問の)専攻・専門.
　kekhususan 特性, 専門.
khusyuk (Ar) 1 夢中になって, 真剣に. 2 謙虚になって, つつしんで.
　mengkhusyukkan 真剣に・集中して～をする.
　kekhusyukan 献身.
khutbah (Ar) 説教, 教訓.
　berkhutbah 説教する.
kial; **berkial-kial, terkial-kial** 1 懸命に努力する. 2 身体を揺すって～.

kiam 礼拝のとき直立すること.

kiamat (Ar) **1** 世の終わり. **2** (死からの)復活, 再生.

kiambang 水面に生息する植物, 浮き草.

kian だんだんと＝semakin: *kian hari kian cantik* 日増しに美しくなる. *kian lama kian gemuk* だんだんと太る.

berkian-kian たくさんの～.

sekian, sekianlah 1 以上で終わり: *Sekian sajalah ucapan saya.* 私の挨拶は以上です. *Sekian saja berita untuk malam ini. Selamat malam*《テレビのニュース番組が終わるときのアナウンサーの決まり文句》今夜のニュースは以上です, おやすみなさい. *Sekian, terima kasih.*《手紙文や挨拶で》これで終わります, ありがとう. *Sekian sahaja buat kali ini. / Sekian dulu buat kali ini. / Setakat ini sahaja yang dapat saya tulis buat kali ini.* 今回はここまでです《手紙文》. **2** これほど長く, かなり長く (selian lama): *Saya telah menunggu jawapannya sekian lama, belum juga dia menjawab.* 彼の返事をずいぶん長いこと待っているのだが, いまだに彼は答えてくれない. *menjalankan perniagaan ini sejak sekian lama* もうかなり長いことこの商売をしている. *Saya ingin melanjutkan pelajaran saya setelah bekerja sekian lama.* 長い間働いたので, また学問を続けたい.

sekian-sekian これこれの, しかじかの: *Dia beritahu saya yang dia akan tiba pada sekian-sekian masa tetapi saya terlupa.* 彼はこれこれしかじかの日に到着すると私に告げたが, 私は度忘れしてしまった.

kias 比喩, 教訓, 皮肉.

berkias 例を示す.

berkias-kiasan いやみを言い合う.

mengias 1 皮肉を言う. **2** 比喩を用いる.

kias-mengias 互いに侮辱しあう.

mengiaskan 1 ～を…に例える. **2** 皮肉を言う: *Orang Melayu mengiaskan* orang yang lupa akan budi orang lain terhadapnya *kepada 'kacang yang melupakan kulitnya'.* マレー人は, 他人の恩を忘れた人のことを'皮を忘れた豆', に例える.

kiasan 1 比較. **2** 比喩. **3** 示唆. **4** 教訓. **5** 象徴.

kibar; berkibar, berkibar-kibar, berkibaran (旗などが)はためく.

mengibarkan (旗を)掲揚する: *mengibarkan bendera* 旗を掲揚する. *mengibarkan bendera setengah tiang* 半旗を掲げる.

pengibaran 掲揚.

kibas; mengibas, mengibas-ngibas 1 上下左右に振る. **2** テーブルを布で拭く.

mengibaskan, mengibas-ngibaskan 1 (尾や翼を)上下に振る. **2** (布などを)力強く振る: *mengibaskan ekor / belalai / sayap* (動物が)尾・鼻・翼を振る.

kiblat (Ar) キブラット《メッカの方向: イスラム教徒が礼拝するときの方向》.

berkiblatkan ～に基づいた.

mengiblatkan ～に向かって.

kicap 醬油(しょうゆ).

kicau (小鳥が)さえずる音.

berkicau 1 (小鳥が)さえずる. **2** にぎやかに話す.

berkicauan 一斉にさえずる.

kidal 1 左. **2** 左きき.

kijang 〔動〕ホエジカ.

kikir I やすり.

kikiran やすりで削ったときの削りかす.

mengikir やすりで削る.

kikir II けちな, しみったれた.

kikis I; **mengikis, mengikiskan** 1 (小刀などで)削り取る: *Kikis prejudis kepada pembantu rumah warga asing.* 外国人のお手伝いへの偏見を取り除け. 2 侵食する.

kikis II 消える, 見えなくなる.

mengikis 1 消し去る. 2 使い果たす: *mengikis harta* 財産を使い果たす.

terkikis (記憶から)消えている.

kilah 1 策略, ごまかし. 2 口実, 言い訳.

berkilah, berkilah-kilah 偽る, だます.

kilan; **terkilan** 1 不満足な, 腹を立てた. 2 失望した, がっかりした, 悔しがる: *Ayahnya terkilan tidak dapat menarik keluar anaknya.* 父親は息子を引っ張り出せなかったので悔しがった.

kilang 1 工場: *kilang kain* 繊維工場. *kilang kertas* 製紙工場. *kilang motokar* 乗用車工場. 2 圧搾機.

mengilang 1 製造する, 生産する. 2 圧搾する.

kilangan 圧搾機.

pengilang, pekilang 製造業者.

perkilangan 製造業, 製造業界.

kilangin 風車=kincir angin.

kilat 1 稲妻 (*kilat dan petir*). 2 緊急の: *kursus-kursus kilat* 速成コース. *keputusan kilat* 緊急の決定. *menyalurkan bantuan kilat* 緊急援助をする.

berkilat, berkilat-kilat 輝く, 輝いた.

mengilatkan, mengilat-ngilatkan 磨く.

sekilat 一瞬の間, わずかの間.

kilau 明るい光.

berkilau, berkilau-kilauan, kilau-kemilau, kilau-mengilau きらきらと輝く, 明るく輝く.

kilauan 光線, 輝き.

kili-kili; **kelili** 1 籐で作られた牛の鼻輪. 2 リール, 糸巻き.

kilir 砥石.

mengilir 鋭くする, 研磨する.

kiliran 1 砥石. 2 研いだもの.

kilo (英) kilo キロ. *kilogram* キログラム. *kilometer* キロメートル. *kilowatt* キロワット.

kimia (Ar) 化学 (=ilmu kimia): *ahli kimia* 化学者. *kimia analisis* 化学分析. *kimia biokimia* 生化学. *kimia gunaan* 応用化学. *tindakan kimia* 化学反応.

kimpal 固形の.

mengimpal 溶接する.

kimpalan 1 溶接部分. 2 溶接物.

pengimpal 溶接工.

pengimpalan 溶接.

kincah; **mengincah** 水でゆすぐ, 水洗い.

kincir (Sk) 1 水車 (=kincir air). 2 風車 (=kincir angin).

kincit; **terkincit** 便を漏らす.

kincup 閉じる: *Daun itu kincup apabila disentuh.* その葉は触ると閉じてしまった.

kini 今, 現在: *Itu dulu. Kini keadaan berubah.* それは昔のこと. 今は状況が変わった.

kekinian 1 現状. 2 最新の状況.

terkini 最新の: *berita terkini* 最新ニュース. *maklumat terkini tentang* ~についての最新情報.

kipas 1 扇, うちわ. 2 プロペラ.

berkipas 1 うちわを使う. 2 自分であおぐ.

mengipas あおぐ.
mengipaskan 1 あおぐ. 2 (鳥が) はばたく.

kira 1 意見, 考え: *mengambil kira* 配慮する, 考慮する, 気にかける; *mengambil kira kepentingan* 〜の利益を考慮する. *Awak tidak perlu terlalu mengambil kira apa orang lain kata.* 君は他人が言うことにあまり配慮する必要ないよ. *Ini perlu diambil kira.* これを考慮する必要がある. 2 概算, 見積もる, 査定する.

kira-kira 1 だいたい, およそ. 2 数学, 計算: *kira-kira campur* 足し算. *kira-kira tolak* 引き算.

berkira-kira 1 考える: *berkira-kira sendiri bahawa* 〜とひとりで考えた, 思った. 2 〜するつもりである: *berkira-kira hendak meninggalkan kamung itu* 村を離れようと計画する.

mengira 1 数える, 計算する: *mengira semua buaya yang beratur* 並んでいるすべてのワニの数を数える. *Rumah-rumah di kampung ini boleh dikira dengan jari.* この村の家は指で数えられるほど少ない. 2 思う, 考慮する, 推測する: *Saya kira dia tidak akan datang.* 彼はぜったい来ないと僕は思います.

tanpa kira 〜, **tidak kira** 〜 関係なく: *seluruh rakyat tanpa mengira kaum dan agama* bertanggungjawab ke atas 〜種族や宗教に関係なく全ての人々が〜に責任がある. *tanpa mengira siang atau malam* 昼夜関係なく. *datang ke rumah tanpa mengira masa* 時間をわきまえず家に来る. *tidak kira apa kata orang lain* 他人が何を言おうが気にしない.

tak kira bulu えこひいきしない.
mengirakan, **mengira-ngirakan** 1 計算する, 数える. 2 推測する, 査定する. 3 考慮する.

kiraan, **kira-kiraan** 計算: *kiraan detik* カウント・ダウン; *acara tahunan kiraan detik menjelang 12 tengah malam sempena sambutan tahun baru* 新年を迎えるために夜12時に近づくとカウント・ダウンをする年中行事.

kiranya 1 多分. 2【古典】願わくば〜してほしい, できるならば〜でありたい; どうぞお願いですから: "Hamba dengar ada Hikayat Melayu dibawa oleh orang dari Goa: *barang* kita perbaiki *kiranya* dengan istiadatnya." (p.2)「ヒカヤット・マラユ(マラユ王統記)というヒカヤットがゴアからもたらされたそうだ. そこで願わくばこのヒカヤットを正しく再編集してみてはどうだろうか」. Kehendaknya minta daripada tuan hamba dan diambil Raja Kida Hindi *kiranya* akan menantu (p.5). (預言者ナビ・キディルの話)「我が主君(アレクサンダー大王)は, 願わくば貴殿(ラジャ・キダ・ヒンディ)が自分を婿として迎え入れてもらいたい, と申されておる」.

pengiraan 計算, 評価, 査定: *pengiraan semula undi* (選挙の)票の再集計.

perkiraan 1 計算. 2 推測.

sekira, **jika sekiranya** もしも〜なら, 万が一〜ならば: *Jika sekiranya ada Hang Tuah hidup, adakah ampun duli tuanku akan dia?* (p.139) もしハントゥアが生きていたとしたら, 陛下は彼をお許しになさるでしょうか.

terkira; **tak terkira** 数えられない, 甚だしい: *Tak terkira gembira-*

kiri 1 左, 左利き: *tidak sopan memberi atau mengambil sesuatu barang dengan tangan kiri* 左手で物をあげたりもらったりするのは失礼である. 2 不運な, 運の悪い. 3 左派.

kiri kanan 左右: *Di kiri kanan dan belakang depan semuanya penuh dengan gerai-gerai kecil.* 前後左右に小さな屋台がいっぱいだ.

orang kiri kanan 隣人.

pihak kiri 左翼.

mengiri 左に曲がる.

mengirikan 1 左に動かす. 2 しばらく放っておく, 後回しにする.

kirim; **berkirim**, **mengirim**, **mengirimkan** 1 送る, 配達する: *mengirim surat kepada kawan saya di London* ロンドンの友人に手紙を送る. 2 派遣する: *mengirimkan rombongan ke Malaysia* マレーシアへミッション(使節団)を派遣する. 3【口語】(人に託して)買ってきてほしい: "*Saya nak turun ke KL. Ada apa-apa mahu kirim?*"「KLへいくけども、何か買ってきてほしいものあるかい」. "*Boleh kirim beli kopi?*"「コーヒーを買ってきてくれませんか」. *Di mana kopi yang dikirim Ali?* アリが買ってきてくれたコーヒーはどこにありますか.

kirim salam kepada ～によろしく.

mengirimi ～へ送る, ～へ差し入れする: *Mak cik sering mengirimi saya makan.* 叔母さんは僕にいつも食べ物を差し入れしてくれる.

kiriman 配達物, 送付物.

pengirim 送り主, 差出人.

pengiriman 送付, 配達, 船積.

kisah (Ar) 物語, 出来事: *kisah cinta* 恋物語. *Dia telah menceritakan secebis kisah peribadinya.* 彼は個人的な話を一つ披露した.

tak ambil kisah dengan ～を気にしない. *tak kisah*【口語】気にしない: "*Eh, tak apalah, cikgu. Saya tak kisah.*"「先生, かまいません. 私は気にしていません」. *Saya tak kisah apa yang akan terjadi.* 何が起きても平気です. *Saya tak kisah apa orang kata.* 人が何と言おうとも気にしない. *Buatlah apa yang awak suka. Saya tak kisah.* 好きなようにしたら, 僕はかわまわないから. *Dia sedikit pun tak kisah peperiksaan esok.* 彼は明日の試験のことなんか少しも気にしていない.

mengisahkan 物語る, 話す.

kisar 回転, 交替.

berkisar 1 回る, 回転する. 2 移動する. 3 (話が)～に集中する.

mengisar, **mengisarkan** 1 回転する. 2 移動する. 3 (意見や考えを)変える. 4 砕く.

pengisar 1 粉屋, 製粉業者. 2 粉・籾をひく人.

pengisaran 1 回転. 2 変化.

perkisaran 回転, 交替.

terkisar 粉にした, 消化した.

kisi; **kisi-kisi**, **kekisi** 1 鉄格子, グリル. 2 (車輪の)スポーク. 3 (ドアの)隙間.

kismis (Pr)〔食〕干しブドウ.

kiswah メッカのカーバ神殿を覆う黒い布.

kita 1 私たち《話し相手を含めた私たち. 相手を含めないこちらだけの私たちは, kami》. 2【古典】余は, 私は(王族や貴族などのみ): "*Adalah kita memanggil paman ini, kita hendak beristeri, carikan kita.*" (p.23)「余

が貴殿を呼んだのは、ほかでもない、余は妻を娶りたいので、余のために探しておくれ」(スリトリブアナ王).

kekitaan; *semangat kekitaan* (仲間の)一体感, 帰属意識. *rasa kekitaan* 友愛の感情.

kitab (Ar) 宗教に関する聖典, 聖書 (kitab suci).

kitar; **sekitar** 1 周없に: *di sekitar halaman rumahnya* 家の庭に周없に. *negara-negara sekitar* 周없諸国. 2 およそ, 約〜: *Gajinya sekitar RM1200 sebulan.* 給料は月約1200リンギット. 3 =kitaran 周期, サイクル: *kitaran letusan gunung berapi* 火山爆発の周期. *meletus dalam kitaran setiap tiga tahun* 3年の周期で爆発する. *alam sekitar* 環境; *Kementerian Alam Sekitar* 環境省. *kitar hayat* ライフサイクル(生活環). *kitar sekitaran* 状況, 環境. *kitar semula* リサイクル.

berkitar 回転する, 循環する: *Bumi dan bulan berkitar matahari.* 地球と月は太陽の周りを動く.

mengitar, mengitar-ngitar 回転する, 回る, ぐるりと回る: *mengitar semula sisa-sisa buangan* 廃棄物をリサイクルする.

mengitari 〜周辺を回転する=kelilingi: *Bumi mengitari matahari.* 地球は太陽の周りを回転する.

mengitarkan 回転させる, 回す.

pengitaran 循環, 回転.

persekitaran 環境.

kiub (英) cube 立方体.

KL [Kuala Lumpur] クアラルンプール; マレーシアの首都.

klasifikasi (英) classification 分類, 区分.

klasik (英) classic 1 クラシック音楽(=muzik klasik). 2 古典.

klausa (英) clause 1 〔文法〕節, 文節. 2 (法律や条約などの)条項, 箇条.

KLCC [Kuala Lumpur City Centre] クアラルンプール・シティー・センター.

KLIA [Kuala Lumpur International Airport] クアラルンプール国際空港.

klimaks (英) climax 最高潮, クライマックス.

klinik (英) clinic 診療所, クリニック.

klip (英) clip クリップ.

klise (klisé) (英) cliché 陳腐な言いまわし, きまり文句.

klon (英) clone クローン: *manusia klon* クローン人間.

klorida (英) chloride 〔化学〕塩化物. *hidrogen klorida* 塩化水素. *kalsium klorida* 塩化カルシウム. *sodium klorida* 塩化ナトリウム.

klorin (英) chlorine 〔化学〕塩素.

kloroform (英) chloroform 〔化学〕クロロホルム.

KMM [Kesatuan Melayu Muda] マレー青年同盟.

KNK [Keluaran Negara Kasar] 国民総生産(GNP).

knot (英) knot ノット(船の速度単位).

kobar (火が)燃えあがった.

berkobar, berkobar-kobar (火が, 気持が)燃えあがる.

mengobarkan, mengobar-ngobarkan (精神を)高揚させる: *Ucapan pemimpin itu telah mengobarkan semangat pendengar-pendengarnya* その指導者の演説は聴取者の精神を高揚させた.

kobaran 燃えあがった炎.

koboi (英) cowboy カウボーイ.

kocak; **kocakan** 1 揺れ, 振動. 2 高まり, うねり.
　berkocak 1 (水などが)揺れる, 振動する. 2 混乱する.
　mengocak, mengocakkan 1 振る, 揺する. 2 混乱させる, 動揺させる: *mengocak air sungai itu dengan kakinya* 足で川の水を揺すった.

kocek (kocék) ポケット=kantung: *jam kocek* 懐中時計. *novel kocek* 文庫本の小説.

kocok; **mengocok** 1 (ビンなどを)よく振る. 2 かき混ぜる: *mengocok daun terup* トランプを混ぜて切る. 3 けしかける. 4 一緒にする.

kod (英) code 1 法典, 規則: *Kod Etika* 倫理規定. 2 コード, 符号: *kod bar* バーコード.

kodok (Jw) 〔動〕カエル(蛙)→ **katak**.

koir (英) choir 合唱団.

kojol 【俗語】死ぬ, くたばる.

kokain コカイン(麻薬).

koko ココア (cocoa).

kokok; **kokokan** おんどりの鳴き声: *kokokan ayam pertama* 一番鶏(の声).
　berkokok (おんどりが)コケコッコーと鳴く.

kokol; **mengokol** しゃがみ込む, 身を縮ませる: *batuk kokol* 激しく咳き込む. *duduk kokol* 背を丸めて座る.
　terkokol-kokol (病気や寒さで)震える.

kokot; **pengokot** ホッチキス.

koktel (koktél) (英) cocktail カクテル(飲料): *koktel buah-buahan* フルーツ・カクテル. *jamuan koktel* カクテル・パーティー. *pakaian koktel* カクテル・ドレス.

kolah 石やセメント製の貯水用タンク(礼拝のとき洗い清めるため).

kolam 沼, 池, 貯水池: *kolam kaca* 水槽. *kolam renang, kolam mandi* 水泳プール. *kolam air panas* 温泉.

kolej (koléj) (英) college 単科大学, カレッジ.

kolek (kolék) (魚を捕まえるための)小舟, カヌー.

koleksi (koléksi) (英) collection 収集, 採集, コレクション.

kolera (koléra) コレラ=taun.

kolesterol (kolésterol) (英) cholesterol コレステロール.

koloni (英) colony 植民地, 居住地.

kolonial (英) colonial 植民地の: *pegawai kolonial* 植民地官僚. *pemerintah kolonial, kerajaan kolonial* 植民地政府.

kolonialisme (英) colonialism 植民地主義.

kolot 古典的な, 保守的な.
　kekolotan 保守主義の.

kolum (英) column コラム.

koma I (英) comma コンマ, 句点.

koma II (英) coma 意識不明, 昏睡状態: *Dia berada dalam koma selama 2 jam.* 彼は2時間も意識不明の状態にあった.

Komanwel (komanwél) (英) commonwealth 英連邦: *negara-negara Komanwel* 英連邦諸国. *Sukan Komanwel* 英連邦競技大会.

komedi (komédi) (英) comedy コメディー.

komen (komén) (英) comment コメント, 解説(する): *Saya tak nak komen pasal / bab itu.*【口語】それに関してはノーコメントです. *Dia hanya menjawabi "No komen".* 彼は「ノーコメント」と答えただけ.
　mengomen 解説する, 意見を言う.
　pengomen 解説者.

komeng (koméng) **1** 少しの. **2** 未発達な.

komentar (koméntar) 〈英〉commentary 評論, 意見.

mengomentar 説明する, 評論する.

komersial 〈英〉commercial 商業の.

komet (komét) 〈英〉comet 彗星.

komik 〈英〉comic 喜劇, 漫画.

komisen (komisén) 〈英〉commission コミッション, 手数料 : *komisen broker* 証券取引手数料.

komited 1 コミットする : PM *komited* terhadap matlamat Wawasan 2020. 首相は 2020 年ビジョンの目的実現を確約した. **2** 〜に打ち込む, 専念する, 献身する : Ada yang tidak *komited dengan* kerja. 仕事に専念しない者もいる.

komitmen (komitmén) 〈英〉commitment 献身, 関わり, 関与, 態度 : *komitmen* Abdullah terhadap negara アブドラの国家への献身.

komoditi 〈英〉commodity 商品 : *pasaran komoditi* 商品市場.

komodor 〈英〉commodore 准将, 提督.

kompang コンパン《片面のみに皮を張ったマレー太鼓》: Perdana Menteri tiba di Dewan *diiringi paluan kompang*. 首相はコンパンが打ち鳴らされるなか, 講堂に到着した.

kompas 〈英〉compass コンパス, 羅針盤.

kompaun 〈英〉compound 示談金 : *membayar kompaun* 示談金を支払う. *dikenakan kompaun* sebanyak RM100 100 リンギットの示談金を科せられる.

kompleks I (kompléks) 〈英〉complex : 複雑な, わかりにくい.

kompleks II コンプレックス (総合ビル).

komplot ; komplotan 陰謀, 共謀.

kompos 〈英〉compost 混成物, 混合物.

kompromi 〈英〉compromise 妥協.

komputer 〈英〉computer コンピューター : *komputer buku* ノートブック型コンピューター. *komputer hos* ホスト・コンピューター. *komputer peribadi* パーソナル・コンピューター (PC). *komputer riba* ノートブック型パソコン.

komunikasi 〈英〉communication 通信, 情報 : *komunikasi data* データ通信. *komunikasi suara* 音声通信.

komunike (komuniké) 〈英〉communique コミュニケ, 公式発表 : *komunike bersama* 共同声明.

komunis 〈英〉communist 共産主義者 : *parti komunis* 共産党.

komunisme 〈英〉communism 共産主義.

komuniti 〈英〉community 地域社会, 共同体 : *Komuniti ASEAN* アセアン共同体. *Komuniti Asia Timur* 東アジア共同体.

kon 〈英〉cone 円錐形, 円錐.

kondem (kondém) (車や道具など) 壊れてしまって使えない.

kondominium 〈英〉condominium コンドミニアム (分譲アパート).

konflik 〈英〉conflict 紛争, 闘争 : *konflik etnik* 民族紛争.

konfrontasi 〈英〉confrontation 対決.

kongkalikong 【俗語】共謀.

kongkong 足かせ, 手錠.

mengongkong 足かせをはめる, 束縛する.

kongkongan 束縛, 監禁.

terkongkong 足かせをはめられた, 縛られた.

kongres (kongrés) (英) congress 議会, 会議: *Kongres Ekonomi Bumiputera* ブミプトラ経済会議. *Kongres Kesatuan Sekerja Malaysia* マレーシア労働組合会議 (MTUC).

  berkongres 会議を召集する.

kongsi 公司, 会社: *kongsi gelap* 秘密結社. *kongsi hidup* 生涯の伴侶.

  berkongsi 提携する, 同盟を結ぶ, 共有する, 共に分かち合う: *berkongsi segala pahit manis kehidupan* 人生の酸いも甘いもすべて分かち合う. *berkongsi semua maklumat* すべての情報を共有する. *berkongsi pengalaman* 経験を共有する. *Pasangan kembar ini berkongsi minat dan hobi yang sama.* この双子は同じ趣味を共有している.

  mengongsi 共有する.

  perkongsian 提携, 同盟: *perkongsian strategik* 戦略提携. *perkongsian maklumat* 情報の連携・共有.

konkrit I (英) concrete コンクリート製の.

konkrit II 具体的な, 実在の.

konon; kononnya 1 〜だそうだ, 〜とか言って: *Kononnya rumah ini berhantu.* この家はお化けが出るんだとか. "You selalu melarikan diri dari saya. Sibuk *konon*."「君はいつも僕をさけているね. 忙しいなどと言って」. **2** 多分, おそらく: *Siapa konon yang berkata begitu?* 誰がそんなこと言ったのだろうか?

  mengonon, memperkonon, memperkononkan だます, たぶらかす.

  mengononkan 参照する.

konsep (konsép) (英) concept 概念, コンセプト.

konsert (英) concert コンサート, 音楽会: *mengadakan konsert solo* ソロ・コンサートをする.

konservatif (英) conservative 保守的な, 保守主義の.

konsonan (英) consonant 子音.

konstitusi (英) constitution 構造, 憲法.

konsul (英) consul 領事.

konsulat (英) consulate 領事館.

kontang 乾いた, 干上がる, 湿気のない: *Paras air di empangan hampir kontang akibat cuaca panas.* 貯水池の水位は暑さでほとんど干上がってしまった.

  kering-kontang 乾ききった.

  mengontang 乾いた.

  mengontangkan 乾かす.

kontang-kanting 振動, 動揺.

konteks (kontéks) (英) context 文脈, 前後関係.

kontes (kontés) (英) contest コンテスト, 競争.

kontinjen 選手団: *perarakan masuk kontinjen dari 202 buah negara* 202カ国からの選手団の入場行進.

kontot 短い: *Ekor kucing itu kontot.* ネコの尻尾は短い.

kontrak (英) contract 契約: *kontrak belian* 購入契約. *buruh kontrak* 契約労働者.

kontraktor (英) contractor 請負業者.

kontras (英) contrast 対称, 相違.

konvensyen (konvénsyen) (英) convention 会議, 集会: *konvensyen antarabangsa* 国際会議.

konyong; sekonyong-konyong 突然に.

kopak; kopak-kapik (壊れたり

古くなって)悪い状態にある.
mengopak 1 (ヤシの実などの)皮をむく. 2 壊す, 突き破る.
terkopak 1 皮をむかれた. 2 壊れて剥がれる(交通事故で車体が).
kopek (kopék); **mengopek** 皮をむく,(果物の)実をむく.
pengopek 皮むき器.
koperasi (英) cooperation 協同, 協力.
kopi (英) coffee コーヒー《屋台などマレーシアの伝統的なコーヒーは砂糖とコンデンス・ミルクが両方入っている》. *kopi O* ミルクなしのコーヒー《砂糖は入っている》. *kopi O tanpa gula=kopi O kosong=kopi kosong* 砂糖もミルクの入っていないブラック・コーヒーのこと. *kopi susu* ミルク・コーヒー. *serbuk kopi* コーヒー・パウダー. *kopi nipis* 薄いコーヒー. *kopi pekat* 濃いコーヒー. *dapat kopi pahit* 上司から厳しく批判される. *kopi bujang* コーヒーだけ《来客にはコーヒーと一緒にお菓子やちょっとした食べ物が出されるのが普通だが, 飲み物だけの場合を示す表現; 日本語の'空茶'に相当する》; "Mengapa tak beritahu nak datang? Tak ada apa-apa hari ini, *kopi bujang sahaja*."「どうして来ると言ってくれなかったの? 今日はあいにく何もないの, コーヒーだけですよ」. "Tadi dia belanja saya makan, tapi hanya *kopi tanpa gulalah*."「さっき彼は僕に食事をおごってくれたけど, たいしたものがでなかった(けちだから)」《比喩的な表現》.
kopiah コピア《丸い帽子: 一般にメッカ巡礼を行なったイスラム教徒がかぶる》.
kopra (英) copra コプラ《ヤシの核・果肉を乾燥させたもの; ヤシ油の原料》.
korban (Ar) 犠牲, 犠牲者: *semangat korban* 犠牲的精神. *jumlah korban / kematian* akibat gempa bumi 地震による犠牲者数.
berkorban 犠牲になる, 犠牲にする: *berkorban demi kejayaan anaknya* 息子のために犠牲をはらう.
mengorbankan ～のために犠牲にする, ～を犠牲にする: *mengorbankan sebahagian besar kehidupannya untuk berbakti kepada negara* 国家に尽くすために彼の人生の大部分を犠牲にした.
pengorbanan 犠牲.
terkorban 殺される, 犠牲になる, 死ぬ: *terkorban dalam kemalangan itu* 事故で死ぬ. *terkorban di tempat kejadian* 事故現場で即死した.
korek (korék) 1 マッチ(=*korek api*). 2 爪楊枝(=*korek gigi*). 3 耳かき(=*korek kuping (telinga)*).
mengorek 1 掘る, 浚渫する. 2 注意深く探索する. 3 (人の心を)傷つける. 4 批判する. 5 利益を得る.
pengorek 1 穴掘り機, 鍬. 2 探求者, 研究者.
pengorekan 穴掘り, 発掘.
koridor (英) corridor 回廊: *Koridor Raya Multimedia* マルチメディア・スーパー・コリドー(MSC).
korporat (英) corporation 企業.
mengkoporatkan 法人化する.
korset (korsét) (英) corset コルセット.
korup (英) corrupt 崩壊する: *Jika ini berlaku, negara akan menjadi korup*. もしこういう事が起きれば, 国は滅びる.
korus (英) chorus コーラス, 合唱.
kos (英) cost 費用, コスト: *kos sara hidup* 生活費. *kos tak lansung* 間接

コスト. *kos teranggar* 推定コスト. *rumah kos rendah* 低価格住宅.

kosa 勇敢な, 強い.

kosmopolitan (英) cosmopolitan コスモポリタン, 全世界的な.

kosong 1 0(ゼロ): *Pusinglah nombor kosong.* 0をダイヤルしなさい. "Saya dapat *kosong* lagi, mak."「また(試験で)零点をとってしまったよ, お母さん」. 2 空の: *air kosong* (ただの)水. *teh kosong* 砂糖もミルクも入っていないお茶. *janji kosong* 空約束. *Kerusi-kerusinya masih banyak yang kosong.* 椅子はまだたくさん空いている.

tangan kosong 手ぶら: *pulang dengan tangan kosong* 手ぶらで帰ってくる.

mengosongkan 空にする.

kekosongan 空虚, 空.

kot (英) coat コート, 外套.

kota (Sk) 1 要塞, 堡塁: *kota parit* 濠をめぐらした要塞. 2 (Id) 都市, 街→ **bandar**: *kota raya* 都市.

berkota 1 要塞のある. 2 街を築く. 3 約束を守る.

mengotai 要塞を築く, 防衛する.

mengotakan, memperkotakan (約束を)守る: *mengotakan janji* 約束を守る.

kekotaan 1 都市化した. 2 都会の人のように振る舞う.

pengotaan 都市化.

perkotaan 市政.

Kota Bharu コタバル(クランタン州の州都).

kotak 1 箱, 容器: *kotak hitam* ブラックボックス. *kotak makanan* 弁当箱. *kotak pos* (*surat*) 郵便箱. 2 部屋の間仕切り.

berkotak, berkotak-kotak ブロックで分けられた.

mengotakkan (部屋を)仕切る.

kotek (koték) 男児性器.

koteng (koténg); **terkoteng-koteng** 1 一人で(誰も付き添わない). 2 ぶら下がる.

kotor 汚れた, きたない: *melemparkan kata-kata kotor kepadanya* 汚い言葉を彼に吐く.

mengotori 〜 を汚す.

mengotorkan 1 汚す: *takut mengotorkan tangan* 手を汚すのを恐れている. 2 (名声を)損なう: *mengotorkan nama baik keluarganya* 家族の名誉を汚す.

kotoran 汚れ, くず.

kekotoran 汚染, 汚れ.

pengotor 不潔な人.

pengotoran 汚染.

koyak 引き裂かれた, 破られた.

mengoyak (傷口を)拡げる.

mengoyakkan, mengoyak-ngoyakkan 引き裂く, 破る.

koyan コヤン(重さを計るマレーの伝統的単位: 1 koyan=40 pikul=2,419.16kg).

koyok 1 塗り薬. 2 ほら話.

kpd [kepada]の略語.

kraftangan 手工芸.

krayon (英) crayon クレヨン.

kredit (krédit) (英) credit 1 信用. 2 預金, 貸付.

kren (krén) (英) crane クレーン, 起重機.

kriket (krikét) (英) cricket クリケット (英国の球技).

krim (英) cream クリーム.

krisis (英) crisis 危機: *krisis ekonomi* 経済危機. *krisis kewangan* 金融危機. *krisis politik* 政治危機.

Krismas (英) Christmas クリスマス.

Kristian (英) Christian キリスト

教徒（=orang Kristian）. *agama Kristian* キリスト教.
mengkristiankan キリスト教に入信する.
kritik （英）critique 批判, 批評, 評論: *kritik membina* 建設的な批評.
mengkritik 批評する, 批判する: *mengkritik dasar automotif negara* 国の自動車政策を批判する.
kritikan 批評, 評論: *kritikan keras, kritikan pedas* 厳しい批判; *melemparkan / membangkitkan kritikan keras terhadap* ～に対し厳しく批判する.
pengkritik 批評家, 評論家.
kritis （英）critical 批判的な, 危険な, 重大な.
ku 私, 私の《aku の短縮形》: kaki*ku* 僕の足（=kaki saya）.
kuaci スイカの種(たね).
kuah 汁(しる), つゆ.
berkuah 汁を使う.
menguahi （ご飯に）汁をかける.
kuak I （競泳種目の呼び方）.
kuak kupu-kupu バタフライ.
kuak dada 平泳ぎ.
kuak lentang 背泳ぎ.
kuak II 水牛の声, カエルの鳴き声.
kuala 1 河口. 2 河川の合流点: 《首都 Kuala Lumpur は「泥の合流点」という意味, ゴンバ川とクラン川が合流した地点がクアラルンプールの発祥の地》.
kuali フライパン.
kualiti （英）quality 品質, 特性.
kuang 〔鳥〕キジ.
kuantiti （英）quantity 量, 数量.
kuap I あくび.
menguap あくびをする: *terdengar orang bunyi menguap* 人があくびをする声が聞こえてくる. *menguap panjang dan menutup mulutnya dengan belakang tangannya.* 長いあくびをして, 手の裏で口を塞いだ.
terkuap-kuap 何度もあくびをする, (口が)パクパク開く.
kuap II; **berkuap** 熱い: *Bilik ini berkuap* この部屋は熱い.
kuarantin （英）quarantine 1 検疫. 2 強制隔離.
kuari （英）quarry 石切り場, 採石場.
kuasa （Sk）1 強さ, 力, 能力: *kuasa air* 水力. *kuasa atom* 原子力. *kuasa elektrik* 電力. *kuasa ghaib* 魔力. *kuasa kuda* 馬力. *kuasa tiga* 立方体 (kubus). 2 ～をすることができる: *Azmi tidak kuasa mencegah perbuatan anaknya.* アズミは息子の行為を止める力がない. 3 権力, 権威: *kuasa autonomi* 自治権. *kuasa mutlak* 絶対的権力. *kuasa pembatal, kuasa veto* 拒否権. *menggunakan kuasa tentera* 武力を行使する. *maha kuasa* 全能の, 絶大な. 4 列強: *kuasa besar* 大国, 列強. *kuasa terbesar* 超大国. *kuasa-kuasa Barat* 西欧の列強.
berkuasa 権限を持つ.
menguasai, memperkuasai 支配する, 自由に操る: *menguasai bahasa Inggeris* 英語をマスターする（自由に使える）.
kekuasaan 権限, 権力.
penguasa 行政官, 管理者.
penguasaan 支配, 管理.
sekuasa-kuasanya できる限り.
kuat （Ar）1 強い: *badannya masih kuat* 身体はまだ強健だ. 2 (病気などが)重い, (程度の)ひどい: *Dia sakit kuat.* 彼は重病である. 3 (音や声が)大きい: *bunyi itu kuat* 音が大きい. *anak yang kuat menangis* 大声で泣く子. "*Cakap kuat lagi*

sedikit." (電話で)「もう少し大きな声で話してください」. **4** 熱心に: *kuat belajar* siang dan malam 昼夜熱心に勉強する. **5** 〜する能力がある: Saya *tidak kuat menaiki* tangga setinggi itu. あんなに高い階段は上れない. **6** 〜が上手である, 優れている: Ali *kuat dalam* ilmu kira-kira. アリは数学は強い.

kekuatan 1 能力. **2** 強さ, 強度: *gempa bumi sekuat / kekuatan 6.6 pada skala Richter* 強度6.6の地震《マレーシアではマグニチュードの程度をリクター階級で表す方式を採用している》.

menguatkan 1 強化する. **2** (声, 音量を)大きくする. **3** 確認する.

sekuat-kuat 全力で, 力いっぱい.

terkuat 最も強い.

kuat kuasa 施行, 執行, 権限.

berkuatkuasa (法が)施行される: Cukai baru *berkuatkuasa* mulai 1 Januari 2004. 新税は2004年1月1日から施行された.

menguatkuasakan (法を)施行する, 執行する.

kubah (Ar) 丸屋根, ドーム: *kubah lahar* (火口の)溶岩ドーム.

kubang; **kubangan** ぬかるみ, 泥沼.

berkubang 泥の中を転げまわる, ぬかるみに入る: Kerbau sedang *berkubang* di sawah. 水牛が田んぼの中で転げまわっている.

kubis キャベツ.

kuboid (英) cuboid 立方形の.

kubu 1 防壁, 防柵, 避難壕: *kubu di bawah tanah* 地下避難壕. **2** 要塞.

berkubu 要塞を築く.

berkubukan 〜を要塞として使う.

mengubui 柵をめぐらす.

kubung 〔動〕コウモリ.

kubur (Ar) 墓, 墓地: *menziarahi kubur ayahnya* 父親の墓参りをする.

berkubur 埋葬した, 亡くなった.

menguburkan 1 埋葬する. **2** 無くす, 廃止する.

kuburan, perkuburan 墓地.

kucar; **kucar-kacir** 無秩序な, 混乱した: *Negara itu kucar-kacir selepas berlakunya pemberontakan*. あの国は反乱が起きた後, 混乱状態にある.

mengucar-ngacirkan 無秩序を引き起こす, 混乱させる.

kucing 〔動〕ネコ(猫).

kucup; **berkucupan** キス.

berkucup, mengucup キスをする.

kuda 〔動〕ウマ(馬): *kuda kayu* 木馬. *kuda belang* シマウマ. *kuda lumba* 競走馬. *kuda padi* ポニー. *kuda semberani* ペガサス. *Kuda Kepang* クダ・ケパン《ジャワ出身住民がマレー半島農村に持ち込んだ伝統舞踊; 結婚式などの行事で披露され, 踊り手はトランス状態になる》.

berkuda 馬を使う, 馬に乗る: *sukan berkuda* 乗馬(スポーツの).

memperkuda, memperkudakudakan 馬のように扱う, こき使う: *memperkuda anak itu* 子どもをこき使う.

perkudaan 馬小屋.

kuda-kuda; **kekuda** 脚立, 三脚.

kudeta (kudéta) coup d'etat クーデター, 政変＝rampasan kuasa.

kudis かいせん(皮膚病).

kudrat 1 アッラーの神の意思. **2** 力.

kudung (指, 手, 足など身体の一部が)切りとられた, 切断された.

mengudungkan (指, 手, 足など)を切断する.

sekudung 部分, 一部.

kudup 芽, つぼみ.

kugiran 音楽隊, 楽団.

kuih 菓子.
kuih-muih いろいろな菓子類.

kuil ヒンドゥー教の寺院.

kuinin (英) quinine 1 キニーネ. 2 硫酸キニーネ.

kuis ; menguis, menguiskan 脇にどける, 引っかける : *menguis-nguiskan pasir di kakinya* 砂を足にかける.

kuit ; kuit gamit 指の動き.
menguit 1 指先で触れる. 2 (犬などが)しっぽを振る.
menguitkan 手・指で合図する : *Dia memanggil saya dengan menguitkan tangannya.* 彼は手で合図しながら私を呼んだ.

kuiz (英) quiz クイズ.

kuku 爪 : *penyakit kuku dan mulut* (牛の)口蹄病. *kuku kambing* (伝統的な)田植え道具.

kukuh 1 強固な : *keadaan politik Malaysia stabil dan ekonominya pula kukuh.* マレーシアの政治状況は安定し, 経済も強固である. 2 影響されにくい.
kekukuhan 強さ, 強固さ.
mengukuhkan, memperkukuh 強くする, 強化する.

kukup 海岸や河川の土手に堆積した土砂.

kukur ; kukuran ヤシの実をえぐり取る道具.
mengukur (ヤシの実などを)えぐり取る.
pengukur ヤシの実をえぐる道具・人＝kukuran.

kukus 1 水蒸気, スチーム. 2 蒸す, ふかす.
berkukus 1 蒸気・煙がたちこめた. 2 蒸発した.
mengukus 1 蒸気を発する. 2 蒸す, ふかす : *mengukus pulut* もち米を蒸す.

kulai ; berkulai, berkulaian うなだれた.
terkulai うなだれる, だらりと下る.

kulapuk 黴(かび).

kulat 菌類, きのこ.

kuli 苦力, 肉体労働者.
berkuli, menguli 肉体労働者として働く.

kuliah (Ar) (大学の)講義, 授業.
berkuliah 講義をする.

kulir (セメントなどを塗る)こて.

kulit 1 肌, 皮膚, 皮. 2 覆い, 表面 : *Hanya kulitnya saja yang bertukar tetapi isi kandungnya masih sama.* 変わったのが表面だけで中身は依然として同じである.
berkulit 皮がある.
mengulit 脱皮する.
menguliti 皮を剝ぐ, 覆いを除く.

kulum ; berkulum 口の中に含む : *suaranya berkulum* 聞き取れないような声.
mengulum 口の中に含む, 口を開けずに声を出す : *mengulum gula di dalam mulutnya* 口の中にアメをほうばる.
terkulum 口の中に入れたまま, 言いよどむ : *Seakan ada sesuatu yang mahu dikatakan, tapi ia terkulum di dalam mulutnya.* 何か言いたいことがあったが, 口の中に含んだまま言いよどんだ.

kulup 陰茎の包皮.

kumai ; kumaian 1 家具などの浮彫り. 2 縁, 枠, フレーム.

kuman 細菌, バクテリア : *ilmu kuman* 細菌学. *senjata kuman* 細菌兵器.

kumandang こだま (＝gema).

berkumandang こだまする, 響く.

kumbang 〔虫〕 1 カブトムシ. 2 蜂.

kumin 小片.

sekumin ほんの少しの.

kumis 口ひげ: *kumis kucing*〔植〕クミス・クチン《薬草, 煎じて飲む: 花のおしべが猫のひげのように伸びる》.

kumpul; **sekumpul** 集団, 一団.

berkumpul 集まる, 集団になる.

mengumpul, mengumpulkan 集める, 収集する.

kumpulan 1 グループ, 集団: *kumpulan samseng* 暴力団. *Kumpulan Tujuh* 先進7ヵ国 (G7). *bergerak secara kumpulan* 集団で行動する. 2 コレクション, 収集物. 3 協会, 組合: *kumpulan wang* 基金.

perkumpulan 1 団体, 組合. 2 集会.

pengumpulan 収集, 集合.

pengumpul 収集人.

terkumpul 集められた.

kumur うがい薬 (=ubat kumur).

berkumur, berkumur-kumur うがいする, 口をゆすぐ.

kunang-kunang 〔虫〕ホタル.

kunca クンチャ(籾米などの容量を計るマレーの伝統的単位: 1 kunca= 10 nalih=727.374 リットル).

kunci 鍵, キー: *anak kunci* 鍵. *ibu kunci* ナンキン錠, 錠前: *mengenakan kunci pada* pintunya ドアに鍵をかける.

berkunci 鍵が付いている, 鍵がかかっている.

mengunci, menguncikan 1 鍵をかける, 施錠する: *mengunci pintunya* ドアに鍵をかける. Jangan lupa *kunci* pintu ini. このドアに鍵をかけ忘れないで. 2 (演説を)締めくくる. 3 口を閉じる: *mengunci mulut* 口を閉ざす, 沈黙する=mendiamkan diri: Dia *kunci mulut* dan cuci tangan. 彼は口を閉ざして人のことにかかわらない態度をとった. *mengunci diri* di bilik air トイレの中に閉じこもる.

pengunci 1 鍵をかける道具. 2 結論, 締めくくりの言葉.

terkunci 鍵がかけられた: *Pintu itu terkunci* ドアは鍵がかかっている. Mulutnya seakan-akan *terkunci*. 口にチャックがされているようだ. 2 終わった.

kuncup 1 閉ざされた, 閉じられた. 2 つぼみ: *Bunga itu masih kuncup, belum kembang.* 花はまだつぼみ, 開花していない.

menguncup 縮む, 縮小する.

menguncupkan 閉める, すぼめる.

penguncupan 縮小, 収縮.

kundang 1 給仕, ボーイ (=budak kundang). 2 (王の)侍従, 従者 (=kundang raja).

kuning 黄色: *kuning langsat, kuning putih* クリーム色. *kuning telur* 卵の黄身. *nasi kuning* サフラン・ライス(サフランなどで黄色に着色したご飯). *warna kuning air* 乳黄色.

menguning 1 黄色くなる. 2 (稲が)実る.

kuningan 真鍮.

kekuningan, kekuning-kuningan 黄ばんだ.

kunjung I; **berkunjung** 訪れる= melawat: *berkunjung ke* Kuala Lumpur クアラルンプールを訪れる.

mengunjung, mengunjungi 〜を訪れる.

kunjung-mengunjungi 訪問しう.

kunjungan, perkunjungan 訪問,

ツアー: *menerima kunjungan hormat* ～の表敬訪問を受ける.

pengunjung 旅行者, 訪問者.

kunjung II 1 すぐに: *tak kunjung datang* すぐに来ない. 2 多分, おそらく.

kuno (Jw) 古代の, 古典的な, 古い, 時代遅れの: *adat kuno* 古い習慣. *zaman kuno* 古代. *masyarakat kuno* 古代社会.

kekunoan 1 骨董. 2 古さ. 3 古代語の使用.

kuntum 1 芽, つぼみ. 2 花を数えるときの助数詞(～輪). 3 (十代の)若い娘.

menguntum 1 芽が出る. 2 微笑む.

menguntumkan ～に微笑む.

kunyah; mengunyah 1 かむ, 咀嚼(そしゃく)する. 2 よく考える.

mengunyah-ngunyah 何度も言う.

pengunyahan 咀嚼.

kunyit 〔植〕ウコン.

kuota (英) quota 割り当て: *sistem kuota* 割り当て制度.

kupang I クパン《昔の貨幣単位；マレー半島北部で1クパン＝10セント》.

kupang II イガイ(貽貝).

kupas; mengupas, mengupaskan 1 (果物の)皮をむく. 2 詳しく分析する.

pengupas 分析家.

pengupasan 分析.

terkupas 皮をむかれた.

kuping I 耳.

kuping II (傷の)かさぶた.

kupon (英) coupon クーポン.

kuprum 銅.

kupu-kupu 〔虫〕チョウチョウ(蝶々), ガ(蛾).

kura-kura; kekura 〔動〕カメ(亀): *kura-kura kaki* 足の甲. *kura-kura tangan* 手の甲.

kurang 1 不十分な, 足りない, 少ない: *Wangnya kurang.* お金が不足している. *bertambah kurang* ますます少なくなる. *kurang daripada yang diekspor* 輸出量よりも少ない. 2 あまり～でない: *kurang sihat* あまり元気でない. *Saya kurang faham.* よく分かりません. *kurang pasti* あまりはっきりしない. "*Anda rasa kurang baik?*"「気分が悪いのですか」. 3 欠点, 短所: *ada banyak kurangnya* 欠点が多い. "*Isteri awak itu apa kurangnya?* Rupa cantik, pandai masak.*"「あなたの奥さんに何が足りないと言うの. 容姿はきれいだし, 料理も上手だ」. *kurang adat, kurang ajar* 礼儀知らずの. *kurang adil* 不公正な. *kurang akal* 馬鹿な. *kurang hati* 興味のない. *kurang ingat* **a** 不注意な. **b** 忘れっぽい. *kurang umur* 年齢に達していない. *kurang lebih* =*lebih kurang* 約, およそ. "*Tak boleh kurangkah?*" / "*Boleh kurang sikit kah?*" / "*Boleh saya minta kurang?*"【口語】「まけてくれませんか」《いずれも, 買物のときの値段交渉の決まり文句》.

berkurang, berkurangan 減少する, 縮小する: *Permintaan itu semakin berkurangan.* 需要がますます減少している. *Hutan hujan tropika sudah semakin berkurangan.* 熱帯雨林はすでに一段と減少している. *Perbezaan ekonomi antara kaum sudah berkurangan.* 種族間の経済格差はすでに縮小してきた.

mengurangi 1 差し引く. 2 (速度や重さを)落とす.

mengurangkan, memperkurangkan 減らす, 削減する: *Kurang-*

kan kelajuan. (運転)速度を落とせ. *mengurangkan kakitangan sebanyak 100* 従業員100人を削減する. "Mahalnya. Boleh *kurangkan* harga tak?"「高いよ,まけてくれませんか」.

kekurangan 1 不足,不十分: *kekurangan air* 水不足. 2 差,残り. 3 欠点.

pengurangan 減少,削減: *pengurangan kakitangan* 従業員の削減.

sekurang-kurangnya 少なくとも,最低でも.

kurap たむし(皮膚病).

kurator (英) curator キューレータ,(博物館の)館長,(動物園の)管理人.

kurau 〔魚〕ツバメコノシロ.

kurikulum (英) curriculum カリキュラム,教育課程.

kurma I 〔食〕クルマ(スパイスを使った肉のシチュー=gulai kurma).

kurma II 〔植〕ナツメヤシ.

kurnia (Sk) 1 贈り物,賞. 2 施し.

mengurniakan (王が)贈る,授ける: *Beliau dikurniakan bintang kehormatan* あの方は名誉称号を授与された. *Kami berkahwin pada 2000 dan dikurniakan dua anak.* 私たちは2000年に結婚して,2人の子どもを授かった.

kurniaan 賜物.

pengurniaan 授与.

kurso (英) cursor カーソル.

kursus (英) course コース,講座: *kursus intensif*, *kursus kilat* 集中講座.

berkursus 講座に参加する.

kurun (Ar) 世紀.

berkurun-kurun 何世紀にも及ぶ.

kurung; **kurungan** 1 刑務所. 2 小屋. 3 籠,おり. 4 括弧( ).

berkurung 1 部屋に閉じこもる. 2 外出禁止: *perintah berkurung* 外出禁止令. 3 括弧を使う.

mengurung, **mengurungkan** 1 閉じこめる. 2 括弧でくくる.

pengurungan 禁固,拘留.

terkurung 投獄された,閉じ込められた.

kurus 1 痩せた. 2 (土地が)不毛の.

kekurusan 1 痩身. 2 痩せすぎの.

mengurus 痩せる.

kusam 鈍い,さえない.

kekusaman 鈍さ,重苦しさ.

kusta ハンセン病(=*penyakit kusta*).

kusut; **berkusut** 1 (糸や髪が)からまった,もつれた. 2 (考え,事態が)混乱する,複雑になる.

mengusutkan 1 からませる. 2 (事態,関係を)複雑にする,混乱させる,悪くさせる: *mengusutkan hubungan dengan kerajaan-kerajaan Barat* 欧米政府との関係を悪くさせる.

kekusutan 混乱,複雑.

kusyen (英) cushion クッション.

kutang; *baju kutang* ボディス,ノースリーブのシャツ.

kutik; **berkutik** (身体を)わずかに動かす.

mengutik-ngutik 1 指で触れる. 2 (他人の事に)干渉する,口を出す.

kutil いぼ.

kutip; **mengutip** 1 拾う. 2 抜粋する,引用する. 3 集める.

kutipan 収集,抜粋.

pengutip 収集人.

kutu シラミ.

berkutu シラミがいる.

berkutu-kutu シラミをさがす.

kutub (Ar) (地球の)極: *kutub Janubi, kutub Selatan* 南極. *kutub Syamali, kubut Utara* 北極.

kutubkhanah (Ar) 図書館 = perpustakaan.

kutuk; **kutukan** ののしり, 呪いのことば.

　mengutuk, mengutuki 1 とがめる, 非難する. 2 呪いをかける.

　terkutuk とがめられる, ののしられる: *melakukan perbuatan terkutuk* (道徳的に)とがめられるべき行為をする.

kuyu 1 (眠くて目を)開けていられない (=mata kuyu). 2 気持がさえない, もの悲しい.

kuyup; *basah kuyup* ずぶ濡れになる.

KWSP [Kumpulan Wang Simpanan Pekerja] 従業員退職金積み立て基金 = EPF.

L

laba 1 利益: *mendatangkan banyak laba* 利益を沢山もたらす(儲かる). 2 有益, 利点.

　berlaba 利益を得る, 有益な.

　melabai, melabakan 利益をもたらす.

labah-labah; **lelabah** 〔虫〕クモ.

labi-labi; **lelabi** 〔動〕陸亀(淡水に生息).

labu I (Sk) 〔植〕ウリ科の果実: *labu air* 冬瓜. *labu manis / besar* カボチャ.

labu II; **labu-labu, lelabu** 水入れ, 容器.

labuh 1 (幕などが)ぶら下がる. 2 (着物の裾や袖が)長い. 3 カーテンや地図を数える助詞詞(〜枚).

　berlabuh 1 錨をおろす, 停泊する. 2 (幕や蚊帳が)下まで下りる, 閉じる: *Tirai akan berlabuh tidak lama lagi.* 幕は間もなく下りる.

　melabuhkan 1 (錨や腰を)おろす: *melabuhkan sauh* 錨をおろす. *melabuhkan punggung di kerusi.* 椅子に座る. 2 (裾などを)長くする, おろす: *melabuhkan lagi kaki seluarnya* ズボンの裾を長くする. 3 水(海)に投げ入れる, つける.

　pelabuhan 港, 停泊場: *pelabuhan bebas* 自由港. *pelabuhan laut* 海港.

labun; **berlabun, berlabun-labun** おしゃべりする.

　pelabun おしゃべり好きな人.

labur; **melabur** 1 投資する. 2 労働者に食料などを支給する.

　pelabur 1 投資家. 2 食料の支給.

　pelaburan 投資: *pelaburan asing* 外国投資. *pelaburan awam* 公共投資. *pelaburan langsung asing* 外国直接投資 (FDI). *pelaburan swasta* 民間投資.

laci (机の)引き出し.

lacur 1 失敗した, 不運な. 2 ふしだらな: *perempuan lacur* 売春婦.

　melacur 売春する.

　pelacur 売春婦.

pelacuran 売春.
lada 〔植〕1 コショウ(胡椒). 2 唐辛子.
ladam (Tm) 馬蹄, 蹄鉄 (=ladam kasut).
ladang 農園, 農地: *ladang padi* 稲田. *ladang getah* 天然ゴム農園.
berladang 1 耕作する, 農業をする. 2 農園を所有する.
peladang 農民, 農園経営者.
perladangan 1 プランテーション, 農園. 2 農業.
memperladang, memperladangkan 土地を開墾する.
lading I *parang lading* 長刀, パラン (=parang).
lading II *perahu lading* 細長いカヌー(舟).
ladung I (釣り糸の)重り.
ladung II (葉の上の露のように)流れない.
berladung 湿った, 濡れた.
meladung (植物に)水をまく.
lafaz (Ar) 1 発音. 2 単語, 言葉.
melafazkan 発音する, 口に出して言う: *melafazkan perkataan-perkataan yang memfitnahnya* 彼を中傷する言葉を言う.
laga 1 (牛, 鶏の)闘い: *ayam laga* 闘鶏. 2 衝突.
berlaga 1 (牛, 鶏が)闘う. 2 (車が)衝突する.
melagakan, memperlagakan 闘わせる, (車などを)ぶつける.
melaga-lagakan 1 何度もぶつける. 2 他人を戦わせる, 対立させる.
perlagaan 戦い, 衝突.
lagak 態度, 振る舞い: *menunjuk lagak* 格好良いところを見せる; Pemandu muda itu suka *menunjuk lagak* di jalan raya seperti memotong kereta. 若者の運転手は追い越しをするなど道路で格好良いところを見せつけたがる.
berlagak 1 高慢な態度をとる. 2 ～のような態度をとる: *berlagak seperti* orang Eropah ヨーロッパ人のような態度をとる. Kerani itu *berlagak seperti* pegawai. その事務員は役人のような態度をとる. *berlagak jual mahal* もったいぶる.
melagak 1 高慢な. 2 脅かす.
melagakkan ～を見せびらかす.
lagi 1 まだ～している: Ali *lagi* tidur. / Ali *masih tidur lagi*, jangan kacau. アリがまだ寝ている, 邪魔しないように. "Saya minta diri." "*Awal lagi*. Esok kita cuti." 「そろそろ失礼します」「まだ早いよ. 明日は休みだし」. 2 更に, その上: Dia pandai *lagi* cantik. 彼女は賢く, しかも美しい. 3 もっと～, あと, さらに: Dia belum kenyang; dia hendak *makan lagi*. 彼はまだ満腹していないので, もっと食べたがる. Kuih ini *ada lagi*? この菓子もっとありますか? "Lagi?" 「他にありますか?」 "Itu sahaja." 「それだけです」. pergi ke Malaysia *dua hari lagi* あと2日したらマレーシアへ行く. Hari Raya *hanya seminggu sahaja lagi*. ハリラヤまであとたった1週間. Tinggal sedikit saja *lagi*. あと少しだけ残っている. Dua orang *lagi* yang belum datang. まだ来ないのは, あと二人です. *Sekejap lagi* dia datang. あと少ししたら彼女は来ます. Cakap kuat *lagi* sikit. もう少し大きな声でしゃべりなさい. 4 再び, もう一度: Saya pulang dulu, nanti saya *datang lagi*. 僕は先に帰るが, また来る. *Jumpa lagi*. さよなら, また会いましょう. Cakap *sekali lagi*. もう一

度言ってくれ. *kahwin lagi* 妻をさらにもう一人持つこと. **5** よりも, もっと=lebih: Soalan tahun ini *lagi susah*. 今年の問題の方がもっと難しい. Beri saya oren. Kalau ada air batu, *lagi bagus*. オレンジをください. 氷があれば, なお結構ですが. **6**《直前の語句を強調する》: Dia masih *kecil lagi*, belum boleh berjalan. 彼はまだとても小さくて, まだ歩けない. *pagi-pagi lagi* 早朝に. *Siapa lagi*？いったい誰って？ *Bila lagi* mahu kahwin？ いったいいつ結婚するの？ Kalau tidak hari ini *bila lagi*, kalau tidak kita *siapa lagi*？今日でないならいつやるのか, 私たちでないなら誰がやるのか？《若者へのメッセージ》. "Siapa yang makan kuih saya?" "Kalau tidak Ali, *siapa lagi*？ Alilah."「僕のお菓子を食べたのは誰か」「アリでなかったらいったい誰だ？アリにきまっている」. "*Sudah ini* mahu ke mana?" "*Mahu ke mana lagi*？"【口語】「それではこれからどこへ行こうか」「どこへって, 決まっているじゃない」.

tidak lagi もはや〜しない: Saya *tidak lagi suka kepadanya*. 私はもう彼を好きでなくなった. Dia *tidak lagi* datang. 彼はもう来なくなった. Saya *tidak lagi* hisap rokok. 私はもうタバコを吸っていません.

belum lagi まだ〜していない: Saya *belum lagi* baca buku itu. / Saya *belum lagi* baca buku itu *lagi*. その本をまだ読んでいない.

lagi-lagi 1 いつも, 何度も. 2 もっと, 更に.

lagi pula, *lagi pun* その上, さらに.

selagi 1 〜の限り, 〜のうちに: *Selagi dia ada di sini, saya tak nak nyanyi* 彼がここにいる限り, 私は歌いたくない. 2 〜している間に: *selagi masih muda* まだ若い間に.

lagu 歌, メロディー: *lagu kebangsaan* 国歌. *lagu rakyat* 民謡. *Itu lagu lama*. 私はそれをすでに知っている, それは目新しいことでない.

berlagu, **melagu** 歌を歌う.

melagui (詩に)曲をつける.

lagun (英) lagoon 潟, 礁湖.

lah 《強調したい語句の語尾につける強勢辞》: Makan*lah* 食べなさいよ. Ali*lah* yang makan 食べたのは, アリだ！Itu*lah* yang paling saya takut hendak menjawabnya. それことが私が答えるのを一番おそれていたことだ.

lahap 大食いの, 食欲旺盛な.

melahap ガツガツ食べる.

pelahap 大食漢.

lahar (Jw) ラハール(火山噴出物を中心とした泥流).

lahir (Ar) **1** 産まれる: Bayi itu *lahir pagi tadi*. その赤ん坊は今朝生れた. *hari lahir* (Id) → *hari jadi* 誕生日. *lahir mati* 死産. *kadar kelahiran* 出生率. Saya *lahir / dilahirkan di KL*, tapi *dibesarkan di Tokyo*. 私はKLで生れたが, 東京で大きくなった. **2** 外面上, 見かけ (= *pada lahirnya*): *Pada lahirnya* dia peramah. 彼は見かけはフレンドリーである. *Mohon maaf lahir batin*. 日頃の失礼をお詫びしお許し下さい《ハリラヤにおける慣例的な挨拶》.

melahirkan 1 出産する, 生む, 輩出する: Isterinya *melahirkan* anak lelaki semalam. 彼の妻はきのう男児を産んだ. Saya *dilahirkan di KL*. 私はKLで生まれた. Sekolah ternama itu banyak *melahirkan* sumber manusia yang berkualiti. その

名門校は質の高い人材をたくさん輩出した. Perdana Menteri yang pertama *dilahirkan selepas Perang Dunia Kedua*. 戦後生まれの最初の首相. **2**（感情を）表現する： *melahirkan ribuan terima kasih* 感謝申し上げます. *melahirkan rasa kesal* 遺憾の念を表明する. *melahirkan rasa tidak puas hati dengan kenyataan PM* 首相の声明に対し不満を表明する.

kelahiran 出産, 誕生, 〜生まれ： Dia *anak kelahiran* Kanda. 彼は神田生まれ. *penyanyi kelahiran* Melaka マラカ生れの歌手. *warga Britain kelahiran* Pakistan パキスタン生まれのイギリス国民. *pulang ke kampung kelahirannya* 自分の生まれ故郷に帰る.

lain 他の, 別の, 異なる, 違う： *orang lain* 他の人. *pertanyaan lain* 別の質問. *lain hari* 他の日.

— *lain daripada* 〜と違う： Pendapat saya *lain daripada* pendapat cikgu. 僕の意見は先生のとは違う. Cara orang Jepun makan *lain daripada* cara orang Melayu makan. 日本人の食べ方はマレー人の食べ方と違う. *Tidak ada jalan lain kecuali* 〜する以外に方法がない.

lain daripada yang lain ユニーク, 特別な. 他とは違う.

lain daripada itu その他に.

lain dulu lain sekarang 今は昔と違う.

lain kali 次回, 今度, また今度： "*Lain kali* jangan buat lagi, ya?"「もう二度としないようにね」.

lain kali saja 別の機会に（今回はだめだけど）.

***Cakap lain*, buat lain** 言うこととやることが違う.

***tak lain* 〜／*tak lain tak bukan* 〜** 他でもないまさに〜だ： Yang dipanggilnya itu *tak lain tak bukan* ialah diriku. 呼ばれたのは他でもない私自身でした.

dan lain-lainnya = dll 等.

antara lain 中でも, その中でひとつ. *Lain lubuk lain ikannya*（淵が変れば魚も変る）／ *Lain padang lain belalangnya*（畑が変ればバッタも変る）.【諺】所変れば品変る.

kelainan 1 違い, 差異. **2** 異常.

berlainan, berlain-lain, berlain-lainan 異なる, 違う： *Sikapnya berlainan daripada dahulu*. 彼の態度が以前とは違う.

melainkan 1 〜を除いて=kecuali： Awak boleh ambil apa sahaja *melainkan* buku ini. この本を除いて何でも取っていいよ. Ingatlah tiada siapa dapat membantu kita *melainkan* diri sendiri. 自分以外に助けてくれる人がいないことを忘れるな. **2**（一ではなく）しかし〜である(tidak／bukan — *melainkan* 〜)： Dia *bukan* pergi terus ke Melaka *melainkan* bermalam di Bangi. 彼はまっすぐマラカに行かずにバンギに泊まった. **3** 区別する： tidak mahu *melainkan* anak angkat *daripada* anak kandung 養子と実子を区別したくない.

selain 1 〜（する）だけ, 〜以外に： *selain itu* それ以外に, それに加えて. tidak dapat buat apa-apa *selain* menangis sahaja 泣く以外に何もできなかった. Saya tidak ada *cita-cita lain selain* menjadi guru. 私は教師になる以外の夢はない. **2** 〜の他： *Selain durian*, ada manggis dan betik ドリアンの他に, マンゴとパパイヤがあった.

lajak 1 速い. 2 止らない.
　terlajak 1 (車などが)停止地点に来ても止らずに行き過ぎる. 2 思わず口が滑る.
laju 速い, 速度: *laju bumi* (航空機の)対地速度. *laju sonik* 音速. *laju superbunyi* 超音速. *laju tinggi* 高速. *had laju* 速度制限.
　berlaju-lajuan, bersilaju 競争する, レースする.
　melajukan 速度を速める.
　kelajuan 速度: *kelajuan purata* 平均速度. *kelajuan tiupan angin* 風速.
　pelajuan 加速.
lakar; lakaran スケッチ, 下書き.
　melakar, melakarkan 素描する, スケッチする: Biarlah saya *melakar* dahulu. Jika awak berkenan, baru saya melukisnya. 最初にスケッチさせてください. 君が気に入れば, ちゃんと描きます. *melakarkan sebuah rumah* 一軒の家をスケッチする.
　melakar sejarah 歴史を塗り変える; Apollo 11 ke bulan yang *melakar sejarah dunia* 世界の歴史を塗り変えた月面着陸のアポロ11号.
laki 亭主(夫)《suami より粗野な表現, bini＝女房に対応》: *laki bini* 亭主と女房＝*suami isteri* 夫婦.
　berlaki 亭主もち, 結婚している.
laki-laki; lelaki 男性.
　kelakian, kelaki-lakian 男っぽさ, 勇気.
laknat (Ar) 1 呪い, たたり. 2 呪われた.
　melaknat 呪う.
lakon (Jw) 1 劇, ドラマ. 2 原稿, 脚本.
　lakonan 演劇, 劇, ドラマ.
　berlakon 1 演ずる, 演技する. 2 ～のふりをする.
　melakonkan 1 劇を上演する, ～を演じる. 2 脚本を書く. 3 ～をテーマとする.
　pelakon 役者: *pelakon utama* 主役.
laksa I 〔食〕ラクサ《米の粉でできた麺と多種類の香辛料を使って調理したマレー風の麺料理》: *laksa Kedah* クダ・ラクサ(マレー半島の主要稲作地であるクダ州独特のラクサ).
laksa II (Sk) 万の単位.
　berlaksa-laksa 何万もの～.
laksamana (Sk) ラクサマナ(海軍大将: マレー王国時代の役職名).
laksana (Sk) 似ている, ～のようだ: *Wajahnya laksana bulan purnama* 彼女の表情は満月の如し.
　melaksanakan 1 実行する, 実施する: *melaksanakan tugas* 任務を実行する. *melaksanakan perintah* 命令を実施する. 2 比べる.
　pelaksana 実行者, 実行団体.
　pelaksanaan (計画の)実行, 実施.
　perlaksanaan 実行の成果.
laku I よく売れる, 人気・需要がある, 有効な: *Teh ini sangat laku di Malaysia*. この紅茶はマレーシアではよく売れている. *Cek ini tidak laku*. この小切手は無効である.
laku II 行為, 態度: *tingkah laku* 振る舞い, 態度.
　berlaku 1 (火事や事件などが)起こる: Kebakaran besar *berlaku* malam tadi. 昨夜大火事があった. Gempa bumi mungkin akan *berlaku lagi*. 地震がまた起きるだろう. Saya mahu mengetahui *apa sebenarnya yang berlaku* di situ. そこで実際に何が起きたのかを知りたい. Itulah yang *sedang berlaku* sekarang. 今まさにそれ(そのような事象

が)生じているのだ. Bagaimana kejadian ini *boleh berlaku*? この事件がどうやって起きたのか? Saya tak tahu apa sebab *boleh berlaku* perkara macam ini. こんな事がなぜ起こり得るのか僕にはわからない. Dr. Mahathir benar-benar mengerti apa yang telah, sedang dan akan *berlaku*. 何が起きたか, 何が起きているのか, そして何が起こるだろうかについてマハティールは本当に分かっている. **2** 行なう, 実施される: Kenaikan harga itu *mulai berlaku* hari ini. 値上げは今日から実施される.

melakukan 1 行う, 実行する: *melakukan kesalahan besar* 大きな過ちを犯す. *melakukan pembohongan besar* 大嘘をつく. Amalan ini sudah lama *saya lakukan*. この習慣を長いこと行なってきた. Saya tak tahu apa yang harus saya *lakukan*. 私は何をなすべきか分かりません. **2** 〜のように行動する (=melakukan diri seperti 〜).

memperlakukan 扱う: Dia *memperlakukan* anak tirinya *seperti* hamba. 彼女は義理の子を奴隷のように扱った. Dia *memperlakukan* saya dengan buruk. 彼は私にひどい扱いをした.

kelakuan 態度, 振る舞い, 状況: *Kelakuannya* kurang baik. 彼の振る舞いは良くない.

berkelakuan 態度をとる, 行動する: Awak semua hendaklah *berkelakuan baik*. 諸君は良い態度をとるようにしなさい.

pelaku 1 行為者. **2** 俳優.

perlakuan 1 扱い: *mendapat perlakuan istimewa* 特別な扱いを受ける. **2** 行動, 行為: *perlakuan jenayah* 犯罪行為.

selaku 〜のように, 〜として: *selaku pengerusi majlis* 会議の議長として. *Selaku pengerusi persatuan ini*, saya ingin mengucapkan ribuan terima kasih atas sokongan anda. この協会の会長として私は皆さんのご支援に厚く感謝いたします.

lalai 1 不注意な. Semua pihak *tidak boleh lalai sedikit pun*. 全ての関係者は少しでも不注意であってはならない. **2** 夢中になる, 目に入らない.

berlalai-lalai 1 無視する, 見過ごす. **2** ぐずぐずする =berlengah-lengah.

melalaikan 無視する, おろそかにする.

kelalaian 不注意, 無視: Kemalangan itu disebabkan *kelalaian pemandunya*. その事故は運転手の不注意によって起きた.

pelalai 1 不注意な人. **2** 忘れっぽい人, うっかりした人.

memperlalaikan 1 注意をそらせる. **2** 遅らせる, 延期する. **3** 喜ばせる.

terlalai 1 無視された. **2** 気がつかない. **3** 遅すぎる. **4** 楽しんだ.

lalak; **melalak** (子供が)泣き叫ぶ, 叫ぶ.

lalang 〔植〕ララン(背の高い茅草, チガヤ).

lalat 〔虫〕ハエ(蠅).

lalau; **melalau** 阻害する.

pelalau 障害物.

pelalauan 1 邪魔. **2**「入るべからず」のサイン.

lali 意識を失った, 麻痺した: Saya *sudah lali dengan* bau asap rokok. タバコの煙の臭いに麻痺している.

melalikan 麻酔をかける, 麻痺させる.

pelali 麻酔薬.

lalu **1** 過去の, 去る: *tahun lalu* 去年. *3 hari yang lalu* 3日前. *beberapa waktu yang lalu* しばらく前に. *Hari ini lima tahun lalu* berlaku peristiwa 11 September. 5年前の今日, 9月11日事件が起きた. *sejarah yang lalu* 過去の歴史. Jangan selalu dikenang *perkara yang lalu*. 過ぎ去ったことをいつも思い出すな. Lupakan *yang lalu*. 過去のことは忘れなさい. *Yang lalu tu, biarlah berlalu*. Tak baik dikesalkan. 過ぎたことは仕方がない. 後悔するのは良くないよ. **2** 通過する, 通る: Bas ini *lalu* KLCC? このバスは KLCC を通りますか. Sebuah kereta *lalu* di hadapan kami. 1台の車がわれわれの前を通った. *kereta yang kebetulan lalu* di situ そこをたまたま通りかかった車. **3** それから, その後: Mula-mula musim hujan tiba, *lalu* musim kemarau. 最初に雨期が来て, それから乾季が来る. Dia membuka buku itu *lalu* membacanya.＝Dia membuka buku itu *lalu* dibacanya. 彼は本を開いて, それから読んだ. **4** 〜まで: Mereka berperahu *lalu ke* Melaka. 彼らは舟でマラカまで行った. **5** *tak lalu* 〜することができない: Makan pun *tak lalu* jika badan sakit. 病気だと食べることさえできない. Masa kecil dulu orang tua-tua kata makan ikan jadi cacing. Bila dah besar sikit, mereka suruh makan, saya jadi *tak lalu*. 小さいときに魚を食べるとミミズになるよと大人から言われた. 少し大きくなってから今度は食べなさいと命令されたけど, 僕は魚を食べることができなくなってしまった.

lalu akal 相応の, 許容可能な.

sekali lalu 今度限り, 最終的に.

laluan **1** 道, 道路: *laluan air* 水路. *laluan atas* 高架, 交差路. *laluan bawah* 地下道. *laluan jalan kaki* 歩道. *laluan keluar kecemasan* 非常通路. *Laluan Sutera* シルク・ロード. *memberi laluan kepada* 〜. / *bagi laluan*【口語】〜に道をゆずる, (通る人に) 道をあける. "*Beri laluan! Beri laluan!*"【口語】「どいて, どいて, 道をあけて」. **2** 方策, 手段: *Laluan* orang Melayu yang miskin untuk berjaya bukannya dengan cara memiliki saham, tetapi adalah menerusi pendidikan. 貧乏なマレー人が成功する方策は株式資本を保有することではなく, 教育を通じてなされることである.

berlalu **1** (時間などが) 過ぎ去る, 経過する: 22 tahun *sudah berlalu*. 22年が過ぎた. Sudah setahun tsunami itu *berlalu*. あの津波から一年が過ぎた. *Waktu cepat berlalu*. / *Cepat benar masa berlalu*. 時が経つのは本当に早い. *yang sudah berlalu* 過ぎ去ったこと. *Yang lalu itu biarlah berlalu*. Tak baik dikesalkan. 過ぎたことは仕方がない, 後悔するのはよくない. **2** 立ち去る, 消える, 亡くなる: Tak lama kemudian dia *berlalu dari situ*. ほどなくして彼はそこから立ち去った.

melalui 通る, 通過する, 〜を過ごす: *melalui* kampung kecil 小さな村を通る. Jalan-jalan utama tidak dapat *dilalui* akibat banjir. 洪水のため主要道路は通れない. Dia diselamatkan oleh seorang pelajar yang *kebetulan melalui* kawasan itu. 彼女は, たまたまそこを通りかかったある学生に, 助けられた. Jalan ini *tidak dilalui* orang di waktu malam. 夜になるとこの道を人は通らない(避ける). *melalui* kehidupan baru selepas bersara 定年退職してから新しい人生を過ごす. Kami sedang *melalui hari-hari yang bahagia.* 私たちは幸せな日々を送っています. **2**《前置詞として》〜を通じて, 〜によって: bercakap *melalui* telepon 電話を通じて話す. *melalui* iklan surat khabar 新聞の広告を通じて. Saya berkenalan dengan Fatimah *melalui* kakak saya. 姉を通じてファティマと知り合った.

melalukan 1 通す. 2 実行する.

selalu いつも, 常に.

terlalu とても, 非常に, 度を過ぎて: *terlalu mahal* 高価すぎる. Jangan *terlalu* mengharap. あまり期待するな. *"Kan dah terlalu tu?"*【口語】「少しやりすぎじゃないの」. *Tidakkah terlalu awal?* あまりにも早すぎるのではないか.

keterlaluan 度が過ぎる, 行き過ぎ: *tindakan keterlaluan* 度を越した行動. Sikapnya sudah *sampai ke peringkat keterlaluan.* 彼の態度は明らかに度を超えている. ***Tidak keterlaluan jika dikatakan*** ~ = Adalah tidak keterlaluan juga untuk mengatakan bahawa 〜と言っても過言ではない; *Tidak keterlaluan jika dikatakan* ramai bintang sukan ternama rosak kerana wanita. 多くの有名なスポーツ選手は女のために身を滅ぼすと言っても過言でない.

lalu-lalang; lalu-landang (人々が)絶えず行き交う, 出入りする.

lalu lintas 1 交通. 2 往来が激しい. *kemalangan lalu lintas* 交通事故. *Lalu lintas sibuk sekali.* 交通が非常に激しい.

lama 1 (時間が)長い, 長い間: *sudah lama tunggu* もう長いこと待っている. *tak lama lagi* 間もなく. *tak lama dulu* つい最近. *Sudah lama tak jumpa.* ひさしぶりですね. *Berapa lama dari sini ke rumah anda?* こからあなたの家までどのくらい時間がかかる? *Dia bercuti lama.* 彼は長期間休んでいる. 2 昔の, 古い: *lagu-lagu lama* 昔の歌. *pakaian lama* 古い着物. *fesyen lama* 時代遅れのファッション.

lama-lama 長時間たてば, 最後に.

lama-kelamaan 遂に, 最終的に.

berlama-lama, berlamaan, berlama-lamaan 1 ゆっくりと. 2 やっと.

selama 1 〜の間. 2 〜する限り: *selama dua bulan* 2 カ月間. *selama beberapa waktu* しばらくの間. *selama ini* これまで, このところ, さっきから: *Selama ini, segalanya baik.* 今のところ全てが順調だ. *Awak diam saja selama ini.* さっきから君は黙ってばかりいる.

selama-lamanya 1 永久に, いつまでも: *Kerajaan tidak selama-lamanya mampu* memberikan sebarang perlindungan. 政府はいつまでも保護を与えられるわけではない. 2 どんなに長くとも.

laman =halaman (ページ, 庭)の略語: *laman web* ウェブ・ページ.

lamar; **melamar** (Jw) 1 プロポーズする, 求婚する. 2 求職する.

lamaran プロポーズ, 申請, 申し込み.

lambai; **melambai, melambai-lambai** 手を振る, 手招きをする.

berlambai-lambai (葉や旗が風に吹かれて)上下に振る.

melambaikan (手などを)振る:

melambaikan tangannya 手を振る.
melambaikan bendera 旗を振る.
lambaian 手を振ること.

lambak; **lambakan** ごちゃごちゃと山積みになっている, 多すぎる, 過剰: *lambakan sampah sarap* ごみの山. *lambakan* pelbagai majalah di pasaran さまざまな種類の雑誌が市場に出回っていること. Jumlah pekerja asing *lambakan* di negara ini. この国では外国人労働者の数が多すぎる. *lambakan kereta* di pasaran (販売)市場における車の過剰.

berlambak, berlambak-lambak 1 山積みになる. 2 多すぎる.

melambak 1 山積みになった. 2 下に差し入れる.

melambakkan 山積みにする.

pelambakan 山積み.

lamban のろい, 遅い.

lambang; **pelambang**, **perlambang** 象徴, しるし, シンボル: Bulan sabit dan bintang adalah-*lambang Islam.* 三日月と星はイスラム教を象徴する.

sebagai lambang ~ の象徴として.

melambangkan ~を象徴する, ~のシンボルである: Bulan sabit dan bintang *melambangkan agama Islam.* 三日月と星はイスラム教を象徴する.

perlambangan 象徴化.

lambat 遅い, 遅れる, 時間のかかる, ゆっくり: Waktu di Malaysia *lambat* satu jam. Mari kita undurkan waktu pada jam tangan kita ini selama satu jam. マレーシア時間は(日本より)1時間遅い. 時計を1時間遅らそうよ. *Biar lambat asalkan selamat.* 【諺】急がば回れ.

lambat-bangat, lambat-laun よ

うやっと, 徐々に.

berlambatan 長い時間がかかる.

melambatkan 速度を落す, 遅らせる.

kelambatan 遅れたこと, 遅刻.

selambat-lambatnya 遅くても~.

terlambat 遅れる, 遅すぎる: *Saya terlambat 10 minit.* 僕は10分遅刻した. Mudah-mudahan awak *tidak terlambat lagi* pergi ke pejabat. また会社に遅刻しないように願いたい. *sudah terlambat.* もう手遅れだ. *Masih belum terlambat* bagi kerajaan untuk menanganinya. 政府がそれに対処することはまだ手遅れでない. *Kita masih belum terlambat.* まだ間に合う, 手遅れでない.

lambuk (土が)砕けやすい.

melambuk 土を軟らかに砕く.

lambung; **melambung** 1 (ボールなどを)高く放り上げる. 2 (ボールや鳥が)空高く上がる, 舞い上がる, (物価などが)上昇する.

melambungkan 1 ~を高く飛ばす. 2 ~を誉める.

lampai 背が高く細身: *Dia tinggi lampai.* 背が高くすらっとしている.

¹ampan 選鉱盆(川底で錫鉱石を選別する平たい盆)

lampas 滑らかな, 洗練された.

melampas 1 磨く. 2 研ぐ.

lampau 昔, 過去: *masa lampau* 過去. *lampau tempoh* 延滞の.

melampau 非常に, 度が過ぎる.

melampaui (限度を)こえる, やり過ぎ: *melampaui batas* 限度を超す.

kelampauan 遅れる.

pelampau 過激派.

terlampau 極度に, 行過ぎた: *terlampau mahal* 高すぎる.

lampin おむつ: *tempat menukar*

lampin bayi 赤ちゃんのおむつを取り換える場所.

lampir 紙や手紙などを数える助数詞(〜枚).

lampiran 添付, 付録.

melampirkan 同封する: *Bersama ini saya lampirkan gambar-gambar kita. / Bersama-sama ini dilampirkan gambar-gambar kita.* ここに私たちの写真を同封します.

lampu (英) lamp ランプ: *lampu duduk* テーブル・ランプ. *lampu gas* ガス灯. *lampu minyak* 石油ランプ. *lampu neon* ネオンライト. *lampu picit* 懐中電灯, たいまつ. *lampu isyarat* 信号; Apabila *lampu isyarat* bertukar merah 信号が赤に変ったとき.

lampung; **melampung** 浮かぶ.

pelampung 浮き輪, 浮標.

lamun I 〜だけれども, しかし: *lamun begitu* そうであるけれども.

lamun II; **melamun** 空想にふける.

lamunan 空想, 白昼夢.

lanar 沖積土.

lancang ヨット, 帆船.

lancar 1 流暢な: *lancar* berbahasa Inggeris 英語を流暢に話す. **2** 動きがスムーズで素早いこと, 円滑に, 順調に: berjalan *lancar* 円滑に行われる. *Segala-galanya berjalan dengan lancar.* すべてがうまく行く.

melancar 1 素早く動く: Perahu itu *melancar* meninggalkan pantai. 舟は海岸を離れて素早く動き出した. **2** 忘れないように復習する: Anak-anak sedang *melancar* pelajaran masing-masing. 子どもらはそれぞれ勉強を復習している.

melancarkan 1 (計画や運動, 事業, 販売を)推進する, 乗り出す, 発売する: *melancarkan kempen* キャンペーンを推進する. *melancarkan projek menanam koko* ココア栽培プロジェクトを推進する. *melancarkan kereta baru* 新車発売に乗り出す. **2** (ロケットなどを)発射する, 打ち上げる: *melancarkan peluru berpandu* ミサイルを発射する. *melancarkan roket ke bulan* ロケットを月に向けては打ち上げる. **3** 円滑にする, スムースにする: membaca berkali-kali untuk *melancarkan* bacaannya 朗読が滑らかになるよう何度も読む. Sistem baru itu akan *melancarkan* perjalanan lalu lintas. 新システムは交通の流れを円滑にするだろう.

kelancaran 流暢さ, 円滑: *kelancarannya berbahasa Jepun* 彼の日本語を話す流暢さ.

pelancaran 1 推進: *pelancaran skim* 計画の推進. **2** 開始すること; (ロケットの)打ち上げ, (船の)進水, (著書の)出版記念: *pelancaran kapal angkasa* 宇宙船の打ち上げ. *Pelancaran kapal baru itu* disaksikan oleh beribu-ribu orang. 新造船の進水(式)を大勢の人が見守った.

lancip 先がとがった.

melancipkan 先をとがらせる.

lancong; **melancong** (Jw) 観光する, 観光旅行する: *pergi melancong ke* Bali バリへ観光に行く.

pelancong 観光客.

pelancongan 観光.

lancung 偽造した, 偽の.

melancung, melancungkan 偽造する.

kelancungan 偽造.

pelancung 偽造者.

landa; **melanda** 侵入する, 侵略する, (病気や自然災害が)〜を襲う, (社会現象が)席巻する: Bandar itu

dilanda gempa bumi. その都市は地震に襲われた.
melandai 攻撃する, 攻め込む.
terlanda ぶつかる, ～と衝突する.
landai; **melandai** なだらかな(坂), 緩やかな(傾斜).
landak 〔動〕ヤマアラシ.
landas 基礎, 基盤, 基層.
berlandas 基礎のある.
melandaskan ～を基礎にする.
landasan 1 基礎, 土台. 2 線路: *landasan kereta api* 鉄道の線路.
landskap (英) landscape 見晴らし, ランドスケープ.
lang → **helang** (鷹).
langah; **terlangah**, **terbelangah** (口などが)大きく開いた.
melangahkan 大きく開ける.
langau 〔虫〕オオクロバエ.
langgam 様式, 形式, 習慣.
langgan; **berlanggan**, **melanggan** 購読する.
langganan 1 購読. 2 購読料 (= wang langganan).
pelanggan 1 購読者. 2 (店の)顧客.
langgar 衝突, 追突: *langgar adat*, *langgar bahasa* 不作法な. *langgar lari* ひき逃げ.
berlanggar, **berlanggaran** 衝突する, ぶつかる.
melanggar 1 衝突する, ぶつける: Saya meluru ke arah pelajar itu lalu sengaja *melanggar bahunya*, kemudian terus berlalu pergi. 私はその学生の方に追いかけて行くと彼の肩にわざとぶつかり, そのまま通り過ぎた. 2 違反する: *melanggar disiplin* 規律を違反する. 3 攻撃する, 侵略する: Iraq telah *melanggar* Kuwait. イラクがクウェートを侵略した.

pelanggar 攻撃する人, 違反者.
pelanggaran 1 衝突, 攻撃. 2 違反.
perlanggaran (車同士または人の間の)衝突.
langit 空: *langit mendung* 曇り空. *Dasar Langit Terbuka* オープンスカイ政策.
langit-langit, **lelangit** 1 蚊帳. 2 天井. 3 口蓋.
melangit 空高く昇る, 空の方に向かう: *Cita-citanya tinggi melangit.* 彼の理想は崇高である.
langkah 1 足どり, ステップ: Awasi *langkah* anda. 足元に注意を《駅構内の掲示など》. Di Banda Acheh *setiap tiga langkah* terdapat mayat yang bergelimpangan. バンダ・アチェでは三歩歩く毎に死体が転がっていた. *Langkahnya mati* mendengar suara di belakangnya. 後ろから発せられた声を聞くと彼女は歩みを止めた. 2 措置, 手段: *sebagai langkah terakhir* 最後の手段として. *mengambil langah* 措置をとる: Perdana Menteri baru telah *mengambil beberapa langkah tegas.* 新首相はいくつの断固たる措置をとった. *langkah kanan* 運が良い. *langkah kiri* 運が悪い.
langkah bendul a 妹が姉より先に結婚すること. b 未婚の姉がいる妹と結婚すること.
berlangkah, **melangkah** 1 足を踏み出す: *melangkah* ke perlawanan akhir Piala Thomas (テニスの)トーマス・カップ決勝戦に進む. 2 出かける, 旅に出る. 3 踏みはずす, (慣習や規則を)逸脱する.
melangkahi 1 踏みはずす. 2 違反する. 3 外す, 無視する.
langkau 飛び越す, 飛ばして進む.

langsai

melangkau, melangkau-langkau 飛び越す, 省く: *melangkau kelas* 飛び級する.

langsai (借金の)返済が終わった, 返済ずみの: *Hutang itu langsai.* 借金は返済ずみ.

melangsaikan 債務を返済する.

langsat 〔植〕ランサット(ビワ種).

langsing I 細身の, すらりとした, スリムな: *badan yang langsing* 細身の身体. *kelihatan langsing* (身体が)すらっとしている.

melangsingkan やせる: *melangsingkan badan* 身体をスリムにする.

pelangsing 痩せ薬.

langsing II 金切り声, かん高い音.

langsir カーテン: *membuat langsir untuk tingkapnya* 窓用のカーテンを作る.

langsung 1 直接, すぐ: *Kami akan langsung ke sana.* 私たちは直接そこへ行きます. *Dia langsung dipecat.* 彼はすぐ解雇された. *secara langsung* 直接的に. *secara tidak langsung* 間接的に. 2 生の(放送): *siaran langsung* 生放送・中継放送. 3 行われる＝berlangsung. 4 全く(〜しない)《否定語と共に》: *tidak faham langsung* 全く分からない. *tidak bekerja langsung* 全く働かない. *langsung tidak boleh berbahasa Inggeris* 英語を全く話せない. *Tidak langsung saya rasa begitu.* 私はまったくそうとは思いません.

berlangsung 1 行われる. 2 続く.

melangsung, melangsung-langsung 連続して.

melangsungkan 1 〜をとり行う: *melangsungkan perkahwinan dengan* 〜と結婚する. 2 〜を続ける.

terlangsung (車や舟, 言葉が)うっかりしてスリップする, 間違ってやってしまう: *Keretanya terlangsung ke dalam parit kerana breknya tidak makan.* ブレーキがきかなかったので, 車がスリップして溝の中に落ちた.

langut; melangut 1 見上げる. 2 (物欲しそうに)食事中の人をながめる. 3 何もせずに時間をつぶす.

melangutkan 上を見上げる.

lanjur; melanjurkan (時間や会議を)延長する, 引き延ばす: *tidak akan melanjutkan tempoh mengembalikan buku* 本を返す期限を決して延長しない.

terlanjur (口が)滑る, 言い過ぎる, 〜やり過ぎる: *Saya menyesal kerana terlanjur mengeluarkan kata-kata itu.* うっかり口を滑らせてあんなことを言ったのを後悔している. *Saya minta maaf atas segala perbuatan saya yang terlanjur itu.* 私の出過ぎた行動を許してください.

lanjut 1 (話などが)長い, 伸びる: *Percakapannya memang lanjut.* 彼の話は確かに長い. 2 詳しく: *lebih lanjut* さらに詳しい; *Eloklah saya terangkan hal ini lebih lanjut lagi.* この事について私がもっと詳しく説明した方が良いでしょう. *Untuk maklumat lebih lanjut, sila hubungi Cik Ali.* もっと詳しい情報は, どうぞアリさんに連絡ください. 3 年をとった: *Umurnya telah lanjut.* 彼はもう年老いている.

berlanjutan 長々と続く, 長引く.

melanjutkan 継続する, 延長する: *melanjutkan perjanjian itu selama setahun lagi.* / *perjanjian itu dilanjutkan bagi tempoh setahun lagi* 契約をあと1年間延長する. *melanjutkan usia persaraan kakitangan kerajaan daripada 56* tahun sekarang. 公務員の定年を現行の56歳から延長する. *melanjutkan* tempoh cuti bersalin bagi sektor awam daripada 60 hari kepada 84 hari 公務員の産休を60日から84日に延長する. *Waktu operasi* kaunter permohonan MyKad *dilanjutkan* sehingga pukul 8 malam. マイカード(身分証明書)申請部局の受付時間を夜の8時まで延長された. *melanjutkan pelajarannya ke universiti* 大学へ進学する.

lanjutan 続き, 追加.
kelanjutan 結果, 結末.
selanjutnya 次に〜, その後〜, さらに詳細な: *berita selanjutnya* 詳報(ネット新聞用語: 詳しくは…). *Untuk selanjutnya*, sila hubungi pusat pejabat kami. 詳細については本部に連絡ください. *memberikan maklumat selanjutnya* 詳しい情報を提供する.
terlanjut 行過ぎた, 長すぎた.
lantai 1 床. 2 (船の)デッキ, 甲板.
lantak 1 打ちつける, 打ち込む. 2 思うままに振る舞う.
melantak 1 強く打ちつける. 2 思うままに〜をする.
melantakkan 〜を強く打ち込む.
lantang 1 (声が)はっきりと聞こえる. 声高に: Kita perlu *lantang* menyuarakan penentangan terhadap keganasan. テロに対する反対を声高に表明する必要がある. 2 明るくはっきりと言える.
kelantangan 明瞭.
melantangkan (声を)大きくする.
lantar I ; terlantar 1 (病気などで)寝たきりになる: *hanya terlantar di atas katil* ベッドに寝たきりである. Cik Safiah menjaga suami yang *terlantar* demikian lama. サフィアさんはもう長いこと寝たきりの夫の世話をしている. 2 放置されたまま.
menterlantarkan 放置する, 見過ごす.
lantar II ; melantarkan 1 〜を引き起こす. 2 提案する, 提起する.
lantaran なぜなら, 〜の理由で = kerana: *Lantaran* suaranya yang lantang itu dia ditakuti orang. 声が大きいので, 彼は人から怖がられている. *lantaran itu* それ故に.
pelantar 提案者, 申請者.
pelantaran 仲裁.
lantas 1 それから, すぐに, 間もなく: Dia bangun *lantas* pergi dari situ. 彼は起き上がり, それからそこを出て行った. 2 〜を通って, 貫通して: Peluru itu terkena badannya *lantas ke belakang*. 弾丸が彼の身体に命中し, 背中を貫通した.
lantik ; melantik 任命する: *melantik* Dr. Mahathir *sebagai* Timbalan Menteri マハティール氏を副首相に任命した. Dr. Mahathir *dilantik menjadi / sebagai* Timbalan Perdana Menteri マハティール氏は副首相に任命された.
pelantik 任命者.
pelantikan, lantikan 任命, 就任.
lanting I ; melanting 投げる.
melantingkan 投げ捨てる.
terlanting 1 投げられた. 2 用済みの, 使い捨てられる.
lanting II ジャンプ, 跳躍.
berlanting, melanting 上下に跳ねる.
lantun ; melantun 跳ね返る.
melantunkan 跳ね返らせる.
lanun 海賊.
melanun 海賊行為をする.
pelanunan 海賊行為.
lanyak ; melanyak 1 踏みつける,

踏みにじる. **2** 侮辱する. **3** 強く叩く.

lanyau 固まったようみえるが,実際はやわらかい泥.

lap 布巾 (=kain lap).
  mengelap (紙や布などで)水分を拭きとる,磨く: *mengelap lantai* 床を拭く.
  mengelapkan 〜で拭きとる.
  pengelap 雑巾 (kain pengelap).

lapah; **melapah** (屠殺した動物の)皮をはいで肉を切る: *Hati gajah sama dilapah, hati kuman sama dicecah*.【諺】多くても少なくても平等に分ける.

lapan 8. 〔数字〕

lapang **1** 暇がある, 忙しくない: *Kalau saya lapang*, saya akan datang ke rumah awak esok. もし明日暇だったら,君の家へ行くよ. *menghabiskan masa lapang* 暇をつぶす; *Macam mana awak nak habiskan masa lapang di sini?* ここではどうやって暇をつぶすのですか. *Saya menghabiskan masa lapang berjalan-jalan dan bersembang*. 散歩やおしゃべりで暇をつぶす. **2** 広い,広々した: *Bilik ini lapang*. この部屋は広々としている. *lapang hati, lapang dada, lapang kira-kira* 安堵する,安心する. *lapang perut* 食欲がある.
  berlapang-lapang 自由な,無制限の.
  melapangkan **1** 拡げる. **2** 時間を空ける.
  lapangan 広場,区域: *lapangan terbang* 飛行場. *membina hospital lapangan tentera* 野戦病院を設ける.
  kelapangan **1** 余暇. **2** 広々とした. **3** 安らぎ.

lapar 空腹な: *rasa lapar* 空腹感. *menahan lapar* 飢えをしのぐ.
  berlapar 空腹を感じる.
  melaparkan **1** 空腹にする. **2** 〜を欲する.
  kelaparan 空腹,飢餓. *mati kelaparan* 餓死する.

lapik **1** 敷物: *lapik meja* テーブル・クロス. **2** 裏地.
  berlapik 敷物を敷く,裏地のある.
  berlapikkan 〜を裏地として使う.
  melapik (空腹をまぎらわすために) 〜を食べる (=melapik perut).
  pelapik 敷物, 基礎.

lapis **1** 層, 列. **2** メッキ.
  berlapis **1** 階層がある. **2** メッキしてある.
  berlapis-lapis 層状の, 列状の.
  melapiskan 層をなす.
  lapisan 層, 階級, 階層: *lapisan atas* 上流階級. *lapisan bawah* 下層階級. *masyarakat yang berlapis* 階層社会. *semua lapisan rakyat* あらゆる国民階層. *lapisan ozon* オゾン層. *lapisan udara* 環境.
  pelapis 次の世代: *generasi pelapis di masa depan* 次世代. *pemimpin pelapis* 次の世代の指導者たち.

lapor 伝える, 報告する.
  melaporkan 報告する, 伝える: *melaporkan diri* 出頭する.
  laporan 報告, レポート, 報道: *laporan awal* 予備報告. *laporan bulanan* 月例報告. *laporan sementara* 中間報告. *laporan tahunan* 年次報告. *Saya nak siapkan laporan tentang kegawatan ekonomi Asia.* アジア経済危機に関するレポートを仕上げる. *membuat laporan polis* (事故・事件で)ポリス・レポートをする《マレーシアでは交通事故は24時間内に警察に届けること》.

pelapor レポーター, 報告者.

lapuk 1 古い, ぼろぼろの: *hanya alasan lapuk* 古くさい言い訳. *hutang lapuk* 不良債権, 不良貸付. 2 時代遅れの: Hukuman itu masih bersifat *lapuk* dan ketinggalan zaman. その刑罰は時代遅れのもの.
berlapuk カビが生えた.
melapukkan カビを生えさせる.

lara (失恋など)悲しい, 心が傷つく.
berlara-lara とても悲しい.
melara 悲しむ.

laram; melaram 格好をつける, 見せびらかす: Setiap petang dia *melaram* dengan kereta barunya. 夕方になると彼は新しい車で格好つけて見せびらかす.

larang; melarang 禁止する: *Dilarang merokok* 禁煙. *Dilarang masuk* 入るべからず. *Dilarang makan dan minum*. 飲食禁止.
melarangkan ～を禁じる.
terlarang 禁止された, 禁じられた: *cinta terlarang* 禁じられた恋.
larangan 禁止, 禁制.

laras I
selaras ～にふさわしい, 釣り合った: A *tidak selaras* dengan B. AはBと釣り合っていない, 合致しない. Itu *tidak selaras* dengan keadaan semasa. それは現状に合っていない.
melaraskan, menyelaraskan 1 ～と釣り合わせる, 調整する: *melaraskan* ketinggian kerusi itu 椅子の高さを調整する. *menyelaraskan* harga *mengikut* permintaan 需要に応じて価格を調整する. 2 標準化する: *menyelaraskan* sukatan pelajaran 学校のシラバスを標準化する.
kelarasan, keselarasan 類似, 適合性.
pelaras 調節装置: *suis pelaras* 調節スイッチ.
pelarasan, penyelarasan 調整, 調和: *pelarasan bermusim* 季節調整. *pelarasan halus* 微調整. *pelarasan inventori* 在庫調整.
penyelaras 調整する人, コーディネーター.

laras II 1 銃身, 砲身: *laras senapang* 銃身. *laras suhu* サーモスタット(自動温度調整器). 2 銃などの武器などを数える助数詞(～丁): *87 laras senjata api* diserahkan. 87丁の銃器が引き渡された.

larat I; berlarat, berlarat-larat, melarat (話などが)～についてのんべんだらりと続く, (病気などが)ますます広がる・悪化する: Perbualannya selalu *melarat kepada* hal yang bukan-bukan 彼の長話はいつもばかげた話になる.

larat II
tak larat ～できない, ～する力がない: Orang tua itu *sudah tidak larat* bekerja. その老人はもう働く力がない. Jangan tanya banyak-banyak. *Tak larat* rasanya nak jawab. たくさん質問しないで. 答えたくなくなるから.

lari 1 走る: *Jangan lari!* 走るな. *lari-lari anak* ゆっくりと走る. *lari-lari anjing* 歩いたり走ったりする. acara *lumba lari* 100 meter 100メートル競走種目. *lari pecut* スプリント. 2 逃げる, 避ける: kejadian *langgar lari* ひき逃げ事件. Ini realiti yang kita tidak boleh *lari*. これが避けることのできない現実だ. *Saya tidak dapat lari daripadanya*. 私はそれをどうしても避けるわけにはいかなかった.

berlari 1 走る: Dia *berlari*, tidak berjalan. 彼女は走っている, 歩いて

いない. *berlari anak*, *berlari-lari kecil*. ゆっくり走る. **2** 逃げる, 免れる.

berlari-larian, **berlarian**, **berkelarian** **1** めちゃめちゃに走り回る. **2** 逃げる.

melarikan **1** 持ち逃げする, 連れ去る, 誘拐する: *melarikan barang-barang kemas dari kedai itu* 金類をその店から持ち逃げする. *Bayi yang dilarikan oleh dua perompak itu ditemui selamat pagi tadi.* 二人の強盗に連れ去られた乳児は今朝無事発見された. **2** 逃げる, 避難する (*melarikan diri*): *terus melarikan diri ke* KL そのまま KL の方へ逃げる. *melarikan diri* dengan motosikalnya selepas meragut ひったくりをしてバイクで逃走した. *melarikan diri ke bukit* 高台に避難する. **3** (車を)高速で運転する: *Dia melarikan kereta itu terlalu laju.* 彼は猛スピードで車を運転した.

larian **1** 競争, 競馬. **2** 走ること. **3** 車線, (競走・競泳・競技の)コース.

pelari **1** 走者. **2** 逃亡者.

pelarian **1** ランニング. **2** 逃亡者. **3** 難民 = *orang pelarian*: *Orang pelarian Vietnam ditempatkan di Pulau Bidung.* ベトナム難民はビドン島に収容された.

selari 平行した, 交わらない.

laris よく売れる, 需要がある = *laku*: *Pisang goreng di gerai Pak Dollah laris.* ドラさんの屋台のピサンゴレンはよく売れている.

melariskan よく売れるようにする.

terlaris よく売れている: *VCD cetak rompak terlaris di kalangan remaja.* 海賊版 VCD が若者の間でよく売れている.

larut I 溶ける: *Gula mudah larut dalam air panas.* 砂糖はお湯の中ですぐ溶ける.

larutan 溶液, 溶剤.

melarut 溶ける.

melarutkan 〜を溶かす.

pelarut 溶媒.

larut II **1** 夜ふけ(まで): *hingga ke larut malam* 夜ふけまで. *Mengapa awak menelefon larut malam begini?* なぜこんなに夜遅く電話してくるのか? **2** (病気などが)ますます重くなる.

berlarutan, **berlarut-larut** 長引く: *Keadaan ini tidak boleh berlarutan lagi.* このような状況はこれ以上長引くことはあってはならない. *Krisis nuklear di Semenanjung Korea telah berlarutan sejak sekian lama.* 朝鮮半島の核危機はもう長いこと続いている.

melarut-larutkan 長引かせる.

larva さなぎ, 幼虫.

lasa 麻痺した, しびれた.

lasah 古い衣服.

lasak I (子供が)落ち着きがない: *Budak itu terkenal lasak, tetapi agak manja.* あの子は落ち着きのない子で有名だが, やや甘えん坊でもある. **2** (職業などが)よく変わる.

lasak II 日常使っている・着ている.

pelasak 普段着 (= *pakaian pelasak*).

lasam (服の色が)色褪せた.

laso (英) = *lasso* 輪なわ, 投げなわ.

lastik いしゆみ, おもちゃのパチンコ.

lat 間隔, へだたり, 〜(日時)毎に: *Lat dua hari dia datang lagi.* 二日毎にまた来る. *Dia tinggal lat dua buah rumah dari rumah saya.* 彼女は私の家から 2 軒離れた家に住んでいる.

berlat 断続的な.

lata I; **melata** 腹ばう, (地面を)はう.

lata II 小滝 (=air lata, air melata).

latah; **melatah** ヒステリー症, ヒステリックにわめく: *Jangan cepat melatah.* すぐヒステリックにわめきなさるな. *melatah* dengan menyalahkan orang lain ヒステリーをおこして他人を非難する.

pelatah ヒステリーをおこす人.

latam; **melatam** 踏みつける.

latar (Jw) **1** 平らな, 水平な. **2** 表面. **3** 背景. **4** 庭.

latar belakang (絵画の)背景, (物事の)背景, 経歴.

berlatar ～の背景をもつ: Mari kita ambil gambar *berlatar belakang* Gunung Fuji itu. あの富士山をバックに写真を撮りましょう.

pelataran **1** 庭. **2** 背景.

laterit (英) laterite ラテライト(紅土).

latih; **berlatih** 訓練を受ける, 練習する.

latihan 訓練, 練習: *latihan amali* 実地訓練. *latihan asas* 基礎訓練. *latihan ilmiah* 卒業論文. *latihan menghadapi bencana* 防災訓練. *latihan peperangan* 軍事訓練. *latihan semasa kerja* 実地訓練 (OJT). *sekolah latih* 訓練学校. *mengadakan latihan* 訓練をする. *menerima latihan* 訓練を受ける. *menjalani latihan untuk menyelamatkan diri daripada tsunami* 津波に対する避難訓練をする.

melatih ～に教える, ～を訓練する: Dari kecil kita *telah dilatih* untuk menang. 小さい頃から勝つことを教えられてきた.

pelatih **1** コーチ, 教官. **2** 訓練生, 研修生: *guru pelatih* 教員実習生. *doktor pelatih* 医者のインターン.

terlatih 訓練された, 鍛えられた.

lauk ご飯のおかず (=lauk-pauk): Makan nasi dengan *lauk apa* malam ini? 今晩のおかずは何か.

berlauk おかずがある: Mereka makan nasi *tak berlauk.* 彼らはおかずなしでご飯を食べている.

laun ゆっくり, 遅い.

berlaun ゆっくりと～する.

melaun-laun ゆっくりさせる.

lambat-laun 徐々に.

laung 大声.

laungan 叫び声, 呼び声.

melaung 叫ぶ, 大声で呼ぶ: *melaung minta tolong* 大声で助けを呼ぶ.

melaungkan 大声で(人を)呼ぶ: Kami menunggu detik 12 tengah malam untuk *melaungkan Selamat Tahun Baru.* 深夜 12 時の瞬間を待ってから「明けましておめでとう」と大声で叫んだ.

laut 海: *laut lepas, laut berdebu, laut jelebu* 大洋, 海洋. *laut api* 火の海. *barat laut* 北西. *timur laut* 北東.

melaut **1** 海のように広い. **2** 航海する.

lautan 大洋, 海洋: *Lautan Pasifik, Lautan Teduh* 太平洋. *Lautan Hindi* インド洋.

pelaut 航海士, 船乗り.

lava 溶岩: *mula mengeluarkan lava* (火山が)溶岩を噴出し始める.

lawa きれい, 可愛い.

melawa 化粧する, 着飾る.

lawak 冗談, 道化: *suka membuat lawak* 冗談を言うのが好きだ.

berlawak, berlawak-lawak, me-

lawak, melawak-lawak 冗談を言う, おどける.

pelawak コメディアン, 道化.

lawan 1 敵, ライバル, 対戦相手: pertandingan *satu lawan satu* 1対1(一騎打ち)の試合. Melihat daripada perspektif peristiwa 11 September, terdapat kecenderungan memahami dunia dari sudut Barat *lawan* Islam. 9.11事件から見ると, 西欧対イスラムという観点から世界を理解する傾向が出てきた. Jepun *lawan* Brazil (試合で)日本対ブラジル. 2 反対(語): "Apa *lawan* 'besar'?" "Kecil".「besar の反対は何か」「kecil」.

berlawan 競争する, 対戦する, ライバルをもつ: Saya tidak akan *berlawan dengan* kamu. Kamu bukan *lawan* saya. 僕は君とは闘うつもりはないよ. 君は僕の相手でないから.

berlawanan 1 相対する. 2 競合する: *berlawanan dengan* 〜とは対照的に.

melawan 1 敵対する, 反対する, 挑戦する. 2 〜に匹敵する. 3 話し相手になる.

pelawan 敵, 対戦者.

perlawanan 1 試合, 競争: Ramai orang datang tengok *perlawanan* bola sepak. 大勢の人がサッカーの試合を見に来る. 2 闘争.

lawat; melawat 訪問する, 訪れる.

melawati 〜を訪問する.

lawatan 訪問, 旅行: *lawatan mengejut* 電撃訪問. *lawatan rasmi* 公式訪問. *lawatan sambil belajar* 見学, 視察. *melakukan lawatan ke* 〜を訪問する.

pelawat 訪問者, 旅行者.

perlawatan 旅行, ツアー.

lawi 鶏や鳥の長い尾羽 (＝lawi-lawi).

layak (Ar) 適している, ふさわしい: Dia *tak layak lagi* jadi orang politik. 彼は政治家になる資格はもうない.

melayakkan 資格をとる (＝melayakkan diri).

kelayakan 資格, 能力.

berkelayakan 資格のある, 能力のある.

selayaknya 〜して当然である.

layan; layan diri セルフ・サービス.

layanan, pelayanan, perlayanan サービス, (人の)扱い: *diberi layanan istimewa* 特別な扱いを受ける (優遇される). *memberi layanan harga kelas kedua kepada* kaum minoriti 少数民族に二等級の扱いをしている.

melayan, melayani 1 仕える, サービスする. 2 〜に応じる, 面倒をみる.

pelayan ウェーターまたはウェートレス.

layang 飛ぶ: *surat layang*. 匿名の手紙.

berlayangan ふわふわと浮く.

berlayang, melayang, melayang-layang 滑空する, 宙に舞う.

melayangkan 1 飛ばす: *melayangkan kad merah* (サッカーで審判が)レッド・カードを突き出す. 2 手紙を送る.

selayang ひと目, 一瞬.

terlayang, terlayang-layang 1 宙に浮かぶ, 飛んだ状態. 2 半分眠った, うつらうつらした (＝matanya terlayang).

layang-layang 1 たこ(凧). 2 〔鳥〕ツバメ.

layap ; melayap (鳥が)水面低く飛ぶ.

layar 1 帆. 2 カーテン. 3 影絵用のスクリーン.
　berlayar 帆を持った, 帆を張った.
　belayar, melayari 航海する, 航行する, 帆走する.
　melayarkan (船を)運航させる.
　pelayar 船乗り.
　pelayaran 航海: *dalam satu pelayaran* ある航海の途中に.

layu 1 (花や葉が)萎む, 枯れる. 2 青ざめて衰弱した.
　kelayuan 1 萎んだ. 2 王族や支配階級の崩御.
　melayukan 萎ませる.

lazat (Ar) 美味しい.
　kelazatan 1 美味しさ. 2 楽しさ.
　melazatkan (食べ物を)美味しくする.

lazim (Ar) 普通の, 通常の.
　lazimnya 普通は, 通常は.
　kelaziman 慣習, 伝統: *menyimpang daripada kelaziman* 慣習を踏み外す.
　melazimkan 慣れる, 普通になる.

lebah 〔虫〕ハチ(蜂): *air lebah, manisan lebah, air madu, madu lebah* 蜂蜜.

lebai ルバイ(イスラム教の指導者).

lebam 青あざ: *mata lebam* 青あざがついた目.

lebar (lébar) 広い, 幅: *Sungai itu sangat lebar.* 川はとても幅が広い.
　lebar mulut 話好きな.
　panjang lebar 詳細に.
　melebar 広くなる, 広がる, 拡大する: *Jurang pendapatan semakin melebar.* 所得格差がますます広がる.
　melebarkan 広げる.

lebaran (Ar) ルバラン(イスラム教の断食明けの祝日: マレーシアでは一般にハリラヤ・プアサ Hari Raya Puasa という).

lebat 1 (毛, 葉, 果物などが)たくさん生っている: *Pokok rambutan ini lebat buahnya. / Lebat betul rambutan ini.* このランブータンの木は実がたくさん生っている. *Mempelam sedang lebat berbuah.* マンゴがいま最盛期です. *Rambut Ali sangat lebat.* アリの髪は生えすぎている. *makhluk yang berbulu lebat* 濃い体毛に覆われた生き物. 2 (雨など)激しい: *hujan lebat* 激しい雨, 大雨. *Hujan turun dengan lebatnya.* 雨が激しく降る.
　melebat 1 (果物の実や毛が)たくさん生る: *Rambutnya sudah mula melebat.* 髪がたくさん生え始めた. 2 (雨が)激しくなる: *Hujan semakin melebat.* 雨がますます激しく降る.
　melebatkan (木や髪を)生やす, 茂らせる: *menggunakan tonik rambut untuk melebatkan rambutnya* ヘアトニックを使って髪を生やそうとする.
　kelebatan 激しさ, 豊富さ.

lebih 1 (比較級)よりも〜 (lebih 〜 daripada —), ますます〜: *lebih baik daripada* tahun lepas 去年よりも良い. Dia *lebih cantik daripada* adiknya. 彼女は妹よりももっと美しい. Saya *lebih suka* bermain badminton. 私はバドミントンをする方が好きです. 2 〜より以上: *lima tahun lebih, / lebih daripada lima tahun* 5 年以上. Bahasa hanya alat untuk berkomunikasi. *Tidak lebih daripada itu.* 言語はコミュニケーションの手段にすぎない. それ以上ではない. 3 残り, 余り, 過剰の: *bekalan beras yang lebih* 過剰米の備蓄.

Kami masak *nasi lebih* hari ini. 今日は残ったご飯を料理しよう. **4** 優れている, 良い, 有利だ: Walau sekejap pun, *sudah lebih daripada tidak*. ほんのちょっとの間でも,そうでないよりかはましだ.

lebih baik 〜した方がよい: *Lebih baik* buat sedikit *daripada* tidak buat langsung. まったくしないよりも少しだけでもした方がよい.

lebih jauh 〜 さらにいっそうの〜.

lebih kurang 約〜, およそ.

lebih-lebih lagi とりわけ, とくに.

lebih masa オーバータイム,期限を越えて: *kerja lebih masa* 残業. *tinggal lebih masa* (滞在許可)期限を越えて滞在する.

lebih umur 高齢の.

berlebih 1 残す. **2** 多すぎる.

berlebih-lebih, berlebih-lebihan 余計に, 多すぎる.

melebihi (限度を)超える, 〜を上回る: Permintaan *melebihi* bekalan. 需要が供給を上回る. *tinggal secara haram melebihi masa* 期限を超えて不法に滞在する. Kereta api itu bergerak *melebihi* had laju. 列車は速度制限をオーバーして走った. *melebihi* pukul 10 malam 夜10時を過ぎる. Lengkapkan ayat di bawah dengan *tidak melebihi* 15 patah perkataan. 15字以内で下記の文章を完成させなさい.

melebihkan 1 増加する. **2** より重視する: Suami *melebihkan* isteri muda daripada isteri tua. 夫は第一夫人よりも第二夫人の方をより大切にするものだ.

melebih-lebihkan 大げさにする.

lebihan 超過分, 過剰, 黒字: *lebihan dagangan* 貿易黒字. *lebihan akaun semasa* 経常収支の黒字. *lebihan bekalan* 供給過剰. *isu kereta kecil membawa lebihan penumpang dan muatan* 小型車が乗客と積載量を過剰運搬する問題.

kelebihan 有利さ, 優位, 利点: Mereka *mempunyai sedikit kelebihan*. 彼らの方が少し優位にある. *mempunyai kelebihan berbanding* 〜と比べると(こちらが)優位である.

selebihnya それ以上について, 超過分.

terlebih 1 最も. **2** 〜過ぎる, 過度.

terlebih dahulu まず最初に.

lebuh 大通り, 高速道路 (＝lebuh raya): *lebuh raya maklumat* 情報スーパーハイウェイ. *tol lebuh raya* 高速道路料金.

lebur 1 溶解した, 溶けた. **2** 破壊された, (夢や希望が)壊される: *Impiannya lebur*. 夢が壊れた. Harapannya hendak melanjutkan pelajarannya *telah lebur*. 進学したいというかれの希望が潰えた.

melebur 溶ける, 壊れる.

meleburkan 1 溶かす. **2** 壊す.

peleburan 溶解, 溶解炉, 精錬所.

lecah 泥だらけの, ぬかった.

berlecah 泥まみれで働く・遊ぶ.

lecap ずぶ濡れになる (＝basah lecap).

kelecapan ずぶ濡れの状態.

leceh (lécéh) **1** やっかいなもの: *buat kerja leceh* やっかいな仕事をする. **2** 泥だらけの. **3** つまらない, 下品な.

lecek (lécék) (ご飯が)軟らかくなった. *nasi lecek* 軟らかなご飯.

melecek つぶして軟らかくする. *melecek nasi untuk makanan bayinya* 赤児の食物のためにご飯をつぶして軟らかくする.

lecet (lécét); **berlecet, melecet 1**

湿っぽい. **2** (皮膚)皮がむける.

lecit; **melecit** 鼻をかむ.

lecur I (花や,葉などが)萎れる.

lecur II; **melecur** (皮膚などがやけどで)水膨れになる,やけどする = lepuh: Kaki kanannya *melecur* sedikit. 左足が少しやけどした.

ledak; **meledak** (Id) 暴発する,(戦争,争いなどが)起こる. → **meletup**.

ledakan, **perledakan** **1** 爆発. **2** 急増.

meledakkan **1** 爆発させる. **2** 引き起こす.

peledak 爆発物 (= bahan peledak).

leding; **meleding** **1** たわむ. **2** (殴られて)体を折り曲げる.

meledingkan たわませる,曲げる.

leftenan (léfténan) (英) lieutenant 軍隊の中尉.

lega 安心する,ほっとする (= *lega dada*, *merasa lega*, *berasa lega*): *Legalah hatinya kerana* mendengar anaknya terselamat. / Dia *merasa lega apabila* mendengar anaknya terselamat. 息子が無事であると聞いてほっとした. *Lega rasa saya apabila* mendengar 〜. / *Saya menarik nafas lega* mendengar 〜. 〜と聞いてほっとした. *melahirkan rasa lega* 安心した. *merasa lega dengan* 〜したので安堵した. Kebanyakan negara *merasa lega dengan* kematiannya pemimpin pengganas itu. 多くの国はそのテロ指導者の死亡に安堵した. Saya *sangat lega dengan* jaminan Kerajaan Jepun. 日本政府の保証にとても安心した. **2** 広々とした. **3** 暇な = lapang.

kelegaan 安心,安堵.

melegakan **1** 楽にさせる,安心させる (melegakan hati). **2** 広くする,拡大する.

legam 真っ黒な,真っ暗闇の (= hitam legam).

melegam 暗くする.

legap **1** 光を通せない(石や木など). **2** 心臓の鼓動,板をたたく音.

legar (légar); **berlegar**, **berlegar-legar** **1** 順番を待つ. **2** 旋回する,ぐるぐる回る: *berlegar di ruang udara* 上空を旋回する. Kapal terbang itu *berlegar-legar* sambil menunggu kebenaran untuk mendarat. 航空機は着陸の許可を待ちながら旋回した. Banyak kereta *berlegar-legar* di kawasan sempadan itu. 多くの車が国境地帯を走り回っている. **3** (話などが)いつも〜に集中する,他に進まない: Ceritanya *berlegar tentang* dirinya saja. 彼の話はいつも自分のことだけになる.

melegari 〜の周りを回る: *melegari Kaabah* カーバ神殿を周回する.

melegarkan 回転させる,回す: *melegarkan helikopter* ヘリコプターを旋回させる.

legaran 旋回,順番.

legeh (légéh) 分水嶺.

legenda (légénda) (英) legend 伝説.

leher (léhér) 首,首状の部分: *leher baju* (衣服の)えり. *tali leher* ネクタイ.

lejang 素早い動き,(ピストンの)往復運動,蹴ること.

leka (léka) (我を忘れるくらい)夢中になる,熱中する,没頭する = asyik: *leka membaca* 読書にふける. Ali *leka mendengar* lagu-lagu Beatles hingga tidak sedar orang masuk ke dalam biliknya. アリはビートルズの歌を聞くのに没頭して

いたので,誰かが部屋に入ってきたのも気付かなかった. *Akibat leka menonton* TV, *saya terlupa menutup pintu.* テレビに見とれていたので,ドアを閉めるのを度忘れした. *tidak leka dalam menjalankan tanggungjawab mereka* 責任遂行に専念しない.

melekakan (人を)夢中にさせる: *Pertandingan itu melekakan kita.* その試合は私たちを夢中にさせた.

terleka 1 〜するのに夢中になる, 熱中する, 魅せられる: *Anda pasti terleka dengan keindahan alam semula jadi di sana.* あなたはきっとそこの自然の美しさに魅了されるでしょう. 2 不注意な, 気をつけていない: *Pihak berkuasa menafikan mereka terleka dalam melakukan kawalan keselamatan.* 当局は治安の監視に不注意があったことを否定している.

kelekaan 没頭, 専念: *Dalam kelekaan memikirkan siapa pemilik kereta itu* あの車の持ち主は誰だろうか思案にふけっていると. *Kelekaan Minah menonton acara televisyen itu menyebabkan ikan yang digorengnya hangus.* ミナがテレビ番組に見とれていたので,揚げていた魚は黒焦げになってしまった.

lekak; lekak-lekak 平らでない, でこぼこした〜: *Jalan ini lekak-lekuk.* この道はでこぼこしている.

lekang 1 (果物の実が)簡単にむける. 2 (唇や地面が)割れる, ひびの入った.

melekang 1 (唇や地面が)亀裂が入る, 割れる. 2 (果物の実が)簡単にむける.

melekangkan 1 〜から別れる. 2 避ける.

lekap; melekap 1 付着する. 2 執着する. 3 くっついて離れない.

melekapkan はりつける, くっつける, 近づける.

lekar 籐で編んだなべ敷.

lekas 速く, すぐに.

berlekas-lekas 急いで.

melekaskan, memperlekas 急ぐ, 速める.

pelekas 興奮しやすい人, 怒りっぽい人.

lekat; berlekat, melekat 付着する, はりつく, べたべたした.

melekatkan 1 はりつける, 装着する. 2 着る. 3 投資する. 4 殴る.

pelekat 1 糊, 接着剤. 2 ポスター: *pelekat kenderaan tertulis 'Jom Bersih Bandar Kita'*「町をきれいにしよう」と書かれた乗物用のポスター.

lekit; melekit ねばねばした, 粘り気がある: *Nasi Jepun lekit macam pulut.* 日本のご飯はもち米のように粘り気がある.

lekuk へこみ, くぼみ, 曲線: *Tentu sudah lama air ini menitik di atas batu ini. Batu yang keras pun boleh menjadi lekuk.* 長いこと水がこの石の上に滴り落ちていた. 固い石でさえへこむことがあり得るのだ.

berlekuk, berlekuk-lekuk 穴ぼこのあいた.

melekuk へこむ, でこぼこになる.

lekum 喉=kerongkong.

lekung (目などが)落ちくぼむ, へこむ.

lela (léla) 上品な, 優雅な.

melela 見せびらかす.

lelah 1 疲れる=letih, penat: *lelah payah* 疲れ果てる. *melepaskan lelah* 疲れを癒す. *tidak mengenal penat lelah* 疲れを知らない. 2 喘息.

berlelah, berlelah-lelah 懸命に

働く.
melelahkan, memperlelah 疲れさせる.
kelelahan 疲れ, 疲労.

lelaki 1 男性=laki-laki; *anak lelaki* 男の子. *adik lelaki* 弟.

lelangit → langit-langit.

lelap 1 ぐっすり(眠る). 2 無くなる, 消える. 3 期限が切れて取り返せない.
melelapkan 目を閉じて眠る: *tidak dapat melelapkan mata* 目を閉じることができない, 眠れない.
terlelap つい眠ってしまう.

lelas 1 滑らかな, すべすべした. 2 (こすったために皮を)すりむいた.
melelas 1 滑らかにする. 2 すりむく.

leleh (léléh); **meleleh** (汗, 血, 涙などが)流れる: Darah *meleleh* laju. 血がどっと流れた. Bifstik ini kelihatan sedap betul, *meleleh air liur*. このステーキは本当においしそう, よだれが出そうだ.
berlelehan たくさん流す, 流れる.
melelehkan (涙などを)流す.
lelehan (ゴム樹液, 血のように)たらたらと流れるもの.

lelong (lélong) 競売, せり売り (jualan lelong).
lelongan 競売にかけるもの.
melelong, melelongkan, memperlelongkan 1 せりにかける, 競売で売る. 2 競売で競り落とす.
pelelong 競売人.
pelelongan 競売.
terlelong 競売で売られた.

leluasa 1 自由に, 制限のない: *dengan leluasa, secara leluasa* 自由に, 勝手に: Awak boleh berbuat *dengan leluasa* di sini. ここで自由にしてよい. *tidak boleh buat dengan leluasa* 自由に行動できない. 2 広い.
berleluasa 自由に行う, 蔓延る, 横行する: *kejadian mencuri yang berleluasa* 横行する略奪事件.
keleluasaan 自由.

lemah 弱い, 能力がない: *lemah gemalai, lemah gemulai* 優雅な. *lemah hati* 気の弱い.
lemah lembut 優しい, 親切な.
berlemah 優しい.
melemahkan, memperlemahkan 弱くする, 弱める: *melemahkan musuh* 敵を弱らせる.
kelemahan 弱さ, 欠点: *membaiki kelemahan* 弱点・欠点を直す.

lemak 1 脂肪, 脂っこい: *naik lemak* 調子(頭)に乗ってずうずうしくなる; Jangan kasi can. *Nanti dia semakin naik lemak.* チャンスを与えないで. 与えると彼はますます調子に乗る. 2 味của人.
berlemak 脂質質の, 脂っこい: *makanan yang berlemak* 脂っこい食物. *daging yang berlemak* 脂肪分が多い肉.

lemang 〔食〕ルマン《もち米にココナツ・ミルクをあえて, 竹の節の中に入れて蒸したもの》.

lemas 窒息する: *mati lemas* 窒息死する, 溺死する. *mati lemas di sungai* 川で水死する・溺死する. *mati lemas semasa mandi laut* 海水浴中に溺れて死ぬ. *lemas dibawa ombak* 波にのまれて溺死する.
melemaskan 窒息させる.
kelemasan 窒息.

lemau 1 (ビスケットなどが)湿気る. 2 元気のない.

lembaga 1 (形がはっきりしない)姿, 人影, 物体: Saya ternampak *satu lembaga* di belakang rumah tadi. さっき家の裏で人影のようなものを

見た. **2** 芽, 種子. **3** 部局, 委員会: *lembaga pengarah* 取締役員会.

perlembagaan 憲法: *Perlembagaan Malaysia* マレーシア憲法.

memperlembagakan 憲法を制定する.

lembah; **lembahan**, **pelembahan** 谷間, (川の)流域.

lembang **1** くぼみ. **2** くぼ地.
lembangan 盆地.
melembang くぼむ.

lembap **1** 湿った: *panas dan lembap* 暑さと湿気. Kain yang *lembap* 湿った着物. **2** (勉強や仕事が)遅い, 弱い: "*Patutlah lembap*, perempuan yang pandu"「道理で遅いはずだ, 女性が運転しいるんだもの」. **3** (音楽など)活気のない.

melembapkan 湿らせる, 弱体化させる.
lembapan 大気中の水蒸気.
kelembapan 湿度, 湿気.

lembar **1** ひも, 糸. **2** ひもや糸, 紙などを数える助数詞(〜枚, 〜本).
lembaran 新聞や手紙のページ= halaman, muka surat: *membuka lembaran baru dalam hubungan Jepun dengan Malaysia*. 日本・マレーシア関係に新しい頁を開く.

lembik **1** (物や性格が)柔らかな, 柔軟な, ソフトな: *roti lembik* 柔らかなパン. *nasi lembik* 柔らかなご飯. *si lembik* 人あたりが柔らかい人. **2** 弱い: Spring ini *lembik*. このスプリングは弱い. Sejak kecil dia kerap sakit dan tubuhnya *lembik*. 小さい頃からよく病気して身体が弱い.

melembikkan 軟らかくする, 弱らせる.
kelembikan 弱さ, 柔らかさ.

lembing 槍.
melembing 槍で突く.

lembu 〔動〕牛, 雄牛: *penyakit lembu gila* 狂牛病.

lembung; **melembung** 膨張する, ふくらむ: *kocek melembung* ポケットがふくらむ.

melembungkan 膨張させる.

lembur (Id) 残業 (→ kerja lebih masa).

lembut 柔らかい: *roti yang lembut* 柔らかなパン. **2** 優しい, 親切な: *Gerak-geriknya lemah lembut*. 彼女の振る舞いは優しい. *bersikap lembut* kepada kanak-kanak 子供には優しい態度をとる. **3** (表情・色が)柔らかい.

berlembut 優しくする, 親切にする.
melembutkan **1** 柔らかくする. **2** 心を和らげる.
kelembutan 優しさ, 柔らかさ.
pelembut **1** 優しい人. **2** 柔軟材.

lempang; **lempang-lempang** ドラムを叩く音.
melempang 平手でたたく, ひっぱたく.

lempar (lémpar); **melempar** **1** 投げる, 〜を放り投げる: *melempar fitnah* 中傷する. *melempar bom tangan* 手榴弾を投げる. **2** (**dilempar**) 飛ばされる(左遷される): Saya rela *dilempar* ke mana pun untuk makan gaji. Orang makan gaji kenalah ikut perintah. 私は給料をもらえるならどこに飛ばされてもかまわない. サラリーマンは命令に従わねばならないから. *dilempar* ke sekolah pedalaman 奥地の学校に左遷される.

melemparkan 放り投げる, (責任を)なすりつける, 批判の矛先を向ける: *melemparkan kesalahannya kepada orang lain* 自分の間違いを人のせいにする. *melemparkan kritikan* *pedas terhadap* ～に対してきつい批判をする.

lemparan 1 投げつけられたもの. 2 投げた距離.

pelempar 1 投げた人. 2 投げる道具.

lempek (lémpék); **berlempek-lempek** (ペンキや化粧,泥などが)塗りたくられた,幾層にも重なった.

lempeng I (lémpéng) 1 平べったいもの: *lempeng bumi* プレート《海底地盤;地震など地殻変動に関する用語》. 2 ガラス,鉄など平らで薄いもの.

lempeng II パンケーキ.

lempung 木のように軽くて,軟らかいもの.

lena (léna) (Sk) 1 ぐっすり(眠る)= *tidur lena*: Kami tidak dapat *tidur lena*. 安眠できなかった. 2 夢中になる. 3 長い(時間).

berlena, berlena-lena 時間をつぶす,ぶらぶらする,ぐずぐずする.

melenakan 眠らせる.

terlena 1 つい眠ってしまう. 2 うかつな,不注意な. 3 夢中になる.

lenang (lénang) (水が)静まる,穏やか.

senang-lenang (生活が)豊かになる,何も不自由しない.

lencana 記章,バッジ.

lencong (léncong); **melencong** 元の進路をそれる,脇にそれる.

melencongkan 回り道させる,迂回させる,脇にそらされる,誤った方向に導く: Berikutan tanah runtuh itu, laluan ke Kajang *dilencongkan ke* Jalan Ampang. 土砂崩れのため,カジャンに向かう道路はアンパン通りへ回り道させられた.

lencongan 迂(う)回路,回り道: *menggunakan lencongan ke* Jalan Ipoh イポ通りへ迂回する.

lendir ぬるぬるした,粘液性の.

lendut; **melendut** (ひも,床,板などが重さで)かしぐ,たわむ,へこむ.

lendutan へこみ,くぼみ.

leng (léng) レン《穀物の容量を計る伝統的単位: 1 leng = 0.56826 リットル》.

lengah (léngah) 1 ゆっくりした,怠けた,遅れる: *dengan tidak lengah-lengah lagi* ぐずぐずせずに,直ちに. 2 無関心な,不注意に: *Jangan lengah*. ぼやぼやするな(気をつけろ).

berlengah, berlengah-lengah 1 ぶらぶらする,ぐずぐずする. 2 ～をして時間を過ごす.

melengahkan, melengah-lengahkan ぐずぐずする,無視する,遅らせる. *tidak melengah-lengah keputusan terhadap sesuatu perkara*. 物事に対してぐずぐずせずにすぐ決断する. *melengahkan pembayaran* 支払いを遅らせる.

lengan 腕,袖 (= lengan baju): *lengan bawah, lengan hasta* 前腕. *lengan pangkal, lengan atas* 上腕. *blaus berlengan panjang* 長袖ブラウス. *berpakaian lengan pendek* 半袖を着る.

lengang 人気のない,静かな,孤独な.

kelengangan 孤独,静けさ.

melengangkan 静かにさせる.

lengas; **berlengas** 湿った,湿っぽい.

lenggak; **melenggak** (上の方を見ようと)頭を上げる= mendongak.

lenggang (lénggang) 1 歩くときの腕の振り. 2 海上での船の揺れ.

berlenggang, melenggang 1 歩くときに手を振る. 2 揺らめく,揺れる. 3 何も持たずに手ぶらで(行く). 4 (踊りで)身体を動かす.

lenggok (lénggok) **1** (踊る時の)身体の動き. **2** 足取り.
  berlenggok, melenggok, berlenggok-lenggok 身体をくねくね揺らす: *berjalan lenggok-lenggok* 身体を前後に揺らして歩く.
lengit 試合で大敗する.
lengkap **1** 完全な, 準備のできた: *Semuanya sudah lengkap?* 全て準備できましたか? *Laporan itu tidak lengkap.* その報告は不十分だ. *berpakaian lengkap* 正装する, ドレスアップする. *bersenjata lengkap* 完全武装する. *kumpulan lanun lengkap bersenjata* 完全武装した海賊団. *Rumah sewa itu lengkap dengan perabotnya?* その借家は家具付きですか.
  berlengkap **1** 準備ができた. **2**【古典】船の準備をする, 出帆準備をする: *mengerahkan segala orang besar-besar berlengkap perahu dan membaiki alat senjata* (p.30). 高官たちに船の出帆準備と武器の修理を命じた.
  berlengkapkan 〜を身に付けて.
  melengkapi 装備する, 備え付ける.
  melengkapkan 完成する, 補充する, 備え付ける.
  kelengkapan **1** 設備, 機器. **2** 完備. **3**【古典】艦隊(=kelengkapan kapal), 船団, 船の大集団: *Setelah itu segala kelengkapan baginda pun belayarlah mengiringkan baginda* (p.31). こうして王の船団は航行をつづけた.
  pelengkap **1** 機器. **2** 補足.
  selengkapnya 完全な: *Inilah berita selengkapnya* これが詳報です.
lengkok (lénkok) 曲がり, カーブ: *Di lengkok jalan itu terdapat sebuah kolam kecil.* その道の曲がり角に小さな池がある.
  berlengkok 曲がりくねった.
  melengkok 曲がる: *Jalan ini melengkok ke kanan.* この道は右に曲がります.
lengkong (lénkong) ゼリー.
lengkuas 〔植〕ヤツリグサ.
lengkung 弓型, 曲がり, カーブ.
  lengkungan 弓形, カーブ.
  melengkung, terlengkung 折り曲がった, カーブした.
  melengkungkan 折り曲げる.
lenguh I 「モー」という牛の声.
lenguh II 疲れた, 弱った.
  melenguh (疲れて)息が切れる.
  melenguhkan 疲れさせる: *Tangan saya lenguh.* 手が疲れた.
lentik; melentik (指などが)両端が上に曲がる, 弓なりになる, しなる.
  melentikkan 〜を曲げる: *melentikkan jari* 指を曲げる.
lenting; melenting **1** はね返る, 跳びはねる. **2** (批判されたときに)急に怒りだす, 反発する: *tidak melenting terhadap kritikan keras* 厳しい批判に反発しなかった. **3** 素早く動く.
lentuk; melentuk 柔軟性のある.
  melentukkan 曲げる.
lentur **1** 曲がった, 屈曲した, しなる. **2** (光の)屈折.
  melentur **1** 曲がった, 屈曲した. **2** 柔軟性のある: *Buluh yang lulus itu melentur.* 真っ直ぐな竹が曲がった.
  melenturkan 折り曲げる.
lenyak 熟睡: *tidur lenyak* 熟睡する.
lenyap **1** (Id) 消える, 消失する, 無くなる (=hilang lenyap) → **lesap**: *Kapal terbang itu tiba-tiba hilang lenyap daripada pandangan kami.* その航空機は突然私たちの視界から

消えた. **2** 熟睡する: *sedang lenyap tidur* 熟睡中である.
melenyapkan 消す, 破壊する.
kelenyapan 消失, 消滅.

lenyek (lényék); **melenyek** つぶす.

lepa (lépa) しっくい.
melepa しっくいを塗る: *melepa dinding rumah itu* 家の壁にしっくいを塗る.

lepak; **melepak** 純白の (*putih lepak*): *Kulitnya sangat putih lepak*. 彼女の肌は見事に白い.

lepak (lépak); **melepak** 若者たちが何をするでもなく路上に座り込み, たむろしていること. ぶらぶら遊んでばかりいて仕事をしない: *budaya melepak* 何もせずぶらっとしている風習. *gejala melepak* (若者が)ぶらぶらしている現象. *Ramai anak muda melepak di kompleks membeli-belah*. 多くの若者がショッピング・センターに座りこんでぼーっとしている.

lepas **1** 過去の: *tahun lepas* 去年. *pada Jumaat lepas* 先週の金曜日に. **2** ～の後＝selepas: *lepas sekolah* 放課後. *lepas puasa* 断食明け後. *Lepas makan, dia berbaring sebentar*. 食後, 彼はしばらく横になった. *Sekarang sudah lepas pukul 6*. もう6時を過ぎた. **3** 自由になる, 逃げる: *Ayam itu lepas dari sangkarnya*. 鶏が小屋から逃げる.
lepas angin 無駄な努力.
lepas bebas 自由になる, 解放される.
lepas diri 何にも関与しない.
lepas tangan / lepas tanggung-jawab 手をこまねく, 介入しない, 責任をとらない: *bersikap lepas tangan* 無責任な態度をとる. *Suami yang lepas tangan terhadap* nafkah keluarga hanya kerana isteri bekerja. 妻が働いているからといって家計に対して無責任な夫. *Ibu bapa juga tidak boleh lepas tangan dalam* memupuk minat membaca di kalangan anak-anak sejak kecil lagi. 親は子どもを小さい頃から読書に興味をもたせるのに手をこまねいてはならない.
angkasa lepas 宇宙.
berlepas **1** 出発する: *berlepas ke KL* KLに向けて出発する. *Kapal terbang mendarat dan berlepas*. 飛行機が離着陸する. *balai berlepas* (空港・駅の)出発ロビー. **2** 束縛されない, 自由になる.
berlepas diri 避ける.
berlepas lelah 休憩する.
berlepas tangan 気にしない, 手を離す.
melepas **1** がっかりする. **2** 嘘をつく. **3** 屁をする, 排尿する.
melepasi ～を超える, 上回る: *melepasi unjuran* pertumbuhan ekonomi kerajaan sendiri sebanyak 7 peratus. 政府自身の経済成長率7%予測を上回る. *rambut panjang melepasi bahu* 肩の下まで垂れ下がる長髪.
melepaskan **1** 放す, 釈放する, 解放する: *melepaskan* orang tebusannya 人質を釈放する. *Kedua-dua tangannya yang memeluk batang kelapa tadi dilepaskan*. ヤシの木の幹を抱きかかえていた両手を離してしまった. *melepaskan diri dari* ～から身を引く, ～の呪縛から逃れる: *Awak harus melepaskan diri daripada* fikiran negatif begitu. 君はそのようなネガティブな思考をやめるべきだ. **2** (喜怒哀楽の感情を)表に

出す, (悲しみ, 疲れなどを)癒す: *melepaskan rasa marah dan benci* 怒りや憎しみを表に出す. *melepaskan dendam* 復讐する. **3** (出発を)見送る: *melepaskan peserta ekspedisi itu di lapangan terbang* 空港で探検隊員を見送る. **4** ～を離縁する. **5** あきらめる, 放棄する: *melepaskan jawatan* 辞任する. *melepaskan harapan menjadi doktor* 医者になる希望をあきらめる. *Jangan melepaskan peluang* ～する機会を逃すな. *melepaskan haknya* 権利を放棄する. **6** 解雇する.

kelepasan 1 休日: *Hari Ahad hari kelepasan am* 日曜日は公休日である. **2** 自由, 解放.

lepasan 卒業生＝graduan, siswazah: *Dia lepasan Universiti Malaya.* 彼はマラヤ大学の卒業生.

pelepasan 1 自由, 解放, 離縁. **2** 肛門. **3** 除外. **4** 放出: *surat pelepasan jawatan* 辞職届.

selepas ～の後: *selapas makan*, 食べた後. *Selepas itu* murid-murid masuk ke kelas masing-masing. その後, 生徒たちはそれぞれの教室に入った. Negeri Sembilan adalah negeri yang *ketiga terkecil selepas* Perlis dan Melaka. ヌグリ・スンビラン州はプルリス州, マラカ州の後に次ぐ三番目に小さな州.

terlepas 釈放された, 自由になる, 逃れる, 避ける, やり過ごす: *Pencuri itu tidak akan terlepas kali ini.* 泥棒は今回は釈放されないだろう. *sudah terlepas peluang itu* そのチャンスを逃してしまった. *terlepas dari bahaya* 危険をさける. *Sekali terlepas, selama-lamanya akan terlepas* いったん(株を)手放すと, 永久に手放したことになる. *Mereka akan terlepas begitu sahaja.* 彼らはやり放題になる(何でもする). *Saya terlepas bas ke sekolah kerana bangun lewat.* 寝坊したので学校へ行くバスに乗り遅れた. *terlepas stesen* 駅を通り過ごしてしまった, 乗り越してしまった. *Esok datang awal sikit. Takut terlepas upacara konvokesyen.* 明日は少し早めに来なさい. 卒業式に遅れるんじゃないかと心配だから. *terlepas pandang* 意図せずに見逃す.

lepek (lépék); **melepek** 疲れた.

leper (lépér) (皿などが)平べったい. **meleperkan** 平たくする, 水平にする.

lepot (lépot) 弱々しい.

lepuh (火傷などによる)水膨れ: Ada *lepuh di* jarinya. 指に水脹れがある.

melepuh (皮膚などが)水膨れになる: *Jarinya melepuh apabila terkena percikan air panas.* 指に熱湯が飛び散ったので指が水脹れになる.

lepuk 手を叩く音.

lepuk-lepuk 手を叩く音.

melepuk 平手打ちする＝menampar.

lerai; meleraikan 1 (けんかや争いをしている両者を)引き離す, 止めさせる: *meleraikan pergaduhan* けんかを仲裁する. Polis terpaksa *meleraikan* kedua-dua pihak yang sedang berlawan itu. 警察はけんかをしている両者を引き離さざるを得なかった. **2** (病気を)予防する.

terlerai 引き離される: Akhirnya *terlerai* juga kedua-dua pihak yang bergaduh itu. けんかしていた両者はついに引き離された. Kasih sayang ibu bapa *yang tidak akan terlerai*. 決して引き離すことのできない親の愛情.

pelerai 1 (けんかの)仲裁人. 2 分離する機械・道具.

peleraian 仲裁.

lerang (lérang) 縞(しま)模様.

lereng (léreng) 1 坂, スロープ. 2 輪郭, 外輪: *lereng gunung* 山腹.

lereng-lereng (机の下などにつける)キャスター.

berlereng 自転車をこぐ.

leret I (lérét) 列, 一連.

leretan 列, 連なり.

berleret-leret 列になって, 列状になって.

meleretkan 列をつくる.

leret II (lérét); **berleret, berleret-leret** 長すぎる.

meleret, meleret-leret 1 (ひもなどが)長すぎる. 2 (話が)長々と続く.

lesa (体が)弱る, 麻痺した.

lesap 消え失せる, 消失する: Wang dalam akaun banknya *telah lesap*. 銀行口座のお金が消失していた.

melesapkan 消滅させる, 横領する: Dia dipecat kerana *melesapkan* wang syarikatnya. 彼は会社の金を横領したので解雇された.

pelesapan 横領.

lesen (lésén) (英) license 許可証, ライセンス: lesen memandu 運転免許.

melesenkan 〜にライセンスを発行する.

leset (lését); **meleset** 滑る, 外れる, 踏み外す: Pandangan itu *meleset sama sekali*. その見方は完全に外れた. Harapan itu semakin *meleset*. その期待はますます外れてきた.

terleset 滑った.

lesit; **melesit** 1 鼻をかむ(=melesit hidung). 2 (水が)噴き出る. 3 (お化けが)血を吸う.

lesu 1 弱い, 疲労, だるい: letih *lesu* 疲れた. *lesu otot* 筋肉疲労. Wajahnya tampak *lesu*. 疲れた表情をしている. 2 (業績, 商売が)低迷する, 思わしくない: Perniagaan *lesu* sekarang. 商売はいま良くない. Ekonomi sedunia sedang *lesu*. 世界経済は低迷している.

melesukan (身体を)弱らせる.

kelesuan 疲れ, 疲労.

lesung 臼: *lesung batu* 石臼. *lesung kaki* 足で搗く米搗き木臼. *lesung pipit* えくぼ.

letak 場所, 位置: *tempat letak kereta* 駐車場. Saya suka *letak rumah itu*. 私はあの家のロケーションが好きだ.

meletak 置く, 設置する.

meletakkan 1 置く: *meletakkan kereta* 駐車する. Silalah *letakkan* barang-barang di sini. ここに荷物を置いてください. Jangan *letakkan* beg itu di situ. あそこにバッグを置かないで. *meletakkan senjata* 武器を放棄する(停戦する). *meletakkan kesalahan pada orang lain* 他人を咎める・責める. *meletakkan telefon pada waktu sedang bercakap* まだ話し中なのに電話を切る. 2 (役職を)辞任する: *meletakkan jawatan* 辞職する. 3【古典】捨てる, 放棄する: Maka diambil mahkota itu, lalu *diletakkan* baginda ke air (p.40). そこで王は王冠を取り, 海に捨てた.

terletak 位置する, 〜にある: KLCC *terletak di* Jalan Ampang. KLCCはアマパン通りにある. Rantau Abang *terletak* 60 km di sebelah Kuala Terengganu. ランタウ・アバンはクアラ・トレンガヌから60キロの所に位置する.

peletakan 辞任, 辞職: *menyerahkan peletakan jawatan* 辞職願を提

出する.

perletakan 設置.

leter (léter) おしゃべり.

berleter, meleter 無駄なおしゃべりをする, くどくど文句を言う.

meleterkan 長々と話す.

letih 疲れた＝penat, lesu. *letih lelah, letih lesu* 疲労こんぱい.

meletihkan 疲れさせる, 疲れる.

keletihan 1 疲れ, 疲労. 2 とても疲れる: *Dia keletihan.* 彼女はとても疲れている.

letup 爆発音.

letupan 爆発, 爆破, 爆発音, 爆発物(＝bahan letupan): *letupan bom* 爆弾の爆発. *kejadian letupan bom* 爆破事件. *letupan gunnung berapi* 火山の爆発. *bahan letupan* 爆発物.

meletup 爆発する: *Gunung berapi itu meletup.* 火山が爆発した. *Sebutir bom meletup berdekatan kedutaan itu.* 大使館の近くで1個の爆弾が爆発した. *meletup diri sendiri* 自爆する.

meletupkan 爆発させる. *Pengganas telah meletupkan kapal terbang itu.* テロリストが航空機を爆破させた. *meletupkan dirinya sendiri* 自爆する.

letus 爆発性の, 爆発する.

letusan 爆発.

meletus 爆発する, 勃発する: *Perasaan marah mereka ini akhirnya meletus.* 怒りがついに爆発した.

levi (lévi) (英) levy 税, 課税: *levi modal* 資本税. *levi penghantaran pulang keuntungan* 利益送金税.

lewa (léwa) ＝**sambil lewa** いい加減に, 適当に: *mengambil sikap sambil lewa saja* いい加減な態度をとる. *Ini serius, bukan boleh dibuat sambil lewa.* これは重要な問題だし, 片手間にできるものではない. *membuat kerja secara sambil lewa* ketika memperbaiki jalan-jalan 道路補修で手抜き工事をする.

berlewa-lewa いい加減にやる: *Tidak boleh berlewa-lewa sahaja.* いい加減なことではだめ, 本気でかかれ.

lewat (léwat) 1 遅れて, (時間が)過ぎ去った: *datang lewat* 遅れて来る. *datang lewat ke tempat kerja* 職場に遅れて来る (遅刻する). *lewat semalam* 昨夜遅く. *Sekarang sudah lewat tengah hari.* 今はもう昼を過ぎてしまった. *lewat dua jam* 2時間も遅れる. *berumur lewat 30-an* 30代を過ぎる. *Musim bunga Sakura sudah lewat.* サクラの季節はもう終わった. *paling lewat Disember* どんなに遅くとも12月に. *Maaf ya, lewat balas emel.* メールの返事が遅れてごめんね. *Hari sudah lewat, dia masih belum pulang.* もう時間は遅くなったのに, 彼はまだ帰って来ない. *Pandu laju sikit. Kita dah lewat ke majlis makan malam.* 少し飛ばしてくれ. もう夕食会に遅れているので. 2 通る: *Tiba-tiba sebuah kereta lewat di depan rumah saya.* 突然1台の車が家の前を通過した. *Saya hanya lewat saja.* 通りがかっただけですよ. 3 ～を通じて, を経由して: *Saya ke Viena lewat Paris.* パリを経由してウィーンへ行く.

melewati 1 (限界を)超えた＝*melewati batas* (期限を)過ぎた. 2 ～を通る, 通過する: *Saya melewati taman itu setiap pagi.* 私は毎朝その公園を通って行きます.

melewatkan 遅らせる.

kelewatan 1 遅れ. 2 遅すぎる.

selewat-lewatnya 遅くとも～.

terlewat 遅れた, 遅刻する: *Awak*

terlewat. / Awak datang lewat. 君は遅刻したぞ. "Minta maaf. *Saya terlewat,* ada hal tadi."「すみません, 遅刻しました. ちょっと用があったので」. Cepat ! Nanti *terlewat pula* kita makan malam. 早くして, 夕食に遅れちゃうから. "Alamak ! *Terlewat* KL."「あらまあ！KL 駅を乗り越しちゃった」.

liabiliti (英) liability 負債, 債務.

liang 小さい穴, 巣 : *liang kubur* 墓穴.

liang-liuk ; **berliang-liuk, meliang-liuk** (炎や木の葉が)ゆらゆら揺れる.

liar 1 野生の: *binatang liar* 野生動物. *bunga-bunga liar* 野生の草花. 2 (態度が)粗野な, 野蛮な, 礼儀正しくない. *anjing liar* 野良犬. *tindakan liar* 野蛮な行動. *pertubuhan liar* 非合法な団体. *tuduhan liar* yang dibuat oleh parti pembangkang 野党が行った無礼な非難.

berliar-liar 粗暴に振る舞う, 奔放に振る舞う.

berkeliaran 辺りを徘徊する: Pembunuh itu *masih berkeliaran.* 殺人犯はまだ辺りを徘徊している.

meliar 狂暴になる.

liat 1 粘りがある, ちぎれにくい: *tanah liat* 粘土. *daging kerbau yang liat* ちぎれにくい水牛の肉. 2 (〜することが)嫌い, 嫌々する: suka berhutang, *liat nak bayar balik hutang* 借金するのは好きだが, 借金を返済したがらない. *Disebabkan liat bangun pagi*, dia ketiggalan bas sekolah. 朝起きるのが嫌だったため, スクールバスに乗り遅れた.

keliatan 弾力性, 粘着性.

libas ; **melibas** 叩く, 打ちつける.

libat ; **melibat** 1 巻き込む. 2 巻く, 包む.

melibati 参加する, 入る.

melibatkan 含める, 巻き込む.

penglibatan 関与, かかわり : *penglibatan Jepun* 日本の関与.

terlibat 巻き込まれる, かかわる : *terlibat merangka DEB* 新経済政策を策定するのにかかわる. terlibat dalam 〜にかかわる ; *terlibat dalam kes bunuh* 殺人事件にかかわる. Saya *tidak terlibat dalam* perkara itu. その事に私はかかわりがない.

liberal (英) liberal 自由主義の.

liberalis (英) liberalist 自由主義者.

liberalisasi (英) liberalization 自由化 : *liberalisasi kewangan* 金融自由化.

liberalisme (英) liberalism 自由主義.

licau 1 (髪が)滑らかでつやつやした. 2 (財産を)使い果たした.

licik 1 滑らかですべりやすい. 2 愚かな.

licin 1 (表面が)滑らかな, すべすべした : *kulit yang licin* すべすべした肌. *dahi licin* (女性の)顔が美しいこと. 2 (摑みどころがなく)すべりやすい, (魚が)ぬるぬるした : Awas ! *Lantai ini licin.* 気をつけろ, この床は滑りやすい. *Belut yang licin itu* terlepas daripada pegangannya. ぬるぬるしたウナギは摑んだ手から抜け出た. 3 (物事, 計画が)順調な, スムースな : Rancangan kami berjalan *dengan licin.* 私たちの計画は順調に進んでいます. 4 ずるい : *strategi licin* yang kerap digunakan oleh parti pembangkang 野党がよく使うずるい戦略. 5 すっかりなくなる, 全て使い果たした (= licin dalik) : Makanan dalam peti sejuk

lidah

itu *sudah licin*. 冷蔵庫の食物がすっかりなくなった. *licin tandas* まったく残っていない.

licin-licau 滑らかな.

melicinkan 1 滑らかにする: Krim ini *melicinkan kulit anda*. このクリームを使えば肌がすべすべになります. 2 平らにする: *melicinkan kayu dengan kertas pasir*. サンドペーパーで材木を平らにする.

memperlicin さらに滑らかにする.

kelicinan 1 滑らかさ, 平ら. 2 順調, 円滑: *kelicinan pilihan raya* 選挙が円滑に行なわれること.

pelicin 潤滑剤.

lidah 1 舌. 2 話し方: *lidah air* 水際. *lidah api* 炎. *lidah keling* 信頼のできない. *lidah manis* 甘い言葉. *lidah panjang* 話好き. *lidah pengarang* (新聞の)論説, 社説. *tajam lidah* 毒舌の, 辛らつな.

lidas 舌がむずがゆくなる(酸っぱい果物を食べたときなど).

lidi 1 ヤシの葉の葉柄. 2 車輪のスポーク.

lif (英) lift リフト, エレベーター.

liga (英) league 同盟, 連盟, リーグ.

ligamen (ligamén) (英) ligament 靱帯.

ligat ; meligat 1 (扇風機やコマなどが)急速に回転する. 2 活動的な.

lignit (英) lignite 褐炭, 亜鉛.

lihat 見る: *Lihat rumah itu*. あの家を見なさい.

berlihat-lihatan, lihat-melihat 互いに見つめ合う.

melihat 1 見る. 2 予知する. 3 観察する: *melihat ke kiri ke kanan* 左右を見る. *melihat wayang / filem* 映画を観る. *melihat ke arah lain* そっぽを向く. *melihat ke depan dengan penuh harapan* 希望を持って前(将来)を見る. *melihat lama-lama* じっと見つめる. *melihat dari dekat upacara persandingan* (マレーの)披露宴を間近で見る.

melihat-lihat 見るだけ, ウインドーショッピングする: Saya hanya *melihat-lihat saja*, tak mahu membeli. / Saya tidak akan membeli apa-apa, cuma *melihat-lihat*. 見ているだけで, 買いません. Saya suka *melihat-lihat* tidak membeli. 私はウインドーショッピングが好きです.

melihati じっとよく見る, 検査する.

melihatkan ～を見る.

memperlihatkan ～を見せる, 展示する.

kelihatan 1 見える: Gunung Fuji *kelihatan dari sini*. ここから富士山が見える. Bulan *tidak kelihatan*. 月が見えなくなった. 2 ～のように見える, 思われる: Dia *kelihatan lebih muda daripada usianya*. 彼女は年齢よりも若く見える. Dia *kelihatan seperti orang baik*. 彼は良い人のように見える. *Kelihatannya semuanya dalam keadaan baik*. 全てが順調のように思われる.

penglihatan 1 視力: *penglihatannya kurang baik* 視力が悪い. *Jarak penglihatan merosot kepada 500 meter*. 視界が500メートルに低下した. 2 見方, 意見.

liku (道の)曲がり角.

liku-liku, berliku-liku (道が)曲がりくねった.

melikukan 曲がらせる.

lilau ; lilau あちこち見回す.

lilin 1 ワックス. 2 ろうそく.

lilit 1 渦巻. 2 回り, 周辺.

lilitan 円周, 円形.

melilit 1 渦巻く. 2 ～に巻きつく.

meliliti ～に巻きつく, しばる.

melilitkan 巻きつける, 縛りつける.

lima 5〔数字〕: *segi lima* 五角形. *Lima Hari Bekerja Seminggu* 週休二日制(週五日勤務).

limau (Pr)ライム(柑橘類), オレンジ. *limau abung, limau besar* ザボン. *limau manis* ミカン. *limau nipis, limau asam* ライム.

limbah; **limbahan, pelimbah** 汚水だめ.

limbang; **melimbang** 1 ドゥラン(盆)を使って錫鉱石を洗う. 2 米をとぐ.
pelimbang 錫鉱石や金を洗う道具(盆).

limbung; **limbungan** 造修船所, ドック.

limpa 脾臓. *limpa kecil, limpa anak* 胆嚢.

limpah; **melimpah** 1 あふれる, こぼれる＝*melimpah-limpah*. 2 豊富な＝***melimpah ruah***: *rezeki yang melimah ruah* 豊富な分け前(幸運). *Kami mempunyai simpanan beras yang melimpah ruah.* 私たちは豊富な米の備蓄がある. 3 (神の)恵み.
melimpahi 1 ～にあふれ出る, 氾濫する. 2 (神の)恵みによって.
melimpahkan 1 あふれさせる. 2 授ける, 与える.

linang; **berlinang, berlinang-linang, melinang** 1 (涙が)滴り落ちる. 2 輝く.

lincah 1 機敏な, 活動的な. 2 移り気な, すぐ変わりやすい(仕事や居住).
melincah-lincah, terlincah-lincah (仕事や意見, 住所などが)常に変わる.

lincir 1 (機械などの動きが)円滑な. 2 (話し方などが)流暢な.
melincirkan 機械の動きを滑らかにする.
pelincir 潤滑油: *wang pelincir* 賄賂.

lindung; **berlindung** 避難する, 避ける, 隠れる, 保護を求める.
berlindungkan 避難する, 隠れる.
berselindung 1 身を隠す. 2 密かに. 3 亡命する.
melindungi 1 隠す, 覆い隠す. 2 守る, 保護する, かばう: *melindungi anak-anak daripada bahaya* 危険から子供を守る. *Ibu bapat terlalu melindungi anak-anak.* 親は子供をかわいがりすぎる. *melindungi pemberi maklumat* 情報提供者を守る. 3 覆い隠す.
melindungkan, memperlindung 1 隠す. 2 助ける, 守る.
lindungan 1 避難所. 2 保護, (神の)加護: *di bawah lindungan undang-undang* 法律の保護の下で. *lindungan binatang liar* 野生動物の保護.
pelindung 1 保護者. 2 プロテクターなど防具.
perlindungan 1 保護, 支援: *mendapat perlindungan polis* 警察の保護を受ける. 2 避難所: *berteduh di pusat perlindungan* 避難所に避難する.
terlindung 1 隠してある. 2 守られた.

lingga 記念碑.

lingkar 1 (ヘビやひもなど)巻き状のもの. 2 縁(ふち). 3 円.
melingkar 巻く, (へびが)とぐろを巻く, コイル状に巻く: *Ular tedung sedang melingkar di situ.* コブラがあそこでとぐろを巻いている.
melingkari ～を取り巻く: *negara-negara yang melingkari Lautan Hindi* インド洋を取り巻く諸

国.

lingkaran 円, 輪, サークル, 環状線(道路など): *lingkaran api* 火の輪. *lebuh raya lingkaran* 環状高速道路. *Lingkaran Api Pasifik* 環太平洋火山地帯, 太平洋環状火山地帯.

lingkung 1 円, 曲線. 2 (円筒形に)巻いた物.

melingkung 囲う.

melingkungi 1 囲む, 取りまく. 2 含める.

lingkungan 1 環境: *lingkungan rumah* 家庭環境. Saya suka *lingkungan kerja* di sini. ここの職場環境が好きだ. Dia dilahirkan *di dalam lingkungan bangsawan*. 貴族の環境で生まれた. 2 枠, 範囲, 区域: Separuh penduduk negara kita terdiri daripada golongan muda *dalam lingkungan umur 18 tahun ke bawah*. わが国の人口の半分は18歳代以下の若い層から構成されている. Umurnya itu *di dalam lingkungan 30 tahun*. 彼の年令は30歳代だ. Letupan bom itu telah menggegarkan bangunan-bangunan yang *berada dalam lingkungan 15 kilometer* dari tempat kejadian itu. 爆弾の爆発で事件の起きた場所から15キロの周辺にある建物は振動した.

selingkung 1 回り, 周囲. 2 全地域.

lingkup I 覆う, 包む, 隠す.

melingkupi 1 ～を覆う, ～を包む. 2 ～を含む.

terlingkup 覆い隠された.

lingkup II; **terlingkup** (舟などが)ひっくり返る, 転覆する.

melingkupkan 破壊する.

lingua franka リンガ・フランカ (共通語).

linguistik (英) linguistic 言語学.

lintah 蛭(ヒル).

lintang 広さ, 幅: *Lintang Selatan* 南緯.

berlari lintang-pukang 四方八方に(ちりぢりに, 一目散に)逃げる: Kanak-kanak itu *lari lintang-pukang* bila nampak saja lembaga putih itu. 子どもたちはその白い物体を見るや四方八方に逃げた.

melintang 1 横切る. 2 遮断する: *jika tiada aral melintang* 支障がなければ.

melintangi 1 遮断する: Pokok itu *melintang di tengah jalan,* / Pokok itu *melintangi jalan raya*. 木が道路を遮断した. 2 対立する, 反対する.

melintangkan ～を置いて妨害する.

terlintang (行く手を阻むように)横たわる.

lintar → **halilintar** (稲妻).

lintas 1 横断. 2 線路の一部.

lalu lintas 交通.

melintas 横切る, 渡る, 通りがかる: *melintas jalan* 道路を横断する; Apabila kita hendak *melintas jalan*, kita harus tengok ke kiri ke kanan. 道路を横断する時は, 左右を見なければならない. *melintas di hadapan saya* 私の目の前を横切った. Dilarang *melintas landasan*. 線路横断禁止.

melintasi ～を横切る, 乗り越える.

lintasan 1 横断. 2 横断する場所.

selintas ちょっとの間 (=selintas lalu saja).

terlintas ひらめく(考えなど): Tiba-tiba *terlintas di fikiranku*. 突然, 考えがひらめいた. *terlintas di hatinya hendak* ～しようという考えがふとひらめいた. *Itu tidak terlintas* *dalam fikiran saya*. それは思いつかなかった. *Saya tidak pernah terlintas untuk* memperoleh apa-apa pendapatan daripada kegiatan itu. その活動から収入を得ようとは思ってもいなかった. Tsunami yang dahsyat itu merupakan satu tragedi yang mungkin *tidak pernah terlintas di fikiran* akan berlaku di negara ini. あの恐ろしい津波はこの国で起こるなんてかつて思いもしなかった一大悲劇である.

lipan　〔虫〕ムカデ.

lipas　〔虫〕ゴキブリ.

lipat　**1** 折りたたみ. **2** 2倍.
  berlipat　**1** 折りたたむ：*lipat baju* 着物をたたむ. *lipat dua* (紙などを)二つ折りにする. **2** 倍にする：*berlipat dua* 2倍にする. *berlipat-ganda* 何倍にもする.
  melipat　**1** 折りたたむ. **2** 倍増する, 増やす. **3** 敵を打ち負かす.
  melipatkan　折る, たたむ.
  melipatgandakan　倍に増やす.
  lipatan　折りたたみ, (布の)ひだ.

lipit；**pelipit**, **kelipitan**　着物の縁縫い.
  melipit　縁縫いをする.

lipur　**1** 消える. **2** 慰める.
  melipur, **melipurkan**　**1** 〜を消す, 取り除く. **2** 慰める.
  pelipur, **penglipur**　もてなし.

liput；**berliput**　**1** 〜でいっぱいの, 〜でおおう. **2** 隠された.
  meliputi　**1** 包む. **2** 含める, (新聞記者が)カバーする, 取材する：*Kematiannya diliputi misteri*. 彼の死はミステリーに包まれている. *Saya diliputi rasa takut*. 私は恐怖感におそわれた.
  liputan　**1** 取材：*membuat liputan dalam pertandingan itu* その試合を取材した. *Kejadian itu mendapat liputan muka depan akhbar itu*. その事件は新聞の1面に掲載された. **2** カバーする範囲：*Maka meluas dan mengecillah liputan daerah mengikut turun naik kerajaan-kerajaan itu*. 王朝の盛衰に従って領域の範囲は広くなったり小さくなる.

lirik I　(英) lyric 抒情詩.

lirik II；**lirikan**　横目で見ること (＝lirikan mata).
  melirik　横目で見る：*Aida mencuri melirik wajah Ali di sebelahnya*. アイダは脇にいるアリの表情をちらっと横目で見た.
  selirik　ひと目.

lisan　口頭の, 口述の：*bahasa lisan* 口語. *peperiksaan lisan* 口頭試問. *dengan lisan, secara lisan* 口頭で(文書でなく).
  melisankan　言う, 読み上げる.

lisut　**1** しぼむ, 縮む. **2** かなり年老いた.

litah　おしゃべり好きな, 口の軽い (＝litah mulut).

litar　**1** 回線, 回路 (＝liran). **2** (ある物の周りを)巻く, サーキット：*litar berdigit* デジタル回線. *litar bersepadu* 集積回路 (IC). *kamera televisyen litar tertutup* 監視カメラ《英語のCCTV＝Closed Circuit Televisionを直訳したもの》.

liter　(英) liter リットル(容量の単位).

literatur　(英) literature 文学：*literatur kuno* 古典文学. *literatur moden* 現代文学.

litografi　(英) lithography リトグラフィー(石版印刷術).

litup　ぴったり覆いかぶる.
  litupan　覆い, 包み.
  melitupi　包む, 覆う, 隠す.

terlitup しっかりと包まれた.
liuk;meliuk (踊りのように右へ左へ)ゆらゆらと揺れ動く,くねる.
terliuk, terliuk-liuk 揺れる.
liur;air liur よだれ: *Air liur meleleh* apabila melihat makanan itu. / Makanan itu *mengeluarkan air liur saya*. その食べ物を見ていると,よだれが出る. *air liur masin* 口が上手な. *air liur basi* 寝てるときに流すよだれ.
meliur, berliur よだれを流す.
terliur 望む,切望する.
liut しなやかな,柔軟な,粘りのある.
loba → **haloba** (貪欲な).
lobak 1 大根 (=lobak cina, lobak putih). 2 人参 (=lobak merah).
lobi (英) lobby ロビー.
melobi ロビーイング活動をする,議員に働きかける.
pelobi ロビイスト.
locak;melocak (locak) 皮をむく,はぐ.
loceng (locéng) (Ch) 1 鐘,ベル. 2 掛け時計.
meloceng 鐘・ベルを鳴らす: *membunyikan loceng* 鐘を鳴らす.
lodak 沈泥,沈殿物.
lodeh (lodéh) *sayur lodeh* ロデ(サンタンを使ったマレー風野菜料理).
logam (Tm) 金属: *logam campur* 合金.
logaritma (英) logarithm 対数.
loghat (Ar) 1 方言,アクセント. 2 語彙.
berloghat 方言で話す.
logik (英) logic 論理学,論理的な.
loh (Ar) 石版,書板.
loji 1 工場. 2 大きな建物,倉庫.
lokap (英) lock-up 留置所.
lokar (英) locker ロッカー: *bilik lokar* ロッカー・ルーム(更衣室).
lokek (lokék) けちな,しみったれた.
loket (lokét) ペンダント(装飾用).
lokos びしょ濡れになる=basa kuyup.
lokus (英) locus 軌跡.
loleh (loléh) ぞんざいな,いいかげんな.
lolong I;lolongan (犬・猿の)ほえ声,遠吠え,叫び声.
melolong 遠吠えする,泣き叫ぶ.
terlolong-lolong 泣きわめく,怒号する.
lolong II 〔魚〕メアジ.
lolos (拘束・監視から)すり抜ける,逃亡する: seorang banduan yang telah *lolos* dari penjara 刑務所を逃亡した囚人.
meloloskan 逃げる (meloloskan diri): Penggganas itu berjaya *meloloskan diri daripada* ditahan polis. テロリストは警察から逮捕されるのをまんまと免れ,逃亡した.
lombong 鉱床,採掘場: *lombong emas* 金鉱山. Tasik ini bekas *lombong bijih timah*. この湖は錫鉱山の跡地です.
melombong 採掘する.
pelombong 坑夫.
perlombongan 鉱業.
lompang 空の,空虚,空洞.
lompat 跳躍,ジャンプ: *lompat galah* 棒高跳び. *lompat jauh* 幅跳び. *lompat katak* かえる跳び. *lompat kijang* 三段跳び (melencat, melangkah dan meloncat lagi). *lompat tali* 縄跳び. *lompat tinggi* ハイジャンプ(走り高跳び).
lompatan 1 跳躍. 2 跳躍点.
melompat 跳ぶ,はねる: *melompat ke atas* tebing 岸の上に跳ぶ. Sang kancil *melompat ke atas* kepala buaya. 小鹿さんはワニの頭の

上を跳びはねた. Dia dipilih untuk menjadi menteri, *melompat ke atas kepala* yang ramai lagi ahli-ahli parti itu. 彼はたくさんの党員を飛び越えて(ごぼう抜きして)大臣に選ばれた.

melompati 〜を跳び越える.

pelompat 跳躍選手.

lompong 1 空の, 空白の. 2 愚かな.

loncat 跳躍, ジャンプ.

loncatan 1 跳躍. 2 踏み台: *batu loncatan* 跳躍台. 3 跳躍の高さ・長さ.

meloncat 1 跳ぶ, はねる. 2 上昇する.

londang 泥沼.

londar 沈泥.

londeh (londéh); **melondeh** (着ているものを)するりと脱ぐ, ずり落ちる.

longgar 1 (服装などが)だぶだぶの: *bajunya longgar* 上着がだぶだぶである. 2 (くぎが)緩い. 3 (人間関係)浅い. 4 (条件や規則が)緩い.

melonggarkan, memperlonggarkan 緩める, 緩和する: *Kerajaan melonggarkan peraturan itu.* 政府が規制を緩和した.

kelonggaran 規制緩和, 軟化.

longgok 堆積物(果物, 米, ゴミ).

longgokan 堆積, 積み重ね.

berlonggok, berlonggok-longgok 積み重なった, 堆積した.

melonggokkan 積み重ねる.

longkah (果物の果肉が)とれやすい.

longkang 排水溝.

lonjak 跳躍, ジャンプ.

lonjakan 1 跳躍, ジャンプ. 2 切望, 願望.

berlonjak-lonjak, melonjak-lonjak (うれしさで)ピョンピョン跳ねる=melompat-lompat keriangan.

melonjak 1 跳ねる, 飛び上がる. 2 (物価が)高騰する, 激増する. 3 (感情が)高まる.

melonjakkan 激増させる.

lonjong 楕円形, 卵形の: *Bola ragbi tak bulat melainkan lonjong.* ラグビーのボールは丸くなくて, 楕円形である.

lontar 投げること.

melontar 投げる=melempar: *melontar batu* 石を投げる. *Budak-budak sedang melontar seekor penyu dengan batu.* 子供たちが一匹の海ガメに石を投げている.

melontari 投げ続ける, たくさん投げる.

melontarkan 〜に向けて投げる.

sepelontar, sepelontaran 石を投げて届くほどの距離.

lontaran (サッカー)スローイン.

lontong (Jw)〔食〕ロントン《バナナの葉に包み, 野菜や魚などを入れて蒸した飯》.

lopak 水たまり: *mengelak lopak air* 水たまりをさける.

lopek (lopék) 小舟.

lopong; melopong, terlopong びっくりして(口が)あんぐり開く: *Mulutnya terlopong* apabila melihat 〜を見てびっくりして口をあんぐり開けたままだった. *Terlopong Aminah mendengar kata-kata Ali itu.* アリの言葉を聞いてアミナはびっくりしてポカンとした.

melopongkan 口を大きく開ける.

lorek (lorék); **lorekan** (布やヘビなどの)縞模様, 線.

berlorek 線や点で印がつけられた: *kain itu berlorek merah dan putih*

布には赤白の線がつけられた.
melorek 線や縞模様をかく.

loreng (loréng) 縞模様のある＝ *kuda loreng* シマウマ（縞馬）.

lori (英) lorry トラック, ダンプカー：*Ikan ini dibawa dengan lori ke pasar*. これらの魚はトラックで市場に運ぶ.

lorong 小路, 狭い道, 横丁：*lorong belakang* 裏道. *lorong jalan kaki* 歩道. *lorong tepi* 脇道. *lorong kecemasan* 非常用通路. *lorong bas dan teksi* バス・タクシー専用レーン. *lorong laut* 航路. *lorong bertentangan* 反対車線：*Kereta itu telah terbabas ke kanan jalan lalu memasuki ke lorong bertentangan dan bertembung dengan bas dari arah selatan*. 車が右側にはみ出し, さらに反対車線に入り, 南側から来たバスと正面衝突してしまった.
【早口ことば】→ *Seekor lotong lari di lorong sambil melolong*.
melorongkan 1 案内する, 先導する. 2 認可する, 承認する.

lorot；**melorot** （価格が）下落する.
melorotkan 下落させる.

losen (losén) (英) lotion ローション.

loteng (loténg) 1 屋根裏部屋. 2 天井.

loteri (英) lottery 宝くじ, 抽選：*kena loteri* 宝くじに当たる.

loto ビンゴ（ゲーム）.

lotong 〔動〕オナガザル.

loya；**meloya, meloyakan** 吐き気を催す, 反吐がでるほど嫌いだ.

loyang 1 真鍮. 2 真鍮製の大きなお盆.

loyar (英) lawyer 弁護士 (peguam)：*loyar buruk* 議論好き, 何でも口出す物好き.

luah；**meluah** 吐き気を催す.
meluahkan 1 吐く. 2 (感情を)表現する, (意見を)表明する：*meluahkan pandangan saya mengenai* ～について私の見解を表明する. *meluahkan isi hatinya tentang* ～について自分の考えを表明する.
peluahan 表現.

luak 減る, 少なくなる：*Beras dalam guni itu belum luak*. 袋の米はまだ減らない.
meluak, meluaki 減らす, 少なくする.

luang 1 空間, 空地. 2 機会. 3 欠員.
meluangkan 1 （場所を）あける. 2 （時間を）さく, あける："*Boleh luangkan sedikit masa, profesor?*" "*Ya, boleh. Silakan. Ada apa?*"「先生, ちょっとお時間をいただけないでしょうか」「はい, いいですよ, どうぞ. どうかしましたか」. *Walaupun sibuk, ia sentiasa meluangkan masa untuk anak-anak*. どんなに忙しくとも, つねに子供のために時間をさく. *meluangkan masa melawat pesakit itu* わざわざ患者を見舞う.
peluang 機会：*Jangan lepaskan peluang ini*. このチャンスを逃すな.

luap；**meluap** 1 沸騰する, 煮える. 2 溢れる：*Air sungai itu meluap*. 川の水が氾濫した. 3 高まる（気持, 欲望など）：*Nafsunya meluap-luap*. 欲情が高まる.
meluapkan 1 溢れさせる. 2 怒らせる.

luar 外の, 外部の：*di luar rumah* 家の外に. *luar bandar* 郊外. *di luar dugaan* 予想外の. *pada waktu luar musim* 季節外れに, オフシーズンに. *luar negeri, negeri luar* 外国. *seks luar nikah* 婚外セックス.

luar biasa 特別の, 例外的な, 異

常な; *fenomena luar biasa* 異常な現象. *mendapat sambutan yang luar biasa* 格別な歓迎を受ける. *kejadian yang luar biasa* 異常な出来事. *Kepah muncul di pantai itu dengan luar biasa.* ムール貝が異常なほど大量に浜辺に現れた.

luaran 1 余所者, 外国人 (＝orang keluaran). 2 外国 (＝negeri luaran). 3 外部, 表面, うわべ: *Saya hanya mengenali bakal suami secara luaran, tidak dalaman.* 私は将来の夫をうわべだけで知っていただけで, 内面的には知らなかった. *Apa yang awak nampak itu hanyalah luaran.* 君が見たのは, うわべだけにすぎない.

meluarkan 1 除外する, 区別する. 2 退去するよう命じる.

luas 広い, 広さ: *Bilik awak luas?* 君の部屋は広いか. *berpengalaman luas* 多くの経験がある. *Dunia ini bukannya luas.* この世は実に狭い.

meluas 広がる, 拡大する.

meluaskan, memperluas 広げる, 拡大する.

keluasan 1 大きさ, 広大さ. 2 面積. 3 機会.

luat; **meluat** 1 吐き気を催す＝meluah. *Meluat saya tengok kelakuannya.* 彼の振る舞いを見ると吐き気を催す. 2 ～を憎む: *meluat pada kita* 私たちを憎む. *meluat dengan tindakan itu* そのような行為を憎む.

lubang 穴, くぼみ: *mengorek lubang, membuat lubang* 穴を掘る. *menggali lubang tutup lubang* 借金で借金をかえす. *mecarinya sehingga ke lubang cacing* ミミズの穴まで(虱潰しに)彼を探す. 2 機会＝peluang.

berlubang 1 (壁に)穴をあけた. 2 穴のある.

melubang 掘る, 穴を掘る.

pelubang, pelubangan わな.

lubuk 1 (海や河の)深み. 2 絶望や罪の深さ. 3 (皿の)深い部分. *lubuk hati / jiwa* 内面, 心の中. *lubuk akal lautan ilmu, lubuk akal tepi budi* 【諺】深い知識. *seperti batu jatuh ke lubuk*【諺】故郷を離れてから全く音沙汰がないこと.

lucah 淫らな, 猥せつな: *kata-kata lucah* 卑猥な言葉.

lucu 面白い, おかしな: *Dia lucu orangnya.* 彼は面白い人だ.

melucu, berlucu からかう, 楽しませる.

kelucuan 滑けいさ, おかしさ.

pelucu 人を笑わせるのが好きな人.

lucut; **melucut** 滑り落ちる.

melucuti (服などを)脱ぐ: *melucuti pakaian* 服を脱ぐ. 2 (武装を)解除する: *melucuti senjata* 武装を解除する.

melucutkan 1 脱ぐ, はずす: *melucutkan sarung kakinya* 靴下を脱ぐ. *melucutkan senjata* 武装を解除する. 2 解雇する, 剥奪する: *melucutkan jawatan* 解雇する. *melucutkan kerakyatan* 市民権を剥奪する. *melucutkan hak keistimewaan* 特権を剥奪する.

perlucutan 1 解除, 剥奪: *perlucutan senjata* 武装解除. 2 解雇: *perlucutan jawatan* 解雇.

terlucut 知らない間に滑り落ちる.

ludah 唾液, つば (＝air ludah).

berludah, meludah つばを吐く: *Jangan meludah di sini.* ここにつばを吐くな.

meludahi ～につばを吐きつける.

meludahkan 1 ～につばを吐く. 2 口から吐き出す.

luhur 高貴な.
  meluhurkan 名誉を与える, 尊敬する.
luka 傷, けが＝cedera: *luka lama yang belum sembuh* まだ直っていない古傷. *luka parah* 重傷を負う. *luka dalam kemalangan itu* 交通事故で怪我する. *Luka sudah hilang, parut tinggal juga.*【諺】仲直りはしたけれど, 以前のような関係に戻らない.
  berlukakan 負傷する.
  berluka-lukaan 互いに傷つける.
  melukai ～に傷をつける, ～にけがをさせた: *melukai hati saya* 私の心を傷つける.
  melukakan 心を傷つける.
lukah I 魚を捕らえるかご.
lukah II; **melukah** 思わず恥部をさらしてしまう.
lukis 芸術家, 絵描き (＝pandai lukis).
  lukisan 絵画, 描いたもの.
  melukis 絵を描く.
  melukiskan 描写する, 表現する.
  pelukis 芸術家, 美術家.
luku; **meluku** 頭をゲンコツで叩く.
luluh 砕ける, 粉々になる. *hancur luluh, luluh lantak* 粉々になる.
  meluluhkan 破壊する, ばらばらにする, 細く砕く:
  Letupan Gunung Merapi *meluluhlantakkan* kerajaan Mataram. ムラピ山の噴火がマタラム王国を粉砕してしまった.
  peluluhan 分解.
luluhawa 風化する.
  peluluhawaan 風化.
lulur; **melulur** 丸呑みする, 飲み込む: *Ayam itu dilulur ular.* 鶏が蛇に丸呑みされた.
lulus 1 合格する: *lulus dalam peperiksaan* 試験に合格する. 2 認可される. 3 通す.
  meluluskan 1 (法律などを)認可する, (決議を)採択する: Kerajaan telah *meluluskan undang-undang itu.* 政府はその法律を認可した. Majlis Keselamatan PBB secara sebulat suara *meluluskan resolusi itu.* 国連安全保障理事会はその決議を全会一致で採択した. 2 合格させる. 3 通行を許可する. 4 脱出する, 逃げる (meluluskan diri).
  lulusan 1 卒業生＝lepasan, tamatan, graduan: lulusan Universiti Malaya マラヤ大学の卒業生. 2 認可.
  kelulusan 免許, 資格.
  berkelulusan 資格を有する.
lumang; **berlumang** 血や泥などで汚れる.
  melumangkan 1 汚す, 塗りたくる. 2 見下す.
lumas; **melumas** (油などを)塗りつける.
lumat 1 (トランプを)切り混ぜる. 2 細かな.
  melumatkan 1 細かく砕く. 2 破壊する.
lumayan (Jw) 充分な, かなり多い.
lumba 競争; *lumba lari* 競走. *lumba lari 100 meter* 100 メートル競走.
  berlumba, berlumba-lumba, berlumba-lumbaan 競う, 競走する: *Kura-kura mengajak arnab berlumba dengannya.* カメはウサギに自分と競走しないかと誘った.
  pelumba 走者.
  perlumbaan 1 競争. 2 競技場.
lumba-lumba; **lelumba** 〔動〕イルカ.
lumpuh 1 (身体が)麻痺した. 2 不活発な.

melumpuhkan 麻痺させる: *Tangan kanannya telah lumpuh.* 右手が麻痺した.

kelupuhan 麻痺.

lumpur 泥: Kuala Lumpur 首都クアラルンプール《泥の合流点の意味》.

berlumpur 泥のついた: *Bajunya berlumpur.* 上着に泥がついている.

lumur; **berlumur**, **berlumuran** (泥, 血に)まみれる: *Kemeja itu berlumuran darah.* シャツが血で染まった.

melumuri 塗りたくる, 汚す.

melumur, **melumurkan** 塗りつける, 汚す: *melumur bedak ke mukanya,* / *melumuri mukanya dengan bedak* 顔に白粉を塗る.

lumuran (泥や血などの)しみ.

lumus 汚れた.

tungkus-lumus 勤勉な, 骨を折る.

bertungkus-lumus 勤勉に働く.

lumut こけ(苔).

lunak 1 (肉, 果物などが)軟らかい. 2 (声が)ソフトで優しい. 3 優しい.

melunakkan 軟らかくする, 和らげる.

kelunakan 軟らかさ, 優しさ.

lunas I 1 竜骨(船). 2 原理.

lunas II 支払い済み, 完済した.

melunasi, **melunaskan** 1 (借金を)完済する. 2 (約束を)守る, 義務を遂行する.

luncung 先細になっている.

meluncungkan ～を突き出す.

luncur; **meluncur** 1 滑り降りる, 滑り落ちる: *meluncur ke dalam air* 水の中へ滑り降りる. 2 素早く動く: *Sampan itu meluncur semakin laju.* サンパンはしだいに滑るように素早く動いた. 3 スケートをする, スケートで滑る: *meluncur di atas ais* 氷の上を滑る. *gelanggang luncur ais* アイス・スケート場. *hoki luncur ais* アイス・ホッケー.

meluncuri (車などが)とても早く走る.

lungkup; **terlungkup** うつ伏せになる, 腹ばいになる.

lungsur; **melungsur** 滑り降りる.

lunjur; **berlunjur** 足を伸ばして座る.

melunjurkan 足を伸ばす.

terlunjur 両足を伸ばして.

luntur 1 (色が)褪せる: *Warna kain itu luntur jika kena panas.* その着物の色は太陽の光線にさらされると色褪せる. 2 (決心・考えが)変わる, 薄れる: *Semangat menjadi luntur.* 気力(精神)が薄れる. 3 (愛情, 効力などが)なくなる. 4 (地位, 程度が)下がる: *kian luntur* ますます低下している.

melunturkan 色褪せさせる.

peluntur 漂白.

lunyah; **melunyah** 踏みつける, 踏み潰す.

lupa 1 忘れる: *Saya lupa membawa kamus itu, ia tertinggal di rumah.* 辞書を持ってくるのを忘れた, それは家に置き忘れた. *tidak pernah lupa kepada kampung halamannya* 故郷を忘れたことが一度もない. *Saya tak akan lupakan Ali.* 僕はアリのことを決して忘れないよ. *lupa akan dirinya* 気を失う, 意識ない. *ingat-ingat lupa* 記憶力が薄れる. *bersikap lupa daratan*. 無謀な態度をとる. 2 ～を怠る, 無視する.

lupa-lupaan 1 忘れたふりをする. 2 いつも忘れる.

melupakan ～を忘れる, 無視する: *tidak dapat dilupakan* 忘れることのできない: *pengalaman yang tidak dapat dilupakan* 忘れえぬ経験.

lupuh

Saya tidak akan melupakannya sampai bila-bila. 私はそれをいつまでも忘れるわけがない.

kelupaan もの忘れ, 忘れっぽい.
pelupa もの忘れをよくする人.
terlupa 度忘れする : *Saya terlupa menutup paip air itu.* 私は水道を閉め忘れた.

lupuh; **melupuh** 1 竹を何度も打って平たくする. 2 (人や動物を)弱るまで打つ.

lupus 消えうせる=hilang : *Kegembiraannya lupus apabila isteri dia kena sakit.* 妻が病気になったので,喜びも消えてしまった.

melupuskan (借金などを)帳消しにする, 無効にする, (株を)処分する, (赤字を)解消する : *melupuskan hutang negara termiskin dunia* 世界の最貧国の債務を帳消しにする. *melupuskan bayaran balik pinjaman itu* 借金の返済を帳消しにする. *melupuskan pegangan ekuitinya dalam syarikat itu* その会社の持ち株を処分する(売却する). *melupuskan defisit fiskal* 財政赤字を解消する.

pelupusan 消去, (債務)帳消し : *pelupusan sampah* ゴミの焼却.

luput 1 消える=hilang, lenyap : *Kapal terbang itu luput daripada pandangan.* 飛行機が視界から消えた. *Kenangan pahit itu sudah luput daripada ingatannya.* あの苦い思い出はもう記憶から消えた. 2 逃れる, 免れる : *luput daripada bahaya* 危険から逃れる. *luput daripada dakwaan* 非難から免れる.

lurah 谷, 峡谷, 溝.

luru; **meluru** 慌てる, ダッシュする : *Anak saya meluru ke arah saya.* 息子が私の方にダッシュして来た. *mengeluarkan kenyataan meluru* 慌てて声明を発表する.

luruh; *musim luruh* 秋.

meluruh (熟して果実や葉が)落ちる : *Daun-daun pokok sudah mula luruh di sini.* ここではもう落葉が始まった.

meluruhkan 落とす.

lurus 1 真っすぐな, 直立した : *garisan lurus* 直線. 2 正直な : *hatinya lurus* 誠実である.

berselurus 誠意をもって行う.
meluruskan, memperluruskan 真っすぐにする.
kelurusan 正直, 誠実.
selurusan 直面する : *Rumahnya selurusan dengan sekolah rendah itu.* 彼の家は小学校の真向いにある.

lurut; **melurut** 1 指でマッサージする, 指でなめらかにする : *melurut rambut* 髪を指でこする. *melurut hujung kertas yang terlipat itu* めくれた紙の先を指でこすってなめらかにする. 2 指から(指輪などを)はずす. 3 茎などから種や葉をとる.

lusa あさって, 明後日.

lusuh (着物などの)色が褪せる, しなになる : *Baju lama itu sudah lusuh.* その古着はもう色褪せてしまった.

melusuhkan 色褪せさせる, 着古す.

lut 貫通できる, 看破できる.
lutcahaya 半透明の.
lutsinar 透明な.
lutu; **melutu** 猛然と攻撃する.
lutut 膝, 膝関節.
berlutut, melutut 膝をつく, 跪く.

luyut; **meluyut, berluyutan** (枝などが果実の重みで)垂れる, 垂れ下がる.

M

maaf (Ar) **1** 許し. **2** 許してください, ごめんなさい, ちょっと失礼: *Maaf, itu kesalahan saya.* ごめんなさい, あれは私の間違いでした. *Maaf, pukul berapa sekarang?* ちょっと失礼, いま何時でしょうか.

minta maaf, memohon maaf すみません, 許して下さい: *Saya minta maaf kerana terlambat.* 遅れてすみません. *Saya minta maaf kalau ada apa-apa kesalahan.* 何か間違いがあったらお詫びします. *meminta maaf daripada / kepada* ~に対してお詫びする: *Saya meminta maaf daripada anda semua.* 私は皆様にお詫びいたします. *meminta / memohon maaf di atas* ~を謝罪する.

bermaaf-maafan 互いに許し合う.
memaafkan 許す: *Maafkanlah, Maafkan saya.* すみません, 許してください; *Maafkan saya kerana terlambat.* 遅れたことをお詫びします. "Baiklah, *saya memaafkan anda*"「分かりました, あなたを許します」. *Maafkanlah dia.* 彼女を許してあげなさい. *Ibu telah memaafkan saya atas kesalahan saya itu. / Ibu telah memaafkan kesalahan saya.* 母は僕の間違いを許してくれた. *Itu perbuatan yang tidak dapat dimaafkan.* それは許すことのできない行為だ.

mabuk **1** 酔っぱらう: memandu kereta *dalam keadaan mabuk* 飲酒運転する. **2** 夢中になる.
mabuk asmara / cinta 恋の病: *Harry sedang mabuk cinta dengan Chelsy.* ハリーはチェルシーに無我夢中になっている. *mabuk judi* 博打狂い. *mabuk laut, mabuk ombak* 船酔い. *mabuk udara* 飛行機酔い.

kemabukan 酔っぱらった状態にいる: *Saya kemabukan di majlis itu.* そのパーティで酔っ払ってしまった.
memabukkan 酔わせる.
pemabuk 酔っぱらい, アルコール中毒者.

Mac (英) March 3月.

macam **1** ~のように=seperti: *Dia gemuk macam gajah.* 彼は象のように太っている. *Saya pun macam itu.* 僕も同様です. *Hal macam ini boleh berlaku kepada sesiapa saja, berhati-hati.* Jangan jadi *macam saya.* このような事はだれにでも起こりうるので, 注意してください. 私のようにならないで. *Nak berpisah, sesiapa pun macam itulah.* 別れる時は, 誰だってそうなる. *Bos kita memang macam itu.* Tak perlu bimbang. 私たちの上司はまさにそういう人だよ. 心配する必要はない. *macam dulu* 昔のように. *tak macam dulu* これまでとは違って; *Sekarang ini, mereka banyak bercakap, tak macam dulu.* 今は彼らはこれまでとは違ってよくしゃべる. **2** 種類, 型:

macang

Ada berapa macam kuih? 何種類のお菓子があるのか? *tiga macam* kuih 三種類のお菓子. *Ada banyak macam ikan di pasar.* 市場にはたくさんの種類の魚が売られている. *Orang macam apa dia?* どんなタイプの人なの、彼は? *Alat macam apa yang anda mahukan?* あなたが欲しいのはどんな種類の器具ですか?

macam mana 1《くだけた挨拶＝Apa khabar?》: "*Macam mana sekarang?*"「最近調子はどう?」. "*Macam biasa saja.*"「相変わらずだよ」. 2 ＝bagaimana どのように〜? *Macam mana kuih ini dibuat?* このお菓子はどのように作るのですか. *Bolehkah tunjukkan macam mana hendak memakai baju kurung ini?* このバジュ・クロンをどうやって着るのか教えてくれませんか. "*Macam mana nak cakap, ya?*"「何と言ったらよいか?」"*Macam mana awak tahu?*"「どうやって知ったのか.」"*Macam mana dengan film itu? Boleh tahan?*" "Teruk."「その映画はどうだった?まあまあだった?」「最悪だ」.

Macam mana ni, 【口語】こまったな.

Macam mana agaknya kalau 〜 もし〜したらどうしようか: *Macam mana agaknya kalau saya tak pulih sebelum parti itu?* パーティの前までに(病気が)直らなかったどうしようかしら.

Apa macam?【口語】元気?調子はどう? ＝Macam mana?

macam-macam, bermacam, bermacam-macam 多種多様の〜, さまざまな＝berbagai-bagai: *Ada bermacam-macam ikan di pasar.* 市場にはさまざまな種類の魚が売られている. *Harga durian di pasar bermacam-macam.* 市場でドリアンの値段はまちまちです. *Macam-macam ada!* 何でもあり.

semacam 1 〜のような: *Orang semacam engkau tak akan dapat menjadi pemimpin.* お前のような人間は指導者にはぜったいなれない. 2 同じ種類: *Ikan ini semacam ikan bawal.* この魚はマナガツオと同じ種類だ.

macang → bacang.

madah 1 賛辞, 称賛. 2 言葉.
bermadah 1 称賛する. 2 演説する.

madani 市民, 文明化した: *pembentukan masyarakat madani* 市民社会の形成.

madat (Ar) アヘン.
bermadat アヘンを吸飲する.
pemadat アヘン常習者.
pemadatan 1 アヘンの吸飲. 2 悪い習慣.

madgad (英) mudguard 車の泥よけ.

madrasah (Ar) マドラサ(イスラム教に基づく教養を教える宗教学校).

madu I 1 蜂蜜 (＝air madu, manisan lebah). 2 魅力的な.
bulan madu ハネムーン.
berbulan madu ハネムーンに行く: *Kami berbulan madu di Malaysia.* 私たちはハネムーンにマレーシアへ行く.

madu II マドゥ(同僚妻・一夫多妻の場合に妻から見た妻同士のこと;同じ夫を持つ妻同士の関係)＝co-wife: *Encik Yusuf beristeri dua, Puan Fatimah dan Puan Ramlah. Jadi Puan Ramlah adalah madu Puan Fatimah dan sedemikian juga sebaliknya.* ユソフ氏には妻が二人い

る, ファティマさんとラムラさんです. そこで, ラムラさんがファティマさんのマドゥになり, その逆も同様です. *Madu Puan Fatimah* tidak pernah berjumpa dengannya. ファティマさんのマドゥ(同僚妻)はファティマさんに一度も会ったことがない. Gara-gara cemburu kepada *madunya*, seorang isteri muda menikam suaminya dengan sebilah pisau. マドゥに嫉妬したため, 二番目の妻は夫をナイフで刺した.

bermadu マドゥ(同僚妻)がいる: Kebanyakan isteri tidak suka *bermadu*. 多くの妻はマドゥ持ちになりたくない.

memadukan ～をマドゥにさせる: Encik Yusuf telah *memadukan* isteri pertama Puan Fatimah, apabila dia mengambil isteri kedua. ユソフ氏が二番目の妻を娶ったので, 一番目の妻であるファティマさんをマドゥにさせたことになる. *tidak sanggup / rela dimadukan* 自ら好んでマドゥにされたくない.

mafela (英) muffler マフラー.

maghrib (Ar) **1** (イスラムの)日没 (waktu maghrib), 日没時の祈り (sembahyang maghrib). **2** 太陽の沈む方向(西).

maging 肉食動物 (=binatang maging).

magma マグマ.

magnesium (magnésium) マグネシウム.

magnet (magnét) 磁石. *daya kuasa magnet* 磁力.

magnetud マグニチュード: *magnitud 9 pada skala Richter* 地震の震度(マグニチュード)9.

maha (Sk) とても, 最も. *Maha Kuasa, Maha Murah, Maha Tinggi* 全能の神. *Maha Muliah* 高貴の.

mahal **1** 高価な: Ini *mahal sekali* これはとても高価だ. Ini *mahal sangat*, boleh kurangkan sikit? これは高すぎる, 少しまけてくれませんか. **2**【古典】めったにない, 見つけるのが難しい: Payung itu, ada hijau, ada biru, ada yang merah, dan sebesar-besarnya kuning: ada payung putih dengan nagara itu *mahal adanya*, sebaik-baiknya nafiri (p.76). (任命式に用いる)傘のことでは, 色は緑, 青, 赤のものがあるが, 一番ステータスの高いのが黄色の傘である, 白い傘とナガラ(銅製大鼓)をもって出迎える人はめったにいない, せいぜい良くともナフィリ(トランペットに似た伝統的楽器)である.

memahalkan 価格を上げる, 値上げする.

kemahalan 1 値上がり. **2** 非常に高価な.

mahameru (mahaméru) 須弥山 (しゅみせん).

maharaja (Sk) 大王, 天皇: *Maharaja dan Maharani Jepun*. 日本の天皇・皇后.

maharajalela (Sk) マハラジャルラ(マレー王国時代の死刑執行者)

bermaharajalela 1 あばれ回る, 勝手に振舞う. **2** (病気が)蔓延する.

maharana 大規模な戦争.

maharani (Sk) 王妃, 皇后=per-maisuri, ratu.

mahasiswa 大学生(男子).

mahasiswi 大学生(女子).

mahir (Ar) 熟練した, (語学が)上手な: *mahir berbahasa Melayu* マレー語が上手である. `tukang yang mahir itu` 熟練した職人.

kemahiran 熟練, 能力, 技能.

memahirkan 訓練する.

mahjung マージャン(麻雀).

mahkamah (Ar) 裁判所, 法廷. *Mahkamah Agung* 最高裁判所. *Mahkamah Persekutuan* 連邦裁判所(=マレーシアの最高裁判所). *Mahkamah Tinggi* 高等裁判所. *Mahkamah Rayuan* 上訴審. *Mahkamah Rendah, Mahkamah Sesyen* 下級裁判所. *Mahkamah Daerah*（日本の）地裁. *Mahkamah Keadilan Antarabangsa* 国際司法裁判所. *Mahkamah Syariah* シャリア法廷(イスラム法に基づく裁判所).

mahkota (Sk) 王冠, 王: ***mahkota negeri*** 国王. ***putera mahkota, tengku mahkota*** 皇太子; *Putera Mahkota Jepun, Putera Naruhito* 日本の皇太子, 浩宮徳仁親王殿下.

  memahkotai 王冠を授ける, 王位につかせる.

mahligai 【王室】王宮.

mahu 1 ～したい, 欲する: *Saya mahu tidur sekarang* 今から眠りたい. *Mahukah makan sekarang?* 今から食べたいですか? *Saya mahu awak datang.* 私は君に来てほしい. ***Mahu apa?*** 何が欲しいの? 2 ～するつもりである: ***Mahu ke mana?*** どこへ行くつもりなの? *Kami mahu menolong dia.* 私たちは彼を助けるつもりです. *mahu tak mahu* 好むと好まざるにかかわらず. *Kalau awak mahu,* お望みならば.

  kemahuan 欲求, 希望, 意志: *atas kemahuan sendiri* 自分の意思で. *di luar kemahuan sendiri* 自分の意思に反して.

  mahupun とはいうものの～.
  baik A mahupun B A も B も (両方とも): *Baik Ali mahupun saya akan pergi.* アリも僕も行きます. *Gejalah ini terdapat baik di kampung mahupun di bandar.* この現象は農村でも都市でも見られる.

  memahu-mahu, memahukan 1 無理やり受け入れさせる, 強制的に同意させる. 2 ～と望む.

  semahunya, semahu-mahunya 好き勝手に.

main 遊び, 遊ぶ: *main bola* ボール遊び. *main gasing* 駒遊び. *main mata denagn* ～に色仕掛けをする, ～といちゃつく. ***main kayu tiga*** 人を騙す目的で偽善ぶる. ***bukan main*** ～ 非常に(=sangat), ただならぬ～: *Bukan main seronok* lakonan itu! そのドラマは実に面白い! *Bukan main besar* rumah yang baru itu! 新しい家はことのほか大きい!

  main-main 遊び, ふざける: *Ini saya lakukan untuk main-main saja.* これは遊びでやっている. *Jangan main-main* 真面目にやれ. *Ini tidak main-main* これは笑い事ではない. *Saya tidak main-main* 僕は本気だ.

  mainan, main-mainan おもちゃ, ゲーム.

  bermain 1 遊ぶ: *bermain di tepi jalan* 道端で遊ぶ. 2 (楽器を)ひく, 演じる: *bermain tennis* テニスをする. *bermain piano* ピアノをひく. *bermain dalam filem* 映画に出演する. ***bermain api*** 火遊びをする. ***bermain mata*** a ウインクする. b たわむれの恋をする. 3【古典】闘う: *Ada pahlawan dari benua Keling datang, hendak melawan Badang bermain, jikalau ia alah, harta tujuh buah kapal itulah akan taruhnya*(p.50). クリンの国(インド)から勇士が参りました. バダンと力競べをしたいと申しており, もし負けたら,

七隻の船を賭け金として置いていくとのことです.

bermain-main 遊ぶ, ふざける: Saya hanya *bermain-main saja, bukan sungguh-sungguh.* ただふざけただけだよ, 本気ではない.

memainkan 1 (楽器や歌を)演奏する: *memainkan piano* ピアノを弾く. *memainkan lagu* 歌を歌う. 2 (映画を)上映する, (劇を)演じる: *Filem apa yang sedang dimainkan di sini?* ここで今何の映画を上映しているのか? *memainkan watak / peranan ayah dalam drama ini* この劇で父親役を演じる.

mempermainkan, memainmainkan 1 〜で遊ぶ. 2 からかう, もて遊ぶ.

pemain 競技者, 演技者.

permainan 1 おもちゃ. 2 ゲーム, プレイ. 3 競技, パフォーマンス.

majalah (Ar) 雑誌. *majalah bulanan* 月刊誌. *majalah mingguan* 週刊誌.

majikan (Jk) 雇用主, 使用者. *kaum majikan dan kaum buruh* 使用者側と労働者側.

majistret (majistrét) (英) magistrate 地方裁判所判事.

majlis (Ar) 1 評議会, 理事会, 議会: *Majlis Tertinggi UMNO* UMNO(統一マレー人国民組織)最高評議会. *Majlis Tindakan Ekonomi Negara* (*MTEN*) マレーシア国家経済行動評議会 (NEAC). *majlis bandaran* 町議会. *Majlis Keselamatan PBB* 国連安全保障理事会. 2 宴会, パーティ: *mengadakan majlis jamuan perpisahan* フェアウェル・パーティを催す. *majlis makan malam* 夕食会, 晩餐会. *majlis perkahwinan* 結婚式. *majlis tarimenari* ダンス・パーティ.

majmuk (Ar) 混成, 複合: *masyarakat majmuk* 複合社会, 多民族社会=masyarakat berbilang kaum.

majoriti (英) majority 過半数: *majoriti besar* 大多数. *majoriti dua pertiga* 3分の2の多数.

maju 発展, 前進する, 進歩した: *negara maju* 先進国. *terus maju* 前進する, (能力が)伸びる.

memajukan 1 発展させる, 改善する. 2 提出する, 提起する.

kemajuan 進歩, 前進, 発展: *kemajuan besar* 大きな進歩. *mencapai kemajuan* 進歩する, 良くなる. *Bagaimana kemajuannya dalam pelajaran bahasa Malaysia?* マレーシア語の勉強の進み具合はどうか?

pemaju 開発業者, デベロッパー.

pemajuan 改善, 前進, 発展.

termaju 最も発展した.

mak 1 emak, ibu(母)の省略形. 2 年上の女性への呼びかけ.

mak cik 1 伯母, 叔母. 2 年かさの女性への呼びかけ.

mak angkat = *ibu angkat* 養母.

mak mentua 義母・姑.

mak saudara 叔母.

mak tiri = *ibu tiri* 継母.

mak bongsu 一番末の叔母.

mak sulung = *mak long* 一番上の叔母.

mak nyah 【俗語】おかま, 男おんな=pondan.

maka 1 その後, それで: *Setelah sampai ke pulau itu, maka mereka pun mendarat.* 島に到着したあと, 彼らは陸に上がった. 2 そのため, それ故に=sebab itu: *Saya tak tahu, maka saya bertanya.* 僕は知らなかった, そのため尋ねた.

makalah 384

maka itu, *maka dari itu*, *makanya* それ故に.

makalah (Ar) (新聞, 雑誌の)記事, 論説.

makam (Ar) 墓, 墓地《高貴な人の墓：一般には kubur》.

memakamkan 埋葬する.

pemakaman 埋葬, 葬儀.

permakaman 墓地.

makan 1 食べる, 消費する：Mari kita *pergi makan*. 食べに行こうよ. *makan di luar* 外食する. 2 食べ物, 餌：*memberi makan kepada* anjing itu setiap pagi, / *memberi* anjing itu *makan* setiap pagi. 毎朝犬に餌をやる. 3 (時間や費用を)要する, かかる：Ini akan *makan banyak waktu*. これはかなり時間がかかる. 4 作動する：Brek basikal ini *tak makan*. この自転車のブレーキはきかない.

makan angin ぶらぶら歩く, 遊覧する. *makan berlebihan* 食べ過ぎる.

makan besar 大宴会.

makan pagi 朝食を食べる.

makan tengah hari 昼食をする.

makan malam 夕食を食べる.

makan budi 人の恩を受ける；Saya belum *makan budi* sesiapa. まだ誰にも借りがない. Sebenarnya saya *termakan budi dengan* orang itu. 実は, 私はあの人に借り(義理)がある.

makan duit 収賄する, 公金を横領する.

makan gaji 給与のために働く, 雇われる.

makan garam 人生のあらゆる経験をつむ.

makan hati とても悲しむ：Rakyat terasa kecewa dan *makan hati dengan* sikap Yang Berhormat. 国民は国会議員の態度にがっかりし, 悲しむ.

makan nasi kawah (共同作業をして)大勢で食事をする.

makan nasi 食事をする.

makan nasihat 忠告を聞く.

makan sampai habis 全部平らげる.

makan suap / sogok 賄賂を受け取る.

makan tanah とても貧しい.

makan tidur とても怠惰な.

makan ubat 薬を飲む.

makanan 食物：makanan yang pedas 辛い食物. *makanan cair* 流動食. *makanan ruji* 主食. *makanan seimbang* バランスのある食物. *makanan segera / siap saji* ファースト・フード, 即席食品. *makanan utama orang-orang Jepun* 日本人がよく食べる主な食物.

memakan 1 食べる, 消費する：*memakan sarapan pagi* 朝食を食べる. Sang kancil mengambil buah rambutan dan *memakannya*. 小鹿さんはランブータンの実を取り, 食べてしまった. 2 (時間や費用を)要する, かかる：Pertemuan itu *memakan waktu 2 jam*. その会議は2時間かかった. *memakan belanja RM200* 費用が200リンギットかかった. Menulis buku *memakan waktu yang lama*. 本を書くのは長い時間がかかる. 3 破壊する：Rumah itu *dimakan api*. その家は火事で焼けた.

termakan 1 誤って食べてしまう：*Anak saya termakan cili*. 息子が間違って唐辛子を食べてしまった. 2 食べることができる：*terlalu banyak sehingga tidak termakan lagi* もう食べれないほどたくさんある.

pemakanan 食事：*pemakanan*

yang seimbang バランスのある食事. *menjaga pemakanan* (健康上)食事に気をつける.

makaroni マカロニ.

makbul (Ar) **1** 承認される, (願いが)かなえられる. **2** (薬の)効果がある.
  memakbulkan 承認する.
  kemakbulan 承諾, 承認.
  termakbul 承諾された.

makhluk (Ar) 生き物(人間や動物), (神の)創造物: *semua makhluk di bumi* 地球上のすべての生き物. *makhluk gergasi* 巨人. *makhluk halus* 目に見えない霊. *melihat satu makhluk berbulu lebat dan setinggi 10 kaki* 身長10フィートで毛深いある生き物を見た.

maki 侮辱, ののしり, 罵倒: *maki-hamun* = *caci maki* あらゆる罵声・ののしり.
  memaki, memaki-maki 侮辱する, 罵倒する: *Dia marah lalu memaki-maki orang itu.* 彼は怒ってその人を罵倒した.

makin; semakin ますます〜, よりいっそう〜: *Sakit orang itu makin teruk.* その人の病気はますますひどくなった. *Hujan itu makin lama makin lebat.* 雨は時間ともにますます激しくなった. *Jumlah remaja wanita merokok semakin bertambah sejak beberapa tahun kebelakangan ini.* 若い女性の喫煙者数はここ数年でますます増加している.

maklum (Ar) 承知している, 理解している: *Saya sudah maklum akan perkara itu.* 私はすでにその事について承知しています.

maklumlah ご承知の通り〜: *Maklumlah keadaan di negara itu sangat teruk.* 皆さんご承知の通り, あの国の情勢は厳しい.
  Seperti yang awak sedia maklum みなさんご承知の通り.
  Seperti kita semua sedia maklum ご承知のとおり.
  maklum balas 反応, 質問に対する回答・返事(フィードバック); *maklum balas daripada orang ramai terhadap saranan Perdana Menteri* 首相の提案に対する大衆の反応. *Maklum balas yang diterima di peringkat rakyat adalah amat baik.* 国民の間の反応はきわめて良好である. *Terima kasih kerana memberi maklum balas dengan segera.* 《手紙文》早速お返事くださり深謝いたします.

makluman 知らせ, 発表: *Ini untuk makluman awak saja.* これは君だけにこっそり教えておく.
  memaklumkan **1** 知らせる, 伝える. **2** 発表する, 宣言する: *Guru besar memaklumkan kepada semua pelajar bahawa besok sekolah cuti.* 校長は全ての生徒に明日は休校になると発表した.

maklumat (Ar) **1** 情報, 知識: *menyalurkan maklumat segera kepada 〜* 情報を〜にすぐ流す. *perkongsian maklumat* 情報の共有. **2** 発表.
  memaklumatkan **1** 伝える, 知らせる. **2** 発表する.

makmal 実験室.

makmur (Ar) 繁栄する.
  memakmurkan 繁栄させる, 発展させる.
  kemakmuran 繁栄: *membawa kemakmuran ke rantau ini* 当地に繁栄をもたらす.
  semakmuran 繁栄: *Lingkungan*

makna

Semakmuran Asia Timur Raya「大東亜共栄圏」《マレーシア中学校の歴史教科書で使われている表現》.

persemakmuran 英連邦＝komanwel.

makna (Ar) 意味: *Apakah makna "makan angin"? Maknanya "pergi berjalan-jalan"*「makan angin」はどういう意味ですか？その意味は「遊覧する」です. *Apa makna "makan angin" dalam bahasa Inggeris?*「makan angin」は英語でどんな意味ですか(英語で何というか).

membawa makna 意味をもたらす: *Sebaik mana pun idea yang ada tidak akan membawa sebarang makna jika ia tidak berjaya disampaikan dengan baik.* アイディアがどんなに良くとも、それを上手く伝えられないならば、何の意味もないでしょう.

bermakna 1 意義のある. 2 〜という意味: *Simpulan bahasa "makan angin" bermakna "pergi berjalan-jalan"*. "makan angin"という成句は「遊覧する」という意味.

memaknakan 解説する, 説明する.

pemaknaan 解釈.

makrifat (Ar) (広くて深い)知識.

bermakrifat 1 深く考察する, 瞑想する. 2 よく知っている.

makro マクロ, 大型の, 大規模な.

makro ekonomi マクロ経済学.

maksiat (Ar) アッラーの教えに反した行為(飲酒, 姦通など).

maksimum (英) maximum 最大限度.

maksud (Ar) 1 意味: *Apakah maksud perkataan ini?* この単語の意味は何ですか. 2 意図, 目的: *Saya tidak tahu maksud kedatangannya*. 彼がなぜ来たのかその意図が分からない. *Bukan maksud saya untuk 〜することは私の意図するところではありません.

bermaksud 意図がある, 〜するつもりである: *Saya tidak bermaksud memarahi anda*. 私はあなたを怒るつもりはなかったのです. *Kami bermaksud menjemput awak ke rumah kami*. 私たちは君を家に招待するつもりです.

memaksudkan 1 意味する: *Apakah yang dimaksudkan dengan Bangsa Malaysia?* バンサ・マレーシアとは、どういう意味ですか. 2 意図する, いわんとする: *Saya tidak mengerti apa yang dimaksudkannya*. 彼が何をいわんとしているのか僕は分からない. *Apa yang awak maksudkan?* 君は何を言おうとしているのか(君の意図は何か). *Gadis itulah yang dimaksudkan oleh Cikgu Ali semalam*. きのうアリ先生がいっていたのは、あの娘だ.

maktab (Ar) 専門学校, 学院.

maktub (Ar) 聖なる書.

memaktubkan 記録する.

pemaktuban 記録.

termaktub 記録されている.

makwe [口語] (女の)恋人, カノジョ(彼女).

makyung マッヨン《舞踊と唄を伴うマレー伝統劇: マレー半島東海岸のクランタン州で盛んだったが、州政府はイスラムの見地から90年代から公演を規制している》.

mal (Ar) 財産, 資産.

mala I 汚れる, 汚染する.

mala II; **termala** (草木が)萎れる.

malah; **malahan** むしろ, それどころか: *Dia tidak minta maaf, malah marah*. 彼は謝らなかった、それどころか怒った.

malaikat (Ar) 天使.

malaikatulmaut (Ar) 人間の生命を司る天使(死神).

malam 夜: *malam ini* 今夜. *malam tadi* = *malam semalam* 昨夜. *malam hari* 夜間. *pukul 12.00 tengah malam* 深夜零時. *apabila hari sudah malam* 夜になると. *pada waktu malam* 夜に. *sudah jauh malam* 夜遅く. *sepanjang malam* 夜通しで. *Malam masih muda.* 夜はまだ早い. *hari Sabtu malam Ahad.* 土曜日の夜《英語の影響をうけて, *Sabtu malam* ともいう》. *malam tahun baru* 大晦日.
malam-malam, **malam-malam begini** こんなに夜遅く: *Siapa pula yang telefon malam-malam begini?* こんな夜遅くに電話するなんていったい誰だ?
bermalam 泊まる, 夜を過ごす.
bermalaman 一緒に寝る.
pemalaman, **permalaman** 宿泊所, 寝所.
semalam 1 昨日: *Hari ini hari Jumaat, semalam hari Khamis.* 今日は金曜日, 昨日が木曜日. 2 夜= *malam tadi*: *Kami menonton filem semalam.* 昨夜は映画を観た. 3 一夜: *Saya tidur semalam di Johor dan dua malam di KL.* 私はジョホールに1泊し, KLに2泊した. *Simpanlah manggis ini semalam dalam peti sejuk.* このマンゴスチンを冷蔵庫に一晩入れておきなさい. *semalam suntuk* 一晩中, 夜通しで.
semalam-malaman, **semalaman** 一晩中.

malang 不運, ついていない, 不幸な: *Lebih malang lagi.* もっとバツの悪いことには.
malangnya 残念なことに〜, 不幸にも〜.
kemalangan 事故=*nahas*: *kemalangan jalan raya* 道路事故. *kemalangan lalu lintas* 交通事故. *mati dalam kemalangan kereta* 自動車事故で死ぬ. *mengalami kemalangan* 事故に遭う.

malap 1 薄暗い. 2 活発でない, 活気のない: *Sektor pelancongan Langkawi menghadapi zaman malap selepas dilanda ombak besar tsunami itu.* ランカウイ島の観光業は津波の被害を受けて活気のない時期を迎えた.
memalapkan 1 薄暗くする. 2 破壊する.

malapetaka (Sk) 災害, 災難, 不運=*bencana*: *malapetaka semula jadi* 自然災害. *malapetaka besar seperti gempa bumi ataupun letupan gunung berapi* 地震や火山爆発のような大災害. *malapetaka yang paling buruk / teruk / dahsyat dalam sejarah* 史上最悪の災害.

malar 不変, 始終一貫している.
kemalaran 不変性, 永久.
memalarkan 恒久なものとする.

malaria マラリア病.

malas 1 怠惰な, 不精な: *orang yang malas* 怠け者. 2 いやいやの, しぶしぶ, 〜する気になれない: "*Malas saya masak hari ini. Abang masaklah pula.*"「あたし今日は料理をする気になれないから, 今度は(夫に)あんたが作ってよ」.
bermalas-malas 何もせずぶらぶらする: *Kami bermalas-malas di pantai itu.* 海岸をぶらぶらする.
kemalasan 怠惰.
pemalas 怠け者.

Malaysia マレーシア《マレーシア

malim 語と英語による国名の正式表示も Malaysia).

malim 1 (イスラム教)宗教学者, 宗教指導者. 2 指導者, 水先案内人 (jurumudi).

malu 恥ずかしい, 内気な, 恥: *Jangan malu*. 恥ずかしがらないで. *Awak patut malu dengan perbuatan itu*. あの行為を恥じるべきだ. *Jangan malu untuk* menyatakan pendapat anda. 自分の意見を発表するのを恥ずかしがるな. *Malu bertanya, sesat jalan*.【諺】聞くは一時の恥, 聞かぬは一生の恥. Tindakannya itu *membawa malu kepada* keluarganya. 彼の行動は家族に恥をかかせた. *menanggung malu* 恥を負う(恥をかかされた).

malu-malu 遠慮する, 恥ずかしがる: *Jangan malu-malu. Jemputlah masuk*. 遠慮しないで. どうぞお入りください. *tidak merasa malu-malu untuk* ~ 遠慮せず堂々と~する.

kemaluan 1 生殖器, 陰部. 2 恥.

kemalu-maluan 恥ずかしげに: *tersenyum kemalu-maluan* 恥ずかしげに微笑む.

memalui 1 ~を恥じる. 2 尊敬する, 畏敬する.

memalukan 恥をかかせる, 面目を失わせる: *Dia memalukan saya di hadapan semua orang*. 彼はみんなの前で私に恥をかかせた. *perbuatan yang memalukan* 恥ずかしい行為.

pemalu 恥ずかしがり屋: *Dia agak pemalu orangnya*. 彼女は人柄がやや恥ずかしがり屋だ.

malu-malu〔植〕ミモーサ(ネムノキの類).

mamah; **memamah** よくかむ(咀嚼する).

mamak 1 母方のおじ. 2 (商店や飲食店で働く)インド系イスラム教徒への呼称. 3 マレー王国の王が高官に呼びかける時の呼称: *mamak bendahara, mamak menteri*.

mamalia (英) mamal 哺乳動物.

mamanda 王が高官(ムントゥリなど)に呼びかけるときの呼称(= mamak).

mambang 1 幽霊, 聖霊: *takut berjumpa dengan mambang* 幽霊に出会うのが怖い. 2 未婚の女性, 少女.

mampan (資源などが)持続的に供給可能な, 豊富な, (経済力が)強靭な.

mampat 1 ぎっしり詰まった, 密な: *Guni itu mampat dengan isinya*. 袋は中身がいっぱい詰まっていた. 2 固い.

mampatan 圧縮.

memampatkan 1 圧縮する. 2 (土を)押し固める.

mampu 1 ~できる, ~する能力がある: *Mampukah* manusia ke Marikh? 人間は火星へ行けるだろうか. *Tak mampulah*. そんな能力はないよ. Kerajaan Jepun *sedang berusaha melakukan apa sahaja yang mampu bagi* ~. 日本政府は~するために最善の努力をしている. 2 金持ちな, 裕福な.

berkemampuan 1 能力・才能がある. 2 財力がある.

memampukan 可能にする.

kemampuan 1 能力, 才能. 2 富, 財力.

mampus【俗語】死ぬ, くたばる.

mana 1 どこ?: *Mana* emak? お母さんはどこにいるの?《口語的: 普通の表現は *Di mana* emak?》*Di mana* tandas? トイレはどこですか? Awak tinggal *di mana*? どこに住んでいますか? *di mana saja* どこ

にでも. **Nak ke mana?** どこへ行くの? Awak *nak ke mana* esok? 明日はどこへ行くの? *Tak ke mana-mana, mengapa?* どこへも行かないよ, どうして? *Kalau tak ke mana-mana*, saya nak ajak awak pergi berkelah. どこへも行かないなら, 君をハイキングに誘いたい. **Dari mana?** どこへ行って来たの?/出身はどちら? Anda berasal *dari mana*? ご出身はどちらですか? **2** どれ, どの, どっちの?=**yang mana**: *Kereta yang mana* paling mahal? どの車が一番高価ですか? Kereta awak *yang mana*?/*Yang mana* kereta awak? 君の車はどれですか? *Yang mana* lebih cantik, yang ini atau yang itu? どっちが美しいですか, こっちそれともあっちの? Awak nak makan *yang mana*? どれを食べたいですか? Saya boleh pakai kereta *yang mana*? どの車を使っていいすか? **Yang mana satu?** どっちの? *Yang mana satu* (yang) betul? どっちが正しいのですか=正しいのは, どっちですか. **mana saja,/mana saja boleh** どれでもいいですよ. **3** どのように=macam mana, bagaimana: *Cara manakah* yang paling sesuai? どのような方法が最も適しているか? *Mana awak tahu* mereka sudah bercerai? 彼らがすでに離婚しているのをどうしてわかったの? Betulkah? *Mana kau tahu?*/*Macam mana kau tahu?*/*Bagaimana kau tahu?* 本当か? 君はどうやって知ったのか? **4** 《反語的に》~のはずがない=manakan, manatah: **Mana boleh?** どうしてありえようか, そんなはずがない. *Mana boleh begitu?*/*Mana boleh macam tu?* いくらなんでもそれはないだろう. そんなことはありえない. Kalau tak ada angin, *mana* pokok *boleh* bergoyang? 風がなければ, どうして木が揺れるだろうか. *Mana boleh* mereka memerintah sendiri, membuat jarum pun mereka tidak tahu? 彼らは針を作ることさえできないのに, どうして自国を統治できようか. Orang berniaga *mana yang tidak berhutang*. 商売をする者で借金のない人なんているはずがない. Wartawan *mana ada* hari Ahad? 新聞記者には日曜日なんてあるはずがない. "Hanya sekali dua kali berjumpa, *mana* nak kenal betul-betul?" 「一二度会っただけでは, どして(相手を)本当によく知ることになろうか」. "*Mana saya tak marah?* Cuba you tengok dia orang di situ." 「これがどうして怒らないでいられようか, あそこの奴らを見てみよ」.

mana-mana どちらでも, 誰でも, 何でも: Saya tidak menyebelah *mana-mana* pihak. 私はどっちにも味方しない. dengan permohonan dari *mana-mana* pihak, sama ada isteri atau suami 妻か夫か, どちらからの要請があれば.

di mana-mana どこにでも: Jangan meludah *di mana-mana* sahaja. どこにでも痰を吐いてはダメ.

ke mana-mana どこへでも: Jangan pergi *ke mana-mana*. どこへも行くな. Tidak ke mana-mana, duduk di rumah sahaja. どこへも行かず, ただ家にごろごろしていた.

mana lagi, mana pula とくに, しかも.

se ~ mana pun たとえどんなに~でも: *Setinggi mana pun* kita belajar dan *sehebat mana pun* kita berjaya dalam kerjaya, tidak bermakna kita tahu dalam serba-serbi. たとえどんなに高い教育を受けても、また仕事でどんなに成功しても、それはすべてのことに熟知しているわけでない.

manakala 1 ～のとき＝apabila: Dia ketawa *manakala* mendengar cerita yang lucu itu. その滑稽な話を聞いたとき彼は笑った. 2 一方～, それに対して～: Dia berpakaian biru, *manakala* adiknya berpakaian merah. 彼女は青い服を着たが、一方、妹は赤い服を着た.

mancis (英) matches マッチ (mancis api).

mancung (先の)とがった, (鼻が)高い: Hidung orang-orang Eropah *mancung*. ヨーロッパ人の鼻は高い.

mandat (英) mandate (選挙による)権限委任: Barisan Nasional akan *mendapat mandat* lebih dua pertiga majoriti dalam pilihan raya umum akan datang. 国民戦線は次の総選挙で3分の2以上の信任を得ることになろう.

mandi マンディ(水浴)する, 泳ぐ: *mandi air perigi* 井戸水でマンディ. *mandi darah* 血まみれになる. *mandi kerbau* 烏(カラス)の行水. *mandi laut* 海水浴をする. *mandi peluh* 汗まみれになる. *mandi-manda* 水遊びする.

memandikan 1 入浴させる. 2 (水)に沈める. 3 死体を洗う. 4【古典】(王族の結婚式で)水掛けにより心身を払い清める儀式のこと: Setelah sampai tiga hari, maka *dimandi-mandikan* oleh Demang Lebar Daun, diarak pula ke panca persada dengan sepertinya (P. 27). 三日過ぎてから、DLDは(結婚式の儀式に従い)清めの儀式を行った: すなわち王室のマンディ(水掛けによる清め)の儀式に従って階段式の台座へ進んで清めをした.

permandian 1 浴室. 2 洗礼.

mandolin マンドリン.

mandul 1 不妊の. 2 非生産的な.

mandulan 不妊にすること, 断種.

memandulkan ～を不妊にする.

pemandulan 不妊手術.

mandur (Po) (労働者の)親方, 監督.

manfaat (Ar) 1 用途. 2 利益, 恩恵: Tidak ada *manfaat* melakukan ini. これをする意味がない. *memberi manfaat kepada* ～に利益を与える.

bermanfaat 使い道のある, 有益である.

memanfaatkan 活用する, 有益なものにする: *Manfaatkanlah kesempatan sebaik-baiknya*. チャンスを最大限に活用しよう.

kemafaatan 有益, 恩恵.

mangan (英) manganese マンガン.

mangau; **termangau, termangau-mangau** 啞然とする, 茫然とする.

mangga I〔植〕マンゴー.

mangga II 南京錠.

manggar 1 椰子の花のつぼみ. 2 椰子の葉の先端部分.

manggis〔植〕マンゴスチン.

manggul 丘, 高地 (＝tanah manggul).

mangkat【王室】崩御される, 逝去する《王族にはmatiは使えない》: *Raja itu sudah pun mangkat*. 王は崩御された.

kemangkatan 崩御.

mangkin 1 触媒. 2 要因となる物, 人.

pemangkinan 触媒作用.

mangku → pemangku 代行.

mangkubumi 宰相 (Bendahara): 王に代わって代理統治するこ

と《bumi 地界・人民 を mangku=pangku 抱く，の意味》: Setelah itu maka Sang Sapurbalah jadi raja di Palembang itu, maka Deman Lebar Daun pun *turun menjadi mangkubumi*. サン・サプルバラがパレンバン王に就任すると，DLDが(王を支える)宰相になった.

mangkuk お椀, カップ: *pinggan mangkuk* 食器類.

mangli 免疫の.

pemanglian 免疫.

mangsa (Sk) **1** (災害などの)被災者,(強盗や強姦など悪事の)被害者: *mangsa bencana* 被災者. *mangsa (bencana) gempa bumi* 地震の被災者. *mangsa hidup* 生存者. *membantu mangsa kebakaran* 火事の犠牲者を救援する. *mangsa rogol* 強姦の被害者. *mangsa-mangsa perdagangan haram* 悪徳商法の被害者. **2** 餌食, 標的.

memangsakan ～を犠牲にする.

pemangsa 猛獣.

mangu; **termangu**, **termangu-mangu** (心配のあまり)考え込む, 思案する.

manik (Sk) ビーズ.

manikam (Tm) 宝石 = intan, batu permata.

manipulasi (英) manipulation 巧みなやり方でごまかす, 不正操作.

manis **1** (味が)甘い. **2** かわいい, 魅力的な. **3** 礼儀正しい, 丁寧な: *manis budi bahasa* 礼儀正しい. *manis muka* 明るい顔つき. *manis mulut* 口がうまい, お世辞がうまい. *gigi manis* 切歯, 門歯. *jari manis* 薬指. *kayu manis* シナモン. *kencing manis* 糖尿病. *senyum manis* にこやかに微笑む.

bermanis-manis お世辞を言う.

memaniskan 甘くする, 喜ばせる.

manisan, **manis-manisan** 蜜: *manisan bunga* 花の蜜. *manisan lebah, air madu* 蜂蜜.

kemanisan **1** 甘さ. **2** 甘すぎる. **3** 魅力, かわいさ.

pemanis 甘味料: *pemanis mulut* (本心でない)お世辞.

manja 甘える, 甘やかされた: *berkata dengan suara yang manja* 甘えた声で言う. *sangat manja dengan saya* 私にとても甘える.

bermanja-manja, **bermanja-manjaan** 甘える.

memanjakan, **memanja-manjakan**, **mempermanjakan** 甘やかす.

manjaan ペット, 愛玩動物.

manjur **1** 効能のある, 効く(薬) = mujarab. **2** 命にかかわる(毒).

kemanjuran 効果, 効能.

mansuh (Ar) (法や制度が)無効になる, 取り消される.

memansuhkan 無効にする, 廃止する: *Peratuan itu sudah dimansuhkan*. その規定は撤廃されている.

pemansuhan 廃止, 停止.

mantap しっかりとした, 安定した, 確固たる, 揺ぎない: Ekonomi negara ini *memang mantap*. この国の経済は安定している. Bahasa Malaysia sudah *mantap* kedudukannya sebagai bahasa kebangsaan. マレーシア語は国語としての地位がしっかりしている.

memantapkan 安定化する, (能力や地位を)高める・強化する・確固たるものにする: *memantapkan harga* 物価を安定化する. *memantapkan kedudukan bahasa Malaysia sebagai bahasa kebangsaan* 国語としてのマレーシア語の地位を確固たるものに

する. *memantapkan lagi perjuangan parti* 党の闘いをさらに強化する.

kemantapan 安定＝kestabilan.

mantera (Sk) 呪文, 呪い: *Bomoh itu mambaca mantera sebelum mengubati pesakit itu.* ボモは患者を治療する前に呪いをした.

manual (英) マニュアル, 手引書: *manual servis* サービス・マニュアル.

manusia (Sk) 人, 人間: *hak-hak manusia* 人権.

kemanusiaan 人道的な, 人文: *bantuan kemanusiaan* 人道的な支援. *ilmu kemanusiaan* 人文科学. *Beliau mempunyai sifat kemanusiaan yang tinggi.* あの方はとっても人間的な性格をお持ちだ.

berperikemanusiaan 人情のある, 慈悲深い, ヒューマニズムに根ざした.

perikemanusiaan 人間性, ヒューマニズム: *orang yang tidak mempunyai perikemanusiaan* ヒューマニズムのない人.

mara I (Sk) 災害, 危険: *menghadapi mara* 危険に直面する.

bermara 危機にひんする.

mara II 前進する, 進む.

kemaraan 前進.

memarakan 進める, 前進させる.

marabahaya ＝berbahaya 危険な.

marah 怒る, 腹を立てる: *marah kepada* 〜を怒る, 〜に腹を立てる. *naik / timbul / bangkit marah* 腹を立てる. *kena marah* 怒られる. *membuat 〜marah* 〜を怒らせる.

memarahai 〜 ＝ marahkan 〜【口語】〜を怒る: *Ayah saya memarahi saya.* 父が私を怒った. *Mak masih marahkan saya?* お母さんはまだ僕を怒っているの. *Dia marahkan Narto di depan orang ramai.* 彼女はナルトを人前で叱る.

kemarahan 怒り, 立腹.

pemarah 気短な人.

marak 1 ＝**memarak** (火が)燃え広がる: *Kebakaran itu terlalu marak dan sukar dipadamkan.* 火事は激しく燃え広がり, 消すのが困難である. **2** (感情や希望などが)高まる, わき立てられる.

maraton マラソン.

mari 1 こっちへ(来て)＝ke sini: *Mari sini.* ここへいらっしゃい. *tak mahu ke mari* ここへ来たがらない. *ke sana ke mari* あっちこっちに. **2**「さあ〜しよう」(人を誘ったり, 勧めたりするとき): *Mari kita pergi makan.* さあ食べに行こう.

Marikh (英) Mars 火星: *mendarat di Marikh* 火星に到着する.

marin (英) marine 海洋, 海産の: *hasil marin* 海産物.

marjerin (英) margarine マーガリン.

markah 点数(試験など), 成績: *Saya mendapat markah 60 untuk ilmu alam.* 僕は地理で60点をとった.

memarkahi, memarkahkan 〜の点数をつける.

pemarkahan 採点の方法.

markas (政党や企業, 軍隊の)本部, 基地: *markas besar* 本部.

bermarkas 1 基地・事務所を持つ. **2** 住む.

marmar 大理石 (＝batu marmar).

marmut 〔動〕テンジクネズミ, (俗に)モルモット.

martabak 〔食〕マルタバ《小麦粉, 卵, ひき肉, 玉ねぎなどをオムレツ風

につめて焼いた料理》.
martabat 社会的地位, 階級.
　bermartabat (高い)地位にある.
　memartabatkan (高い)地位を与える: *memartabatkan bahasa kebangsaan kita* 国語の地位を高める.
maruah (Ar) 威信, 尊厳, 自尊心.
　bermaruah 自尊心のある. *mempertahankan maruah tanah air* 祖国の威信を守る. *Maruah kita akan turun jika kita berkelakuan tidak senonoh.* 下品な振る舞いをすると, われわれの尊厳が地に落ちる.
Marxisme マルクス主義.
mas 黄金(＝emas): *mas kahwin anak gadis* 結婚資金(花婿が花嫁に渡す結婚資金).
masa I 時間, 期間, 時代: *masa depan / datang / hadapan* 将来. *masa Jepun* 日本軍の占領時代. *masa kerja* 勤務時間. *masa lalu / lampau* 過去. *masa lapang* 自由時間, ひま, 余暇. *masa peralihan* 移行期間. *masa rehat* 休憩時間.
　ada masa **1** 時間がある, 暇がある: *Saya tak ada masa untuk melawat muzium itu.* 博物館を訪問する時間がなかった. *Kalau ada masa, singgahlah di rumah saya.* 時間があれば, 家にお立ち寄りください. **2** 〜の時もある: *Ada masa dia rajin, ada masa dia malas.* 彼はまじめな時もあれば, 怠ける時もある. *ada masa nanti* そのうちに〜する時が来る; *Ada masa nanti dia akan menyesal di atas perbuatannya.* そのうちに彼は自分がしたことを後悔する時がくるだろう. *bila-bila masa* いつでも. *dalam masa yang sama, / dalam satu masa, / pada masa yang sama* しかし同時に. *dalam masa terdekat* 近いうちに. *buat masa ini* 当面は, 当分は. *sedikit masa lagi* もう少ししたら.
　pada masa 〜の時, 〜する時: *Kita mengibarkan bendera Malaysia pada masa menyambut Hari Kebangsaan.* ナショナル・デーを迎える時には国旗を掲揚します. *pada masa cuti* 休日, 休みのとき. *pada masa ini* 現在は, 今日. *pada masa itu* そのとき, その当時は. *pada masa kecil* 幼少の頃は. *pada masa akan datang* 将来は, 今度は, 次は; *Hati-hati pada masa akan datang.* 今度は気をつけてください. *pada suatu masa dahulu* 昔々あるとき; *Pada suatu masa dahulu tinggal seorang pemuda yang bernama Deli.* 昔々あるところにデリという名の若者が住んでいました《昔話の導入句の例》. *pada satu masa yang tidak terlalu lama dahulu* あまり昔でないあるとき. *sedikit masa lagi, / tak lama lagi* もう少ししたら, 間もなく. *memakan masa yang panjang* 長い時間がかかる. *bekerja lebih masa* 残業する.
　Masanya sudah tiba 〜する時期がすでに来た: *Masanya sudah tiba membuka lembaran baru dalam hubungan Singapura dengan Malaysia.* シンガポールとマレーシアとの関係で新しい頁を開く時期がまさに来た. *Sudah sampai masanya pihak kerajaan mengambil tindakan yang tegas ke atas pegawai yang terbabit dengan rasuah.* 汚職に関与した職員に対し政府が厳しく取り締まる時期が来た. *Apabila seseorang teruna telah tiba masanya untuk berumah tangga,* 若者が世帯を持つ(結婚)適齢期になったら. *Cerita itu belum masanya lagi*

masa 394

dibuka. あの話を明かす時期ではまだない.

semasa 1 〜した時, 〜の間中: *Semasa* Deli memancing di laut, dia terdengar suatu suara memanggilnya. デリーは海で釣りをしていると, 自分を呼ぶ声がふと聞こえてきた. *Semasa* kami tengah seronok mandi itu, tiba-tiba datang ombak besar. 楽しく泳いでいると, 突然大波が来た. kestabilan politik dan pertumbuhan ekonomi *semasa era Mahathir* マハティール時代の政治的安定と経済成長. *dari semasa ke semasa* 常時, 常に. **2** 現在の: *isu semasa* 今日直面する諸問題. *berita semasa* カレント・ニュース. *keadaan semasa* 現状. *KDNK semasa* 名目GDP

semasa-masa いつでも.

masa II =masakan まさか〜(はずがない) =mana boleh, tak akanlah, tak mungkin.

Masakan begitu? まさかそんなことないでしょう. "*Masakan sudah lupa*!"「まさか忘れたわけでないでしょうね」. Hal yang begitu penting *masakan saya* lupa. そのような重要なことを, 忘れるわけがない. *Masakan* saya yang tua pergi jumpa yang muda. 年上の私が, 年下にまさか会いに行けるか.

masak 1 熟した: *pisang yang sudah masak* 完熟したバナナ. **2** 料理された: *tukang masak* コック. *Air sudah masak*. Kau buatkan kopinya. お湯は沸いてる. コーヒーを作ってくれないか. *bermain masak-masak* ままごと(飯事)遊びをする. **3** 経験のある, 成熟した: *wanita yang masak* 成熟した女性. **4** (振る舞いや癖に)熟知している, よく分かる (*masak dengan* 〜): Saya sudah *masak dengan* sikapnya. 私は彼の態度に熟知している.

memasak 料理する: *memasak makanan* 食事をつくる. *memasak nasi* ご飯を炊く. *memasak air* お湯を沸かす; Giliran siapa *masak air* pagi ini? 今朝お湯を沸かすのは誰の番ですか.

memasakkan 1 〜ために料理する. **2** 熟考する.

masakan 料理, 調理法: *makan masakan Jepun* 日本料理を食べる. *memasak masakan Jepun* 日本料理をつくる.

pemasak 1 調理人, コック. **2** 調理器. **3** スパイス, 香辛料.

masak-masak 十分に, 深く(考える): Sebelum pergi ke luar negeri, *fikirlah masak-masak akan masalah itu*. 外国へ行く前にその問題をよく考えておけ. *Setelah difikirkan masak-masak sepanjang malam*, saya mengambil keputusan berhenti daripada pekerjaan saya. 一晩中熟考の末, 仕事をやめることに決心した.

masalah (Ar) 問題, 事柄: *menghadapi masalah kewangan* 金銭問題に直面する. *Tak ada masalah*. 問題はない. *Saya tak ada masalah dengan dia*. 僕は彼とは何も問題がない. *Masalanya / Yang menjadi masalah* 問題になっているのは. *Tetapi masalahnya ialah* 〜 しかし, 次のような問題があります. *menimbulkan masalah di sekolah* 学校で問題を起す. **tak jadi masalah** 大丈夫, かまわない, 問題にならない: "Biar saya tunggu di sini." "Ok, *tak jadi masalah*."「ここで待たせてください」「かまわない, いいですよ」. "*Tak jadi* *masalahkkah kalau saya bermalam di rumah awak esok ?*「明日君の家に泊まってもかまわないか？」. Kekurangan makanan *menjadi masalah kepada negara itu*. 食料不足がその国の問題となっている. Esok pagi *tidak menjadi masalah bagi saya*. 明日朝なら僕は大丈夫です.

bermasalah 問題のある: *pelajar bermasalah* 問題児. 問題を起こしそうな生徒.

memasalahkan, mempermasalahkan 問題にする: *Apa yang dipermasalahkan*? 何が問題になっているのか.

masakan → *masa* II まさか.

masam 1 酸っぱい: *buah yang masam* 酸っぱい果物. **2** しぶい(顔), むっつりした, 不機嫌な: *bermuka masam* しぶい顔をする.

bermasam: 1 不機嫌になる, ふくれつらをした: Tiada yang *bermasam muka*, semuanya nampak gembira. 顔をしかめる者はおらず, 全員が喜んで見える. **2** (お互いに)仲が悪い, 口もきかない仲: Walaupun mereka berjiran, mereka selalu *bermasam muka*. 彼らは隣同士なのに, いつも仲が悪い.

memasamkan 酸っぱくする: *memasamkan muka* 顔をしかめる.

kemasaman 酸性分.

masih 1 まだ, 今なお, いまだに: *masih berdiri* まだ立ったままでいる. *Abang masih tidur*. 兄はまだ寝ている. *Dia masih bersekolah, belum bekerja*. 彼はまだ学校に通っており, まだ働いていない. *Pasport itu masih belum dijumpai*. そのパスポートはまだ見つからない. *Punca kejadian itu masih belum diketahui*. その事件の原因はまだ分からない. Dollah *masih kecil. Dia masih kanak-kanak*. ドラはまだ幼い, まだ子供です. **2** まだいる, まだある (＝*masih lagi*): *Nasi masih lagi*? ご飯はまだ残っていますか？

Masihi (Ar) 西暦 (＝Tahun Masihi).

masin 塩気のある: *air masin* 塩水.

memasinkan 塩味をつける.

kemasinan 塩気.

masing; masing-masing めいめいの, 各々の: Selepas itu, murid-murid masuk ke kelas *masing-masing*. その後, 生徒たちはそれぞれの教室に入った.

masjid (Ar) イスラム教の寺院(モスク): Sani sembahyang Hari Raya *di masjid*. サニはモスクでハリラヤ(断食明け大祭)の礼拝をする.

masukot マスコット.

massa (英) mass マス, 大衆, 群集, 大量の: *senjata pemusnah massa* 大量破壊兵器.

mastautin; bermastautin (Ar) 定住する, 居住する: orang yang *bermastautin* di Semenanjung Tanah Melayu マレー半島に居住している人々.

pemastautin 居住者: *pemastautin tetap* 永住者.

permastautinan 居住, 定住.

masuk 1 入る: *masuk kelas, / masuk ke kelas, / masuk ke dalam kelas* 教室(の中)に入る. sistem peperiksaan yang baru *masuk* tahun kedua perlaksanaan 実施二年目に入ったばかりの新試験制度. **2** 出席する, 参加する, (仕事を)する状態になる: *masuk sekolah* 通学する, 入学する. *masuk kerja* 出勤する. *tidak masuk kerja* 仕事を休む. **3** (時間や年齢に)達する: Umurnya baru

masyarakat

masuk 6 tahun. やっと6歳になった. *Sekarang sudah masuk waktu sembahyang.* もうお祈りの時間に入った.

masuk akal 理にかなう, 合理的.
masuk angin かぜをひく.
tidak masuk akal 馬鹿げた.
masuk campur 干渉する.
masuk dulu keluar dulu 先入れ先出し.
masuk dulu keluar kemudian 先入れ後出し.
masuk hospital 入院する.
masuk Islam イスラムに入信する.
masuk Melayu ＝mesuk Islam イスラム教徒になる.
masuk waktu 祈拝の時間になる.

kemasukan 1 (泥棒などに)入られる: *Rumahnya kemasukan pencuri.* 泥棒に入られた. *Matanya kemasukan* asap. 目に煙が入る. *Dia kemasukan* hantu. 彼女はお化けにとりつかれる. 2 加入, 加盟: *kemasukan* Malaysia マレーシアの加盟.

memasuki 1 ～に入る: *memasuki orbit* 軌道に入った. *memasuki hari kedua* 二日目に入る. *memasuki dunia politik* 政界に入る. *Kita sekarang sudah memasuki zaman teknologi maklumat.* 今や情報技術時代に入っている. 2 参加する. 3 進学する.

memasukkan 1 入れる, 挿入する. 2 (メンバーとして)受け入れる. 3 参加させる: *memasukkan dia ke hospital* 彼を入院させる. *Jangan dimasukkan ke dalam hati.* 深刻に受けとめるな.

pemasukan 加入, 入ること.

termasuk 含まれている: *Semuanya RM60 termasuk bayaran cukai.* 全部で税金の払いも含めて60リンギットです. *Saya ada dua kereta, tidak termasuk yang ini.* 私はこの車以外に車が2台あります.

masyarakat (Ar) 社会: *masyarakat berbilang kaum, masyarakat majmuk.* 多民族社会. *masyarakat moden* 現代社会. *kegiatan masyarakat* 社会活動. *lapisan masyarakat* 社会階層.

bermasyarakat 社会的に.
kemasyarakatan 社会性, 社会的.
pemasyarakatan 社会化.

masyghul (Ar) 悲しい, 憂うつになる.

masyhur; **termasyhur** (Ar) 有名な, 名高い, 広く知られた.

memasyhurkan 1 (ニュース・名声などを)広める. 2 王や高貴な人物の就任を披露すること: Che Puan Kedah Haminah Hamidun hari ini *dimasyuhurkan* sebagai Sultanah Kedah. クダ王のハミナ・ハミドン夫人は本日クダ王妃として披露された《Che Puan＝Cik Puan 王族出身でないが王族と結婚した夫人に対する呼び方. この場合は, スルタンの第一夫人が亡くなったのに伴い, 民間出身だったハミナ夫人がスルタン妃＝Sultanahの地位に正式に就いた》.

kemasyhuran 名声, 高名.

Mat; **Mat Salih** (*mat salih*)《俗称》イギリス人, 欧米人: Bila '*Mat Salih*' kembali semula berkuasa イギリス人が再び植民地統治に復帰すると. *Mat Jenin* 空想ばかりする者. *angan-angan Mat Jenin* 空想, 白昼夢. *Mat Rempit* バイクの暴走族.

mata 1 目. 2 刃(刃物の): *mata pisau* ナイフの刃. 3 (試合, 試験の)点数: *Pasukan Rumah Merah ketinggalan sembilan mata daripada Rumah Putih.* 赤組チームは白

組よりも9点少ない. **4** 中心. *mata air* **a** 水源. **b** 恋人. *mata angin* 風向き,方向,方角. *mata bedil* 銃口. *mata buku* 関節. *mata hati* 感情. *mata kail* 釣り針. *mata kaki* くるぶし. *mata tanpa kanta* 裸眼. *mata kepala* 自分の目; *dengan mata kepala sendiri* 自分自身の目で確かめる. *melihat dengan mata kepala sendiri* duit bertukar tangan お金がやりとりされるのをこの目で目撃した. *mata kasar* 肉眼で, 裸眼で; *Mata kasar gagal melihat kemuncak menara KLCC kerana keadaan jerebu yang dahsyat.* ひどいジュルブ(煙害)のためにKLCCのツイン・タワーの天辺を肉眼で見ることができなかった. *menutup mata terhadap* ～に対して目をつぶる(黙認する). *mata pelajaran* 教科, 科目. *mata pen* ペンの先. *mata wang* 通貨. *mata wang antarabangsa* 国際通貨. *mata wang boleh tukar* 兌換通貨. *mata wang penting* 主要通貨. *empat mata* 二人だけの : *mengadakan pertemuan empat mata* 二人だけの会談をする. *Antara hasil perjumpaan empat mata ialah* : 二人だけの会談の成果は,次のとおり. *bersedia berjumpa secara empat mata tanpa pihak ketiga dengan bekas perdana menteri itu* 第三者の立会いなしで元首相と二人だけで会うつもりがある.

mata peratusan パーセンテージ・ポイント : *Kadar pertumbuhan purata tahunan KDNK dijanka sebanyak 4.2% iaitu bersamaan 3.3 mata peratusan lebih rendah dari sasaran sebanyak 7.5% setahun.* GDPの年平均成長率は 4.2%と予想され,これは目標の年 7.5 %から 3.3 パーセンテージ・ポント低い.

semata-mata 全くの, ただ単なる : *Cerita itu karut semata-mata.* その話は全くのでたらめだ.

matahari 太陽 : *bunga matahari* ヒマワリ(向日葵). *matahari hidup / naik / terbit* 日の出, 東. *matahari masuk* 日没, 西. *negeri matahari terbit* 陽出る国=Negara Jepun (日本のこと).

mata-mata 警察, 探偵 (=mata-mata gelap).

matan **1** 文章の主題,意味. **2** (演説などの)オリジナルの原稿,テキスト.

matang **1** 経験のある : *orang yang benar-benar matang dalam bidang ini* この分野で十分に経験のある人. **2** 熟した(実) : *Durian ini belum matang.* このドリアンはまだ熟れていない. **3** 機が熟する,熟考した : *Fikirannya sudah matang.* 考えは熟考されたもの.

mematangkan (考えを)熟させる.
kematangan 成熟,充分に熟した.

matematik (英) mathematics 数学.

materialisme (英) materialism 唯物主義, 物質主義.

mati **1** 死ぬ : *Dia mati kerana kanser.* 彼は癌で死んだ. *mati lemas* 窒息死する. *hampir mati* 危うく死にかけた. *mati ayam* 無駄死に(=犬死に). *bandar mati* 死の町. *jalan mati* 行き止まりの道路. *Tradisi lama itu sukar mati.* 古い伝統はなかなか廃れない. **2** 止まる,機能してない : *Jam ini mati.* この時計は止まっている(壊れている). *Enjin itu mati tiba-tiba.* エンジンが突然止まった. *mati akal* 無力な. *mati pucuk* 男性機能がもう働かない, インポ.

bermati-mati, **bermati-matian**

matlamat 熱心に, 力のかぎり, 必死に: berjuang *bermati-matian* untuk mendapatkan kemerdekaan 独立を獲得するために必死になって闘う.

mati-matian 必死に, 徹底的に: bekerja *mati-matian* 必死に働く. menentang rancangan itu *mati-matian* その計画に徹底的に反対する.

mematikan 1 殺す: *mematikan semut* アリを殺す. 2 (機能を)止める, 停止する: *mematikan enjin* エンジンを止める. *mematikan lampu* 電灯を消す. *mematikan televisyen* テレビを消す. *mematikan rokok* タバコを消す. *mematikan telefon bimbit sebelum masuk ke dalam dewan* ホールに入る前に携帯電話の電源を切る. Suatu pagi pintu hadapan rumahku diketuk kuat bertalu-talu. Kami *mematikan diri*. ある朝家の玄関のドアが何度も激しくたたく音がした. 私たちは息を殺した.

kematian 1 死: Ada *kematian* dalam keluarganya. 彼のご家族に不幸があった. *angka kematian, jumlah kematian* 死者の数. menurunkan *kadar kematian bayi* 幼児死亡率を引き下げる. 2 死なれる: Puan Suminah baru sahaja *kematian* suaminya. スミナさんは夫に死なれたばかりです. Anak-anak yatim piatu ialah anak-anak yang *kematian* ibu dan bapa. 孤児とは両親に死なれた子どものこと.

matlamat 目的, 標的.
bermatlamat 目的を持つ.

matriks (英) matrix 1 (発生・成長・生成の)母体, 基盤. 2 行列, マトリックス.

matrikulasi (英) matriculation 大学入学許可.

matron (英) matron (看護)婦長, 寮母.

maujud (Ar) 有形の, 実在する.
kemaujudan 有形, 実在.
pemaujudan 有形化.

Maulidur Rasul (Ar) 預言者ムハンマドの聖誕祭(マレーシアでは公休日).

Maulud (Ar) 預言者ムハンマドの誕生日.

maun (動物が)草食の.

maung かび臭い: *pahit maung* 苦い.

maut (Ar)(人間の)死: *maut nahas* 事故死. *nyaris maut* 危うく死にかける. *hampir menemui maut* 九死に一生を得る. *membawa maut* 死をもたらす. *menghadapi maut dengan tenang* 静かに死に直面する.
pemautan 死亡率.

mawar 〔植〕バラ (=bunga mawar).

mawas 〔動〕オランウータン.

maya I (Sk) 仮の, まぼろしの.

maya II; bermaya 元気のある. *tidak bermaya* a はっきりしない. b 力がなくなる.

mayam 金の重量の単位 (1 mayam = 12 kenderi).

mayang ヤシの花(その花汁から砂糖やヤシ酒をつくる).

mayat (Ar) 死体, 死骸.

M. B. [Menteri Besar] 州首相.

medan (médan) (Pr) 広場, 競技場.

media (média) (英) media メディア. *media cetak* 印刷メディア. *media elektronik* 電子メディア. *media massa* マスメディア.

median (médian) (英) median 中位の.

mega (méga) (Sk) 雲 (awan): *mega mendung* 雨雲.

megafon (mégafon) (英) megaphone メガフォン.

megah 1 光栄ある, 輝かしい, 豪華な. 2 有名な, 著名な. 3 誇り.
bermegah, bermegah-megah 誇りに思う, 自慢する.
kemegahan 光栄, 名声, 誇り.

megun ; termegun じっと考え込む, 思いつめる.

Mei (méi) (英) May 5月.

meja (méja) (Po) 机, テーブル: *di atas meja* 机の上に. *meja makan* ダイニング・テーブル. *meja tulis* 書き物机. *duduk bertentangan meja* 机を挟んで面と向かって座る.
semeja 同じテーブルで: *makan semeja dengan* ~と一緒に食事する.

mejar (méjar) (英) major 少佐, 曹長.

Mekah メッカ《イスラムの聖地》: *pergi naik haji ke Mekah.* メッカへ巡礼する.

mekanik (mékanik) (英) mechanics 機械工, 機械の: *ilmu mekanik* 力学.

mekanisme (mékanisme) (英) mechanism メカニズム, 仕組.

mekap (mékap) (英) make-up メークアップ, 化粧, 化粧道具: *Mukanya mekap dengan tebal.* 彼女の顔は厚化粧しいる.

mekar ; memekar (花が)開く, 咲きはじめる: *Bunga itu sedang mekar.* 花が咲き始めた.

mel (mél) (英) mail 郵便, メール. *mel antarabangsa* 国際郵便. *mel dalam negeri* 国内郵便. *mel elektronik* 電子メール. *mel suara* 音声メール. *mel udara* エアメール, 航空便.

Melaka マラカ《マレー半島西海岸の州》: *Kerajaan Melaka* マラカ王国.

melarat 1 貧しい, みじめな. 2 損失.
kemelaratan 貧しさ, みじめさ.

melati (Sk)〔植〕ジャスミン.

Melayu マレー人(=orang Melayu), マレー語(=bahasa Melayu).
kemelayuan マレー的~: *unsur kemelayuan* マレー的要素. *ciri-ciri kemelayuan* マレー的特徴. *Orang itu sebenarnya bukan Melayu tetapi kemelayuan.* あの人は本当はマレー人でない, ただマレー的なのだ.
memelayukan 1 マレー化する: *Banyak orang Cina fikir bahawa memeluk Islam bermakna telah dimelayukan, makna tiada lagi identiti kecinaan.* 多くの華人は, イスラム教に改宗することはマレー化することであり, つまり華人のアイデンティティがなくなる, と考えている. 2 マレー語に訳す.

meleset I (mélesét) (経済, 景気が)悪化する, 後退する.
kemelesetan 不振, 不況: *Kemelesetan Besar* 世界大恐慌. *kemelesetan ekonomi* 経済不況.

meleset II (mélesét) 不正確な, (予想が)はずれる: *Sangkaannya itu meleset, tidak betul.* その予想は外れた, 正しくなかった.

melodi (mélodi) (英) melody メロディー, 曲.

melukut 米屑, くず米: *seperti melukut di tepi gantang*【諺】非力なために他人から低く見られる.

melulu 軽率な, 拙速な, よく考えずに: *keputusan yang melulu* 軽率な決定. *dengan melulu* 軽々しく, やみくもに. *memandu secara melulu* 無謀に運転する. *Pertimbangan mereka dipengaruhi sentiment melulu.* 彼らの考えは安っぽい感情に影

響されている.

melur〔植〕ジャスミン(=melati).

mem (mém)【口語】奥様, ご夫人《外国人の既婚女性への呼びかけ》.

memang (mémang) 確かに, 本当に: Kata-kata guru besar *memang* benar. 校長先生の話は確かに正しかった. Dia kata dia akan datang, dan *memang* dia datang. 彼は来ると言った, そして確かにやって来た.

sememangnya 1 確かに, 本当に: *Sememangnya* dia seorang murid yang cerdik. 確かに彼女は聡明な生徒です. 2 本来なら～すべき, 当然～すべき(=sepatutnya, sewajarnya): Awak *sememangnya* tidak perlu berbuat begitu. 君はあのようにすべきではなかった. Bukankah *sememangnya* anda memberi hormat kepada ibu bapa? 親を尊敬するのは当然ではないでしょうか.

member (mémber)【俗語】達公, 仲の良い友人, 悪友.

memorandum (mémorandum)(英) memorandum 覚え書き, メモ. *memorandum persefahaman* 覚え書き契約書(MOU).

memori (mémori)(英) memory 記憶, メモリー, 回顧録: Saya belum mempunyai waktu *menulis memori*. 回顧録を書く時間がまだない.

mempelai (Tm): 新郎(mempelai lelaki)・新婦(mempelai perempuan). *pasangan mempelai* 新婚カップル.

mempelam (Tm)〔植〕マンゴー=mangga.

menang 1 勝つ, 勝利する: *menang dalam pertandingan itu* 試合に勝つ. 2 (試験に)合格する. 3 (賭けなどで賞を)獲得する: *menang RM100 dalam pertaruhan itu* その賭けで100リンギットを儲けた.

memenangi 1 (試合に)勝つ: *memenangi pertandingan itu* 試合に勝つ. 2 (賞, メダルなどを)獲得する: *memenangi hadiah pertama* 1等賞を獲得する. *memenangi pingat emas* 金メダルを獲得する. *memenangi Hadiah Novel* ノーベル賞を受賞する.

memenangkan 1 勝利させる: Gol itu *memenangkan* pasukannya. そのゴールがチームを勝利させた. 2 ～の味方をする: "Abang selalu *menangkan* orang luar daripada anak sendiri"「あなたは自分の子よりもいつも他人の味方をするわ」.

kemenangan 勝利, 優勢: *mencapai kemenangan* 勝利する.

pemenang 勝利者.

menantu 義理の子(嫁・婿): *menantu lelaki* 婿. *menantu perempuan* 嫁. Ali berkahwin dengan anak perempuan Pak Dollah. Jadi, Ali adalah *menantu* Pak Dollah. アリはドラさんの娘と結婚した. よってアリはドラさんの婿になる.

menara 塔, タワー, 高層ビル: *menara api* 灯台=rumah api. *menara gading* 象牙の塔, 大学. *menara kembar* ツインタワー.

mencit マウス.

mendak 1 沈殿物, 沈殿する: Apabila kita membancuh kopi, *mendaknya* turun ke bawah. コーヒーをかき回すと, 沈殿物が下に降りる. Pasir-pasir halus *mendak* di dasar kolam itu. 細かい砂が池の底に沈殿する. 2 (土地が)沈下する, 陥没する: *kejadian tanah mendak* 土地の陥没. Jalan di depan rumah saya *mendak* akibat gempa bumi. 地震の結果, 私の家の前の道路が陥没

した.

memendakkan 沈殿させる, 陥没させる.

pemendakan 沈殿, 陥没.

mendap → mendak.

mendiang 故～《非イスラム教徒に対して使う》: *Mendiang* Tun Tan Cheng Loke 故タン・チェンロック.

mendung 1 雨雲. 2 曇り. 3 しぶい(表情).

mengah; **termengah-mengah** あえぐ, 息を切らす. *sakit mengah* 喘息(ぜんそく). *berasa mengah bila naik tangga* 階段を上がると息切れする.

mengapa なぜ, 何故に《疑問詞》: *Mengapa tidak datang semalam?* なぜきのう来なかったのか. *Sebab saya sakit.* なぜなら病気だったから. *Mengapa saya tidak boleh masuk?* なぜ入っていけないのですか.

tidak mengapa かまわない, 大丈夫です: Kami mahu menggunakan bilik ini, satu jam *pun tidak mengapa*. この部屋を使いたい, 1時間でもかまわないです. Kerja itu *tidak mengapa lambat* asalkan kerja itu sempurna. その仕事は完璧にやるかぎり, 遅れてもかまわない. *Tidak mengapa* kenapa dia tidak datang. 彼女がなぜ来なかったのかは, 問題でない. Sama ada kad kredit itu dipakai atau tidak, *tidak mengapa*. クレジット・カードが使われたかどうか, それはどうでもよい. "Emiko ke Malaysia seorang diri sahaja?" "Ya, tapi *tak mengapa*. Saya sudah dewasa." 「恵美子, 一人だけでマレーシアへ行くの?」「はい, でも平気ですよ. もう大人だし」.

mengkal 1 (果物が)まだ十分に熟していない. 2 胃の調子が悪い. 3 怒る, 腹が立つ.

kemengkalan 悲しさ, 苦々しさ.

bermengkal =bermengkal hati 悲しく思う, 腹が立つ.

memengkalkan =memengkalkan hati 怒らせる.

mengkarung → bengkarung.

mengkelan; **termengkelan** 1 (食物が)のどにひっかかる. 2 悲しむ.

mengkis; **memengkis** 挑戦的な態度で人を呼ぶ.

mengkuang 〔植〕ムンクアン(とげのある葉を持ったタコノキ類).

menora ムノラ《南タイ式舞踊; クランタン州の伝統芸能となる》.

mentah 1 生の, 熟していない: *masih mentah* まだ生である. *makan daging mentah* 生肉を食べる. 2 未経験の, 未熟な: *generasi yang masih mentah* 未成年層, 若い世代. 3 原料. *bahan-bahan mentah* 原料.

mentah-mentah 1 生のまま, 料理していない: *dimakan mentah-mentah* 生のまま食べる. 2 全面的に, 理由なく, そのまま, 丸々: menolak permohonan itu *mentah-mentah* その申請をきっぱり拒否した. Kami tidak boleh menerima kata-katanya *mentah-mentah*. 彼の言葉を鵜呑みにできない.

kementahan 未熟.

mentang; **mentang-mentang**, **sementang**, **sementang-mentang** ただ単に～だからという理由で: *Mentang-mentang* dia anak pegawai tinggi, dia ingat dia patut mendapat layanan istimewa. 彼はただ単に高官の息子だからといって, 特別の待遇を得られるべきだと思っている.

mentega (mentéga) (Po) バター.

menteri 1 大臣: *Menteri Kabinet* 閣僚. *Perdana Menteri* 首相, 総理大臣. *Timbalan Menteri* 副大臣. *Menteri Besar* 州首相(スルタンのいる9州). *Ketua Menteri* 州首相(スルタンのいない4州; 英語のChief Ministerの訳). 2【古典】王宮に仕えるマレー王国の高官: Segala *menteri*, hulubalang, bala tentera Bintan dan Palembang mengadap nobat baginda (p.36). ビンタンおよびパレンバンの高官たちや武官, 兵士が王の即位式に参列した.

kementerian 省.

mentimun 〔植〕キュウリ: *seperti durian dengan mentimun* ドリアンとキュウリの如し(月とスッポンの意味).

mentol (méntol) 電球(=mentol lampu).

mentua 義理の親(舅または姑): *bapa mentua* 舅・義父. *ibu mentua*, *mak mentua* 姑・義母. *Kami tinggal bersama ibu mentua*. 姑と同居している. *mentua taya* 義理の親の親族. *Faridah berkahwin dengan anak Puan Aminah. Jadi Puan Aminah adalah ibu mentua Faridah*. ファリダがアミナの息子と結婚した. よってアミナがファリダの姑になる.

menu (ménu) (英) menu メニュー.

menung; bermenung, bermenung-menung 思案する, 熟考する.

menungan, kemenungan 思案, 思索.

memenungkan 熟考する, じっと考え込む: *Apa yang awak menungkan?* 何を考え込んでいるの?

termenung, termenung-menung 物思いにふけっている, 思案中: *termenung memikirkan masalah itu* その問題についてあれこれ考え込む.

menyintai =mencintai 愛している → **cinta**.

menyucuk =mencucuk→**cucuk**.

merah I (mérah) 赤い: *merah muda, merah jambu* ピンク. *merah tua, merah kesumba* 濃い赤.

bermerah 言い争う(=bermerah muka).

memerahi ～を赤く染める.

memerahkan ～を赤くする.

kemerah-merahan 赤みがかった.

merah II 〔魚〕ゴマフエダイ.

merak 〔鳥〕クジャク(孔雀).

merana (Sk)=*sakit merana* (病気などで)苦しむ, わずらう, 常に苦しむ, 悲しみを負う.

meranti ムランティ(南洋材の種類).

merbahaya → **marabahaya** 危険な.

merbuk 〔鳥〕キジバト.

mercu 1 峰, 山頂 (mercu gunung). 2 尖塔: *mercu suar* 灯台, *mercu tanda* 目印.

mercun 爆竹.

mercusuar 灯台(menara api)

merdeka (merdéka) (Sk) 独立した: *Malaya merdeka dari penjajahan Inggeris*. マラヤはイギリスの植民地統治から独立した.

kemerdekaan 独立, 自由: *Negara kita mencapai kemerdekaannya pada 31 hb Ogos 1957*. わが国は1957年8月31日に独立を達成した.

memerdekakan 独立する, 解放する.

merdu (声, 歌などが)美しい, きれいな: *suara merdu* 美しい声.

kemerduan (声, 歌などの)美しさ.

mereka (meréka) 彼ら, 彼らの: *Mereka orang Jepun*. 彼らは日本人

です.
meriah 1 うれしい, 喜ばしい. 2 大々的に. 3 威厳をもって, 儀式に則って.
kemeriahan 楽しさ, 喜び.
memeriahkan 活気づかせる, 喜ばせる. *memeriahkan lagi pesta itu* パーティを盛り上げる.

meriam (Po) 大砲: *meriam buluh* 爆竹. *kapal meriam* 砲艦.

meridian (英) meridian 子午線, 経線.

merinyu (Po) 検査官, 検閲官.

meritokrasi (méritokrasi) (英) meritocracy 実力主義.

merkuri (英) mercury 水銀.

merosot 1 (質, 値段などが)下落する. 2 滑る, 滑って転ぶ. 3 減少する.
kemerosotan 悪化, 低下: *kemerosotan ekonomi* 景気後退. *kemerosotan kesihatan* 健康状態の悪化.

merpati (Sk) 〔鳥〕鳩(ハト). *merpati dua sejoli* 相思相愛な二人. *jinak-jinak merpati* 見かけはだましやすいが, 実はそうでない女性のこと.

mertua (Id) → **mentua** 義理の親.

mesej (méséj) (英) message メッセージ, 伝言: *mesej amaran* 警告メッセージ.

mesin (mésin) (英) machine, machinery 機器, 機械: *mesin cetak* 印刷機. *mesin faks (faksimile)* ファックス機. *mesin kad tebuk* パンチカード機. *mesin pengeluar wang automatik (mesin juruwang berautomat)* 現金自動預け払い機(ATM). *mesin pengira elektronik* 電子計算機.
memesin 機械を使う, 機械化する.
pemesinan 機械化.

mesingan (mésingan) (英) machinegun 機関銃.

Mesir エジプト.

meski; meskipun ～けれども, たとえ～でも: *Meskipun kami bersaudara, hubungan kami tidak begitu rapat.* 私たちは兄弟ではあるけれども, あまり親密でない. *Meskipun saya mampu beli kereta, saya takkan membeli.* たとえ車を買えても, 僕は決して買わない. *meskipun demikian* そうであっても; Peperiksaan itu susah. *Meskipun demikian, dia lulus juga.* 試験はむずかしかった. そうであっても, 彼はやっぱり合格した.

mesra (Sk) 1 親密な, 仲睦まじい: *hubungan mesra* 親密な関係. *mesra dengan sesiapa sahaja* 誰とでも打ち解ける. *mudah mesra dengan orang.* 人懐っこい. Perdana Menteri Abdullah sering dipanggil dengan *panggilan mesra* "Pak Lah". アブドラ首相はしばしば"ラーおじさん"と愛称で呼ばれる. *negara yang mesra bisnes serta alam sekitar* ビジネスと環境にやさしい国. *bajet yang mesra rakyat* 国民にやさしい予算. 2 完全に溶ける, 溶解する.
bermesra, bermesra-mesra 1 親しい. 2 愛情をこめて抱きしめる.
kemesraan 親密さ, 親しさ.
memesrakan 1 親密にする. 2 よく混ぜる.

mesti ～しなければならない, 必ず: Awak *mesti* belajar tiap-tiap hari. 君は毎日勉強しなければならない.
kemestian 絶対欠かせないもの, 必須なこと: Amalan kunjung-mengunjung *menjadi satu kemestian* semasa Hari Raya. お互いに訪問し合うことがハリラヤには欠かせない. ～ *kemestian di bandar raya* ～は都会ではなくてはならないものにな

mestika 404

った.
memestikan 1 義務づける. 2 確かめる.
semestinya ～すべきである.
mestika ヘビの頭から取れると伝えられる魔法の石.
mesyuarat (Ar) 話し合い, 会議, 協議会: *mesyuarat agung tahunan* 年次総会. *mesyuarat agung luar biasa* 特別総会. *Mesyuarat Kerjasama Ekonomi Asia Pasifik* アジア太平洋経済協力会議(APEC). *mengadakan mesyuarat* 会議を開く.
bermesyuarat 会議を開催する.
memesyuaratkan 会議で協議する, 話し合う.
metabolisme (métabolisme) (英) metabolism 新陳代謝.
metafizik (métafizik) (英) metaphysics 形而上学.
metafora (métafora) (英) metaphor 隠喩, 暗喩.
meteorit (météorit) (英) meteorite 隕石.
meteorologi (météorologi) (英) meteorology 気象学 (ilmu kajicuaca).
meter (méter) (英) meter 1 メートル. 2 計器: *meter bunyi* 測音器. *meter laju* 速度計. *meter suhu* 湿度計. *meter tinggi* 高度計.
meterai 印, 封印.
memeterai, memeteraikan 印を押す, 封印する: *membubuhkan meterai pada dokumen* 書類に印を押す. *memeterai perjanjian* 協定に調印する.
termeterai 調印した: *Hubungan diplomatik antara kedua-dua negara termeterai semasa zaman Tun Razak.* 両国間の外交関係はラザク時代に調印された.
metrik (métrik) (英) metric メートルの, メートル法の.
metrologi (métrologi) (英) metrology 度量衡(学).
mewah (méwah) 贅沢な, 豪華な, 繁栄する: *hotel mewah* 豪華なホテル. *barang mewah* 贅沢品, 奢侈品: *Telefon bimbit bukan lagi barang mewah.* 携帯電話はもはや奢侈品ではない. *Mereka hidup mewah tanpa apa-apa kekurangan.* 彼らは何の不足もなく, 贅沢に暮らしている.
kemewahan 繁栄, 贅沢.
mi (Ch) 〔食〕麺, そば: *mi goreng* 焼きそば. *mi rebus* ゆで麺. *mi segera* インスタント麺, 即席麺. *mi sup* スープ麺.
miang 1 竹の葉にある毛. 2 好色の (＝miang gatal). 3 (皮膚が)かゆい (＝miang gatal).
mihun 〔食〕ビーフン(米粉).
mika (英) mica 雲母.
mikraj (Ar) 預言者ムハンマドの昇天.
mikro (英) micro 微小.
mikrob (英) microbe 微生物, 細菌.
mikrofon (英) microphone マイクロホン.
mikron (英) micron ミクロン (1メートルの100万分の1).
mikroskop (英) microscope 顕微鏡.
miligram (英) milligram ミリグラム.
milik (Ar) 財産, 所有物: "Suatu hari kau akan jadi *milik* aku juga." 「いつかきっと君は俺のものになるさ」.
memiliki 所有する: *memiliki sebuah rumah di tepi pantai* 海岸に

一軒の家を所有する. keluarga yang tidak *memiliki* rumah sendiri 持ち家のない世帯.

pemilik 所有者.

milik negara 国有.

memiliknegarakan 〜を国有化する.

pemiliknegaraan 国有化.

mililiter (英) millilitre ミリリットル.

milimeter (英) millimetre ミリメートル.

milion (英) million 百万.

militan (英) militant 戦闘的な: *kumpulan militan* 武装集団.

milyar 10億.

mimbar (Ar) (イスラム寺院で導師が立つ)台, ステージ.

MIMOS [Malaysian Institute of Microelectronic System] マレーシア・マイクロエレクトロニック研究所.

mimpi 夢, 幻想, 空想; 夢を見る: melihat harimau *dalam mimpi* 夢の中で虎を見る. *Mimpi menjadi kenyataan*. 夢が実現する. Itu seperti *mimpi buruk*. それは悪夢のようだった. *mendapat mimpi* 夢を見る; Saya *mendapat mimpi* bertemu dengan arwah ayah. 死んだ父に会う夢を見た. Saya *mimpi* jatuh dalam lubang. 穴に落ちる夢を見た.

bermimpi 1 夢を見る: *bermimpi buruk* 悪夢を見る. *Saya berasa seperti bermimpi sahaja*. まるで夢をみているようだ. Malam tadi saya *bermimpi naik ke bulan*. 昨夜は月に昇る夢を見た. Emak *bermimpi bertemu dengan ayahnya* yang sudah lama meninggal. 母はずっと前に亡くなった父に会った夢を見た. Saya rasa *seperti bermimpi* di saat itu. その瞬間私は夢を見ているようだった. 2 夢見る, 空想する: *bermimpi menjadi bintang filem* 映画スターになるのを夢見る.

bermimpikan, memimpikan 1 〜の夢をみる. 2 〜を空想する: *memimpikan berkahwin dengan puteri* 王女との結婚を空想する.

termimpi-mimpi 想起する, 思い出す.

mimpian 1 夢. 2 (実現しそうのない)願い, 野望.

min (英) mean 中位の, 平均の.

Minah = Aminah《アミナ; マレー人女性を代表する一般的名前》の愛称: *Minah kilang* 女工《工場で働くアミナから》. *Minah karan* 女工《Aminah karan から; karan = electric current は電子・電機工場を示す》. *Minah Mat Salih* 西欧人の女性に対する俗称; Takut juga Fatimah kalau-kalau anaknya bawa balik *Minah Mat Salih*. ファティマは(留学中の)息子が白人女性を連れて帰って来るのではないかと心配している.

minat 興味, 関心: *menaruh minat dalam* 〜, *berminat dalam* 〜 に関心を持つ. *menunjukkan minat untuk* 〜することに興味を示す.

berminat 興味を持っている, 好む.

meminati 〜に興味を持つ, 〜を好む: Beras Siam *sangat diminati oleh rakyat Malaysia*. マレーシア人はタイ米が大好きである.

peminat ファン, 賛美者: *peminat bintang filem* 映画スターのファン.

minda 知性, 思考力, メンタリティ.

minggu (Po) 1 週: *dua minggu* 2週間. *minggu lepas* 先週. *minggu ini* 今週. *minggu depan* 来週. 2 日曜日 (hari minggu) = hari Ahad.

berminggu-minggu 数週間: ting-

minima

gal *berminggu-minggu* di hospital 数週間病院に入院する.

mingguan 1 毎週の: Gajinya dibayar *secara mingguan*. 彼の給料は週給制である. 2 週刊誌.

seminggu 1週間につき: *tiga kali seminggu* 週3回. *kerja lima hari seminggu* 週5日勤務.

minima → **minimum**.

minimum (英) minimum 最小限度.

minit (英) minute 1 分(時間). 2 議事録.

minta 乞う, 請う: *Saya minta diri dulu*. お先に失礼します. *Saya minta maaf*. すみません. *Maaf, minta jalan*. 通してください.

minta tolong 助けを請う: *Saya nak minta tolong sikit*. ちょっとお願いがあるの.

minta air (ボモに)呪いをしてもらう, 願掛けに行く: *Dia telah meminta air dari sana sini untuk mengubah hati anaknya*. 彼女は息子の気持ちを変えるためにあちこちのボモに願掛けに行った.

meminta 頼む, 求める, 要求する, 望む; *meminta maaf*, *meminta ampun* 許しを請う. Kami *meminta* Cikgu Zairi menghadiri jamuan makan malam. 私たちはザイリー先生に夕食会に出席されるよう要請した. *Boleh saya meminta tolong*? お願いがあるのですが.

minta-minta, **berminta-minta**, **meminta-minta** 請う, 懇願する: Kita tidak boleh *meminta-minta daripada* orang lain. 他人に請い求めるわけにはいかない.

peminta 依頼人, 申請者.

permintaan 要求, 申込み, 申請.

minum; **meminum** 飲む: *Nak minum apa*? 何を飲みますか? Mari kita *minum* bir. さあビールを飲みましょう. Air sungai tidak begitu bersih, maka tidak selamat *untuk diminum*. 川水はあまりきれいでないので, 飲むのは安全でない.

minuman 飲み物: *minuman keras* アルコール飲料. *minuman ringan* ソフトドリンク.

terminum 間違って飲んでしまう.

peminum 酒飲み.

minyak 油, 油脂: *minyak diesel* ディーゼル油, 軽油. *minyak hitam* エンジンオイル. *minyak kelapa sawit* パーム油. *minyak masak* 食用油, 調理用油. *minyak mentah* 原油.

berminyak 1 油でぬるぬるした, 油を含んだ. 2 油を使う.

meminyaki 1 〜に油を塗る: *meminyaki badannya* 身体に油を塗る. 2 給油する: *Tolong minyaki kereta saya*. 私の車に給油してください.

miopia 近視=rabun jauh: *mengalami miopia* 近視にかかっている.

miring 1 傾斜している, 傾いている: Gambar pada dinding itu *miring*. 壁の絵は傾いている. 2 頭がおかしい(変人) (=otak miring). 3 不公平な, かたよった.

memiringkan 傾かせる: *memiringkan songkoknya ke kanan sedikit* ソンコを少し右へ傾かせる.

mirip 〜に似ている: *Dia mirip emaknya*. 彼は母にそっくりだ.

kemiripan 類似, 相似.

misai 口ひげ: *menyimpan misai* 口ひげをたくわえる.

misal; **misalan** (Ar) 例, 見本: *misal kata* 例えば〜.

misalnya 例えば〜.

memisalkan 例として挙げる.

pemisalan 仮定, 想定.

misi (英) mission ミッション, 使節団. *misi pelabuhan* 投資ミッション, 投資団.

miskin (Ar) 貧乏な, 貧しい: *miskin papa* 極貧.

kemiskinan 貧乏, 欠乏: *kemiskinan mutlak* 絶対的貧困. *masih hidup dalam kemiskinan* 貧困状態のままで生活する.

misteri (mistéri) (英) mystery ミステリー, 秘密.

mistik (英) mystic 神秘的な.

miting (英) meeting 会議, 会合.

mitologi (英) mythology 神話, 神話学.

mitos (英) myth 神話, 伝説.

mobiliti (英) mobility 移動性.

mod (英) mode モード, 形態.

modal 資本, 資金: *modal asing* 外国資本. *modal bersih* 純資本. *modal berpusing* 流動資本. *modal kerja* 運転資金. *modal teroka* ベンチャーキャピタル. *modal tetap* 固定資本, 固定資産.

bermodal 資本を持った.
pemodal 資本家, 投資者.
permodalan 投資.
semodal 提携関係にある, 共同出資した.

modalwan 資本家.

model (modél) (英) model モデル, 様式.

moden (英) modern 現代の, 近代的な.

kemodenan 現代風.
memodenkan 近代化する: *memodenkan sektor pertanian* 農業セクターを近代化する.
pemodenan 近代化, 現代化: *Bapa Pemodenan* 近代化の父.

moga-moga; **semoga** (Sk) どうか~なるように, 願わくば=mudah-mudahan: *Moga-moga saya lulus dalam peperiksaan ini.* この試験にどうか合格しますように. *Apa khabar? Semoga semuanya baik-baik belaka.* / *Semoga baik semuanya.* 《手紙文で》お元気ですか. すべてが順調でありますよう願っております.

mogok 1 ストライキする: *mogok lapar, mogok makan* ハンガー・ストライキ. *Pekerja-pekerja kilang itu sedang mogok.* 工場の労働者はストをしている. 2 止まる, 立ち往生する.

pemogok ストライキ参加者.
pemogokan ストライキ.

mohon 1 請う. 2 許してください: *Saya mohon maaf dari anda atas kesalahan saya itu.* 私の間違いをお許し下さい. *mohon maaf dan membayar ganti rugi di atas* ~ 謝罪し~に対して賠償する. *Saya mohon diri untuk pergi dahulu.* お先に失礼いたします. 3【古典】(王に No と拒否するときの婉曲法)すみません, 嫌ですの意: "Mahukah akan Tun Rakna?", maka sembahnya, "*Mohon patik*, tuanku."「トゥン・ラクナを(嫁に)どうじゃ?」「いえ, 結構です, 王様」と彼は答えた.《Yes, は い, と肯定するときは, "*Daulat, tuanku.*"》.

bermohon 1 暇を請う: *bermohon diri*=minta diri 暇を請う. *Dia meninggalkan saya dengan tidak bermohon lagi.* 彼は私に別れの挨拶もせずに立ち去った. 2 要求する: *Dia telah bermohon hendak berhenti daripada jawatannya.* 彼は辞職したいと要求した.

memohon お願いする, 申請する: *Saya memohon supaya anda tinggal di sini.* ここに滞在して下さるよ

うお願いする.

memohonkan【古典】(王や高官に)～を取り戻してくれるよう依頼すること: dan *dipohonkannyalah anaknya ke bawah duli Raja Iskandar* (p.7) (キダ・ヒンデイ王は)自分の娘を返してもらえないだろうかとアレクサンダー大王にお願いした. *Sultan Malik't Mansur dengan tangisnya menyuruh memohonkan badannya kepada Sultan Maliku't Tahir, maka oleh baginda diberikannya* (p.64). (弟の)スルタン・マンスールが涙ながら使いを送り(殺された家来の)胴体を返してほしいと(兄の)スルタン・タヒールに懇願した. 許可されて胴体が渡された.

pemohon 申請者, 要求した人.

permohonan 願い, 申込み, 申請: *borang permohonan* 申請書. *menuntut permohonan maaf dari* ～に対し謝罪を求める. *membuat permohonan maaf* 謝罪する.

mohor (Pr) 印, 印章.

molek (molék) 美しい, 良い.

kemolekan 美しさ, 綺麗さ.

momok 妖怪, お化け.

moncong ノズル.

mondok 太ってて背の低い: *tikus mondok*〔動〕モグラ.

monopoli (英) monopoly 独占権, 独占物.

memonopoli 独占する.

monorel (monorél) (英) monorail モノレール.

monsun (英) monsoon モンスーン.

montok (身体が)ずんぐりした, 太くて短かい.

monyet (monyét)〔動〕サル(猿).

morat-marit 不整頓, 散らかっている.

morfin (英) morphine モルヒネ.

motif (英) motive 動機, 動因.

motivasi (英) motivation 刺激, 動機づけ.

motobot (英) motorboat モーターボート.

motokar (英) motorcar 自動車= kereta.

motor (英) motor モーター: *perahu motor* モーター・ボート.

motosikal (英) motorcycle オートバイ.

moyang; moyanganda 曾祖父または曾祖母. *nenek moyang* 祖先.

moyok (病気または年をとって)弱っている.

moyot 曾祖父・曾祖母の両親, 高祖父母.

mozek (mozék) (英) = mosaic モザイク.

mu kamu(二人称)の短縮形.

muafakat (Ar) 1 コンセンサス, 合意, 同意する一致する. 2 話合い.

bermuafakat 話合う: *amalan bermuafakat* コンセンサスの精神.

memuafakatkan ～について話合いをする.

permuafakatan 1 コンセンサス, 合意. 2 会議, 会合.

muai; memuai 膨らむ, 大きくなる.

muak 1 食べ過ぎてうんざりする. 2 吐き気, 嫌悪: *Saya muak melihat dia.* 僕は彼を見るのも嫌だ.

memuakkan 1 吐き気を催す. 2 飽和させる: *Makanan yang lemak-lemak itu memuakkan.* 油っぽい食べ物は吐き気をもたらす.

mual 1 吐き気, むかつき. 2 うんざりする, 退屈する.

memualkan 吐き気を催す.

mualaf (Ar)イスラム教に改宗した者.

mualim (Ar) 1 宗教に精通した人.

muara 河口, 入江.

muat 1 収容する. 2 荷を積んだ: Kereta ini *muat* 4 orang saja. この車は4人しか乗れない.

bermuat 1 ～を積んでいる: Lori itu *bermuat* kayu balak. そのトラックは丸太を積んでいる. 2【古典】(人が船に荷物を)積み込む: Wan Ser Beni mengerahkan rakyat sekalian *bermuat* gajah kuda ke perahu (p.41). WSBは兵士を招集して象や馬を船に積み込むよう命じた.

memuati ～に積み込む: *memuati* lori itu *dengan* kayu balak トラックに丸太を積み込む.

memuatkan 1 積み込む, 積載する: *memuatkan* kayu balak *ke dalam lori itu* 丸太をトラックに積載する. 2 (新聞などに)掲載する: Berita mengenai universiti kami *dimuatkan dalam halaman depan*. 一面にわが校のニュースが掲載された. 3 収容する. 4 収録する.

muatan 荷, 積み荷.

termuat 掲載された: Kejadian itu *termuat dalam akhbar*. その事件は新聞に掲載されている.

mubaligh (Ar) イスラム教の伝道師.

muda 1 若い, 新しい: Dia masih *muda*, baru berumur 17 tahun. 彼女はまだ若い, やっと17歳になったばかり. 2 (実が)熟していない: Durian ini *masih muda*, belum masak. このドリアンはまだ熟していない. 3 (色の)薄い: *hijau muda* 薄緑. 4 (時間の)早い: Malam masih *muda*, baru pukul 8:00. 夜はまだ早い. 8時になったばかり. *muda belia* とても若い. *raja muda* 王子. *kaum muda* 青年層. *isteri muda* 二番目以降の妻. *kahwin muda* 早婚. *mati muda* 早死に.

memudakan 若返らせる.

kemudaan 若さ.

pemuda; **pemuda-pemudi**, **muda-mudi** 若者, 青年.

mudah 1 簡単な: *pekerjaan mudah* やさしい仕事. dalam bahasa yang *mudah difaham* 分かりやすい言葉で. 2 すぐに～になる, ～しやすい: Dia *mudah menangis*. 彼女はすぐ泣く. Saya *mudah lupa*. 私は忘れっぽい. Kaca *mudah pecah*. ガラスは壊れやすい. Dia *mudah terpengaruh* oleh perasaan dan keadaan. 彼は感情と状況にすぐ影響されやすい. 3 早い, 素早い: padam api *dengan mudahnya* 素早く火を消す.

mudah kata 簡単に言うと, 要するに: *Mudah kata,* mereka telah memberikan sumbangan yang besar kepada pembangunan ekonomi negara Indonesia. 要するに, 彼らはインドネシア経済に大きな貢献をした.

memudahkan 単純にする, 容易にする.

memudahkan 1 簡単にする. 2 軽くみる, 見くびる.

kemudahan 施設, 便宜: belum ada *kemudahan air paip* 水道の施設がまだない.

mudah-mudahan 願わくば～するように: *Mudah-mudahan* awak akan lulus dalam peperiksaan itu. 願わくば君が試験に合格するように. *Mudah-mudahan* mak cik cepat sembuh. おばさんが早く治るように願っています.

mudarat (Ar) 1 損失, 損害. 2 不成功, 有益でない. 3 (病気が)危険な状態になる: Penyakit itu akan

mudi

mudarat jika tidak dirawat dengan segera. その病気はすぐに治療しないと危険になる.

memudaratkan （健康を）損なわせる, 危険な目にあわせる: *Dadah memudaratkan kesihatan.* 麻薬は健康を損なわせる.

mudi 若い女性→ **muda**.

mudik 上流へ舟でのぼる: *Perahu itu mudik ke hulu.* 舟は上流に行く.

memudiki （川を）上流へ航行する.

memudikkan 上流へ舟を走らす.

mudin (Ar) 割礼師.

muflis (Ar) 破産した.

kemuflisan 破産.

mufti (Ar) ムフティ《イスラム教の法官＝マレーシアでは各州に一人のムフティがいる》.

Muharam (Ar) ムハラム(イスラム暦の最初の月).

muhasabah (Ar) 内省, 自己反省: *muhasabah akhir tahun* 年の暮れの反省.

bermuhasabah; *bermuhasabah diri*, *bermuhasabah sesama kita* 内省する, 自己反省する.

muhibah (Ar) 親善, 親交.

muhrim 近親相姦.

mujarab (Ar) （薬に）効能がある, よく効く: *Ubat ini sungguh mujarab* この薬はとてもよく効く.

mujarad (Ar) 抽象的な, 観念的な.

mujur 運よく, 幸運にも＝nasib baik: *Mujurlah kita bersiar-siar Kuala Lmpur pada hari cuti.* 運よく休日にKLを遊覧した. *Mujurlah ombak besar tsunami tidak berulang.* 幸いにも今回は津波は起こらなかった.

kemujuran 運, 幸運.

pemujur 運のよい人.

muka 1 顔, 表情（＝air muka）: *muka masam* 渋い表情. *Adiknya datang dengan muka bangun tidur.* 弟が寝起き顔でやってきた. **2** 正面: *di muka pintu* ドアの前で. *muka bumi* 地表. *wang muka* 前金. *muka depan akhbar*, *muka satu akhbar* 新聞の1面(トップ). *muka surat* 頁(ページ). *muka manis* 微笑んだ顔. *muka papan* 恥知らずな人. *muka baru* 新顔, 新人. *muka lama* 古顔.

muka hidung 姿: *Saya nampak muka hidungnya setelah seminggu lebih dia menghilangkan diri.* 1週間以上消えた彼の姿を見た. "Ali nampak?" "Tak nampak *muka hidungnya* hari ini."「アリを見かけたかい?」「今日は彼の姿を見てない」.

mencari muka 人のご機嫌をとる; *Dia pandai mencari muka.* 彼は人のご機嫌をとるのがうまい.

bermuka 顔をもつ: *Saya tidak bermuka dua dengan mak.* 私はお母さんを裏切ることはない. *tidak bermuka* 恥じる. *bermuka dinding / kayu / tebal / tembok* 厚顔な, 恥知らずの.

bermuka-muka 1 向かい合う: Mereka hanyalah datang unuk *bermuka-muka.* 彼らは顔を見せるだけに来た. **2** 表面だけつくろう, 猫をかぶる, 誠意がない: *pandai bermuka-muka* とり繕うのがうまい. Ada yang *bermuka-muka*. Depan kita semuanya OK tapi *bermuka-muka*, berpura-pura. 猫をかぶる者もいた. 目の前ではすべてOKなのだが, 実は猫をかぶり, ふりをしていた.

bersemuka 向かい合う: Mereka perlu *bersemuka* bagi mencari penyelesaian kepada perpecahan yang wujud antara kedua-dua parti. 両党の間に存在する分裂の解決をさぐるために彼らは対話する必要がある.

mengemukakan 1 前に出す. 2 提案する,(意見を)言う: *mengemukakan* pandangan saya dalam hal itu その事についての私の意見を言う. Orang Amerika tidak merasa malu-malu untuk *mengemukakan pandangan*. アメリカ人は遠慮せずに堂々と意見を言う.

permukaan 表面.

semuka 向かい合って.

terkemuka 有名な.

mukadimah (Ar) 序文, 前置き.

mukah (Ar) 姦通, 密通, 不義.

bermukah 姦通する.

mukim (Ar) ムキム(区: 州→郡→区というマレーシアの行政区, 現在177のムキム).

bermukim 住む, 居住する.

muktamad (Ar) 確定的な, 最終的な: *membuat keputusan muktamad* 最終的な決定をする.

muktamar (Ar) 会議, 大会.

mula (Sk) 1 最初, 初めに, 一番最初に: *wang mula* 前金. *kembali ke mulanya* 最初に戻る. "Cakaplah *dari mula*."【口語】「最初から言えよ(今頃になって言うなんて)」. "*Sejak dari mula lagi*, saya tahu siapa anda ini yang sebenarnya."「最初から, 私は本当のあなたは誰なのか知っていた」. Alilah orang yang *mula sekali* pergi belajar ke luar negeri di kampung ini. この村で最初に留学した者がアリだ. Saya membaca novel itu *dari mulanya* hingga akhirnya. 僕はその小説を最初から終わりまで読んだ. *pada mulanya* 最初は: *Pada mulanya* dia bersetuju untuk diwawancara kemudiannya agak keberatan pula. 彼は記者会見に最初は賛成していたが, やがて難色を示すようになった. 2 始まり, 原因: Apa *mulanya* dia datang ke mari? 彼がここに来たそもそもの原因は何か? 3 ～し始める=bermula: Dia telah *mula menulis* novel baru. 彼は新しい小説を書き始めた. Ali baru *mula belajar* bahasa Jepun. アリは日本語を学び始めたばかりだ. Anak ini *mula berjalan* ketika umurnya lapan bulan. この子が初めて歩きだしたのは8カ月の時だ.

mula-mula 1 最初は, 初めの頃は: *Mula-mula* saya tidak suka kepadanya. 最初は彼を好きでなかった. 2 一番初めに: Di Kuala Kangsarlah pokok getah *mula-mula* ditanam di Malaysia マレーシアで天然ゴムの樹木が初めて植えられたのは, クアラ・カンサーであった.

bermula 1 始まる, スタートする: Bagaimana masalah ini *bermula*? この問題はどうやって始まったのか? Sungai itu *bermula dari* kaki gunung itu. その川は山の麓から始まっている. Musim cuti sekolah *bermula pada* 12 Mac dan berakhir pada 21 Mac. 学校の休みは3月12日に始まり, 3月21日に終わる. Setiap *yang bermula* pasti akan berakhir. Tidak ada yang kekal di dunia ini. 初めがあるものは必ず終わりがある. この世に永遠なものはない. 2 ～から(始まる), ～以降=mulai: Harga ayam dinaikkan sebanyak 50 sen sekilogram *bermula esok*. 明日から鶏肉がキロ当り50セン値上がりする.

memulakan 1 始める: *memulakan pekerjaan itu* 仕事を始める.

mulai

memulakan balik rundingan dengan kepala yang sejuk. 冷静に交渉を再開する. Dialah yang *memulakan perkelahian itu*. けんかを始めたのは彼の方だ. **2** 設立する: Pak Alilah yang *memulakan persatuan itu* di kampung ini. この村でその協会を設立したのがアリさんです.

pemula パイオニア, 創始者.

permulaan **1** 初め, 最初: *dari permulaan sampai akhir* 最初から最後まで. *pada permulaan ceramahnya* 講演の初めの部分で. *pada permulaan bulan* 月初めに. *di peringkat permulaan* 初めの段階で, 初級のレベルで. *buat permulaan* 手始めに. **2** 序文.

semula **1** 再び, もう一度: *bangun semula, bina semula* 復興する. *hidup semula* 生き返る. Dia *tidur semula*. 彼はまた寝てしまった. **2** 以前のように. Keadaan kembali *seperti semula*. 状況は以前のように戻ってしまった.

dari semula 最初から: Saya tidak suka rancangan ini *dari semula*. 私はこの計画を最初から好きでなかった.

semula jadi **a** 自然: keindahan *semula jadi* Pulau Redang レダン島の自然の美しさ. **b** 生まれつきの.

termula すでに始まっている.

mulai **1**《前置詞的役割》〜から, 〜以降: *Mulai besok* saya bercuti. 明日から休暇をとります. *Mulai sekarang* kita menyaksikan perlawanan bola sepak di TV. 今からサッカーの試合をテレビで観戦する. **2** 始まる(Id)→ **mula**: Sekolah *mulai* pada pukul sembilan pagi. 学校は朝9時から始まる. **3** 〜し始める(Id)→ **bermula**: Dia *mulai sembuh*. 彼は病気から回復し始めた.

memulai (Id)→ **memulakan** 〜を始める: Ali *memulai kerjayanya* sebagai wartawan. アリは新聞記者としてキャリアをスタートした.

mulas; **memulas** 腹痛 (=mulas perut).

mulia (Sk) 高貴な, 尊敬すべき: *Yang Maha Mulia* 〜《スルタンへの尊称》. *Yang Teramat Mulai* 〜《皇太子への尊称》. *Yang Mulia* 〜《王族や高貴な人への尊称》.

memuliakan 敬意を表する.

kemuliaan 尊敬, 敬意.

mulur 伸縮自在な, 柔軟な.

mulut **1** 口. **2** 言葉, 話: *banyak mulut* 話し好き. *berat mulut* 口が重い, 静かな. *mulut manis* 軟らかく丁寧に話す. *mulut murai* おしゃべりな人(女性): *Si mulut murai*, Idah yang memberitahu saya. あのおしゃべりのイダーが教えてくれた. *mulut tempayan* 秘密を守れない人. *mulut tajam, mulut bisa* 毒舌. *Jaga mulutmu*. 口を慎め. *Tutup mulutmu*. 黙っていろ. *menutup mulut* 〜の口封じをする. Dia menceritakan apa yang didengarnya *dari mulut ke mulut*. 彼は口伝えに聞いたことを話した.

bermulut **1** 口がある, 開口部がある. **2** 話す: *bermulut besar* 大口をたたく.

munafik (Ar) 偽善者.

munasabah (Ar) **1** 適切な, 手ごろな. **2** 理にかなった, 合理的な: *tanpa sebab munasabah* 正しい理由もなく.

muncul 現われる, 出てくる: Budak yang hilang 15 tahun lalu *muncul semula*. 15年前に行方不明になった少女が再び姿を現した.

memunculkan (姿を)現わす.
kemunculan 登場, 出現.

muncung 1 (犬や豚の突き出た)鼻・口: *muncung anjing* 犬の鼻. 2 (容器の突き出た口): *muncung cerek* ヤカンの口.

mundar-mandir 前後に動く, 往来する: *Orang ramai mundar-mandir di jalan itu.* 大衆がその道路を往来する.

mundur 1 後退する, 戻る: *langkah mundur ke belakang* 後戻りした措置. 2 遅れた. 3 減少する.
memundurkan 後退させる, 減少させる.
kemunduran 時代遅れ, 衰退, 低下.

mungkar (Ar) (神に対し)罪深い.
memungkari 神に背く.
kemungkaran 不服従.

mungkin おそらく, 多分: *Ali belum datang; mungkin dia sakit.* アリはまだ来ていない, 多分病気かもしれない. *secepat mungkin* できるだけ早く. *sebaik mungkin* できるだけ有効に. *sedapat mungkin* 最善をつくす. *tidak mungkin* 不可能な, あり得ない.
memungkinkan 可能にする.
kemungkinan 可能性: *Kemungkinan itu kecil.* その可能性は小さい. *Dia tidak menolak kemungkinan satu lagi gempa bumi kuat akan melanda perairan Sumatera.* 彼はもう一つの強い地震がスマトラ海域を襲う可能性を否定しなかった.

mungkir (Ar) 1 (約束を)破る: *mungkir janji* 約束を破る. 2 否定する. 3 不実な.
memungkiri, memungkirkan 1 (約束を)破る: *memungkiri janji* 約束を破る. 2 否定する: *memungkiri tuduhan itu* 訴えを否定する.

mungkum くぼみ, 窪地.

munsyi (Ar) 語学教師.

muntah 嘔吐: *Saya merasa mahu muntah* 吐きたくなった.
memuntahi, memuntahkan 吐く, もどす: *Gunung berapi memuntahkan debu.* 火山が噴火して火山灰を噴出する.
muntahan 吐しゃ物, 火山噴出物: *Muntahan lahar menyuburkan kawasan kebun.* ラハールの噴出物は農園地帯を肥やす.

murah 1 安い, 安価な: *Adakah bilik yang lebih murah?* もっと安い部屋はありますか. 2 寛大な (murah hati): *orang yang murah hati* 寛大な人.
bermurah 寛大な (=bermurah hati).
memurahkan 安くする.
murahan 安っぽい, 価値のない: *novel murahan* 質の劣るつまらない小説. *mencari seronok murahan* 安易な楽しみを追い求める.
kemurahan 1 安価. 2 寛大.
pemurah 寛大な人, 気前の良い人.

murai 〔鳥〕カササギ: *mulut murai* おしゃべりな人.

muram 1 曇った. 2 表情が曇った: *Mukanya menjadi muram apabila dia mendengar berita itu.* その知らせを聞いて彼の表情は曇った.
bermuram むっつりした, 憂うつな.
memuramkan 曇らせる, 暗くする.
kemuraman 憂うつ, どんよりした.

murid (Ar) 生徒, 学童《主に小学生を対象にする》: *Nani murid Tahun 2.* ナニは2年生です.
anak murid 教え子. *murid tua* 昔の教え子. *membina modal insan yang lebih cemerlang di kalangan*

murid serta pelajar. 学童および学生の間に優れた人間資本を構築する。

murka (Sk)【王室】怒った。

memurkai ～に対して怒っている。

murni 清い,純粋な,本当の: *cita-cita murni* 崇高な理想. *daripada hati yang murni* 心の底の. *perdamaian yang murni* 真の和平.

memurnikan 清める,清潔にする.

kemurnian 清浄,純粋.

murtad (Ar) 背教(イスラム教に関して).

murung 落胆する,悲しむ: Dia *murung* kerana kehilangan pekerjaannya. 彼は失業して落胆している.

musafir (Ar) 放浪者,旅行者.

musang 〔動〕ジャコウネコ.

musibah; **musibat** (Ar) 災害,災難,不運,惨事=bencana, malapetaka.

musim (Ar) 季節,シーズン,期間: Di Jepun ada empat *musim*: *musim bunga, musim panas, musim luruh dan musim sejuk*. 日本には四季がある: 春夏秋冬. *musim bunga, musim seni* 春. *musim panas* 夏. *musim luruh, musim gugur* 秋. *musim sejuk* 冬. *musim hujan, musim tengkujuh* 雨期. *musim kemarau* 乾期. *musim perayaan* 祭りの季節. *musim buah* 果物の季節. *musim cuti sekolah* 学校が休みの期間. *semasa musim persekolahan* 学期中に.

～ *sedang musim* ～が流行っている: Sekarang seluar jeans *sedang musim*. 今ジーンズが流行っている.

bermusim 1 ～の季節に入った. 2 周期的な,季節的な.

semusim 同じ季節: Durian dan manggis *semusim*. ドリアンとマンゴスチンは同じシーズンに生る.

muslihat (Ar) 1 方法: *mencari muslihat untuk mendapat balik barang-barangnya* 自分たちの持ち物を取り返す方法を探す. 2 策略,ごまかし(＝tipu muslihat): Mungkin ini *suatu muslihat* untuk menipu kita. もしかしたらこれは我々をだますための策略かもしれない.

Muslim (Ar) イスラム教徒.

Muslimat (Ar) 女性のイスラム教徒.

Muslimin (Ar) アラビア語でMuslim (イスラム教徒)の複数形.

musnah 破壊した,全部失う: Kira-kira 100 rumah *musnah dalam kebakaran* semalam. 約100軒が昨日火事で全焼した. *musnah terbakar* 全焼する. Lima daripada tujuh rumah itu *musnah sama sekali* manakala dua lagi *separuh musnah*. 7軒のうち5軒が全焼(全燒)し,あとの2軒は半焼(半壊)した.

memusnahkan 破壊する,全滅させる.

kemusnahan 破壊,損害.

pemusnah 破壊者: *senjata pemusnah besar-besaran* 大量破壊兵器.

pemusnahan 破壊,滅亡.

mustahak (Ar) 重要な,不可欠: *Mustahak bagi kita membawa kad pengenalan*. 身分証明書を携行することが不可欠である.

memustahakkan 必要とする.

mustahil (Ar) 不可能な,あり得ない: *Mustahil* orang mati dapat hidup kembali. 死んだ人が生き返るなんてあり得ないことだ. Napoleon pernah berkata, "*tidak ada sesuatu yang mustahil, buangkan perkataan mustahil itu dari kamus*". ナポレオンはかつて言った,「不可能なことは

ない,不可能という言葉を辞書から削除せよ」と. *perkara yang satu ketika dulu dianggap mustahil* 一昔前なら不可能とみなされていた事柄. *Tiada apa yang mustahil. Apa sahaja boleh berlaku dalam bola sepak.* 不可能なものはない. サッカーではどんなことでも起こり得る.

memustahilkan 不可能とみなす.
kemustahilan 不可能なこと.

mustaid (Ar) 用意のできた, 準備のできた.

mustajab (Ar) **1** (薬が)よく効く=mujarab. **2** (祈りや願いが)すぐに叶えられる: Ubat ini *sangat mustajab*: sekali pakai, sakit perut pun hilang. この薬は実によく効く, 1回飲むと, 腹痛がなくなる.

musuh **1** 敵, ライバル. **2** 危害を加えるもの: *musuh yang kuat* 強敵. *musuh ketat* 最大の敵. *musuh dalam selimut* 獅子身中の虫.

bermusuh, bermusuhan 互いに敵対している: Mereka sudah lama *bermusuhan*. 彼らは長い間敵対している. Saya tidak *bermusuh dengan* mereka. 私は彼らと敵対していない.
memusuhi 敵視する.
permusuhan 恨み, 敵意.

musykil (Ar) **1** 難しい, 骨の折れる. **2** 満足しない, 失望している: Saya *musykil* mengapa beliau tidak menjawab e-mel saya. なぜあの方は私のEメールに返事しないのか私は失望している.

memusykilkan **1** 複雑にする. **2** 失望させる.
kemusykilan **1** 困難. **2** 失望.

Musytari 木星.

mutakhir (Ar) 最新の: *senjata mutakhir* 最新兵器. *teknologi mutakhir* 最新の技術.

mutalaah (Ar) 学習, 研究.
memutalaah, memutalaahkan 学ぶ, 研究する.

mutiara (Sk) 真珠.

mutlak (Ar) 絶対的な, 全面的: *hak mutlak* Perdana Menteri 首相の絶対的な権利. *kuasa mutlak* 絶対的な権限. *sistem beraja mutlak* 絶対君主制度. Ada *larangan mutlak* untuk merokok di sini. ここでは喫煙は厳禁です.

mutu 質, 品質: Pada saya, *mutu* penting, kemudian baru jumlah. 私にとって,質が重要だ,量はその次だ.
bermutu 質の良い, 高品質の: hanya menjual *barang bermutu* 品質の高い商品しか売らない. Bahan ini *bermutu rendah*. この材料は品質が悪い.

muzik (英) music 音楽. *muzik elektronik* 電子音楽. *muzik latar* バックグラウンド・ミュージック(背景音楽). *bermain alat muzik* 楽器を弾く.

muzium (英) museum 博物館. *Muzium Negara* 国立博物館.

N

nabati (Ar)植物性: *lemak nabati* 植物性油脂.

nabi (Ar)イスラム教の預言者(ムハンマド). ***Al-Nabi, Nabi Muhammad*** 預言者ムハンマド. ***Nabi Isa*** イエス・キリスト.

nada 音色,音調,調子: *nada ton* 発信音(ダイヤルトーン). *nada utama* 主音. *nada sederhana* 普通の調子. *menyanyi dengan nada yang tinggi* 高い調子で歌う.

nadi (Sk)脈,脈拍: *memeriksa nadi* 脈拍をとる(測る).
bernadi 脈がある,生きている.

nadir (Sk)まれな,珍しい.

nafas (Ar)息,呼吸. *nafas panjang* **a** ため息. **b** 息を深く吸い込む. *menghembuskan nafas* 息をはく. *nafas penghabisan* 最後の息,最期. *menghembuskan nafas penghabisan / akhir* 息を引き取る,最期を遂げる(死ぬ=mati). *memberi nafas baru kepada* ~に新しい息吹をもたらす. *menarik nafas* 息を吸う. *menarik nafas lega* ほっとする,安堵する.
bernafas **1** 呼吸する: Orang itu sudah tidak *bernafas* lagi. その人はもはや呼吸をしていない. **2** 一服する: Biarlah saya *bernafas*. Kemudian saya akan mula bekerja. 一服させてくれ,仕事を始めるのはそれからだ.
menafaskan 息を吐き出す.
pernafasan 呼吸: *alat bantuan pernafasan* 人工呼吸器; Pesakit itu masih hidup hanya kerana bantuan *alat pernafasan* 患者は人工呼吸器の助けを借りてまだ生きているにすぎない. *menanggalkan alat bantuan pernafasan* 人工呼吸器を外す.

nafi (Ar)否定する,拒絶する.
menafikan 否定する,認めない. *tak boleh dinafikan bahawa* ~ということを否定できない.
penafian 否定,拒絶.

nafiri ナフィリ(トランペットに似たマレーの伝統的楽器).

nafkah (Ar) **1** 生計,生活費. **2** 収入,給与.
mencari nafkah 生計をたてる: Bagaimana dia *mencari nafkah*? どうやって生計をたてているのか. Dia *mencari mafkah dengan* menjaja. 行商して生計をたてている.
menafkahi 扶養費を与える.
menafkahkan 支出する,生活費を使う.

nafsu (Ar)欲求,願望,欲望: *nafsu makan* 食欲. *nafsu berahi* 性欲. *nafsu untuk hidup* 生きる願望.
bernafsu ~に夢中になる,強く望む: Mereka *bernafsu* bekerja di sini. 彼らはここで働きたがっている.
nafsu-nafsi あらゆる望み.

nafta (英) naphtha ナフサ.

naga 竜.

naga-naga 1 ドラゴン・ダンス. 2 竜頭(船首に取り付ける竜の頭の彫り物).

nah 1「ほら」「これ」《誰かに何かを受け取ってもらうときに呼びかける言葉》: "*Nah! ini buku awak.*"「ほれ、これは君の本だよ」. 2「ほら見て」《相手の注意をひきつけるための言葉》: "*Nah! begini saja. Tak sukar.*"「なっ、こうすりゃいいんだよ. 難しくない」"*Nah! sekarang baru awak tahu.*"「これでやっと分かっただろう」.

nahas (Ar) 1 事故＝kemalangan: *nahas jalan raya* 道路交通事故. *penyebab / punca nahas* 事故の原因. 2 不幸, 不運.

　menahaskan 不運だと見なす.

nahu (Ar) 文法, 語法.

naib (Ar) 副〜, 代理人, 補佐: *Naib Canselor Universiti* 副学長. *Naib Presiden* 副大統領. *naib johan* 次点者.

naik 1 上る, 登る: *naik ke atap rumah* 屋根に上る. 2 (乗り物)に乗る: *naik bas* バスに乗る. *naik teksi ke KLCC* タクシーに乗ってKLCCへ行く. 3 増える, 上昇する: Harga-harga *naik*. 物価が上昇する. Pangkat dan gajinya *naik*. 地位と給料が上がる. 4 〜になる, 〜に変わる: *naik marah* 怒る. Air mukanya *naik merah*. 彼の表情が赤くなった. 5 育つ, 成長する: Padi *sedang naik*. 稲が育っている. Anaknya *naik besar*. その子は大きくなった.

　naik angin 怒り.
　naik darah 怒る.
　naik darat (船から)上陸する.
　naik gaji 昇給する: *Saya naik gaji bulan lalu.* 私は先月昇給した.
　naik haji メッカへ巡礼に行く.
　naik kepala 限度を超える, つけ上がる: Takut mereka nanti *naik kepala* jika dilayan seperti ahli-keluarga. 彼らを家族のように扱うとやがてつけ上げる恐れがある.
　naik minyak, naik panas 怒る.
　naik saksi 証人になる, 認める.
　naik pangkat 昇進する: Dia sudah *naik pangkat* menjadi pengarah. 彼は局長に昇進した.
　naik semangat 勇気が出る.
　naik takhta 王位に就く.

　kenaikan 1 乗り物: *Kereta kenaikan pengantin itu* dihiasi dengan bunga-bunga. 新婚カップルの乗った車は花々で飾られていた. 2 上昇, 昇格: *kenaikan harga* 物価上昇. *kenaikan upah* 賃金上昇. *kenaikan pangkat* 昇進.

　menaik-naik 増える, 高まる.

　menaiki 〜に登る, 〜に乗る, 家の中へ入る: *menaiki tangga* 階段を上る. Rumah itu *dinaiki pencuri*. その家は泥棒に入られた.

　menaikkan 1 引き上げる, 高める: *menaikkan semangat tentera AS* 米軍の士気を高める. *menaikkan harga barang* 物価を引き上げる. *menaikkan gaji kakitangan awam* 公務員の給与を引き上げる. Bila bendera Malaysia *dinaikkan*, semua murid berdiri tegak. マレーシア国旗が掲揚されているとき, 生徒は全員起立した. 2 上に持ち上げる: Mereka *menaikkan* bungkusan besar itu ke lori. 大きな荷物をトラックに持ち上げる. *menaikkan darah* 〜を怒らせる.

najis (Ar) 排泄物, 糞.

nak [hendak] の省略【口語】 1 〜したい, 〜するつもり: *Nak ke mana?* どこへいくの. *Saya nak makan.* 食べたい. *Saya tak nak*

nakal

makan. 食べたくない. Saya *tak nak kata apa-apa*. 何も言いたくない. Saya *nak* you *hantar* surat ni sekarang juga. 君に今すぐこの手紙を渡してもらいたい. Saya datang *nak baca* surat khabar. 新聞を読みに来た (nak＝untuk). **Tak nak**. 嫌だ: "Mari kita balik, Aida." "*Tak nak*! Aku nak balik seorang!"「さあ帰ろうよ,アイダ」「嫌!あたし一人で帰るわ」. ***nak tak nak*** ～／ ***malas nak*** ～する気がない,～する気になれない,気が進まない: Dia *nak tak nak* menjawab soalan saya. 彼は私の質問に答える気がない. Saya *nak tak nak saja* makan 僕は食べる気になれない. Cikgu sentiasa sibuk. Kami *malas nak* tanya cikgu. 先生はいつも忙しい. 先生に質問する気がしない. Banyak graduan universiti tidak dapat kerja yang mereka *nak*. Mereka *nak* pakai tali leher, *nak* duduk di bilik berhawa dingin. たくさんの大卒が希望する仕事に就職できないでいる. 彼らはネクタイをつけて冷房のある部屋で座りたがる. **2** ～すること: *Nak belajar* bukan susah. 学ぶことは難しいことではない. *Nak kalah* bukan susah, *nak menang* yang susah. 負けることは難しくない, 本当に難しいのは, 勝つことだ.

nakal いたずらな, 腕白な, 不良の.
menakal 腕白に振る舞う.
kenakalan いたずら腕白.

nakhoda (Pr)＝kapten kapal. 船長.

nalih ナリ(籾米などの容量を測るマレーの伝統的単位: 1 nalih＝16 gantang＝72.7374 リットル).

naluri 本能, 直感, 本分. *naluri keibuan* 母性本能. *naluri Melayu* マレー人の本分.

nama **1** 名前, 呼称: *Siapa nama anda?* あなたのお名前は何ですか. *Nama saya Kenta.* 僕の名前は健太です. Ini isteri saya, Munirah *namanya*. これが私の家内で, ムニラといいます. *nama ejakan, nama julukan, nama timangan, nama timang-timangan* ニックネーム, あだ名. *nama keluarga* 名字. *nama panggilan* 呼び名, ニックネーム. *nama pena* ペンネーム. *nama samaran* 偽名, 仮名. *nama sebenarnya* 本名.

pada nama sahaja 名前だけの, 名目的な: Mereka golongan Islam *pada nama sahaja*. 彼らは名目的なイスラム教徒.

Itu ～ namanya. それが～というものだ: Skandal seks Presiden Clinton jadi bahan jenaka pelawak TV Amerika. Bagi mereka, *itu kebebasan namanya*. クリントン大統領のセックス・スキャンダルはアメリカのTVコメディアンのネタになっている. 彼らにとって, それが自由というものだ. "You gilakan Kassim!" "*Itu cemburu namanya*, Ali."「君はカシムに夢中なんだろう」「それはやきもちというものよ, アリ」. **2** 名声, 名誉: *mencari nama* 人気取りをする, 有名になりたがる. *membersihkan namanya* 汚名を晴らす.

bernama **1** ～という名前を持つ: seorang pemuda yang *bernama* Deli デリーという名前の青年. **2** 有名な.

kenamaan 地位の高い, 高名な, 有名人: *tetamu kenamaan* 来賓. Antara *orang kenamaan* yang hadir pada majlis perkahwinan itu ialah bekas Perdana Menteri. その

結婚式に出席した有名人の中に前首相もいた. Beberapa *orang kenamaan* akan dihadapkan ke mahkamah. 何人かの有名人が裁判にかけられる. lif khas *orang kenamaan* VIP用の特別なエレベーター.

menamai 〜を…と名付ける, と呼ぶ: *menamai anak itu Taro* その子を太郎と名付けた.

menamakan 1 〜を…と名付ける: *menamakan anak itu Taro* その子を太郎と名付けた. *menamakan negeri ini 'Melaka'* この王国をマラカと名付ける. 2 指名する: *Najib dinamakan sebagai* Timbalan Perdana Menteri. ナジブ氏が副首相に指名された. *menamakan calongnya untuk pilihan raya umum* 総選挙の立候補者を指名する.

ternama 有名な=terkenal, termasyhur.

penamaan 指名: *tarikh penamaan calon* (総選挙で)届け出立候補者の指名を選挙管理委員会が正式に認可する日《この日から選挙運動が認められる》.

nampak 1 〜を見かける, 見る: Oleh kerana malam sangat gelap, Ali *tidak nampak* pokok di hadapannya. 闇夜だったので, アリは目の前の木が見えなかった. Sang kancil *nampak* pokok rambutan di seberang sungai. 小鹿さんは川の向こう側にあるランブータンの木をそれとなく見ていました. 2 見える, 姿を見せる: *Tidak nampak* Ali sejak seminggu yang lalu. アリは1週間前から姿を見せてない. *Lama tak nampak*, balik kampungkah? 久しぶりだね, 田舎に帰っていたのかい. 3 明白である: *Nampak sekali bahawa* dia suka. 彼女が好きなことは明白だ.

tak nampak muka hidung 姿を見せない, 来ない.

nampak belang 本音が知られる.

nampaknya 1 〜のようだ, 多分〜と思われる: *Nampaknya dia tidak akan datang.* 彼女は来ないようだ. Dia *nampaknya* sibuk. 彼女は忙しいようだ. 2 〜のように見える: Dia *nampaknya* sepuluh tahun lebih muda. 彼女は10才若く見える.

menampakkan 〜を見せる.

namun 1 けれども, しかし: Dia berusaha keras, *namun gagal*. 彼は一生懸命に努力した, けれども失敗した. 2 〜の限り=asalkan.

namun begitu, *namun demikian* そうであるけれども, しかしながら.

nanah 膿(うみ): *mengeluarkan nanah* 膿を出す.

bernanah (傷などが)膿んでいる.

nanas 〔果物〕パイナップル.

nangis =menangis (泣く)の口語形: *Jangan nangis.* 泣かないでね.

nangka 〔果物〕ジャックフルーツ.

nanti I 1 後で, やがて: Saya akan bertemu lagi dengan awak *nanti*. また後で君に会うよ. 2 そうでないと, さもなければ〜: *Belajar bersungguh-sungguh*, *nanti* awak akan gagal dalam peperiksaan. まじめに勉強しなさい, さもないと試験に落第するよ. "*Jangan nakal, nanti emak pukul.*"「いたずらしないで. いたずらするとお母さんは叩くわよ」 Kita tidak boleh bermain di tepi jalan, *nanti* dilanggar kereta. 道路の脇で遊んではだめ, 遊ぶと車に轢かれる. 3 きっと, 確かに: *Nanti* awak akan kena marah. きっと怒られるぞ.

nanti II; **menanti** 待つ=tunggu:

narkotik

menanti kawannya di stesen bas バス停で友達を待つ. *menanti* saat itu その瞬間を待つ. ***Nanti dulu***. ちょっと待って下さい.

menantikan 〜を待つ: Siapa yang awak *nantikan*? 誰を待っているのか. *menantikan* tetamu datang お客さんが来るのを待つ. *menantikan* saat bertemu dengan anda あなたに会える時を待つ.

menanti-nanti 長時間待っている, ずっと待つ: *menanti-nanti kedatangan* cuti musim panas 夏休みの来るのをずっと待っている.

menanti-nantikan ずっと待っている,期待して待っている: Saya masih lagi *menanti-nantikan jawapan* dari pihak kerajaan. 私は政府からの回答をまだ待ち続けている. album baru yang *dinanti-nantikan* 待ち望んだニューアルバム. *Waktu yang dinanti-nantikan itu* sampailah sudah. 待ちに待った瞬間がやっと来た. Saat inilah yang *dinanti-nantikan* selama ini. 実はこの時をこれまで待っていたのだ.

ternanti-nanti, **nanti-nantian** 待ち焦がれる, 待ちのぞむ: *ternanti-nanti kepulangan* suaminya dari luar negeri. 夫の帰国を待ち焦がれる.

penantian 待つこと, 待合所.

narkotik (英) narcotic 麻薬.

nasi ご飯: *nasi putih* 白米. *nasi goreng* 炒めご飯. *nasi dagang* ナシ・ダガン (やわらかい米で炊いたご飯). *nasi lemak* ナシ・ルマ (ココナッツミルクで炊いたご飯). *memasak / menanak nasi* ご飯を炊く. *Nasi sudah menjadi bubur.* 【諺】覆水盆に返らず.

bernasi 米を炊く.

nasib (Ar) 運命, 運: *Nasibnya kurang baik*. 運がない.
nasib baik 幸運.
nasib buruk 不運.
Kalau nasib baik, 運が良ければ.
mengubah nasib 運命を変える: Kesan bencana tsunami itu *mengubah nasib* manusia dalam sekelip mata. 津波の被害は一瞬にして人間の運命を変えてしまった.

bernasib 運がある: Saya tidak *bernasib* baik. 僕はついてない.

nasib-nasiban 運にまかせる.

senasib 同じ運命を持つ: *Kita senasib*. 私たちは同じ運命にある.

nasihat (Ar) 忠告, アドバイス, 教訓: *memberi nasihat kepada* 〜 に忠告する. *memberi nasihat supaya* 〜するように忠告する. *meminta nasihat* 〜 *tentang* —について〜の忠告を求める. *atas nasihat* 〜の忠告に従って.

menasihati, menasihatkan 〜に忠告する, 〜に提案する: Mereka *menasihati saya supaya* jangan kahwin muda. 彼らは私に早婚はだめと忠告した.

penasihat アドバイザー, 相談役.

nasional (英) national 国家の.

nasionalisme (英) nationalism ナショナリズム.

naskhah (Ar) 1 手書きの原稿: *naskhah asal* オリジナルの原稿. 2 本や雑誌を数える助詞 (〜冊): Buku ini harganya RM5.00 se-*naskhah*. この本は1冊5リンギット.

Nasrani キリスト教徒: *masuk Nasrani* キリスト教徒になる.

nat (英) nut 止めねじ.

Natal クリスマス (Hari Natal).

naturalisme (英) naturalism 写

実主義.

naung; **naungan** 1 日陰: *di bawah naungan pokok* 木陰で. 2 保護: *di bawah naungan orang putih* 白人の保護の下で.

bernaung 1 日差しをさける, 陰に入る. 2 (他国の)保護を受ける: *Kedah pernah bernaung di bawah Kerajaan Siam.* クダ王国はかつてシャム王国の保護下にあった.

menaungi ～を守る, 保護する.

penaung 保護者, パトロン.

pernaungan 1 シェルター. 2 保護.

nautika (英)=nautical 海上の, 海事の: *batu nautika* 海里 (=1.852 キロ).

nazak (病状が)重体, 瀕死.

nazar (Ar) 誓約=janji: *Dia menunaikan nazar dengan* membotakkan kepala. / *Dia* membotakkan kepala sebagai *membayar nazar*. 彼は頭を坊主にする誓約を守った.

bernazar 誓約する, 約束する: *Dia bernazar untuk* membotakkan kepala jika pasukannya kalah. 彼は自分のチームが負けたら頭を坊主にすると約束した.

nazir (Ar) (学校)視察官, 視学官.

negara 国, 国家, 国立の: *Negara saya* yang terbaik. わが祖国が一番良い. Malaysia adalah *negara* yang merdeka dan berdaulat. マレーシアは独立した主権国家である. *negara asing* 外国. *negara boneka* 傀儡国. *negara jiran* 隣国. *negara kebajikan* 福祉国家. *negara Komanwel* 英連邦諸国. *negara maju* 先進国. *negara membangun* 発展途上国. *negara satelit* 衛星国家. *Bank Negara Malaysia* マレーシア中央銀行. *Zoo Negara* 国立動物園. peserta dari dalam dan luar negara 国内外からの参加者.

kenegaraan 国家的.

negarawan 偉大な政治家.

negatif (négatif) (英) negative. 1 否定的な, 消極的な: *jawapan yang negatif* 否定的な答. *mempunyai sikap yang negatif terhadap* ～に対して消極的な態度をとる. *secara negatif* 消極的に. 2 (写真の)印画.

negeri 1 国, 国立の: *Negeri Jepun* 日本国. *negeri asing* 外国. *dalam negeri* 国内. *luar negeri* 外国, 海外: Bapa saya bekerja *di luar negeri*. 父は外国で働いています. Saya ingin *belajar ke luar negeri*. 僕は海外留学したい. *negeri asal* 原産国. *ibu negeri* 首都. *anak negeri* 土着民. *Negeri-Negeri Selat* 海峡植民地《イギリス植民地時代のペナン, マラカ, シンガポールの直轄植民地をいう》. 2 州: Malaysia terdiri dari 13 *negeri*. マレーシアは13州から構成されている. *Dewan Negeri, Dewan Undangan Negeri* 州議会. 3【古典】マレー王国, 王都, 王宮, 宮殿: *Negeri Melaka* マラカ王国. Tun Perak tidaklah patut duduk di Kelang lagi, baiklah Tun Perak *duduk di negeri* (p.91). トゥン・ペラはもうクランに住むべきでなく, 都(マラカ)に住むのが一番良い. Makhdum itu dibawa baginda naik gajah, lalu dibawa baginda *masuk ke dalam negeri* (p.74). 王は賢者を象に乗せ, 宮殿の中へ連れていかれた.

Negeri Sembilan ヌグリ・スンビラン州.

nekad (nékad); **menekad** 1 頑なに, 執拗な, あくまでも変えない, 固く決心する: Ali *sudah nekad dengan* keputusannya. アリは自分の

決定をあくまでも変えないでいる. Kerajaan Pas *nekad* membubarkan Dewan Undangan Negeri (DUN). PAS政権は州議会を解散する決意をした. **2** 大胆な, 恐れを知らない: rompakan bank yang *menekad* 大胆な銀行強盗.

kenekadan 勇敢, 大胆.

nelayan 漁師, 漁民: *kampung nelayan di pantai timur* 東海岸の漁村.

nenek (nênêk) 祖母.
　nenek moyang = *datuk nenek* 祖先.

neolitik (néolitik) (英) neolithic 新石器時代の.

neon (néon) (英) neon ネオン.

nepotisme (népotisme) (英) nepotism ネポティズム(身内びいき, 縁故主義).

neraca 天秤, はかり.

neraka (Sk) **1** 地獄: *masuk neraka apabila mati kelak* 死ぬ時には地獄へ落ちる. **2** 苦難, 災難.
　menerakakan 破滅させる, 悲劇を引き起こす.
　kenerakaan 地獄, 災難.

nescaya きっと, 確実に: *Sekiranya awak tidak makan, nescaya awak akan lapar*. 食べなければ, きっと腹がへるぞ.

nestapa (Sk) 不幸, 悲しみ (= duka nestapa).

neurosis (néurosis) (英) neurosis 神経症, ノイローゼ.

neutral (英) neutral 中立の, 中性: *bersikap neutral* 中立的立場をとる.
　meneutralkan 中和する, 中立化する.

ngam-ngam 《俗》ぴったし合っている.

nganga (口を)大きく開く.

menganga **1** 大口を開ける. **2** 失う.

mengangakan あ～んと大きく口を開く: *mengangakan mulutnya untuk diperiksa oleh doktor*. 医者の検査を受けるために口を大きく開けた.

ternganga **1** 《口やドアが》大きく開いたまま: *mulut yang ternganga* 大きく開けたままの口. **2** びっくりする, 開いた口がふさがらない: *ternganga mendengar* ～と聞いて驚愕した.

ngeri ぞっとする, 愕然とする: *pemandangan ngeri* ぞっとする光景. *kemalangan ngeri* 身の毛もよだつ事故. *Saya ngeri melihat mayat itu*. その死体を見てぞっとした.
　kengerian 恐怖, 身の毛もよだつ.
　mengerikan 怖がらせる, ぞっとさせる.

ngilu **1** (音が)耳障りな, いらいらさせる: *berasa ngilu mendengar bunyi itu* その音を聞いて不愉快になる. **2** (歯が)しみる, 痛む: *Gigi saya ngilu apabila terkena air sejuk*. 冷たい水にあたると歯がしみる.

ni = ini の略【口語】: "*Apa pula ni?*"「いったいこれは何ですか」.

niaga 商売, 取引.
　berniaga 商売をする, 取引する: *berniaga kain dan batu permata* 衣服と宝石の商売をする.
　memperniagakan 売買する, 取引する.
　peniaga 商人, ビジネスマン.
　perniagaan 商売, 貿易.

nian 非常に, とても《前の語句を強調する働き》: *Bodoh nian budak itu*. この子は, なんとばかなのでしょう. *sebentar nian* ちょっとだけ.

niat **1** 目的, 意図: *niat baik* 善意.

niat buruk 悪意. *niat hati* 意欲. Saya tahu *niat* awak memanggil saya. 僕を呼んだ君の意図は知っている. **2** 誓約: *Niatnya akan berkenduri jika anaknya lulus.* 息子が合格したらクンドゥリ(宴会)をすると約束した.

berniat 1 意図する, ～するつもりである: *Saya tidak berniat bermalam di rumah Azizah.* 僕はアジザの家に泊まるつもりはなかった. **2** (…したら)～すると誓う・約束する: *Ali berniat hendak membelikan ibunya hadiah apabila mendapat gaji pertamanya nanti.* アリはやがて最初の給料をもらったら母親にプレゼントを買ってあげると約束した.

berniat-niat 願う.

meniatkan 1 ～と望む, 意図する. **2** 約束する, 誓約する. **3** 祈る.

nibung ニボンヤシ樹.

nikah (Ar) 結婚: *akad nikah* (イスラムに基づいた)婚姻の手続き.

wakil nikah 結婚式での新郎側の代理人.

bernikah 結婚する: *bernikah dengan Azizah* アジザと結婚する.

menikahi ～と結婚する: *menikahi Azizah* アジザと結婚する.

menikahkan 結婚させる: *Pak Hassan telah menikahkan anak perempuannya dengan seorang Jepun.* ハッサン氏は娘を日本人と結婚させた.

pernikahan 結婚.

nikel (英) nickel ニッケル.

nikmat (Ar) 楽しい, 心地よい, 美味しい: *merasa nikmat* 心地よい. *Tidak ada yang lebih nikmat daripada tidur sepanjang hari.* 一日中寝ているものに勝るものなし. *memakan hidangan itu dengan penuh nikmat* ご馳走を美味しく食べる.

menikmati 楽しむ, 享受する, エンジョイする, (ご馳走を)味わう, 経験する: *Marilah kita menikmati hidup ini.* さあ楽しくやりましょう. *menikmati hidup yang senang* 楽しい人生をエンジョイする. *Marilah kita sama-sama menikmati masakan Jepun ini.* さあ皆で日本料理を味わいましょう.

kenikmatan 楽しみ, 快楽: *Inilah kenikmatan hidup.* これこそが人生の楽しみだ.

nikotina (英) nicotine ニコチン.

nila (Sk) 藍(色).

nilai 価値, 値打ち, 水準: *nilai Ringgit Malaysia* マレーシア・リンギット(通貨の)価値. *aset nilai* 資産価値. *nilai buku* 簿価. *nilai modal* 資本価値. *nilai muka* 額面価値. *nilai-nilai murni* 倫理. *nilai pasar* 市場価値.

bernilai 価値のある, 高価な, 質の高い.

menilai, menilaikan 値をつける, 評価する: *menilai laporan itu* レポートを評価する. *tak boleh dinilaikan dengan wang ringgit* 金銭では評価できない.

ternilai; *tak ternilai* 計り知れないほど価値がある.

penilai 評価者, 査定人.

penilaian, pernilaian 評価, 査定.

nilon (英) nylon ナイロン.

nipah 〔植〕ニッパヤシ.

nipis 薄い: *kopi O nipis* ミルクなしの薄いコーヒー(砂糖は入っている).

menipis 薄くなる.

menipiskan 薄くする.

nira (Sk) ニラ《ヤシの花汁: 砂糖およびヤシ酒の原料》.

nisan (Pr) 基碑 (=batu nisan).

nisbah (Ar) 比率: *Nisbah* penduduk lelaki dengan penduduk perempuan ialah 1:1.5. 男女の人口比は1:1.5である.

nisbi 比較上の, 相対的な.

niskala 抽象的な.

nista 1 侮辱, ののしり言葉 (= kata-kata nista). 2 不名誉な, 恥ずべき: *perbuatan nista* 恥ずべき行為.

kenistaan 侮辱.

menista, menistai, menistakan 侮辱する, ののしる.

nobat (Pr) 1 大太鼓: *gendang nobat* 王室用の大太鼓. 2【古典】ノバット(王の即位式など王室行事の際に演奏する宮廷奉楽団: 6つの楽器から構成): Raja itulah yang empunya *nobat* yang ada sekarang ini (p.31). 今日のノバット楽団をすでに所有していたのがこの王(ビンタンの王)であった. *naik nobat* 王に就任する. *mengadap nobat baginda* 王の即位式に参加する. *memohonkan nobat* 周辺の諸王がマラカに上京してマラカ王に参上すること; Raja Kedah pun pergi mengadap ke Melaka, hendak *memohonkan nobat*. クダ王はマラカ王にお目通りを乞うて参上した. 3【古典】(王が)謁見所で公務をする, 謁見を受ける: Tujuh hari baginda *tiada nobat* oleh bercintakan Bendahara (p. 87). 王はブンダハラへの哀悼を表して七日間公務に出られなかった.

menobatkan 即位させる: Adalah Seri Teri Buana akan kerajaan di Bintan *ditabalkan* oleh Wan Seri Beni dan *dinobatkan* (p.36). スリ・トゥリ・ブアナ王はワン・スリ・ブニ王によってビンタン国の王として正式に即位され, 即位式が執り行われた. Ratu Kanada *dinobatkan sebagai* Miss Universe 2005. カナダの美人代表が2005年のミス・ユニバースに選ばれた.

penobatan 即位: *upacara penobatan* 戴冠式.

Nobel: *Hadiah Nobel* ノーベル賞.

noda 1 汚れ, しみ: *noda yang ada pada bajunya* 着物のしみ. 2 恥, 侮辱: Dia *membawa noda kepada keluarganya*. 彼は家族の恥だ.

bernoda 1 (着物などに)しみがある. 2 辱めを受ける.

menodai 1 ～を汚す. 2 ～を侮辱する, (名誉を)汚す: *menodai nama baik keluarga* 家族の名誉を汚す.

penodaan 痴漢行為, 恥辱.

noktah (Ar) 終止符, ピリオド(.): *membubuh noktah pada* penghujung tiap-tiap ayat. 文章の最後にピリオドを打つ. *noktah bertitik* (句読点の)コロン(:).

nombor (英) number 数字, 番号: *nombor ganjil* 奇数. *nombor genap* 偶数. *nombor halaman* ページ数. *nombor indeks* インデックス・ナンバー. *nombor pengenalan peribadi, / nombor PIN* 個人識別番号 (PIN), 暗証番号. *nombor telefon* 電話番号. Sila ambil *nombor giliran*. (病院, 銀行などで)順番票を取ってください.

nombor satu 第1位, トップ・クラス: *penyanyi nombor satu* negara 国内トップの歌手. Dia *nombor satu di sekolah*. 彼は学校で1番だ. Layanan di restoran ini *nombor satu*. このレストランのサービスは最高に良い. Dadah merupakan *ancaman nombor satu di negara ini*. 麻薬がこの国では最大の脅威になっている. *memberi nombor* ナンバー

をつける；Kami *memberi nombor pada* setiap meja itu. それぞれの机にナンバーをつけた.

menombori 数える.

norma (英) norm 基準, 規範, ノルマ.

normal (英) normal 標準の, 典型的な.
menormalkan 標準化させる：**penormalan** 標準化.

not (英) note 音符.

nota (英) note. **1** 公文書. **2** メモ. **3** 手形, 紙幣：*nota bank* 銀行券, 銀行紙幣. *nota kredit* クレジット・ノート(貸方票). *buku nota* ノートブック.

notis (英) notice. **1** 報告. **2** 通告：*notis mungkir* 債務不履行(デフォルト)通告. *kena notis* 解雇通告.

novel (英) novel 小説.

novelis (英) novelist 小説家.

November (Novêmber) (英) November 11月.

nujum (Ar) **1** 占い師, 占星術師 (=ahli nujum). **2** 占星学.
nujuman 予測, 予言.
menujum, menujumkan 占う, 予想する.

nuklear (nuklêar) (英) nuclear 核の, 原子力の：*bom nuklear* 原子爆弾. *negara nuklear* 原子力国家. *reaktor nuklear* 原子炉. *senjata nuklear* 原子力兵器. *tenaga nuklear* 原子力発電.

nukleus (nuklêus) (英) nucleus 中核, (原子, 細胞などの)核.

nur 光, 明るい.

nuri [鳥] インコ (=burung nuri).

nusa (Sk) **1** 祖国. **2** 島.

Nusantara ヌサンタラ(マレー群島, マレー世界).

〜nya 1《三人称代名詞の接尾形》彼の, 彼女の, その：*Namanya* Ali. 彼の名前はアリです. Saya mengambil kamus itu lalu memberikan*nya* kepada Ali. 私は辞書を取って, アリに与えた. **2**《形容詞＋nya＝抽象名詞を作る》：*tingginya* 高さ. *besarnya* 大きさ. *dalamnya* sungai itu その川の深さ. *buruk baiknya* dasar itu その政策の良し悪し. **3**《動詞＋nya＝動名詞を作る》：Ali tertidur. *Tidurnya* begitu panjang. アリは居眠りした. 随分長いこと寝た. berita *meletusnya* peperangan 戦争勃発のニュース. dengan *berjalannya* waktu 時間の経過とともに. *terjadinya* peristiwa 13 Mei 5月13日事件の発生. *terkeluarnya* Singapura dari Malaysia シンガポールのマレーシアからの脱退. **4**《強調の表現として》：Di situlah *bermulanya* segala-gala. そこですべてが始まった. *Panasnya* hari ini! なんと暑いことか, 今日は！ **5**《di 動詞＋nya：動作の連続を示すとき》：Seekor nyamuk singgah di pipi Hana. Dia terkejut. *Ditamparnya*. *Dirabanya* pipinya. 一匹の蚊がハナの頬に止まった. 彼女は驚いて,(蚊を)手でたたき, 頬をさすった.

nyah 【俗語】とっと消え失せろ (=pergi)：*Nyahlah* engkau dari sini! ここから出て行け！ mak nyah 男おんな.

nyala 炎 (=nyala api).
bernyala, menyala 炎をあげている (燃えている), 燃えさかる：Api *menyala*. 火が燃えている.
menyalakan 火をつける, 引き起こす：*menyalakan api* 火をつける. *menyalakan radio* ラジオをつける.
penyala ライター, 火をつける道具.

nyaman 快適な, 活発な, 美味な：

nyamuk

udara nyaman 新鮮な空気.

menyamankan 快適にする, 元気づける.

kenyamanan 快適さ.

penyaman 快適にさせるもの: *penyaman udara* エアコン.

nyamuk 蚊: *Ada banyak nyamuk*. 蚊がたくさんいる. *nyamuk beruang, nyamuk aedes, nyamuk harimau* デング熱を媒介する蚊. *nyamuk kelambu, nyamuk tiruk* マラリア蚊.

nyanyi; **nyanyian** 歌.

bernyanyi, menyanyi 歌う: *pandai menyanyi* 歌がうまい. *menyanyi kuat-kuat* 大声で歌う. mandi sambil *bernyanyi-nyanyi kecil* 鼻歌を歌いながらマンディする.

menyanyikan 〜を歌う: *menyanyikan lagu Jepun itu* その日本の歌を歌う.

penyanyi 歌手.

nyanyuk 老化した, ボケた: Orang tua itu *sudah nyanyuk*: sekarang katanya begini, lima minit lagi katanya begitu. その老人はもうボケてしまった: さっきこう言ったと思ったら, 5分後にはああ言う.

nyaring 金切り声の, 耳のするどい.

menyaringkan 金切り声を上げる, かん高い音を出す.

nyaris 危うく〜するところだった (=nyaris-nyaris): Saya *nyaris maut*. 私は危うく死にかけた. Kereta yang berlalu dengan laju itu *nyaris melanggar* orang tua itu. スピードをだして走っていたその車は危うくあの年寄りを轢くところだった. *nyaris menangkap* jenayah itu 犯人を捕まえそこねた.

nyata (Sk) **1** はっきりとした: Bekas pukulan *masih kelihatan nyata*. 殴られた跡がまだはっきりと見える. **2** 明白な: *Sudah nyata bahawa* dia telah menipu kami. 彼が私たちを騙したことはもう明白である. *Nyata kepada kami bahawa* 〜ということは私たちに明白である. **3** 具体的な: *bukti-bukti nyata* はっきりした証拠. *warisan tidak nyata* 無形文化財(遺産).

kenyataan **1** 声明, 宣言: *membuat kenyataan* 声明する, 発表する. *kenyataan bersama* 共同声明. **2** 現実, 事実: Cita-citanya sudah *menjadi kenyataan*. 彼の理想が実現した. Kekhuatirannya *menjadi kenyataan*. その心配が現実になった. *menerima kenyataan itu* その現実を認める.

menyatakan 説明する, 明言する, 宣言する: *menyatakan di depan umum bahawa* 〜と公言した. Saya ingin *menyatakan pendapat tentang* hal ini. 私はこのことについて意見を表明したい.

penyata 公示, 公的報告: *penyata kewangan* 会計報告. *penyata tahunan* 年次報告.

pernyataan 発表, 表明: *membuat pernyataan* 公表する.

ternyata **1** 後から判明したが: *Ternyata* kami pergi ke tempat yang salah. 後から分かったことだが, 私たちは間違った場所へ行ってしまった. **2** すでに明示・言及されている: *seperti yang ternyata di bawah* 以下に述べられているように.

nyawa 命, 生命: *putus nyawa* 死ぬ: *Nyawa di Hujung Pedang*『剣の先の命』(日本軍政時代の悲恋をテーマにした有名な現代マレー小説, 1946年刊, 著者はアハマット・ムラド). *nyawa-nyawa ikan*【口語】虫

の息，死にそうだ； *Nyawa-nyawa ikan* saya menyiapkan tesis ini. この論文を仕上げるのにふうふういう．

bernyawa 生きている：Dia *sudah tidak bernyawa lagi*. 彼は息絶えた．

senyawa 混合，化合物．

nyenyak ぐっすり(眠る)：Awak *tidur nyenyak* malam tadi？昨夜はよく眠れましたか．

nyiru ふるい(篩)．

nyiur 〔植〕ココヤシ：*minum air nyiur muda* 若いココヤシの汁を飲む．

nyonya ニョニャ(既婚の華人女性に対する呼称)．

nyunyut; menyunyut 吸う，しゃぶる：*menyunyut gula-gula* 飴をしゃぶる．

O

obituari (英) obituary 死亡広告．

objek (objék) (英) object 目的，対象．

objektif (objéktif) (英) objective. **1** 目的，目標．**2** 客観的な．

obor **1** たいまつ，(オリンピック)聖火：*obor Olimpik* 聖火．*pembawa obor Olimpik* 聖火ランナー．*Penyalah obor Olimpik selalunya dirahsiakan sehingga ke saat akhir*. オリンピック聖火を点火する人は最後まで秘密にされる．**2** 道標，指標．

mengobor **1** たいまつで火をつける．**2** 怒らせる．

mengobori 光らせる，明るくする．

offset (offsét) (英) offset オフセット印刷(物)．

ogah; mengogah (歯や柱などを)引きぬけるようにぐらぐら動かす．

Ogos (英) August 8月．

OKB [Orang Kaya Baru] 成金．

oksida (英) oxide 酸化物．

mengoksidakan 酸化させる．

pengoksidaan 酸化．

oksigen (英) oxygen 酸素．

oktagon (英) octagon 八角形，八辺形．

Oktober (英) October 10月．

OKU [Orang Kurang Upaya] 身体障害者．

olah I やり方，おかしな振る舞い．

olahan 悪ふざけ，いたずら好き．

berolah 悪ふざけする．

seolah-olah あたかも〜のように＝seakan-akan：Dia *bercakap kepada kita seolah-olah kita ini kanak-kanak tadika*. 彼は私たちがまるで幼稚園児であるかのように話しかけてきた．

olah II; mengolah 加工する，処理する，分析する：*mengolah bahan mentah* 原料を加工する．*Getah itu diolah menjadi tayar*. 天然ゴムは加工してタイヤになる．*mengolah rancangan itu* その計画を分析する．

olahan 処理，処置：*olahan air* 水処理．*olahan kimia* 化学処理．*ola-*

olahraga

han kumbuhan 汚水処理.
pengolah 加工する人, 製造者.
pengolahan 加工, 処理, 分析.
olahraga (Jw) 陸上競技.《スポーツは→ **sukan**》.
olak I ; olakan (風や水の)渦巻, 小さな波: *olakan angin* 竜巻.
berolak 渦巻く, 回る.
olak II ; olak-alik あちらこちらに行く, 変わり易い.
mengolak-alikkan 言葉を濁す, ごまかす, からかう.
olang ; berolang-aling (舟などが)前後(左右)に揺れ動く.
oleh (oléh) ~によって ~だから: Saya dipukul *oleh* Ali. 僕はアリに殴られた. Ali ditangkap *oleh* polis. アリは警察によって逮捕された.
oleh kerana itu それ故に, それだから. *oleh itu*, *oleh demikian*, *oleh yang demikian* だから, それによって.
beroleh 受け取る, 手に入れる: *beroleh kemenangan* 勝利を得る. *beroleh kekayaan* 富を取得する.
memperoleh, memperolehi 取得する, 成し遂げる, 達成する: *memperoleh sokongan rakyat* 民衆の支持を得る. *memperoleh kemajuan* 進歩を成し遂げる. *memperoleh kemenangan besar* 大勝利を収める.
perolehan 利益, 収益, 収入: *perolehan bersih* 純益. *perolehan syarikat* 企業収益.
oleh-oleh (oléh-oléh) (旅の)土産物, 贈り物.
oleng (oléng) 揺れる, 振る: Kepalanya *oleng* ke kiri dan ke kanan. 頭が左右に揺れる.
mengoleng 揺らす, 振る.
Olimpik ; Sukan Olimpik オリンピック大会.

olok ; olok-olok, berolok 冗談を言う, ふざける: Kami selalu *berolok-olok*. 僕らはいつも冗談を言っている. Saya *hanya berolok sahaja*. ただの冗談です.
mengolok-olok, memperolok-kan, memperolok-olok, memperolok-olokkan ~をからかう: Jangan suka *memperolokkan orang*. 他人をからかってはならない.
ombak 1 波: *ombak besar* 大波. *Ombak laut* besar. 波が大きい. *mabuk ombak* 船酔い. *ombak tsunami* 津波. **2** 気持ち, 感情: *menahan ombak di dadanya* 感情の高ぶりを抑える.
berombak, berombak-ombak (海, 髪が)波立つ: Laut tenang *tak beromback*. 海は穏やかで波がない. Rambutnya *berombak*. 髪がウェーブしている.
mengombak 波を起こす, 波のような.
omboh ピストン.
omel (omél) : **mengomel** 文句を言う: Apa saja awak nak makan, saya boleh masak. Jangan *mengomel sudahlah*. あなたが食べたいものは何でも料理するわよ. でも文句は言っちゃだめだよ.
omong (Jw) 言葉, しゃべる.
onak とげ, いばら: Perjalanan politik *penuh dengan onak dan duri*. 政治の道はとげといばらに満ちている.
onde-onde (ondé-ondé) 〔食〕オンデ・オンデ《粉, 砂糖, ココナッツが材料のケーキ》.
onggok ; onggokan 山(状)の.
beronggok-onggok 山のように積み上げた~.
mengonggokkan 積み上げる.

operasi (英) operation. **1** 手術. **2** 操作, 運転. **3** 事業, 運営, 営業.
  beroperasi 1 運転する, 操作する. **2** 営業する, 運営する, 操業する: Semua hotel *beroperasi* seperti biasa. すべてのホテルは通常通り営業している.

opor (料理の種類)ロースト・チキン(又はアヒル).

oposisi (英) opposition 反対, 抵抗: *parti oposisi* 野党.

opsyen (英) option オプション, 選択.

optik (英) optic 目の, 視力の. *optik gentian* 光ファイバー.

optimis (英) optimist 楽天家.

optimistik (英) optimistic 楽観的.

orak; **mengorak** 解く, 緩める: *mengorak ikatan* 結びを解く, 束縛を緩める. *mengorak lembaran baru* 新しい頁を開く(刷新する). *mengorak lingkar* 仕事を始める. *mengorak pura* 財布のヒモをゆるめる(借金を返す). *mengorak selimut* 寝床から起きる. *mengorak senyum* 微笑む. *mengorak sila* 立ち上がる.
  mengorak langkah untuk ～しようと行動を起こす, 動き出す. 着手する; Dia telah *mengorak langkah untuk* menjadi penyanyi. 彼女は歌手になろうと行動を始めた. Pemuda itu telah *mengorak langkah untuk* mengubah penghidupannya. その若者はこれまでの生き方を変えてみようと踏みきった.

orang 1 人, 人間: *orang Jepun* 日本人. *dia orang* 奴ら. *kita orang* 俺たち. **2** 他人: *isteri orang* 他人の妻. *orang lain* 他人. *negeri orang* 外国. *di tempat orang* 他所で, 外国で. Itu kereta *orang*, bukan kereta kita. あれは他人の車だ, 我々のではない. "Oi, *orang* belum habis cakap lagilah."「オイ, 人の話がまだ終わってないぞ」. "Tidak tahukah *orang* sedang memasak?"「人が料理をしている最中なのを知らないのか」. "Kalau *orang nampak*, habislah saya."「人に見られたら, まずいよ」. "Janganlah buat begini. Nanti *orang nampak*."「こんなことしないで. 人に見られるから」. **3** 人間を数える助数詞(～人): *dua orang* pengganas 二人のテロリスト. **4** ～出身の人: *orang Kelantan* クランタン州出身の人.

orang asing 外国人.

orang asli 先住民.

orang awam 公衆, 民間人.

orang banyak 一般大衆, 庶民.

orang barat ヨーロッパ人, 西洋人.

orang baru 新人, 花嫁, 花婿.

orang berada 金持ち.

orang besar 重要人物, 高官, 有名人.

orang halus 精霊.

orang kenamaan 有名人.

orang kanan 有力者, やり手.

orang kaya 高官, 大公, 貴族.

Orang Kaya Baru (OKB) 成金.

Orang Kurang Upaya (OKU) 身体障害者.

orang laut オラン・ラウト(海人).

orang muda 若者.

orang putih 【俗語】白人, イギリス人, 英語: boleh cakap *orang putih* 英語をしゃべれる.

orang ramai 一般大衆, 庶民.

orang rumah 家内, 主婦.

orang salah 囚人.

orang tahanan perang 捕虜 (prisoner of war (POW)).

orang tengah 仲介者, 仲買人.
orang tua 両親.
orang tua-tua 長老たち, 古老.
orang utan オランウータン.
orang-orang, orang-orangan 人形, 操り人形, かかし.
berorang 人がいる.
berorang-orang 他の人達と.
seorang 一人, 一人で: *Ada seorang murid* masih berdiri. まだ立ったままの生徒が一人いる. *Tidak ada seorang pun rakyat* Jepun yang cedera atau maut dalam kejadian itu. その事件で死傷した日本人は一人もいない. Siapa memecahkannya *tak seorang pun* yang tahu. 誰がそれを壊したか, 知っているのは, 一人もいない. *duduk seorang* 独りで座る.

seorang diri 一人ぼっちで, ひとりだけで: *Biarkan dia seorang diri*. 彼を一人にしておけ. ketika berjalan pulang *seorang diri* dari sekolah 学校から一人で歩いて帰るとき. "Anda ke Malaysia *seorang diri sahaja*?" "Ya, tapi tak mengapa. Saya sudah dewasa."「あなた一人だけでマレーシアへ行くのですか」「はい, でも何でもありません. もう大人ですから」. *Datang seorang diri* = *Datang keseorangan diri*. 一人で来なさい.

seseorang ある人.
berseorang, berseorangan 一人で, 一人一人: *berjalan berseorangan* 一人歩きする. *hidup berseorangan* 一人ぼっちで暮らす. *ketika berseorangan tanpa ada mata yang melihat* 誰も人が見ておらず自分だけでひとりぼっちでいるとき.
keseorangan 孤独な, 一人ぼっちの: *merasa keseorangan* 孤独を感じる. Dia *keseorangan* saja di rumah besar itu. 彼は大きな家に一人ぼっちで住む.

perseorangan 個人の: *orang perseorangan* 個人《例えばセミナーの参加資格を表すとき》; syarikat korporat dan *orang perseorangan* 法人と個人. *pertandingan wanita perseorangan* 女子個人戦.

orbit 軌道: Bumi berputar di atas *orbitnya*. 地球は軌道の上を回転している.

ordinan (英) ordinance 法令, 布告.

oren (orén) (英) orange 〔植〕オレンジ.

organik (英) organic 有機の: *baja organik* 有機肥料. *kimia organik* 有機化学. *perladangan organik* 有機農業.

organisasi (英) organization 組織.
mengorganisasikan 組織する.

orient (oriént) (英) orient 東洋.
orientalis (oriéntalis) (英) orientalist 東洋学者.
orientasi (oriéntasi) (英) orientation オリエンテーション.

orkestra (orkéstra) (英) orchestra オーケストラ.

orkid (英) orchid 〔植〕ラン(蘭の花) = anggerik.

ortodoks (英) orthodox 正統な, ありきたりな.

Oskar (英) Oscar オスカー《映画の最高の栄誉, 米国のアカデミー賞で授与される小さな立像》.

otak 脳, 頭脳: *Gunkanlah otakmu*. 君は頭を使え. *otak bergeliga, otak minyak* 優秀だ. *otak elektronik* 電子頭脳. *otak ayam, otak udang, otak telur* 愚かな, 馬鹿. *Otaknya* *miring.* 彼は頭がおかしい. *kematian otak* 脳死; *Pesakit kematian otak dianggap meninggal dunia.* 脳死患者は死亡したとみなされる. *Otaknya sudah mati.* 脳死状態にある. *Otaknya masih berfungsi, denyutan nadi, jantung, pernafasan berjalan seperti biasa.* 脳がまだ機能しており, 脈拍や心臓, 呼吸も正常に動いている.

berotak 知恵のある, 優秀な: *berotak udang* 脳が足りない, おろかな.

otak-otak 〔食〕オタ・オタ《魚や海老などを使ったカマボコ風のマレー料理: バナナの葉に包んで蒸してある》.

otot 筋肉.

overdraf (英) overdraft 当座貸越, 当座借高.

overhed (overhéd) (英) overheads 経常経費, 固定費.

ozon (英) ozone オゾン: *lapisan ozon* オゾン層.

P

pacak 杭, 先が尖った棒.
   memacak くし刺しにする, 杭を突き刺す.
   memacakkan 地面に突き刺す: *Dia memacakkan kayu itu di tengah-tengah halaman rumahnya.* 家の庭の真ん中に棒を突き刺した.
   terpacak 1 地面に刺しこまれた. 2 直立している, 呆然と立ちつくす: *Mereka terpacak di hadapan ketua kampung.* 村長の前で立ちつくす.

pacat 〔動〕ヒル(蛭) = lintah.

pacu 拍車(乗馬靴のかかとの金具).
   pacuan 競馬, 競馬場: *kenderaan pacuan empat roda* 四輪駆動車.
   memacu 1 (馬に)拍車を当てる. 2 高速で運転する. 3 競争する.

pacul; **memacul** 絞る.
   terpacul (中身が)外へ出る, 突然現われる.

pad パッド, 詰めたもの: *pad pembalut luka* 包帯パッド.

pada I 【前置詞】 1 ～(時間)に: *pada tahun 2007* 2007年に. *pada bulan akan datang* 来月に. *Saya dilahirkan pada 4 hb. Disember.* 私は12月4日に生まれた. *pada saat ini*, *pada waktu ini*, 今は, 現在. *pada suatu hari* ある日. *pada waktu* ～している時. 2 ～(人)のもとに: *Wang itu ada pada saya.* そのお金は私の所にある. 3 ～にとっては: *Pada saya, itu tak apa-apa.* 私にとってはそれは何でもありません. 4 ～によると: *pada fikiran saya* 私の考えでは. *pada pendapat saya* 私の意見では. *pada dasarnya*, *pada pokoknya* 基本的には. *pada mulanya* 初めに. 5 【古典】現代語の前置詞untuk, di, ke の代わりにpadaが使われていた: (pada=untuk) "Apa bicara kamu sekalian *pada* menolakkan bala ini: jikalau sampai raja benua

pada

Keling ke mari, nescaya binasalah benua China ini." (p.13)「奴等の軍勢を撃退するための方策だが、そちたちに良い考えはないか？もしクリン【インド】の王がここ【中国】に攻めてきたら、この中国は必ずや滅ぼされてしまう」. (pada＝ke) Apabila Raja Suran hendak berburu atau menjerat gajah, *pada* hutan itulah ia pergi. (p.17) スラン王が狩猟や象狩りをしたいときは、きまってそのジャングルへ行く. (pada＝di) *Pada* antara itu ada seorang Orang Besar. (p.2) 彼らの中に一人の高官がいた.

pada II 十分な、満足した：Hatinya masih belum *pada* juga. まだ満足していない.

berpada 十分な.

berpada-pada 十分、ちょうどよい.

memadai 十分である、足りる：Adakah RM400 *memadai* bagi tiap-tiap bulan? 毎月400リンギットで足りますか. Kita tidak perlu ke rumahnya, *memadailah dengan* menelefonnya sahaja. 彼の家に行く必要ない、電話すれば事足りる.

memadakan 〜を満足させる.

padah; **padahan** （悪い）結果、被害：*menerima padahnya* 被害を受ける. *membawa padah* 不幸・災難をもたらす；Tindakan saya itu telah *membawa padah* kepada diri saya sendiri. 私のその行為は私自身に災難をもたらした（自業自得であった）. Menipu orang *buruk padahnya*. 人をだますと良くない結果になる. Jangan buat demikian, nanti *buruk padahnya*. そんなことはするな、やると悪いことが起きる.

padahal 実は、実際は、〜なのに：Kenapa dia ditangkap oleh polis, *padahal* dia tidak bersalah. 彼は罪を犯していないのに、なぜ警察に捕まったのか. Dia sudah selesai, *padahal* saya belum. 彼はもう済んだ、僕はまだなのに.

padam 1 （火、ランプが）消える：Api itu *sudah padam*. 火は消えた. Lampu dalam bilik itu *padam* dengan tiba-tiba. 部屋の電気が突然消えた. 2 （感情、気持ち、争いが）落ち着く、消える：Kemarahannya *sudah padam*. 彼の怒りはおさまった.

memadamkan 1 〜を消す、消火する：*memadamkan kebakaran itu* 火事を消す. *memadamkan api* 火を消す. *memadamkan tulisan* 文字を消す. 2 おさえる、落ち着かせる.

pemadam 消火器 （＝*pemadam api*）、黒板消し（＝*penggosok papan hitam*）. *getah pemadam* 消しゴム.

padan 合う、ぴったりした：Baju ini *tidak padan dengan* bentuk badan saya, terlalu besar. この上着は僕の体形にぴったり合わない、大きすぎる. Tali lehernya *tidak padan dengan* warna bajunya. 彼のネクタイは上着の色に合っていない. Cap jari mayat itu *padan dengan* cap jari itu. 死体の指紋がその指紋と一致した.

Padan muka！いい気味だ、ざまを見ろ！"Dulu aku dah kata, jangan masuk campur. Sekarang, *padan muka kau*." 「以前に俺が言っただろう、かかわるなって. だから今はいい気味だ！」.

berpadan, berpadanan ぴったり合っている、〜に相応しい：Warna tali lehernya *berpadan dengan* umurnya. ネクタイの色は年令に相応しい.

memadankan 1 合わせる：*memadankan diri dengan keadaan sekeliling* 周りの状況に合わせる. 2

(合うかどうか)比較してみる: Emak *memadankan* baju itu *dengan* saya. お母さんはその上着が私に合うかどうか比べてみた.

sepadan 合致している, ぴったりと合う: Ini *tidak sepadan dengan* usaha yang harus dilakukan. これは努力してやってみるほどの価値がない.

padang 広場, 平原, グラウンド: *padang golf* ゴルフ場. *padang jarak padang terkukur* 荒廃地, 荒れ果てた地, 焼け野原; Bandar Hiroshima sudah menjadi *padang jarak padang terkukur*. ヒロシマの町は焼け野原になった. *padang minyak* 油田. *padang pasir* 砂漠. *padang rumput* 草原. *padang tembak* 射撃場.

turun padang 現場に下りる《政治家が選挙区の住民と直接対話するなど現場活動を指すときによく使われる》.

padat ぎっしり詰まった, 満員の: Dewan itu *padat*. そのホールは満員だった. Restoran itu *padat oleh orang*. レストランは人でいっぱいだった. Tempat ini selalunya *padat* pengunjung. ここはいつも来訪者でいっぱいだ. Acara saya *padat*. 私の予定はタイトです.

memadat ぎっしり詰める, いっぱいにする: *memadat perut* 腹いっぱい食べる.

memadatkan 1 〜をいっぱいにする: *memadatkan* beras *ke dalam guni*, / *memadatkan* guni itu *dengan* beras 米を袋にいっぱいになるまで詰める. 2 〜を固める: *memadatkan air menjadi ais* 水を氷に固める.

kepadatan 密度: *kepadatan penduduk* 人口密度.

paderi (Po) (キリスト教の)牧師, 司祭.

padi I 稲, もみ《米は beras, ご飯は nasi》: *padi bendang*, *padi sawah* 水稲. *padi bukit*, *padi huma*, *padi ladang* 陸稲. *padi pulut* もち米.

padi II 小さい: *cili padi* 小粒のチリ.

padu 1 硬い, 固い, 力強い: *padu seperti batu dan besi* 石や鉄の如く硬い. 2 団結した, まとまった= *bersatu padu* 団結する. *kesatuan yang padu* 固い結合. 3 混ぜ合う, 溶け合う: Semua orang *padu dalam perarakan itu*. すべての人々がそのパレードで融合した(一体化した).

paduan 統一したもの, 混合したもの: Itu *paduan* warna yang bagus. 配色が良い.

berpadu 融合する, 混ぜる, 団結する: Air dan minyak tak akan *berpadu*. 水と油は絶対融合しない. UMNO-MCA-MIC *berpadu* membentuk Perikatan. UMNO と MCA, MIC が一緒になって連盟党を結成した. *berpadu suara* membawa lagu 合唱する.

bersepadu, *secara bersepadu* 統一した.

memadu 1 混ぜる, 溶かす. 2 団結する, 合併する, 結合する.

memadu suara 合唱する.

memadukan まとめる, 統合する.

pemaduan 混合, 統合.

perpaduan 団結, 統合, 混合物: mengukuhkan lagi *perpaduan rakyat di peringkat akar umbi*. 草の根(グラス・ルーツ)レベルでの国民統合をさらに強化する.

paduka (Sk) スルタンや高貴な人

pagan に対する尊称: *Seri Paduka Baginda Yang Dipertuan Agong* 国王陛下. *Seri Paduka* 陛下.

pagan 屈強な, 力強い.

pagar; **pagaran** 柵, 囲い, 塀: *Rumah itu dikelilingi pagar dawai berduri.* その家は有刺鉄線の塀で囲まれている. *Pagar makan padi.*【諺】信用していた人が裏切ること.

berpagar 柵がある.

berpagarkan ～を柵として使う.

memagar 柵をたてる.

memagari ～のまわりに柵をたてる: *Dawai berduri memagari rumah itu.* 有刺鉄線が家を囲む.

pagi 朝, 午前: *Selamat pagi.* おはよう. *pada waktu pagi* 朝に. *sebelah pagi* 朝方, 午前中. *esok pagi* 明日の朝. *pagi tadi* 今朝(過去の). *pagi ini* 今朝. *pagi hari* 朝; *Matahari terbit pada pagi hari.* 太陽は朝昇る. *Hari masih pagi.* まだ早い. *makan pagi, sarapan pagi* 朝食.

pagi-pagi, pagi-pagi lagi 早朝に, (時期が)尚早である: *pagi-pagi buta* 早朝に. *Pagi-pagi lagi bapa saudaranya pergi ke laut.* 朝早くから叔父さんは海に出る. *Siapa yang telepon pagi-pagi begini?* こんなに朝早く電話するなんて誰だ? *Masih pagi lagi untuk marah-marah.* 怒るのはまだ早すぎる.

sepagi, sepagian 午前中ずっと.

pagoda (仏教の)パゴダ, 寺の塔.

pagut; **memagut** ついばむ, (蛇が)かむ.

paha もも(股).

pahala (Sk) (神から授かる)御利益, 報酬: *Ini saya lakukan tanpa mengharapkan pahala.* 何の報酬を期待せずにこれをやっている.

paham → **faham** 分かる.

pahat のみ(鑿).

memahat のみで削る, 彫る: *memahat patung daripada marmar* 大理石から彫像を彫る. *Tanggapan bahawa ～ seakan-akan sudah terpahat kukuh.* ～という考えがあたかも(脳裏に)深く刻まれている.

pemahat 彫刻家, のみ職人.

pahit 1 苦い: *kopi pahit* 苦いコーヒー. 2 つらい, 困難な: *mendapat pengalaman pahit* つらい・困難な経験をする. *pahit manis kehidupan* 人生の酸いも甘いも. *pahit getir, pahit maung* 苦しみ; *Mungkin sukar untuk anda membayangkan pahit getirnya hidup dijajah.* 植民地統治されたときの生活がどんなに苦しいか皆さんは想像しにくいでしょう.

berpahit-pahit 困難に苦しむ.

kepahitan 1 苦み: *kepahitan ubat* 薬の苦味. 2 つらさ, 困難: *mengalami berbagai-bagai kepahitan hidup* 人生のさまざまな苦しみを経験する.

pahlawan (Pr) 英雄, 勇士.

kepahlawanan 勇敢, 武勇.

pai (英) pie パイ.

paip (英) pipe パイプ, 水道管 (= paip air): *air paip* 水道水.

pajak パジャック(現金前払いによる長期借地権, 長期リース): *pajak gadai* = *rumah pajak* 質屋.

memajak 前払いして借り受ける: *Ia hendak memajak kebun itu selama tiga tahun.* 彼は農園を三年間借り受けた.

memajakkan リースする《長期貸し出す》: *Dia memajakkan dusun duriannya kepada seorang tauke.* 彼はドリアン農場をある商人にリースした. *Tanah simpanan Melayu boleh dipajakkan kepada* bukan

Melayu untuk tempoh 60 tahun. マレー保留地を非マレー人へ60年間リースすることができる.

pak "bapak" (お父さん, 親父)の短縮形: *Pak Ali* アリさん (=Mr. Ali).

pak cik おじさん《大人の男性に対する親しみを込めた呼称》. "*Ini berapa harganya, pak cik?*"「これいくら, おじさん?」. *pak turut* イエスマン (他人の言い成りになる者).

pakai; **memakai** 1 着る, 身に着ける: *Encik Yap memakai kemeja putih.* ヤップさんは白いシャツを着ている. *memakai* topi 帽子をかぶる. *memakai seluar panjang* 長ズボンを履く. *memakai kasut* 靴を履く. 2 使う: *Pakai kamus saya ini.* 私のこの辞書を使いなさい. *Telefon sedang dipakai.* 電話は話中です. *Telefon ini untuk dipakai sendiri.* この電話は個人用のです. *Boleh saya pakai telefon ini?* この電話を使わせてください.

pakaian 衣服, 着物: *pakaian adat* 儀式用衣装. *pakaian basahan* 普段着. *pakaian kebesaran* 正装. *pakaian seragam* 制服; *memakai pakaian seragam* 制服を着る. *pakaian masyarakat Malaysia* マレーシア人の衣服. *Cik Angga memakai pakaian Iban.* アンガさんはイバン族の民族衣装を着ている.

berpakaian 服を着ている: *berpakaian kimono* キモノ (和服) を着ている. *Dia selalu berpakaian kemas.* 彼女はいつも身なりがきちんとしている. *Saya sudah berpakaian dan bersedia.* 僕は着替えが済み, 用意ができた.

memakaikan 1 着せる: *Emak memakaikan adik baju.* 母は妹に服を着せた. 2 適用する: *Undang-undang ini tidak boleh dipakaikan kepada golongan yang berpendapatan tinggi.* この法律は高所得者層に適用できない.

terpakai 使用済みの: *kereta terpakai* 中古車.

pemakai 使用者.

pemakaian 着用, 使用: *Pemakaian topi keledar adalah wajib bagi semua penunggang motosikal.* バイクに乗る者はヘルメット着用が義務となっている.

pakai buang 使い捨て: *mata pisau toreh getah yang berkonsepkan pakai buang* 使い捨ての概念を利用した天然ゴム・タッパー・ナイフ (採液ナイフ).

pakar 1 専門家: *pakar ekonomi* エコノミスト. *pakar kewangan* 金融専門家. *pakar komputer* コンピューター専門家. *pakar membuat bom* 爆弾作りの専門家. *Saya bukanlah pakar dalam perkara ini.* 私はこの分野の専門家ではありません. 2 熟練した, 上手な.

kepakaran 専門知識, 技能.

pakat; **sepakat** 同意する, 同意である: *Saya sepakat seratus peratus dengan awak.* 僕は100%君と同じ意見だ. *Kami tidak sepakat dalam hal itu.* 私たちはその事で意見が一致しなかった. *Kami dah sepakat nak belanja awak.* 僕たちは君におごることを決めたよ.

kata sepakat 協定, 合意: *Kedua negara mencapai kata sepakat mengenai isu nuklear itu.* 両国は核問題について合意した.

pakatan 1 協定, 合意: *pakatan perdagangan* 貿易協定. *Tidak ada pakatan sulit untuk membebaskan ahli politik itu.* その政治家を釈放す

るための密約はなかった. **2** 陰謀: *pakatan* untuk membunuh Presiden 大統領暗殺の陰謀.

berpakat 話合う, 相談する: Mereka adik beradik *berpakat untuk* mendirikan perniagan. 兄弟で商売をすることについて話し合った.

bersepakat 合意する, 一致する.
menyepakati 賛成する, 合意する.
persepakatan 合意.

pakis 〔植〕シダ.

paksa (Sk)強制: *kerja paksa* 強制労働.

paksaan 強制, 圧制.

memaksa (人に)〜するよう強制する: Dia *memaksa* saya melakukan ini. 彼は私にこれをするよう強制した.

memaksakan 〜を強制する.

terpaksa 〜せざるを得ない: Saya *terpaksa* berbuat begitu. そうせざるを得なかった.

paksi (Sk)軸, かなめ: *paksi kejahatan* 悪の枢軸.

berpaksikan 〜に基づく, 基盤をおく: Ekonomi sejagat kini *berpaksikan* pengetahuan dan bukan lagi pengeluaran. 世界経済は今や知識に基盤をおいており, 物の生産にはおかなくなった.

paku くぎ, (肩章の)星: mengetuk *paku* ke dinding itu 壁にくぎを打つ. *harga paku* 正価.

memaku **1** くぎを打つ: *memaku dinding* itu 壁にくぎを打つ. **2** じっとしている: masih *memaku* di kerusi. まだ椅子にじっと座ったままである.

memakukan くぎで〜をとめる.

terpaku くぎ付けになる: Dia *terpaku* kerana takut. 彼は怖くてくぎ付けになった. *terpaku di hadapan televisyen* テレビの前にくぎ付けにな

る. *Matanya terpaku pada* perempuan cantik itu. 彼の目はその美人にくぎ付けになった.

paku-pakis 〔植〕シダ.

pakwe 【俗語】カレシ(男の恋人＝teman lelaki). カノジョ(彼女)→ **makwe**.

pala; *pohon pala* 〔植〕ニクズク(ナツメグ).

palam 栓.
memalam 栓をする.
pemalam 栓, プラッグ.

palang 1 かんぬき(門), 横木. **2** (＋)や(×)の印: ***Palang Merah*** 赤十字. *Persatuan Palang Merah Antarabangsa* 国際赤十字社.

memalang 1 かんぬきを掛ける, 閉める: Dia *memalang pintu biliknya* tiap-tiap malam sebelum tidur. 寝る前に毎晩部屋のドアにかんぬきを掛けて閉める. **2** (小切手に)クロスを掛ける: *memalang cek itu* sebelum memberi kepada anaknya. その小切手に横線を引いてから息子に渡した.

palar; *tidak palar* 〜したくない.

palas 〔植〕オウギバ(扇葉)ヤシ.

pali; *pemali* タブー, 禁忌.

paling I 最も, 一番(最上級を示す): Sungai Shinano ialah sungai yang *paling panjang* di Jepun. 信濃川は日本で一番長い川. Dia *paling tinggi* di dalam kelas kami. 彼が僕らのクラスの中で一番背が高い. banjir yang *paling buruk* dalam tempoh 15 tahun 過去15年間で最悪の洪水.

paling-paling 1 飛びぬけて: *paling-paling tinggi* 飛びぬけて背が高い. **2** せいぜい, 多くても: *Paling-paling* ia akan hanya sudahkan separuh kerja itu saja. 彼は仕事を

paling II; **berpaling** 顔を～へ向ける，(前後や左右に)向ける: Sebelum melintasi jalan, ia *berpaling ke kiri dan ke kanan*. 道路を横断する前に，顔を左右に向けて見た. Dia tiba-tiba *berpaling ke arah saya*. 彼女は突然私の方を振り向いた. *berpaling ke arah lain* そっぽを向く，視線をそらす.

memaling, memalingkan (顔の)向きを変える，方向を変える.

palit; **pemalit** 肌，唇に塗る化粧品など.

memalit 1 塗る: *memalit bibir dengan gincu* 唇に口紅をつける. 2 指先で触れる.

memalitkan ～を塗りつける: *memalitkan lipstik ke bibir* 口紅をつける.

palpa パルプ.

palsu (英) false 偽りの，ニセの: *gigi palsu* 入れ歯. *rambut palsu* かつら. *wang palsu* 贋金. *senyuman palsu* つくり笑い.

memalsu, memalsukan 偽る，偽造する.

pemalsuan 偽り.

palu 1 金づち. 2 殴打: *kena palu* 叩かれる.

paluan 叩くこと: *paluan gendang* 太鼓を叩くこと.

berpalu-palu 殴り合う.

memalu 打つ，たたく: *memalu gendang* 太鼓をたたく.

palung 1 かいば桶. 2 樋(とくに錫鉱石選別用の). 3 水たまり.

palut
berpalut 包んだ，覆った.
memalut 包む，覆う.
terpalut 覆ってある.

pam (英) pump ポンプ: *pam minyak* = *stesen minyak* ガソリン・スタンド.

mengepam ポンプで吸い出す.

pamah 平地，平原.

pamer (pamér) (Jw) 見せる.

mempamerkan 展示する: *mempamerkan lukisan-lukisannya* 絵画を展示する.

pameran 展示会，披露すること: *pameran buku* 本の展示会. *pameran lukisan* 絵画展. *hanya untuk pameran* 見せるだけ; Kek ini *hanya untuk pameran saja*. このケーキは見せるだけです.

pampang; **memampangkan** 広げる.

terpampang 1 広がった，広大な: Keriangan *terpampang di wajahnya*. 彼女の表情に喜びが広がった. 2 はっきり見える: Papan tanda itu *terpampang dari jauh*. その看板は遠くからもはっきり見える.

pampas; **memampas** 賠償する.

pampasan 償い，賠償金: *membayar pampasan kepada* ～に賠償金を払う.

panah 弓矢. *anak panah* 矢. *ibu panah* 弓. *tanda panah* 矢印. *panah matahari* 太陽の光線.

memanah 1 弓で～を射る: *memanah kijang itu* 弓でホエジカを射る. 2 = (*dipanah petir*)(雷に)打たれる，落雷に遭う: Para pendaki gunung itu *dipanah petir*. 登山客が雷に打たれた. Tanki minyak itu *dipanah petir* ketika hujan lebat. 石油タンクが豪雨のときに落雷に遭った.

memanahkan (矢を)射る.

panahan 矢を射ること，落雷: *panahan petir* 落雷; Tanki minyak itu meletup *akibat panahan petir*.

石油タンクが落雷によって爆発した.

pemanah 射手.

sepemanah 矢の射程距離: Rumah saya *sepemanah jauhnya dari* sekolah. 私の家は学校から矢が届く距離にある(近い).

panas 1 暑い,強い日差し 熱い,熱っぽい: *Panasnya* hari ini! 今日はとても暑い! *cuaca panas terik* 猛暑. berbaring *di tengah panas* 日差しの中で横になる(日光浴する). *air panas* お湯. Makanlah udon ini *selagi masih panas.* 熱いうちにこのうどんを食べなさい. *Badannya panas.* 身体が熱っぽい. *demam panas* 熱がある. 2 怒り,激怒: *Panas hatinya* mendengar kata-kata yang kurang sopan itu. 失礼な言葉を耳にして彼は怒った. 3 (ニュースや事件が)まだ生々しい,新しい: Berita berkenaan dengan kejadian itu *masih panas.* その事件に関するニュースはまだ生々しい. 4 危機的な,緊張感が漂う: *Keadaan panas.* 状況が危機的になっている. 5 悪運,不運,不吉な《マレー人社会の伝統的思考として, panas=暑いは不吉,不運を示し, sejuk=寒いは幸運,幸せ,冷静さを意味する》: Sekiranya didapati gadis itu sedang memasak, maka ini adalah *alamat panas*, atau ini menunjukkan alamat yang kurang baik. (花嫁候補を密かに覗きに行ったら)もし彼女が料理をしているところだったら,それは不吉な兆候である, (花嫁候補としては)良くない兆候だ.

panas bala, *panas darah* 短気.
panas hati 強い怒り,激怒.

panas-panas まだ熱い,まだ新しい: Pisang gorengnya *masih panas-panas.* 揚げバナナはまだほか熱い. Sup itu elok *dimakan panas-panas.* このスープは熱いうちに飲むと美味しい.

berpanas 日差しの下にいる,日光浴をする: Nelayan *berpanas* dan *berhujan* di laut. 漁師は海に出て日差しの下にさらされ,雨に濡れる.

kepanasan 1 熱,暑さ. 2 あまりにも暑くて: *mati kepanasan* 暑さで死ぬ.

memanaskan 1 温める: *memanaskan* kari ayam チキン・カレーを温める. Tolong *panaskan* dengan oven. オーブンで温めてください. 2 怒らせる.

pemanas 1 暖房装置,ヒーター. 2 短気な人: Ayahnya *pemanas*. 彼の父親は短気な人だ.

pemanasan 温暖化: *pemanasan global* 地球の温暖化. Bumi nyata mengalami sedikit kenaikan suhu kesan daripada *pemanasan global*. 地球の温暖化の結果,地球の温度は少し上昇している.

panau 汗疹(あせも).

panca (Sk) 5 (数字).

pancaindera (Sk) 五感: *Pancaindera* yang ada pada manusia ialah rasa, bau, dengar, lihat dan sentuh. 人間にある五感とは味覚と嗅覚,聴覚,視覚,触覚である.

pancalogam (Sk) 各種の金属でできた混合物,合金.

pancang 杭.

memancang 1 (地面に)杭を打つ. 2 真直ぐな.

memancangkan 〜地面に打つ: Angkasawan itu *memancangkan* bendera negaranya di bulan. 宇宙飛行士は月に自国の旗を打ち立てた.

pancapersada (Sk)【古典】王族

の結婚や即位の儀礼に際し,水掛の儀式を執り行うために王宮内に特設される階段式の台座のこと(灌水堂): mengahwinkan Seri Teri Buana dengan anaknya, membuat *pancapersada tujuh belas pangkat* serta alat perhiasannya, terlalu indah perbuatannya (p.27) (宰相は)スリ・トリ・ブアナ王と娘の結婚披露宴の儀式を始めることにし,飾りつけを施された17階段の台座を造らせた,その台座は実に見事だった.

pancar; **memancar** 1 (水や油,血などが)噴き出る: Tiba-tiba air *memancar* dari dalam tanah. 突然水が地中から噴き出た. 2 (光線が)放射する: Sinar terik *memancar* dari matahari. 熱い光線が太陽から放射している.

memancarkan 1 〜を噴出する: *memancarkan air* 水を噴出する. 2 (光を)出す: Matahari *memancarkan cahayanya* yang amat panas. 太陽は高温の光を出す. *memancarkan isyarat* 合図を送る. 3 放送する: Lagu itu *dipancarkan* oleh NHK. 歌はNHKから放送された.

pancaran 1 光,光線. 2 放送.

pemancar 放送機材,トランスミッター.

pancaragam 楽団,オーケストラ.

pancaroba 1 季節(雨期と乾季)の変わり目・移行期. 2 混沌とした状態,困惑: *dalam keadaan pancaroba* 混沌とした状態で.

pancing 釣り針.

memancing 1 釣りをする: *pergi memancing* 魚釣りに行く. *memancing ikan* 魚釣りをする. *memancing di air keruh* 混乱に乗じて利益を得ようとする. 2 策略的に相手から〜を誘い出す: *memancing undi* (餌をまいて)票を得る. *cuba memancing komen* コメントを引き出そうとする.

pemancing 釣り人.

pancit I (タイヤが)パンクしている,空気が漏れている: Tayar basikal ini *pancit*. この自転車のタイヤはパンクしている.

memancitkan (タイヤを)パンクさせる.

pancit II; **memancit** 少しずつ噴出する=pancut, pancur.

pancung I *memancung kepala* 首を切る: mengancam akan *memancung* semua tebusan itu すべての人質の首をはねると脅す.

pancung II 着物の裾.

pancur; **pancuran** (Jw)水のほとばしり・噴出: *bunyi pancuran air* 水がほとばしる音.

memancur 噴出する: Air *memancur* keluar dari paip yang bocor itu. 破けたパイプから水が噴き出ている.

pancut; **memancut** 噴出する,ほとばしる: Air *memancut* dari muka bumi. 水が地表から噴出している.

memancutkan (水などを)噴出させる: *memancutkan air ke pokok bunganya* 水を花木に噴きかける.

pancutan 噴出: *Pancutan air* naik setinggi 10 meter. 水の噴出は10メートルの高さになる.

terpancut 噴き出る,突然飛び出る: Apabila dipicit, bijinya *terpancut keluar*. 押したら,種が飛び出た. Bila memakan kuih itu, hendaklah berhati-hati supaya gula dalamnya itu tidak *terpancut ke muka*. そのお菓子を食べるときには,中の砂糖が顔に飛び散らないように気をつけてください.

pandai 1 賢い,賢明な: Ali paling

pandak

pandai dalam kelasnya. アリがクラスの中で一番賢い. **2** 上手な, 〜できる: Ali *pandai* bermain piano. アリはピアノをひくのがうまい. **3**【古典】細工職人: *pandai besi* 鍛冶職人. *pandai emas* 金細工職人. *pandai kayu* 木工職人(大工). *pandai ubat* 薬剤師.

memandai, memandai-mandai 好きなように行なう, 勝手に行なう: Kalau tidak tahu membaikinya, tak usalah *memandai-mandai*. それを直せないなら, 勝手なことをしなくてよい.

kepandaian 賢明, 能力, 腕前.

pandak 短い, 短小な.

memandakkan 短くする.

pandan 〔植〕タコノキ.

pandang 見る, 見つめる: *sekali pandang, pandang pertama* 一目見て: Kami *jatuh cinta sekali pandang*. / Kami *jatuh cinta pandang pertama*. 一目ぼれした.

tidak pandang 〜に関係なく, 〜に構わず (=tidak kira): Kita harus baik hati kepada siapa saja *tidak pandang* agama atau keturunannya. 私たちは宗教や種族に関係なく誰に対しても親切でなければならない. Bila nak melepaskan geram, *tidak pandang kiri kanan*. 怒ると, 見境がなくなる.

pandangan 1 視線, 視野, 視点: *Pandangan matanya* lebih banyak dihalakan ke tanah. 彼女の視線はどちらかというと下に向けられていた. *dari segi jangka pandangan jauhnya* 長期的視点から. **2** 意見, 見解: *pandangan peribadi saya* 私の個人的な意見. *pandangan hidup* 人生観. *Pandangan* kita berbeza. 私たちの意見は異なる.

berpandang-pandangan, berpandangan お互いに見つめ合う, 顔を見合わせる: Mereka *berpandangan antara satu sama lain*. 彼らはお互いに見つめ合った.

memandang 1 眺める, 見つめる: *memandang ke luar* 外を眺める. *Pandang* mata saya. 私の目をよく見なさい. ***Dasar Memandang Ke Timur*** ルック・イースト政策. **2** みなす, 考える, 配慮する: *memandang berat* 重視する. *memandang ringan / mudah / sepi* 軽視する; Perkara ini *tak boleh dipandang ringan*. このことは軽視できない. *dihormati dan dipandang tinggi* 尊敬される. *memandang tinggi terhadap Malaysia, / mempunyai pandangan tinggi terhadap Malaysia* マレーシアを高く評価する. *memandang rendah pada* 〜を見下す, 軽蔑する; *dipandang rendah* dan diketepikan 低く見られ, 無視される.

memandangkan 〜を考慮して, 〜を鑑みて: *Memandangkan* pengalaman anda selama ini, saya melantik anda sebagai ketua kumpulan ini. あなたのこれまでの経験を考慮してあなたをグループ長に任命します. Guru besar terpaksa menangguh latihan sukan itu *memandangkan* hari sudah malam. もう夜になったのを鑑みて校長は運動の練習を延期せざるをえなかった.

pemandang 観察者, 見る人.

pemandangan 1 景色, 風景, 眺め: *pemandangan indah* 美しい眺め. Bagusnya *pemandangan dari sini*! ここからの眺めは実にすばらしい! *lukisan pemandangan* 風景画. **2** 視力: *Pemandangan* nenekku semakin kabur. 祖母の視力がますます衰

えてきた.

terpandang 1 見ることができる: *tidak terpandang* 見えない. "Sehari kalau tak terpandangkan Usuf, macam nak gila."「(大好きな)ユソフを一日たりとも見ないと, 気が狂いそうになるわ」. 2 偶然目にする: *Terpandanglah* ia akan seorang perempuan cantik. 彼は偶然ある美人を目にした. 3 尊敬されている: orang yang *terpandang* 尊敬されている人.

pandir 愚かな (=bodoh): **Pak Pandir** バカ親父《マレーの伝統的民話に登場する愚か者》.

kepandiran 愚かさ.

pandu 1 =pemandu 案内人, ガイド: *pandu pelancongan* 観光ガイド. 2 水先案内船.

panduan 案内, 指示, 手引き: *panduan telefon* 電話案内帳.

berpandu, berpandukan 案内役に使って, 〜を手引きにする: *peluru berpanduan* 誘導ミサイル.

memandu 1 案内する: *memandu mereka ke dalam hutan* 彼らをジャングルに案内する. 2 運転する, 指導する: *memandu kereta* dengan cermat / baik-baik 注意して車を運転する.

memandukan 1 (船を)操舵する, 誘導する. 2 運転する.

pemandu 1 案内人: *pemandu bas* バス・ガイド. *pemandu arah* (登山の)道案内・ガイド. 2 運転手: *pemandu teksi* タクシー運転手.

panggang ローストした, あぶった: *ayam panggang* ロースト・チキン. *Jauh panggang dari api.*【諺】全く関係がない, 全くお呼びでない.

memanggang 火にあぶる, 焼く: *memanggang ayam* 鶏をあぶる.

pemanggang, pemanggangan ローストするための調理器具(焼網など).

panggil; memanggil 1 呼ぶ, 呼び寄せる: Emak *memanggil* awak. お母さんが君を呼んでいる. Awak *dipanggil* bos. 課長が君を呼んでいるよ. Pergi *memanggil* Ali. アリを呼びに行きなさい. Saya akan *memanggil teksi* untuk anda. 私がタクシーを呼びましょう. *Tolong panggil doktor.* どうか医者を呼んでください. *memanggil pulang* 〜を呼び戻す, 撤収させる. 2 〜を…と呼ぶ, …と言う: Kami *memanggil* kucing ini *Comel*. この猫をチョメルと呼んでいる. "Nama saya Farhana. *Panggil* saja Hana."「私の名前はファルハナ. ハナと呼んでちょうだい」. Ada gunung yang *dipanggil* Kinabalu. キナバルという山があります. "Bagaimana ini *dipanggil* dalam bahasa Jepun?"「これは日本語で何といいますか」. "Buah ini *dipanggil* "Suika" dalam bahasa Jepun".「この果物は日本語で『スイカ』と言います」.

panggilan 1 呼び声, 呼び出し, 呼び名, 親しみを込めたあだ名: Ali mendengar *panggilan* ibunya supaya dia pulang. アリは家に帰るようにとの母の呼び声を聞いた. Dia mendapat *panggilan* "Mat Kacang" kerana dia suka makan kacang. 彼は豆を食べるのが好きなので"お豆さん"と呼ばれている. 2 電話(の呼び出し): *panggilan jarak jauh* 長距離電話. *panggilan kecemasan* 緊急電話. *panggilan palsu* いたずら電話. *panggilan peribadi* 私用電話. *membuat panggilan ke bilik hotel itu* ホテルの部屋に電話

panggung

をかける. Polis bertindak pantas selepas *menerima panggilan kecemasan*. 緊急電話を受けて警察は迅速な措置をした. *membuat panggilan kecemasan* 緊急電話をする. *menanti panggilannya* 彼からの電話呼び出しを待つ.

memanggilkan (…に対し)〜と呼ぶ: *memanggilkan* dia (*sebagai*) Tuan Haji 彼をトァン・ハジと呼ぶ.

panggung 1 高床, プラットフォーム: *rumah panggung* 高床式家屋. 2 舞台, ステージ, 芝居小屋: *panggung wayang* 劇場. *panggung wayang gambar* (=pawagam) 映画館. *seri panggung* 花形役者. 3 (舞台を見下ろすスタジアムのような)高台になった観客席, 特設足場, 桟敷台: *orang di atas panggung* 観客席にいる人々. 4 観客=penonton.

pangkah (×)や(+)の印: Jawapan-jawapan yang salah diberi *tanda pangkah*. 誤った答には×印をつける.

memangkah (×)や(+)の印をつける: Cikgu *memangkah* jawapan yang salah. 先生は誤った答案に×印をつける.

pangkal 1 根元: *pangkal pokok* 木の根元. *pangkal bahu* 首の付け根. *pangkal tangan* 手首の付け根. 2 始め, 起点: *pada pangkal abad kedua puluh satu* 21世紀の初頭に. *balik ke pangkal jalan* 出発点に戻る(原点に戻る). 3 原因: Apakah yang menjadi *pangkal* pergaduhan itu? 何がけんかの原因となったのか. Itulah *pangkal* masalah. それが問題の発端だ.

pangkalan 1 埠頭. 2 基地: menjadikan China sebagai *pangkalan eksport* bagi pasaran kereta dunia 中国を世界の自動車市場の輸出基地にさせようとする.

berpangkal 基づく, 原因となる: Pergaduhan itu *berpangkal daripada / pada* salah faham. そのけんかは誤解が原因である.

berpangkalan 〜に拠点を置く.

pangkas 理容師 (=tukang pangkas), 理容店 (=kedai pangkas).

memangkas (枝を)刈り込む, (髪を)刈る=*memangpas rambut*.

pemangkas 1 大ばさみ, 刃物. 2 理髪師.

pangkat 地位, 階級, 等級, ランク, 水準: mempunyai *pangkat tinggi* 高い地位を持つ. *naik pangkat* 昇進する, 昇格する. *turun pangkat* 降格する.

berpangkat 1 地位・役職に就く. 2 身分・地位が高い: *pegawai berpangkat* 地位の高い役人. *orang berpangkat* 身分の高い人, 偉い人: Sekarang sudah jadi *orang berpangkat*, dia tak mahu bergaul dengan kami. いまやお偉いさんになったので, 彼は僕らとは付き合いたがらない.

memangkatkan 〜の地位・役職に任命する.

pemangkatan 昇進, 任命.

pangku 膝 (=riba).

berpangku (人の)膝の上に座る・寝る: *berpangku tangan* 何もせずに傍観する.

pangkuan 1 (座った時の)腰から膝頭までの部分, 膝: Bayi itu tidur di atas *pangkuan* emaknya. 赤ちゃんが母親の膝の上で寝ている. 2 内輪, 仲間: kembali semula ke *pangkuan* kawannya 仲間の元に戻る. akhirnya pulang ke *pangkuan keluarga* 最後には家族の元に帰る.

memangku 1 膝の上に乗せて抱く,

両腕に抱えて運ぶ: *memangku anaknya di atas ribanya* 膝の上に子を乗せて抱く. **2** 一時的に代理を務める, 代行する: *Cikgu Zairi memangku guru besar dalam masa guru besar bercuti.* 校長が休暇中はザイリ先生が代理を務める. **3** 地位や責任を担う: *Dia memangku jawatan penting.* 彼は重要な地位を担う.

pemangku 代理, 代行: *Pemangku Perdana Menteri* 総理代行.

panglima 司令官, 指揮官.

pangsa (ドリアンなど果物の実の中の)仕切り. ***rumah pangsa*** フラット(共同住宅, アパート).

berpangsa 仕切りのある.

pangsapuri 広くて豪華なフラット.

panik (英) panic 恐怖, パニック: *melarikan diri dalam keadaan panik* パニック状態になって逃げる.

panitia 委員会 (＝jawatankuasa).

panjang 長い, 長さ(距離や時間): *Pen ini panjang.* このペンは長いです. *Panjang galah itu 3 meter.* その棒の長さは3メートルです. *cerita yang panjang* 長いお話. *panjang lampai* (身体が)ひょろ長い.

panjang lebar 詳細に, 詳しく: *mengulas panjang lebar mengenai* ～について詳しく説明する. *Saya nak bercakap panjang lebar tentang hal itu.* 私はその事について詳しく話したい.

panjang lidah / mulut 他人の悪口を言うのは好きなこと.

panjang tangan 盗み癖がある.

panjang umur 長寿.

berpanjangan, berpanjang-panjangan 限りなく続く, 終りのない.

berpanjang-panjang 細かく話す.

memanjang 1 長く伸びる: *Pantai itu memanjang berbatu-batu.* その海岸は何マイルも長く伸びている. **2** 縦に.

memanjangkan, memperpanjangkan 1 長くする, 延長する: *memperpanjangkan visa saya* ビザを延長する. *memperpanjangkan tempoh pinjaman buku* 本の貸し出し期間を延ばす. **2** 提出する: *Segala keputusan itu telah dipanjangkan kepada kerajaan.* すべての決定は政府に提出された.

pemanjangan 延長.

sepanjang 1《期間と場所》ずっと, ～中, ～に沿って: "*Bagaimanakah cuaca di Malaysia?*" "*Cuacanya agak panas sepanjang tahun.*"「マレーシアの気候はどうでしたか」「気候は一年中かなり暑い」. *cuaca yang panas sepanjang tahun* 年中暑い気候. *Hujan turun sepanjang hari.* 雨が一日中降った. *sepanjang masa* ずっと. *pengalaman yang paling menakutkan pernah dialami sepanjang hidupnya.* 彼の生涯で一番恐ろしかった経験. *Saya akan melindungi awak sepanjang hayat saya.* 僕は生涯を通じて君を守␣る. *Kami berbual sepanjang perjalanan.* 私たちは道中ずっとしゃべっていた. *Ramai orang berbaris sepanjang jalan untuk menyambut Perdana Menteri.* 首相を迎えるためにたくさんの人々が道路沿いに並んだ. *tinggal di sepanjang pantai* 海岸沿いに住んでいる. **2** ～によると, ～に関する限りでは: *sepanjang ingatan saya*, 私の記憶する限れでは. *sepanjang pengetahuan saya* 私の知る限りでは. *sepanjang yang kita ketahui* ご承知のとおり.

panjat; memanjat 1 (木, 山に)登

る: *memanjat pokok* 木に登る. *memanjat tangga* 階を上る. **2** 上訴する.

pemanjat 登山家.

panji-panji 三角旗: Istiadat Mengarak *Panji-Panji Yang diPertuan Agong* 国王の公式誕生日(6月第一土曜)に行なう軍旗敬礼分列式(英王室の Trooping of the Colours と同様の儀式).

pankreas (pankréas) (英) pancreas すい臓.

pantai 浜, 海岸 (＝tepi laut): *pantai timur* 東海岸. *pantai barat* 西海岸.

pantak; **memantak** (くぎを)打ち込む.

pantang; **pantangan** **1** (習慣や信仰による)タブー(禁忌), 禁止, 嫌がること: *pantang larang* タブー. Daging lembu ialah *pantangan bagi* orang Hindu. 牛肉はヒンドゥ教徒にとってはタブーである. Menyapu lantai pada Tahun Baru Cina *pantang* di kalangan orang-orang Cina. 中国正月に床を掃くことは華人の間ではタブーになっている. Bercakap-cakap sambil makan adalah *menjadi pantangan* ayah saya. 食べながらしゃべることは父がもっとも嫌がることだ. Kami *tak pantang* makan, tapi *pantang nampak*. 【口語】僕らは何でも食べます, 見るだけで食べないなんてそんなことはしません. **2** ～してはいけない: Anak-anak dara *pantang* menyanyi di dapur. 生娘は台所では歌を歌ってはならない. **3** 絶対～しない: Dia *pantang mundur*. 彼は決してあきらめない.

berpantang 禁止された, 嫌がる: Mereka *berpantang* makan daging. 彼らは肉を食べるのを嫌がる. "Awak *berpantang* makan apa?"「君は何か食べれないのがありますか」. "Tidak, saya boleh makan apa-apa saja."「ないよ, 何でも食べるよ」. *Berpantang maut sebelum ajal*. 死期が迫っていること.

memantangkan 禁止する.

pantas I **1** 早い, 素早い: berjalan *dengan pantas* 早く歩く. Masa berlalu begitu *pantas*. 時間がとても早く過ぎる. **2** 巧みな, 優秀な: bekerja *pantas* 上手に働く. *pantas mulut* 口がうまい(話が上手である).

memantaskan 速くする, 急がせる.

kepantasan 速さ, 速度.

pantas II **1** 道理で(＝patutlah): *Pantas* kita tunggu dia belum datang. 道理で私たちは待っていたけど彼は来ないわけだ. **2** ふさわしい, 似合う, 適切な, 適正な: Dia memang *pantas* menjadi isteri orang kaya itu. 彼女はたしかにあの金持ちの奥さんになるのがぴったしだ. Dia tidak mengambil tindakan yang *pantas*. 適切な措置をとらなかった.

pantat **1** 尻 (punggung). **2** 【俗語】女性性器. **3** 底の部分.

pantau; **memantau** モニターする, 監視する: *memantau* keadaan harga barang 物価動向をモニターする. *memantau* keselamatan para pelajar. 生徒の安全を監視する. Kami akan *memantau* situasi dengan rapi. 状況を慎重に見極める.

pemantau 監視者: pasukan pemantau 監視団.

pemantauan モニタリング: *masih melakukan / menjalankan pemantauan* まだモニタリングを続けている.

pantul; **memantul** (ボールが)跳ね返る, 弾む, 反射する: Bola itu *memantul* apabila dilontar ke tanah. ボールは地面に落ちて跳ね返った.

pantulan 跳ね返り, 反射: *pantulan bunyi* 音の反射.

pantun パントゥン(マレーの伝統的四行詩): *Pantun* adalah puisi asli Melayu yang terdiri dari empat baris. パントゥンは4行から成るマレーの伝統的な詩歌.

berpantun パントゥンを唄い合う.

papa (Sk) 極貧の. =*sangat miskin*: *papa kedana* 極貧; Dia dulu kaya raya, sekarang *dalam keadaan papa kedana*. 彼はかつて大金持ちだったが今は極貧状態にある.

kepapaan 貧困: *menderita kepapaan* 貧困に苦しむ.

memapakan 〜を貧困におとしめる.

papah; **berpapah** 〜(人や物に)もたれかかったり支えられて歩く・起きる: Anak itu berjalan *berpapah di dinding*. その子は壁にもたれながら歩いた. Ketika mendaki bukit, dia *berpapah pada suaminya*. 丘を登るとき, 彼女は夫に支えられながら登った.

memapah 〜の身体を支えて歩く, 起きるのを助ける: *memapah* orang tua itu melintas jalan raya. 老人の身体をささえながら道路を横断するのを助ける. Dia *memapah* kekasihnya bangun. 彼は恋人の身体をかかえて起こしてあげた.

papak; **memapak** かみ砕く, 咀嚼する.

papan 1 板. 2 薄くて平たいものを数える助数詞 (〜枚): *papan batu* 石版. *papan hitam, papan tulis* 黒板. *papan iklan* 広告看板. *papan jungkang-jungkit* シーソー(遊具). *papan kekunci* キーボード. *papan kenyataan, papan pemberitahuan* 掲示板. *papan lapis* 合板. *papan litar tercetak* プリント配線基板. *papan luncur papan nama* ネーム・プレート, 表札. *papan tanda* サインボード, 看板. *papan utama* 一部上場市場. *kilang papan* 製材所. *rumah papan* 木造家屋.

papar 平らな.

paparan 説明, 解説: *paparan hablur cecair (paparan cecair kristal)* 液晶ディスプレー.

memaparkan 1 平らにする. 2 説明する, 語る: *memaparkan pendapatnya* 自分の意見を語る. *memaparkan rahsia* 秘密を暴露する.

terpapar 広げられた, 描かれた.

jelas terpapar bahawa 〜とはっきり描かれている.

papas I; **memapas** (着物などを)脱ぐ. 取る, 奪う.

papas II; **berpapasan** 行き交う, すれ違う (=berselisih lalu).

memapas, *memapas angin* (逆風に)向かって行く.

papaya パパイヤ→(=betik).

para I 《名詞の前につけて複数を表す》: *para hadirin* 出席者. *para jemputan* 招待客. *para penonton* 観客. *para peserta* 参加者.

para II; **para-para** 棚, ラック.

paradoks (英) paradox パラドックス.

parafin (英) paraffin パラフィン.

paragraf (英) paragraph 段落.

parah 1 (怪我や病気が)重い: *cedera parah di lengannya*. 腕に大怪我した(重傷を負う). *cedera parah selepas ditembak di kepalanya*

parak 446

dalam satu pergaduhan けんかで頭を撃たれて重傷を負う. **2** (状況が)困難な, 深刻な: *Keadaan semakin parah.* 事態はますます深刻化した. *Itu hanya akan membuat parah keadaan.* それは状況を悪化させるだけ.

memperparah 深刻化する.

keparahan 深刻さ: *Anda tak menyedari keparahan masalah itu.* あなた方は問題の深刻さを認識していない.

parak 離婚, 別離.

memarakkan 別れる, 離婚する.

parang 鉈, 太刀, 山刀.

memarang 鉈・太刀を使ってぶった切る.

paras I 容姿: *Gadis itu mempunyai paras yang cantik.* その少女は美しい容姿をしている.

paras II 平面, 水準: *paras air* 水位; *Paras air sungai itu sudah sampai 5 meter.* 川の水位はすでに5メートルに達した. *Paras air telah mencecah paras berjaga-jaga / bahaya.* 水位が警戒水位 / 危険水位に達した. hampiri *paras bahaya* 危険水位に近づく. melebih / melepasi *paras bahaya* 危険水位を超す. bandar raya yang terletak *di bawah paras laut itu* 海面下にある都市.

memaras 平らにする: *Apabila mengukur gula dengan cawan, dia memaras gula dalam cawan itu dengan pisau.* カップで砂糖を計量するとき, 彼はカップの中の砂糖をナイフで平らにした.

separas 同じ高さ, 同じ程度, 同じ水準, 同レベル: *Air sudah separas pinggang.* 水位がすでに腰の高さまで上昇した.

parasit (英) parasite **1** 寄生動植物. **2** 居候, パラサイト.

parau しゃがれた声: *Dia sudah letih dan suaranya sudah parau.* 彼は疲れてしまい, 声もしゃがれ声になってしまった.

pari 〔魚〕エイ (=ikan pari).

paria (ヒンドゥー社会における)不可触民.

parit 溝, 水路, 用水路, 塹壕: *Bila hujan turun, air mengalir ke dalam parit.* 雨が降ると, 水は溝の中へと流れる.

memarit 溝・水路を掘る.

parlimen (parlimén) (英) parliament 国会, 議会(マレーシアでは下院を指す): *ahli parlimen* 国会議員. *Bangunan Parlimen* 国会議事堂. *pembubaran Parlimen* 国会の解散.

berparlimen 議会制の: *demokrasi berparlimen* 議会制民主主義.

paron 金床.

parti (英) party **1** 政党 (=parti politik). **2** 宴会, パーティ.

kepartian 政党システムの.

paru; paru-paru 肺: *penyakit paru* 結核. *radang paru* 肺炎.

paruh I くちばし.

paruh II; separuh 半分: *Berikan saya separuh kek itu.* そのケーキの半分を僕にください. *Dia baru separuh bersolek ketika saya datang.* 私が来たとき, 彼女はお化粧をやっと半分しか終わっていなかった.

separuh masa pertama (サッカー試合などの)前半のハーフタイム.

separuh jalan 中途で.

separuh masak 生煮え.

separuh mati 半死の.

separuh umur 中年: *seorang lelaki separuh umur* 中年の男性.

memaruh 半分にする.

parut I 傷跡: *Pada mukanya ada*

parut yang besar. 顔に大きな傷跡がある. *parut bekas pembedahan* 手術した傷跡.

berparut 傷跡がある.

memarut 引っかく.

parut II; **pemarut**, **parutan** ココナツの実を削り取る道具.

memarut （ココナツの実を）削り取る,（大根を）おろす: Kelapa hendaklah terlebih dahulu *diparut* sebelum diperah untuk mengambil santan. ココナツはまず最初に実を削り取り, 次にそれを絞ってからサンタンを取ります.

PAS [Parti Islam Se-Malaysia] マレーシア・イスラム党.

pas (英) pass **1** 通行許可証. **2** 合格する.

pasak くさび, ボルト, 締めくぎ.

pasal 【口語】 → **fasal**. *Pasal apa? / Apa pasal?* なぜ, どうして?; "*Malam ini tak bolehlah.*" "*Pasal apa?*" 「今晩はだめだよ」「なぜ?」. *Pasal saya,* 僕に関しては. *Pasal itu,* serahkan saja pada saya ni. それについては, 私にまかせてくれ. "*You punya pasal, no problemlah!*" 「君のことなら, 問題ないよ」. *Bercakap pasal* ～について言えば; *Bercakap pasal buaya dan harimau ni, saya ada satu joke.* ワニとトラについて言えば, このようなジョークがある.

pasang I （潮が）満ちる, 満潮: Hari ini *air pasang* pada pukul 9:00 pagi. 今日は満潮が朝9時です.

pasang naik 上げ潮.

pasang penuh 満潮.

pasang besar 満月のときの大潮.

pasang surut 干潮・満潮, 栄枯盛衰.

pasang II 対・ペアになっているもの: *tiga pasang* stoking 3足の靴下.

pasangan 1 相手, パートナー: *pasangan hidup* 生涯の伴侶. **2** 一対, カップル: *pasangan pengantin baru, pasangan mempelai* 新婚カップル. Jam tangan ini ialah *pasangan kepada* jam tangan Aminah. この時計はアミナのと対になっている. Mereka *pasangan* yang bahagia. 彼らは幸せなカップルだ. 5 *pasangan kembar* pelajar baru 5組の新入生双子.

berpasang-pasang 二人で, 二つ一緒で, 何組かで: Ramai pemuda-pemudi *berpasang-pasang* bersiar-siar di tepi pantai. たくさんの若者がペアになって海岸を散歩している.

sepasang 1対, 1組, 1足など: membeli *sepasang* pinggan mangkuk 食器1セットを購入する.

pasang III; **memasang** 取り付ける, 設置する, 設定する: *memasang jerat di hutan* ジャングルにわなを仕掛ける. *memasang kereta* 自動車を組み立てる. *memasang lampu* ランプを点す. *memasang layar pada perahu* 舟に帆をセットする. *memasang rokoknya* 煙草に火をつける.

berpasang-pasang, **pasang-memasang** 互いに撃ち合う.

terpasang 設置された.

pasar 市場(いちば), マーケット.

pasar raya スーパーマーケット: *pasar gelap* 闇市. *pasar malam* ナイトマーケット. *pasar borong* 卸売市場. *pasar mini* ミニ・マーケット. *pasar ria* バザー.

memasarkan 市場で販売する.

pasaran 市場: *pasaran bebas* 自由市場. *pasaran bersama* 共同市場. *pasaran bon* 債券市場. *pasaran saham* 証券市場. *ekonomi pasaran*

市場経済. *mendapat pasaran yang baik* よく売れている.

pemasaran 市場取引, マーケティング.

pasif (英) passive 受身の, 活動的ではない.

Pasifik; *Lautan Pasifik* =Pacific Ocean 太平洋.

pasir 砂, 砂地: *gurun pasir, padang pasir* 砂漠. *kawasan pasir di tengah-tengah sungai* 川の中洲. *gula pasir* サトウキビから作る砂糖.

pasport (英) passport パスポート.

pasti 1 きっと, 絶対: *Dia pasti berjaya.* 彼はきっと成功する. *"Pasti datang lagi."*「必ずまた来てね」. 2 はっきりした, 確信できる: *Saya pasti dia akan datang.* 彼は来ると僕は確信している. *Dia tidak memberikan jawapan yang pasti.* 彼女ははっきりした答をしなかった. *Saya tidak pasti apa sebenarnya yang terjadi.* いったい何が起きたのか私にはわからない. *Mereka masih tidak pasti dengan maknanya yang sebenar.* 彼らはまだ本当の意味をはっきり分かっていない.

belum pasti まだはっきりしていない. *kurang pasti* よく分からない. *secara pasti* はっきりと: *Saya tidak boleh mengatakan secara pasti bahawa* 〜と確信をもって言えない.

memastikan はっきりさせる: *Mari kita memastikan tarikhnya.* 日取りをはっきり決めましょう. *Saya ingin memastikan apakah dia datang.* 彼が来るのかどうかを僕ははっきりさせたい.

kepastian 確実性.

pastri (英) pastry 〔食〕ペーストリー.

pasu 花瓶, ポット.

pasuk; **pasukan** チーム, 部隊: *pasukan bola sepak* サッカー・チーム. *pasukan nasional* ナショナル・チーム. *pasukan keselamatan* 警察の治安部隊. *pasukan pengawal sempadan* 国境警備隊. *pasukan pertolongan cemas* 救急隊.

berpasuk-pasukan チームを組んで, 徒党を組んで.

berpasukan 団体: *perlawanan berpasukan* 団体戦.

pasung; **pasungan** さらし台.

memasung, memasungkan さらし台の上にさらす, 刑務所に入れる.

patah 1 折れる, (途中で)途切れた, 止めた: *Pensel saya sudah patah.* 鉛筆が折れてしまった. *patah balik* 元に戻る. *patah hati* 失望する, 失意のどん底にある. *patah kaki* 骨折する. *patah lidah* 言葉を失う. *patah nafsu, patah selera* 食欲を失う. *patah semangat* 気落ちする. *patah tulang* 骨折; *Ali patah tulang kaki kanannya.* アリは右足を骨折した. 2 言葉や単語を数える助数詞(〜言, 語): *sepatah* 一言; *Pelayan itu tidak mengetahui bahasa Melayu sepatah pun.* そのウエイトレスはマレー語を一言も知らない. *dengan tidak berkata sepatah apa pun* 一言もしゃべらずに.

sepatah dua kata 一言二言.

berpatah, matah 方向を変える: *berpatah balik* 引き返す.

mematahkan 1 砕く, 折る: *mematahkan kayu dua* 木を二つに折る. 2 希望を失わせる, やる気を削ぐ: *mematahkan semangat rakyat* 国民のやる気を削ぐ. *mematahkan tentangan mahasiswa* 学生の反対を押さえ込む.

paten (patén) 〔英〕patent パテント.

pateri はんだ.
  berpateri, mematerikan はんだ付けをする: *mematerikan* baldi yang bocor 穴の開いたバケツにはんだ付けをする.

pati 1 本質, 核心. 2 (食品・飲料の) エッセンス, エキス.

PATI [pendatang asing tanpa izin] 不法入国外国人.

patik 1 奴隷. 2【王室】(王に対して) 私め.

patriot 〔英〕patriot 愛国主義者.

patriotisme 〔英〕patriotism 愛国主義.

patuh 言い付けに従う, 従順な: *pekerja yang patuh* 従順な従業員.
  kepatuhan 服従, 忠実.
  mematuhi 〜に従う: *mematuhi kod etika* 倫理規定を守る. *mematuhi* peraturan 規則に従う. *mematuhi* peintah 命令に従う. *mematuhi* perjanjian 約束を守る.

patuk ; mematuk (鳥が) ついばむ, (ヘビが) 噛む: Kakinya telah *dipatuk* ular. ヘビに足を噛まれた.

patung 彫像, 肖像, 操り人形.
  mematung 立像のように (動かなく) なる.

patung-patung ; belalang patung 〔虫〕トンボ.

patut 1 〜すべき: Kita *patut* hormat akan orang tua. 私たちは親を尊敬すべきです. "Saya tertutup pintu bilik saya tanpa membawa kunci. Apa *patut* saya buat?"「鍵を置いたまま誤って部屋のドアを閉めてしまった. どうしたらいいですか」. 2 適当な, ふさわしい: harga yang *patut* 適正な価格.
  berpatutan 適正な, 公正な.
  mematut 良くなるように調整する.
  patutlah 道理で: Ali kena marah tadi. *Patutlah* dia menangis. アリはさっき叱られた. 道理で泣いていた.
  sepatutnya 本来なら当然すべきである: Pemilihan parti UMNO *sepatutnya* diadakan pada tahun lalu tetapi ditangguhkan ke tahun ini. UMNO の党内 (役員) 選挙は本来ならば昨年行われるべきであったが, 今年に延期された.

pau 〔Ch〕〔食〕パオ (まんじゅう).

pauh 〔植〕アービンギャ.

paun 〔英〕pound ポンド (重量の単位, 英国の貨幣の単位).

paus 〔動〕クジラ (鯨) = ikan paus.

Paus (Po) ローマ法王.

paut 密接につながった, つなぐ.
  sangkut paut 関係がある: Itu tidak ada *sangkut paut dengan* saya. それは私とは全く関係がない.
  berpaut, memaut しっかりとつかむ, からみつく: *berpaut pada* kayu yang sedang hanyut itu 水に漂っている木材にしがみつく.
  memautkan 〜に結びつける, 縛り付ける.
  perpautan 関係.
  terpaut 心が引きつけられる: *terpaut kasih* 恋する.

pawagam [panggung wayang gambar] 映画館.

pawang パワン (呪術師), シャーマン.

paya 沼地, 湿地: *paya bakau* マングローブの湿地.

payah 1 困難な: *Payah* mencari pekerjaan di sini. ここでは仕事を見つけるのが困難だ. *Payah* nak cakap. 言いにくいよ. "Saya ada program sendiri, nak kena batal, *payahlah*."【口語】「自分の予定があるので, それ

payang

をキャンセルすることは難しいよ」. **2** 重大な, 深刻な: Keadaan pesakit itu semakin *payah*. 患者の様子はますます悪くなってきた. **3** 疲れた.

tak payah 必要ない (=tak perlu): *Tak payah* datang esok. 明日はわざわざ来る必要ありません.

berpayah-payah = ***bersusah payah*** わざわざ〜する, 苦労して〜する: Kami *bersusah payah* membuat makan malam, tetapi tidak ada yang mahu makan. 私たちがせっかく夜食を作ったのに, 誰も食べたがらない. Janganlah *bersusah-payah* kerana saya. どうかおかまいなく (私のためにわざわざすみません).

memayah-mayahkan 懸命に働く.

memperpayah 一層困難にする.

kepayahan 疲労, 困難.

payang 大型の引き網 (魚網).

payu dara 乳房=buah dada: barah *payu dara* 乳がん.

payung 傘, パラシュート (=payung terjun), 保護装置, プロテクター: *Sediakan payung sebelum hujan.*【諺】転ばぬ先の杖.

berpayung 傘をさす: Mereka berjalan *berpayung*. 彼らは傘をさして歩く.

memayungi 傘をさしかける, 保護する: *memayungi* neneknya supaya tidak terkena panas おばあちゃんが陽の光を受けないように傘をさしてやる.

memayungkan 〜傘代わりに使う.

PBB = [Pertubuhan Bangsa-Bangsa Bersatu] 国連 (国際連合).

pecah 1 壊れる, 割れる, 裂ける: Mangkuk itu *pecah* berkecai. そのお碗は割れて粉々になった. bibir yang *pecah* ひび割れのした唇. **2** (ニュースや秘密が) 漏れる. **3** 分裂する: *pecah belah* = *berpecah belah* 分裂する. ***pecah amanah*** 背任. ***pecah rumah*** 家宅侵入.

pecahan 1 砕片. **2** 分数: *pecahan perpuluhan* 小数. **3** 細かい数, 再分割したもの (下位): *pecahan suku bangsa* 部族の細かい数 (下位単位).

berpecah = ***berpecah belah*** 細かく分裂する, 分かれる: Pelajar-pelajar itu *berpecah* kepada tiga kumpulan. 生徒たちは3つのグループに分かれた. Rakyat Malaysia dinasihatkan jangan *berpecah*. マレーシア国民は分裂しないように忠告されている. Persatuan itu *berpecah belah*. その協会は分裂してしまった.

memecah 砕く: ***memecah masuk*** (泥棒が) 侵入する, 押入る; Pencuri yang *memecah masuk* ke dalam rumah Kassim telah ditangkap. カシムの家に侵入した泥棒は逮捕された. ***memecah rumah*** 家宅侵入をする.

memecahkan 1 割る, 破る: *memecahkan piring* お皿を割る. *memecahkan rekod* 記録を破る. **2** 分ける: *memecahkan tanah* 土地を分割する. **3** 解決する: *memecahkan masalah* 問題を解決する. **4**【口語】(お金を) くずす: Tolong *pecahkan* wang 10 ringgit ini. この10リンギットをくずしてください.

pemecah 破壊者, 破壊する道具.

pemecahan 1 破損. **2** 解決: Tidak ada *pemecahan* yang mudah terhadap masalah itu. その問題は簡単に解決しない.

perpecahan 分裂, 決裂: *perpecahan dalam parti* 党内分裂. *perpeca-*

han dalam keluarga 家族の分裂・崩壊.

pecai (pécai) (Ch) 白菜.

pecat; **memecat, memecatkan** 解雇する: *Dia malas sekali, sehingga dia dipecat*. 彼はあまりにも怠け者で, 解雇された.

pemecatan 解雇, 追放: *membantah pemecatan rakannya* 同僚の解雇に反対する.

pecut むち(鞭): *pelari pecut* 短距離走者(選手).

memecut 1 むちで打つ: *memecut kudanya* 馬にむちを打つ. 2 せきたてる. 3 素早く動かす, スピードを上げる: *memecut kereta* 車のスピードを上げる. *Dia didenda kerana memecut*. 彼はスピード違反で罰金を科せられた. *memecut laju* 速度を上げる. *memecut di depan dari mula hingga akhir perlumbaan* F1 レースで最初から最後まで先頭を疾走する.

pemucutan むち打ち.

pedang 刀.

memedang 刀で切る: *memedang leher musuhnya* 刀で敵の首を切る.

pedar 1 (レモンの皮のように味が)にがくて辛い, (古いヤシ油のように味やにおいが)悪い. 2 苦々しく思う, 心配する (= pedar hati).

kepedaran 苦々しさ, いらただしさ.

pedas 1 辛い: *Kari ini pedaskah?* このカレーは辛いですか. 2 辛らつな: *teguran yang pedas* 辛らつな批判. *tersinggung dengan kata-katanya yang pedas*. 彼の辛らつな言葉に傷ついた.

memedaskan 1 とても辛くする. 2 (感情を)傷つける.

pedati (Sk) 馬車, 牛車.

pedih 1 ヒリヒリする痛み: *Mata saya pedih*. 目がヒリヒリ沁みる. *Amboi pedihnya mata*. わぁ, 目が沁みて痛い. *gas pedih, gas pemedih mata* 催涙ガス. *bahan pemedih mata* 催涙スプレー. *Mereka mengadu mata mereka pedih akibat kejadian itu*. その事件後目が沁みると彼らは訴えた. ~ *pedih untuk didengar* ~を聞くと耳が痛い; *Pemimpin mestilah sanggup mendengar kritikan rakyat walaupun ia pedih untuk didengar*. 指導者は人々の批判をいつでも聞くべきである, たとえそれを聞くと耳が痛いにしても. 2 悲しい: *Pedih rasanya*. 心が痛む. *pedih hati* 悲しい; *Pedih hati saya melihat begitu banyak orang miskin*. こんなに多くの貧者を見ると悲しくなる.

memedihkan ヒリヒリさせる, 痛くする.

pedoman I コンパス.

pedoman II 手引き, 指針, ガイドライン: *buku pedoman* ガイドブック. *menjadi pedoman* 指針(ガイドライン)となる.

berpedomankan ~を手引きとする.

peduli (Ar) 気にかける (= peduli akan, peduli dengan, ambil peduli akan): *Saya tidak peduli*. 私は気にしていない. *tidak peduli akan perasaan kawanya* 友達の感情に気を配らない. *Pada mulanya saya tidak ambil peduli akan mereka*. 最初は私は彼らを気にしていなかった.

mempedulikan ~に気を使う, 気配りをする, ~に注意を払う: *Jangan mempedulikan itu*. そのことを気にするな. *Mereka tidak mempedulikan kita orang kecil*. 彼らは僕らのような小物をちっとも配慮しない.

pegang; **berpegang** 1 つかまる: *berpegang pada sebatang kayu* 1本の木につかまる. 2 規範として守る, 固執する: *berpegang teguh kepada agamanya* 宗教を厳守する. *berpegang pada peraturan* 規則を守る. *berpegang pada janji* 約束を守る.

berpegangan (手を)つなぐ: *Mereka berjalan sambil berpegangan tangan.* / *Mereka berpegangan tangan bila berjalan.* 彼らは手をつなぎながら歩いた.

memegang 1 握る, つかむ, (役職を)担う, (権限を)行使する, (金を)使う: *memegang tangan anaknya* 子供の手を握る. *memegang kemudi* (車を)運転する. *memegang jawatan pengarah* 部長職を担う. *memegang peranan penting* 重要な役割を担う. *memegang kewajipan* 義務を果たす. *memegang tanggungjawab* 責任をとる. *Siapa memegang kuasa di sini?* ここの責任者は誰か. 2 (約束や慣習などを)厳守する: *memegang janji* 約束を守る. *Bolehkah awak memegang rahsia?* 君は秘密を厳守できるか. *memegang teguh pendirian* 意見を変えないで固執する. 3 管理する: *memegang rumahtangga* 家事をやりくりする. *memegang kedai* 店を管理する. *memegang wang* 資金を活用する.

pegangan 1 つかまえるところ, ハンドル. 2 規範, 指針: *Itu menjadi pegangan hidup saya.* それが私の人生の指針です.

pemegang 1 ハンドル. 2 持ち主 (役職や株式など): *pemegang amanah* 受託者. *pemegang saham* 株主. *pemegang rekod dunia* 世界記録保持者.

pegawai 1 官吏, 役人: *pegawai kanan* 高級官僚, 幹部役人. *pegawai kerajaan* 政府官僚. 2【古典】道具 (alat pegawai): *Maka segala mereka itu datanglah mengadap beginda dengan alat pegawainya.* (p.16) 職人たちは道具を持って王(スラン王)に謁見した. *pegawai kuda* 馬具. *pegawai permainan* 遊び道具.

peguam 弁護士: *peguam barister* 法廷弁護士. *Peguam Negara* 検事総長, 司法長官.

peguambela (peguambêla) 法廷弁護士.

peguamcara 事務弁護士.

pegun; **terpegun** 茫然とする, 驚いて立ちつくす: *Ia terpegun melihat kecantikan gandis itu.* 彼はその女性の美しさに見ほれて茫然とした.

pejabat 1 事務所, オフィス. 2 (政府の)局・部: *pejabat pos* 郵便局. *pejabat pos induk* 中央郵便局. *pejabat serantau pertama* 地域統括事務所.

pejal 固形の, 固い: *makanan pejal* 固形食. *batu pejal* 花崗岩.

memejalkan 凝固させる.

pepejal 固体.

pejam (目が)閉じる: *Dia sudah tidur, matanya sudah pejam.* 彼はもう寝た, 目が閉じている.

memejamkan 1 〜の目を閉じる: *memejamkan matanya* 目を閉じる, 目をつぶる; *Saya tidak dapat memejamkan mata sedikit pun.* 僕は一睡もできなかった. 2 黙認する, 見て見ぬふりをする: *Jika seseorang anggota polis yang habis bertugas terserempak dengan jenayah ganas dalam perjalanan pulang, apakah dia berhak untuk memejamkan mata kerana tugasnya sudah selesai?* 仕事を終えて帰宅途

中の警察官がたまたま凶暴な犯罪に出くわした場合, 彼は自分の任務が終わったので見て見ぬふりをしてもよい権利があると言えようか.

pek (pék) (英) pack 包み.

peka (péka) 敏感な, 気にする, きめ細かく配慮する, センシティブ: *kurang peka dengan* masalah itu その問題にあまり気をつかわない(鈍感な反応しかしない). *peka terhadap perasaan orang lain* 他人の感情によく配慮する. *peka akan* kehendak rakyat 大衆の要望に敏感である. Bayi *peka terhadap cahaya*. 赤ん坊は光に敏感である. *peka dengan alam semula jadi* 自然環境に配慮する.

memeka 世話をする, 面倒を見る.
kepekaan 敏感さ.

pekak 耳の聞こえない=tuli: *menjadi pekak* 耳が聞こえなくなる. *pekak badak* 難聴.

memekak うるさい: Bunyi radio itu *memekak*. ラジオの音がうるさい.
memekakkan 耳を聞こえなくさせる (memekakkan telinga).

pekan 1 小さな町. 2 市場=pasar. 3 週=minggu: Sudah *sepekan* dia tidak ke sini. もう1週間も彼はここに来てない.

pekap; **memekap** (耳や口を)手でふさぐ: *memekap telinganya* 耳を手でふさぐ.
memekapkan 〜を使ってふさぐ: *memekapkan tangan ke telinganya* 手を使って耳をふさぐ.

pekasam 魚や肉の塩漬け: *ikan pekasam* 塩漬けした魚. Ikan-ikan yang baru dipancingnya itu *dibuat pekasam*. 釣ったばかりの魚を塩漬けにする.

pekat 1 ねばねばした, 濃縮した, どろどろした: jus epal yang *pekat* 濃縮リンゴ・ジュース. *susu pekat* コンデンス・ミルク. Air kopi ini *terlalu pekat*. このコーヒーは濃すぎる. Minyak *lebih pekat* daripada air. 油は水よりも濃い. 2 真っ暗な (gelap pekat, hitam pekat).

memekatkan 濃縮する, どろどろにする.

pekerti (Sk) = *budi pekerti* 性格, 品性, 品行, 振る舞い, 態度: *budi pekerti yang baik / mulia* 良い性格. *mengubah pekertinya yang buruk* 悪い性格を変える.

peket (pékét) (英) packet 小包.

pekik; **pekikan** 叫び, 悲鳴, 金切り声: *pekik jerit* 叫び声. *pekik pekuk* あらゆる種類の叫び声. Saya terkejut daripada tidur apabila terdengar *pekikan orang meminta tolong*. 人が助けを求める叫び声が思わず聞こえてきて眠りから覚めた.

berpekik, **memekik** 叫ぶ, わめく.
terpekik-pekik 何度もわめく, 金切り声をあげる.

pekis; **memekis** 激しくののしる.

pekung 悪臭を放つ腫瘍, 腫れ物, ただれ: Kudisnya sudah *menjadi pekung*. かいせんがただれてしまった. *membuka pekung di dada* 【諺】自らの恥をさらす.

pelajar 生徒・学生→ *ajar*.

pelamin; **pelaminan** 結婚式の時に新郎新婦が座る台座, 新婚夫婦の寝室: Kedua pengantin itu sedang duduk di atas *pelamin*. 新郎新婦がプラミン(台座)に座っている.

pelan I (英) plan 計画, 設計図: *pelan bandar* 都市計画. *pelan induk* マスタープラン(基本計画).

pelan II; **pelan-pelan** (口語) = perlahan-lahan ゆっくりと: membuka matanya *pelan-pelan* ゆっくり目を開ける berjalan *pelan-pelan* ぶらぶら歩く.

pelana (Pr) 馬の鞍.

pelanduk 〔動〕マメジカ.

pelang (pélang) 商業用に使われていた小舟.

pelangi 虹.

pelantar 1 長いベンチ. 2 家屋に付随している物干し台. *pelantar benua* 大陸棚. *pelantar minyak* オイル・リグ.

pelanting; berpelantingan 散在した, 転がった.

memelantingkan 落とす.

terpelanting どさっと落ちる, 放り出される: *terpelanting dari kudanya* 落馬する. Dia *terpelanting keluar dari kereta itu ketika kemalangan itu berlaku*. 事故が起きたとき車から外に放り出された.

pelat (pélat) 1 発音が間違っている, なまりがある, 舌足らず: John bercakap Melayu, *tidak pelat sedikit pun*. ジョンはマレー語を話したが, 発音が少しも間違っていなかった. Bahasa Inggerisnya *agak pelat sedikit*. 彼の英語は少しなまりがある. Budak itu sudah besar tetapi cakapnya *masih pelat*. あの子は大きくなったのに話し方がまだ舌足らずだ. 2 なまり, 方言: *pelat Kelantan* クランタンなまり.

pelatuk → **belatuk** キツツキ.

pelawa; mempelawa 招く, 招待する: Ali *mempelawa* saya ke rumahnya. アリが僕を家に招いた. "Nak ikut kami?" "Terima kasih kerana *mempelawa*." 「私たちと一緒に行く?」「招いて(誘って)くれてありがとう」.

pelawaan 招待: *terima pelawaan* 招待を受ける. *menolak pelawaan* 招待を断わる.

pelawak コメディアン.

pelbagai 様々な種類の=berbagai-bagai: *pelbagai* buah-buahan さまざまな果物.

mempelbagaikan 多様化する: Kerajaan Malaysia harus *mempelbagaikan ekonomi*. マレーシア政府は経済を多様化しねばならない.

pempelbagaian 多様化.

pelecok (pelécok); **terpelecok** 手や足をくじく: Diana terjatuh dan *kakinya terpelecok*. ダイアナは転んで足をくじいた. Tayar depan pesawat itu *terpelecok* ke arah kiri. 航空機の前輪が左側に向いたままになった.

pelepah (ヤシやバナナの葉の)主脈, 羽毛の中央の軸.

pelepar (椅子などの)肘掛け.

peleset; terpeleset 滑って転ぶ: *terpeleset kerana terpijak kulit pisang*. バナナの皮を踏んだため滑って転ぶ. Juruhebah itu *terpeleset lidahnya*. アナウンサーが台詞をとちる.

pelesit 〔虫〕イナゴ.

pelih 脾臓.

pelihara; memelihara (Sk) 1 世話をする: *memelihara anak yatim itu seperti anaknya sendiri* その孤児をわが子のように世話する. 2 飼う: Kami *memelihara dua ekor kucing*. 2匹の猫を飼っている. 3 維持する, 守る: Kita harus *memelihara alam sekitar*. 自然環境を守らねばならない. *memelihara pertumbuhan ekonomi* 経済成長を維持する. *memelihara keamanan di kawasan itu* その地域の治安を守る.

peliharaan 飼われているもの, ペ

ット: *lembu-lembu peliharaan* Pak Ali アリさんの飼育している牛. *kucing peliharaan* Aminah アミナの飼い猫.

pemelihara 飼い主, 保護者.

pemeliharaan 保護, 世話, 飼育: *pemeliharaan alam sekitar* 環境の保護.

terpelihara 世話を受ける, 守られた: Taman itu *terpelihara*. その公園はよく管理されている. *terpelihara dengan baiknya* よく世話されている.

pelik 1 奇妙な, 異様な＝aneh: Saya tidak pernah melihat *benda yang pelik itu*. 私はあんな奇妙な物を見たことがない. 2 驚く, 不思議に感じる: *Pelik saya* melihat orang perempuan berpakaian lelaki. その女性が男装をしているのを見て私は不思議に感じた.

kepelikan 奇妙さ, 異常さ.

pelipis; **pelipisan** こめかみ.

pelita (Pr) 油を燃料とするランプ.

pelopor 先駆者, パイオニア: Dialah yang menjadi *pelopor* pergerakan itu. その運動の先駆者となったのが彼だ.

mempelopori 1 〜の先駆者となる, 〜をリードしてきた: Dialah yang *mempelopori* gerakan itu. その運動をリードしてきたのが, 彼です. 2 開発をする: *mempelopori* projek itu そのプロジェクトを開発する.

pelosok 隅: *ke pelosok kampung* 村の隅々まで. Kami tinggal *di pelosok*. 私たちは僻地(人里離れた所)に住んでいる. Penyanyi itu terkenal *di seluruh pelosok negara*. その歌手は全国津々浦々で有名です. Orang *dari seluruh pelosok dunia* datang untuk menyaksikan pameran itu. 全世界の人々がその博覧会を見に来た.

peluang 機会, チャンス: *peluang keemasan* 絶好のチャンス. *memberi peluang kepada* orang muda 若者にチャンスを与える. *Kalau diberi peluang*. 機会が与えられれば. *Bagi peluanglah kepada* saya untuk fikir dulu. 私に考えるチャンスをください. *gunakan peluang* 機会を利用する; "*Gunakanlah setiap peluang keemasan* yang telah diberikan ini untuk belajar bersungguh-sungguh bagi menjamin kejayaan cemerlang pada masa depan." 「与えらたこの絶好のチャンスを活用して, 将来に優れた成功を収めるために, 一生懸命勉強しなさい」.

berpeluang 機会がある: Ali *tidak berpeluang untuk* melanjutkan pelajarannya ke universiti. アリは大学に進学する機会がなかった.

peluh 汗: *Peluh keluar*. 汗が出る. *peluh dingin* 冷や汗.

berpeluh 汗をかく: Saya *berpeluh* kerana bekerja dalam panas. 陽の照る中で働いたので汗をかいた.

peluk 抱く, 抱擁する.

berpeluk 〜を抱く, 抱擁する: *saling berpeluk* お互いに抱き合う.

berpeluk tubuh 腕組みする, 何もせずに怠ける. ***duduk berpeluk lutut*** 何もせずに怠ける.

berpeluk-pelukan, **berpelukan** 互いに抱き合う, 抱擁し合う: menari sambil *berpeluk-peluk* 抱き合いながら踊る. *berpelukan sesama sendiri* お互いに抱き合う.

memeluk 1 抱き締める: *saling memeluk* お互いに抱き合う. 2 何もしない. 3 信仰する: *memeluk agama Kristian* tahun lepas 去年からキリスト教に改宗した.

pelukan 抱擁: Anak kecil itu tidur *di dalam pelukan emaknya*. その子は母親に抱かれて寝ている.

pemeluk 1 両腕いっぱい抱えた量 (=sepemeluk): Batang pokok itu besarnya *sepemeluk*. その木の太さは人が両腕に抱えた太さ. 2 信仰者: *pemeluk agama Islam* イスラム教徒.

peluntur グライダー.

pelupuk; **pelupuk mata** まぶた.

peluru (Po) 弾丸: *kena peluru* 撃たれる. *peluru berpandu, peluru terkendali* 誘導ミサイル. *membedil / melancarkan peluru berpandu jarak jauh* 長距離弾道ミサイルを発射する.

peluwap; **memeluwap** (気体が)液化する.

memeluwapkan (気体を)〜に液化する.

pemeluwapan 液化,凝結.

pemali 禁忌,タブー =pantang.

pemuras ラッパ銃(筒先の太い旧式の銃).

pen (pén); **péna** (英) pen ペン: *pen mata bulat* ボールペン. *nama pen* ペンネーム.

penalti (pénalti) (英) penalty 罰則,ペナルティー: *gol penalti* ペナルティーゴール. *tendangan penalti* ペナルティーキック.

penat 疲れた,消耗した=letih.

penat lelah 1 とても疲れた. 2 困難.

berpenat-penat =*berpenat lelah* 一所懸命働く,こつこつ努力する.

memenatkan 疲れさす.

kepenatan 疲れ,あまりにも疲れて: *tidur nyenyak sebab kepenatan* あまりにも疲れたので熟睡した.

pencak 護身術 (pencak silat).

berpencak, memencak 護身術を使う.

memencak-mencak 怒り心頭になる.

pencar; berpencar, berpencar-pencar, berpencaran 散らばる,広まる,四散する,ちりぢりになる.

pencen (péncén) (英) pension 1 年金: *mendapat pencen sebanyak RM500 sebulan* 月額500リンギットの年金をもらう. 2 (定年退職して)年金生活を送る =bersara: *Ayah baru tiga bulan pencen.* 父は定年退職してまだ3ヵ月です. *Umur pencen bagi kakitangan dalam jawatan kerajaan ialah 56 tahun.* 公務員の定年退職の年齢は56才です.

berpencen 定年退職して年金をもらっている.

pencil; **memencil** 孤立する: *duduk memencil di belakang* 後ろに孤立して座る.

memencilkan 孤立させる,〜を避ける: *Ali suka memencilkan dirinya dari* kawan-kawannya. アリは友達から孤立するのを好む. *Orang kampung memencilkan dia.* 村民は彼を避けている. *tanpa memencilkan mana-mana pihak* どの方面にも満遍なく.

terpencil 孤立した,人里離れた,単独の: *Mereka tinggal sebuah kampung terpencil.* 彼らは人里離れたある村に住んでいた. *Rumahnya terpencil dari* rumah-rumah yang lain. 彼の家は他の家から離れたところに孤立している. *Kes buli itu sebenarnya bukanlah kes terpencil, banyak lagi kes sedemikian di sekolaj itu telah berlaku.* そのいじめ事件は単独の事件では決してなく,同じような事件がその学校でこれまでもっとたくさん起きていた.

pencong (péncong); **pencong-mencong** 歪んだ.
memencongkan 歪ませる, 曲げる.
pendakwa; **pendakwa raya** 検察官. → **dakwa**.
pendam; **memendam, memendamkan** 埋める, (本当の気持ちを)隠す: *memendam segala perasaan dalam hatinya* 全ての感情を心の中に秘める. *perasaan marah mereka yang dipendam selama ini akhirnya meletus*. これまで心の中に秘めていた怒りの感情がついに爆発した.
terpendam 埋められた, 心の中に秘めた=*terpendam dalam hati*: *Saya tidak tahu apa yang terpendam dalam hati anda*. あなたが心の中で何を思っているか私には分かりません. *bakat terpendam* 秘められた才能.
pendap; **memendap, berpendap** (家の中に)閉じこもる, 引きこもる: *Balik dari sekolah dia memendap sahaja di rumah*. 彼は学校から帰ると家に引きこもる. *memendap di dalam biliknya sepanjang hari* 一日中部屋の中に閉じこもる.
pendapat 意見→ **dapat**.
pendapatan 所得→ **dapat**.
pendek (péndék) 短い(距離や時間), 低い, 近い: *pensel pendek* 短い鉛筆. *dalam waktu yang pendek* 短い期間で. **pendek kata, pendeknya** 手短に言うと, 要するに: *Pendek kata, semua orang gembira*. 要するにすべての人々が喜んだ. *pendek akal* 思考が狭い, 浅はかな. *pendek nafas* 息切れする. *pendek umur* 短命.
memendekkan 1 短くする: *memendekkan kunjungannya* 訪問(期間)を短縮する. *memendekkan cutinya di luar negara* 海外での休暇を短く切り上げる. *Lengan baju ini harus dipendekkan*. この上着の袖を短くしねばならない. *Memendekkan cerita panjang*, 要約して話すと. 2 略語にする.
kependekan 1 短小. 2 略語: AS ialah *kependekan* bagi/kepada Amerika Syarikat. AS は米国の略語です.

pendekar (pendékar) 格闘技の達人, 武士.
pendeta (pendéta) 学者, 僧侶, 牧師, 隠者.
pending 金または銀の装飾用ベルト.
penganan; **penganan juadah** 菓子類(総称).
pengantar; **kata pengantar** 序文, はしがき.
bahasa pengantar (授業での)教育用語.
pengantin 新郎・新婦 (*pengantin baru*): *pasangan pengantin* 新婚カップル.
pengap 風通しの悪い, 息の詰まる.
memengap 1 ぎゅうぎゅう詰め込む, 閉めきる: *memengap ikan di dalam botol kecil* 魚を小さなビンの中に詰め込む. 2 隠す: *memengap surat itu* 手紙を隠す.
terpengap 閉じ込められる: *terpengap di dalam bilik itu*. その部屋に閉じ込められる.
pengaruh 影響, 影響力: *pengaruh Barat* 西欧の影響. *mempunyai pengaruh kuat ke atas / terhadap* ～に強い影響力がある; *Dia mempunyai pengaruh yang kuat ke atas para pekerjanya*. 彼は従業員に強い影響力を持っている. *menggunakan pengaruhnya untuk* ～するために影響力(権力)を行使する.

berpengaruh 権力のある, 影響力のある: orang yang *berpengaruh* di kampung itu 村で影響力のある人.

mempengaruhi ～に影響を及ぼす: Program TV *mempengaruhi* remaja. TV 番組は若者に影響を与える. Pakaian pemuda-pemudi di sini banyak *dipengaruhi* oleh fesyen pakaian Barat. ここの若者の衣装は西欧の衣装のファッションにかなり影響されている. Prasangka *mempengaruhi* pandangannya. 先入観が彼の思考に影響を与えている.

terpengaruh 影響を受ける: Dia *mudah terpengaruh* dengan kata-kata orang lain. 彼は他人の話に影響されやすい.

penggal 1 (学校の)学期, 任期: cuti *penggal pertama* 1 学期の休暇. *pada penghujung penggal ketiga* 3 学期末に. PAS sudah *tiga penggal* berkuasa. PAS (マレーシア・イスラム党)はすでに三期権力を掌握してきた. Ada peraturan boleh jadi Senator setakat *dua penggal* sahaja. *Satu penggal* ada tiga tahun, lepas *dua penggal* iaitu enam tahun, mesti berhenti. 上院議員は任期が二期までしかないという規則がある. 一期三年, 二期すなわち六年が終わると, (議員を)止めねばならない. **2** 断片, 部分, 段落. **3** 切って分けられた物を数える助詞詞 (～片): *sepenggal daging* 一片の肉. *tiga penggal kayu* 三片の材木.

penggalan 部分, 断片.

memenggal 1 (首を)はねる, めった切りにする: *memenggal kepala* 首をはねる. **2** いくつかの部分(段落)に分ける.

penggawa (Sk) クランタン州の区長 (他州では penghulu という).

penghulu 1 区長(行政区ムキム〔mukim〕の首長): Tiap-tiap mukim dinegeri ini diketuai oleh seorang *penghulu*. この州にある各ムキム(区)はひとりの区長(プンフル)によって統治されている. **2** プンフル(昔のマレー王国の地方首領).

pengkar (péngkar) (足が)湾曲している: Kakinya *pengkar dalam*. 足が内股だ.

pengsan (péngsan) 気を失う, 失神する (=*jatuh pengsan*): *jatuh pengsan semasa bermain golf* ゴルフをしている最中に意識不明になる. Dia *pengsan* apabila mendengar berita itu. 彼は知らせを聞くと気をうしなった.

penguin (pénguin) ペンギン.

pening 1 めまいがする, 頭痛がする (=*pening kepala*): *berasa pening* めまいがする. **2** 頭が混乱する (=*pening kepala*): *Saya sudah pening kepala.* (困って)頭が痛いよ. *Pening kepalanya memikirkan masalah itu.* あの問題を考えると頭が痛い.

memeningkan 1 めまいを起こさせる, 頭痛を起こさせる: tugas yang *memeningkan kepala* (困難なため)頭を悩ます任務. **2** 混乱させる.

kepeningan 1 めまい, 頭痛. **2** 混乱.

penisilin (pénisilin) (英) penicillin 〔薬〕ペニシリン.

peniti 安全ピン.

penjara 刑務所 (=jel): *hukuman penjara sepanjang hayat* 終身刑.

memenjarai, memenjarakan 刑務所に入れる.

pemenjaraan 拘留, 禁固.

penjuru I (角(かど), 角度: *penjuru sudut tepat* 直角(90 度).

pepenjuru 対角線.

penjuru II プンジュル(面積を計るマレーの伝統的単位：1 penjuru= 100 jemba=1,337.745 ㎡).

pensel (pénsél) (英) pencil 鉛筆: *kotak pensel* 筆箱. *pengasah pensel* 鉛筆削り器.

pentagon (péntagon) (英) pentagon 五角形, ペンタゴン.

pentas 舞台, ステージ: *Murid-murid berlakon di atas pentas.* 生徒たちが舞台で演劇をしている.

mementaskan 上演する: *Pelajar-pelajar mementaskan lakonan dalam bahasa Malaysia.* 学生たちはマレーシア語で芝居を演じる.

pementasan 上演, 公演: *pementasan lakonan* ドラマの上演.

pentil バルブ.

penting 重要な: *perkara yang penting* 重要な事柄. *Yang penting ialah kita mesti menang.* 重要なのは私たちが勝たねばならないことだ. *Hal ini penting sekali bagi saya.* この事は私にとってはとても重要です. *Ada urusan penting.* 大切な用事がある.

berkepentingan; **yang berkepentingan** 関係の: *pihak yang berkepentingan* 関係者: *Tidak dibenarkan orang yang tidak berkepentingan masuk ke dalam bilik ini.* 関係者以外は入室を禁じる.

mementingkan 強調する, 重視する: *Ali lebih mementingkan isterinya daripada kawan-kawannya.* アリは友人よりも自分の妻の方を大切にした. *mementingkan diri sendiri sahaja* 自分のこと(利益)しか考えない.

kepentingan 1 大切さ, 重要さ: *sedar akan kepentingan bahasa Inggeris* 英語の重要性を認識する. 2 利益: *kepentingan diri sendiri* 自己の利益. *kepentingan umum* 公共の利益. *demi kepentingan anak-anaknya* 子どもの利益のために.

terpenting 一番重要な: *Bagi saya yang terpenting ialah kesihatan.* 私にとって最も大切なのは健康です. *Kereta ini sudah penuh, dan yang terpenting, harganya berpatutan.* この車は大きくてすばらしい, そして何よりも重要なのは, 価格が適正であること.

penuh 1 いっぱいの, 満員である: *Tanki itu sudah penuh.* そのタンクは満杯である. *Biliknya penuh buku.* 彼の部屋は本でいっぱいである. *Gunung itu penuh dengan legenda.* あの山には伝説がたくさんある. *penuh sesak dengan* 〜で満員である; *Mahkamah penuh sesak dengan wartawan.* 裁判所は新聞記者でいっぱいだった. 2 充分な, 完全の: *mendapat gaji penuh* 給与を全額もらう. *mendapat markah penuh dalam ujian bahasa Inggeris itu* 英語の試験で満点をとる. *majlis penuh adat-istiadat diraja* 王室の伝統に満ちた儀式. *Tolong sebutkan nama penuh anda.* フルネームをおっしゃってください.

memenuhi 1 いっぱいにする: *Berita ini memenuhi muka depan ahkbar itu.* このニュースが新聞の1面を埋めつくした. 2 (条件, 約束を)満たす: *memenuhi permintaan mereka* 彼らの要求を満たす. *memenuhi harapan saya* 私の望みをかなえる. *memenuhi janjinya* 約束を果たす. *Anak itu segera merajuk bila kehendaknya tidak dipenuhi.* その子は希望が叶えられないと, すぐすねる.

memenuhkan ～をいっぱいにする: *memenuhkan cawan itu dengan kopi* コーヒーをそのカップになみなみと注ぐ.

sepenuh 最大限の: *kerja sepenuh masa* フルタイムの仕事. *penari sepenuh masa* フルタイム(職業としての)ダンサー. menyokong keputusan itu *dengan sepenuh hati* その決定を心から全面的に支持する. *dengan sepenuh perhatian* 最も注意して.

sepenuhnya 完全に, 全面的に: Kilang itu beroperasi *sepenuhnya*. 工場はフル操業している. Saya setuju *sepenuhnya*. 私は全面的に賛成する.

penyek (pényék) (押しつぶして)平べったくなる, 平らな.

memenyekkan 平らにする.

penyet → **penyek**.

penyu 〔動〕ウミガメ(海亀)《kura-kura は陸亀, labi-labi は淡水亀》: *Penyu itu membawa Deli ke dasar laut.* 海亀はデリを海底に連れて行きました. melihat *penyu bertelur* 海亀の産卵を見る. *penyu belimbing* オサガメ. *penyu agar* アオウミガメ. *penyu karah / sisik* タイマイ(鼈甲亀). *penyu lipas* アカウミガメ.

peon (péon) (英) peon ボーイ, 給仕.

pepatah 格言.

per (英) per **1** (分数を示すとき) satu *per* tiga 1/3. tiga *per* empat 3/4. **2** ～ごとに, ～につき: lima batu *per* minit 1分間に5マイル.

perabot (Jw) 家具.

perada (Po) 金箔や銀箔のついた飾り物.

peragawan 男性のモデル.

peragawati 女性のモデル.

perah; **memerah** 絞る: *memerah susu kambing* ヤギの乳を搾る. *memerah baju yang basah* sebelum dijemur 濡れた着物を絞ってから乾かす. *memerah kelapa* untuk mengambil santannya ココナツを絞ってサンタンをとる. *memerah keringat* 汗を出す(苦しんで努力する). *memerah otak* 知恵を絞る; Kita perlu *memerah otak* bersama-sama supaya keluar daripada kemelut ini. この危機から脱却できるようにみんなで知恵を絞る必要がある.

perahan 絞り汁: *perahan lemon* レモン・ジュース. *perahan susu lembu* 牛乳.

perahu (木製の)小舟.

perajurit (Jw) 兵士=askar.

perak (pérak) 銀.

Perak (pérak) ペラ州(半島部中央部の州, 州都はイポ).

peram; **memeram** (熟していない果物を)早く熟させるために貯蔵する: *memeram pisang emas di dalam guni beras* バナナを米袋の中に貯蔵して熟させる.

terperam 心の中に秘める=terpendam: mencurahkan perasaan hati yang *terperam* selama seminggu ini. この1週間心の中に抑えていた感情をはき出す. Rahsia itu sudah lama *terperam* dalam hatinya. その秘密を長いこと誰にも言わず心の中にしまっておいた.

peranan 役, 役割: *memegang / memainkan peranan penting dalam* ～において重要な役割を果たす. *memainkan peranan ibu dalam lakonan itu* 劇で母親役を演じる.

berperanan ～の役割をする.

perancah (建築現場に設置される)足場.

Perancis フランス: *orang Perancis* フランス人. *bahasa Perancis* フ

ランス語.

perang 戦争, 戦い: *perang dingin* 冷戦. *Perang Dunia Kedua* 第二次世界大戦. *perang gerila* ゲリラ戦. *perang lidah* 舌戦. *perang saudara* 内戦・内乱. *perang urat saraf* 神経戦. *perang psikologi* 心理戦. *perang bersenjata* 武力戦. *perang suci* 聖戦.

berperang 交戦する: Mereka sedang *berperang*. 彼らは交戦中.

memerangi 1 〜と戦争をする: *memerangi musuh itu* 敵と戦争する. 2 根絶する, 〜と戦う: *memerangi rasuah* 汚職と戦う.

peperangan 戦争状態, 戦闘.

perang (pêrang) 茶色, 赤褐色: *rambut perang* 茶髪.

perangai 性格, 品性, 態度: *Perangainya baik*. 彼の性格は良い. *Tidak seorang pun yang dapat mengubah perangainya*. 彼の品性を変えることは誰もできない.

berperangai 〜の性格を持つ. *orang yang berperangai jahat* 良くない性格の人.

perangat; **memperangat** 一旦冷えてしまったご飯やカレーなどを暖め直す.

perangkap わな: *memasang perangkap* わなを仕掛ける. *masuk ke dalam perangkap* わなに入る. *Saya tidak mahu masuk perangkap*. 私は(仕掛けた)わなに入りたくない.

memerangkap 1 わなを使って捕まえる. 2 騙す.

terperangkap 1 わなにはまってしまう, 閉じ込められる: *terperangkap dalam lif* エレベーター内に閉じ込められる. 2 騙される.

perangsang → rangsang.

peranjat; **memeranjatkan** 驚かす.

terperanjat 驚く, びっくりする: Saya *terperanjat* mendengar berita kematian Pak Ali. アリ氏死亡のニュースを聞いてびっくりした.

peranti 道具, 機器: *peranti audio* オーディオ機器. *peranti elektrik* 電気機器. *peranti foto* 写真機器.

perantis 徒弟, 見習い.

peras; **memeras** 1 絞る=memerah: *memeras jus oren* オレンジ・ジュースを絞る. Jangan *memeras kain itu* kuat-kuat, nanti koyak. その布をきつく絞るな, そうすると破れてしまう. Para pelajar *memeras otak* untuk menjawab soalan itu dengan betul. 生徒たちはその質問に正しく答えるために頭を絞った. 2 搾取する: *memeras pekerja-pekerjanya* 労働者を搾取する. 3 ゆする, 恐喝する (=peras ugut): *kejadian peras ugut* 恐喝事件. *memeras ugut kawan-kawannya* 友達を恐喝する. *memeras wang daripada lelaki itu* その男から金をゆする.

perasan 抽出物.

pemeras 1 ゆすり屋, 恐喝者. 2 絞り器.

pemerasan 絞ること, 搾取, ゆすり.

perasan 気付く.

tak perasan 気付かない, 気にしない: Saya *tak perasan* Ali berdiri di belakangku. 僕はアリが後ろにいるとは気付かなかった. Dia *tak perasan* yang mukanya kotor. 彼女は自分の顔が汚れているのに気付かなかった. Saya *tak perasan pada orang di sekeliling*. 僕は周りの人を気にしていない.

Jangan perasanlah 勘違いしないでよ: *Jangan perasanlah*, saya bukan hendak menolong awak. 勘

違いしないでよ,私はなにもあなたを助けたいなんてさらさら思っていないのよ.

peratus → ratus.

perawan 若い娘,処女,未婚の女.

perca; perca kain 布切れ,布くず.

percaya 信じる,信用する: Saya *percaya* usaha ini akan berhasil. この仕事が成功すると私は信じている. Saya *percaya akan* Tuhan. 私は神を信じる. Saya *percaya akan* kemampuannya. 私は彼の能力を信じている. *Percayalah*, dia orang baik. 彼は良い人だよ,信じてくれ. Mengapa itu yang awak tanya? *Tidak percayakah* awak *kepada* saya? なぜそんなことを聞くのか. 僕を信用していないのかい. Saya *tidak percaya kepada* Ali. 僕はアリを信用していない. *Kalau tidak percayalah*, berjumpa Cikgu Fatimah dan tanyalah Cikgu. 信じないならば,ファティマ先生に会って聞いてみたら. *Saya rasa seperti tidak percaya*. もう信じられない感じです. *percaya atau tidak* 信じがたいことだが,信じられないかも知れないが. *undi tidak percaya terhadap* ～に対する不信任投票. *mahu percaya atau sebaliknya* 信じようが信じまいが.

mempercayai 信用する, 信頼する: *mempercayai kata-katanya* 彼の言ったことを信用する. *mempercayai berita-berita* yang karut ini 偽の情報を信じる. *mempercayai pekerja-pekerjanya* 従業員を信頼する. Orang itu *boleh dipercayai*? あの人は信用できるか. *Jangan mudah mempercayai orang* yang awak tidak kenali. 知らない人をすぐ信用するな.

mempercayakan 任せる: *mempercayakan* hal itu *kepada* ketua kampung. その事を村長に任せる.

kepercayaan 1 信用,信頼: Orang tidak lagi *menaruh kepercayaan kepadanya* kerana dia pecah amanah. 彼は背信したので,だれも彼を信用しなくなった. 2 信仰,伝統信仰,迷信: menurut *kepercayaan orang-orang tua dahulu kala* 昔の人々の伝統信仰によると.

percik (水が)跳ねること,飛び散ること,しぶき.

memercik (水が)跳ねる,しぶきがあがる: Air hujan *memercik pada* tingkap. 雨水が窓に跳ねかかった.

memercikkan (水を)跳ね散らす,振りかける: *memercikkan* air ke muka kawannya 水を友達の顔に跳ねかける.

percikan 1 しぶき,飛沫,飛び散った破片: *percikan air* 水しぶき. *percikan api* 飛び散った火花. *percikan darah* 血のしぶき. terkena *percikan minyak* 油のしぶきを被る. Mata kakaknya kena *percikan lada*. 姉の目に胡椒の破片が入ってしまった. *Percikan* dari kereta yang lalu itu membasahi kimono saya. 通りかかった車のしぶきが私の着物を濡らした. 2 (感情や光が)突然湧き起こるひらめき: Beberapa *percikan* telah terbit dalam fikirannya. 突然いくつかのひらめきが湧き起こった.

terpercik (水が)跳ねる.

percuma 1 無料,ただ(只): *tiket percuma* 無料チケット. *secara percuma* 無料で. 2 無駄な努力になる,無為に終わる: *Percuma sahajalah* menolong dia, di belakang kita, kita diumpatnya. 彼を助けても無駄骨だよ,彼は陰に回って私たちの悪口を言っている. *percuma atas kapal*

[商] 本船渡し (FOB).

perdana (Sk) 主要な〜, 最初の: *Perdana Menteri* 総理大臣・首相; Siapakah *Perdana Menteri* Malaysia yang pertama? 初代のマレーシアの首相は誰か. *tayangan perdana* (映画の)プレミアショウ. **2** 昔のマレー王国の高官 (=menteri).

perempuan 女, 女性: *anak perempuan* 娘. *adik perempuan* 妹. *pekerja perempuan* 女性労働者. *perempuan simpanan* 妾.

keperempuanan 女らしさ.

perenggan **1** (文章の)段落, パラグラフ. **2** 国境, 制限.

pergi 行く, 出発する, 立ち去る: Saya *pergi* ke Malaysia. 私はマレーシアへ行きます. *Mari kita pergi sekarang*. さあ今から行きましょう. *pergi makan* 食べに行く. *pergi menonton filem* 映画を見に行く. *pergi mencari* 〜を探しに行く. *pergi berkelah* ピクニックに行く. *pergi dengan bas, / pergi naik bas* バスに乗って行く. *pergi menemui dokter* 医者に診に行く. *pergi minum-minum untuk melupakan panasnya* 暑さを忘れるために飲みに行く (暑気払いする). Pukul berapa awak *pergi tidur*? いつも何時に寝るの. Dia tidak berkata apa-apa. Dia *pergi begitu saja*. 彼は何も言わず, そのまま立ち去った. Lelaki itu *pergi begitu saja* tanpa mengucapkan terima kasih kepada kami. その男は私たちにありがとうとも言わずに黙って立ち去った. *Saya harus pergi sekarang*. そろそろ失礼しねばなりません. *Silakan pergi dulu*. Nanti saya susul. お先にどうぞ. 私も後から行きます. *pergi ke mana-mana* どこへでも行く. *pergi ke sana ke mari* あっちこっちへ行く. *Pergi cuti ke mana?* 休暇はどこに行きましたか. *pergi bersama-sama* 一緒に行く. Bas ini *pergikah* ke KLCC? このバスはKLCCへ行きますか. "Saya ada bawa gambarnya. Mana pula *pergi* gambar ni—, Hah, ni dia!"「僕は彼女の写真を確かに持ってきたのに. その写真はどこへ行っちゃったのかな, あった, これだよ」. "Mana pula *perginya* songkok ni? Mak, mak ada nampak songkok Ali, tak?"「いったい僕のソンコはどこへ行ったのかな. お母さん, 僕(Ali)のソンコを見かけなかった?」. "Duit tadi *pergi mana*?" "Dah habislah."「さっきのお金はどへ行ったか」「もう使ってしまったよ」.

pergi balik 行ったり来たりする, 往復する: *tiket pergi balik* 往復キップ. Kami *pergi balik* antara kedua-dua bandar. 両方の町を往復する.

berpergian 遠くに出かける, 旅に出る: Dia *berpergian*, Tidak ada di rumah. 彼は旅に出かけていて, 家にはいない. Saya gemar *berpergian*. 旅行が好きだ.

kepergian **1** 旅行, 出発. **2** 逝去.

pemergian 旅行: **1** kisah *pemergiannya* ke luar negeri 彼の外国旅行談. **2** 逝去: menyesali *pemergiannya* 彼の逝去を悔やむ.

peri I **1** 〜について: menceritakan *peri* kebesaran negeri Melaka マラカ王国の偉大さについて語る. **2** 特性: *peri kemanusiaan* 人間性, ヒューマニズム. *peri kebinatangan* 動物性. *peri kesopanan* 礼儀正しさ. **3** どんなに〜, どれほど〜: Ali tidak tahu *peri* pentingnya isu itu. アリはその問題がどんなに重要か知っていない.

peri II 天女, 妖精＝jin.

peri III 言う＝kata, berkata.

berperi 話す: *berperi tentang* ～について話す.

memerikan 説明する: *memerikan kisah-kisah cinta* 恋の話について語る.

pemerian 語り, 説明, 分析.

terperi; **tak terperi** 言葉で表現できないほど～だ: *Tuan puteri itu tidak terperi cantiknya.* そのお姫様は何とも言えないほど美しい. *Pilu tidak terperi melihat kelima-lima anaknya ditelan tsunami.* 五人の子供全員が津波にのまれていくのを見て言葉で表現できないほど哀しい.

peri IV【口語】ただ, 無料で＝percuma: *Untunglah dia kerana dapat makan peri tiap-tiap hari.* 彼は毎日ただで食べられて得をした.

peria I 〔植〕ニガウリ(苦瓜).

peria II 青年.

peribadi 1 個人, 個人的なこと, プライベート: *setiausaha peribadi* 私設秘書官. *hal peribadi saya* 私の個人的事柄. *kebebasan peribadi* プライベートの自由. *Saya minta diri dulu, ada urusan peribadi.* お先に失礼します, 私的な用事があるので. *Jangan tanya soalan yang peribadi.* プライベートな質問はしないように. ***secara peribadi*** 個人的には; *Secara peribadi, saya tak setuju.* 個人的には私は賛成しない. *Secara peribadi saya terasa sedikit lega mendengar berita itu.* ニュースを聞いて私は個人的に少しほっとした. 2 個性: *pembentukan peribadi* 個性の形成.

berperibadi 個人主義的な.

keperibadian 個性, パーソナリティ: *keperibadiannya yang tersendiri* 彼の独特な個性. *keperibadian rakyat Malaysia* マレーシア人のパーソナリティ.

peribahasa ことわざ〔諺〕.

peribumi 土着の, 先住民＝bumiputera.

perigi 井戸: *air perigi* 井戸水.

perihal 1 事情, 状況: *hendak melihat perihal negeri-negeri Melayu* マレー諸王国の状況を見たい. 2 出来事, 事件: *Mereka sudah tahu tentang perihal tembak-menembak itu.* 彼らはその撃ち合い事件についてすでに知っている. 3 ～について, ～に関して: *sedang bercakap perihal rancangan minggu depan* 来週の計画について話している.

keperihalan 分析, 説明.

pemerihal 話し手.

perikemanusiaan 人間性, ヒューマニズム.

berperikemanusiaan 情け深い: *tidak berperikemanusiaan* 非人道的.

periksa 検査, 調査, 捜査: *periksa beg* バッグを検査する.

memeriksa 調べる, 検査する, 検診する: *memeriksa pasport* 旅券を検査する. *memeriksa badan* 身体検査をする. *Doktor Ibrahim akan memeriksa gigi* murid-murid tahun 2. イブラヒム先生は2年生の歯を検診します.

pemeriksa 検査官, 試験官.

pemeriksaan 検査, 調査, 捜査: *menjalani pemeriksaan kesihatan* 健康診断をする. *pemeriksaan tubuh* 身体検査. *membuat pemeriksaan anggota badan* 身体検査をする.

peperiksaan 試験: *menduduki / mengambil peperiksaan* ～の試験を受ける.

perilaku 行動, 対応.

perinci; **terperinci** 詳細な、詳しい: mendapat maklumat yang *lebih terperinci lagi* より詳しい情報を得る.

Peringgi =Portugis ポルトガル人.

peringkat 段階, 地位, レベル: *pada peringkat awal* 初期の段階で; seperti yang disangkakan *pada peringkat awal* 初期の段階で考えられていたように. *dari peringkat awal lagi* 最初の段階から. Pertandingan itu akan diadakan *di peringkat negeri* dan kemudian *di peringkat kebangsaan*. 試合は州のレベルで行い、次に全国レベルで行う. *pertandingan peringkat akhir* 決勝戦. *pertandingan peringkat separuh akhir* 準決勝戦. *di peringkat saringan* 予選で.

berperingkat, **berperingkat-peringkat** 段階的に、クラスごとに: *secara berperingkat* 段階的に. mengatasinya *secara berperingkat-peringkat* 問題を段階的に解決する.

memeringkatkan 段階ごとに分ける, 分類する: Kelas *diperingkatkan* menurut kebolehan murid-murid. クラスは生徒の能力別に分けられる. *memeringkatkan* telurnya *kepada tiga peringkat* 卵を3つの段階に分類する.

perintah 1 命令, 指示: *mengikut perintah* Jeneral itu 将軍の命令に従う. *perintah berkurung* 外出禁止令. 2 (上から命じられる)規則: *mematuhi perintah* yang dikeluarkan oleh Pegawai Daerah. 郡長から出された規則に従う.

memerintah 1 命令する: Siapakah yang *memerintah* awak berbuat demikian? 誰が君にそうするように命じたのか. 2 統治する: Raja itu telah *memerintah* selama tujuh tahun. 王はすでに7年間統治した.

memerintahkan ～に命令を与える, ～に指示する: *memerintahkan* tenteranya *supaya* melakukan serangan 兵士に攻撃するよう命じる.

pemerintah 統治者 (Sultan, Raja).

pemerintahan 統治: *pemerintahan* yang adil 公正な統治. *pemerintahan beraja* 君主制度. *di bawah pemerintahan Inggeris* イギリスの統治下で.

perisa 美味しい, うまみ (bahan perisa).

perisai (Tm) 盾.

periskop (périskop) (英) periscope 潜望鏡.

peristiwa 出来事, 事件: *Peristiwa 13 Mei*「5.13事件」《1969年5月13日にクアラルンプールで勃発したマレー人と華人間の史上最大規模の種族暴動》. *peristiwa* yang tidak dapat dilupakan 忘れえぬ出来事.

beristiwa 記念すべき: *hari yang beristiwa* 記念すべき日, 歴史的な日.

perit 1 ズキズキ痛む, ヒリヒリする: tak dapat tahan menahan *rasa perit* luka itu 傷の痛みに耐えることができない. 2 悲しみ, 心が痛む: Peristiwa itu terlalu *perit* untuk dikenang. その出来事は思い出すと心が痛む. 3 困難な=susah: menghadapi cabaran yang begitu *perit* 非常に困難な挑戦に直面する.

memeritkan 1 ヒリヒリ痛い: cahaya matahari yang *memeritkan* ヒリヒリ痛くなる太陽光線. 2 悲しい. 3 困難な: mengadakan misi yang *sukar dan memeritkan* 難しく困難な使命を果たす.

keperitan 困難, 苦難, 悲痛:

mengalami *keperitan hidup* 人生の苦難を経験する.

periuk 鍋, 釜.
periuk api 機雷(地雷・水雷): *memasang periuk api* 地雷を敷く. *Kereta itu meletup kena periuk api*. 自動車は地雷を踏んで爆発した.
periuk nasi 1 米を炊く鍋(釜). 2 生計.

perkakas 1 道具, 器具: *perkakas dapur* 台所用品. *perkakas makan* 食器. *perkakas rumah* 家具類. 2 手先: *menjadi perkakas komunis* 共産党の手先になる.
memperkakaskan ～を手先(道具)として使う.

per kapita (英) per capita 1人当たり: *pendapatan per kapita* 1人当たり所得.

perkara (Sk) 1 事柄, 事件: *perkara penting* 重要な事. *perkara khusus* 特別事項. *perkara umum* 一般事項. *perkara besar* 重要事項. *Perkara yang sama* berlaku semula. 同じ事がまた起きた. Sejak dahulu lagi memang *perkara* ini biasa dilakukan. 以前からこの事は普通になされていた. ~ *bukan perkara baru* ～は決して新しい出来事ではない(以前からあった); *Itu bukanlah perkara baru, malah berlaku sejak bertahun-tahun lamanya*. それは決して新しい出来事でない, それどころか何年も前から起きている. 2 ～に関して: *Perkara tempat tinggal semuanya sudah diuruskan*. 住む場所については, 全てが手配済みです. 3【口語】～の理由で, ～によって=oleh kerana: *Perkara wanglah adik-beradik itu bergaduh*. 金が理由で兄弟けんかした.

memperkarakan 1 裁判沙汰にする. 2 ～について論争する.

perkasa (Sk): 勇敢な, 勇ましい, 強い: *gagah perkasa* 勇敢な.
memperkasakan 強化する《英語 empower の訳》: *memperkasakan rakyat bumiputera* ブミプトラを強化する. *memperkasakan minda orang Melayu* マレー人の精神を強化する.

perkosa 強制, 力ずく: *dengan perkosa* 強制的に; *Dengan perkosa kami diperintahkan memberi bantuan*. 私たちは強制的に支援するよう命令された.
memperkosa 1 (Id) 強姦する, 乱暴する → **merogol**: *memperkosa gadis itu* 少女を強姦する. 2 強制的に支配する, 侵害する: *memperkosa Kuwait* クウェートを侵略する. *memperkosa hak asasi manusia* 基本的人権を侵害する.
perkosaan; **pemerkosaan** 1 強姦: *Kes perkosaan semakin meningkat di negara ini*. わが国では強姦事件はますます増えている. 2 強制. 3 侵害.

perlahan; **perlahan-lahan** 1 ゆっくりと: Tolong bercakap *perlahan-lahan*. どうかゆっくり話してください. berjalan *perlahan-lahan* ゆっくりと歩く. 2 やさしく, 柔らかく: suara yang *perlahan* 柔らかな声. membuka pintu itu *perlahan-lahan* ドアを静かに開ける.

memperlahankan 1 (車の)スピードを落とす: *Dia terpaksa memperlahankan kenderaannya akibat banjir*. 洪水の結果, 車のスピードを落とさざるを得ない. 2 (ラジオなどの)音を小さくする: *memperlahankan bunyi radio itu* ラジオの音を小

さくする. *memperlahankan suaranya* 声をひそめる.

perli (Tm) 侮辱: Dia marah mendengar kata-kata *perli* kawannya itu. 彼は友人のその侮辱的言葉を聞いて怒った.

memerli, memperli 侮辱する, ばかにする: Mereka *memerli* orang tua itu. 彼らは老人をばかにした.

perlu (Ar) 必要な, 〜する必要がある: barang makanan yang *perlu* untuk kami 私たちに必要な食料品. Dia *perlu* pergi ke hospital. 彼は病院へ行く必要がある; *tidak perlu* 〜する必要がない; Anda *tidak perlu* hadir majlis ini あなたはこの会議に出席する必要がありません. *Perlukah* saya tunggu di sini? 僕がここで待つ必要があるか. Saya *perlu* waktu untuk berfikir. 考える時間がほしい.

memerlukan 〜を必要とする: Mereka *sangat memerlukan wang*. 彼らはお金をとても必要としている.

keperluan 必要, 必需品, 要望: *barang keperluan* 必需品. *keperluan hidup sehari-hari, keperluan hari-hari, barang-barang keperluan harian* 日常必需品. *membeli beberapa keperluan* いくつかの必需品を購入する.

seperlunya 1 必要なだけ: *Ambillah seperlunya*. 必要なだけ取りなさい. 2 必要ならば: Hal ini boleh diubah *seperlunya*. 必要とあらば, これは変えられる.

perlus; **terperlus** 穴の中に落ちる: Kakinya *terperlus* ke dalam lubang itu. 足が穴の中に落ちた.

permai (外見が)美しい, 可愛らしい: pemandangan tasik yang sungguh *permai* 実に美しい湖の光景. melihat bukit yang *indah permai* 美しい丘を見る.

kepermaian 美しさ, 可愛らしさ.

permaidani (Pr) カーペット.

permaisuri (Sk) 王妃, 女王 = raja perempuan. Yang di-Pertuan Agong dan *Raja Permaisuri Agong* 国王と国王妃. Tuan puteri itu menjadi *permaisuri* apabila suaminya menaiki takhta kerajaan. その姫君は夫君が王位に就いたので王妃になった.

permata (Sk) 宝石.

permatang あぜ道, 土手: *permatang sawah* 田んぼのあぜ道.

pernah かつて〜したことがある: Azwan *pernah* melihat salji. アズマンはかつて雪を見たことがある. Saya *pernah* pergi ke sana. 私はそこへ行ったことがある.

tidak pernah 〜 = *belum pernah* 〜 一度も〜したことがない: Ali *tidak pernah* sakit.= Ali *belum pernah* sakit. アリは一度も病気したことがない. "*Pernahkah* anda makan durian?"「ドリアンを食べたことがありますか」→(答) "*Pernah*"「はい, 食べたことがあります」. "*Tidak, saya tidak pernah* makan." = "*Belum, saya belum pernah* makan."「いいえ, 食べたことがありません」. "*Pernahkah* datang ke hospital ini?" "*Tidak pernah*"「この病院に以前に来たことがありますか」「来たことがありません」. "*Pernahkah* anda pergi ke Malaysia?"「マレーシアへ行ったことがありますか」"*Belum pernah lagi*. Saya ingin pergi ke sana."「いいえ, ありません. ぜひ行ってみたいです」. Anak yatim itu *tidak pernah* merasai kasih sayang ibu dan ayah. その孤

児は両親の愛情というものを一度も知らない.

peronyok; **memperonyok** (紙などを)くしゃくしゃにする.

memperonyokkan 折り曲げる.

terperonyok 1 くしゃくしゃになった. 2 沈み込んだ, 埋もれた.

perosok; **terperosok** 1 (穴などに)はまってしまう: Anak kecil itu *terperosok ke dalam* peti sejuk. 小さな子が冷蔵庫にはまってしまった. 2 (目が)落ちくぼむ: orang tua dengan *matanya yang terperosok* 目が落ちくぼんだ老人.

perpatih; **adat perpatih** ミナンカバウ及びヌグリ・スンビランの慣習法(母系社会を基本とする).

persada; **pancapersada** 灌水堂《マレー王室の婚礼儀式で王宮前の広場に設営される王・王妃や高官が座る階段式の台座》.

persada tanah air 祖国, 母国.

persegi 1 角: *empat persegi* 四角. 2 平方(面積): Besar pulau itu 50km *persegi*. 島の面積は50平方キロ.

persen (persén) (英)percent パーセント.

pertama 1 第一の: *mendapat tempat pertama* 1位を獲得する. *Yang pertama* 第一に. 2 最初の, 初めて=*untuk pertama kali*, *buat pertama kali*: *buat pertama kali sejak lima bulan* 5ヵ月ぶりに. *cinta pertama* 初恋. *jatuh cinta pandang pertama* 一目ぼれする. 3 主要な, 最も重要な.

pertama-tama 先ず初めに=terlebih dahulu: *Pertama-tama* kami ucapkan terima kasih atas kehadiran tuan-tuan dan puan-puan. 先ず最初に, 皆様のご列席に感謝し上げます.

pertanda I 処刑人.

pertanda II しるし, 徴候.

pertiwi; **ibu pertiwi** (Sk) 故郷, 祖国: *ibu pertiwi* kita, iaitu Malaysia われらが祖国, マレーシア.

pertua 1 年寄り, 年配者. 2 首長, 指導者: *Yang Dipertua* (スルタンのいない4州ペナン, マラカ, サバ, サラワクの)州元首, 総督(植民地時代の=Governor): *Yang Dipertua Pulau Pinang* ペナン州元首. *Yang Dipertua Dewan Rakyat* 下院議長. *Yang Dipertua Kesatuan* (団体)会長.

peruk; **memeruk, memerukkan** ~に詰め込む: *memeruk pakaiannya ke dalam beg itu*. 衣類をバッグに詰め込む.

terperuk 閉じこもる, ひきこもる.

perunggu (Id) ブロンズ→ **gangsa**.

perut 腹, 腹部, 胃, 子宮: *perut buncit* 太鼓腹. *perut besar* 妊娠している. *perut betis* 足のふくらはぎ. *perut kapal* (*perahu*) 船腹. *sakit perut* 腹痛. "*Perut saya pun dah lapar. / Perut terasa lapar*."【口語】「腹がへった. 朝から食べていないので」.

perwara (Sk) 王や王妃の侍女.

perwira (Sk) 勇敢な, 勇士.

keperwiraan 勇敢, 勇気.

pesam (水が)温かい, ぬるい: *pesam-pesam kuku* ぬるま湯.

memesamkan 温める, 沸騰させる.

pesan; **pesanan** 1 忠告, 指示, 言付け, メッセージ: Apakah *pesanan* ibu bapa Sani kepadanya semasa naik basikal? 自転車に乗るとき両親がサニに言い付けた事は何でしたか. Saya selalu *mengingati pesan* ibu bapa supaya tidak bercakap bohong. う

そをつかないようにという親の言い付けをいつも思い起こす. Ada apa-apa *pesanan*? 何かメッセージはありますか. *sistem pesanan ringkas* = SMS (perkhidmatan pesanan ringkas). ショート・メッセージ・サービス. **2** 注文: menerima banyak *pesan* untuk buku itu その本の注文をたくさん受ける. **3** 遺言: *menunaikan pesanan* datuknya yang baru meninggal dunia. 最近亡くなった祖父の遺言を実行する.

berpesan 忠告する, 言い聞かせる: *berpesan supaya* berhati-hati semasa naik basikal 自転車に乗るときは気をつけるようにと言付ける. *berpesan kepada* anaknya *supaya* rajin-rajin belajar 息子にしっかり勉強するように言い聞かせる.

memesan **1** ～に忠告する: *memesan* anaknya *supaya* rajin-rajin belajar 息子にしっかり勉強するように言い聞かせる. "Bukankah pak cik *sudah pesan*, merbahaya mandi di sungai itu?"「おじさんが忠告したではなかったか, 川で泳ぐのは危険だと」. **2** ～を注文する: *memesan* barang-barang makanan dari kedai itu. その店に食料品を注文する. "*Mahu pesan apa?*" (レストランでウエーターが)「ご注文は何でしょうか」. "*Sudah pesan.*"「もう注文したよ」.

pemesan 注文主, 顧客.
pemesanan 注文, 忠告.
pesara [古典] 市場=pasar.
pesat 急速な: kemajuan *pesat* 急速な進歩. Bandar Kuala Lumpur berkembang *dengan pesat*. クアラルンプールは急速に発展した.

kepesatan 速さ: *kepesatan* pembangunan bandar itu 都市開発の速さ. *kepesatan* ekonomi 速い経済成長.

memesatkan 促進する, スピードアップする: Kerajaan akan *memesatkan lagi* pembangunan luar bandar. 政府は農村の開発を急ぐ.

pesawat **1** 機械, エンジン. **2** 航空機.

peseban (peséban) (Jw) 謁見場.

pesisir; **pesisiran** (Jw) 海岸, 浜辺: *pesisir pantai* 海岸地域.

pesona (Pr) **1** 呪い, 魔力: kena *pesona* 呪いにかかる (ほれ薬を飲ま された). *membuat / mengenakan pesona kepada* ～に呪いをかける; Seorang pemuda *membuat pesona kepada* gadis itu supaya dia jatuh cinta kepadanya. ある男性が自分に惚れてくれるようその娘に呪いをかけた. **2** 魅力, 人を魅了する力: Senyum gadis itu *penuh pesona*. 娘の微笑みは人を魅了するに十分だ.

mempesonakan ～を惚れさせる, ～を引きつける: Kecantikan penyanyi itu *mempesonakan* kami. 歌手の美しさは私たちを引きつけた.

terpesona 魅せられる: Saya *terpesona dengan* nyanyian itu. 私はその歌に魅せられた.

pesong (pésong); **memesong** (方向, 話題が) 変わる, (右か左に) 曲がる: Kereta itu tiba-tiba *memesong ke kiri*. 突然車が左に曲がった. Dari percakapan mengenai pelajaran, dia *memesong pula kepada* perkara lain. 勉強の話から別の事柄に話題が変わってしまった.

memesongkan (方向, 話題などを) 変える: *memesongkan* keretanya *ke kiri* 車の方向を左に切った. *memesongkan* percakapannya 話を変える. Kenyataan menteri itu mungkin telah *dipesongkan* oleh

pesta 470

segilintir pihak. 大臣の声明は一部の人によって曲解されたのかもしれない.

pesongan 逸脱.

terpesong (方向, 話などが)逸れた: Perjuangannya jauh *terpesong daripada* ajaran Islam. 彼らの闘争はイスラムの教えから大きく逸脱している. *terpesong daripada tajuk / tema* 話題・テーマから外れる.

pesta (péta) 祭, パーティ: *pesta filem* 映画祭.

berpesta, berpesta-pesta 祭を開催する.

memestakan 〜を祝う,パーティをする.

pesuk 凹み, くぼみ, 穴=lekuk, kemik.

memesukkan 凹ませる,穴を開ける.

pesuruhjaya 1 (政府の)委員. 2 英連邦諸国の政府代表部=高等弁務官事務所(大使館のこと).

Pesuruhjaya Tinggi 高等弁務官.

peta 地図, 図表: *melukis peta* 地図を書く. *peta antarabangsa*, *peta dunia* 世界地図. *peta cuaca* 気象図. *peta jalan* ロードマップ(道路地図). *peta kontur* 等高線地図. *peta kosong* 白地図. *peta laut* 海図. *peta timbul* 起伏地図. Tolong tunjukkan tempatnya *pada peta ini*. その場所をこの地図で教えてください. *Tolong lukiskan peta.* 地図を書いてください.

memeta 地図を作る, 図表を書く.

pemetaan 地図作成作業.

petah (pétah); ***petah lidah*** 流暢な: Dia *petah* berbahasa Jepun. 彼は日本語を流暢に話す. *petah bercakap* おしゃべりが巧みな.

memetahkan 話す練習をする(= memetahkan lidah).

kepetahan 流暢さ, なめらかさ.

petai 〔植〕ネジレフサマメノキ.

petak (pétak) 1 小さく区切られた部屋. 2 田の一区画. 3 一部分, 1区画.

petala (Sk) 層, 地層.

petang 午後, 夕方: *Selamat petang.* こんにちは. *sebelah petang* 午後に.

memetang-metangkan (hari) おしゃべりをして時間をつぶす.

sepetang-petangan 午後の間中.

petani 農民.

petas; petasan 爆竹=mercun.

peti 大きな箱: *peti ais*, *peti air batu*, *peti sejuk* 冷蔵庫. *peti besi* 金庫. *peti mati*, *peti mayat* 棺おけ. *peti mel*, *peti surat* 郵便箱, ポスト.

petik; memetik 1 摘む: Jangan *petik* bunga di taman saya. 私の庭園から花を摘むな. 2 (ギターなどを)つま弾く: duduk bersendirian sambil *memetik gitarnya* ギターを弾きながら一人で座っている. 3 引用する: Saya *memetik satu ayat* daripada buku itu. 私はその本から一文を引用した. 4 弓をひく, 銃の引き金をひく. 5 指をならす. 6 (電灯などの)スイッチを入れる: *memetik lampu* 電灯のスイッチを入れる.

petikan 1 引き抜き, 摘むこと. 2 抜粋, 引用文: Baca *petikan* ini. この抜粋を読みなさい.

pemetik 1 摘みとる人. 2 引き金. 3 スイッチ: *pemetik api* タバコのライター.

petir 雷, 雷鳴: *hujan dan petir* 雷雨. *dipanah petir*, *disambar petir*, *ditembak petir* 雷に打たれる, 雷に遭う. *mati dipanah petir* 落雷に遭って死亡する.

memetir, memetir-metir ゴロゴ

petisyen (pétisyen) (英) petition (裁判所への)訴え, 申し立て.

petola → ketola.

petrokemia (pétrokimia) (英) petrochemical 石油化学.

petrol (pétrol) 石油製品(灯油, ガソリンなど): *stesen petrol* ガソリン・スタンド(給油所). Nampaknya *petrol kereta ini hampir habis.* この車のガソリンがほとんどなくなっているようだ. *mengisi petrol kereta* 車にガソリンを入れる.

petroleum (pétroléum) 石油(原料).

PETRONAS [Petroleum Nasional Berhad] 国営石油会社ペトロナス.

petua (Ar) 1 (長老らの)助言. *Apa petua supaya masakan sedap?* (料理の専門家に)美味しい料理をするにはどうしたら良いのでしょうか. 2 宗教上の決定=fatwa.

pi I =pergi(行く)のクダ方言.

pi II スッポン.

piagam 1 憲章: *Fasal 150 Piagam Pertubuhan Bangsa-Bangsa Bersatu* 国連憲章第150条. 2 契約.

piala (Pr) トロフィー.

piano ピアノ.

piara → pelihara.

piatu 両親や親戚のいない(子ども): *anak piatu, yatim piatu* 孤児. *rumah piatu* 孤児院.

piawai 標準, 基準: *suhu piawai* 標準温度. *waktu piawai* 標準時間.

pemiawaian 標準化: *pemiawaian kualiti barangan* 製品品質の標準化. *mencapai tahap piawai dunia* 世界標準のレベルに達する.

memiawaikan 標準化する.

PIBG [Persatuan Ibu Bapa dan Guru] 父母と先生の会.

pic (英) peach モモ(桃).

picagari スポイト.

picik 1 狭い=sempit. 2 (知識・考えの)浅い: *picik fikiram, picik otak* 考えが浅い, 思慮に欠ける. *orang yang picik pengetahuannya* 知識が浅い人. 3 (生活やお金に)困る.

picit; *lampu picit* 懐中電灯. *tukang picit* 按摩師.

memicit 指で押す, マッサージする: *memicit butang ini untuk membuka pintu* このボタンを押してドアを開ける. *memicit loceng pintu* ドアのベルを押す. *memicit betisnya yang letih itu* 疲労したふくらはぎをマッサージする.

picu (Po) (銃の)引き金=pemetik: *menarik picu* 引き金を引く.

pidato 演説.

berpidato 演説をする: *berpidato dalam bahasa Inggeris* 英語で演説する.

mempidatokan 演説の中で〜のことを触れる: *mempidatokan tentang pencemaran alam sekitar* 環境汚染について演説する.

pihak 側, 側面, 方面, 派: *di pihak kiri* 左側に. *pihak musuh* 敵側. *pihak lawan* 相手側. *kedua-dua pihak* 双方・両者. *pihak ketiga* 第三者. *pertemuan empat mata tanpa pihak ketiga* 第三者を交えずに二人だけの会談. *Pihak Berikat, Pihak Bersekutu* 連合軍. *pihak (yang) berkuasa* 当局: *pihak berkuasa Malaysia* マレーシア政府当局. *pihak sana* あっち側(敵). *pihak sini* こっち側(味方). *Tidak ketahui yang mana pihak kawan dan yang mana pihak lawan.* どっちが敵か味方かわからない. *mempertahankan sikap*

pijak

pihak diri sendiri dan menyalahkan *pihak lain* おのれの態度を擁護して他人を非難する. Keputusan ini tidak dipaksa oleh *mana-mana pihak*. この決定はいかなる方面からも強制されてなされたものではない. ~ mendapat tentangan keras *daripada pelbagai pihak*. ～はあらゆる方面から強い反対を受けている. kembali ke *rundingan enam pihak* 六者会談に戻る.

semua pihak すべての関係者, 各方面の, 各界の: *tidak boleh memberi kepuasan pada semua pihak* すべての人々を満足させることはできない. Kerajaan sedang mendengar pandangan dan cadangan *daripada semua pihak*. 政府はすべての関係者から意見と提案を聴取している.

sesetengah pihak 一部の人々: Dia bukan kaya raya *seperti dianggap oleh sesetengah pihak*. 彼は一部の人が考えているような大金持ちでは決してない. *mempersoalkan tindakan sesetengah pihak* 一部の関係者の行動を問題にする. *di lain pihak*, *di pihak lain* 他方. *dari pihak saya* 私の見解では. *bagi pihak* ～に代わって, を代表して: Saya, *bagi pihak* semua pelajar, ingin mengucapkan terima kasih. 僕は全ての生徒を代表してお礼を申し上げます.

berpihak, memihak 一方に味方する・支援する: *berpihak kepada pembangkang* 野党に味方する. Mereka *tidak memihak kepada* Ali. 彼らはアリに味方しなかった. *tidak berpihak kepada siapa pun,* / *tidak memihak kepada sesiapa pun* どちらか一方だけの肩を持たない. bertindak *secara memihak* 一方に味方して行動する.

memihaki, memihakkan ～に味方する: selalu *memihakkan* anak perempuannya いつも娘に味方する.

pemihakan 偏向.

sepihak 一方だけ: *pembatalan sepihak* (協定などの)一方的な破棄.

pijak; **pijak-pijak** (自転車の)ペダル.

berpijak 足で立つ, ～を基にする: *tempat berpijak* 足場. *tidak berpijak di tanah* 足が地に付いていない(理想が高すぎる).

memijak 足 で 踏 む : *memijak ekor anjing* 犬の尻尾を踏みつける. Saya *memijak* kakinya secara tidak sengaja. わざとではなく彼の足を踏んでしまった. Jangan *pijak* lagi rumah itu. あの家の敷居を二度とまたぐな. *memijak kepala (orang)* 人を侮辱する.

memijakkan (足を)踏みいれる: Neil Armstrong ialah orang yang pertama *memijakkan kaki di* bulan. 最初に月面着陸した人はニール・アームストロング.

terpijak 思わず踏んでしまう, 踏み潰される: Saya *terpijak* kakinya. 間違って彼の足を踏んでしまった. *mati akibat terpijak* 圧死する. Kalau tidak berkasut, nanti kita *terpijak* duri. 靴を履かないと, 後で誤ってとげを踏んでしまう.

pijama パジャマ.

pijar 白熱した, とても熱い: goreng dalam minyak yang *sudah pijar* 熱した油で揚げる.

berpijar-pijar 炎のように赤々と.

memijar (鉄を)軟らかくなるまで熱する.

pijat-pijat 南京虫.

pikap (英) pikup ピックアップ, 小型トラック.

pikat; **memikat** 1（飼いならした鳥をおとりにして）鳥や動物を捕らえる，敵をわなで捕える： *memikat burung di dalam hutan* ジャングルで鳥を捕まえる. 2（関心・興味を）引きつける：*memakai pakaian baru untuk memikat gadis itu* その娘の関心を引くために新品の服を着る.

pikatan おとり.

terpikat わなで捕らえられる，引きつけられる：*Dia sudah terpikat pada gadis itu.* 彼はその娘に魅了された.

pikau; **berpikauan** （恐怖で）叫ぶ，（混乱して）わめく.

piket (pikét) （英）picket（労働紛争の際の）ピケ.

berpiket ピケを張る.

pikir → **fikir** 考える.

piknik （英）picnic ピクニック.

pikul I ピクル（重量の単位： 1 pikul＝100 kati＝62.5kg）.

pikul II 積み荷, 荷物.

memikul 1（荷物を）肩に担いで運ぶ： *memikul guni beras* 米袋を肩に担いで運ぶ. 2（責任，生計などを）担う，支える：*Dia memikul tanggungjawab yang berat.* 彼は重い責任を担っている.

pil （英）pill 丸薬, 錠剤. *pil tidur* 睡眠薬.

pili 水道管：*pili bomba* 消火栓. *air pili* 水道水. *kepala pili* 水道の栓（蛇口）.

pilih 選ぶ：*pilih kasih* えこひいきする. *pilih bulu* 人の地位・出自・血統を見てえこひいきする.

memilih 選ぶ，選別する，選挙する：*Pilihlah mana yang awak sukai.* 好きな方を選びなさい. *Dia memilih yang murah sahaja.* 彼女は安物だけを選ぶ. *Pekerjaannya memilih daun teh.* 彼女の仕事は茶の葉を選別することである. *Mereka memilih Ali sebagai ketua kelasnya.* 彼らはアリを級長に選んだ. *tidak memilih, tidak memilih-milih* 選り好みしない.

pilihan 1 選択：*Tidak ada pilihan lain kecuali untuk* bekerja kuat. 一生懸命に働く以外に選択の余地はない. *Tidak ada pilihan lain untuk Proton kecuali* kejayaan. プロトン（国産車メーカー）にとっては成功するしか道はない. *Tidak ada pilihan selain* meletak kereta di tepi jalan. 車を道路際に駐車せざるをえなかった. 2 選ばれた（人, モノ）： berkahwin dengan pemuda *pilihannya sendiri* 自分で選んだ青年と結婚する. orang-orang *pilihan* 選ばれた人々. pemain-pemain *pilihan* 選抜された選手. calon *pilihan* Perdana Menteri 首相が選んだ候補者. 3 選挙： *pilihan raya* 選挙. *pilihan raya kecil* 補欠選挙. *pilihan raya umum* 総選挙. *Suruhanjaya Pilihan Raya* 選挙管理委員会.

pemilih 1 選ぶ者. 2 えり好みがはげしい：*Dia sangat pemilih.* 彼女はえり好みばかりしている.

pemilihan 選抜, 選抜：*Pemilihan calon itu dijalankan secara mengundi.* その候補者の選抜は選挙で行われた. *pemilihan semula* Presiden Bush ブッシュ大統領の再選.

terpilih 選ばれる： *Dia terpilih sebagai wakil rakyat.* 彼は代議士に選ばれた. *Pada mulanya saya tidak percaya akan terpilih.* 最初は私が選ばれるとは信じていなかった. *secara terpilih* 選択的に.

pilin; *tangga pilin* 螺旋階段. *kata cara piuh-pilin* 回りくどい表現.

berpilin-pilin （鉄や木が）捻じ曲がった.

memilin 1 (糸や布を)より合わせる, ねじる: *memilin kain itu menjadi tali* その布をねじってひもにする. 2 (指で)ねじる: *memilin misainya* 髭を指でねじる.

pilu 哀しい: *Pilu hati saya mendengar kisah itu.* その話を聞くと哀しくなる.

kepiluan 哀しみ.

memilukan 哀しませる.

pimpin ; memimpin 1 手を引いて導く・案内する: *Dia memimpin neneknya melintas jalan.* 彼女はおばあちゃんの手を引いて道路を横断した. *Neneknya dipimpim untuk berjalan.* おばあちゃんは手を引かれて歩いた. 2 指導する, 教育する, 訓練する: *memimpin pelajar-pelajar* 生徒を指導する. *memimpin pasukan kami.* わがチームを指導する.

pimpinan 指導: *Para pelajar mendapat keputusan yang baik di bawah pimpinan guru itu.* 生徒たちはその先生の指導のもとで良い成績をおさめた. *pucuk pimpinan* 指導陣, 首脳陣.

kepimpinan リーダーシップ, 指導力: *Rakyat memuji kepimpinan Perdana Menteri semasa krisis itu.* 国民は危機における首相のリーダーシップを賞賛した. *Pelajar itu mempunyai bakat kepimpinan.* その生徒はリーダーシップの才能がある.

kepemimpinan リーダーシップの: *ciri-ciri kepemimpinan* リーダーシップの素質.

pemimpin 指導者.

pinak ; *anak pinak = anak cucuk* 子孫.

pinang I 〔植〕ビンロウ(檳榔樹).

pinang II ; meminang 求婚する, プロポーズする = *melamar* : *Keluarga Ali meminang Aminah semalam.* アリの家族が昨日アミナにアリと結婚してくれるよう申し入れた(求婚した).

pinangan 求婚: *Aminah menerima pinangan Ali.* アミナはアリのプロポーズを承諾した. *menolak pinangan* プロポーズを断わる.

peminangan 求婚: *upacara peminangan* 求婚の儀式. *Peminangan itu dibuat secara senyap-senyap.* 求婚は密かになされた.

pincang 1 足が不自由な (*kakinya pincang*). 2 欠陥がある, 不完全な, (エンジンの)調子の悪い.

kepincangan 1 欠陥, 不完全: *masalah kepincangan bahasa Melayu* マレー語の欠陥に関する問題. 2 不公正: *kepincangan dalam politik negara itu* 国の政治における不公正. *menghentikan kepincangan itu dengan cepat* その不公正を早急に止めさせる.

pinda ; meminda 修正する, 訂正する: *meminda undang-undang itu* その法律を修正する. *meminda bajunya* 衣装を換える.

pindaan 修正, (法の)改正: *Undang-undang pindaan itu akan dikuatkuasakan segera.* 修正法はただちに施行される.

pindah ; 移動する, 動かす, うつる, 引っ越す: *pindah buku* 帳簿に転記する. *pindah darah* 輸血. *pindah hak, pindah milik* 所有権移転. *pindah rumah* 引越し. *pindah randah* 住居を転々する. *pindah tangan* (財産や物の)所有権の移転. *Keluarga itu sudah lama pindah dari sini.* 家族はだいぶ前にここから引っ越した.

berpindah 1 引っ越す, 転勤する: *berpindah ke rumah baru* 新居に引

っ越す. *berpindah ke Nagoya tak lama lagi* 間もなく名古屋に引っ越す. *Cikgu Ali sudah berpindah ke sekolah lain.* アリ先生はすでに他の学校に転勤された. *berpindah ke tempat selamat* 避難する. *berpindah ke pusat pemindahan* 避難所に避難する. *mengarahkan seluruh penduduk berpindah dari bandar raya* 町から避難するよう全住民に勧告する. *berpindah randah* 住居を転々する; *Pengganas itu berpindah randah di antara Malaysia, Thailand dan kemudian ke Indonesia bagi mengelak daripada ditahan.* テロリストは逮捕を免れるためにマレーシアとタイ, インドネシアの間を転々としていた. **2** 乗り換える: *berpindah kereta api di Gemas* グマスで汽車を乗り換える. **3** (病気が) 蔓延する, うつる: *Wabak selesema burung itu berpindah kepada manusia melalui burung.* 鳥インフルエンザは鳥を通じて人間にうつる.

memindahkan **1** 〜を動かす, 移動させる, 避難させる: *memindahkan meja itu ke dalam biliknya* その机を部屋の中へ動かす. *Setinggan-setinggan itu sudah dipindahkan ke tempat lain.* その不法占拠者たちを別の場所へ移動させた. *terpaksa dipindahkan ke tempat lebih selamat* 安全な場所へ避難せざるを得ない. *dipindahkan ke pusat pemindahan* 避難所に避難する. *mengarahkan ~memindahkan penduduk* 〜に住民を避難させるよう勧告する. **2** 翻訳する: *Movel itu sudah dipindahkan dari bahasa Jepun ke bahasa Malaysia.* その小説は日本語からマレーシア語へ翻訳された.

pemindahan 移動, 移転: *pemindahan teknologi* 技術移転. *pemindahan jantung* 心臓移植. *pusat pemindahan sementara* 仮設避難センター. *pemindahan penduduk* 住民の避難.

perpindahan 移住, 移転: *perpindahan penduduk kampung ke bandar* 農村から都市への人口移動. *perpindahan kilangnya ke Belanang* ブラナンへの工場移転.

pinga; **terpinga-pinga** (驚いて) うろたえる, 唖然とする. あきれ果てる.

pingat メダル, 勲章: *pingat emas* 金メダル. *pingat perak* 銀メダル. *pingat gangsa* 銅メダル. 〔メダルを獲得する〕→ *mendapat / memenangi / meraih pingat*. *Dia mendapat pingat emas dalam pertandingan Judo itu.* 彼女は柔道の試合で金メダルを獲得した. *dianugerahkan pingat* 勲章を授与される.

pinggan (Tm) 皿 (小皿は *piring*): *Nasi dibubuh ke dalam pinggan.* ご飯をお皿に盛る. *pinggan mangkuk* 食器類.

pinggang 腰, ウエスト: *buah pinggang* 腎臓. *ikat pinggang, tali pinggang* ベルト. *tali pinggang keledar* シート・ベルト.

tinggal sehelai sepinggang 着のみ着のままになる (火事などで): *Satu keluarga tinggal sehelai sepinggang apabila rumah mereka musnah dalam kebakaran.* 家が火事で全焼したので一家は着のみ着のままになった. *datang dengan sehelai sepinggang, dengan tikar mengkuang segulung.* 裸一貫で来る.

pinggir 端 (はし), へり, 境: *pinggir bandar* 郊外. *pinggir kampung* 村はずれ. *pinggir laut* 海岸. *pinggir* *sungai* 河岸.

pinggiran 1 端, 境: *pinggiran tasik* 湖の端. 2 重要でない, 些細な: *masalah pinggiran* あまり重要でない問題.

meminggirkan 無視する, 後回しにする: *Mereka berasa dipinggirkan.* 彼らは無視されたと感じている.

terpinggir 重視されない, 片隅に追いやられる: *Bahasa Melayu tak akan terpinggir.* マレー語は決して無視されない. *agar masyarakat di situ tidak terpinggir dari arus pembangunan negara* そこの社会が国家開発の流れから片隅に追いやられないように.

pinggul ヒップ: *berat pinggul* 怠け者. *goyang pinggulnya* 尻を振る. *Pinggulnya pun jelas kelihatan kerana ikatan pinggangnya yang ketat.* 腰のベルトはきつくしめられていたのでヒップラインがはっきりと見えた.

pingit; berpingit 家に閉じこもる: *Hari ini gadis-gadis Melayu tidak lagi berpingit.* 今日のマレー人の娘たちはもはや家の中に閉じこもることはない.

memingit (家や檻に)閉じ込める.

pingpong 卓球.

pinjam 借りる: *Saya nak pinjam wang dari bank.* 銀行からお金を借りたい. "*Saya nak pinjam duit sikit. Boleh tak?*"「少しお金を貸してほしい, いいですか」.「*Awak nak pinjam duit lagikah?*」「またお金を借りたいのか」. *beri pinjam kepada* 〜, *kasi pinjam kepada*【口語的】〜に貸す. *minta pinjam* 借りる.

meminjam 借りる: *Kassim meminjam wang itu daripada Encik Ali.* カシムはそのお金をアリさんから借りた. *Yang meminjam* wajib membayar balik. 借金した者は返済する義務がある. *Meminjam kata doktor kami, "Jangan makan banyak".* お医者さんの言葉を借りれば,「食べ過ぎるな」.

meminjami 〜に貸す: *Encik Ali meminjami Kassim wang itu.* アリさんがカシムにそのお金を貸した.

meminjamkan 〜を貸す: *Encik Ali meminjamkan wang itu kepada Kassim.* アリさんはそのお金をカシムに貸した.

pinjaman 借りたもの, 借金, ローン: *pinjaman wang* 借金. *pinjaman bank* 銀行ローン. *buku pinjaman dari perpustakaan* 図書館から借りた本. *pinjaman jangka pendek* 短期ローン. *pinjaman jangka panjang* 長期ローン. *pinjaman lembut* ソフト・ローン. *pinjaman perumahan* 住宅ローン. *pinjaman tidak berbayar* 不良債権. *kata pinjaman* 借用語, 外来語. *memberikan pinjaman kewangan kepada* 〜に金を貸す(融資する).

peminjam 1 借り手: *Peminjam wang dari bank harus membayar bunga.* 銀行からの借り手は利子を支払わねばならない. 2 債権者, 貸主: *Seorang peminjam wang mengenakan bunga atas pinjamannya.* 債権者は融資にたいして利子を課す.

pinta → **minta**.

pintal; memintal (糸を)紡ぐ: ぐるぐる巻きにする: *memintal benang* 糸を紡ぐ. *memintal tali* ひもをぐるぐる巻きにする. *roda pintal* 糸車.

berpintal-pintal 縺れる, 絡まる.

pemintalan 紡績.

pemintal 1 紡錘, 糸車. 2 紡績工.

pintar 1 賢い, 優秀な: Anak itu sangat *pintar*. その子はとても賢い. 2 〜するのがうまい: *pintar menulis* 字を書くのはうまい. *kad pintar* (コンピュータにつながる)多目的カード.

kepintaran 優秀さ, 知性.

pintas; *jalan pintas* 近道: *mengambil jalan pintas* 近道をする. Penduduk itu *menggunakan jalan pintas* melalui landasan kereta api berdekatan taman perumahannya itu. 住民は住宅団地に隣接する電車の線路を通って近道をする.

sepintas lalu ちらっと, ちょっとだけ, 急いで, 簡潔に: Saya dapat melihat wajah Agong *sepintas lalu sahaja*. 私は国王の表情をちらっとしか見えなかった.

memintas 1 近道をする: Saya sesat selepas *memintas jalan itu*. 近道をした後, 道に迷ってしまった. 2 追い越す＝memotong: Kereta merah itu *memintas* kereta-kereta di hadapan. その赤い車が前を走る車を追い越した. 3 妨害する, ブロックする, 阻止する: Polis telah *memintas* penjahat-penjahat itu. 警察が犯人たちを阻止した. 4 (話しに)口を挟む: Ali sedang bercakap tetapi isterinya *memintas*. アリが話し中だったのに, 妻が口を挟んだ.

pintasan 近道.

pintu 扉, ドア: *dekat pintu* ドアの近くに. *membuka pintu* ドアを開ける. *menutup pintu* ドアを閉める. *pintu air* 水門. *pintu belakang* 裏口. *pintu gerbang* アーチ道. *pintu kecemasan* 非常口. *pintu keluar* 出口. *pintu masuk* 入口.

pipi 頬(ほほ): *pipi lesung* えくぼ. *tulang pipi* 頬骨.

pipih 1 薄くて扁平な: papan yang *pipih* 平べったい板. 2 (鼻が)ぺちゃんこ.

memipihkan 平らにする, 平べったくする.

pipis; **berpipis** (胡椒や香辛料を)ひいて粉にした.

memipis 粉になるまでひく: *memipis lada* 胡椒を粉になるまでひく.

pipit 〔鳥〕スズメ.

piramid (英) pyramid ピラミッド.

piring 小皿(大きな皿は pinggan): *piring mangkuk, piring cangkir* 卓上皿. *piring hitam* 音楽レコード.

pisah 別れた, 離別した.

berpisah 1 別れる, 離婚する: Kami *berpisah* selepas majlis itu. パーティが終わった後, 私たちは別れた. Ali sudah *berpisah dengan* teman wanitanya. アリはガールフレンドとはもう別れた. Dia sudah lama *berpisah dengan* suaminya. 彼女は夫とだいぶ以前に離婚している. *mengucapkan selamat berpisah* 別れの挨拶をする. *Saya rasa sedih untuk berpisah*. お別れするのがつらい(悲しい). 2 離れている: Mereka *duduk berpisah*. 彼らは離れて座った. Mereka belum bercerai tetapi *tinggal berpisah*. 彼らは離婚していないが別居している.

berpisah-pisah 離れ離れになる.

memisah 離れる, 分離する: Dia sengaja *memisah daripada* keluarganya. 彼は意識的に家族から離れた.

memisahkan 1 切り離す, 引き離す: *memisahkan* kedua-dua orang yang bergaduh itu けんかしている二人を引き離す. 2 区別する: *memisahkan* mana yang baik *dan* mana yang buruk. 良いものと悪いものとを区別する. 3 分裂させる＝**memisah-misahkan**: *memisahkan*

pemisah 分けるもの(人), 分離主義者: kumpulan *pemisah* di selatan Thailand タイ南部の分離主義者グループ.

pemisahan 分離: *Pemisahan Singapura dari Malaysia* berlaku dalam tahun 1965. シンガポールのマレーシアからの分離は1965年に起きた. *pemisahan pesakit dari keluarganya* 患者を家族から隔離すること.

perpisahan 別れ, 別離, 離婚: *majlis perpisahan* 送別会. *perpisahan dengan keluarganya* 家族との別れ.

terpisah 離れて, 別れる: *Emak tidur terpisah dari anaknya.* 母親が子供と離れて寝る. *Akhirnya mereka terpisah juga.* やっぱり彼らは別れてしまった.

pisang 〔植〕バナナ: *pisang goreng* 揚げバナナ. *kerepek pisang* バナナ・チップ. *Pisang takkan berbuah dua kali.*【諺】バナナは決して二度実を結ばない(一度だまされたり, 損をすると, 次から気をつけるものだ).

pisau ナイフ, 刀: *pisau cukur* かみそり. *pisau dapur* 調理用の包丁. *pisau lipat* 折りたたみナイフ.

pita (Po) リボン, テープ: *pita video* ビデオテープ.

pitam めまいがする = pening kepala.

piuh; piuh-pilin (言葉を)曲解, 歪曲.

memiuh 1 ねじる. 2 腹痛になる → (perut memiuh).

piut やしゃご(玄孫: 孫の孫).

piat-piut 子孫, 後裔.

piutang 貸付金, 債権: *Orang yang berhutang hendaklah membayar balik wang kepada si piutang.* 借金のある者は貸し手に返済すべきだ.

berpiutang 人に金を貸し付けている: *Yang berhutang membayar dan yang berpiutang menerima.* 借金のある者が返済し, 貸し手が受け取る.

memiutangi ～に金を貸す.

pemiutang 債権者, 貸し手.

piuter (英) pewter ピューター《錫と鉛の合金, マレーシアの名産品》.

PKS [Perusahaan Kecil dan Sederhana] 中小企業《英語のSME=Small and Medium Enterprise に対応した用語》.

plag (英) plug プラグ.

plaintif (英) plaintiff (裁判の)原告.

planet (planét) 太陽系惑星《以下の8つがある. 従来9番目の惑星だった冥王星(Pluto)が2006年から除外された; Utrid (水星), Zuhrad (金星), Bumi (地球), Marikh (火星), Musytari (木星), Zuhal (土星), Uranus (天王星), Neptun (海王星)》.

plastik (英) plastic プラスチック.

plat (英) plate 板, プレート.

plat tektonik = tectonic plate プレート(地球最表層の岩板).

platform (駅の)プラットフォーム.

playar (英) pliers ペンチ, プライヤー.

plot (英) plot プロット, (小説などの)話の筋.

PLUS [Projek Lebuhraya Utara Selatan] 南北高速道路プロジェクト.

PM [Perdana Menteri] 首相.

PMR [Penilaian Menengah Rendah] 下級中等教育修了試験《中学3年修了時に行う全国試験; 1993年か

ら SRP に代って導入された》.

PNB [Permodalan Nasional Berhad] 国営投資会社.

pohon I 木. → **pokok**.

pohon II → **mohon**.

pokai 【俗語】一文なし: *Wangku pokai. Aku pun pokai.* 俺は一文なしだ.

poket (pokét) (英) pocket ポケット: *poket udara* エアポケット.

pokok 1 木: *Pokok durian itu tinggikah?* そのドリアンの木は高いですか. 2 基本, 根本, 中心: *pokok cerita* 話の主題. *pokok dasar* 基礎, 基盤. *pokok hujan, pokok ribut* 雨雲. *pokok pangkal perkara itu* その事柄の根本原因. *gaji pokok* 基本給. *harga pokok* 原価. *wang pokok* 資本金=modal.

pokoknya 基本的には: *Pokoknya saya tidak menyukainya.* 基本的には私は彼のことが好きでない.

pola (Jw) 模様, パターン: *pola baju* 上着の模様. *pola ayat* 文体. *Rumpun Melayu mempunyai pola kebudayaan yang sama.* マレー系民族は同じような文化的パターンを所有する.

polan; *si polan* =si anu だれそれ, 某氏: *Yang Berhormat Polan* 某代議士.

polemik (polémik) (英) polemic 論争.

poligami (英) polygamy 一夫多妻: *lelaki yang mengamalkan poligami* 一夫多妻制をとる男性.

berpoligami 一夫多妻制をとる: *suami yang berpoligami* 一夫多妻制をとる夫.

polis (英) police 警察: *balai polis* 警察署. *polis trafik* (*polis lalu lintas*) 交通警察. *polis rahsia* 秘密警察.

polisi (英) policy 1 保険証券. 2 政策《政府の政策は dasar の方を多く使う》.

politeknik (politéknik) (英) polytechnic ポリテクニック (総合高等教育機関).

politik (英) politics 政治: *parti politik* 政党. *tokoh politik* 政治家.

pompa (英) pomp ポンプ.

pondan 男色, ホモ, おかま.

pondok 1 小屋: *pondok telefon* 電話ボックス. *pondok gunung* 山小屋. 2 あばら屋《rumah の謙譲語》: *Bila-bila lapang, datanglah ke pondok saya.* 暇なときいつでもわがあばら家にお越しください. *Datanglah bermalam di pondok kami.* 我が家に泊まりに来て下さい. 3 ポンドック《マレー村落でイスラム教を教える寺子屋》.

pongah 横柄な, 思いあがった.

berpongah-pongah 横柄な態度をとる.

pongkes (pongkés) 竹や籐製のあじか(箕)《土やゴミを盛って運ぶ用具》.

pontang; *pontang-panting* 1 まき散らされた: *Buah manggis jatuh pontang-panting dari lori itu.* そのトラックからマンゴスチンがばらばらと転がり落ちた. 2 慌てふためいて, あたふたと: *Dia lari pontang-panting dikejar anjing itu.* 彼は犬に追いかけられてあたふた逃げた.

ponteng (ponténg) 1 《授業や仕事を》サボる: *Dia ponteng sekolah hari ini.* 彼は今日学校をサボった. *kerap ponteng tugas* 仕事をよくサボる. 2 支払いをごまかす: *Dia tidak membayar hutangnya, dia sudah ponteng.* 彼は借金を払っていない, 彼は

支払いをごまかしたのだ.
ponton (英) pontoon 平底ボート.
popi (英) poppy 〔植〕ケシ.
poplin (英) poplin ポプリン(生地).
popular (英) popular 大衆の, 人気のある.
　mempopularkan 大衆化する.
　kepopularan 大衆性, 人気.
porak-peranda 無秩序な, 混乱した=kucar-kacir: Keadaan di dalam rumah itu menjadi *porak-peranda* bila suami isteri itu berkelahi. 夫婦がけんかしていると家庭内は混乱する.
　memporak-perandakan 混乱を引き起こす: Berita itu *memporak-perandakan* syarikat ini. そのニュースはこの会社を混乱に陥らせた.
poros (英) porous 小穴の多い, 浸透性のある.
porselin (英) porcelain 磁器, 磁器製品.
pos 郵便(物): *kad pos* ハガキ. *pos percuma* 送料無料. *pos laju* 速達. *pejabat pos* 郵便局.
　mengepos 郵送する, 投函する: pergi *mengepos* surat itu 手紙を出しに行く.
positif (英) positive **1** 明白な, はっきりとした. **2** 積極的な.
poskad (英) postcard 郵便はがき: *poskad gambar* 絵葉書.
poskod (英) postcode 郵便番号.
posmen (posmén) (英) postman 郵便集配人: menunggu *posmen* datang membawa surat. 郵便配達人が手紙を持って来るのを待つ.
pot 缶(米を計る容器など).
　tak ambil pot 【口語】悪口を言われても気にしない.
potensi (poténsi) (英) potential 可能性のある, 潜在力のある.

potong 一片, 一切れ, 服や布を数えるための助数詞(～着, ～枚): *sepotong* roti パン一切れ. *dua potong daging* 二切れの肉. *tiga potong baju* 上着三着.
　memotong 1 切る, スライスする: Tolong *potong* roti ini. このパンを切ってください. **2** 屠殺する: *memotong* seekor lembu untuk perayaan itu 祭りのために一頭の牛を屠殺する. **3** 控除する: *memotong* RM100 daripada gajinya 彼の給料から100リンギットを控除する. *memotong harga* 値下げする. **4** 追い越す: Jangan *potong kereta* ketika berada di selekoh. 曲がり角では追い越しするな. Dilarang *memotong*. 追い越し禁止. **5** 口を挟む, 話に割り込む: Kita tidak seharusnya *memotong* orang bercakap. 人が話しているときに話に割り込むべきでない.
　potongan 1 一部分, 一片: *potongan kek* いくつかにカットされたケーキ. **2** スタイル, 形: *potongan badan* 体形. *potongan muka* 顔の形. *fesyen potongan rambut yang baru* 新しいヘアスタイルの流行. *potongan baju* 上着のスタイル. **3** 控除: *potongan gaji* 賃金カット. *potongan harga* 値引き, 値下げ. Harga daging ini *diberi potongan* 10%. / Saya beri *potongan harga* 10%. この肉は10％値引きします. membeli barang itu *dengan harga potongan* ディスカウントした値段で物を買う.
　pemotongan 1 切断. **2** 控除.
　pemotong カッター, 切る道具.
potret (potrét) (英) portrait 肖像画, 人物写真.
pra ～以前の.
prabayar (英) prepaid 前払いの:

telefon bimbit prabayar プリペイド式携帯電話. *kad prabayar* プリペイド・カード.

pragmatik (英) pragmatic 実利主義の.

prakata はしがき, 序文.

praktik (英) practice 実践, 実行. *pada praktiknya* 実際には.

mempraktikkan 実践する: *Saya mempraktikkan apa yang telah saya pelajari di sekolah.* 学校で学んだことを実践する.

pramugara 旅客機の男性客室乗務員.

pramugari 旅客機の女性客室乗務員.

prasangka 先入観, 偏見.

prasarana インフラ設備.

prasejarah 有史以前の.

prasekolah 就学前の, 学齢前の.

presiden (présidén) (英) president **1** 大統領. **2** 会長, 社長.

prestasi (préstasi) 実績, 達成: *Perdana Menteri baru menunjukkan prestasi yang cukup baik setakat ini.* 新首相はこれまでのところとても良い実績をあげている.

prestij (préstij) (英) prestige 名声, 信望.

berprestij 有名な: *sekolah yang berprestij* 名門校.

prihatin; **berprihatin** 心配する, 懸念する, 憂慮する: 〜について慎重に考慮する: *Perdana Menteri begitu prihatin dengan masalah banjir itu.* 首相は洪水問題に非常に憂慮している. *Kita berprihatin terhadap keselamatan para pelajar.* 生徒たちの安全を懸念している.

keprihatinan 懸念, 心配, 憂慮: 気遣い, 心配り: *keprihatinan mereka membantu anak-anak yatim* 孤児を助けるという彼らの気遣い.

primer (primér) (英) primary 主要な, 最初の.

primitif (英) primitive 原始, 素朴な.

prinsip (英) principle 原則, 法則: *prinsip ekonomi* 経済原則.

prisma (英) prism プリズム.

proaktif 積極的な, 前向きな: *Mereka puas hati membuat apa yang perlu sahaja. Mereka tidak proaktif.* 彼らは必要なことだけをして満足する, 積極的でない.

produk (英) product 製品: *produk tempatan* 国産品.

produktif (英) productive 生産的な, 生産力のある.

profesional (profésional) (英) professional 専門家, スポーツの職業選手.

profesor (profésor) (英) professor 大学教授: *profesor madya* 助教授.

profil (英) profile **1** 側面, 横顔. **2** プロフィール, 人物素描.

program (英) programme 計画, プログラム: *program komputer* コンピュータープログラム.

projek (projék) (英) project プロジェクト: *projek rintis* パイロットプロジェクト. *melancarkan projek anak angkat* 里子プロジェクトを実行する.

projektor (projéktor) (英) projector プロジェクター.

proklamasi (英) proclamation 宣言, 公布＝pengisytiharan.

memproklamasikan 宣言する, 公布する: *Kita memproklamasikan kemerdekaan kita pada tahun 1957.* 私たちは1957年に独立を宣言した.

proksi (英) proxy 委任状, 代理人.

proletar (英) proletarian プロレタリア階級の(=kaum proletar).

proletariat (英) proletariat プロレタリア階級.

prolog (英) prologue プロローグ, 序言, 序幕.

prosa 散文, 散文作品.

prosedur (prosédur) (英) procedure 手続き, 手順.

proses (prosés) (英) process **1** 過程. **2** 方法, 処理.
 memproses 加工する.
 pemproses 処理機, 処理プログラム.
 pemprosesan 加工, 処理: *pemprosesan data* データ処理. *pemprosesan makanan* 食品加工.

protes (protés) (英) protest 抗議, 主張.
 memprotes 抗議する, 主張する.

Protestan (protéstan) (英) Protestant プロテスタント教会.

protokol (英) protocol プロトコル, 外交儀礼.

prototaip (英) prototype プロトタイプ, 原型, 手本.

pruf (英) proof 証拠, 論証.

prun (英) prune 西洋スモモ.

psikiatri (英) psychiatry 精神病学, 精神医学.

psikologi (英) psychology 心理学.

psikologis (英) psychologist 心理学者.

puak **1** 種族, 部族. **2** 派閥, グループ: *puak Syiah* シーア派. *puak Sunah* スンニー派. *puak kiri* 左派. *puak pelampau* 過激派. *perselisihan puak-puak* 派閥間の摩擦. Ada *dua puak* di kampung ini : satu yang memihak kepada penghulu dan yang satu lagi menentangnya. この村には二つの派閥がある：一つがプンフル(区長)に味方するグループともう一つがそれに反対するグループである.
 berpuak, berpuak-puak グループに分かれる, ばらばらになる: Orang-orang di kampung itu *berpuak-puak*. その村の住民はいくつかの派閥に分かれている.

puaka 邪悪な霊(=hantu puaka), 幽霊.
 berpuaka 幽霊の出る: *rumah berpuaka* 幽霊の出る家.

pualam 大理石(=batu pualam).

puan I 既婚女性および地位の高い女性(淑女)への呼びかけ: *Puan Salmah* adalah isteri Encik Ali. サルマさんはアリ氏の奥さんです.

puan II シレー(キンマの葉)など噛タバコの材料を入れる容器.

puas **1** 満足する: *berasa puas* 満足する. Saya *puas* dengan rumah lama ini. 私はこの古い家に満足している. ***puas hati*** 満足；melahirkan *rasa tidak puas hati* dengan keadaan ini この状態に不満足であると表明する. *perasaan tidak puas hati* 不満な気持ち. Di sini orang *puas apa yang ada*. ここの人々は現状に満足している. **2** 十分に, あきるほど: "*Puas tidur*, Ali?"「よく寝たかい, アリ君」. *Puas* dia mencari buku itu, tidak juga dijumpainya. 彼はその本をよく探したが, やっぱり見つからなかった. *Puas* dia pujuk Zainal untuk lupakan Helen. 彼女はザイナルにヘレンのことは忘れるようにと十分説得したが.
 puas-puas 満足するまで～する: *bermain puas-puas* 好きなだけ遊ぶ. *makan puas-puas* 満足するまで食べ

る.

berpuas 満足感を得る, 満足する (=berpuas hati): Saya *berpuas hati dengan* kerja mereka. 私は彼らの仕事に満足している. *tidak berpuas hati* 不満である.

memuaskan 満足させる, 満足感を与える: *memuaskan kehendak mereka* 彼らの要望を満足させる. Tidak mungkin *memuaskan* semua orang. 全ての人を満足させられない. *memuaskan dahaga* 渇きを癒す. *memuaskan dendam* 恨みを晴らす. *memuaskan hawa nafsu* 欲望を満たす.

sepuas-puas(hati), sepuas-puasnya 満足するまで: Saya tidur *sepuas-puasnya* pada hari Ahad. 日曜日には満足するまで眠る.

kepuasan 満足.

ketidakpuasan 不満: Mogok itu menunjukkan *ketidakpuasan hati* pekerja-pekerja. そのデモは労働者の不満を示したもの.

puasa (Sk) 断食: *bulan puasa* 断食月 (イスラム暦の9番目の月)= bulan Ramadan. *berbuka puasa* 断食を終えて飲食すること.

berpuasa 断食する: *sedang berpuasa* 断食中である. Dalam bulan puasa orang *berpuasa* dari sebelum terbit fajar, sampai matahari terbenam. 断食月には夜明け前から日が沈むまで断食します.

pucat 1 蒼白な, 顔色が悪い: Awak kelihatan *pucat*. Sakitkah? 君は顔色が悪いが, 病気かい? 2 色が薄い: *biru pucat* ライト・ブルー.

pucuk 1 木の若葉や新芽: Pokok itu sudah keluar *pucuk*nya. その木は芽を出した. 2 先端: *pucuk api* 炎の先. 3 手紙や武器を数える助数詞 (〜通, 〜丁): *sepucuk* surat 1通の手紙.

pucuk pimpinan 首脳陣. *pucuk mati* 勃起不能, インポ.

berpucuk 芽が出る: Pokok itu sudah mulai *berpucuk*. その木は芽が出始めた.

pucung 〔鳥〕鷺(サギ) (=burung pucung).

pudar 明るくない, 不鮮明な, 青白い: Penglihatannya sudah *pudar* kerana dia sudah tua. 年老いたので視力が不鮮明. Harapan untuk menemui mangsa yang masih hidup kini semakin *pudar*. まだ生存しているかもしれない被災者を発見する望みはますます小さくなった.

memudar 不鮮明になる, 衰える: Semangatnya *memudar* selepas mendengar kata-kata itu. そのような話を聞くと志気が失せた.

memudarkan 不鮮明にする, 暗くする: *Pudarkan lampu itu*. ランプを暗くせよ.

kepudaran 不鮮明さ, 暗さ, 青白さ.

puding (英) pudding プディング, プリン.

pugar; segar-pugar 新鮮な, 健康的な.

puing; puing-puing (建物の)廃墟, 瓦礫: Istana lama itu tinggal berupa *puing-puing*. 古い宮殿は廃墟になって残っている.

puisi 詩.

puja (Sk) 礼拝.

memuja 崇拝する, 礼拝する: *memuja patung* 偶像を崇拝する. *memuja penyanyi itu* 歌手を崇拝する.

pujaan 信仰の対象となる人(物), アイドル, 心酔するもの: *penyanyi*

pujangga 484

pujaan アイドル歌手. *pujaan 10* トップテン.

pemuja 崇拝者, 熱狂的なファン.

pujangga (Sk) 作家, 詩人, 思想家.

puji; **memuji** 称賛する, 褒め称える: Guru *memuji* tulisan saya yang cantik. 先生は僕の字がきれいだとほめた. Mereka *memuji* Ali *di atas* kerjanya. 彼らはアリの仕事に対して称賛した. Yang awak lakukan *selayaknya dipuji*. 君がしたことは, 称賛に値する. *Jangan memuji terlalu tinggi*. あまり褒めすぎるな.

pujian 称賛: Mereka *menerima pujian daripada* guru besarnya. 彼らは校長からほめられた.

puji-pujian 称賛のことば, 賛辞.

kepujian 1 名声, 信望. 2 (成績が)優: Dia lulus mata pelajaran itu dengan *kepujian*. 彼は優をもらってその科目を合格した. Dia mendapat *markah kepujian* dalam Geografi. 彼は地理で優の点数をもらった.《マレーシアの学校における成績(keputusan)の五段階評価は, gagal 不可, lulus 可, baik 良, kepujian 優, cemerlang 最優秀, が一般的》.

pujuk; **memujuk** 説得する: Dia *memujuk* adiknya *supaya jangan* menangis. 彼女は妹に泣かないよう説得した.

pujukan 説得: Dengan *pujukan kakaknya itu*, budak itu pun berhenti menangis. お姉さんの説得によってその子は泣き止んだ.

pemujukan 説得.

pemujuk 説得者.

pukal 塊=ketul.

pukat 魚網, 引き網: *pukat hanyut* 流し網. *pukat tunda* トロール網. *memasang pukatnya* di kuala sungai 河口に魚網を張る.

memukat 魚を網でとる (*memukat ikan*).

pukau マレーの伝統的呪術による睡眠剤: *terkena pukau* 呪い・ブラックマジックをかけられる.

memukau 1 薬をもる, 呪いをかける: Lelaki itu telah *memukau* perempuan itu. その男が女性に呪いをかけた. 2 だます. 3 (人を)引きつける, 魅了する: Nyanyiannya sungguh *memukau*. 彼女の歌は実に魅惑的だ.

terpukau 1 呪いをかけられる. 2 だまされる. 3 魅了される=terpesona: Ali *terpukau dengan* kejelitan gadis itu. アリはその娘の美しさに魅せられた.

puki 【俗語】女性性器.

pukul I 〜時(時を示す): "*Pukul berapa sekarang?*"「いま何時ですか」. "*Pukul 9 pagi*."「朝の9時です」. Saya bangun *pada pukul tujuh*. 私は7時に起きます.

pukul II 叩く, 打つ: *kena pukul* 殴られる. *pukul curi* こっそり叩く. *pukul rata* 平均すると. *pukul kaki* 歩く. *pukul tak tahu* 気にしない; Apabila saya menyoal pemuda itu seperti dalam temuduga, semuanya ia *pukul tak tahu*. その若者に就職の面接試験のときのように質問したが, 何を聞いても反応がない.

memukul 打つ, たたく: Ali *memukul* saya. アリが僕を殴った. Saya *dipukul oleh* Ali. 僕はアリに殴られた. *memukul gendang* 太鼓をたたく. *memukul bola* ボールを打つ. *memukul mundur musuh* 敵を撃退する.

pemukulan 打つこと, たたくこと: belajar cara *pemukulan* bola yang betul ボールの正しい打ち方を学ぶ.

pukulan 叩くこと, 殴打: *bunyi pukulan gendang* 太鼓のたたく音. *Ali pengsan selepas terkena pukulan itu.* アリは殴られると気を失った.

pemukul 叩く人, 叩く道具(金づちなど).

pula 1《反復》再び, もう一度 (= sekali lagi, juga): *Semalam dia sudah datang, hari ini dia datang pula.* 彼は昨日来た, 今日もまた来た. *Tahun ini dia tukar kereta pula.* 彼は今年再び車を替えた. 2《追加》更に, その上 (=lagi pula, tambahan): *Dia cantik, pintar pula.* 彼女は美人で, その上インテリだ. *Sudirman studen UM. Lagi pula, dia penyanyi terkenal.* スディールマンはマラヤ大の学生. さらに有名な歌手だ. 3《同一》また同じ, 同様に(=juga): *Saya pun demikian pula.* 私も同様です. *Walaupun ia sombong, ada pula orang yang menyokongnya.* 彼は横柄であるが, その彼を支持する者もまたいる. 4《対比》しかし, 一方(=tetapi): *Ali yang bersalah, saya pula yang kena marah.* 間違いを犯したのはアリなのに, 僕が怒られた. 5《驚き: 疑問詞の後につく場合が多い》いったい, 全く: *Apa pula ini?* いったい, これは何ぞや. *Siapa pula yang datang malam-malam ini?* こんな真夜中に来るなんて, いったい誰だろうか. *Mengapa pula Zaini tak datang?* いったいなぜザイニは来ないのだろうか. *Ia belajar kuat; tidak lulus pula.* 彼は懸命に勉強した, にもかかわらず合格しなかった. *Saya tidak tahu pula perkara itu. Setakat ini saya tidak ada diberitahu apa-apa.* 私はそのことについて全く知りません. これまで何も知らされていません. 6《話題の転換》それから, 今度は, 次に (= pun): *Setelah bas berhenti, penumpang-penumpang pula naik.* バスが停まると, 次に乗客が乗り込んだ. *Selepas emak sakit, ayah pula sakit.* 母が病気になった後, 今度は父が病気になった. *Sekarang saya pula yang tanya awak.* 今度はこっちが君に質問する番だ.

pulang 戻る, 帰る: *Dia baru saja pulang.* 彼はたった今帰ったばかりです. *pulang asal* 元に戻る. *pulang pulih* 回復する. *Budak itu tidak pulang-pulang selepas sekolah.* その子は学校が終わってからいつになっても帰ってこなかった.

pulang balik 行ったり来たり, 往復=pergi balik: *Berapa harga tiket pulang balik?* 往復切符はいくらか.

pulang bekerja 仕事を終えて帰る: *Pukul berapa awak pulang bekerja?* 何時に仕事が終わって帰れるのか.

dihantar pulang 送り届ける, 送還される: *Murid itu menjadi sakit dan dihantar pulang.* その生徒が病気になったので, 家に送り帰した. *Pekerja asing tanpa izin akan dihantar pulang.* 不法外国人労働者は送還される.

berpulang 死ぬ, 亡くなる.

memulangkan 戻す, 返す: *memulangkan buku yang dipinjamnya daripada kawannya itu* 友達から借りた本を返却する. *Tolong pulangkan balik buku itu kepada saya.* 貸した本を僕に返してほしい. *pulangkan kereta sewa semula* レンタカーを返す.

pemulangan 返却, 送還: *pemu-*

langan barang-barang yang dicuri kepada empunyanya 盗難品を持ち主へ返還する. Kami tidak mempunyai perjanjian *pemulangan penjenayah*. 犯人引渡し協定を結んでいない.

pulangan 報酬, 利益, 反対給付, 見返り: *pulangan kewangan* 金銭的見返り.

kepulangan 帰属, 帰国: menunggu *kepulangan* anaknya dari AS 米国からの息子の帰国を待つ.

sepulang 帰るやいなや.

terpulang 〜にまかせる, 〜しだいである=terserah: *Terpulanglah kepada anda untuk* memilih mana yang baik. どっちが良いか選ぶのはあなたにまかせます. Keputusannya *terpulang kepada anda*. その決定はあなたしだいです. Sekolah berkenaan memang dijemput tetapi *terpulang kepada* pihak sekolah *untuk* menerima atau tidak. 当該校を招待することになりましたが、その招待を承諾するかどうかは学校しだいです.

pulas I ねじり.

berpulas, berpulas-pulas 回る, 旋回する.

memulas 1 ひねる, 回す: Kakak selalu *memulas telinga* saya apabila marah. 姉は怒るといつも私の耳をひねる. *memulas kain* yang basah 濡れた布をひねって絞る. 2 (事実を)ねじ曲げる, 曲解する: Dia pandai *memulas perkataan* orang lain. 彼は他人の言葉をねじ曲げて伝えるのがうまい.

pemulas ねじ回す道具(ねじ回しなど).

pulas II; memulas 腹部に痛みを感じる: Perutnya *memulas*. お腹が痛くなる.

pulau I 島: Pulau Pinang ペナン島.

kepulauan 群島, 列島, 諸島: Kepulauan Riau リアウ諸島.

pulau II; memulaukan 1 ボイコットする: *memulaukan mesyuarat* 会議をボイコットする. *memulaukan barangan keluaran Jepun* 日本製品をボイコットする. 2 孤立させる.

kepulauan ボイコット, 分離.

pemulauan ボイコット.

pulih (病気が)治る, (景気が)回復する: Luka itu *sudah pulih kembali*. その傷は治った. *Dia sudah pulih kembali dari sakitnya*. 彼は病気から回復した. Keadaan di Bagdad *belum pulih lagi*. バグダッドの情勢はまだ回復していない.

memulih, memulihkan 1 治療する, 治す: Ubat ini boleh *memulihkan* penyakitnya. この薬がその病気を治せる. 2 取り戻す, 回復する, 復旧する, 修復する: *memulih dan membangunkan semula* Aceh yang dilanda gempa bumi dan tsunami itu 地震と津波に襲われたアチェを復旧し復興する. *memulihkan keamanan di negara itu* その国の治安を取り戻す. *memulihkan hubungan* 関係を修復する; *memulihkan hubungan dua hala* antara kedua-dua negara 両国間の関係を修復する.

pemulihan 回復, 修復: *pemulihan keamanan* 治安の回復. *pemulihan hubungan* Jepun—China 日中関係の修復.

pulihara; memulihara 保存する, 保護する, 修復する: *memulihara bangunan lama* 古い建物を修復する.

pemuliharaan 保護・保全: *pemuliharaan hidupan liar* 野生生物保護.

pulpa パルプ(製紙原料の).

puluh; **sepuluh** 10(数).
　puluhan 数十もの, 10 年.
　berpuluh-puluh 何十もの: *Berpuluh-puluh orang datang semalam.* 数十人の人々が昨日は来た.
　kesepuluh 10 番目の.
　perpuluhan 小数点.《小数点のある数字の読み方: テン=perpuluhan 以下は数を棒読みする》: 3.14 → *tiga perpuluhan* satu empat.

pulut I; **beras pulut** もち米: *Kerana pulut santan binasa, kerana mulut badan binasa.*【諺】口は災いの元.

pulut II 鳥もち.

pun 1《同一》〜もまた, 同様に(=*juga*): Ini buku saya. Itu *pun* buku saya. これは僕の本. あれもまた僕の本です. Kita pergi ke Tokyo. Dia *pun* pergi ke Tokyo *juga*. 私たちは東京へ行く. 彼もまた東京へ行く. 2《時間の転換》そして, それから: Ali memanggil saya. Saya *pun* menyahut. アリが僕を呼んだ. そして僕は返事した. Murid-murid berkata, "Terima kasih, cikgu". Mereka *pun* duduk. 生徒たちが「先生, ありがとうございます」と言った. それから彼らは着席した. 3《強意》〜さえも, すらも(=bahkan): Kampung itu sudah terbakar. Sebuah rumah *pun* tak ada lagi. 村は火事で焼かれた. 1 軒の家さえも残っていない. Tiada seorang *pun* yang datang. 来たのは, 一人もいなかった. Balik kampung *pun* selalu dan makan dengan tangan *pun* tak menjadi hal. 田舎に帰るのはしょっちゅう, 手で食べるのも苦にならない. Menyebut namanya sahaja *pun* dia tidak sudi. 名前を言っただけでいやな顔をされる. 4《譲歩》どんなに〜でも: Budak itu nakal. Dipukul *pun* tak jadi apa. その子はわんぱくだ. たとえ殴られても平気だ. Berapa lama *pun* akan saya tunggu. どんなに時間がかかっても, 僕は待ちます. 5《話題の転換》しかし, 他方(=tetapi): Ayah marah-marah, emak *pun* diam *sahaja*. 父は怒り狂っているのに, 母は黙っているばかりだった. Saya jatuh dari basikal, kawan-kawan *pun* ketawa *sahaja*. 僕が自転車から落っこちたのに, 友達は笑っていた. 6《主題・主格を強調》: "Maafkan saya" "Tak apalah. *Saya pun* dah selamat."「ゆるしてください」「いいよ. 僕の方は無事だったから」. "*Ali pun* sudah datang. Marilah kita pergi."「(あの)アリがやっと来た. さあ出かけよう」.

punah 全て破壊された, 全滅する: *punah ranah* 全壊した, 壊滅した. Bandar ini *punah* dalam peperangan. この都市は戦闘で全壊した.
　memunahkan 破壊する, 滅ぼす.
　kepunahan 破壊, 崩壊.
　pemunahan 破壊行為.

punat 1 腫れ物(おでき)の芯: *Punat bisulnya pecah.* おできの芯が潰れた. 2 諸悪の根源. 3 (器具の)つまみ, 押しボタン: menekan *punat* loceng rumah itu 家のベルの押しボタンを押す.

punca 1 源, 根源: Surat khabar ialah *punca* maklumat yang utama. 新聞が重要な情報源です. Mandi *punca* bersih. Bersih *punca* sihat. マンディは清潔の元, 清潔は健康の元. 2 原因: *punca nahas* 事故

puncak

の原因. Apakah *punca pergaduhan itu*? けんかの原因は何か. *Punca kebakaran itu* belum dikenal pasti. 火事の原因はまだはっきりしていない. **3** (ひも, 糸の)端: *punca tali* 紐の先端.

berpunca 原因がある: Kebangkitan keganasan itu *berpunca daripada* pelbagai sebab. テロの勃発にはさまざまな原因がある.

puncak **1** 頂点, 頂上 =kemuncak: *Puncak Gunung Everest* エベレスト山頂. *sidang puncak* = *sidang kemuncak* 首脳会談, サミット. **2** ハイライト, クライマックス, ピーク: *Puncak pertunjukan itu ialah acara pelawak itu.* そのショウのハイライトはコメディアンの出し物です. Perayaan itu *mencapai puncaknya* sewaktu ～した時, 祭りはクライマックスに達した. *waktu puncak* ラッシュアワーのピーク時; mempercepat tempoh perjalanan *pada waktu puncak* sebelah pagi. 朝方のピーク時の運行(間隔)を短縮する.

memuncak 舞い上がる, 上昇する, 増加している, ピークを迎える: Perasaan marah pekerja itu *memuncak* pada masa itu. 労働者の怒りはその時絶頂に達した.

pundi-pundi **1** 財布, 小袋. **2** 膀胱(*pundi-pundi kencing*).

punggah; **memunggah** **1** 積み荷を下ろす (=punggah angkat): *memunggah barang-barang itu dari lori.* トラックから荷物を下ろす. **2** (荷物や家の中を)何かを探す.

punggahan **1** 積み荷. **2** 積み荷置き場(ドック).

pemunggahan 荷下ろし: *kerja-kerja pemunggahan* 荷下ろし作業.

pungguk 〔鳥〕フクロウ.

punggung 尻, 臀部.

punggur 枝葉のなくなった枯れ木.

pungut; *anak pungut* 養子 (=anak angkat). *mak pungut* 養母.

memungut **1** 拾い上げる: *memungut wang yang dijatuhkan anak itu* その子が落としたお金を拾い上げる. **2** (果物や花を)摘む, 収穫する: *memungut hasil tanaman* 農作物を収穫する. **3** (税金, 寄付, 料金などを)集める, 徴収する: *memungut derma untuk kanak-kanak miskin* 貧しい子供のために寄付金を集める. Ini saya lakukan *tanpa memungut bayaran*. 私はこれを料金を集めずに(無料で)やっている. **4** 引用する.

pungutan 収集物, コレクション: *wang pungutan* 徴収されたお金. *pungutan suara* 国民投票, 総選挙.

pemungut 収集者, 徴収者.

pemungutan 収集: *pemungutan derma* 寄付集め.

puntal; **berpuntal-puntal** 糸巻き状になった, 巻きつく: benang yang *berpuntal-puntal* 巻きついた糸.

puntianak 女の吸血鬼(幽霊).

puntung 切れ端: *puntung api* 燃えのこり. *puntung rokok* タバコの吸いさし.

punya **1** 所有する, 持つ: *tidak punya wang* お金を持っていない. Saya ingin mengetahui *siapa yang punya suara itu*. その声の主が誰なのか私は知りたい. *tuan punya* 持主. *yang punya* 所有者: Dulu-dulu Pulau Pinang Kedah *yang punya*. 昔, ペナン島はクダ王国が領有していた. Nona manis siapa *yang punya*? かわいい娘は誰のもの? **2**【口語: 市場マレー語】～の: saya *punya* kereta = kereta saya 私の車. **3**【口語:

単語を重ねて強調】: *fikir punya fikir* 考えに考えぬいて. *jalan punya jalan* 歩きに歩いて. *hitung punya hitung* 数えに数えて.

berpunya 1 ～の所有, ～を持っている. 2 すでに結婚している. 3 金持ち.

mempunyai, mengepunyai, mengempunyai 所有する, 持つ: Dia *mempunyai* tiga buah rumah. 彼は3軒の家を持っている. Saya tidak *mempunyai* banyak waktu. 私は時間があまりない.

kepunyaan 所有物: Kereta merah itu *kepunyaan* saya. あの赤い車は私が所有している.

pemunya 所有者＝empunya: *pemunya* kedai itu その店のオーナー.

sepunya 共同で所有する.

pupa (英) pupa サナギ(蛹).

pupil (英) pupil 瞳, 瞳孔.

pupu;

sepupu, saudara sepupu いとこ.

bersepupu いとこ関係にある: Mereka *bersepupu*. 彼らはいとこ同士である.

pupuk 肥料.

memupuk 1 肥料を施す: *memupuk ladang* 畑に施肥する. Pokok bunga ini telah *dipupuknya* baik-baik. 彼はこの花木に肥料をちゃんと与えた. 2 成長を促す, 促進する, 養う, 育む: *memupuk persahabatan* 友好を促進する. *memupuk hubungan kita* 私たちの関係を緊密にする. Semangat kebangsaan perlu *dipupuk* sejak di bangku sekolah lagi. ナショナリズム精神は学校時代から育む必要がある.

pemupukan 1 施肥. 2 促進, 養成.

pupur; *tepung pupur, pupuran* お白粉.

berpupur お白粉を塗る.

pupus 絶滅した, 消え去った: Dinosaur binatang yang *pupus*. 恐竜は絶滅した動物. *pupus dari muka bumi* 地球上から絶滅する. *pupus harapan* 希望がなくなる.

memupus, memupuskan 破壊する, ぬぐい去る, 消す: Pemburuan yang berleluasa akan *memupuskan* binatang itu. 乱獲がその動物を絶滅させるだろう.

kepupusan 絶滅, 消滅: *masalah kepupusan* penyu ウミガメの絶滅問題. *kepupusan dinosaur* dari muka bumi ini 地球上から恐竜が絶滅したこと.

puput I 草笛.

puput II 〔魚〕サヨリ.

pura I (Sk) プーラ(港町, 港市, 王) 《シンガポール[Singapura]の語源は singa 獅子＋pura 港まち＝獅子のいた港町, という説がある》.

pura II 財布.

pura-pura; **berpura-pura** ～のふりをする, ～する真似をする: Sang kancil *pura-pura mengira* semua buaya yang beratur. 小鹿さんは並んでいるすべてのワニを数えるふりをした. Dia tidak sakit. Dia hanya *berpura-pura sakit*. 彼は病気ではない, 仮病をつかっているだけ. *berpura-pura tidur* 寝たふりをする.

kepura-puraan 真似, 物まね.

purata 平均, 平均値 (=pukul rata). *secara purata* 平均的に; Rakyat Malaysia *secara purata* menggunakan 184 liter air sehari. マレーシア国民は平均して水を一日当たり184リットル使用する.

purba (Sk) 古代の, 昔の: *Greek Purba* 古代ギリシャ.

purbakala (Sk) 古代, 昔. *ahli*

purbakala 考古学者. *ilmu purbakala* 考古学.

purdah (Sk) (女性の顔を覆う)ベール.

puri (Sk) **1** 宮殿, 大邸宅. **2** 城壁.

purnama (Sk) **1** 満月 (=bulan purnama): *pada malam bulan purnama* 満月の夜に. **2** 1カ月.

puru 熱帯地方の皮膚伝染病(フランベジア).

puruk; memurukkan (穴などの)中へ入れる, 沈める: *memurukkan kakinya ke dalam lumpur* 足を泥の中に入れる.

terpuruk 沈む, 中にはまる.

purut (皮膚が)ざさがさの.

pusaka (Sk) **1** 遺産=warisan: *Sawah ini pusaka ayahnya.* この田んぼは彼の父親からの遺産だ. **2** 先祖代々から伝わるもの (harta pusaka), 家宝: *adat pusaka* 伝統的な慣習. *keris pusaka* 先祖代々から伝わるクリス.

memusakai ～から相続する: *Dia memusakai tanah bendang emaknya.* 母から水田を相続した.

memusakakan ～に遺産を残す: *Dia tiada memusakakan apa-apa kepada isteri dan anaknya.* 彼は妻子に遺産として残してやれるのが何もない.

pusar; berpusar, berpusar-pusar (水や風が)渦巻く: *Plot ini berpusar tentang kehidupan seorang pemuda.* この(物語の)プロットはある青年の人生をめぐって展開する.

memusar 回す, 旋回する: *Kipas itu memusar dengan perlahan.* 扇風機がゆっくりと回っている.

pusaran 旋回, 回転: *pusaran air* 渦. *pusaran angin* つむじ風. *pusaran kepala* = *pusar-pusar* つむじ.

pusara 墓地=kubur: *menziarahi pusara* 墓参りをする.

pusat **1** 中心, 本部: *pusat gempa bumi* 震源. *pusat bandar* 都市の中心地. *kerajaan pusat* 中央政府. Dia bekerja di *pejabat pusat*, bukan pejabat daerah. 彼は本部で勤務し, 地方支部ではない. *pusat gegaran*/ *pusat gempa bumi* 震源. **2** 総合施設, センター: *pusat beli-belah* ショッピング・センター. *Pusat Penyelidikan Getah* 天然ゴム研究センター. *pusat jagaan kanak-kanak* ナーサリー・センター. **3** へそ(臍): *tali pusat* へその緒. *memotong tali pusat* へその緒を切る. *pakai baju nampak pusat* へそが見える服を着る.

berpusat **1** 中心・本部がある: *Pejabat kami berpusat di Kuala Lumpur.* 私たちの事務所はKLに本部がある. **2** ～に集中する: *Perbincangan kami berpusat pada isu alam sekitar.* 私たちの議論は環境問題に集中した.

memusatkan 集中させる: *memusatkan perhatian kepada* ～に関心を寄せる. *Dia memusatkan fikirannya kepada* peperiksaan yang akan datang. 彼は次の試験のことに考えを集中させている.

pemusatan 集中.

pusing 回る: Tolong *pusing ke kanan* di sini. ここで右へ回ってください. ***pusing kepala*** 頭が痛い, 困惑する, 混乱する: *Pusing kepala* saya melihat anak-anak saya bergaduh. 子供らがけんかするのを見ると困ってしまう.

berpusing **1** =**berpusing-pusing** (軸を中心に)旋回する, 周回する, 回転する, 辺りを回る: Kipas angin *berpusing*. 扇風機が回ってい

る. Bumi *berpusing* sekali dalam masa 24 jam. 地球は24時間でひと回りする. Kapal terbang terpaksa *berpusing* di atas lapangan terbang kerana kabut terlalu tebal. 霧があまりにも濃いので,飛行機は空港の上空を旋回せざるを得なかった. **2** 方向を変える: Kemudian kapal terbang itu *berpusing ke arah timur*. やがて航空機は東へ方向を変えた.

memusingkan **1** ～を回転させる,回す: *memusingkan gasingnya* コマを回す. **2** 方向を変える: *memusingkan mukanya ke arah lain* 顔を他の方に向ける. **3** 頭痛を引き起こさせる (=memusingkan kepala), 頭を悩ます, 困らす: Pertanyaan itu memang *memusingkan kepala* tuan pengerusi. その質問は議長を困らせた.

pusingan **1** 回転: *membuat pusingan "U"* Uターンする. pusingan gasing コマの回転. *piala pusingan* 循環式の優勝カップ. **2** (試合の) ラウンド, ～回戦: *pusingan pertama* 1回戦. *lelaki perseorangan pusingan pertama* 男子シングルス1回戦. Ali mengalahkan lawannya *dalam pusingan yang kelima*. アリは第5ラウンドで敵を倒した.

puspa (Sk) 花=bunga.

pusparagam **1** さまざまな色の～. **2** さまざまな歌を集めたもの.

puspawarna さまざまな色, 花の色.

puspita 花: *puspita hati* 恋人.

pustaka (Sk) 図書, 書籍.

kepustakaan **1** 文学書. **2** 図書目録. **3** 専門書籍.

perpustakaan 図書館.

pustakawan 司書, 図書館員.

pusu グループ, 一団.

berpusu, berpusu-pusu 集団で, 一団で, 大挙して: *Berpusu-pusu orang* keluar dari pawagam itu. 大勢の人々が映画館から出てきた. Ramai orang *berpusu-pusu* di depan pawagam itu. 大勢の人々が映画館の前に集まった.

putar ; berputar **1** ぐるぐる回る,回転する, 動きまわる: Roda kereta *berputar*. 車輪が回転する. Kami *berputar mengelilingi* bandar itu selama dua jam. 2時間ほど町をぐるぐる回った. **2** 方向を変える, 向きを変える: *berputar haluan* 方向を変える.

berputar fikiran 考えを変える.
berputar belit だます, 不正する.
berputar lidah 歪曲する, うそをつく.

berputar-putar ぐるぐる回る: Saya *berputar-putar dengan* kereta. 車で辺りを一周した. Anda akan saya *bawa berputar-putar*. あなたを周辺へのドライブに連れて行きます.

memutar **1** 回す, 回転させる: *memutar anak kunci* 鍵を回す. *memutar skru* ねじを回す. *memutar nombor telefon itu* その電話番号を回す. **2** 方向を転換する: *memutar haluan* 方向を転換する. **3** (事実を) 曲げる, 曲解する: *memutar kebenaran* 事実を曲げる. *memutar otak* 頭をひねる (頭を働かせる).

memutarbelitkan (事実を) 曲げる, 歪曲する: *memutarbelitkan kenyataan* 事実を曲げる. *memutarbelitkan sejarah* 歴史を歪曲する.

putaran **1** 回転: 400 *putaran* setiap minit 毎分400回転. *putaran bumi mengelilingi matahari*. 地球が太陽の周りを回ること. **2** (機械な

どの)取っ手, つまみ.

pemutaran 回転, 流転, 変遷.

putera (Sk) **1** 王子: *putera raja* 王子. *putera mahkota* 世継ぎ王子 (皇太子). **2** 息子(丁寧語): *putera Malaysia* マレーシアの青年.

berputera 子を持つ, 息子が生れる.

diputerakan 【王室】お生れになる=dilahirkan: Baginda *diputerakan* di Istana Anak Bukit pada 17 Mei 1943. 陛下は1943年5月17日にアナブキット宮殿でお生まれになった.

keputeraan (王族の)誕生: *hari keputeraan* (王族の)誕生日.

puteri (Sk) **1** 王女, 女王. *tuan puteri* a 王女. b 女王=isteri raja, permaisuri. **2** 令嬢(丁寧語): *asrama puteri* 女子寮.

putih 白い, 清純な: *putih bersih, putih melepak* 真っ白. *putih kuning* クリーム色. *putih lesi, putih lueh, putih pucat* 青白い. *putih susu* 白乳色. *putih telur* 卵白. *orang putih* 白人, イギリス人, 英語. *belum tentu hitam putihnya* まだ白黒がつかない (決定できない). *Biar putih tulang, jangan putih mata.*【諺】生き恥をかくよりか死んだ方がましだ. *Belum tentu hitam putihnya.* まだどっちか決まらない.

memutih 白くなる: Rambutnya *memutih*. 髪が白くなる. Ombak *memutih* di tepi pantai. 波が海岸では白く見える. Bajunya *memutih* selepas dicuci beberapa kali. 上着は何度も洗濯すると色が白くなった.

memutihkan 白くする: *memutihkan giginya* 歯を(磨いて)白くする. *memutihkan kulit* 肌を白くする.

keputihan 白さ.

keputih-putihan 白っぽい: Mereka duduk di panatai yang *berpasir keputih-putihan*. 彼らは砂が白っぽい海岸に座った.

putik 果実となるふくらんだ子房.

berputik 果実を結びはじめる: Pokok rambutan itu sudah *berputik*. ランブータンの木は実を結びはじめた. Percintaan di antara Ali dengan Aminah *berputik*. アリとアミナの恋が実った.

puting I (哺乳瓶の)乳首, おしゃぶり (puting susu, puting tetek): Budak kecil itu masih *menghisap puting*. その子はまだおしゃぶりを吸っている.

puting II; *angin puting beliung* サイクロン, 大竜巻.

putus **1** (ひも, 関係が)切れる: Benang itu sudah *putus*. 糸が切れた. Tiba-tiba layang-layang itu *putus* talinya lalu tersangkut di atas pokok. 突然, 凧は糸が切れて, 木の上に引っ掛かった. Dia sudah *putus tunang*. 彼は婚約を破棄した. **2** (問題が)決着する, 決まる: *belum putus lagi* siapa akan dihantar 誰を派遣するかまだ決まっていない.

putus asa 絶望する, あきらめる: Jangan cepat *putus asa*. Sabar saja. すぐあきらめるな, 我慢せよ. *Saya tidak akan putus asa*. 私は絶対にあきらめない. *Saya hampir putus asa*. 僕はほとんどあきらめようと思った.

putus akal, ***putus bicara*** 行き詰まり.

putus kata 合意.

putus rezeki 生計手段を失う.

putus-putus 途切れ途切れ: Telefon *tidak putus-putus* berdering sepanjang hari. 電話が1日中鳴りっぱなしだった.

keputusan **1** 決定, 決心: *ke-*

putusan penghakiman, keputusan perbicaraan 判決. *keputusan bersalah* 有罪判決. *keputusan muktamad* 最終決定. *membuat keputusan untuk ～ / mengambil keputusan hendak* ～すると決心する. *Jangan buat keputusan terburu-buru.* あわてて決心するな. **2** 結果, 成績: *berpuas hati dengan keputusan peperiksaannya* 試験の結果(成績)に満足する. **3** 中断, 途切れること, 不足: *menghadapi masalah keputusan bekalan air* 断水問題に直面する.

memutuskan 1 切る: *memutuskan hubungannya dengan* teman lelaki ボーイフレンドとの関係を切る. **2** 決定する, 決心する: *memutuskan untuk* belajar bahasa Jepun 日本語を勉強する決心をした. **3** 終わらせる, 中断させる: *memupuskan* program itu その計画を中断させる. **4** 判決を下す: Mahkamah *memutuskan* bahawa ～. 裁判所は～という判決を下した.

terputus 断たれる: Mereka yang dikepung itu *terputus* bekalan. 包囲された者は食料を断たれた. *bekalan elektrik terputus* 停電する. ～*terputus bekalan elektrik* (場所・家屋)が停電する; Bandar raya KL *telah terputus bekalan eleklik* malam tadi. 大都市KLが昨晩停電した. Banyak rumah *terputus bekalan elektrik* dalam kejadian gempa bumi itu. 地震で多くの家屋が停電した.

puyu; **ikan puyu, puyu-puyu** 〔魚〕キノボリウオ.

puyuh 〔鳥〕ウズラ.

Q

qada イスラム教の定める義務(礼拝, 断食など)を後から遂行すること.

mengqada 果せなかった義務を遂行する: Kalau sakit, dibolehkan tidak berpuasa, tetapi mesti *mengqadanya* pada hari yang lain. 病気ならば断食をしなくともよい, しかしそのかわりに他の日に実行しねばならない.

qadak (Ar) アッラーによる罰, 神罰.

qadar (Ar)(アッラーの定める)運命.

qadim I (Ar) 永遠の.

qadim II (Ar) 将来.

qari (Ar) コーランを読む男性.

qariah (Ar) コーランを読む女性.

Quran; **al-Quran** (Ar) コーラン: *Quran* adalah kitab suci agama Islam. コーランはイスラム教の聖典である.

R

raba; **meraba, meraba-raba** 1 手で触る: *meraba* kepala kanak-kanak itu 子どもの頭を手で触る. Jangan kau berani *meraba* saya. 図々しく私の身体に触れないで. 2 手探りをする, 手探りでさがす (ポケットの中や暗い所で何かをさがすとき): Dia *meraba-raba* sakunya *untuk mencari* kunci. ポケットの中の鍵を手探りで探した. Dia *meraba mencari* lampu picit. 手探りで懐中電灯を探した. Ali *meraba-raba* di dalam gelap itu *untuk mencari* pintu biliknya. アリは暗闇の中を手探りをして部屋のドアを探した. 3 推測・推察する, 模索する: Dari bahasa yang digunakannya kita dapat *meraba* bahawa dia seorang asing. 話している言葉から推察すると彼は外国人らしい. Saya tidak dapat *meraba* maksud kata-kata orang itu. あの人の言っている意図は何か私には推し量れない.

teraba-raba 手探りする: *masih teraba-raba mencari* 〜をいまだに模索している. Dia *teraba-raba mencari jawapan* terhadap pertanyaan itu. 彼はその質問に対する回答を探し求めていた.

rabaan 1 手探り. 2 推測, 推量.

peraba 触覚, 触覚器官 (=*alat peraba*).

rabak; **koyak rabak** (服などが) ぼろぼろに破れている: Seluarnya *koyak rabak* digigit anjing itu. 犬にかまれてズボンがびりびりに破れた.

merabak 破く, 切り裂く.

rabit (唇などが) 切れる, 裂ける.

robak-rabit ずたずたに裂けた.

merabit 裂く, びりびりにする.

Rabiulakhir (Ar) イスラム暦の4月.

Rabiulawal (Ar) イスラム暦の3月.

Rabu I (Ar) 水曜日.

rabu II 肺=paru-paru: *sakit rabu* 肺炎.

rabun (目が) かすむ, 視力が弱い: Dia sudah tua dan *matanya sudah rabun*. 彼は年老いたので, 目がかすむ. *rabun dekat* 遠視. *rabun jauh* 近視. *rabun ayam, rabun malam* 鳥目, 夜盲症. *rabun tua* 老眼.

berabun-rabun 目隠し遊び.

merabunkan 視力を悪くさせる.

rabung 屋根の棟.

racau; **meracau, meracau-racau** 1 うわごとを言う: Budak yang demam itu mula *meracau*. 高熱をだしたその子はうわごとを言い始めた. 2 寝言を言う=mengigau: Dia kadang-kadang *meracau* ketika tidur. 彼はときどき寝言を言う.

racik; **meracik** 〜を薄切りにする, スライスにする=menghiris: *meracik* bawang halus-halus タマネギを細かく薄切りにする.

racikan 薄切りしたもの: *racikan*

bawang タマネギのスライス.

racun 1 毒, 毒薬, 農薬. *racun serangga* 殺虫剤: Anjing itu mati kerana *termakan racun serangga*. 犬が殺虫剤を食べて死んだ. *baja dan racun* 肥料と農薬. 2 (精神面の)悪影響: Filem-filem lucah akan menjadi *racun* bagi fikiran anak-anak muda. 猥褻な映画は若者たちの考えに悪影響をおよぼす.

beracun 毒のある, 有毒な: makanan yang *beracun* 毒の入っていた食物. tumbuh-tumbuhan yang *beracun* 有毒な植物.

meracun, meracuni 1 毒を入れる, 〜を毒殺する: *meracun* makanan orang 人の料理に毒を盛る. 2 (考えなどを)毒する, 汚染する: buku yang *meracuni fikiran* pemuda-pemudi 青年男女の考えを毒する本.

keracunan 毒に当たる: *keracunan makanan* 食中毒: Pelajar-pelajar yang *keracunan makanan* itu telah dikejarkan ke hospital. 食中毒に当たった生徒たちは病院へ運ばれた.

radak; meradak (刀, 槍, ヤスなどで)突き刺す: *meradak* perut musuhnya *dengan tombak* 敵の腹部をヤスで突き刺す.

meradakkan 〜を突き刺す: *meradakkan tombak ke* perut musuhnya ヤスで敵の腹部を突き刺す.

radang 身体が熱っぽい, 炎症. *naik radang* 激怒する. *radang paru-paru* = 肺炎. *radang kerongkong* 喉の炎症. *radang tonsil* 扁桃腺炎.

meradang 1 熱がある: Badannya *meradang*. 彼の身体が熱っぽい. 2 激怒する, 頭にくる: Dia *meradang* kerana anaknya bercakap bohong. 息子がうそをついたので, 激怒した.

meradangkan 〜に対して怒る: Dia *meradangkan anaknya* kerana dia bercakap bohong. うそをついたので息子を怒った.

keradangan 怒り.

peradang 短気な人, 怒りっぽい人.

radar (英) radar レーダー.

radas 装置, 設備.

raden (Jw) (radén) ラーデン(ジャワ王朝時代の王子・王女への尊称).

radikal (英) radical 急進的な人.

radio (英) radio ラジオ: *radio transistor* トランジスター・ラジオ. *siaran radio* ラジオ放送. *mendengar radio* ラジオを聴く; Saya *dengar di radio* ada kapal terbang jatuh. 航空機が墜落したということをラジオで聴いた.

radiologi (英) radiology 放射線医学, X線透視, レントゲン写真の撮影.

radioterapi (英) radiotherapy 放射線療法.

radium (英) radium〔化学〕ラジウム(記号 Ra).

radung; teradung 突っかかる, 引っかかる: Kakinya *teradung* akar kayu. 足が木の根に突っかかった.

raga I 籐で編んだ籠・ボール: *bola raga, buah raga* 籐で編んだボール. *sepak raga* セパ・ラガ(マレーの伝統的なスポーツ).

raga II; raga-raga, beraga, meraga 見せびらかす.

memperagakan モデルを着て見せる(展示する)=memperagakan pakaian.

peraga ひけらかす人.

peragawan 男性のモデル.

peragawati 女性のモデル.

ragam (Sk) 1 振る舞い, 態度:

Ragam setiap murid berbeza. 各生徒の態度はそれぞれ異なる. **2**種類: *berbagai-bagai ragam* pakaian さまざまな種類の衣装. *aneka ragam* ~, *serba ragam* ~ さまざまな種類の~.

beragam, beragam-ragam さまざまな種類の~: Mereka terdiri daripada *beragam-ragam manusia*. 彼らはさまざまな種類の人間から構成されている.

meragam 【口語】(子供が)むずかる, (機械の)調子が良くない: Kanak-kanak itu *meragam* pagi ini dan tidak mahu makan. 今朝その子はむずかって, 食べたがらない. Komputer saya *meragam* lagi. 私のパソコンはまた調子が悪くなった.

meragamkan 多様化する: *meragamkan* masakan untuk hidangan sehari-hari 毎日の料理を多彩なものにする.

keragaman 多様性, 多用さ.

seragam (服などが)統一された: *pakaian seragam* 制服, ユニフォーム.

menyeragamkan 統一する: *menyeragamkan* sistem cukai yang ada sekarang 現行の税制を統一する.

penyeragaman 統一化, 標準化.

keseragaman 画一性, 一元化されていること: *keseragaman* sukatan pelajaran di sekolah 学校のシラバスが一元化されていること.

ragang; **meragang** 1 (木などに)登る=memanjat. 2 攻撃する=menyerang.

ragbi (英) rugby ラグビー: *bola ragbi* ラグビー・ボール.

ragi I イースト菌, 酵母.

meragi 発酵させる: *meragi* kacang tanah* 大豆を発酵させる.

ragi II (布の)色, パターン, 模様.

ragu; **ragu-ragu** 疑う, 懸念する, 不信を持つ, ためらう: Saya *ragu-ragu mengenai* maksud mereka. 私は彼らの意図について疑念をもっている. Kalau awak *ragu-ragu*, tanyalah kepada guru besar. もし疑いがあるようなら, 校長に尋ねてみなさい. Pada mulanya dia kelihatan *ragu-ragu*. 最初はためらっているように見えた. *Kami tidak ragu-ragu* memilih Ali sebagai tuan pengerusi. 私たちはためらうことなくアリを司会者に選んだ.

meragui ~を疑う: *meragui* kejujuran saya 私の誠意を疑う.

meragukan ~を疑う, 疑わしい: Saya *meragukan* ceritanya. 私はその話を疑っている. *tidak dapat diragukan* ~を疑うことはできない(=明白である); *Tidak dapat diragukan bahawa* dia salah. 彼が間違っていることは疑問の余地がない. Jawapan dari pihak polis itu *meragukan*. 警察からのその回答は疑わしい.

keraguan, keragu-raguan 疑いの念, 懸念: *Keraguan* hilang apabila mendengar penjelasan dari pihak berkuasa. 当局からの説明を聞いて, 疑念が晴れた.

ragum ペンチ.

ragut; **meragut** 1 ひったくる, つかむ: Pencuri yang *meragut* beg tangan Linda telah ditangkap. リンダのハンド・バッグをひったくった泥棒は逮捕された. *Jenayah ragut* kini semakin menjadi-jadi. ひったくり犯罪がますます増加している. 2 (生命を)奪う: *meragut nyawa* 生命を奪う. *bencana yang meragut* ramai nyawa 多くの生命を奪った天災. **3** (牛, 羊などが)生草を食う: Lembu-lembu *meragut rumput* di padang. 牛が牧場で草を食べている.

peragut ひったくり犯.

rahang あご, 上下顎骨. *rahang atas* 上あご. *rahang bawah* 下あご. *keras rahang* がんこな.

rahat I 糸車.

rahat II (ドリアンの)果実が大量に落ちる(= gugur rahat).

rahib (Ar) キリスト教の修道僧(女).

rahim I (Ar) (神の)恵み.

rahim II (Ar) 子宮.

rahman; **rahmani** (Ar) 恵み, 情け.

rahmat (Ar) 神の恵み, 慈悲: *Semoga anda dilimpahi rahmat daripada Tuhan.* 神の恵みがありますように.

merahmati 哀れむ, 恵む.

rahmatullah (Ar) アッラーの加護: *kembali ke rahmatullah* 逝去する.

rahsia (Sk) **1** 秘密: *Ini rahsia.* ここだけの話です. *Itu bukan rahsia lagi.* それは公然の秘密, みんな知っている. *menyimpan / memegang rahsia* 秘密を守る. *membuka / membongkar / memecahkan rahsia* 秘密を暴く. *Rahsia itu bocor.* 秘密が漏れる. *Rahsia itu terbongkar.* 秘密が暴露された. **2** 秘訣: *Apakah rahsia berjaya?* 成功の秘訣は何ですか. *Tidak ada apa-apa rahsia.* 秘訣なんて何もない. *Apakah rahsia kejayaan Malaysia dalam mengendalikan hubungan antara kaum.* 種族関係を維持する上でマレーシアが成功している秘訣は何ですか. *Apakah rahsia penting untuk* menjadi guru cemerlang? 優れた教師になるための大切な秘訣とは何ですか.

berahsia 秘密にする, 内緒にする: *Saya tidak berahsia dengan* ibu bapa. 私は親に内緒にしない.

merahsiakan 秘密にする, 隠す: *merahsiakan* jumlah pendapatannya 給料の金額を秘密にする. *Bolehkah anda merahsiakan perkara ini?* この事を秘密にしておけるか. *Sampai bila kau nak terus rahsiakan perkara ini daripada pengetahuan Aminah?* いつまでこの事をアミナに内密にしておくつもりか. *Tolong rahsiakan skandal ini.* このスキャンダルを秘密にしてください.

rai; **meraikan** (Ar) **1** 祝う= merayakan: *meraikan* hari Krismas クリスマスを祝う. *meraikan* ulang tahun hari jadinya yang ke-21 彼女の21歳の誕生日を祝う. **2** 客をもてなす: Majlis makan malam diadakan untuk *meraikan* bekas Perdana Menteri. 前首相をもてなす夕食パーティーが開催された.

keraian パーティー, 宴会: *mengadakan keraian* untuk hari jadinya 彼の誕生日パーティーをする.

raifal (英) rifle ライフル銃.

raih 引き寄せる.

meraih **1** ～を引き寄せる: wanita itu *meraih* anak kecil itu ke dalam pelukannya. その女性は小さい子を腕の中に引き寄せた. **2** 仕入れる, 大量に購入する: *meraih* sayur daripada petani-petani 農民たちから野菜を仕入れる. **3** (Id) 獲得する, 勝ち取る → memperoleh, memenangi: *meraih pingat emas* dalam acara renang 水泳の種目で金メダルを獲得する. *meraih beberapa kejayaan penting* いくつか重要な成功を収めた.

peraih 卸売商人, 仲買人.

raja 1 王, 王族: *raja muda, putera mahkota, bakal raja* 皇太子(王位継承権のある王族), 摂政. *raja permaisuri* 女王. *Raja Permaisuri Agong* 王妃(尊称). *raja kecil, putera raja* 王子. *raja kecil besar = raja muda* 皇太子. *raja kecil muda, putera raja yang kedua* 王位継承のない王子(皇太子の弟・第二王子). *raja berperlembagaan* 立憲君主.
anak raja 王子, 王族: Ketiganya itu, memakai pakaian *anak raja-raja*. その三人とも王族の衣装を着ていた. *keluarga raja* ロイヤル・ファミリー, 王族. *anak raja yang lelaki* 王子. *anak raja yang perempuan* 王女. 2 ~王(その方面での実力第一人者の呼称): *raja getah* 天然ゴム王. *raja minyak* 石油王. *raja sehari* 新郎・新婦. *raja hutan, raja rimba* ジャングルの王(=トラ).
beraja 王に即位する, 王として振る舞う, 王のいる.
berajakan ~を王として仕える: Dari semenjak itu rakyat Johor *berajakan* keturunan Bendahara. それ以来ジョホールの臣民はブンダハラの家系を王として仕えるようになった.
merajai ~の王になる, ~を支配する: Baginda sudah lama *merajai* negeri itu. 王様はその王国をもう長いこと統治した.
merajakan ~を王に選ぶ・就任させる: Seorang putih *dirajakannya* di Sarawak pada 1841. サラワクでは1841年にイギリス人が王に就任した《ジェームス・ブルックのこと》.
kerajaan 1 政府, 政権: *Kerajaan Malaysia* マレーシア政府. *kerajaan buangan* 亡命政権. *kerajaan campuran* 連合政府. *kerajaan pusat* 中央政府. *kerajaan negeri* 州政府. *kerajaan sementara* 暫定政権. 2 王国, (立憲)君主国: *Kerajaan Brunei* ブルネイ王国. 3【古典】王位に就く, 王になる, 王として統治する: *naik kerajaan* 王に就任する. *Sang Si Perba kerajaan* di Minangkabau (p.28). サン・シ・プルバがミナンカバウ国を治めた. Maka oleh Raja Suran Nila Manam *dirajakannya* di Bijaya Negara akan menggantikan *kerajaan* baginda (p.18). スラン王は(三男の)ニラ・マナムを, 自分の後継者として, ビジャヤ・ヌガラ国の王に即位させた. 4 マレー王権, 王の権威を象徴すること: *takhta kerajaan* 王座. *pakaian kerajaan* 王の衣装. *payung kerajaan* 王の傘. *alat kerajaan* 王家の御物.

rajah 1 図, イラスト: *Lihat rajah 5*. 図5を見よ. *membuat rajah* 図表を描く. Guru menerangkan hal itu dengan *rajah* di papan hitam. 先生は黒板に描いたイラストでその事を説明した. 2 手相=suratan tangan. 3 入れ墨=cacah.
rajalela (rajaléla); **merajalela, berajalela** 1 思いのままに振る舞う, 横暴に振舞う: Apabila ketua pejabat tiada, pekerjanya pun *merajalela*. 所長がいないと, 従業員は勝手気ままに振舞う. 2 (病気などが)蔓延する, 感染が拡大する, 流行する: Penyakit denggi *merajalela* di kalangan penduduk kampung itu. デング熱がその村の住民の間に蔓延している.

rajawali 〔鳥〕白尾鷹.
rajin 1 勤勉な, 真面目な, 熱心な: Dia pelajar yang *rajin*. 彼は勤勉な生徒です. *belajar rajin-rajin* 熱心に

勉強する．**2** しばしば，いつも：*rajin bermain bola sepak* いつもサッカーをする．

kerajinan 1 勤勉さ．2 手工芸, 手作り：*kerajinan tangan* 手工芸, 手工芸品．*kerajinan gadis* 家庭科．

rajuk；**merajuk** すねる, 駄々をこねる, 不平を言う：Anak yang terlalu dimanjakan oleh ibu bapanya *suka merajuk*. 親に甘やかされすぎた子はよくすねる．Apabila dimarahi oleh emaknya, Aminah *merajuk* lalu menguncikan dirinya di dalam bilik. 母親に叱られると, アミナはすねて, 部屋に鍵をかけて閉じこもった．*merajuk dengan* emaknya 母親に対してすねる．

perajuk 不平ばかりを言う人．

rak (英) rack 本棚, 食器棚．

rakam；**merakam, merakamkan** 録音する：*merakam* lagu-lagu dari radio *pada pita rakam* ラジオからの歌を録音テープに録音する．

rakaman 録音されたもの, 録画：*Rakaman* suaranya itu kurang baik. その声が録音されたものはあまり良くない．*Rakaman* pertandingan bola sepak dalam Sukan Olimpik Athnes akan disiarkan oleh televisyen. アテネ五輪のサッカー試合の録画がテビビで放映される．

perakam 録音機．

perakaman 録音：*perakaman lagu* 歌の録音．

rakan；**rakanan** 同僚, 友人：*rakan kongsi* パートナー．*rakan sekelas* 同級生．*rakan sekerja* 職場の同僚．*rakan dagang* 貿易相手国・貿易パートナー；Jepun adalah *rakan dagang* ketiga terbesar Malaysia. 日本はマレーシアにとって三番目に大きな貿易相手国．

berakan, merakan 親しくなる, 友人になる, 連携する．

rakap 1 あぶみ(鐙)．2 自転車のペダル．

raket (rakét) (英) racket ラケット．

rakit いかだ(筏)．

berakit いかだを漕ぐ・乗る．

raksa (Sk) 水銀(＝air raksa).

raksasa (Sk) 巨人・モンスター＝gergasi, 巨大な：*projek raksasa* 巨大なプロジェクト．Yang disebut *raksasa* itu sebenarnya tidak ada. モンスターといわれるものは実際には存在しない．

raksi 香水, 香りのする．

rakus 欲張りな, 強欲な, どん欲な：Jangan *rakus* kalau makan di rumah orang. 他所の家で食事するときはがつがつ食べるな．

kerakusan 欲, 強欲．

perakus 欲張りな人, 強欲な人．

rakyat 1 国民：*rakyat Malaysia* マレーシア国民：Rakyat *Malaysia* terdiri daripada berbagai-bagai kaum. マレーシアの国民はさまざまな種族から構成されている．Dewan Rakyat 国会(下院)．wakil rakyat 国会(下院)議員＝ahli parlimen. kerajaan *rakyat*, oleh *rakyat* dan untuk *rakyat* 人民の, 人民による, 人民のための政府． 2 大衆, 民衆, 庶民＝orang banyak, orang ramai, orang biasa：*rakyat jelata* 民衆．cerita *rakyat* 民話．3 (マレー王国時代の王に仕える)臣民, 臣下, 平民, 家来, 部下：Ia keturunan *rakyat*, bukan keturunan raja. 彼は平民出身であり, 王族の出ではない． 4【古典】兵士, 兵隊, 兵力, 軍隊, 軍勢, 軍人：Maka kelihatanlah *rakyat* Raja Suran seperti hutan rupanya

ralat 500

(p.12). スラン王の兵隊はまるで森のように見えた.

kerakyatan 市民権, 国籍 (kewarganegaraan): *mempunyai dua kerakyatan serentak* 二重国籍を持つ. *memohon kerakyatan Malaysia* マレーシア国籍を申請する. *tanpa mengira kerakyatan, agama, ras, asal-usul serta jantina* 国籍や宗教, 人種, 出身, 性別に関係なく. *Setelah tinggal di sini selama dua belas tahun, dia diberi kerakyatan Malaysia.* 12年ここに居住したあと, マレーシア市民権が与えられた.

merakyat 市民に広く知れる.

ralat I 誤り, 書き間違い.

ralat II 後悔.

ralip; meralip 非常に眠い.

rama-rama 〔虫〕チョウチョウ (kupu-kupu), 蛾.

Ramadan (Ar) ラマダーン(イスラム暦の9月, 断食の月).

ramah 気さくな, 親しみ深い: *Dia selalu menegur kami dengan ramah.* 彼はいつも気さくに僕たちに挨拶する. *ramah pengguna* ユーザーフレンドリーな, 利用者に便利な.

ramah-tamah, ramah mesra 大変友好的な, 愛嬌よく, 愛想良く: *Dia melayan kami dengan ramah mesra.* 彼女は私たちを愛嬌良くもてなした.

beramah, beramah-tamah, beramah mesra 集まってお互いに打ち解ける, 友好的になる: *Semalam kami beramah-tamah dalam jamuan makan malam.* 昨日私たちは夕食会をしながら打ち解けた.

beramah-ramahan 親しくなる.

keramahan, keramah-tamahan 親しさ, ホスピタリティ: *Orang kampung terkenal dengan keramahan mereka.* カンポンの人たちはそのホスピタリティで有名です.

peramah 友好的な人, 気さくな人.

ramai 1 (人が)多い, 大勢の: *ramai orang* 大勢の人々. *Berapa ramai penduduk Malaysia?* マレーシアの人口はどのくらいですか. 2 公共の, 一般の: *orang ramai* 民衆, 大衆. *suara ramai* 大衆の意見・考え. 3 (音が)うるさい, やかましい: *Bunyi sorakan penonton itu sangat ramai.* 観衆の声援は実にやかましい. 【早口ことば】→ *Ramai orang tidur di rumah Rahmah.*

beramai-ramai 大勢で, 集団で: *Mereka datang beramai-ramai ke rumah saya.* 彼らは大勢で私の家に来た. *pembunuhan beramai-ramai* 大量虐殺. *menguburkan mayat-mayat secara beramai-ramai* 集団埋葬をする.

meramaikan (パーティーなどを)にぎやかにする, 盛り上げる: *Marilah kita bersama-sama meramaikan majlis perkahwinan ini.* さあみんなで一緒にこの結婚式を盛り上げよう.

keramaian 1 お祝いの集い: *Mereka akan mengadakan keramaian untuk menyambut kepulangan ketua kampung.* 彼らは村長の帰還を祝ってお祝い会をする. *upacara keramaian bagi menyambut tahun baru* 新年を迎える祝賀会. 2 にぎやかさ: *melihat keramaian bandaraya Tokyo* 東京のにぎやかさを見る.

seramai (人数の)合計・総勢~人: *Seramai 30 orang pelajar melawat Malaysia.* 総勢30名の学生がマレーシアを訪問する. *Pak Ali ada anak seramai sebelas orang.* アリさんは全部で11人の子供がいる.

ramal; **ramalan** 占い, 予言, 予想: *ramalan cuaca* 天気予報. *soalan ramalan peperiksaan* 試験の予想問題. *Ramalannya* sungguh tepat. 彼の予言は的中した. *Ramalan itu meleset.* その予想は外れた.

meramal, **meramalkan** 占う, 予言する, 予測する: *meramal nasib seseorang* 人の運勢を占う. *Orang tua itu pandai meramal.* あの老人は占いがうまい. *Yang diramal sudah pun berlaku.* 予想したことが実際に起きた. *Tok nujum itu meramalkan bahawa gempa bumi akan berlaku tidak lama lagi.* その占い師は近いうちに地震が起こるだろうと予言した.

ramas; **meramas** こねる, 練る, 揉む, 絞る, 手でくしゃくしゃにする, 握る: *meramas adunan* 練り粉をこねる. *meramas bahu nenek* おばあちゃんの肩を揉む・マッサージする. *Emak meramas kelapa yang sudah diparut itu untuk mengeluarkan santannya.* 母はすでに割ってあるココナツの実を絞ってサンタンをとった. *Setelah membaca surat itu, dia meramas lalu membuangnya.* 彼女はその手紙を読んだあと, くしゃくしゃにしてポイと捨てた. *meramas kek itu* ケーキを手でぐしゃぐしゃにする. *Dia meramas tangan saya.* 彼女は僕の手を握った. *perut ramas* 下痢. *ramas api* 火を消す.

ramasan マッサージ, こねること.

rambah; **merambah** 1 (木を)切り落とす, 伐採する: *merambah belukar di tepi ladangnya* 農園の脇の二次林を伐採する. 2 森を切り開く, 開拓する. 3 いっせいに撃つ.

rambai 〔植〕ランバイ (ぶどうのような房状をした果樹).

rambak; **merambak** 1 (草木が)はびこる: *Akar keledek Pak Karim merambak dengan luasnya.* カリムさんのサツマイモの根が広くはびこっている. 2 (幅が)広がる, (数が)増える.

merambakkan 増やす.

rambang 1 目移りする, (どうしたらよいか)決めかねる: *Saya menjadi rambang bila melihat kain yang cantik-cantik di kedai itu.* 店に素敵な服がたくさんあるので, どれを買おうか目移りした. *rambang mata* a 目移りする. b 女好き, 好色な= *mata keranjang*. *mulut rambang* 口数が多い, 文句が多い. 2 手当たりしだいに (=*secara rambang*), *tinjauan rambang* アトランダムな調査. *melepaskan tembakan secara rambang ke arah penunjuk perasaan* デモ隊に向けて乱射する.

rambang-rambang 手当たりしだいに: *Dia menembak ke arah bunyi tembakan itu rambang-rambang.* 彼は射撃音のした方に手当たりしだいに撃った.

merambang あてずっぽうに行う.

kerambangan 成り行き任せの, 行き当たりばったりの: *Mereka membuat keputusan berdasarkan kerambangan.* 彼らは行き当たりばったりに決定をしている.

rambu I; **rambu-rambu** ふさ飾り, 縁取り.

rambu II; **kaki rambu** 放浪者, さまよう人.

merambu さまよう, ぶらぶらする.

rambut 髪, 毛: *anak rambut* 後れ毛. *rambut ikal* ウエーブした髪. *rambut keriting* カールした髪. *rambut palsu, rambut buatan* かつら. *rambut jangkit* 髪の毛が逆立つ.

rambutan 502

menarik rambut daripada dalam tepung【諺】粉の中から髪の毛を引き抜く(問題をうまく処理すること).

berambut 髪がある: *Dia suka berambut panjang.* 長髪が好き.

serambut 極小の, 少しも: *Saya tak percaya barang serambut juga kepada apa yang dikatakannya.* 私は彼の言ったことを全く信用しない.

rambutan 〔植〕ランブータン.

rami; **rami-rami** 〔植〕ラミー(麻): *kain rami* 麻布. *tali rami* 麻ひも.

rampai 1 (異なったものの)取り合わせ, 寄せ集め. 2 文集・詩集: *bunga rampai* さまざまな花, 文集.

merampai 1 さまざまな演習問題をやる. 2 混ぜる.

rampaian 1 多様性, さまざまな種類のもの, (水泳競技の)メドレー: wanita 400m *rampaian* individu 女子400m個人メドレー. 2 練習, レッスン: *buku rampaian* 練習帖. Biasanya guru *memberi rampaian* yang lebih pada masa cuti. ふつう先生は休みになるといつもより多い練習問題を出す.

rampas; **merampas** 強奪する, 奪う, 押収する: *merampas dompet* 財布を強奪する. *merampas kebebasan kita* われわれの自由を奪う. *merampas narkotik itu* 麻薬を没収する. BN *merampas semula kembali* Terengganu daripada PAS pada pilihan raya umum itu. 国民戦線は総選挙でトレンガヌ州をPAS(全マレーシア・イスラム党)から奪還した《州政府の政権交代を示す》.

rampasan 略奪品.
perampas 略奪者.
perampasan 奪取, 没収.

rampat; **merampat** 1 一気に叩き切る. 2 同じように扱う.

ramping (腰が)細い, スリムな: *Pinggangnya ramping.* 腰が細い.

merampingkan 痩せさせる: *merampingkan badan* 身体をスリムにする.

rampok; **merampok** 強盗する, 強奪する.

ramu; **meramu** (木, 薬などの)材料を集める: *Akar yang telah diramu akan dijadikan ubat.* 集めた根は薬にする.

ramuan 材料・原料, 香辛料: *ramuan masakan* 料理の材料.

peramu 収集者.

ran 樹上の家.

rana; **merana** みじめになる, 悲しむ.

ranah; *punah ranah* 全壊した.

ranap 倒壊してぺしゃんこになる, 崩壊する: Pokok besar itu *ranap* dipukul angin yang kuat. その大木は強風に吹かれて倒壊した. Kereta kecil itu *diranap* dilanggar lori. 小さな車はトラックに轢かれてぺしゃんこになった. Akibat gempa bumi itu semua kampung *ranap sama sekali*. 地震の結果, 全村が壊滅した.

meranapkan 崩壊させる, ぺしゃんこにする, 倒壊させる: Ribut yang kencang telah *meranapkan* rumah-rumah papan di kawasan itu. 強風がその地区の木造家屋を倒壊させた. Tanah runtuh itu *meranapkan* sebuah kampung dan 600 penduduk kehilangan rumah. 土砂崩れで村が壊滅し, 住民600人が家を失った. *meranapkan keseluruhan kawasan itu* その地域を更地にする.

keranapan 崩壊, 倒壊.

rancak 1 (曲, ダンス, 祭りなどが)にぎやかな, 楽しげに: *pesta yang*

bertambah *rancak* ますますにぎやかな祭り. Pemuda-pemudi sedang menari *dengan rancak*. 若者が楽しげに踊っている. **2** 活発に〜する: Mereka sedang *rancak* di dapur menyediakan hidangan Hari Raya. 彼らは台所で活発にハリラヤのご馳走作りをしている.

merancak 活発になる.

merancakkan 活発にする, 〜を活性化する: Perayaan itu *merancakkan* suasana di kampung kita ini. お祭りがわが村を活気づかせた. Sektor swasta harus berperanan lebih aktif bagi *merancakkan lagi* ekonomi negara. 国の経済を活性化するために民間部門が積極的な役割を果たすべきだ.

kerancakan 活発さ, にぎやかさ.

rancang; **berancang** 計画的な: *pembunuhan berancang* 計画的殺人.

merancang, merancangkan 〜を計画する, 企画する: *merancang suatu pemberontakan* ある反乱を計画する. Saya *merancang* hendak bercuti di luar negeri. 私は海外で休暇をとろうと企画している. Kenaikan harga itu akan berjalan *sebagaimana dirancang*. 値上げは計画した通り実施される. Semuanya berjalan lancar *seperti yang telah dirancangkan*. 計画通りにすべてがうまく行っている.

rancangan 計画, プログラム, 番組: *rancangan ekonomi* 経済計画. *rancangan jangka panjang* 長期計画. *rancangan jangka pendek* 短期計画. *rancangan keluarga* 家族計画. *membuat rancangan hendak bercuti di luar negeri* 海外で休暇をとろうと企画している. menonton *rancangan berita televisyen* テレビのニュース番組を見る.

perancang 計画者.

perancangan 計画すること.

rancu 乱雑な, 混乱した.

merancukan 混乱させる, 乱雑にする.

kerancuan 乱雑, 混乱.

rancung (先の)尖った.

merancung 尖らせる.

randai; **merandai** (水・泥・草などの中を苦労しながら)通る.

randek (Jk) ストップ・ウォッチ (= jam randek).

randuk; **meranduk** (水中やヤブの中を)かき分けて進む.

rang I 法案, 草案: *rang undang-undang* 法案.

rang II 耕作放棄田 (=tanah rang).

rangai; **merangai** 田んぼの雑草をとる.

ranggi I 花びら=kelopak bunga.

ranggi II 1 高慢な, 生意気な. **2** ハンサムな, 素敵な.

meranggikan 威張る, 自慢する.

keranggian 高慢, プライド.

rangka 1 骨格, 大枠, 概要: *rangka manusia* 人骨. *rangka rumah* 家屋の骨格. **2** 計画, 素案: *rangka pembangunan ekonomi* 経済計画素案. *dalam rangka* 〜の一環として.

berangka 骨格がある, 形がある.

merangka, merangkakan 起草する, たたき台を作る, 策定する: *merangka ucapan* スピーチ原稿をつくる. *merangka jadual esok* 明日の予定をたてる. *merangka surat rayuan* 請願書を起草する. *merangka Dasar Ekonomi Baru* 新経政策を策定する. Pada waktu ini kerajaan sedang dalam proses

rangkai

merangka Rancangan Malaysia Kesembilan. 現在, 政府は第九次マレーシア計画を策定している最中だ.

rangkai つながり, 結びつき, ネットワーク: *rangkai kata* 句. *rangkai kata nama* 名詞句. *rangkai kawasan setempat* 企業内などの狭い範囲でのコンピューターネットワーク (Local Area Network (LAN)). *rangkai komputer* コンピューター・ネットワーク.

berangkai-rangkai つながった, まとまった.

merangkai, merangkaikan つなげる, 結びつける: *merangkaikan buah rambutan* ランブータンを一連につなぐ. *Kedua-dua paip ini harus dirangkaikan*. この二つのパイプを一本に結合しなければならない.

menyerangkaikan ひとつにつなげる.

rangkaian 1 結合しているもの: *rangkaian bunga* 花輪. *rangkaian kata* 成句. 2 シリーズ: *rangkaian lagu-lagu Jepun* 日本の歌のシリーズ. *rangkaian cerita* 連載小説. 3 ネットワーク: *rangkaian kereta api bawah tanah* London ロンドンの地下鉄網(ネットワーク). *Ada rangkaian yang baik di kalangan masyarakat Cina*. 華人社会には良いネットワークがある.

serangkaian 一連の: *Saya tidak boleh menghadiri serangkaian sidang*. 私は一連の会議に出席できなかった.

rangkak ; merangkak 四つんばいになって這う: *Budak itu baru boleh merangkak, belum boleh berjalan*. その子はやっとはいはいができるようになったばかり, まだ歩けない.

merangkak-rangkak たどたどしい, もたもたした: *merangkak-rangkak membaca* たどたどしく読む.

rangkap I ; merangkap 両手で捕まえる: *Dia cuba merangkap nyamuk itu*. 彼はその蚊を両手でつかもうとした.

perangkap わな(罠).

rangkap II (詩, 文などの)一節: *Syair itu terdiri dari lima rangkap*. その詩は5節から成る.

berangkap 一対になった~: *keris yang berangkap* 一対になったクリス.

merangkap 兼任する, 兼ねる: *Dato' Seri Abdullah adalah Perdana Menteri merangkap Menteri Kewangan*. アブドラは首相兼蔵相. 《兼任のほかの表現は ~ *yang juga* ~: *Peradana Menteri yang juga Menteri Kewangan*》.

merangkapkan 兼任を頼む, 兼任させる.

serangkap 一対, 一組の.

rangkul (Jw) ; **merangkul** 1 抱擁する, 抱きしめる: *Emak merangkul anaknya yang sedang menangis itu*. 母親は泣いている子を抱きしめた. 2 獲得する, 勝ち取る = memenangi: *merangkul pingat emas dalam acara itu*. この種目で金メダルを獲得する.

rangkulan 抱擁, 腕の中: *Dia menangis di dalam rangkulan emaknya*. 彼女は母親に抱かれて泣く.

rangkum ; merangkum 腕いっぱいに抱えて運ぶ, 抱く: *Murid itu merangkum buku-buku teks ke pejabat*. 生徒は教科書を腕いっぱいに抱えて事務室へ行った.

merangkumi ~を含む, カバーする, ~から成り立つ: *Jumlah ini merangkumi semua perbelanjaan*. この金額は全ての費用を含んでいる.

merangkumkan 一つにまとめてしまう，一本化する： Sembahyang lima waktu boleh *dirangkumkan* ketika dalam pelayaran. 航海しているときは(イスラムの)五度の礼拝を一度にまとめてしまうことができる. Kita tidak boleh *merangkumkan* semua penuntut yang gagal itu *sebagai* pemalas. 不合格の生徒をすべて怠け者であると十ぱ一からげにすることはできない.

terangkum 含まれている＝termasuk.

rangkuman 1 抱擁. 2 概要, 要約.

serangkum 一抱えの〜： *serangkum cucian* 一抱えの洗濯物.

rangsang 刺激.

berangsang 怒る.

merangsang, merangsangkan 刺激する, 興奮させる： *merangsang ekonomi* 経済を刺激する. Ceramahnya *merangsang* penduduk kampung itu. 彼の講演は村人を奮い立たせた. Gambar itu *merangsang* nafsu seksnya. その写真は彼の性欲を刺激した.

rangsangan 刺激, 動機づけ, 興奮： *mengalami rangsangan* 興奮する.

perangsang 刺激, インセンティブ, 励まし： *kata-kata perangsang* 激励の言葉； *Kata-kata perangsang cikgu saya itu memberi kekuatan kepada saya.* 先生の励ましの言葉は私に力を与えてくれた. *memberi perangsang kepada* 〜を励ます, 興奮させる； *Guru memberi perangsang kepada* murid-murid supaya belajar dengan rajin. 先生は生徒にまじめに勉強するように励ました. *ubat perangsang* 興奮剤.

terangsang 興奮する： *dalam keadaan terangsang* 興奮した状態で.

rangsum (食糧の)配給： *diberi rangsum* gula dan beras 砂糖と米の配給を受ける.

merangsum (食糧を)配給する： Majikan itu *merangsum* pekerja-pekerjanya yang bujang. 雇い主は独身の従業員に食糧配給をした.

rangup 壊れやすい, ぱりぱりしている： Biskut ini *rangup*. このビスケットはぱりぱりしている.

rani 女王＝permaisuri.

ranjau 1 マレー人の古代の武器として地中に設置された先の尖った杭(木, 竹, ニポンの木, 釘板など)： *Ranjau Sepanjang Jalan*『いばらの道』《現代マレー文学小説の傑作, シャーノン・アハマッド作, 1966年》. 2 地雷, 水雷.

meranjau 地中に杭を設置する.

rantai 1 鎖, チェーン： *rantai tangan* 腕輪. *rantai leher* ネックレス. *rantai mutiara* 真珠の首飾り. *orang rantai* 囚人. *surat rantai* チェーンレター(幸福の手紙). *kena rantai di kaki* 足に鎖をかけられる. 2 絆, つながり. 3 ランタイ＝20.177メートル(マレーの伝統的度量衡：長さの単位).

berantai 鎖をつけた.

berantai-rantai 連らなった, 連続した： *reaksi berantai-rantai* 連鎖反応. *peristiwa sejarah yang berantai-rantai* 一連の歴史的事件.

merantai, merantaikan 鎖でつなぐ： Anjing itu *dirantaikan* ke tiang. 犬は柱に鎖でつながれていた. Dia *merantai* anjing itu pada tiang. 彼は犬を柱に鎖でつないだ.

rantau 1 海岸. 2 生まれ故郷からはなれた場所, 出稼ぎ先, 外国： *anak rantau* a 海岸の居住者. b よそ者, 外国人. *tanah rantau* 出稼ぎ地, 異

ranting

国の地. Sudah bertahun-tahun dia tinggal *di rantau orang*. もう何年も異郷に住んでいる. **3**（複数の国を含む）地域《一般にマレー半島周辺の東南アジア地域またはマレー世界を指す》: *di rantau Asia Tenggara* 東南アジア地域で; Pertahanan *di rantau ini* adalah tanggungjawab lima buah negara. この地域=東南アジア地域における防衛は5カ国の責任である.

merantau 外国・他所へ出稼ぎに行く: Bapa Ali sudah lama *merantau ke negeri orang*. アリの父親は長いこと外国へ出稼ぎに行ったままだ.

perantau 外国からの出稼ぎ: Tibalah di Negeri Sembilan *orang perantau* dari Minagkabau. ミナンカバウからの出稼ぎの集団がヌグリ・スンビランに到着した.

perantauan 1 出稼ぎの地（外国）: kawan yang berada *di perantauan* 外国にいる友人. **2** 旅: *Dalam perantauannya itu* Dollah banyak melihat keadaan hidup orang-orang di negeri lain. ドラは旅を通じてよその国の人々の生活状況をたくさん見た.

serantau 地域の (=rantau ini): *kerjasama ekonomi serantau* 地域経済協力. *pusat operasi serantau* 地域オペレーション・センター. *Forum Serantau ASEAN* アセアン地域フォーラム(ARF). ASEAN sebagai sebuah *pertubuhan serantau* 地域機構としてのASEAN.

ranting 1 小枝. **2** 些細な, 重要でない: *perkara ranting* 些細なこと.

beranting 小枝がある.

meranting 1（足が）小枝のように突き出る: Kakinya naik *meranting ke atas*. 足が上に突き出た. **2** 葉が落ちた: Dalam musim kemarau banyak pokok yang *meranting*. 乾季には多くの木は葉が落ちる. **3** 小枝を切る.

ranum （果物が）完熟した.（人が）はつらつとして魅力的な.

rapat 1 接近している, 近づいて, 隙間のない, 密着している: *duduk rapat* ぴったしくっついて座る. *Jangan rapat*. 近づくな. padi yang *ditanam rapat* 隙間なく植えた稲. **2**（人間関係が）親密な: Dia *rapat dengan adik saya*. 彼は僕の妹と親密だ. Hubungan mereka sangat *rapat*. 彼らの関係はとても親密だ. mengenali Abdullah *secara rapat* アブドラとは親密な間柄である.

rapat-rapat 隙間なく, 密着して: Rumah-rumah di kawasan ini *dibina rapat-rapat*. この地区の家屋は隙間なく建築されている. Tutup pintu itu *rapat-rapat*. そのドアをぴったり閉めなさい.

berapat 友人になる, 親しくなる: Ali *cuba hendak berapat dengan Kassim*. アリはカシムと友人になろうとした.

merapat 近づく: Kapal besar itu *merapat ke* perahu kami. 大きな船がわれわれの舟に近づいて来た.

merapati 〜に接近する, 近寄る: Dia cuba *merapati saya*. 彼は私にアプローチしようとした.

merapatkan, memperapat 1 近づける,（格差を）縮める: *merapatkan* meja itu *ke* dinding そのテーブルを壁の方に近づけた. *merapatkan jurang perbezaan ekonomi* 経済格差を縮める. *merapatkan jurang antara bandar dan luar bandar*. 都市と農村との格差を少なくする. **2** 親密にする: Apakah yang *merapatkan* mereka berdua? 何が彼ら二人を親密にさせたのか.

rapi 1 きちんとした, こぎれいな, 整然とした: Rambutnya *rapi*. 髪がきちんとしていた. *berpakaian rapi* こざっぱりとした服を着る. *bilik yang rapi* 整頓された部屋. 2 しっかりと, 正確に, 注意深く: Istana itu dikawal *dengan rapi* 王宮はしっかりと警備されている.

merapi, merapikan 〜を整理整頓する: *merapikan bilikinya setiap pagi* 毎朝自分の部屋を整頓する.

kerapian 秩序(規律)正しさ, 清潔さ.

perapian 整頓.

rapik ; merapik ばかげたことを言う: *Jangan merapik*. ばかげたことを言わないで.

raptai リハーサル.

rapuh 1 (枝, 骨などが)折れ易い, もろい, 流動的な, (関係が)脆くなる: *Tulangnya rapuh*. 彼の骨は折れやすい. *Keropok udang ini rapuh*. このエビのクロポックはぱりぱりしている. *Keadaan di sini rapuh*. ここの情勢は流動的です. 2 (気が)弱い: *rapuh hati* 繊細な, 心の優しい.

kerapuhan もろさ, 弱さ.

ras (英) race 人種.

rasa (Sk) 1 感じ, 感覚, 感情: *rasa sayang* 愛情. *rasa hati* 心. *rasa rendah diri* (*rasa dirinya kurang*) 劣等感. *rasa malu* 羞恥心. *rasa sakit* 痛み. *rasa humor* ユーモアのセンス. *rasa tidak puas hati di kalangan rakyat terhadap kerajaan* 政府に対する国民の不満感. *Awak tak punya rasa humor*. 君にはユーモアのセンスがないよ. 2 味, 味わう: *rasa manis* 甘い味. *Gula manis rasanya*. 砂糖は(味が)甘い. *Macam mana rasa durian ini? Sedap juga*. このドリアンの味はどうですか. まあまあおいしい. *Bagaimana rasanya?* 味はどうですか. *Sup ini tidak ada rasa*. このスープは味がない. *Boleh rasa sikit?* ちょっと味見していいかしら. 3 〜と思う, 感じる=merasa: *Saya rasa* dia tidak akan datang. 彼女はぜったい来ない, と僕は思う. *Saya rasa* nama itu pernah saya dengar. その名前は一度聞いたように思う. *Saya rasa begitulah*. 私はそう思う. *Saya rasa tidak*. 私はそう思わない. *Saya tidak rasa* hendak keluar malam ini. 今夜はどうも行きたくないです. *Saya rasa seperti* tidak percaya. もう信じられない感じです. *Saya rasa seperti* sedang bermimpi. 夢を見ているようです. *pada rasa saya,* / *rasa saya* 私の考えでは.

rasanya, rasa-rasa, rasa-rasanya たぶん, おそらく〜のように思う: *Rasanya* nama itu pernah saya dengar. その名前は一度聞いたように思う. *Rasanya begitulah*. 私はそう思う. *Rasanya tidak*. 私はそう思わない. *Rasa-rasanya* akan berjaya juga rancangan kita ini. この僕らの計画はやっぱり成功するように感じる.

berasa 1 感じる: *Saya berasa panas di sini*. ここは暑く感じます. 2 味がする: *Buah nanas ini berasa manis*. このパイナップルは甘い味がする.

merasa 1 感じる: *Saya merasa sukacita* mendengar kejayaan kawan saya. 友達の成功を聞いて嬉しく思う. *Saya tidak merasa apa-apa*. 私は何とも感じません. *merasa dingin* (おそろしくて)寒気がした.

Saya *merasa perlu* mengatakannya kepada anda. それをあなたに言っておく必要を感じた. **2** 味わう: Tukang masak itu *merasa* sup yang dimasaknya. コックは自分が作ったスープを味わった.

merasai **1** 〜を味わう: Sudah lama saya *tidak merasai* masakan sesedap ini. このような美味しい料理は実に久しぶりです. **2** 〜を経験する, 感じる: Kami berdua baru *merasai* kesenangan hidup. 私たち二人はやっと生きる楽しさを感じています. Saya mahu orang lain *merasai* apa yang saya pernah *rasa*. 私がかつて感じたことを他の人も感じ取ってほしいと思う. *merasai gegaran / gesaran gempa bumi* 地震の揺れを感じる; Gegaran kuat *dirasai* di sini juga akibat gempa bumi yang melanda Niigata semalam. 昨夜新潟を襲った地震によりここでも強い振動を感じた.

merasakan 感じとる: Dia sudah *merasakan segala pahit maung hidup*. 彼はすでに人生の辛苦を感じとった. *Rasakan！＝Padan muka！* ざまぁみろ！

perasa **1** 味覚器官 (＝alat perasa). **2** 繊細な人: Dia sangat *perasa*. 彼女はとても繊細な人です. **3** 調味料: membubuh *serbuk perasa* ke dalam sup itu. スープに調味料の粉末を入れる.

perasaan **1** 感覚, 感情, 気持ち: Saya *faham perasaan awak*. 君の気持ちはよくわかるよ. *tidak lagi dapat membendung perasaannya* 感情を抑えることができない. *Jangan ikutkan perasaan*. 感情に溺れるな. Maaf, saya tidak bermaksud *melukai perasaan awak*. ごめん, 君の感情を傷つけるつもりはなかった. *tanpa menunjukkan apa-apa perasaan*. 何の感情をも示さずに. **2** 意見＝pendapat: Bolehkah anda memberitahu kami *perasaan* anda tentang perkara ini? この事についてのあなたの意見をわたしどもにお知らせください.

terasa 感じられる, する気になる: Saya *terasa* hendak makan kari. カレーを食べる気になった.

rasi I 星座, 占星術.

merasi, merasikan 占う, 星占いをする.

perasian 占星術, 占い.

rasi II ＝**serasi** 一致, 調和, ぴったり合う: Mereka *serasi*. 彼らは息が合っている (似合っている). Mereka *hidup serasi*. 彼らは平穏に暮らしている. Ubat ini *serasi dengan* saya. この薬は私に合っています.

keserasian 調和, ハーモニー.

menyerasikan 調整させる, 調停する: Kita harus *menyerasikan* perbezaan pendapat kita. 私たちは自分たちのあいだでの意見の違いを調整しねばならない.

rasional (英) rational 合理的な, 理性的な.

rasmi 公式の, 公的な: *bahasa rasmi negara* 国の公用語. *upacara rasmi* 公式行事. *surat rasmi* 公文書. *tidak rasmi* 非公式の. *lawatan rasmi* 公式訪問; *mengadakan lawatan rasmi ke* Malaysia マレーシアへ公式訪問する.

dengan rasmi 公式に, 正式に: Dia dilantik *dengan rasmi* semalam. 彼は昨日正式に任命された. *berpakaian rasmi* 正装をする.

merasmikan **1** 公表する: Pertunangan mereka *dirasmikan*

semalam. 彼らの婚約が昨日公表された. **2** 正式に行う: Pameran itu *dirasmikan* semalam. 展示会が昨日正式に始った. Guru besar dijemput untuk *merasmikan upacara pembukaan itu*. 校長が招待されその開会式で開会を宣言した.

kerasmian 公式, 公的: dalam segala lapangan *kerasmian* 全ての公的分野で.

perasmian 就任, 任命: *upacara perasmian* 就任式.

rasuah (Ar) 汚職, 賄賂(わいろ). *memberantas rasuah* 汚職を根絶する. *menghapuskan rasuah* 汚職をなくす. *memerangi rasuah* 汚職と戦う.

merasuahi ～に賄賂を渡す: Ronaldo melakukan kesalahan dengan *merasuahi* polis. ロナルドは警察官に賄賂を渡すという犯罪を犯した.

rasuk I; *kena rasuk hantu* お化けに取り憑かれる.

merasuk, merasuki (霊が)取り憑く, 乗り移る: *dirasuk hantu* お化けに取り憑かれる. Saya bermimpi *dirasuk hantu*. お化けに取り憑かれる夢を見た.

kerasukan 霊に取り憑かれた＝dirasuk hantu: Dia *kerasukan hantu*. 彼はお化けに取り憑かれた.

rasuk II (家の天井の)梁(はり).

rasul; *rasulullah* (Ar) 神の使徒 (＝rasul Allah).

rata **1** 平らな: tanah yang *rata* 平らな土地. permukaan yang *rata* 平らな表面. **2** 等しく: Bagi *ratalah* tugas itu. 仕事を平等に分けろ. **3** 全地域に広まった: *Rata* dia mencari buah durian, tapi tak dapat kerana bukan musimnya. くまなくドリアンを探したが見つからなかった, ドリアンの季節でなかったから. Dinding itu dicat *rata*. 壁一面にペンキを塗る.

pukul rata, *hitung rata* 平均.

sama rata 全て同じく, 平等に: membahagikan wangnya *sama rata* kepada anak-anaknya. お金を息子たちに平等に分配する.

rata-rata 平均して (＝pukul rata) 一般的に, 全体的に (＝dipukul rata): Kami masing-masing, *rata-rata* mendapat gaji seribu ringgit sebulan. 私たちはそれぞれ平均して月1000リンギットの給料をもらっている.

merata どこでも見られる, 一般化している: Amalan rasuah *merata*, bukan kekecualian. 汚職の慣行はあたりまえになっており, 決して例外でない.

meratakan **1** 平らにする: *meratakan tanah* 土地を平らにする. **2** 公平に分配する, 全域に広める: Bagaimana kita dapat *meratakan* kekayaan negara? 国富をどうやって公平に分配できるか.

kerataan 平らなこと: *kerataan tanah* 土地の水平さ.

perataan 平らにすること: *Perataan tanah itu* memerlukan dua jentolak. その整地には2台のブルドーザーが必要だ.

serata, **merata-rata** すべての: mencari kucingnya *di serata tempat*. あっちこっちと猫を探す. Jangan buang sampah *di merata-rata tempat*. ゴミはやたらに捨ててはダメ.

ratah; **meratah** ご飯なしでおかずだけ食べる: Dia tidak makan nasi: dia hanya *meratah* lauk. 彼はご飯を食べないでおかずのみ食べた.

ratap; **ratapan** 嘆き悲しみ:

Tahun 2004 berakhir dengan *ratapan* rakyat Asia. 2004年はアジアの人々の嘆き悲しみで幕を閉じた.

meratap 嘆き悲しむ, 号泣する.

meratapi ～を嘆き悲しむ: Rakyat *meratapi* kematian pemimpin mereka. 人々は彼らのリーダーの死を嘆き悲しんだ.

ratna 1 宝石. 2 美しい王女(少女).

ratu (Jw) 1 女王: *Ratu Elizabeth* エリザベス女王. 2 =**ratu cantik** 美人コンテスト(peraduan kecantikan)の優勝者: Dia dipilih sebagai *ratu cantik* untuk tahun ini. 彼女は今年の美人コンテストの女王に選ばれた.

ratus 百(100)の位.

beratus-ratus 何百もの～: *beratus-ratu orang* 何百人の人々.

keseratus 100番目の.

peratus パーセント(%): *meningkat 10 peratus* 10％増加する.

peratusan 百分率, 比率, 割合: *Peratusan* pelajar yang memasuki universiti telah meningkat. 大学へ入学する学生の比率は増加した.

seratus 100.

rauh 豊富な(=melimpah ruah).

raung; **raungan** (犬の)遠吠え.

meraung 遠吠えする.

meraung-raung 泣きわめく, 泣き叫ぶ: Ali *meraung-raung* apabila terjatuh dari basikalnya. アリは自転車から落っこちて泣き叫んだ.

raup; **seraup** 両手でのひとすくい.

meraup 両手ですくう: *meraup tepung dari guni itu* 袋から小麦粉をすくう.

raut I ナイフ(=pisau raut).

beraut 滑らかな, でこぼこのない.

meraut 滑らかにする, 削る: *meraut buluh itu dengan pisau* ナイフで竹を削る.

raut II 形, 形体. *raut badan* 体系. *raut muka, raut wajah* 顔つき, 顔立ち : Daripada *raut wajahnya* jelas terpapar bahawa PM Abdullah yakin. その顔つきからアブドラ首相が確信を持っていることがはっきりと読みとれる. Jangan menilai orang daripada *raut mukanya*. 顔形から人を評価してはならない.

rawa 沼, 沼地=paya.

rawak 無作為に, 何も考えずに: *nombor rawak* 乱数.

secara rawak =**secara rambang** アトランダムに, 手当たりしだいに: *menembak secara rawak* めくら撃ちする, 手当たりしだいに撃つ. 4,925 pengguna yang dipilih *secara rawak* di kalangan 12,316,788 pelanggan telefon bimbit di negara ini. わが国の携帯電話加盟者1,231万6,788人のうちアトランダムに選んだ4,925人の利用者.

merawak 無作為に選ぶ.

rawan I もの悲しく思う, 気になる.

merawan, merawani 憂鬱になる, 心配する: *Hatinya merawan* apabila mendengar berita itu. その知らせを聞いて彼は憂鬱になった.

merawankan もの悲しく感じさせる, 心を動かす.

rawan II 網(あみ)などを数える助数詞.

rawat; *juru rawat* 看護師.

merawat, merawati ～を治療する, 看護する, 手当てする: Doktor itu sedang *merawat* pesakitnya. 医者が患者を治療している最中だ. Berapa lama dia *dirawat*? 彼はもうどのくらい長く治療を受けているか. Anda tidak perlu *dirawat* lagi. あなたはもう治療に来る必要があり

ません.

rawatan, **perawatan** 看護, 治療: *mendapat rawatan* di hospital 病院で治療を受ける. *Unit Rawatan Rapi*=ICU 集中治療室. *memerlukan rawatan istimewa* 特別な治療が必要である.

perawat 看護師.

raya 1 大きい: *jalan raya* 道路. *lubuh raya* ハイウェー. *bandar raya* 大都会. *bulan purnama raya* 満月. *gendang raya* 大太鼓. 2 公共の: *balai raya* 謁見所(宮殿の). *Jabatan Kerja Raya* 公共事業局(建設省). *pilihan raya* 選挙. *pendakwa raya* 検察官. 3 =Hari Raya (ハリラヤ: 断食明けのイスラム大祭): *kuih raya* ハリラヤに食べる菓子.

beraya 【口語】ハリラヤを祝う: Nak *beraya* di kampung? 田舎でハリラヤを迎えるのですか. Ya, kami *beraya* di kampung halaman. はい, ハリラヤは田舎で祝います.

merayakan 祝う: *merayakan* hari jadi Ali アリの誕生日を祝う.

perayaan 祝賀会, 祝祭.

rayah; **merayah** 強奪する, 略奪する.

rayap; **merayap** 1 (小動物が)這う, (根が)這う: Semut-semut itu *merayap* di atas lantai. 蟻が床の上を這う. 2 ぶらぶら散歩する, ゆっくりと動く.

merayapi 1 ～の上に這う. 2 ～を取り囲む.

rayau; **merayau**, **merayau-rayau** 歩き回る, うろつく: suka *merayau* di pusat membeli-belah ショピング・センターをうろつくのが好きだ.

rayu; **merayu** 1 甘い言葉で説き伏せる, 口説く: Dia cuba *merayu* saya supaya mahu pergi. 彼はデートしよ

うと私を口説こうとした. Dia *pandai merayu*. 彼はお世辞がうまい. 2 説得する: Setelah *dirayu* oleh emaknya, barulah budak itu mahu pulang. 母親に説得されてからやっとその子は帰る気になった. 3 訴える, 請願する: Orang salah itu *merayu* hukumannya itu diringankan. その罪人は減刑されるよう請願した.

rayuan 1 口説き, 甘い言葉のお世辞. 2 説得: Budak itu *mendengar rayuan* emaknya. その子は母親の説得に耳を傾けた. 3 訴え, 懇願: *Rayuannya* itu telah ditolak. 彼らの訴えは拒否された.

reaksi (réaksi) (英) reaction 反応, 反動, 化学反応.

reaktor (réaktor) (英) reactor 原子炉(=reaktor nuklear).

realistik (réalistik) (英) realistic 現実的な: Marilah kita *bersikap realistik*. 現実的になろうよ.

realiti (réaliti) (英) reality 現実.

rebab ルバブ(弦が2-3本のビオラに似たマレーの伝統的楽器).

rebah 倒れる: Pokok itu *rebah* ditiup angin. その木は風に吹かれて倒れた. *rebah pengsan*, *rebah tidak sedarkan diri* 意識を失って倒れる.

rebah-rebah, **rebah-rebahan** 横たわる.

merebahkan 1 倒す, 屠殺する: *merebahkan tiang* 柱を倒す. 2 倒れる, 横たわる (=merebahkan diri): Aminah *merebahkan diri* di atas katil lalu menangis. アミナはベッドの上に倒れて泣き出した. Biarlah saya *merebahkan diri* sekejap. ちょっとだけ横にならせてください.

rebak (rébak); **merebak** (病気, ニュース, 火事などが)広がる, 蔓延する: Penyakit itu tidak *merebak* *kepada manusia*. その病気は人にうつらない。Kebakaran itu berjaya diatasi daripada *merebak*. 火事が広がるのをくい止めることができた。Api *merebak cepat* ekoran angin kuat serta cuaca yang kering. 強風と乾燥した気候によって火が瞬く間に燃え広がった。

merebakkan 広がらせる：Nyamuk boleh *merebakkan* penyakit. 蚊は病気をうつす。

reban (réban) (家畜, 鶏の)小屋：*reban ayam* 鶏小屋.

rebana ルバナ(片面のみ革を張った手太鼓；マレーの伝統的な楽器)：*rebana besar* 大型ルバナ.

rebas (水などの)滴り：*hujan rebas-rebas* 霧雨.

merebas (涙が)こぼれる：Air matanya *merebas* turun. 涙がこぼれ落ちた。

merebaskan (涙を)こぼす.

rebat I; **merebat** (木などで)道路をふさぐ：*merebat jalan* yang sedang dibaiki 工事中の道路をふさぐ.

rebat II (rébat) (英) rebate リベート, 割戻し：*rebat cukai* 税金の割戻し.

rebeh (rébéh); **merebeh** (糸が)垂れ下がる.

reben (rében) (英) ribbon リボン.

rebuk; **merebuk** 化膿する, 膿む.

rebung [植]タケノコ(筍).

rebus 茹でた(芋や卵など)：*telur rebus* 茹で卵. *mi rebus* 茹で麺.

merebus 茹でる：*merebus telur, kacang dan ubi* 卵や豆, 薯を茹でる.

rebusan 茹でたもの：*air rebusan* 沸かした湯.

rebut; *rebut rampas* 奪取.

berebut 争って取る, 奪い合う：Mereka *berebut* tempat duduk dalam pawagam itu. 彼らは映画館の座席を奪い合った。*berebut pelanggan* お客を奪い合う. bergaduh kerana *berebut* harta 財産を奪い合ってけんかする.

berebut-rebut 先を争って殺到する, 競って殺到する：Ramai orang *berebut-rebut hendak* membeli tiket wayang. 大勢の人が映画の切符を買おうとして殺到した。Pelabur asing *berebut-rebut untuk* melabur di negara itu. 外国の投資家がその国に競って投資する。

merebut 1 ひったくる, 奪い取る：Parti pembangkang *merebut kekuasaan*. 野党が権力を奪取した。Dia tidak berjaya *merebut hati* gadis pilihannya. 彼は自分で選んだ女性の心を魅了させるに至らなかった。2 苦労して獲得する：*merebut hadiah pertama* 一等賞を獲得する.

merebutkan, memperebutkan 〜を奪い合う, 争奪する：Kedua-dua orang pemuda *memperebutkan* gadis itu. 二人の若者がその娘を奪い合っている。

rebutan 奪取, 争奪：Berlaku *rebutan sumber*. 資源争奪が起こる.

perebutan 争奪(戦)：*perebutan kuasa* 権力争奪. *perebutan takhta* 王位争奪.

recik まき散らす, まく.

merecik まき散らす：*merecik peluh* 汗をまき散らす.

perecik スプリンクラー.

reda (雨, 風, 病気, 怒りなどが)弱まる, 収まる：Hujan masih belum *reda* lagi. 雨がまだ収まらない。Kemarahannya sudah *reda*. 彼の怒りは収まった。Tunggu saja sehingga keadaan *reda*. 情勢が収まるまで待ち

なさい. *Belum pun reda* isu kerekaan pada bangunan itu, masalah serupa berlaku pada bangunan lain pula. そのビルの亀裂問題がまだ収まらないのに、今度は別のビルで同じような問題が起きた. *Belum reda dengan kes buli itu, dua lagi kes buli di sekolah kemarahan yang sama terbongkar.* そのいじめ事件が収まらない前にまた同じ学校でさらに二つもの事件が明らかになった.

mereda 弱まる, 鎮まる.

meredakan 弱める, (怒りを)鎮める: *Kata-katanya tidak dapat meredakan* kemarahan Ali. 彼の言葉はアリの怒りを鎮めることができなかった.

reda (réda) よろこんで・進んで〜する＝rela: Ada anak yang *reda untuk* menjaga orang tua mereka. 親の面倒を進んでみる子もいる.

dengan reda よろこんで, 快く, 自発的に: *menerima 〜 dengan reda* 快く〜を引き受ける.

meredai 〜を同意する: Ibu saya *meredai* pemergian saya. 母は私が行くことを同意してくれた.

keredaan 同意: *dengan keredaan* = *dengan rela* よろこんで, 自ら進んで: Saya menerima segala yang telah berlaku *dengan penuh keredaan*. 起きた全てのことを進んで受け入れる.

redah; **meredah** (困難, 危険を)突き進む, 切り抜ける, 遭遇する: *meredah hujan* 雨の中を突き進む. *meredah sungai* 川を渡り抜ける. *meredah hutan* ジャングルを突き進む. Kami terpaksa *meredah* masuk ke dalam hutan. ジャングルの中を通り抜けざるを得なかった.

redup 1 (天気が)曇り＝mendung: Cuaca hari ini *redup*, tetapi tidak hujan. 今日の天気は曇っているが, 雨は降らない. 2 (表情, 感情が)浮かない, (輝きが)失われる, (情況が)曇る.

meredup 曇る, 暗くなる.

meredupkan 暗くする: Tolong *redupkan* lampu itu. どうか明かりを暗くしてください.

referi (réferi) (英) referee (ゲーム・スポーツの)審判員, レフェリー.

reformasi (réformasi) (英) reformation 改革. *reformasi budaya* 文化改革. *reformasi tanah* 土地改革.

mereformasi 改革する.

regang (紐などが)ぴんと張られた: Tariklah tali ini hingga *regang*. この紐をぴんと張るまで引っ張れ.

meregang (〜が)ぴんと張る, きつくする: Dawai telefon *meregang* pada waktu sejuk. 電話線は寒いときにきつく張る.

meregangkan (〜を)ぴんと引っ張る, ぴんと張る: *meregangkan* tali yang kendur itu たるんだ紐をぴんと張る. *meregangkan* kedua-dua belah tangan 両手をぴんとストレッチする.

regu 作業グループ, (スポーツの)チーム, (軍隊の)分隊: *meminta regu bantuan* 救援隊を要請する.

beregu (テニス, バドミントンの)ダブルス: *(pertandingan) beregu* ダブルス戦. *perseorangan dan beregu lelaki* 男子個人・ダブルス戦. *beregu campuran* 混合ダブルス.

rehabilitasi (réhabilitasi) (英) rehabilitation リハビリテーション.

rehat (réhat) 休憩, 休息: *bilik rehat* 休憩室. *masa rehat* 休憩時間. mengambil *cuti rehat* selama

reja

semingguから 1週間の休暇をとる.

berehat 休息する: *berehat sekejap* ちょっと休憩する, 一服する.

merehatkan 休ませる: *merehatkan badannya yang letih itu* 疲れた身体を休ませる. *duduk di bawah pokok untuk merehatkan diri* 木の下に座って休憩する.

kerehatan 休息.

reja (réja) (製材や生地などの)切れ端, 余り: *reja-reja roti* パンの切れ端, パンの耳. *Di kedai tukang jahit bersepahlah reja-reja kain di sana sini*. 仕立て屋には布の切れ端があちこちに散らばっている.

Rejab (Ar) イスラム暦の 7月.

rejam I; merejam 〜に石(や物)を投げつける: *Di negara itu, orang yang berzina akan direjam sampai mati*. その国で不義をした者は, 死ぬまで石を投げつけられる. *Mereka merejam calon yang berucap itu dengan telur busuk*. 彼らは演説をしている立候補者に腐った卵を投げつけた.

rejam II 拷問.

merejam 拷問する, (拷問として) 頭を水につける.

rejang; merejang こじ開ける, 壊す.

perejang かなてこ.

rejim (réjim) (英) regime 政権, 政治制度.

reka (réka); **mereka** 1 発明する: *Siapakah yang mereka kapal terbang*? 飛行機を発明したのはだれですか. 2 創作する, 創造する, デザインする: *pengarang yang mereka cerita-cerita yang bermutu tinggi* 質の高い作品を創作する著者. *mereka fesyen rambut baru* 新しいヘア・ファッションをデザインする. 3 でっち上げる, 創作する: *mereka sebuah cerita untuk menipu kawannya* 友達をだますためにある話をでっち上げる. *mereka laporan palsu* 偽の報道をでっち上げる. 4 推測する, 推量する, 考える: *Dia sudah mereka suatu rancangan dalam otaknya*. 彼は頭の中である計画を考えていた.

mereka-reka 想像する, 空想する: *Dia mereka-reka siapa yang patut menjadi suaminya*. 彼女は誰が夫になるべきか想像した. *mereka-reka masa depannya* 将来を想像する.

rekaan, reka-rekaan 作り話, 創作 空想, 人造の: *Cerita ini semata-mata rekaan*. この話は全くの作り話です. *reka-rekaan bunga* 造花. *rekaan tempatan* ローカル・デザイン.

pereka 発明者, デザイナー: *pereka fesyen* ファッション・デザイナー.

perekaan 創造, 発明.

reka bentuk

mereka bentuk デザインする, 設計する: *mereka bentuk rumah* 家をデザインする.

pereka bentuk デザイナー.

reka cipta 発明品: *Reka ciptanya sangat berguna*. 彼の発明したものはたいへん役に立つ.

mereka cipta 発明する: *Bell yang mereka cipta telefon*. 電話を発明したのがベルです.

pereka cipta 発明家.

rekah; merekah ひびが入る, 割れる: *Tanah itu kering sehingga merekah*. 地面が乾燥してついにひびが入った. *Jalan-jalan raya merekah dan musnah dalam kejadian gempa bumi itu*. 地震で道路がひび割れして壊滅した.

rekahan 割れ目, ひび割れ: *rekahan tanah* 地割れ. *menyapu simen*

pada *rekahan* dinding itu 壁の割れ目にセメントを塗った.

rekat; **merekat** くっつく, 貼る: Setem ini tidak *merekat pada* sampul surat. この切手は封筒にくっつかない.

merekatkan 1 くっつける, 貼る: *merekatkan* poster itu *pada* dinding ポスターを壁に貼る. 2 シールする: *merekatkan* sampul surat itu 封筒をシールする.

perekat 接着剤, のり.

rekod I (rékod) (英) record. 1 記録: *menyimpan rekod* 記録をとる. *memecahkan rekod* 記録を破る. *memperbaharui rekod dunia* 世界記録を更新する. *menciptakan rekod dunia baru* 世界新を樹立する. 2 最高記録. 3 経歴.

merekodkan 〜を記録する: *merekodkan* semua bayaran yang dibuat 全ての支払いを記録する.

rekod II (rékod) レコード, 音盤.

rekoder (rékoder) (英) recorder 録音機, レコーダー.

rekreasi (rékréasi) (英) recreation レクリエーション, 気晴らし.

rel (rél) (英) rail 線路, レール.

RELA [Ikatan Relawan Rakyat] ボランティアの自警団.

rela (réla) (Ar) 1 喜んで〜する, 進んで〜する: *Saya rela membuat apa saja untuk awak*. 君のためなら喜んで何でもするよ. *dengan rela hati* 喜んで. 2 同意(する), 許可(する): *kena meminta rela ibu bapa* 親の許可を求めねばならない. Ibu bapanya *tidak rela* mereka berkahwin. 彼女の両親は彼らが結婚するのに同意していない.

merelai 〜に同意する: Ali belum *merelai dengan* perkahwinan anaknya. アリは息子の結婚をまだ認めない.

merelakan 1 (喜んで)受け入れる, 同意する, 承認する: Emak *merelakan* saya bekerja di bandar. 母は私が都会で働くのを許してくれた. 2 (意に反するものの)仕方がないと受け入れる, あきらめる: meminta pihak keluarga *merelakan* pemergiannya. 彼の死亡をあきらめるようにと家族に求めた.

kerelaan 快諾, 同意: Ali membantu mereka *atas kerelaannya sendiri*. アリは自分の意思で彼らを手伝った. memeluk Islam *dengan kerelaan sendiri*. 自分の意思でイスラムに改宗する. hubungan seks *di luar kerelaan isteri* 妻の同意なしの性交.

relai (実が茎から)とれた.

merelaikan 1 脱穀する: Selepas mengetam, mereka *merelaikan* biji-biji padi pula. 稲刈りをした後, 今度は稲を脱穀した. 2 (けんかしている者を)引き離す, 仲裁する: Kalau tidak ada yang *merelaikan*, tentu mereka bertumbuk. 仲裁する者がいなかったら, 間違いなく彼らは殴り合いになっていた.

relap; **merelap** 輝く, 光る.

merelap-relap キラキラ光る.

relau 溶鉱炉.

relawan → *sukarelawan* ボランティア.

relung ルロン(土地の面積を計るクダ地方の伝統的度量衡: 1 relung＝4 penjuru＝0.287 ヘクタール＝0.71 エーカー.

remah (rémah); **remah-remah** パン屑, 食べ残し.

remaja (Sk) 青少年, 青春期の: Dia *masih muda remaja*, baru

meremajakan 若返る, 若返らす: ubat untuk *meremajakan* kulit orang-orang yang sudah lanjut usianya 年老いた人たちの肌を若返らせる薬.

keremajaan 思春期, 青春期: gadis yang *sedang dalam keremajaan* 思春期の娘.

reman (rêman) (英) remand 留置 (tahanan reman): selepas *tempoh tahanan reman* tamat 留置期限がきたので.

mereman 留置する: Wanita warga asing itu *direman* di lokap polis itu. その外国人女性が警察の留置所に留置された.

remang 体毛=roma.

meremang (毛が恐怖で)逆立つ: *Bulu romanya meremang* sebaik sahaja dia masuk ke dalam bilik itu. 部屋の中に入るや否やぞっとして毛が逆立った.

meremangkan (怖くなって)〜の毛を逆立てる.

rembang 正午(=*matahari rembang*, *rembang tengah hari*): *rembang petang* 午後に入ってから.

rembas; **merembas** 1 (涙が)流れる, 溢れる: Air matanya *merembas gugur*. 涙がこぼれ落ちる. 2 (地面や床に)たたきつける: *merembas* apa yang dipegangnya apabila dia naik radang 怒って掴んでいた物をたたきつける.

rembat (rêmbat); **merembat** 1 (ムチなどで)叩く: Dia *merembat* anaknya *dengan* kayu kerana ponteng sekolah. 学校をサボった息子を材木で叩いた. 2 (サッカーでボールを)蹴る, シュートする: Bola yang terlepas itu terus *dirembat* masuk. はずれたボールをそのまま(ゴールに)シュートした.

remeh (rêmêh); **remeh-temeh**, **remeh-cemek** 重要でない, 些細な: *perkara yang remeh-temeh* 些細な事柄. Lupakan saja hal itu. Itu soal *remeh* bagi saya. あのことは忘れなさい. あれは私にとってつまらない問題だし.

meremehkan, **meremeh-remehkan** 些細なこととみなす: Jangan *meremehkan* kata-katanya. 彼の言っていることを軽視してはならない.

rempah 香辛料, 調味料: *rempah-ratus*. **a** 様々な種類の香辛料: *membeli rempah-ratus di pasar* 市場でさまざまな香辛料を買う. **b** 人生の辛苦.

rempah-rempahan 各種の香辛料.

merempahi, **merempah-rempahi** 調味料を加える: *merempahi* daging itu sebelum dimasak 調理する前に肉に調味料を加える.

rempak; **berempak** 列になって.

menyerempak 共に前進する.

serempak 一斉に, 同時に: *ketawa serempak* 一斉に(どっと)笑う. *serempak dengan itu* それと同時に.

rempuh; **berempuh-rempuh** 先を争って〜する: Mereka *berempuh-rempuh hendak* membeli tiket. 先を争ってチケットを買う.

merempuh, **rempuh-merempuh** 無理に押入る, 突進する, (車が)〜に激突する, 追突する: *merempuh* masuk ke dalam pasar raya yang baru dibuka itu 開店したばかりのスーパーに突入する. Kami terpaksa *merempuh* pintu itu. ドアを無理にこじ開けざるを得ない. Bas itu *merempuh* tiang. バスが柱に激突した.

rempuhan 争奪戦, 衝突, 突撃, 激突.

remuk; **remuk-redam** 粉々になる, ぺちゃんこになる: Piring itu *remuk* bila terhempas ke lantai. そのお皿は床に落ちて粉々になった. Hatinya *remuk* apabila pertunangannya putus. 婚約破棄で彼女の心は千々に乱れた.

meremukkan, meremuk-remukkan 砕く, 粉々にする.

remut; **meremut** 大勢の, 極めて多くの.

Renaisans ルネサンス.

renang 泳ぐ, 競泳: *kolam renang* 水泳用プール.

berenang 泳ぐ: *pandai berenang* 泳ぎが上手だ.

merenangi ～(場所)で泳ぐ, ～へ泳いで行く: *merenangi* Selat Melaka マラカ海峡で泳ぐ.

perenang 水泳選手.

rencah; **perencah** 香辛料, 薬味: *letak rencah* 香辛料を入れる.

merencah 香辛料を加える.

rencam I 混ぜ物, 混合物, 様々な材料からできた食べ物 (makanan yang rencam).

kerencaman 様々な.

rencam II; **merencam** (考えや要求が) 定まらない, 落ち着かない: Pekerjaannya *merencam*. 彼は職を転々として落ち着かない.

rencana (Sk) **1** 記事: *belum membaca rencana itu* その記事をまだ読んでない. *rencana pengarang* 論説, 社説. *menulis rencana berkenaan dengan* ～に関して記事を書く. **2** 報告書, 議事録. **3** 書き取り: *latihan rencana* 書き取りの練習. *mebuat rencana* 書き取る. **4** (Id) 計画, スケジュール: *mengatur rencana* 予定を立てる. *rencana kerja* 作業計画. **5** 議題, プログラム: *menyusun rencana mesyuarat agung* 総会の議題を作成する.

berencana 計画的な: *pekerjaan yang berencana* 計画的な作業.

merencanakan **1** 記事を執筆する: Alilah yang *merencanakan* sejarah bandar itu. アリがその町の歴史について記事を書いた. **2** 計画する, 立案する: *merencanakan jadual* スケジュールを作る. Kami *merencanakan suatu jamuan*. パーティを計画している.

perencana 立案者, 調整者.

perencanaan 計画, デザイン.

rencat; **merencatkan** 妨害する, 中止する: *merencatkan* ekonomi negara kita わが国の経済を妨害する.

terencat (発育が)妨げられる, 妨害される: Tumbesaran kanak-kanak itu *terencat*. その子の発育が妨げられている.

renceng (rênceng) 背が高くて細い, スレンダーな.

rencong ヤス, 槍.

renda (rênda) レース(洋服などの装飾用の).

merenda レースを作る, レースで飾る.

rendah **1** 低い: *pokok yang rendah* 低い木. **2** (声が)小さい: *suara yang rendah* 小さな声. **3** 安い, 少ない: *harganya rendah* 値段が安い. *rendah kandungan lemak* 脂肪分が少ない. **4** 初等の, 下級の: *sekolah rendah* 小学校. *mahkamah rendah* 下級裁判所. **5** (品質の)良くない: *barang-barang yang bermutu rendah* 品質の良くない商品.

rendah hati 謙虚な.

rendah diri 謙遜する: Dia selalu

rendah diri bila bercakap. いつも謙遜して話す.

merendah 1 下がる: Kapal terbang itu nampak *merendah*. 飛行機が降下しているのが見える. 2 謙遜する: *merendah diri* 謙遜する. sifat yang selalu *merendah* いつも謙遜している性格.

merendahkan 1 ～を下げる, 小さくする: Tolong *rendahkan* gambar itu sebanyak 5 inci. あの絵を5インチほど下げてください. *merendahkan harga* 価格を下げる. *merendahkan nada suaranya* 声を小さくする. 2 (人を)見下す, 侮辱する: *merendahkan orang* 人を見下す. *merendahkan kejayaan orang* 他人の成功をけなす.

kerendahan 低さ: *kerendahan akhlak* モラルの低さ.

perendahan 低下, 下落.

rendam; **berendam** 1 (水の中に)浸る: suka *berendam* dalam air panas 温泉につかるのが好きだ. *berendam air mata* 涙にくれる. 2 (家の中に)閉じこもる: Buat apa *berendam di rumah sahaja*? どうして家の中にばかり閉じこもっているのか.

merendam, **merendamkan** (水に)浸す, つかる: *merendam pakaianya ke dalam air* semalam 着物を一晩中水に浸す.

terendam 水につかった: Rumah kami *terendam* air. 家が水につかった. Saya terlupa membasuh pakaian saya yang *terendam* sejak semalam. 昨日から水につけておいてた着物をうっかりして洗濯し忘れた.

rendang 1 いためたもの: *ayam rendang* 鶏のいためたもの. 2〔食〕ルンダン《香辛料の効いた牛肉とココナツミルクから作ったマレー料理》.

merendang いためる, ルンダンを作る.

rendang (réndang) (樹木が)葉の生い茂った.

merendang 葉が生い茂る.

reneh (réneh); **mereneh** (涙が)したたり落ちる.

renehan 涙がしたたり落ちること.

renek (rének) 短い, 低い.

rengek (réngék); **rengekan** (子どもがだだをこね)泣き続ける.

merengek, **merengek-rengek** 1 すねて泣く, ぐずる: Kanak-kanak itu asyik *merengek* meminta emaknya membeli alat mainan. その子は母親におもちゃを買ってほしいとだだをこねて泣き続けた. mengantuk dan *merengek* untuk tidur 眠くなり, 寝たいとぐずる. 2 しつこくせがむ, がみがみ小言を言う: Isterinya selalu *merengek-rengek*. 彼の妻はいつもがみがみ小言を言う.

renggam (稲穂を刈り取る)小鎌.

renggang 1 (壁や床が)すき間の空いた: Pintu ini *renggang*, tidak ditutup betul-betul. このドアは隙間がある, ちゃんと閉めていない. 2 (関係が)疎遠になる: Hubungan di antara kedua negara *agak renggang* ekoran beberapa isu tertangguh. いくつかの問題がペンディングになっているため, 両国間の関係は, やや疎遠になっている. memulihkan *hubungan renggang* antara kedua-dua negara. 両国間の疎遠な関係を修復する. Pertalian mereka menjadi *renggang* selepas pertengkaran itu. 彼らの関係は, そのけんかの後, 疎遠になった. Saya tak pernah *renggang daripada* buku atau majalah. 私は本や雑誌から疎遠になったためしがない(いつも読書する).

berenggang 離ればなれになる: Anak itu *tidak berenggang dari* emaknya. 子は母親から離れない.

merenggang 離れる, 疎遠になる: Persahabatan Aminah dengan Faridah *mula merenggang selepas kejadian itu*. あの事件の後, アミナとファリダの友達関係が疎遠になり始めた.

merenggangkan 離す: *merenggangkan tangan* 手を離す. *merenggangkan meja-meja itu* 机の間隔をとる. Peristiwa itu *tidak merenggangkan* hubungan kami. あの事件で私たちの関係は疎遠になっていない.

renggut; **merenggut** ひったくる, ひっぱる=meragut: *merenggut beg tangan* ハンドバッグをひったくる. *merenggut rambut ibunya* 母親の髪をひっぱる. *merenggut nyawa* 命を奪う.

renggutan ひったくり, 牽引.

rengkel (réngkél) (果物の)小さな房.

berengkel, berengkel-rengkel 房になって, 連なって: berjalan *berengkel-rengkel* 連なって散歩する.

merengkel 束にして結ぶ.

rengkiang 穀倉 (jelapang).

rengkuh; **merengkuh** (自分の方に)引き寄せる, 引っ張る: *merengkuh anak itu ke dadanya* その子を胸に引き寄せる.

perengkuh レンチ, スパナ.

rengkung 食道, のど.

rengsa I (réngsa) 疲れて身体がだるい, かったるい.

rengsa II (réngsa) みじめに思う, 苦しむ (=rengsa sengsara).

rengus; **merengus** むっとする, 顔をしかめる: Apabila dimarahi, Ali *merengus*. アリは叱られたので, 顔をしかめた.

merengus-rengus (怒って)文句を言う: Ia *merengus* sepanjang jalan. 彼は道中文句ばかり言っていた.

perengus 文句ばかり言う人.

renjat; **renjatan** 感電, (事故などの)ショック: Jangan sentuh dawai itu, nanti *terkena renjatan*. この針金に触れるな, 触れると感電する.

renjer (rénjer) (英) ranger 警備隊.

renjis 水の散布.

merenjis, merenjiskan (水を)散布する, まき散らす, ふきかける=percik: *merenjis* seluarnya sebelum menseterikanya, / *merenjis air pada* seluarnya sebelum diseterika. ズボンにアイロンをかける前に水をふきかける.

perenjis スプリンクラー.

renta; **merenta-renta** 罵る.

rentak I 足踏み, 音楽の拍子・テンポ (rentak lagu, rentak muzik): menarik mengikut *rentak muzik* 音楽の拍子に合わせて踊る.

berentak, merentak, merentak-rentak 足を踏み鳴らす.

merentakkan 足を踏み鳴らす (merentakkan kaki).

rentak II; **serentak** 同時に, 一斉に=serempak: *serentak itu jugalah* それと同時に. Mereka menjawab *serentak*. 彼らは一斉に答えた. Pengganas itu melancarkan *serangan serentak*. テロリストは同時攻撃をした. Bom meletup *serentak* di tiga kawasan. 爆弾が三ヵ所で同時に爆発した.

menyerentakkan 一緒にやる.

rentak III; **merentak** 強く引っ張る: Gajah itu *merentak* rantainya hingga putus. 像は鎖が切れるまで強く引っ張った.

rentang いっぱいに伸ばす, ひっぱって伸ばす.

merentang 1《自動詞》広がる, 伸びる: Satu banjaran gunung *merentang* dari utara ke selatan. 山脈が南北に広がっている. 2《他動詞》広げる, 伸ばす: *merentang* tali di antara dua tiang 2本の柱にひもを張る.

merentangkan 1 (ひもを)張る, (手足などを)伸ばす, ストレッチする: *merentangkan tangan* 手を伸ばす. *merentangkan dawai telefon* 電話線を張る.

merentangi 1 ～にまたがる, ～を横切る＝menyeberangi: Tidak ada jambatan yang *merentangi* sungai itu. その川を渡る橋がない. 2 (道や川を)遮る, 阻む: menghadapi segala kesusahan yang *merentangi* cita-citanya 彼の理想を阻むあらゆる困難に立ち向かう.

terentang 1 広がる, 引っ張ってある: Sawah-sawah padi itu *terentang* di depannya. 目の前に水田が広がっている. 2 妨害された, 遮る.

rentap; **berentap-rentap** 互いに引っ張り合う, 互いに力(影響力)を張り合う: Mereka *berentap-rentap* untuk mendapatkan tiket. 彼らはチケットを入手しようと張り合った.

merentap ～を強く引っ張る, 強奪する: *merentap tali* ひもを強引に引っ張る. Pencuri itu *merentap* rantai di lehernya. 泥棒が彼女のネックレスを強奪した.

rentas 横の, 横切った: *lari rentas desa* (競走)クロスカントリー.

merentas, merentasi ～を横切る: *merentas hutan* ジャングルを横切る. *merentas sempadan* 国境を超える. *berenang merentas selat Pulau Pinang* 泳いでペナン島海峡を横断する. ***merentas jalan*** **a** ジャングルを切り開いて道をつくる. **b** 近道をする.

rentet (rêntêt); **rentetan** 一連の, シリーズの: *rentetan peristiwa* 一連の出来事.

serentetan シリーズ, 列, 行列: *serentetan rumah* 家が列をなして建っていること. melihat *serentetan panjang kereta* 車の長い列を見る.

rentung 焦げた: Sekolah itu *rentung* dalam kebakaran semalam. 昨日の火事で学校が焼け焦げた.

renung I; **merenung** じろじろ見る, 見つめる: *merenung gambar anaknya lama-lama* 子どもの写真を長いこと見つめる. *merenung kosong ke langit* 空をぼんやりと眺める.

merenungi じっと見つめる, 凝視する: Dia *merenungi wajanya dalam cermin*. 彼女は鏡の中の自分の顔つきをじっと見つめていた.

renungan 凝視, 視線: *Renungan lelaki itu menakutkan Aminah*. その男性の視線はアミナを怖がらせた.

renung II; **merenung, merenungkan** 沈思熟考する, じっと考え込む: Dia duduk sambil *merenung nasibnya*. 彼女はそこに座って自分の運命をじっと考えた. Dia *merenungkan masa depannya*. 彼女は将来を深く考えた.

renungan 沈思熟考: *Dari renungannya itu dia dapat melihat semula dengan jelas hal kejadian itu*. 沈思熟考からその事件を明確に反芻できた.

renyah I 苦労する, 難しい: Katanya menjaga anak kecil sangat

renyah. 小さな子を世話することは苦労が多いと彼女は言う.

berenyah, berenyah-renyah 精を出す,苦労して働く.

renyah II 心配な,悩む.

renyai ; *hujan renyai* 霧雨,(雨が)パラパラ降る.

renyam ; **merenyam, merenyam-renyam** 1 かゆい: Belakangnya *terasa renyam*. 背中がかゆい. 2 (女性が)みだらな,男好き.

renyuk (紙や衣が)しわくちゃな: *baju yang renyuk* しわくちゃな服.

merenyuk, merenyukkan しわくちゃにする: *merenyukkan kertas itu dan membuangkannya ke dalam tong sampah* 紙をしわくちゃにしてゴミ箱の中に捨てた.

repas 壊れやすい,もろい=rapuh.

repatriasi (répatriasi) (英) repatriation 送還.

repek (répék) ; **merepek** くだらないおしゃべりをする: *Jangan merepek*. ばかげたことを言うな.

repot (répot) (英) report 報告.

merepotkan 報じる,伝える.

reptilia (réptilia) (英) reptile 爬虫類動物 (=binatang reptilia).

republik (républik) (英) republic 共和国: *Republik Indonesia* インドネシア共和国.

reput 腐った,腐敗する: *kayu reput* 腐った材木. *mayat reput* 腐乱した死体. *Mayat-mayat itu sudah mula reput dan busuk*. 死体が腐乱し悪臭を放ち始めた.

reputan 腐敗物.

pereputan 腐敗.

resa 1 陣痛: *datang resanya bertubi-tubi* 陣痛が繰り返し来る. 2 (心臓の)鼓動.

resah 落ち着かない,いらいらする: Saya *resah* menantikan keputusan ujian. 試験の結果を待っていると不安で落ち着かない.

meresah 心配になる.

meresahkan 心配させる,不安にさせる.

keresahan 混乱,不安な状態.

resam I (Ar) 1 習慣,伝統的慣習 (=adat resam): Mengikut *adat resam* orang Melayu, kita hendaklah menghormati orang tua-tua. マレー人の慣習に従えば,お年寄りを尊敬すべきだ. 2 性格,性質=sifat: fikiran dan *resam* orang Melayu マレー人の思考と性格.

resam II 〔植〕コシダ(シダ類).

resan ; meresan 自分が人から侮辱されていると感じる: 嫉妬する.

resap 消える: Lembaga itu *resap* apabila orang mendekatinya. 人が近づくとその人影は消えた.

meresap 1 (水が)しみ込む: Air *meresap* ke dalam tanah kering itu. 水が乾いた地面の中にしみ込んだ. 2 (忠告などが)心に深く残る: Segala nasihat ibu bapanya *meresap di hatinya*. 親の忠告は心に深く残る. *meresap ke dalam fikiran* 思考に残る.

meresapi 〜にしみ込む: Air hujan *meresapi tanah* dengan cepat. 雨水は地面に急速にしみ込む.

meresapkan 吸収する: *meresapkan* semua yang diucapkan oleh guru besar itu 校長先生の言ったことをすべて吸収する.

resapan 吸収,浸透.

peresapan 吸収.

residen (résidén) 理事官《英植民地時代に連合マレー州に配属されたイギリス人の最高行政官》.

resipi (英) recipe レシピ(料理の調

理法),(成功の)秘訣, コツ: Apakah *resipi* sukses? 成功の秘訣は何か.

resit (英) receipt 領収書.

resmi 習慣, 癖: Ikutlah *resmi padi*: makin berisi makin menunduk. 稲の特性を見習え:実るほど頭を下げる稲穂かな. Jangan mengikuti *resmi ayam*: bertelur sebijih riuh sekampung. 鶏の癖を真似するな:卵一個生んで村中を騒がす(些細な事で大騒ぎする).

restoran (réstoran) (英) restaurant レストラン.

restu 祝福, 加護: Perkahwinan kami *mendapat restu* seluruh keluarga. 私たちの結婚は家族全員から祝福されている. *memberi restu* 祝福する. *memohon doa restu* ～の祝福(同意)を求める.

　merestui 1 ～を祝福する: Ibu bapa *merestui* perkahwinan kami. 両親は私たちの結婚を祝福している. 2 容認する: *tidak merestui* tindakan seperti itu そのような行動を認めない. Pihak berkuasa kelihatan *merestui* demonstrasi itu. 当局がデモを容認しているように見える.

restung 梅毒性の鼻の腫瘍.

retak ひび割れ, 亀裂: Gelas ini *sudah retak*. このグラスはひびが入っている. Mereka takut rumahnya yang *retak* akibat gempa bumi itu akan runtuh. 地震でひび割れした家が倒壊するのではないかと心配している. Hubungan di antara dua orang kawan lama itu *mulai retak*. 二人の旧友の関係に亀裂が生じ始めた. *retak batu* 修復不可能な仲違い. *retak-retak bulu ayam* すぐ修復できる仲違い. *retak tangan* 手相.

　meretak ひびが入る: Dinding itu *sudah mula meretak*. 壁にひびが入り始めた.

　meretakkan ひびを入れる, 亀裂をもたらす: Salah pengertian itu *meretakkan* persahabatan kami. 誤解が僕らの友情に亀裂をもたらした.

　keretakan ひび割れ, 亀裂: *keretakan* rumah tangga 家庭内の亀裂. *Keretakan* telah timbul dalam pucuk pimpinan. 首脳陣に亀裂が生じた. *Keretakan* di jejambat lebuh raya itu semakin membesar. 高速道路の高架橋のひび割れがますます大きくなった.

retas ほころびる, 縫い目がほころびる: Tak sedar saya timbul memakai baju yang *sudah retas*. 縫い目がほころびた上着を着ているのにまるで気付かなかった.

　meretas 1 縫い目をほどく. 2 (ナイフで)切る, 切り裂く. 3 侵入する.

　peretas 1 縫い目をほどく道具. 2 侵入者.

reti; **tidak reti**. 【口語】分らない= tidak mengerti.

reumatisme (réumatisme) = rheumatism リューマチ.

revolusi (révolusi) (英) revolution 革命. *revolusi industri* 産業革命. *revolusi kebudayaan* 文化革命. *revolusi mental* 精神革命.

rewang I; **merewang** (考えや居場所が)いつもころころ変わる.

rewang II; **merewang** (結婚式など伝統行事の)手助けに行く, 相互扶助する: Emak *pergi merewang* di rumah Cik Limah. 母はリマさんの家に手伝いに行った.

rezeki (Ar) 1 生活の糧, 生計: mencari *rezeki* 生計を立てる. *memberi rezeki kepada* keluarga 家族を養う. *mendapat rezeki* 儲ける, 得をする. 2 アッラーの神から与えられ

る分け前, 運: *Ini bukan rezeki saya.* 今日はついていない. *rezeki meninggi* 幸運な. *rezeki merendah* 不運な.

ria 1 大喜びする, 陽気な, 浮き浮きした: *sangat ria kerana telah lulus peperiksaan itu* 試験に合格して大喜びする. *Ali riang ria menerima hadiah itu.* アリはプレゼントをもらって喜んではしゃいだ. *bersuka ria. gembira ria* 喜ぶ, うれしがる. 2 賑わう: *ria riuh* 喜びで賑わう.

beria-ria 喜ぶ, 楽しくなる: *Mereka beria-ria di tepi pantai.* 彼らは海岸で楽しく遊んだ.

meriakan 喜ばせる, 楽しませる.

keriaan 陽気, 楽しさ, うれしさ: *Keriaannya bertukar menjadi muram apabila mendapat berita itu.* その知らせを聞いたとたん彼女の陽気は陰気なものに変わった.

riadah (Ar) 1 体操, 運動=senaman: *melakukan riadah* 体操をする. 2 レクリエーション: *pusat riadah* レクリエーション・センター.

beriadah 1 体操する: *Setiap petang dia beriadah di taman.* 毎日夕方に公園で体操する. 2 レクリエーションをする.

riah → **meriah**.

riak 1 さざ波: *Terjadilah riak-riak bulat apabila dijatuhkan seketul batu di dalam air itu.* 水の中に一塊の石を落としたら丸いさざ波が起きた. 2 しぐさ, 振る舞い: *Dari riaknya saya tahu yang dia datang kerana hendak meminjam wang.* 彼の振る舞いから彼が借金しに来たのが分かった. 3 (水面の)波紋, さざ波: *riak muka* 顔の表情=wajah: *Riak mukanya berubah.* 彼の表情が変った.

beriak, beriak-riak, meriak さざ波が立つ, 小さく波打つ: *Air kolam itu beriak dihembus angin.* 池の水は風に吹かれてさざ波が立つ.

riang I はしゃいだ, 楽しい: *bermain dengan riangnya* はしゃいで遊ぶ. *riang gembira* はしゃいで喜ぶ.

beriang, beriang-riang はしゃぐ, 楽しむ.

meriangkan 激励する, 喜ばせる: *unuk meriangkan hati* anaknya 子どもを喜ばせるために.

keriangan はしゃぎ, 楽しさ (= keriangan hati): *Semua orang tersenyum apabila melihat keriangan kanak-kanak itu.* その子のはしゃぎぶりを見てみんな微笑んだ.

riang II ; **riang-riang, reriang** 〔虫〕セミ.

riba I ; **ribaan** 膝: *duduk di atas riba emaknya* 母の膝の上に座る. *komputer riba* ラップトップ(ノートブック)型パソコン.

beriba 膝の上に座る.

meriba 〜を膝の上に乗せる: *Emak meriba bayinya bila menidurkannya.* 母親は赤ちゃんを膝の上に乗せて寝かしつけた.

riba II 1 利子, 金利=bunga wang: *mengenakan riba* 利子をとる. *makan riba* 利子をとる, 利子で生活する. 2 金貸し (tukang riba).

ribu 千(1,000): *dua ribu* 2,000.

beribu-ribu, ribuan 何千もの, *beribu-ribu orang* 数千人の人々. *Ribuan orang datang ke mari.* たくさんの人々がここに来た. Saya ucapkan *beribu-ribu terima kasih.* たいへん有難うございます.

keseribu 1000 番目の.

seribu 1,000, たくさんの: *dengan seribu daya* あらゆる努力をして.

ribut I 1 強風, 嵐 (=angin ribut) *ribut pasir* 砂嵐. *ribut petir* 雷雨.

ribut *salji* 猛吹雪, ブリザード. *hujan ribut* 風雨.

ribut II 騒がしい, 大騒ぎする, パニックになる: 忙しい: *Jangan ribut, perkara itu boleh diselesaikan.* 大騒ぎするな, その問題は解決できるから. *Dia ribut ke mana pun dia pergi.* 彼女はどこへ行っても問題を起こす.

　meributkan 騒ぎを引き起こす: *Janganlah meributkan perkara yang kecil-kecil.* 些細なことで大騒ぎするな. *Ketua baru itu meributkan apa saja.* 新しいボスは何にでもけちをつける.

　keributan 騒動, 騒ぎ: *Keributan sudah berlalu.* 騒ぎは収まった.

ricau; mericau 1 (鳥が) さえずる. 2 おしゃべりする, 止めなくしゃべる: *Apabila dia mericau, lupa makan dan minum.* 彼がおしゃべりを始めると, 食事も忘れてしゃべりまくる.

Ridhwan (Ar) 天国の門を守護する天使.

ridip 背びれ.

rim I (英) rim 車輪のわく.

rim II (英) ream 連 (20 帖, 480 枚).

rima (英) rhyme 韻.

rimas 不快に感じる, 居心地が悪い, 落着かない: *Saya rimas apabila berada di dalam bilik yang kecil itu.* その狭い部屋にいると居心地が悪い. *berasa rimas, rimas rasanya* 不快に感じる.

　merimaskan 不快感を起こす: *Bilik sempit itu merimaskan saya.* 狭い部屋で不快に思う.

　kerimasan 心配, 不快さ.

rimba ジャングル, 密林 (hutan rimba): *rimba dara* 処女林. *rimba raya, rimba belantara* 大密林.

rimbun (木の) 葉が生い茂った, 毛のふさふさした: *pokok yang rimbun* 葉が茂った樹木.

　rimbunan 1 葉が生い茂った木, 葉がたくさん茂った: *gembira melihat rimbunan hijau* 樹木が青々と生い茂っているのを見て嬉しい. 2 覆い.

　merimbun 葉の多い, 葉が茂る.

rimpi 〔食〕リムピ (バナナやさつまいもを薄く切って干したもの).

rimpuh 疲れ果てる=letih: *Setiap kali pulang dari ladang, ayah berasa rimpuh.* 父は畑から帰るたびに疲れ果てている.

　merimpuhkan 疲れ果てさせる.

rinci; merinci 細かく砕く, 詳細に説明する: *Untuk merinci masalah ini kita memerlukan seberapa banyak maklumat.* この問題を詳しく説明するためにはできるだけたくさんの情報が必要である.

　memperinci 詳細に説明する: *Perdana Menteri akan memperinci rancangan itu di Parlimen.* 首相がその計画を国会で詳細に説明する.

　terperinci 詳細な: *kajian yang terperinci* 詳細な調査.

　perinci 1 説明する人. 2 粉砕機.

　perincian 詳細.

rincih 細かく切られたもの.

　merincih 細かく切る, スライスする.

rincis; merincis 薄く切る.

rindu なつかしい, 切望する, 恋しい: *Saya dah rindu sangat dengan Aminah.* 僕はアミナがとても なつかしい. *Saya rindu (akan) kampung halaman.* 田舎が恋しい, ホームシックになる. "*Kak tak rindukan emak bapa kak?*" "*Rindu tu, rindu juga, tapi sebenarnya, kak dah biasa.*" 「お姉さんはご両親を恋しくないの?」「恋しいといえば, 恋しいけど, もう

慣れてしまったわ」．

merindui, merindukan 〜を恋しく思う，なつかしい，〜を切望する：Aminah *merindukan* anaknya yang sedang belajar di luar negeri. アミナは留学中の息子を恋しく思う．*merindui* makanan pedas 辛い食べ物がなつかしい．

kerinduan 恋しい気持ち，切望：*Kerinduannya* terhadap anaknya itu bertambah menjelang hari raya. ハリラヤが近づくにつれ息子への恋しい気持ちがますます高まる．

ringan 1 軽い，簡単な，単純な：*kotak ringan* 軽い箱．*kerja ringan* 軽い仕事．*cedera ringan* 軽い怪我．*minuman ringan* 軽い飲み物(ノンアルコール)．*makanan ringan* 軽食．*hukuman yang ringan* 軽い刑． 2 重要でない，軽く：tidak seharusnya *memandang ringan* perselisihan faham yang berlaku di antara kedua pihak itu 両者間の誤解を軽く見るべきでない．

ringan kaki 行き好き．

ringan kepala 頭の回転の速い．

ringan mulut おしゃべり好き．

ringan tulang 仕事熱心．

ringan tangan a 世話好き．b 手癖が悪い．

padi ringan 成長の早い稲．

meringankan 1 軽減する，軽くする：*meringankan* beban hutangnya 借金の負担を軽くする．Hakim itu tidak *meringankan hukumannya*. 判事は彼の刑を軽減しなかった． 2 〜を軽視する：*meringankan agama* 宗教を軽視する．

keringanan 軽さ，軽い状態．

peringanan 簡便化，単純化．

ringgit リンギット(マレーシアの通貨単位：1 ringgit=100 sen)，RM [Ringgit Malaysia]と略して表示する：RM 5. 読み方は lima ringgit=5 リンギット．

ringkas 簡潔な，手短な，簡単な：*dengan ringkas, secara ringkas* 手短に，簡潔に：Dia menerangkan *secara ringkas* apa yang terjadi. 彼は何が起きたか簡潔に説明した．Jawapannya *ringkas dan tepat*. その答は簡潔かつ正確だ．*jalan ringkas* 近道．

ringkasnya 要約すると，かいつまんで言うと：*Ringkasnya*, sidang kemuncak itu berhasil. かいつまんで言うと，首脳会談は成功した．*Ringkasnya adalah sebagai berikut*. 要するに，以下の通りである．

meringkaskan 短くまとめる，要約する：*Ringkaskanlah* karangan itu menjadi 400 patah perkataan sahaja. その作文を400字に要約しなさい．"*Ringkaskan cerita*, beginilah saya bayangkan." 「かいつまんで言うと，私はこう考えます」．

ringkasan 1 まとめ，要約，要点：*menulis ringkasan cerita itu* その話の要点を書く． 2 略語=kependekan.

ringkik (馬の)いななき．

meringkik (馬が)いななく：Kuda itu *meringkik*. 馬がヒヒーンといななく．

ringkuk；**meringkuk** 1 膝を抱えてうずくまる：Ali *meringkuk* kesejukan. アリは寒さのあまりうずくまった． 2 (刑務所に)拘置される：*meringkuk dalam penjara* 刑務所内に拘置される．

ringkukan 拘置，監禁．

rintang；**merintang** 〜を横切る，横たわる：Batang kelapa *merintang di jalan itu*. ヤシの幹が道

の上に横たわっている. Mudah-mudahan *tidak ada aral yang merintang*, supaya kami boleh sampai di sana tepat pada waktunya. そこに時間通りに到着できるよう何も障害がないことを願う. *Untuk merintang waktu*, saya suka baca novel 暇つぶしには,小説を読むのが好きです.

merintangi 1 〜を妨げる,ブロックする,塞ぐ,邪魔する: *Pokok yang tumbang itu merintangi jalan kita*. 倒れた木が道を塞いだ. *Tidak ada orang yang merintangi dia berbuat itu*. 彼がそうする事を阻止する人がだれもいない. 2 〜を横切る: *Tak ada jambatan yang merintangi sungai itu*. 川を横切る橋がない.

merintangkan (障害物を)途中に置いて阻む,バリケードをする: *Polis merintangkan sekatan jalan di beberapa tempat*. 警察は数箇所で道路封鎖をした.

rintangan 妨害,障害: *menghadapi banyak rintangan sebelum berjaya* 成功するまで多くの障害に遭遇する. *membuat rintangan di jalan itu* 道路にバリケード(障害物)をおく.

rintih; **merintih** 1 うめく: *merintih kesakitan*. 痛さでうめく. 2 (悲しみや不安の)ため息をつく: *Saya dengar awak merintih, kenapa?* 君がため息をついているのを聞いたが,なぜ? 3 不平を言う: *merintih tentang ketidakadilan dalam syarikatnya*. 会社の中での不公平について不平を言う.

rintihan 1 うめき声: *Saya dengar rintihannya di belakang*. 後ろから彼のうめき声が聞こえた. 2 ため息. 3 不平, 苦情: *rintihan rakyat* 国民の不平.

rintik 1 水滴,しずく=titik: *rintik hujan* 雨のしずく. *hujan rintik-rintik* 霧雨. 2 斑点=bintik: *Rintik-rintik merah kelihatan pada kulit budak itu*. その子の皮膚に赤い斑点が見える.

merintik-rintik (露・汗が)落ちる,(雨が)パラパラ降る: *Peluh merintik-rintik di dahinya*. 額から汗が落ちる. *Hujan merintik-rintik sepanjang hari*. 一日中雨がパラつく.

rintis; **rintisan** 1 森の中の小道. 2 草分け(パイオニア的な仕事).

merintis 1 道をつくるために森の木を切る: *merintis hutan yang tebal* 生い茂った密林を切り拓く. 2 開拓する,切り拓く,先駆者になる: *merintis projek itu* そのプロジェクトを開拓する. *merintis jalan* 先頭に立って物事を推進する.

perintis 開拓者,パイオニア.

risalah (Ar) パンフレット.

risau 1 心配する,懸念する,悩む(=risau hati): *Dia risau kerana anak perempuannya masih belum pulang*. 娘がまだ帰って来ないので心配した. *Jangan risau, awak akan sembuh dua atau tiga hari lagi*. 心配しないで,2〜3日したら病気が直るから. *Tak payah risau*. 心配しないで.

merisaukan 〜を心配させる,悩ます: *Masalah itu merisaukannya*. その問題が彼女を悩ました.

kerisauan 心配,不安: *Hatinya penuh kerisauan disebabkan kerjanya yang belum selesai itu*. 仕事がまだ終わらないので不安だらけだ.

perisau 1 心配性な人. 2 騒ぎを引き起こす人.

risik I; **merisik** 1 (マレーの伝統

的慣習として, 花嫁候補の身辺を)密かに調べる: Semalam ada orang datang *merisik* kakak saya. 昨日姉の結婚に関連して密かに身辺を調べに人が来た. Setelah seorang gadis itu menjadi pilihan mereka, rancangan-rancangan dibuat untuk *pergi merisik* atau menengok. 彼らの選ぶ娘が決まったなら, その娘を密かに見に行く計画を立てる. **2** 極秘に捜査する: Pihak polis sedang *merisik* perkara itu. 警察がその件を極秘に調べている.

risikan 極秘捜査: *risikan* pihak polis 警察による極秘捜査.

perisik スパイ, 諜報.

perisikan スパイ活動: Mereka mengetahui projek itu secara terperinci *melalui perisikan*. 彼らはスパイ活動を通じてその計画を詳細に知った.

risik II; **merisik** 手探りでさがす=meraba-raba: Dalam gelap itu, ia *merisik* suis lampu. 暗闇の中で電灯のスイッチを手探りでさがした.

risiko (英) risk リスク: *mengambil risiko* 覚悟してやってみる. *Itu penuh risiko*. それはリスクがありすぎる. *biar apa pun risiko* どんなにリスクがあっても.

riuh 騒がしい, うるさい: Suasana di stadium itu *riuh sekali* dengan sorakan para penonton. スタジアムの雰囲気は観衆の声援で騒がしい.

riuh-rendah 大変騒がしい.

meriuhkan 騒がしくする, 音をたてる: Apa yang *diriuhkan* orang di sana? あそこの人たちは何を騒いでいるのか.

keriuhan 騒ぎ, 騒動.

riuk (足や手の)筋(すじ)を違える.

riwayat (Ar) 伝記, 伝説: *riwayat hidup* 履歴, 伝記, 回想録: membaca *riwayat hidup* Abraham Lincoln リンカーンの伝記を読む.

beriwayat **1** 語り伝える. **2** 歴史的な.

meriwayatkan **1** 〜を物語る, 伝える: Abdullah Munshi *meriwayatkan* kehidupan di Melaka dalam abad ke-18 dan ke-19. アブドラ・ムンシは18〜19世紀のマラカにおける生活を伝えた. **2** 発表する, 説明する.

rizab (英) reserve. **1** 保留, 割当: *kawasan rizab* 保留地. *hutan rizab* 保護林. *Tanah Rizab Melayu boleh dipajak kepada bukan Melayu untuk tujuan pembangunan*. マレー人保留地は開発の目的なら非マレー人にリースできる. **2** 準備金: *rizab luar* 外貨準備高. *rizab tunai* 現金準備高.

merizabkan 〜のために保留する.

RM [Ringgit Malaysia] マレーシア・リンギットの略称. *RM25.50* = 25 リンギット50セント.

robah; **merobah** =**merubah** 変える.

perobahan =**perubahan** 変化, 変更.

robak; **robak-rabik** ぼろぼろの= koyak-koyak: menjahit bajunya yang *robak-rabik* ぼろぼろになった上着を縫う.

robek (robék) (着物, 布が)やぶれた: Kemejanya *robek*. 彼のシャツがやぶれている.

robek-robek シュレッダーにかける: Dokumen ini hendaklah *dirobek-robek*. この書類をシュレッダーにかけてください. Robeklah surat ini. 手紙をシュレッダーで処分せよ.

roboh

merobek 破る: *merobek* kertas itu *menjadi dua* その紙を二つに破った. Jangan *merobek* poster dan gambar ini. これらのポスターと写真を破ってはならない.

roboh (建物, 木, 権力が)つぶれる, 崩れ落ちる, 崩壊する, 倒れる: Bangunan itu *sudah roboh*. そのビルは倒壊した. Banyak pokok itu *roboh*. たくさんの木が倒れた.

merobohkan (建物を)破壊する, 崩壊させる, (木などを)なぎ倒す, (政権を)転覆する: Ribut *merobohkan* pondok itu. 嵐が小屋をなぎ倒した. Rumah-rumah haram itu sudah pun *dirobohkan* oleh pihak kerajaan. 不法に立てられた家屋を当局が壊した.

perobohan 崩壊, 破壊: *perobohan* rumah-rumah lama 古い家屋の破壊.

robot (英) robot ロボット: *robot pemasang* 加工ロボット.

roda (Po) 車輪: Kereta ada empat *roda*. 自動車は4つの車輪がある. *roda air* 水車. *roda tiga* 三輪車, トライショー. *kerusi roda* 車イス.

beroda 車輪付きの.

rodok; **merodok** 1 (刃物で)突き刺す: Hang Tuah telah *merodok* Hang Jebat dengan kerisnya. ハントゥアがハンジュバトをクリスで突き刺した. 2【俗語】性交する.

rogol 婦女暴行, 強姦.

merogol 婦女暴行する, 強姦する=mencabuli, menodai: Pemuda itu dituduh *merogol* seorang gadis. 若者は少女を強姦した罪で起訴された.

perogol 婦女暴行犯.

perogolan 強姦.

roh (Ar) 1 霊, 魂: Bila kita mati, *roh* berpisah dari badan. 人は死ぬと霊が身体から離れる. 2 精神, 生命: Harimau itu datang *mengambil roh* Pak Ali. トラが来てアリさんの生命を奪った.

rohani (Ar) 精神, 精神的な: *rohani dan jasmani* 精神と肉体. *nilai-nilai rohani* 精神的な価値. *kepuasan rohani* 精神的な満足感.

rojak 〔食〕ロジャ《果物と野菜をサンバルやその他の薬味でまぶしたサラダ風マレー料理》: *bahasa rojak* ごちゃ混ぜの言葉《マレーシア語と外来語の英語とをチャンポンに使うこと: 言語関係者が使うときは否定的な響きがある》.

roket (rokét) (英) rocket ロケット: *roket kendali*, *roket berpandu* 誘導ロケット.

rokok タバコ: *rokok cerutu* 葉巻, シガー. *rokok hogah* 水ギセル. *rokok keretek* クローブ入りのタバコ.

merokok タバコを吸う (=hisap rokok): Jangan *merokok* di sini. ここではタバコを吸うな. Dilarang *merokok* 禁煙. *kawasan dilarang merokok* 禁煙地域. Anda biasa *merokok*? タバコをお吸いになられますか《喫煙者かどうかを確認する質問》.

perokok 喫煙者.

roma (Sk) 体毛 (=bulu roma).

roman I; **peroman** 外見, 容姿: *roman muka* 容貌, 器量, 表情.

seroman よく似た, そっくりの.

roman II わら(藁) =tangkai padi.

roman III ロマンス小説 (=buku roman).

rombak; **merombak** 1 再編成する, (内閣を)改造する, (制度・慣習を)直す: *merombak* sistem pentadbiran syarikatnya 会社の業務制度

を再編成する. *merombak kabinet* 内閣を改造する. *merombak adat* 慣習を直す. Sistem pendidikan negara *dirombak* bagi memperkasakan sekolah kebangsaan. 国民学校を強化するため国の教育制度を改編する. **2** (結んだもの,縫ったものを)ほどく: *merombak baju* yang baru dijahitnya 縫ったばかりの服をほどく.

rombakan 改革,改造,再編成: *rombakan kabinet* 内閣改造.

perombakan 再編,改造.

rombang; **rombang-rambing** ぼろぼろの=robak-rabik.

rombeng (rombéng) 破れた= robek: *pakaian* yang *rombeng* 破れた着物.

rombong; **rombongan** 一行,代表団: *Rombongan Presiden* dijangka tiba waktu tengah hari. 大統領一行は正午に到着する予定です.

berombongan 集団で: *membuat lawatan berombongan* 集団で訪問する.

rompak; **merompak** 強盗する: *merompak sebuah bank* 銀行強盗をする. *kes rompak dan bunuh* 強盗殺人事件. *VCD cetak rompak* 海賊版のVCD.

rompakan, perompakan 強盗.

perompak 強盗犯.

ronda; **meronda** パトロールする,巡視する. Polis akan *meronda* di kawasan itu. 警察がその地区をパトロールする. *meronda* pejabat itu setiap jam 1時間毎に事務所を巡回する.

rondaan, perondaan パトロール: *membuat perondaan* パトロールする.

peronda パトロールする人(車・船): *kereta peronda polis* 警察のパトカー. *kapal peronda* 巡視艇.

rongak (歯や杭が)抜ける,なくなる: *Giginya rongak.* 彼は歯が抜けている.

rongga 穴,くぼみ: *rongga hidung* 鼻腔.

berongga 穴の空いた,くぼんだ: *pokok yang berongga* 空洞のある木.

merongga くぼむ.

ronggeng (ronggéng) **1** ロンゲン(マレーの民族舞踊). **2** 女性の踊り手.

rongkong → kerongkong.

ronta; **meronta, meronta-ronta** (逃げようとして)もがく,じたばたする,暴れる: *Pencuri* yang ditangkap itu *meronta-ronta untuk melepaskan diri*. 捕まった泥棒は逃げようともがいた.

ronyeh (ronyéh); **meronyeh** ぶつぶつわけの分からないことを言う,ばかげたおしゃべりをする: *Orang tua itu memang selalu meronyeh.* あの老人はたしかにいつもわけの分からないことをしゃべる.

ronyok (紙や布が)しわくちゃな= renyuk: *kain* yang *ronyok* しわくちゃになった布.

ropol (洋服などの)フリル: *menjahit ropol pada kain langsir* フリルをカーテンの布に縫いつける.

beropol-ropol フリルのついた〜.

ros (英) rose [植] バラ(薔薇).

rosak **1** 壊れた,故障した: *kereta* yang *rosak* 故障した車. **2** (食べ物が)腐った: *Buah-buahan itu banyak* yang *rosak*. その果物には腐ったのが多い. **3** (性格などが)ダメになる,悪くなる: *Moralnya sudah rosak.* 彼らのモラルは落ちた. Semenjak bercampur dengan budak-budak nakal, perangai Ali *rosak*. いたずらっ子と付き合ってから,アリ

の性格がダメになった. *rosak nama-nya* 評判が悪い.

merosak, merosakkan 〜を壊す, 〜をダメにする: *Minyak petrol ini akan merosak enjin kereta.* このガソリンは車のエンジンをダメにする. *Skandal itu telah merosakkan perkahwinan mereka.* そのスキャンダルで彼らの結婚は壊れた. *merosakkan reputasi* 〜の名誉を毀損する.

kerosakan 故障, 損害, 劣化: *kerosakan akibat gempa bumi* 地震による損害. *kerosakan gigi* 虫歯.

perosak 破壊者, 破壊するための道具: *kapal perosak* 駆逐艦.

perosakan 破壊.

rosot; merosot (価値や質が)下がる, 後退する, 悪化する: *Harga-harga merosot.* 価格が下落する. *Pengeluaran dan eksport merosot.* 生産と輸出が悪化した. *Kesihatan dan semangatnya semakin merosot.* 彼女の健康と気力がますます落ち込む.

merosotkan 下落する, 減少する, 低下させる.

kemerosotan 下落, 後退, 低下: *kemerosotan ekonomi* 景気後退. *kemerosotan pengaruh UMNO* UMNOの影響力の低下. *kemerosotan pelajaran* 学力の低下.

rotan 1 籐(とう), ラタン: *bakul rotan* 籐の籠. 2 むち(鞭)打ち(刑罰): *Hukumannya setahun penjara dan disebat enam rotan.* 彼の刑罰は禁固1年とむち打ち6回.

berotan 籐を探す, 籐を収集する.

merotan 1 籐を探す: *Mari kita pergi merotan di hutan.* ジャングルに籐を探しに行こうよ. 2 籐で打つ(むち打つ): *Ibu itu merotan anaknya kerana dia terlalu nakal.* 母親は息子があまりにもいたずなのでむちで叩いた.

roti 〔食〕パン: *Untuk sarapan, saya makan roti dengan mentega.* 朝食にパンにバターをつけて食べた. *Roti dibuat daripada tepung.* パンは小麦粉から作られる. *roti bakar* トーストしたパン. *ibu roti* イースト菌.

royalti (英) royalty 使用料, ロイヤルティー.

ru 〔植〕モクマオウ(木麻黄樹).

ruak; meruak (火事や怪我が)広がる: *Api meruak ke kawasan dekat rumah saya.* 火事は家の近くまで広がった.

ruam 湿疹.

meruam 湿疹がひろがる.

ruang; ruangan 1 〜部屋, 室: *ruang pamer* 展示室, ショールーム. *ruang tamu* 客間, 待合室. 2 間隔, 空間: *ruangan angkasa* 宇宙空間. *ruang udara* 領空; *penggunaan ruang udara Malaysia oleh Singapura* シンガポールによるマレーシア領空の使用. *ruangan kosong* 空間, 広いスペース. *Tak ada ruang untuk mengira* 計算するスペースがない. 3 新聞のコラム・段: *Berita itu terdapat dalam akhbar itu dalam ruang kelima, muka surat pertama.* そのニュースは新聞の1頁5段目にある.

ruap 泡.

meruap 泡が出るほど煮立つ, 噴きこぼれる: *Nasinya meruap.* ご飯が噴きこぼれている. *Bir yang dituang ke dalam gelas itu meruap.* グラスに注がれたビールは泡がこぼれた.

meruap-ruap (感情が)こみ上げる: *Perasaan kegembiraan meruap-ruap di dada mereka.* 喜びの感情が彼らの胸にこみ上げてきた.

ruas (竹などの)節: *seruas buluh* 竹の一節. *ruas tebu* サトウキビの節.

beruas, beruas-ruas 節・部分に分かれた: *buluh yang tidak beruas* 節のない竹. *binatang yang kakinya beruas* 節足動物.

rubah 〔動〕キツネ.

rugi (Sk) 損, 損失, 損をする: *Jika kalah lagi, mereka tidak rugi apa-apa.* 再び負けても, 彼らは何も損しない. *Saya rugi sebanyak RM 20,000 dalam urus niaga itu.* 私はその商売で2万リンギット損をした. *Rugi awak tidak datang ke majlis itu. Kami semua seronok sekali.* 君があのパーティに来なかったのは残念だった. 僕たちはみんな楽しかったよ. *Tidak rugi kalau mencubanya.* 試してみる価値がある.

ganti rugi, **silih rugi** 補償《賠償は *pampasan*》.

berugi, merugi 損失を負う.

merugikan 〜に損害を与える: *Pelaburan itu telah merugikan syarikat ini.* その投資がこの会社に損害を与えた. *Awak merugikan diri sendiri kalau* bersikap demikian. 君がそのような態度をとっていると君自身が損するよ.

kerugian 損失, 損害: *Kerugian* dianggarkan sebanyak RM5 juta. 損害は500万リンギットと見積もられた.

ruji 主食 (makanan ruji): *Beras merupakan makanan ruji bagi ramai penduduk dunia.* 米は世界中の人々の主食である.

rujuk I; merujuk 参照する: *Sila rujuk muka surat 20.* 20ページを参照してください. *Rujuklah kepada kamus sekarang juga.* 今すぐに辞書で調べなさい. *Merujuk perkara di atas* 標記の件に関して. *merujuk perkara itu kepada ketuanya* その件について上司に問い合わせる. *merujuk kepada buku itu untuk membuat karangan* エッセイを書くためにその本を参照する. *Merujuk kepada percakapan kita semalam,* 昨日の私たちの話し合いについて,《手紙文》. *rujuk silang* 相互参照.

merujukkan 付託する, 照会する, 差し戻す: *Mereka merujukkan perkara itu kepada ibu pejabatnya di Kuala Lumpur.* 彼らはその件につきクアラルンプールの本部へ照会する. *Hakim besar merujukkan semula perkara itu kepada mahkamah rendah.* 裁判長はその事件を下級裁判所に差し戻した.

rujukan 参考(文献): *buku rujukan* 参考文献. *bahan rujukan* 参考資料. *Formula perpaduan kaum di Malaysia akan menjadi rujukan bagi negara lain.* マレーシアの種族統合のやり方が他国にとっても参考になるだろう.

rujuk II (Ar) **merujuk : merujuki** 復縁する《離婚した妻と再婚すること; マレー人社会では少なくない》: *Dia sudah rujuk dengan bekas isterinya setelah bercerai selama dua tahun.* 彼は前妻と2年間別れた後に復縁した. *Ali hendak merujuki bekas isterinya.* / *Ali hendak merujuk kembali dengan bekas isterinya.* アリは前妻と復縁したがっている.

rukuk (Ar) (イスラムの礼拝で)両手を膝に置き身体を前かがみにする姿勢.

rukun I (Ar) (交友関係で)仲直りした, 仲が良い, (外交関係で)平和的, 融和した: *Mereka selalu berteng-*

kar tetapi segera *rukun*. 彼らはいつもけんかするが、すぐ仲直りする. Kita harus *hidup rukun*. 私たちは仲良く暮さねばならない.

merukunkan 仲直りさせる. 融和させる, 調和させる.

kerukunan 平和, ハーモニー: *Kerukunan rumah tangga* amatlah penting. 家庭の平和が一番大切だ.

rukun II (Ar) **1** *Rukun Islam, Rukun agama* イスラムの五行（信仰告白, 礼拝, 断食, 喜捨, メッカ巡礼）. **2** 基本原則: rukun-rukun demokrasi 民主主義の原則. ***Rukun Negara*** (*Rukunegara*) マレーシアの国家五原則《神への信仰, 国王・国家への忠誠, 憲法の遵守, 法の支配, 善行と道徳》.

rumah **1** 家, 住宅: *rumah* besar 大きな家. Itu *rumah* saya. あれが私の家です. *rumah teres* テラス・ハウス. *ahli rumah* 家族. *rumah orang tua* 老人ホーム. Ayah *di rumah*? お父さんはご在宅ですか. Dia *tidak di rumah*. 外出中です. Malaysia *rumah keduaku*. マレーシアはわが第二の故郷. *bermain rumah-rumah, masak-masak* ままごとをする. "*Buatlah seperti rumah sendiri*." 「どうぞお楽に」《来客に自分の家のようにくつろぐよう勧める決まり文句》. **2** 建物: *rumah api* 灯台. *rumah banglo* バンガロー（1戸建て住宅）. *rumah berhala* 寺院. *rumah haram* 違法建築家屋. *rumah kedai* 商店. *rumah kembar* デタッチド・ハウス. *rumah pangsa* フラット. *rumah panjang* ロングハウス（長屋）. *rumah penginapan* 宿, 宿泊施設. *rumah pintar* インテリジェント・ハウス. *Rumah Putih* （米国の）ホワイト・ハウス. *rumah sakit* 病院. *rumah tetamu* ゲストハウス. **3** （運動会の）～組: *Rumah merah* menjadi juara dalam acara sukan sekolah. 学校の運動会で赤組が優勝した.

berumah **1** 家を持っている. **2** ～に住む（＝berumah tinggal di ～）.

berumahkan ～を家として使う: *berumahkan khemah* テントを家とする.

perumahan 住宅, 住宅用地: *projek perumahan* 住宅建設プロジェクト. *kawasan perumahan baru* 新興住宅地. *masalah perumahan* 住宅問題.

serumah **1** 世帯・家に住む者全員: Mereka *serumah* pulang ke kampung malam tadi. 彼らは家中全員が昨夜田舎に帰った. **2** 同じ家に住む: Ali *tinggal serumah* dengan neneknya. アリはおばあちゃんと同じ家に住んでいる. *kawan serumah* 同じ家に住む同僚.

rumah tangga 家庭, 世帯, 家事: *kerja-kerja mengurus rumah tangga* 家事. Keputusan *rumah tangga* dikuasai isteri. 家事の決定権は妻が掌握している. Isteri menjadi lebih dominan *dalam rumah tangga*. 家庭では妻がより支配的になる. Sekarang suami *mengurus rumah tangga*. 今は夫が家事をする. *mendirikan rumah tangga* 世帯をもつ（結婚する）. *Rumah tangga* boleh runtuh sekelip mata. 家庭というものは一瞬にして崩壊する. *suri rumah tangga* 主婦.

berumahtangga 結婚する, 世帯を持つ.

rumbia 〔植〕サゴヤシ.

rumbu 行儀の悪い.

Rumi ローマ字 (huruf Rumi).

merumikan ローマ字になおす.

perumian ローマ字化.

rumit 複雑な,困難な=sukar, susah, susah: *masalah rumit* 複雑な問題.

merumitkan 複雑にする,難しくする: *Awak merumitkan hal ini.* 君がこの事をややこしくさせている.

kerumitan 複雑さ,困難さ: *kerumitan mendapat maklumat yang tepat* 正確な情報を入手する困難さ.

rumpai 雑草: *rumpai laut* 海草.

rumpun 1 (同種の)植物群. 2 (同じ系統の)民族集団: *rumpun Melayu* マレー系民族: *Mereka daripada rumpun Melayu.* 彼らはマレー系に属している.

berumpun, berumpun-rumpun かたまって育つ,茂る: *Cendawan tumbuh berumpun.* キノコはかたまって茂る.

serumpun 1 茂み. 2 同類,同族,同じ系統の民族: *Bahasa Arab tidak serumpun dengan bahasa Melayu.* アラビア語はマレー語と同類ではない.

rumput 草,雑草: *memotong rumput* 草を刈る. *Bagai rumput di tepi jalan.* 道端の雑草の如く.

merumput 1 草を刈る: *merumput padang dengan mesin* 広場の草を機械で刈る. 2 (牛・羊などが)草を食べている.

rumput-rumputan; rerumputan 色々な種類の草(＝remput-rumpai).

perumputan, rumputan 牧草地,草原.

rumus; rumusan 1 略称. 2 (化学や数学の)式,法則: *Rumusan kimia air ialah* H_2O. 水の化学方程式は H_2O. 3 要約,要旨,簡潔で正確なまとめ(結論): *menulis rumusan cerita itu* その話の要旨を書く. *membuat rumusan cadangan-cadangan itu* それらの提案を要約する.

merumuskan 1 ～を略称で呼ぶ: *Pertubuhan Bangsa-Bangsa Bersatu dirumuskan kepada* PBB. 国連はPBBと略称する. 2 ～を式で表す. 3 簡潔にまとめる,要約する: *Jadual 3 merumuskan maklumat yang diberikan di atas.* 表3は上記の情報を要約したものです. *merumuskan garis panduan* ガイドラインをつくる.

runcing 1 先の尖った,鋭い: *buluh runcing* 先の尖った竹. 2 (情勢・関係が)険悪な: *keadaan yang runcing* 険悪な情勢.

meruncing 1 先が尖る,先細りする. 2 険悪化する,緊張状態になる,先鋭化する: *Krisis tebusan di Iraq menjadi semakin meruncing.* イラクにおける人質の危機はますます深刻化している. *Hubungan kedua-dua negara semakin meruncing.* 両国の関係はますます険悪化した.

meruncingkan 1 ～の先を細くする: *meruncingkan buluh itu* 竹の先を尖らせる. 2 先鋭化させる,深刻化させる: *Tindakan itu meruncingkan lagi keadaan.* その行動は状況をさらに深刻化させた.

keruncingan 1 尖っている. 2 深刻化.

runcit 色々な～,様々な種類の: *kedai runcit* 小売店. *barang-barang runcit* 雑貨. *perbelanjaan runcit* 諸雑費.

beruncit, beruncit-runcit 少しずつ,だんだんと: *membeli peti ais ini dengan bayaran beruncit-runcit* この冷蔵庫を割賦払いで購入する.

peruncit 小売商人.

peruncitan 小売業.

runding; **berunding** じっくり話し合う, 交渉する: Kami akan *berunding dengan* mereka *tentang* sistem yang baru itu. われわれは彼らと新しい制度について交渉する.

merundingkan 〜について話し合う, 交渉する: Mereka akan *merundingkan* kerjasama serantau. 彼らは地域協力について交渉する. Usul itu sedang *dirundingkan*. その提案はいま交渉中である.

rundingan 話し合い, 交渉: *rundingan damai* 和平交渉. *mengadakan rundingan dengan* 〜と交渉する.

perunding 1 交渉者. 2 コンサルタント=*pakar runding*.

perundingan 話し合い, 会談: *Perundingan itu berhasil* dengan beberapa persetujuan. 話し合いはいくつかの協定を結んで成功した.

runduk; **merunduk** 身をかがめる, 下に傾く=tunduk: *merunduk untuk mengutip batu itu* 石を拾うために前かがみになる.

merundukkan (頭を)下げる.

rundung; **merundung** (事故や困難に)遭う, 邪魔される: Dia selalu *dirundung* malang. 彼は常に不運に見舞われる. negara yang *dirundung* pelbagai masalah さまざまな問題に遭遇している国.

rungguh 質草, 担保.

rungkai; **merungkaikan** (ひも, 包みなどを)ほどく, 空ける.

rungut; **berungut**, **merungut** 不平を言う, 文句を言う: "Makanan di sini tidak sedap," *rungut* emak. 「ここの食べ物はまずい」と母が文句を言った. *merungut kerana terpaksa tunggu lama* 長く待たされたので文句を言う. *merungut yuran persekolahan terlalu tinggi* 学校の経費が高すぎると不平を言う.

merungutkan 〜について文句を言う, 〜について不平を言う: *merungutkan* sikap angkuh pegawai itu 役人の横柄な態度について文句を言う. Aminah *merungutkan* suaminya yang pulang lambat. アミナは帰りが遅かった夫に文句を言った.

rungutan 不満の声, 文句: *Rungutannya* tidak dipedulikan. 彼女の不満に注意が払われなかった.

runsing 不安な, 心配な: Dia *runsing* melihat kemerosotan pelajaran anaknya. 息子の学力低下を見て彼は心配になった.

merunsingkan 心配・不安にさせる: Kemerosotan pelajaran anaknya sungguh *merunsingkannya*. 息子の学力低下は彼を不安にさせた.

kerunsingan イライラ, 不安, 心配.

perunsing 心配性な人.

runtuh 1 崩壊する, 倒壊する, 滅びる: *tanah runtuh* 地すべり, 土砂崩れ. Bangunan empat tingkat *runtuh*. 4階建てのビルが倒壊した. Kerajaan itu *runtuh*. 政権が崩壊した. Rumah tangga boleh *runtuh sekelip mata*. 家庭なんて一瞬にして崩壊する. 2 (葉や果物が)落ちる.

meruntuh 落ちる: *musim durian meruntuh* ドリアンが落ちる季節.

meruntuhkan 取り壊す, 崩す, 滅ぼす: Banjir *meruntuhkan* jambatan itu. 洪水が橋を崩壊させた.

runtuhan, **keruntuhan** 壊れた物, 瓦礫, 残骸, 廃墟: *runtuhan rumah* 家の残骸, 倒壊した家の瓦礫. dikeluarkan *daripada bawah runtuhan batu dan tanah* 崩れ落ちた土石の下から助け出される. menemui kira-kira 400 mayat *dalam runtu-*

han bangunan 倒壊した建物の瓦礫の中から約400人の遺体を発見した. *runtuhan salji* 雪崩.

keruntuhan 崩壊, 倒壊: *keruntuhan pemerintah* 政権の崩壊. *keruntuhan akhlak* モラルの崩壊. *keruntuhan rumah tangga* 家庭崩壊.

peruntuh 破壊者.

runtun I; **meruntun, meruntunkan** 1 強く引っ張る: *meruntun kekasihnya* 恋人を強く引っ張る. 2 強奪する, 武力で征服する: *Negeri itu hendak diruntunkan*. その国を武力で征服しようとした.

runtunan 引っ張り, 牽引.

runtun II; **beruntun, beruntun-runtun** 次から次へと, 絶え間なく: *bekerja emat hari beruntun* 4日連続して働く. *Hujan turun dengan lebatnya dan bunyi guruh beruntun-runtun*. 雨が激しく降り, 雷鳴が絶え間なく轟いた. *kemalangan beruntun* 玉突き事故.

runtunan 連続したもの, 列: *dalam runtunan yang panjang* 長い行列の中.

rupa (Sk) 1 外形, 外観: *Rumah itu rupanya seperti bangunan*. その家は外形がまるでビルのようだ. *rupa bentuk* 姿形. 2 容姿, 顔つき=*paras muka*: *Rupa gadis itu cantik*. その少女の容姿は美しい. *dengan rupa yang ceria*. 晴れやかな顔つきをして. *Bagaimana rupa Cikgu Ali?* アリ先生はどんな格好をしているのですか. 3 種類: *segala rupa juadah untuk Hari Raya* ハリラヤ用のあらゆる種類の料理.

rupanya 1 容姿: *Bagaimana rupanya gadis itu?* その少女の容姿はどうですか. 2 多分〜のようだ: *Rupanya Alilah yang mengambil buku saya*. 僕の本を取ったのは多分アリのようだ. 3 本当は, 実は逆に: *Saya sangka awak ada di sekolah, rupanya awak berada di rumah Ahmad*. 僕は君が学校にいると思ったが, 本当はアハマッドの家にいたんだ. *Saya ingat adik sedang belajar, rupanya tidur*. 弟は勉強していると思ったが, 実は寝ていた.

rupa-rupanya 1 多分〜のようだ: *Rupa-rupanya usahanya untuk menyatukan kedua-dua parti itu berjaya juga akhirnya*. 両方の政党を一本化しようとする彼らの努力は最終的にやっぱり成功したようだ. 2 本当のところは〜, 逆に: *Jawapan yang disangka betul itu, rupa-rupanya salah*. 正しいと思っていた答が実は誤りであった.

berupa 1 〜の形態をした, 〜に似た: *Logo syarikat itu berupa sebuah bintang*. 会社のロゴは星の形である. *memberikan bantuan berupa makanan* 食糧の形態での援助をする. 2 美しい, 魅力的な: *Gadis yang berada, berpelajaran dan berupa amat sukar dicari*. 金持ちで学があり, 容姿が美しい娘を探すのは実に難しい.

merupai 〜と似ている: *Binatang yang dilukisnya itu merupai kucing*. 彼女の描く動物は猫に似ている.

merupakan 1 〜である: *A merupakan B*. A=B; *Cerpen ini merupakan karyanya yang pertama*. この短編が彼の最初の作品である. 2 〜を形成する, となる: *Getah dan bijih timah merupakan hasil eksport yang utama bagi Malaysia dahulu*. 昔は天然ゴムと錫がマレーシアの主要輸出品となっていた.

serupa 〜と同じ, 似ている：*Cakap tak serupa bikin.* 言うこととやることが違う（言行不一致）. *Pak Ali bercakap tidak serupa bikin.* アリさんは言うこととやることが違う. *Bentuk bangunan itu serupa dengan bentuk huruf E.* そのビルの形はEの字の形に似ている.

menyerupai 〜に似ている, 〜と同等の：*Wajah Aminah menyerupai wajah emaknya.* アミナの顔つきは母親の顔つきにそっくりだ. *Kerana bentuknya yang menyerupai timun, haiwan ini dikenali sebagai timun laut.* 姿がキュウリに似ているので, この生き物は海のキュウリ［ナマコ］として知られている.

menyerupakan 1（制度などを）統一する：*menyerupakan sistem zakat* ザカットの制度を統一する. 2 〜を同一と見なす.

keserupaan 類似：*Tidak ada keserupaan di antara wajah Aminah dengan wajah kakaknya.* アミナの顔つきと姉のそれとはまったく似てない.

rupawan （顔形が）美しい.

rupiah ルピア（インドネシアの通貨単位）.

rusa (Sk)〔動〕シカ（鹿）.

Russia ロシア.

rusuh I 1 混乱した, 騒乱状態にある：*Keadaan menjadi rusuh apabila pihak tentera mengambil alih pemerintahan negara itu.* 軍側が同国の政権を掌握してから情勢は混乱した. 2 不作法な, 粗野な：*Bahasanya rusuh.* 彼の言葉使いが粗野だ.

merusuh 騒乱を起こす：*Pelajar-pelajar yang merusuh itu telah ditangkap.* 騒動を起こした学生らは逮捕された.

rusuhan 騒乱, 動乱, 反乱：*melibatkan diri dalam rusuhan itu.* 騒乱に加わる. *mengawal rusuhan* 動乱を抑える. *memadamkan rusuhan* 反乱を鎮圧する. *rusuhan pelajar.* 学生暴動.

perusuh 暴徒, 扇動者.

rusuh II 落ち着かない, 不安な（= rusuh hati）：*Rusuhlah hati saya mendengar berita itu.* その知らせを聞いて不安になった.

berusuh (hati) 心配する, 悲しくなる.

merusuhkan 1 〜を心配させる：*Bukan mereka saja yang merusuhkan saya.* 私を心配させるのは彼らだけでない. 2 〜について心配になる：*Selalu ada perkara yang dirusuhkan.* 心配になる事は常にある.

rusuk 1 脇, わき腹：*masuki rumah itu dari pintu rusuk* 脇のドアから家に入る. *Dia mengambil gambar saya dari rusuk.* 彼は私の写真を脇（横）から撮影した. *tulang rusuk* 肋骨. 2 端：*rusuk jalan* わき道.

merusuk 1 わき腹を刺す：*merusuk lelaki itu dengan pisaunya* ナイフでその男のわき腹を刺す. 2 端のところに：*berjalan merusuk* 端を歩く.

rutin （英）routine 通常の手順, ルーティン. 定期的に：*rutin bertemu seminggu sekali* 週一回定期的に会う.

ruyung ルヨング（ヤシの硬い樹皮）.

ruyup; meruyup 1（眠くて）まぶたが重たい＝*Matanya sudah meruyup.* 2（太陽が）沈む＝*Matahari dah meruyup benar.* 太陽はすっかり沈んだ.

meruyupkan (mata) 目をつぶる.

S

saat **1** 秒＝detik：Dalam satu minit ada *60 saat*. 1分間は60秒である. 9.77 *saat* bagi jarak 100 meter 100メートル短距離競走で9.77秒. **2** 瞬間, 時 (waktu)：*pada saat itu* その時. *Di saat* rumah Ahmad terbakar, dia tidak ada di rumah. アフマドの家が火事になったとき, 彼は家にいなかった. *Saat perpisahan* sudah sampai. 別れの時が来た.

pada saat-saat akhir**, **pada saat terakhir 最後のドタンバで：membatalkan majlis perkahwinannya *pada saat-saat akhir* 結婚式をドタキャンする. Mereka selalu membuat sesuatu *pada saat-saat terakhir*. 彼らはいつも物事を最後の段階で(ぎりぎりになってから)する.

sesaat **1**一瞬. **2**～の時 (ketika)：*Sesaat* duduk, baginda pun berangkat masuk. 座った時, 王様がお入りになられた.

Sabah サバ州《マレーシア東部のボルネオ島北西部に位置する州》.

Sabahan サバの：*orang Sabahan* サバ州の人々.

saban いつも, 毎～＝tiap-tiap：*saban hari* 毎日. *saban minggu* 毎週.

sabar (Ar) 忍耐強い, 冷静な, 我慢する：Dia seorang yang *sabar*, tidak lekas marah. 彼は忍耐強い人で, すぐ怒らない. *Sabar! Sabarlah sampai besok pagi*! 我慢しなさい, 明日朝まで我慢しなさい. *Sabar! Sabar*! Jangan panik. 落ち着いて, パニックになるな. *dengan sabar* 我慢して, 忍耐強く；Dia menunggu di situ *dengan sabar*. 彼は辛抱してそこで待っていた. Zidane *hilang sabar* tiba-tiba. ジダンが突然キレた.

tidak sabar 待ちきれない, ～したくてたまらない, 我慢できない：*Saya tidak sabar*. Saya tidak boleh menunggu. もう待ちきれない. *tak sabar* menunggu. 待ちきれない. Cepat bukalah, Pak Ali, *saya dah tak sabar nak tengok* barang antik itu! アリさん, 早く開けてよ, その骨董品を見たくてしょうがない. *Tak sabar rasanya nak balik kampung*. 帰省したくて我慢できない. *Tidak sabar rasanya menanti esok*. 明日まで待ちきれない感じ. *Saya tidak sabar lagi terhadapnya*. 彼に対してもう我慢できない.

bersabar 辛抱強く, 我慢する (bersabar hati)：Harap *bersabar hati*. Doktor akan merawat anda sebentar lagi. 堪えてください. お医者さんがすぐ診に来るから. Dia menyuruh saya *bersabar*. 彼は僕に辛抱するよう命じた.

menyabarkan (感情を)抑える, (人を)なだめる：Kami *menyabarkan* Ali *dari* berkelahi dengan kawannya. 僕らはアリに友達とけんかしないようなだめた.

kesabaran 忍耐, 辛抱: Pemuda itu tidak ada *kesabaran* untuk membuat kerja-kerja sebegitu. 若者はそのような仕事をする忍耐力がない. "Apa? Dia tak nak menemui saya? *Habis kesabaran saya*. Saya tak nak berhubung dengan dia lagi."「何? 彼は僕に会いたくないって? こっちの方が我慢できない. もう彼と関係をもちたくない」.

penyabar 辛抱強い人.

sabda (アッラー, 使徒, 王の)言葉, 言う(＝bersabda).

sabil (Ar) (イスラムの)聖戦, (＝perang sabil). *mati sabil* 殉死.

sabit I 1 草刈り鎌. 2 三日月.

menyabit (草を)刈る: *menyabit rumput* 草を刈る.

penyabit 草刈り鎌, 草を刈る人.

sabit II (有罪などが)確定する, 判決が出る: Setelah *sabit kesalahannya*, hukum pun dijatuhkan. 彼の有罪が確定したので, 刑が下った.

menyabitkan 有罪判決を出す, 有罪を決定する: Hakim telah *menyabitkan kesalahannya*. 裁判官が彼の有罪を宣言した. Dia *disabitkan bersalah* atas pembunuhan tersebut. 彼はその殺人事件で有罪判決を受けた. Dia belum *disabitkan kesalahan*. 彼はまだ有罪が確定していない.

sabotaj (英) sabotage サボタージュ.

Sabtu (Ar) 土曜日: *pada hari Sabtu akan datang* 来週の土曜日に. *Sabtu malam* 土曜日の夜(＝malam Ahad).

sabun I (Ar) 石けん.

menyabun 石けんで洗う: *menyabun pinggan yang kotor* 汚れたお皿を石けんで洗う.

sabun II (Ar) 白, 白色＝putih: anjing *sabun* 白い犬.

sabung; **bersabung** (牛, 鶏が)闘う: *sabung ayam* 闘鶏. *sabung lembu* 闘牛. *ayam sabung* 闘鶏に出す鶏, 闘士. *bersabung ayam secara tersembunyi* 隠れて闘鶏をする.

sabung-menyabung (閃光が)光る: Kilat *sabung-menyabung* di langit. 空に閃光がぴかっと光った.

menyabung, menyabungkan 1 鶏や牛を闘わす: *menyabung ayam di padang itu* 広場で闘鶏をする. 2 命がけでする: Dia sanggup *menyabung nyawa* demi ibunya. 彼は母親のためなら命がけでする用意がある.

penyabungan 闘わすこと(闘鶏・闘牛).

sabur 混じり合う, ぼやける, はっきりしない (sabur-limbur).

sabut (ヤシなどの実の)繊維部分の殻, 外皮: *Sabut kelapa* dijadikan penyapu. ヤシの実の殻は箒になる.

sadai; **bersadai** 手足を伸ばして横たわる, (使われない舟が)陸に上げられている: Ali *bersadai* di bawah cahaya matahari. アリは陽の光の下で横たわっていた.

tersadai 1 (船が)陸に上げて置く, 座礁した, (乗り物が)路線を外れて乗り上げる: Perahunya *tersadai* di pantai. 舟が海岸に打ち上げられている. Kereta api Shinkansen itu tergelincir dan *tersadai di tepi landasan* dalam kejadian gempa bumi itu. 地震で新幹線が脱線し, 線路際に乗り上げてしまった. 2 (手足を)伸ばして横たわる. 3 (品物が)売れない状態.

sadap; *pisau sadap* (天然ゴム樹液を採るための)タッピング・ナイフ.

menyadap 樹液を採る.

penyadap 樹液採集者, タッピング・ナイフ.

saderi 〖植〗セロリ.

sadin 【口語】何も知らぬふりをする: *buat muka sadin* 知らないか気付かぬふりをする. *Dia buat muka sadin apabila ditegur.* 彼は挨拶されても知らんぷりをした.

sadung; menyadung つまずく.

tersadung つまずいた: *Ali tersadung dan kakinya tercedera.* アリはつまずいて足を怪我した.

sadur メッキ: *sadur elektrik* 電気メッキ. *sadur timah* 錫メッキ. *tepung sadur* 練り粉.

bersadur メッキした: *cincin yang bersadur emas* 金メッキした指輪.

menyadur 1 メッキする: *menyadur cincin itu dengan emas,* / *menyadur emas kepada* cincin 指輪を金でメッキする. 2 (原作を)脚色する, 改ざんする, 真似る: *menyadur cerita itu daripada* sebuah cerita bahasa asing 外国語の物語を脚色してつくる.

saduran 1 メッキしたもの: *Ini bukan emas betul, tetapi emas saduran.* これは本物の金ではなく, メッキされた金だ. 2 引き写し: *Banyak lagu-lagu pop Malaysia sekarang adalah saduran dari lagu pop Barat.* 今のマレーシアのポップ・ミュージックの多くは西欧のポップを引き写したものだ.

penyadur 1 メッキ道具. 2 真似する人.

saf 列, 隊列.

bersaf-saf 整列する, 隊列をつくって: *Orang sembahyang bersaf-saf banyak.* たくさんの人々が列をなして礼拝した.

Safar (Ar) イスラム暦の2月.

safari サファリ.

saga 1 赤い小さな実をつける木. 2 金の重量単位: 1 saga = 1/16 mayam. (その実が金を計量するのに用いられていた).

sagat; penyagat (ヤシや芋などを削るための) 削り器, おろし器.

menyagat (ヤシや芋を)削る, おろす.

Sagitarius 射手座.

sagu I サゴヤシ (= pokok sagu), サゴ (= tepung sagu: サゴヤシの芯から採取したでんぷん).

sagu II (**sagu hati**) 1 補償金, 慰謝料: *membayar sagu hati kepada tuan tanah* 地主に補償金を払う. 2 報奨金, 謝礼: *menerima bonus dan sagu hati daripada syarikat* 会社からボーナスと報奨金をもらう. *hadiah sagu hati* 優勝を惜しくも逸した者へ与えられる賞品.

sah (Ar) 1 合法的な, 有効な: *isteri yang sah* 合法的な妻. *secara sah* 合法的な. *secara haram* 不法に. *pekerja buruh asing yang sah dan pekerja buruh asing yang haram* 合法的な外国人労働者と不法外国人労働者. *sah untuk tiga bulan* 3カ月有効である. *tidak sah* 法的に違法である, 無効である; *Kontrak ini tidak sah.* この契約は無効である. 2 間違いのない, 真実の: *Khabar yang diceritakannya itu memang sah.* 彼の話した知らせは確かに間違いない.

mengesahkan 1 確認する: *Anda hendaklah mengesahkan jumlahnya sebelum membayar bil.* 請求書を支払う前にその金額を確認すべきです. *Tiada rakyat Malaysia yang disahkan menjadi mangsa dalam gempa bumi raksasa itu.* その巨大

sahabat

地震で犠牲になったマレーシア人はいないことが確認された. **2** 正式に認める, 承認する: Pihak berkuasa telah *mengesahkan* bahawa pemimpin rusuhan itu sudah ditangkap. 当局は暴動の指導者が逮捕されたことを正式に認めた.

kesahan 合法的.

pengesahan 確認, (協定の)批准: *pengesahan perjanjian* 協定の批准. *membuat pengesahan tentang* ～について正式に確認する.

sahabat (Ar) 友人, 親友: *sahabat handai, sahabat karib* 親友. *sahabat kenalan* 友人. *sahabat pena* ペンフレンド.

bersahabat 親しくなる, 友人になる: Kami *bersahabat* sejak kecil lagi. 僕らは幼い頃からの親友です. Dia *tidak bersahabat dengan* siapa pun. 彼は誰とでも敵対する.

persahabatan 友情: *perlawanan persahabatan* 親善試合. lebih menghargai *persahabatan* daripada wang お金よりも友情を大切にする.

sahaja =**saja** **1** ただ, 単に: dua buah buku *sahaja* 二冊の本だけ. *sekejap saja* ちょっとだけ. *Dia saja* yang datang. 来たのは彼だけだ. *Tuhan sahaja* yang tahu. 神のみぞ知る. "Adakah apa-apa lagi yang awak ingin tanya?" "*Itu sahaja*." 「尋ねたいことは他に何かありますか」「それだけです」. *Bukan itu sahaja*. それだけでない. *Begitu saja*? そ れだけですか. *Itu alasan saja*. それは言い訳にすぎない. **2** 何でも, どこでも, いつでも《疑問詞と結びついて》: *apa saja* 何でも, *ke mana saja* どこへでも, *bila saja* いつでも: melakukan *apa saja* 何でもする. *Ke mana sahaja* saya pergi, saya pasti bertemu dengannya. 私がどこへ行っても, 決まって彼に出会う. **3** 《前の語句を強調する働き》: *Mudah sahaja* mengenal orang Melayu. マレー人を見分けるのは実に簡単です. *Apa saja* yang awak buat selama ini? これまでいったい何をしていたのか. *Masuk saja*. 入りなさい. *Luka itu kecil saja*. その怪我はとても軽い. *Bilang saja apa bendanya*. 本当のことをはっきり言いなさい. *Pada saya itu sama saja*. 私にとってはそれは全く同じです(何でもありません). *Selalu sahaja* sakit sana sakit sini. しょっちゅうあっちが痛いこっちが痛い(と言う). **4** わざと, 意図的に: *Sahaja* mereka mencari gaduh. 彼らはわざとけんかの種を探している. **5** 大した理由もなく, 何となく: "Awak datang nak baca surat khabar?" Tidak, saya *saja* datang. 「新聞を読みにきたのかい?」「いや, 何となく来ただけだ」"Mengapa baca buku ini?" "*Saja*." 「なぜこの本を読むのか」「大した理由もなく」. "Apa awak buat di sini?" "*Saja* jalan-jalan." 「ここで何をしているのか」「何となく散歩しているだけ」.

bersahaja, bersahaja-sahaja ありふれた, 日常の, 質素な, 簡素な, 自然な: Cara hidup mereka sungguh *bersahaja*. 彼らの生活様式はとても質素だ. "Saya tak tahu," jawabnya *bersahaja*. 「知りません」と彼は自然な調子で答えた. *berpakaian bersahaja* 普段着を着て.

saham 株式: *saham amanah* ユニットトラスト. *pasaran saham* 株式市場. *pemegang saham* 株主.

sahaya **1** 【古典】奴隷, 召使い, 下僕: Raja itu memanggil segala *sahayanya* berkumpul di balairung.

王は召使たちに謁見の間に集まるよう呼んだ. **2** 私《一人称: もともとは奴隷・下僕と卑下した言い方であった. 現在は→ *saya* を使う》.

sahih 本当の, 真実の, 正当の: bukti yang *sahih* 確固とした証拠.

kesahihan 正当性, 妥当性.

sahut ; menyahut 返答する, と答える, 返事をする: "Baiklah, mak", *sahut* Ali.「分かりました, お母さん」, とアリが答えた. Ali *tidak menyahut* apabila dipanggil oleh bapanya. アリは父親から呼ばれても返事をしなかった.

bersahutan, bersahut-sahutan, sahut-menyahut 答え合う, 互いに応答する.

sahutan 返答, 反応.

saing I 友人, 仲間=kawan: Dia *saing* saya waktu di sekolah dahulu. 彼は僕の学校時代の友人です.

bersaing, bersaingan 一緒に歩く, 同行する: Saya pergi ke sekolah *bersaing dengan* Azlina. 僕はアズリナと一緒に学校へ行く.

menyaingi 〜に同行する, 〜の後に続く: Saya selalu *menyaingi* Ali ke sekolah. 彼はいつもアリの後について学校へ行った.

saing II 匹敵する人・物, 競争: Anak perempuan saya tidak mahu menerima pinangan orang yang bukan *saingnya*. 娘は自分に匹敵する男性でない人からの求婚は受け入れたくない.

bersaing, bersaingan 競争する, 競合する: Saya sudi *bersaing dengan* siapa saja. 僕はだれとでも競争する用意がある. *daya saing* 競争力. *berdaya saing* 競争力のある.

menyaingi 〜と競争する: Produk ini mampu *menyaingi* produk lain di pasaran. この製品は他の製品と市場で競争(太刀打ち)できる. Awak tidak akan dapat *menyaingi* Kassim. 君はカシムにはとうてい勝てないよ.

saingan 匹敵する者, 競争相手: *tidak ada saingan* 匹敵する者は他にいない: Kecantikannya memang *tidak ada saingan*. 彼女の美しさに匹敵する者は他にいない.

persaingan 競争: Terdapat *persaingan hebat* antara peserta-peserta untuk merebut piala itu. その優勝カップを争奪するため参加者の間で激しい競争があった.

pesaing ライバル, 競争相手: Dialah *pesaing saya* yang paling saya geruni. 彼こそが私の一番恐れている競争相手だ.

sains (英) science 科学: *ahli sains* 科学者. *sains hayat* 生命科学. *sains kemasyarakatan* 社会科学. *sains komputer* コンピューター科学. *sains maklumat* 情報科学.

saintifik (英) scientific 科学的な.

saiz (英) size サイズ: Berapakah *saiz* kasut ini? この靴のサイズはくつですか. *Saiz* ini padan dengan kaki saya. このサイズは私の足にぴったりだ.

bersaiz 〜のサイズの: dompet duit *bersaiz poket* ポケット・サイズの財布.

saja → **sahaja**.

sajak **1** 詩(現代詩). **2** 韻, 音韻. **3** (着物が)ぴったり合う: *Sajak betul* apabila dia berpakaian askar. 軍服を着るととても良く似合う.

bersajak **1** 韻を踏んだ, 詩の形式の. **2** 作詞する=menyajak.

menyajak **1** 作詞する. **2** 着飾る.

penyajak 詩人.

saji; *sajian* (客に出された)食物, 料理: Apabila *sajian* sudah disiapkan, para tetamu pun masuk makan. 料理の準備ができたので, お客が入ってきた.

bersaji (食事を)出す.

menyajikan (食事を)ふるまう, 用意する: *menyajikan makanan* 食事を出す.

saka I 母系家族.

saka II (土地が)やせている.

saka III 遺産=pusaka.

saka IV (家屋の)主柱, 大黒柱=tiang seri.

sakat I 寄生植物.

sakat II; *menyakat* 苛める, からかう.

saki-baki 食べ残し, 余りもの=sisa: memungut *saki-baki makanan di atas meja* テーブルの上の残飯を集める.

sakit 病気, 痛い: Dia *sakit*. 彼は病気です. Dia *kena sakit*. / Dia *jatuh sakit*. 彼は病気になった. "*Di mana sakit?*"「どこが痛いのですか」. Kaki saya *sakit*. / Saya *sakit* kaki. 私は足が痛い. "*Adu! Sakit! Sakit!*"「ワァ, 痛い, あっちが痛いよ!」. *Sakit* sebab jatuhkah?(木から)落ちたから痛いのか. *Sakitnya bukan kepalang*. 痛さが尋常でない. *Masih terasa sakit*. まだ痛い. *Sakit apa dia?* 彼はどうしたのか(どこか悪いのか). *Sakit sana sakit sini*. 身体がいつも *sakit saja*. あっちが痛い, こっちが痛い. 身体がいつも病んでいる. *orang sakit* 病人, 患者. *sakit demam selesema* 風邪をひく. *sakit gigi* 歯が痛い. *sakit akal* 精神障害. *sakit berat, sakit lasat* 重病. *sakit jantung* 心臓発作. *sakit kepala* 頭痛. *sakit perut* 腹痛. *sakit hati* 気を悪くして怒る. *bercuti sakit* 病欠する. *Biar sakit dahulu senang kemudian*【諺】苦は楽の種.

sakit telinga 耳が痛い, 聞くに堪えられない: Teruknya kata-kata pegawai itu. *Sakit telinga saya dengar*. その役人の言葉は最悪で, 聞くに堪えられない.

sakit mata 目が痛い, 見るに耐えられない, 見ていられない: Pendeknya baju perempuan itu. *Sakit mata saya tengok*. あの女性の服はとても短くて, 見るに耐えられない(見ていられない).

bersakit, bersakit-sakit 1 苦しむ, 痛む, 病気がちな. 2 できる限り努力する: Tidak akan mencapai sesuatu *dengan tidak bersakit-sakit*. 努力せずに何事もなし得ない.

menyakiti; *menyakiti hati* 心を傷つける, 〜の感情を害する: Saya tidak berniat untuk *menyakiti hati anda*. 私はあなたの感情を傷つけるつもりはありません. Tidak baik kita *menyakiti hati orang*. 他人の心を傷つけるのはよくない.

menyakitkan 痛める, 傷つける: *menyakitkan tangan* 手を傷める.

menyakitkan hati 心を傷つける: Kata-kata Ali itu *menyakitkan hati kawannya*. アリのその言葉が友人を傷つけた.

kesakitan 1 苦痛: *Kesakitannya tidak dapat ditahan lagi*. 激痛にもはや耐えられなかった. 2 あまりにも痛い: berteriak *kesakitan* あまりにも痛くて泣き叫ぶ.

penyakit 病気: *Penyakit itu berjangkit*. その病気が蔓延している. *belum sembuh daripada penyakitnya* 病気からまだ回復していない. *penyakit mental* 精神病. *penyakit* *jantung* 心臓病. *penyakit lembu gila.* 狂牛病.

berpenyakit 病気がちの, 厄介者: Dia *berpenyakit*. 彼はトラブル・メーカー.

pesakit 病人, 患者: *pesakit luar* 外来患者.

saksama (Sk) **1** 公平な, 偏向しない: *perbicaraan yang saksama* 公平な審判(裁判). **2** 注意深く, 慎重に: *diperiksa dengan saksama* 慎重に検査する.

kesaksamaan **1** 公平さ: *kurangnya kesaksamaan dalam perbicaraan* 公正さを欠く裁判. **2** 慎重. **3** 正確さ, 精密さ: *Kerja membaiki mesin ini perlukan kesaksamaan.* この機械の修理には精密さが要求される.

saksi (Sk) 証人: *saksi mata* 目撃者. *menjadi saksi* 証人になる. *saksi bagi pihak pendakwa* 検察側の証人. *saksi bagi pihak yang dituduh* 被告側の証人.

bersaksi 証人がいる, 証人になる.

menyaksikan **1** 目撃する: *Sesiapa yang menyaksikan kejadian itu diminta menghubungi polis.* その事件を目撃した人はどなたでも警察に連絡してくれるようお願いします. **2** 見守る, 証人として立ち会う: *menyaksikan persembahan itu* その公演を見守る. *Mereka berkahwin dengan disaksikan oleh ibu bapa mereka.* 彼らは両親立ち会いのもとで結婚した. *menyaksikan upacara perkahwinan* 結婚式に出る.

mempersaksikan **1** 証明する, 見せる. **2** 証人として申し出る.

kesaksian 証言: *memberi kesaksian* 証言する; *Dia memberi kesaksian di hadapan mahkamah.* 彼は裁判所で証言した.

saksofon (英) saxophone サクソホーン.

sakti (Sk) 超自然力, 神聖な力を持つ: *keris yang sakti* 神聖な力のあるクリス. *kuasa sakti* 超能力.

kesaktian 超自然力, 超能力, 魔力: *Saya tidak percaya akan kuasa kesaktian.* 僕は超能力を信じていない.

saku ポケット＝kocek: *kamus saku* ポケット版辞書. *wang saku* ポケット・マネー. *penyeluk saku* スリ(掏り).

menyakukan 〜をポケットに入れる: *menyakukan duit yang dijumpainya* 見つけたお金をポケットへ入れてしまう.

sal ショール(首の周りを覆う).

salah I **1** 間違った, 誤った: *jawapan yang salah* 間違った答. *papan tanda yang salah ejaan* スペリングが間違った看板. "*Maaf, salah nombor.*"（間違い電話に対して）「番号が違いますよ, 間違い電話です」. *Kalau tak salah saya,* / *Kalau saya tak salah,* もしも私が間違っていなかったら. "*Nenek dah salah bas ni.*"【口語】「おばあちゃん, バスを間違えて乗ったようですよ」. **2** 良くない, 悪い, だめな: *Semua ini salah awak!* すべて君が悪い. *Salahlah kalau kita bercakap semasa cikgu mengajar.* 先生が教えているときはおしゃべりするのは良くない. *Tidak ada salahnya berhutang kalau berniaga.* 商売している場合, 借金することは悪いことではない. *Ini bukan salah sesiapa.* これは誰が悪いというわけではない(誰の責任でもない). "*Maafkan saya. Saya dah buat salah. Saya berjanji tak buat lagi.*"

salah

「ごめんなさい.僕が悪いことをした.もう二度としないと約束するよ」. **3** (法律に)違反した,犯罪的な: Mencuri adalah perbuatan yang *salah*. 窃盗は違法行為である. Dia tidak mempunyai *perasaan salah*. 彼は罪の意識がない. *merasa salah* 罪の意識を感じる, 悪いと思う.

salah erti, salah faham, salah tafsir 誤解する: Maafkan saya. Saya *salah faham terhadap / mengenai* anda. すみません,私はあなたを誤解していた. *salah faham maksud sebenar*. 真意を誤解する. *salah faham terhadap agama* 宗教を間違えて解釈する.

salah pengertian 誤って理解する,誤解する: Memang *salah pengertian* bahawa hidup membujang itu menyenangkan. 独身生活は楽しいというのは全くの誤解だ.

salah agak, salah sangka 予想が外れる,あてが外れる.

salah anggapan 勘違いする,判断を誤る.

salah guna 誤用する,使い方を間違える: Penghulu itu *menyalahgunakan* kuasa yang diberikan kepadanya. プンフル(区長)は与えられた権力を乱用した.

salah lihat / pandang 見間違える.

salah makan 食あたり.

salah orang 人違い.

salah pilih 選択の誤り.

salah tangkap 誤認逮捕.

salah tidur, salah bantal 寝違える: *Saya salah tidur ni*. 寝違えた.

salah urat 筋違える,脱臼する.

Apa salahnya. もちろん結構です,いいですよ《許可や依頼を求められた

ときに,異存ないことを表現する決まり文句》: "Bolehkan saya ikut awak?" "*Apa salahnya*. Mari kita pergi bersama." 「あなたに同行してよいかしら?」「もちろんですよ.一緒に行きましょう」.

salah-salah もしかすると,まかり間違うと: *Salah-salah* perempuan yang awak usik tadi itu kakak Ali. さっき君がからかった女性とはまかり間違うとアリのお姉さんかもしれない.

bersalah **1** 悪い: Saya kata saya sendiri *yang bersalah*. 私は自分の方が悪かったと言った. Saya *berasa salah* atas perbuatan saya. 私は自分の行為について悪いと感じた. **2** 誤りを犯す,罪を犯す,有罪の: Dia *bersalah* kerana mencuri. 彼は盗みの罪を犯した. Dia *didapati bersalah* kerana membunuh orang. 彼は殺人罪で有罪となった. membunuh *orang awam yang tidak bersalah* 罪のない一般人を殺す. Saya *tidak bersalah atas* tuduhan itu. 私はその訴えについて無実です.

menyalahi 違反する,(決まりを)守らない: Perbuatan itu *menyalahi undang-undang*. その行為は法律に違反する.

menyalahkan **1** とがめる,責める,非難する: *menyalahkan* pekerja yang malas 怠けた従業員を責める. Dia selalu *menyalahkan* orang lain. 彼はいつも他人を非難する. *menyalahkan diri* 自分自身を責める. Diri kita sendirilah yang patut *disalahkan*. 非難されるべきはわれわれ自身だ. **2** 避ける. **3** 否定する.

tersalah 間違える: Kami *tersalah jalan*. 道に迷う. "Maafkan saya, *saya tersalah nombor*." (電話で)「す

みません,電話番号を間違えました」.

kesalahan 1 間違い,誤り: *Saya mengakui kesalahan saya dan saya minta maaf*. 僕は自分の間違いを認めます,すみませんでした. *Jangan ulang kesalahan itu lagi*. 二度と間違いを繰り返さないように. **2** 違反,犯罪: *kesalahan jenayah* 犯罪. *kesalahan trafik* 交通違反. *Dia didenda kerana kesalahan mencuri*. 窃盗の罪で罰金を科せられた.

pesalah 悪事を犯した者,犯人: *Pesalah itu dibawa ke balai polis*. 犯人は警察署に連行された.

salah II; **salah satu** そのうちの一つ (one of them): *salah satu gambar itu* それらの写真のうち一枚. *salah sesuatu, salah suatu* たくさんの中の何か一つ.
《salah+se 助数詞の表現》.
salah seorang *pelajar* 学生の一人.
salah sebuah *kamus* 辞書の中の一冊. ***salah seekor*** *gajah* 象の中の一頭.

salai; **bersalai** (魚などを火の上で)焙った,燻る,燻製にした.

menyalai 焙る,燻る,燻製にする: *Nelayan itu menyalai ikan-ikan yang tidak habis dijual*. 漁師は売れ残った魚を燻製にした.

salaian, penyalai 焙る道具(網など).

salak; **salakan** 犬の吠える声.

menyalak 吠える: *Anjing itu menyalak bila ada orang datang*. 人が来ると犬が吠える.

salam (Ar) 挨拶: *memberi salam* 挨拶する. *saling memberi salam* 挨拶を交わす. *membalas salam* 挨拶に答える. ***Kirim salam kepada*** ~, / ***Sampaikan salam saya kepada*** ~によろしくお伝えください. *Salam saya kepada* ~によろしくね. *Sekianlah dengan ucapan salam bahagia kepada anda seisi keluarga*. では,ご家族の皆さんによろしくお伝えください《手紙文》.

bersalam (握手して)挨拶する.

bersalam-salaman, bersalaman (握手して)挨拶を交わす.

menyalami ~と挨拶をする,~と握手する.

salap 軟膏.

salasilah (Ar) 家系,譜系.

salib (Ar) 十字,十字架: *perang salib* 十字軍.

menyalib, menyalibkan 磔(はりつけ)の刑にする.

salih I 敬虔な,信心深い: *orang Islam yang salih* 敬虔なイスラム教徒. *Saya bukan orang salih*. 私は聖人君子ではない,普通の人です.

salih II 異常な,奇妙な: *Mat Salih (mat salih)*【俗語】イギリス人,白人.

salin I; **bersalin** 着替える:脱皮する: *bersalin pakaian* 着替える. *Bersalinlah dulu*. まず着替えなさい. *Ular itu bersalin kulit*. 蛇が脱皮する. *bilik bersalin* 着替え用の部屋. *bersalin kereta api* untuk ke Pantai Timur 列車を東海岸行きに乗換える.

menyalin 1 着替える,取りかえる: *sedang menyalin pakaian* 着替え中である. **2** 移し変える,移動する: *menyalin nasi ke bakul* ご飯をかごに移し変える. **3** コピーする,写す: *menyalin dokumen itu* 書類をコピーする. *menyalin tulisan yang ada di papan hitam ke dalam buku notanya* 黒板の字をノートに写す. **4** 翻訳する: *menyalin buku bahasa Inggeris ke bahasa Melayu* 英語の本をマレー語に翻訳する.

salinan 1 写し,コピー: *Tolong*

salin kirimkan *salinan* surat itu kepada saya. どうかその手紙の写しを私に送ってください. **2** 翻訳.

penyalin 写字生, 翻訳者.

salin II; **bersalin** 出産する＝beranak: Isterinya sudah *bersalin*; dia mendapat anak lelaki. 奥さんが出産された, 男の子を授かった. *cuti bersalin* 産休.

salin III; **menyalini, mempersalin, mempersalini** 【古典】(王が臣下に)一式の着物を下賜する. Maka *dipersalini* oleh Raja Iskandar akan Raja Kida Hindi seperti pakaian dirinya. (p.4) アレクサンダー大王は自分の着ている着物をキダ・ヒンディ王に下賜した.

persalinan, persalin pesalin 【古典】(王からの贈り物としての)着物一式.

saling お互いに, 相互に: *saling bantu-membantu* 相互に助け合う. *saling memahami antara satu sama lain* お互いに理解し合う.

salir; **menyalir, menyalirkan** 排水する. *menyalirkan air* dari kawasan paya ke sungai 沼地から川へ排水する.

saliran 排水路, 溝: *Saliran air itu* tersekat oleh sampah sarap. 排水路がゴミでつまっている.

penyaliran 排水.

salji (Ar) 雪.

salur; **saluran** **1** 水路, パイプ, 管: **2** チャンネル, ルート, 通信網: Radio dan televisyen merupakan *saluran rasmi* dalam menyampaikan berita kepada rakyat. ラジオとテレビが国民にニュースを伝える公的なチャンネルである.

menyalurkan **1** (水などを)流す: *menyalurkan air* sungai ke ladangnya 川水を畑に流す. **2** 分配する, (データ・要求などを)伝達する: Data itu *disalurkan* melalui komputer. データはコンピューターを通じて伝達する.

penyaluran 伝達, 分配: *sistem penyaluran maklumat* 情報伝達システム.

salut 包み, 被せるもの: *salut gigi* 歯に被せるもの. *salut keris* クリスの鞘. *salut surat* 封筒.

bersalut 包まれる, 覆われた: Gula-gula itu *bersalut* kertas berwarna. キャンディは色紙に包まれる.

menyalut 包む, 覆う: *menyalut gula-gula itu* dengan kertas berwarna 色紙でキャンディを包む.

sama **1** 同じ: sekolah yang *sama* 同じ学校. hak yang *sama* 同じ権利. *berpakaian sama* 同じ服を着る. Kek saya ini *tidak sama dengan* kek awak. 僕のケーキは君のケーキと同じでない. Aminah *sama* cantik *dengan* kakaknya. アミナはお姉さんと同じくらい美しい. orang-orang muda yang *sama keadaan dengan* kami 僕たちと同じ状況にいる若者たち. berjoging setiap kali *tepat pada masa sama* 毎回ぴったり同じ時間にジョギングする.

kira-kira sama ほぼ同じ: Oleh kerana dia tidak menjawab, *kira-kira sama dengan* menolak. 彼は答えなかったので, 断ったのと同じだ. Bagi saya mereka kelihatan *sama*. 私には彼らは同じように見える. Dua kali dua *sama dengan* empat. $2 \times 2 = 4$. *segi empat sama* 正方形. *segi tiga sama* 正三角形. *segi tiga dua sama* 二等辺三角形. **2** 一緒に: Mereka ketawa *sama*. 彼らは一緒に笑った. **3**【口語】《前置

詞的はたらき》: Mengapa awak marah *sama* dia? どうして彼を怒るのか. Kasi *sama* aku. 俺にくれ. Besok gua tunggu *sama* lu.【俗語】明日お前を待っているぞ. jarang bermain *sama* dia orang 奴等とはめったに遊ばない.

sama ada 1 〜かどうか (=sama ada 〜 atau tidak): Kami tidak pasti *sama ada* berita itu betul *atau tidak*. そのニュースが正しいかどうかはっきりしません. Saya tidak pasti *sama ada* saya boleh datang *atau tidak*. 僕は来れるかどうかはっきり分かりません. Saya nak tahu *sama ada* awak setuju *atau tidak*. 君が賛成するかしないのかどっちか知りたい. 2 〜であろうとも: *Sama ada mahal atau murah*, saya akan beli juga barang itu. 高かろうが安かろうがその商品は買います.

sama halnya 〜の場合も同様である=begitu juga dengan 〜: Dia kaya, *sama halnya* adik lelakinya. 彼は金持ちです,弟も同様です.

sama rata 平等に: Harta itu dibahagi *sama rata* antara anak-anaknya. 財産は子供たちの間で平等に分配された. Mari kita bahagi *dua sama rata*. 二等分にしよう.

sama saja 全く同じ.

sama sekali 全く: tidak seronok *sama sekali* 全く面白くない. Awak salah *sama sekali*. 君が全く悪い. Ini *sama sekali* bukan urusan saya. これは全く私のあずかり知らぬことだ. Ini *sama sekali* tidak mempengaruhi hubungan kita. これによって私たちの関係は全く影響しない. "Apa? Saya tersinggung? *Sama sekali tidak*." 「何?僕が傷ついたかって?そんなことは全くない」.

pada waktu sama, *dalam masa yang sama* 同時に.

sama-sama 1 「どういたしまして」: "Terima kasih." "*Sama-sama*."「ありがとう」「どういたしまして」. 2 そろって〜,一緒に: Kita akan *sama-sama* menghadapi sebarang cabaran. 私たちはいかなる挑戦にも共に立ち向かう. Mereka *sama-sama* tidak mahu datang. 彼らはみんな来たがらない.

sesama 〜同士の間で, 仲間内で: Para guru sedang berbincang *sesama mereka* tentang perkara tersebut. 先生たち同士でその事を話し合っている. Orang Jepun di sini suka bermain golf *sesama mereka sendiri*. ここの日本人は自分たち同士でゴルフをするのを好む. *perkahwinan sesama jenis* 同性婚. *perkahwinan sesama saudara* 近親結婚.

bersama 1 一緒に=**bersama-sama**: Saya nak ke sana *bersama* Pak Ali. 僕はアリさんと一緒に行きます. Mari kita makan *bersama*. 一緒に食べましょう. *Bersama-sama ini saya sertakan* gambar-gambar itu. 写真を同封いたします《手紙文》. 2 共同の, 共通の: mengeluarkan *pernyataan bersama* 共同声明を発表する. mempertahankan *kepentingan bersama* 共通の利益を守る.

bersamaan 〜に等しい(時間,数量などが), 〜にふさわしい: Satu kati *bersamaan dengan* 0.605kg. 1 カテイは0.605kgに等しい. Hari Khamis ini *bersamaan dengan* 23 Oktober. 今週の木曜日は10月23日にあたる.

menyamai 〜と似ている, 〜に匹敵する: Wajah Ali *menyamai* wajah bapanya. アリの顔つきは父親にそっくりだ. Belum ada pemain bola

samak

sepak yang boleh *menyamai* dia. 彼に匹敵するサッカー選手はまだ現れない. *Tidak ada tempat yang boleh menyamai* rumah sendiri. 我が家に勝るものはない.

menyamakan, mempersamakan 1 同一化する, 統一する: *mempersamakan gaji* pekerja lelaki dengan gaji pekerja wanita. 男女の賃金を同一にする. *menyamakan* kadar bunga wang di rantau ini 域内で利子率を統一する. 2 平等に扱う, 同等に扱う, 同一視する: Jangan *menyamakan* saya *dengan* dia. 私を彼と同じに扱うな. Ada orang yang *menyamakan* sesuatu yang lebih besar itu lebih baik. 大きい方がより良いとみなす人がいる.

kesamaan 同一性, 一致.

ketidaksamaan 不一致.

penyamaan 統一, 標準化: *penyamaan* kadar bunga 利子率の統一. *penyamaan* kurikulum カリキュラムの統一.

persamaan 1 類似点, 共通点: Ada beberapa *persamaan* dalam pendapat-pendapat para hadirin. 出席者からの意見にはいくかの共通点があります. Kita mempunyai banyak *persamaan*. 私たちにはたくさんの共通点があります. 2 方程式: *persamaan tertib* 一次方程式. *persamaan serentak* 連立方程式. tak dapat menyelesaikan *persamaan matematik itu* 数学の方程式が解けない.

samak タン皮(なめし用).
menyamak なめす.
penyamak なめし皮業者.
penyamakan なめし皮法.

saman (英) summon (裁判所への) 呼び出し状, 出頭, 召喚: kena *saman*, mendapat *saman* 呼び出しを受ける; Kalau cukai ini tidak dibayar, anda akan *kena saman*. この税金を払わないと(裁判所から)呼び出しを受ける. *mengemukakan saman terhadap* ～を告訴する. Pesalah trafik kena *membayar saman* serta merta. 交通違反者はその場で罰金を支払わねばならない.

menyaman (裁判所に)呼び出す, 召喚する, 控訴する, 告訴する, 訴える: Polis telah *menyaman* orang yang bersalah itu. 警察は犯罪を犯した者に出頭を命じた. Penyanyi itu telah *menyaman* tabloid itu. 歌手はそのタブロイド紙を告訴した. Jika saya mungkir janji, dia akan *menyaman* saya. もしも私が約束を破ると, 彼女は私を訴えるだろう.

samar; **samar-samar** はっきりしない, ぼんやりした: dalam cahaya yang *samar-samar* 薄暗い光の中で. Rumah itu nampak *samar-samar* dari jauh. その家は遠くからぼんやりと見えた. jawapan yang *samar-samar* あいまいな回答.

menyamar 1 変装する, ～を装う: *menyamar diri sebagai* seorang polis 警察官に変装する. Aminah *menyamar sebagai* lelaki. アミナは男装をした. Perdana Menteri datang ke mari *dengan menyamar*. 首相は変装してここに来た. 2 潜入する.

menyamarkan 1 あいまいにする: Dia sengaja *menyamarkan* kenyataan itu untuk mengelirukan orang. 彼は人を混乱させるために事実を意図的にあいまいにした. 2 変装する: Raja itu *menyamarkan diri sebagaia* seorang pengemis. 王は乞食に変装した.

samaran; *nama samaran* 偽名, 仮

名, ペンネーム.
penyamar 変装者.
sambal 〔食〕サンバル《唐辛子やその他の香辛料を各種混ぜ合わせたマレー料理独特の薬味》: *sambal belacan* サンバル・ブラチャン.
sambar; **menyambar** 1 襲う, ひったくる: *Pencuri itu menyambar beg tangan perempuan itu.* 泥棒が女性のハンドバッグをひったくった. 2 (雷や火, 弾丸などが)命中する: *disambar petir* 雷に打たれる, 落雷に遭う. 3 (話に)割り込む, 口を挟む.
sambil 〜しながら, 同時に: *Dia mandi sambil menyanyi.* 歌いながらマンディする. *Dia belajar sambil bekerja.* 彼は働きながら勉学する. *sambil berseloroh berkata* 冗談げに言う. *lawatan sambil belajar* 見学. *menyelam sambil minum air* 【諺】水を飲みながらもぐる(一石二鳥)
sambil-sambil, ***sambil lalu*** 1 ざっと目を通す, ちらっと見る: *Saya melihat sambil lalu akhbar hari ini.* 今日の新聞はちらっと見た. *Saya membaca buku itu sambil lalu.* 僕はその本にざっと目を通した. 2 あまり気乗りせずに, いい加減に, 本気を出さずに: *membuat kerja sambil lalu sahaja* いい加減に仕事をする.
sambilan 付随的なこと, 副業として: *kerja sambilan* パートタイムの仕事, アルバイト. *pekerja sambilan* アルバイト. *peragawati sambilan* パートタイムのファッションモデル. *bekerja secara sambilan*, *bekerja sambilan sahaja* パートタイムとして働く.
menyambilkan 二つのことを同時に行う: *Kerja tambahan itu juga telah disambilkannya.* 追加的仕事をも同時に行った.
sambuk 鞭.
sambung つなぐ, 続き: *sambung tangan* 助け, 援助. *sambung balik topik tadi* さっきの話題に戻すと.
sambungan 1 接続, 結合, つなぎ: *Periksa sambungan paip itu untuk mencari kebocoran.* 漏れを探すためにパイプの接続箇所をチェックしなさい. *Sambungan tali itu agak longgar.* 紐の結びがややゆるかった. 2 続き: *sambungan drama itu* ドラマの続き.
bersambung 1 つなぎ合わせた, 連結している: *tali bersambung* つなぎ合わせた紐. *Jalan ini bersambung dengan lebuh raya itu.* この道路は高速道路につながっている. 2 連続した, 続く, シリーズもの: *cerita bersambung* 連続物語. *Bersambung* (連載などの) ke muka surat 〜頁に続く. *menurut nombor bersambung* 連続した番号順に. *Perbicaraan ini akan bersambung esok.* 公判は明日も続く.
menyambung, **menyambungkan** 1 結合する, つなぐ: *Telefon tidak boleh disambung.* 電話がつながらない(話中で). *Tolong sambungkan saya dengan Encik Ali.* (電話で)アリさんにつないでくれませんか. *menyambungkan* kabel merah ini *dengan* yang hijau この赤いケーブルを緑のにつなぐ. *berjaya menyambung jarinya yang putus itu* 切断された指を接合するのに成功する. *Dahulu tanah besar menyambungkan antara* benua Asia *dan* benua Australia. 昔はアジア大陸とオーストラリア大陸間は陸でつながっていた. 2 続ける: *Beliau menyambung ucapannya juga.* その方は構

わずスピーチを続けた. Drama televisyen itu *disambung* minggu depan. そのテレビ・ドラマは来週に続く. Mari kita *menyambung* cerita itu esok pagi. その話は明朝続けましょう. Gerakan cari *disambung semula* pagi ini. 捜索活動を今朝再開した. dalam mesyuarat yang *disambung semula* malam tadi 昨夜再開された会議で. *menyambungkan semula* rundingan damai 和平交渉を再開する.

penyambungan 接続, 結合, つなぐこと.

sambut; **bersambut** 返答・反応がある: Pertanyaan tadi itu *tidak bersambut*. さっきの質問に対して返答がない.

menyambut 1 歓迎する, もてなす: *menyambut tetamu* 客を迎える. *menyambut kepulangan suami* 夫の帰りを迎える. *menyambut kedatangan rombongan itu* 一行の到着を歓迎する. **menyambut baik** ～を暖かく迎える, 歓迎する, 賛成する: *menyambut baik cadangan itu* その提案を歓迎する. 2 受け取る, 受け入れる: *menyambut bola itu dari kawannya* 友人からボールを受け取る. *berebut-rebut menyambut mi segera* 即席めんを奪い合って受け取る. *menyambut cabaran* 挑戦を受ける. 3 答える, 返答する: *menyambut cakap isterinya* 妻の話に返答する. 4 祝う: *menyambut Tahun Baru Cina* 中国正月を祝う. *menyambut Hari Kemerdekaan Ke-50* 独立50周年記念日を祝う.

sambutan 1 歓迎, もてなし: *menerima / mendapat sambutan hangat* 熱烈な歓迎を受ける. *Saya mendapat sambutan baik dari keluarga angkat*. 僕はホスト・ファミリーから暖かく迎えられた. *Saya amat terkejut dengan sambutan yang sebegini hebat*. このようなすごい歓迎を受けてほんとうにびっくりしてます. *memberi sambutan mesra kepada* kami 私たちに親密なもてなしをする. *diberikan sambutan permaidani merah* 赤絨毯を敷いた歓迎を受ける. 2 反応, 反響, レスポンス: Filem itu *mendapat sambutan hangat*. その映画は熱烈な反響を得た. *Sambutan* terhadap rancangan itu sangat dingin. その計画に対する反応はきわめて冷たい. Rancangan itu *mendapat sambutan baik* dari rakyat. 計画は国民から歓迎された.

penyambut 受付係: *penyambut tetamu* 接客係.

sami (Sk) (ヒンドゥー教, 仏教の) 僧侶.

sampah 1 ごみ, 廃物: *membuang sampah* ごみを捨てる. *sampah sarap* あらゆる種類のごみ. 2 役に立たないもの: *sampah masyarakat* 社会(人間)のくず.

menyampah 1 ～をごみにする, 汚す: *menyampah halaman* 庭を汚す. 2 むかつく, 嫌う: Saya sungguh *menyampah dengan* gelagatnya / kelakuannya. 彼の振る舞いには実にむかつく. *Menyampah saya* tengok si Ali tu, pandai bermuka-muka. 取り繕うのがうまいあのアリ氏を見ると気分が悪くなる. 3【口語】人にいたずらをする: Ali suka *menyampah* kawan-kawannya. アリは友達にいたずらをよくする.

persampahan ゴミ箱, ゴミ捨て場.

sampai I 1 到着する, 届く: Dia *sudah sampai di* lapangan terbang.

彼はもう空港に到着した. Saya baru saja *sampai di rumah* たった今家に着いたばかりだ. **2** (理想・目的が)実現する: Mudah-mudahan cita-cita anda *sampai*. あなたの夢が実現するように. **3** 充分な, 達する: Gaji saya *tidak sampai*. 私の給料は充分でない. Gaji saya *tidak sampai* RM1,000. 私の給料は1,000リンギットにも達していない. *sampai ajal* 死ぬ. ***sampai bulan*(*nya*) a** 出産間近い. **b** (決められた)期限が来る. *sampai tempoh* 時期・期限が来る. ***sampai umur* a** 大人になった. **b** 年老いた. *sudah sampai umurnya* 亡くなる.

bagaimana sampai ~? どうやって~するようになったのか. *Bagaimana anda sampai mengetahui* rancangan sulit itu? その秘密の計画をどうやって知るようになったのか. *Bagaimana awak sampai terlibat dalam* skandal itu? 君がどうやってあのスキャンダルに巻き込まれるようになったのか.

tidak sampai hati / *hemat* / *rasa* ~ 平気で~する気になれない, ~するに忍びない, ~するほどの神経 (勇気)はない=tak tergamak: Saya *tidak sampai hati* memberitahunya kejadian itu. 私は彼女にその事件を知らせるに忍びない. Saya *tidak sampai hati* berbuat demikian. 私はそんなことを平気でする気になれない. Saya *tidak sampai hati* hendak menolak. 私には No と断わるだけの勇気がない. *Sampai hati* Ali berkata begitu. アリがそこまで言うとは.

menyampai 1 充分な=cukup. **2** 訪れる=mendatangi: Jarang-jarang orang *menyampai* pulau itu. あの島にはめったに人が訪れない.

menyampaikan 1 届ける, 伝える: *menyampaikan ucapan ringkas* 短い演説をする. *menyampaikan berita* ニュースを伝える. *menyampaikan lagu* 歌を披露する. *Sampaikan salam saya kepada Pak Ali*. アリさんによろしくお伝えください. Emak meminta saya *menyampaikan salamnya kepada* makcik. 母がおばさんによろしくとのことです. **2** 渡す, 授与する: *menyampaikan surat* 手紙を渡す. Siapa yang *menyampaikan hadiah itu*? 賞品は誰が授与するのですか. *menyampaikan* dokumen-dokumen sulit *kepada* perisik asing. 秘密書類を外国のスパイに渡した. **3** (願い, 希望を)叶える, 実現する: *menyampaikan cita-cita saya sendiri* 自分の理想を叶える.

kesampaian 1 到着: *kesampaian* rombongan itu 一行の到着. **2** (願い, 約束などが)実現される: Janji-janjinya *tak pernah kesampaian*. 彼の約束は一度も実行されたことがない. Cita-citanya *tak kesampaian*. 彼の希望は叶えられなかった.

penyampai プレゼンター: *penyampai berita* ニュース・キャスター.

penyampaian 贈呈, 授与, 伝達: *majlis penyampaian anugerah* 賞の授与式. *penyampaian cenderamata* 記念品の贈呈. *penyampaian mesej* メッセージの伝達.

sesampai, **sesampainya** 着くや否や: *sesampai di rumahnya* 家に着くや否や.

sampai II 《前置詞的機能: 時, 場所, 程度》~まで: *Dari situ sampai ke* rumah saya, jalan dinaiki air. そこから私の家まで道路は冠水した.

sampan

Hitunglah *dari* satu *sampai* sepuluh. 1から10まで数えなさい. *Sampai di sini* kuliah hari ini. 今日の授業はここまでです. *makan sampai habis*. たいらげる、食べつくす. Setiap pegawai *dari yang terendah sampai yang tertinggi* terlibat dengan rasuah. 全ての役人は下から上まで汚職に関わっていた.

sampai pagi 朝まで. *sampai jauh malam* 夜遅くまで; Saya belajar *sampai pukul 2 pagi*. 朝2時まで勉強した. *dari pagi sampai malam* 朝から夜まで.

sampai bila いつまでか: *Sampai bila macam ini*? いつまでこんな状態が続くのだろうか.

sampai bila-bila いつまでも: Saya tidak akan melupakannya *sampai bila-bila*. 私はそれをいつまでも忘れっこない.

sampai hari ini 今日まで.

sampai sekarang 今まで: Saya belum mendengar apa-apa daripadanya *sampai sekarang*. 僕は今までに彼女から何も聞いていない.

Sampai jumpa lagi. また会うときまで(さよなら).

Sampai esok. 明日また(さよなら).

sampan サムパン(小舟).

sampar 動物の伝染病.

sampel (英) sample サンプル(見本).

samping 側, 側面: *di samping* 〜の他に: *di samping itu* その他に. *Di samping* menanam padi, dia juga menanam sayur-sayuran. 彼は稲を植える他に, 野菜も栽培している.

sampingan 副次的なもの *kesan sampingan* 副作用; bertanya tentang *kesan sampingan ubat itu* 薬の副作用について質問する. *hasil sampingan* 副産物. *kerja sampingan* 副業, 内職. *usaha sampingan* 追加的な作業.

bersampingan そばに寄り添って, 一緒に: Si Osman selalu *bersampingan dengan si Minah*. オスマンさんはミナさんにいつも寄り添っている.

menyampingi 〜に近づく.

menyampingkan, mengesampingkan 1 脇に寄せる: Buku-buku di atas meja itu *dikesampingkannya*. 机の本を脇に寄せた. 2 無視する: Pegawai kanan itu *menyampingkan* pendapat yang baik dari bawahannya. 上司は部下からの良い意見を無視した.

sampu 貧血.

sampuk; **menyampuk** 1 (話している途中で)口を挟む, 割り込む: Jangan *menyampuk* semasa orang lain bercakap. 他人が話している時には話に割り込むな. 2 (歩いている途中で)〜にぶつかる. 3 (お化けなどが)とりつく: Kanak-kanak itu *disampuk / tersampuk hantu* agaknya. あの子はもしかしたらお化けにとりつかれたのかもしれない.

sampukan 割り込み, 中断.

sampul 封筒, 包み, 覆い: *sampul buku* 本のカバー. *sampul surat* (Id) 封筒. → *sarung surat*. *sampul bantal* 枕カバー.

bersampul 封筒に入った, 包まれた: Surat itu disampaikan tanpa *bersampul*. 手紙は封筒に入れずに渡された.

menyampul 封筒に入れる: *menyampul surat* 手紙を封筒の中に入れる.

samsam サムサム《タイとの国境付

近に居住するタイ語を母語とするマレー人イスラム教徒》.

samseng (samsêng) (Ch) ギャング, 暴力団員: *kumpulan samseng* 暴力団.

samsu (Ch) ドブロク(濁酒).

samudera 大洋, 海洋＝lautan.

samun 強奪(＝samun sakal), 強盗: *kes samun dan bunuh* 強盗殺人事件. *kena samun* 強奪される; *Dia kena samun di pusat bandar.* 彼は町の中心地で強奪された.

menyamun, menyamuni 強奪する: *menyamun penumpang bas itu* バスの乗客から強奪する.

penyamun 強盗.

sana あちら, あそこ: *sana sini* あっちこっち, どこでも, いたる所に. *ke sana ke mari* 行ったり来たり. *pihak sana* 向こう側. *Saya ke sana sekarang.* 僕は今そちらへ向かっているところです. *Ke sana sikit dudukmu.* ちょっとそっちへ動いてよ. *Nanti di sana, baik-baik jaga diri, ya? / Berhati-hati di sana.* 向こうへ行ったら気をつけよう.

sanak (Ar): *sanak saudara* 血縁, 親族: *melawat sanak saudara* 親戚を訪問する.

bersanak 〜と関係がある, 〜と親族関係がある.

persanakan 親族関係.

sandal (英) sandal サンダル.

sandang (肩につるす)肩ひも.

menyandang 1 (肩につるして)〜を運ぶ: *menyandang kamera / senapang* カメラ・銃を肩からつるす. 2 (〜の地位に)いる, (タイトルを)持つ: *menyandang jawatan Perdana Menteri* 首相の地位にいる. 3 (病気や困難に)苦しむ: *menyandang derita* 苦しみをかかえる.

penyandang 1 肩で何か運んでいる人. 2 現職: *Penyandang itu mengekalkan jawatan masing-masing dalam pilihan parti itu.* 政党の選挙で現職がそれぞれのポストを確保した.

sandar I; bersandar 1 ＝menyandar よりかかる, もたれる: *bersandar di* dinding 壁にもたれる. *duduk bersandar di* sofa ソファーにもたれて座る. Jangan *bersandar pada* pintu. ドアによりかかるな. 2 〜に頼る, 〜に依存する (＝bersandar pada, bersandar atas / ke): *terlalu sangat bersandar pada* bantuan kerajaan 政府の援助に依存しすぎる.

sandar-menyandar お互いに助け合う＝tolong-menolong.

menyandarkan 1 寄りかける: Dia *menyandarkan* kepalanya *pada* dada pemuda itu. 彼女は青年の胸に寄りかけた. 2 〜をあてにする, 〜に依存する: *Jangan sandarkan* masa depan awak *pada* orang lain. 君の将来について他人をあてにしてはならない.

sandaran 1 寄りかかる場所, 手摺: *sandaran kerusi* 椅子の背もたれ. 2 バックアップ: *fail sandaran* バックアップ・ファイル. 3 助け, 援助: *memohon sandaran daripada Tuhan* 神に助けを求める.

sandar II; sandaran 質草, 抵当: Tanah sawahnya itu *dijadikan sandaran* untuk mendapat pinjaman. 田んぼを抵当にして借金した.

menyandarkan 質草にする, 抵当に入れる: *menyandarkan* tanah sawahnya 田んぼを抵当に入れた.

sanding I 近くに, 並んで.

bersanding 並んで座る, ブルサンディング《マレーの結婚式で新郎新婦

sanding

が並んで座ってお披露目する儀式のこと》: Kedua pengantin itu *duduk bersanding* di atas pelamin. 新郎新婦は台座に並んで座る.

menyandingkan 並ばせる, 近づかせる: Pengantin lelaki itu *disandingkan dengan* pengantin perempuan. 新郎は新婦と並ぶようにさせられた.

sandingan 1 相手, パートナー. 2 競争相手, ライバル.

persandingan プルサンディンガン (結婚式での新郎新婦の披露の儀式): Ramai orang menyaksikan *persandingan* itu. たくさんの人がプルサンディンガンを見た.

sanding II 角, 先端.
bersanding 1 角のある. 2 (言葉が)とげのある, きつい.

sandiwara 劇, ドラマ, 芝居: mengadakan *sandiwara* 芝居をする. pandai bermain *sandiwara* 芝居が上手である.

bersandiwara 劇を上演する.

sandung; **menyandung, tersandung** つまずく: Ali *tersandung* lalu jatuh. アリがつまずいて倒れた. *tersandung* pada permaidani カーペットにつまずく.

sandwic (英) sandwich サンドイッチ.

sang 人や動物の名前の前につける敬称: *Sang Kancil* dengan *Sang Buaya* (童話の)小鹿さんとワニさん. *sang* suami 殿方.

sanga (溶けた金属の)浮きかす, くず.

sangat とても, 非常に, きわめて, 本当に, 実に《形容詞の前に置いてもよいし, 後に置いてもよい》: *sangat* besar とても大きい. Kopi ini panas *sangat*. Saya tak boleh meminumnya. このコーヒーは熱すぎて, 飲めない. panasnya *amat sangat* きわめて熱い.

sangat-sangat きわめて, 本当に.
menyangat 悪化する, ひどくなる.
menyangatkan 悪化させる.
tersangat 極度に, きわめて: *tersangat mahal* きわめて高価な.

sangga (下からの)支え, 支柱, 支持: Kayu *sangga* lantai itu sudah reput. 床を支える支柱が腐っている.

menyangga (倒れないように)支える, 支持する: Ayah *menyangga* pokok pisang yang condong itu. 父は傾きかけたバナナの木を支えた.

sanggah; **menyanggah** 反対する, 反論する, 異議を唱える, 逆らう: Kami diajar jangan *menyanggah* orang tua kami. 親に反抗するなと教えられてきた. *menyanggah* katakatanya 彼に反論する. Dia *menyanggah pendapat* mengatakan berkahwin muda kurang baik. 彼は早婚は良くないという意見に反対した.

sanggahan 反対, 反論.
penyanggah 反対者, 抗議する人.

sanggit; **bersanggit** (葉と葉, 車と車が)こする, 摩擦する, (意見が)対立する: Apabila angin bertiup, daun-daun lalang *bersanggit*. 風が吹くとラランの葉っぱがこすれ合う.

sanggul 束髪: membuat *sanggul* pada rambutnya 髪を束髪にする. *sanggul* dua 二つ分けにした髪.

menyanggul, menyanggulkan 束髪に結う. *menyanggul rambutnya* yang panjang 長い髪を束ねる.

sanggup 1 喜んで~する: Saya *sanggup* menerima mereka dengan senang hati. 私は彼らを喜んで受け入れます. *sanggup* lakukan apa saja yang tidak *sanggup* dilakukan oleh orang lain 他人がしたがらないことを何でも喜んでする. **2** 〜できる: Saya tidak menyangka bahawa dia *sanggup* melakukan perkara itu. 彼がその事をなし得るとは私は思わない. Saya *tidak sanggup* menjalankan kerja itu kerana terlalu berat. その仕事を実施する能力がありません.

menyanggupi 〜を引き受けられると答える: Mengapakah awak *menyanggupi* permintaannya itu? なぜ彼らの要求を受け入れられると答えたのか.

kesanggupan **1** 意欲: *kesanggupan untuk belajar* 勉強したいという意欲. **2** 能力: *mempunyai kesanggupan untuk* memegang jawatan itu そのポストを掌握する能力がある.

sangka; **menyangka** **1** と思う (憶測する), 予想する, 想定する: *Tak sangka saya* nak lulus. 合格するなんて想像もしていなかった. *Tak sangka saya* dia berjumpa bomoh lelaki. 彼女が男性のボモに会うなんて私は予想もしていなかった. *Tiada siapa yang menyangka* kita akan sampai sejauh ini. ここまで到達するとは誰も予想していなかった. *Kita tidak menyangka* kejadian sedemikian boleh berlaku. そのような事が起こるなんて誰も予想していなかった. *Saya tak sangka nak jadi begini.* / *Saya tak sangka akan jadi macam ini.* こんなことになるとは想像もしていなかった. *Saya pun tak sangka pula* dapat menang. / *Saya langsung tidak menyangka* dapat menang. 僕は勝てるなんて思いもしなかった. Pak Ali telah terpegang seekor buaya yang *disangkanya* sebatang kayu balak. アリさんは一本の丸太と思ってワニを摑んでしまった. **2** 疑いをかける: Mak cik *sangka* saya yang makan kuih itu. おばさんは僕がお菓子を食べたと疑った. Ali *disangka* mencuri wang itu. アリがお金を盗んだと疑われた.

sangkaan, **persangkaan**, **persangkaan** 感じ, 憶測, 疑い: *Sangkaan saya memang tepat.* 私の予想は見事に当った. *Sangkaan awak itu meleset.* 君の予想は外れた. *mempunyai sangkaan* 〜疑いを抱く.

sangkak I 木の枝 (=sangkak kayu), 鶏の巣 (=sangkak ayam).

sangkak II; **menyangkak**, **menyangkaki** 妨害する, 対抗する: Jangan awak *menyangkak* segala rancangan saya. 私の計画を妨害しないでくれ.

sangkakala トランペット.

sangkal; **menyangkal** **1** 否定する=menolak: "Saya tidak pernah bertemu dengannya," *sangkal* Margaret. 「彼に一度も会ったことがない」とマーガレットは否定した. **2** 反対する=membantah: Dia tak pernah *menyangkal* kata ketua kampung. 彼は村長の言葉に反対したことはない.

sangkalan 否定.

sangkar; **sangkaran** 檻, かご.
menyangkarkan 檻に入れる.

sangkut; *sangkut paut* 関係, つながり, 関わり: Masalah itu *tidak ada sangkut paut dengan* kami. その問題は私たちに関わりがない. Pertanyaan itu *ada sangkut pautnya dengan* sejarah. その質問は歴史に関係している.

bersangkut 関わりがある (bersangkut paut): perkara-perkara yang

sangsi

bersangkut paut dengan pengalaman masing-masing 各自の経験に関する事柄.

bersangkutan 関係のある, 関わりを持った : Orang yang *bersangkutan dengan* pencurian itu telah ditangkap. 窃盗に関与した者が逮捕された.

menyangkut, menyangkutkan 1 掛ける, つるす : *menyangkut* bajunya di paku dinding 壁の釘に着物をつるす. *menyangkut* gambar itu pada dinding 写真を壁に掛ける. 2 〜にまつわる, に関連付ける : Ini *menyangkut* masa depan anda. これはあなたの将来に関することだ. Bukti itu *tidak menyangkut* kes ini. それらの証拠は本件と関係ない.

tersangkut 1 引っかかる, 頓挫する : *tersangkut* di pukat nelayan 漁師の網にひっかかる. Baju saya *tersangkut* pada pintu. 私の上着がドアに引っかかってしまった. Projek itu *tersangkut* pada tahap itu. プロジェクトはその段階で頓挫している. Hanya ikan bilis yang *tersangkut* : jerung terlepas bebas. 網にひっかかるのは雑魚(イカン・ビリス)ばかり, 大物(フカ)は自由に放されたまま《汚職摘発の比喩》. 2 〜に関わる : Mujur saya *tidak tersangkut dalam* perkara buruk itu. 幸い私はその悪い事に関わっていません. 3 釘付けになる; 恋する : Dia *tersangkut pada* gadis itu. 彼はその娘に魅了された.

tersangkut-sangkut (話し方が) たどたどしく, 流暢でない : Ali bertanya dalam bahasa Inggeris *dengan cara yang tersangkut-sangkut*. アリは英語でたどたどしく質問した.

penyangkut フック : *penyangkut baju* 洋服掛け.

sangsi 疑い, 疑念, 疑う : *berasa sangsi* 疑う; Tidak ada sesiapa pun yang *sangsi akan / terhadap* kejujurannya. 彼女の誠実さを疑う者は誰もいない.

bersangsi 疑いをもつ. ~.

menyangsikan 疑う, ~に対して疑問をもつ : *menyangsikan kejurannya* 彼女の誠実さを疑う. *menyangsikan kebolehan* Ibrahim イブラヒムの能力に疑惑の念を抱く.

kesangsian 疑い : *Kesangsian* Samad terhadap aku tidak berasas. サマドの僕に対する疑いは根拠がない. *penuh kesangsian* 疑惑がいっぱい.

sanjung; menyanjung 称賛する, 賛美する, 尊敬する : *menyanjung tinggi* orang itu その人を称賛する. *menyanjung tinggi akan* bantuan itu 支援を称賛する. *menyanjung hati* orang 人をおだてる.

menyanjung-nyanjung, menyanjung-nyanjungkan お世辞を言い過ぎる, こびへつらう.

sanjungan 称賛, お世辞 : Bantuan itu *mendapat sanjungan tinggi daripada* penduduk kampung itu. その支援は村民から高く称賛された.

Sanskrit; Sanskerta サンスクリット語, 梵語(インドの古代語).

santai くつろいだ, リラックスした : *Santai saja*. Jangan tegang. リラックスしなさい, 緊張しないで.

bersantai, bersantai-santai くつろぐ, のんびりする, ゆったりする : Kami *bersantai* di tepi pantai. 私たちは海岸でゆっくりくつろぐ.

santak ~まで=hingga : *dari pagi santak ke petang* 朝から夕方まで.

santan 〔食〕サンタン《ココナツの実を絞って得た白いココナツ・ミルク》.

santap; *bersantap* 【王室】(王族が)食事する《平民は makan》: Raja itu sedang *bersantap*. 王が召し上がっておられる.

santapan, persantapan 食事: *istiadat santapan perkahwinan Putera Mahkota* 皇太子結婚式の食事の儀.

santun; *sopan santun* 礼儀正しい: *Dia bersikap sopan santun.* 彼女の態度は礼儀正しい. *Dia tidak tahu sopan santun.* / *Dia tidak punya sopan santun.* 彼は礼儀を知らない.

penyantun 礼儀正しい人, 親切な人.

sanubari (Pr) **1** 心臓(＝hati sanubari). **2** 心, 感情, 気持ち: *Pujian itu datangnya dari sanubarinya yang suci.* 賛辞は彼女の純粋な気持ちから出たものです.

sapa 挨拶; *bertegur sapa* 挨拶する: *Mereka tidak bertegur sapa.* 彼らは挨拶をしない(間柄である).

menyapa 挨拶する, 話しかける: *Dia menyapa saya* apabila kami bertemu di jalan tadi. さっき道で会ったら彼は私に挨拶した. *Dia duduk di sebelah saya tetapi tidak menyapa saya.* 彼は私のそばに座っているのに一言も私に話しかけなかった. *Seorang pun tidak menyapa dia.* 彼に話しかける人は一人もいなかった. *menyapa siapa saja* yang lalu di situ そこを通る人なら誰にでも話しかける.

sapaan 挨拶: *Dia tidak menjawab sapaan saya.* 彼は私の挨拶に答えてくれなかった.

sapar 掘っ立て小屋.

sapi (Jw) → **lembu** 牛.

sapu; *sapu tangan* ハンカチーフ.

menyapu **1** 掃除する, 拭く: *menyapu bilik darjah* 教室を掃除する. *menyapu lantai* 床を拭く. *menyapu sampah di halaman rumahnya* 庭のゴミを掃除する. *menyapu air mata* 涙を拭く. *menyapu peluh* 汗を拭く. *menyapu-nyapu bibirnya dengan belakang tangannya* 手のひらで唇を何度も拭う.

menyapu bersih 一掃する, 全てを得る: *Tsunami itu menyapu bersih kawasan pinggiran pantai Acheh.* 津波がアチェの沿岸地域を一掃してしまった. *menyapu bersih semua kerusi.* 全議席を獲得する《選挙の表現》. **2** 塗る: *menyapu mentega pada roti* パンにバターを塗る. *menyapu bedak* 白粉を塗る. *menyapu cat pada dinding* 壁にペンキを塗る.

penyapu ほうき(箒).

saput 薄い膜(フィラメント)・カバー.

menyaput, menyaputi 薄く覆う, 包む: *Abu menyaputi meja.* 灰が机の上を薄く覆う. *Awan hitam menyaput langit.* 暗い雲が空を包む.

sara; *sara hidup* 生計: *kos sara hidup* 生計費. *mencari sara hidup* 生計を立てる. *wang sara* 生活費: *Bapanya mengirim wang saranya setiap bulan.* 父親が毎月生活費を送金する. *ekonomi sara diri* 自給自足経済.

bersara 定年退職する, 引退する: *Dia bersara dari jawatannya apabila mencapai umur 56 tahun.* 56歳になったので(定年)退職した.

menyara, menyarai 扶養する: *menyara keluarga* 家族を扶養する.

pesara 年金生活者.

persaraan 退職, 年金生活, 引退:

persaraan awal sukarela 早期自主退職. *umur persaraan* 定年＝umur pencen ; *Umur persaraan bagi kakitangan awam akan dilanjutkan ke umur 60 tahun dari 56 tahun.* 公務員の定年を56歳から60歳に引き上げる.

saraf (Ar) 神経 (＝urat saraf) *penyakit saraf* 神経症, ノイローゼ. *perang saraf* 神経戦.

saran 提案, 意見 : *memberi saran, mengajukan saran* 提案する.

saranan 提議, 提案 : *Sarananya disetujui / ditolak.* 彼の提案は賛成された / 拒否された.

menyarankan 提議する, 提案する : *Bolehkah saya menyarankan sesuatu?* 私が提案してよろしいでしょうか. *Kami menyarankan agar kerajaan Malaysia memperkenalkan sistem amaran awal tsunami dengan segera.* 私たちはマレーシア政府が津波早期警報システムをすぐに導入するよう提案します.

penyaran 提案者.

sarang 巣 : *sarang burung* 鳥の巣. *sarang laba-laba* 蜘蛛の巣. *sarang lebah* 蜂の巣. *sarang perompak* 盗賊の巣窟.

【早口ことば】→ *Burung helang terbang ke sarang*.

bersarang 1 巣をつくる : *Burung gagak itu bersarang di atas pokok itu.* カラスは木の上に巣をつくる. 2 (盗賊などが)隠れ家とする. 3 〜にゆったりと座る. 4 突き刺さる.

bersarang-sarang 穴がいっぱいある, 巣穴がいっぱいある : *Bumbung rumahnya bersarang-sarang.* 家の屋根は穴だらけだ.

sarap I ごみ, 廃物＝sampah. *sampah sarap* ごみ.

sarap II ; **menyarap** 1 〜を敷く. 2 朝食をとる.

sarapan 1 土台, 敷物. 2 朝食(sarapan pagi). *Mahu sarapan?* 朝食を召し上がりますか.

sarat 1 満載した〜, 一杯の〜 : *Lori itu sarat dengan buah durian.* トラックはドリアンを満載している. *Tahun ini memang sarat dengan peristiwa suka duka.* 今年は喜びと悲しみに満ちた年だった. 2 月が満ちる(出産間近い) : *Isterinya sarat mengandung.* 彼の妻はそろそろ出産間近い.

sardin (英) sardine〔魚〕イワシ : *Penumpang penuh sesak macam sardin.* 乗客は鮨詰め状態だ. *membuat muka sardin* 感情を表に出さず知らんぷりをする.

sari I サリー(インドの女性の衣服).

sari II 真髄, 本質, 要点, 重要なポイント : *sari pati* 要点, エッセンス. *Sebelum dibacakan berita penuhnya, diumumkan dahulu sari berita.* ニュースは全文を読む前に, まず先に要点を発表する.

menyarikan 要点を抜粋する.

sari III ＝puspa sari 花. *taman sari* 花壇.

sari bunga 花弁, 花びら (kelopak bunga).

sarikata (映画の)字幕 : *Filem itu ada sarikata bahasa Inggeris.* 映画は英語の字幕がある.

sarin ; **gas sarin** サリン・ガス.

saring ; **menyaring** 1 ろ過する, フィルターにかける : *menyaring air* 水をろ過する. 2 (良いものを)選考する : *menyaring semua calon* 全ての候補者の中から選考する.

saringan ; **penyaring** 1 ろ過器, フィルター : *penyaring kopi* コーヒ

ー・フィルター. **2** (試合の)予選: *di peringkat saringan* 予選で. *acara saringan* 予選. *saringan lelaki* 男子予選. *pusingan saringan* 予選リーグ. **penyaringan** **1** ろ過, 精製. **2** 選考.

sarjan (英) sergeant 軍曹.

sarjana **1** 学者. **2** 修士. *Ijazah Sarjana* 修士号. *Sarjana Muda* 学士.

sarkas (英) circus サーカス.

SARS サーズ(新型肺炎:マレーシア語では＝Sindrom Pernafasan Akut Teruk).

saru (Jk) ぼんやりとした, 不明瞭な.

menyaru **1** 不明瞭になる, はっきりしなくなる. **2** 変装する.

sarung **1** サロン(腰に巻く布) (＝ kain sarung). **2** 鞘, 覆い: *sarung bantal* 枕カバー. *sarung kaki* 靴下. *sarung keris* クリスの鞘. *sarung surat* 封筒. *sarung tangan* 手袋.

bersarung (刀などが)鞘に納まっている: Pedang Jepun itu *tidak bersarung*. その日本刀は抜き身のままであった.

menyarungkan **1** 鞘に納める, 覆う: *menyarungkan keris* クリスを鞘に納める. **2** 着る, 身につける: Dia *menyarungkan cincin itu* ke jari Aminah. 彼は指輪をアミナの指にはめた.

sasa 丈夫な, 力強い＝tegap: berbadan kecil dan *sasa*. 身体は小さいけれどもがっちりしている.

sasar I; **menyasar** (的に)向ける. **sasaran** 標的, 目標: Tembakan itu *kena pada sasarannya*. / *Tembakannya menepati / mengenai sasaran*. 銃撃は狙った的を命中した. *menjadi sasaran* maki hamunnya 彼らの侮辱の標的になる.

sasar II; **menyasar** 道に迷う＝sesat: Dia *menyasar* entah ke mana. 彼は道に迷い, どこかへ行ってしまった.

sastera; **susastera**, **kesusasteraan** (Sk) 文学: *sastera klasik (lama)* 古典文学. *sastera moden* 現代文学.

sasterawan 文学者.

sasul; **tersasul** 言い過ぎる, 余計なことを言う: *Maafkan saya, saya tersasul*. すみません, 私の言い過ぎでした. Kalau *tersasul kata*, susah hendak ditarik balik. 言い過ぎると, 撤回するのが難しい. Dia *tersasul menyebut* nama lelaki itu di hadapan kawannya. 彼女は友達の前でその男の名前をついうっかりしてしゃべってしまった.

satah 平面, 表面.

sate (saté)〔食〕サテ《マレー風の串焼き鳥風の料理》: *sate ayam* 鶏のサテ.

satelit (英) satellite 衛星: *satelit buatan* 人工衛星. *satelit komersial* 商業衛星. *negara satelit* 衛星国家.

satira (英) satire 風刺.

satu **1** **1** (数字), ひとつ: satu, dua tiga 1, 2, 3. Minta kopi *satu*. コーヒーを1杯ください. Bir *satu lagi*. ビールをもう1杯ください. Kami beristeri *satu*, tetapi Kassim beristeri empat. 私たちは妻が一人だが, カシムは4人の妻がいる. *satu orang satu bilik* 一人一部屋. *Satu Suami Satu Isteri* 一夫一婦. *pertandingan satu lawan satu* 一対一の闘い, 一騎打ち.

satu sama lain お互いに: Mereka tolong *satu sama lain*. お互いに助け合う.

yang satu dari lain 相互に: Bahasa, manusia dan masyarakat tak dapat dipisahkan *yang satu*

satu padu

dari lain. 言語と人間, 社会はお互いに切り離せない.

***Yang mana satu* ～?** どっちが～ですか: *Yang mana satu betul?* どっちが正しいのですか.

***salah satu* ～** そのうちのひとつ: *Melaka salah satu bandar yang sangat lama.* マラカは古い都市のひとつだ.

satu-satu, satu per satu, satu demi satu, satu lepas satu 一つずつ: *Ambil kuih ini satu-satu.* お菓子を一つずつとりなさい.

***satu-satunya* ～** 唯一の: *Dialah satu-satunya kawan saya* di sini. ここでは彼が唯一の友人です. *Jalan ini satu-satunya jalan ke lapangan terbang?* この道路が空港へ行く唯一の道路ですか.

tidak* ～ *satu* (*apa*) *pun 全く～しない: *Tidak ada satu pun.* 全くない. *Budak kecil itu telanjang, tidak memakai satu apa pun.* 小さな子は裸だ, 全く何も着ていない.

2 ある(不特定の)～: *pada satu hari,* ある日のこと. *pada satu pagi* ある朝. *Pada satu masa dahulu,* 昔々あるとき.

satuan 単位: *Ringgit merupakan satuan wang di Malaysia.* リンギットはマレーシアの通貨単位.

bersatu 一つになる, 団結する: *Mereka baru bersatu.* 彼らはやっと団結した. *Pertubuhan Bangsa-Bangsa Bersatu* 国連. *Kita harus bersatu dalam menghadapi segala cabaran.* あらゆる挑戦に直面するときには私たちは団結せねばならない.

menyatukan 合併する, 同一にする: *Rakyat Malaysia harus menyatukan tenaga mereka.* マレーシア国民は力を合わせるべきだ.

kesatuan 組合, 結合, 一元的～.
kesatuan sekerja 労働組合.
Kesatuan Eropah 欧州連合(EU). setelah *Kesatuan Soviet* tumbang ソ連が崩壊した後に.

penyatuan 統合, 統一, 単一化: *penyatuan German Barat dengan German Timur* 東西ドイツの統一.

persatuan 連合, 連盟, 協会.
Persatuan Negara-Negara Asia Tenggara 東南アジア諸国連合(ASEAN).

satu padu; *bersatu padu* 一致団結する: *Jika semuanya bersatu padu, kita mampu menawan semula negeri itu.* もし全員が団結すれば, その州を奪還できる.

menyatupadukan 団結させる: *Kita harus menyatupadukan rakyat berbilang kaum.* 私たちは多民族を団結させねばならない.

saudagar (Pr) 商人.

saudara (Sk) **1** (二人称) 君, あなた《=同等の間柄, とくに男性に対して, 女性は saudari, awak よりも丁寧な呼称》: "*Saudara, duit saudara tercicir.*"「あのう, あなたのお金がこぼれていますよ」. *Saudara nak makan apa?* 何をたべたいですか. *Saudara-saudara sekalian.* 皆さん, 諸君! *Saudara Ali telah meninggal dunia.* アリさんは亡くなった. **2** 兄弟姉妹=abang, kakak, adik: *Saudara saya yang tua sedang belajar di luar negeri.* 兄は今留学中です. **3** 親類, 親戚: *Dia bukan saudara saya, hanya kenalan sahaja.* 彼女は親戚ではありません, 単なる知り合いです. *saudara-mara* 親戚. *saudara bau bacang* 遠い親戚. *saudara anjing* 父親の違う兄弟. *saudara kandung* 実の兄弟. *saudara* *baru* サウダラ・バル(改宗したばかりのイスラム教徒). *bapa saudara* 叔父. *ibu saudara* 叔母. *abang saudara, kakak saudara adik saudara* 従兄弟(いとこ)＝*sepupu*. *anak saudara* 甥・姪. *perkahwinan sesama saudara terdekat, / perkahwinan di antara kaum kerabat terdekat* 近親結婚. **4** 友人, 仲間, 同僚: *saudara sekampung* 同じ村出身の仲間.

bersaudara 1 兄弟(姉妹)・親類のある: pencipta kapal terbang, Wright *bersaudara* 飛行機の発明家であるライト兄弟. **2** ～関連のある.

persaudaraan 兄弟の間柄, 親族関係 (*tali persaudaraan*).

sauh 錨(いかり): *membuang sauh* 錨を下ろす.

bersauh 錨を下ろす: Bot itu *bersauh* di pelabuhan itu. 船はその港に停泊している.

saujanah (視界が)広い, 遠くまで: Sawah yang hijau itu *saujanah mata memandang*. 緑の水田が見渡す限り広がっている.

sauk 1 ひしゃく, 手桶. **2** (魚をつかまえる)網: *sauk ikan* 漁網.

menyauk 1 汲みとる, すくう. **2** 網で魚をつかまえる (*menyauk ikan*). **3** 足をひっかけて転ばす.

tersauk, tersaukkan つかまえた.

savana (英) savannahサバンナ(アフリカなどで木が少ない草原).

sawa 〔動〕ニシキヘビ＝*ular sawa*.

sawah 水田, 田んぼ: *sawah air* 水田. *sawah padi* 稲作水田. *sawah teres* 棚田. *melakukan kerja-kerja sawah* 田んぼ仕事をする.

bersawah 水田耕作をする: Orang kampung ramai yang *bersawah*. 村民には稲作農民が多い.

pesawah 水田耕作者, 稲作農民.

sawan 痙攣(けいれん), ひきつけ: *sawan babi, sawan gila, sawan inja, sawan lenja* てんかん. *sawan bangkai, sawan terjun* 卒中, 脳溢血.

sawang クモの巣: *penuh dengan sawang* クモの巣だらけ.

sawat → *pesawat* エンジン.

sawi; *sawi-sawi, sesawi* 〔植〕からし菜: *sawi putih* 白菜. *sawi hijau* 青菜.

sawit; **kelapa sawit** 〔植〕オイル・パーム: *minyak sawit* パーム油.

sawo; **sawoh** 〔果物〕サオ, サポジラ (＝*ciku*) 茶褐色《マレー人の皮膚の色を表現するときに使う》.

saya 1 (一人称)私, 私の: *Saya* orang Jepun. 私は日本人です. *Saya* Tanaka. Nama *saya* Tanaka. 僕は田中です. 僕の名前は田中です. **2**「はい, そうです」(＝Ya, Benar)《会話でYesとあいづちするときに使い》: "Mahani!" 「マハニ!」"*Saya*, pak cik." 「はい, おじさん」 "Masuk sekejap." 「お入り」"Baik, pak cik." 「はい, 分かりました, おじさん」 "Engkau balik, Mat?" 「マット, 帰ってたのかい?」"*Saya*, bang." 「はい, お兄さん」.

sayang 1 愛情;かわいがる, 愛する: Dia *sangat sayang kepada* anaknya. 彼は子供をとてもかわいがる. *kasih sayang* 愛情; Tunjukkanlah *kasih sayangmu* kepada anak-anakmu. 自分の子供たちに愛情を示せ. Dari mana datangnya *sayang*? 愛はどこから来たのだろうか. **2** 愛しい君よ(恋人に対する呼びかけ): *Sayangku* Maliah, marilah keluar. 愛しの君, マリアよ, 一緒に行こう. **3** 残念にも, 可哀そうに, 残念に思う, 同

情する: *Sayang sekali, dia tidak dapat bersama kita pada hari yang bahagia itu.* 残念なことに彼はあの楽しい日に私たちと一緒に参加できなかった. *Sayang sekali saya melihat pengemis itu.* あの乞食たちを見ると可哀そうだ.

bersayangan, bersayang-sayangan 互いに愛し合う.

menyayangi 1 愛する, かわいがる: *menyayangi anaknya* 子供たちをかわいがる. *Ali merasa tidak disayangi.* アリは自分が人から歓迎されていないと感じた. 2 残念に思う, 同情する.

sayangnya 残念なことに, 気の毒にも: *Sayangnya, saya tidak dapat berjumpa dengannya.* 残念なことに私は彼女に会えなかった. *Sayangnya, dia sudah pergi buat selamalamanya.* 気の毒にも彼は亡くなった.

kesayangan 1 ペット, お気に入り: *arnab kesayangan saya* 私のペットのウサギ. *Anak tunggal Fatimah merupakan anak kesayangannya.* ファティマの一人息子が彼女の愛息である. *pelajar kesayangan guru* 先生のお気に入りの生徒. 2 愛情: *Kesayangan* terhadap *anak isterinya itu tidak terperi.* 妻子に対する彼の愛情は言い尽くせないほど強い.

penyayang 愛情の深い人, 慈悲深い人: *masyarakat penyayang* 思いやりの社会.

tersayang 最愛の: *isteri saya yang tersayang* 最愛の妻.

sayap 羽, 翼: *sayap ikan* 魚のヒレ. *Ayam mengepak sayapnya.* 鶏は羽をはばたく. *sayap kanan* 右翼. *sayap kiri* 左翼.

sayat hati; menyayat hati 哀しい, 心を打たれる: *cerita yang menyayat hati* もの哀しい物語. *Pemergiannya sungguh menyayat hati saya.* 彼が亡くなったことは私にとってとても哀しいことだ.

Sayed; Sayid=Syed サイド(イスラムの使徒の末裔を示す人の名前につける称号) Syed Husin Ali サイド・フシン・アリ.

sayembara (詞の朗読などの)コンクール.

sayu 1 ふさぎ込んだ, 悲しげな= *sayu rawan, sayu rayu*: *Sayu rasanya hati saya hendak meninggalkan kampung ini.* この村を去るのはとても悲しいです. 2 生気のない, 陰気な.

menyayu 悲しくなる.

menyayukan 悲しくする, 陰気にさせる.

sayup (遠いので)ぼんやりとしか見えない, かすかにしか聞こえない: *Pemandangan Gunung Fuji sayup mata memandang.* 富士山の光景は遠くにぼんやりとしか見えない.

sayup-sayup 非常にぼんやりした: *Suara penyanyi itu sayup-sayup kedengaran.* その歌手の声は遠いのでかすかにしか聞こえない.

sayur 野菜.

sayur-sayuran, sayuran 種々の野菜.

menyayur 野菜を料理する.

sbg [sebagai] 〜のような, など.

Sdn. Bhd. [Sendirian Berhad] 株式会社.

se〜 〈se〜 接辞の意味〉. 1「一つの意味」=satu (se+助数詞): *se*hari 1日. *se*orang murid 一人の生徒. *see*kor gajah 一頭の象. 2「不定のもの, 不特定のものを示す」: *se*siapa だれでも. *se*seorang ある人. *se*suatu あること, 何か. 3「全部の〜, 〜中

の，丸ごと」: *sedunia* 全世界の. *sekampung* 全村の. *sekeluarga* 家族全員. *serumah* 家中. *seumur hidup* 一生涯. **4**「同じ」【se＋名詞】: *sekampung* 同じ村. *senama* 同姓. *sependapat* 同じ意見. *sekelas* 同級の.【se＋形容詞】*secantik* 〜と同じくらい美しい. *sebesar* 〜と同じくらい大きい; *Batu itu sebesar ibu jari.* その石は親指大だ. *Anak saya setinggi saya.* 息子は私と同じくらい背が高い. *Rosni jadi janda dalam umur semuda itu.* ロスニはあんなに若くして未亡人になってしまった. **5**「単位を示す」: *sebanyak* 多さ，数量. *setebal* 厚さ. **6**「時を示す se〜」: *sewaktu* 〜の時. *semasa* 〜の間. *sesudah* / *setelah* / *selepas* 〜の後に. *sebelum* 〜の前に. *selagi* 〜の限り. *selama* 〜の間. **7**「〜するやいなや」: *setibanya* / *sesampainya* 到着するやいなや. *sepulangnya* 帰るとすぐ. **8**「限界の se〜」: *setahu saya* 私の知る限り. *sesukanya* 好きなように. *secepatnya* / *secepat mungkin* / *secepat-cepatnya* できるだけ早く. **9**「譲歩の se〜」: *sepandai-pandai* たとえどんなに上手くとも.

sebab 1 なぜならば，〜なので＝kerana : Mengapa dia tidak datang? *Sebab dia sakit.* 彼はなぜ来ないのか. なぜならば彼は病気だからです. Kami sangat suka pada Pak Ali, *sebab* dia baik hati. 僕らはアリさんが大好きです，なぜなら親切だから. Dia tidak dapat datang *sebab* dia sakit. 彼は病気なので来れない. **2** 原因，理由: *Apa sebabnya?* その理由は何ですか. *Awak tahukah sebab dia tidak hadir?* 君は彼が欠席した理由を知っているか. Katakan kepada saya *satu sebab* saja mengapa awak tidak suka padanya. なぜ彼を好きでないのか理由をひとつだけ私に言ってくれ. *Awaklah sebab semua masalah ini.* この問題の原因はすべて君にある. *Tidak ada sebab kita perlu merasa bimbang.* 心配しねばならない理由はない. *Kerana duit. Saya tak nampak sebab lain.* お金のせいだ. それ以外の理由はないと思う. *atas sebab-sebab keselamatan* 治安上の理由で. *sebab-musabab* さまざまな理由.

sebab apa, apa sebab(nya) なぜ，何故に＝mengapa : *Sebab apa awak tidak suka padanya?* / *Apa sebabnya awak tidak suka padanya?* なぜ彼を嫌うのですか. *Awak terlambat lagi, apa sebabnya?* 君はまた遅刻したね，なぜだい? *Awak tidak banyak bercakap hari ini, apa sebabnya?* 君は今日あまりしゃべらないけど，どうしたの?

sebab itu, oleh sebab itu それ故に，だから : *Melaka terletak di pusat Asia Tenggara. Oleh sebab itu ramai pedagang datang ke Melaka.* マラカは東南アジアの中心にある. それ故にたくさんの商人がマラカに来た.

itulah sebabnya それ故に，だから : *Saya sakit. Itulah sebabnya saya tidak pergi kerja.* 私は病気です. それ故に仕事には行きません. *Jadi awak tidak tidur nyenyak. Itulah sebabnya awak mengantuk.* それで君はぐっすり眠らなかった. それだから眠くなるのだ.

bersebab 理由がある : *Jangan memarahi orang dengan tidak bersebab.* 理由もなく人を叱るな.

menyebabkan 原因となる，引き起

こす: Musim kemarau itu *menyebabkan* hasil yang kurang baik. 乾季は不作をもたらす. Kenaikan harga minyak *menyebabkan* semua harga barang-barang lain *naik*. 石油価格の値上げが他の物価の値上げを引き起こした.

disebabkan oleh ～によって引き起こされる: Penyakit ini *disebabkan oleh* darah tinggi. この病気は高血圧によって引き起こされる.

penyebab 原因=punca: Apakah *penyebab* kegagalan ini? この失敗の原因は何か. *penyebab nahas* 事故の原因.

sebagai → **bagai**.

sebai ショール.

sebak 1 (川が)溢れる, 増水する: Air sungai *sudah sebak*. 川水がもう溢れている. 2 (涙が)溢れる: Sambil dia bercakap *air matanya sebak*. 彼女は話しながら涙が溢れてきた. 3 胸が苦しくなる, 悲しむ, 切なくなる: Saya *sebak* melihat keadaan orang tua itu. その老人の状況を見ると切なくなる.

sebal; *sebal hati* (失望して)癪に障る, 腹立つ: Saya meninggalkan tempat itu *dengan hati yang sebal*. 腹立つ気持ちでその場から去った.

menyebalkan イライラさせる.

kesebalan 腹立だしさ, 失望感.

sebam 1 灰色. 2 (色が)くすんだ, 色あせた, 光沢がない.

sebar (sébar); **bersebar** 広がる, 普及する, (種子などが)ばらまかれる: Agama Islam *bersebar* di negeri itu. イスラム教がその国に普及した.

menyebar, menyebarkan 広める, 普及させる, ばらまく: *suka menyebar khabar angin* 噂を広めるのが好きだ. *menyebar agama Islam* イスラム教を普及させる. *menyebarkan fitnah* 中傷を広める. *menyebarkan benih* 種子をばらまく. *menyebar risalah* パンフレットを配布する.

tersebar 広まる, 散らばる, 普及する: Khabar angin itu *sudah tersebar luas*. その噂はもう広く広まっている.

sebaran 配布物: *surat sebaran* ちらし, ビラ. *sebaran am* マスメディア.

penyebaran 流布, 普及, 拡散, 散布: *penyebaran bahasa Melayu* マレー語の普及. *cara penyebaran agama Islam* イスラム教の普及方法. *penyebaran senjata nuklear* 核兵器の拡散. *penyebaran penyakit itu* その病気の伝染.

sebarang 何でも, 誰でも → **barang**.

sebat I むち(鞭)打ち: *hukuman sebat* むち打ちの刑. *kena sebat* むちで打たれる.

menyebat 1 むちで打つ: Bapanya *menyebat* Ali kerana dia jahat. アリが悪かったので父親は彼にむち打ちをした. 2【口語】盗む=mencuri.

sebatan むち打ち: Pesarah itu *dikenakan 10 sebatan*. 罪人は10回のむち打ちの刑を受けた. Bilur di belakangnya itu *bekas sebatan* tali pinggang. 背中のみみずばれはベルトで叩かれた痕だ.

sebat II 息がしにくい, (息が)詰まる: Hidungnya *sebat*. 鼻がつまって息ができない.

sebati 1 完全に混じり合う: Gaullah tepung dengan gula *sampai sebati*. 小麦粉と砂糖を混じり合うまでよく混ぜなさい. 2 = ***sebati dengan*** ～と一体化している, 一つになる: Khabar angin agak *sebati* *dengan* masyarakat Melayu. 噂はマレー人社会とほとんど一体化しているといってよい. Sungguhpun dia orang Barat, tetapi dia *sudah sebati dengan* kehidupan kita di sini. 彼女はヨーロッパ人だけれども, ここでは私たちの生活に一体化している.

sebatian 混合物, 合成物(sebatian kimia).

sebelah I → **belah**.

sebelah II 〔魚〕ガンゾウヒラメ.

sebelas → **belas II**.

sebelum → **belum**. ～の前に.

sebentar ちょっと, しばらくの間: *Tunggu sebentar*. ちょっと待ちなさい. *Sebentar sahaja lagi bas akan tiba*. あと少しでバスは到着します.

seberang 1 (道路・川・海の)向こう側, 対岸: *di seberang sungai* 川の向こう側(反対側)に; Sang Kancil nampak pokok rambutan *di seberang sungai*. 子鹿さんは川の向こう側にランブータンの木があるのを見た. Ali berada *di seberang jalan itu*. アリは道路を越えた向こう側にいた. ***seberang laut*** 海外, 外国: Saya hendak melanjutkan pelajaran *di seberang laut*. 僕は外国に留学したい. 2 正面, 対面: Dalam kelas, saya duduk *di seberang meja cikgu*. 教室で僕は先生の机の正面に座っていた.

menyeberang 渡る, 横切る: *menyeberang jalan* 道路を横断する. *menyeberang sungai* 川を渡る.

menyeberangi 横切る: *menyeberangi sungai itu dengan rakit* 川を筏で横断する.

menyeberangkan ～を向こう側に運ぶ: Biar saya *menyeberangkan* anda ke sebelah sana. あなたをあちら側にお連れしましょう. Perahu *menyeberangkan* penduduk kampung ulang alik. 小舟が何度も往復して村民を向こうに運んだ.

penyeberangan 1 横断. 2 渡し場.

seberhana 【古典】一式: *seberhana pakaian* 着物一式. *seberhana perhiasan* 装飾品一式.

sebu 1 いっぱいの, 満杯の: Perut saya *terasa sebu* selepas saya menghabiskan semua makanan itu. すべての食事を平らげたので, 満腹です. 2 (流れなどが)つまる, (息が)つまる: Longkan rumahnya *sebu* oleh daun kering. 家の溝が枯葉でつまった. Hidung saya *sebu*. 鼻がつまっている. Dadanya *sebu* kerana menahan tangis. 涙をこらえていたので, 胸がしめつけられた.

sebut; **menyebut**, **menyebutkan** 1 言う, 言及する, ふれる: Boleh tolong *sebutkan* nama penuh anda sekali lagi? あなたのフルネームをもう一度おっしゃってください. Dia selalu *sebut* mati saja. 彼はいつも死ぬ, 死ぬとばかり言っている. *menyebut* beberapa contoh いくつかの事例を言及する. *apabila namanya disebut*, mereka akan menarik diri 彼の名前を言うだけで, 彼らは身を引く. Saya *tak nak sebut lagi* perkara itu. その事についてもう言いたくない(ノーコメント).

sebut pasal ～, / ***bila disebut*** ～と言えば: *Sebut pasal* kampung, saya teringat ayam kampung. カンポンと言えば, 地鶏を思い出す. *Bila sebut pasal* nasi ni, baru saya ingat nasi lemak. / *Bila disebut* nasi ni, *yang terbayang ialah* nasi lemak. ご飯と言えば, ナシルマを思い出す. 2 発音する: *Sebut* perkataan itu betul-betul / dengan tepat. その単語を正確に発音しなさい. sudah pandai *menyebut* namanya sendiri 自分の名前を上手に発音できるようになった. **3** 〜と呼ぶ, 〜と言う, 名付ける: Orang *menyebut* dia Pak Lah. 人々は彼をパ・ラー(ラーおじさん)と呼ぶ. Orang yang menangkap ikan *disebut* apa? 魚を獲る人を何と呼びますか. Orang yang menangkap ikan *disebut* nelayan. 魚を獲る人を漁師と言います(と呼びます). Orang itu *tidak mahu disebut* namanya. その人は名前を知られたくない(匿名を希望する).

menyebut-nyebut 頻繁に話に出す: Nama awak *disebut-sebut* dalam perbualan itu. 君の名前がその会話の中に何度も出てきた. *Jangan disebut-sebut lagi*. その話をまた持ち出すな. Beberapa calon telah *disebut-sebut sebagai* pengganti presiden parti itu. 党総裁の後任として数名の候補者が上げられていた.

sebutan 1 発音: belajar tentang *sebutan* perkataan "rakyat" 単語"rakyat"の発音について学ぶ. **2** 呼び名, ニックネーム: Tunku Abdul Rahman mendapat *sebutan* Bapa Malaysia. トゥンク・アブドラ・ラーマンは「マレーシアの父」という呼び名がある.

sebut-sebutan 話題の種, 噂: Dia menjadi *sebut-sebutan* orang di sini. 彼女はここの人たちの話題になった.

tersebut 上記の, 前記の, すでに述べた〜: pelajar-pelajar *tersebut* 上記の生徒たち. *sebagaimana yang tersebut di atas* 前述のとおり.

sedak ; **tersedak, kesedakan** 喉がつまってせき込む: Sedang dia makan, tiba-tiba dia *tersedak*. 食事中に彼は突然せき込んだ.

sedan ; **sedu-sedan, sedan-sedu** すすり泣き: Saya tidak tahan mendengar *sedu-sedan* itu. そのすすり泣きを聞くと耐えられない.

bersedan-sedan, tersedan-sedan すすり泣く: Fatimah menangis *tersedan-sedan*. ファテイマはすすり泣いた.

sedan (sédan) (乗用車の)セダン.

sedang I ちょうど〜している最中: Abang *sedang* tidur. 兄は寝ている最中です. Ibu *sedang* membersihkan dapur. 母は台所を掃除しているところです. Kami *sedang dalam perjalanan ke* Malaysia. 私たちはマレーシアへ行く途中です. Produk itu *sedang dalam proses pelabelan*. その製品はラベルを貼っている最中です. *Sedang* main, hujan turun, tetapi permainan itu tidak diberhentikan. 競技ををしている最中に雨が降り出したが, 競技を止めなかった.

sedang II 1 ぴったり適した, ちょうど良い=padan, sesuai: Baju ini *sedang* bagi saya. この上着は僕にぴったり合う. **2** 中位の, まあまあの=sederhana: Buah itu *sedang* besarnya. その果物は大きさが中位だ. Kepintarannya *sedang sahaja*. 彼の利発さはまあまあだ.

sedang III ; **sedangkan** 〜ではあるが, 〜であるけれども=padahal, walhal: Dia kaya, *sedangkan* adiknya sangat miskin. 彼は金持ちだが, 弟はとても貧しい.

sedangkan 〜 *inikan pula* 〜なのだから, ましてや〜だ: *Sedangkan* anak sungai berubah, *inikan pula* hati manusia. 小川は流れが変わる, ましては人の心も変わらないはずがない. *Sedangkan* hendak berjalan pun dia tidak mampu, *inikan pula* hendak berlari. 彼は歩くのすらできないのだから、ましてや走るなんてできるわけがない.

sedap 1 おいしい: Roti ini *sedapkah*? Ya, *sedap*. このパンはおいしいですか。はい、おいしいですよ. *Saya diajar mak saya, bila tengah sedap, nak berhenti*. 腹八分で止めな、と母から教えられた. 2 愉快な、心地よい: *Sedap* memandu kereta baru. 新車を運転するのは気持ちいい. Rumah ini tidak *sedap dipandang*. これらの家は視覚的に良くない(見た目に悪い). *sedap didengar* 耳に心地よい(聞くと心地よい). *Tidak ada lebih sedap daripada* masakan sendiri. 手作りの食べ物に勝るものはない. "*Jangan cakap ikut sedap mulut sahaja.*"【口語】「言いたいこと(勝手なこと)ばかり言うなよ」

menyedapkan 1 おいしくする: Masukkan lebih banyak rempah untuk *menyedapkan* makanan itu. 食物をおいしくするためにはもっと調味料を入れなさい. 2 愉快にする: *menyedapkan hati* 〜を喜ばせる.

sedapan, **sedap-sedapan** 美味しい食事.

kesedapan 1 美味しさ: Kesedapan makanan bertambah apabila dimasukkan rempah ini. この調味料を入れると、食物の美味しさが増すでしょう. 2 楽しさ: Kerana *kesedapan* berbual, kami lupa waktu sembahyang. 会話が楽しかったので、礼拝の時を忘れてしまった.

sedar 1 気がつく、意識している、知っている＝insaf: *langsung tak sedar* 全く気がつかなかった. Kami *sedar* bahawa rokok membahayakan kesihatan. タバコが健康に悪いことを私たちは知っている. Dia *masih tidak sedar akan* kesilapannya. 彼はまだ自分の過ちに気付いていない. Saya *tak sedar* masa berlalu. 時が経つのに気がつかなかった. 2 意識を回復する、気がつく、(眠りから)覚める: Apabila saya *sedar*, saya berada di hospital. 僕は気がついたら、病院にいた. Dia masih *sedar* semasa doktor itu tiba. 医者が到着したとき彼はまだ意識があった. *Antara sedar dengan tidak*, Farhana mengangguk. 意識がもうろうとしながら、ファルハナはうなずいた. Selepas *sedar dari tidur*, Amin ke bilik air. 目が覚めてからアミンは洗面所に行った.

menyedari 認識する、気がつく: Awak harus *menyedari* betapa pentingnya ilmu pengetahuan. 学問がいかに大切か認識すべきだ.

menyedarkan 意識させる、気づかせる: *menyedarkan* kanak-kanak yang pengsan itu 気を失った子を起こさせる. Kerajaan cuba *menyedarkan* rakyat tentang betapa pentingnya berjimat cermat. 政府は国民に節約することがいかに大切かを気づかせようとした.

tidak sedarkan diri 意識不明になる、気を失う: Dia terus rebah *tidak sedarkan diri*. 彼は気を失ってそのまま倒れた. Dia terlantar dan *tidak sedarkan diri* selama 19 tahun. 彼は19年間も意識がなく寝たきりである.

kesedaran 認識, 知覚: meningkatkan *kesedaran* tentang kepentingan pendidikan 教育の重要性についての認識を高める.

sedekah (Ar) 施し物: *memberi*

sederhana

sedekah kepada 〜に施し物を与える.
bersedekah 施し物を与える.
menyedekahkan 寄付する: *menyedekahkan bajunya kepada orang miskin* 着物を貧者に寄付.
sederhana (Sk) **1** 適度の, 中位の: *Rumahnya sederhana besarnya.* 彼の家は中位の大きさだ. *Orang Melayu itu berbadan sederhana besarnya.* そのマレー人は中肉中背だ. **2** 質素な, 単純な, 素朴な: *Majlis perkahwinan itu sederhana sahaja.* その結婚式は質素だった. *Kehidupan mereka sederhana sahaja.* 彼らの生活は質素なものだ.
menyederhanakan 簡素化する, 単純化する: *menyederhanakan peraturan itu* 規則を簡素化する.
kesederhanaan 質素, 簡素: *Mereka hidup dalam segala kesederhanaan.* 彼らは質素に生活している.
sedia 1 用意・準備・支度ができている: *Saya sudah sedia untuk pergi ke Malaysia.* 僕はマレーシアへ行く準備がもうできている. *Sudahkah sedia baju yang saya tempah itu?* 予約注文した上着はもう出来ていますか. **2** よろこんで〜する=sudi: *Saya sedia membantu bila-bila masa sahaja.* 私はいつでもよろこんでお手伝いします. *Saya sedia jadi orang tengah.* 私がいつでも仲介人になりますよ. **3** すでに〜している=telah sudah: *seperti umum sedia maklum,/ seperti kita semua sedia maklum,* ご承知のとおり. *Seperti yang awak sedia ketahui,* saya bukan seorang hartawan. すでにご承知のとおり, 私は資産家ではない.
sedia ada 現行の, 現職の, 現在あるままのもの: *mengekalkan menteri sedia ada atau menggantikannya dengan muka baru.* 現職の大臣を残すか新人と交代させるか.
sedia kala 通常通り: *Selepas perayaan itu, keadaan kampung itu kembali seperti sedia kala.* 祭りが終ると, 村はいつもの状態に戻った.
sedianya 元々は, 当初は=pada awalnya: *Sedianya* kami setuju berlepas pagi. 元々は朝出発するのに賛成していた.
bersedia 1 用意ができている: *Kami bersedia untuk menghadapi segala cabaran.* 私たちはあらゆる挑戦に直面する用意ができている. *Saya sudah bersedia untuk pergi ke sekolah.* 学校へ行く準備がもうできている. "*Sudah bersediakah?*"「もう用意ができましたか」. "*Belum. Minta tunggu lagi 5 minit.*"「まだです. あと5分待ってください」. **2** すすんで〜する: *Mereka semua bersedia membantu kita.* 彼らはみんなすすんで私たちを助けてくれる. *Saya bersedia mati untuk tanah air.* 私は祖国のために死をも辞さない.
menyediakan 準備する, 用意する, 提供する: *menyediakan tempat tinggal* 宿泊場所を提供する. *Di taman itu ada juga disediakan tempat berehat dan tempat bermain.* 公園には休憩所と遊び場も設置されている. *menyediakan soalan peperiksaan* 試験問題を用意する. *menyediakan wang untuk memulakan perniagaan* 商売を始めるための資金を用意する. *menyediakan sedikit waktu* setiap hari untuk bermain-main dengan anak-anak. 毎日少しの時間を割いて子供と遊ぶ.
kesediaan 心意気, 気構え, すすんでやる気持ち: *Kami menghargai kesediaan anda untuk membantu.*

あなたがすすんで手伝ってくれる心意気を尊敬する.

penyedia 準備する人・機関: *Penyedia Perkhidmatan Internet* インターネット・サービス・プロバイダー (ISP).

persediaan 1 準備, 用意: *membuat persediaan untuk* berangkat ke luar negeri 外国へ出発する準備をする. sibuk dengan *persediaan* untuk menyambut Hari Raya ハリラヤを迎える準備に忙しい. **2** ストック, 備蓄: Habis *persediaan* kami. ストックが底をつく. *Persediaan* baru akan datang esok. 新しい備蓄品は明日到着する.

tersedia 用意された: Makanan sudah *tersedia*. 食事がすでに用意された. Perkhidmatan ini *tersedia dengan percuma*. このサービスは無料で提供される.

sedih 悲しい, 不幸な: Awak nampak *sedih*? Apa yang terjadi? 君は悲しそうに見えるけど, どうしたのか. Saya sangat teperanjat *mendengar* berita sedih itu. 悲報を聞いてたいへん驚いた. Berita buruk itu *membuat* ibunya sangat *sedih*. そのよくない知らせが母を悲しませた.

bersedih 悲しむ, 落ち込む (= bersedih hati): *Jangan bersedih*. 悲しまずに元気を出してください.

kesedihan 悲しみ, 不幸: *Kesedihannya* terbayang pada wajahnya. 悲しみが彼女の顔つきに出ている.

menyedihkan 悲しい, 嘆かわしい: peristiwa yang *menyedihkan* 悲しい出来事. Hidup di sini *menyedihkan*. ここでの生活は嘆かわしい.

sedikit → **dikit** 少ない, 少し.

sedu I しゃっくり: Minum air yang banyak untuk *menghilangkan sedu*. しゃっくりを止めるには水をたくさん飲みなさい.

tersedu, tersedu-sedu しゃっくりをする: Bayi itu *tersedu*. 赤ちゃんはしゃっくりをした.

sedu II; **sedu-sedan** すすり泣き.

tersedu-sedu すすり泣く: *menangis tersedu-sedu* すすり泣く, しゃくりあげて泣く.

sedut; **menyedut** 吸う, 吸い込む: *menyedut air* 水を吸い込む. *menyedut udara segar* 新鮮な空気を吸う.

tersedut 思わず吸い込む: Dia batuk-batuk kerana *tersedut* asap rokok. タバコの煙を吸い込んだので咳が出た.

sedutan 1 吸い込み, 呼吸: *sedutan* enjin jet ジェットエンジンの吸引力. **2** 要旨, 抜粋, 引用: *sedutan ucapannya* 演説の要旨.

penyedut *penyedut minuman* ストロー.

segah 1 満腹, お腹いっぱいの: *berasa segah* selepas menghabiskan semua makanan di atas meja テーブルの上の食物を平らげたので満腹だ. **2** (鞄の中が)いっぱいの: Karung itu *segah* berisi pasir. 麻袋は砂がいっぱい詰まっている.

segak; **menyegak** 〜を怒鳴りつける.

segak (ségak) **1** 格好の良い, スマートな: Ali berpakaian *segak*. アリは格好良い服装をしている. **2** 病気から回復した, 健康な.

menyegakkan, menyegakkan diri 1 格好よく見せる. **2** 健康にする.

segala 1 すべての, 全部の: *Segala wang simpanannya itu* habis dibelanjakannya. 彼は貯金をすべて使い果たした. **2【**古典**】**《必ずしも全

部でなく,単に複数を示すときに使う》何人か, いくつかの～: Beberapa *segala anak raja* hendak meminang tuan puteri. 何人かの王子たちが王女に求婚しようとした. Maka *segala rakyat keling* pun banyaklah matinya, lalu undur. インドの兵士たちは死者も多数出たので,退却した.《「全ての～」を表現するときは *segala ～ sekalian, segala ～ semuanya*》: Segala titah Wan Seri Beni itu *semuanya* dipersembahkannya kepada baginda (p.37). ワン・スリ・ブニのお言葉を全て陛下に奉上した.

segalanya, segala-galanya すべてのもの,すべてのこと: Apakah duit *segala-galanya* dalam hidup? お金が人生のすべてか. Duit *bukan segalanya*. お金がすべてではない. Dia telah menghilang *segala-galanya*. 彼は全てを失った. *Segala-galanya baik*. すべてうまく行っている. *Terima kasih atas segala-galanya*. いろいろとお世話になりました.

segan 1 気の進まない: Saya *segan* meminta Pak Awang tolong. 私はアワンさんに助を求めるのは気が進まない. 2 内気の, 恥ずかしがる (= segan-silu): *Jangan segan bertanya*. 遠慮せずに質問しなさい. Dia *segan hendak* memakai skirt yang pendek itu. 彼女は短いスカートをはくのが恥ずかしい. *tidak segan silu* 遠慮せずに; Mereka *tidak segan silu untuk* menyertai pesta itu. 彼らは遠慮せずにそのパーティーに参加した. 3 尊敬する: Kami semua *segan terhadap* ketua kampung itu. 私たち全員は村長を尊敬している.

segan-segan 恥ずかしい, 遠慮する: *Janganlah segan-segan*, jemput masuk. どうぞ遠慮しないで,お入りください.

menyegani 尊敬する: Ketua kampung itu amat *disegani* oleh orang-orang kampung itu. 村長は村民からたいへん尊敬されている.

segar 健康な, 活発な, 新鮮な: *angin segar* 新鮮な風. Peristiwa itu *terus segar dalam ingatan kami*. あの事件は私たちの記憶の中にそのまま生々しく残っている. Pengalaman ngeri yang dialaminya itu *masih lagi segar dalam ingatannya hingga kini*. 彼の体験した恐ろしい経験は今でも記憶に新しい.

menyegarkan 元気づける,新鮮にする.

kesegaran 健康的なこと, 健康状態.

segenting 地峡: Segenting Kra クラ地峡.

segera すぐに, 直ちに (dengan segera): *mi segera* 即席麺. *jawapan segera* 即答. *melakukan tindakan segera* すぐ行動をとる. Dia akan kembali *segera*. 彼はすぐ戻って来る. Saya ingin bertemu dia *dengan segera*. 彼にすぐ会いたい.

segera-segera, bersegera 急いで, すぐに.

menyegerakan 急がせる: *menyegerakan projek itu* プロジェクトをスピードアップする.

segi 1 角, 隅: *segi empat* 四角: *segi empat sama* 正方形. *segi empat panjang, segi empat tepat* 長方形. *meja yang segi empat tepat* 長方形のテーブル. *segi tiga* 三角: *segi tiga sama* 正三角形. *kawasan segi tiga emas* 黄金の三角地帯. 2 側面, 局面, 観点: *dari segi ekonomi* 経済的観点から. *dari segi undang-undang* 法

的な側面から. *dalam banyak segi* 多くの局面で. Anda harus melihat masalah itu *dari semua segi*. その問題を全ての局面から見ねばならない. *Dilihat dari segi itu*, anda benar. その観点から見れば、あなたは正しい.

bersegi 角がある、〜角形の.

persegi 1 四辺形. 2 面積単位＝平方.

segmen (ségmen) (英) segment 部分、区分.

sehingga → **hingga**.

sejahtera (Sk) 平穏で繁栄した＝aman: *negara yang aman dan sejahtera* 平穏で繁栄した国. *hidup dengan sejahtera* 平穏に暮す. *Salam sejahtera*. こんにちは(挨拶). *Salam hormat,/Sekian salam hormat*.《手紙文》敬具. *Salam sejahtera hingga kita jumpa lagi*. また会う日までさようなら.

menyejahterakan 繁栄させる、安定させる.

kesejahteraan 平穏、安泰.

sejak 〜以来: *sejak dari dahulu hingga sekarang* 昔から現在まで. *sejak tiga tahun lalu, sejak tiga tahun ini* 3年前から. *sejak kebelakangan ini* 最近、このごろ. *sejak kanak-kanak lagi* 幼い頃から. *sejak kecil sampai mati* 小さい頃から死ぬまで. Saya sibuk *sejak pagi tadi*. 今朝から忙しい. menunggu *sejak awal pagi* 朝早くから待っている. *sejak pertama kali bertemu dengan you* 初めて君に会ったときから. Segala-galanya kacau *sejak permulaan*. 最初から全てが混乱していた.

sejarah (Ar) 1 歴史: *buku teks sejarah* 歴史教科書. *sejarah kuno, sejarah purba* 古代史. *sejarah moden* 現代史. *ilmu sejarah* 歴史学. belajar daripada *sejarah* 歴史から(教訓を)学ぶ. *Sejarah berulang*. 歴史は繰り返す. 2【古典】系譜、家系＝salasilah: *Sejarah Melayu* マラユ王統記《マレー古典作品》.

bersejarah 歴史的な、歴史のある: *bangunan bersejarah* 歴史のある建物. *hari bersejarah* 歴史的な日. *peristiwa bersejarah* 歴史的な出来事. *saat yang bersejarah* 歴史的な瞬間.

kesejarahan 歴史的な出来事.

sejat; **menyejat** 蒸発する: Air akan *sejat*. 水は蒸発する.

menyejatkan 蒸発させる: *menyejatkan air laut* untuk mendapatkan garam 海水を蒸発させて塩をつくる.

penyejatan, sejatan 蒸発: *penyejatan air* 水の蒸発.

sejati → **jati** 純粋の.

sejenak → **jenak** わずかの間、瞬間.

sejuk 1 寒い、冷たい: *peti sejuk* 冷蔵庫. Udara di luar *sejuk*, lebih baik pakai baju panas. 外気は寒いので、セーターを着た方がよい. "Minumlah. *Sejuk* nanti kopi tu."「飲んでください. 冷めてしまうから、コーヒーが」. 2 落ち着いた、冷静な: 幸運な、幸せ《panas の反対：文化人類学でとりあげる panas-sejuk の議論を参照》: *sejuk hati* 安心する. Jika didapati anak itu sedang mandi atau membasuh, ia membawa alamat baik, iaitu menandakan jodoh pertemuan itu *sejuk*.《求婚前に密かに花嫁候補の身辺調査をするマレーの伝統がある》もしも訪ねたときにお嬢さんがマンディーあるいは洗濯をしていたことが分かると、それは良いしるしになる、つまりその結婚が幸せになる兆候である. → **panas**.

menyejukkan 1 冷やす: *menyejukkan agar-agar itu di dalam peti ais.* 寒天を冷蔵庫に入れて冷やす. 2 落着かせる: *menyejukkan hati suaminya* 夫の気持ちを落着かせる.

kesejukan 1 寒さ, 冷たさ. 2 寒くて仕方がない: *menggigil kesejukan* あまりにも寒くて震える.

penyejukan 冷却, 冷凍.

sejurus ちょっと, 瞬間.

seka (séka); **berseka** ぬぐう.

menyeka, menyekai 拭く, ぬぐう: *menyeka meja yang basah* 濡れたテーブルを拭く. *menyeka air matanya dengan lengan bajunya* 上着の袖で涙をぬぐう.

menyekakan ぬぐい去る, こすり取る.

sekah (木の枝などが)折れて落ちる.

sekali → kali.

sekaligus 同時に: "Oh, berapa soalan nak tanya *sekaligus*?"「同時にそんなに質問しないでよ」.

sekalipun → kali.

sekam もみ殻: *seperti api di dalam sekam* 秘められた恋.

sekarang 今, 現在: *Pukul berapa sekarang?* 今何時ですか. *Sekarang pukul lapan.* 今8時です. *Buat apa sekarang?* 今何をしているのですか. *Dulu dia bekerja di KL, sekarang dia sudah pindah ke Johor.* 彼は以前はKLで働いていたが, 今はジョホールに転勤した.

sekarang juga, sekarang ini juga 今すぐに, 直ちに: *Datang sekarang ini juga.* 今すぐ来い.

sehingga sekarang 今日まで, 現在まで: *Jejantas itu masih tidak dibina sehingga sekarang.* 歩道橋は現在までまだ建設されていない. *ditangguhkan sehingga sekarang* 今日まで延期されてきた.

sekat 1 仕切り. 2 障害物.

bersekat 1 仕切りのある: *Bilik itu bersekat di tengah-tengahnya.* その部屋は真ん中に仕切りがある. 2 (権力, 自由などに)限度のある: *kebebasan yang bersekat* 限度のある自由.

menyekat 1 仕切る: *menyekat bilik tamu itu* 客室に仕切りをした. 2 (川を)堰き止める, (道路を)封鎖する, ブロックする(病気などが広がるのを)抑える, 防ぐ, 規制する: *menyekat air sungai* 川の水を堰き止める. *menyekat kebebasan kami* 私たちの自由を規制する. *menyekat perbelanjaan harian* 毎日の経費支出を抑える. *berjaya menyekat pengaliran Ringgit ke luar negeri* リンギットの国外流出を防ぐのに成功する.

tersekat 引っかかる, つまる, 遮断される: *Gula-gula itu tersekat di tekaknya.* 飴が喉につまる. *sampah yang tersekat di dalam longkang* 排水溝につまったゴミ.

tersekat-sekat 息をつまらせて, たどたどしく: *dengan suara yang tersekat-sekat* 声をつまらせて. *Dia menjawab dalam bahasa Jepun yang tersekat-sekat.* 彼はたどたどしい日本語で答えた.

sekatan 1 仕切り(幕, 壁など), 障害. 2 規制, 制裁, 封鎖: *sekatan bukan tarif* 非関税障壁. *sekatan ekonomi* 経済制裁. *sekatan import* 輸入規制. *sekatan perdagangan* 貿易障壁. *sekatan jalan raya* 道路封鎖, 交通止め. *mengadakan sekatan di beberapa batang jalan raya sekitar Daerah Sik* シーク郡の周辺の道路を封鎖する. *resolusi sekatan*

PBB terhadap negara itu 同国に対する国連の制裁決議. PBB telah menguatkuasakan *sekatan ekonomi ke atas Iraq.* 国連はイラクに対して経済制裁を施行した.

sekeh (sékéh); **menyekeh** 拳で殴る: *menyekeh kepala adiknya* 弟の頭を拳で殴る.

sekejap 一瞬, ちょっと: *Tunggu sekejap.* ちょっと待ってください.

sekerap (英) scrap スクラップ, 廃物.

sekian → kian.

sekitar 周辺→ kitar.

sekitaran 環境→ kitar.

sekoci 1 スループ型帆船. 2 (ミシンの)シャトル.

sekolah 1 学校: *sekolah rendah* 小学校. *sekolah menengah* 中等学校. *sekolah malam* 夜間学校. *sekolah kebangsaan* 公立学校. *sekolah swasta, sekolah persendirian* 私立学校. *sekolah ternama* 有名校. *tukar sekolah* 転校する. *dibuang sekolah, / kena buang sekolah* 退学させられる. 2【口語】学校へ行く: *Tak sekolah hari ini?* 今日は学校へ行かないのか. *Tolong kerja-kerja dapur bila tidak sekolah.* 学校が休みの時は台所の仕事を手伝いなさい. *terpaksa berhenti sekolah* 退学せざるを得ない. *lepas sekolah* 放課後.

bersekolah 1 学校に通う, 通学する. 2 教育がある, 教育を受ける.

menyekolahkan 通学させる, 学校へ行かせる: *Siapakah yang menanggung belanja menyekolahkan anda?* あなたの学費を負担するのは誰ですか.

persekolahan 学校教育: Setelah tamat *persekolahannya* dia terus bekerja. 彼は学校教育が修了するとすぐ働いた. *musim cuti persekolahan* 学校の休暇期間. *wang persekolahan* 学費. *digantung persekolahan* 停学させられる.

sekongkol 共犯, 共謀, 共謀する.

bersekongkol 共謀する, 犯罪の計画を立てる: *bersekongkol* untuk menggulingkan Presiden 大統領を倒すことを共謀する.

sekonyong-konyong 急に, 突然=tiba-tiba.

sekretari (sékretari) (英) secretary 秘書=setiausaha.

sekretariat (sékretariat) (英) secretariat 事務局, 秘書室.

seks (séks) (英) sex 性, セックス: *pendidikan seks* 性教育. *hubungan seks* 性交.

seksa (séksa) (Sk) 1 拷問, 虐待: *kena seksa* 拷問を受ける. Tawanan perang itu *tidak tahan seksa* yang dikenakan ke atas mereka. 捕虜たちは自分たちに加えられた拷問に耐えられなかった. 2 苦難, 痛み, 苦しい, つらい: Hidup pun *seksa* benar. 人生は実につらい.

menyeksa, menyeksai 1 拷問にかける, 虐待する, 折かんする: *menyeksa penjahat* 犯人を拷問にかける. 2 苦しめる: *menyeksa diri sendiri* 自分自身を苦しめる.

seksaan 1 拷問, 虐待: *seksaan dan penghinaan terhadap tahanan-tahanan politik* 政治犯にたいする虐待と侮辱. *mangsa seksaan* 虐待の犠牲者. 2 苦痛, 痛み.

penyeksaan 拷問, 苦痛: Penantian itu *satu penyeksaan.* 待つことは一種の拷問だ.

seksyen (séksyen) (英) section 部分, (住所)区域, (法規などの)項, 軍の分隊.

seksual (séksual) (英) sexual 性的な: *gangguan seksual* セクシュアル・ハラッスメント(セクハラ).

sektor (séktor) (英) sector 分野, 部門, セクター: *sektor awam* 公共部門. *sektor pembuatan* 製造業分野. *sektor perindustriaan* 工業分野. *sektor swasta* 民間部門.

sekular (sékular) 世俗的.

sekuriti (sékuriti) (英) securities. **1** 安全, 安全保障. **2** 証券: *Sekuriti Kerajaan Malaysia* マレーシア国債 (Malaysian Government Securities (MGS)).

sekutu **1** 仲間, 味方. **2** 同盟, 連合: *negara sekutu Amerika Syarikat* アメリカの同盟国. *membentuk sebuah sekutu* 同盟を結ぶ.

bersekutu 提携する, 同盟する, 連合する: *Tentera Bersekutu* 連合軍. *Negara-Negara Bersekutu* 同盟国.

menyekutukan **1** 〜と仲間になる, 同盟国とみなす: *Ali menyekutukan diri dengan* pemuda-pemudi itu. アリはそれらの若者と仲間になった. **2** 合併する, 併合する: Pemimpin-pemimpin itu bercadang hendak *menyekutukan* kedua buah negara mereka. 指導者たちは両国を併合しようと計画している.

persekutuan **1** 連邦, 同盟: *Persekutuan Tanah Melayu* マラヤ連邦. *kerajaan persekutuan* 連邦政府. **2** 団体, 協会.

sel (sél) (英) cell 細胞: *sel darah merah* 赤血球. *sel kering* バッテリー.

sela **1** =sela-sela 狭い隙間, 合間, 間隔: *dari sela-sela daun-daun* 葉の隙間から. *mengintai dari sela-sela pagar* 塀の隙間から覗く. *tanaman sela* 間作物.

bersela 間隔のある: *penuh sesak tiada bersela lagi* もう隙間がないほどびっしりしている.

menyela 口を挟む, 話に割って入る: *menyela* perkataan ibunya 母親の話に口を挟む.

menyelakan 挿入する: *menyelakan* pantun ke dalam karangannya itu 作文にパントゥンを挿入する.

sela (séla) 鞍.

seladang 〔動〕野牛.

selak ; penyelak (門, ドア, 窓を締める)かんぬき.

menyelak (ドア, 窓などに)かんぬきをかける: *menyelak pintu* sebelum tidur 寝る前にドアにかんぬきをかける.

selak (sélak); **menyelak** **1** まくり上げる=menyingkap: tirai *diselak* dan di labuhkan カーテン(幕)を上げてそして下げる. Oleh kerana air bah itu sampai ke paras lutut, dia terpaksa *menyelak* kainnya. 洪水が膝の高さに達したので, 着物をまくり上げざるをえなかった. **2** (本などを)めくる: *menyelak buku* sehalaman demi sehalaman 1頁ずつ本をめくる.

menyelak-nyelak (本や雑誌などを) パラパラめくる: *menyelak-nyelak majalah* di ruang tamu 客間で雑誌をパラパラめくる.

terselak まくり上げられる: Kain sarungnya *terselak* apabila ditiup angin kuat itu. 強風に吹かれて彼女のサロンがまくり上げられてしまった.

selalu: 常に, しばしば, 絶えず, ずっと: Dia *selalu* datang ke sini. 彼女はいつもここに来ます. Nenek *selalu* di rumah. おばあちゃんはいつも家にいる. Dia *selalu* menelefon saya, hampir tiap-tiap hari. 彼は私にいつも, ほんとに毎日電話してくる. Se-

perti selalu dia terlambat. いつものように彼は遅刻した. Dia mabuk *macam selalu juga*. 彼はいつものように酔っ払った.

selam 潜る: *juru selam* 潜水夫. *peralatan selam* 潜水用具.

sambil menyelam minum air 一石二鳥;*Dengan cara ini kami sambil menyelam minum air*. こうすると一石二鳥となる.

menyelam 潜水する,ダイビングする: *menyelam ke dalam laut* 海の中に潜る. *Saya suka menyelam*. ダイビングが好きです.

menyelami 1 潜る: *menyelami laut yang dalam itu* 深い海に潜る. 2 〜を深く理解する, 詳しく学ぶ: *ingin menyelami isi hati* teman wanitanya 女友達の心の中を深く知りたい. *Dia cuba menyelami isi kandungan laporan itu*. 報告書の内容を良く理解しようと試みた.

penyelaman 潜水.

selamat (Ar) 1 安全な, 無事に: *selamat sampai di Narita* 成田に無事到着する. *Mujur kami selamat dalam perang itu*. その戦争では幸いにも私たちは無事だった. **dengan selamat** 無事に; *Para tebusan itu dibebaskan dengan selamat*. 人質たちは無事に解放された. *Para tebusan itu ditemui selamat*. 人質たちは無事に発見された. 2 お祝いの言葉: *memberi selamat, / mengucapkan selamat* お祝いを言う; *Saya ini gin mengucapkan selamat di atas* kenaikan pangkat anda. 昇進おめでとうございます. *doa selamat* 安全を祈願する. *mengadakan kenduri doa selamat* 安全祈願の宴を催す. 3 挨拶の言葉.

Selamat pagi おはよう.

Selamat tengah hari こんにちは (正午).

Selamat petang こんにちは (午後).

Selamat malam おやすみなさい.

Selamat jalan さよなら (出かける人に).

Selamat tinggal さよなら (見送る人に).

Selamat datang いらっしゃい, ようこそ. *Selamat Datang ke Laman Web Rasmi Kementerian Luar Negeri*. 外務省公式ホームページにようこそ.

Selamat pulang お帰りなさい: "*Selamat pulang ke Jepun. Masih letih lagi agaknya, ya !*"「(日本へ)お帰りなさい. お疲れさまです」.

berselamatan 1 安全祈願の祭を行う. 2 挨拶し合う.

menyelamat, menyelamatkan 1 助ける, 救助する: *kerja-kerja menyelamat* 救助作業. *gerakan mencari dan menyelamat* 搜索・救助活動. *Saya diselamatkan* oleh penduduk kampung ini. 私はこの村人に救助された. Terima kasih kerana *menyelamatkan saya*. 私を救助してくださり,ありがとうございます. berjaya *menyelamatkan nyawa* orang yang cedera itu 怪我した人の生命を救うことができた. *menyelamatkan diri* (災難から) 逃げる; *Macam mana nak selamatkan diri ni ?* どうやったら逃げられるか. Pada masa kebakaran itu berlaku, penduduk kawasan itu *lari menyelamatkan diri masing-masing*. 火事が起きたので,地域住民はそれぞれ避難した. 2 (時間や労力を)節約する: Untuk *menyelamatkan masa*, kami membuat kerja itu

selamba

bersama-sama. 時間を節約するために, その仕事を一緒にやる.

terselamat 助かる, 救助された: penumpang yang *terselamat* 救助された乗客.

keselamatan 安全, 治安: *menjaga keselamatan* 安全を守る. *Keselamatan* harus diutamakan. 安全を最優先する. *Akta Keselamatan Dalam Negeri* 国家治安法.

penyelamat 救助者: *pasukan penyelamat* 救助隊, レスキュー隊.

penyelamatan 救済.

selamba 1 知らないふりをする: *Mukanya selamba sahaja* apabila ditanya sama ada makan kuih saya. 僕のお菓子を食べたかどうか尋ねたら彼は知らない顔つきをした. *dengan selamba sahaja* 知らないふりをして. 2 厚かましい, 恥知らずの: Saya tak dapat *membuat muka selamba* seperti awak. 僕は君のように厚かましい顔をできない.

selampai 絹の肩掛け《マレー王国時代に王室儀式で着用》.

selancar ; **berselancar** (水面に石を投げて)水切りをして遊ぶ.

selang 間隔, ～置きに(時間と場所), 交互に: *selang sehari* 1日置きに. *selang beberapa hari* 数日置きに. *selang tiga hari* 3日毎に. *selang satu* 1つ置きに. *selang dua rumah* 2軒置きに. Dia tinggal *selang dua buah rumah* dengan saya. 彼は僕とは2軒離れた所に住んでいる. Anda harus makan ubat ini *selang emat jam*. あなたはこの薬を4時間置きに飲まねばならない. Saya lahir *selang dua hari* dengan Ali. 僕はアリとは2日違いで生まれた.

berselang 間隔を置く.

berselang-selang 交互に, 間をおいて: Gelas dan cawan diatur *berselang-selang*. グラスとカップが交互に並べられていた.

menyelang 1 交互に: orang *menyelang memanggil* 人が交互に呼んでいる. 2 割り込む: Sekali sekala ayah *menyelang perkataan* ibu. ときどき父が母の話に割り込む. 3 (人の行動を)妨害する.

menyelangi ～の間に置く: Sebatang pokok ditanam *menyelangi* tiang-tiang lampu. 電柱の間に1本の木が植えられている.

menyelangkan 交互に置く: *menyelangkan* garis-garis putih *dengan* garis-garis hitam 白い線と黒い線を交互に引く.

selang-seli ; **berselang-seli** 交互にくる, 互い違いになっている: corak segi empat berwarna hitam yang *berselang-seli dengan* bulatan berwarna putih 黒の四角と白の丸とが互い違いになっている模様.

selangka ; *tulang selangka* 鎖骨.

Selangor スランゴール州.

selaput 薄い膜, 皮膜: *selaput dara* 処女膜. *selaput jantung* 心膜. *selaput mata* 角膜. membuang *selaput limau itu* sebelum memakannya ライムは食べる前に皮膜を捨てる.

berselaput 薄い膜で覆われた.

menyelaputi ～で覆う: Kabus tebal *menyelaputi* bukit itu. 濃い霧が丘を覆う.

selar I 烙印 (=tanda selar).

menyelar 1 (牛などに)烙印を押す: *menyelar* lembu masing-masing *dengan* tanda miliknya 各々の牛に持ち主の印を押す. 2 (人を)非難する: *menyelar tindakan* syarikat 会社の行動を非難する.

selar-menyelar お互いに非難し合う.

selar II 〔魚〕メアジ (selar kuning).

selaras → **laras**.

Selasa 火曜日.

selasih 〔植〕バジル(メボウキの葉 香辛料) (=selasih putih).

selat 海峡: *Selat Melaka* マラカ海峡. *Selat Teberau* (シンガポールとマレー半島南端部の間にある)ジョホール水道. *Negeri-Negeri Selat* 海峡植民地《英植民地時代のペナン, マラカ, シンガポールのこと》.

selatan 南: *selatan daya* 南西. *selatan menenggara* 南南東.

selawat 祈り.

selayang 〔魚〕ムロアジ.

selekeh (selékéh) 汚れ.

selekoh (selékoh) (道路, 川の)カーブ, 曲がり角: *selekoh ke kiri* 左へカーブ. *menuruni selekoh tajam* 急なカーブを降りていく. *melalui selekoh tajam itu* 急カーブを通過する. *jalan yang selekoh* 曲がり道. *di selekoh jalan* 道路の曲がり角で.

selempang (selémpang) スレンパン(肩からかける飾帯).

selendang (seléndang) スレンダン(女性が頭や肩にかけるショールないしスカーフ).
berselendang スカーフをかぶる.
menyelendangkan スカーフのようにかける.

selenggara; **menyelenggarakan** 1 (催物や計画を)開催する, 主催する, 組織する: *menyelenggarakan pameran* 展示会を開催する. *menyelenggarakan upacara itu* 儀式を主催する. *menyelenggarakan peraduan karang-mengarang* 作文コンテストを開催する. 2 実施する, 実行する: *menyelenggarakan projek* プロジェクトを実行する. *menyelenggarakan pesan itu* 言いつけを実行する. 3 管理・運営する, 面倒をみる: *menyelenggarakan kilang itu dengan baik* その工場をうまく管理する. *menyelenggarakan rumah-rumah lama* 古い家屋を維持する.
penyelenggara 管理者, 実行者.
penyelenggaraan 開催, 管理, 組織, 実行.

selera (seléra) 食欲 (selera makan): *Maaf, saya tidak ada selera (makan).* すみません, 食欲がないの. *hilang selera* 食欲がなくなる. *sudah ada selera makan, / sudah berselera untuk makan* 食欲が出てきた. *pembuka selera* アピタイザー.
berselera 食欲がある: *sudah berselera untuk makan* 食欲が出てきた.
menyelerakan 食欲をそそる: *Bau masakan itu sungguh menyelerakan.* その料理の匂いはとても食欲をそそる.

selerak (selérak); **berselerak** 散らばっている, 広まった: *Kertas masih berselerak di lantai bilikya.* 彼の部屋の床に紙が散らばったままだ. *Bilik itu sangat berselerak.* 部屋はとても散らかっている. *mengadakan majlis makan berselerak* ビュッフェ方式の食事会を催す.
menyelerakkan まき散らす: *menyelerakkan kertas-kertas di atas lantai* 床の上に紙をまき散らす.
penyelerakan 散在, まき散らす.

selesa (selésa) 1 広々とした: *ruang tamu yang agak selesa* やや広々とした客間. 2 ゆったりとした, 気持ちの良い, 快適な: *Bilik ini kurang selesa kerana kecil dan panas.* この部屋は狭くて暑いので快

selesai

適でない. boleh hidup selesa 楽に生活できる. "Dapat tidur selesa malam tadi?"「昨夜はよく眠れた?」Saya kurang selesa dengan keadaan itu. 私はそのような状態にあまりいい気持ちがしない.

keselesaan 快適さ,気持ちの良さ.

menyelesakan 気持ち良くする,ゆったりさせる.

selesai 1 完了・終了した (sudah selesai): Projek itu sudah selesai. プロジェクトは完了した. Pembinaan bangunan ini akan selesai dalam bulan ini. この建物の建築は今月中に完了します. 2 (問題や話合いが) 解決する: Perkara itu sudah selesai. その事はすでに解決済みだ. 3 支払い済みの, 負債を完済する: Hutangnya sudah selesai. 借金は完済した.

menyelesaikan 1 仕上げる, やり遂げる: Kami harus menyelesaikan urusan itu dulu. あの仕事を先ず仕上げねばならない. 2 (問題などを) 解決する, 終わらせる: menyelesaikan masalah 問題を解決する. Kami perlu menyelesaikan salah faham antara kita. 私たち同士の間での誤解を解く必要がある. menyelesaikan pergaduhan itu dengan kekerasan 力ずくでけんかを止める. 3 清算する: menyelesaikan hutang itu 借金を清算する.

penyelsaian 解決, 終結: mencari penyelesaian konflik 紛争の終結を模索する. Belum ada penyelesaian bagi masalah itu. 問題の解決にまだ至っていない. Melarikan diri bukan penyelesaian masalah. 逃げることは問題の解決にはならない.

selesema (Sk) 風邪, インフルエンザ (=demam selesema).

seleweng (selêwéng); **menyeleweng** (正しい道から)それる, (話が)脇道にそれる: Kerana pemandunya lalai kereta itu menyeleweng ke tengah jalan. 運転手の不注意により車は道路の真中に出てしまった. menyeleweng dari tajuk 話題から外れる. urusan perniagaan yang menyeleweng 常軌を逸脱したビジネス慣行(汚職など).

menyelewengkan 1 (正しい道から)逸脱させる, そらせる: Ada orang menyelewengkan ajaran agama untuk kepentingan dirinya. 宗教上の教えを自分の利益のために逸脱させる者がいる. 2 横領する: Pengarah itu menyelewengkan wang syarikatnya sebanyak RM 30juta. その重役は会社の金 3,000 万リンギットを横領した.

penyeleweng 違反者, 裏切者.

penyelewengan 逸脱, 違反, 不正, 汚職.

selia; **menyelia** 監督する: menyelia pekerja-pekerja di kilang itu 工場労働者の監督をする.

seliaan, penyeliaan 監督, 指導: belajar di bawah penyeliaan Prof. Lim リム教授の指導のもとで学ぶ.

penyelia 監督者, スーパーバイザー.

selidik 慎重に, 詳しく: memeriksa dengan selidik 詳しく調べる.

menyelidik, menyelidiki 1 研究する, 調査する: menyelidiki lebih lanjut より詳しく調べる. Dia menghabiskan masa 12 tahun untuk menyelidiki orang utan. 彼女は12年も費やしてオランウータンの研究をした. 2 捜査する=menyiasat: sedang menyelidiki punca kebakaran itu 火事の原因を捜査中だ.

penyelidik 研究者, 調査者:

penyelidik pasaran マーケット・リサーチャー.

penyelidikan 調査, 研究: *penyelidikan dan pembangunan* 研究・開発 (R&D).

seligi 竹槍.

selimut 毛布: *musuh dalam selimut* 獅子身中の虫.

berselimut 毛布を使う: *Mahu berselimut pada waktu tidur?* 寝るときに毛布を使いたいですか.

berselimutkan 毛布として用いる.

menyelimuti (身体などを)毛布で包む, 覆う: *menyelimuti dirinya* 身体に毛布をかける. *Kabus masih menyelimuti padi di sawah.* 霧が水田の稲を包んでいる. *Salji menyelimuti puncak gunung itu.* 雪が山頂を覆っている.

menyelimutkan 1 〜に毛布をかける: *Emak menyelimutkan anaknya sebelum keluar.* 母は外出する前に子供に毛布をかけた. 2 〜を隠す.

selinap; menyelinap 密かに忍び込む, するっと入り込む, いつの間にか姿を消す: *menyelinap masuk ke dalam bilik itu* その部屋に忍び込む. *menyelinap di bilik hotel jumpa Ramli* ラムリに会うためにホテルの部屋にこっそりと入り込む. *Saya menyelinap dari jamuan itu.* 私はパーティからこっそり抜け出た.

menyelinapkan こっそり入れる・出す: *Pencuri itu menyelinapkan dirinya di celah-celah orang ramai.* 泥棒は群集の間から密かに抜け出た.

selindung; berselindung 隠れる, 物事を隠す: *berselindung di balik pokok* 木の後ろに隠れる. *Usahlah anda berselindung lagi.* Saya sudah tahu segala-galanya. 隠してもだめだよ. 僕は全てを知っている.

menyelindungkan 隠す: *cuba menyelindungkan kebodohan mereka* バカさ加減を隠そうとする.

terselindung 潜む, 陰に隠された: *Kesedihannya terselindung di sebalik senyumannya.* 彼女の笑顔の裏に悲しみが潜んでいる.

seling; berseling 交互に, 合間に.

menyelingi 合間に挟む: *menyelingi mesyuarat dengan makan tengah hari* 会議の間に昼食を挟む.

selingan 合間, 間奏曲.

selip; menyelipkan 差し込む, 挿入する: *Pak Ali menyelipkan 10 ringgit ke dalam tangan saya.* アリ叔父さんは僕の手に10リンギットを忍び込ませた.

selipar (英) slipper スリッパ.

seliput; berseliput で〜いっぱい覆われた: *jarinya yang berseliput dengan nasi itu* ご飯つぶがいっぱい付着した指.

menyeliputi 〜で覆う: *meja yang diseliputi oleh debu* ほこりにまみれた机.

selirat; berselirat 1 (クモの巣のように)網状の, 入り組んだ: *jalan berselirat di pusat bandar* 市内中心部の入り組んだ道路. 2 錯綜した: *Fikirannya berselirat oleh masalah itu.* 彼の思考はその問題で錯綜している.

selisih 食い違い, 相違, 差: *selisih umur* 年齢差. *Berapakah selisih antara 20 dengan 25? Selisihnya ialah 5.* 20と25の差はいくらか. その差は5.

berselisih 1 食い違う, 相反する (意見が)異にする・相いれない: *Mereka berselisih faham mengenai* perkara itu. 彼らはその事で意見が食い違っている. **2** (道で)ばったり出会う, 行き交う, すれ違う: Kami *berselisih* di jalan tadi. 私たちはさっき道ですれ違った. Saya *berselisih dengan* beberapa orang rakan ketika hendak pulang. 僕は帰る途中数人の同僚とばったり出会った.

perselisihan 1. 意見の食い違い: Kami bertengkar kerana *perselisihan faham*. 私たちは意見の食い違いがある故にけんかする. *perselisihan faham* antara pasangan suami isteri itu 夫婦間の意見の食い違い. **2** けんか, 紛争: *Perselisihan* antara suami isteri tidak dapat dielakkan. 夫婦間のけんかは避けられない. *Perselisihan* antara dua buah negara itu makin berpanjangan. 両国間の紛争はますます長引く.

selisik ; menyelisik (髪, 毛などから)虱(しらみ)を探す: Burung merpati sedang *menyelisik* bulunya. 鳩は毛の中に嘴を入れて虱を探す.

selit ; menyelit (隙間に)割り込む: *menyelit* antara orang yang berkumpul 集合している人の中に割り込む. Di mana orang ada orang duduk berbual di situlah Ali *menyelit*. 人が座って話している所ならどこでもアリはきまって割り込む.

menyelitkan (隙間に)差し込む, 挟み込む, 挿入する: *menyelitkan* surat itu di bawah pintu 手紙をドアの下に差し込む.

terselit (足が)捻挫する: *kaki yang terselit* 捻挫した足.

seliuh ; terseliuh (足などが)捻挫する, くじく =terselit : Kakinya bengkak kerana *terseliuh*. 足が捻挫して腫上がった.

selo (sélo) 〔英〕 cello 〔楽器〕チェロ.

selofan (sélofan) 〔英〕 cellophane セロハン.

selok ; selok-belok 〜の表裏, 一部始終, 詳細, あれこれ; 成功の秘訣・コツ: *selok-belok* agama Islam イスラム教の詳細. Saya nak mempelajari *selok-belok* perniagaan itu. 私は商売のあれこれを学びたい.

seloka (Sk) スロカ《諷刺, 警句を中心としたリズムのあるマレー伝統詩の一形式》.

selongkar ; menyelongkar くまなく探す, かき回して探す: *menyelongkar sebab-musabab* kenapa masih ada yang orang miskin なぜまだ貧乏人がいるのかその理由をくまなく探す. *menyelongkar* bilik itu tetapi tidak dapat mencari kuncinya 部屋の中をくまなく探したが, 鍵を見つけられなかった.

seloroh 冗談, しゃれ, 可笑しい : *Itu hanya seloroh sahaja*. それは冗談にすぎない.

berseloroh 冗談を言う: Dia suka *berseloroh dengan* kawan-kawannya. 友達と冗談を言うのが好きだ.

seluang 〔魚〕ロスボラ(コイ科).

seluar (Pr) ズボン: *seluar dalam* 下着. *seluar panjang* 長ズボン. *seluar pendek* 短パン. *seluar jeans* ジーパン.

berseluar ズボンを履く: Dia memakai baju sejuk berwarna hijau dan *berseluar jeans*. グリーンのセーターを着て, ジーンズを履く.

selubung ベール, 身体を覆う衣.

berselubung 1 ベールを着用する: Orang-orang perempuan di zaman dulu *berselubung* bila keluar dari rumah. 昔は女性が外出するときにベールを被る. **2** 覆われる, 包まれる:

Mukanya *berselubung dengan kain*. 彼女の顔は布で覆われていた. Niat buruknya itu *berselubung dengan* kata-kata manis. 彼の悪意は甘い言葉で覆い隠されていた.

menyelubung, menyelubungi 1 ベールで覆う: *menyelubungi* mukanya *dengan* kain 布で顔を覆う. 2 隠す, 包む: *menyelubungi* niat buruknya itu *dengan* kata-kata manis. 甘い言葉によって悪意を隠す.

seludang (ヤシの花を包む)花鞘.

seludup; menyeludup 不法侵入する, 潜入する: *menyeludup* ke dalam negara jiran 隣国に不法入国する. *menyeludup* ke dalam rumah orang 他人の家に不法侵入する.

menyeludupkan 密輸する, 潜り込ませる: *menyeludupkan* dadah dan senjata api ke dalam negara jiran 麻薬と武器を隣国に密輸する.

penyeludup 密輸業者.

penyeludupan 密輸: *barang-barang penyeludupan* 密輸品. *menjalankan penyeludupan* barang-barang dari luar negeri 外国から商品を密輸する.

seluk; menyeluk ～に手を突っ込む: *menyeluk saku* **a** ポケットに手を突っ込む: Ali berdiri di situ sambil *menyeluk sakunya*. アリは手をポケットに入れたままそこに立っていた. **b** スリをする: Pencuri itu cuba *menyeluk saku* perempuan itu. 泥棒はその女性のポケットからスリをしようとした.

penyeluk スリ(=penyeluk saku).

seluloid (英) celluloid セルロイド.

selumbar (木, 金属の)細片, 破片.

seluruh すべての, 全体の～: *seluruh dunia* 全世界. *di seluruh negara* 全国に. *seluruh badan* 全身.

menyeluruh 全体的な, 全面的な: *tidak menyeluruh* 全面的でない. *pembangunan menyeluruh* 総合開発. Jurulatih pasukan bola sepak itu mengucapkan terima kasih kepada pemainnya kerana *memberikan seluruh apa yang ada pada mereka*. サッカー・チームの監督は選手が今ある力をすべて出してくれたので彼らに感謝した.

keseluruhan 全部, 全て: *secara keseluruhan, pada keseluruhannya* 全体的に, 総合的に. *Lelaki individu keseluruhan akhir* (競技)男子個人総合決勝.

seluruhnya すべて.

selusup; menyelusup 忍び込む, もぐり込む: Pemberita itu *menyelusup* ke dalam syarikat itu untuk mendapat maklumat. 新聞記者は情報を得ようとその会社に忍び込んだ.

selut 泥 = lumpur: Kaki saya penuh dengan *selut*. 足は泥だらけ.

semadi; bersemadi 1 沈思黙考する, 瞑想する: 2 永遠の, 永久の: cinta yang *bersemadi* 永遠の恋. *upacara semadi* 葬式.

semai 苗, 苗木: mencabut *semai* padi untuk ditanam di sawah 稲の苗を引き抜いて田んぼに植える.

menyemai 苗を植える, 種をまく, 植え付ける: Dasar Pandang Ke Timur bertujuan *menyemai* etika kerja positif. ルック・イースト政策は積極的な勤労倫理を植え付けることに目的がある. *tempat menyemai* 苗床.

menyemaikan 種をまく, ばらまく.

semaian, persemaian 苗床: Dari *tempat semaian* anak-anak pokok itu akan ditanam semula di

semak 1 やぶ, 茂み = **semak-semak**, **semak-samun**: *bersembunyi dalam semak* やぶに隠れる. *menebas semak* やぶを刈る. 2 (考えが)混乱した, 心配になる: *Hatinya semak memikirkan anaknya itu.* 彼は子供のことを考えると心配になる.

menyemak 1 やぶのように茂る. 2 混乱した, 乱れた.

menyemakkan 1 茂るままに放置する. 2 心配させる, 混乱させる.

semak (sémak); **menyemak** 1 校正する, 見直す, 改定する: *menyemak karangan* 作文を見直す. *menyemak kerja-kerja sekolah* 学校の宿題を見る(間違いがあれば直す). *Kali terakhir tambang bas disemak ialah pada tahun 2005.* バス料金が最後に改定されたのは 2005 年. 2 注意して耳を傾ける: *Seorang murid membacakan rencana itu, kami semua menyemak saja.* 一人の生徒が記事を読み, 私たち全員が耳を傾けた.

semakan 見直し, チェック, 改定: *dasar semakan setiap lima tahun* 5 年毎に改定する政策. *membuat semakan* 見直しをする. *semakan semula* 改訂.

penyemakan 校正, 修正, 見直し, 改定: *penyemakan semula tambang bas* バス料金の改定.

semakin → makin.

semalam 1 昨日. 2 一夜. 3 昨夜 → malam.

semalu 〔植〕オジギソウ.

Semang スマン族(マレー半島のオラン・アスリの一グループ).

semangat 1 精神, 魂 = roh: *Menurut kepercayaan orang tua-tua, tiap-tiap benda itu ada semangatnya.* 昔の人の信仰によれば, 万物に霊魂・精霊があるという. 2 精神力, 熱意, 気迫, やる気: *semangat berjuang* 闘争心. *semangat kebangsaan* ナショナリズム精神. *semangat berkhidmat* 奉仕する精神, サービス精神. *meningkatkan semangat* 精神を高揚する. *dengan semangat berkobar-kobar* 燃える精神力で. *semangat kesukanan* スポーツ精神; *Atlit itu berikrar akan bertanding dengan semangat kesukanan.* その選手はスポーツ精神に則り闘うと宣言した. "*Semangatlah sikit!*"【口語】「少し元気を出して, 少し気合をいれて」.

bersemangat 元気がある, 覇気がある, 意欲がある, 熱意のある: *Mereka begitu bersemangat untuk menang.* 彼らは勝つ意気込みでいる. *Ali tidak bersemangat hendak bekerja lagi kerana gajinya tidak dinaikkan.* アリは給料が上がらなかったので, もう働く気がなくなった.

semarak 輝き, 華やかさ, 豪華: *pesta yang semarak* 華やかなパーティ. *Melaka sudah kehilangan semaraknya.* マラカはかつての華やかさを失った.

bersemarak 1 光り輝く: *lampu yang bersemarak* 光り輝くランプ. *semangat yang bersemarak* 燃える精神力. 2 喜ぶ, 誇りに思う.

menyemarakkan 華やかにする, 高揚させる, 刺激する: *menyemarakkan pesta* パーティを盛り上げる. *menyemarakkan semangat kebangsaan* ナショナリズム精神を高揚させる. *menyemarakkan perasaan anti-AS* 反米感情を刺激する.

semat 留針, ピン.

menyemat, **menyematkan** ピン

で留める.

tersemat 1 ピンで留めた: Bunga raya *tersemat* di dadanya. 彼女の胸にハイビスカスがピンで留めてあった. 2 心に残った: Saya kurang pasti *apa yang tersemat di hatinya*. 彼女がどんな気持ちでいるのか僕にはあまり分からない.

semayam; **bersemayam** 【王室】王座に座る,;（王が）住む: Baginda *semayam* di seri penghadapan. 王様は謁見の間の王座にお座りになれた. Maka akhirnya istana itu terbakar, kemudian berpindah pula baginda itu ke Riau, *bersemayam* di Riau. 宮殿が焼き討ちにあうと, 王はリアウに移り, そこにお住まいになられた.

sembab （顔や目が）腫れぼったくなる: *Matanya sembab* kerana selalu menangis. いつも泣いていたので目が腫れぼったくなっている. *Mukanya sembab* bekas-bekas bantal masih bergaris-garis pada pipinya. 枕の跡が頬についたままで彼女の顔は腫れぼったくなっている.

sembah 1 王に対して額のところに合掌して尊敬・恭順の意を表すこと: *mengangkat sembah* 王に合掌して挨拶する. 2 （臣下が王に対して）申し上げる, 言上する: *menyampaikan sembah* kepada Sultan （臣下が）スルタンに対して謹んで申し上げる. Maka terlalulah sukacita Sultan Mahmud *mendengar sembah* utusan dari negeri jiran. 隣国から来た使節団の言上を聞いてスルタン・ムハマドはたいそうお喜びになった.
bersembah （王に）うやうやしく申し上げる.
menyembah 【古典】1 王に（合掌して）挨拶する: Maka Tun Perak pun *menyembah* lalu keluar. そこでトゥン・ペラは王に挨拶してから辞去した. Orang-orang kenamaan masuk *menyembah* ke bawah duli baginda. 高官たちが参内し, 王様に向かって合掌して挨拶した. 2 （神として）拝む, 崇拝する: *menyembah* matahari 太陽を崇拝する. 3 服従する: Sultan Muzaffar Syah tiada mahu *menyembah* ke benua Siam. スルタン・ムザファル・シャーはシャム王国に服従したくなかった.
menyembahkan, **mempersembahkan** 【古典】1 （王に）うやうやしく献上する, 捧げる: Bendahara *menyembahkan* surat itu kepada baginda. ブンダハラ（宰相）がその親書を王様に献上した. 2 （王に）言上する, 申し上げる, お知らせする: Setelah datang ke Temasik, maka *dipersembahkan* oranglah kepada Raja Suran. タマセックに到着すると, 臣下がスラン王に申し上げた. Utusan pulang lalu *menyembahkan* keadaan sebenar kepada Sultan. 使節団は帰ってからスルタンに実態を報告した. Laporan itu telah *dipersembahkan* kepada Yang di-Pertuan Agong. その報告書は国王に上程された. 3 （王に対して）舞踊や演劇を披露する《転じて現代では, 大衆に対する》興業を上演する: *mempersembahkan* tarian tradisi 伝統舞踊を上演する. Penyanyi itu *mempersembahkan* lagu-lagu kepada para penonton. 歌手が観客に歌を歌った.
penyembah 崇拝者: *penyembah berhala* 偶像崇拝者.
penyembahan 崇拝: *penyembahan berhala* 偶像崇拝.
persembahan 1 （王への）贈物, 献

sembahyang

上品：Segala manusia datanglah menghadap baginda dengan *persembahannya*. たくさんの人々が献上品を持って王様に謁見にやってきた. **2** (王に対する上演：転じて現代では大衆に対する) 興業, 公演, 上演＝pertunjukan: *mengadakan persembahan* (歌, 踊り, 芝居などを) 上演する. *persembahan di jalanan* 街頭興業. *Persembahan tarian dari kumpulan itu kurang memuaskan.* そのグループによる舞踊の上演はあまり上手くない.

sembahyang 祈り, 礼拝, 祈る: *sembahyang di masjid* モスク (イスラム寺院) で礼拝する. *cara sembahyang yang tersendiri* 独特の礼拝方法. *sembahyang berjemaah* (金曜日にモスクで行なう) イスラムの集団礼拝. *sembahyang fardu* 義務づけられた礼拝. *sembahyang Jumaat* 金曜日の礼拝. *sembahyang lima waktu* 1日に義務付けられた5回の礼拝. *Sembahyang lima kali sehari*, iaitu pada waktu subuh, tengah hari, petang, awal malam dan malam. 一日五回お祈りするのは, 夜明けと正午, 夕方, 日没時, 夜にです. *sembahyang sunat* 義務でない礼拝.

bersembahyang 祈る, 礼拝する: *Orang-orang Islam bersembahyang lima kali sehari.* イスラム教徒は1日5回お祈りする.

menyembahyangkan 〜のために祈る: *menyembahyangkan jenazah itu* その遺体に祈りを捧げる.

sembam; **menyembam**, **tersembam** 前のめりに倒れる, うつ伏せに倒れる＝terjerumus, tersungkur, tertiarap: *jatuh tersembam di atas lantai* 床にうつ伏せに倒れる.

menyembamkan 〜に顔をうずめる: *Aminah menyembamkan mukanya ke dalam ribaan kekasihnya.* アミナは恋人の膝に顔をうずめた.

sembang (sémbang) おしゃべり.

bersembang おしゃべりをする: "*Buatlah kerja tu cepat sikit. Kurangkan bersembang.*"「仕事をもう少し早くやって, おしゃべりを少なくしなさい」. *Sedang bekerja bersembang dengan rancaknya, tak peduli langsung kepada orang yang tengah menunggu.* 仕事をしている最中に, にぎやかにおしゃべりをしていて, 待っている人たちのことをまったく気にしていない《お役所での光景》.

sembap (顔や足が) 腫れる → **sembab**.

sembarang 何でも, 誰でも＝sebarang: *Sembarang makanan dimakannya.* 彼はどんな食物でも食べた. *Saya mahu makan sembarang.* 僕は何でも食べたい. *Kalau tak ada kopi, sembarang minuman pun boleh.* もしコーヒーがなければ, どんな飲み物でもかまいません. *Saya boleh tidur di sembarang tempat.* 僕はどんな所でも寝られます.

bukan sembarang orang ただ者ではない (秀でた人物): *Pak Ali bukan sembarang orang.* アリ氏はただ者ではない.

sembarangan 自由裁量の, 勝手な: *memilih para peserta secara sembarangan sahaja* アトランダムに参加者を選ぶ. *Jangan buat keputusan sembarangan.* 勝手な (いい加減な) 決定をするな.

sembelih; **menyembelih** 屠殺する: *menyembelih ayam itu menurut cara Islam* 鶏をイスラム式に屠殺する.

penyembelih 屠殺者.
penyembelihan 屠殺: *pusat persembelihan* 屠殺場.

sembelit 便秘: Saya kadang-kadang *sembelit*. 私はときどき便秘になる.

semberani; *kuda semberani* (神話の)ペガサス.

sembilan 9: *sembilan belas* 19. *sembilan puluh* 90.

sembilang 〔魚〕ゴンズイ(ナマズの一種).

sembilu 竹ナイフ, 竹ベラ.

semboyan 1 サイレン, 合図: Apabila *semboyan* berbunyi, pekerja-pekerja mula bekerja. サイレンが鳴ると, 作業員は働き始める. 2 標語・スローガン: berpegang teguh kepada *semboyan* 'seni untuk seni' 「芸術のための芸術」のスローガンに固執する.

sembuh 健康を回復する, 病気から直る: "*Cepat sembuh ya?*" 「早く良くなってね」. "*Berapa hari lagi saya boleh sembuh, doktor?*" 「先生, あと何日で治りますか」. Rajin-rajinlah makan ubat. Saya harap awak *lekas sembuh*. 薬をちゃんと飲みなさい. 早く治るよう望む. Sakit kepala saya *sudah sembuh*. 頭痛はもう治りました. Emak saya *belum sembuh sepenuhnya*. 母はまだ完治してない.

menyembuhkan (病気を)治す, 治療する: Adakah penyakit ini dapat *disembuhkan*? この病気は治りますか. Ubat ini akan *menyembuhkan* selesema anda. この薬はあなたの風邪を治します. *menyembuhkan luka* 怪我を治す.

kesembuhan 回復.

sembul; **menyembul, tersembul** 突き出る, 突出する, (穴などから)現われる: Matanya agak *tersembul*. 目が少し突き出ている. Kepala buaya *tersembul* di tepi air. ワニの頭が水際に現れた.

sembunyi 隠れる: *main sembunyi, / bermain sembunyi-sembunyi* かくれんぼ遊びをする. *lempar batu sembunyi tangan*【諺】悪事をはたらいたのに, 知らんぷりをする.

sembunyi-sembunyi 密かに, こそこそ隠れて: Mereka bertemu *secara sembunyi-sembunyi*. 彼らは密かに会っていた. Ali masuk ke dalam bilik itu *secara sembunyi-sembunyi*. アリはこそこそ隠れてその部屋に忍び込んだ. Dia selalu melakukan segala sesuatu *secara sembunyi-sembunyi*. 彼はいつも何事も秘密裏に行なう. Jangan *sembunyi-sembunyi* jumpa lelaki itu. こそこそ隠れてあの男に会うな.

bersembunyi 1 隠れる, 身を隠す: Budak itu *bersembunyi* di belakang pintu. その子はドアの後ろに隠れた. 2 真実を隠す, 秘密にする: *Tak guna bersembunyi lagi*, saya sudah tahu semuanya. 隠しても無駄だよ, 僕はすべてを知っているから.

bersembunyi-sembunyian, sembunyi-sembunyian かくれんぼ.

menyembunyikan 1 身を隠す, 隠れる: *menyembunyikan diri* di sebalik pokok 木の陰に身を隠す. 2 (秘密や感情を)隠す, 押し殺す, 抑制する: tak dapat *menyembunyikan* hal itu daripada orang tua saya あの事を両親には隠せない. *menyembunyikan perasaan marah* 怒りの感情を抑える.

penyembunyian 隠ぺい, 秘匿.
persembunyian 隠れ場所: *tempat persembunyian* pengganas-peng-

ganas テロリストの隠れ場所.

tersembunyi 隠された, 隠れた: Dia punya *maksud tersembunyi*. 彼には隠された意図がある.

sembur 1 つば(唾). 2 ののしり: *kena sembur* 叱られる.

bersembur-sembur (水や血が)噴出する.

menyembur 1《自動詞》(水や血, 火が)噴出する: Air *menyembur dari dalam tanah.* 土の中から水が噴出した. 2《他動詞》~に吹きつける: *menyembur* tanaman *dengan* racun serangga 作物に殺虫剤を吹きつける. Dinding itu *disembur dengan* lapisan cat. 壁は何層かの塗料で吹きつけられた. Menteri itu *disembur* sejenis bahan pemedih mata oleh yang tidak dikenali. 大臣は見知らぬ者から催涙スプレーのようなものを吹きつけられた.

menyemburkan 口から(薬など を)霧吹きする, 吐き出す, スプレーする: *menyemburkan* racun serangga *pada* tanaman 作物に殺虫剤を吹きつける. Roket itu *menyemburkan* api. ロケットが火を噴いた.

semburan 噴出, スプレー: *semburan debu gunung berapi* 火山灰の噴出. *semburan badan* ボディ・スプレー.

penyembur 噴霧器.

semena-mena; *tidak semena-mena* 理由もなく, 訳もなく: diceraikannya isteri itu *dengan tidak semena-mena* 理由もなく妻と離婚する. Saya dipukul orang di tepi jalan *dengan tidak semena-mena*. 道端で他人から訳もなく殴られた.

semenanjung 半島(一般に, マレー半島を指す): *Semenanjung Tanah Melayu* マレー半島. *Semenanjung Malaysia* マレーシア半島部.

semenda 結婚による姻戚関係: *keluarga semenda* 姻戚.

bersemenda ~と結婚する.

semenjak ~以来, 以降=sejak: Saya sudah lama kenal Ali *semenjak kecil lagi.* 私はアリを小さいときから知っている.

sementang; *sementang pun* たとえ~でも: *Sementang pun* awak kaya, jangang berlagak. たとえどんなに金持ちであっても, 高慢な態度をとるな.

sementara 1 臨時の, 暫定の, しばらくの間: *hanya bersifat sementara* 一時的なものにすぎない. *kerani sementara* 臨時の事務員. *kerajaan sementara* 暫定政権; menyerahkan kuasa kepada *kerajaan sementara* Iraq pada 30 Jun ini 6月30日にイラク暫定政権に権力を委譲した. *buat / untuk sementara waktu* しばらくの間, 当分の間: Kami tinggal di sini *buat sementara sahaja*. 私たちはしばらくの間だけここに住みます. *untuk sementara waktu ini* 一時的に, 仮に: Dia menganggur *untuk sementara waktu ini*. 彼はいま一時的に失業している. 2 ~の間: Saya menunggu di sini *sementara* Aminah mengemaskan diri. アミナが身支度をしている間, 僕はここで待っていた.

sementara itu そうしているうちに, その一方で, その間に: Kita kesempitan wang. *Sementara itu*, kita harus berusaha seboleh-bolehnya. 私たちはお金に窮している. そうしているうちに最善を尽くさねばならない. Pergilah mandi dulu. *Sementara itu*, saya akan masak sarapan pagi. 先にマンディに行けば. その間

に私が朝ご飯をつくるわ.

sementelah とりわけ, なかでも.

semerbak 良い香り(芳香が漂う): Minyak wangi ini *semerbak* baunya. この香水は香がとても良い.

semesta すべての, 全体の: *alam semesta* 全宇宙.

semi 芽, 新芽=pucuk muda.
bersemi 芽が出る, 発芽する.

semikonduktor (sémikonduktor) (英) semiconductor 半導体.

seminar (séminar) セミナー.

semoga → **moga-moga**: *Semoga awak berjaya*. どうか君が成功するように.

sempadan 1 境界, 国境: *sempadan negara* 国境. *dekat sempadan Thai-Malaysia* タイ・マレーシア国境の近くで. *sempadan antara dua negara* 二国間の国境. *garis sempadan* 境界線. *sempadan pilihan raya* 選挙区. *Internet telah mencipta satu dunia tanpa sempadan*. インターネットは国境無き世界を創った. *dibawa merentasi sempadan* 国境を超えて運ばれる. 2 限度: *Kasih sayang Ali terhadap anak perempuannya itu tidak ada sempadannya*. アリの娘に対する愛情は限度がなかった.

bersempadan 〜で分ける, 〜を境界とする: *Malaysia bersempadan dengan Thailand di sebelah utara*. マレーシアは北側でタイと国境を接している.

bersempadankan 〜を境界として使う: *Selangor dan Perak bersempadankan sebatang sungai*. スランゴール州とペラ州は一本の川を境界にしている.

menyempadani (AとBとの)境界になる, 分ける: *Sungai itu menyempadani Selangor dengan Perak*. その川がスランゴール州とペラ州を分けている.

persempadanan 境界線を設けること: *masalah persempadanan antarabangsa* 国際間の国境線問題. *persempadanan semula kawasan pilihan raya* 選挙区の区割り再編.

sempang; **tanda sempang** ハイフン.

sempat 余裕がある, 十分な暇がある, 機会がある: "*Sempat, ada dua jam lagi.*"「まだ時間があるよ, あと2時間もある」. *Saya sempat menonton konsert itu semalam*. 僕は昨日そのコンサートを鑑賞する機会があった.

tak sempat 〜する余裕がない: *Saya tak sempat makan tengah hari sebab sangat sibuk*. 私は忙しくて昼食を食べる暇がなかった. *Saya terkejut dengan berita itu. Belum pun sempat rasa terkejut itu hilang, saya terkejut sekali lagi*. 私はそのニュースに驚いた. その驚きが消える間もなく, 再び驚くことがあった.

menyempat 良い機会を待つ.

menyempatkan 時間を割く: *menyempatkan waktu untuk* 〜 時間を割いて〜する. *menyempatkan diri mengunjungi kawan saya di hospital* 都合をつけて友人の見舞いに病院へ行く.

kesempatan 機会, チャンス→ **peluang**: *Tak ada kesempatan bagi saya membincangkan perkara ini dengan Cikgu Faridah*. このことについてファリダ先生と話し合う機会がないのです. *Berilah dia kesempatan. Dia pasti berjaya*. 彼にチャンスを与えなさい. 彼はきっと成功する. *Saya ingin mengambil*

sempelah

kesempatan untuk mengucapkan terima kasih banyak. 私はこの機会にお礼を申し上げたいです.

sempelah 1 (ヤシの実などの)残りかす. 2 無用の, 役立たず, 価値のない.

sempena (Sk) 〜を祝って, 〜にちなんで, 〜を記念して, 〜に際して, 〜の機会を利用して: Majlis itu diadakan *sempena* ulang tahun perkahwinan mereka. 彼らの結婚記念日を祝ってパーティが行われた. diadakan perarakan *sempena* P. Ramli P. ラムリーを記念してパレードを実行する. *sempena* ulang tahun ke-30 hubungan diplomatik antara kedua-dua negara 両国の外交関係30周年を記念して. Nama jalan ini diambil *sempena* Sultan Azlan Shah. この道路の名前はスルタン・アズラン・シャーにちなんで付けられた. Louisiana di Amerika Syarikat *mengambil sempena nama* raja Perancis Louis. 米国のルイジアナ州はフランスのルイ王朝の名前からきている.

bersempena 〜を記念して, ちなんで: Pelbagai program akan diadakan *bersempena dengan* lawatan Perdana Menteri Abdullah. アブドラ首相の来訪を記念してさまざまな行事が行われる.

sempit 1 狭い, 狭苦しい, ぴったりしすぎている: jalan yang *sempit* 狭い道. Jalan ini *menjadi sempit* di kaki gunung itu. この道は山の麓では狭くなる. kaki seluar yang *sempit* ズボンの裾がぴったりしすぎる. 2 (考えなどが)浅い: *sempit fikiran, sempit akal* 考え・思考が浅い. berfikiran *sempit* 狭い料簡をもつ. Fikirannya itu *sempit*, itulah sebabnya dia tidak dapat berjaya. 彼の思考が浅すぎる, だから彼は成功できないのだ. 3 (金銭や時間が)不足している: *kehidupan yang semakin sempit* 金銭的にますます苦しくなる暮らし. *Waktu saya sempit*. 私は時間に追われている.

bersempit-sempit 混雑した, いっぱいの: hidup *bersempit-sempit dalam sebuah rumah kecil* 小さな家で窮屈に暮らす.

menyempit 狭くなる: Jalan ini *menyempit* di kaki gunung itu. この道は山の麓では狭くなる.

menyempitkan 1 狭くする: Kereta yang diletak di sepanjang lorong itu *menyempitkan lagi lorong itu*. 小道に沿って車が駐車しているので, 小道をますます狭くさせている.

kesempitan 1 (時間, お金の)不足, 欠乏: Mereka *hidup dalam kesempitan*. 彼らは苦しい生活をしている. Sekarang saya *kesempitan wang*. いま私はお金に不自由している(金欠病だ). 2 狭さ: *kesempitan jalan itu* 道幅の狭さ.

sempoa (Ch) そろばん.

semprot スプレー.

menyemprot 吹き付ける.

sempurna (Sk) 完璧な, 完全な, 申し分ない, よく出来上がった, 完成した: *dengan sempurna* 完璧に; Kerja-kerjanya telah dibuat *dengan sempurna*. 彼は仕事を完璧にこなした. Rumah itu *belum sempurna betul*. 家はまだ完成していない.

menyempurnakan (仕事などを)仕上げる, 完璧にする, (約束, 望みを)達成する: *menyempurnakan tugas* 任務を成し遂げる. *menyempurnakan kajian* yang ditinggalkan oleh

bapanya 父が残した研究を完遂する．
kesempurnaan 完璧さ：Semua orang mencari *kesempurnaan* dalam hidup. だれでも人生において完璧さを求めるものだ．

penyempurnaan 完成，達成．

semput 息苦しい．

semua すべての，全部の，全員，皆：*semua buku* すべての本．*Semua murid* bangun. 生徒全員が起立した．"Dah siap *semua*?"「みんな(全員)，そろった?」."Selamat pagi, *semua*."「おはよう，皆さん」．*Semuanya* bersetuju. 全員が賛成した．*Semua anaknya* lelaki belaka. 彼の子供は皆男の子だ．Jika *semua* berjalan dengan lancar, kita akan jadi kaya. すべてがうまく行けば，私たちは金持ちになれる．*Semua habis djual.* すべてが売り切れた(完売した)．*Semua* kawan saya *kecuali* Ali, datang ke pesta saya. アリ以外の友達が全員僕のパーティに来た．

kesemua 全部の〜：*Kesemua anaknya* lelaki belaka. 彼の子供は全員が男の子だ．

kesemuanya, semuanya 全部，すべて：*Semuanya* ada 60 pelajar. 全部で60名の生徒がいる．Umumkan *kesemuanya*, tak perlu untuk dirahsiakan. すべてを残らず公表せよ，秘密にする必要はない．

semula 再び→ *mula*.

semula jadi 自然：*alam semula jadi* 自然環境．*naluri semula jadi* 本能．

semut (虫)蟻(アリ)：*semut putih* 白蟻．*liang semut, lubang semut* 蟻の巣．

menyemut 群がる，集まる．

semut-semutan; kesemutan (足などが)しびれる：Kaki saya *semut-semutan* kerana duduk bersila terlalu lama. 長時間あぐらをかいて座っていたので足がしびれた．

semutar スムタール《男性が頭の周りに巻きつける頭巾：マレー半島東海岸の猟師に見られる》．

sen (sén) (通貨単位)セント (100 sen=1 ringgit)：*Tak ada sen*. まったくお金がない．

senak (食べ過ぎて)腹が苦しい，息がつまる，胸がつかえる：Perut saya *terasa senak* kerana terlalu makan. 食べ過ぎたので，腹が苦しくなった．

senam I；**senaman** 体操，運動：*melakukan senaman* secara berterusan 継続的に体操をする．*Senaman* baik untuk badan kita. 運動は身体に良い．

bersenam 体操する：Setelah bangun dia *bersenam* sebentar. 起きたら少し体操をする．

senam II 藍色，くすんだ青色．

senandung 鼻歌．

bersenandung 鼻歌を歌う：Sambil masak dia *bersenandung*. 料理をしながら鼻歌を歌う．

senang 1 簡単な，易しい：Soalan peperiksaan tahun ini *senang*. 今年の試験問題はやさしい．*Rumahnya tidak senang dicari*. 彼の家は見つけにくい．*Bukan senang* hendak membanteras rasuah. 汚職を撲滅することは簡単ではない．2 暇な，時間のある：Kalau *senang*, datanglah ke rumah saya esok. 暇でしたら，明日我が家へお出でください．"Apa khabar hari ini?" "*Senanglah sikit*."「今日はどうですか」「すこし暇だよ」．Saya tidak *senang* hari ini. 今日は暇がない．3 嬉しい，愉快な：*senang hati* 楽しい，嬉しい．Saya *senang* berkenalan dengan anda.

あなたと知り合いになって嬉しい. Dia *tidak senang terhadap* ketua baru itu. 彼は新しい上司をよく思っていない. Bos *tidak senang* hari ini. 課長は今日は機嫌が悪い. **4** 楽な, 幸せな: *senang lenang* とても幸せな. Mereka *senang* hidupnya. 彼らの生活は幸せだ. Orang Cina bukan semuanya *senang* dan kaya. 華人はすべてが生活が楽で金持ちであるとはかぎらない.

bersenang (**diri**), **bersenang-senang** 楽しむ, 休息をとる: Cuti musim panas baru bermula. Marilah kita *bersenang-senang*. 夏休みがやっと始まる. さあ楽しもう. sedang *duduk bersenang-senang* di ruang tamu 応接間でくつろいでいる.

menyenangkan **1** 簡単にする, 楽にする: Komputer dapat *menyenangkan* hidup kita. コンピューターは私たちの暮らしを楽にさせてくれる. **2** 満足させる, 喜ばせる: Tidak mungkin kita boleh *menyenangkan hati* semua orang. すべての人を喜ばせることはできそうにない. Apa yang *menyenangkan* awak? 何をそんなに興奮しているのか. Hidup itu *tidak selalu menyenangkan*. 人生はいつも楽しいとはかぎらない.

menyenangi 〜を好む, 好きになる: Kereta besar *lebih disenangi*. 大きい車の方がより好かれる. Dia *tidak menyenangi* kehadiran saya. 彼は私の出席を好まない.

kesenangan 幸せ, 楽しみ: *kesenangan hidup* 人生の幸せ. *hidup dalam kesenangan* 幸せに暮らす. Ini makanan *kesenangan* saya. これは私の好きな食べ物です. Berusahalah sekarang untuk *kesenangan* masa depan. 将来の幸せのために今こそ努力しなさい.

senantiasa → **sentiasa** 常に.

senapang 銃, 鉄砲: *senapang angin* 空気銃. *senapang kembar* 二連銃. *senapang mesin* マシンガン(機銃). *senapang memburu* 猟銃. *senapang patah* ショットガン.

senarai 一覧表, 名簿, リスト: *senarai alamat* メーリングリスト, 住所録. *senarai harga* 価格リスト. *senarai gaji* 給料支払いリスト. *senarai hitam* ブラックリスト. *senarai makanan* メニュー. *membuat senarai* リストを作成する.

menyenaraikan 表にする, リストアップする: *Senaraikanlah* sukan yang anda gemari. あなたの好きなスポーツをリストアップしなさい.

penyenaraian リストアップ, 名簿: *Penyenaraian* nama peserta dibuat mengikut susunan abjad. 参加者の名簿はアルファベット順です.

tersenarai リストアップされている: Namanya hanya *tersenarai* sebagai pemain simpanan. 彼の名前は控え選手としてリストアップされているにすぎない.

senarai hitam ブラックリスト.

menyeraihitamkan ブラックリストにあげる: Orang yang salalu melakukan kesalahan lalu lintas akan *disenaraihitamkan* oleh pihak berkuasa. 交通違反をいつも犯すものは当局によってブラックリストにあげられる.

senario (sénario) 〔英〕 scenario シナリオ.

senat (sénat) 〔英〕 senate 議会, 評議会.

senator (sénator) 〔英〕 senator 議員, 評議員.

senda ; **senda gurau, gurau senda**

冗談, ジョーク: *Itu hanya senda gurau*. それは冗談にすぎないよ.

bersenda, bersenda gurau, bersenda-senda 冗談を言う: *Saya hanya bersenda gurau*, tidak bersungguh-sungguh. 僕は冗談を言っただけ, 本気ではないよ.

mempersendakan 〜をからかう: *mempersendakan* Ali di hadapan kawan-kawannya アリを友達の前でからかう.

sendal; **penyendal** くさび.

sendat 1 (服や靴が)きつい: *Seluar jean ini terlalu sendat*. このジーンズのズボンはきつすぎる. 2 (バッグ, 会場などが)いっぱいの, 詰まっている: *Beg itu sudah sendat kerana terlalu banyak benda di dalamnya*. バッグは中にたくさんの物が入っているのでパンパンになっている. *Dewan itu sedat dengan penonton*. 講堂は観客でいっぱいに詰まっている.

sendawa I ゲップ.

bersendawa ゲップをする: *bersendawa selepas makan* 食後にゲップをする.

sendawa II 硝石.

sendeng (séndéng) 1 傾いた, 斜めの: *Meja ini sendeng*. この机は傾いている. 2 (心が)健全でない, 気がふれている: *Pak Mat itu sudah sendeng*. あのマットさんは少し気がおかしい.

menyendeng 斜めに立てかける, 傾いている: *Almari ini menyendeng ke arah dinding*. この食器棚は壁の方に傾いている.

menyendengkan 〜を斜めに置く: *menyendengkan letak topinya* 帽子の位置を少し斜めにする.

sendi I 1 関節: *Sendinya terasa sakit apabila dia bersenam*. 彼は体操をすると関節が痛くなる. 2 ちょうつがい, 継ぎ目: *sendi pintu* ドアのちょうつがい. *sendi kata* 接続詞. *sendi nama* 前置詞.

bersendi, bersendi-sendi 1 ちょうつがいの付いている. 2 継ぎ目のある.

sendi II 1 (建物の)土台, 礎石, 基盤, 基礎, 基本: *Sendi agama ialah sembahyang*. 宗教の基本は礼拝だ.

bersendikan 〜を土台にする, 〜を基盤とする.

sendiri 1 自分自身, 自分で, 一人で, 自力で: *Lihatlah sendiri*. 自分自身で見なさい. *Saya membuat baju ini sendiri*. 私が一人でこの着物を作った. *Saya melukis gambar ini sendiri*. 僕はこの絵を自分一人で描いた. *Setelah suaminya meninggal dunia, Aminah diam sendiri di rumah itu*. 夫が死んだ後, アミナは一人でその家に住んでいる. *kena buat sendiri* 自分でしなければならない(セルフサービス). 2 自分(たち)だけの, おのれの: *Sekarang kita sendiri*. やっと私たちだけになれた(他人が加わっていない). "*Ini rumah awak sendiri?*" 「これは君の持ち家ですか」. "*Tak, saya sewa*". 「いや, 借り上げている」. *gol sendiri, jaringan sendiri* (サッカーの)オウーン・ゴール・自殺点. *Buat kerja anda sendiri*. 自分自身の仕事をしなさい. **sesama sendiri** 自分たちの内輪で: *Mereka berkelahi sesama sendiri*. 彼らは内輪げんかをしている. 3 個人として, 個人的に: *bukan sebagai Perdana Menteri tetapi sebagai diri saya sendiri* 首相としてではなく, 一個人として. *Dia mahu menjawab telefon itu sendiri*. 彼女はその電話に対して個人的に返事をしたいと思

sendu

っている. *Bagi diri saya sendiri, saya tidak keberatan.* 私自身としては、異存ありません. **4** それ自身が、それ自体、おのずと: *Wang itu sendiri* tidak akan mendatangkan kebahagiaan. Yang penting sikapmu terhadap hidup. お金それ自身は幸福をもたらさない. 重要なのは人生に対するあなたの態度だ. Hidup itu *sendiri* merupakan satu proses pembelajaran. 生きるということはそれ自体が学習の過程である.

dengan sendiri(nya) 一人で、自分で、自動的に: Mesin itu berjalan *dengan sendiri*. その機械は自動的に動いている. Pintu itu terbuka *dengan sendirinya*. ドアは自動的に開く.

sendiri-sendiri 別々に、別個に＝masing-masing: harus memasak ikan dan ayam itu *sendiri-sendiri* 魚と鶏を別々に料理せねばならない. Bungkuslah *sendiri-sendiri* 別々に分けて包んでください.

bersendiri, bersendirian 一人で、孤独に: Dia lebih senang hidup *bersendiri*. 彼女は一人で生活する方が気楽だと思っている.

menyendiri 孤独になる、一人になる: Dia senang *menyendiri*. 彼は一人になるのが好きである.

sendirian 1 独りで: berjalan-jalan *sendirian* 独りで散歩する. Pada masa itu dia *sendirian* di dalam bilik itu. そのとき彼女はその部屋に独りでいた. **2 Sendirian Berhad=[Sdn. Bhd]** 株式会社: Syarikat itu adalah *sendirian berhad*. その会社は(形態が)株式会社である.

bersendirian 一人で、独力で: hidup *bersendirian* 一人で暮らす. Saya *bersendirian* dalam hal ini. 私はこの事に対しては他人の力を借りません. Adakah mereka bergerak *secara bersendirian* atau memang diarah oleh rangkaian pengganas itu? 彼らは独自に動いたのかあるいはテロリスト組織に指令されたのか. penuntut berbiasiswa dan penuntut *bersendirian* 奨学金をもらっている生徒と自費の生徒.

persendirian プライベートの、私的に: meninggalkan *barang persendiriannya* 私物を置き忘れる. *kereta persendirian* 自家用車. berlepas dengan *pesawat persendirian* 自家用機で出発する. Usahlah ambil tahu *hal-hal persendirian* orang lain. 他人のプライベートな事を知ろうとするな. *cek persendirian* パーソナル・チェック.

tersendiri 独特の、独自の: Dia mempunyai gayanya yang *tersendiri*. 彼は独特のスタイルを持っている.

sendu 哀しみに満ちた.

senduk I おたま杓子、ひしゃく: menggunakan *senduk* untuk mencedok gulai dari dalam periuk itu. おたま杓子で鍋から汁をすくう.

menyenduk おたま杓子ですくう.

senduk II 〔動〕コブラ (=ular senduk).

sengaja わざと、故意に (=dengan sengaja): Dia *sengaja* berbuat begitu. 彼はわざとそうした. *tidak sengaja* 誤って、故意にではなく; *Maaf, itu tidak sengaja.* すみません、間違ってしてしまった. Saya *tidak sengaja* mengambil begnya. 私は誤って彼のバッグを取ってしまった. "*Saya tak sengaja.* Lain kali saya tak buat lagi. Saya janji." 「わざと

やったのではないのです. これからもうしません. 約束します」.

menyengaja, menyengajakan 意図的にやる: Dia *menyengaja* datang lambat. 彼はわざと遅れて来た. Itu kesalahan yang *disengajakan*. それは意図的な犯罪だ.

sengal リューマチ(=sengal tulang), 通風.

sengap 静かな, 黙った: Mengapa awak *sengap* saja? なぜ黙ってばかりいるの.

menyengap 黙る, 静かになる.

menyengapkan 黙らせる, 秘密にする, 隠す: *menyengapkan* adiknya yang menangis 泣いている弟を黙らせる. *menyengapkan* semua surat penting すべての重要な文書を隠す.

sengat (昆虫や魚の)針: *sengat lebah* ハチの針. *tertusuk sengat ikan pari* エイの針に刺される.

menyengat (針で)刺す: *disengat lebah* ハチに刺される.

penyengat 針を持つ昆虫(ハチなど).

sengau 鼻にかけて発音する.

sengauan 鼻音.

menyengaukan 鼻にかけて発音する, 鼻音化する.

senget (sénget) 傾いた, 斜めの: Saya melihat sebuah bangunan yang telah *senget*. 建物が斜めに傾いているのが見えた.

menyenget 曲がる.

menyengetkan 傾ける, 斜めにする: *menyengetkan* songkoknya ke kanan ソンコ(帽子)を右に傾ける.

senggang 暇な, 時間のある=lapang: *masa senggang* 暇な時: *Kalau ada masa senggang*, saya pergi memancing. 暇があれば, 釣りに行きます.

senggara → **selenggara** 実施する.

senggat; **senggatan** 目盛り.

sengguk; **menyengguk, tersengguk-sengguk** (頭を前後に振って)うなずく: Ali tidak berkata apa-apa, cuma *menyengguk sahaja*. アリは何も言わず, ただうなずくばかりだった.

sengih; **menyengih, tersengih** 口を開けてにこっと微笑む: Fatimah *menyengih sahaja* apabila ditegur. ファティマは挨拶されると口を少し開けてにこっと微笑んだ.

menyengihkan 口を開け歯を見せる (=menyengihkan gigi).

sengit (争いなどが)激しい, すさまじい: *persaingan sengit* 激しい競争.

sengkak 満腹した=kenyang, segah.

sengkang 1 横木. 2 ハイフン(-) (=tanda sengkang).

bersengkang; ***bersengkang mata*** 眠らずに遅くまで起きている, 徹夜する; Jika *bersengkang mata* menonton siaran langsung Piala Dunia di televisyen, apa akan jadi pagi nanti? ワールドカップのテレビ中継を眠らずに観ていたとすると, 翌朝にはどうなってしまうだろうか.

sengketa (sengkéta) (Sk): **persengketaan** 口論, 争い, 対立, 敵対, 紛争: campur dalam *sengketa* antara mereka 彼らの間の紛争に介入する. *persengketaan* antara dua keluarga itu 二家族の間での対立. menamatkan *sengketa* 30 tahun 三十年間続いた紛争に終止符を打つ.

bersengketa 争う, 口論する, 対立する: Kedua-dua keluarga itu sudah lama *bersengketa*. 両家は長いこと敵対してきた.

mempersengketakan 〜について

sengkuap ひさし, 天蓋.

sengsara (Sk) みじめな, 哀れな, 悲惨な: kehidupan yang *sengsara* 悲惨な生活.

kesengsaraan みじめさ, 悲惨, 悲哀: Hidupnya penuh dengan *kesengsaraan*. その人生は悲惨さに満ちている.

seni I 微小な: Kuman adalah binatang yang *seni*. 細菌は微小の動物なり. lubang-lubang *seni* di kulit 皮膚にある極めて小さな穴.

seni II 芸術, 芸術品: *seni bina* 建築. *seni grafik* グラフィックアート. *seni pahat*, *seni ukir* 彫刻. *seni lukis* 絵画芸術. *seni muzik* 音楽.

kesenian 芸術, 芸能: Mereka mengadakan pertunjukan *kesenian* Melayu. マレーの芸能を上演する.

seniman 芸術家(男性): *seniman jalanan* 大道芸人.

senior (sénior) 先輩: *pelajar senior* 先輩の学生.

seniwati 芸術家(女性).

senja; senjakala (Sk) 薄暮, たそがれ: *pada waktu senja* 夕暮れ時に. *senja buta*, *senja raya* 真っ暗闇. *usia senja* 黄昏の年齢(老年). *Dah nak senja tetapi tak sedar diri juga!*【口語】もう若くないことを認識せずに, 若者のように振る舞う.

senjang (sénjang) **1** つり合いの取れていない, 非対称的な. **2** 異なる.

senjata (Sk) 武器, 兵器: *senjata api* 火器, 銃器. *senjata kimia* 化学兵器. *senjata nuklear* 核兵器. *alat senjata* 武器. *senjata pemusnah* 大量破壊兵器. *melakukan gencatan senjata, meletakkan senjata* 停戦する. *mengangkat senjata* 戦争を始める. *Senjata makan tuan.*【諺】武器は主人を食う(天を仰ぎて唾をする).

bersenjata 武装した: *lanun bersenjata* 武装した海賊.

bersenjatakan 〜で武装する: Mereka yang *bersenjatakan parang dan kapak* menetak kepala ketua kampung. 鉈と斧で武装した者たちが村長の頭を切りつけた.

mempersenjatai 武装する: Pasukan negara itu *dipersenjatai dengan* senjata terbaru. その国の軍隊は最新兵器で武装している.

persenjataan 軍の装備.

senonoh; *tidak senonoh* (身なりや言葉遣い, 振る舞い) きちんとしていない, 礼儀に反する, いかがわしい: *pakaian yang tidak senonoh* 不適切な服装. *berkelakuan tidak senonoh* ぶしつけな振る舞いをする. *membuat tidak senonoh kepada anak perempuan* 女の子にいかがわしいことをする. *Budak itu tidak senonoh, berludah di depan orang yang sedang makan.* その子は, 食事中の人の前でつばを吐くなど, 無礼だ.

sensasi (sénsasi) (英) sensation センセーショナルな: *berita sensasi* センセーショナルなニュース.

sensitif (sénsitif) (英) sensitive 感じやすい, 敏感な, センシティブな: Masalah perkauman di Malaysia merupakan perkara yang sangat *sensitif*. マレーシアでは種族問題はとてもセンシティブな事柄です.

sentak(séntak); **menyentak**,

menyentakkan 突然ぐいっと引っぱる: *menyentak* tali yang terikat pada tiang itu hingga putus 柱に縛ってある紐を切れるまでぐいっと引っぱる.

tersentak 1 突然引っぱられる, がたがたと揺れて動く: Kereta itu *tersentak-sentak* jalannya. 車は道をがたがたと揺れて動いた. 2 (びっくりして)ふと目が覚める: Ali *tersentak* bangun oleh suara bapanya. 寝ていたアリは父親の声でびっくりして目を覚まし, 起き上がった.

sental; **menyental** 1 ごしごし洗う=gosok: *menyental* badan dengan sabun 石けんで身体をごしごし洗う. 2 食べつくす. 3 他人の財産を奪う.

sentap; **menyentap** 強く引っぱる=sentak: *menyentap* rambut kawannya 友人の髪を強く引っぱる. *menyentap* bajunya yang tersangkut di dinding 壁に引っかかった服を強く引っぱる. *menyentap nyawa* 生命を奪う(殺す).

senteng (sénténg) (服や布が)短い=pendek: *skirt yang senteng* 短いスカート.

sentiasa 常に, いつも=**selalu**: *Sentiasa* ada tamu di rumahnya. 彼の家にはいつもお客がいる.

sentiliter (séntiliter) (英) centiliter センチリットル, 100 分の 1 リットル.

sentimen (séntimén) (英) sentiments 感想, 感情.

sentimeter (séntiméter) (英) centimeter センチメートル(cm).

sentosa (Sk) 平穏な, 平安な.
  kesentosaan 平穏, 平和.

sentral (séntral) (英) central 中心, 中央, センター: *stesen sentral* 中央駅.

sentuh; **bersentuh** 触れる, さわる: Tangan Ali *bersentuh dengan* tangan Aminah. アリの手がアミナの手に触れた.

bersentuhan お互いに触れ合う: Kereta saya *bersentuhan dengan* kereta besar itu. 私の車がその大型車に接触した.

menyentuh 1 触れる, さわる, ちょっとぶつかる: Budak itu cuba *menyentuh* arnab itu. その子どもはウサギにさわろうとした. Saya berasa ada orang yang *menyentuh* badan saya dari belakang. 誰かが後ろから私の身体をさわっている人がいたように感じました. 2 感情を傷つける: Cerita itu *menyentuh hati* saya. その話で私は少し傷ついた. 3 (話題に)ふれる, 言及する: *Menyentuh* kegawatan ekonomi sekarang, Perdana Menteri berkata begini. 首相は経済危機に触れて次のように言った. Dia tidak *menyentuh* tentang perkara itu sama sekali. 彼はそのことについて全く触れなかった.

sentuhan 触ること, 接触: *sentuhan yang lembut* 優しいタッチ. Virus itu tidak merebak melalui *sentuhan*. そのウイルスは接触感染はしません.

senyap 静かな (=senyap sunyi, sunyi senyap), 黙っている: bilik yang *senyap* 静かな部屋. Malam itu *senyi senyap* dan gelap gulita. その夜は静かでしかも真っ暗だった. Dia *senyap sahaja* semasa berada di sini. 彼女はここにいる間ただ黙っていた.

senyap-senyap 1 静かに. 2 秘密裏に, こっそりと: Dia menikah *secara senyap-senyap* dengan seorang raja. 彼女はある王とひそかに結婚していた。

kesenyapan 静寂, 静けさ.

senyum; **senyuman** 微笑, ほほえみ: *senyum kambing* 作り笑い. *senyum manis* 優しい微笑. *senyum mesra* 親しみをこめた微笑. *senyum pahit* 苦笑い. *senyum raja* 作り笑い. *senyum simpul* かすかな笑い. *dengan senyuman yang meluas keseluruh mukanya* 満面に笑いをうかべて.

senyum-menyenyum 微笑み合う. **menyenyumi** ～に向かって微笑む. **tersenyum** 微笑する, 微笑む: *Dia tersenyum mendengar kata-kata saya.* 彼女は僕の話を聞いて微笑んだ.

sepah かす, 残りかす: *sepah tebu* サトウキビの残りかす.

sepah (sépah); **bersepah, bersepah-sepah** 1 散乱した: *Buku-buku itu bersepah di atas lantai.* 本が床の上に散乱している. 2 豊富な, たくさん売れている: *Barang ini bersepah di pasar.* この商品は市場でたくさん売っています.

menyepahkan ばらまく, まき散らす: *Orang-orang yang menyepahkan sampah akan didenda.* ゴミをまき散らす者は罰せられる.

sepai I; **bersepai, tersepai** (ガラスや皿が)粉砕した, バラバラになった: *Pinggan itu pecah bersepai di atas lantai.* 皿が壊れて床の上にばらばらになっていた.

sepai II スパイ (spy).

sepak; **menyepak** (手で)ぴしゃりと打つ: *Saya menyepaknya dengan kuat.* 私は彼を強く平手打ちした.

sepak (sépak) 蹴る: *bola sepak* サッカー. *sepak takraw, sepak raga* セパ・タクロー(マレーシア・タイの伝統的球技=蹴鞠の一種).

menyepak 足で蹴る: *menyepak bola* ボールを蹴る.

sepakan (サッカーの)キック: *sepakan penalti* ペナルティ・キック. *sepakan percuma dari luar kotak* ペナルティエリア外からのフリー・キック. *Sepakannya itu masuk gol.* 彼のキックがゴールに入った.

sepana (英) spanner スパナ.

sepanduk 横断幕, プラカード.

Sepanyol スペイン.

separa 一部, 半分: *separa kerajaan* 半官半民.

separatis (séparatis) (英) separatist 分離主義者.

sepat I 〔魚〕キノボリウオ.

sepat II; **menyepat** 木の皮を剝ぐ.

sepatu (Po) 靴=kasut: *sepatu kuda, sepatu besi* 馬蹄, 蹄鉄.

sepatung 〔虫〕トンボ.

seperti 1 ～のように, 同じように: *seperti ini* このように. *seperti itu* あのように. *Dia kelihatan seperti kakaknya.* 彼女はお姉さんと似て見える. *tidak seperti dulu* 昔と違って. *Walaupun perselisihan sudah di selesaikan, tetapi keadaan tidak seperti dulu lagi.* 仲直りはしたけれど, 以前のような関係に戻らない. *Dia tidak lagi seperti dulu.* 彼女はもう以前のようではない. *Seperti yang dikatakan tadi.* さっき言ったように. *Segala-galanya tidak terjadi seperti yang saya inginkan.* 物事は私が望むようにはならない. *Kerjakanlah seperti yang diperintakan kepadamu.* 命令されたようにしなさい. *Dia tidak seperti yang dilaporkan.* 彼は報じられているような人物でない. 2 例えば～のように: *Negeri-negeri di sebelah utara Eropah,*

seperti Finland, Norway dan Sweden. 北ヨーロッパ諸国, 例えばフィンランドやノルウエイ, スウェーデンのように. **3**【古典】〜にふさわしい: Maka oleh Sultan Mansur Syah akan Maharaja Dewa Sura dianugerahi baginda persalin *dengan sepertinya* (p.106). スルタンはMDSに然るべき衣裳を下賜した.

sepet (sépét) (目が)細い: Matanya *sepet juga*, macam mata orang Cina. 彼の目は華人の目のようにかなり細い.

sepi 人気のない,静かな,静かで淋しい: *jalan yang sepi* 人気のない静かな道. Saya *merasa sepi* tanpa Aminah. アミナがいないと僕は孤独を感じる. Perdagangan *sepi* sekarang. 商売は最近あまり芳しくない.

menyepi **1** 人気のない所へ行く, 独りになる: Dia lebih suka *menyepi* sekarang. 今彼は人目を避けたがっている. **2** 静かになる: *Suasana telah menyepi*. 雰囲気はしずかになった.

menyepikan 静かに・孤独にさせる: *menyepikan diri* 人を避けて孤独になる.

kesepian 孤独, 静寂: *merasa kesepian* 孤独を感じる.

sepit 箸(=penyepit), ペンチ, ピンセット, (カニ, エビなどの)ハサミ: *sepit api* 火箸. *sepit rambut* ヘア・クリップ. *sepit ketam* カニのハサミ.

menyepit (指で)つまむ: *menyepit telinga dengan tangan* 手で耳をつまむ. Ketam itu *menyepit* jari saya *dengan* sepitnya. カニがハサミで私の指を咬んだ.

tersepit 挟まれた: Jari saya *tersepit* pada pintu. 指がドアに挟まれた. Ada orang yang *tersepit* di celah-celah runtuhan bangunan. 建物の瓦礫の隙間に挟まれた人がいる. *tersepit di tengah-tengah* 間に(両者に)挟まれる.

sepoi-sepoi (風が)そよそよと吹く: Angin bertiup *sepoi-sepoi*. 風がそよそよと吹く. *angin sepoi-sepoi bahasa* そよ風.

September (séptémber) 9月.
sepuh メッキ=sadur.
sepuluh 10: *sepuluh* hari bulan September 9月10日.

serabut 繊維, 繊維性, ファイバー.

berserabut **1** (ひもや糸が)からみついている: Biliknya *berserabut*. 彼の部屋は乱雑だ. **2** (心や考えが)乱れる, 混乱する: Fikirannya *berserabut* memikirkan kesusahan hidupnya. 生活の苦しみを思うと心が乱れる.

serah; **berserah** **1** 従う, ゆだねる, 〜に頼る: Marilah kita berusaha, jangan *berserah kepada* Allah saja. 努力しよう, アッラーに頼るだけではだめだ. **2** 降伏する, 投降する(= berserah diri).

menyerah **1** 従う, ゆだねる, 〜に頼る, 〜に依存する, あきらめる: Jangan lekas *menyerah kepada* takdir. アッラーの定めた運命だとすぐにあきらめるな. Saya tidak akan *menyerah* begitu saja. 私はこのままで決してあきらめない. **2** 〜に降伏する, 投降する(=menyerah diri), menyerah kalah): sebelum tentera Jepun *menyerah diri* 日本軍が降伏する前に. Orang jahat itu telah *menyerah diri* kepada polis. 犯人たちは警察に自首した. Mereka bersumpah tidak akan *menyerah kalah*. 彼らは絶対に降伏しないと誓った. Musuh *menyerah tanpa syarat*. 敵は無条件降伏した. Kami

serai

tidak mahu *menyerah terhadap apa jua tekanan.* 私たちはいかなる圧力にも屈したくない.

menyerahkan 1 手渡す, 引渡す, 委譲する, ゆずる: *menyerahkan senjata* 武器を引き渡す, 武装解除する. *Saya harus menyerahkan laporan saya pada hari ini.* 僕は今日までにレポートを提出しねばならない. *mengugut dia supaya menyerahkan wangnya* 金を出せと脅迫する. *Siapakah yang akan menyerahkan wang tebusan itu?* 身代金を引き渡しに行くのは誰か. *menyerahkan kedaulatan Iraq kepada sebuah kerajaan sementara* イラクの主権を暫定政権に委譲する. *Mengapa pemuda itu tidak mahu bangun dan menyerahkan tempat duduknya kepada orang yang tua?* 若者はなぜ立ち上がってお年寄りに席をゆずらないのか. 2 ～に任せる: *Di Jepun biasanya suami menyerahkan pendidikan anaknya kepada isterinya.* 日本では通常夫は子供の教育を妻に任せる. *menyerahkan kebanyakan kewajibannya kepada isterinya* 自分の義務のほとんどを妻に任せる. *Serahkan hal ini kepada saya.* この事は私に任せてください. *Saya menyerahkan segala-galanya kepada awak.* 君にすべてを任せるよ. 3 ～に降伏する, 自首する: *menyerahkan diri kepada polis* 警察に自首する.

penyerahan 譲渡, 委譲, 配達: *penyerahan kuasa* 政権移譲. *penyerahan kedaulatan* 主権委譲. *penyerahan Hong Kong kepada negara China pada tahun 1997* 1997年の香港の中国への政権移譲. *penyerahan senjata* 武装解除.

perserahan 降伏 (=perserahan diri).

terserah ～に一任する, ～次第である: *Terserah.* / *Terserahlah kepada awak.* / *Itu saya serakan kepada awak.* おまかせます, あなた次第です. "*Ke mana?*" "*Terserah. Saya tak kisah.*"「どこへ行こうか?」「まかせるわ. 私はどこでもかまわないわ」. *Terserah kepada awak untuk menerima atau menolaknya.* 受け入れるか拒否するかすべて君にまかせるよ.

serai 〔植〕レモングラス(香草).

serak 声がかすれた, しゃがれ声の: *Suaranya serak sedikit.* 声が少しかすれている.

serak (sérak); **berserak, berserak-serak, berserakan, terserak-serak** 散らばった, 散乱した: *Sampah berserakan di seluruh halaman.* ゴミは庭一面に散乱した.

menyerakkan まき散らす, ばらまく: *Orang menyerakkan beras kunyit kepada pengantin.* (結婚披露宴で)人々は新郎新婦に向けてサフランで黄染めにした米をばらまく.

serakah どん欲な, 強欲な=lobak, tamak.

keserakahan どん欲さ: *Kita semua mempunyai keserakahan sampai hal tertentu.* 誰でもある程度まではどん欲さを持っている.

seram おびえる, 身の毛のよだつような: *Filem itu seram.* あの映画は身の毛がよだつ. *Itu pengalaman seram.* それは身の毛もよだつ経験だった. *terasa seram* 身の毛もよだつほど恐ろしかった. *filem seram* ホラー映画.

menyeramkan おびえさせる, 怖がらせる.

serambi ベランダ, 涼台 : Tiap-tiap petang dia duduk di *serambi* rumahnya mengambil angin. いつも夕方に彼は家のベランダに座って風にあたる.

seramik (séramik) (英) ceramic 陶磁器.

serampang 1 三叉のやす(魚を突く道具) : *serampang dua mata* 二重の目的(一つの政策で二つの目的をもつもの). 2 フォーク.

seranah ; *sumpah seranah* 罵声, ののしり.

menyeranah ののしる.

serang 攻撃 : *serang balas* 反撃(カウンター・アタック). *serang hendap* 待ち伏せ攻撃.

menyerang 1 攻撃する, 襲撃する, 襲う : Pihak polis *menyerang* kumpulan pengganas itu. 警察はテロ集団を攻撃した. Dia *menyerang* saya *dengan* pisau. 彼は私にナイフで襲ってきた. 2 (病気が人を)襲う : Penduduk kampung itu *diserang* oleh penyakit denggi. 村の住民はデング熱に襲われた. 3 非難する : *menyerang* kerajaan *dengan* kata-kata yang pedas 辛らつな言葉で政府を非難する.

serangan 襲撃, 攻撃, テロ攻撃 : *serangan udara* 空爆. *serangan pengganas* テロ攻撃. *serangan berani mati* 自爆テロ攻撃 : *serangan berani mati* pada 11 September 2001 2001年9月11日の自爆テロ攻撃. *melancarkan serangan bom kereta* ke atas kedutaan 大使館への自動車爆弾テロを実行する. *serangan balas* 反撃. *serangan hendap* 待ち伏せ攻撃. *serangan yang tiba-tiba, serangan mendadak* 急襲. *serangan jantung* 心臓発作. *serangan tentera* 武力攻撃. *melakukan serangan terhadap* kumpulan gelap itu 秘密組織に対して襲撃する.

penyerang 攻撃者, (サッカーの)アタッカー : *penyerang ganas* テロリスト.

serangga 虫, 昆虫 : *pencegah serangga* 防虫剤.

Serani キリスト教 : *air Serani* (洗礼するときの)聖水. *masuk Serani* キリスト教に改宗する. *orang Serani* 1 キリスト教徒. 2 ヨーロッパ人とアジア人との間の混血児《マレー半島のポルトガル系を指す場合が普通》.

seranta 広報 : *pegawai seranta* 広報官. Buku itu dihadiahkan kepada guru-guru *untuk tujuan seranta*. その本は広報の目的ために教員に贈呈された.

menyerantakan 広報する.

serap ; *daya serap* 吸収力.

menyerap 1 浸透する, しみ込む : Air *menyerap masuk ke dalam* tanah itu. 水は土の中に浸透していく. 2 普及する, ～の心にしみ込む : Kebudayaan asing *sudah menyerap masuk ke dalam* kebudayaan kita. 外国文化がすでに私たちの文化の中に浸透し, 普及している. 3 ～を吸収する : Roti boleh *menyerap air*. パンは水を吸収する. Tumbuh-tumbuhan *menyerap karbon dioxide* dari udara. 植物は空気から二酸化炭素を吸収する. Spring ini *menyerap hentakan* yang terjadi kerana jalan yang tidak rata. このスプリングはでこぼこ道ゆえに生じる衝撃を吸収します(クッションにする).

penyerapan 1 浸透, 普及 : *penyerapan budaya* 文化の浸透. 2 吸収 : Vitamin C meningkatkan *penyerapan* zat besi daripada

serapah

makanan. ビタミンCは食物から鉄分の吸収を増加させます.

serapah (Sk) 呪い, 呪文=kutu, jampi, mantera: *sumpah serapah* 呪い.

menyerapah, menyerapahi 〜を呪う, 呪いの言葉をあげる: Bomoh *menyerapah* di kaki. ボモが足に呪いの言葉をかけた.

serasi → rasi 一致, 調和.

serat 繊維, ファイバー=serabut.

seraya =sambil 〜しながら, 〜と同時に, 〜の間: Ia berkata-kata itu *seraya* menjeling saya. 彼は私を横目でチラッと見ながらそう言った.

serba 文字通りの, 全くの, 何もかにも, あらゆる点において.

serba jenis 〜 あらゆる種類の: *Serba jenis makanan* dijual di pasar ini. この市場ではあらゆる種類の食物が売られている.

serba baru 新品: Aminah kelihatan berseri-seri dengan *pakaian yang serba baru*. アミナは新品の服を着て晴々として見えた.

serba banyak 豊富な.

serba boleh 何でも出来る, 万能の: pemuda yang *serba boleh*. 何でも出来る青年.

serba guna 万能の: Ini *kereta serba guna*. これは万能車だ.

serba kekurangan 何もかも欠乏している: Mereka hidup *dalam serba kekurangan*. 彼らは文字通り貧乏な生活をしている.

serba putih 真っ白な: Pasangan pengantin itu berarak dengan *berpakaian serba putih*. 新婚カップルは真っ白な服を着て行進する.

serba salah どうしたらよいか迷う: Saya *serba salah* hendak memberitahu Aminah perkara ini. アミナにこの事を知らせるべきかどうか迷ってしまう.

serba satu (結婚式に新郎側から新婦側に渡される持参品の)それぞれの品目: Pengantin lelaki memberi hantaran kepada pengantin perempuan *serba satu*. 新郎が新婦に持参品を一つ一つ贈呈した.

serba sedikit ほんの少し.

serba tahu 何でも知っている.

serba tak kena=tak kena dalam segala hal 途方に暮れる: Penduduk pantai dan gunung kini *menjadi serba-serba tidak kena*, tinggal di pantai takutkan tsunami dan jika menghuni di lereng gunung pula bimbang akan letupan gunung berapi. 海岸の住民も山の住民も途方に暮れている, 海岸に住めば津波を恐れ, 山腹に住めば火山の爆発を心配する.

serba-serbi 〜 1 様々な種類の: Dia pandai dalam *serba serbi masakan*. 彼女はあらゆるタイプの料理が得意です. 2 背景: Inilah *serba-serbi mengenai* pemberontakan itu. これがあの反乱の背景です. 3 プロフィール: Inilah *serba-serbi mengenai* Perdana Menteri baru itu. これが新首相のプロフィールです. 4 ハイライト(重要な部分): Itulah *serba-serbi mengenai* Pameran Sedunia. それが世界博のハイライトだ.

serban (Pr) ターバン, 頭巾.

serbaneka 様々な種類の: *kedai serbaneka* コンビニ.

serbat (Ar) シロップを使った飲物.

serbu; menyerbu 1 侵攻する, 攻撃する, 襲撃する, (警察が)手入れする: Askar-askar itu *menyerbu* negara itu. 軍隊は首都を侵攻した. Polis telah *menyerbu ke sarang* penjahat-penjahat itu. 警察が犯人たちの巣を手入れした. **2** 大勢で押しかける, 走りこむ: Orang ramai *menyerbu masuk ke dalam* pasar raya itu. 一般のひとびとがスーパーマーケットの中にまで押しかけた.

penyerbu 攻撃者.

penyerbuan, **serbuan** 侵攻, 襲撃, 攻撃, (警察の)手入れ, 一斉捜索: Dua orang penjahat telah ditangkap *dalam serbuan itu*. 警察の手入れにより2名の犯人が逮捕された.

serbuk 粉末: *serbuk kopi* コーヒー・パウダー. *serbuk ubat* 粉薬. *serbuk penaik* ふくらし粉. *serbuk peluntur* 漂白剤. *serbuk kapur* 石灰の粉末. *sabun serbuk dan sabun buku* 粉末状の洗剤と固形の石けん.

serdadu (Po) 兵隊.

serdak 細かく粉砕された食べ残し: *serdak roti* パンの残りかす.

serembab; **menyerembab** 前に倒れる.

seremban (seremban) スレンバン《小石を使った子どもの遊び》.

serempak 同時に, 一斉に＝serentak: *Dengan serempak* semuanya menjawab "tidak, tidak". 皆が一斉に「違う, 違う」と答えた. *menyerang serempak* 一斉に攻撃する. *menyanyi serempak* 一斉に歌う.

terserempak 〜に偶然会う, 鉢合わせする: Saya *terserempak dengan* Cikgu Zabedah di Shibuya. 渋谷でザベダ先生にバッタリ鉢合せした.

serendeng (serendeng) 斜めの, 傾いた.

serentak 同時に, 一斉に＝serempak: Mereka *dengan serentak* bersorak, "Merdeka". 彼らは一斉に「ムルデカ」と叫んだ. *pilihan raya serentak* 同時選挙. *serangan serentak* (テロなどの)同時多発攻撃. *beberapa kejadian letupan bom yang berlaku serentak* 同時多発爆破事件. *serangan bom pengganas yang berlaku hampir serentak, keganasan beberapa siri letupan bom serentak* 同時多発爆破テロ. *kejadian letupan di beberapa tempat secara serentak* 同時多発爆破事件. Kedua-duanya *berjalan serentak*. 両者が同時に行なわれる.

seret (sêrêt) スリッパ (＝kasut seret).

menyeret 引きずる, (力ずくで)引っぱっていく: *menyeret* motosikal yang rosak itu 故障したバイクを引きずる. Polis *menyeret* beberapa orang yang bergaduh itu ke balai. 警察はけんかをした数名を警察署に連行した. Jangan *seret* saya ke dalam masalah ini. 僕をこの問題に引きずり込まないでくれ.

terseret 引きずりこまれる, 引きずられた: *terseret ke dalam air* 水の中に引きずり込まれる.

sergah; **sergahan** 怒鳴り声: Pencuri ayam itu lari apabila mendengar *sergahan* tuan rumah. 鶏泥棒は主人の怒鳴り声を聞くや逃げた.

menyergah 怒鳴る, 叱責する.

sergam; **tersergam** (高層ビル, 山などが)高くそびえる, 目立つ: Bangunan itu *tersergam megah* di tengah bandar raya. ビルが大都会の真ん中に威風堂々とそびえたつ.

sergap; **menyergap** 突然攻撃する, 急襲する: *menyergap* pesawat musuh 敵機を急襲する. **2** 抜き打ち捜査をする: Tempat kejadian itu *disergap* polis. 事件の現場を警察が抜き打ち捜査した.

seri I 輝き, 光沢, 美しさ: Mukanya

tidak ada *serinya* lagi. 彼女の顔はもはや輝きがなくなっていた. Majlis itu *bertambah seri* dengan kehadiran Datuk Bnadar. そのパーティーは市長の出席によってますます賑やかになった. *seri muka* 表情. *seri balai* 謁見の間. *seri gunung* 遠くから見ると美しい. *seri pantai* 近くで見ると美しい. *seri panggung* (演劇の)主役, スター.

berseri 光輝く, 光沢のある, 美しく見える, 高貴な: Maka negeri Melaka *tiada berseri* lagi. そしてマラカ王国はかつての輝きを失った.

berseri-seri (表情が)晴々とした, 活き活きとしている: Wajah pengantin itu nampak *berseri-seri* pada hari perkahwinannya. 新郎・新婦の表情は結婚式で晴々としていた. Matanya *berseri-seri*. 彼女の目が活き活きとしている.

menyerikan 輝かせる, 活気づける: Warna merah jambu ini dapat *menyerikan* bilik ini. このピンクが部屋を輝かせている. Persembahan tarian itu *menyerikan lagi* majilis itu. 舞踊がパーティーを盛り上げた.

seri II (勝負などの)引き分け: Pasukan Jepun *seri dengan* pasukan Malaysia. 日本チームはマレーシアと引き分けた. Jepun dan Malaysia *seri satu sama*. 日本とマレーシアは引き分けた. Pertandingan bola sepak Jepun dan Malaysia itu *seri* 1-1. 日本とマレーシアのサッカー試合は1対1で引き分けた. Pertandingan itu *berakhir dengan (keputusan) seri*. 試合は引き分けに終わった.

seri III 【敬称】陛下, 殿下: *Seri Paduka Baginda* 国王陛下, 王様.

seri IV; **menyeri** (昆虫が)花蜜を吸う: Kumbang *menyeri* bunga di taman. カブトムシは植物園で花蜜を吸う.

seriawan 壊血病.

serigala (Sk) 【動】オオカミ(狼): *anjing serigala* ジャッカル.

serik もうこりごりだ, 懲りる, (嫌な経験をしたので)二度としたくない: Saya *merasa serik untuk* berkahwin lagi. 結婚はもうこりごりだ. Dia *serik* tidak mahu terjun dari bumbung rumahnya. 彼は屋根の上から飛び降りるのはもうこりた. Dia telah *serik* tidak mahu bermain di tengah jalan lagi, semenjak dia dilanggar kereta dulu. 以前に車に轢かれてからもうこりて道路の真ん中で遊ぼうとはしなくなった. Kami *sudah serik untuk* menggunakan khidmat amah. 私たちはアマ(お手伝い)さんを使うのにはもう懲りた. Walaupun beberapa kali luka, tetapi dia *belum serik juga*. 何回も怪我したのに, 彼はまだ懲りていない. Dia *tidak serik bermain api*. 彼は火遊びにまだ懲りていない. Awak *tak serik-serik* cari pasal dengan orang ya? 君らはこりもせずにまたわざと人にけんかを売っているのだな.

serimala 【古典】大工, 彫刻家.

serindit 〔鳥〕オウム.

sering; **sering-sering**, **sering kali** 常に, しばしば, よく: Awak *sering* pergi ke pawagam? 君はよく映画に行きますか. Memang adik-beradik *sering* berkelahi. 確かに兄弟はよくけんかする. *sering mendengar* よく耳にする; Sebelum ini kita *sering mendengar* mengenai seorang budak yang masuk ke rumah orang dan merompak. 人の家に入り盗みをする男の子がいるとこれま

でよく耳にした.

keseringan 頻度.

seringai; **menyeringai** 人を嘲笑するために, 唇や舌など使って表情をわざとつくるしぐさをする: Murid nakal itu *menyeringai* di belakang gurunya. いたずらっ子は先生の後ろでアカンベーをした. Dia *menyeringai kepada* saya. 彼は僕に舌をつき出してからかった.

serius (sérius) (英) serious 重大な, 真剣な: perkara yang *serius* 重大な事柄. Keadaannya *serius*. 状況は深刻である. *menganggap / menganggap serius mengenai* ~について深刻に考える. Kerajaan *tidak serius dalam* ~. 政府は~について真剣でない.

serkap 円錐形の捕魚籠(筌).

serkup 食物を覆うカバー(竹籠やタコノキ・ムンクアンの葉っぱなど)=tudung saji.

menyerkup カバーする, 覆う: *menyerkup* makanan yang ada di atas meja dengan tudung saji テーブルの上にある食物をカバーで覆う.

serlah; **menyerlah**, **terserlah** 1 (月などが)輝いてはっきり見える: Bulan *nampak terserlah*. 月が輝いて見える. *kecantikannya yang terserlah* 彼女の人目を引く美しさ. *bakatnya yang terserlah* 彼の輝かしい才能. 2 突出した, 有名な: sumbangan beliau yang *menyerlah* 彼の突出した貢献. Kebenaran akan *terserlah* sendiri akhirnya. 真実とは最後に自然と現れてくるもの. mampu menjadikan kedudukan Malaysia *lebih menyerlah* di peringkat antarabangsa マレーシアの地位を国際的レベルで有名にさせることを可能にする.

menyerlahkan みんなに示す, 見せつける: Ucapan itu *menyerlahkan* keyakinan Abdullah. その演説はアブドラの確信を見せつけた. Fatimah mendapat satu peluang untuk *menyerlahkan* bakatnya dalam bidang nyanyian. ファテイマは歌手としての自分の才能を示すチャンスを得た.

serobeh (sérobeh) (着物や髪が)だらしない.

serokan 小さな湾.

serombong 煙突 (=serombong asap): Asap keluar dari *serombong* kilang itu. その工場の煙突から煙が出ている.

serong (sérong) 1 斜めに, 傾いた: Garis ini tidak tegak, tetapi *serong* sikit. 線は真っ直ぐでない, 少し傾いている. 2 不誠実な, 不正直な, 間違った: *berfikiran serong* 不誠実な考えをする. Dia mempunyai *pandangan serong* terhadap saya. 彼は私に対して屈折した考えを持っている. *jalan yang serong*. a 曲がった道. b 間違った行動. *memandang serong*. a よそ見をする, 斜めに眺める. b 疑ってみる, 間違って考える; Saya agak orang mesti *pandang serong*. 他人は私のことを疑ってみているのではないかと思う. Mereka tidak akan mengubah *pandangan serong* terhadap Jepun. 彼らは日本に対する間違った考えを改めるはずがない.

menyerong 斜めに歩く: Ketam *berjalan menyerong*. 蟹は斜めに歩く.

menyerongkan 斜めにする: *menyerongkan* jarum ke kiri 針を左に傾ける.

seronok 楽しい, 面白い: *Sangat seronok* dapat berpesta beramai-

serpih

ramai. 大勢でパーティができてとても楽しい. *Sangat seronok* melihat mereka menari. 彼らが踊っているのを見ていると楽しくなる. *berasa seronok* 楽しく感じる. Saya *seronok kalau* dapat berenam di Pulau Redang. レダン島で泳げたら面白い. Saya *seronok kerana* dapat menghabiskan masa bersama Aminah. 僕はアミナと一緒に過ごせたので楽しかった.

berseronok, berseronok-seronok 楽しむ: Mereka *sedang berseronok* di majlis hari jadi Aminah. 彼らはアミナの誕生日パーティでエンジョイしている最中です.

menyeronokkan 楽しませる,《形容詞的に》楽しい, 面白い: *masa yang menyeronokkan* 楽しい時間. Memasak memang *sesuatu yang menyeronokkan*. 確かに料理することは楽しいことだ.

keseronokan 楽しさ, おもしろさ: *mendapat keseronokan dengan* melihat tarian Joget ジョゲット踊りを見ていると楽しくなる.

serpih; **serpihan** 破片, かけら, 端がかけた: Cawan ini *serpih*. このカップは端がかけている. cedera ringan terkena *serpihan kaca* ガラスの破片に当り軽い怪我をする.

menyerpihkan (固い物を)割る: Emak *menyerpihkan* biskut itu untuk anaknya. 母はビスケットを割って子どもに与えた.

serta 1 一緒に: PM *serta dengan* setiausaha peribadinya akan tiba pada pukul dua petang. 首相と個人秘書は午後2時に到着する. 2 〜もまた=dan: Saya *dan* Ali *serta* beberapa orang kawan akan pergi ke Jepun. 僕とアリと数人の友人とが日本へ行きます. 3 〜しながら=sambil: Dia menari *serta* menyanyi. 彼女は歌いながら踊った. 4 〜するや否や: *Serta* hari malam datanglah biawak terlalu banyak. 夜になるや否や, トカゲがたくさん出てきた. 5 参加する: *ikut serta dalam* 〜に参加する; Siapakah yang akan *ikut serta dalam* pertandingan akan datang? 次の試合に参加するのは誰ですか.

berserta 一緒に=bersama dengan: Saya *berserta* kawan-kawan pergi berkelah. 僕は友達と一緒にピクニックに行った. Borang ini *berserta dengan* sijil hendaklah dihantar sekali. 証書と一緒にこの様式を共に送ってください.

menyertai 1 〜に同行する: Saya akan *menyertai* saudara. 私があなたに同行します. Dia tidak *menyertai* suaminya dalam lawatan ke Belanda. 彼女はオランダ訪問では夫に同行しなかった. 2 〜に参加する, 加わる, ジョインする: Saya ingin *menyertai* pertandingan itu. 僕はその試合に参加したい. Dia ingin *menyertai* kelab renang. 彼女は水泳クラブに入りたがっている. Dia *menyertai* syarikat itu tiga bulan yang lalu. 彼は3ヵ月前に会社に入った.

menyertakan (手紙などで)同封する, 添付する: *Di sini saya sertakan* 〜. ここに〜を添付します. *Bersama ini saya sertakan* gambar-gambar home-stay itu. ここにホームステイの写真を同封します. *Bersama surat ini saya sertakan* gambar-gambar berkenaan. この手紙に例の写真を同封します.

peserta 参加者: *peserta seminar*

セミナー参加者.

penyertaan 参加: *penyertaan dalam pertandingan itu* 試合への参加.

serta-merta すぐに, 即刻, 即時に: *mati serta-merta di tempat kejadian* 事故現場で即死した. *Pihak polis bergegas ke tempat kejadian dengan serta-merta.* 警察は事件現場に即時急行した.

seru I 叫び, 呼び声, アッピール, 訴え: *kata seru* 感嘆詞. *tanda seru* 感嘆符.

berseru 1 大声で叫ぶ. 2 訴える, 呼びかける: *PM berseru kepada rakyat supaya memberi sokongan kepada kerajaan.* 首相は国民に政府を支持するよう呼びかけた.

menyeru 1 大声をあげて呼ぶ: *Dia menoleh ke belakang apabila saya menyeru namanya.* 彼女の名前を大声で呼んだら, 後ろを振り返った. 2 訴える, 呼びかける, 求める: *PM menyeru rakyat supaya memberi sokongan kepada kerajaan.* 首相は国民に政府を支持するよう呼びかけた. *Ketua kampung menyeru supaya semua penduduk dipindah ke bukit tinggi.* 村長はすべての住民に高台に避難するよう呼びかけた.

seruan 1 叫び, 大声: *kata seruan* 感嘆詞. *Percakapan mereka terputus oleh seruan ibunya.* 彼らの会話は彼女の母親の叫びによって中断された. 2 要求, 訴え, 呼びかけ: *seruan oleh kerajaan supaya membeli barangan buatan negeri* 国産品を購入すようにとの政府の訴え. *Rakyat menyambut baik seruan Perdana Menteri.* 国民は首相の呼びかけに賛同した. *menerima seruan ketua kampung* 村長の訴えを受け入れる.

seru II 全ての: *Tuhan seru sekalian alam* 全能の神.

seruling スルリン(竹の横笛).

serunai スルナイ(木のたて笛, マレーの伝統的楽器): *pandai bermain serunai* スルナイを演奏するのが上手である.

servis (英) service サービス: *menghantar keretanya untuk servis* 車を点検に出す.

sesah; **menyesah** 1 (ラタンや鞭, 棒など長いもので) 叩く, 殴る. 2 衣服を叩きつけながら洗う: *Perempuan itu menyesah baju itu beberapa kali ke batu hampar.* 女性は着物を平たい石に叩きつけて洗濯していた.

sesak 1 狭い: *bilik sesak* 狭い部屋. 2 満員の, 混雑している, 渋滞する: *bas yang penuh sesak dengan penumpang* 乗客で満員のバス. *pasar yang sesak* 人でいっぱいの市場. 3 窒息する, 息がつまる(terasa sesak): *sesak dada, sesak nafas* 息がきれる, 息が詰まる. *Nafas saya terasa sesak.* 息が詰まる. *Dadanya terasa sesak apabila dia berjalan terlalu cepat.* あまりにも早く歩いたので息がきれた. *sesak kencing* 尿意をもよおす. 4 (生活や財政が)厳しい: *Saya sedang sesak sekarang ini.* いま僕は金欠病に陥っている. *Kehidupannya di sini menjadi lebih sesak.* 彼らのここでの生活はより苦しくなっている.

bersesak, **bersesak-sesak** 押し合いへし合いをする, 混雑した＝ berhimpit-himpit, berempuh-rempuh: *Penonton-penonton bersesak-sesak nak masuk ke stadium.* 観客たちは競技場に入ろうと押し合いへし合いになった. *Ramai orang maut* terpijak sesama sendiri semasa *bersesak-sesak* untuk mengerjakan ibadah melontar. (メッカ巡礼で)石投げの儀礼をするために多くの人々が殺到して圧死した.

menyesak, menyesak-nyesak (混雑を) かき分ける: *menyesak dalam orang banyak* 大勢の人の中をかき分ける.

menyesakkan 混雑させる, 詰めこませる, 苦しめる: *Peti besar itu menyesakkan bilik saya.* その大きな箱が僕の部屋を狭くさせている. *Ramai penumpang di dalam bas itu sungguh menyesakkan nafas kami.* バスの中は乗客がいっぱいなので, 息が苦しい. *menyesakkan dada* 胸苦しくさせる. *Kenaikan harga minyak menyesakkan kehidupan orang berpendapatan rendah.* 石油の値上がりは低所得者を苦しめる.

kesesakan 1 混雑, 密集, 渋滞: *kesesakan lalu lintas* 交通渋滞. *Kesesakan di jalan raya itu bermula dari pagi-pagi.* 道路での交通渋滞は早朝から始まる. *mengurangkan kesesakan trafik* 交通渋滞を軽減する. **2** 困難: *Walaupun kesesakan, mukanya tetap manis.* 彼女は困難であるにもかかわらず, 穏やかな顔つきをしている.

sesal (過ちを犯したため)悔やむ, 後悔する.

menyesal 後悔する, 悲しくなる: *menyesal dengan / terhadap / mengenai / atas* ～を後悔している; *Akhirnya Tenggang menyesal dengan perbuatan yang dilakukannya.* ついにテンガンは自分のなした行為を後悔した. *Saya menyesal kerana tidak belajar bersungguh-sungguh.* 僕は真面目に勉強しなかったことを後悔している.

menyesali ～を後悔する: *Dia menyesali perbuatannya.* 彼は自分の行為を後悔している. *Tidak ada gunanya menyesali nasib.* 運命を悔やんでも仕方がない.

menyesalkan 1 ～のせいにする＝menyalahkan: *Awak tak boleh menyesalkan sesiapa pun kerana gagalan awak itu.* 君の失敗なのだから誰をも責めてはならない. **2** 悔やませる: *Langkah yang terburu-buru itu akan menyesalkan dirinya sendiri nanti.* 慌てて取った措置はやがて後悔する.

sesalan 後悔: *Satu-satunya sesalan dalam hidup saya ialah saya tidak memaafkan kesalahannya.* 私の人生における唯一の後悔は, 彼の過ちを許していなかったことだ.

penyesalan 残念, 後悔: *Dia tidak dapat datang ke majlis itu, tetapi menyampaikan penyesalannya.* 彼はパーティに出席できなかったが, 残念である旨伝えた.

sesat 迷子になる, 道に迷う: *sesat dan hilang* 行方不明: *Tiga beradik sesat dan hilang di kawasan Bukit Fraser.* 3人兄弟がフレザーズ・ヒル地区で道に迷い行方不明になった. *Mereka minum air sungai dan tidur di bawah batang pokok ketika sesat di dalam hutan.* ジャングルの中で道に迷ったとき川の水を飲み木の下で寝た. *Dia sesat kerana jalan di bandar itu sudah berubah.* 市内の道路が変わってしまったので, 彼は道に迷った. *ajaran sesat* (宗教上)邪悪な教え.

menyesatkan 迷わす, ミスリードする: *Pemimpin agama seharusnya tidak menyesatkan pengikutnya. 宗教指導者は信者をミスリードしてはならない.

tersesat 道に迷う: Kami *tersesat* di hutan. 私たちはジャングルで道に迷ってしまった.

sesi (sési) (英) session 会合, 会議, 会期, 学期, 授業: *sesi soal dan jawab* 質疑応答の部. *sesi persekolahan* 学期. *Sesi pertama bermula pada bulan April.* 1学期は4月から始る.

sesuai 適当な, ふさわしい, 合致する, 〜に似合う: pakaian yang *sesuai* untuk ke majlis makan malam 夕食会に行くのにふさわしい服装. *tidak begitu sesuai dengan keadaan semasa* 現状にあまり合致していない. Potongan rambut itu *tidak sesuai dengan* Aminah. その髪型はアミナに似合わない. Langkah itu *tidak sesuai dengan* dasar kerajaan. その措置は政府の政策に合致していない. Perbuatannya *tidak sesuai dengan* kata-katanya. 彼は言行が不一致だ. Saya ingin berjumpa dengan anda *pada waktu yang sesuai*. 私はあなたのご都合の良いときにぜひお会いしたいです. *sesuai dengan harapan* 希望通りに. *sesuai dengan jadual* 予定通りに. *sesuai dengan keinginan / kemahuan* 思い通りに.

bersesuaian 符合している, 合っている: Carilah kerja yang *bersesuaian dengan* kelayakan anda. 自分の資格に合った仕事を探せ.

menyesuaikan 合わせる, 適応させる: *Sesuaikan* jam tangan anda *dengan* waktu Malaysia. あなたの腕時計をマレーシア時間に合わせてください. *menyesuaikan diri dengan* 〜に適応する; Anda harus mencuba *menyesuaikan diri dengan* persekitaran yang baru. あなたは新しい環境に適応するよう努力すべきだ. Sudahkah mula dapat *sesuaikan diri* di Malaysia? もうマレーシアに慣れ始めましたか. Beberapa kementerian disusun semula untuk *disesuaikan dengan keadaan semasa*. 現状に適応させるために省庁の再編を行った.

kesesuaian 適合, 合致.

penyesuai アダプター.

penyesuaian 適応, 調整: *membuat penyesuaian dengan* 〜に適応する. *membuat penyesuaian pada* 〜に調整を加える. *dengan sedikit penyesuaian* 少し調整することによって.

persesuaian 合意, 同意: Tidak ada *persesuaian* antara suami isteri itu, akhirnya mereka bercerai. 夫婦間で合意が得られなかったので, ついに彼らは離婚した.

sesuatu → suatu.

sesungut; sungut-sungut (昆虫の)触覚.

seta → hasta.

setan (sétan) → syaitan 悪魔.

setelah → telah.

setem (setém) 切手.

setengah → tengah.

seterika アイロン.

berseterika アイロンのかかった: Pakaian ini *belum berseterika*. この服はまだアイロンがかかっていない.

menyeterika, mensterika 〜にアイロンをかける: *menyeterika* seluar ズボンにアイロンをかける.

seteru (Sk) 敵, 仇=musuh: *seteru utama* 宿敵; Pasukan Malaysia menewaskan *seteru utama*, Thailand dalam perlawanan akhir acara sepak takraw. マレーシア・

setia

チームはセパ・タクローの決勝戦で宿敵であるタイを倒した.

berseteru 敵対している: Maria *berseteru dengan* Aminah. マリアはアミナと仲が良くない. Mereka *sudah berseteru* sejak sepuluh tahun yang lalu. 彼らはもう10年以来敵対している.

perseteruan 敵対.

setia (Sk) 忠実な, 誠実な: pekerja yang *setia* 忠実な従業員. suami yang *setia* 誠実な夫. *setia kawan* 友情・連帯. *taat setia* 忠誠. Aminah *setia kepada* suaminya walau apa pun yang terjadi. アミナは何が起きようが, 夫に対して忠実である.

bersetia 〜に忠誠を誓う.

kesetiaan 忠誠, 誠実, 献身: Saya meragui *kesetiaannya* terhadap negara. 私は彼のわが国への忠誠心に疑いをもっている. *memberi kesetiaan kepada* negara 国に対して忠誠する.

persetiaan 合意, 協定: menandatangani satu *persetiaan* dengan Sultan Johor ジョホール王との協定にサインする.

setiakawan 連帯感: Jepun dan Asean telah *menjalin ikatan setiakawan* lebih 30 tahun. 日本とアセアンは30年以上も連帯してきた.

setiausaha 秘書, 事務官, (米国政府の)長官: *setiausaha agung* 長官. *setiausaha akhbar* 報道官. *setiausaha parlimen* 政務次官. *setiausaha politik* (大臣の)政務担当秘書官. *setiausaha sulit* 個人秘書. *setiausaha negara AS* (米国政府の)国務長官. *Ketua Setiausaha Kabinet* (日本政府の)官房長官. *Setiausaha Agung PBB* 国連事務総長. Di Malaysia *Ketua Setiausaha Negara* jawatan tertinggi perkhidmatan dan merangkap *Setiausaha Kabinet*. マレーシアでは国務長官は公務員の最高のポスト, 内閣官房長官を兼任する.

setinggan 不法占拠者, スクォッター(公有地に不法に居住している者): *rumah setinggan* 不法占拠者の家屋.

setubuh → **tubuh**.

setuju → **tuju** 同意, 合意: *setuju secara prinsip* 基本合意.

bersetuju 賛成する: *bersetuju sebulat suara* 全会一致(満場一致)で賛成する.

sewa (sêwa) 1 賃貸料: *sewa rumah sebulan* 1ヵ月の家賃. *sewa bilik* 部屋の家賃. Berapakah *sewa bilik ini* sebulan? この部屋の1ヵ月の家賃はいくらですか. 2 レンタルの: *kereta sewa* レンタカー. *rumah sewa* 貸家. *tanah sewa* 借地. 3 利用料金. 4 借り上げる.

menyewa 借りる, 借り上げる: Saya akan *menyewa rumah* di PJ. 私はPJで家を借り上げます. Rumah ini *untuk disewa*. この家は貸家です.

menyewakan 貸す: Pak Ali *menyewakan bilik itu kepada* pelajar universiti. アリさんはその部屋を大学生に貸している.

penyewa 1 賃貸主, テナント. 2 賃貸料.

penyewaan 賃貸: Saya yang mengurus *penyewaan rumah itu* untuknya. 私が彼のために家の賃貸をしてやっている.

sewa beli 分割払い購入《hire-purchaseの直訳》.

menyewa beli 分割払いで購入する: Kami *menyewa beli* lot kedainya yang pertama melalui UDA. 私たちは都市開発公団を通じて最初の店舗用地を分割払いで購入

sewat (séwat); **menyewat** ひったくる, 取り上げる＝menyambar, meragut.

Sg [Sungai] 川.

si 1 ～さん, ～ちゃん《親しい間柄での愛称, および皮肉な呼びかけなど》. 2 不特定の行為者・性格の持ち主などを示す: *si penjual* (売り手), *si pencuri* (どろぼう), *si kaya* (金持ち).

sia-sia; **sesia** 無駄な, 意味のない: *usaha sia-sia* 無駄な努力, 役に立たない努力. *sia-sia belaka* 全くの無駄骨. *Sia-sia sahaja* saya pergi ke bandar untuk membeli-belah kerana semua kedai tutup pada hari itu. その日はすべての店は閉まっていたので, 町に買い物に行ったけど無駄骨だった. Hidup saya selama dua tahun ini *menjadi sia-sia*. 過去2年間の私の人生は無駄になってしまった. membuang wang dan masanya *dengan sia-sia*. お金と時間を無駄に捨てる. Kematian beliau itu *jangan jadi sia-sia*. 彼の死を無駄にするな.
mensia-siakan, menyia-nyiakan 1 無駄にする, 無駄だと判断する: *Jangan sia-siakan* peluang yang diberi itu. / Peluang yang diberi itu *jangan disia-siakan*. 与えられたチャンスを無駄にするな. Anda *mensia-siakan* kesempatan baik ini. あなたはこの絶好の機会を無駄にしている. 2 無視する, 期待にこたえない: Saya tidak akan *mensia-siakan* nasihat orang tua saya. 私は親の忠告を無視するなんて絶対にしません. Dia *mensia-siakan* isterinya. 彼は妻の期待にこたえていない. Dia *mensia-siakan* budi baik orang terhadapnya. 彼は人の親切にこたえていない.
tersia-sia 無駄になる.

siah; **bersiah** 1 脇に避ける. 2 あわてふためいて走る.
menyiah, menyiahkan 1 避ける. 2 髪を横に分ける (menyiah rambut). 3 危険を避ける.

siak シアク(イスラム寺院の番人).

siakap 〔魚〕アカメ.

sial 不運な, 不吉な: Awak kalah? *Sial* awak. 負けた? 君はついてない. Hari ini *sial* saya. 今日の僕はまったくついていない. Dia selalu *membawa sial*. 彼はいつも不運をもたらす奴だ.

Siam タイ国(Muang Thai)の旧称: *orang Siam* タイ人. *kembar Siam* シャムの双子.

siamang 〔動〕テナガザル(gibbon).

siang I 1 日中, 昼間 (＝siang hari): *siang malam* 昼も夜も, 日夜; Saya terpaksa bekerja *siang malam*. 僕は日夜働かざるをえない. Kita bekerja *pada waktu siang* dan tidur pada waktu malam. 私たちは昼間に働き, 夜には寝る. Bangun! *Hari sudah siang*. 起きろ, もう朝になったぞ. 2 早く, 早めに: Buat apa pulang, *hari masih siang*. 何で帰るの, まだ日は早い.
siang-siang 早めに, 最初から: *Siang-siang lagi* dia sudah memberitahu kita tentang hal itu. 彼はその事について早めに知らせてくれた. *Siang-siang lagi* dia sudah sampai. 彼は早めに到着していた.
kesiangan 寝坊する: Saya *kesiangan*.＝Saya terlambat bengun. 私は寝坊してしまった.

siang II (庭, 地面が)きれいな.
menyiang, menyiangi 1 (畑の)雑草をとる. 2 (魚や肉, 野菜を)き

れいにする: *menyiang ikan* 魚をさばく.

siap 1 (料理,仕事が)出来上がっている, 仕上がっている: Makanan *sudah siap*. 料理ができました. "Ali, kopi *sudah siap*. Minumlah dulu." 「アリ, コーヒーができたから, 飲みなさい」. *makanan siap saji* すぐ食べられる食品(即席食品, ファースト・フード). Semua urusan *sudah siap*. すべての仕事が仕上がった. Masjid yang rosak akibat gempa bumi *masih belum siap dibaiki*. 地震で壊れたモスクは修復がまだ仕上がらない. 2 いつでも～する用意がある, 準備済みの(=siap sedia): Kami *sudah siap hendak* berlepas. 私たちはいつでも出発できる用意ができている. "*Siap di tempat, siap, lari!*" (陸上競走のスターターの掛け声)「位置に着いて, ヨーイ, ドン」.

bersiap, bersiap-siap 用意する, 準備をする: Kami *bersiap hendak* pergi segera. 私たちはすぐに出発できるよう用意する.

bersiap sedia untuk ～するよう準備する: Kami *sudah bersiap sedia untuk* bertolak ke Melaka. マラカに出発する準備が整っています.

menyiapkan, mempersiapkan 1 ～の準備をする: *siapkan makan* 食事の用意をする. *sedang menyiapkan ucapan* 演説の準備をしている. *menyiapkan diri* 覚悟をきめる, しっかりする. 2 ～を仕上げる: Tolong *siapkannya* cepat sikit. 少し急いで仕上げてください. Tak ada masa untuk *menyiapkan* pekerjaan ini. この仕事を仕上げる時間がない. Laporan itu saya *kena siapkan* segera. そのレポートはすぐに仕上げねばならない.

persiapan 準備, 用意: *membuat persiapan* untuk Hari Raya ハリラヤの準備をする.

penyiapan 準備: *Penyiapan* seminar itu dibuat dengan tergesa-gesa. セミナーの準備は急いでやった.

siapa 誰, 誰の: *Siapa* orang itu? あの人は誰ですか. *Siapa* nama anda? Nama saya Sayaka. あなたの名前は何ですか. 私の名前はサヤカです. Kamus ini *kamus siapa*? Kamus saya. この辞書は誰の辞書ですか. 私の辞書です. "*Siapa ni?*" / "*Siapa di situ?*" (電話で)「どちら様ですか?」. "*Mahu cakap dengan siapa?*" 「どなたに電話ですか」. "*Siapa itu?*" 「はい, どなたですか」《ドアがノックされたときの答え方, あるいは守衛が訪問者を確認するとき》. *Tiada siapa yang tahu*, selama mana krisis ini akan berterusan. この危機がいつまで続くか, 誰も分からない(知らない). *Tidak siapa yang* dapat mengenali Rahmat ketika itu. そのときラハマットを知っているのは誰もいなかった. Apabila rasuah menjadi darah daging demi masyarakat, *tidak siapa lagi yang* akan bekerja. 汚職が社会に血肉化されると, 誰も働かなくなる.

siapa lagi 1 いったい誰か: "*Siapa lagi?* Nancylah yang makan." 「他に誰かって, 食べたのは, ナンシーに決まっている」. "Kalau bukan Erra, *siapa lagi?*" 「エラでなかったら, いったい誰になるの? エラに決まっているでしょう」. 2 他に誰か: "Awak nak mengajak *siapa lagi?*" 「他に誰を誘うの?」 "Tiada *siapa-siapa lagi*, kita berdua saja." 「他に誰も誘わない, 僕たち二人だけ」.

siapa pun, siapa saja 誰でも:

Siapa pun boleh masuk. 誰でも入れます. *Siapa saja orangnya* akan kita terima dengan baik. どんな人でも私たちは丁重に受け入れます.

siapa juga 誰が〜しようとも: *Siapa juga* yang datang, saya mengalu-alukannya. 誰が来ようとも, 私は歓迎します.

siapa pula いったい誰か: *Siapa pula* yang datang malam-malam ini? こんな真夜中に来るなんて, いったい誰か.

siapa-siapa, sesiapa 誰でも, どんな人でも: *Siapa-siapa* yang melanggar peraturan ini akan didenda. この規則を違反した者は誰でも罰金が科せられる. *Sesiapa saja* boleh menjadi jutawan. 誰でも百万長者になれる. Dia tidak mahu bercakap dengan *sesiapa*. 彼女は誰とも話したがらない. Jangan beritahu *sesiapa pun*. 誰にも言わないでくれ.

siar I; menyiarkan 1 報じる, 放送する: Konsert itu akan *disiarkan secara langsung di televisyen*. そのコンサートはテレビで生放送される. 2 出版する, 発表する: Majalah itu *menyiarkan* gambar penyanyi itu di muka depan. 雑誌はその歌手の写真を表紙に発表した. Keterangan ini *tidak untuk disiarkan*. この説明はオフレコですよ. 3 広める: *menyiarkan* agama itu 宗教を普及する. 4 (光を)放す: Matahari pagi mula *menyiarkan* cahayanya. 朝の太陽が輝き始めた.

siaran 放送, 放映, 報道, 発表: *siaran akhbar* 報道発表. *siaran berita* ニュース放送. *siaran langsung* (TV の)生放送・中継放送・実況放送.

penyiar 1 アナウンサー=juruhebah. 2 発行者, 出版者. 3 送信機, トランスミッター.

tersiar 報道された, 広まる: *Tersiar berita itu di kalangan pelajar* そのニュースは学生の間で広まった.

siar II; bersiar, bersiar-siar 散歩する, 観光する: Kami *pergi bersiar-siar selepas makan malam*. 夕食後に散歩に行く. Mereka *bersiar-siar* dengan kereta dalam bandaraya Kuala Lumpur. 彼らはクアラルンプール市内を車で観光した.

persiaran 観光: *bas persiaran* 観光バス.

siarah; *bintang siarah* 惑星=planet.

siasah 政治, 統治.

siasat 1 調査, 捜査, 尋問, 取調べ: *menjalankan siasat berhubung* 〜について取調べる. 2 政治=siasah: campur tangan dalam *siasat Alam Melayu* マレー世界の政治への介入. 3 戦略, 作戦: *mengatur siasat hendak* 〜する作戦を作る. 4 批判=teguran.

bersiasat 1 調査する, 取調べる. 2 戦略を適用する.

menyiasat, menyiasati 1 調査する, 分析する. 2 捜査する, 取調べる, 尋問する: *menyiasat kejadian pembunuhan* 殺人事件を捜査する. *menyiasat punca kemalangan itu* 事故の原因を捜査する.

siasatan 1 捜査. 2 捜査結果・報告書.

penyiasat 捜査官.

penyiasatan 捜査, 取調べ, 尋問: *menjalankan penyiasatan ke atas kes itu* その事件を捜査する.

siat; menyiat 1 細かくちぎる: *menyiat makanan* 食物を細かくちぎる. 2 (皮を)剝ぐ: *menyiat kulit lembu* 牛の皮を剝ぐ.

sibar-sibar 〔虫〕トンボ.

Siberjaya サイバージャヤ《スランゴール州に, ハイテク産業の集積拠点として90年代から開発された情報新都市》.

sibuk 1 忙しい: Hari ini saya *sibuk* sekali. 今日はとても忙しい. Anda selalu *sibuk dengan* pekerjaan. あなたはいつも仕事で忙しいですね. *sibuk* melayan tetamu お客さんをもてなすのに忙しい. *sibuk* membuat persiapan perayaan お祭りの準備で忙しい. Dia *sibuk* sekali dengan urusan sendiri. 彼は自分の事だけで手がいっぱいだ. Dia *sibuk-sibuk* nak pulangkan kamera yang tertinggal di keretanya. 彼は車に置き忘れたカメラをわざわざ返そうとしている. 2 混雑した, にぎやかな: Jalan raya selalu *sibuk dengan* lalu lintas. 道路はいつも交通渋滞だ.

bersibuk 忙しく〜する.

menyibukkan 忙しくする: *menyibukkan diri* 〜に忙しい, に熱中する: Dia selalu *menyibukkan diri dengan* hobinya. いつも自分の趣味で忙しい.

kesibukan 忙しさ, 混雑: *di sebalik kesibukan* 多忙の合間に.

sibur-sibur 〔虫〕トンボ.

sida 宦官: Cheng Ho adalah seorang *sida* istana Dinasti Ming. 鄭和は明王朝の宦官であった.

sidai; menyidai (服などを)掛けて干す: Emak *menyidai* kain itu di luar supaya segera kering. 母はすぐ乾くよう布を外に掛けて干す.

penyidai 物干し紐.

tersidai 干してある: Bajunya yang *tersidai* belum kering. 吊るして干してある上着はまだ乾かない.

sidang 1 会議, 会談: *sidang kemuncak* 首脳会議, サミット・ミーティング: *Sidang Kemuncak ASEAN* アセアン首脳会議. *Sidang Kemuncak Asia Timur* 東アジア首脳会議. *sidang akhbar / media* 記者会見. 2 全員: *sidang mesyuarat* 会議出席者全員. *sidang majlis* パーティ出席者全員. *sidang pembaca* 読者全員.

bersidang 会議を開く, (国会が)開会する.

persidangan 会議: *persidangan kabinet* 閣議. *Persidangan Asia-Afrika* アジア・アフリカ会議. *persidangan video* ビデオ会議.

sifar (数字の)ゼロ.

sifat (Ar) 性質, 性格, 特性, 特徴: *sifat baik* 良い性格. *sifat buruk* 悪い性格, 欠点, 弱点. *sifat-sifat fizikal* 肉体的特徴. *sifat kepemimpinan* リーダーシップのある性格. Setiap orang mempunyai *sifat yang tersendiri*. それぞれの人は固有の性格を持つ. *Sifat bola bulat*. ボールの特性は丸いことだ. *Sifat-sifat apakah yang membezakan orang Jepun dengan orang Korea?* 日本人と韓国人を区別する特徴とは何だろうか.

bersifat 特徴を持つ.

menyifatkan 1 描写する: Dapatkah kamu *menyifatkan* bagaimana rupa haiwan ini? 諸君はこの動物はどのよう格好をしているか, 描写できますか. 2 〜は…であると思う(見なす): Kami *menyifatkan* Nik Yusof telah meninggal dunia. 私たちはニック・ユソフはすでに死んだと見なした.

sifilis (英) syphilis 梅毒.

sifir 倍数, 乗数表.

sigung; menyigung 肘で突く = *menyiku*.

sihat (Ar) **1** 健康な: *Saya sihat*. 私は健康です,元気です.どこも悪い所ない. *Dia kurang sihat hari ini*. 今日彼女は体調があまりすぐれない. *Pesakit itu sudah sihat*. 患者はもう良くなった. *ilmu sihat* 衛生学. *Saya dan keluarga saya berada dalam sihat*. 私の家族は元気でおります《手紙文》. *Dengan segala hormatnya dimaklumkan, saya berada di dalam keadaan sihat*: diharap bagi pihak Cikgu pun demikian juga. 私は元気でおりますことを謹んで申し上げます.先生におかれても元気のこととと存じます《手紙文》. *Salam sejahtera dan sihat-sihat selalu*. お元気で《手紙の末尾に》. **2** 健全な,衛生的な: *ekonomi yang sihat* 健全な経済. *Fikiran yang sihat terdapat pada tubuh yang sihat pula*. 健全な思考は健康な身体に宿る. *makanan yang sihat badan* 身体に良い食物.

menyihatkan (身体を)丈夫にさせる,健康を増進させる,健康的な: *Bersenam menyihatkan badan*. 体操は健康を増進させる. *Makanan yang seimbang dapat menyihatkan badan*. バランスある食事は健康に良い. *Ini makanan yang menyihatkan*. これは健康的な食物です.

kesihatan 健康,保健: *menjaga kesihatan* 健康に気をつける. *Saya tidak ada masalah kesihatan*. 私は健康にとくに問題ありません. *Semoga kesihatan anda akan berpanjangan*. いつまでもご健康でおられますように. *Kementerian Kesihatan* 保健省.

sihir; *ilmu sihir* 黒魔術(ブラック・マジック): *terkena sihir* 魔術にかかる. *tukang sihir, ahli sihir* 魔術師.

menyihir, menyihiri, menyihirkan 黒魔術をかける: *Tok Bomoh itu dituduh menyihiri anak Cik Timah yang telah menolak pinangan pemuda itu*. そのボモは,青年の求婚を断わったティマさんの娘に黒魔術をかけたとして訴えられた.

sijil 証明書,資格証: *Sijil Rendah Pelajaran* (SRP)下級中等教育修了資格証. *sijil keasalan* 原産地証明書. *sijil kualiti* 品質証明.

sikap **1** 態度,姿勢,意見: *mengambil sikap tunggu dan lihat* 様子見の態度をとる. *Mereka enggan mengubah sikap yang inginkan pekerjaan setaraf graduan*. 彼らは大卒者に合致した職業を選びたがる態度を変えようとしない. *mengambil sikap sambil lewa* いい加減な態度をとる; *Kita tidak boleh mengambil sikap sambil lewa dengan rasuah*. 汚職に対してはいい加減な態度をとってはだめだ. *mengambil sikap dingin terhadap* 〜に対して冷たい態度をとる. *Bagaimana sikap anda terhadap perkara ini?* この事についてあなたはどう思いますか. **2** 【古典】体形,体つき,格好,外見,容貌,風采 (sikap badan, sikap tubuh): *anak raja yang baik rupanya dan sikapnya* (p.103). 美貌で体形(格好)が良い王子.

bersikap **1** 〜のような態度を示す,振る舞う: *bersikap dingin terhadap* 〜に対して冷たい態度をとる. *bersikap tidak adil terhadap kita* 私たちに対して不公平な態度をとる. *Bersikap dewasalah!* Kamu bukan anak kecil lagi. 大人らしく振る舞いなさい,君はもう子供ではないのだから. *Bersikap jantan*. 【口語】男らしく振る舞え. *Bersikaplah sebagai wanita*

sikat 614

sejati. / Bersikaplah sebagai wanita terhormat. 女らしく振る舞いなさい. Bersikap tenanglah. Jangan panik. 冷静に,落ち着きなさい. パニックにならないで. bersikap positif 積極的になる. bersikap pesimistik 悲観的になる. bersikap tegas terhadap ～に対して厳しい態度をとる. **2** 直立する: Ali tetap bersikap tegak. アリは直立したままだった.

sikat **1** くし,ブラシ: sikat gigi 歯ブラシ. sikat pakaian 服用のブラシ. **2** (バナナなどの)房を数える助数詞(束): dua sikat pisang バナナ二束.
　menyikat 髪をとく,ブラシで磨く: menyikat rambut dengan rapi くしで髪をきれいにとく.

siklon (英) cyclone サイクロン(インド洋の熱帯性低気圧)(=ribut siklon).

siku 肘.
　menyiku 肘で突く.

siku-siku **1** 直角(90度). **2** T字定規.

sila I; silakan, silalah, silakanlah さあ,どうぞ～して下さい《人に勧めるとき》: Sila duduk. どうぞお座りなさい. Sila makan. どうぞ食べてください. Sila masuk. どうぞお入りください.

　menyilakan, mempersilakan ～に～するように勧める,招待する: "Saya bagi pihak semua pelajar, dengan segala hormatnya menjemput Datuk Musa berkata sepatah dua. Datuk jemput dipersilakan". 「生徒を代表して私はダトゥ・ムサにひと言ご挨拶をお願いいたします. ダト, どうぞよろしくお願いします」 "Dengan segala hormatnya, saya ingin mempersilakan Tuan Tanaka untuk memberi ucapan-

nya". 「謹んで田中様にご挨拶をお願いいたします」《司会者が来賓などに挨拶をお願いするときの決まり文句》. Tolong persilakan dia masuk. 彼に入るよう勧めてください.
　Silakan どうぞ(勧めるときの挨拶): "Bolehkah saya ambil satu lagi?" "Silakan". 「もう一つ取ってもいいですか」「どうぞ,どうぞ」. Kalau anda mahu pergi dulu, silakan. 先に帰るようでしたら,どうぞ遠慮なく.

sila II あぐら.
　bersila あぐらを組んで座る《マレー伝統社会における男性の正座法》: Dalam kenduri kendara cara Melayu, orang lelaki duduk bersila. マレー式のクンドゥリ(宴会)では男性があぐらをかいて座る.

silam **1** 昔, 以前=lalu: masa silam, kisah silam, zaman silam 過去, 昔; belajar daripada kesilapan masa silam 過去の過ちから学ぶ. melupakan kisah silamnya 過去を忘れる. **2** (天気が)曇り, どんよりとした: Hari sudah silam. 天気は曇りになった.
　menyilamkan 暗くする, 曇らせる: Jangan menyilamkan bilik saya. 僕の部屋を暗くしないでくれ.

silang 十字形(+や×): silang kata クロスワード・パズル. silang empat 十字路.
　bersilang **1** 足を組む: duduk bersilang kaki 足を組んで座る. **2** クロスする, 行き来する.
　menyilangkan, mempersilangkan (足などを)十字に組む: duduk menyilangkan kakinya 足を十文字に組んで座る.

silap **1** 思い違いをする, 勘違いする: silap faham 勘違いをする. Kalau saya tak silap. 私の勘違いでなければ; Kalau tidak silap saya, dia akan datang pada pukul empat. 私の勘違いでなければ,彼女は4時に来ます. "Saya bukan Tanaka, awak *silap oranglah*."「僕は田中ではないよ,君は人違いをしている」. "Oh, yakah? Malunya aku."「あっ,そうですか,恥ずかしいわ」. *silap mata* マジック. *ahli silap mata* マジシャン. **2** 間違い,誤り: *buat silap* 間違いをする; *Saya tak mahu buat silap lagi*. 二度と間違いをしたくない. *Sangkaan anda silap*. あなたの考えは間違っています. *silap baca perkataan itu* その単語を間違って読む. *silap mengeja perkataan itu* その単語を間違ってスペルする. *Kalau saya tak silap soalan ke lima, saya dapat markah penuh*. もしも五問目の問題が間違っていなかったら,私は満点をとれたのに.

kesilapan 間違い,錯覚: *Jangan ulang kesilapan itu lagi*. その間違いを再び繰り返すな. *Jangan melakukan kesilapan yang sama*. 同じ間違いをしないように. *Saya sudah sedar akan kesilapan saya sendiri*. 私は自分自身の間違いに気付いていた.

penyilap マジシャン,魔術師.

tersilap 間違う: *Maafkan saya, saya tersilap*. 申し訳ありません,私が間違えました. *tersilap laluan* 道を間違える.

silat シラット(マレー式護身術).

silau (まぶしくて)目がくらむ: *Mata saya silau terkena pancaran cahaya lampu kereta itu*. 車のライトを受けて目がくらんだ. *Saya silau kerana lampu kereta itu*. 私は車のライトで目がくらんだ.

menyilaukan 目をくらませる: *Lampu kereta itu menyilaukan (mata) saya*. 車のライトが私の目をくらませた.

silih; *silih ganti*, *silih berganti* 交代で,交互に,入れ替わり立ち替わり: *Tetamu-tetamu datang silih berganti*. お客が入れ替わり立ち替わりやって来た. *Masa senang dan masa susah datang silih berganti*. 楽しい時とつらい時が交互にやって来る. *Kami menghadapi masalah silih berganti*. 私たちは次々と終わりなく問題に直面する. *silih-semilih* 次々に=ganti-berganti.

bersilih; *bersilih ganti* 交代で,入れ替わり立ち替わり,次々に,交互に: Masalah datang *bersilih ganti*. 問題が次々に起こる. Adik-beradik itu *bersilih ganti* menjaga ibunya. 兄弟たちは交代で母親の世話をした. Suasana serius dan jenaka *bersilih ganti*. 真剣さと笑いの雰囲気が交互した.

silikon (英) silicon シリコン,ケイ素(Si).

silinder (英) cylinder シリンダー,円柱(形のもの),気筒.

siling (英) ceiling 天井(langit-langit rumah).

silu はにかんだ=malu: *tidak silu-silu* 遠慮せず; *Ia tidak silu-silu membawa pulang barang itu*. 彼女は遠慮せずにその物を持ち帰った.

menyilukan diri 礼儀正しく振る舞う.

simbah I; **bersimbah** (水や汗を浴びて)びっしょりになる,(血に)まみれる: *Badannya bersimbah peluh*. 身体は汗まみれになる. *bersimbah darah* 血まみれになる.

menyimbah **1**《他動詞》濡らす,水をかける: *menyimbah air pada muka* 人の顔に水をかける. *Semacam menyimbah minyak ke dalam api*.

simbah

火に油を注ぐようなもの. *disimbah acid* 硫酸をかけられる. **2**《自動詞》(水や汗が)噴き出る: Peluhnya *menyimbah*. 汗が噴き出た. Berkali-kali air laut *menyimbah* ke dalam perahu. 何回も海水が舟の中にどっと入った.

simbah II; **bersimbah** (袖や裾を)まくり上げる: berlari sambil *bersimbah kain* カインの裾をまくりながら走る.

menyimbah, menyimbahkan (着物の裾を)まくり上げる.

tersimbah まくり上げられた.

simbol (英) symbol シンボル, 象徴: Putih *simbol* kesucian. 白は純粋を象徴する.

simbur; **bersimbur** (水などを浴びて)濡れる＝bersimbah: Badannya *bersimbur peluh*. 身体は汗まみれだ.

bersimbur-simbur, bersimbur-simburan お互いに水をかけ合う.

menyimbur **1** 手で水をかける. **2** (闇, 霧で)覆われた.

tersimbur (水をかけられて)濡れる: Bajunya *basah tersimbur air*. 上着は水をかけられてずぶ濡れだ.

simen (simén) セメント.

simfoni (英) symphony 交響曲, 交響楽団.

simpai 輪: *simpai emas* 金の輪.

simpan 預ける, 保存する: *hutan simpan* 保安林. *tayar simpan* 予備タイヤ.

menyimpan **1** 預ける, 貯金する, 保存する, 蓄える: *menyimpan wang untuk anak-anaknya* 子どものために貯金する. *menyimpan daging itu di dalam peti sejuk* 肉を冷蔵庫にしまう. *menyimpan piring* yang sudah dibasuh. 洗った皿を片付ける. *menyimpan janggut* あごひげをたくわえる. **2** (秘密を)守る, (欲望を)内に秘める: *Bolehkah menimpan rahsia?* 秘密を守れますか. *menyimpan hasrat untuk bertanding* 立候補したいという欲望を内に秘める. *menyimpan perasaan tidak senang itu dalam hati saja* 面白くない気持ちを胸の中にしまう. *menyimpan dendam terhadap* ～に対する恨みを心に秘める.

menyimpankan 【古典】短く切る, カットする: Adapun hikayatnya terlalu amat lanjut, maka kami *simpankan* juga. そのヒカヤット(物語)は余りにも長いので, ここで打ち切ろうと思う.

tersimpan 保存された: *Wang tersimpan* itu sudah luak. 貯金は少なくなった.

simpanan 貯金, 蓄え, 予備の: *wang simpanan* 貯金. *simpanan tetap* 定期預金. *simpanan padi* 籾の貯蔵. *peti simpanan* セイフティ・ボックス. *perempuan simpanan* 妾. *pemain simpanan* 控えの選手. *tentera simpanan* 予備軍. *Tanah Simpanan Melayu＝Tanah Rizab Melayu* マレー人保留地. Semua barang kemas anaknya *ada dalam simpanannya*. 子どもたちの貴金属は彼女が保管している.

penyimpanan 保存, 保存場所, 倉庫.

simpang (道や川の)合流点, 交差点 (*simpang jalan*), 岐路: Kemalangan itu berlaku *di simpang jalan*. その事故は交差点で起きた.

bersimpang (道や川が)分岐する: Jalan ini *bersimpang dua*. この道は二股に分かれる.

menyimpang (他の道に)逸れる,

よける：Kereta itu *menyimpang* ke pinggir jalan. 車は道端の方へ逸れた. Ali tidak terus ke rumahnya, tetapi dia *menyimpang* ke pusat membeli-belah. アリは真っ直ぐ家に帰らず, ショッピング・センターへ寄り道した. Ceritanya telah *menyimpang dari* tajuk. 彼の話は演題から逸れた. *Menyimpang daripada perbualan*, apa acaramu malam nanti？話は逸れるけれども(ところで), 今夜の君の予定は何ですか.

simpangan 交差点, 岐路, (川の)合流点.

persimpangan *persimpangan jalan* 道路の交差点.

penyimpangan 逸脱.

simpang-siur; **bersimpang-siur** 1 (道路などが)交差する, 入り乱れる, 曲がり角が多い：Jalan ini mempunyai *simpang-siur*. この道路はくねくねしている. 2 (車などが)激しく行き交う：Kereta *bersimpang-siur di jalan*. 車が道路を激しく行き交う.

simpati (英) sympathy 同情：*mendapat simpati rakyat* 民衆の同情を得る. *meraih simpati rakyat* 民衆の同情をかき集める. *berasa simpati terhadap* ～に同情する.

bersimpati 同情する：Saya sangat *bersimpati dengan* anda. あなたにとても同情します.

simposium (英) symposium シンポジウム.

simpuh; **bersimpuh** 足を横に折り曲げて座る(マレー人女性の礼儀正しい座り方)：Puan Aminah *duduk bersimpuh* di depan Haji Jaafar. アミナさんはハジ・ジャーファーの前に正座した.

simpul 結び目：*Simpul* tali itu terlalu ketat. 紐の結び目は非常にきつい. *simpul mati* きつい結び目.

menyimpul, **menyimpulkan** 1 結ぶ：*menyimpul tali kasut* 靴紐を結ぶ. *menyimpul tali leher* ネクタイを締める. 2 要約する, 結論付ける：*menyimpul pendapatnya* 意見を要約する. Saya dapat *menyimpulkan bahawa* ucapannya sangat membosankan. 彼のスピーチはとても退屈であったと結論付けることができる.

simpulan 結び目：*buat satu simpulan* di hujung benang 糸の先に結び目をつくる. *simpulan bahasa* イディオム, 熟語, 慣用句；"Mendirikan rumahtangga" adalah *simpulan bahasa* untuk berkahwin. "Mendirikan rumahtangga" (世帯をもつ)は結婚するという意味の慣用句です.

kesimpulan 決定, 結果, 結論：*Sebagai kesimpulan*, 結論として. *buat kesimpulan* 結論を出す；*membuat kesimpulan berdasarkan apa yang didengar* 人から聞いたことに基づいて結論を出す. Saya *membuat kesimpulan bahawa* ～. 私は～という結論を得た. *cepat membuat kesimpulan tentang* ～について急いで結論を出す. *Jangan cepat-cepat mengambil kesimpulan*. 早まって結論を出すな. *Tak boleh buat kesimpulan secara umum*. 一概には言えない(結論づけられない).

simulasi (英) simulation シミュレーション, 模擬実験.

sinambung; **bersinambung**, **bersinambungan** 続ける, 継続する.

kesinambungan 継続.

sinar; **sinaran** 光線：*sinaran gama* ガンマ線. *sinar mata* 眼光. *sinar matahari, sinaran suria* 太

陽光線. *sinar X* エックス線. *memberi sinar kepada ~* に新たな希望を与える.

bersinar, **menyinar** 光る, 輝く, 放射する: *Matahari sudah bersinar terang*. 太陽が光り輝いていた. *Matanya bersinar penuh minat*. 好奇心に満ちて彼女の目が輝いた.

bersinar-sinar, **sinar-menyinar** 輝く, きらきら光る: *Mukanya berseri-seri dan matanya bersinar-sinar kegirangan*. 喜びのあまり彼女の顔は晴々とし, 目がきらきら光る.

menyinari 明るく照らす: *lampu yang menyinari jalan raya* 道路を明るく照らす電灯.

menyinarkan (光を)放射する・照らす: *Dia menyinarkan lampunya ke arah kami*. 彼はランプを私たちの方に照らした.

sindiket (sindikét) (英) syndicate シンジケート: *sindiket kewangan* 金融シンジケート. *sindiket mencuri motosikal* バイク窃盗団.

sindir; **sindiran** 皮肉, 諷刺.

menyindir 皮肉を言う, からかう: *Ali menyindir saya bahawa saya agak kebarat-baratan*. アリは, 僕が少し西洋かぶれている, と僕に皮肉を言った.

penyindir 皮肉屋.

sindrom (英) syndrome シンドローム(症候群): *Sindrom Kurang Daya Tahan Melawan Penyakit* 後天性免疫不全症候群(エイズ).

sinema (sinéma) シネマ, 映画.

sinergi (sinérgi) (英) synergy シナジー, 相乗作用.

singa (Sk) 〔動〕ライオン. *singa laut* 〔動〕アシカ.

menyinga 激怒する: *Dia akan menyinga bila dia marah*. 彼はひとたび怒ると激しくなる.

Singapura シンガポール: *orang Singapura* シンガポーリアン.

singgah 立ち寄る, 途中下車する: *Saya singgah di rumah kawan saya dalam perjalanan balik dari sekolah*. 僕は学校からの帰り道に友達の家に立ち寄った. *Segeralah pulang, jangan singgah di mana-mana lagi*. すぐに帰りなさい, もう道草してはだめだ. *Kapal itu singgah di Pelabuhan Klang untuk mengisi minyak*. 船は給油のためクラン港に寄港した.

menyinggahkan (船やなど乗り物を)係留する, 停泊させる: *Kapten itu menyinggahkan kapal di Pelabuhan Klang*. 船長は船をクラン港に停泊させた. **2** (家の中に)招き入れる.

singgahan 一時的・便宜的なもの: *Janganlah anggap guru itu kerjaya singgahan*. 先生とは腰掛け的な職業であると考えてはならない.

persinggahan 立ち寄り, 寄港地, 休憩所: *membuat persinggahan di Nagoya* 名古屋に立ち寄る. *Melaka menjadi tempat persinggahan kapal dagang*. マラカは商船の寄港地. *kawasan persinggahan burung hijrah* 渡り鳥の立ち寄り地区.

singgahsana (Sk) 王座, 王位.

singgung; **bersinggungan** 肘で突く.

menyinggung **1** 肘で軽く突く(人の注意を促すときなど): *Ali menyinggung saya sebagai isyarat supaya mengikutnya*. アリは僕に軽くひじ打ちして自分に付いて来るよう合図した. **2** (話の中で)ふれる, 言及する: *menyinggung perkara hubungan kedua-dua negara dalam karangannya* 記事の中で両

国の関係についてふれる. **3** (人の)感情を傷つける: Dia takut kata-katanya akan *menyinggung* perasaan Aminah. 彼は自分の発言がアミナの感情を傷つけるのではないかと心配した.

tersinggung 心が傷つく, 気にさわる, 気を悪くする, 感情を害する: Aminah *tersinggung* dengan kata-kata kekasihnya. アミナは恋人の言葉に気を悪くした. Dia seorang yang *mudah tersinggung*. 彼女は傷つきやすい人だ.

singkap; **menyingkap**, **menyingkapkan** **1** (閉じてあるものを)開く, あける: *menyingkap* kain tingkap lalu menjenguk ke luar 窓のカーテンをまくり上げてから首を伸ばして外を見る. **2** (秘密を)暴く, 明らかにする: *menyingkap* rahsia kecantikannya 彼女の美しさの秘訣を明らかにする.

tersingkap (秘密やなぞが)明らかになる, 解ける: Teka-teki itu telah *tersingkap*. なぞが解けた.

singkat 短い, 簡潔な: melakukan lawatan *singkat* ke Kelantan クランタンへ短期間の訪問をする. Tidak ada jalan yang *singkat*. 近道はない. Bagaimanakah anda dapat melakukannya dalam masa yang begitu *singkat*? とても短期間のうちにどうやって実施できたのですか.

menyingkatkan 短くする, 短縮する, 要約する: *menyingkatkan* lengan bajunya 袖を短くする.

singkatan **1** 省略, 略語: *Singkatan untuk* United Kingdom ialah UK. / UK adalah *singkatan untuk* United Kingdom. 英国の略語は UK. **2** 要約, 要旨: *singkatan* ucapan スピーチの要約.

penyingkatan 短縮, 省略, 要約.

singkir; **menyingkir** **1** よける, どける(移動する): Harap *singkir* sedikit. Pengantin akan masuk tak lama lagi. 少しどけてください, 新婚さんがすぐ入って来るので. Apabila musuh datang, kami *menyingkir*. 敵が来たので, 我々は避けた. **2** 避難する: Kami *menyingkir* ke tempat yang lebih selamat. 私たちはより安全な場所に避難した. *menyingkir* daripada serangan penyakit itu その病気の蔓延から避ける.

menyingkirkan **1** 追放する, 罷免する: Pihak sekolah *menyingkirkan* pelajar yang jahat itu. 学校側はその邪悪な生徒を追放した. Dia *disingkirkan* dari pasukan itu. 彼はそのチームから追い出された. **2** ～を孤立させる, 避ける, 避難させる: Mereka *menyingkirkan* Ali *dari* kumpulan itu. 彼らはアリをそのグループから孤立させた. Apa sebab awak *menyingkirkan diri* dari kumpulan itu? なぜあのグループを避けるのか. Mereka *meningkirkan* para pelarian itu. 彼らは難民を避難させた. **3** (習慣, 考えを)捨てる, 放棄する: Kita hendaklah *menyingkirkan* tabiat 'tak apa' yang buruk itu. 「どうでもいい」というあの悪い習慣を捨てるべきだ. **4** (感情を)取り除く, 捨てる: Perasaan takut harus *disingkirkan*. 恐怖心を取り除かねばならない. **5** どかす, どける, 動かす: *Singkirkan* kerusi ini. この椅子を脇にどかしなさい.

menyingkiri ～を避ける, ～から身を引く: *menyingkiri* kerja yang susah 難しい仕事を避ける.

tersingkir 追放された, 排除される, 締め出される: Dia telah *tersingkir*

daripada kedudukannya sebagai Setiausaha Agung parti itu. 彼は党の幹事長の地位を追い出された.

penyingkiran 追放, 罷免.

singse (singsé) (Ch) 中国人医師.

singsing; **menyingsing** 1 (袖を)まくり上げる=menyimbah: *menyingsing lengan baju* untuk bekerja 働くために袖をまくり上げる. Kempen saja tidak memadai jika kita *tidak mahu menyingsing lengan* bagi mengatasi bahaya penagihan dadah ini. 麻薬中毒の危険を克服するために本気で取り組もうとしないならキャンペーンだけでは不充分だ. 2 (霧, 雲が)晴れる, 消える. 3 (朝日が)昇り始める: *fajar menyingsing* 夜明け.

sini ここ, こっち: *sana sini* あちこち.

di sini ここで: *Ada apa di sini*? ここで一体何をしているのか. Saya tunggu kawan *di sini*. ここで友を待っている.

《電話の会話で》"*Di sini* Ali." 「こちらはアリです」. "Helo, Ali *di sini*."「もしもし, こちらはアリです」. "*Di sana tu* Alikah yang bercakap?" "*Ya, saya di sini*."「そちらはアリさんですか」「はい, そうです」. "*Sini* tak apa-apa. Bagaimana pula *di sana*?"「こっちは何でもないよ. そっちはどうですか」.

ke sini ここへ: Bawalah kawanmu *ke sini*. 友達をここに連れて来なさい.

dari sini ここから: Rumah saya tak berapa jauh *dari sini*. 私の家はここからあまり遠くない.

Mari sini. こっちへ来なさい=Datang ke sini.

sinonim (英) synonym 同義語, 類義語.

sipi 外れる, 撃ち損じる: Tembakannya *sipi*, sedikit lagi kena. その射撃は打ち損じた, あと少しなら当っていた.

sipu; **tersipu-sipu** 内気な, 恥ずかしげに: Dia senyum *tersipu-sipu* bila dipuji. 彼女は褒められると恥ずかしげに微笑んだ.

siput I 〔動〕カタツムリ: *siput sudu* カラスガイ.

siput II (女性の)束髪.

sira 溶かした砂糖, シロップ(=gula sira).

menyira 菓子にシロップを加える.

siram; **bersiram** 【王室】(王が)水浴する: Baginda lalu bangun berangkat pergi *bersiram*. 王様は起きてから水浴にお出ましになられた.

menyiram, menyirami 水をまく, (花に)水をかける: *menyiram pokok bunga* 花木に水をやる.

sirap I; *menyirap darahnya* (驚いて)心臓がどきどきする.

menyirapkan 1 怒らす: Katakata kasarnya itu *menyirapkan darahku*. その粗野な言葉は私を怒らせた. 2 (驚いて)心臓をどきどきさせる: Jeritan itu *menyirapkan darah* kami. その叫び声で心臓がどきどきした.

sirap II (英) syrup シロップ(飲み物).

sirat 網目.

bersirat 織ってある.

menyirat 網を織る: *menyirat jala ikan* 魚網を織る.

tersirat 1 (網が)織られた. 2 内に秘めたもの: *yang tersirat dalam hatinya* 彼女の胸に秘めたもの. *makna tersirat* 含意.

siren (sirén) (英) siren サイレン.

siri (英) series シリーズ, 連続: *siri pengeboman*, *siri letupan* 連続爆発事件. *siri kejadian letupan* di London ロンドンの連続爆破事件. *siri insiden keganasan* 連続テロ事件. *beberapa siri gempa bumi* 群発地震. Saya minat *siri kartun*. 連載漫画が大好きです.

bersiri 連続的な: *letupan bersiri* 連続爆破(事件). *pembunuh bersiri* 連続殺人犯. *nombor siri* 連続番号.

sirih 〔植〕キンマ(コショウ科)の葉《キンマの葉にビンロウジ(檳榔子)や石灰, ガンビールなどを包んでタバコにする. ガムのように嚙むと鮮やかな赤い汁が口内に広がり軽い興奮剤となり, 飲み込まず吐き出す. マレー王国時代に高級嗜好品として愛用された》. *Seperti sirih pulang ke gagang*. 【諺】ぴったり合っている.

sirip (魚の)ひれ.

sisa (Sk) 残り, ゴミ, 廃棄物: *sisa berbahaya* 危険廃棄物. *sisa industri* 産業廃棄物. *sisa makanan* 食べ残し. *sisa pembakaran* 燃え滓. *sisa runtuhan* 瓦礫; Beribu-ribu mayat mangsa tsunami ditemui hari ini *di bawah sisa runtuhan*. 瓦礫の下で津波の犠牲者数千人の遺体が今日発見された.

bersisa 残る, 余剰分がある: Tiap-tiap bulan gajinya *tidak bersisa*. 毎月給料は余剰分が出ない(赤字だ).

menyisakan 〜を残す: Ali *ada menyisakan gajinya* untuk tabungan. アリは給料のうち貯金に回せるだけ確かに残している.

sisi 側, 観点, 側面.

di sisi 1 〜の傍に: Ali duduk *di sisi* emaknya. アリは母親の傍に座った. Jangan cepat putus asa, Saya sentiasa ada *di sisi* abang. 直にあきらめないでね, 私はいつもあなたのそばにいるのだから. 2 〜の他に: *di sisi itu* その他に＝di samping itu. 3 〜の観点・側面からすると: *di sisi undang-undang* 法的観点から; Perbuatan itu *salah di sisi undang-undang*. そのような行為は法的観点から間違いである(法に違反する).

menyisi 脇にどける, 〜の際を歩く: Bila cikgu masuk, kami *menyisi*. 先生が入ってきたので, 僕たちは脇にどいた.

menyisikan 1 脇に置く. 2 軽視する, 後回しにする.

sisih; menyisih 1《自動詞》道を譲る, (人が通るので)どいてやる: Dia *menyisih ke tepi* memberi jalan kepada orang yang tua itu. 彼は脇にどいてやってその老人を通した. 2《他動詞》〜を遠ざける, を避ける: Penduduk kampung *menyisihnya* kerana perangainya yang pelik itu. 村人は彼を遠ざける, 彼に奇妙な性格があるから.

menyisihkan 〜を引き離す, 遠ざける: *menyisihkan* murid-murid daripada aktiviti-aktiviti kumpulan itu 生徒たちをそのグループの活動から引き離す. *menyisihkan diri* 身を引く, 独りになる.

tersisih 遠ざかる, 交わらない: Dia selalu *tersisih daripada* rakan-rakan sekerjanya. 彼はいつも同僚からと遠ざかっている.

sisik うろこ(鱗).

bersisik うろこがある: Ada ikan yang *bersisik*, ada yang tidak. うろこのある魚もいれば, ない魚もいる.

menyisik, menyisiki 1 うろこをとる: Ibu *menyisik* ikan. 母が魚のうろこをとる. 2 滑らかになるように(竹などを)削ること.

sisip 挿入.

menyisip 1 (間や隙間に)挿入する,差し込む: *menyisip* bunga itu di antara rambut 髪に花を差し込む. *Sisip* tiket di sini. ここに切符を入れなさい. *menyisip* kad telefon テレフォン・カードを挿入する. 2 糸を織り込んで補修する: Nelayan sedang *menyisip* jaringnya. 漁師は網を補修している. 3 屋根を葺き替える: Ayahnya sedang *menyisip* atap pondok. 父はポンドック(小屋)の屋根を葺き替えている. 4 植物を植え替える.

menyisipkan, mempersisipkan 〜を—の中に差し込む: *menyisipkan* bajunya *ke dalam* seluar 上着のすそをズボンの中へ入れる. *menyisipkan* bunga *pada* rambut di atas telinganya 花を耳の上の髪の中に差し込む.

tersisip 1 間に挟んでいる: sebilah keris yang *tersisip* di pinggangnya. 腰に挟んだ一本のクリス. 2 〜に内包されている.

sisir I 1 くし(櫛): *sisir* sikat くしの歯. 2 まぐわ(馬鍬). 3 バナナの房などを数える助数詞(例 〜房, 〜束): dua *sisir* pisang 二束のバナナ.

menyisir 1 髪をくしでとかす: *Sisir rambut* sekarang juga. 今すぐ髪をとかしなさい. 2 まぐわで土をならす: Tukang kebun *menyisir* daun yang gugur di halaman rumah. 庭師が庭に落ちている落ち葉をまぐわを使ってきれいに掃除した.

sisir II; menyisir (浜辺や海岸などに)沿って歩く・航行する: *menyisir pantai* 浜辺沿いに歩く.

pesisir 沿岸: *negara-negara pesisir Selat Melaka* マラカ海峡沿岸諸国.

persisiran 海岸沿い, 浜辺.

sistem (sistém) (英) system システム, 制度: *sistem suria* 太陽系. *sistem pengurusan* 管理システム. *sistem pengurusan maklumat* 情報管理システム. *sistem transit massa* 大量交通システム.

siswa 大学生=penuntut, pelajar, studen.

siswazah 大学卒業生=graduan, lepasan, lulusan: *siswazah menganggur* 職のない大卒者.

sita; minyita 没収する, 押収する.

situ そこ, あそこ.

di situ そこに: Silah duduk *di situ*. そこにお座りなさい.

ke situ そこに行く: Saya segera *ke situ*. すぐそちらへ行きます. Siapa *di situ*? (電話で)どちらさまですか. → **sini**.

situasi 状況 (英) situation.

siul; siulan 1 口笛. 2 (鳥の)さえずり.

bersiul 1 口笛を吹く. 2 さえずる.

siuman 正気の, 気がつく: *tidak siuman* 気が変だ, 正気ではない.

siung 鋭い牙, 犬歯.

sivik (英) civics 市民論, 市政論.

sivil (英) civil 民の, 公民の: *perkara sivil* 民事. *undang-undang sivil* 民法; Prosedur siasatan itu tidak boleh diterima dari segi *syariah* mahupun *undang-undang sivil*. そのような捜査方法はイスラム法および民法の面からも受け入れられない.

skala 目盛り, 尺度, 割合: gempa bumi berukuran 6.8 *skala* Richter マグニチュード6.8の地震.

skandal (英) scandal スキャンダル: *skandal seks* セックス・スキャンダル.

sketsa (skétsa) (英) sketch スケッチ.

ski (英) ski スキー: *lif ski* スキーリフト. *pemain ski* スキーヤー. *lompatan ski* スキージャンプ.

skim (英) scheme 計画, 企画: *skim susun semula* リストラ策.

skop (英) scope 範囲.

skrin (英) screen スクリーン: *skrin paparan* ディスプレースクリーン.

skru (英) screw ねじ: *pemutar skru* スクリュードライバー, ねじ回し.

skuad (英) squad (軍隊の)隊, 分隊, (スポーツの)チーム: *skuad bola sepak* サッカーチーム. *skuad kebangsaan* ナショナル・チーム.

skuter (英) scooter スクーター.

slanga (英) slang 俗語, スラング.

smoking (英) smocking スモッキング(ひだ飾りの一種).

smp [sentimeter padu] 立法センチメートル.

SMS [Perkhidmatan Pesanan Ringkas] (携帯電話間のショート・メッセージ・サービス).

snek (snék) (英) snack スナック.

soal (やっかいな)問題=masalah: *soal wang* 金銭問題. *soal pokok* 基本問題. Anak saya banyak *soal*. 息子は問題が多い. Perkara itu sudah selesai, tidak ada *soal* lagi yang mahu diperkatakan. その事柄は解決した, ほかに言いたい問題はない.

soal jawab **1** 質疑応答. **2** 討論, 会談.

soal selidik アンケート調査の質問表.

soal siasat 尋問, 取調べ.

bersoal 質問する.

menyoal **1** 質問する: Apabila guru *menyoal*, kita menjawab. 先生が質問し, 僕らが答える. **2** 〜を取調べる, 尋問する (=menyoal siasat): Pihak polis *menyoal* lelaki yang terlibat dalam rompakan itu. 警察はその強盗にかかわった男を取り調べている.

menyoalkan, mempersoalkan 〜を問題として取り上げる: Kita tidak boleh *mempersoalkan* isu yang dianggap sensitif. センシティブな問題を取り上げられない.

soalan 質問, (数学の)問い, 試験問題: Jawab *soalan* di bawah ini. 以下の質問に答えなさい. *Soalan peperiksaan* ini mudah dijawab. この試験問題は答え易い.

penyoal 質問者.

persoalan **1** (やっかいな)問題: *persoalan pokok* 根本的な問題. **2** 討論, 話し合い.

sobat 友人, 親友.

sobek (sobék) (布や紙が)裂けた, 破れた: Di sana sini pakaiannya *sobek*. 服があちこち破れている.

soda (英) soda ソーダ, ナトリウム化合物: *soda abu* 〔化学〕炭酸ソーダ(ナトリウム). *soda api* 苛性ソーダ. *air soda* ソーダ水.

sodek (sodék) 大きなしゃもじ, ひしゃく.

sodok ; penyodok シャベル.

menyodok シャベルで掘り起こす.

sofa ソファー.

sofbol (英) softball ソフトボール.

sogok ; sogokan 賄賂(わいろ) (=wang sogok): *makan sogok* 賄賂を受け取る. *menerima sogokan* daripada peniaga itu 商人から賄賂を受け取る.

menyogok 賄賂を贈る: Dia dituduh *menyogok* pegawai itu. 彼はそ

の役人に賄賂を贈ったという理由で訴えられた.

sohor; **tersohor** 有名な: berubat kepada bomoh yang *sohor* 有名なボモに診てもらう.

sok (英) sock 靴下.

soket (sokét) (英) socket ソケット.

sokong; **menyokong** 支える, 支持する, 支援する, 援助する, 応援する: *menyokong* pokok pisang yang condong itu *dengan* buluh 傾いたバナナの木を竹で支える. Dia *menyokong* cadangan saya itu. 彼は私の提案を支持した.

sokongan 支持, 支援, サポート: *sokongan moral* モラル・サポート. *memberi sokongan kepada* ~を支援する. *memberi sokongan teguh terhadap* ~に対して全面的に支持する.

penyokong 支持者, 支援者, (サッカーなどの)サポーター: *penyokong pasukan bola sepak negara* ナショナル・サッカーチームのサポーター.

solat イスラム式の礼拝=sembahyang: *waktu solat* 礼拝時間. *pada waktu maghrib. sembahyang maghrib*(日没時の礼拝), *isyak*(夜の礼拝), *subuh*(夜明け前の礼拝), *zuhur*(昼の礼拝), *asar*(午後の礼拝).

menyolatkan イスラムの方式に従って礼拝する.

solek (solék) 化粧: *alat-alat solek* 化粧道具. *meja solek* 化粧台. *kedai solek* 化粧品店.

bersolek 化粧する: Dia mengambil masa berjam-jam untuk *bersolek*. 彼女は化粧するのに数時間がかかる.

menyolekkan ~を化粧する: Dia *menyolekkan* pengantin perempuan itu. 彼女は新婦の化粧をした.

solekan 化粧, メークアップ: *Dengan solekan itu*, wajahnya kelihatan berlainan sekali. 化粧によって彼女の顔つきは全く変わったように見える. Dia hanya *mengenakan solekan yang nipis*. 彼女は薄化粧をしているだけ.

pesolek おしゃれな人.

solo ソロ: *penyanyi solo* ソロ・シンガー. mengakhiri *zaman solo* tidak lama lagi【口語】まもなく独身時代に終わりを告げる.

sombong 高慢な, 横柄な: Dia menuduh lelaki itu *sombong dan bongkak*. 彼女はその男が横柄で尊大であるとして訴えた.

menyombong 横柄な態度をとる.

kesombongan 高慢, 横柄.

penyombong 尊大な人, エゴイスト.

sondol; **menyondol** 頭で突く, (ボールを)ヘディングする: Ali *menyondol bola ke dalam gol*. アリはヘディングしてゴールを決めた. *menyondol dada pemain lawan* 相手選手の胸に頭突きする. *menyondol-nyondol* kereta yang di hadapan 前の車に頭を突っ込む.

songket (songkét) ソンケット(金糸や銀糸で刺しゅうされた布)(= kain songket).

songkok ソンコ(マレーの男子用縁なし帽子).

songsang 1 逆になる, 倒置: *songsang kalak* 逆さま. *anak songsang* 逆子. Pemain sarkas *berjalan songsang* (kaki di atas, kepala di bawah). サーカス員は逆さまに歩く(足を上に, 頭を下にして). *fenomena songsang* suami menjadi suri rumah, manakala isteri keluar

bekerja 夫が主婦になり,妻が働きに出るという逆の現象. **2** 普通ではない(慣例や通例に反した),倒錯した: *ajaran songsang* 通例に反する宗教上の教え. *seks songsang* 倒錯した性.
menyongsang 逆さまになる.
menyongsangkan ひっくり返す: *menyongsangkan kasut* 靴を表裏ひっくり返す.

songsong; **bersongsong** 反対方向に向かう,すれ違う: Kami *bersongsong* di jalan tadi. 私たちはさっき道ですれ違った.
menyongsong 1 逆行する: mengayuh basikal *menyongsong angin* 風に逆らって自転車をこぐ. *belayar menyongsong arus* 流れに逆らって航行する. **2** (来賓などを)出迎える: *menyongsong* bapanya balik dari kerja 仕事から帰って着た父親を出迎える.

sopak たむし(皮膚病の一種).

sopan 礼儀正しい,丁寧な,行儀正しい: budak yang *sopan* 礼儀正しい子. *dengan sopan* 丁寧に,丁重に: menyambut tamu-tamu itu *dengan sopan* 来客を丁重に迎える. Bolehkah anda berpakaian *lebih sopan*? もっときちんとした服装にしてくれませんか.
tidak sopan マナーが悪い,行儀が悪い: *Tidak sopan* tertawa apabila berada di upacara pengebumian. 葬式で笑うのは行儀悪い.
sopan-santun 礼儀正しい,丁寧な,礼儀作法,マナー: Jagalah *sopan santun*. マナーを守りなさい.
bersopan 礼儀正しい,親切な: Kita mesti *bersopan* ketika bercakap dengan orang yang lebih tua. 目上の人と話すときは礼儀正しくしなければならない. Bersopanlah kepada siapa saja. 誰に対しても礼儀正しくしなさい. Bersopanlah kalau bercakap! 話し方に気をつけなさい.
kesopanan 礼儀,礼節,エチケット: *ingat akan kesopanan* エチケットを忘れない. Hari ini *kesopanan* orang-orang Timur sudah merosot. 今,東洋人の礼節は低下した.

sorak; **sorak-sorai** 喝さい,歓声.
bersorak 声援する,拍手喝さいする: *bersorak gembira* 喜びの歓声をあげる. Para penonton *bersorak* kerana pasukannya menang. 観客はチームが勝ったので歓声を上げた.
menyorakkan 大声で叫ぶ,声援をおくる.
sorakan 喝さい,声援: *Sorakan* mereka itu bergema di seluruh padang. 彼らの声援は球場全体に響き渡った.

sorok 隠れる,こっそりと (sorok-sorok): Mari kita *main sorok-sorok*. かくれんぼをしようよ. *sorok-sorok* memberi wang kepada ibu dan bapa 親にこっそりお金を与える.
menyorok 1 隠れる: *menyorok* di balik pintu ドアの後ろに隠れる. "Ali, kira sampai sepuluh. Saya *menyorok*, okey!"「アリよ10まで数えな,僕が隠れる」. **2** しのび込む.
menyorokkan 〜を隠す: *menyorokkan* 21,455 pucuk surat sejak empat tahun lalu 4年前から21,455通の手紙を隠匿していた.
tersorok 1 隠れた,隠された: wang yang *tersorok* di atas siling 天井の上に隠してあった金. **2** 孤立した: Rumahnya agak *tersorok*. 彼の家はやや孤立している.

sorong 1 前へ押す: *kereta sorong* 手押し車. 2 賄賂＝rasuah, sogok: *kena sorong* 賄賂を受け取る.

menyorong, menyorongkan 1 押す: *menyorong sampan di pasir itu* 砂の上の小舟を後ろから押す. 2 手渡す: *menyorong tepak sirih kepada Datuk Bendahara* ブンダハラにキンマの盆を手渡す. 3 賄賂を渡す.

sorot 光, 光線＝cahaya, sinar: *sorot / sorotan matahari* 太陽の光線.

menyorot 1 輝く, 照らす: *Cahaya lampu menyorot dalam kegelapan.* ランプの光が暗闇の中で輝く. 2 ＝**menyoroti** ～ ～に照明を当てる, 照らす: *Lampu itu menyoroti muka orang yang bercakap itu.* 話している人の顔に照明が当てられた. 3 ～を詳しく分析する, 焦点を当てて説明する: *menyoroti beberapa peristiwa dalam sejarah Islam* イスラム史の中のいくつかの出来事を詳しく論じる.

sorotan 1 光線: *sorotan cahaya* 光線. *sorotan matahari* 太陽光線. 2 分析, 説明: *mendengar sorotan beliau* 氏の説明を聞く.

sos (英) sauce ソース: *sos tomato* トマトソース. *sos cili* チリ・ソース. *sos biji sawi* マスタード.

sosej (英) sausage ソーセージ.

sosial (英) social 社会の, 社会的な: *aktiviti sosial* 社会活動. *kebajikan sosial* 社会福祉. *masalah sosial* 社会問題. *persekitaran sosial* 社会環境. *struktur sosial* 社会構造.

sosialis (英) socialist 社会主義者.

sosialisme (英) socialism 社会主義.

sosiobudaya (英) socio-cultural 社会文化的な.

sosioekonomi (sosioékonomi) (英) socio-economy 社会経済的な.

sosiologi (英) sociology 社会学.

soto (Id) 肉や野菜の入ったスープ料理.

sotong 〔魚〕イカ (＝ikan sotong): *sotong biasa* ヤリイカ. *sotong katak* クイカ. *sotong kurita* タコ.

soya; *kacang soya* 大豆. *air soya* 豆乳. *sos soya* 醬油.

spageti (spagéti) (英) spaghetti スパゲッティ.

span スポンジ.

spekulasi (spékulasi) (英) speculation 1 投機, 思わく買い. 2 推量, 憶測.

berspekulasi 憶測をする: *Saya tidak ingin berspekulasi mengenai skandal itu.* 私はそのスキャンダルについて憶測をしたくない.

spesifikasi (spésifikasi) (英) specifications 仕様書.

SPM [Sijil Pelajaran Malaysia] 上級中等教育修了資格証《中学5年修了時に行う全国資格試験》.

spontan (英) spontaneous 自発的な, 任意の.

spora 胞子.

SRJKC [Sekolah Rendah Jenis Kebangsaan Cina] 国民型華語小学校.

ssh; Ssh! Ssh! シッシッ《犬などを追い払うときの表現》.

stabil (英) stable 安定した.

menstabilkan 安定させる.

kestabilan 安定.

ketidakstabilan 不安定.

penstabilan 安定化.

staf (英) staff スタッフ.

standard (英) standard 基準, 標準.

secara standard 一律に: Harga ayam *secara standard* akan diturunkan dari RM4.20 sekilogram kepada RM3.35 sekilogram. 鶏肉の価格をキロ RM4.20 から RM3.35 へ一律に引き下げる.

standardisasi (英) standardization 標準化, 規格化.

statistik (英) statistics 統計, 統計学: *statistik ekonomi* 経済統計.

stereo (stéréo) (英) stereo ステレオ.

stesen (stésén) (英) station 駅, 停留所, ステーション: *stesen angkasa lepas* 宇宙ステーション. *stesen bas* バスの停留所. *stesen kereta api* 鉄道駅. *stesen minyak*, *stesen petrol* ガソリンスタンド(給油所: petrol station). *stesen radio* ラジオ局. *stesen teksi* タクシー乗り場. *stesen televisyen* テレビ局.

stetoskop (stétoskop) (英) stethoscope 聴診器.

stim (英) steam 蒸気.
　menytim スチームする, 蒸かす.

stok (英) stock 貯蔵, 在庫.

stoking (英) stocking ストッキング(=stoking panjang).

stor (英) store 貯蔵室.

STPM [Sijil Tinggi Persekolahan Malaysia] 高等教育予備課程修了資格証《中学6年(上級)修了時に行う全国資格試験》.

strategi (stratégi) (英) strategy 戦略, 計略. *strategi perang psikologi untuk melemahkan musuh* 敵を弱らせる心理作戦.

stres (strés) (英) stress ストレス, 精神的緊張: *Stres guru-guru semakin menjadi-jadi ekoran beban tugas yang meningkat.* 仕事の負担が多くなった結果, 先生のストレスがますます高まっている.

struktur (英) structure 構造, 組織: *struktur modal* 資本構造. *struktur pasaran* 市場構造.

strukturalisme (英) structuralism 構造主義.

stupa ストゥーパ.

sua I; **bersua** 1 出会う: Mereka *bersua* di jalan. 彼らは道で出会った. Kami *bersua dengan* banyak masalah dalam perjalanan ke Kota Bharu. コタバルへ行く途中にたくさんの問題に遭遇した. 2 (探していたものに)偶然出会う: Puas dia mencari tetapi *tidak bersua*. よく探したけど見つからなかった.
　tersua ばったり出会う=terserempak: Saya *tersua* ular di tangga rumah. 家の階段でヘビに出くわした.

sua II; **menyuakan** ～にあげる, ～に差し出す: *menyuakan* bakul itu *kepada* adiknya 籠を弟に与えた.

suak (河口や海中の)小さな入り江.

suaka (Sk) 一時的避難所, 保護: *suaka politik* 政治亡命. *minta suaka* 亡命を求める.
　bersuaka 保護を求める, 亡命を求める.

suam 温い(ぬるい): *suam-suam kuku* あまり熱くない. Bayi itu dimandikan di *air suam*. 赤ちゃんをぬるま湯でマンディさせる.

suami 夫: *suami isteri* 夫婦.
　bersuami 夫がいる(結婚している).
　bersuamikan ～を夫にしている(と結婚している): Rosnah *bersuamikan* orang Jepun. ロスナは日本人を夫にしている.
　mempersuami ～を夫にする(～と結婚する): Rosnah *ingin mempersuami* pemuda orang Jepun. ロスナは日本人青年と結婚したがっている.

mempersuamikan (娘を)嫁に出す：Pak Ali akan *mempersuamikan* Rosnah *dengan* lelaki kaya itu. アリ氏は娘のロスナをその金持ちの男性のところに嫁に出そうとしている.

suap 1 口いっぱいの(ご飯)：*sesuap nasi* 指いっぱいにつまんだご飯. 2 賄賂(＝wang suap)：*makan suap* 賄賂を受け取る.

bersuap 他人からご飯を口に入れてもらって食べること：Anak itu *makan bersuap*. その子はご飯を口に入れてもらって食べる.

bersuap-suapan (マレーの伝統的結婚式の行事として)披露の台座に座った新郎・新婦がお互いに手でご飯を相手の口に入れて食べさせる儀式のこと. Setelah *sudah bersuap-suap*, maka ia pun memimpin tangan isterinya. ご飯をお互いに食べさせる儀式が終わると, 新郎は新婦の手を導いて台座から退出する.

menyuap 1 手で食べる. 2 手でつかんだ食物を他人の口に入れて食べさせる(＝menyuapi)：Dia *menyuap* anaknya *dengan* biskut. 彼女は息子の口にビスケットを入れて食べさせた. 3 賄賂を与える：Dia cuba *menyuap* pegawai itu. 彼はその役人に賄賂をあげようとした.

menyuapi 1 手でつかんだ食物を他人の口に入れて食べさせる：Biar saya *menyuapi* bayi ini. 私がこの赤ちゃんに食べさせましょう. 2 賄賂を与える：*menyuapi* semua pegawai di sini ここの役人全員に賄賂を贈る.

menyuapkan 食物を口に入れてやる：Jururawat itu *menyuapkan* bubur *ke dalam* mulut pesakit itu. 看護師がお粥を患者の口の中に入れてやった.

suara 1 声, 音, 音声：*merendahkan suaranya* 声を小さくする. *suara yang kuat* 大きな声：Berilah salam dengan *suara yang kuat* sedikit. 少し大きな声で挨拶しなさい. 2 意見：*suara* rakyat berhubung dengan kenaikan cukai itu 税金引き上げに関する民衆の声(意見). *suara hati* 良心. *dengan sebulat suara* 全会一致で；membuat keputusan melantik naib canselor itu *dengan sebulat suara* 新しい副学長を全会一致で任命する決定をした. 3 投票：*memberi suara menentang* undang-undang itu その法律に反対する方に投票をする. Dia menang pilihan raya dengan kelebihan undi *500 suara*. 彼は500票の得票差で総選挙に勝った.

bersuara 声を出す, 話す, 言う：*kebebasan bersuara* 表現の自由. Biar dia *bersuara*. 彼に意見を言わせよう.

menyuarakan 口に出す, 表現する：berani *menyuarakan* pendapat 勇気を出して意見を表現する. *menyuarakan perasaan* tidak puas hati terhadap keputusan itu その決定に不満である旨の気持ちを表す.

suasa (金と銅の)合金.

suasana (Sk) 1 雰囲気, 空気：*suasana yang tenang* 落ち着いた雰囲気. *suasana pesta* お祭り気分, 祭りのような賑やかな雰囲気. 2 情勢, 環境：*suasana politik* 政治情勢.

suatu 1 ある(不特定の)～：*pada suatu hari* ある日. *pada suatu pagi* ある朝. *Pada suatu ketika dahulu* 昔ある日. 2 唯一の：*Suatu Suami Suatu Isteri* 一夫一婦.

sesuatu ある(不特定の)～, 何か：*segala sesuatu* 全てのもの. Saya ingin berkata *sesuatu* tentang perkara ini. 私はこの事にについてぜひ言いたいことがある。*Ada sesuatu yang tidak kena.* 何かが間違っている。Tapi, tentunya *ada sesuatu yang hanya ada pada beliau.* でも、あの人にしかない何かがあるに決まっている。*bercakap sesuatu dalam bahasa Hokkien* 福建語で何事かを話している。Apabila *membuat sesuatu,* mereka lakukannya dengan bersungguh-sungguh. 何か物事をするとき、彼らは真剣にやる。

subahat (Ar) 共謀者, 共犯.

bersubahat 共謀する: *bersubahat dengan* 〜と共謀する; Dia dituduh *bersubahat dengan* pihak komunis. 彼は共産主義者側と共謀した罪で起訴された.

persubahatan 共謀.

subam くすんだ(色), どんよりした.

subang イヤリング.

subsidi (英) subsidy 助成金, 補助金.

subuh (Ar) 夜明け (=waktu subuh), 明け方 (夜が明けるまぎわのまだ暗い時分): *sembahyang subuh* 夜明けの礼拝.

subur 1 (草木が)よく生育する: Pokok-pokok di sini *tumbuh subur.* ここでは樹木がよく育つ. 2 (土地)肥沃な: *tanah yang subur* 肥沃な土地. 3 頑強な, 健康な: Badan anak itu *sihat dan subur.* その子の身体は健康で頑強だ. 4 繁殖力がある: perempuan yang *sihat dan subur* 健康で子をたくさん産める女性. 5 繁栄した: Perniagaannya berkembang *dengan suburnya.* 商売が繁盛している.

menyuburkan 1 (土地・植物を)肥えさす: Air yang melimpah *menyuburkan tanah* di tebing sungai. 溢れた水が川岸の土地を肥えさす. Baja boleh *menyuburkan pokok-pokok bunga.* 肥料は花木を生育させる. 2 拡大する, 強化する.

kesuburan 肥沃, 生産力: *kesuburan tanah* 土壌の肥沃さ.

penyuburan 肥沃化.

suci (Sk) 神聖な, 清廉潔白な, 清潔な: *tempat suci* 聖地. Masjid itu *tempat yang suci.* モスクは神聖な場所だ. *Hatinya suci.* 彼の心は清廉潔白だ.

menyucikan 清める, 浄化する.

kesucian 神聖, 純潔: *Kesucian hatinya itu* terbayang pada wajahnya. その表情から心がきれいな人であることがうかがえる.

sudah もう〜した, 完了した, 〜し終わった, 過去の: *Sudah* makan? もう食べましたか. Saya *sudah* makan. もう食べました. Kalau *sudah* makan, cucilah pinggan. もう食べ終わったなら、お皿を洗いなさい. Saya *sudah* tahu. 僕はもう知っているよ. *Sudah waktunya* kita pergi. そろそろ出かける時間だ. Cuti sekolah pun *sudah nak* habis. 学校の休暇はもう終わりかけてきた. "*Sudah jadi, sudah jadilah.* Apa boleh buat."「起きてしまったんだから、それはしょうがないよ」(できちゃったことは、仕方がない).

sudah lama もう長いこと: *Sudah lama tak jumpa.* 久しぶりですね. Saya *sudah lama* bercakap mengenai perkara ini. このことについてはすでに前から私が言っていた.

sudahlah もういいよ, もういいからやめよ: "*Sudahlah,* mari kita lupakan perkara itu."「もういいよ、その事は忘れよう」. "*Sudahlah tu,* jangan cakap lagi."「それくらいに

してよ,もうこれ以上話すな」. *"Yang sudah tu sudahlah."*「過去は過去」(くよくよするな).

sudah-sudah 過去の: *Di masa sudah-sudah, / Pada waktu yang sudah-sudah,* Ali tidak begitu jahat. アリは昔はそれほど悪くなかった.

tidak sudah-sudah 際限なく,いつまでも: *Tak sudah-sudah* mereka bertengkar pasal perkara kecil itu. 彼らは些細な事で際限なくけんかしている.

sudahnya, sudah-sudahnya ついに,最後に: Yang hidup itu akan mati juga *sudahnya*. 生きているものは最後にはやはり死ぬものだ.

menyudahkan, mempersudahkan 〜をなし遂げる,終わらせる,完成させる: *Sudahkan* ayat berikut. 以下の文を完成させなさい. *menyudahkan* kerja rumahnya malam ini 宿題を今晩終わらせる.

menyudahi (演説などを)終える,締めくくる: Dia *menyudahi* ucapannya *dengan* mengucapkan selamat tinggal dalam bahasa Jepun. 彼は日本語でさよならと言ってスピーチを締めくくった.

kesudahan 1 結末,結論: Bagaimanakah *kesudahan* cinta itu? その恋の結末はどうなったの. 2 〜の結果＝keputusan: ingin mengetahui *kesudahan* peperiksaan 試験の結果を知りたい. 3 最後に＝ke-sudah-sudahan, akhirnya: *Kesudahan* rumah di kawasan itu habis musnah. 最後にその地域の家屋は全壊した.

berkesudahan 〜で終わる: Cerita itu *berkesudahan dengan* perkahwinan anak raja itu. その物語は王子の結婚で終わる. Perkara itu *tak berkesudahan*, terus diperkatakan orang. その事は終わっていない,相変わらず皆が議論している.

penyudahan 完成,完了.

sesudah, sesudahnya 〜の後で: *Sesudah* makan, kita pergi berjalan-jalan. 食後に散歩に行きます.

sudi 喜んで〜したい,〜する気が十分ある: Saya *sudi* menjawab sebarang pertanyaan anda semua. 私は皆さんからのどんな質問にも喜んで答えます. *"Sudikah anda menolong saya?"*「ちょっとお願いしたいことがあるのですが」. *Kalau anda sudi,* silalah datang ke rumah saya? もしよかったら,どうぞ私の家に来てください. *Kalau sudi* duduk*lah.* どうぞお座りください《Sila duduk. よりもくだけたニュアンスになる》.

menyudikan, mempersudikan 1 〜する気にさせる(＝どうぞ〜してください): *Sudikanlah* datang ke rumah saya. どうぞ私の家に来てください. 2 〜するように誘う(招待する): Beliau *mempersudikan* saya datang ke rumahnya esok. あの方は私に明日家に来るよう誘ってくれました.

kesudian 意欲,喜んですること: Terima kasih di atas *kesudian* anda menghadiri majlis ini. このパーティーにわざわざお越しくださりありがとうございます.

sudip 木製のしゃもじ: menyenduk nasi *dengan sudip* しゃもじでご飯をすくう. *sudip kasut* 靴ベラ.

sudu 1 スプーン: *sudu makan* テーブル・スプーン. *sudu teh* ティー・スプーン. makan bubur *dengan sudu* スプーンを使ってお粥を食べる. 2 (アヒルなどの)幅のある嘴.

menyudu スプーンですくう.

sudut **1** 角, 隅: *Meja itu terletak di sudut bilik itu.* 机は部屋の隅にある. *pergi mencari ke seluruh sudut negeri* 全国津々浦々まで探しに行く. **2** 角度: *sudut 90 darjah* 90度の角度(直角). *sudut tepat* 直角. *pada sudut 30 darjah* 角度30度の所に. **3** 観点, 視点: *Anda harus melihat keadaan itu dari sudut lain.* その状況を別の視点から見ねばならない. *dari sudut agama* 宗教上の観点から. *dari sudut yang berbeza-beza* 違った側面から. *dari sudut pandangan saya* 私の視点から言うと.

sugi **1** 爪楊枝(=pesugi). **2** 嚙みタバコ.

bersugi **1** 爪楊枝で歯をつつく. **2** 嚙みタバコを嚙む.

sugul (Ar) 悲しそうな=sedih: *dengan wajah yang sugul* 悲しそうな表情で.

kesugulan 悲しみ: *Aminah mencuba menghilangkan kesugulannya.* アミナは悲しみを見せないようにつとめた.

suhu 温度, 気温, 体温: *Suhu hari ini berapa darjah?* 今日の気温は何度か. *Suhu mencecah 40 darjah Celsius.* 気温は摂氏40度に達した. *periksa suhu badan / tubuh* 体温を調べる. "*Biar saya ambil suhu badan anda?*" 「体温を測りましょうか」. Biasanya *suhu tubuh* 37℃. 体温は普通は37度. *kenaikan suhu global* 地球温暖化.

suis (英) switch スイッチ: *Di mana suis lampu?* 電球のスイッチはどこか.

suji; **sujian** 刺しゅう.

menyuji 刺しゅうする.

sujud; *sembah sujud* (マレー王国時代に王や高官に敬意を示して)ひれ伏す.

bersujud ひざまずいてひれ伏す《イスラム教徒が礼拝するときの姿勢》. 跪拝する.

suka (Sk) **1** 好き, 〜するのが好き: *Saya suka durian.* 僕はドリアンが好きです. *Kami suka akan kucing comel itu.* 私たちはあの可愛い猫が好きです. *Dia tidak suka pada budak-budak.* 彼は子どもが好きでない. *Saya suka makan durian.* 僕はドリアンを食べるのが好きです. *Saya suka membaca buku.* 僕は読書が好きです. *Kalau anda suka*, saya akan datang lagi esok. もし良ければ, 明日も来ます. *Kita boleh buat apa-apa yang kita suka.* 好きなことは何でもやれる. **2** 楽しい, 嬉しい, 喜ぶ: *Kita suka bila cuti sekolah.* 学校が休みになると, 僕たちは嬉しい. *Ali sangat suka kerana lulus dalam peperiksaan.* アリは試験に合格したのでとても喜んだ. **3** よく〜する, しばしば: *Kereta ini suka rosak.* この車はよく故障する. *Jam tangan ini suka berhenti.* この腕時計はよく止まる. *suka belet* しょっちゅう人を裏切る. *suka meminta* 要求ばかりする.

suka hati 楽しい, 嬉しい, 喜ぶ: "*Suka hatimulah.*" 「好きのようにすれば」/「気がすむようにすれば」. *Sangat suka hati saya menerima surat anda itu.* あなたからのお手紙を受け取りとても嬉しいです《手紙文》. *Kami suka hati berjumpa Bekham di London.* 私たちはロンドンでベッカムに会って嬉しかった. *Baginda suka hati melihat barang yang indah-indah itu.* 王様はその美しいものをご覧になってお喜びにな

sukacita 632

った.

suka ria 楽しい, 嬉しい.

suka tak suka, / **suka atau tidak** 好むと好まざるにかかわらず.

suka sama suka 好いた者同士で: mengenali bakal suami di universiti *atas dasar suka sama suka* 夫とは大学で相思相愛のもとで知り合った.

suka duka 苦楽, 栄枯盛衰: Hidup ini penuh dengan *suka duka*. この世は苦楽に満ちている.

bersuka, **bersuka hati** / **ria** 嬉しい, 喜ぶ: Mereka *bersuka hati* mendapat wang itu. 彼らはお金をもらって喜んだ.

bersuka-suka 皆で楽しむ, エンジョイする: Kami semua makan minum *bersuka-suka* sepanjang malam. 僕らは飲み食いして一晩中楽しんだ.

menyukai 〜が好きだ, 愛する: *tidak menyukai* perbuatan itu そのような行為を好まない. Saya *menyukainya* kerana dia cantik. 彼女は美しいので僕は彼女が好きだ. Dia memang *disukai* ramai. 彼女はたしかに多くの人から好かれている(人気がある). Keputusan itu *tidak disukai* di sini. その決定はここでは評判が悪い.

menyukakan 楽しませる, 喜ばせる: *menyukakan hati* orang yang tua dengan menari dan menyanyi 踊りや歌で老人たちを喜ばせる.

kesukaan 1 好み: Kari ini *masakan kesukaan* saya. このカレーは僕の好物です. 2 趣味: *Kesukaannya* menari. 彼女の趣味は舞踊です.

sesuka hati, **sesuka-suka** 好きなだけ, 好き勝手に: Buatlah *sesuka hati* anda. あなたの好きなようにしなさい. *Sesuka hati sayalah* nak ke mana-mana pun. どこへ行こうと俺の勝手だろう. menaikkan harga *sesuka hati* 値段を勝手に引き上げる. Kementerian Pelajaran memberi amaran kepada semua sekolah di seluruh negara supaya tidak meminda *sesuka hati* peraturan. 教育省は全国の全ての学校に対して勝手に校則を変えないよう警告した.

sukacita 楽しみ, 喜び: Ali *sangat sukacita* mendengar kejayaan anaknya itu. アリさんは息子が成功したことを聞いてとても喜んだ. *Dengan sukacitanya dimaklumkan bahawa*. 〜謹んで以下のとおりお知らせいたします. *Dengan sangat sukacitanya dimaklumkan* anda lulus dalam peperiksaan bahasa Inggeris itu. あなたが英語の試験に合格したことをお知らせします《手紙文》.

bersukacita うれしい, 楽しい: Kami *sangat bersukacita* menyambut Hari Raya. 私たちはハリラヤを迎えて本当にうれしい.

menyukacitakan 喜ばせる, 楽しませる.

sukan スポーツ, 運動: *ahli sukan* スポーツマン. *Sukan Olimpik* オリンピック大会.

bersukan スポーツをする: Orang yang boleh *bersukan* saja boleh dikatakan lelaki yang sebenarnya. スポーツが出来る者だけが本当の男性と言える.

kesukanan スポーツの: *semangat kesukanan* スポーツマンシップ.

sukar 困難な, 難しい, 大変なこと: *karya yang sukar* 難しい仕事. *penyakit yang sukar* 治療が難しい重い病気. *Sukar bagi saya* bekerja dengan mereka. / *Saya dapati sukar bekerja dengan mereka.* 彼らと一緒に働くのは困難であることが分かった. *Cendawan itu sukar didapati.* そのキノコは見つけるのが難しい. *Kisah itu sukar dipercayai.* そんな話は信じ難い.

menyukarkan 困難にさせる, 悩ませる, 困らせる: *Awan tebal menyukarkan kerja menyelamat.* 厚い雲が救助作業を困難にさせた. *Jangan menyukarkan orang lain.* 他人に迷惑をかけるのではない.

kesukaran 苦しみ, 困難: *mati akibat kesukaran nafas* 呼吸困難で死ぬ. *Kami tidak mengalami sebarang kesukaran dalam perjalanan program ini.* このプログラムを実施する上で何らの困難もありません.

sukarela (sukaréla) 自発的に, 自主的に, 任意に, ボランティアの: *pertubuhan sukarela* ボランティア団体. *kerja sukarela* ボランティア・ワーク. *Saya sukarela membawanya pulang.* 私は自発的に彼女を家に連れて帰る. *meninggalkan negara itu secara sukarela* 自主的に国外に退去する.

bersukarela 自発的に行う, 奉仕する: *bersukarela membersihkan parit-parit di dalam kampung* ボランティア活動として村の溝を掃除する.

sukarelawan ボランティアする人 (男性).

sukarelawati ボランティアする人 (女性).

sukat; menyukat 計る, 測定する, 測量する: *menyukat tanah* 土地を測量する. *menyukat beras itu dengan gantang* 枡(ます)で米を計る.

sukatan 測定, 測定結果: *sukatan tekanan darah* 血圧の測定. *sukatan pelajaran* (学校教育の)カリキュラム, シラバス.

penyukat 測量士, 計測器具.

penyukatan 測量, 計量.

sukma (Sk) 魂, 生命.

suku I **1** 4分の1: *suku jam* 15分《1時間の4分の1だから: 実際の会話では単位のjamを省略して使う》; *Sekarang pukul 4 suku.* 今4時15分. *tiga suku* 45分. *suku tahun* 四半期(3カ月): *pada suku pertama tahun ini* 今年の第1四半期では. *KDNK susut kepada 4.1% pada suku kedua tahun 2005.* GDPは2005年第2四半期に4.1%に伸びが鈍化した. *suku abad* 25年. *suku batu* 4分の1マイル(402m). *suku akhir* 準決勝. *Dia ambil sesuku sahaja dari tanah itu.* 彼はその土地の4分の1だけ取得した. **2** 一部分: *suku kata* 音節.

suku II 種族, 部族 (=suku bangsa): *suku Jawa* ジャワ人. *suku Sunda* スンダ人《インドネシアの種族をしめすとき, suku 〜, suku bangsa 〜 を使う. マレーシアの多民族社会の種族は kaum 〜》.

bersuku-suku 部族がグループで.

kesukuan 部族主義: *Kita hendaklah menghilangkan rasa kesukuan dan kedaerahan.* 部族主義と地域主義的感情をなくすべきだ.

suku-sakat 同族.

sula ヤシの実の殻を剥く尖った棒: *hukum sula, hukum penyula* 尖った棒を肛門から内臓まで突き刺すくし刺しの処刑(マレー王国時代の死刑).

menyula 尖った棒を使ってヤシの実の殻をむく.

menyulakan **1** 尖った物で刺し抜く. **2** 串刺しの刑に処する: *Kepala-*

nya dibuangkan ke laut, badannya *disulakan* di Kuala Pasai. 彼の頭は海に投げ捨てられ,胴体はクアラ・パサイで串刺しの刑にさらされた.

penyula 1 尖った棒. 2 串刺しの刑(＝hukum penyula).

sulah (Sk) 禿げた＝botak, gondol.

sulam; **sulaman** スリンを吹く.

menyulam 刺しゅうする: *menyulam* sekuntum bunga *pada* sapu tangan itu 一輪の花をハンカチに刺しゅうする.

sulfur (英) sulphur 硫黄.

suling I スリン(横笛).

menyuling スリンを吹く.

suling II 蒸留水(＝air suling), 蒸留器.

menyuling 蒸留する.

sulingan 蒸留物, 蒸留水.

penyuling 蒸留器.

sulit 1 秘密の, マル秘, 内々の(＝rahsia): *perundingan sulit* 秘密会談. *Perkara yang sulit* tidak boleh diketahui orang. 秘密事項は人に知られてはならない. Dia melepaskan diri melalui *pintu sulit*. 彼は秘密のドアを通じて逃げた. *membuat bantuan sulit kepada* perkumpulan itu そのグループに密かに支援をする. *gerakan sulit* 隠密な動き. *tempat sulit* 局部, 陰部; menyembunyikan dadah *di dalam tempat sulit* 麻薬を陰部に隠す. 2 私的な, 公式でない: *setiausaha sulit* 個人秘書, 私設秘書. Ini adalah *satu perjumpaan sulit*. これは私的な会合です. 3 (Id) 難しい, 困難な: Masalah ini *sulit* untuk diselesaikan. この問題は解決するのが難しい.

menyulitkan, **mempersulitkan** 1 秘密にしておく: dia cuba *mempersulitkan* hal itu. 彼はその事を秘密にしようとした. 2 困難にさせる: Tindakan itu *menyulitkan* tugas kami. その行動がわれわれの任務を困難にさせた.

kesulitan 問題, 困難: *Kalau ada kesulitan*, beritahu saya. 何か問題あらば, 私に知らせてください.

Sultan (Ar) スルタン, 王.

kesultanan 1 王国: *kesultanan Melaka* マラカ王国. Sembilan buah negeri di Semunanjung Malaysia merupakan *negeri kesultanan*. 半島マレーシアの9つの州はマレーの王(スルタン)がいる州である. 2 宮殿＝istana.

Sultanah (Ar) スルタンの后(王妃).

suluh 1 たいまつ(松明)＝*lampu suluh*, *lampu picit*. 2 スパイ.

bersuluh たいまつを使う.

menyuluh, **menyuluhi** 1 たいまつで(電灯で)~を照らす: Ia *menyuluhi* tiap-tiap sudut tetapi barang itu tidak dijumpainya. たいまつで隅々を照らしたがその物は見つからなかった. *menyuluh* lampu *ke arah* muka kawannya 友達の顔の方にランプを照らす. *menyuluh* muka kawannya *dengan* lampu picit 懐中電灯で友達の顔を照らす. 2 探り出す, 密かに調べる: *menyuluh* gerakan musuh 敵の動向を探り出す.

penyuluh スパイ, 諜報員.

penyuluhan 1 照明. 2 スパイ活動.

sulung 1 最年長の: *anak sulung* 一番上の子(長男, 長女): *anak sulung* daripada tiga adik-beradik ini 三人兄弟の一番上の子. 2 初めの~: *ucapan sulung* (首相就任後の)最初の演説. *pelayaran yang sulung* 処女航海.

sulur (植物の)はびこるつる・枝・

根.

menyulur 地を這う, はびこる: Tumbuhan itu *menyulur* pada pagar. 植物が塀にまではびこる.

sumbang I 1 礼儀・慣習に反する, 場違いな, 不適切な, いかがわしい: *berkelaluan sumbang* いかがわしい振る舞いをする. 2 見る・聞くに堪えない: Nyaniannya *sumbang*. 彼は音痴だ. Skirt yang terlalu pendek semacam itu kelihatannya *sumbang*. あのような超ミニスカートは見るに堪えない.

sumbang II (Jw); **menyumbang**, **menyumbangkan** (資金, 労力で)寄付する, 寄与する, 貢献する, 援助する, 支援する: *menyumbang darah* 献血する. *menyumbangkan* sedikit wang untuk keperluan anak yatim itu 孤児のためにお金を少しだけ寄付する. Kita harus *menyumbang ke arah* masa depan negara. わが国の将来に向かって貢献しねばならない. *menyumbangkan tenaga* untuk menjayakan projek itu そのプロジェクトを成功させるために貢献する. Mereka *menyumbangkan kepada* kemerdekaan negara. 彼らは祖国の独立に貢献した. Saya mahu *menyumbang kepada* negara ini dan masyarakat di sini. 私はこの国と社会に貢献したい.

sumbangan 寄与, 貢献, 援助, 支援: *beri sumbangan besar*, / *beri sumbangan yang amat banyak kepada negara* 国家へ大きな貢献をする.

penyumbang 1 貢献者. 2 寄与した要因(原因): Kebakaran hutan adalah *penyumbang* utama kepada jerebu di Malaysia. 森林火災がマレーシアにおけるジュルブ(煙害)の主たる要因である.

penyumbangan 寄与, 貢献.

sumbang saran 1 シンクタンク. 2 ブレイン・ストーミング.

sumbangsih 寄付金, 奉仕.

sumbat; **menyumbat** 1 コルクや栓を *menyumbat* botol itu *dengan* gabus ビンにコルクで栓をする. 2 〜を詰める, 詰め込む: *menyumbat* lubang itu *dengan* kain buruk ボロ布で穴を詰める. *menyumbat gol* (サッカー)ゴールに入れる, シュートする.

tersumbat 栓をされた, 塞がれた: Parit itu *tersumbat dengan* sampah sarap. 溝はゴミで詰まっている. *kerongkongannya tersumbat* 喉が詰まってしまった. Tandas ini *tersumbat*. このトイレは詰まっている.

sumber 1 源, 情報源=punca: *sumber air* 水源. *sumber minyak* 油井. *sumber pencariannya* 生計の源. *sumber kehidupan* 生活源. *sumber pendapatan utama* 主要な所得源. *sumber yang boleh dipercayai* 信頼できる筋. *sumber-sumber yang mengetahui* 消息筋. menurut *sumber yang rapat dengan perkara itu* 消息筋によると. *Sumber yang rapat kepada* Perdana Menteri memberitahu bahawa 〜. 首相に近い筋は次のように伝えた〜. 2 資源, リソース: *sumber alam*, *sumber asli* 天然資源. *sumber kurangan* 希少資源. *sumber data* データソース. *sumber manusia* 人材. *pembangunan sumber manusia* 人材開発.

penyumberan 調達: Banyak syarikat *membuat penyumberan luar* berhubung pengambilan pekerja kontrak luar. 多くの会社は外部からの契約労働者を採用する

ために海外調達をしている.

sumbi; *gigi sumbi* 入歯, 義歯.

sumbing 1 (食器の縁, 歯が)欠けた: Pinggan ini tepinya *sumbing sedikit*. このお皿は端が少し欠けている. 2 みつ口 (*bibir yang sumbing*). 3 作り笑い (*tersenyum sumbing*).

sumbu ヒューズ, (ランプ・蠟燭の)芯.

sumpah 1 神への誓い, 誓約, 宣誓: *mengankat sumpah*. a 宣誓する: Anda harus *mengangkat sumpah* sebelum memberi keterangan di hadapan muka pengadilan. 裁判所で証言する前に宣誓しなければならない. b 宣誓して就任する: Datuk Seri Abdullah *mengangkat sumpah jawatan* sebagai Perdana Menteri. ダト・スリ・アブドラは宣誓して首相に就任した. *majlis angkat sumpah* 宣誓式. 2 呪いの言葉, ののしり: *sumpah seranah* ののしり, 罵声.

bersumpah 神に誓う, 誓約する: Dia *bersumpah* tidak akan membuat perkara itu lagi. 彼はそのようなことを二度としないと誓った.

menyumpah 1 誓う＝bersumpah. 2 ＝**menyumpahi** 〜に呪いをかける, 〜をののしる: Ahli sihir itu *menyumpah* bahawa putera raja itu menjadi seekor monyet. 魔術師は王子が猿になるよう呪いをかけた. Pak Awang *menyumpahi* anaknya yang derhaka terhadapnya. アワンさんは親に反逆した息子をののしる.

sumpahan 呪い: Putera raja itu menjadi katak akibat *sumpahan* ahli sihir itu. 魔術師の呪いの結果, 王子は蛙になった.

sumpah-sumpah [動]カメレオン.

sumpal → **sumbat** 栓.

sumpit; **sumpitan** 吹き矢(吹管).

menyumpit 吹き矢で射る: *menyumpit* binatang dalam hutan, / *menembak* binatang di hutan *dengan sumpit* ジャングルの動物を吹き矢で射る.

sumpit-sumpit ムンクアンクで編んだ袋(米袋など).

sumsum 骨髄: *sampai ke tulang sumsum* 骨の髄まで.

sumur (Id) 井戸→**perigi**, **telaga**.

Sunah スンニー派(イスラム教徒の).

sunat I (Ar) 割礼 (＝sunat rasul).

bersunat 割礼をうける: *upacara bersunat* 割礼式.

menyunat 〜に割礼を行う.

penyunatan 割礼.

sunat II (Ar) 戒律ではないがイスラム信者が守るべき行為.

sundal 1 (女性の)みだらな行為. 2 売春婦＝pelacur.

bersundal, **menyundal** 売春婦になる, 売春する.

sungai 川: *anak sungai* 支流, 小川. *hulu sungai*, *udik sungai* 上流. *hilir sungai* 下流. *Sungai mengalir dari hulu ke hilir*. 川は川上(上流)から川下(下流)へ流れる. *sungai ais* 氷河.

sungguh 1 非常に, とても.《形容詞の前か後ろどちらに置いても良い》: Hari ini *sungguh* panas. / Hari ini panas *sungguh*. 今日はとても暑い.→《強調倒置文にすると: *Sungguh* panas hari ini. / Panas *sungguh* hari ini.》. 2 本当, 真実な, 嘘でない: Cerita itu *sungguh*, bukan rekaan. その話は本当だ, 作り話ではない. *Sungguh*, saya tidak tahu di mana wang itu disimpan. 嘘じゃない, そのお金がどこにしまってあるか

僕は知らない.

sungguh-sungguh, bersungguh-sungguh 真剣に,本気に,まじめに,一生懸命に: *uasaha yang bersungguh-sungguh* まじめな努力. *Mereka bersungguh-sungguh hendak menolong saya.* 彼らは本気で私を支援しようとしている. *belajar (dengan) bersungguh-sungguh* 一生懸命に勉強する. *Awak bersungguh-sungguh?* 君は本気か. "*Awak bersungguh-sungguh, bukan?*"「本気ですよね,冗談ではないですよね」.

kesungguhan 真剣,真実,誠実: *Kesungguhannya dikagumi ramai.* 彼の誠実さには多くの人が驚く.

sesungguhnya 実際には〜,本当に: *Sesungguhnya dia belum berkahwin.* 彼女は本当にまだ結婚していない.

sungguhpun 〜だけれども,〜でも=walaupun, meskipun: *Sungguhpun hujan lebat, dia tetap datang.* 雨がひどかったけれども,彼はやはりやって来た.

sungkit; menyungkit てこ(梃子)で重いものを持ち上げる.

sungkur 前に倒れる,うつ伏せに転ぶ(=sungkur-sangkar).

menyungkur 1 頭を低くしてひれ伏す: *menyungkur ke tanah* memohon ampun 地面にひれ伏して許しを乞う. 2 (動物が)鼻で土を掘る: *Babi menyungkur tanah* mencari makan. 豚が鼻で土を掘り,餌を探す.

tersungkur うつ伏せに転ぶ,つんのめる: *Budak itu tergelincir lalu tersungkur jatuh ke dalam parit.* その子は滑ってつんのめり,溝の中に落ちた. *Kami tersungkur jika tidak ada bantuan kerajaan.* 政府の支援がないと私たちはずっこける.

sungut; bersungut, bersungut-sungut 文句を言う,ぶつぶつ不満を言う,愚痴を言う: *Dia selalu bersungut tentang suaminya.* 彼女はいつも夫の愚痴を言う. *Mereka bersungut kerana kerja banyak.* 彼らは仕事が多いので文句を言う.

sungutan 文句,愚痴.

sungut-sungut → **sesungut** 触覚.

Sunni → **Sunah** スンニー派.

sunti; *gadis sunti, anak dara sunti* 処女.

suntik 注射: *suntik untuk mencegah penyakit* 予防注射. *jarum suntik* 注射針. *ubat suntik* 注射液.

menyuntik 注射する,予防注射をする: *menyuntik pesakit itu* 患者に注射する. *menyuntik cacar* 天然痘の予防接種をする.

suntikan 注射,予防注射: *memberikan suntikan kepada pesakit itu* 患者に注射する.

sunting I 髪飾り.

menyunting 髪に飾るために花を摘む.

menyuntingkan (髪飾りなどを)つける: *menyuntingkan sekuntum bunga di telinganya* 一輪の花を耳につける.

sunting II 編集.

menyunting (本や映画を)編集する: *menyunting buku* 本を編集する.

suntingan 編集,編集したもの.

penyunting 編集者.

suntuk 1 遅れて(延滞して)時間がない: *Saya tak dapat berbuat apa-apa kerana waktu sudah suntuk.* 時間がなくて何もできなかった. *Walaupun masa untuk menjawab soalan semakin suntuk, namun Ali masih* belum menulis apa-apa. 答える時間がますますなくなってきたのに、アリはまだ何も書いていない. **2** 〜間ずっと、〜中: *sehari suntuk* 一日中. Kami berjaga *semalam suntuk*. 一晩中起きていた.

kesuntukan (金, 時間などの)不足: Saya *kesuntukan* masa. 私は時間がない(時間に追われている). Oleh sebab *kesuntukan*, saya tak dapat berbuat apa-apa semalam. 時間がなかったので、昨日は何もできなった.

sunyi **1** 静かな: *sunyi-sepi*, *sunyi senyap* 静寂. **2** 人がほとんどいない、孤独な: jalan yang *sunyi* 人気のない道路. Bandar yang telah dimusnahkan oleh gempa bumi itu sekarang *sunyi*. 地震で壊滅した町は人がほとんどいなく静まり返った.

bersunyi 一人ぼっちになる、孤独になる: Saya lebih suka *bersunyi*. 私は一人ぼっちの方が好きです.

kesunyian **1** 静けさ: *di tengah kesunyian malam* 夜の静寂さの中で. **2** 孤独感、孤独を感じる: Saya *kesunyian* kerana tiada kawan di sini. ここには友人がいないので、私は孤独を感じる.

sup (英) soup スープ.

supaya 〜するように＝agar: Belajarlah rajin-rajin *supaya* lulus dalam peperiksaan. 試験に合格するよう熱心に勉強しなさい. *supaya jangan* 〜しないように: bekerja keras *supaya jangan* dipandang rendah 見くびられないよう一生懸命に働く.

Sura イスラム暦の1月.

surah (Ar) コーランの章, 節.

surai I; **bersurai** (会議・集会が)解散する、八方に散る: *Mesyuarat bersurai*. 会議はこれにて解散します. Penunjuk perasaan *bersurai* dengan aman. デモ隊は平穏に散会した.

menyurai, menyuraikan 追い散らす、解散させる、引き離す: Polis menggunakan gas pemedih mata untuk *menyuraikan* penunjuk perasaan itu. 警察は催涙ガスを使ってデモ隊を追い散らした.

surai II (馬やライオンの)たてがみ.

suram 薄暗い、曇った、どんよりした: *dengan wajah suram* 暗い表情で. *Mukanya suram saja*. 彼女の顔はとても暗い(落込む). Lampu ini *suram* cahayanya. このランプの光は薄暗い. bilik yang *suram* 薄暗い部屋.

menyuram 曇る、どんよりする.

kesuraman 暗さ、薄暗さ: tidak dapat melihat apa-apa *dalam kesuraman senja itu* 夕暮れの薄暗さで何も見えない. *kesuraman ekonomi* 経済不振.

surat **1** 手紙: *menulis surat* 手紙を書く: Saya *menulis surat kepada kawan saya di Malaysia*. マレーシアの友達に手紙を書きます. *membaca surat* 手紙を読む. *menerima surat* 手紙を受け取る; Saya *menerima sepucuk surat daripada* ayah di kampung halaman. 僕は田舎の父から一通の手紙を受け取った. *mengirim surat, menghantar surat* 手紙を送る; Tolong *kirim surat kepada saya*. 私に手紙をください. *membalas surat* 手紙に返事を書く; Saya *belum membalas surat* saudara. 君の手紙にまだ返事を書いていない. *Ada surat untuk saya*? 僕あての手紙が来てませんか. *mengepos surat* 手紙を投函する. *surat berdaftar* 書留. *surat cinta* 恋文・ラブレター. *peti surat* 郵便箱. *sampul surat, sarung* surat 封筒. surat layang, surat terbang 匿名の手紙・投書. surat layang fitnah 中傷投書. surat terbuka kepada Perdama Menteri 総理大臣への公開書簡.

muka surat ページ: Berita Harian memuatkan berita itu *pada muka surat depan*. / Berita Harian menjadikan berita itu *sebagai bahan muka surat depannya*. ブリタ・ハリアン紙はそのニュースを一面記事として掲載した. **2** 書類, 文書: *surat akuan* 推薦状・証明書簡. *surat amaran* 警告書. *surat beranak, surat lahir* 出生証明書. *surat cerai, surat talak* 離婚証明書(女性の). *surat edaran, surat pekeliling* 通達. *surat izin, surat kebenaran* 許可証. *surat jaminan* 保証書. *surat jemputan* 招待状. *surat kredit* 信用状(L/C). *surat kahwin, surat nikah* 婚姻証明書. *surat kenalan* 紹介状. *surat mati* 死亡証明書. *surat peringatan* 催促状. *surat berhenti, surat perletakan jawatan* 辞職願. *surat permintaan, surat permohonan*. 申請書. *surat wasiat* 遺書. *Surat-surat yang penting* habis terbakar. 重要書類が全焼した.

bersurat 文字が彫ってある: *batu bersurat* 碑文を刻んだ石(石碑).

menyurat, menyurati 〜に手紙を書く: *Jangan lupa menyurati saya apabila sudah sampai di Tokyo*. 東京に帰ったら私に手紙を書くのを忘れないでね.

surat-menyurat 文通, 文通する: *Sudah lama kami surat-menyurat*. 私たちはもう長いこと文通している.

persuratan 文学, 文芸: *persuratan Melayu* マレー文芸.

suratan アッラーの定めた運命(= suratan takdir / suratan tangan): *Sudah suratan si Ali mati di dalam laut*. アリ氏は海中で死ぬ運命になっていた.

tersurat 1 書いてある(内容など). **2** 運命として定められた: *Sudah tersurat agaknya* yang si Ali mati di dalam laut. アリ氏が海中で死ぬ運命になっていたに違いない.

surat khabar 新聞.

surau スラウ(イスラム礼拝所；モスクよりも小規模).

surcaj (英) surcharge 追加料金.

suri 女王: *suri rumah tangga* 主婦.

suria (Sk) 太陽 (=sang suria): *sistem suria, cakera suria* 太陽系＝ Matahari 太陽. Utarid 水星. Zuhrah 金星. Bumi 地球. Marikh 火星. Musytari 木星. Zuhal 土星. Uranus 天王星. Neptun 海王星.

surih 細くて長い線: *kertas surih* トレーシングペーパー.

menyurih 1 線を引く. **2** トレースする(トレーシングペーパーを使って図形をなぞる).

penyurih 図形などを模写する人, トレーサー.

suruh; **menyuruh** 命令する, 指示する: *Ibu suruh saya membeli roti*. 母が私にパンを買うよう命じた. *Suruh Ali masuk segera*. アリにすぐ入るよう言いなさい. *Sang kancil menyuruh semua buaya beratur*. 小鹿さんはすべてのワニに整列するようにと命令した. *Saya hanya disuruh*. 私は単に命令されただけです. *Saya disuruh keluar*. 出て行けと言われた.

menyuruh-nyuruh 何度も命じる.

suruhan 1 指示, 命令, 号令: sudah kerjakan *suruhan* emak 母の命令を実行した. **2** メッセンジャー, 使者 (=pesuruh): menjadi *orang suruhan* hartawan itu その資産家の使者になる.

penyuruh 命令する人:指示者,命令者.

pesuruh 命令される人:使者,メッセンジャー.

pesuruhjaya コミッショナー,行政長官: *Pesuruhjaya Polis* 警視総監. *Pesuruhjaya Tinggi* 高等弁務官(大使). Duta-duta Malaysia di negara-negara Komanwel dikenali sebagai *Pesuruhjaya Tinggi*. 英連邦諸国のマレーシア大使は Pesuruhjaya Tinggi として知られている.

suruhanjaya 委員会: *suruhanjaya hak asasi manusia* 人権委員会. *Suruhanjaya Pilihan Raya* (SPR) 選挙管理委員会. *Suruhanjaya Sekuriti* 証券委員会(SC).

surut 1 (水などが)引く,干潮: *air surut* 干潮. *pasang surut* 干満,栄枯盛衰. Air masih belum *surut*. まだ引き潮になっていない. Oleh sebab lama tidak hujan, air sungai pun *surut*. 長いこと雨が降らないので,川の水が引いている. Kami melihat air laut *surut* lebih kurang 200 meter iaitu tanda bahawa tsunami akan berlaku. 海水が200メートルも引いたのを見て,これは津波が起きる兆候だと感じた. 2 退却する,低下する,悪化する: *langkah surut ke belakang* 後戻りする(後ろ向きの)措置. Popularitinya *surut*. 人気は落ちた. Pengaruhnya semakin *surut*. その影響力はますます低下した.

menyurutkan 退却させる,減らす,低下させる.

susah 1 難しい,困難な,〜しにくい: Soalan ini *susah dijawab*. この(試験)問題は答えるのが難しい. Orang yang selalu berenang *susah gemuk*. 普段泳いでいる人は太りにくい. 2 心配する,悩む (=susah hati): *Jangan susah*, nanti dia akan balik lagi. 心配しないで,彼女はまだ戻ってくるから. "Ah, itu *jangan susah*, biar saya uruskan." "Baiklah."「あぁ,それは心配しないで,私にやらせてください(私がうまくやるから)」「分かりました」. Ketua kampung dan anak buahnya *susah hati*. 村長と村民は困っていた. Dia *susah hati* kerana tidak mendapat pekerjaan. 彼は就職できないので悩んでいる. 3 貧乏な,苦しい,困窮している: Hidup ini *susah*. この生活は厳しい. hidup *dalam keadaan susah* 苦しい状況の中で生活する. *Hidup susah. Nak makan susah*. Anak tak sekolah. 暮らしが苦しい,食べるのにも困る,子どもは学校にも行けない.

bersusah, bersusah-susah, bersusah-payah わざわざ〜する,労を惜しまず〜する: Kami mencari wang *dengan bersusah payah*. 苦労してお金を稼ぐ. *bersusah payah untuk* memperbaik kehidupannya sekarang 今の生活を改善するために労を惜しまず努力する. "*Tak payah susah-susah. mak cik.*," / "*Janganlah susah-susah, mak cik.*"「どうぞ,おかまいなく,おばさん」. "*Terima kasih. Buat susah-susah, mak cik.*"「おばさん,お世話になりました」. "*Terima kasih, mak cik. Buat susah saja.*," / "*Buat susah-susah saja, mak cik ni.*"「おばさん,わざわざすみませんね」. *bersusah hati* 心配する.

menyusahkan 煩わす,心配をかける: "*Maaf kerana menyusahkan mak cik.*"「おばさんにご迷惑をかけてばかりですみません」. "Biar saya bawa. *Menyusahkan mak cik saja.*" "Tak apalah. Tak berat sangat."「私が持ちますよ、おばさんに迷惑かけてしまうから」「かまわno、そんなに重くないし」. Jangan *menyusahkan* ibu bapa dengan benda-benda sebegitu. そんな事で親に迷惑をかけるな. "*Seboleh-bolehnya saya tidak mahu menyusahkan anda.*"「できるだけあなたにご迷惑をかけたくありません」.

kesusahan 1 困難. 2 心配. 3 苦難: membantu orang yang *sedang dalam kesusahan* 困っている人を支援する.

susastra → **sastera** 文学.

susila 丁寧な,礼儀正しい: *dengan susila* 丁寧に.

kesusilaan 礼儀, 道徳: *pendidikan kesusilaan* 道徳教育.

suspek 容疑者: Polis menahan tiga *suspék* awal pagi ini berhubung kes bunuh seorang peguam. 警察は弁護士殺人事件で今朝早く3人の容疑者を逮捕した.

susu 1 母乳 (＝air susu), 牛乳: *susu tepung* 粉ミルク. *susu cair* エバミルク. *susu pekat* コンデンス・ミルク. *susu tin* 缶ミルク. 2 ラテックス: *Susu getah itu* sudah beku. 天然ゴムのラテックス(樹液)は凝固してしまった.

menyusu (赤ちゃんが)乳を吸う: Bayi itu sedang *menyusu*. 赤ん坊は乳を吸っている.

menyusui, menyusukan (母親が)〜に授乳する: *cara menyusui bayi* 授乳の仕方.

penyususan 授乳.

susuh 1 (雄鶏の)けづめ (＝susuh ayam). 2 拍車.

susuk I; *susuk tubuh* 体型, 体のつくり. *susuk ayat* 文体.

susuk II 1 くさび, くぎ. 2 ボタンの穴.

susul; **menyusul** 1 〜の後に続く, 後を追う, 後を継ぐ: Ali *menyusul* ayahnya ke bandar. アリは父の後について町へ行った. Saya akan *menyusul awak* nanti di pawagam. 僕は後ほど映画館で君に追いつくよ. Saat-saat gembira *disusul* saat-saat yang menyedihkan. 喜びの瞬間が悲しみの瞬間にとって換った. 2 〜が後から来る, 〜が後に続く: Siapa *menyusul*? 次は誰ですか. Anda pergilah dulu, saya akan *menyusul* kemudian. あなたがお先にどうぞ, 私はその後に続きます. Dalam perbincangan yang *menyusul*, banyak masalah telah diselesai. 後から続いた討論の中で多くの問題が解決した.

susulan 後からやってくるもの: *gegaran susulan* 余震. *surat susulan* 追伸. menurut *laporan susulan* その後の報告によると. *tindakan susulan* その後の措置.

susun 1 積み重ね, 層: Ada *dua susun buku* di atas meja. 机の上の本が二重に積まれている. *susun lapis masyarakat* 社会階層. *susun atur* レイアウト. 2 セット: Pinggan ini mesti dibeli *sesusun*. この皿はセットで買わねばならない.

menyusun 1 並べる, 重ねる: *menyusun tempat duduk* 座席を配列する. 2 編成する, 改正する, 改革する: *menyusun acara* プログラム編成する. *menyusun semula* sistem percukaian 税制度を再編する. *menyusun* rang undang-undang 法案を作成する. *menyusun kabinet* 内閣を改造する.

susunan 1 整頓, 配置: *susunan*

kerusi 椅子の配置. **2** 順序: *mengikut susunan abjad* アルファベット順に. **3** 積み重ね, 堆積物.

penyusun **1** 編者: *penyusun kamus* 辞書の編者. **2** 仕分け器.

penyusunan 整頓, 編集, 配置: *program penyusunan semula PBB* 国連の再編計画.

tersusun 並べた, 配置した.

susup; **susup-sasap** あちこちに入り込む.

menyusup 潜入する, 侵入する, 何かの下に隠れる: *Perompak itu menyusup di celah-celah orang ramai.* 強盗は大衆の間に紛れ込んでしまった. *Seorang pengintip telah menyusup ke dalam syarikat itu.* 一人のスパイが会社の中に潜入した.

kesusupan 挿入, 浸透.

penyusup 潜入者, 密輸業者.

penyusupan 潜入, 密輸.

susur 縁, へり: *berjalan di susur pantai* 海岸沿いを歩く. *susur bandar* 郊外. *susur tangan* 欄干, 手すり. *susur-galur* 系図, 系統, 系譜. *susur-galur keluarga* 家系.

menyusur, menyusuri 縁を歩く, 移動する: *Bot itu menyusuri pantai itu.* 舟は海岸沿いを走った. *Seekor ular sawa yang besar menyusur ke dalam semak.* 一匹の大きなニシキヘビが藪の中へ這って行った.

susut; **menyusut** **1** 縮む, 縮小する, 減少する: *Baju ini akan susut setelah dicuci.* この上着は洗濯すると縮む. *Berat badannya semakin susut.* 彼の体重はますます減少している. *Pertumbuhan KDNK pada suku kedua tahun ini menyusut kepada 4.1% disebabkan kenaikan harga minyak mentah.* GDPの伸びは原油価格の高騰により今年第2四半期に4.1%に縮小した. **2** (価格・価値が)下る, 下落する, 低下する: *Nilai mata wang itu semakin menyusut.* その通貨の価値がますます下落した.

menyusutkan 減少させる, 低下させる.

penyusutan 収縮, 減少, 下落: *penyusutan nilai mata wang* 通貨価値の下落.

sutera (Sk) 絹, 生糸: *ulat sutera* 〔虫〕カイコ. *Laluan Sutera*「シルク・ロード」.

swasta 民間, 私立: *sekolah swasta* 私立学校. *syarikat swasta* 民間企業. *institusi pendidikan tinggi swasta (IPTS)* 私立の高等教育機関(大学).

menswastakan 民営化する.

penswastaan 民営化: *penswastaan sistem perkhidmatan pos* 郵政の民営化.

syabas すごい!, やった!

syah 王様, 支配者.

syahadat; *dua kalimah syahadat* 信仰告白《イスラム教徒の五行=五つの務めのうちの一つ》;「アッラーの他に神はなし. ムハンマドはその使徒である」("Tiada Tuhan melainkan Allah dan Nabi Muhammad itu pesuruh Allah.")と唱えること》.

syahbandar 港長, 港区の業務の監督者.

syahwat 情欲, 性欲: *yang menimbulkan syahwat* 性欲を刺激するもの.

syair シャイール(マレーの伝統詩4行詩: 各行の末語に音韻をふくませ, リズムのある詩の形式).

syaitan サタン, 悪魔=setan.

syak (Ar) 疑い, 疑念: *Saya tidak menaruh sebarang syak terhadap* orang itu. 私はその人に対して何ら疑いを抱かなかった. *Tidak syak lagi*, dialah pencuri itu. もう疑う余地がない. 彼こそが泥棒だ. *syak hati* 信用しない. *syak wasangka* 疑惑.

mengesyaki 疑う, (ある人を)有罪だと信じる: *Dia mengesyaki pemuda itu sebagai orang yang mencuri wangnya.* 彼はその若者が自分の金を盗んだ犯人だと疑った. *Jangan mengesyaki seseorang tanpa bukti tertentu.* ちゃんとした証拠もなしに人を疑うな. *pesakit yang disyaki menghidap wabak selesema burung* 鳥インフルエンザに感染した疑いのある患者.

syampu (英) shampoo シャンプー.

syarah (Ar) 1 説明. 2 演説, 講演.
bersyarah 講演する, 講義をする.
syarahan 1 講演, 演説: *mengadakan syarahan* 講演する. 2 講義.
pensyarah 講演者, 講師.

syarak; *hukum syarak* イスラム法(hukum Islam).

syarat (Ar) 1 条件: *mengenakan syarat kepada* 〜に条件を課す. *letak syarat* 条件をつける. *memenuhi syarat* 条件を満たす. *tertakluk kapada syarat-syarat tertentu* 一定の条件に従う. *menerima cadangan itu tanpa syarat* その提案を無条件に受け入れる. 2 約束, 保証. 3 要求 (=*alat syarat*). 4 守らなければならない決まりごと.
bersyarat 条件付きの: *Jepun mengaku kalah dengan tidak bersyarat.* 日本は無条件で降伏した.
mensyaratkan 条件として挙げる.

syariah (Ar) シャリア(イスラム教に基づく法律): *mahkamah syariah* イスラム法廷. *hukum syariah* イスラム法.

syariat (Ar) イスラム法規.

syarikat 1 会社, 企業: *membuka syarikat* 会社を設立する. *Syarikat Berhad (Bhd.)* 株式会社. *syarikat gergasi, syarikat induk* 持ち株会社. *syarikat modal* 投資会社. *syarikat milik kerajaan* 国有企業, 政府企業. *syarikat swasta* 民間企業. 2 連合, 同盟: *Amerika Syarikat* アメリカ合衆国(USA).

Syawal イスラム暦の10月.

syeikh (syêikh) 預言者モハメットの子孫に対する尊称: *tuan syeikh* イスラム指導者への尊称. *syeikh haji* メッカ巡礼者.

Syiah シィーア派(イスラム教徒の).

syif (英) shift シフト, 交替制 *bertukar-tukar syif bekerja* 交替制で勤務する.

syiling (英) shilling 1 シリング(英国の通貨単位). 2 コイン (duit syiling).

syirik 多神教の.

syok 魅力ある, 興味深い: *Dia syok melihat pertunjukan itu.* 彼女はそのショウを見てとても興味を感じた.
mengesyokkan (人を)魅了する, 引きつける.

syor 提案, 提議=*saranan*.
mengesyorkan 提案する, 提議する.

syukur (Ar) 1 神に感謝する (*Syukur kepada Tuhan*). 2 幸運な, 運のよい.
bersyukur 幸運に感じる, ありがたく思う.
kesyukuran 感謝, 謝意.

syumul (Ar) 普遍的な, ユニバーサル.

syurga (Sk) 天国 (=*syurga jenaah, syurga jenaat*): *masuk syurga atau masuk neraka* 天国に行

syuruk 644

くか地獄に落ちるか. *syurga makanan* 食物天国; mempromosikan Malaysia sebagai *syurga makanan dan buah-buahan* マレーシアを食物・果物の天国としてPRする. *syurga kepada pelancong* 観光客にとっての天国.

syuruk (Ar) 日の出(太陽が昇る時分=waktu terbit matahari).

T

taakul (Ar) 論理的思考能力.
bertaakul, mentaakul 論理的に考える.

taala (Ar) 最高の, 至高の: *Allah Taala* 至高の神アッラー.

taat (Ar) 1 忠実な, 忠誠な, 従順な: Rakyat *sangat taat kepada* raja. 臣民は王に対する忠誠心がとても強い. 2 信心深い: *taat kepada Tuhan* 神(アッラー)への信心深さ. *taat setia* 忠誠, 誠実.
mentaati 従う, 順守する: *mentaati pesan emaknya* 母親の言い付けに従う.
ketaatan 忠誠心, 服従: Kami meragui *ketaatan* mereka. われわれは彼らの忠誠心を疑っている. *menaruh ketaatan terhadap* negara 祖国に忠誠心を持つ.

tabah 動じない(=tabah hati), 屈せず頑張る: Kita harus *tabah* ketika menghadapi kesukaran. 困難に直面したら屈せず頑張るべきだ.
ketabahan 頑張り, しんの強さ, 不屈の精神: *ketabahannya melawan penyakit barah* がん(癌)に立ち向かう不屈の精神.

tabal (Ar) 1 王の即位式に使われる太鼓. 2 王の即位式.
bertabal 即位する.
menabalkan 1 王位につかせる, 王に就任する (ditabalkan): Dengan mangkatnya ayahanda baginda, Tengku Mahkota *ditabalkan* sebagai Sultan negeri itu. 王たる父君の崩御によって皇太子が王国のスルタンに就任された. 2【古典】神輿に乗せて大勢で運ぶ: Jenazah Sultan Muhammad Syah dinaikkan ke atas perarakan lalu *ditabalkan*: sudah itu maka Raja Ibrahim pula *ditabalkan* (p.83). スルタン・ムハンマド・シャーの遺体は神輿に乗せられ, 運ばれて行った. その後に(子息)ラジャ・イブラヒムが王位についた.
penabalan 即位: *Istiadat penabalan* Yang di-Pertuan Agong diadakan di Istana Negara. 国王の即位儀式は国王宮殿で行なわれる.
pertabalan 即位礼(即位式)を行なうこと: *Upacara pertabalan itu* diadakan secara besar-besaran. 即位礼は大々的に執り行われた.

tabiat (Ar) 1 性格, キャラクター: Semenjak perceraian itu *tabiat* Aziz mula berubah. 離婚以来アジズの性格は変わり始めた. 2 習慣, 癖: Dia mempunyai *tabiat* menggigit kuku. 彼は爪を嚙む癖がある.

tabib (Ar) 医師, 治療師.

tabik (Sk) 敬礼, 挨拶: *memberi tabik hormat kepada* ～に敬礼する. **menabik** 敬礼する, 挨拶する: *Askar itu menabik kepada* pegawai atasannya. 兵士は上官に敬礼した.

tabika [taman bimbingan kanak-kanak] 保育園.

tabir 幕, カーテン, スクリーン: *tabir asap* 煙幕. *tabir besi* 鉄のカーテン《冷戦時代のソ連に対する呼称》. Selesai sahaja pertunjukan pentas itu, *tabir* pun diturunkan. 舞台の上演が終わると, 幕が下ろされた. **menabiri** ～を幕で覆う, ～を覆う: *menabiri dirinya* dengan surat khabar 新聞で顔を隠す.

tabligh (Ar) イスラム教の布教.

tabu タブー.

tabuh (モスク, 王宮の)大太鼓(の音). **menabuh** 太鼓を打つ.

tabung 1 筒, 竹筒: *tabung uji* 試験管. 2 貯金箱: Budak itu menyimpan duit syilingnya di dalam *tabung* yang berbentuk itik. その子はアヒルの形をした貯金箱に硬貨(コイン)を貯金している. 3 基金: *tabung amanah* 信託基金. *Tabung Kewangan Antarabangsa* 国際通貨基金 (IMF). *Tabung Haji* メッカ巡礼基金. **menabung** 貯金する: Saya *menabung* sedikit wang tiap-tiap bulan untuk masa tua. 私は老後のために毎月少し貯金をしている. **tabungan** 貯金, 貯蓄 (=wang tabungan): *Tabungannya* sudah berjumlah RM500. 彼の貯金はすでに500リンギット. **penabungan** 預金, 貯金.

tabur; bertabur 1 *bertabur dengan* ～ (場所が)～で覆われる, ～で散らかっている: Langit *bertabur dengan* bintang. 空は星で覆われていた. Bilik Ali *bertabur dengan* pakaian dan kertasnya. アリの部屋は着物と紙で散らかっている. Tikar itu *bertabur dengan* nasi yang tumpah. その筵はこぼれた飯があちこちについている. 2 散らばる: Pakaiannya *bertabur* di dalam bilik itu. 衣装が部屋に散らばる. **bertaburan, bertabur-tabur** 散らばる, 広がる: Kaca *bertaburan di merata-rata tempat*. ガラスが辺り一面に散らばっている. Bintang *bertabur-tabur* di langit. 星が空に散らばっている(空に広がる). **menabur, menaburkan** 撒き散らす, ばら撒く, 広める: *menabur benih padi* 種籾を撒き散らす. *menabur bunga pada* pasangan pengantin itu 新婚カップルに花をばら撒く. *menaburkan fitnah* dengan tujuan tertentu ある目的をもって中傷を広める. *menabur wang* 金をばら撒く. *menabur budi* 多くの人に善行を施す. *menabur bakti* 大いに貢献する; Dia *menabur bakti* di bidang sukan selama 20 tahun. 彼は20年間にわたりスポーツの分野で貢献した. **menaburi** ～にばら撒く, 散らす: *menaburi kubur itu dengan* bunga mawar 墓にバラの花を散らす. *Taburi* sup ini *dengan* sedikit bawang goreng. このスープに炒めたネギを少しふりかけなさい. **taburan** 1 散らばったもの. 2 分布: *taburan penduduk* 人口分布. **penaburan** 種撒き (*penaburan benih*).

tadah 受け皿: *tadah cawan* ソーサ

tadbir

一.

menadah (手を出して)落下するのを受止める: *menadah air hujan dengan* baldi バケツで雨水を受る.

menadahkan 1 〜を差し出して受止める: *menadahkan* baldi *untuk menakung air hujan* バケツを差し出して雨水を受止める. 2 **menadahkan tangan** 両手の平を上に向けて差し出す《イスラム教徒が礼拝するときのしぐさ》. *menadahkan tangan untuk mengaminkan doa* (両手を差し出して)祈願する.

tadbir (Ar) 事務, 行政, 経営: *pegawai tadbir* 行政官. *menjalankan tadbir* 行政を行なう. *tadbir sistem* システム・アドミニストレーター.

mentadbirkan 業務を行う, 管理する, 運営する: *mentadbirkan pejabat itu* 事務所を管理する. *Beberapa orang pengurus mentadbirkan syarikat ini.* 数人の重役がこの会社を運営している.

pentadbir 行政官, 事務の担当者.

pentadbiran 事務, 行政, 経営: *pentadbiran perniagaan* 経営. *Pentadbiran syarikat itu berjalan dengan lancar.* 会社の経営は順調だ.

tadi 1 さっき, たったいま: *Tadi dia ada di sini.* さっきまで彼はここにいた. *Saya berjumpa dengannya tadi.* さっき彼女に会った. *Baru 10 minit tadi dia telefon saya.* ちょうど10分前に彼女から電話があった. *Saya nampak dia sebentar tadi.* ほんのちょっと前に彼女を見かけた. *Seperti yang sudah dikatakan tadi*, さっき申し上げたとおり. "*Senyap dari tadi. Sakit gigikah, Aminah?*" 「さっきから黙っているけど, 歯でも痛いのか, アミナ」. 2 直前の: *malam tadi* 昨晩. *pagi tadi* 今朝《過去の話で》. *petang tadi* 今日の午後《過去の話で》.

tadinya 最初は, 初めは, もともとは: *Tadinya saya hendak ke pejabat pos.* 最初は郵便局に行くつもりだった. *Maktab itu tadinya ditutup untuk rakyat biasa.* そのカレッジは最初は平民に開放されていなかった. *Tadinya kami akan berlepas sehari lebih cepat.* もともとは1日早めに出発する予定だった. *Majlis ini tadinya akan diadakan semalam.* このパーティは本来なら昨日開催される予定でした.

tadika [taman didikan kanak-kanak] 幼稚園.

tafakur; bertafakur 瞑想する, 黙禱する, 深く考える.

tafsir (Ar) コーランの説明や解釈.

mentafsirkan 説明する, 解釈する: *Peguam itu mentafsirkan undang-undang itu kepada pelanggannya.* 弁護士はその法律を依頼者に説明した. *mentafsirkan puisi itu* その詩を解釈する.

tafsiran, pentafsiran 説明, 解釈: *tafsiran pelik* 奇妙な解釈. *salah tafsiran* 間違った解釈.

tagak; bertagak-tagak, tertagak-tagak のらりくらりしている, ぐずぐずしている, 躊躇している: *Oleh sebab dia tertagak-tagak, barang itu sudah dibeli orang.* 彼女がぐずぐずしていたので, その商品は他の人が買ってしまった. *Polis janganlah bertagak-tagak untuk mengambil tindakan yang tegas terhadap pengganas-pengganas itu.* 警察はテロリストに対して断固たる取締りをするのに躊躇すべきでない.

tagan 掛け金(物).

tagih I 中毒.

menagih, ketagih, ketagihan 常習する, 中毒になる: *menagih dadah* 麻薬を常習する, 麻薬中毒になる. Pemuda itu *menagih / ketagih / ketagihan dadah* 青年は麻薬を常習している, 麻薬中毒になっている. Bunga ini boleh *membawa ketagihan*. この花を食べると中毒になる. *membuat orang ketagih makanan itu* その食物を常に食べるようになる.

penagih 常習者, 中毒者: *penagih dadah di kalangan remaja* 若者の間の麻薬中毒患者.

penagihan 中毒, 常習: *Penagihan dadah* amat membahayakan. 麻薬中毒はきわめて危険だ.

tagih II ; menagih 1 (Id) 借金返済を催促する: Tuan rumah itu selalu *menagih* sewa biliknya. 家主はいつも家賃の督促をする. 2 約束を守るよう促す: Pak Ali datang *menagih* janji pada Puan Aminah. アリさんはアミナさんの所にやって来て約束を守るよう促した.

tahan 1 耐える, 耐性がある: *tahan air* 防水の. *tahan api* 耐火性の. Bateri ini *tahan lama*. このバッテリーは長持ちする. Radio ini *tahan* baterinya. このラジオはバッテリーが長持ちする. *barangan yang tahan lama* 耐久消費財. pakaian yang *tahan lasak* 耐久性のある衣服. 2 我慢する: Saya *tidak tahan* dengan cuaca yang sejuk di Soul. ソウルの寒い気候にはどうしようもない. Terlalu panas tempat kerja tu, *tak tahan*. 仕事場は暑すぎて, 我慢できないよ.

boleh tahan 1 我慢できる: "Sakit sangat, ya! Boleh tahan?"「とても痛いでしょう, 我慢できる?」"*Tak boleh tahan lagi.*"「もう我慢できない.」. Tidak makan apa-apa satu hari pun, saya *boleh tahan*. 一日何も食べなくとも, 私は我慢できる. *boleh tahan lama* 長持ちする. 2【口語】まあまあいける, 結構いいよ: "Bagaimana makanan Jepun di restoran ini?" "*Boleh tahan.*"「このレストランの日本料理はどうでしたか」「まあまあです」.

bertahan 1 (場所を)動かない, じっとしている: Mereka memilih untuk *bertahan di Malaysia* daripada pulang ke Indonesia. 彼らはインドネシアへ帰るよりもマレーシアに居座る方を選んだ. 2 耐える, 抵抗する, 防御する (=bertahan diri): *juara bertahan* デフェンディング・チャンピオン. *daya bertahan* 持久力; *mempunyai daya bertahan yang lama* 長い持久力がある. rumah yang mampu *bertahan dari* gegaran gempa bumi 地震の振動に耐えうる家屋.

menahan 1 耐える: Ali *tidak dapat menahan* kepanasan matahari lalu pengsan. アリは太陽の暑さに耐えられなくなり, 気を失った. 2 防ぐ, 抑える, 止める: *menahan nafas* 息を止める. *menahan bas untuk pergi ke pasar* バスを止めて市場へ行く. *menahan marahnya* 怒りを抑える. *menahan diri* 自己コントロールする, 感情を抑える. *tak dapat menahan air matanya daripada* mengalir 涙を抑えることができない. Tebing sungai baru dibina untuk *menahan air sungai daripada* melimpah. 川の水が氾濫するのを防ぐために新堤防を建築した. 3 拘束する, 逮捕する: Polis *menahan* tiga orang lelaki semalam. 警察は昨日三人の男を逮捕した. 4 支える:

menahan pokok yang condong itu 傾きだした木を支える.

menahankan 1 防ぐ. 2 長持ちさせる.

mempertahankan 1 守る, 維持する: *mempertahankan adat resam* 伝統を維持する. *mempertahankan hak manusia* 人権を守る. 2 防衛する: *mempertahankan negara dari dicerobohi musuh* 敵の侵入から祖国を守る.

tahanan 1 逮捕者, 拘留者: *tahanan politik* 拘束された政治犯. 2 刑務所. 3 拘留. *diseksa semasa dalam tahanan* 拘留されている間に拷問された.

ketahanan 抵抗力, 対抗力, 耐久性, レジリアンス: *daya ketahanan badan terhadap penyakit* 病気に対する身体の抵抗力. *sikap ketahanan terhadap segala cabaran* あらゆる挑戦に対する対抗姿勢. *menguatkan ketahanan* レジリアンスを強化する.

penahanan 逮捕, 拘留: *penahanan pendatang tanpa izin* 不法入国者の逮捕. *penahanan dalam rumah* 自宅軟禁; *melanjutkan tempoh penahanan dalam rumah terhadap pemimpin pembangkang* 野党指導者の自宅軟禁期限を延長する.

pertahanan 防衛, 保護: *barisan pertahanan kuat* 強力な防衛線. *pertahanan diri* 自衛.

tertahan 1 抑えられる, 防げる, 我慢できる: *Perasaan bersalah saya tidak tertahan.* 間違いを犯したという感情を耐えることができなかった. *Saya tak tertahan lagi.* 私はもう我慢できない. 2 捕らえられる, 巻き込まれて動けない: *Kami tertahan di dalam lif selama satu jam.* 私たちはエレベーターの中に1時間閉じ込められた. *Kereta kami tertahan di tengah-tengah lalu lintas.* 私たちの車は交通渋滞のど真ん中に巻き込まれている.

tahap 段階, 水準=peringkat: *tahap pertama* 第一段階. *tahap global* グローバル・レベル.

bertahap-tahap 段階ごとに: *Projek itu dilaksanakan bertahap-tahap.* プロジェクトは段階的に実施される.

tahi 1 糞, かす: *tahi besi* 鉄錆. *tahi gergaji* おがくず. *tahi lalat* ほくろ. *tahi hidung* 鼻くそ. *tahi mata* 目くそ. *tahi telinga* 耳あか. 2 〜好き・狂=kaki: *tahi arak* 呑み助. *tahi betina* 浮気男. *tahi judi* ギャンブル狂. *tahi kopi* コーヒー好き. *tahi rokok* 愛煙家.

tahil タヒール(重さを示す伝統的単位: 1 tahil=37.799g).

tahniah (Ar) おめでとう! 祝いの挨拶, 祝賀: *mengucapkan tahniah* おめでとうと挨拶する. "*Setinggi-tinggi tahniah!*"「本当におめでとうございます」. "*Tahniah atas kejayaan anda.*"「ご成功おめでとうございます」. "*Tahniah! Isteri tuan selamat melahirkan anak kembar dua.*"(看護師さんが)「おめでとうございます! 奥様が双子を無事にご出産されました」.

tahu 1 知る, 分かる, 理解する: *Saya tak tahu.* 知りません. *Awak tahu alamat Ali?* 君はアリの住所を知っているか. *Saya tidak tahu dia sakit.* 彼が病気なのを僕は知らなかった. *Saya tidak tahu di mana dia bekerja.* 彼がどこで働いているのか知りません. *tahu benar* よく知っている; *Saya tahu benar bandar ini.* 私はこ

の町を知り尽くしている. *Saya tahu benar* dia tidak akan datang. 彼女は絶対来ないと僕は確信している. *Saya pun tak tahu apa nak kata.* (感動して)なんと言ってよいか分からない. *Saya tak tahu apa yang boleh dikatakan.* (びっくりして)どう言ったらよいか分かりません. Sama ada hasrat Arafat akan menjadi kenyataan, *hanya Tuhan sahaja yang tahu.* アラファットの願いが実現するかどうか, 神のみぞ知る. *Macam mana awak tahu*? 君はどうやってそれを知ったのか. *Semua orang sudah tahu.* そのことはみんな知っている:周知の事実だ. **Yang saya tahu** 私の知る限りでは: Adakah dia bohong? *Yang saya tahu*, dia tidak begitu. 彼はうそつきですか. 私の知る限り, 彼はそうではない. *bagi tahu, kasi tahu*【口語】知らせる. **2**～できる, 上手な《古典マレー語ではかなり使われていた》: Sebab ia cerdik lagi *tahu berkata-kata* maka dijadikan baginda bentara. 彼は賢くしかも雄弁だったので, 王様は彼を式武官に任命した. Seorang pun tiada *tahu akan ilmu gajah*. 象使いに長けている者が一人もいなかった. Budak yang kecil itu *tahu berenang*. その小さな子は泳ぎが上手だ.

tidak tahu できない, 下手だ: Kassim terhumban ke dalam sungai. Dia *tidak tahu berenang*. カシムは川の中に墜落した. 彼は泳ぎができない. Ada murid sekolah rendah yang *tidak tahu* membaca, menulis dan mengira. 小学生の中には読み書き計算ができない子もいる. Dia pandai membuat janji-janji tetapi *tidak tahu untuk menunaikannya.*

彼は約束するのは上手いが, 実行するのが下手だ.

tahu adat 礼節をわきまえている.
tahu bahasa 礼儀正しい.
tahu sama tahu (二人で第三者の噂話をするときなど)真相はお互いに知ってのとおりだが: *Tahu sama tahu* jiran kita itu sudah ada dua bini. 君も知ってのとおり, お隣さんは女房が二人もいる.

tidak tahu malu 恥かしげもなく.
memberi tahu 知らせる.
mendapat tahu 知る.
banyak tahunya 経験が豊富な.
tahu-tahu **1** 知らず知らずのうちに, いつの間にか, 突然＝dengan tidak disedari, diam-diam: Sedang kami tekun belajar, *tahu-tahu* ada orang masuk ke dalam bilik darjah kami. 僕たちが一生懸命勉強しているとき, 突然教室に人が入ってきた. *Tahu-tahu* saya menjadi murid sekolah. いつの間にか僕は学校の生徒になっていた. **2**【古典】優秀な: perajurit yang *tahu-tahu* 能力のある兵士.

tidak tahu-menahu 全く知らない: Saya *tidak tahu-menahu* hal ini. 私はこの事を全く知らない.

mengetahui ～について知る, ～を理解する: ingin *mengetahui* dengan lebih lanjut lagi *tentang* ～についてもっと詳しく知りたい. Saya *mengetahui* perkara itu sejak mula lagi. 私は最初からその事を知っていた. Bagaimana awak *mengetahui* berita ini? このニュースをどうやって知ったのか. *seperti yang sudah diketahui umum* すでに周知のとおり. Setakat ini *tidak diketahui* jumlah mangsa tsunami itu. 津波の被災者

数は現在まで不明である. *Tidak diketahui* bilangan orang yang terperangkap / tertahan dalam lif itu. エレベーター内に何人閉じ込められているか分からない. Apa yang menyebabkan kebakaran itu berlaku *masih belum diketahui lagi*. 火事の原因はいまだに不明である.

ketahui olehmu ～ 【古典】貴殿に申し上げる～: "*Ketahui olehmu, bahawa aku memanggil engkau ini, aku hendak bertanyakan bicara kepadamu.*" (p.4) (キダ・ヒンデイ王が宰相に)「そちを呼んだのはほかでもない,意見を聞きたいからだ」. "*Ketahuilah ayahanda, bahawa hamba ini dua bulanlah sekarang tiada haid.*" (p.8) (キダ・ヒンデイ王の娘が)「お父上に申し上げます. もう二カ月も月のものがございません」.

pengetahuan 1 知っていること,常識,知識: *pengetahuan umum* 誰もが知っていること; Pelantikan Dr. Mahathir *sudah menjadi pengetahuan umum*. マハティール氏の就任はもう誰もが知っていることである. *pada pengetahuan saya,* / *sepanjang pengetahuan saya* 私が知っているかぎりでは.

setahu ～の知るかぎりでは: *Setahu saya* dia tidak pernah datang ke mari. 私が知るかぎりでは,彼女はここに来たことがない.

tahun 1 年: *tahun ini* 今年. *tahun depan, tahun hadapan, tahun akan datang* 来年. *tahun lepas, tahun yang lalu* 去年. *tahun baru* 新年. *Tahun Baru Cina* 中国正月. *tahun Hijriah* ヒジュラ暦《イスラム暦: 西暦622年から始まる》. *tahun Masihi* 西暦. *tahun kalender* 暦年. *tahun kewangan* 会計年度. *tahun lompat* 閏年. *setahun sekali* 一年に一度. *tahun 2007* (西暦)2007年. *2007 tahun* 2007年間. *Tahun berapa anda tinggal di KL?* 何年にKLに住んでいたのか. *Berapa tahun anda tinggal di KL?* 何年間KLに住んでいましたか. Negeri Melaka ditakluki oleh orang Belanda *pada tahun 1641*. マラカは1641年にオランダに支配された. 2 年齢: *Berapakah umur anda?* 何歳ですか.→ 20 *tahun.* / Umur saya 20 *tahun.* / Saya berumur 20 *tahun.* 僕は20歳です. 3 学年: Nani *murid kelas Tahun 2* Cikgu Zabedah. 2年生のクラス担当はザベダ先生です.

bertahun, bertahun-tahun 数年間: *Sudah bertahun-tahun* kami tinggal di sini. もう何年間もここに住んでいる.

tahunan 年間の,毎年の: *penyata tahunan* 年次報告(annual report).

tahyul 迷信.

taip (英) type タイプ (=mesin taip).

menaip タイプする: *menaip surat* 手紙をタイプする.

penaip タイピスト.

taja; menaja (事業,プロジェクトおよびテレビ番組などの)スポンサーになる: Syarikat minuman itulah yang *menaja* rancangan TV itu. そのテレビ番組のスポンサーになっているのがあの飲料会社である. Tetapi saya hanya mampu ke sana sekiranya ada syarikat yang sudi *menaja* pertandingan maraton itu. でももしマラソン試合のスポンサーになってもよいという会社があれば私は参加できるのですが.

tajaan, penajaan スポンサーシップ, 後援: Rancangan ini *tajaan* NST. この番組は NST がスポンサー.
penaja スポンサー.

tajak 大鎌.
menajak 大鎌を使って除草する: *menajak sawah* 大鎌を使って田んぼの雑草を刈る.

tajam 鋭い, 厳しい, シャープな, 頭の切れる: pisau yang *tajam* 鋭いナイフ. gadis yang *berfikiran tajam* 頭の切れる少女. *mengeluarkan kata-kata yang tajam* 鋭い意見を言う. gambar foto yang *kurang tajam* シャープでない写真.
menajamkan とぐ, とがらす: *menajamkan pensel* 鉛筆をとぐ.
ketajaman 鋭さ, 鋭敏さ: Ramai orang mengagumi *ketajaman fikirannya*. 彼女の頭の切れの良さに多くの人が驚いた. *ketajaman otak* 〜の頭の良さ.

taji (鶏の)けづめ (= taji ayam).

tajuk 1 題名, タイトル: *tajuk syarahan* 講演の演題. *tajuk karangan* 作文・記事のタイトル. 2 頭の飾り, 冠.
bertajuk 〜という題名をもつ: Novel itu *bertajuk* "Ranjau Sepanjang Jalan". その小説のタイトルは『いばらの道』.

tak 〜しない【口語】《tidak の短縮形 → tidak》: "Hey, *tak sejukkah* tidur sini?"「こんな所で寝て寒くないのか」. "Lama sangat tu. *Tak adalah*, cuma lebih kurang tiga jam saja."「長すぎるなんて, そんなことはないよ, 3時間だけだもの」.
Tak apa, Tak apalah. 何でもない, 構わない, 大丈夫です.
Tak nakkah? 欲しくないのか. *tak nak makan* 食べたくない.
tak boleh jadi そんな事はあり得ない.
tak lain tak bukan 他でもない. 《付加疑問文の tak》 "Awak faham *tak*?"「分かりましたよね?」 "Nak ikut *tak*?"「一緒に行くよね」 "*Boleh tak* saya ikut sama?"「一緒について行ってよいかしら?」 "Aiskrim ini sedap, awak suka *tak*?"「このアイスクリームはおいしい, 君は好きですよね?」 "Boleh masuk *tak*?" / "Boleh *tak* masuk?"「入ってもいいですか?」.

takal 滑車.

takar 1 陶器の瓶. 2 容積.
menakar 1 容積を測る. 2 全てを取る.
takaran 測量, 容量.

takat 〜まで(時, 場所), 水準, レベル: Air naik *sampai takat* pinggang. 水が腰まで上昇した. *takat didih* 沸騰点. *takat ketepuan* 飽和点. *takat lebur* 融点.
setakat, setakat ini これまで = sampai sekarang, hingga sekarang: *Setakat inilah* perbincangan kita hari ini. 今日の議論はここまでです. *Setakat ini*, kami masih belum menerima sebarang berita daripadanya. これまでまだ彼から何の便りもない. *setakat yang saya tahu,* / *setakat yang diketahui* 私が知る限りでは.

takbir アッラーへの賛美.

takbur 横柄な, 高慢な = sombong.

takdir (Ar) アッラーが定めた運命 (= takdir Allah, takdirullah).
menakdirkan 運命づける: Nasib malang yang menimpa keluarga itu telah *ditakdirkan* oleh suratan. その家族を襲った悪運は宿命づけられていた.

takhta (Pr) 王座, 王位: *melepas-*

taki

kan takhta 退位する. *menaiki takhta* 王に即位する.

bertakhta 王位につく (＝bertakhta kerajaan).

mentakhtakan 王に即位させる.

taki; **bertaki** 口論する, 反論する.

menaki 反対する, 議論する.

takik (木の)刻み目.

menakik (木に)切り刻みをつける, タッピング(ゴム樹液採取)する.

takjub (Ar) 驚く, びっくりする: *Kanak-kanak itu begitu takjub dengan* pertunjukan silap mata itu. 子どもはマジック・ショウに驚いた.

takkan ＝[tak／tidak akan] 〜するはずがない: Betul! *Takkan* saya nak bohong pula. 本当ですよ, 私が嘘をつくはずがない! Dia *takkan* datang. 彼女は絶対来ない. *Takkan* awak tak tahu. 君が知らないはずがない. Kalau orang yang berfikiran rasional, *takkanlah* nak kata begitu sekali. まともな人なら, そのように言うはずがない. Buku ini sangat senang. *Takkan* awak tak faham. この本はやさしい. 君が分からないはずがない. *Tak akan* Melayu hilang di dunia. この世からマレー人が消えることは絶対にない.

taklimat (Ar) ブリーフィング(要旨説明): PM *diberi taklimat* tentang kemajuan projek ini. 首相はこのプロジェクトの進展についてブリーフィングを受けた.

takluk (Ar) **1** 降伏する, 屈服する: Melaka akhirnya *takluk kepada* kuasa Barat. マラカ王国はついに西欧の列強に降伏した. **2** ＝jajahan takluk 属領.

menakluki, **menaklukkan** 征服する, 支配する, 占領する: Orang Belanda *menakluki* negeri Melaka pada tahun 1641. オランダ人は1641年にマラカを征服した.

penakluk 占領する側(国): *tentera penakluk* 占領軍.

tertakluk 支配される, 変更されやすい: Jadual ini *tertakluk kepada perubahan*. このスケジュールは変更されやすい.

takraw; **sepak takraw** セパ・タクロー《籐でつくったボールを蹴るマレーの伝統的遊戯のセパ・ラガ—sepak raga—を3人制の球技にしたもの: マレーシア, タイ, インドネシアが強い》.

takrif (Ar) 定義.

mentakrifkan 定義づける: Sebagai permulaan perlulah kita *mentakrifkan* siapa dia yang dikatakan Melayu itu. 先ず初めに, マレー人と言われる人はいったい誰か, を定義づける必要がある.

taksir (Ar): **mentaksir**, **menaksir**, **menaksirkan** **1** 見積もる, 算定する: *menaksir* jumlah perbelanjaan untuk projek itu そのプロジェクトの費用総額を見積もる. Kerajaan *menaksirkan* kerugian gempa bumi itu sebesar RM5,000 juta. 政府は地震の被害額を50億リンギットと算定した. **2** 評価する: Rumah ini *ditaksirkan* bernilai 100 ribu ringgit. この家は10万リンギットと評価された.

taksiran **1** 見積もり, 算定. **2** 評価.

taktik (英) tactics 戦術.

takuk (木の)大きな刻み目.

takung (水やゴム樹液を溜める)容器: Penoreh getah itu menggunakan *takung* untuk mengumpul susu getah. 天然ゴムのタッパーはラテックスを採集するために容器を使う.

bertakung 流れずに澱む,溜まる: *Nyamuk membiak di dalam air yang bertakung*. 蚊は水溜まりで繁殖する.

menakung (水を)溜める,塞き止める: *menakung susu getah itu untuk beberapa jam* ラテックスを数時間溜める.

takungan (水や樹液を溜める)容器.

tertakung 塞き止められる.

takut 1 怖がる,怖れをいだく: *Jangan takut*. 怖がるな. *Saya takut tinggal seorang diri di rumah yang sunyi ini*. 僕はこの寂しい家で独りで住むのが怖い. 2 心配する,不安に思う: *Saya selalu takut kalau-kalau saya melukai hati orang kampung ini*. 私はこの村の人たちを傷つけているのではないかといつも心配している. 3【古典】～を尊敬する: *takut akan Allah* アッラーを尊敬する.

menakuti 1 ～を恐れる,～に怯える: *Penduduk kampung itu menakuti penghulu kampung*. 村民は区長さんを恐れている. *Sesuatu yang selama ini paling saya takuti akan berlaku telah berlaku*. 起きるのではないかとこれまで最も怖れていたことが現実に起きてしまった. 2 ～を怖がらせる: *menakuti adik-beradik dengan cerita hantu* お化けの話をして弟たちを怖がらせる.

menakutkan 1 ～を怖がらせる,怖い: *pengalaman yang menakutkan* 怖い経験. *Saya mimpi sesuatu yang menakutkan semalam*. 昨夜は怖い夢を見た. 2 ～を心配する *Yang menakutkan saya sekarang ialah pelajaran bahasa Inggeris*. 私がいま心配しているのは英語の勉強です.

ketakutan 心配,恐れ,恐怖のあまり: *meracau ketakutan* 恐怖のあまりうわごとを言う.

penakut 怖がり屋,臆病者.

takwa (Ar) 1 (アッラーの神への)崇敬. 2 (アッラーの神の教え通りの)信心深い生活をする: *penuh takwa Allah* アッラーの神へ全面的に崇拝する.

takwim (Ar) カレンダー,暦.

takziah (Ar) 悔やみ(を表す),哀悼: *mengucapkan takziah* お悔やみを言う. *Saya ucapkan takziah kepada keluarga yang kehilangan anggota keluarga dalam bencana tsunami ini*. 今回の津波災害でご家族を亡くされたご遺族に対して心からお悔やみを申し上げます. *Saya mengucapkan takziah di atas kematian* ～の逝去に対してお悔やみ申し上げます. *Terimalah ucapan takziah daripada saya*. お悔やみ申し上げます.

tala (音の)調子を合わせること,(音の)反響,エコー.

menala (楽器の)音を調整する.

penala 調音器.

talak (Ar) イスラム法による夫から妻への離婚宣言: *Hassan menjatuhkan talak ke atas isterinya selepas berkahwin selama dua tahun*. ハッサンは結婚して2年後に妻に対して離婚を宣言した.

mentalak (夫が)妻に離婚を告げる: *Isterinya itu ditalaknya*. 妻は離婚を言い渡された.

talam (Tm) 盆,トレイ.

tali ひも,ロープ: *tali air* 灌漑水路. *tali api*, *tali api-api* 導火線. *tali ari-ari* へその緒. *tali leher* ネクタイ. *tali persaudaraan* 友情. *tali pinggang* ベルト. *tali pinggang keledar*

talu

シート・ベルト. *tali perut* 腸. *bermain lompat tali* 縄跳び遊びをする. *mengikat buku-buku dengan tali* 本をひもで縛る.

talian 回線, ケーブル: *talian dailan* ダイアル回線. *Semua talian telepon terputus.* 全ての電話回線が切れた.

bertali ひもを使う: *Kereta bertali arus ke pejabat.* 車がオフィスまで数珠つなぎになっている.

bertalian ～に関係がある.

pertalian 関係, コネ: *Dia ada banyak pertalian dengan orang yang berkuasa.* 彼は権力者と多くの関係がある.

talu; **bertalu-talu** 絶え間なく, 何度も: *Ali memukul saya bertalu-talu.* アリは僕を何度も叩いた. *tanya bertalu-talu* 次から次へと質問する.

talun; **bertalun-talun**, **talun-menalun** こだまする: *Suaranya bertalun-talun di lembah itu.* 彼女の声が谷にこだました.

tamadun (Ar) 文明, 文化.

bertamadun 文明化した: *tidak bertamadun* 文明化していない.

tamak (Ar) ケチな, 欲ばりな=rakus.

taman 1 公園, 庭園: *taman asuhan kanak-kanak* 保育園. *taman didikan kanak-kanak* [tadika] 幼稚園. *taman bunga* 植物園. *taman haiwan*=zoo 動物園. *taman negara* 国立公園. *taman permainan* 遊園地. *taman tema* テーマパーク. 2 新興住宅地域 (ニュータウン)=taman perumahan baru. 3 リゾート.

tamat (Ar) ～が終わる, 修了する: *tamat belajar, tamat sekolah* 学校教育を修了する. *Dia tamat sekolah menengah tetapi tidak tamat universiti.* 彼は中等教育を終えたが大学は卒業していない. *Bab itu sudah tamat dibacanya.* その章は読み終えた. *tamat riwayatnya*=sudah mati 亡くなる. *Pertunjukkan itu tamat pada pukul 9:00 malam.* ショウは夜9時に終わる. *Siaran TV tamat pada pukul 12:00 malam.* テレビ放送は夜12時に終了する. *ubat yang sudah tamat tempohnya* 有効期限の切れた薬. *dokumen perjalanan yang tamat tempoh sah* 有効期限の切れた旅券.

menamatkan ～を終了する, ～を完了する: *menamatkan novel itu* その小説を読み終える. *menamatkan ucapannya dengan berpantun* パントンを朗読してスピーチを締めくくる. *menamatkan perkhidmatannya dan pulang ke tanah air pada bulan depan* 来月に任務を終えて帰国する.

tamatan 卒業, 卒業生.

penamat 終了, 結論. *Kemerdekaan bukanlah penamat sebaliknya permulaan bagi sebuah perjuangan.* 独立とは終わりではなく, 逆に闘いの始まりだ.

tambah 追加する, 増やす: "*Tambah lagi?*" "*Ya, sedikit*"「(食物の) おかわりしますか」「はい, 少しだけ」. "*Silalah tambah nasi, jangan segan-segan.*" 「ご飯をおかわりしてください, 遠慮せずに」. *mengambil nasi tambah* ご飯のおかわりをする.

bertambah 1 増える, さらに追加される: *Import minyak bertambah.* 石油の輸入が増加した. *Hasil padi tahun ini bertambah sedikit.* 今年の米の収穫量は少し増えた (昨年より追加された). 2 ますます～になる:

Gadis itu *bertambah cantik*. その娘はますます美しくなってきた. Pesakit itu *bertambah baik*. 患者はますます元気になった.

menambah, menambahkan 増やす, 追加する, 付加える, 補充する: *menambah pengeluaran* 増産する. *menambah pasukan* 増兵する. *Sila tambah air pada sup ini.* このスープに水を加えてください. *Ada apa-apa yang nak ditambah?* 何か付け加えたいことがありますか. *menambahkan pendapatan* 収入を増やす. *menambahkan gaji pekerja* 労働者の給料を増やす.

tambahan 追加, 増加(されたもの): *perkhidmatan tambahan* bas dan kereta api バスや列車の増便・増発. menerima *tambahan gaji sebanyak 10%* 給与の10％追加分を受け取る. *bahan bacaan tambahan* 追加の講読資料. *permainan masa tambahan* (試合などの)延長戦.

tambahan pula, *tambahan lagi* その上, さらに, とりわけ: Dia memang tak mahu pergi, *tambahan pula* hari hujan. 彼は行きたくない, とりわけ雨の日には.

penambah 1 接辞. 2 追加されたもの.

penambahan 増加・増強すること: *penambahan gaji* 給料の引き上げ.

pertambahan 増加: *pertambahan jumlah penduduk bandar* 都市人口の増加.

tambak 1 土手, 堤防. 2 土手道(湿地帯や狭い水道を横切るコーズウェイ): *Tambak Johor* ジョホール・コーズウェイ.

menambak 土を積み重ねる, 土をかける, 埋め立てる, 干拓する: *menambak* tanah di kawasan itu supaya lebih tinggi 高台にするためその地域に土を積み重ねる. *menambak* lubang di jalan itu 道にできた穴を埋め立てる. *menambak* tebing yang runtuh itu 崩れ落ちた川岸に堤防を構築する.

penambakan 埋め立て.

tamban 〔魚〕イワシ.

tambang I 1 交通費, 運賃 (= wang tambang, harga tambang): *Berapa tambangnya?* 運賃はいくらですか. *Tambang bas ekspres dari Kuala Lumpur ke Kuantan ialah RM20.* KLからクアンタンまでの急行バスの料金は20リンギット. *Tambang teksi dinaikkan lagi.* タクシー料金がまた引き上がった. 2 運賃を払って乗る舟, フェリー: *perahu tambang, sampan tambang* 渡し舟, 乗り合い舟.

menambang 1 (船や車)に乗る. 2 乗り物に物品または乗客を乗せる.

tambangan 1 フェリー, 渡し舟. 2 運賃.

tambang II 鉱山.

menambang 採鉱する.

pertambangan 鉱業.

tambat; **bertambat** つながれている: Kambing itu *bertambat* pada pokok manggis. ヤギがマンゴの木につながれている.

menambat, menambatkan つなぐ, 縛る: *menambat* kambing itu *pada* pokok manggis ヤギをマンゴの木につなぐ. mata wang yang *ditambat kepada* nilai dolar AS 米ドルにリンクしている通貨.

tambatan *sistem tambatan Ringgit kepada dolar AS* リンギットの米ドル・ペッグ制(連動制)《1998年9月〜2005年7月まで 1US$＝RM3.8で実施》. *tambatan ringgit* ditarik

balik atau disemak semula dan digantikan dengan kadar pertukaran terapung リンギットの固定相場制が撤回されたり再修正されて変動相場制に移行する.

tertambat つながれている：魅せられる：Hatinya *tertambat pada* gadis itu. 彼の心はあの娘に魅了されている. *Mataku tertambat kepada* seorang pemuda yang kacak. 私の目は一人のハンサムな若者に釘付けになった.

tamborin タンバリン.

tambul 1 おつまみ(菓子など). 2 飲み物.

tambur 両面太鼓.

tampak 1 目に見える, 見かける＝nampak：Seekor kerbau pun *tak tampak*. 一頭の水牛も見かけない. Awak *tampak* senang hati. 君はうれしそうに見える. "*Tak tampakkah* saya tengah sibuk buat kerja ni?"「私が仕事で忙しくしているのが見えないのか?」. 2 姿を現わす＝muncul：Bulan belum *tampak* lagi. 月はまだ姿を現していない.

menampakkan 見せる, 示す：tidak *menampakkan* ketakutannya 恐怖心を見せない.

tampaknya ＝nampaknya：〜のように見える：*Tampaknya* semua orang sedang sibuk. 誰も忙しそうに見える.

tampal 1 継ぎはぎ：meletakkan *tampal pada* lubang itu 穴に継ぎはぎをあてる. 2 しっくい, 絆創膏.

bertampal 継ぎはぎのある：seluar jean yang *bertampal* 継ぎはぎのあるジーンズのズボン. Dahinya *bertampal dengan* plaster. 彼の額に絆創膏が張ってある.

menampal 1 (破れた衣服などに)継ぎあてをする：*menampal selimut* yang kayak itu 破れた毛布に継ぎあてをする. 2 張り付ける：*menampal setem pada* sampul surat itu 切手を封筒に張る.

tampan I (Id) ハムサムな, 格好良い→ **kacak**.

tampan II；**menampan** (流れを)止める, 妨害する：*menampan* bola itu *dengan* tangan 手でボールを止める. *menampan* darah *dengan* kain supaya tidak keluar 血が出ないよう布で止める.

penampan 障害(物)：Tumbuhan bakau menjadi *penampan semula jadi* ombak besar. マングローブが天然の防波堤になっている.

tertampan 阻止される.

tampang (パンなどを)平らに切れたもの：Saya makan *dua tampang roti* untuk sarapan pagi. 私は朝食にパン二切れを食べる.

menampang スライスする：*menampang* lobak merah itu ニンジンを薄く切る.

tampar 平手打ち：*kena tampar* 平手打ちをくらう. *bola tampar* バレーボール.

menampar 平手打ちにする：Dia *menampar* muka saya dengan kuat tanpa sebab. 彼は理由もなく私の顔を強く平手打ちした.

menamparkan (〜を使って)打つ.

tamparan 平手打ち.

tampi；**menampi** 1 (籾などを)ふるい(篩)にかける：*menampi padi* 籾をふるいにかける. 2 検閲する.

tampil；**menampil** 1 前に出る (*menampil ke muka, menampil ke hadapan*)：Apabila namanya dipanggil, dia pun *tampil ke muka*. 名前が呼ばれたので, 彼は前に出た.

2 イニシアティブをとる: Tak ada orang yang *tampil ke muka* untuk membimbing mereka. 彼らを指導しようとイニシアティブをとる者が誰もいない.

menampilkan 持ち出す, 示す, 見せる: *menampilkan* tarian baru 新しい踊りを披露する.

tampuk **1** 取っ手. **2** 果物の茎. **3** (権力の) 中枢, 上層部: *tampuk pimpinan* 権力の中枢・頂点. Jeneral MacArther memegang *tampuk pimpinan*. マッカーサー将軍が権力の頂点を掌握した.

tampung I ; menampung 1 (落ちてくるものを)受け取る=menadah: mengambil timba untuk *menampung* air hujan バケツを取り出して雨水を受止める. **2** 収容する, 収集する: Bas ini dapat *menampung* seramai 40 orang penumpang. このバスは乗客40名を収容できる. Negara itu bersedia *menampung* orang-orang pelarian. その国は難民を受け入れる用意がある. *menampung semula masa yang hilang* 失った(遅れた)時間を再び取り戻す. **3** 受け入れる(=雇用を提供する): Kerajaan tidak boleh *menampung* semua lepasan universiti. 政府は全ての大卒者の雇用を受け入れられるわけでない.

tampung II 1 継ぎあて布=tampal. **2** (動物の)縞模様.

menampung 継ぎあてをする: Nelayan itu sibuk *menampung* jalanya. 漁師が忙しく網の継ぎあてをしている.

tamsil (Ar) 類例.

tamtam 兵士 (perajurit).

tamu 客, ゲスト→ **tetamu**: "*Anda dicari tamu*."「あなたにお客さんで すよ」. *pandai melayani tamu* 客のもてなしがうまい. *di depan tamu* 客の前で. Kami senang *didatangi tamu*. お客さんが来てくれるのはうれしい. Semalam kami didatangi *tamu yang tidak diundang*. 昨日は招かざる客に我が家に来た.

bertamu 訪問する=melawat: Kami *bertamu ke* rumah Pak Ali pada Hari Raya. 私たちはハリラヤにアリさんの家を訪問します.

menamu 〜を訪問する=bertamu: Apabila saya dan emak *menamu ke* rumah Pakcik Ali, kami biasanya tidur di bilik depan. 私と母がアリ叔父さんの家を訪れると, いつも前の部屋に寝る.

tan (英) ton トン(重さの単位).

tanah 1 土地: membeli *sebidang tanah* untuk membina rumah 家を建築するために土地を購入する. **2** 土壌: *tanah yang subur* 肥えた土壌. *mengerjakan tanah* 土地を耕す. **3** 地面: duduk di atas *tanah* 地面に座る. *tanah air* 祖国, 母国. *tanah tumpah darah* 生まれた地, 故郷. *tanah besar* 陸地, 大地, 大陸《反対語は pulau 島》. *tanah datar*, *tanah rata* 平原, 平野. *tanah gambut* 泥炭地. *tanah jajahan* 属領. *tanah lapang* 空地, 広場. *tanah liat* 粘土. *tanah pusaka*, *tanah yang diwarisi* 先祖伝来の土地. *tanah runtuh* 土砂崩れ, 地滑り. *tanah seberang* スマトラ《マレー半島から見ると対岸》. *Tanah Melayu* マレー王国, マレー半島. *tanah terbiar* 放棄された土地(田んぼ). *Tanah Suci* 聖地(イスラム教徒にとってはメッカ).

bertanah 1 土地を保有する: *petani yang tidak bertanah* 土地無し農民. **2** 泥がついた: tidur dengan baju yang *bertanah* 泥のついた着物のまま寝る.

mengetanahkan 1 (旗などを)下す. 2 埋める.

tanak 炊く: *tukang tanak* 料理人, コック. *minyak tanak* ココナツ油(= minyak kelapa).

bertanak (ご飯が)炊いてある: *nasi bertanak* 炊いたご飯.

menanak, *menanak nasi* ご飯を炊く.

sepenanak, *sepenanak nasi* ご飯が炊ける時間内に.

tanam 耕作する: *bercucuk tanam* 農耕, 耕作する. *tanam dua kali* 二期作. *tanam kontan, tanaman kontan* 換金作物.

bertanam 耕作する, 栽培する: *bertanam padi dan sayur* 稲と野菜を栽培する.

menanam, **menanamkan** 1 植える, 栽培する: *menanam sayur di belakang rumahnya* 家の後ろに野菜を栽培する. *menanam padi* dua *kali setahun* 年二回稲を植える. 2 埋める: *Anjing itu menanam seketul tulang di dalam tanah.* 犬が骨を土の中に埋めた. 3 投資する: *Syarikat Jepun berminat menanam modal di Malaysia.* 日本企業はマレーシアに投資するのに関心がある. 4 (精神・気持ちを)植えつける, 育む, 広める: *menanamkan cita-cita untuk menjadi penulis suatu hari nanti.* いつか作家になる夢を育む. *menanamkan semangat patriotisme kepada para pelajar* 愛国主義精神を生徒たちに植えつける.

menanami (土地)～に植える: *menanami halaman rumahnya dengan bunga-bungaan* 庭に花々を植える.

tanaman 作物: *hasil tanaman* 収穫した農作物. *tanaman tutup bumi* 間作物.

penanam 耕作者.

penanaman 耕作, 栽培: *menggalakkan penanaman sayur secara besar-besaran* 大々的な野菜の栽培を奨励する. *penanaman padi dua kali setahun* 一年に二回の稲作(稲の二期作).

tanda 1 サイン, 印: *memberi / membubuh tanda pada perkataan yang sukar-sukar* 難しい単語に印をつける. *tanda baca* 句読点. *tanda kurung* カッコ印( ). *tanda koma* コンマ. *tanda pangkah* ×印. *tanda titik* 点印. *tanda sengkang* ハイフン. *tanda seru* 感嘆符. *tanda tanya* 疑問符. *tanda petikan* 引用符. 2 兆候, 前触れ=alamat: *Hari gelap tanda hendak hujan.* 昼間なのに暗くなると, それは雨になる兆候だ. *Apabila ada tanda-tanda gunung berapi itu akan meletup,* その火山が爆発する兆候があると. *Ayam berkokok tandanya hari akan siang.* 一番鶏が鳴くと, それは日の出になる印だ.

bertanda 印・スタンプのある.

menandai ～に印をつける, 印で見分ける: *menandai kotak itu dengan tanda pangkah* その箱に×印をつける. *Harap ditandai ruang yang kosong pada borang ini.* 申し込み用紙の空欄に印をつけてください.

menandakan 1 印をつける示す: *menandakan tanda pangkah pada kotak itu* その箱に×印をつける. *Ali Baba menandakan rumah itu dengan tanda pangkah.* アリババはその家に×印をつけた. 2 示唆する, 表す: *Air mukanya menandakan dia* tidak setuju. 彼の表情は賛成していないことを示す.

petanda, pertanda サイン, 兆候: Gejala itu merupakan *petanda* kejadian gempa bumi. その現象は地震の兆候である.

tandan (バナナなど果物の)房, 束.

tandang 訪問＝lawat, kunjung.

bertandang 訪問する, 立ち寄る: Mereka *bertandang* ke rumah saya. 彼らは私の家にやってきた.

menandang, menandangi 〜を訪問する: *menandang* tetangga 隣人を訪問する.

tandas I トイレ: *Di mana tandas?* トイレはどこですか. *tandas lelaki* 男性トイレ. *tandas perempuan* 女性トイレ.

tandas II ひとつも残らず無くなる: Hartanya *tandas* kerana kalah judi. 博打に負けたので彼の財産はすっかりなくなった.

tandatangan 署名: *menurunkan tandatangan* 署名する. Surat ini tidak sah tanpa *tandatangan* pengurus syarikat. この書類は社長の署名がないと無効です.

bertandatangan 署名済みの.

menandatangani 〜に署名する: *menandatangani* penjanjian itu 協定に署名する.

penandatangan 署名者.

tanding ; tandingan 匹敵するもの, 対抗できるもの: Kecantikannya *tiada tandingan*. 彼女の美しさに匹敵するものはない. Dia *tidak punya tandingan*. 彼女はライバルがいない.

bertanding 競争する, 試合をする: Hari ini pasukan Jepun *bertanding melawan* pasukan Malaysia. 今日日本チームはマレーシア・チームと対戦する. *bertanding* untuk merebut Piala Dunia ワールドカップ争奪で戦う. *menang tanpa bertanding* (選挙で)対立候補がおらず無競争で当選する(無投票当選).

menandingi 〜と戦う, 〜と競争する, 〜に匹敵できる: Dia terlalu pintar: saya *tidak dapat menandingi* dia. 彼はとても有能なので, 私とは戦えない. *Tak ada yang boleh menandingi* masakan emak. 母の料理に勝るものはない.

menandingkan, mempertandingkan 〜を競う, 競争する: *mempertandingkan* masakan masing-masing. それぞれの料理を競う.

pertandingan 競争, 試合: Ali memenangi hadiah pertama *dalam pertandingan itu*. アリはその試合で1位を獲得した. *pertandingan akhir* 決勝.

tandu ; tanduan 担架, 駕籠＝usungan.

menandu 担架で運ぶ: *menandu* pemain yang cedera itu ke luar padang 怪我した選手を場外に担架で運ぶ.

tanduk 角(つの): *di hujung tanduk* 角の先にある《きわめて不安定で危険な喩え》.

bertanduk 角がある.

menanduk 1 角で刺す: Budak itu *ditanduk* oleh seekor lembu. その子は牛の角で刺された. 2 (サッカーでボールを)ヘディングする, 頭突きする: *menanduk* bola itu *ke dalam* jaring ボールをヘディングしてゴールに入れる. *menanduk* dada pemain lawan 相手の選手の胸に頭突きする.

tandus 不毛な, まったくない: *tanah tandus* 不毛の地. Bumi ini semakin *tandus* setiap tahun. この地球は毎

tangan 660

年ますます不毛になる. ekonomi yang *tandus* 経済活動がなくなる.

tangan 手: *tangan baju* 袖. *jam tangan* 腕時計. *dengan tangan kosong* 手ぶらで. *tangan baju* 袖. *berjabat tangan* 握手する. *melambaikan tangan* 手を振る. *sapu tangan* ハンカチ. *tapak tangan* 手の平. Sangat sibuk. *Tidak cukup tangan*. とても忙しい. 人手が足りない. Surat itu disampaikan *dengan tangan* kepada guru besar. その手紙は校長に手渡された.

tangan kanan 右腕, 腹心, 側近: Anda adalah *tangan kanan* Datuk Ali dalam menjalankan projek itu. そのプロジェクトを実施するうえであなたはアリ氏の右腕だ.

campur tangan 介入・干渉する: Jangan *campur tangan* dalam hal ini. この事に介入しないでくれ.

tanganan 1 椅子の肘掛. 2 仕事の成果.

menangani 1 (物事を)担当する, 携わる, 処理する, 扱う, 対応する: Dia *menangani* masalah itu dengan baik. 彼はその問題をうまく対応している. Siapakah yang sedang *menangani* kes ini? この事件を担当しているのはどなたですか. **2** = menangankan 平手打ちにする: Kerana terlalu marah, dia *menangani / menangankan* adiknya itu. 彼はあまりにも怒ったので, 弟を平手打ちにした.

penangani 平手打ち.

penanganan 対応, 処理, 扱い: *Penanganannya* terhadap masalah itu tidak memuaskan. その問題に対する彼の対応は不充分である.

tangan-tangan 手すり, ハンドル.

tangga 1 はしご: *tangga lipat*, *tangga pengait* 折畳式はしご. **2** 階段: *naik tangga* 階段を上がる. *anak tangga* 階段のステップ. *tangga bongsu* 階段の一番下のステップ. *tangga sulung* 階段の一番上のステップ. *tangga pilin, tangga sulur* 螺旋(らせん)階段. *tangga kecemasan* 非常階段. *tangga bergerak* エスカレーター. *tangga yang dibuat daripada batang pokok* 木材で作った階段. *rumah tangga* 家事, 家庭, 世帯. Di Malaysia kedudukan Menteri Pelajaran merupaka *satu tangga kepada* jawatan Perdana Menteri. マレーシアでは文部大臣は総理大臣への登竜門である. **3** 階級, ランク: *tangga gaji* 給与ランク. *tangga nada* 音階.

setangga 近所の人 (= orang setangga) = tetangga, jiran.

tanggal I 剥げる, とれる: Ekor cicak *tanggal* dengan sendiri. 家ヤモリの尻尾はひとりでにとれる. Kertas hias dinding itu *sudah mula tanggal*. 壁紙が剥げ始めた.

menanggalkan (着物, くつを)脱ぐ: *menanggalkan* kasut, topi dan baju kot 靴と帽子, 上着を脱ぐ.

tanggal II (Id) 日付け→ **tarikh, hari bulan.**

tanggam あり継ぎ(板を接合するほぞ).

tanggap ; menanggap, menanggapi (五官で)受けとめる, 見抜ける, 分かる, 注意深く聞く(見る): *Jangan salah tanggap*. 誤解しないでください. Mereka *tidak dapat menanggap* bahawa iklan itu ialah satu tipu helah. 彼らはその宣伝が欺瞞であることを見抜けなかった. Bagaimana anda *menanggapi* gagasan itu? その構想をあなたはどう思いますか.

tanggapan 受けとめ方, 見解, 見方, 反応(コメント), 印象: *Tanggapannya cepat dan baik*. 彼らの受とめ方(反応)は素早くかつ好意的だった. *tanggapan mereka terhadap orang asing* 外国人に対する彼らの見解. *tanggapan pertama saya* 私の第一印象.

tangguh I 延期, 延期する: "*Bila awak bertolak?*" "*Sekarang.*" "*Tak boleh tangguh?*"「いつ出発するの」「今から」「延期できないか」. *Dia meminta tangguh 2 hari lagi untuk menyiapkan projek itu*. 彼はそのプロジェクトを準備するためあと二日間延期してくれるよう求めた.

bertangguh 1 延期するよう要請する: *bertangguh membayar hutang itu* 借金の返済を延期してもらうよう求める. *Dia bertangguh membayar sewa rumahnya selama seminggu*. 家賃の支払いを一週間延ばしてくれるよう要請した. 2 遅れる, ためらう: *Jangan bertangguh lagi*. もうこれ以上遅れてはならない. *Dengan tidak bertangguh-tangguh, ia pun berkejar ke hospital*. ぐずぐずせずにすぐ病院へ駆けつけた.

menangguhkan, mempertangguhkan 延期する, 遅らせる: *menangguhkan kunjungannya ke Tokyo* 東京への訪問を延期する. *ditangguhkan buat masa ini* 当面は延期する. *Rancangan itu ditangguhkan sehingga sekarang* atas alasan 〜. の理由でその計画は今日まで延ばされてきた. *menangguhkan mesyuarat itu sehingga minggu depan* 会議を来週まで延期する. *menangguhkan pemilihan pucuk pimpinan UMNO 18 bulan daripada September 2007* UMNOの役員選挙を2007年9月から18ヵ月延期する. *meminta menangguhkan penjelasan hutangnya itu untuk beberapa bulan lagi*. 借金の返済をあと数ヵ月延期するよう要請する.

penangguhan 延期: *Tidak ada penangguhan lagi*. 再延長はない.

tertangguh 延期された, 中断した, ペンディングの: *menyelesaikan segala isu tertangguh* あらゆるペンディング(懸案)事項を解決する.

tangguh II 強固な, 強靭な: *tentera yang tangguh* 強固な軍隊.

tangguk (魚を捕る)竹の籠や網.

menangguk 網で魚を捕る: *pergi menangguk udang di sungai* 川にエビ捕りに行く. *menangguk di air keruh*【諺】どさくさに紛れて儲けること.

tanggung; menanggung 1 肩で担ぐ: *menanggung guni padi ke tepi jalan* 籾袋を肩に担いで道路端まで運ぶ. 2 負担する, (費用を)担う, (困難に)耐える: *Selepas ayahnya meninggal, dialah yang menanggung belanja persekolahan adik-adiknya*. 父の死後, 彼が弟たちの学費を負担した. *menanggung hutang yang banyak* 多額の借金を負担する. *Sudah lama menanggung susah*. 長いこと困難に耐えてきた. *menanggung malu* 恥をかく. 3 (家族を)養う, 扶養する: *Dia terpaksa menanggung semua ahli keluarganya*. 彼は家族全員を扶養せざるを得なかった. *Gajinya tidak cukup untuk menanggung isteri dan dua orang anaknya*. 彼の給料は妻と二人の子供を養うのには十分でない. 4 責任を持つ, 保証する (ditanggung): *Daging ini ditanggung halal*. この肉はハラール(イスラム教に則った食

tanggungjawab 662

ペ物)であると保証する. Kerajaan *menanggung* yang daging ini halal bagi orang Islam. 政府はこの肉はイスラム教徒にとってハラールであることを保証する.

tanggungan 1 責任: Pendidikan anak menjadi *tanggungan* ibu bapa. 子どもの教育は親の責任だ. 2 負担: meringankan *tanggungan* ayah 父の負担を軽減する. 3 扶養家族: Dia ada tiga orang *tanggungan*. 彼は三人の扶養家族がいる.

penanggung 負担を負う人.

penanggungan 苦しい試練, 辛苦.

tanggungjawab 責任: *memikul tanggungjawab yang berat* 重い責任を負う. *Adalah menjadi tanggungjawab ibu bapa untuk mendidik anak-anak mereka menjadi baik.* 子どもを良くなるよう育てるのは両親の責任である.

bertanggungjawab 責任感のある, 責任を負う: orang yang *bertanggungjawab* 責任感の強い人. Ali *bertanggungjawab* menjalankan tugas itu. アリはその任務を遂行する責任がある. Saya *tidak bertanggungjawab atas / akan* apa yang dilakukannya. 私は彼が行なったことに責任はもたない. Saya *bertanggungjawab terhadap* apa yang saya buat. 自分がしたことに責任を持つ.

mempertanggungjawabkan 1 ～責任を負わせる, ～に委託する: Ibu bapa biasanya *mempertanggungjawabkan* tugas mendidik kanak-kanak *kepada* guru. 親は子供のしつけを先生に任せてしまう. Cikgu Ali *mempertanggungjawabkan* tugas itu *kepada* ketua kelasnya. アリ先生はその仕事をクラス委員長に委託した. 2 ～に責任をもつ: Orang gila *tidak memepertanggungjawabkan* tindakannya. 精神に障害のある者はその行動に責任をもたない.

tangis 泣く.

menangis 泣く: *menangis* tiba-tiba tanpa sebab 理由もなく突然泣き出す.

menangisi ～が悲しくて泣く: Dia *menangisi* kematian suaminya. 彼女は夫の死を悼んで泣いた.

tangisan 泣くこと, 泣き声: tidak boleh tidur kerana diganggu oleh *tangisan* bayinya 赤ん坊の泣き声に邪魔されて寝れない.

penangis 泣き虫.

tangkai 1 茎: memegang bunga ros itu *pada tangkainya* バラの茎をつかむ. 2 (手で)握る部分(カップやヤカンなどの取っ手, 柄): *tangkai cawan* カップの取っ手. 3 花を数える助数詞(～本): *3 tangkai bunga ros* 三本のバラの花.

tangkal お守り, 呪文 (＝penangkal).

tangkap; *tangkap basah* 現行犯逮捕. *kena tangkap basah* 現行犯で捕まる. *tangkap gambar* 写真を撮る.

menangkap 1 逮捕する: *menangkap pencuri* 泥棒を逮捕する. 2 (魚などを)捕る, 捕獲する: *menangkap ikan* 魚を捕る. 3 把握する, 理解する: Saya *tak dapat menangkap* maksud kata-katanya. 私は彼の話の意味を把握できなかった. 4 受信する.

tangkapan 1 獲物: *hasil tangkapan ikan* 漁獲量. 2 逮捕者.

penangkapan 1 (魚の)捕獲 (penangkapan ikan). 2 逮捕.

tertangkap 捕らえられた: *Dengan tertangkapnya* ketua lanun itu, perairan Malaysia kembali aman. 海

賊の首領が逮捕されたことによって、マレーシア領海は再び平穏になった.

tangkas 素早く, 敏捷な=cepat.
ketangkasan 素早さ, 敏捷さ.

tangki タンク: *tangki minyak* 石油タンク. *kapal tangki* タンカー.

tangkis; menangkis 1 (手で)払いのける, 反撃する: Ali mengangkat tangannya untuk *menangkis* pukulan itu. アリは手を振り上げて殴り返えした. *menangkis* serangan musuh 敵の攻撃に反撃する. **2** (批判などに)反論する, 反駁する: Kami bersedia akan *menangkis* sebarang tuduhan. 私たちはいかなる非難にも反論する構えである. **3** (質問などの)矛先をかわす, そらす: Dia *menangkis* pertanyaan saya *dengan* balik bertanya. 彼は私の質問に対して逆に質問し返して言い逃れようとした.

tangkisan 手で払いのけること: *tangkisan* penjaga gol itu ゴールキーパーが(球を)手で払いのける.

tangkul 四つ手網.

tangkup; bertangkup 1 (口, 貝が)閉じる: Lokan itu *bertangkup* apabila disentuh. ハマグリは触ると閉じる. Bibirnya *bertangkup* tidak berkata apa-apa. 彼女の口がぴったり閉じられ, 何もしゃべらなかった. **2** 逆さまになる, うつ伏せになる=bertelangkup, bertelungkup: Bukit itu berbentuk seperti *perahu bertangkup*. 丘はまるで舟が逆さまになった形をしている.

menangkup 1 (開いているものが)閉じてしまう: Pintu lif itu *menangkup* sebelum kami sempat keluar. エレベーターのドアは, 私たちが出る前に, 閉じてしまった. **2** うつ伏せになる: Maka *menangkuplah* dia mencium tanah itu. 彼はうつ伏せになって地面に接吻した. **3** 《他動詞》(二つのもので)〜を覆う, つつみ隠す: Dia *menangkup mukanya* dengan tangan sambil menangis. 彼女は泣きながら両手で顔を覆った.

menangkupkan 逆に向ける: Dia *menangkupkan cawan* di atas meja. カップを伏せて(逆さにして)テーブルの上に置いた. *menangkupkan bukunya* ke atas meja. 本を机の上に開いたまま伏せて置く. Dia *menangkupkan mukanya* dengan bantal lalu menangis. 彼女は顔を枕に押し付けて(うつ伏せになって)涙した.

tertangkup うつ伏せになる, 伏せてある: Apabila dia tertidur, sebuah buku *tertangkup* di atas mukanya. 居眠りしてしまったので, 彼の顔の上には一冊の本が伏せてあった.

tani 農民 (=orang tani, kaum tani).
bertani 農耕する: Orang di sini hidup *dengan bertani*. ここの人たちは農業で生活している.
petani 農民.
pertanian 農業.

tanjak I タンジャック(冠に似たマレーの伝統的帽子).

tanjak II; bertanjak つま先立ちする.
menanjak 1 上へあがる, 登る: *Harga-harga menanjak*. 物価が上昇している. **2** (道が)坂になっている: *menaiki jalan yang menanjak* 坂道を登る.
menanjakkan 上げる: *menanjakkan layar perahu* 帆を上げる.
tanjakan 斜面, スロープ.

tanjung 岬, 崎: *tanah tanjung, semenanjung* 半島.

tanjul (動物を捕える)わな.

tanpa 〜なしで: *Tanpa wang* kita tidak boleh beli apa-apa. お金なしでは何も買えない. Saya minum kopi *tanpa gula*. 僕は砂糖なしのコーヒーを飲みます. Ini saya lakukan *tanpa bayaran*. これは私がお金のためにやっているのはないのです. Jangan melakukan sesuatu *tanpa berfikir panjang*. 何事もじっくり考えずに行動してはならない. Mereka membiarkan saya masuk *tanpa disoal, tanpa ditanya* ini atau itu. 私は何も質問されず, 彼らは私を中に入れてくれた. *tanpa nama* 匿名の. *tanpa siar* オフレコで. *tanpa syarat* 無条件で. *tanpa teks* 原稿なしで. *kemenangan tanpa bertanding* (選挙の)無投票当選.

tanya たずねる, 質問する: "Di mana pejabat pos?", *tanya* orang itu kepada saya. 「郵便局はどこですか」とその人が僕にたずねた. *tanya jawab* 質疑応答. *tanda tanya* 疑問符. *tanya kepada diri sendiri* 自問する. "*Nak tanya sikit*." 「少し(君に)聞きたいことがあるのだが」. "*Nak tanya pasal apa?*" 「何について聞きたいの」.

bertanya たずねる, 質問する: "*Bolehkah saya bertanya?*" "*Boleh silakan*" 「質問してもいいですか」. 「いいですよ, どうぞ」. Jangan malu-malu *bertanya* kalau ragu-ragu. 疑問を感じたら質問するのを遠慮するな. Saya ingin *bertanya mengenai / tentang* berpuasa. 僕は断食について質問したいのです. Dia *bertanya yang lain*. 彼は他の質問をした.

Tumpang bertanya, ちょっとおたずねしたいのですが,《見知らぬ人にものを尋ねるときの丁寧の慣用表現》: "*Tumpang bertanya*, di mana pejabat pos?" 「すみませんが, 郵便局はどこでしょうか」.

bertanya-tanya 何度も質問する.

bertanyakan 〜について質問する: *bertanyakan macam-macam* いろんなことを質問してくる. Ali *bertanyakan* khabar orang tua di kampung halamanya. アリは田舎の両親が元気でいるかどうかをたずねた.

menanya, menanyai 1 〜に質問する: Dia *menanyai saya* alamat Ali. 彼女は私にアリの住所をたずねた. 2 〜に尋問する: *menanyai yang tertuduh* 被告に尋問する.

menanya, menanyakan 〜について質問する: Dia *menanyakan* alamat Ali *kepada* saya. 彼女はアリの住所を私にたずねた. Kalau bos *menanyakan* saya, katakan saya pergi ke doktor. 課長が私のことについてたずねたら, 私は医者に診に行ったと言ってください.

pertanyaan 1 質問: Biar saya jawab *pertanyaan* yang kedua dulu. 二番目の質問から先に答えさせてください. 2 問題, 困難: menimbulkan banyak *pertanyaan* di kalangan rakyat. 国民の間に多くの問題を起こしている.

tertanya 質す: Saya memang *tertanya*(*kepada*) *diri saya*, apakah yang hendak saya laksanakan. 何をすべきか自問した.

tertanya-tanya しきりにたずねる: Mereka *tertanya-tanya* kesan sampingan ubat itu. 彼らはその薬の副作用についてしきりにたずねた.

tapa (Sk) 苦行, 難行.

bertapa 苦行する, 修行する: Hamba mesti *bertapa* di air terjun beberapa hari lamanya. 僕は滝に打たれて数日間苦行をせねばならぬ.

pertapa 修道者, 苦行者；世捨て人.

pertapaan 1 苦行. 2 苦行するための隠とん所.

tapai 〔食〕タパイ《もち米とこうじを混ぜて作る一種の酒》.

tapak 1 足の裏, 手の平：*tapak tangan* 手の平. *Tapak kakinya* penuh dengan tanah kerana dia tidak memakai kasut. 靴を履かなかったので, 足の裏が土だらけになった. 2 足跡 (＝tapak kaki)：*bekas tapak gajah* 象の足跡. *kesan tapak kaki* 足跡. *Tapak kaki* di pasir itu nampak sangat besar. 砂の上の足跡は大きく見える. 3 土台, 基礎：*tapak rumah* 家の土台；Tanah itu dijadikannya *tapak rumah*. その土地を家の土台にした. *tapak kasut* 靴底. *tapak semaian* 苗床. 4 位置, 場所：meninjau *tapak kebakaran* 火事現場を視察する. *tapak perhimpunan* 集会の場所. *tapak-tapak pembinaan* 建設現場. *tapak Web* ウェブサイト. *gambar tapak* 平面図. *tapak Sulaiman* ヒトデ. 5 歩行＝langkah：Adik bangsu saya sudah dapat berjalan beberapa *tapak*. 末の弟は数歩歩けるようになった.

bertapak 1 住みつく, 定住する：Ramai pelarian *bertapak* di negara itu. 多くの難民がその国に定住した. 2 拠点を持つ：Banyak syarikat Jepun sudah lama *bertapak* di Malaysia. たくさんの日本企業がすでに長年にわたりマレーシアに進出している. 3 底が〜である：Kasut ini *bertapak kulit*. この靴は革底になっている.

setapak 一歩：mencapai kemajuan *setapak demi setapak* ステップ・バイ・ステップで進歩を勝ち取る.

tapi → **tetapi** しかし.

tapis；**menapis** 1 ろ過する：*menapis air* 水をろ過する. 2 検閲する：Filem itu sudah *ditapis* sebelum ditunjuk kepada orang ramai. その映画は一般に公開される前に検閲をすでに受けた. *menapis adegan-adegan* ganas dan seks dalam filem 映画の中の暴力とセックスのシーンを検閲する.

penapis 1 ろ過器, フィルター. 2 検閲官.

penapisan ろ過：*penapisan air* 水のろ過. *kilang penapisan minyak* 石油精製工場.

tar タール (minyak tar).

bertar タールで舗装された：Jalan ke kampung kami belum *bertar*. 村への道路はまだ舗装されていない.

tara；**setara** 同じ水準, 同等の, 匹敵：*tiada taranya* 他に匹敵するものがない：Kecantikan puteri itu *tiada taranya*. その王女の美貌は他に比類がない. Pemain tenis itu *tidak ada taranya*. そのテニス選手は誰にも負けることがない. Peristiwa ini *belum ada taranya*. この出来事は前例がない, 全く初めての出来事だ. Gaji yang dibayar *tidak setara dengan* kerjanya. 支払われた給料はこの仕事に匹敵していない.

menyenarakan 同列にする, 同じ水準にする.

taraf (Ar) 1 水準：*taraf ekonomi* 経済水準. *taraf hidup* 生活水準. *taraf antarabangsa* 国際的水準. *taraf pendidikan yang tinggi* 高い教育水準. 2 (社会的な)地位, レベル：Dia hanya bergaul dengan orang yang *sama taraf dengannya*. 彼は自分と同じレベルの人としか付

tarah

き合わない. *masyarakat taraf tinggi* 上流階級. *Taraf Perintis* パイオニア・ステータス《マレーシアでまだ国産化されていない品目・業種に創始産業としてのステイタスが付与されると, 税制上の恩典措置を与える投資優遇策がある》. **3** 段階, ステージ: *Mereka masih dalam taraf perintis / awal.* 彼らはまだ初期段階にいる.

bertaraf 〜の水準にある: *bertaraf antarabangsa* 国際的水準にある. *kualiti yang bertaraf tinggi* 高水準の品質.

menyetarafkan 同一にする, 合わせる: *menyetarafkan* kehidupannya *dengan* pendapatannya 生活を収入に合わせる.

setaraf 同水準, 同等: *orang yang mempunyai kelulusan yang setaraf dengan Ijazah Sarjana Muda* 学士と同等な資格を持つ者.

tarah 平らな: *kayu yang tarah* 平板.

bertarah (板が)削られて平らになった.

menarah (板に)かんなをかける, 平らにする: *menarah kayu* 材木を(かんなで)平らにする. *menarah bukit* 丘を(開発して)平らにする.

tari 踊り, ダンス (tari-menari).

menari 踊る: *Dia pandai menari.* 彼女はダンスが上手だ. *menari dengan* kekasihnya 恋人と踊る.

menari-nari 嬉しくて踊りまわる: *Dia menari-nari di tepi jalan.* 彼女は道端で踊り回っていた.

tarian 踊り: *tarian gelek* ベリーダンス. *Tarian tradisi ini mengisahkan kehidupan petani.* この伝統舞踊は農民生活を物語っている.

penari ダンサー.

tarif (英) tariff. **1** 関税率. **2** (鉄道, 電信などの)料金表.

tarik 引く: *melawan tarik tali.* 綱引き競争をする. *daya tarik* 魅力. *teh tarik* 〔食〕ティー・タリク《砂糖・コンデンスミルクを入れた紅茶を二つのカップに交互に注ぎながら泡だてて作るミルク・ティー》. *tarik mundur* 撤退する. *tarik muka dua belas*【口語】= *bermuka masam* しかめっ面をする, 不機嫌な顔をする.

menarik **1** 引っ張る, 引きつける: *menarik tali* 綱引きをする. *menarik rambut* 髪を引っ張る. *menarik kerbaunya yang enggan berjalan* 歩こうとしない水牛を引っ張る. *menarik diri* 辞退する, 身を引く; *Calon itu menarik diri pada saat-saat terakhir.* 候補者は最後の段階で辞退した. *menarik nafas* 息を吸い込む. *menarik nafas panjang* ため息をつく. *menarik nafas terakhir* 息を引きとる, 死ぬ. *menarik perhatian / minat* 関心・注意を引く; *Peristiwa itu menarik perhatian ramai.* その事件は多くの人の関心を呼んだ. *menarik kesimpulan* 結論を出す, まとめる. ***menarik balik*** 撤回する. ***menarik balik*** *keputusan* 決定を撤回する. *Saya tidak akan menarik balik kenyataan saya itu.* 私はあの声明を決して撤回しません. **2** 心を引きつける (= menarik hati): *cerita yang menarik* 興味深い話. *Dia mempunyai rupa yang menarik.* 彼女は人を引きつける(魅力ある)容姿をもつ. *Dia sudah tua tetapi menarik.* 彼女は年老いたが魅力的だ. *Apa yang menarik.* 興味深いことは.

tarikan 引き寄せたもの, アトラクション, 魅力: *daya tarikan* 魅力. *tarikan menarik* 魅力. *tempat tari-*

kan pelancong 観光客を引き寄せる場所. *tarikan dari pusat hiburan* 盛り場の魅力. *tarikan graviti* 引力.

tertarik 1 心が惹かれる: *Ali tertarik kepada gadis Melayu itu.* アリはそのマレー人の女の子に心が惹かれた. *Kami tertarik sekali akan kemungkinan mengembara ke bintang-bintang di angkasa lepas.* 宇宙の惑星に旅する可能性に惹かれる. 2 引っ張られる.

tarikh (Ar) 日付, 月日 *tarikh lahir* 誕生日: *Tarikh lahir saya 25 Jun.* 私の誕生日は6月25日. *tarikh hantaran* 納期. *tarikh matang* 支払期日. *tarikh pilihan raya* 選挙日. *tarikh membuang undi* 投票日. "*Apa tarikh hari ini?*" "*Hari ini 19 April.*"「今日は何日ですか」「今日は4月19日」 "*Hari ini berapa hari bulan?*" "*Hari ini 19 April.*"「今日は何日ですか」「今日は4月19日」"*Bila tarikh nak sampai KL?*"【口語】「いつKLへ来るのか」.

bertarikh 〜付けの: *Surat itu tidak bertarikh.* その手紙には日付けがない. *Surat anda yang bertarikh 31 Mei 2006 telah kami terima.* 2006年5月31日付けの貴信を受け取りました.

menarikhkan 1 日付を記入する: *menarikhkan surat itu pada 31 Mei* その手紙に5月31日の日付けを入れる. 2 歴史的出来事として記録する.

taring 牙: *taring gajah* 象の牙. *gigi taring* 糸切り歯. *menunjukkan taring* 牙を見せつける.

taruh 1 置く, 預ける: *Taruh di sini.* ここに置きなさい. 2 賭け金, 担保: *Taruh minimum bagi permainan ini ialah RM30.* この遊びの最低賭け金は30リンギット. *Rumah inilah taruhnya* untuk hutang itu. 借金の担保は, この家だ.

bertaruh 賭ける: *Orang bertaruh apabila ada sesuatu pertandingan sukan.* スポーツ試合があると人は賭けをするものだ. *Saya bertaruh RM50.* 50リンギットを賭ける. *Saya bertaruh pasukan kami akan menang dalam pertandingan akan datang.* 我がチームが次ぎの試合で勝つ方に賭ける. *Saya berani bertaruh bahawa dia tak akan datang lagi.* 彼女はもう絶対に来ないよ, 賭けてもいい. *Saya berani bertaruh mutiara ini.* 私は(賭け金として)この真珠を賭けたい.

menaruh 1 置く, 預ける: *Kalau teh kurang manis, taruh gula sikit.* もし紅茶が甘くなかった, 砂糖を少し入れてください. *menaruh kereta di garaj* 車をガレージに置く. *menaruh wang di bank* お金を銀行に預ける. "*Jangan menaruh telefon. Saya masih mahu bercakap lagi.*"「電話を切らないで. まだもっと話したいから」. 2 (感情を)抱く, もつ: *tidak lagi menaruh harapan* もう期待しない, 望みをかけない. *masih menaruh harapan* まだ希望を捨てていない. *menaruh segala harapanya kepada anak tunggalnya* 一人っ子にすべての希望を託す. *Ali menaruh hati pada Aminah.* アリはアミナのことが好きだ. *tidak menaruh sebarang rasa dendam terhadap mereka* 彼らに何らの恨みをも抱かない.

mempertaruhkan 〜を賭ける: *Dia akan mempertaruhkan sebanyak RM500 ke atas / pada kuda itu.* 彼はあの馬に500リンギットを賭ける. *Perdana Menteri itu telah mempertaruhkan kerjaya politiknya*

tarung

apabila mencadangkan penswastaan sistem perkhidmatan pos. 首相は郵政民営化を提案したとき,その政治生命を賭けていた.

taruhan, petaruh, pertaruhan 賭け(金): Berapa banyak *taruhan itu*? いくら賭けたのか. Dia kalah *dalam pertaruhan itu*. 彼はその賭けで負けた. Kerana kalah *wang pertaruhan* saya itu hilang. 負けたので賭け金は消えた. *pertaruhan politik yang berani* 勇敢に政治生命を賭けること.

tarung; bertarung 1 衝突する=berlanggar: Kepala saya *bertarung* di pintu. 頭がドアにぶつかった. Mereka *bertarung* sesama sendiri kerana berebut-rebut hendak keluar. 彼らは外に出ようと殺到したのでお互い同士で衝突になった. 2 競争する,闘う: Dua ekor kerbau sedang *bertarung* di tengah sawah. 二頭の水牛が田んぼの真ん中で闘っている. Pasukan Malaysia akan *bertarung melawan* pasukan Jepun esok. マレーシア・チームは明日日本と対戦する. *bertarung dengan kanser itu* がんと闘う(がんを患い闘病生活をする). 3 けんかする: Dua orang pemuda itu *bertarung* kerana merebutkan seorang gadis. 二人の青年は一人の少女を奪おうとしてけんかしている.

menarung 衝突する,ぶつかる.

menarungkan, mempertarungkan 衝突させる,戦わせる: *mempertarungkan* suami isteri yang bercinta-cintaan 愛し合っている夫婦を衝突させる. ***mempertarungkan nyawa / jiwa*** 命を賭ける(= mempertaruhkan): Dia sunggup *mempertarungkan nyawanya* untuk menyelamatkan anaknya. 彼女は息子を救うためなら命を賭ける用意があった.

pertarungan 衝突, 競争, 対戦: *pertarungan* antara bekas juara dunia 元世界チャンピオン同士の対戦.

tas (Id) 皮製のバッグ: *tas tangan* ハンドバッグ → **beg tangan**.

tasak; menasak 傷口を塞ぎ血止めをする.

penasak 血止め薬.

tasik 湖.

taska [taman asuhan kanak-kanak] 保育園.

tataacara 行事のプログラム: *tataacara majlis itu* 式次第.

tataadab (Ar) 礼儀.

tataayat 統語論(シンタックス).

tatabahasa 文法.

tatacara 1 方式,決まり,やり方,仕方: *tatacara* mengendalikan siasatan polis 警察の捜査・取り調べのやり方. 2 慣習.

tataetika (tataétika) 倫理,モラル: melanggar *tataetika* parti itu 政党の倫理コードに違反する.

tatah 宝石(=tatah mutia).

bertatah, bertatahkan 宝石で飾られた.

menatah 宝石で飾る.

tatang; bertatang, menatang 手の平で運ぶ: Pelayan itu *menatang* dulang. ウェーターはお盆を手の平に乗せて運ぶ. Ibu itu memelihara anaknya *sebagai menatang minyak yang penuh*. 母親は子供をまるで並々と入った油の容器を手の平で運ぶように(=愛情を込めて)大切に世話した.

tatap; menatap, menatapi じっと見つめる,観察する,覗く,見張る:

Aminah *menatap* saya. アミナは私をじっと見つめた. *menatap* wajah penyanyi terkenal itu dari dekat 近くからその有名歌手の表情を覗く. *menatap* foto itu lama-lama その写真をしばらくじっと見つめて. *tempat menatap* 見張り塔.

tatapan 観察, 凝視: Kehidupan peribadi penyanyi itu menjadi *tatapan* pihak media. その歌手のプライベート・ライフがマスコミの注目するところとなった.

tatasusila 道徳.

tatatertib 秩序, 規律.

tatausaha 行政.
  penatausaha 行政官.

tatih; bertatih-tatih, tertatih-tatih ヨチヨチ歩く.

tatkala 〜の時に＝ketika, pada masa : *Tatkala* itu saya masih belajar di luar negeri. その時, 私は留学中でした.

tatu 刺青 (tattoo).

taubat (Ar) 後悔, 悔恨.
  bertaubat 後悔する, 悔い改める.

taufan 台風, ハリケーン : *taufan* kuat 大型台風. dilanda *taufan* kuat 大型台風に襲われた.

tauge (taugé) (Ch) 〔植〕モヤシ.

tauhu (Ch) 〔食〕豆腐.

tauke (tauké) (Ch) タウケ(華人の事業家), (店の)主人.

taulan (Tm) 友人, 仲間.

tauliah (Ar) 任命証, 信任状 : Duta itu menerima *tauliah* daripada Sultan. 大使はスルタンから信任状を授かった.
  bertauliah 公認された.
  mentauliahkan 任命・承認する.

taun (Ar) コレラ (＝penyakit taun).

taut ; bertaut (離れたものを)閉じる, 合わさる＝bertangkup : Pintu lif *bertaut* sebelum saya sempat masuk. エレベータのドアが私が入る前に閉まった. Kemudian bibir mereka *bertaut* beberapa detik. それから二人の唇が数秒間合わさった.
  menautkan 〜を閉じる : Dia *menautkan* kelopak matanya. 彼女は瞼を閉じた.

tawa ; tertawa 笑う : Bergalah hilir *tertawa* buaya, bersuluh di bulan terang, *tertawa* harimau. 川下りに櫂を漕ぐと, ワニが笑う. 月夜に松明をたくと, トラが笑う《無駄な努力を風刺したもの》.

tawan ; menawan 1 捕える : *menawan* dua orang askar musuh 二人の敵兵を捕らえる. **2** 支配する, 征服する : *menawan kembali / semula* Kelantan dan Terengganu クランタン州とトレンガヌ州を奪還する. *menawan* puncak Gunung Everest. エベレスト山頂を征服する. **3** 捕らえて収容する : Orang-orang asing itu *ditawan* di kem-kem selama tempoh masa perang. 外国人は戦争の間中, 収容所に入れられた. **4** 魅力的な, 人の心をとらえる (＝tawan hati)＝menarik hati : *gadis yang menawan* (*hati*) 人を魅了する少女. Tingkah laku gadis itu *menawan* hatinya. その少女の振る舞いが彼らの心をとらえた.
  tertawan 1 支配される : Tanah Melayu *tertawan oleh* tentera Jepun semasa Perang Dunia Kedua. マレー半島は第二次世界大戦の間日本軍に支配された. **2** 魅了される : Ali *tertawan dengan* anak perempuan jirannya. アリは隣の娘にすっかり参ってしまった.
  tawanan 1 捕虜, 人質. **2** 略奪品.

penawanan 捕獲, 支配: *penawanan bandar itu oleh pemberontak* 反乱者による都市の支配.

tawar I 1 味がない, 無味, 無臭の: *makanan yang tawar* 味のない食物. *Kopi ini tawar kerana kurang gula.* このコーヒーは砂糖があまり入っていないので, 味がない. *air tawar* 淡水, 真水. 2 (薬や呪いの)効き目がない＝mujarab: *Ubat ini tawar belaka.* この薬は効き目がない.

tawar hati やる気がない, 覇気がない, 意気消沈する: *Mereka tawar hati atau merajuk apabila tidak mendapat sesuatu jawatan.* 彼らはポスト(役職)をもらえないとやる気をなくすかまたはすねる. *Budak itu berasa tawar hati hendak belajar lagi. / Budak itu hatinya sudah tawar hendak belajar lagi.* その子はこれ以上勉強しようという気になれなかった.

tawar-tawar, **setawar** 味のない.

menawar 中和する: *Kata orang daun ini menawar bisa racun.* この葉は毒を中和すると言われている. 2 (病気などを)治す: *Bomoh pun dipanggil untuk menawar penyakitnya.* 病気を治すためにボモ(呪術医)が呼ばれた.

menawarkan 1 味を薄める, ～を中和する: *menambahkan air untuk menawarkan minuman itu kerana terlalu manis.* 甘すぎるのでその飲み物を薄めるために水を加える. 2 ＝ **menawarkan hati** がっかりさせる, やる気をなくさせる: *Kejadian itu memang menawarkan hati kami.* あの出来事によって私たちのやる気は削がれた.

penawar 解毒剤, 呪い薬: *ubat penawar bisa ular tedung* コブラに嚙まれたときの解毒剤.

tawar II; **tawar-menawar** 値段の交渉をする.

menawar 1 値段交渉をする(売値・買値をオファーする), 値をつける, まける: "*Boleh tawar sedikit ?*" 「少しまけてくれませんか」. *Ibu menawar harga ikan itu sebelum membelinya.* 母は買う前に魚の値段交渉をした. *Dia menawar untuk membeli ikan itu dengan* RM2.00. 母はその魚に2リンギットなら買うとオファーした. 2 値切る, (値段を)まける: *Dia menawar harga ikan itu dari* RM4.00 *kepada* RM3.50. 彼は魚の値段を4リンギットから3.50リンギットにまけるよう申し出た. *Ini harga tetap. Harganya sudah tidak boleh ditawar lagi.* 定価なので, 値段はもうまけられない.

menawarkan 1 提供する: *menawarkan harga istimewa untuk barang-barang menjelang hujung tahun* 年末にかけて特別価格を提供する. 2 (援助などを)申し出る, 提供する用意がある: *menawarkan bantuan Malaysia* マレーシアの支援を申し出る. *menawarkan bantuan kepakaran teknikal untuk membangunkan sistem baru itu* 新システムを興すために技術専門家の支援を提供する用意がある.

tawaran 買値(オファー価格).

penawaran 供給: *permintaan dan penawaran* 需要と供給. *penawaran pasaran* マーケット・サプライ. *penawaran saham awal* 新規株式公開 (IPO).

tawarikh (Ar) 歴史, 年表.

tayang I; **menayangkan** (芝居や映画を)見せる, 上映する: *Film apa*

yang *ditayangkan* sekarang? 今どんな映画をやっていますか. Pawagam "Rex" sedang *menayangkan* sebuah filem seram.「レックス」映画館は今ホラー映画を上映している. "Apakah tajuk filem Melayu yang sedang *ditayangkan*?" "Tajuknya "Sepet", arahan Yasmin Ahmad" 「いま上映しているマレー映画の題名は何です」「ヤスミン監督の Sepet」.

menayang-nayang ～を見せびらかす: Dia suka *menayang-nayang* cincin berliannya. 彼女はダイヤモンドの指輪を見せびらかしている.

tayangan 上映, ショー: *tayangan filem* 映画の上映. *tayangan perdana* (映画の)封切り, プレミア・ショウ. *tayangan larut malam* 映画のナイト・ショウ. *tayangan umum* (映画の)一般公開.

penayangan 上映: *penayangan filem* 映画の上映.

tayang II; **menayang** 手の平で運ぶ＝menatang.

tayar (英) tyre タイヤ: *tayar celup* 再生タイヤ. *tayar ganti*, *tayar simpanan* タイヤのスペア. *Tayar kereta ini sudah pancit*. この車のタイヤはパンクしている.

tebah; **menebah** たたく, 打つ＝pukul.

tebal 1 厚い, 濃い: *buku tebal* 厚い本. *awan tebal* 厚い雲. *kabul tebal* 濃い霧. *hutan tebal* 密林. 2 (信念, 愛情が)強固な, 根強い: Sikap feudal *masih tebal* di kalangan masyarakat ini. この社会にはまだ封建的な態度が根強い. *tebal bibir* 無口な. *tebal kulit*, *tebal muka* 厚顔無恥な, 鉄面皮の. *tebal telinga* 人の忠告を聞かない.

menebal 濃くなる, 厚くなる: Kabut semakin *tebal*. 霧がますます濃くなる.

menebalkan, mempertebalkan 1 厚くする: Dinding ini perlu *dipertebalkan*. この壁をもっと厚くする必要がある. Mekap pelakon itu *ditebalkan*. その役者の化粧を厚くする. 2 強化する: *menebalkan* hubungan antara kaum 種族間の関係を強化する.

tebang; **menebang** 伐採する: *menebang* pokok-pokok yang sudah tua. 老木を伐採する.

penebang 伐採業者, 伐採用具.

penebangan 伐採: *penebangan pokok* 樹木の伐採.

tebar (tébar); **bertebar, bertebaran** 散乱した, 散らばっている: alat mainan yang *bertebaran di meratarata*. あたり一面に散らばっている玩具.

menebar, menebarkan 1 ばら撒く, まき散らす, 散布する: *menebar makanan ayam ke tanah*. 鶏のえさを地面にばら撒く. *menebarkan benih padi* 種籾をばら撒く. 2 (投網を)打つ, 広げる: Nelayan *menebar* jala ke laut. 漁師は海の中に投網を打つ.

tebaran 散乱, 散布.

tebas; **bertebas** (草木が)刈りとられている: Semak di belakang rumahnya *sudah bertebas*. 家の裏の藪は刈り取られてきれいになった.

menebas (草木を)刈る: *menebas rumput*. 雑草を刈る. *menebas hutan untuk bercucuk tanam*. 耕作するためにジャングルの草木を刈る.

tebat I ダム (empangan), 養魚池.

tebat II; **menebat** 絶縁する: Wayar itu *ditebat dengan* getah. 電線をゴムで絶縁する.

penebat 絶縁体.
penebatan 絶縁.

tebeng (tébéng) 日よけ, 覆い.

tebing 川岸, 高い堤防: *tebing sungai* 川岸. *Tebing Barat* パレスチナのヨルダン川西岸 (West Bank).

tebu 〔植〕サトウキビ.

tebuan 〔虫〕スズメバチ.

tebuk; **menebuk** 穴を開ける, ドリルで穴を開ける: *menebuk dinding itu, menebuk lubang di dinding itu* 壁に穴を開ける. *menebuk kertas itu* 紙に(パンチで)穴を開ける.

tebukan 穴=lubang: Pencuri itu masuk menerusi satu *tebukan* di dinding bank itu. 泥棒は銀行の壁の穴を通って入った.

penebuk ドリル, パンチ: buat dua lubang di kertas itu dengan menggunakan *penebuk lubang* 穴開けパンチを使って紙に二つの穴をつくる.

tebus; **menebus** 1 質受けする, (質入れしたものを)買い戻す: Dengan wang itu, Ali hendak *menebus jam tangan* yang digadaikannya. アリは質に入れていた腕時計をそのお金で買い戻そうとしている. 2 人質を(身代金を払って)取り戻す: Orang kaya itu membayar *wang tebusan* sejumlah RM2 juta untuk *menebus anak lelakinya* yang telah diculik itu. 誘拐された息子を取り戻すために, 金持ちは200万リンギットの身代金を支払った. Dia *menebus anak lelakinya dengan* wang berjumlah RM2 juta. 彼は200万リンギットを払って息子を取り戻した. 3 (犯した間違いや不都合を)償う: *menebus dosa* 罪を償う. Saya akan *menebus semua kesusahan* yang telah saya timbulkan. 私がもたらしたすべてのご迷惑を償う.

tebusan 1 人質=orang tebusan: menahan 30 rakyat asing sebagai *tebusan* 30人の外国人を人質として拘束する. Tiga *tebusan* Jepun masih selamat. 3人の日本人人質はまだ安全である. menculik tiga anak kapal *sebagai tebusan* 人質として3人の船員を拉致する. 2 身代金= wang tebusan: *menuntut wang tebusan* 身代金を要求する.

penebusan 買い戻し, 解放.

tebus guna 埋め立て (tebus guna tanah).

menebus guna; *menebus guna tanah* 土地を埋め立てする.

teduh 1 (雨, 風が)収まる: Hujan *sudah teduh*. 雨が収まった. Angin yang bertiup kencang tadi sekarang *sudah teduh*. さっきまで激しく吹いていた風がいまは静かになった. 2 日陰の, (天気が)どんよりとした: *tempat teduh* 日陰; Mari kita pergi ke *tempat yang teduh*. 日陰に行きましょう. Hari ini *teduh saja*. 今日はどんよりしている. *Lautan Teduh* 太平洋=*Lautan Pasifik*.

berteduh 1 日差しをさける, 雨やどりする: Wah, sudah mula hujan. Mari kita *berteduh* di bawah pokok yang besar itu. ワア, 雨が降り始めた, あの大きな木の下で雨宿りしよう. 2 避難する: Banyak penduduk yang hilang tempat tinggal kini *berteduh* di dalam khemah sementara. 家を失った多くの住民が今は仮設テントに避難している.

tempat berteduh 避難所, 雨宿りの場所; 保護施設: NGO itu menyediakan *tempat berteduh* untuk isteri yang didera. その NGO が虐待された主婦のための保護施設を用意した.

meneduhkan （日差し,雨から）〜を守る,〜から守る: menggunakan payung untuk *meneduhkan* kepalanya *dari* panas matahari 傘をさして太陽光線から頭を守る.

tedung; *ular tedung* 〔動〕コブラ. *ular tedung selar, ular tedung senduk* ブラック・コブラ.

tega (téga) 平気で〜する＝sampai hati.

tegah 禁止,禁制の.

menegah 禁じる,防ぐ: Undang-undang *menegah* orang membuang sampah di sana sini. 法律はゴミをあちこちに捨てるのを禁じている.

tegahan 禁止: Budak itu tidak mendengar *tegahan* bapanya supaya tidak bermain di tepi jalan. その子は道端で遊んでならないとの父親の禁止に耳を傾けなかった.

tegak 1 真っすぐに立つ: *tegak berdiri* (驚いて)棒立ちになる. Serta-merta bulu romanya *tegak berdiri*. (驚いて)直ちに身の毛がよ立った. Apabila bendera Malaysia dinaikkan, kita semua mesti *berdiri tegak*. マレーシアの国旗が掲揚されるとき,私たちは直立不動の姿勢でいなければならない. Setelah gempa bumi besar itu, hampir tidak ada lagi rumah yang *tegak berdiri*. 大地震のあと,真っ直ぐ立っている家はほとんどなかった(倒壊した). 2 (意見などが)変らない,ぶれがない: Ahli politik itu *tetap tegak dengan* pendiriannya. 政治家は自分の意見がぶれない.

menegak 真っすぐに立つ: *garis menegak* 垂直線. Sekiranya berlaku kilat *secara menegak* diikuti angin kuat, maka nelayan mesti berwaspada. 稲妻が真っ直ぐに走り,続いて強風が起きると,漁師たちは(悪いことが起きるのでないかと)用心しなければならない.

menegakkan 1 立たせる,建てる: *menegakkan* tiang 柱を立てる. *menegakkan* pagar di sekeliling rumah itu 家の周辺に塀を建てる. 2 強化する,守り抜く,擁護する: *menegakkan keamanan dan keadilan* 平穏さと公正さを守る.

tegang 1 （ヒモが)ぴんと張った: Tali itu hendaklah *tegang*. そのひもはぴんと張ってください. Kulitnya masih *tegang* sungguhpun dia sudah berusia 50 tahun. もう50歳になったけれども彼女の肌にはまだ張りがある. 2 緊張する,緊迫した: *suasana yang tegang* 緊張した雰囲気. *Keadaan tegang*. 情勢は緊迫化している. Saya *sangat tegang* menunggu keputusan peperiksaan itu. 私は試験の結果を待っているととても緊張する. Hubungan antara dua negara itu menjadi *tegang* apabila timbul soal sempadan. 国境問題が生じたので,両国の関係は緊張した.

bertegang, bersitegang 頑固な,意固地になる: *bertegang (urat) leher* 意地を張り合う,負けずに口論する.

menegang 1 （ひもが)ぴーんと張る: Saya terasa tali pancing *menegang*. 釣り糸がぴーんと張ってくるのを感じた. 2 緊迫化する: Hubungan kedua-dua negara semakin *menegang*. 両国間の関係がますます緊迫化した.

menegangkan 1 きつく張る: *menegangkan tali* yang kendur itu 緩んだひもをぴんと張る. krim yang *menegangkan kulit* 肌に張りをもたらすクリーム. 2 （状況を)緊張させ

tegap

る: Peristiwa itu *menegangkan hubungan* kedua-dua negara itu. その事件が両国間の関係を緊張させた.

ketegangan 緊張, ぴんと張りつめた状態: *Ketegangan* semakin meningkat baru-baru ini. 緊張が最近一段と高まった.

tegangan, **pertegangan** 張力, 圧力: *tegangan permukaan* 表面張力.

tegap (身体が)頑丈な, (建物などが)頑強な, 強固な: Pemuda itu *berbadan tegap* dan sihat. その青年は頑丈で健康な身体をしている.

menegapkan 強化する, 強固にする.

ketegapan 力, 強固さ.

tegar 頑固な, 強情な: *degil tegar* 強情な. *tegar pelupuk mata* 勇敢な.

tegas 1 はっきりした, 明快な: *suara yang tegas* はっきりとした声. *arahan yang tegas* 明快な指示. *memberi keterangan yang tegas* mengenai apa yang terjadi 何が起きたのか明快な説明をする. 2 断固とした, 厳しい: *mengambil tindakan tegas* 断固とした措置をとる. *bertindak tegas terhadap* ～に対して厳しく取り締まる: Kerajaan *bertindak tegas terhadap* sesiapa yang melanggar undang-undang. 政府は法を犯した者はだれでも厳しく取り締まる.

dengan tegas きっぱりと, 断固として: Kami *dengan tegas* menolak sebarang kerjasama. 私たちはいかなる協力をも断固として断わる.

bertegas 強く言う: PM *terus bertegas dengan* pendiriannya. 首相は自分の見解に相変わらず固執する.

menegaskan 1 言明する, 断言する, 強調して言う: Biar saya *menegaskan* satu hal. Siapa pun tidak boleh masuk bilik saya tanpa mengetuk pintu. 一つだけははっきり言わせてもらう. 私の部屋に入るときは必ずノックをすること. Dia *menegaskan* bahawa dia tidak bersalah. 自分は間違っていないと彼ははっきりと言い張った. Dia *menegaskan* bahawa pada malam pembunuhan itu dia tiada di rumah. 彼は殺人があった夜, 自分は家にいなかったと断言した. 2 はっきりと説明する, 明らかにする: *menegaskan pendirian* 意見をはっきりと説明する. Saya *menegaskan* kepada kakitangan saya mengenai apa yang saya anggap sebagai ketidakmampuan mereka. 私は部下に私が彼らの能力が不充分と見ている点につきはっきりと説明した.

ketegasan 1 厳格さ, 厳しい態度: *Ketegasan guru itu* menakutkan murid-murid. 先生の厳格さが生徒を脅かしている. 2 言明したこと.

penegasan 言明, 説明.

teguh 1 (物や状況が)強固な, 壊れない, しっかりしている 長持ちする: perabot-perabot import yang *sungguh teguh*. しっかりして長持ちする輸入家具. Ikatan ampaian itu *sangat teguh*. 紐の結び方がとてもきつい. keadaan ekonomi yang *tetap teguh* 相変わらず強固な経済情勢. 2 (信念, 考え, 友情, 関係などが)強い, 固い, 揺るがない: *mempunyai kepercayaan teguh bahawa* ～ という強い信念を持つ: Saya *mempunyai kepercayaan teguh bahawa* segala-galanya akan berakhir dengan baik. 私はすべてがうまく終わるだろうと固く信じています. Persahabatan antara mereka *lebih teguh* daripada dulu. 彼らの間の友情は以前よりもより強くなった. Hubungan mereka berdua *tetap teguh* walaupun jarang bertemu. 彼ら二人の関係はめったに会わないけれども相変わらず固い.

meneguhkan, memperteguhkan 強化する, 強める: *meneguhkan ekonomi negara kita* わが国の経済を強化する. *memperteguhkan ikatan* di kalangan pemuda-pemudi 青年層の連帯を強化する. Persahabatan di antara dua buah negara itu akan *diperteguhkan* dengan kunjungan-kunjungan pemimpinnya. 両国の親交は双方の指導者の訪問によってさらに強まるだろう.

keteguhan 力強さ, 強固さ: mempertahankan *keteguhan ekonomi* negara kita わが国の経済力の強さを維持する.

teguk; seteguk 一口, 口いっぱいの: Kemudian diminumnya *dengan sekali teguk*. それから一気に飲んだ.

meneguk がぶ飲みする, ぐいっと飲み込む: *meneguk secawan kopi* 一杯のコーヒーを飲む.

tegukan 飲み込んだもの.

tegun; tertegun 1 (驚いて)一瞬止まる, あっけにとられる: Kami berdiri *tertegun* di depan air terjun itu. 私たちは滝の前で一瞬あっけにとられて立ち止まった. Keindahan pemandangan yang terbentang di depan kami membuat kami *tertegun*. 目の前に展望される光景の美しさに(圧倒されて)私たちは一瞬息をのんだ. 2 急に停止する: Dia *tertegun* di depan rumahnya. 彼女は家のまで急に止まった.

tertegun-tegun 何度もつっかえながら, ときどき中断しながら: Dia mula menulis *dengan tertegun-tegun* sebab tangannya gementar. 手が震えるので何度もつっかえながら書き始めた.

tegur I 挨拶する (=tegur sapa), 話かける.

bertegur sapa 話しかける: Mereka *tidak bertegur sapa*. 彼らは言葉を交わす間柄でない. Belum sekalipun dia *bertegur sapa dengan gadis itu*. 彼は一度もその娘に話しかけたことがない.

menegur 挨拶する (=menegur sapa), 話しかける: Dia *menegur saya* di dalam bas tadi. 彼はさっきバスの中で私に挨拶した. Aminah *tidak menegur saya*. アミナは僕に挨拶しない. Ali *menegur orang itu* walaupun dia tidak begitu mengenalinya. アリはその人に話しかけた, あまりよく知らない人だったけど.

teguran 挨拶: Dia tidak membalas *teguran saya*. 彼女は僕の挨拶に返事をしない. tidak sedar akan *tegurannya* 挨拶されたのにそれに気付かない.

tegur II 注意, 批判.

menegur 批判する, たしなめる, 注意する: Guru itu *menegur pelajar itu* kerana ponteng kelas. 先生はその生徒に授業をサボったのでたしなめた. Mereka *telah menegur* langkah-langkah kerajaan. 彼らは政府の措置を批判した. Pegawai itu *ditegur*. その役人は叱責された.

teguran 批判, 注意: *teguran yang membina* 建設的な批判. *memberi teguran kepada* ～をたしなめる, ～に注意をする.

teh (téh) 茶: *teh ais* アイスティー. *teh O, teh kosong* 砂糖無しの紅茶. *teh susu* ミルク・ティー. *teh uncang* ティーバッグ.

teja (téja) (Sk) 1 夕焼け雲. 2

虹＝pelangi.

teka; **meneka** 推測する, 言い当てる: Dia *tidak dapat meneka* isi kandungan kotak hitam itu. 彼女は黒い箱の中身を言い当てることができなかった.

tekaan 予想, 推測: *tekaan yang tepat* ぴったり当った推測. *Tekaan saya tidak meleset.* 僕の予想は外れなかった.

teka-teki なぞなぞ(謎々).

teka kata silang クロスパズル.

tekad (têkad) (Ar) 強い決意・意志, 熱望: *Tekadnya untuk menghapuskan rasuah tidak pernah luntur.* 汚職を撲滅するという彼の強い決意はこれまで一度も変らない. *Anda memerlukan tekad untuk berjaya.* あなたには成功するという強い意志が必要です.

bertekad 決意する: *bertekad bulat* 固く決意している; *Saya bertekad bulat untuk* menang. 僕は勝つと固く決意している. *Kami bertekad meneruskan pembaharuan.* 改革を継続することを決意する.

tekak 1 軟口蓋(こうがい). 2 のど(咽喉)＝kerongkongan: *sakit tekak* のどが痛い. *Tulang ikan terlekat di tekak saya.* 魚の骨がのどにくっ付く(ひっかかっている).

bertekak けんかする: *adik-beradik yang selalu bertekak* いつもけんかばかりしている兄弟.

tekan; **menekan** 1 ～を押す: *Tekanlah butang ini.* このボタンを押してください. *Cuma tekan sahaja di sini.* ここを押すだけです《カメラのシャッターの切り方を教えるときの決まり文句》. *Masukkan wang kertas 1,000 yen di sini, tekan butang 230 yen, tiket dan wang bakinya akan keluar.* 1000円札をここに入れて, 230円のボタンを押しなさい, すると切符とお釣りが出てきます. 2 抑える: *menekan perasaannya* 感情を抑える. *menekan perbelanjaan* 支出を抑える. 3 圧力をかける, プレッシャーをかける: *Saya tidak ingin ditekan untuk berkahwin.* 私は結婚するよう圧力をかけられたくない. *Kami ditekan supaya mengubah pendirian kami.* 意見を変えるよう圧力をかけられている. *menekan orang itu menarik balik tuduhan itu.* その人に訴えを撤回するよう圧力をかける. 4 弾圧する, 抑圧する: *Kaum modal sentiasa menekan golongan miskin.* 資本家はいつも貧民を搾取する. *menekan golongan yang lemah* 弱者を抑圧する.

menekankan 1 ～を押さえつける: *Ali menekankan tangannya ke leher pencuri itu.* アリはその泥棒の首を手で押さえつけた. 2 強調する, 重視する: *Saya ingin menekankan bahawa ～と強調したい. Jadi sekali lagi saya hendak tekankan yang ～.* そこで再度～と強調したい. *Ibu bapa harus menekankan kepentingan pendidikan anaknya.* 親は子供の教育を重視すべきだ.

tekanan 1 重点, アクセント. 2 圧力, 圧迫: *tekanan darah* 血圧. *tekanan yang kuat* 強い圧力. *Oleh kerana mendapat tekanan dari pihak polis itu, orang itu menceritakan semuanya.* 警察から圧力を受けたのでその人はすべてを供述した.

penekanan 重視, 強調.

tertekan 押さえられた: *berasa tertekan* 圧力をかけられたと感じる.

tekap; **menekap** 1 覆う, カバーする: *menekap muka dengan tangan*

顔を手で覆う. *menekap* mulut dan hidung *dengan* sapu tangan 口と鼻をハンカチで覆う. **2** トレースする, 真似る: *menekap* peta dalam buku geografinya 地理の本の中の地図をトレースする.

tekat 刺しゅう=sulaman.

teknik (téknik) (英) technique テクニック(技能).

teknologi (téknologi) (英) technology 技術: *teknologi komputer* コンピューター技術. *teknologi maklumat* 情報技術(IT).

teko (téko) (Ch) ポット: *teko kopi* コーヒーポット. *teko teh* 紅茶ポット.

teks (téks) (英) text テキスト, 原文: *buku teks* 教科書.

teksi (téksi) (英) taxi タクシー: *naik teksi ke universiti* タクシーに乗って大学まで行く. *Jalan ini amat susah mendapat teksi*. この通りはタクシーを捕まえるのがとても難しい. *Dalam teksi pulang*, mereka tidak berkata-kata. 帰りのタクシーの中で彼らは何もしゃべらなかった.

tekstil (tékstil) (英) textile 繊維.

tekuk; **bertekuk lutut kepada** ～に屈する, ～の言いなりになる: *Dia bertekuk lutut kepada bininya*. 彼は女房の尻に敷かれている.

tekukur 〔鳥〕カッコー.

tekun 熱心に, まじめに (=dengan tekun): belajar *dengan tekun* 熱心に勉強する.

bertekun 1 =bertekun-tekun (仕事や勉強で)熱心な, ～に集中する, 没頭する: Ali *bertekun* pelajarannya hari ini. 今日のアリは勉強に集中している. Sudah beberapa bulan ini dia *bertekun-tekun* belajar. ここ数ヵ月間彼は熱心に勉強している. **2** (制度や主義を)固守する: Rakyat *masih bertekun kepada* adat. 人々はまだ慣習を固守している.

menekun 熱心に勉強する.

ketekunan 真面目さ, 熱心さ.

tekup; **menekup** 手で～をふさぐ, 覆う=tekap: Melihat kilat di langit, dia *sudah menekup* telinganya. 彼女は空に稲妻を見るや, 手で耳をふさいだ.

telaah (Ar) 調査, 研究.

menelaah, mentelaah 1 よく調べる, 調査する. **2** 復習する: Pulang sahaja dari sekolah, dia *mentelaah* pelajaran sekolahnya. 学校から帰るや否や, 学校の授業の復習をした.

penelaah 研究者.

teladan 模範, 手本: *memberi / menunjukkan teladan yang baik kepada* ～に良いお手本を示す.

meneladan ～を見習う: *meneladan cara-cara orang Jepun bekerja* 日本人の働き方を見習う.

meneladani 1 ～(人)に模範を示す: Guru hendaklah *meneladani* muridnya. 先生は生徒に模範を示すべきだ. **2** ～を見習う: *meneladani* negara jiran 隣国を見習う.

telaga (Sk) 井戸, 湖: *air telaga dan air paip* 井戸水と水道水. *telaga minyak* 油井. *telaga di bawah gunung*【諺】夫に多くの幸運をもたらす妻のこと(あげまん).

telagah; **bertelagah** 口論をする, けんかをする: *Kita tiada masa untuk bertelagah*. 私たちは口論をしている場合ではない.

telah I ～した(過去・完了を示す), すでに～《同じ意味の sudah は主に話し言葉のときに, telah は主に書き言葉のときに使われる》: Dia *telah* memberitahu suaminya tentang kejadian itu. 彼女はその出来事についてすでに夫に知らせた.

setelah 〜したあとで＝sesudah, selepas: *Setelah* seminggu berhari raya di kampung, penduduk bandar kembali untuk meneruskan tugas mereka. 一週間田舎でハリラヤを過ごしたあと, 都会の住民は都会に戻り, それぞれの仕事を続ける. *setelah beberapa lamanya* しばらくすると.

telah II; **menelah** 予言する, 予想する: Dia *menelah* bahawa harga emas akan turun. 彼は金の価格が下がるだろうと予想した.

telahan 予言, 予想: *Menurut telahannya*, 彼の予想によると. *Telahannya tidak tepat.* 彼の予想は外れた. *membuat telahan* 予想する.

penelah 予言者.

telan; **menelan** 1 飲み込む: *menelan* makanan itu tanpa mengunyahnya その食べ物をかまずに飲み込む. *ditelan ombak* 波にのまれる. 2 (多くの費用を)必要とする＝**menelan belanja**: Projek itu *menelan belanja* berjuta-juta ringgit. そのプロジェクトは数百万リンギットを要する. 3 (嫌なことを)黙ってそのまま受け入れる: Awak kira saya *akan menelan saja* perkataan awak itu? 僕が君の言葉を黙って受け入れるだろうと君は思っているのかい. Saya *tidak boleh menelan* kecaman begitu sahaja. 僕は非難をこのまま黙って受け入れるわけにはいかないよ.

tertelan 誤って飲み込む.

telangkup; **tertelangkup** (上下)逆さまになる, ひっくり返る, 転覆する＝telungkup, tertungkup, tertiarap: Kotak itu *telangkup* di atas lantai. 箱は床の上に逆さまにある.

menelangkupkan 逆さまに置く: *menelangkupkan* gelas yang baru dicuci itu 洗ったばかりのグラスを逆さまにして(伏せて)置く.

telanjang; **bertelanjang** 裸になる, 剝き出しで: Budak kecil itu *telanjang*, tidak memakai satu apa pun. 小さな子は裸で, 何も着ていない. *bertelanjang bulat* 丸裸になる. Johan keluar dari bilik mandi *dengan bertelanjang saja*. ジョハンは素裸で風呂場から出て来た. *dengan dada bertelanjang* 胸をはだけて. memegang *pedang bertelanjang* 抜き身の刀をかまえる.

menelanjangi 1 〜を裸にする, 〜の着物や持ち物を奪って身ぐるみ裸にする: Perompak itu *menelanjangi* pelanggan daripada barang kemasnya. 強盗は顧客の貴金属を奪い裸にした. 2 (秘密)を暴露する.

menelanjangkan 〜を裸にする, 剝き出しにする: Ibu itu *menelanjangkan anak kecilnya* sebelum memandikannya. 母親は小さな子を裸にしてマンディさせた.

telanjur 1 (話や行為が)限度を超える: 言い過ぎる, やり過ぎる: Kekejaman raja itu *telanjur*, rakyat hendak memberontak. 王の残虐さは度を超えたものであり, 臣下たちは反乱しようとした. Percakapannya *sudah telanjur*. 彼の話は言い過ぎだ. Dia *telanjur* mengatakan perkara itu. 彼はそのことについて言い過ぎた. 2 予定よりも早く〜する, 早まって〜する: Ali *sudah telanjur* makan sebelum datang ke kenduri. アリはクンドゥリに来る前に早く食事を済ましていた. Mereka *telanjur* membuat keputusan. 彼らは早

まって結論を出した. **3**(目標を)通り過ぎる: Pada mulanya dia hendak ke pejabat pos, tetapi *telanjur* sampai ke panggung wayang. 最初は郵便局に行くつもりだったが, 通り過ぎて映画館まで来てしまった.

ketelanjuran 言い過ぎ, やり過ぎ: *Ketelanjuran* anda kali ini tidak dapat dimaafkan. 今回はあなたはやりすぎた. あなたの行動を許すことはできない. *Saya minta maaf atas segala ketelanjuran saya.* 私の言い過ぎ(やり過ぎ)をお許しください.

telap **1** (刀などが)刺さる, 貫通する: Keris *tak telap* pada tubuhnya. クリスは彼の身体に刺さっていない. **2** 浸透する: Tanah liat *tidak telap air*. 粘土は水を通さない.

telapak; *telapak tangan* 手のひら, *telapak kaki* 足の裏.

telatah 行動, 振る舞い: Saya tidak suka *telatah* Hana yang mengada-ada itu. 私はハナの気取った振る舞いは嫌いだ.

telefon (téléfon) (英) telephone 電話, 電話する: Ada (panggilan) *telefon untuk awak.* 君に電話だよ. *Telefonlah saya kalau ada kesulitan.* 何か問題があったら, 私に電話ください. *Tolong angkat atau jawab telefon.* 電話をとって(電話に答えて)くれませんか. *Saya akan telefon balik* 後でこちらからかけ直します. *menghubungi ~ dengan telefon* ~に電話で連絡する. *telefon awam* 公衆電話. *telefon bimbit* 携帯電話. *telefon bimbit berkamera* カメラ付携帯電話. *telefon tanpa wayar*. 無線電話. *telefon talian tetap*. 固定電話.

menelefon ~に電話する: Saya akan *menelefon* anda nanti. 後ほどあなたに電話いたします. Dia selalu *menelefon* isterinya dari pejabat. 彼は会社から妻によく電話する.

telekan; **bertelekan** 頬杖をつく(両肘をついて両手のひらで顎を支えて休むこと): Saya nampak Ali *bertelekan* di meja dengan wajah murung. アリが元気のない表情で頬杖をついてテーブルに座っているのを目にした.

telekomunikasi (télékomunikasi) (英) telecommunication 通信.

telekung トゥルコン=イスラム教徒の女性が礼拝するときに身体を覆う白い着衣(=kain telekung). *Telekung* adalah pakaian wanita Islam ketika sembahyang. トゥルコンはイスラム教徒の女性が礼拝するときに着るもの.

teleng (téléng) (頭や帽子が)傾く, 傾げる, 真っすぐでない=senget: Letak topinya *teleng* sebelah kiri. 帽子の位置が左に傾いている.

menelengkan 傾ける: *menelengkan kepalanya* ke kanan untuk melihat kapal terbang yang berlalu di atas 首を左にかしげて上空を飛んでる飛行機を見上げる.

telentang 仰向けになる: *jatuh telentang* 仰向けに落ちる.

menelentang 仰向けになる: lebih baik *tidur menelentang* daripada *menelungkup* うつ伏せよりも仰向けに寝た方がよい.

menelentangkan ~を仰向けにさせる: *menelentangkan* anaknya di katil 子供をベッドに仰向けにさせる. *menelentangkan dirinya / badannya* 自分の身体を仰向けにする.

tertelentang 仰向けになって: Dia *tertelentang* di katilnya. 彼はベッド

で仰向けになった. Dia *jatuh tertelentang* ketika melewati jalan yang licin itu. 彼は滑りやすい道を通ったとき,仰向けにひっくり返ってしまった.

televisyen(têlêvisyên) (英) television テレビ: *peti televisyen* テレビ本体を言うとき》. Guru besar kami *muncul di televisyen* semalam. 校長先生が昨日テレビに出ていた. *televisyen berwarna / warna* カラーテレビ. *televisyen hitam putih* 白黒テレビ. *televisyen kabel* ケーブル・テレビ. *Televisyen Antena Kelompok* 共同聴視アンテナテレビ (CATV).

telinga 1 耳: *daun telinga* 耳たぶ. *telinga nipis* すぐ怒る人. *telinga tempayan* 人の忠告を聞きたがらない人. *Nasihat itu masuk telinga (dari) kanan dan keluar (dari) telinga kirinya*. 忠告は右の耳から入り左の耳に抜けてしまう. *Kata-kata sedemikian tidak pernah sampai ke telinga Fakar*. そのような(他人の)言葉はファカールの耳には一度も届いたことがない. *memasang telinga* 耳をそば立てて聞く. 2 取っ手: *telinga kuali* フライパンの取っ手.

menelinga 聞く,注意深く聞く.

telingkah; **bertelingkah** 意見が不一致の,いがみ合う,対立・紛争する: Dua orang adik-beradik sentiasa *bertelingkah*. 二人の兄弟はいつもいがみ合っている. Mereka *bertelingkah* mengenai pembahagian harta. 彼らは財産分配で対立している.

pertelingkahan 対立,紛争: *pertelingkahan adik-beradik* 兄弟喧嘩.

teliti 注意深く,細心の: *orang yang teliti* 細かく気を使う人. *pemeriksaan yang teliti* 細心の検査.

dengan teliti 注意深く,慎重に,詳細に: *periksa dengan teliti* 注意深く調べる. *menulis laporan itu dengan teliti* 詳細に報告書を書く.

meneliti よく調べる,詳細に調べる,観察する: *meneliti* punca-punca penyakit itu 病気の原因を詳しく研究する. Kami akan *meneliti* soal itu. その問題をよく調べます. Usul itu sedang *diteliti*. その提案をいま慎重に検討している.

ketelitian 注意,用心.

penelitian 調査,研究,観察: *dari penelitian saya* 私の調査では.

telor (têlor) 発音が不明瞭・舌足らず,(舌が)もつれる,(マレー語が)外国訛り: *Telor percakapannya* menunjukkan Dollah Ali berasal dari Kelantan. しゃべり方に訛りがあるのでドラ・アリはクランタン出身であることが分かる.

teluk 湾,湾岸,入江: *Teluk Parsi* ペルシャ湾.

telungkup; **menelungkup** うつ伏せになる,伏せる,(上と下が)逆さまになって: *tidur menelungkup* うつ伏せに寝る. Aminah *menelungkup* di ribaan ibunya lalu menangis. アミナは母の膝にうつ伏せになり泣き出した. Pinggan ini diatur *menelungkup* di atas meja. お皿がテーブルの上に伏せて並べられている. Perahu itu terdampar *secara menelungkup* di pantai. 舟が逆さになって海岸に打ち上げられていた.

menelungkupkan (食器などを)伏せて置く: Dia *menelungkupkan* gelas itu selepas mencucinya. 彼女はグラスを洗ってからテーブルの上に伏せて置いた.

tertelungkup つんのめる,うつ伏

せになる＝tertiarap: Dia *jatuh tertelungkup di atas lantai.* 彼女は床の上につんのめって倒れた. *Perniagaannya sudah tertelungkup.* 彼の商売は倒産した.

telunjuk 1 人差し指 (＝jari telunjuk). 2 指示, 指令: *mengikut telunjuk* 指示に従う. *Dia tidak mudah mengikut secara melulu telunjuk orang lain.* 彼女は他人の指示に軽々しく従うような人ではない.

telur 卵: *telur busuk, telur selasih* 腐った卵. *telur dadah* スクランブル・エッグ. *telur goreng* 玉子焼き. *telur mata kerbau* 目玉焼き. *telur rebus* ゆで卵. *telur setengah masak* 半熟卵. *kuning telur* 卵の黄身. *putih telur* 卵の白身, 卵白. *keadaan "telur di hujung tanduk"* 「角の先の卵」の状態(不安定なこと).

bertelur 産卵する: *Ramai orang pergi ke Rantau Abang untuk melihat penyu bertelur.* 大勢の人が海亀の産卵を見にランタウ・アバンへ行く.

telus 解き放つ, 貫通する, 透明な: *Cahaya matahari telus menerusi langsir itu.* 太陽の光線がカーテンを通して入って来る.

ketelusan 透明性: *ketelusan pada sektor awam* 公的セクターの透明性.

telut; bertelut 膝をついて座る, 跪く: *bertelut memohon ampun* 跪いて許しを請う.

tema (téma) (英) theme テーマ.

teman 友人, 同僚＝kawan: *teman biasa* 普通の友達. *teman dekat, teman karib, teman akrab* 親友. *teman sejawat, teman sekerja, teman sepejabat* 同僚 (rakan). *teman lelaki* ボーイフレンド. *teman wanita* ガールフレンド. *teman tetangga* 隣人. *teman sebilik* ルームメイト. *teman hidup* 生涯の伴侶; *mencari teman hidup* 生涯の伴侶をさがす. ～ *sudah menjadi teman hidup mati kami.* ～は私たちと生死を共にする友になっている.

berteman 交際する, 友人になる: *Kami sudah lama berteman.* 私たちは古くからの付き合いだ. *Mereka cepat berteman.* 彼らはすぐ友達になる. *Jangan berteman dengan budak-budak yang nakal itu.* あのいたずらっ子たちと付き合うな. *Saya berteman dengan perempuan itu.* 僕はその女性と交際している. "*Sampai bilik air pun nak berteman?*" 「トイレまでついて来るの?」.

menemani ～に同行する, 付き添う: *Saya akan menemani anda.* 僕があなたに同行します. *Dia dibawa ke bilik pembedahan dengan ditemani ayahnya.* 彼女はお父さんに付き添われて手術室に運ばれた.

menemankan ～の相手をする: *Tolong temankan Aminah.* アミナの相手をしてください.

temasya (Ar) 1 催物, ショー. 2 スポーツ大会: *Temasya Athens* アテネ大会. *Temasya Sukan Olimpik Beijin 2008* 2008年オリンピック・北京大会. 3 眺め, 風景.

bertemasya 物見遊山する, 観光旅行する.

tembaga (Sk) 銅 (＝tembaga merah): *tembaga kuning* 真鍮(しんちゅう), 黄銅. *tembaga perunggu* 青銅. *tembaga putih* ピューター(錫の合金). 銅メダル→ *pingat gangsa* 《*pingat tembaga* ではない》.

tembak (témbak) 銃撃, 射撃: *tembak gawar* 警砲. *tembak sam-*

tembakau

butan 礼砲. *kena tembak* 撃たれる, 銃撃される.

bertembak-tembakan, tembak-menembak 撃ち合う: *peristiwa tembak-menembak* 銃撃戦.

menembak 撃つ, 射撃する, 発砲する: *menembak mati* 〜を射殺する. *menembak harimau pada kaki* 虎の足を撃つ.

menembaki 〜を撃つ, 銃撃する: *menembaki sebuah bas* バスを銃撃する. *menembaki dia dari tempat bersembunyi* 隠れた所から彼を狙い撃ちする. *mengadakan latihan menembak* 射撃練習をする.

menembakkan 〜を発射する: *menembakkan peluru berpandu* 誘導ミサイルを発射する.

tembakan 射撃, 発砲, 銃撃: *Pasukan gerila melepaskan tembakan ke arah askar-askar AS*. ゲリラ部隊は米兵に向けて発砲した. *Tembakannya tidak mengenai sasaran*. その銃撃は標的を外した. *Tamu negara itu disambut dengan dua puluh satu kali tembakan*. 国賓は21発の礼砲で歓迎された.

penembak 射撃手.
penembakan 銃撃手, 発射.
tertembak 撃たれる: *Dua orang polis tertembak dalam kejadian itu*. 事件で二人の警察官が銃撃された.

tembakau タバコ.
tembakul 〔魚〕ハゼ.
tembam (顔や頬が)ふっくらした, 丸々した: *pipih yang tembam* ふっくらした頬. *muka tembam* 丸顔の, ぽちゃぽちゃした顔.

tembelang 1 = *telur tembelang*: ふ化しない卵. 2 邪悪さ, 悪: *Sekarang tembelangnya sudah diketahui orang*. 彼の邪悪さは今やみんなが知っている.

temberang I (tembêrang) 索具 (帆・帆柱・ロープ類など).

temberang II (tembêrang) 嘘の, たわ言: *Jangan dengar temberangnya*. 彼のたわ言を聞くな.

memberang 嘘をつく, たわ言を言う: *Dia asyik temberang sahaja*. 彼はいつも嘘を言っている.

memberangkan 〜に嘘をつく, 〜をだます.

tembereng (tembêrêng) 1 (陶器の)破片: *Jangan pijak tembereng itu*, nanti luka kakimu. その破片を踏むな, 足を怪我するから. 2 陶器.

tembikai 〔植〕スイカ.

tembikar 1 陶磁器. 2 (陶磁器などの)破片: *Di mana pinggan pecah, di situ tembikar tinggal*. お皿が割れたところに破片が残っている.

tembilang 鍬(くわ).

tembok (têmbok) レンガ・石造りの壁, 堤防: *Tembok Besar China* 中国の万里の長城. *tembok penghalang ombak* 防波堤.

tembolok (鶏などの)砂袋.

tembuk 穴があいている = *tembus*: *tapak kasut yang tembuk* 穴の空いた靴底. *giginya yang tembuk dimakan ulat* 穴のあいた虫歯.

menembuk 穴をあける = *menebuk*: *menembuk kertas itu sebelum memasukkannya ke dalam fail* ファイルに入れる前に紙にパンチをあける.

tembung I 棍棒.

tembung II; **bertembung** 1 バッタリ鉢合わせする = *tersempak*: *Mereka bertembung di depan hospital itu*. 彼らは病院の前でバッタリ出会った. *Saya tak nak pergi ke* majlis itu kerana takut *bertembung dengan* bekas suami. 私はそのパーティに行きたくない, 別れた夫にバッタリ出会うおそれがあるので. **2** (道路, 川が)合流する: Jalan ini *bertembung dengan* jalan raya dari barat. この道は西からの道路と合流する. **3** 衝突する: *bertembung dengan* kereta yang berada di belakang van itu バンの後を走っている車に衝突する. **4** 見つめ合う.

menembungkan 合流させる, 合体させる.

pertembungan 出会い, 衝突, (日取りが)ぶつかること: *Pertembungan* dua budaya ini telah melahirkan suatu budaya baru yang unik. この二つの文化の出会いはユニークな新しい文化を生み出した. *pertembungan antara* Barat *dengan* Islam 西欧文化とイスラムとの衝突. Tiada orang yang tercedera *dalam pertembungan itu*. その衝突で負傷者はいなかった. *pertembungan jadual waktu* 時間割のダブリ.

tembuni 胎盤.

tembus **1** 貫通する, 突き抜ける: Dinding papan itu *tembus* kena tembak. 板壁は銃撃されて穴があいている. Jalan ini *tembus* ke lebuh raya? この道は高速道路につながっていますか. **2** 突破される: Barisan pertahanan musuh berkali-kali *tembus*. 敵の防衛線は何度も突破された.

menembus **1** 〜を突き抜ける, 貫通する: Peluru *menembus* kakinya. 弾丸が彼の足を貫通した. *menembus birokrasi* 官僚制を突き破る. **2** (心に)浸透する: Katakatanya tadi telah dapat *menembus* ke dalam hati Ali. 彼の言葉が

アリの心の中に浸透した.

menembusi 〜を貫通する, 〜浸透する: Beberapa butir peluru telah *menembusi* kepala dan dadanya. 数発の銃弾がかれの頭部と胸部を貫通していた. Syarikat kami ini sedang cuba *menembusi* pasaran antarabangsa. わが社は国際市場に浸透しようと試みる.

tembusan トンネル, 運河.

temenggung トゥムンゴン《マレー王国時代の四重臣のひとりの役職名: 今日の警察長官》.

temenung 〔魚〕フグ.

temiang 竹の吹き矢.

tempa 鋳鉄 (=besi tempa).

menempa **1** (鉄を)鍛える, 鍛造する: *menempa pedang* 刀を鍛える. **2** (新たな歴史を)つくる=***menempa sejarah***: Palestin *menempa sejarah baru* apabila menguasai semula Genting Gaza. パレスチナはガザ高原を奪還したとき新たな歴史をつくった.

penempa 鍛冶屋.

tempah 担保, 手付金 (=wang tempah).

menempah, menempahkan **1** 予約する: Kita *tempah* nak tengok tarian Jepun. 日本舞踊を観る予約をした. *menempah* sebuah bilik di hotel itu そのホテルの一室を予約する. Pejabat saya di KL *ada menempah* sebuah bilik atas nama saya di hotel ini. KLの事務所が私の名前でこのホテルの部屋を予約しているのですが. **2** 注文する, (着物などを)特別にあつらえる: *menempah* sebuah meja antik dari Negara China 中国の骨董品的なテーブルを注文する. Saya mahu *menempah* baju kebaya di sini. こ

こでバジュ・クバヤをあつらえたい.

tempahan 1 ＝**penempahan** 予約: *membatalkan tempahan* 予約をキャンセルする. *Tempahan tiket hanya boleh dibuat mulai minggu depan.* チケットの予約は来週からしかできません. **2** 注文: *Tempahan itu diterima semalam.* ご注文は昨日受けたまわりました.

tempang (têmpang) 足の不自由な.

tempat 1 場所, 位置: *tempat asal* 出所, 出生地. *tempat duduk* 座席. *tempat kejadian* (事故)現場. *tempat letak kereta* 駐車場. *tempat lain* 他の場所. *tempat peranginan* リゾート. *tempat tumpah darah* 生まれ故郷, 祖国. *Mari sini. Sini ada tempat kosong.* こっちに来なさい. 空いた席があるから(席が空いているから). *tempat tinggal* 住んでいる場所, 住まい: *Ini tempat tinggal baru saya.* ここが私の新しい住まいです. *tempat lahir* 生まれた場所: *Di tempat lahir saya, semua orang peramah.* 私のホームタウンでは皆が親密だ. *tempat singgah* 立ち寄る場所; *Manakah tempat singgah pertama dalam kunjungannya?* その訪問で最初に立ち寄った所はどこか. *tempat kerja* 仕事場; *Kami mendapat latihan di tempat kerja.* オンザジョブ・トレーニングを受ける. **2** 容器: *tempat abu rokok* 灰皿. **3** 地位, 役職: *Dalam peperiksaan itu, Ali lulus dengan mendapat tempat yang kedua.* その試験でアリは2位の成績で合格した.

bertempat 1 住む: *Petani itu bertempat kediaman di gunung-gunung.* 農民は山岳に住んでいる. **2** 〜の場所で行なわれる: *Jamuan makan malam itu akan bertempat di DBP.* 夕食会はDBPで行われる.

menempati 1 〜に居住する: *Siapa yang menempati rumah awak di KL sekarang?* KLの君の家には今だれが住んでいるの. *Kami sama-sama menempati sebuah bilik.* 僕たちは同じ部屋をシェアーしている. **2** 〜の地位・場所を, 占める: *Lebih lima tahun dia menempati jawatan itu.* 彼はそのポストを五年以上も占めている. *menempati tempat pertama* 一位を占める.

menempatkan 1 〜を収容する: *Ramai mangsa banjir itu ditempatkan di pusat penempatan sementara selepas kawasan mereka dinaiki air.* 多くの洪水の被災者は住んでいる地域が冠水したので, 臨時の避難施設に収容された. **2** 〜を置く, 〜をしまう: *Jangan menempatkan apa-apa di atas meja saya.* 私の机の上に何も置いてはならない. *Di mana elok kita menempatkan peti televisyen ini?* このテレビはどこに置いたらよいだろうか. *Pengganas itu menempatkan bom di bangunan itu.* テロリストはそのビルに爆弾を仕掛けた. **3** 〜配属する, 派遣する: *Saya akan ditempatkan di Paris selama tiga tahun.* 私はパリに3年間配属されます. *Berapa banyak perajurit akan ditempatkan di Iraq?* 何名の兵士がイラクに派遣されるのか.

tempatan 地場の, 地元の: *panggilan tempatan* (電話)ローカル・コール. *bekalan beras tempatan* 地場の米供給. *menggunakan barang-barang tempatan* 地場の製品(国産品)を使用する. *buatan tempatan* 国産品.

petempatan 居住地: *petempatan orang Portugis* ポルトガル人の居住地.

penempatan 1 居住, 収容, 入植: *pusat penempatan sementara* 臨時の避難センター. *pusat penempatan mangsa gempa bumi* 地震被災者の避難所・収容センター; Ramai orang tetap di *pusat penempatan sementara* selepas meninggalkan kediaman masing-masing bagi menjamin keselamatan mereka berikutan gempa bumi terburuk. 多くの人々が大地震により避難したあと臨時の収容センターに住んでいる. 2 入植地: *penempatan haram* 不法入植地.

tempayan 大型の土器製水がめ.

tempe (témpé) (Jw) テンペ《大豆を発酵して作る納豆に似た食物》.

tempel (témpél) 水をつけると張りつけることができるシール (=gambar tempel).

bertempel 貼ってある: Kertas surat khabar *bertempel* di dinding itu. 新聞紙が壁に貼ってある.

menempel, menempelkan 貼りつける: *menempelkan* poster itu *pada* tingkap ポスターを窓に貼る.

tempelan ポスター, シール, ステッカー.

tempelak 非難, 叱責.

menempelak (過去の間違いなどをむし返して)とがめる, 責める: Isteri saya *menempelak* saya dengan berkata kalau saya mengikut katanya dahulu tentu saya tidak menjadi susah begini. 妻は, もしも彼女の言ったことに私が従っていたら私はこのように困る状態にならなかったはずだ, と私を責め立てた.

tempeleng (témpéléng); **menempeleng** (顔または耳を)平手打ちする=tampar.

tempiar; **bertempiar, bertempiaran** あわてて逃げまどう: Ramai penduduknya *bertempiaran lari* menyelamatkan diri berikutan gempa bumi kuat itu. 強い地震があったので, 多くの住民があわてて逃げまどった.

tempias 水しぶき=percikan air: *tempias dari air terjun* 滝からの水しぶき. *Tempias hujan* masuk ke dalam melalui tingkap. 窓から雨水のしぶきが中に入って来た.

menempiasi (雨が)吹き込む, 吹き降る: Hujan *menempiasi* anjung rumah. 雨が家のアンジョン(マレー高床式家屋のバルコニー)に吹き込む.

menempiaskan (雨水などを)吹きつける: Ribut taufan itu *menempiaskan* air hujan ke dalam bangunan itu. 台風が雨水をビルの中に吹きつけた.

tempik; **tempik sorak** 叫び, 歓声=jerit: Stadium itu riuh dengan *tempik sorak* penonton-penonton. スタジアムは観衆の歓声で騒がしい.

bertempik 大声で叫ぶ, 歓声を上げる: Amin *bertempik* untuk memberitahu jiran-jiran bahawa rumahnya terbakar. アミンは大声で叫び, 家が火事になったことを隣人に伝えた.

menempikkan 大声で〜を叫ぶ: *menempikkan nama abangnya* 兄の名前を大声で叫ぶ.

tempo (témpo) テンポ, 調子, リズム.

tempoh I (témpoh) 1 時, 時間: *tempoh dulu* 昔. *ada tempohnya* 時々. *makan tempoh* 時間がかかる. *Sudah tempohnya untuk pulang.* そ

tempoh 686

ろそろ帰る時間だ. **2** その時～: *tempoh itu, pada tempoh itu* その時; *Pada tempoh itu* saya sedang bercuti. そのときは、私は休暇をとっていた. **3** 期間, 期限: *tempoh percubaan* 試用期間. *tempoh berkempen* 選挙運動期間. *makanan yang sudah tamat tempohnya* 賞味期限の切れた食品. *Tempoh berbulan madu* kini sudah berakhir. ハネムーン期間は今もう終わった. Dia minta *tempoh* sebulan lagi untuk menjelaskan hutangnya. 彼は借金を清算するためにあと一ヵ月の期間を求めた.

dalam tempoh ～の期限内に: Jika tidak mengundurkan askar-askarnya *dalam tempoh tiga hari*, 3日以内に軍隊を撤退させないと. Dua pegawai polis terbunuh *dalam tempoh 24 jam lalu*. 過去24時間以内に二人の警察が殺された. Angka kematian itu tertinggi *dalam tempoh 10 tahun*. 死亡者数は過去10年間の最高を記録した. *dalam tempoh yang sama* 同期間に. *dalam tempoh terdekat ini* ごく近いうちに.

tempoh hari **1** 最近, 数日前に. **2** その時, 以前に.

bertempoh 一定の期間内で: Kerajaan Jerman menghantar kata dua *bertempoh* 12 jam ke Rusia. ドイツ政府はロシアに対して12時間以内の最後通牒を通告した.

tempoh II (têmpoh) **1** 中断する: tidak tempohnya 中断せず, 常に. *tidak tempoh lagi, dengan tidak tempoh* 直ちに, すぐに. **2** 休暇をとる: *dapat tempoh dua hari* 二日間の休暇を取る.

tempuh; **menempuh** **1** 攻撃する, 進撃する, 襲撃する: *menempuh kubu musuh* 敵の要塞を襲撃する. **2** (事故や困難に)遭う, 立ち向かう, 直面する: *menempuh segala cabaran hidup* 人生のあらゆる挑戦に立ち向かう. *menempuh pengalaman* pertama yang pasti tidak akan dilupakan 忘れえぬほどの初めての経験をする. *belajar menempuh angin rebut* 暴風に向かって航行する. **3** 困難な状態で(密林や川を)通る, 渡る: Untuk sampai tempat itu, kita terpaksa *menempuh hutan rimba*. その場所に到着するためにはジャングルを通らざるを得ない. **4** (試験を)受ける: belajar untuk *menempuh peperiksaan itu* 試験をうけるために勉強する.

tempuling モリ(銛).

menempuling モリで魚を捕まえる: *menempuling ikan paus* モリで鯨を捕る.

tempur; **bertempur** 戦う, 戦闘する: Askar-askar *bertempur dengan musuh di sempadan*. 兵隊は国境線で敵と戦闘している. *unit tempur* 戦闘部隊.

menempur 攻撃する, 戦う: Pengganas-pengganas itu *menempur kampung itu*. テロリストたちはその村を攻撃した.

penempur 兵器.

pertempuran 争い, 戦闘: *Pertempuran* antara askar-askar kita dengan musuh berlaku di sempadan. 我が軍の兵士と敵との戦闘が国境線で起きた.

tempurung ヤシの硬い殻: *Katak di bawah tempurung*【諺】井の中の蛙.

temu; **bertemu** **1** 会う, 出会う: Saya *bertemu dengan Ali* di jalan tadi. さっき道でアリに出会った.

"*Selamat bertemu.* Saya Saiful." 「初めまして. 僕サイフルです」. *Saya tidak menduga kita akan bertemu di sini.* ここで会うとは思いもしなかった. **2** 見付ける: Sudah saya cari di dalam bilik *tiada bertemu.* 部屋の中を探したが, 見付からなかった. **3** (川や道が)合流する: Kedua-dua jalan itu *bertemu* di kaki bukit. 二つの道路は丘の麓で合流する. **4** 危険・困難に直面する: Mudah-mudahan anda *tidak bertemu dengan* kesulitan apa-apa. 何の困難にも直面しないよう祈願します.

menemui **1** 〜と会う, 面会する: *menemui* guru besar 校長に会う. **2** (困難などに)遭う, 負う: *menemui kegagalan* 失敗に遭う. *menemui masalah* 問題に直面する. *menemui kesulitan* 困難に遭う. **3** 発見する, 見つける: Seorang lelaki *ditemui mati.* 一人の男性が死んでいるのが発見された. Polis *menemui* kereta yang hilang. 警察は行方不明の車を発見した. *ditemui selamat* 無事に見つかった; Tiga budak yang hilang sejak enam hari lalu, *ditemui selamat* petang semalam. 6日前から行方不明の三人の子は昨日午後に無事発見された. Budak itu *masih lagi belum ditemui.* 今日までその子は未だに行方不明である. Saya *menemui* gambar lama ini di antara buku-buku itu. 私は本の間にこの古い写真を見つけた.

menemukan 見つける, 発見する: *menemukan* sebuah candi kuno di belukar itu 二次林の中から古い寺院を発見する.

mempertemukan 会わせる: Mereka cuba *mempertemukan* dua orang sahabat yang sudah lama tidak berjumpa. 彼らはもう長いこと会っていない二人の友人を会わせるよう試みた.

penemuan 発見: *penemuan* candi kuno itu 古い寺院の発見.

pertemuan **1** 会合, 会談, 会議: *mengadakan pertemuan* secara tidak rasmi *dengan* 〜と非公式に会談する. *pertemuan empat mata* 二人だけの会談. **2** 出会う場所: Kuala Lumpur letaknya di *pertemuan* Sungai Klang dan Sungai Gombak. クアラルンプールはクラン川とゴンバ川とが出会う(合流する)場所にある.

temu bual インタビュー.

temu duga 就職面接: menunggu panggilan *temu duga* untuk pekerjaan itu その仕事に就職するための面接の呼び出しを待っている.

temu janji アポイントメント.

temu ramah インタビュー, 記者会見.

tenaga **1** 体力, 力. **2** エネルギー: *tenaga atom, tenaga nuklear* 原子力. *tenaga elektrik* 電力. *penjimatan tenaga elektrik dan minyak* 電力と石油の節約. Di antara *sumber-sumber tenaga* ialah air, minyak, arang batu dan atom. エネルギー源としては水, 石油, 石炭, 原子力などがある. **3** 労働力, 人材: ***tenaga kerja*** 労働力, マンパワー. *tenaga manusia* 人的資源. *tenaga mahir* 熟練労働力. *tenaga buruh* ワーカー層. *tenaga buruh asing* 外国人労働者. *tenaga mengajar* 教員スタッフ. Hospital ini tidak mempunyai *tenaga* dalam perawatan penyakit jantung. この病院には心臓病を治療する人材(スタッフ)がいない.

bertenaga 活力のある, 元気がある,

エネルギッシュな, 勤勉な: Dia sangat *bertenaga*. 彼女はとてもエネルギッシュな人だ. Saya *tidak bertenaga lagi* untuk bekerja hari ini. 私は今日働く元気がもうないです.

tenang 1 (水面や海が)静かな, おだやかな: Air tasik ini *tenang*, tidak berombak. この湖の水はおだやかだ, 波もない. 2 (気分や感情が)落ち着いた, 冷静な: *bersikap tenang* 落ち着いた態度をとる. Fikirannya *tenang*. 彼の思考は冷静である. *Harap tenang*, jangan terbawa-bawa oleh perasaan. 落ち着いてください, 興奮しないで. *Hatinya tenang sahaja* ketika menghadiri temu duga di pejabat itu. その会社で面接に出席したときは落ち着いていた.

bertenang, bertenang-tenang 落着いている: *Cubalah bertenang sedikit*. 少し落ち着いてください.

menenangkan 落着かせる, (不満・いらだちなどを)なだめる: *menenangkan* anak yang sedang menangis itu 泣いている子をなだめる. *menenangkan Barat* 西欧諸国をなだめる. Saya cuba *menenangkan* diri. 自分を落ち着かせようとした.

penenang *ubat penenang* 精神安定剤.

ketenangan 静けさ, 平静: *ketenangan air laut* 海がおだやかなこと. *ketenangan jiwa* 精神的な落ち着き. Berita itu *memberi ketenangan kepada* kami. そのニュースで私たちはほっと安心した.

tenat (病状が)重い, ひどい=*teruk*: *sakit tenat* 重態, 重症: "*Ibu sakit tenat*", demikian bunyi telegram itu. 「母重態」, 電報にそう書いてあった. Pesakit itu sedang *tenat*. 患者の状態は深刻だ.

tendang; **menendang** 1 蹴る: *Tendang bola itu*! そのボールを蹴れ. 2 追い出す, 辞任させる: Mereka akan *menendang* saya dari persatuan ini. 彼らは僕をこのサークル(協会)から追い出そうとしている.

tendangan 蹴り: *tendangan sudut / penjuru* (サッカーの)コーナーキック. *tendangan bebas* フリーキック.

tender (ténder) (英) tender 入札.
menender 入札する.

tengadah; **menengadah** 見上げる=*dongak*: *menengadah ke langit* 空を見上げる.

menengadahkan (顔, 頭を)上げて見上げる: Ali *menengadahkan mukanya* ke langkit. アリは顔を上げ空を見上げた.

tengah 1 中央, 真ん中: Guru besar itu duduk *di tengah*. 校長先生が真ん中に座った. *butang tengah* pada kemejanya シャツの真ん中のボタン. *bahagian tengah* 中央部分; Ipoh letaknya *di bahagian tengah* Semenanjung Malaysia. イポはマレーシア半島部の中央に位置している. *Di tengah jalan* kami kena hujan. 道中, 雨に降られた. Jangan berhenti *di tengah jalan*. 道の真ん中で止まる. *berdiri di tengah-tengah padang*. 広場のど真ん中に立つ. Ali ada dua orang abang. Abang *yang tua* bernama Salleh dan *yang tengah* bernama Kamal. アリには二人の兄がいる. 一番上の兄の名はサレー, 真ん中がカマール. *Anak saya yang tengah* sedang belajar di seberang laut. 私の真ん中の子供は海外留学中です. *menjadi orang tengah* 仲介人(中に立つ人物)になる. *tengah hari* 日中: *Selamat tengah hari* こんにちは. *tengah malam* 真

夜中；Saya tidur *tepat tengah malam*. 私はちょうど午前零時に寝た. *garis tengah* 直径. **2** 〜している最中《sedang よりも口語的》: Saya *tengah bercakap* dengan dia ketika telefon itu berbunyi. 電話が鳴ったとき，彼女とおしゃべりしている最中だった. Bila makan *tengah sedap*, masa itu berhenti (＝Kalau sedang sedap berhenti). 腹八分目でやめよ，満腹するまえに食べるのをやめよ.

menengah 1 真ん中の: *kelas menengah* ミドルクラス(中産階級). *sekolah menengah* 中等学校. *Garis menengah* pada rajah itu terlalu tebal. 図表の中央の線が太すぎる. **2** 真ん中へ向う: Perahu itu pun *menengah laut*. 舟は海の真ん中へ向かって進んだ.

mengetetahkan, mengenengahkan 1 真ん中へ持って行く: Tuan rumah itu *mengetengahkan* pinggan besar daging itu. ホストが肉の大皿を真ん中へ持って行った. **2** 提起する，(例として)挙げる，引き合いに出す: sering *mengetengahkan* konsep itu dalam ucapannya. 演説の中でその概念をしばしば挙げる. *mengetengahkan* isu itu dalam mesyuarat itu その問題を会議に提起する. *mengenengahkan* peristiwa itu *sebagai contoh* その出来事を例として挙げる.

pertengahan 真ん中, 中間, 平均: *pertengahan umur* 中年. *wanita pertengahan umur* 中年の女性. *pada Zaman Pertengahan* 中世に. *cuti pertengahan semester* 学期半ばの中間休み. *dalam pertengahan* abad ke sembilan belas 19世紀の半ばに. Kami berhenti untuk berehat *di pertengahan jalan* antara Ipoh dengan Pulau Pinang. イポとペナン島との中間で休憩した. Kebolehannya itu *pertengahan sahaja*. 彼の能力は平均レベルだ.

setengah 1 半分: *setengah jam* 半時間(30分). Dia mengambil *setengah sahaja* daripada kuih itu. 彼女はそのお菓子の半分しか取らなかった. Kanak-kanak boleh makan *pada setengah harga*. 子供は半額で食べることができます. *setengah jalan* 道半ば, 道の途中; Tinggal *setengah jalan saja*. あと半分が残っている. **2** 不完全な: *telur setengah masak* 半熟卵.

setengah hati やる気がなく，嫌々ながら: Dia melakukan kerja itu *setengah hati*. 彼はその仕事を嫌々ながらやる.

setengah mati 死にそうになる.

setengah mengerti よく分らない.

setengah rasmi 正式ではない.

setengah umur 中年の; orang Jepun *setengah umur* 中年の日本人.

sesetengah, setengah-setengah 1 一部の, 少数の: *Sesetengah orang* jatuh sakit. 中には病気になった者がいた. **2** 中途半端な: Kalau bekerja, biarlah sungguh-sungguh, *jangan setengah-setengah saja*. 働くときは，ちゃんとやろう，中途半端にやるな.

tenggak; menenggak 飲み込む＝teguk, telan.

tenggala (Sk) 鋤(すき).
menenggala 鋤で耕やす.

tenggang (ténggang); **menenggang** 思いやる. *menenggang hati* 〜を思いやる. *tenggang-menenggang satu salam lain* お互いに思いやる(尊敬する).

Tenggang テンガン《マレーの民話に登場する男児の名前: 親不孝をし

tenggara 東南：*Asia Tenggara* 東南アジア．*angin tenggara* 東南風．*musim tenggara* 東南モンスーン（4～10月ごろ）．

tenggek (ténggék); **bertenggek, menenggek** 1（鳥などが枝に）止まる：burung yang *menenggek* di atas dawai elektrik 電線に止まっている小鳥．2（他人に）依存する，便乗する：Dia bukan hendak belanja, dia suka *tenggek pada* orang lain. 彼はお金を出すどころか，いつも他人に依存する．

tenggelam 1 潜る，沈む：Perahu itu *tenggelam* dipukul ribut. 小舟は暴風に打たれて沈没した．*mati tenggelam* 溺れて死ぬ．*setelah matahari tenggelam*, 太陽が沈んだ後．2 熱中する＝asyik：Semua anak *tenggelam* dalam mainannya. 全ての子どもたちは遊びに熱中している．*tenggelam timbul* 浮沈する．*tenggelam punca* 心配になる．

menenggelami 〜を水没させる，水浸しにする：Air bah telah *menenggelami* seluruh kampung itu. 洪水で全村が水没した．rumah-rumah yang *ditenggelami air* 水没した家屋，浸水した家屋．

menenggelamkan 沈める：Ribut yang kencang itu telah *menenggelamkan* kapal itu. 強風が船を水没させた．

tengger → tenggek.

tenggiling 〔動〕アリクイ（アルマジロ）．

tenggiri 〔魚〕サワラ．

tengkar 言い争い，けんか＝bantah.

bertengkar 口論する，けんかする：Ayah dan emak selalu *bertengkar*. 父と母はいつも言い争いをする．Dia *bertengkar dengan* suaminya mengenai soal-soal kecil. 彼女は些細なことで夫とけんかする．

pertengkaran 口論，けんか：Ini *pertengkaran suami isteri*. Jangan campur tangan. これは夫婦けんかだから干渉しないで．

tengking 1 怒鳴り声，叫び声．2 うなり声．

bertengking 1 大声を出す，怒鳴る．2 口論する．

menengking 〜を怒鳴る，怒る：Dia terkejut apabila Ali *menengkingnya*. 彼はアリが自分を怒鳴りしたのでびっくりした．

tengkingan 怒鳴り声，罵声：Mendengar tengkingan itu, orang pun diamlah. 罵声を聞いてから男は黙ってしまった．

tengkolok 頭巾．

tengkorak 頭蓋骨．

Tengku トゥンクー（マレー人王族を示す称号）：*tengku mahkota* 皇太子．Anak baginda Sultan bernama *Tengku Zainab*. スルタンのご息子はトゥンクー・ザイナブです．

tengkujuh 雨期（musim tengkujuh）．

tengkuk 首の後部，首筋．

tengkurap (Id) うつ伏せになる→**tertiarap, telangkup, telungkup**.

tengok (téngok); **menengok** 1 見る《lihat よりも口語的ニュアンス，よく使われる》：*Tengok* rumah tu! あの家を見なさい．*Tengok*, betapa cantiknya gadis itu. 見よ，いかに美しいか，あの娘は．Saya *tengok-tengok sahaja*. 私は見るだけです（ウインドーショッピングなど）．*pergi tengok doktor* 医者に診せに行く．*Tengoklah ke kiri dan ke kanan sebelum menyeberang jalan*. 道路

を渡る前に左右をよく見なさい. "Kerja sekolah awak dah habis, Ali?" "Tengok oranglah sikit."【口語】「もう宿題終わった?」「ちょっと人を見てから言ってよ」(=誰に向かって口をきいているの; 当たり前でしょ). **2** 見舞う: *menengok kawannya yang sedang sakit* 病気の友達を見舞う. **3** 会う=*jumpa*: *Sekarang saya sudah lama tidak menengok dia.* 僕は彼女にもうしばらく会っていない. **4** 予言する: *Orang itu pandai menengok nasib.* あの人は運勢を見る(占いをする)のが上手だ.

tenis (ténis) (英) tennis テニス. : *tenis meja* 卓球. *gelanggang tenis* テニス・コート. 〔テニス競技の表現〕男子シングルス=*Lelaki perseorangan*. 女子ダブルス=*Wanita beregu*. 混合ダブルス=*Beregu campuran*.

tenjet (ténjét); **bertenjet-tenjet** 爪先で歩く=*berjengket*.

tentang **1** 《前置詞》〜について=*mengenai*: *Tentang apa?* 何についてて? *Saya tidak tahu tentang hal itu.* その事については僕は分かりません. **2** すぐ前に, 正面に (=*di tentang*), 真上に: *Kami tinggal di tentang masjid.* 私たちはモスクのすぐ前に住んでいます. *Bom meletup di tentang kepalanya.* 爆弾が彼の頭上で爆発した.

bertentang, **setentang**, **bersetentang** 面と向って, 〜の正面に: *Rumah saya setentang dengan rumah Ali di jalan yang sama.* 僕の家は同じ道路を挟んでアリの家の真向かいにある. *Dia duduk bertentang dengan saya ketika bersarapan.* 朝食のとき彼女は僕の正面に座った. *bertentang mata* 顔を見つめ合う, 面と向かう.

bertentangan **1** (位置・方向が)対面して, 反対方向から: *kereta dari arah bertentangan* 対向車; *bertembung dengan kereta dari arah bertentangan* 対向車と衝突する. *Di dalam kelas, saya duduk bertentangan dengan guru.* 教室では僕は先生の対面に座る. *Kami pergi ke arah yang bertentangan.* 私たちは反対方向へ行った. **2** (意見が)対立した, 逆の, に反する, まったく反対の, 矛盾する: *Keputusannya bertentangan dengan kehendak ibu bapanya.* 彼の決心は親の希望とは逆になった. *pendapat yang bertentangan* 対立する意見. *bertentangan dengan hukum* 法律に違反する. *Saya melakukan ini bertentangan dengan kemahuan saya.* 私は自分の意思に反してこれを行なった. *megeluarkan pernyataan yang bertentangan* 矛盾する声明を発表する.

menentang **1** 〜に反対する: *menentang semua perubahan* あらゆる変革に反対する. *Ramlah selalu menentang kehendak ibu bapanya.* ラムラはいつも彼女の両親の希望とは反対の方に向かってしまう. **2** 闘う, 対戦する, 直面する: *menentang musuh* 敵と闘う. *Saya akan menentang Ali dalam perlawanan esok.* 明日の試合で僕はアリと対戦する. *menentang pasukan Jepun di suku akhir* 準々決勝で日本と対戦する. *Dalam pilihan raya itu, calon parti itu ditentang oleh calon bebas.* 総選挙で党の候補者は無所属の候補者と対決した.

tentangan **1** 反対: *Pihak pemaju mendapat / menerima tentangan hebat daripata penghuni di situ.* デ

tentera

ベロッパー側はそこの住民から激しい反対に遭った. **2** 競争, 挑戦: Pasukan China *memberikan tentangan hebat kepada* Indonesia *dalam pertandingan Piala Thomas*. トーマス・カップ戦で中国はインドネシアを激しく追い上げた.

penentang 1 反対者: *penentang-penentang ujian nuklear* 核実験に反対する者. **2** 競争相手: *menjadi penentang hebat* 手ごわい(試合)相手になる.

penentangan 反対, 反抗, 抵抗: *penentangan terhadap perubahan* 変革に対する抵抗. *penentangan penuntut-penuntut terhadap pihak berkuasa* 当局に対する学生らの反対. *Tentera itu tidak menerima apa-apa penentangan*. 軍隊は何らの抵抗も受けなかった.

pertentangan 反対, 対立, 対立, 矛盾: *pertentangan hebat terhadap penjajahan barat* 西欧の植民地統治に対する激しい反対. *megatasi pertentangan pendapat* 意見の対立を克服する. *Ini soal yang menimbulkan pertentangan pendapat*. これはコントラバーシャルな問題だ.

tentera (Sk) 軍, 軍隊 (=*bala tentera*), 兵隊 (=*askar*): *tentera darat* 陸軍. *tentera laut* 海軍. *tentera udara* 空軍. *Tentera Diraja Malaysia* マレーシア国軍. *tentera gerak cepat* 機動部隊. *tentera payung terjun* 落下傘部隊. *tentera suka rela* 義勇軍. *tentera upahan* 傭兵. *anggota tentera* 兵隊. *mahkamah tentera* 軍事法廷. *rumah sakit tentera* 軍付属病院. *harus menjadi tentera* 徴兵(訓練)の義務を負う.

ketenteraan 軍事の: *tindakan ketenteraan* 軍事行動. *alat-alat ketenteraan* 武器.

tenteram (Jw) 平静な, 落着いた: *aman dan tenteram* 平穏な. *Hatinya tenteram ketika berada di kampung halamannya*. 彼女は故郷にいると心が落ち着く.

menenteramkan 落着かせる, 鎮静化する: *cuba menenteramkan keadaan* 事態を沈静化しようと試み る. *menenteramkan hati* 安心させる.

ketenteraman 平穏, 安定, 静けさ: *membuat gangguan terhadap ketenteraman awam* 公共の良俗を乱す.

tentu きっと, 必ず, 決まっている: *Ayah tentu akan marah*. お父さんはきっと怒るだろう.

Sudah tentu! Sudah barang tentu! Tentu saja! もちろん, 当然です: *Sudah barang tentu dia akan datang*. もちろん彼は来ますよ.

tidak tentu はっきり決まっていない, 一定していない: *melakukan pekerjaan yang tidak tentu* 一定していない仕事をする. *Pertemuan itu diadakan pada masa-masa tidak tentu*. その会合は不定期的に行なわれる. *Baru-baru ini cuaca tak tentu*. 最近は天候が不安定だ. "Berapa pendapatan awak tiap hari?" "*Tidak tentu*."「君の収入は一日いくらですか」「一定していない(毎日変動する)」. "Berapa kali sebulan?" "*Tak tentu*."「月に何回?」「決まっていない」.

belum tentu まだ確定してない, まだ決まっていない: *Saya belum tentu pergi ke rumahnya*. 僕は彼女の家へ行くかどうかまだ決めていない. *Belum tentu apa yang akan berlaku*. 何が起きるかまだ分からない.

bertentu 1 確定した, 決定済みの. 2 話し合う: *bertentu dengan mereka* 彼らと話し合う.

bertentu-tentu はっきりと.

menentu; *tidak menentu* 流動的な, 一定しない, 乱雑な: *Keadaan tidak menentu.* 情勢は流動的だ. *Rambutnya kusut tiada menentu.* 彼女の髪はもつれて乱れている.

menentukan 1 決める, 確定する, 設定する: *menentukan tarikh upacara perkahwinan* 結婚式の日取りを確定する. *Kami belum lagi menentukan tempat percutian kami.* 私たちは休暇を過ごす場所をまだ確定していない. *Tentukanlah jadual segera.* 早く予定を設定しなさい. 2 確信をもって断定する: *Mereka menentukan Ali yang bersalah.* 彼らはアリが犯人であると断定した. *Kami tidak dapat menentukan bila kapal terbang itu akan tiba.* 飛行機がいつ到着するかはっきりと言えない.

tertentu 特定の, 一定の: *Jam tangan itu hanya dijual di kedai tertentu.* その腕時計は特定の店でしか売っていない. *cara memasak yang tertentu* 特定の料理方法. *Jangan mengesyaki seseorang tanpa bukti tertentu.* 一定の証拠なしに人を疑ってはならない.

penentuan 決意, 決定, 特定: *penentuan dasar syarikat* 会社方針の決定. *penentuan Tuhan* アッラーの神が決めたこと. *Dulu penentuan puasa dibuat dengan melihat anak bulan.* 昔は断食の決定は新月を見てなされた.

ketentuan 決定, 定められた取り決め, 規則: *mencapai satu ketentuan mengenai harga getah* 天然ゴム価格についてある取り決めに合意した.

berketentuan; *tidak berketentuan* 1 何も決まっていない: *Rundingan itu tidak berketentuan lagi.* その会議はまだ何も決まっていない. 2 乱雑な: *buku-buku yang tidak berketentuan* 乱雑に散らかっている本.

ketidaktentuan 不安定: *menghadapi hidup dengan penuh ketidaktentuan* 不安だらけで人生に立ち向かう.

tenuk 〔動〕バク (＝badak tenuk).

tenun; *kain tenun* 織物, 繊維.

bertenun, **menenun** 織る: *menenun kain songket* ソンケット (金糸や銀糸で刺繍された布) を織る.

tenunan 1 織物. 2 織り方: *Tenunannya agak kasar.* 彼女の織り方はやや雑だ.

tenung 占い＝nujum: *ilmu tenung* 占い術. *juru tenung, tukang tenung* 占い師.

bertenung 占う.

menenung 1 占う: *menenung nasib anak orang kaya itu* 金持ちの息子の運勢を占う. 2 じっと見つめる＝merenung: *Ali menenung wajah kawannya.* アリは友達の表情をじっと見つめた.

tenusu 酪農.

tenyeh (tényéh); **menyeh** 揉む, マッサージする: *menyeh bahu emaknya* 母親の肩を揉む.

menyehkan 1 ぐしゃりとつぶす: *Bayi itu menyehkan kek itu ke mukanya.* 赤ちゃんはケーキを自分の顔に押し付けてぐしゃりとつぶした. 2 (タバコの吸殻などを) 指で揉み消す: *menyehkan puntung rokok* タバコの吸殻を指で揉み消す.

teori (téori) 〔英〕theory 理論, 原理: *teori ekonomi* 経済理論. *pada* *teorinya* 理論的には.

tep (tép) (英) tape テープ: *tep rekorder* テープレコーダー.

tepak (tépak) 小箱, 噛みタバコ入れ (tepak sirih).

tepat ちょうど, 正確な, 適正な, ちょうど良い, 正しい: Pilih jawapan yang *tepat*. 正しい答を選びなさい. Beritahu saya jumlah yang *tepat*. 正確な数字を教えてください. Waktu sekarang *tepat* pukul dua belas tengah hari. 今の時間はちょうどお昼の12時です. *pada tepat waktunya* 時間通り正確に. *Dia selalu tepat*. 彼女はいつも時間を守る人だ. Zahara selalu tiba *tepat pada masanya*. ザハラはいつも時間どおりに到着する. *tepat pada masanya* タイミングが良い, 時期を得た. Sangkaan saya memang *tepat*. 私の予想は正しかった. *kurang tepat* 正確でない. Laporan mereka *tidak tepat*. 彼らの報告は正確でない. *lebih tepat* より正確には; Tercetuslah (*lebih tepat*, dicetuskan) desas-desus yang Daim berbalah PM. ダイムが首相と不和になったという噂が流れている (より正確には, 意図的に流されている).

bertepatan 1 ちょうど同じ時間に重なる: Hari itu *bertepatan dengan* hari jadi saya. その日はちょうど僕の誕生日にぶつかる. 2 適当な, ふさわしい: fesyen yang *bertepatan dengan* cita rasa remaja 若者の好みにマッチしたファッション. *bertepatan dengan* kehendak kerajaan 政府の要望に一致している.

menepat ～へ向かう, ～に真っ直ぐに向かう: Jalan ini *menepat ke* KL. この道は KL に真っ直ぐ向かう.

menepati (約束を) 守る: *mene-pati janji* 約束を守る. *menepati syarat* pertandingan 競技会の条件を満たす. *menepati sasaran* 標的に当る. Kita mesti *menepati masa*. 時間に正確でなければならない.

menepatkan 正しく調整する, 合わせる: Sebelum berlepas, masing-masing *menepatkan waktu*. スタートする前にそれぞれが時間を正しく合わせた.

ketepatan 正確さ, 正しさ: Sejauh mana *ketepatan* ramalan cuaca? 天気予報がどのくらい正確か.

penepatan 調整, 修正.

tepi 端, わき (傍): *tepi jalan* 道端, 路肩; meletak kereta *di tepi jalan* 道端に駐車する. *tepi meja* 机の端. *tepi laut* 海辺. *tepi langit* 水平線, 地平線. *tepi gelas* コップの縁. *di tepi bandar* 町の郊外に. *duduk di tepi emaknya* 母のわきに座る. *suka jaga tepi kain orang* 余計なお節介をしたがる.

ke tepi わきに寄る: Saya *ke tepi* untuk memberi jalan kepadanya. 私は彼に道をあけるためにわきに寄った.

tepian 川で水浴びしたりする浅瀬.

menepi 1 わきに寄せる: *Tepilah*! (じゃまだから) わきにどいて! *Harap menepi*. わきに寄ってください. Orang *menepi* apabila melihat si Gemuk datang. 太っちょさんが来るのを見た人たちは道のわきに寄った. 2 ～沿いに歩く: berjalan *menepi* pagar 塀に沿って歩く.

menepikan わきに寄せる, わきに避けておく.

mengetepikan 1 わきに寄せる, よける: Harap kereta anda *ditepikan*. 車をわきに寄せてください. 2 無視する, 放置する: Kita *tidak boleh* *mengetepikan begitu saja* perkara ini. / Perkara ini *tidaklah boleh diketepikan begitu saja*. この事をこのまま放置(無視)してはならない. *mengetepikan khabar angin itu* その噂を無視する. **3** 〜を追い出す, ボイコットする: Mereka berpakat hendak *mengetepikan* presiden persatuan. 彼らは協会の会長を追放することを合意した. **4** キャンセルする, 撤回する: *mengetepikan keputusan* Mahkamah Tinggi 高裁の判決を棄却する.

tepis; **menepis**; **menepiskan** 手の甲で払いのける: Penjaga gol itu *menepis* bola itu. ゴールキーパーはボールを手で払いのけた. Saya hanya hendak menolong dia, tetapi dia *menepis* tangan saya. 僕は彼女を助けようとしただけなのに, 彼女は僕の手を払った.

tepu; **penuh tepu** (水が)あふれそうになる: Air dalam kolam *penuh tepu*. 池の中の水はあふれそうだ.

tepuk 拍手する (tepuk tangan).
  bertepuk 拍手する (＝bertepuk tangan): Mereka *bertepuk tangan* apabila pasukan sekolahnya menang dalam pertandingan bola sepak. 彼らの学校のサッカーチームが試合で勝ったので, 彼らは拍手した. *bertepuk sebelah tangan tiada akan berbunyi*【諺】一方的な恋(片思い)や喧嘩(相手が応じない).
  menepuk 拍手する: 手の平でたたく, 軽くたたく: Mereka *menepuk tangan*. 彼らは拍手した. Ali *menepuk* bahu saya. アリが僕の肩を軽くたたいた.
  tepukan 拍手: *memberi tepukan kepada* kawannya yang menang dalam pertandingan itu 試合に勝った友達に拍手を送る. *disambut tepukan gemuruh* 万雷の拍手に迎えられる. Pemain piano itu *menerima tepukan gemuruh* para tetamu. ピアノ奏者は来客から万雷の拍手をもらった. *tepukan sambil berdiri* スタンディング・オベーション.

tepung 粉, 粉末: *tepung beras* 米粉. *tepung gandum* 小麦粉. *tepung ubi* タピオカ粉. *tepung jagung* コーンスターチ. *tepung susu* 粉ミルク. *mengayak tepung* untuk membuat kuih お菓子を作るために粉をふるいにかけて濾す.
  menepung 曳いて粉にする: *menepung* beras / jagung / lada hitam 米, とうもろこし, 黒胡椒を曳く.

ter〜《ter 接頭辞の意味》. **1**「思わず, ふと, 誤って, うっかりして〜してしまう, ひとりでに, おのずから」意図しない行為の動詞: *ter*tidur 居眠りをする. *ter*makan 誤って食べてしまう. *ter*ingat ふと思い出す. **2** 行為の完了: *ter*jual 売り切れる. *ter*buka 開いたままである. **3** tidak ter＋「〜できない」: *tidak ter*lihat apa-apa. 何も見えない. *tidak ter*bina 建築できない. **4** 最上級の ter〜(形容詞): *ter*tinggi 一番高い. *ter*baik 最良の.

tera 証印, 紋章, 王の御印.
  menera **1** 印を押す. **2** 印刷する.
  menerakan **1** 印を押す. **2** 印刷する. **3** コピーする.
  tertera 記載されている: Namanya *tertera* pada kad itu. そのカードに彼の名前がプリントされている.

terajang 蹴り.
  menerajang 足の裏で蹴る: *menerajang* orang yang menyerangnya itu kuat-kuat 襲ってきた男を

強く足蹴りにする.

teraju 1 首脳陣: *teraju pimpinan* 首脳陣, 指導者グループ. *teraju pemerintahan* 政府首脳陣. *teraju kuasa* 権力の中枢: *memegang teraju kuasa / pemerintahan* 政権の中枢を掌握する. 2 天秤. 3 タコ糸.

menerajui (政府, 会社を)統率する, 率いる.

terampil 技能のある, 熟練の.

keterampilan 技能, スキル.

terang 1 明るい, まぶしい: Lampu ini cukup *terang*. このランプはとても明るい. Langit *terang*. 空が明るい(雲ひとつない). *terang-benderang* 非常に明るい. *terang bulan* 満月. 2 明瞭な, 明確な, はっきりした: Tolong cakap *dengan terang*. はっきりと話してください. Jika dia tidak menyertai kita, *teranglah* bahawa dia menentang rancangan kita. もし彼はわれわれに参加しないなら, 彼がわれわれの計画に反対していることが明白だ.

terus terang 率直に言って, はっきり言うと: *Terus terang*, saya tidak sukakannya. はっきり言って私は彼のことが好きでない. *Terus teranglah./ Terus teranglah kepada saya*. 正直に言ってください. 本当のことを話してください.

terang-terang, *terang-terangan* はっきりと, 公然と, 堂々と: *terang-terang menipu pelanggannya* 公然と顧客をだます. *diskriminasi secara terang-terangan* はっきりとした差別.

menerang 明るくする.

menerangi 1 ～を明るくする, ～を照らす: Tidak ada lampu yang *menerangi* jalan itu. 道路を照らす電灯がない. Sebatang lilin *menerangi* kegelapan bilik itu. 一本のろうそくが部屋の暗さを明るくさせた. 2 土地を切り開く: *menerangi* kawasan semak-samun itu untuk menanam sayur-sayuran. 藪を切り開いて野菜を植える.

menerangkan 1 明るくする: *menerangkan* halaman rumahnya *dengan* lampu ランプで庭を明るくする. 2 説明する: Ada sesuatu yang harus saya *terangkan* kepada anda. あなたに説明しておかねばならないことがあります. Cikgu *menerangkan* maksud peribahasa itu. 先生がその諺の意味を説明した. 3 証明する = membuktikan: Tidak ada apa-apa yang *menerangkan* bahawa dia ada di sana pada waktu itu. 彼がその当時そこにいたことを証明するものが何もない.

keterangan 1 説明, 釈明: *keterangan rasmi dari pihak polis* 警察側の正式な説明. *tidak memberi keterangan lebih lanjut mengenai* ～についてそれ以上詳しい説明をしていない. 2 証言 = bukti: Sakti itu *memberi keterangan yang palsu kepada pihak hakim*. 証人は裁判官に偽証した.

penerangan 1 照明器具. 2 説明すること: *Penerangannya* jelas sekali. 彼の説明は実に明快だ. 3 情報, 広報: *Kementerian Penerangan* 情報省.

teras 1 基本, 中心, エッセンス, 重点項目: Kerajinan itu *teras* kejayaan. 勤勉が成功の基本である. 2 木の芯.

berteraskan ～を基本とする = berdasarkan: Kebudayaan Malaysia *berteraskan* kebudayaan Melayu. マレーシア文化はマレー文化を基本とする.

menerasi ～の中心となる：Islamlah yang *menerasi* keperibadian Melayu. イスラムがマレー人の個性の中心になっている.

teratai 〔植〕ハス(蓮).

teratak 1 (耕作期間中に水田付近に仮設する)掘立て小屋. 2 (自分の家 rumah を謙遜して言う)拙宅.→ pondok: *Anda dipersilakan ke teratak saya.* 我が家(掘立て小屋)にお越しください.

terawang レース編み物, 透かし彫り.

terbang 1 飛ぶ, 飛行機で飛ぶ：*kapal terbang* 飛行機, 航空機: Saya akan *terbang* ke KL esok. 明日 KL へ飛行機で行く. *terbang rendah* 低空飛行をする. 2 消える, なくなる: Wang saya *terbang*. 僕のお金が消えてなくなった.

berterbangan 飛び交う, (葉などが)空に舞う: Burung-burung *berterbangan* di udara. 空には小鳥たちが飛び交っている. *berterbangan ditiup angin* 風に吹かれて空に舞う.

menerbangkan 1 飛ばす: Dapatkah *menerbangkan* layang-layang? タコ(凧)を飛ばすことができるか. 2 飛行機で運ぶ: Mangsa-mangsa gempa bumi itu segera *diterbangkan* ke hospital dengan helikopter. 地震の被災者はすぐにヘリコプターで病院へ搬送された.

penerbangan 飛行, 航空: *penerbangan terus ke Malaysia* マレーシアへの直行便. *syarikat penerbangan* 航空会社. *penerbangan awam* 民間航空. *menempah tiket penerbangan ke KL* クアラルンプール行きの航空券を予約する.

terbit 1 現れる, (太陽が)出る: Matahari *sudah terbit*. もう日が出た. *negara matahari terbit* 日いづる国(日本). 2 (水が)吹き出る, (涙や汗が)出る: *peluh terbit* 汗が出る. 3 出版される, 発行される: Majalah ini *terbit* sekali seminggu. この雑誌は週一回発行される. *terbit lagi* (雑誌などが)復刊する.

menerbitkan 1 出版する: *menerbitkan* sebuah majalah baru 新しい雑誌を出版する. 2 ～をもたらす, 引き起こす: Kata-kata itu *menerbitkan rasa sedih* di hatinya. それらの言葉が彼女の心に悲しい思いをもたらした. Puntung rokok yang dibuang-buang dapat *menerbitkan kebakaran*. 投げ捨てたタバコの吸殻は火事を引き起こす.

terbitan 1 出版物. 2 発行, 出版.

penerbit 出版者(社).

penerbitan 出版, 発行: *penerbitan kamus* 辞書の出版.

terbus トルコ帽.

terendak (teréndak) (籐, 竹, サゴで作った)円錐形の広い縁付き日除け帽子(マレー風すげ笠). *terendak lampu* ランプシェード.

teres (téres) (英) terrace テラス, 台地: *rumah teres* テラスハウス.

teriak; **teriakan** 1 叫び, 叫び声. 2 嘆き.

berteriak 大声で叫ぶ, 泣き叫ぶ: *berteriak supaya suaranya dapat didengar* 声が聞こえるようにと大声で叫んだ. *berteriak meminta tolong* 助けてと叫ぶ.

meneriak 大声で叫ぶ, 大声で～を呼ぶ: *meneriak* memanggil kawannya yang berada di seberang jalan 道路の向こう側にいる友達の名前を大声で呼んだ.

meneriakkan 1 ～を大声で言う: *meneriakkan* nama-nama orang

yang ditahan 逮捕された人の名前を大声で言う. **2** 泣き声をあげる.

terik **1** (結び目や服, ベルトが)きつい: Ikatan itu tidak begitu *terik*. 結び目があまりきつくない. **2** (暑さが)きびしい: *cuaca panas yang terik* 猛暑. duduk di bawah *terik matahari* 太陽が暑く照り輝く日差しの下に座る. **3** 困難, 厳しい.

terima 受け取る, 受け入れる: *terima surat* 手紙を受け取る. *terima nasib* 運命に任せる. *terima salah* 過ちを認める. "Naoko, ini cenderamata daripada kami. *Terimalah*."「尚子, これは私たちからの記念品です, 受け取ってください」.

terima kasih ありがとう: "*Terima kasih*, cikgu." "Sama-sama."「ありがとうございます, 先生」「どういたしまして」. *Terima kasih banyak.* / *Terima kasih banyak-banyak.* / *Banyak terima kasih.* たいへんありがとうございます. *Terima kasih* atas surat saudari yang saya *terima* semalam. お便りありがとう, 昨日受け取りました《手紙文》.

Terima kasih sekali lagi. 重ねてありがとうございます.

Terima kasih (di) atas ～に対して感謝します; *Terima kasih di atas* pertolongan anda tadi. さっきはご支援ありがとうございます. *Terima kasih di atas segala-galanya.* どうもいろいろありがとうございました.

Saya mengucapkan terima kasih atas ～ ～に感謝いたします: *Saya ingin mengucapkan terima kasih atas* pertolongan anda. / *Saya ucapkan ribuan terima kasih atas* pertolongan anda. あなたからのご支援に感謝します.

Terima kasih kerana ～してくださりありがとう: *Terima kasih kerana* datang hari ini. 今日来てくれてありがとう. *Terima kasih kerana* menyelamatkan saya. 私を救助してくださりありがとうございます. Terlebih dahulu *ingin saya mengucapkan terima kasih kerana* sudi mengirim surat kepada saya. わざわざ私あてに手紙をくださり先ずお礼を申し上げます《手紙文》.

Terima kasihlah. 《婉曲に断るときの Terima kasih 表現》. "Tak singgah minum air dulu?" "*Terima kasihlah.* Saya dah minum di rumah tadi."「家に寄ってお茶でもどうですか」「ありがとう(お構いなく), さっき家で飲んできましたから」.

Terima kasih sajalah. ありがとう, でも結構です《勧めてくれたことを断るときの婉曲な言い方》: "Datanglah ke rumah saya makan tengah hari." "*Terima kasih sajalah.* Lain kalilah saya datang."「昼食を食べに私の家に来てください」「ありがとう, 結構です. 今度またね」. "Liza nak minum air kopi?" "*Terima kasih sajalah*, mak cik. Liza belum terasa haus lagi."「リザ, コーヒーを飲む?」「結構ですよ, おばさん. 私はまだのど渇いていないの」. "Terima kasih tapi *terima kasih sajalah*."「ありがとうございます, でも本当に結構です」.

berterima kasih 感謝する: Saya *berterima kasih atas* bantuan anda. あなたの支援に感謝いたします. Saya ingin *berterima kasih kepada* anda semua *di atas* bantuan anda yang tidak ternilai. 私は皆様方の貴重な支援に対して深く感謝申し上げたいと存じます.

menerima 1 受け取る: Sata telah *menerima surat* anda yang bertarikh 10 Oktober. 10月10日付け貴信を受け取りました。Dia kekurangan wang, tetapi dia *tidak mahu menerima wang anda*. 彼女は資金が不足しているが、あなたからのお金は受け取りたくない。*menerima gaji* 給与を得る。2 (訪問を)迎え入れる、受け入れる: *menerima kedatangan mereka* dengan mesra sekali 彼の来訪をにこやかに受け入れる。*menerima wakil-wakil itu* di pejabatnya 代表者たちをオフィスに迎え入れる。*tidak menerima pelarian* 難民を引き取らない。3 認める、同意する、受け入れる: *tidak menerima nasihat ibu bapanya* 親の忠告を受け入れない。*menerima permohonannya* menjadi ahli kelab クラブの会員になりたいという彼の要請を認める。*menerima jawatan setiausaha itu* その幹事のポストを引き受ける。Rancangan itu *tidak dapat diterima*. その計画は受け入れられない。Jangan *menerima begitu saja* segala yang dikatakannya. 彼の言ったことは割り引いて聞くように。*menerima sambutan* hadirin 出席者から歓迎を受ける。*menerima dengan senang hati* 喜んで受け入れる; Kami *menerima dengan senang hati* tawaran bantuan anda. あなたの援助申し出を喜んで受け入れます。*Jangan salah terima*. 誤解しないでくれ。*menerima kenyataan* 現実を受けとめる; *Marilah kita menerima kenyataan*.= Mari kita bersikap realistik. 現実として受けとめよう。Rakyat *menerima tanpa mengeluh* keadaan inflasi sekarang ini. 国民は現在のインフレを文句を言わずに受入れる。

menerima apa adanya 現状を受け入れる(現状に甘んじる); *Saya tidak mahu menerima apa adanya*. Saya ingin hidup lebih baik. 僕は現状に満足していない。もっとよい生活をしたい。

penerima 1 受取人: Siapakah *penerima* surat itu? その手紙の受取人は誰か。2 受信機。

penerimaan 1 受取り、受領: *penerimaan* rasuah oleh kakitangan kerajaan 公務員による賄賂の受取り。2 反応、反響: *penerimaan* rakyat terhadap wawasan 2020 2020年ビジョンに対する国民の反応。

teripang ナマコ。

terjang; **menerjang** 襲う=menyerang: *diterjang tsunami* 津波に襲われる。Lanun-lanun *menerjang* kampung itu. 海賊がその村を襲った。

terjemah; **menterjemah** (Ar) 翻訳する: Istilah "peti ais" adalah *pinjam terjemah* dari bahasa Inggeris "ice box". "peti ais" (冷蔵庫) は英語のアイス・ボックスを直訳したものです。

menterjemahkan 翻訳する、通訳する: *menterjemahkan* buku itu *daripada* bahasa Inggeris *kepada* bahasa Jepun その本を英語から日本語へ翻訳する。Harap *terjemahkan* perkataan ini *ke dalam* bahasa Jepun. この単語を日本語に訳してください。

penterjemah 翻訳者、通訳。

penterjemahan 翻訳。

terjemahan 翻訳されたもの(作品)、翻訳の仕方: Sekarang banyak juga yang terdapat *buku terjemahan dalam bahasa Malaysia dari bahasa-bahasa asing*. 今では外国語

からマレーシア語に翻訳された本がたくさん出ている.

terjun 1 飛び降りる, 飛び込む, (水泳種目の)飛び込み: *air terjun* 滝. *terjun dari tingkat empat* 4階から飛び降りる. *terjun air* ダイビング. 2 参加する, ジョインする: *terjun ke perniagaan* 商業活動に従事する. *terjun ke dunia pentas* 演劇界に入る. *terjun kembali ke industri filem* 映画界に復帰する.

menerjuni 1 ～に飛び降りる, ～に飛び込む: tidak berani *menerjuni* sungai itu 川に飛び込む勇気がない. 2 ～を深く研究する: *menerjuni* ilmu ekonomi 経済学を深く研究する. 3 ～に従う.

menerjunkan 1 ～を投げ込む, ～を落とす: *menerjunkan* anjing itu ke dalam sungai itu 犬を川の中に投げ込む. 2 侮辱する, 見下げる.

terka; **menerka** 推測する, 予測する＝menduga: *tidak dapat diterka* 予測できない; *Tidak dapat diterka* adakah dia akan datang. 彼女は来るかどうか予測できない. Reaksinya *tidak dapat diterka*. 彼らの反応を予測することはできない. *Silakan menerka*. 当ててください. Cuba *menerka* siapa yang datang ke rumah saya semalam. 昨日私の家へ誰が来たか当ててごらん.

terkaan 推測, 憶測: Terkaanmu benar. 君の推測どおりだ. *Itu hanya terkaan*. それは憶測にすぎない.

terkam; **menerkam** 跳びかかる, 急に襲う: Harimau itu *menerkam* arnab. トラが突然ウサギに襲いかかった.

terkup; **menerkup** 物をかぶせて捕える: *menerkup* semut itu dengan mangkuk お碗をかぶせてアリ(蟻)を捕まえる.

terlalu → lalu あまりにも.

termostat (英) thermostat サーモスタット.

ternak; **ternakan** 家畜: *industri ternakan ayam* 養鶏業. *pengusaha ternakan ayam* 養鶏業者. membina *ladang ternakan ayam* 養鶏場をつくる.

berternak, **menternak** (家畜を)飼う, 飼育する: *menternak ayam* 鶏を飼う.

penternak 畜産業者: *penternak ayam* 養鶏業者.

penternakan 畜産: Dia menyara hidupnya melalui *penternakan ayam*. 鶏を飼育して生計を立てる.

terobos; **menerobos** 強引に突っ込む, 割り込む: Jangan *menerobos* barisan. 行列に割り込むな.

teroka; **meneroka** 1 開拓する, 入植するため土地を開墾する: *meneroka hutan* ジャングルを開拓する. 2 探検する: *meneroka* kawasan Kutub Selatan 南極を探検する. 3 (新分野における)開拓者となる, 先頭に立つ: sanggup *meneroka* bidang perniagaan baru 新しいビジネスに進んで挑戦する.

peneroka 開拓者, 入植者.

penerokaan 開拓, 開発, 入植: *Penerokaan angkasa lepas* dipelopori oleh Amerika Syarikat dan Rusia. 宇宙開発は米国とロシアによって推進された.

teropong 1 望遠鏡: *teropong bintang* 天体望遠鏡. *teropong halus, teropong kuma* 顕微鏡. *teropong corong* 潜望鏡. 2 管, チューブ.

meneropong, **meneropongi** 1 望遠鏡で見る: *meneropong* Gunung

teroris (téroris) (英) terrorist テロリスト.

terowong ; terowongan トンネル: *membuat terowong* トンネルを掘る.

terpa ; berterpaan 前に飛び出す. **menerpa** 1 殺到する《自動詞》: Mereka *menerpa* ke pintu keluar apabila mendengar bunyi loceng. 彼らは鐘の音を聞くや出口に殺到した. 2 ～を追いかける, 突然襲う《他動詞》=terkam: Lelaki itu menghunus pisau dari tali pinggangnya sambil *menerpa* Ali. その男はアリを追いかけながらベルトからナイフを抜いた.

terpal ; kain terpal 防水シート, キャンバス地.

tertawa 笑う: *Jangan tertawa*. Ini bukan soal lucu. 笑うなよ, これは笑い事ではない. *tertawa besar* 大声で笑う. *tertawa kecil* くくっと笑う. *tertawa terbahak-bahak* ゲラゲラ笑う. *terus tertawa* 笑い続ける.

mentertawakan ～をあざ笑う: *mentertawakan* orang yang sedang dalam kesulitan 困った状態にある人をあざ笑う.

tertib (Ar) 1 秩序, 秩序正しい, 礼儀正しい, 規律正しい: *pelajar yang tertib* 規律正しい生徒. *demonstrasi yang tertib* 秩序あるデモ. *Keadaan tertib*. 情勢は秩序を保っている. *Rancangan itu berjalan dengan tertib*. 計画は順調に行なわれている. 2 順序, 順序通り: *tertib menaik* 昇順. *tertib menurun* 降順.

bertertib 秩序正しく, 礼儀正しい: anak-anak yang pandai, *bertertib* dan sopan 聡明で秩序正しく, 礼儀正しい子供たち.

mentertibkan 秩序を回復する: Kerajaan sedang *mentertibkan* keadaan. 政府は情勢の秩序を回復しつつある.

ketertiban 秩序, 規律, 礼儀 (= adat ketertiban): *menjaga ketertiban*. 秩序を維持する.

terubuk 〔魚〕ヒルサ.

teruk 1 (病気や事故の程度が)重い, ひどい, 悪い: *sakit teruk* 重病; Dia *sakit teruk* dan sekarang terlantar di hospital. 彼は重病であり, 今病院で寝たきりになっている. *luka yang teruk* 重傷. *kemalangan yang teruk* ひどい事故. 2 (事態が)深刻な, 最悪な, (仕事が)大変な, 厳しい: *kalah teruk* 大敗; mengalami *kalah teruk* dalam pilihan raya umum 総選挙で大敗する. *hari yang teruk* 最悪の日. Kerjanya *lebih teruk* daripada kerja saya. 彼の仕事の方が私のよりもより大変だ.

terumbu リーフ, 礁.

teruna (Sk) 若者(独身男子): *anak teruna* 若者, 花婿 (pengantin lelaki).

terung 〔植〕ナス(茄子).

terup ; daun terup トランプ.

terus 1 真っすぐに, どこにも寄らずに =langsung: Saya *terus* pulang ke rumah. 僕はどこにも寄らず真っすぐ家に帰ります. Kalau awak *berjalan terus saja* dari sini, awak akan sampai di pantai. ここから真っすぐに歩いて行くと, 海岸に着きます. Pelancong dari Rusia tiba di Langkawi menerusi *penerbangan terus* dari Moscow. ロシアからの観光客はモスクワからの直行便でランカウイに到着した. 2 ただちに, すぐに: Dia sungguh kacak. Saya *terus* jatuh hati padanya. 彼はとて

もハンサムだったので,すぐ彼に恋した. **3** 〜し続ける=tetap setia: *Terus berjalan.* Jangan berhenti. 歩きつづけなさい.止まらないで. *terus berlari* 走り続ける. Saya hendak *terus bekerja* apabila sampai masa untuk bersara. 定年になっても働き続けたい. **4** 突き抜ける,突き通す: Tikamannya kena dada *terus* ke belakang. 胸から背中へ貫通するように刺される.

terus-menerus, terus-terusan **1** 〜し続ける,常に: Ali *bercakap terus-menerus* selama satu jam. アリは1時間もしゃべり続けた. Dia *masih bekerja terus-menerus* di perpustakaan. 彼女は図書館でまだ勉強し続けている. Dia *terus-menerus menyalahkan* saya. 彼はいつも私を責める. **2**（テレビ・ラジオで)生放送する,中継する: Rancangan televisyen itu *disiarkan terus-menerus.* そのテレビ番組が生放映されている.

terus terang, berterus terang 率直に言うと,包み隠さず正直に言うと,はっきり言うと: *Terus terang,* saya tidak suka akan masakan pedas. はっきり言うと(実は),僕は辛い料理が好きではないのです. *Berterus terang saja,* saya tidak faham. はっきり言って私は知らない. Dia *berterus terang bertanya* kepada saya adakah saya sukakannya atau tidak. 彼女は僕に彼女のことを好きか嫌いかと率直に尋ねた. *Biar saya terus terang dengan anda.* あなたに率直に言いたい. Dia *terus terang dengan saya* tentang perkara itu. 彼女はその事を僕に正直に打ち明けた. menjawab *dengan terus terang* 率直に答える.

berterusan 長びく,継続する,連続する: *secara berterusan* 連続して,継続的に. Hujan *berterusan* sampai pagi. 雨が朝まで降り続いた. Permusuhan antara mereka *berterusan* hingga hari ini. 彼らの間の対立は今日までずっと続いている. *insiden keganasan berterusan* 連続テロ事件.
menerus **1** 突き通す. **2** 流れ出る.
menerusi **1** 〜を通じて: Surat itu saya terima *menerusi* kawan saya. その手紙は友達を通じて受取った. **2** 貫通する: Sinaran cahaya tidak dapat *menerusi* besi. 光は鉄を貫通できない.

meneruskan 〜を続ける,再開する: *Teruskan* perbincangan anda. 話し合いを続けてください. Mari kita berhenti bekerja sekarang. Kita akan *meneruskannya* esok pagi. ここまでで仕事を止めよう.明日朝また再開する.

terusan 水路 (terusan air), 運河: *Terusan Suez* スエズ運河.
seterusnya **1** 次の,次に,その後〜,〜に続いて: dua jam *yang seterusnya* 次の二時間. Sila buka folder itu. *Seterusnya* sila klik dua kali pada butang "Next". フォルダーを開いてください. 次に"Next"というボタンをダブルクリックしてください. Cerita itu ditayangkan sebahagian sahaja dalam siaran televisyen malam ini. *Bahagian seterusnya* akan ditayangkan esok. 物語は今夜テレビで一部分しか放映されない.残りの話は明日放映される. **2** その他,〜等など (dan seterusnya)=dan lain-lainnya, dan sebagainya: Mereka bodoh, malas *dan seterusnya.* 彼らは愚かで,怠け者,等などである.

tes (tés) (英) test テスト, 試験.

tesaurus (tésaurus) シソーラス, 分類語彙辞典.

tesis (tésis) (英) thesis 論文.

tetak 刃物による傷 (= luka tetak). **menetak** (鋭い刃物で)叩き切る.

tetambak → **tambak** 堤防.

tetampan I 【古典】王に謁見するときや王に物を献上するときに左肩にかける黄色の絹製の肩掛け《日本の袈裟は、左肩から右脇下へ掛ける長方形の布》: *menyelampai tetampan* 肩掛けする.

tetampan II 【古典】お盆(手紙や花、食事を入れて出す盆) = talam: *tetampan mas* 金盆.

tetamu 客: *tetamu kehormat* 主客. *tetamu kenamaan* 来賓. *tetamu khas* 特別客. *tetamu yang tidak diundang* 招かざる客.

tetangga (Id) 隣人→ **jiran**: Pak Ali *tetangga* saya. アリさんは私の隣人だ. *Jangan cuba-cuba ikut-ikut tetangga*. 隣人と見栄の張り合いをするな.

tetanus (tétanus) 破傷風.

tetap 1 定まった、専任の, 固定した, 安定した: mendapat *pekerjaan tetap* 定職を得る. *tenaga mengajar tetap* 専任の教員. *harga tetap* 定価. Ini *tempat tinggal tetap* saya. これが私の定住所です. 2 ずっと変わらない, 依然として, 相変わらずの = masih: *tetap sihat* kerana sentiasa bersenam いつも体操しているのでずっと健康だ. *tetap setia kepada ibu bapa* 変わらず両親に忠実である. Dia *tetap bekerja* di syarikat itu. 彼は相変わらずの会社で働いている. Saya *tetap mempercayai* Ani walaupun sudah beberapa kali Ani menipu saya. アニは何度も僕をだましたけれども、僕はずっと変わらずアニを信じている. Walau pun saya belajar bersungguh-sungguh, saya *tetap tak boleh dapat* markah tinggi. 僕は一生懸命に勉強しているのだが、相変わらず高い点数を取れない. Presiden *berganti*, tapi peluang kerja *tetaplah* persoalan dahsyat yang belum dapat diatasi. 大統領は代われども、就業機会は依然としていまだに克服できない深刻な問題のままである. Dia *tetap mengatakan* bahawa dia tidak bersalah. 彼は自分が無実であると言い続けている. Tetapi aturan *tetap* aturan. しかし, 規則は規則だ. *tetap dengan* keputusannya 決心したことを変えないでいる.

menetap 定住する, 住む: Mereka sudah lama *menetap* di Kuala Lumpur. 彼らはクアラルンプールに長く定住している.

menetapi (約束、条件などを)守る: *menetapi janji-janjinya* 約束を守る. *menetapi syarat-syarat* peraduan itu コンテストの条件を満たす.

menetapkan 1 決定する, 確定する: *menetapkan* harga minyak 石油価格を決定する. *menetapkan* tarikh peperiksaan 試験日を確定する. *menetapkan* waktu untuk pertemuan itu その会談の時間を決める. 2 割り当てる, 指名する: *menetapkan* tugas untuk pekerja-pekerjanya 従業員に仕事を割り当てる. Kami telah *menetapkan* Cik Fazilah sebagai pengerusi sidang. ファジラさんを会議の議長に指名した.

ketetapan 1 決定, 決議: menghormati *ketetapan PBB* 国連の決議を尊重する. *membuat ketetapan* 決定する. 2 決意: kemahuan dan *ketetapan hati* 意欲と決意.

penetapan 決定すること: *penetapan harga minyak* 石油価格の決定. *Penetapan tarikh Hari Raya dilakukan dengan cara melihat anak bulan.* ハリラヤの日を決めるのは新月を見てなされる.

tetapi しかし: *Kamus ini baik, tetapi mahal.* この辞書は良い, しかし高価だ.

Akan tetapi しかしながら.

tetas; **menetas** ふ化する, 卵がかえる: *Telur-telur itu akan menetas selepas tiga minggu.* 卵は三週間後にふ化する. *Anak-anak ayam yang baru menetas sudah boleh berjalan.* 卵から出てきたばかりにヒヨコはもう歩ける.

menetaskan 1 卵を温める: *Burung-burung itu pulang ke sarang untuk menetaskan telur.* 小鳥は巣に帰り, 卵を温めた. 2 産む: *Pertemuan itu menetaskan komplot hendak membunuh Presiden.* その会議は大統領を暗殺しようという陰謀を決めた.

penetasan ふ化(孵化): *Sebahagian daripada telur penyu dibawa ke kawasan penetasan.* ウミガメの一部はふ化施設に運びます.

tetek (tétek) 1 乳房, おっぱい=buah dada. 2【口語】おしゃぶり.

menetek 乳を吸う=menyusu: *Malulah anak sebesar ini masih lagi menetek.* こんなに大きくなった子がまだおっぱいを吸うなんて恥ずかしいね.

menetekkan (子に)乳を与える=menyusukan: *Dia sedang menetekkan anaknya.* 彼女は子どもに授乳している.

tetek-bengek; *tetek-bengek dan remeh-temeh* 些細な事, つまらぬ事.

tetes (tétes); **tetesan** 滴: *Setetesan air matanya jatuh ke atas meja itu.* 一滴の涙が机の上に落ちた.

menetes (涙が)滴り落ちる.

meneteskan (滴らせる): *meneteskan air mata* 涙をこぼす, 泣く.

tetikus (コンピューターの)マウス.

tetingkap (コンピューターの)ウィンドウ.

tetuang 角笛, 竹笛.

tewas (téwas) 1 敗れる: *Malaysia tewas 0-4 kepada Jepun pada perlawanan bola sepak persahabatan itu.* マレーシアは親善サッカー試合で0対4で日本に敗れた. 2 (戦争などで)死ぬ, 犠牲になる: *tewas dalam peperangan itu* 戦争で死ぬ. 3 失敗する: *tewas dalam peperiksaan itu* 試験に落ちる.

menewaskan 1 負かす, 勝つ: *London menewaskan Paris dengan kelebihan undi tipis.* ロンドンが僅差でパリに勝った. 2 殺す: *menewaskan musuh* 敵を殺す.

ketewasan 1 敗北. 2 死亡=kematian.

Thailand タイ国.

Thaipusam タイプーサム《ヒンドゥー教徒の祭り》: *Penganut agama Hindu berhimpun di Batu Caves untuk merayakan Thaipusam.* ヒンドゥー教徒はバトゥ・ケーブに集まってタイプーサムを祝う.

tiada 1 ない (=tidak ada): *Saya tiada duit hari ini.* 僕は今日お金がない. *Saya tiada masa untuk berjumpa dengannya.* 彼に会う時間がない. *Tiada kata-kata yang boleh diucapkan untuk melahirkan rasa penghargaan di atas pengorbanan dan kesanggupan pihak guru.* 先生方の犠牲の精神に対して十分に感謝

tiba-tiba

を申し上げることのできる言葉もございません. *tiada berapa* あまりない. *Dia sudah tiada.* 彼はもういない. 彼は亡くなった. **2** ～しない (= tidak): *Saya tiada mengambil barang itu.* 私はその物を取っていない. *dengan tiada* ～=tanpa ～せずに.

meniadakan 1 否定する: *meniadakan Tuhan* 神を否定する. **2** なくす, 廃止する: *Mata pelajaran itu akan ditiadakan tahun ini.* その科目は今年から廃止される. **3** 無視する, 軽視する: *meniadakan kebolehan orang lain* 人の能力を無視する.

ketiadaan 1 欠如, ないこと, 不在: *semasa ketiadaan saya* 私が不在の間は. *pada masa ketiadaan Perdana Menteri* 首相が不在のときは. **2** (お金の)不足: *Disebabkan ketiadaan duit, dia tidak dapat membeli buku itu.* お金がなかったので, 彼はその本を買えなかった.

tiang 1 柱: *tiang elektrik* 電柱. *tiang gol* ゴールポスト. *tiang bendera* 旗ざお. *bendera setengah, separuh tiang* (弔意を表すための)半旗; *mengibarkan bendera setengah tiang* 半旗を掲げる. *tiang seri, tiang tengah* 家屋の大黒柱. *tiang kampung* 村の最長老. **2** マスト, 帆柱: *kapal tiga tiang* 三本マストの船. *tiang agung* メインマスト. *tiang topeng* 前しょう(船首に一番近いマスト).

tiap; **setiap, tiap-tiap** 各々の, 毎～: *tiap-tiap hari* = *setiap hari* 毎日. *setiap minggu* 毎週. *setiap bulan* 毎月. *setiap tahun* 毎年. *tiap ketika / waktu / masa* いつも. *diadakan setiap empat tahun sekali* 四年に一度行う.

tiarap; **bertiarap, meniarap** うつ伏せになる, 腹這いになる: *Ketika mendengar tembakan, kami semua meniarap.* 銃声を聞いたので, われわれ全員は伏せた. *Jangan makan sambil meniarap.* 腹這いになって食べるな.

meniarapkan うつ伏せにする, 裏側に向ける: *meniarapkan badannya di tempat tidur* ベッドにうつ伏せになる. *meniarapkan gelas itu selepas mencucinya* グラスを洗った後逆さまにして置いた.

tertiarap つんのめる: *Dia tertiarap di atas lantai.* 彼女は床につんのめった. *terjatuh, tertiarap dan dipijak* 倒れてつんのめり, 踏みつけられた.

tiba 1 到着する=sampai: *Kami tiba di Tokyo pada pukul lima petang.* 私たちは午後5時に東京に着いた. *Kami tiba tepat pada masanya.* 時間通りに正確に到着した. **2** (時が)来る: *Tunggulah sehingga tiba masanya.* その時が来るまで待ちなさい. *Apabila seseorang teruna telah tiba masanya untuk berumah-tangga,* 青年が結婚する年頃になると. *Sudah tiba masanya kerajaan memperkenalkan sistem amaran awal terhadap tsunami.* 政府は津波警報システムを導入する時期が来た.

ketibaan 到着: *menunggu ketibaan Perdana Menteri* 首相の到着を待つ. *Ketibaannya disambut dengan meriah.* 彼女の到着は暖かく迎えられた.

setiba 到着するや否や: *Setiba di situ, dia dikerumuni orang.* そこに到着するや, 彼女は人に取り囲まれた.

tiba-tiba 突然に: *Tiba-tiba hujan*

turun. 突然雨が降りだした. *Tiba-tiba saja* dia menangis. 突然, 彼女は泣き出した. Sebuah kereta berhenti *dengan tiba-tiba* di hadapan kami. 車が突然私たちの前で止まった.

tibi (英) tuberculosis 結核.

tidak 1 《応答詞》〜でない (英語のNo,): "Ini durian?" "*Tidak*, ini bukan durian."「これはドリアンですか」「いいえ, これはドリアンでない」. "Anda hendak pergi?" "*Tidak*."「あなたは行きますか」「いいえ, (行きません)」. "Naik baskah?" "*Tidak*, saya berjalan kaki."「バスに乗りますか」「いいえ, 私は歩きます」. Baginda tidak pernah mengatakan "*tidak*" kepada orang. 王様はこれまで一度も人に「ノー」と言ったことがない. 2 《否定語》〜しない, 〜でない: Saya *tidak merokok*. 私はタバコを吸いません. Drama itu *tidak seronok*. あのドラマは面白くない. Dia *bukan tidak* tahu. 彼は知らないわけではない. *Tidak semua orang* tahu. 全ての人が知っているわけではない.

tidak akan 〜 → **takkan** 絶対に〜するはずがない: Dia *tidak akan* datang ke sini. 彼女はここに絶対来るわけがない. 彼女は絶対 *tidak akan* tahu. 彼女は絶対知らない.

tidak lagi もはや〜しない, もう〜しない: Dia *tidak lagi* sayang kepada saya. 彼は私をもう愛していない.

tidak berapa, tak berapa 〜 = **tidak begitu, tak begitu** 〜 あまり〜でない: Kari ini *tidak berapa pedas*. このカレーはあまり辛くない.

tidak perlu, tak perlu = **tidak usah, tak usah** 〜する必要ない: Anda *tak perlu* hadir di mesyuarat itu. その会議に出席する必要はありません. *Tak usah* bimbang tentang perkara itu. そのことで心配する必要はありません.

tak apa, tak apalah, tidak apa-apa, tidak mengapalah「かまわないですよ」「いいですよ」「何でもない」「大丈夫です」「心配しないで」.

tidak ada apa-apa, tidak ada apa pun まったく何もない, 何でもない: Mukanya *seperti tidak ada apa-apa*. 彼はまるで何でもなかったかのような顔つきをしていた.

tidak lain (dan) tidak bukan, tidak lain daripada 〜 他でもない: Yang penting *tidak lain dan tidak bukan* adalah diri anda sendiri. 大切なことは他でもないあなた自身です. Cadangan itu *tidak lain tidak bukan* bertujuan memberi nafas baru kepada pergerakan ini. その提案は他でもないこの運動に新風を巻き起こす目的でなされた. 《tidak 名詞句 — tidak 〜 〜でない — 》perbuatan *tidak bermoral* モラルに欠ける振る舞い. perbuatan *tidak bertanggungjawab* 無責任な行動. perkataan *tidak senonoh* 失礼な言葉.

《tidak を文末に置く表現例》
Walau sekejap pun, *sudah lebih daripada tidak*. ちょっとだけでも, しないよりもましだよ. "Apa awak marah?" "Marah tu *tidaklah*."「なぜ怒っているのか」「怒ってなんていない」. Hassan *tidak* menjawab. Tersenyum *pun tidak*. ハサンは答えなかった. にこりともしなかった. Jangankan mati, luka *pun tidak*. 死ぬどころか, 怪我さえもしていない. Bila dah beli kereta, nak memegang basikal itu pun dia *tidak mahu lagi*. 車を買ってから, 自

転車にさわろうともしなくなった. Hendak berseronok-seronok *pun tidak boleh*. 遊ぼうとしてもだめです. Lama sangat tu *tidak adalah*, cuma lebih 3 jam saja. 長すぎたわけではない、三時間にすぎない.
《tidak の否定疑問文とその応答例》 "Awak *tidak lapar* ?"「君は空腹でないですか?」→ "*Ya*, saya *tidak lapar*."「はい、空腹でありません」; "*Tidak*, saya *lapar*."「いいえ、空腹です」. "*Tidak boleh* kita pulang ?"「帰ってはだめですか?」→ "*Ya*, kita *tidak boleh*."「はい、だめです」. "Awak tak mahu ikut ?"「ついて行きたくないのか?」→ "*Tidak*, saya *mahu*."「いいえ、行きたいです」.

tidak-tidak ばかげた、不条理な: *perkara / perkataan yang tidak-tidak* ばかげた事・言葉.

bertidak 否定する.

menidakkan, mempertidak, mempertidakkan 否定する、無視する: *menidakkan* tuduhan itu 非難を否定する. Dia *menidakkan* yang dia berada di situ di waktu pembunuhan itu berlaku. 殺人が起きた時間に彼がそこに居たということを彼は否定した.

setidaknya, setidak-tidaknya = paling tidak, sekurang-kurangnya 少なくとも: *Setidak-tidaknya*, dengarlah nasihat kawan anda. 少なくとも友人の忠告を聞きなさい.

tidur 寝る, 睡眠: Abang *tidur*. 兄さんが寝ています. *tidur selesa, tidur lelap, tidur lena, tidur nenyak* 熟睡する. ぐっすり眠る. "Bagus *tidur* ?" / "Puas *tidur* ?"【口語】「よく眠れた?」. *tidur mati* 深い眠り; Tahar *tidur mati* seperti batang. タハールは幹の如く爆睡した. *tidur-tidur ayam* 浅い眠り. Saya *susah nak tidur*. なかなか寝付けないので困っています. *kerana kurang tidur* 寝不足のために. *pura-pura tidur* 寝たふりをする; Saya pula terjaga tetapi *buat pura-pura tidur*. 僕は目ざめたが、寝たふりをしていた. *baju tidur* パジャマ. *bilik tidur* 寝室. *pil tidur* 睡眠薬; *menelan pil tidur* 多量の睡眠薬を飲み込む.

meniduri 1 ～(場所)に寝る: *meniduri tikar buruk itu* 古びたムシロの上に寝る. 2 ～(人)と寝る, 性交渉をする: Bomah itu terang-terang telah *meniduri* isterinya dengan si suami berada di rumah. そのボモは夫が家に居るにもかかわらず堂々とその妻と寝た.

menidurkan 1 ～を寝かしつける: *menidurkan* bayinya sebelum keluar 外出する前に赤ちゃんを寝かしつける. 2 (直立しものを)横たえる: *menidurkan* tiang ini di sini この柱をここに横たえる.

ketiduran 1 寝室, ベッド (tempat ketiduran). 2 睡眠, 寝過ごす: Dia *ketiduran* dalam kelas. 彼は教室で寝てしまった.

tertidur 居眠りする: Ali *tertidur* dalam teksi. アリはタクシーの中で居眠りした. Pagi tadi saya bangun awal tetapi *tertidur lagi / semula*. 今朝早く起きたけど、二度寝してしまった.

penidur; *ubat penidur* 睡眠薬.

tifus (英) typhus チフス.

tiga 3: *tiga belas* 13. *tiga puluh* 30. "Ismail berapa adik-beradik ?" "Kami *tiga orang*. Saya, seorang kakak, dan seorang abang." 「イスマイルは何人兄弟ですか」「3人です. 僕と姉と兄です」. *tiga segi* 三角;

bekas yang berbentuk tiga segi 三角形をした容器.

tiga suku 1 四分の三. 2 気がおかしい=gila. *Masuk tiga keluar empat.*【諺】入るときは3, 出るときは4〈収入よりも支出の方が多い〉.

bertiga 三(人)そろって: *Mereka bertiga bermain di tepi sungai.* 彼らは三人そろって川岸で遊んだ.

ketiga 1 三番目の, 第三の: *mendapat nombor ketiga dalam pertandingan itu* コンテストで三位を獲得した. 2 三つすべて: *Ketiga pemuda itu dibebaskan.* 三人の青年全員が釈放された.

ketiga-tiga =ketiga=tiga-tiganya 三人全員: *Ketiga-tiga pemuda itu dibebaskan.* 三人の青年全員が釈放された.

pertiga, sepertiga 三分の一: *sepertiga kek itu* ケーキの三分の一.

mempertiga 三分の一に分ける: *Mereka mempertiga barang curian itu.* 彼らは盗んだ物を三分の一に分けた(三等分).

tik; *tik, tok, tik, tok* チクタク, チクタク《時計の音を表現する擬声語》.

tikai; **bertikai** 1 意見が異なる, 対立する: *Mereka berdua bertikai mengenai tugas masing-masing.* 彼ら二人はそれぞれの仕事について意見が対立した. 2 けんかする, 抗争する: *Mereka bertikai tentang perkara yang remeh.* 彼らは些細なことでけんかしている.

menikai 反対する(賛成しない): *Kami menikai pendapatnya.* 私たちは彼の意見に反対している.

mempertikaikan ～に反論する, ～を槍玉にあげて批判する, 異議を提起する: *mempertikaikan dakwaan itu* その批判に反論する. *mempertikaikan* kuasa presiden persatuan itu 協会の会長の権限に異議を申し立てて論争する.

pertikaian 対立, 紛争, 抗争: *menyelesaikan pertikaian antara mereka berdua* 彼ら二人の間の対立を解決する. *pertikaian antarabangsa* 国際紛争. *pertikaian sempadan* 国境紛争.

tikam 突き刺す.

bertikam, bertikaman, tikam-menikam 刺し合う: *bertikam lidah* 口論する; *bertikam lidah dan bertumbuk sewaktu membahaskan isu kenaikan harga minyak pada sidang Parlimen* 国会で石油値上げ問題を討論しているとき口論し, 殴り合いをする.

menikam 1 ～(人を)刺す: *menikam perut orang itu* 人の腹を刺す. 2 感情を傷つける(=menikam hati): *menikam hati / perasaan* ～の感情・心を傷つける.

menikamkan ～(武器を)突き刺す: *menikamkan pisaunya ke leher Hasan* ナイフをハッサンの首に突き刺す.

tertikam 刺される: *Orang yang tertikam itu mati.* 刺された者は死亡した.

tikaman 刺すこと: *Orang itu ditemui mati dengan 17 kesan tikaman pada dada dan belakang.* その人は胸と背中に17箇所の刺し傷を受けて死んでいるのが発見された.

pertikaman 対立: *pertikaman lidah* 口演, 論戦.

tikar むしろ, ござ(茣蓙).

tikét (tikét) (英) ticket チケット: *membeli tiket pergi-balik* 往復切符を買う. *tiket sehala* 片道切符. *Di mana tempat menjual tiket?* 切符

売り場はどこですか.

tikus ネズミ.

tilam マットレス:*kain tilam* ベッドシーツ.

tilik; menilik 1 よく見る, 観察する, 凝視する:Dia sedang asyik *menilik* gambar-gambar dalam album itu. 彼女はアルバムの中の写真をしきりに見つめている. 2 (運勢などを)占う:*menilik* nasib seseorang 人の運勢を占う. Pak Ali pandai *menilik*. アリさんは占いが得意だ. 3 指導する, 監督する.

tilikan 1 凝視, 監視. 2 占い, 予想:*Tilikannya* sangat tepat. 彼の占いはよく当たる. 3 監督, 指導:*di bawah tilikannya dan pimpinannya* 彼の監督と指導の下で.

penilik 占い師(=tukang tilik).

timah 錫(スズ):*bijih timah* 錫鉱石. *Bijih timah* banyak didapati di negeri Perak. 錫鉱石はペラ州にたくさんある.

timang; menimang, menimang-nimang 1 (子供を)両手でかかえてあやす:Pak Ali *menimang* cucunya. アリさんは孫を両手であやした. 2 (重さを計るために)手の平で持ち上げる:*menimang-nimang* gelang emas itu untuk mengagak beratnya 金の輪を手に持って重さを推し量る. 3 熟考する:*menimang* baik buruk rancangan itu その計画の良し悪しをよく考える.

timang, timang-timangan 1 *anak timang-timangan* 寵愛される子. 2 *nama timang-timangan* あだ名, 愛称.

timba バケツ, 桶.

menimba 1 バケツで(水を)汲み取る:Menirah *menimba air* dari perigi. ムニラは井戸から水を汲み取る. Ia *menimba air* di dalam sampan dengan rajinnya. 彼は懸命にサンパン(小舟)の中の水をバケツを使って汲み出した. 2 たくさん取得する:*menimba* pengetahuan, kemahiran dan pengalaman dalam bidang perniagaan ビジネス界における知識と技能, 経験を取得する.

timbal 均衡, バランス:*timbal balik* 相互的, 互恵的:mempunyai *hubungan timbal balik antara satu sama lain* お互いに相互的な関係をもつ. *timbal balas* a 互恵的な(reciprocal):*cukai timbal balas* 互恵関税. berdasarkan *prinsip timbal balas* 互恵主義の原則に基づく. b トレードオフ, 見返り, お返し, 代償:Mereka mahu *timbal balas*. 彼らはお返しを欲している. *mesti ada timbal balas*. 見返りがあるべきだ.

menimbal, menimbali 均衡させる, 釣り合わせる, バランスさせる:Hakim *menimbal* hukuman *dengan* kesalahan yang dilakukan oleh penjenayah. 判事は犯人のした犯罪と刑罰を均衡させた.

setimbal 釣り合いがとれた, 見合った:*ganjaran yang setimbal* 釣り合いのとれた報酬. Hukuman itu harus *setimbal dengan* kesalahan. 刑罰は犯罪に見合ったものでなければならない.

timbalan 副〜, 補佐:*Timbalan Menteri* 副大臣. *Timbalan Perdana Menteri* 副首相. Pada masa ketiadaan Perdana Menetri, *timbalananya* akan mengambil alih tugas-tugasnya. 首相が不在のときは, 副首相がその任務を代行する.

timbang; menimbang 1 重さを計る:*menimbang* bungkusan itu その包みの重さを計る. *menimbang*

timbang rasa

bungkusan itu *dengan* dacing その包みの重さを秤で計る. **2** 考慮する, 検討する: *menimbang* pendapat kawannya 友人の意見を考慮する. *Menimbang* kedudukan kewangan kita, baiklah rancangan itu dibatalkan. 私たちの金融状態を考えると, その計画はキャンセルした方が良いだろう. Kami *sedang menimbang untuk* mengambil tindakan undang-undang berhubung laporan akhbar itu. 私たちはその新聞報道に関して法的措置を検討している.

mempertimbangkan 熟考する, よく検討する: *mempertimbangkan* cadangan itu その提案を熟考する.

timbangan **1** 秤 (はかり): *Timbangan itu* menunjukkan gula itu 2 kilo. 秤は砂糖が2キロあることを示している. **2** 考え, 考慮, 意見=*pertimbangan*: *membuat timbangan yang adil* 公平な配慮をする. *Bagaimana timbangan anda?* あなたの意見はどうですか. terserah kepada *timbangan ibu bapanya* 親の考えに任せる. *timbangan yang berat sebelah* 偏った配慮. *Terima kasih di atas timbangan anda terhadap* perkara ini. 本件につきよろしくご高配くだされば幸甚です《手紙文》.

pertimbangan 考慮, 配慮, 判断, 判定: *beri / buat pertimbangan khas* 特別に配慮する. *pada pertimbangan* orang tempatan itu 地元の人たちの判断では.

setimbang 釣り合いのとれた: *Gajinya tidak setimbang dengan* usahanya. 彼の給料はその努力と釣り合わない.

timbang rasa 同情, 思いやり: Seorang ketua haruslah *mempunyai perasaan timbang rasa terhadap* orang-orang di bawahnya. 上司は部下に対して思いやりの気持ちを持つべきだ.

bertimbang rasa 思いやりのある.

timbang tara 仲裁.

penimbang tara 仲裁者.

timbul **1** 水面に浮き上がる, 浮く: Bola itu *timbul* bila jatuh ke dalam air. ボールは水中に落ちると浮かび上がる. **2** 現れる, 生じる, 起きる: Setelah lama menghilangkan diri, dia *timbul semula* di tengah-tengah masyarakat. 彼は長い間姿を見せなかったが, 再び世間に現れた. Cukai pintu *timbul kembali menjadi isu*. 固定資産税が再び問題になってきた. Perkara itu *timbul* semasa mesyuarat hari ini. 今日の会議でその事が持ち出された. Perselisihan faham itu *timbul kerana* ～故に誤解が生じた. **3** (月, 太陽が) 昇る: Matahari *timbul* di sebelah timur. 太陽は東側に昇る. **4** (考えなどが) 浮かぶ: *Timbullah* satu rancangan jahat dalam kepalanya. 彼の頭にある悪い計画が浮かんだ. Pertanyaan demi pertanyaan *timbul dan tenggelam* di kepalanya. 頭の中で質問が次から次へと浮沈した.

menimbulkan **1** 提起する, ～をもちだす, ～を引き起こす: Saya tidak faham kenapa dia *timbulkan* perkara ini sekarang. 彼がなぜこの問題を今持ち出したのか私には分からない. Itu akan *menimbulkan* masalah besar kepada kita. それは私たちに大きな問題を引き起こすだろう. *menimbulkan tanda tanya* 疑問をもたらす. **2** 水面に浮きあがらせる: Belanja untuk *menimbulkan* kapal yang karam itu tentulah besar. 沈没した船を引き上げる費用

は膨大になる. **3**(感情を)もたらす: Kejadian itu *menimbulkan* kemarahan ramai orang. 事件は多くの人々に怒りをもたらした.

timbun 積み上げた物, 堆積: rebah di atas *timbun* rumput 草が積み上げられた上に横になる.

bertimbun, bertimbun-timbun **1** 積み上げられた: Sampah *bertimbun* di belakang rumahnya. ゴミが家の後ろに積み上げられている. **2** 豊富な, たくさんある: Dari segenap pihak datanglah *bertimbun-timbun* surat pujian. 各方面からお褒めの手紙が多数来た.

menimbun **1** 積み上げる: *menimbun* sampah di hadapan rumahnya 家の前にごみを積み上げる. **2** 埋める=menimbus: *menimbun* lubang *dengan* batu 石で穴を埋める.

menimbuni 〜に積み上げる: *menimbuni* meja itu *dengan* buku-buku=*menimbunkan* buku-buku di atas meja itu 机に本を積み上げる.

menimbunkan **1** 積み上げる: *menimbunkan* barang-barang di atas lori トラックに荷物を積み上げる. **2** ためこむ: *menimbunkan* keuntungan 儲けをためこむ. *menimbunkan* kerja pada hari esoknya 仕事を翌日にためこむ.

timbunan 積み上げられた山(場所): *timbunan* keruntuhan bangunan 建物の瓦礫の山. *timbunan* sampah ごみの山; Kaki mayat terkeluar dari *timbunan* sampah. ごみの山から死体の足が出ていた.

tertimbun 埋められた: menggali telur penyu yang *tertimbun* di dalam pasir. 砂の中に埋められた海亀の卵を掘る. Rumah-rumah itu *tertimbun* oleh tanah runtuh. 土砂崩れによってたくさんの家屋が埋まった.

timbus; **menimbus** 土などで埋める, 埋め立てる: *menimbus tasik* 湖を土で埋め立てる. *menimbus* lubang di jalan itu *dengan* batu 道路の穴を石で埋める.

tertimbus 土の中に埋まる, 生き埋めになる: Keretanya *tertimbus* dalam gempa bumi. 地震で車が土中に埋まった. Dua lelaki *mati tertimbus* apabila gunung batu kapur di belakang rumahnya runtuh. 家の裏の石灰石の山が崩れたため二人の男性が生き埋めになり死亡した. Seorang kanak-kanak lelaki berjaya dikeluarkan selepas *tertimbus di bawah runtuhan* selama empat hari akibat gempa bumi. 地震で瓦礫の下に四日間生き埋めになっていた一人の男児が救出された. mengeluarkan mangsa yang masih banyak *tertimbus di bawah runtuhan bangunan* 建物の瓦礫の下にまだ下敷きになっているたくさんの犠牲者を引き出す.

timpa; **bertimpa-timpa, timpa-bertimpa** 次々に積み重なる, 次々に起こる: Segala kesusahan datangnya *bertimpa-timpa*. あらゆる困難が相次いでやって来た. Masalah demi masalah *datang bertimpa-timpa*. Satu datang sebelum yang lain selesai. 問題が次々にやって来る. ひとつの問題が解決しないうちに別のがやって来る.

menimpa **1** 〜の上に落ちる: Pokok besar itu *jatuh menimpa* kereta saya. 大木が私の車の上に落ちてきた. *bagaikan jatuh ditimpa tangga* はしごが崩れ落ちてきたかの

timpal

ように(災難や惨事に次々襲われること). Orang-orang terjatuh dan *menimpa satu sama lain.* 人々が倒れ,その上に折り重なった. **2** (災難,病気などが)〜にふりかかる,〜を襲う: Nasib malang *menimpa* mereka. 不運が彼らにふりかかって来た.

menimpakan 1 〜の上に落とす: *menimpakan* ketulan batu *ke atas* khemah musuhnya 敵のテントの上に石の塊を落とす. **2** 〜に押しつける: *menimpakan* sagala kesalahan *kepada* kawannya すべての過ちを友人に押しつける.

tertimpa (病気や災難に)かかる,見舞われる: Dia *tertimpa* penyakit kencing manis. 彼は糖尿病に見舞われた.

timpal; **setimpal 1** つり合いのとれた. **2** 適した,ふさわしい: *ganjaran setimpal* それにふさわしい報酬.

timpalan つり合い,バランス.

timpuh; **bertimpuh** 正座する: Orang lelaki bersila: orang perempuan *bertimpuh.* 男性はあぐら(胡坐)をかき,女性は横座りをして正座する《マレーの正座の方法》.

timpus 先が細くなる: *keris berbentuk timpus* 先が細くなった形のクリス.

timun キュウリ: *timun laut* ナマコ.

timur 東: *timur barat* 東西. *timur laut* 北東. *Timur Dekat* 近東. *Timur Jauh* 極東. *Timur Tengah* 中東. *beberapa batu ke timur* 東へ数マイル.

ketimuran 東洋的な: *unsur ketimuran* 東洋的な要素. *nilai-nilai ketimuran* 東洋の価値観.

tin ブリキ缶,缶: *ikan sardin dalam tin* イワシ缶詰. *pembuka tin* 缶切り.

mengetin, mengetinkan 〜を缶詰めにする: *mengetin nanas* パイナップルを缶詰にする.

tindak (Jw) 行為,行動: *tindak balas* 反応. *tindak balas berantai* 連鎖反応. *tindak pidana* 犯罪行為.

tindak-tanduk 振る舞い,行動: Kami sedang memperhatikan *tindak-tanduk* Ali. 私たちはアリの振る舞いを観察している.

bertindak 行動する,措置を講じる;取締まる: Jangan *bertindak* terburu-buru. 慌てた行動をとるな. *bertindak terhadap* sesiapa yang melanggar undang-undang 法に違反する者に対して取締まる. Kini masa untuk *bertindak*, bukan bercakap. 今や行動すべき時だ,議論している時でない. Sudah banyak tolak ansur dibuat dan tibalah waktunya untuk Malaysia *bertindak tegas*. すでに多くの譲歩をしたので,いまやマレーシアは厳しい態度で臨む時が来た. *pelan bertindak* アクション・プラン(行動計画).

menindak 〜の行動をとる.

tindakan 1 措置,取締まり. *mengambil tindakan untuk* 〜するよう措置をとる. *mengambil tindakan terhadap* 〜に対して取締りをする. *mengambil tindakan tegas* きびしく取締る; Kerajaan tidak teragak-agak mengambil *tindakan tegas terhadap* mereka yang merosakkan alam sekitar. 政府は環境を破壊する者に対して躊躇せずに厳しく取締る. Mereka akan *dikenakan tindakan undang-undang*. 彼らには法的措置がとられるだろう. **2** 行動, 振る舞い: *Tindakannya* dipuji oleh guru besar. 彼の行動を校長がほめた.

tindas; **menindas** 抑圧する, 圧迫する, 弾圧する: Dia menuduh kerajaan *menindas* golongan miskin. 彼は政府が貧困層を抑圧していると訴えた.

penindasan 抑圧, 弾圧: *penindasan politik* 政治的な弾圧. *melakukan penindasan terhadap* kaum wanita 女性を蹂躙する.

tindih; **bertindih** 1 積み重なる: Gelas itu *bertindih*, nanti pecah. グラスが積み重なっている, 壊れるかも. 2 ダブる, 重複している: Kajian dua orang pelajar itu *bertindih*. 二人の生徒の研究は重複している. Hapuskanlah peraturan-peraturan yang tidak diperlukan dan *bertindih*. 不必要かつ重複した規則は廃止せよ. *duduk bertindih riba dengan* ~ / *bertindih paha dengan* ~とぴったりとくっついて座る.

menindih 1 (~の上を)押さえ込む, (飛ばないように)重いもので押さえる: *menindih* kertas-kertas itu *dengan* sebuah buku tebal 厚い本で紙を押さえる. *menindih* adiknya di atas tanah semasa mereka bergaduh けんかしたとき弟を地面に押しつける. 2 抑圧する: majikan yang *menindih* pekerja-pekerjanya 使用人を抑圧する使用者.

penindahan 押さえること, 弾圧.

pertindihan 重複, ダブリ: supaya tidak berlaku *pertindihan* tugas 業務のダブリが生じないように.

tindik; **bertindik** ピアスしてある (耳たぶに穴があいている).

menindik 耳たぶに穴をあける: *menindik telinganya* 耳にピアスをする.

tinggal 1 住む, 居住する, 滞在する: "Awak *tinggal* di mana?" "Saya *tinggal* di Takao." 「君はどこに住んでいますか」「高尾に住んでいます」. *tinggal berasingan* 別居する. *tinggal lebih tempoh yang dibenarkan,* / *tinggal lebih dari tempoh yang ditetapkan* (外国人不法労働者などが)オーバーステイする. 2 その場に留まる・残る: Ali *tinggal* di rumah apabila kami pergi kerja. 僕らが仕事で外出しているとき, アリは家に留まっている. *Tinggal di tempat itu.* Jangan *tinggalkan* tempat duduk. 動くな, 座席を離れるな. 3 まだ残っている: Tak ada makanan *yang tinggal* di atas meja. テーブルの上に食物は残っていない. Selepas membeli buku ini, wang saya *tinggal* 10 ringgit saja *lagi*. この本を買ったあと, 僕のお金はあと 10 リンギットしか残っていない. *Waktu masih tinggal* 20 minit. 時間はあと 20 分残っている. *Tinggal* 20 hari *lagi* Sukaan Olimpik akan diadakan di Tokyo. 東京オリンピックまであと 20 日間ある. *Tinggal* tiga orang *lagi*. あと三人残っている. Semuanya bersurai. Akhirnya *tinggal* kami bertiga. 全員が散会し, 残ったのは私たち三人だけだ. Sepuluh *dibahagi* tiga *sama dengan* tiga *tinggal* satu. 10÷3=3, 余り 1 《余りのある割り算を表現する》. "Cikgu, semua barang dah dimasukkan. *Tinggal* nak menyusun saja." 「先生, 荷物はすべて入れました. あとは整理するだけです」. 4 そのまま~, 変わらず=tetap: Yang miskin *tinggal* miskin. 貧乏人は貧乏のまま変わらない. 5 取り残される, 放棄された: *sawah tinggal* 放棄水田.

tinggal sehelai sepinggang (火

tinggal

事や災害で)着の身着のままになる: Lebih kurang 1,000 penduduk *tinggal sehelai sepinggang* apabila 70 unit rumah hangus sama sekali dalam kebakaran itu. 火事で70軒が全焼し, 約1,000人の住民が着の身着のままになった.

meninggal, *meninggal dunia* 亡くなる, 世界する《mati 死ぬ, よりも丁寧語》: Dia *meninggal dunia* di London. 彼はロンドンで亡くなった.

meninggalkan 1 (場所を)離れる, ~を立ち去る, ~から足が遠のく: Dia *meninggalkan* London. 彼はロンドンを離れた(出発した). *meninggalkan* kampung halaman 故郷を離れる. *meninggalkan* dewan sebagai tanda protes 抗議して会場から退席する. Rantau Abang beransur-ansur *ditinggalkan* oleh para pelancong kerana tidak banyak lagi penyu yang mendarat di pantai tersebut. ランタウ・アバンから観光客の足が遠のくようになった, 産卵で同海岸に上陸するウミガメが少なくなったからだ. 2 ~を残しておく: *Tinggalkan* kuih ini untuk Ali. このお菓子をアリに残しておきなさい. *Tinggalkan satu orang satu kuih* cukuplah. 一人に一個の菓子を残せば十分だ. Allahyarham *meninggalkan* dua orang anak. 故人は二人の子を残して亡くなった. *meninggalkan* semua hartanya kepada isterinya すべての財産を妻に残しておく. Lukanya itu tentu *meninggalkan* parut. そのけがは必ずや傷跡を残すことになる. 3 (人を)置いて行く, 置き去りにする, 後に残して行く: Kami terpaksa *meninggalkan* anak kami di Jepun. 子どもたちを日本に残して行かざるを得なかった. *meninggalkan* isteri di hotel bila menghadiri persidangan itu 会議に出席するときは妻をホテルに置いて行く. Dia *berlalu meninggalkan kekasihnya* di situ. 彼女は恋人をそこに残して立ち去った. Jangan suka berkawan dengan orang yang *meninggalkan sahabatnya dalam kesusahan*. 困った状態の友人を置き去りにする(見捨てる)ような人とは気軽に付き合うな. *meninggalkan kekasihnya* 恋人を捨てる; Ali sudah *ditinggalkan* oleh kekasihnya. アリは恋人にふられた. 4 使わない, 捨てる, 軽視する: Perempuan di sini banyak yang sudah *meninggalkan tudung kepala*. ここの女性はトゥドン(頭を覆うスカーフ)を着けないのが多い. *meninggalkan kewajipan* 義務を果たさない. *meninggalkan rumah* 家出をする.

ketinggalan 1 (学業や開発に)取り残される, 遅れる: hukuman yang *ketinggalan zaman* 時代遅れの刑罰. Dia tidak mahu *ketinggalan dalam pelajarannya*. 彼は勉強で遅れをとりたくない. supaya masyarakat Iban *tidak ketinggalan dalam arus pembangunan* イバン族が開発の流れに取り残されないように. Mereka masih jauh *ketinggalan dalam* semua aspek kehidupan berbanding kaum lain. 彼らは他の種族と比べて生活のあらゆる面でまだはるかに立ち遅れている. Kami *ketinggalan jadual*. 予定したスケジュールから遅れている. 2 (うっかり)置き忘れる: Ada sesuatu yang *ketinggalan*. 忘れ物が何かある. Wangnya *ketinggalan* di rumah. お金を家に置き忘れた. Saya *ketinggalan* kamera di dalam kereta. 車の中にカメラを置き忘れた. 3 (乗り物に)乗り遅れ

る：Saya *ketinggalan bas* kerana saya bangun lewat. 私は寝坊したため、バスに乗り遅れた.

peninggalan 1 遺産(品) = warisan：menerima rumah itu sebagai *peninggalan* ayahnya 父親の遺産として家屋を受け取る. *Harta peninggalan* bapanya habis dijual. 父親の遺産はすべて売却された. 2 遺跡：Kubu itu *peninggalan* Portugis. その要塞はポルトガルの遺跡である.

tertinggal 1 置き忘れた：Pasport saya *tertinggal* di rumah. パスポートを家に置き忘れた. Saya *tertinggal kunci* di dalam rumah. 鍵をうっかりして部屋の中に置き忘れた. *Ada barangnya yang tertinggal*. 忘れ物をした. 2 とり残された：takut *tertinggal kereta api* 汽車に乗り遅れるのではないかと心配する. Pelari itu *tertinggal* jauh di belakang. ランナーは遥か後方にとり残された (遅れた). Kerjanya *tertinggal* kerana masalah kesihatan. 健康上の理由で彼の仕事が大幅に遅れた.

tinggi 1 高い：pokok yang *tinggi* 高い木. pangkat yang *tinggi* 高い地位. *Berapa tingginya*? 高さはどのくらいですか. 2 高等の：*mahkamah tinggi* 高等裁判所. *tinggi hari* 正午になる. *tinggi hati* 高慢な, 威張る.

meninggi 1 高くなる：Pokok di sini sudah *meninggi*. ここの木は高くなった. Suaranya *meninggi* kerana dia marah. 彼は怒ったので、声が大きくなった. 2 高慢な.

meninggikan 1 高くする, 向上させる：*meninggikan mutu barangannya* 商品の品質を向上させる. *meninggikan kedudukannya* 地位を高める. 2 (声を)強める：*meninggikan suaranya* 声を強める. *meninggikan diri* 威張る.

ketinggian 高さ：Ramai orang kagum melihat *ketinggian* bangunan itu. そのビルの高さを見てみんな驚く. Dia bangga dengan *ketinggian* pangkatnya. 彼は自分の地位が高いことを誇りにしている.

setinggi 高さ《数量を示すとき》：*setinggi* dua meter 2メートルの高さ. suhu *setinggi* 30 darjah 30度の気温.

tinggung; **bertinggung, meninggung** 中腰にしゃがむ = bercangkung：*duduk bertinggung* di tepi jalan 道端で中腰にしゃがむ.

tingkah I 1 行為, 行動：*tingkah laku*, *tingkah langkah* 振る舞い, 行動：*Tingkah laku* orang Jepun itu sopan-santun. あの日本人の振る舞いは礼儀正しい. *Tingkah lakunya* kurang sopan. 彼女の振る舞いは礼儀をわきまえていない. *Jagalah tingkah laku anda*. マナーに気をつけよう. 2 おかしな振る舞い：Rosnah berasa takut apabila melihat *tingkah* perempuan itu. その女性のおかしな振る舞いを見てロスナは怖くなった. *membuat tingkah* おかしな振る舞いをする, 無茶なことをする, (子どもが)いたずらをする：Anak saya *membuat tingkah* pula di majlis itu; tiba-tiba dia menangis hendak pulang. 娘はそのパーティーで無茶なことをした, 家に帰りたいと突然泣き出したのだ.

bertingkah 1 無茶な振る舞いをする, ふざける, いたずらをする, ばかなことをする：Anak yang manja itu *bertingkah* lagi. 甘えっ子はまたいたずらをする. "*Jangan bertingkah waktu saya sedang sibuk ini*" ibu itu memarahi anaknya. 「お母さん

がこんなに忙しいとき無茶をしてはダメ」と母は息子に叱った. Jangan awak *bertingkah* di depan orang ramai ini. 人前でばかげたことをするな. **2** かんしゃくを起こす: Penyanyi terkenal itu *bertingkah* apabila membaca kritikan mengenai dirinya. 有名な歌手は自分についての批評を読んでかんしゃくを起こした.

bertingkah laku 振る舞う: Dia selalu *bertingkah laku* seperti orang yang penting. 彼はいつも重要人物であるかのように振る舞う. Anda harus *bertingkah laku baik*. マナーに気をつけてください. *Jangan bertingkah laku yang bukan-bukan*. ばかげたことをするな.

tingkah II; **meningkah 1**(人の話に)割り込む=menyampuk: Sekali-sekali ia mencuba *meningkah* cakap ibunya. 彼は母親の話にときどき割り込もうとした. **2** 言い返す, 口答えをする, 反論する, 抗議する: Kassim *meningkah* katakata ketuanya. カシムは上司の言ったことに反論した. Dengan tegas dia *meningkah* setiap tuduhan yang diajukan terhadapnya. 彼は自分に向けられたすべての非難にはっきりと言い返した.

tingkap 窓.

tingkat 1 階: *tingkat dua* 二階. *tingkat tiga* 三階. dari *tingkat tiga* rumah saya 家の三階から. *bas dua tingkat* 二階建てバス. Tsunami itu mencapai setinggi 6 meter atau *bangunan tiga tingkat*. 津波は高さ6メートル, すなわちビル三階の高さに達した. *rumah teres dua tingkat* 二階建てのテラス・ハウス. *tingkat atas* 上の階. *tingkat bawah* 地階: *pergi ke tingkat bawah* 地階に降りて行く. **2** 地位, 水準: *tingkat hidup* 生活水準. *tingkat pengeluaran* 生産レベル. **3** 段階: *masih pada tingkat awal* まだ初期の段階にある.

tingkatan 1 学年(中等学校の): *pelajar tingkatan satu* 中学1年生. **2** レベル, 水準: *tingkatan hidup* 生活水準.

bertingkat, bertingkat-tingkat 何階もある, 階級がある: Rumahnya *bertingkat dua*. 彼の家は二階建てだ. *tempat letak kereta bertingkat* 階段式駐車場. *sawah bertingkat-tingkat* 棚田. *secara bertingkat-tingkat* 段階的に.

meningkat 1 上昇する, 増加する=bertambah: Bilangan pelajar itu *meningkat kepada* 100 orang. 学生数は100人にまで増加した. Jumlah kematian akibat gempa bumi itu *meningkat kepada* 60 orang hari ini. 地震による死者は今日まで60人に増えた. Angka kematian akibat gempa bumi di Yogyakarta Sabtu lalu *mencecah* 5,600 orang dan ia dijangka terus *meningkat* lagi selepas ini. 先週土曜日にジョクジャで起きた地震の結果, 死者数は5600人に達し, 今後さらに増える見込みである. *meningkatnya kes jenayah* 犯罪事件の増加. **2** エスカレートする, 激化する, 活発化する: Perang itu semakin *meningkat*. 戦争がますます激化する. **3** 〜に変わる: Dia sudah *meningkat* dewasa kini. 彼は成長して今や大人に変わった.

meningkatkan 引き上げる, 促進する, 強化する: *meningkatkan kerjasama* dalam menangani keganasan テロ対策で協力を強化する. *meningkatkan rondaan* di Selat

Melaka マラカ海峡の巡視を強化する. *meningkatkan jumlah pekerja* 従業員の数を増やす. *meningkatkan taraf hidup penduduknya* 住民の生活水準を引き上げる.

peningkatan 激化, 活発化：*Sejak awal tahun ini terdapat peningkatan aktiviti gempa bumi dan letupan gunung berapi.* 今年の初めから地震と火山噴火の活動が活発化していた.

tinjau 船首にある見張り台(＝*tinjau karang*).

meninjau 1 見渡す, ながめる：*meninjau ke timur* 東を見渡す. 2 見学する, 視察する：*PM akan meninjau ke kampung nelayan itu.* 首相がその漁村を視察する予定だ. 3 観察する, 調査する, 監視する：*meninjau gerakan musuh* 敵の動向を調べる. *meninjau pendapat penduduk kampung itu tentang rancangan kerajaan itu* 政府の計画についての村民の意見を調査する. *Pihak polis sedang meninjau kegiatan kongsi gelap.* 警察側はヤクザ組織(秘密組織)の活動を監視している.

meninjau-ninjau 辺りを見渡す：*meninjau-ninjau mencari kawannya di pusat membeli-belah yang sesak itu* にぎやかなショッピングセンターで友達を探そうとあたりをきょろきょろ見渡す.

tinjauan 観察・調査(の結果)：*menurut tinjauan pendapat* 世論調査によると. *membuat satu tinjauan* 調査を実施する. *tinjauan pendapat* 世論調査.

peninjauan 観察, 調査：*Peninjauan masalah itu perlu dilakukan dengan segera.* その問題の調査をすぐ行う必要がある.

tinju; **peninju** こぶし：*bermain tinju, peraduan tinju* ボクシング. *kena tinju* 殴られる.

bertinju 殴る, ボクシングする.

meninju こぶしで殴る：*meninju pencuri itu* どろぼうを殴る.

petinju ボクサー.

tinta (Id) インク→ **dakwat**.

Tionghua (Ch); **Tionghoa** 中国の → **Cina**：*bahasa Tionghua = bahasa Cina* 中国語.

Tiongkok (Ch) 中国→ **Cina**.

tipikal (英) typical 典型的な.

tipis 1 薄い, (文字が)読みにくい：*kertas yang tipis* 薄い紙. 2 小さな, ささやかな：*peluang yang tipis* 機会があまりない. *Peluang untuk menemui mereka yang masih hidup sangat tipis sekarang.* 生存者を発見する機会は今やとても小さくなった. *Kemungkinan berhasil tipis.* 成功する確率は小さい. *Tipis kemungkinannya.* その可能性は小さい. *tipis telinga* 話を聞いてすぐ怒る.

menipis 薄くなる：*Lapisan ozon semakin menipis.* オゾン層はますます薄くなっている.

menipiskan 薄くする, 薄める：*menipiskan lapisan ozon* オゾン層を薄くする. *menipiskan sup itu dengan* menambahkan air ke dalamnya スープの中に水を加えてスープを薄める.

tipu ごまかし, だまし, 偽り：*tipu daya, tipu helah, tipu muslihat* だまし, 策略. *Saya terkena tipu.* 私はだまされた. *membeli barang-barang tipu* 偽物を買う.

menipu だます, ごまかす：*menipu wang ringgit* 金銭をだます. *menipu diri* 勘違いをする；*Awak menipu* *diri* kalau awak fikir akan awak lulus dalam peperiksaan yang sukar ini. この難しい試験をパスするだろうともし君が思っていたら,それは勘違いだよ.

penipu 詐欺師.

penipuan ごまかし, 詐欺.

tertipu だまされる: Saya tidak sedar yang saya sudah *tertipu*. 僕はだまされたことに気づいていなかった.

tirai (Tm) カーテン, 幕→ **langsir**: *tirai besi* 鉄のカーテン《冷戦時代に東欧共産圏と西欧との境界線》. *tirai kelambu* 蚊帳. *membuka tirai* 幕を開ける. *pembuka tirai* 幕開け; Lawatan Perdana Menteri itu boleh disifatkan sebagai *pembuka tirai* bagi hubungan kedua negara. 首相の訪問は両国関係の幕開けといえる. *tirai diselak dan dilabuhkan* 幕を開け閉めする. *Tirai* tahun 2006 akan berlabuh tidak lama lagi. 2006年の幕が間もなく下りる.

tiram オイスター(貝).

tiri 義理の〜(血縁関係のない): *bapa tiri*, *ayah tiri* 義父. *emak tiri*, *ibu tiri* 義母. *abang tiri* 義兄.

tiris (水や空気が)漏れる: Botol ini *tiris*. このボトルは漏れている.

ketirisan 漏れ＝kebocoran: Kalau hari hujan, tentu di dalam rumahnya *ketirisan*. 雨が降ると, 必ず家の中が雨漏りでぬれる.

tiroid (英) thyroid 甲状腺.

tiru; **meniru** 1 似る: *meniru cara Ali bercakap* アリのしゃべり方を真似する. *meniru lukisan itu dari sebuah buku* ある本からその絵を模写する. 2 偽造する: *meniru tandatangan* 〜の署名を偽造する. 3 人の真似をする, 人と張り合う: Jangan cuba *meniru* jiran tetangga. 隣人と張り合うな.

meniru-niru 模倣する: Pandai benar Ali *meniru-niru* salak anjing. アリは犬のほえ声を真似するのが上手だ.

tiruan 模倣, 合成: *getah tiruan* 合成ゴム. *tasik tiruan* 人造湖.

peniru 真似する人, 偽者.

peniruan 真似すること: *Peniruan* idea orang lain tidak dibenarkan. 他人のアイデアを真似することは認められてない.

tertiru-tiru 知らない間に真似している: Dia *tertiru-tiru* tabiat buruk kawannya. 彼はいつの間にか友達の悪い癖を真似していた.

tiruk; *nyamuk tiruk* 〔虫〕ハマダラカ, アノフェレス(マラリア病を媒介する蚊).

tirus 先き細り: *kayu yang tirus* 先に行くにつれ細くなっている材木.

menirus 先端が細くなる: Papan itu *menirus* di hujungnya. 板は先端が細くなっている.

tisik; **menisik** (衣類を)繕う: *menisik seluar yang koyak-koyak itu* 破れたズボンを繕う.

tisu (英) tissue 1 ティッシュペーパー. 2 (筋肉)組織.

titah 【王室】王の言葉, 命令: Tun Perak akur pada *titah* Sultan. トゥン・ペラはスルタンのお言葉に従った. Ratu Elizabeth akan *menyampaikan titah* baginda esok. エリザベス女王は明日スピーチをされる. *menjunjung titah* 王の命令に従う.

bertitah 王がおっしゃる, 王が命令を与える: Baginda *bertitah* di hadapan segala rakyat baginda. 王様は臣下の前で申された.

menitahkan 王が命令する: Raja

itu *menitahkan* pahlawan baginda berjuang menentang musuh. 王は武将らに敵と戦うよう命じられた.

titi; **titian** (板やヤシの木でつくった)狭い小さな橋.

meniti 橋の上を渡る, 小道を歩く: *meniti titian* yang berdekatan dengan rumahnya 家の近くの小さな橋を渡る. *pandai meniti buih*【諺】困難なことを成し遂げるのがうまい.

titik I 句読点, 点: *titik dua* コロン(:). *titik koma* セミコロン(;). *titik perpuluhan* 小数点(.). *titik mula / titik permulaan* 出発点. *titik panas* (hot spots) 火災発生地点. *titik peralihan* ターニング・ポイント. *Bubuh tanda titik* selepas sesuatu ayat. 文章の末尾にピリオドを打ちなさい.

menitik ピリオドを打つ: Jangan lupa *menitik* ayat ini. この文章にピリオドを打つのを忘れないで.

titik II 滴, 滴がしたたり落ちる: *beberapa titik air* 数滴の水. *titik peluh* 汗. *melalui titik peluh sendiri* 額に汗して, 自分で働いて.

bertitik, menitik (水が)滴る, こぼれる: Air *menitik* di atas batu. 水が石の上に滴る. Air itu tumpah lalu *menitik* ke atas lantai. 水があふれて床の上にこぼれ落ちた.

menitikkan (水などを)したたり落とす: *menitikkan* ubat ke dalam matanya 目に目薬をさす.

titikan 水の滴.

titik III; **bertitik** 叩く.

menitik 1 (鉄などを)鍛える: *menitik besi* 鉄を鍛える. 2 叩く, (籐で)打つ.

titik berat 重点, 強調, 重視.

menitikberatkan 強調する, 重要視する: Kita perlu *menitikberatkan* disiplin di kalangan pelajar. 生徒側の規律を重視する必要がある.

titik tolak 出発点: *titik tolak perbincangan* 討論の出発点. *titik tolak* kepada masalah ini この問題の出発点.

bertitik tolak 〜で始まる, 起因する: Didikan anak-anak mestilah *bertitik tolak dari rumah*. 子どものしつけは家庭内から始めねばならない. Masalah itu *bertitik tolak daripada* sikap awak sendiri. その問題は君自身の態度にそもそも起因しているのだ. Insiden itu *bertitik tolak pada* sepucuk surat. 事件は一通の手紙から始まった.

titip; **menitip** 預ける, (商品などを)委託する, 送る: Boleh saya *titip* sesuatu? ちょっとお願いがあるのですが(=Dapatkan anda menolong saya?).

titir 太鼓の音.

menitir 太鼓を叩く: *menitir gendang* 太鼓を叩く.

titis (水や血などの)滴=titik: *beberapa titis air* 数滴の水.

menitis したたり落ちる: Air itu *menitis* ke atas lantai. 水が床の上にしたたり落ちる.

menitiskan (水などを)したたり落とす: *menitiskan air mata* 涙を流す.

titisan 1 滴り落ちたもの: *titisan air* 水滴. 2 子孫(=titisan darah): Budak itu adalah *titisan darahnya* sendiri. その子は彼女自身と血縁関係にある.

tiub (英) tube チューブ, 管: *tiub sinar katod* ブラウン管. *tiub ubat gigi* 歯磨き粉の入ったチューブ.

tiup; **bertiup** 1 (風が)吹く: Angin *bertiup* dengan kencangnya dari arah utara. 風が北から強く吹く. 2

tocang 720

(うわさやニュースが)広まる: gossip yang sedang *bertiup* kencang ketika ini いまとても噂になっているゴシップ. **3** (人が)集まる.

meniup **1** ～に息を吹きつける menghembus: *meniup lilin itu* ろうそくに息を吹きつけて消す. *meniup kopinya* untuk disejukkan コーヒーにふうふう息を吹きかけて冷ます. **2** (楽器を)吹く: *meniup trompet* トランペットを吹く. *meniup wisel* ホイッスルを吹く.

meniupkan **1** ～を吹き飛ばす: Angin yang kencang itu *meniupkan* topinya ke dalam sungai. 強風が彼の帽子を川の中にまで飛ばした. **2** (精神を)鼓舞する: *meniupkan* semangat cinta akan bahasa ibunda kepada pembacanya 読者に対して母語を愛する精神を鼓舞する.

tiupan 吹くこと, 吹奏, 吹く道具: Saya merasa *tiupan angin*. 風が吹いているのを感じた. *Tiupan angin yang kencang* itu merobohkan pondok itu. 強風が小屋を倒した. mendengar *tiupan trompet* トランペットの演奏を聴く. *alat tiupan* 吹奏楽器.

peniup 吹奏者.

tocang (Ch) 編んだり束ねた髪, 束髪, ポニーテイル.

todak 〔魚〕メカジキ.

todi ヤシ酒 (=tuak).

togel (togél) 尾のない(鶏など).

Toh; **Toh Puan** トゥン(Tun)の称号を持つ者の夫人に対する呼称.

tohmah; **tohmahan** 誹謗, 中傷= fitnah: *membuat tohmah, melakukan tohmah* 誹謗する.

mentohmah 誹謗する, 悪意を持って非難する: Saya *ditohmah* oleh kawan saya sendiri. 僕は自分の友達に誹謗された.

tohor **1** 浅い: *kolam yang tohor* 浅いプール. **2** (川が)水がほとんどない, 干上がった: Kuala Sungai Mersing semakin sempit dan *tohor*. ムルシン川の河口はますます狭くかつ浅くなってくる. **3** (金が)なくなる.

toko (Ch) 商店 → **kedai**.

tokoh **1** 有名な人物, 名人: *tokoh besar* dalam sejarah 歴史上の偉人. beberapa orang *tokoh politik* yang terkenal 数名の有名な政治家. **2** 姿, 外見, スタイル, 見た目には: *Tokoh* bangunan itu seperti sebuah masjid. その建物の姿はモスクのようだ. Awak ini *tak ada tokoh* nak jadi pemimpin. 君はリーダーになる器ではない.

ketokohan 素質, 資質: Dia mempunyai *ketokohan* sebagai pemimpin. 彼はリーダーとしての素質・資質を持っている.

tokok 少量の追加.

bertokok 増える, 加える (=bertokok tambah): Gajinya *tidak bertokok*. 彼の給料は増えない.

menokok 追加する, 増やす (= menokok tambah): *menokok* sedikit gula ke dalam kopi itu. コーヒーに少量の砂糖を追加する. *menokok ilmu pengetahuan* 知識を増やす.

tokok tambah 付加, 付け足し: Ceritakan saja, jangan ada *tokok tambahnya*. 本当のことだけを話してくれ, 余計な付け足しがあってはだめだ. Cerita itu juga mempunyai unsur-unsur *tokok tambah*. あの話にはやっぱり誇張がある (大げさに言っている).

bertokok tambah さらに増える: Wang yang dilaburkannya telah *bertokok tambah*. 投資した金が積み

増しされた. Kesakitan itu semakin *bertokok tambah*. 痛さがますます激しくなる.

menokok tambah 大げさに言う, 付け加える: Dia hanya *menokok tambah*. 彼はただ大げさに言っているにすぎない. Saya tidak akan *menokok tambah* apa-apa dalam laporan itu. 私はその報告に何も付け足しはありません. Mana yang kurang, kita *tokok tambah*. Mana yang lemah, kita perkuatkan. 足りないことがあれば追加し, 弱いところがあれば強化する.

tokong 寺院.

toksik (英) toxic 有毒の, 毒性の: *sisa toksik* 有毒の廃棄物.

tol (英) toll 通行料金: *bayaran tol* 通行料金の支払い. *rumah tol* 料金所. *jalan tol* 有料道路. *bebas tol* フリーダイヤル; Hubungi pusat panggilan MAS 24-jam di *nombor bebas tol* ～. MAS《マレーシア航空》の24時間営業のコールセンターにフリーダイヤル～で連絡してください.

tolak 1 押す: *kereta tolak* 押し車. 2 差し引く, 減ずる: *kira-kira tolak* 引き算. Lima *tolak* dua tinggal tiga. (引き算) 5−2＝3. *tanda tolak* マイナス(−)しるし.

tolak ansur 譲り合い, 譲歩, 妥協.

tolak bala 厄除け.

tolak balik 1 往復する. 2 (品物を) 送り返す.

tolak tepi 脇に追いやる, 無視する.

bertolak 1 出発する, 出航する: Kami naik motobot lalu *bertolak* ke tengah laut. モーターボート乗ってから海の真ん中に向かって出発した. 2 ～に始まる, ～に根ざす: Dasar Ekonomi Baru *bertolak daripada* dua matlamat. 新経済政策は二つの目的に根ざしている.

bertolak-tolak お互いに (責任などを) 相手に押しつける・擦り合う.

bertolak-tolakan, tolak-menolak 押し合いへし合いする: Orang ramai *bertolak-tolakan* untuk dapat melihat bintang filem itu. 大衆がその映画スターを見ようと押し合いへし合いした.

menolak 1 押す: *menolak kereta* 車を押す. *Tolak lebih kuat*. もっと強く押しなさい. Di pejabat kerajaan itu kami kadang-kadang *ditolak macam bola*, suruh pergi jumpa orang tu, yang orang tu pula suruh jumpa orang lain yang di sana tu, yang di sana pula kata "eh ini bukan kerja saya". あの役所に行くと, ときどき玉突きにされる, あの人の所に行けといわれ, その人は今度はあっちの別の人に会えと言うし, 会ってみたらその人は "えっ, これは私の仕事ではない" と言う. 2 断る, 拒否する, 否定する, 反対する: *menolak permintaan* 要請を断る. *menolak tawaran* 申し出を断る. *menolak jemputan* 招待を断る. Para pelarian telah *ditolak*. 難民は入国を断られた. *menolak memberi komen tentang* ～についてコメントするのを拒否する. *menolak cadangan* 提案に反対する. Jawatankuasa itu *menolak pindaan itu*. 委員会はその修正を否定した. Ali kecewa sekali kerana *ditolak* oleh gadis itu. アリはその娘にふられたのでとてもがっかりしている. 3 差引く: Seratus *ditolak* tiga puluh *tinggal* berapa? 100 から 30 を引くといくら残りますか. 100−30＝70: Seratus *tolak* tiga puluh *jadi* tujuh puluh (引き算). *menolak* seratus ringgit dari gajinya 給料から100リンギットを差し引く. Harga ini boleh *ditolak* sedikit? この値段は少しまけれるか. **4** (禍や病気を)避ける, 予防する: *menolak bala* 厄除けをする. *menolak bencana bah* 洪水の被害を避ける.

tolakan 1 押し: Dia terjatuh akibat *tolakan* yang kuat. 強く押されたので転倒した. **2** 断り, 拒否. **3** 控除.

penolakan 1 押すこと. **2** 拒絶, 拒否: *penolakan permohonan* 申請を拒否すること. **3** 削減, 引き下げ: *penolakan harga* 価格引下げ.

toleh I (toléh); **menoleh 1** 振り向く: *menoleh ke belakang*. **a** 後ろを振り向く. **b** 過去を振り返ると: *Menoleh ke belakang, saya bernasib baik terselamat dalam kemalangan itu*. 過去を振り返ると私は運が良かった, あの事故で生き残れたし. *Ali menoleh ke arah Sarah dan menyitkan matanya*. アリはサラの方に振り向き, ウインクした. **2** 顔を背ける, 視線を合わせない: *Setiap kali saya melihat Sarah, dia menoleh*. 僕がサラを見るたびに, 彼女は顔を背ける. *Saya menoleh sekejap saja dan basikal saya pun hilang*. 僕がちょっと目を離したら, 自転車がなくなっていた.

menolehkan (顔を)向ける: *menolehkan muka* 顔を向ける, 顔を背ける.

toleh II (toléh); *toleh tenggala* 午前8時から午前11時の間.

toleran 寛容な.

toleransi (英) tolerance 寛容.

tolok 匹敵, つり合い: *tiada toloknya, tidak ada tolok bandingnya* 匹敵するものがない, 最も優れている; Kecantikan puteri itu *tidak ada tolok bandingannya*. その王女の美しさにかなう者はいない.

bertolok 比較する, 匹敵する: *tidak bertolok* 匹敵するものはない.

menolok 〜と同等・匹敵する.

setolok 匹敵する: *tiada setolok dengan* 〜に匹敵するのはない.

tolol とても愚かな, バカな.

ketololan 愚かさ.

tolong 1 助ける: *Tolong! Tolong!* 助けて, 助けて! *Tolonglah saya*. 私を助けてください. *Tolonglah orang lain*. 他人を助けなさい. **2** 助け. *minta tolong, meminta tolong* お願いする, 助けを求める: *Saya nak minta tolong sikit*. 【口語】ちょっとお願いがあるのですが. *Awak satu-satunya tempat saya boleh minta tolong*. 僕にとって君が助けを求める唯一の場所だよ. *Bolehkah saya minta tolong belikan ubat?* 私に薬を買っていただけないでしょうか. *Ada orang menjerit meminta tolong*. 助けを求めて叫んでいる人がいる. **3** Tolong＋動詞《依頼の表現》どうか〜してください: *Tolong datang sekarang*. どうか今来てください. *Tolong ambil buku itu*. その本を取ってください. *Tolong berikan kerusi ini kepadanya*. どうかこの椅子を彼にあげてください. *Tolong senyap*. どうか静かにしてください.

tolong-bertolong, **tolong-menolong** 助け合う, 相互扶助する: *Kita harus tolong-menolong dalam segala hal*. 私たちはあらゆることで助け合わねばならない.

menolong, menolongi 1 助ける, 手伝う: *Dia banyak menolong saya*. 彼女は私をとても助けてくれた. *"Ada apa-apakah yang boleh saya* *tolong* ?"「何かお手伝いしましょうか」. "Kalau begitu, boleh *tolong* basuh pinggan?"「じゃ, お皿を洗ってくれませんか」. Saya akan *menolong* anda menyiapkan kerja itu. 私はあなたが仕事を準備するのをお手伝します. Kakak saya selalu *menolong* emak memasak. 姉は母が料理をするのをいつも手伝う. **2** 救助する: *menolong* mangsa-mangsa kemalangan itu 事故の被害者を救助する.

penolong 補助役, アシスタント: *guru penolong* 教員補佐役.

pertolongan 援助, 支援, 救助: Terima kasih atas *pertolongan* anda. あなたの助けを感謝いたします. *pertolongan cemas* 救急, 応急救護. *memberi pertolongan kepada* 〜を助ける・救援する. Mangsa-mangsa kebakaran itu akan *mendapat pertolongan* daripasa Pasukan Palang Merah. 火事の被災者は赤十字から支援を受ける. *Kalau perlukan apa-apa pertolongan*, jumpalah kawan saya itu. 何か助けが必要になったら, 私の友人に会いなさい.

tomato トマト: *air tomato* トマトジュース. *tomato sos* ケチャップ(トマト・ソース).

tombak 槍(やり), ヤス.
bertombak-tombak 槍で攻撃し合う.
menombak 〜を槍で突く: *menombak harimau* トラを槍で突く.
menombaki 〜を槍で何度も突く.

tombol (木の)こぶ, (器具の)ノブ: *tombol pintu* ドアのノブ.

tompok 1 斑点: terdapat *tompok-tompok* di bajunya 彼女の着物に斑点がある. membersihkan *tompok-*

tompok hitam di dinding itu 壁の黒いしみを取り除く. **2** 塊, 一山: *setompok* rambutan ランブータン一山.

bertompok-tompok 1 斑点がある: kucing yang *bertompok-tompok hitam*. 黒い斑点のあるネコ. **2** 群れをなす: Anak-anak muda *bertompok-tompok* duduk di atas pasir. 若者たちは群れをなして砂の上に座っていた.

ton (英) tone トーン.
tong 桶, 大きな缶: *tong sampah* ゴミ箱.
tonggak I 1 柱, 支柱. **2** (木の)切り株.
tonggak II; menonggak (水や薬を)口の中に注ぐ.
tonggek (tonggék) (尻が)突き出た: Perutnya besar dan *punggungnya tonggek*. お腹が大きく, お尻が突き出ている.
menonggekkan (尻を)突き出す.
tongkeng (tonggéng); **menonggeng** 前かがみになる, 前から突っ込む: Dia *menonggeng* kerana memungut duitnya yang jatuh. 落ちたお金を拾うために前かがみになる.

menonggengkan 1 〜をひっくり返しにする, 逆さまにする: *menonggengkan* gelas itu selepas mencucinya 洗ったグラスを逆さまに置く. **2** (政権を)転覆させる.
tertonggeng (食器などが)逆さまになる, (船が)転覆する, ひっくり返る: *imej tertonggeng* 逆転の発想.

tongkang はしけ, 荷船.
tongkat 杖.
bertongkat 杖をつく: Selepas kemalangan itu, Ali terpaksa *bertongkat* ke sekolah. その事故の後, アリは杖をついて学校まで行かざる

tongkol

を得なかった．
menongkat 支える，支持する，吊り上げる：*menongkat pokok pisang yang condong itu dengan buluh* 傾いたバナナの木を竹で支える．*menongkat dagu* 頬杖をつく．*menongkat dahan yang lentur itu* 垂れ下った枝を吊り上げる．

tongkol I；*ikan tongkol* 〔魚〕マグロ．

tongkol II 木切れ：*tongkol jagung* トウモロコシの芯．

tongong 愚かな，バカな．

tonjol こぶ．
menonjol 1 突き出る，腫れ上がる：*Otot-otonya menonjol apabila dia mengangkat besi angkat berat itu.* 重量挙げのバーベルを挙げると，筋肉が突き出た．*bersikap tidak menonjol* 人目につかない態度をとる，低姿勢をとる；*Sebagai orang asing di sini, dia bersikap tidak menonjol.* ここでは外国人として彼は低姿勢をとった．2 よく見える，明白な：*Niat jahatnya mula menonjol.* 彼の悪意が露呈しはじめた．*Yang menonjol sekali ialah* sikapnya yang mahu dipuji-puji. 彼は人に褒めてもらいたいことが見え見えだ．*Ciri-ciri kepemimpinannya menonjol sejak di sekolah menengah lagi.* 彼のリーダーシップの素質はすでに中等学校のときから突出していた．

menonjolkan 1 突き出す：*menonjolkan kepalanya* ke luar tingkap 窓の外に頭を突き出す．2 前に押し出す，見せつける，披瀝する：*menonjolkan perhubungannya dengan orang yang ternama* 有名人との関係を見せつける．*menonjolkan bakatnya dalam penulisan novel* 小説の執筆において彼の才能を見せつ

ける．*menonjolkan diri* 自分を披瀝する．

tonton；**menonton** （映画，テレビ，試合などを）観る，観賞する，観覧する：*menonton televisyen* テレビを見る．*Mari kita pergi menonton esok.* 明日映画を観に行きましょう．
mempertontonkan 上演する，展示する：*mempertontonkan sebuah drama di Panggung Negara* 国立芸能館で演劇を上演する．*mempertontonkan lukisan-lukisannya* 絵画を展示する．
tontonan 鑑賞物，展示物，見せ物．
penonton 1 観客，観衆，見物人．2 オブザーバー．

topang 支え，突っ支い棒：*Letakkan topang itu di bawah siling.* 天井の下に突っ支い棒を置きなさい．*topang ketiak* 松葉杖．
bertopang 1 支えがしてある：*Pokok pisang yang hampir tumbang itu telah bertopang.* 倒れそうになったバナナの木は突っ支い棒がしてある．2 〜を支えにする：*bertopang dagu* 頬杖をつく＝menongkat dagu．
menopang 支える，突っ支い棒をする＝menongkat：*menopang dahan yang patah itu* 折れた枝を支える．
penopang 支え．

topeng (topéng) 仮面，覆面：*memakai topeng* 覆面をする．
bertopeng 覆面をする：*orang yang bertopeng* 覆面をした人．

topi 帽子：*mengangkat topi kepada* 〜に脱帽する．*memakai topi* 帽子をかぶる．*topi besbol* 野球帽．*topi keledar* ヘルメット．*topi keselamatan* 保安帽．
bertopi 帽子をかぶる．

topik （英）topic 主題，題目．

toreh (toréh); **menoreh** （天然ゴムの樹に）傷をつけて採液する： Pak Abu *menoreh getah* di kebun ini. アブさんはこの農園で天然ゴムの樹液を採る.

torehan 切り傷： *Torehan* pada dinding kereta ini masih baru. この車体の切り傷はまだ新しい.

penoreh タッパー（採液する人）： *penoreh getah* 天然ゴムのタッパー. *pisau penoreh* タッピング・ナイフ.

torpedo (torpédo) 魚雷.

toyol； *hantu toyol* お化けの一種.

tradisi （英） tradition 伝統： ～ *sudah menjadi tradisi kami* ～はもう私たちの慣習になっている. *tarian tradisi Melayu* マレーの伝統舞踊.

trafik （英） traffic 交通. *polis trafik* 交通警察.

tragedi (tragédi) （英） tragedy 悲劇.

trak （英） truck トラック.

traktor （英） tractor トラクター.

trek (trék) （英） track （鉄道駅の）プラットフォーム, （競走路の）トラック： *Trek nombor berapakah ke Kyoto?* 京都行きは何番線ですか. *Trek nombor 14.* 14番線です.

trem (trém) （英） tram 電車.

tren (trén) （英） train 鉄道. *tren komuter* 通勤電車. *tren transit aliran ringan* 軽鉄道システム（LRT）. *Tren ekspres itu tergelincir daripada landasan.* 急行列車が脱線した.

trengkas (tréngkas) 速記.

triti （英） treaty 条約, 協定. *triti dwipihak* 二カ国条約.

trompet (trompét) トランペット.

tsunami 津波 （＝ombak besar）： *dilanda / dipukul / dibawa / ditolak ombak besar tsunami* 津波に襲われる（のまれる, うたれる, 運ばれる, 引かれる）.

tua 1 老いた, 老ける 《生き物は tua, 事物は lama が原則》： *wanita tua* 老いた婦人. *manusia / orang paling tua di dunia* 世界一の長寿. *lelaki perempuan, tua muda* 老若男女. *cepat menjadi tua* すぐ老ける. menabung wang *untuk masa tuanya* 老後のために貯金をする. Dia kelihatan semakin *tua* sejak beberapa tahun ini. 彼はここ数年でますます老けこんで見える. Rasa bimbang boleh menyebabkan kita *tua*. 心配する感情が人を老けさせる. "Kenapa *sampai tua* kau tak kahwin?" "Aku cari manusia idealku."「なぜ君は年取るまで結婚しなかったのか」「理想の女性を探しているから」. *rumah tua* 古ぼけた家屋. 2 年上の： Saya *lapan tahun lebih tua daripada* isteri saya. 私は妻よりも8才年上です. 3 指導者, リーダー（＝tua-tua）. 4 （夜）遅く： *Malam sudah tua.* 夜が更けた. 5 （果物が）熟した＝masak： Betik ini *belum cukup tua*. このパパイヤはまだ十分に熟していない. 6 （色が）濃い, 暗い： *biru tua* 濃い青. *merah tua* 濃い赤. *warna tua* 暗い色合い. *orang yang tua* 年老いた人. *orang tua* 親・両親＝ibu bapa. *isteri tua* 第一夫人（→ isteri muda）. *anak dara tua* オールド・ミス. pada pendapat *orang-orang tua dahulu* 昔の人たちの考えでは.

tua-tua 長老, 指導者, 首長： Beberapa *orang tua-tua* berkumpul. 何人かの長老が集まっている.

tua-tua keladi 年はとったが, 精神的にはますます若い.

mengetuai ～を率いる： *mengetuai rombongan itu* その使節団を団長として率いる.

menuakan 1 老けさせる： Hidup

semacam itu *menuakan* dia. そのような生活が彼を老けさせた. **2** 指導する, 監督する: *menuakan* orang-orang yang bekerja di kebun 農園で働く人を監督する.

dipertua 首長とみなす: *Yang Dipertua* **1** (団体の)会長. **2** (会議の)議長. *Yang Dipertua Negeri* (スルタンのいない4州の)州元首《功績のあった民間人から指名される》: *Yang Dipertua Negeri Melaka* マラカ州元首.

ketua 指導者, 首長.

penuaan 老化: *gejala penuaan* 老化現象. *proses penuaan* 老化のプロセス.

tuah **1** 幸運: *Jika ada tuah*, もし運がよければ, *membawa tuah* 幸運をもたらす. *Ada tuah hari ini*: *semua barang jualan saya laku*. 今日はついている, 売り物がすべて売れた. **2** 魔力, 幸運をもたらすパワー: *Dia sangat percaya pada tuah tangkal yang dipakainya*. 彼は自分が持っているお守りの魔力を強く信じている.

bertuah **1** 幸運な: *Saya sungguh bertuah hari ini*. 今日は運が良い. *Bertuahlah kami mendapat seorang anak lelaki*. 幸運にも男児を授かった. *Saya merasa bertuah dapat bertemu dengan Siti*. シティに会えるなんてとてもついている. **2** 魔法の, 魔力のある: *keris yang bertuah* 魔力のあるクリス.

tuai 稲刈り鎌(稲穂を摘む小型鎌).

menuai 収穫する: *menuai padi dua kali setahun* 年二回稲刈りをする.

tuaian 収穫物, 収穫量: *Padi tuaian sudah berlonggok-longgok*. 刈り取った稲は積み重なっている. *tuaian yang tidak memuaskan* 不作. *satu tan padi tuaian* 収量1トンの米. *hasil tuaian tahun ini* 今年の収穫量.

penuaian 収穫: *musim penuaian* 収穫期.

tuak トゥアック(ヤシ酒)=todi.

tuala タオル: *tuala mandi* マンディ用のタオル. *tuala makan* 食卓用ナプキン. *alat tuala wanita* 生理用品.

tualang ホームレスの: *hidup tualang* ホームレス状態で生活する.

bertualang 放浪する, 冒険する.

petualang 放浪者, 探検家, 冒険家.

petualangan 探検, 冒険.

tuam 温あん法のときに用いる温めた物(石, 砂鉄, 熱灰など).

menuam, menuamkan 温めた物を患部に当てる: *menuam kakinya yang bengkak* 腫れた足に温かい物を当てる.

tuan **1** 目上の男性や敬意を払うべき役職の男性への呼称《マレー王国時代やその後のイギリス植民地時代に高官や白人への呼称が残ったもの: 現在では anda, encik が一般的で tuan はあまり使わない》: "Terima kasih, *tuan*." 「ありがとうございます.」 "*Tuan*, ada panggilan telepon untuk *tuan*." 「あなた様に電話が入っております」. *Tuan William* ウイリアム氏. *Tuan Syed Zainuddin* ザイヌデインさん. *Tuan Haji* Abdullah 《メッカ巡礼経験者に敬意を表して Tuan を使う》アブドラさん. *tuan hakim* 判事さん. *tuan doktor* お医者さん. *Tuan Pengerusi* (会議で議長への尊称)議長さん. *Tuan-tuan dan puan-puan* 皆様《演説などで聴衆への呼びかけ》. *Tuan-tuan dan puan-puan yang dihormati se-*

kalian, 皆様《同上, よりていねいな表現》. **2**【古典】主君, 主人, 旦那: *Tuan hamba* ご主人様(主君への呼びかけ). *tuan puteri* 王女, 姫君. *tuan saya* 私が仕える主人. **3** 所有者(= tuan punya): *Saya tahu siapa tuan punya pisau itu.* そのナイフの持ち主を私は知っている. *tuan tanah* 地主. *tuan tanah duduk luar* 不在地主.

tuan-tuan **1** (会議などに)出席したすべての男性. **2**【古典】高官, 貴族.

tuan besar お偉いさん, 高官.

tuan rumah ホスト, 開催国: *China menjadi tuan rumah bagi Sukan Olimpik 2008.* 中国が 2008 年オリンピック大会の開催国となる.

mempertuan, mempertuankan【古典】~を主君とみなす: *Amin suka orang mempertuankannya.* アミンは人々が自分を主君とみなしているのを喜ぶ.

Yang Dipertuan (王, スルタンへの尊称)陛下, 王様.

Yang di-Pertuan Agong (尊称)国王陛下.

ketuanan 主権, 絶対的な統治権: *ketuanan politik* 政治的主権. *Ketuanan Melayu* マレー人主権《マレー人が政治的に優位にあることを表現する言い方》.

pertuanan (マレー王国の)高官, 貴族階層: *Dewan Pertuanan* (英国の)貴族院.

tuang; menuang, menuangkan (液体を)注ぐ, 型に流し込む, 溶解する: *menuang kopi ke dalam cawan* コーヒーをカップに注ぐ. *menuangkan biji besi* 鉄鉱石を溶解する. *Tetapi usaha kami seperti menuang air ke bekas yang berlubang.* しかし, 私たちの努力は穴の開いた容器に水を注ぐようなものだ.

menuangi ~に注ぐ: *menuangi cawan itu dengan air kopi* カップにコーヒーを注ぐ.

tuanku 陛下, 王様(王および王族に対する尊称).

tuas 梃子(てこ).

tuba トゥバ(漁獲用の毒): *ikan yang kena tuba* 毒で麻痺した魚.

tubi; bertubi-tubi 繰り返し, 続けて~: *ditikam bertubi-tubi* 何度も刺される. *menumbuk dia bertubi-tubi* 彼を何度も殴る. *bertanya bertubi-tubi* しつこく質問する. *pertanyaan yang bertubi-tubi* 矢継ぎ早の質問.

mempertubi-tupi, mempertubikan 何度も繰り返す, 続ける.

tubin しあさって(明々後日).

tubir 急な斜面の岸壁.

tubuh 1 身体(=tubuh badan): *Dia kecil tubuh badannya.* 彼の体は小さい. **2** 自身(=batang tubuh).

bertubuh【口語】丈夫な身体をしている: *Anaknya bertubuh benar.* 彼の息子は実に頑丈な身体だ. *Ali bertubuh sasa.* アリは頑丈な身体をしている.

menubuhkan 組織する, 設立する: *menubuhkan jawatankuasa bertindak* 行動委員会を設置する.

penubuhan 組織化, 結成: *membincangkan penubuhan sebuah parti politik baru* 新党の結成を話し合う. *meraikan ulang tahun penubuhan UMNO ke-60* UMNO 結成 60 周年を祝う.

pertubuhan 組織, 団体: *Pertubuhan Bangsa-Bangsa Bersatu (PBB)* 国連. *Pertubuhan Bukan Kerajaan* 非政府組織(NGO). *Per-*

tubuhan Kesihatan Sedunia 国連世界保健機関（WHO）. *Pertubuhan Negara-Negara Pengeksport Petroleum* 石油輸出国機構（OPEC）. *Pertubuhan Perdagangan Dunia* 世界貿易機関（WTO）. *Pertubuhan Persidangan Islam* イスラム諸国会議機構（OIC）.

setubuh 性交渉.

bersetubuh, menyetubuhi 〜と性的関係をもつ（bersetubuh dengan 〜）.

tuding (Jw) 案内, 指標.

menuding 1 人差指で示す, 指差す: Mereka *menuding* ke arah saya. 彼らは私の方を指差した. 2 非難する: *menuding jari kepada* 〜を非難する, 咎める: *menuding jari kepada* orang lain 他人を非難する. Yang pertama kali *kena tuding jari* ialah pihak polis. 最初に非難されるのが警察側である. Kita tidak boleh *tuding jari kepada* belia sahaja, sepatutnya kita perlu mendengar suara mereka. 若者を非難するだけではいけない, 本来なら若者の声をも聞く必要がある.

menudingkan 指し示す: Isteri itu *menudingkan jarinya* kepada suaminya. 妻は夫の方に指差した.

tuduh ; menuduh 1（人を）非難する, 告発する, 〜のせいにする, 容疑・嫌疑をかける: Dia *menuduh* saya mencuri ayamnya. 彼は私が彼の鶏を盗んだと嫌疑をかけた. Polis *menuduh* dua pengganas itu sebagai dalangnya. 警察は二人のテロ犯を黒幕として疑っている. 2（法的に）告訴する, 起訴する = mendakwa: Pihak pendakwa *menuduh* orang itu menipu bank. 検察側はその者を銀行詐欺で起訴した. Dia *dituduh* melakukan pencurian itu. 彼は窃盗をしたとして起訴された.

tuduhan 1 非難, 嫌疑: *menafikan tuduhan* yang dibuat terhadapnya 自分に向けられた嫌疑を否定する. *membuat tuduhan, melemparkan tuduhan* 非難する. 2 告訴: *Tuduhan* itu tidak beralasan, kami membantah *tuduhan* tersebut. その訴えは根拠がないので, 私たちはその訴えに反論している.

penuduh 非難する人, 告発者.

tertuduh 被告（yang tertuduh）: *Tertuduh* menujah perut si mati dengan sebilah pisau. 被告はナイフで亡くなった人の腹を突き刺した.

tudung トゥドゥン（イスラム教徒の女性が髪を隠すための覆い = kain tudung）, ベール, 覆い: *memakai tudung* トゥドゥンを被る; Gadis di sini *tidak memakai tudung*. ここの娘たちはトゥドゥンを被っていない. *membuka tudung* トゥドゥンを脱ぐ. *tudung botol* 瓶の栓. *tudung kepala* スカーフ. *tudung lampu* 電灯の笠. *tudung meja* テーブルクロス. *tudung saji* 食べ物の覆い.

bertudung トゥドゥンを被る.

menudung 覆う, カバーする: *menudung* makanan itu *dengan* pinggan besar その食べ物を大皿で覆う.

menudungkan 〜を掛ける, 覆う: *menudungkan* kain *ke* atas anak yang tidur itu 寝ている子に布を掛ける.

tugal 陸稲などの種を植えるときに土中に穴を掘るための先の尖った棒: *padi tugal = padi huma* 陸稲.

tugas 1 任務, 使命, 責務, やるべき仕事: Saya *banyak tugas* hari ini. 今日はたくさんやるべき仕事がある.

Tugas awak di rumah menyapu lantai. 家での君の任務は床掃除です. *Tugas* rombongan itu mewujudkan perdamaian. 使節団のミッションは和平を実現することだ. **2** 機能: *Tugas* pembuluh darah membawa darah ke jantung. 血管の機能は血液を心臓に運ぶことです.

bertugas 任務につく, 働く: *ketika sedang bertugas* 勤務中に. *tidak bertugas* 任務についていない, 非番である. Saya akan *bertugas di* KL bulan depan. 来月 KL 勤務になる.

menugaskan 〜に任務を課す: Guru kami *menugaskan* kami menulis sebuah karangan. 先生は私たちにエッセイを書くよう課題(宿題)を出した. Bos saya *menugaskan* kerja itu *kepada* saya. 課長はその仕事を私に課した. Saya *ditugaskan* membentuk jawatankuasa itu. その委員会を設立する任務が私に与えられた. Saya *ditugaskan* di Malaysia. 私はマレーシア勤務を命じられた.

tugasan 任務, 責務: *tugasan rasmi* 公務; Beliau berada di luar negara kerana *tugasan rasmi*. 氏は公務で海外に出ている.

petugas 担当者, 責任者: *petugas sukarela* ボランティア. *badan petugas* タスクフォース.

tugu 塔: *tugu peringatan* 記念碑, 記念塔.

Tuhan I アッラーの神: *Tuhan Yang Maha Esa* 唯一神(=アッラー).

tuhan II (一般的な)神々: Saya percaya *adanya tuhan*. 私は神の存在を信じる.

bertuhan 神を信じる.

bertuhankan 〜を神とみなす: Orang sekarang *bertuhankan wang dan kuasa*. 今の人は金と権力を崇拝する.

mempertuhan, mempertuhankan 〜を神とみなす.

tuil 梃子(てこ) = *tuas, pengungkit*: menggunakan *tuil* untuk mengangkat benda yang berat itu 重いものを持ち上げるために梃子を使う

menuil 梃子を使って持ち上げる: *menuil* batu yang berat itu ke tepi jalan 梃子を使って重い石を道端まで持ち上げた.

tuisyen (英) tuition. 塾や予備校での勉強(課外授業): *Kelas tuisyennya* dua kali seminggu. 週二回塾に通っている.

tujah; menujah (槍やヤスで)突き刺す: *menujah perut* 腹を突き刺す.

tuju; tujuan 1 方向. **2** 目的, 意図: Apakah *tujuan mesyuarat itu*? その会議の目的は何ですか. *tanpa tujuan* 目的なしに. *tak boleh memahami tujuan anda* あなたの意図を理解できない.

bertujuan 〜するつもりである, 〜の意図がある: Saya *sekali-kali tidak bertujuan* menghina anda. 私はあなたのことを非難するつもりは毛頭ない. Rancangan itu *bertujuan* mengurangkan pengangguran. その計画は失業を減らすことを意図している.

menuju 〜の方向へ向かう, 〜を目指す: *menuju ke utara* 北へ向かう. Bas ini *menuju ke* KL? このバスは KL へ行きますか. Kami *menuju ke* sebuah sistem baru. 新しい制度を目指している. Kapal terbang itu meninggalkan Boston *menuju ke* Los Angeles. 航空機はボストンを立ってロスへ向かった.

menujukan (手紙や感情を)〜に

tujuh 730

向ける, ～に宛てる: Saya ingin *menujukan* lagu ini *kepada ibu bapa saya di kampung halaman*. この歌を田舎の両親に捧げたい. *Kemarahannya ditujukan kepada Jepun*. その怒りは日本に向けられた.

setuju 賛成, 同意, 合意: "*Awak setuju* atau tidak?" "*Setuju*."「君は賛成か反対か」「賛成する」. *Saya setuju dengan* awak. *Saya tidak keberatan*. 君に賛成する. 僕は異存ない. *Ayah saya tidak setuju saya keluar dengan lelaki itu*. 父は私があの男性とデートするのに反対している. *setuju secara prinsip* 基本合意.

bersetuju 1 賛成する: *bersetuju sebulat suara* 全会一致・満場一致で賛成する. *Saya bersetuju dengan cadanganya*. 私は彼の提案に賛成です. 2 ～に適している: *Warna ini bersetuju dengan warna dinding itu*. この色はあの壁の色に合う.

menyetujui, mempersetujui 賛成する, 同意する, 許可する: *Mereka menyetujui pandangan saya*. 彼らは私の意見に賛成した. *Mereka menyetujui apa yang saya usulkan*. 彼らは私の提案に賛成したことに賛成した.

persetujuan 1 同意, 承認: *berkahwin dengan persetujuan ibu bapa* 親の同意を得て結婚する. *menunggu persetujuan Perdana Menteri* 首相の承認を待つ. 2 協定: *persetujuan perdamaian* 和平協定.

tujuh 7.
menujuh; *menujuh bulan* 妊娠七ヵ月めのお祝い行事をする. *menujuh hari* 初七日の行事をする.

tukang (Ch) 1 職人, 熟練工, 専門の商売: *tukang batu* 石工. *tukang besi* 鍛冶屋, 鉄工. *tukang cuci* 洗濯屋. *tukang cukur* 理容師. *tukang gunting* 床屋. *tukang ikan* 魚売り. *tukang jahit* 仕立て屋. *tukang kayu* 大工. *tukang kasut* 靴修理職人. *tukang kebun* 庭師. *tukang masak* 調理師, コック. *tukang pos* 郵便配達. *tukang sayur* 野菜売り. *tukang urut* 按摩師. 2 常習とする者: *tukang cerita* 話好き. *tukang kritik* 批判屋. *tukang korek* 他人のあら捜しをする人. *tukang mabuk* 呑み助.

bertukang, menukang ～の職人的仕事にたずさわる.

pertukangan; *pertukangan tangan* 手工芸, ハンディクラフト. *pertukangan kayu* 木工芸.

tukar 交換: *tukar barang* 物々交換. *tukar ganti* 代替. *tukar agama* 改宗. *tukar nama* 改名する.

bertukar 1 交換する: *bertukar hadiah* プレゼントを交換し合う. *bertukar pandangan* 意見を交換する. *bertukar fikiran* 考えを交換する. 2 換える(乗り換える), 替える(着替える), 取り替える: *bertukar bas di sini* ここでバスを乗り換える. *bertukar kereta api* 汽車を乗り換える. *bertukar sekolah* 転校する. *bertukar pakaian* 着替える. *bertukar bank* 他の銀行にくら替える. *bertukar pekerjaan* 別の仕事に替える. *Mahu bertukar tempat duduk?* 席替えをしたいですか. 3 変わる, 変更する: *Sebelum lampu isyarat kuning bertukar* (menjadi) *merah*. 黄色の信号が赤に変わる前に. *Keriangan bertukar menjadi tragedi*. 楽しみが悲劇に変わる. *Kegembiraan mereka untuk menyambut Hari Raya tak lama lagi bertukar menjadi kesedihan apabila rumah mereka hampir musnah dalam kebakaran malam tadi*. 間もなくハリラヤを迎

える喜びが、昨夜の火事で家がほぼ全焼したので、悲しみに変わった。Kenapa bulan *bertukar bentuk*? 月はなぜ形が変わるのか。**4** 移動する、移る、転勤する：Dulu dia bekerja di pejabat ini, tetapi sekarang dia sudah *bertukar ke* pejabat lain. 彼は以前このオフィスで働いていたが、今は別のオフィスに移転した。Guru kami akan *bertukar ke* Sarawak minggu depan. われわれの先生は来週サラワクに転勤になる。Mereka sekeluarga sudah *bertukar ke* Ipoh. 彼らの一家はイポに引っ越した。

bertukar-tukar 互いに交換し合う：*bertukar-tukar cenderamata* 記念品を交換し合う。*bertukar-tukar maklumat dan pandangan* 情報と意見を交換する。

menukar **1** = *menukar A dengan B* AをBに交換する；Dia kembali ke kedai itu untuk *menukar* kasut itu *dengan* kasut yang lebih besar. 彼は店に戻り、その靴をもっと大きな靴に交換した。*menukar* pakaian yang basah itu 濡れた服を換える。***menukar ganti*** 交換する；bahagian-bahagian yang dapat *ditukar ganti* 交換可能な部品。Kasih sayang dan kecintaan tidak boleh *ditukar ganti dengan* teknologi. 愛情や恋は技術と交換できない(技術で代替できない)。**2** ～を変える、変更する、転職する：*menukar rupanya* 姿を変える。*menukar pekerjaan*, / *tukar kerja* 職を変える、転職する；Dah dua tiga kali *tukar kerja*.【口語】もう二三度転職した。*menukar haluannya* 進路を変更する。*menukar nama jalan itu kepada* Jalan P. Ramlee その道路の名前をP.ラムリーに変えた。Transeksual adalah *menukar jantina* melalui pembedah. トランスセクシャルとは手術による性転換のこと。**3** 移す、配属を移す：Majikannya hendak *menukar* Ali *ke* bahagian lain. 雇用主はアリを別の部署への配置転換をしたがっている。

tukar-menukar ～を交換し合う：*perniagaan dengan cara tukar-menukar barang* 物々交換方式の商売。

menukarkan **1** ～を取り換える、交換する：*menukarkan* hasil bumi *dengan* bahan pakaian 農産品を衣料に交換する。*menukarkan* barang yang rosak ini *dengan* yang baik この壊れた物を良い物に取り換える。*menukarkan* namanya *kepada* Sayaka Tanaka 彼女の名前を田中さやかに変える。*menukarkan* kad pengenalan lama *kepada* Mykad 古い身分証明書をマイカードに切り替える。**2** ～に変える：*Tukarkan* wang 10 ringgit *kepada* wang satu ringgit. この10リンギットを1リンギットにくずしてほしい。**3** 移動させる、転勤させる：Saya *ditukarkan* ke anak syarikat lain. 私は別の子会社に転勤させられた。

tukaran 代替物、代わりのもの：*tukaran wang kecil* 小銭への両替。Anda akan mendapatkan *tukaran* yang lebih baik daripada apa yang anda ada. 今お持ちものよりももっと良い代替物をもらえるでしょう。

penukar **1** 交換する人。**2** 変換機。

penukaran (人為的に)交換・変更すること：*penukaran sistem* システムの変更。*penukaran tandatangan* 署名の交換。

pertukaran **1** 交換、取り替え、交流：*pertukaran agama* 改宗。*pertu-*

karan mata wang asing 外貨の交換. *pertukaran jantina* 性転換. *pertukaran maklumat* 情報の交換. *program pertukaran kakitangan akademik* アカデミック・スタッフの交流計画. Rancangan *pertukaran pelajar* antara Jepun dan Malaysia mendapat sambutan baik. 日本・マレーシア間の学生交流計画は良い反響を得ている. **2** (人為的でない)移り変わり, 変化: *pertukaran cuaca* 気候の移り変わり; Ketibaan musim hujan membawa *pertukaran cuaca* yang besar. 雨季の到来は大きな気候の変更をもたらす. *pertukaran air muka* 表情の変化.

tukik I; **menukik** (飛行機などが)頭から突っ込む, 急降下する: Pesawat itu *menukik* lalu menjatuhkan sebutir bom. 飛行機が急降下し, 爆弾を投下した.

tukik II → **takik** 刻み目.

tukul; **penukul** 金づち, ハンマー.
menukul 金づちで(くぎを)打つ.

tukun 暗礁.

tulang 骨, 骨組: *tulang belakang* 背骨, 屋台骨. *tulang hitam* 骨髄. *tulang rusuk* 肋骨. *Tulang lengannya* patah akibat kemalangan itu. 事故で腕が骨折した.
ketulangan 骨が咽につかえる: Awas, ikan ini banyak tulang, nanti awak *ketulangan*. 注意しなさい, この魚は骨が多いので, 気をつけないと骨が咽に刺さるよ.

tular; **menular** (病気などが)はびこる, 感染する: *penyakit menular* 感染症. Rasuah *menular* di kalangan golongan berilmu. 汚職が有識者の間にはびこる.

tulat やのあさって(あさっての翌日).

tulen (tulén) (Jw) 純粋の, 生粋の: *anak Melayu tulen* 生粋のマレー人. *emas tulen* 本物の金(偽物でない).
menulenkan 浄化する: *menulenkan air* 水を浄化する.
ketulenan 本物, 純粋さ: Ketulenan karangan itu sangat diragukan. その著作が本物であることはとても疑わしい.
penulenan 浄化, 浄水機, 空気清浄機.

tuli 耳の聞こえない: *buta tuli* ～に耳を貸さない. *pura-pura tuli* 聞こえないふりをする.
menulikan **1** 耳を聞こえなくする: Bunyi enjin kapal terbang *menulikan telinganya*. 飛行機のエンジンの音で耳が聞こえなくなる. **2** 耳を貸さない, 聞こえないふりをする: Dia *menulikan telinganya*. 彼は聞こえないふりをする.

tulis 書く: *alat tulis* 筆記用具. *kapur tulis* チョーク(白墨).
bertulis (紙などが)字の書いてある: *secara bertulis* 文書で; memohon maaf *secara bertulis* 文書にて謝罪する. *surat yang bertulis tangan* 手書きの手紙. *buku nota bertulisan tangan* 手書きのノートブック. *batu bertulis* 石碑. Laporan itu *sudah bertulis*. レポートは仕上がっている.
menulis 書く, 描く: Tolong *tulis* nama anda di sini. ここにあなたの名前を書いてください. *menulis surat* 手紙を書く; Saya akan *menulis surat kepada anda* selepas saya balik di Jepun. 日本に帰ったら手紙を書きます.
tulis-menulis 作文をすること, 文章を書くこと=karang mengarang: Saya menaruh minat terhadap *tulis-menulis*. 私は作文に興味がある.

menuliskan 1 書き付ける: *menuliskan catatannya* 注記を付ける. 2 〜のために書いてやる: Saya selalu *menuliskan* nenek surat. 私はいつもおばあちゃんのために手紙を書いてやる.

menulisi 〜に書く: Dinding rumah itu habis *ditulisi* orang. 家の壁に誰かが字を書きつくした.

tulisan 1 文字: *tulisan Rumi* ローマ字. *tulisan Jawi* ジャウイ文字. 2 書き方, 書いた文字: Saya tidak dapat membaca *tulisannya*. 彼の書いた文字は読めない. *tulisan cepat* 速記. 3 著作品: Anda pernah membaca *tulisan* Kawabata Yasunari? 川端康成の作品を読んだことがありますか.

penulis 作家, 著者, 筆者.

tertulis 記載された: *pernyataan tertulis* 文書による声明. Surat itu *tertulis* dalam bahasa Jepun. その手紙は日本語で書かれていた. Mereka membawa kek dengan ucapan "Selamat Hari Jadi" *tertulis* di atasnya. 上に「誕生日おめでとう」と書かれたケーキを持って来た.

tulus 正直な, 誠実な (= tulus hati, tulus ikhlas): hadiah yang diberi *dengan tulus ikhlas* daripada Ali アリからの心のこもった贈物.

ketulusan 誠実さ: Saya kagum dengan *ketulusannya*. 彼の誠実さに驚嘆する.

tuma シラミ(虱).

tumbang 1 (木が)根こそぎ倒れる, 倒壊する: Pokok besar itu *tumbang* di tengah jalan. 大木が道路の真ん中に倒れた. 2 (政権が)崩壊する: Kerajaan itu *tumbang* pada abad ke-16. 王国は16世紀に崩壊した. 3 屠殺される: Untuk kenduri itu *tumbang* seekor kerbau. そのクンドゥリ(共食儀礼)のために水牛が一頭屠殺された.

menumbangkan 1 倒す: Angin ribut telah *menumbangkan* pokok durian itu. 強風がドリアンの木を倒した. 2 崩壊させる, 転覆させる: Pihak revolusi cuba *menumbangkan* kerajaan. 改革派は政府を転覆させようとした.

tumbesar 生育する (tumbuh dan besar).

tumbesaran 生育, 成長: Kalsium penting untuk *tumbesaran* kanak-kanak. カルシウムは子どもの成長に大切だ.

tumbuh 1 生える, 成長する: Giginya belum *tumbuh*. 歯がまだ生えない. Pokok durian itu sudah *tumbuh* besar. ドリアンの木が大きく育った. Anak-anak yang sedang *tumbuh* kuat makannya. 育ち盛りの子どもはよく食べる. 2 (病気などが)現われる, 発生する: Jerawat telah *tumbuh* di mukanya. ニキビが顔に現れた. 3 (怒りや感情が)こみ上げる: *Tumbuhlah* perasaan marah dalam hatinya. 心の中で怒りがこみ上げてきた. *tumbuh bagai cendawan*.【諺】鳥合の衆の如く現れる. *tak tumbuh tak melata*【諺】煙のないところに火は立たぬ.

bertumbuh 育つ, 成長する.

menumbuhkan 育成する: Ubat ini boleh *menumbuhkan semula* rambut anda. この薬はあなたの髪を再生させるでしょう.

menumbuhi 〜に育つ: Halaman rumahnya sudah *ditumbuhi* lalang. 家の庭にはもうラランが生い茂った.

tumbuhan 植物.

tumbu-tumbuhan 植物, 作物.

tumbuk

penumbuhan 育成, 成長.

pertumbuhan 成長: *pertumbuhan ekonomi* 経済成長.

tumbuk (杵やすりこぎで)つぶしたもの, 砕いたもの: *beras tumbuk* ついた米. *kacang tumbuk* 挽いた豆. *tumbuk rusuk* 汚職行為. *tumbuk tanak* 家事.

bertumbuk 1 砕かれた, (籾を)ついた: *beras bertumbuk* ついた米. 2 (拳で)殴り合う: Pelajar-pelajar *bertumbuk* di dalam kelas. 生徒たちが教室で殴り合いをした.

menumbuk 1 (籾や豆を)つく, 砕く: *menumbuk padi* 籾をつく. *menumbuk cili* 唐辛子をつく. *menumbuk dalam lesung, bertanak di periuk*【諺】臼の中で搗き, 釜の中で焚く(=習慣に従う). 2 拳で叩く, 殴る: *menumbuk meja* 拳でテーブルを叩く. *menumbuk muka lawannya* 相手の顔を殴る.

tumbukan 1 つぶしたもの, 砕いたもの: *kacang tumbukan* 挽いた豆. 2 パンチ, 殴り: *Tumbukan* Ali mengenai dagu lawannya. アリのパンチが相手の顎に命中した.

penumbuk 握りこぶし.

tumis 油で炒めたもの: *sambal tumis* 炒めたサンバル. *bawang tumis* 炒めたオニオン.

menumis 油で炒める: *menumis bawang putih dahulu* 最初にニンニクを炒める.

penumis 食用油 (=minyak *penumis*).

tumit 踵(かかと), (靴の)ヒール.

tumpah 溢れる, こぼれる: Air kopi itu *mendidih dan tumpah* di atas lantai. コーヒーが沸騰して床の上にこぼれた.

menumpahi ～にこぼれる.

menumpahkan 1 ～をこぼす: Dia sengaja *menumpahkan* air itu ke baju saya. 彼女はわざと水を僕の上着にこぼした. *menumpahkan darah* 血を流す(人を殺す). 2 (関心などを)注ぐ, 集中する: Semua yang hadir *menumpahkan perhatian kepada* PM yang baru masuk. すべての出席者は入ってきたばかりの首相に注目した. 3 (感情を)あらわす: Dia *menumpahkan segala isi hatinya kepada saya*. 彼は心の中にあるすべての思いを私に打ち明けた.

pertumpahan 溢れること: *pertumpahan darah* 流血.

tertumpah 1 溢れた: Air dalam baldi itu *tertumpah* sedikit. バケツの中の水が少し溢れた. 2 (関心, 愛情が)注がれた: Kasih sayang mereka *tertumpah penuh kepada* anak itu. 彼らの愛情がその子に全面的に注がれた.

tumpang; *Tumpang bertanya = Bertumpang tanya*. ちょっとお尋ねしたいのですが: *Tumpang bertanya, apa nama kampung ini?* ちょっとお尋ねしたいのですが, この村は何という名前でしょうか.

Tumpang lalu. ちょっと失礼します; 前を通ってすみません《人前を横切るときの決まり文句》.

bertumpang 積み上げられた (=*bertumpang tindih*): buku-buku yang *bertumpang tindih* di atas meja 机の上に積み上げられた本.

menumpang 1 泊めてもらう(宿泊する): Saya akan *menumpang di* rumah bapa saudara saya di Melaka. 私はマラカの叔父の家に泊めてもらう. *menumpang tidur di* ～に一夜泊めてもらう; Saya akan *menumpang tidur di* rumah kawan malam ini. 今晩友達の家に泊めてもらう. **2** (乗り物に)乗る, 乗客になる: Kami *menumpang bas* ke sini, bukan jalan kaki. ここにバスに乗って来た, 歩きではない. "Naik baskah?" "Tidak, saya *tumpang* (naik) kereta."「バスに乗る?」「いや, 車に乗ります」. **3** 便乗する, 乗せてもらう: Boleh saya *menumpang kereta anda* ke pejabat? 会社まであなたの車に便乗させてもらってもいいですか. *Awak mahu menumpang?* この車に乗りませんか. "Awak nak *tumpang kereta Hassan?*" "Ya, dia pun pergi ke universiti."「君はハッサンの車に便乗するのか」「そう, 彼も大学に行くから」. **4** 他人のおかげで〜してもらう: *Saya menumpang dengar saja.* 小耳にはさんだだけです. Pengemis itu *menumpang makan* di rumah Ali. その乞食はアリの家で食物にありつけた. Saya *menumpang hidup dengan* Ali. Kalau tak ada Ali, saya matilah. 僕はアリのおかげでうまくいけた. アリがいなかったら, 僕はおしまいだ. **5** 一緒に〜する: Kami *turut menumpang* gembira. 皆で一緒に喜びを分かち合った.

menumpangkan 1 泊まらせる: Pak Ali enggan *menumpangkan* pelajar-pelajar di rumahnya. アリさんは学生を家に泊まらせたがらない. **2** 便乗させる: Minta *tumpangkan* ke KLCC. KLCCまで乗せてください. **3** 託する, 持って行ってもらう=kirim: Jangan lupa *menumpangkan salam saya kepada* Pak Ali. 忘れないでアリさんに私からよろしくと伝えてください. Kalau anda hendak pergi ke Singapura, saya hendak *menumpangkan sedikit kuih untuk* anak saya. もしシンガポールに行かれるようでしたら, 私の娘にお菓子を少し持って行ってもらいたいのです. Kalau awak hendak pergi ke pejabat pos, boleh saya *menumpangkan surat-surat ini* untuk diposkan? 郵便局に行くならば, これらの手紙を持って行って投函してくれませんか.

tumpangan 宿泊: *memberi tumpangan kepada* 〜を泊める. *mencari tumpangan* 宿をさがす. *rumah tumpangan* 下宿屋. *tempat tumpangan* 宿泊所.

penumpang 乗客, 宿泊者: *penumpang percuma* ただ乗り客. *kereta penumpang* 乗用車. *kapal penumpang* 客船.

tumpas 壊滅した: Kumpulan penjenyah itu sudah *tumpas.* 犯罪組織は壊滅した.

menumpas, menumpaskan 壊滅する, 破壊する, (試合で相手を)打ち負かす: *menumpaskan* pemberontakan itu 反乱軍を壊滅する. *menumpaskan para penentang mahasiswa* 学生の反対勢力を押さえ込む. Pasukan Kedah telah *menumpaskan* Perlis 6-0. クダ・チームがプルリスに6対0で大勝した.

ketumpasan 壊滅.

tumpat 1 (穴などが)塞がれている, いっぱい詰まっている, 密で固い, ぎっしりした: Rotan *tumpat,* sedangkan buluh tidak. ラタン(籐)は中身が詰まっているが, 竹はそうでない(空洞になっている). Guni ini *tumpat* berisi gula. この袋は砂糖でぎっしり詰まっている. **2** 満員の, 隙間がない=penuh sesak: Bas itu sudah *tumpat dengan* penumpang. バスは乗客で満員になった.

menumpatkan 〜を埋める, 塞ぐ:

menumpatkan lubang itu *dengan* sampah-sarap ゴミを詰めて穴を塞ぐ.

tumpu; **bertumpu** 1 (足や手を)置く: *bertumpu kaki* di atas meja 机の上に足を乗せる. 2 (線,動き,注目が)一点に集まる,集中する,専念する: Garis-garis itu *bertumpu* di tengah bulatan. 全ての線は円の中央に集まっている. Semua jalan kereta api *bertumpu* di sini. 全ての鉄道線路はここに集中する. 3 群がる,殺到する,集合する: Penonton-penonton *bertumpu* di kawasan dekat pintu gol. 観客らはゴール・ポスト近くに殺到した.

menumpu (線や動きが)集中する, 集まる: Di UM kebanyakan penuntut Melayu *menumpu di* Fakulti Sastera. マラヤ大学ではマレー人学生の多くは文学部に集中している. Matanya *menumpu pada* anaknya sahaja. 彼女の目は息子だけに集中した.

menumpukan 1 (関心や努力を)集中する: *menumpukan perhatian* 集中する,専念する; Ibu bapa hendaklah *menumpukan perhatian kepada* pelajaran anak-anak mereka. 親は子どもの勉強に関心を集中すべきだ. 2 ～に基盤を置く: Dia *menumpukan pendapatnya pada* suatu teori baru. 彼の意見は新しい理論に基盤を置く. 3 ～に足をかける: *menumpukan* kakinya di batu 石に足をかける.

tertumpu (関心・注意が)集中する: Pandangan matanya *tertumpu kepada* wanita itu. 彼の視線はその女性に集中した. Perhatiannya *tertumpu kepada* gadis itu. 少女に釘づけになった. Perhatian seluruh dunia *tertumpu* di New York. 世界の注目がニューヨークに集まった. Perhatian kini *tertumpu kepada* jawatan Presiden. いまや世間の注目は,総裁ポストに集まった. Perhatian saya *tertumpu pada* perkara itu sahaja sepanjang hari. 私は一日中その事に集中した.

tumpuan 1 注目の的,皆が集まる所: Bandar ini kini *menjadi tumpuan dunia* berhubung skandal itu. この町はそのスキャンダルで今や世界の注目の的になっている. Puteri Diana *sentiasa menjadi tumpuan perhatian*. ダイアナ王女はいつも注目の的になっていた. Penyanyi itu *menjadi tumpuan* pelbagai media. その歌手があらゆるメディアの注目の的となった. *memberi tumpuan kepada* ～を重要視する,強調する: ～*diberi tumpuan utama dalam ucapan* 演説の中で～を最も強調した. 2 足がかり. 3 起点,拠点: Pulau itu menjadi *tumpuan* lanun. その島は海賊の集まる拠点であった. Gemas menjadi *tempat tumpuan* kereta api ke Pantai Timur. グマスは東海岸へ行く鉄道の起点になっている. 4 集中力: *akibat hilang tumpuan* 集中力が欠けた結果.

penumpuan 集中,専念: Kerja ini memerlukan banyak *penumpuan*. この仕事は多大な集中力が必要です.

pertumpuan 一箇所に集まる所: *pertumpuan jalan raya* 道路の集まる所.

tumpul 1 (先端が)鈍い: *pisau yang tumpul* 切れ味の鈍いナイフ. 2 利口でない: Otaknya sudah *tumpul*; dia tidak dapat berfikir dengan jelas. 頭脳が鈍くなり，明晰に考えられなくなった．**3** 関心・興味がなくなる．

tumpur **1** 破壊された：Bandar itu *tumpur sama sekali*. その町は壊滅した．**2** 破産した，文無しの．

menumpur, menumpurkan 破壊する，破産させる．

Tun **1** トゥン(功績のあった者に国王から授与される称号)：*Tun Dr. Mohammad Mahathir*. **2**【古典】マレー王国時代における貴族・高官に対する敬称：*Tun Perak*.

tuna (Sk) 傷，怪我＝luka.

tertuna 傷を負う．

tunai 現金，即金：*wang tunai* 現金. *membeli dengan bayaran tunai* 現金払いで買う. *kad tunai* キャッシュカード. *tunai masa serahan* 代金引換え渡し(C.O.D). *tunai runcit* 小口現金. Saya akan *membayar tunai* sekarang juga. 今すぐ即金で払う．

menunaikan **1** 現金を支払う：*menunaikan hutang* 借金を現金で払う. "Bolehkah saya *menunaikan* cek kembara di sini?"「ここでトラベラーズ・チェックを現金に換えられますか」．**2** (約束や仕事を)果たす，実行する，遂行する：*menunaikan janji* 約束を果たす. *menunaikan kewajiban* 義務を果たす. *menunaikan sembahyang* お祈りをする. *menunaikan haji di Mekah* (イスラム教徒が)メッカ巡礼をする．

tunang; **tunangan** 婚約者，フィアンセ：*cincin tunang* 婚約指輪．

bertunang, bertunangan 婚約している：Mereka sudah *bertunang*. 彼らはすでに婚約している. Ali sudah *bertunang dengan* Maimunah. アリはマイムナと婚約した．

menunang (男性が女性に)求婚する，プロポーズする＝melamar, meminang：Orang muda yang kaya itu datang *menunang* Aminah. 金持ちの青年がやって来てアミナにプロポーズした．

menunangkan, mempertunangkan (親が子を)婚約させる：Pak Kassim akan *menunangkan* anak perempuannya *dengan* anak lelaki Pak Ali. カシムさんは娘をアリ氏の息子と婚約させることになっている. Aminah *tidak mahu ditunangkan dengan* pemuda pilihan ayahnya. アミナは父が選んだ青年と婚約したくない．

pertunangan 婚約：*upacara pertunangan* 婚約の儀式．

tunas 新芽，つぼみ：*tunas baru* 新芽．

bertunas 新芽が出る：Pokok itu sudah *bertunas* banyak. その木はたくさんの新芽が出た．

tunda **I**; **menunda** 延期する＝tangguh：*menunda mesyuarat* 会議を延期する．

menunda-nunda ぐずぐずする，手間取る：Dia orang yang *suka menunda-nunda*. 彼はよくぐずぐずするタイプだ. Dia *suka menunda-nunda* segala sesuatu itu. 彼は何でもぐずぐずしがちだ．

penundaan 延期：*Penundaan* rancangan itu tidak dapat dielakkan. 計画の延期は避けられなかった．

tertunda 延期された：Mesyuarat yang *tertunda itu* akan diadakan lagi pada minggu depan. 延期された会議は来週に再開される．

tunda **II** 綱で引くこと：*kapal tunda* タグボート，引き船. *pukat tunda* トロール網. *tali tunda* 引き綱.

bertunda-tunda 相次いで，次々に: Pelumba-pelumba berjalan kaki *bertunda-tunda* melalui jalan kecil itu. 徒競走者が小道を次々に通って行った．

menunda 1 綱で(舟，車などを)ひく，曳航する，牽引する: Polis *menunda* kereta itu ke balai polis. 警察はその車を警察署まで牽引した． 2 後に続く，後から来る: Adiknya berjalan dahulu, Rozali *menunda* dari belakang. 弟が先に歩き，ロザリが後に続いた．

tundra ツンドラ．

tunduk 1 下を向く，うつむく，うなだれる: *tunduk kemalu-maluan* 恥ずかしげにうつむく．Padi di sawah sudah *tunduk* oleh berat butirnya. 水田の稲は籾の重さで下を向きだした． 2 従う，従順な: Majikan gemar pekerja yang *tunduk*. 使用者は従順な従業員を好む．Dia *tunduk kepada* isterinya. 彼は妻に従順である．*tunduk kepada* peraturan baru itu 新しい規則に従う． 3 降伏する，屈する，負けを認める: Iraq terpaksa *tunduk kepada* PBB setelah tewas dalam perang Teluk. イラクは湾岸戦争に敗れてから国連に屈せざるをえなかった．Negara kita tidak akan *tunduk kepada* tekanan asing. わが国は外国の圧力に決して屈しないだろう．

menunduk うなだれる．

menundukkan 1 (頭を)下げる: *menundukkan kepala* 頭を下げる: Orang Jepun *menundukkan kepalanya* apabila memberi hormat. 日本人は挨拶するとき頭を下げます． 2 負かす，下す: *menundukkan tentera Jepun* 日本軍を打ち負かす．

ketundukan 負け，従順さ．

tunggak I 切株．

tunggak II; **tunggakan** 1 滞納金: *Tunggakannya* masih ada RM100. 彼の滞納金はまだ 100 リンギットある．membayar *cukai tunggakan* 滞納税を払う．*bil tunggakan* 未払いの請求書． 2 やり残しの仕事．

menunggak 1 滞納する，支払いを延ばす: *menunggak dalam pembayarannya* 滞納している．*menunggak hutang* 借金の支払いを引き延ばす． 2 (仕事を)仕上げていない: Tukang itu sudah lama *menunggak kerjanya*. その職人は仕事をもう長いこと仕上げていない．

tertunggak やり残した(仕事・問題): *isu-isu tertunggak* ペンディングになっている諸事項．*wang tertunggak* 滞納金．

tunggal 唯一の: *ibu tunggal kepada tiga orang anak* 三人の子のシングルマザー．*anak tunggal* 一人っ子．*ejen tunggal* ソール・エージェント(総代理店)．*bahasa kebangsaan yang tunggal* 唯一の国語．

menunggalkan ひとつにする，統一する: *menunggalkan bahasa kebangsaan* 国語を統一する．

ketunggalan 唯一: *Ketunggalan Allah* アッラーの神が唯一である．

tunggang I; **menunggang**, **menunggangi** ～に乗る，またがる = mengankang: *menunggang kuda* 馬に乗る．*menunggang basikal* 自転車に乗る．*menunggang motosikal* バイクに乗る．Mari kita *pergi menunggang kuda* esok. 明日は乗馬しに行こう．

tunggangan; *kuda tunggangan* 乗馬用の馬．

penunggang (馬や自転車に)乗る人: *penunggang kuda* 騎手．*pe-*

nunggang basikal サイクリスト.

tunggang II; **menunggangkan** (ビンなどを)逆さまにする・空にする, ひっくり返す: *menunggangkan isi botol itu ke dalam gelasnya* ビンを逆さまにして中身をグラスに入れる. *menunggangkan budak* 子供を逆さまに吊るす.

tertunggang 逆さまにする: *Gelas yang tertunggang itu menumpahkan isinya.* 逆さまにしたグラスから中身がこぼれる.

tunggang balik ひっくり返る.

menunggangbalikkan ひっくり返す: *Perompak itu menunggangbalikkan kerusi meja untuk menyekat pengejaran polis.* 強盗は警察の追跡を阻むために椅子と机をひっくり返した.

tunggang-langgang 1 逆さまになって, ひっくり返る, 転倒する: *Ali tunggang-langgang di atas dek.* アリはデッキの上に転倒した. *Selepas pergaduhan itu, kerusi meja di gelai itu tunggang-langgang.* けんかのあと, 屋台の椅子とテーブルはひっくり返っていた. 2 あわてふためく, あたふたと: *berlari tunggang-langgang* あたふたと逃げる.

menunggang-langgang ひっくり返す: *menunggang-langgang kerusi meja di restoran itu* レストランで椅子とテーブルをひっくり返す.

tungging; **menungging** 尻を上げて頭を下げた状態になること: *Pesawat itu jatuh menungging.* 航空機は尾翼を上にして墜落した. *Dia menungging mencari duitnya yang jatuh di bawah katil itu.* 彼は頭をすくめて屈みながらベットの下に落ちたお金をさがした.

menunggingkan 上下逆さまにする, ひっくり返す: *menunggingkan gelas itu* グラスを上下逆さにする. *menunggingkan tempayan itu supaya bahagian dalamanya tidak kotor* 瓶の内部が汚れないようにと瓶をひっくり返す.

tunggu 待つ: *Tunggu sekejap.* ちょっと待ってください. *Tunggu di sini sampai saya balik.* 私が戻ってくるまでここで待ってなさい. *tunggu dan lihat* =wait and see.

bertunggu 監視する, 見張る.

menunggu 1 待つ: *bilik menunggu* 待合室. *Saya akan menunggu anda di sini.* ここであなたを待っています. 2 見守る, 見張る, 番をする, 看病する: *Siapa yang akan menunggu pesakit?* 患者を誰が看病するのか. *Saya tidak boleh pergi, saya harus menunggu kedai.* 私は出られません, 店の番をしなければならないので. *Bila emak pergi ke pasar, saya menunggu adik di rumah.* お母さんが市場に行っているとき, 私が家で妹たちの面倒を見ます. *Petani padi menunggu sawahnya untuk menghalau burung.* 稲作農民は鳥を追い払うために田んぼを見張ります.

menunggui 1 見張る, 見守る, 看病する: *menunggui orang sakit* 病人を見守る. 2 (霊などが)〜に宿る, 住む: *Katanya ada hantu menunggui hutan itu.* 森におばけが住んでいると人は言う.

menunggu-nunggu, **ditunggu-tunggu**, **tertunggu-tunggu** 熱心に待つ, 待ちに待った: *Hari yang ditunggu-tunggu itu pun tibalah.* 待ちに待ったその日がやってきた.

penunggu 1 番人, ガードマン. 2 受付け. 3 住人: 霊, お化け: *pe-*

tunggul 740

nunggu pokok besar 大木に宿る精霊. Kata orang, pokok itu ada *penunggunya*. その木には精霊が宿っていると噂されている.

tunggul 切株, 稲の切株 (tunggul jerami).

tungku; *batu tungku, tungku dapur* かまど.

tungkus; *tungkusan* 包み.
menungkus バナナの葉や紙で包む.

tungkus-lumus; *bertungkus-tungkus* 〜に没頭する: 10 anggota bomba telah *bertungkus-lumus* memadamkan kebakaran. 10 人の消防隊員が必死になって火事を消し止めた.

tunjal; *menunjal* 1 指で軽くつつく・さわる: Dia *menunjal* kepala saya. 彼女は僕の頭を指で軽くつついた. 2 (飛び下りる前に)足を踏ん張る.

tunjam; *menunjam* 急降下する, 墜落する, 頭から突っ込む: Kapal terbang yang rosak itu *menunjam* ke laut. 故障した飛行機は海に突っ込んだ.

tunjang 根 (=akar tunjang).
bertunjang 〜に根ざす: Kritikan ini *bertunjang pada* analisis yang teliti. この批判は正確な分析に根ざしている.
bertunjangkan 〜を基本とする, 〜を基にする=berdasarkan: Kebudayaan kebangsaan *bertunjangkan* kebudayaan Melayu. 国民文化はマレー文化を基にする.
menunjang 支える, 支援する: Kayu-kayu itu *menunjang* tembok yang hampir roboh. 材木は崩れ落ちそうになっている壁を支えている. Abanglah yang *menunjang* perbelanjaan sekolah saya. 兄が僕の学費を支援している.
menunjangi 〜を支える: kerajaan BN yang *ditunjangi* UMNO 統一マレー人国民組織(UMNO)に支えられた国民戦線政府.
tunjangan 援助, 支援: *menerima tunjangan* yang banyak daripada saudara maranya 親類から多くの支援を得る.
penunjang 支援者, 後援者, 支え.

tunjuk 指し示す: *tunjuk ajar* ガイダンス. *tunjuk perasaan* デモ: *tunjuk perasaan* anti-Jepun 反日デモ. *surat tunjuk sebab* 事由書.
menunjuk 1 指さす: Bila ditanya siapa kekasihnya, dia *menunjuk ke arah* lelaki itu. 恋人は誰かと質問されると, 彼女はその男性の方を指さした. 2 示す, 見せる, 展示する, 教える: *menunjuk* lukanya sebagai bukti 証拠としてその傷を見せる. *menunjuk hebat* かっこ良さを見せつける. Tolong *tunjuk* cara gunakannya. その使い方を教えてください. 3 指名する, 任命する: *menunjuk* Ali *sebagai* pengerusi majlis アリを議長に指名する.
menunjuk-nunjuk 見せびらかす: *rasa mahu menunjuk-nunjuk* 見せびらかしたがる気持ち.
menunjukkan 1 指し示す: Dia *menunjukkan* jarinya ke arah saya. 彼は私の方に指差した. 2 〜を見せる, 示す, 示唆する: *menunjukkan* sikapnya yang gagah 勇敢な態度を示す. Ali tidak *menunjukkan* sebarang tanda ketakutan. アリは怖がっている様子を全く見せなかった. Angka ini *menunjukkan* bahawa ekonomi tahun ini agak membimbangkan. この数字は今年の経済がやや心配になることを示唆

している.

mempertunjukkan 公演する, 展示する: *mempertunjukkan* tarian tradisional Jepun 日本の伝統舞踏を公演する. Apa yang sedang *dipertunjukkan* di Muzium Negara? 国立博物館で今何が展示されているのですか.

penunjuk 指示する物・人: *penunjuk arah* 方向指示機. *penunjuk ekonomi* 経済指標. *penunjuk jalan* a 道案内人, ガイド. b 道路標識.

petunjuk 1 信号, シグナル. 2 指示, ガイドライン. 3 忠告, 教訓: *memberi petunjuk kepada* ~にアドバイスをする. 4 インスピレーション: Saya *mendapat petunjuk* dalam mimpi saya semalam. 昨夜夢の中でインスピレーションを得た.

pertunjukan 1 展示会: *pertunjukan kuih-muih Melayu lama* 伝統的なマレーのお菓子展示会. 2 公演, 上演, 催物: *Pertunjukan drama* itu diadakan di dewan sekolah. 演劇の公演が学校の講堂で行われる.

tuntun (Jw); **bertuntun** 手を導かれて歩く=berpimpin.

menuntun 手を引いて導く=memimpin.

tuntunan 案内, ガイダンス.

penuntun ガイド, リーダー.

tuntung 〔動〕イリエガメ: *tuntung laut* イシガメ.

tuntut I; **menuntut** 1 強く要求する, (借金の)返済を求める: *menuntut hak* 権利を強く要求する. *tuntut maaf* 許しを求める. *menuntut hutang* 借金の返済を求める. 2 復讐する: *tuntut balas, tuntut bela* 復讐する. 3 裁判に訴える: Saya akan *menuntut* dia di mahkamah. 私は彼を裁判で訴える.

tuntutan 1 要求: *membuat tuntutan melampau* 過度な要求をする. *tuntutan kenaikan gaji* 賃上げ要求. *tuntutan insurans* 保険の請求. 2 告訴: Perkara *tuntutan* tanah itu belum selesai. 土地の告訴問題はまだ解決していない.

penuntut 訴追者.

penuntutan 要求.

tuntut II; **menuntut** 研究する, 知識を高める, (学校で)勉強する: Ketika saya masih lagi *menuntut* di sekolah menengah dalam tingkatan dua. 私がまだ中等学校の2年生のとき.

penuntut 学生=pelajar, murid.

tupai 〔動〕リス.

tupai-tupai かすがい(鎹).

turap 漆喰(しっくい).

menurap 漆喰を塗る, (道路を)舗装する: *menurap semula jalan raya utama* 主要な道路を再度舗装する. *menurap jalan dengan aspal* 道路をアスファルト舗装する.

turas ろ過, ふるい, フィルター: *kelalang turas* ろ過フラスコ. *kertas turas* ろ過紙.

menuras ろ過する, ふるいにかける: *menuras air sungai* 川水をろ過する.

penuras ろ過機, フィルター.

penurasan ろ過.

turbin (英) turbine タービン.

turun I 1 下がる, 下りる: Suhu di bilik *turun* kepada 21 darjah Celsius. 部屋の温度が摂氏21度に下がった. 2 落ちる: Dia *turun* ke bawah. 彼は下に落ちた. 3 (乗り物から)降りる: Kita akan *turun* di stesen kereta api Tanjung Malim. タンジョン・マリム駅で降ります. 4 (川上から川下へ)下る, 町へ行く, 都会へ

行く《マレーの王宮・王都が河口, 港に位置していたことと関係している》: Seminggu sekali mereka *turun ke pasar*. 彼らは(上流から舟で)週に一回市場に下りていく. Saya sudah lama berniat akan *turun ke ibu kota* sekali seumur hidup. 私は一生に一度上京したいと前から目論んでいた. *turun ke bandar* 町に行く. *turun ke Kuala Lumpur* クアラルンプールへ上京する. **5** (客が家から)帰る: Pada pukul 10 malam baru kami *turun* dari rumahnya. 夜の10時になってやっとその家から帰ることになった. **6** (太陽などが)沈む: Matahari sudah *turun*. 太陽が沈んだ. **7** (価格が)下落する, (生産が)減少する: Harga getah sudah *turun*. ゴム価格が下落した. **8** (色が)あせる: Kain ini *turun* apabila dibasuh. この布は洗うと色があせる. **9** (怒りが)静まる: Marahnya sudah semakin *turun*. 彼の怒りがだんだんと収まった. **10** 【古典】船から降りる, 船に乗り込む: Maka sekaliannya pun *turun ke perahu*. Setelah sampai maka baginda pun *turun-lah ke pasir* (p.38). そこで全員が船に乗り込んだ. やがて到着すると王様が船から砂浜に降りられた.

turun darah 流血.
turun ke sawah 田んぼ仕事する.
turun minyak (動物が)怒る.
turun naik kerajaan 王国(の権勢)の盛衰.
turun takhta 王位を退く.
berturun 寄付する.
menurun 1 下がる, 減少する, 低下する: Gaji kami telah *menurun* sebanyak 10%. 私たちの賃金は10%も減少した. Mutu pembelajaran penuntut di universiti semakin *menurun*. 大学生の質がますます低下している. Kepopularannya mulai *menurun*. 彼女の人気は下がり始めた. **2** 下に傾斜している: Jalan itu *menurun* dan sempit. 道は下に傾斜し狭い. **3** (代々に)伝わる: Gadis ini benar-benar *menurun* semua kelakuan emaknya. 母親のすべての振舞いがこの娘に伝わっている. **4** 霊が乗り移る: Bomoh Hamid biasanya *menurun* pada malam Jumaat. ボモのハミッドは普通は木曜日の夜になると霊が身体に乗り移ってくる.

menuruni 1 〜を降りる, 下る: *menuruni* tangga itu dengan hati-hati 注意しながら階段を降りる. **2** 【古典】人を出迎える: Bermula jikalau Tun Perpatih Permuka Berjajar duduk di balai, jikalau anak raja-raja datang tiada *dituruninya*, melainkan anak raja yang akan ganti kerajaan juga maka *dituruninya* (p.44). 宰相のTPPBが(王に代わって)謁見所に座るとき, 王族が来てもわざわざ出迎えには行かない. ただし, 王位継承の可能性のある王族のときだけは出迎えた.

menurunkan 1 下に降ろす: *menurunkan bendera* 旗を降ろす. *menurunkan muatan* dari lori トラックから積荷を降ろす. **2** 下げる, 低くする, 減少させる: *menurunkan harganya sedikit* 価格を少し下げる. *menurunkan berat badan* 体重を落とす(減量する); *menurunkan berat badan* sebanyak 3 kilogram dalam tempoh satu bulan 1ヵ月間で体重を3キロ減らす. Anda akan *menurunkan harga diri anda* jika berdusta. 嘘をつくとあなたの価値を下げることになる. Apabila ditanya umurnya, dia selalu *menurunkan* *umurnya* beberapa tahun. 年齢を聞かれると, 彼女はいつもに二～三歳若くさばをよんで答える. **3** 物を子孫に残す, お下がりをする: Topi kecil ini dulu kepunyaan saya, *diturunkan pada* adik saya. この小さい帽子は昔は僕のものだったが, 弟へのお下がりにした.

turun-temurun, turun-menurun 先祖代々.

keturunan 子孫, 血統, 種族: Ada orang Kadazan dan ada orang *keturunan* lain tinggal di kampung ini. この村にはカダザン人やその他の種族が住んでいる. rakyat Britain *berketurunan* Pakistan パキスタン系英国人. Dia adalah *keturunan* orang-orang bangsawan 彼は貴族の血統を持つ.

penurunan **1** スロープ, 坂. **2** 下げること, 下落, 引下げ: *penurunan tarif* 関税引き下げ. *penurunan harga minyak* 石油価格の引下げ.

turun II; **menurun** 写す, 真似する.

turunan 写し, 複写.

menurunkan, memperturunkan **1** 写しをとる, 書き写す, 記録する: Sila *turunkan tandatangan* di sini. ここにサインしてください. *memperturunkan pantun itu ke dalam buku catatannya* そのパントンをメモ帳に書き写す. **2** 署名する: *menurunkan tandatangan pada* buku pelawat 来訪者記録帳に署名する.

turus **1** 支え棒, 支柱. **2** 国の中枢, 指導者 (=turus negeri).

turut **1** 一緒に～する: *Turut hadir pada* pertemuan itu ialah studen Jepun yang berjumlah 20 orang. その他一緒に会議に出席したのは, 日本の学生 20 名であった. Kami *turut terlibat* dalam hal ini. 私たちもまたこのことに関わっている. Ali *turut menyanyi* bersama kami. アリもまた僕たちと一緒に歌った. **2** 同行する, 一緒に行く: Saya akan *turut ke mana saja* awak pergi. 僕は君が行く所どこへでも一緒に付いて行く. **3** 参加する: Cigu Faridah akan *turut serta dalam* perarakan itu. ファリダ先生もそのパレードに参加します. **4** 従う: Kalau awak *turut akan nasihat saya* sejak awal lagi, sudah tentu telah pun berjaya. 最初から私の忠告に従っておれば, 君は必ずや成功していたのに. Murid-murid itu *turut cakap* guru mereka. 生徒らは先生の話に従う.

turut campur 介入する.

pak turut イエスマン: Mereka semuanya *pak turut*. 彼ら全員がイエスマン.

berturut-turut, berturutan 連続して: selama dua hari *berturut-turut* 二日間続けて. pertumbuhan ekonomi lebih 8% setiap tahun selama 10 tahun *berturut-turut* 連続 10 年間年 8％の経済成長.

menurut **1** 《前置詞》～によると: *Menurut ramalan cuaca*, esok akan hujan. 天気予報によれば, 明日は雨になる. *Menurut pendapat saya* 私の意見では. *Menurut dugaan saya* 私の予想では. **2** 従う: Dia tidak *menurut nasihat* orang. 彼は他人の忠告に従わない. *menurut peraturan* 規則に従う. Segala-galanya *menurut jadual*. 全てがスケジュール通りになされている. **3** 真似をする: Yang lain *menurut* pulalah. 他の者もそれを真似した. **4** 付いて行く, 同行する: Ibu *menurut* ayah ke pasar. 母は父に付いて市場に行った.

menuruti **1** 付いて行く: *menuruti*

jalan kecil itu 小道に沿って行く. Mereka *menuruti* bapanya dari belakang. 彼らは後ろから父の後を付いて行った. Anjing itu berjalan *menuruti* tuannya. 犬が主人の後を付いて歩く. **2** ～に従う: *menuruti nasihatnya* 彼の忠告に従う. *Jangan menuruti perasaan*. 感情に流されるな. *menuruti kehendak isterinya* 妻の要望に応じる. **3** ～を見習う= mencontohi: Ali *menuruti* jejak ayahnya. アリは父の足跡を見習う.

turutan 1 見本, モデル: Itu *turutan* saja. それは見本です. **2** 追従者: Dia *orang turutan* ketua kampung. 彼は村長の追随者だ.

penurut 賛同者, 同行者.

tus; **mengetus, mengetuskan** (野菜などの)水を切る, 乾かす: *membasuh dan mengetus beras* 米を洗い, 水を切る.

tusuk ピン, 留め針.

menusuk 刺す, つつく: *menusuk kadbod itu dengan* gunting ハサミで段ボールを突き刺す. *menusuk tangan lawannya dengan pisau* ナイフで相手の手を刺す. *menusuk orang dari belakang* 後ろから人を刺す. Jangan *menusuk gigi* di depan umum. 人前で歯をほじくるな.

menusuk-nusuk 扇動する, けしかける: *menusuk-nusuk* Ali bermusuhan dengan kawannya アリに友達と敵対するようしかける.

tusukan 刺されること: Dia mati akibat *tusukan* itu. 彼は刺されたのが原因で死亡した.

tertusuk 刺さる, 刺される: serpihan kaca sepanjang 20.4 sentimeter yang *tertusuk dan tertanam dalam paha kanannya* 右の腿に長さ20.4cmのガラスの破片が刺さったままである. Polis yang *tertusuk* itu meninggal dunia. 刺された警官は亡くなった.

tut 接木: *pokok tut* 接木.

tutor チューター.

tutuh; **menutuh** (枝などを)切りとる.

tutup 1 閉っている: Hari ini semua kedai *tutup*. 今日は全ての店が閉っている. **2** カバー: *tutup bantal* 枕カバー. *tutup meja* テーブル・クロス. *tutup teko* ポットのふた.

bertutup カバーがある: bekas yang *tidak bertutup* ふたのしてない容器.

menutup 1 閉める, カバーする, 被う: *Tutup tingkap itu*. その窓を閉めてください. *menutup mulut* 口を封じる. *menutup kepalanya dengan kain tudung* トゥドンで頭を被う. Semua pejabat kerajaan dan syarikat swasta akan *ditutup* pada hari cuti umum. 公休日には役所や民間会社のすべての事務所が閉まります.

menutup mata 目をつぶる, 黙認する: Apabila kita jumpa orang yang tayarnya pancit, kita *tutup mata*. タイヤがパンクしている人に出会ったとき, 僕らは目をつぶった(見ない振りをした). Beliau tidak dapat *menutup mata terhadap* tuduhan kegiatan seksual timbalannya. 部下の性的行動に関する嫌疑にあの方は目をつぶることができなかった. **2** 終える: *menutup seminar itu* セミナーを終了させる. **3** 隠す: *menutup rahsia* 秘密にする.

menutupi 1 ～を閉める: *menutupi tingkap rumah* 家の窓を閉める. **2** 被う, 隠す: *Tutupi makanan ini dengan sekeping kertas*. この食物は紙で被いなさい. *menutupi rahsia*

秘密を隠す. Awak *menutupi pandangan saya*. Saya tak boleh lihat apa-apa. 君は僕の視界をさえぎっているよ. 僕は何も見えない.

menutupkan 被う: *menutupkan badannya dengan* tuala タオルで身体を被う.

penutup 1 閉める道具, カバー: *penutup hidung* マスク. *memakai penutup kepala* 覆面をする. 2 結語: *ucapan penutup* 閉会の辞.

penutupan 閉鎖, 結論: *penutupan kilang* 工場の閉鎖. *penutupan majalah mingguan* 週刊誌の廃刊. *upacara penutupan* Sukan Olimpik オリンピック大会の閉会式.

tertutup 閉っている: Pintu itu *sudah tertutup*. 門はもう閉まっている.

tutur 言葉, 話: *buah tutur* 話題. *tutur bahasa, tutur kata* 話, 会話; Awak sentiasa berhati-hati terhadap *tutur kata* di sana. 向こうへ行ったら言葉遣いに気をつけよう.

bertutur 話す, しゃべる: *bertutur dalam bahasa asing* 外国語で話す.

menuturkan 1 言う, 口にする: Mereka berpisah tanpa *menuturkan* sepatah perkataan pun. 彼らは一言も口にせずに別れた. 2 発音する: Dia boleh *menuturkan* tiap-tiap perkataan dengan betul. 彼女は一つ一つの単語を正確に発音できる.

mempertuturkan 語る: *mempertuturkan beberapa cerita* いくつかの物語を語る.

penutur 話し手, 話者.

pertuturan 1 発音=penyebutan: Bila bercakap, gunakanlah *pertuturan* yang betul supaya mudah difaham. 話すときは分かりやすいように正しい発音をしなさい. 2 話し方=cara bertutur: *Pertuturan budak itu masih pelat*. あの子のしゃべり方はまだ舌足らずな発音をしている. 3 会話: perkataan yang digunakan *dalam pertuturan sehari-hari* 日常会話で使われる単語.

TV [televisyen] テレビ: *TV Kabel* ケーブル・テレビ.

U

ubah 違い: *tak ubah* 同じだ. *ubah ansur* 発展, 進化.

berubah 変わる: Warna tidak *berubah*. 色が変らない. *Awak tak berubah seperti dahulu*. 君は昔と変わっていない. *Air mukanya segera berubah* apabila dia mendapat berita itu. そのニュースを聞くと彼女の表情が変わった. Pendirian Chomsky itu beberapa kali *berubah*. チョムスキーの見解は何度か変わった. Dia sudah *berubah tempat duduk*. 彼は座る場所を変えた. *Dia sudah banyak berubah*. 彼はとても変った. *Jadual itu boleh berubah*. その予定は変更可能だ. Pada masa kini *semuanya telah berubah*. 現在はすべてが変わってしまった.

berubah-ubah 常に変わる, 不安定な: Cuaca yang *berubah-ubah* menyebabkan ramai orang jatuh sakit. 変りやすい天候のため多くの人が病気になった.

mengubah 変える, 変更する: *mengubah sikap* 態度を変える. Chomsky telah beberapa kali *mengubah pendiriannya*. チョムスキーは何度か見解を変えた.

mengubahkan 変える,変えさせる,移しかえる: *mengubahkan sikapnya yang negatif terhadap kaum wanita* 女性に対する否定的な態度を変えさせる. *mengubahkan meja itu ke sebelah kanan bilik kelas* 机を教室の右側に移動する.

ubahan 変化, 変動.

perubahan 変化, 変更, 改革, 変革: Tun Dr. Mahathir telah *membawa perubahan besar kepada* pembangunan negara. マハティール氏がわが国の開発に大きな変革をもたらした. *mengalami perubahan* 変る; KL *mengalami banyak sekali perubahan* dalam masa 10 tahun ini. KLはこの10年間で大きく変った. Jadual ini masih perlu *mengalami perubahan kecil*. この予定は若干変更する必要がまだある. *membuat perubahan* 変革する; Inilah peluang keemasan untuk *membuat perubahan*. 今回は変革をする絶好のチャンスである.

pengubahan 変更.

ubahsuai; **mengubahsuai**, **mengubahsuaikan** 修正する, 調整する: *mengubahsuaikan sistem lama supaya dapat menemui keperluan yang baru* 新たな必要性に応じられるよう古い制度を修正する. *mengubahsuaikan rumah* 家を改装する.

ubahsuaian 修正, リフォーム(改築).

uban 白髪, 白髪混じりの髪.

beruban 1 白髪がある. 2 年をとった.

ubat 1 薬, 薬品: *ubat batuk* 咳止め. *ubat bius* 麻酔. *ubat dalam* 飲み薬. *ubat getah* (天然ゴム)ラテックス凝固剤. *ubat gigi* 歯磨き粉. *ubat kampung* 生薬, ハーブ. *ubat kuat* 強壮剤. *ubat nyamuk* 蚊取り線香. *ubat mata* 目薬. *ubat lali*, *ubat penahan sakit* 鎮痛剤. *ubat penenang* 鎮静剤. *ubat selesema* 風邪薬. *ubat tidur* 睡眠薬. *kedai ubat* 薬局. *pergi mengambil ubat di hospital* 薬をもらいに病院へ行く. *makan ubat* 薬を飲む; Rajin-rajin *makan ubat*. ちゃんと薬を飲みなさい. Saya *makan ubat* yang diberi oleh doktor. お医者さんの用意した薬を飲んでいます. 2 火薬(=ubat bedil, ubat pasang).

ubat-ubatan 各種の薬.

berubat 治療を受ける, ～に診てもらう・かかる(berubat dengan / kepada ～), 薬を使う: Dia *berubat dengan doktor muda itu*. 彼女は若い医者から治療を受けた. *berubat kepada bomoh* ボモにかかる.

mengubat, **mengubati** 治療をする, 薬を与える: Doktor *mengubat orang sakit itu*. 医者が病人を治療する. *mengubati luka pada kakinya* 足の傷に薬をつける. *mengubati sakit di badan* 身体の痛みを治療する. *penyakit yang tidak dapat diubati* 不治の病. *mengubat kepala anak itu* その子の(怪我した)頭の手当てをする.

mengubatkan 1 ～を薬として使う, ～を治療するのに用いる. 2 ～で

terubat 完治する: Luka itu *terubat*. 傷が治った.

pengubatan 治療行為: *Pengubatan tradisional sungguh berkesan*. 伝統的な治療はよく効いた.

perubatan 医療, 医学, *dalam bidang perubatan* 医学の分野で. *sekolah perubatan* 医学校. *ahli perubatan terkenal* 有名な医学者.

ubi イモ類: *ubi jalar, ubi keledek* サツマイモ. *ubi kentang* ジャガイモ. *ubi kayu* タピオカ.

ubin タイル(=batu ubin).

ubur-ubur 〔動〕クラゲ.

ucap 演説, 話, 話す: *ucap selamat* 挨拶: *Ali memberi ucap selamat apabila bertemu dengan saya*. アリは私に会うと挨拶をします. *Dia salah ucap*. 彼は(話を)とちった / 失言した.

berucap 話す, 講演する: *berucap dalam majlis pertemuan itu* 会合で講演する. *berucap dengan suara lembut* やさしい声で話す.

mengucap 祈る(イスラム教徒が信仰告白すること—dua kalimah syahadat).

mengucapkan 1 (挨拶を)言う, 表現する: Murid-murid *mengucapkan "Selamat pagi" kepada Cikgu Zabedah*. 生徒たちはザベダ先生に「おはようございます」と挨拶した. *mengucapkan terima kasih* お礼を言う. "*Cikgu Razak, saya ucapkan terima kasih kerana sudi mengajar saya bahasa Melayu.*" 「ラザク先生, 私にマレー語を教えてくださいましてありがとうございます」. "*Ucapkan terima kasih kepada emakmu.*" 「君のお母さんにありがとうございますと言ってください」. *mengucapkan tahniah* おめでとうと言う. "*Saya ingin mengucapkan sepatah dua kata dalam kesempatan ini.*" 「私はこの機会に一言二言ご挨拶申し上げます」. *Tiada apa yang dapat kami ucapkan, cuma ribuan terima kasih kepada keluarga angkat kami*. ホストファミリーにただありがとうございますと言うしか他に言いようがありません. *Sekian sahaja surat saya kali ini. Diucapkan selamat belajar dan terima kasih*. 今回はこれにて失礼します. 勉強頑張ってください《手紙文》. 2 発音する: *mengucapkan perkataan-perkataan dengan jelas* 言葉をはっきり発音する. *mengucapkan kata asing itu dengan baik* 外国語の単語を上手に発音する.

ucapan 1 演説, 講演, スピーチ: *ucapan dasar, ucapan induk, ucaptama* 基調演説. *memberi ucapan, membuat ucapan, menyampaikan ucapan* スピーチをする. *ucapan spontan* 即興のスピーチ. *Dia dalam ucapannya berkata bahawa ~.* 彼はスピーチの中で次のように言った. 2 挨拶: *ucapan alu-aluan, ucapan sambutan* 歓迎の辞. *kad ucapan* グリーティング・カード. 3 言葉, 話. 4 発音 (=sebutan): *Ucapan itu kurang betul*. その発音は正しくない. 5 格言 (=ucap bahasa).

pengucap 話者, 演説者.

pengucapan 演説, 表現.

ucaptama 基調演説 (ucapan utama): *Ucaptama Perdana Menteri* 首相の基調演説.

ucis (鉄砲の)引き金.

udang 〔魚〕エビ: *udang karang* ロブスター. *udang kering* 干しエビ. *udang harimau* ウシエビ(ブラックタイガー). *penternakan udang* エビ

の養殖. *Ada udang di balik batu.*【諺】隠された良くない狙いがある.

udara (Sk) **1** 空気, 大気: *udara yang tercemar* 汚染された大気. **2** 空: *Burung-burung berterbangan di udara.* 鳥が大空を飛び舞う. **3** 航空: *angkatan udara* 空軍. *kapal udara, pesawat udara* 航空機. **4** 雰囲気.

mengudarakan 空気を入れる.
pengudaraan 換気.

udarakasa 大気.

udik **1** (川の)上流. **2** 田舎. **3** 粗野な: *orang udik* **a** 村人. **b** 愚か者.

keudikan 愚かさ, 田舎風の.

ufti (Sk) 貢ぎ物.

ufuk (Ar) 地平線 = kaki langit.

ugut; mengugut 脅迫する: *Perompak itu mengugut saudagar itu dengan sebilah pisau.* 強盗はナイフで商人を脅した. *Perompak mengugut hendak* menembak saudagar itu jika wang itu tidak diserahkan kepadanya. 強盗はカネをよこさないと商人を撃つぞと脅迫した.

ugutan 脅迫, 脅し: *Saya tidak takut akan ugutannya.* 私はその脅しに怖くなかった.

pengugut 脅迫者.

uit; menguit **1** ほじくる = cungkil. **2** ちょっと移動する: *Dia menguit untuk memberi tempat kepada saya.* 彼はちょっと動いて私に場所を空けてくれた.

uja; menguja **1** 応援する, 励ます: *Mereka bersorak untuk menguja pasukan mereka.* 彼らは声援をあげてチームを応援した. **2** 怒りを煽る, 挑発する: *Asmahlah yang menguja si Munah hingga ia bergaduh dengan jirannya.* アスマがムナさんを煽った結果, ムナさんは隣人とけんか するに至った.

teruja 好奇心をそそる: *Saya berasa seronok dan teruja dengan pilihan raya umum akan datang.* 僕は次の総選挙にとても興味がある.

ujar ものを言うこと, と言う: "*Berhati-hati,*" *ujar* Cikgu Ali *kepada kami.*「注意しなさい」とアリ先生が僕らに言った. *Saya tidak dapat mendengar ujarnya.* 私は彼の言うことが聞き取れなかった.

mengujarkan 話す, 言う: *Dia beredar tanpa mengujarkan sepatah kata pun.* 彼は一言も発せずに去ってしまった.

ujaran 話: *Peminat-peminatnya mempercayai setiap ujarannya.* 彼のファンは話を一言一言信用した.

uji **1** テスト, 実験: *uji bakat* オーディション. *uji sains* 科学実験. *batu uji* 試金石. **2** 試練: *Uji yang pertama datang.* 最初の試練が来た.

beruji 自分の能力を試す.

menguji 試験する, テストをする: *menguji pemahaman pelajar tentang subjek tersebut* 上記科目についての生徒の理解力をテストする. *menguji kebolehannya* 能力をテストする. *menguji kemahiran bahasa* 語学能力を試験する. *menguji murid-murid* untuk mengetahui taraf pencapaian mereka dalam pelajaran bahasa Inggeris 英語の勉強の達成度を知るために生徒に試験をする.

teruji 試験済みの.

ujian テスト, 試験, 検査: *ujian bertulis* 筆記試験. *ujian lisan* 口頭試験. *ujian nuklear* 核実験; *melakukan ujian nuklear bawah tanah* 地下核実験を行う. *ujian air kencing* 尿検; *menjalankan / membuat ujian air kencing* 尿検査を行

なう. *ujian DNA* DNA 鑑定.

uji kaji 実験.
mengujikaji 実験する.

ujipandu 試運転する: Kereta itu *diujipandu* oleh Ali. その車はアリが試運転した.

ujung → *hujung*.

ukir 彫刻(seni ukir): *tukang ukir, juruukir* 彫刻家.
berukir 彫刻がしてある: *kerusi yang berukir* 彫刻がしてある椅子.
mengukir 1 彫刻する: *mengukir bunga di kayu itu* 木材に花を彫る. *mengukir patung-patung daripada kayu* 木材から彫像を彫る. 2 見せる, (微笑みを)うかべる: Bibirnya *mengukir* senyuman. 唇に微笑みが浮かんで見える.
mengukirkan 彫刻する.
ukiran 彫刻したもの.
ukir-mengukir 彫刻.
pengukir 彫刻家.

ukur 測定.
mengukur 測る, 測定する: *mengukur luasnya tanah itu* 土地の広さを測る. *mengukur diri sendiri sama ada layak ataupun sebaliknya* 適任かどうか自己評価する. *Mengukur baju di badan sendiri.* 【諺】身の程を知る.
ukuran 1 測定. 2 サイズ: Berapakah *ukuran* kasut awak? 君の靴のサイズはいくらか. 3 測定基準, 尺度, バロメーター: *ukuran kepintaran* 知能指数 (IQ). Kekayaan kebendaan sentiasa menjadi *ukuran kejayaan.* 物質的富が常に成功のバロメーターだ.
berukuran 〜のサイズの: gempa bumi *berukuran* 8.5 skala Richer マグニチュード 8.5 の地震.
pengukur 1 測量技師. 2 測量器具.

ulam ウラム(白飯に添えて食べる野菜や果実類).
ulam-ulam, ulaman 愛人, 内縁の妻.

ulama (Ar) ウラマ(イスラムの神学者).

ulang 繰り返し: *ulang ingat* 回想. *ulang kaji* 復習. *ulang tahun* 記念日, アニバーサリー: Tahun 2005 adalah *ulang tahun* tamatnya Perang Dunia Kedua yang ke-60. 2005 年は第 2 次世界大戦終結 60 周年にあたる. *hari ulang tahun* ke-50 pencapaian kemedekaan negara. 独立 50 周年記念日.
berulang 1 繰り返す, もう一度起こる, 再発する: Saya bimbang perkara yang sama akan *berulang.* 同じ事が繰り返されるのではないかと私は心配している. Jangan kesilapan itu *berulang lagi.* その過ちを二度と繰り返すな. Setiap apa yang berlaku dulu akan *berulang,* cuma kita tidak tahu bila akan berlaku. 以前に起きたことはいずれも繰り返し起きる, ただ, いつ起きるか分からないだけだ. *berulang kali* 何度も, 繰り返し; Apa juga kita buat, kita akan jadi pandai kalau buat *berulang kali.* 何をするにしても, 繰り返しやれば, 上手くなる. Dia *berulang kali* meminta supaya dipindah ke pejabat lain. 彼は職場の配置替えを何度となく申請した. 2 〜に戻る, 帰る: Tiap-tiap bulan dia *berulang* ke Langkawi. 毎月彼はランカウイに戻って来る.
berulang-ulang 何度も, 繰り返して: Dia memanggil *berulang-ulang* tetapi tidak seorang pun menyahutnya. 彼は繰り返し呼びかけた

ulang-alik

が, だれも答えてくれなかった. Ali membuat kesalahan yang sama *berulang-ulang*. アリは同じ過ちを繰り返しする.

mengulang 〜を繰り返す, 復習する: Saya akan *mengulang* pelajaran minggu lepas. 先週の勉強を復習する.

mengulangi 繰り返し続ける: Anda perlu *mengulangi* latihan sebanyak 3 kali sehari. 練習を1日3回繰り返す必要がある.

ulangan 1 繰り返し, 再度の(放送, 上映など): Filem ini *siaran ulangan*. この映画は再放映である. 2 復習.

ulang-alik 行ったり来たり, 往復: *bas ulang-alik* シャトル・バス. *tiket ulang-alik* 往復切符.

berulang-alik 行ったり来たりする: Perahu itu *berulang-alik* ke pulau itu. 船は島を往復する. *berulang-alik antara* Tokyo *dengan* Nagoya 東京と名古屋の間を往復する.

ulang-kaji 復習.

mengulang kaji 復習する: Kami sedang *mengulang kaji* untuk menghadapi peperiksaan. 試験に備えて復習をしている最中です.

ular 〔動〕ヘビ(蛇): *ular sawa* ニシキヘビ. *ular senduk, ular tedung* コブラ. *digigit / dipatuk ular* ヘビに咬まれる.

ulas I 1 枕カバー (ulas bantal), 覆い, 包む布. 2 (穀物の)種を覆う皮.

mengulas, mengulasi 覆う, 包む.

ulas II ; mengulas 意見やコメントを述べる, 論評する: *mengulas novel itu* その小説について論評する. Pihak polis enggan *mengulas lanjut tentang* kes itu. 警察はその事件について詳しいコメントを差し控えた.

juruulas 解説者, 評論家.

ulasan 論評, 解説: *ulasan buku* 書評. *Ulasannya* terhadap buku itu berat sebelah. その著書に対するかれの書評は偏向している.

pengulas 解説者, 評論家: Dia menjadi *pengulas sukan* di televisyen. 彼はテレビのスポーツ解説者になった.

ulat 虫, 毛虫: *ulat buku* 本好き, 勉強家, ガリ勉. *ulat bulu* **a**〔虫〕毛虫. **b** いやらしい人. *ulat daun*〔虫〕青虫. *ulat sutera*〔虫〕カイコ.

uli 1 ウリ(もち米でつくった菓子). 2 こねる＝**menguli** 水で粉をこねる: Kakak sedang *menguli* tepung. 姉がいま小麦粉をこねている.

ulit ; berulit 1 子どもを寝かしつけるために子守唄を歌う. 2 〜と一緒に寝る(=ulit dengan).

mengulit, mengulit-ulit, mengulitkan 子守唄を歌って(子どもを)寝かしつける.

ultimatum 最後通牒＝kata dua: Pasukan udara Jepun menyerang pangkalan laut Amerika di Hawaii *tanpa ultimatum terlebih dulu*. 日本軍は事前に最後通牒をせずにハワイの米軍基地を攻撃した.

ultrabunyi 超音波.

ultrasonik (英) ultrasonic 超音波, 超音速.

ulu → **hulu** 上流: *orang ulu* 田舎者; Orang di situ dikira *orang ulu*. そこの人たちは田舎者だとみなされている.

ulung 経験を積んだ〜, 老獪な: pemimpin yang *ulung* ベテランの指導者.

keulungan 優位, 優勢.

terulung 最優秀な, トップクラスの,

能力のある：UM sebagai *universiti terulung* di negara ini. わが国超一流大学としてのマラヤ大学.

umang-umang ヤドカリ.

umat (Ar) **1** 信者,信奉者：umat Islam イスラム教徒. **2** 一般民衆：umat Asia-Afrika アジア・アフリカの民衆. **3** 全人類(=umat manusia).

umbang; **mengumbang 1** 浮かぶ,漂う：Sebuah kapal *mengumbang* di tengah laut. 1隻の船が海の中で漂っている. **2** ～に向かって航海する：*mengumbang* ke tengah laut 海の真ん中に向かって航海する.

mengumbang-ambingkan 1 (船を)激しく上下に動かす：Ombak *mengumbang-ambingkan* perahu. 波が船を上下に揺さぶった. **2** (気持ちを)不安にさせる：Ia masih *diumbang-ambing* oleh perasaan ragu dan bimbang. 彼は疑惑と心配の念から依然として不安なままである.

terumbang-umbang, **terumbang-ambing 1** (船が)波に浮き沈みする：Perahu itu *terumbang-ambing* dipukul ombak. 船は波に打たれて上下に浮き沈みする. **2** (気持ちが)不安定な,心配な：Dia hidup *terumbang-ambing* di rantau orang. 彼は出稼ぎの地で不安定な暮らしをしている. Fikirannya *terumbang-ambing antara* akan menerima *atau* menolak permintaan itu. 彼の考えはその要請を認めるべきか断わるべきかで混乱し,揺れ動いている.

umbar; **mengumbar 1** 解き放つ,自由にさせる：*mengumbar* ayam dari reban 鶏を小屋から解き放つ. **2** 好きなようにする.

umbi 1 塊茎,球根,幹：*akar umbi* グラス・ルーツ. **2** 根源.

berumbi 根のある.

ummi (Ar) 文盲=buta huruf.

UMNO [United Malays National Organization]《アムノーと発音》統一マレー人国民組織《1949年に結党されたマレー人の政党；独立以来与党連合の中核を占める》.

umpama 1 例,比喩：Yang saya katakan itu *sebagai umpama saja*. 私が言ったのは,あくまでも例にすぎない. **2** あたかも～のような(=seperti umpama)：Wajahnya cantik *umpama* bidadari. 彼女の顔つきは天使の如く美しい.

umpamanya, **umpamakan**, **umpama kata** たとえば,もし～と仮定したら：*Umpama kata* anda memenangi RM1 juta, もし仮にあなたが100万リンギットを獲得したら. *Umpamanya* saya sesat di dalam hutan, apa yang harus saya buat? もし仮にジャングルで道に迷ったとしたら,私は何をなすべきか.

umpamanya 例えば：Pilihlah warna yang terang, *umpamanya* warna merah. 明るい色を,例えば赤を選びなさい.

berumpama 例を用いる：Ia suka *berumpama* dalam tutur katanya. 彼は話の中で例を挙げるのが好きだ.

mengumpamakan 1 ～に例える：Dia *mengumpamakan* perkahwinan *sebagai* perhambaan. 彼は結婚を奴隷制に例えた(比喩した). **2** ～を尊敬する：Mereka sekali-kali *tiada mengumpamakan* Ali. 彼らはアリを全く尊敬していない.

perumpamaan 1 比喩. **2** 諺.

seumpama ～のような,同じような：*perbuatan seumpama ini* このような行為. *hinaan seumpama itu*

そのような侮辱. Sikap Ali *seumpana* sikap abangnya. アリの態度は兄の態度と同じだ.

umpan 1 餌, おとり: *menggunakan cacing sebagai umpan bila memancing* 釣りをするときにミミズを餌にする. 2 餌食, 犠牲. 3 (家畜の) 飼料.

berumpankan ～を餌にする: *memancing ikan dengan berumpankan udang* エビを餌に魚を釣る.

mengumpan 餌で動物を捕らえる: *mengumpan tupai itu dengan kaca tanah* 落花生を餌にリスを捕まえる.

mengumpankan 餌やおとりとして使う.

umpat; **umpatan** 非難, 中傷, 悪口.

mengumpat 非難する, 中傷する, 悪口をいう, 陰口を言う: *Jiran-jirannya selalu mengumpat tentang dirinya*. 彼の隣人たちはいつも彼の悪口を言っている.

umpil; **mengumpil** ～を梃子(てこ)で動かす, 梃子でこじ開ける: *mengumpil peti-peti di atas lori* トラックの上の箱を梃子で動かす.

pengumpil 梃子.

umrah ウムラ《略式のメッカ巡礼, 小巡礼; ヒジュラ暦の巡礼月に聖地メッカへ行って行う大巡礼ハッジに対して, ウムラは都合の良いときにいつでも行う巡礼のこと》: *pergi mengerjakan umrah* ウムラ(小巡礼)に行く. *Umrah tak sama dengan haj. Mengerjakan umrah hanya sunat, bukan wajib*. ウムラはハジ《巡礼》と同じではない. ウムラを行うのは義務ではなく, イスラム信者が行うのが望ましい行である.

umum 1 一般的な, 通常の: *hal-hal yang umum* 一般的な事柄. *Rasuah amalan umum di sini. 汚職はここでは当たり前のことである. secara umum saja* 一般的に, 通常のように. 2 公共の: *kemudahan-kemudahan umum* 公共施設. *kepentingan umum* 公共の利益. 3 一般大衆: *fikiran umum* 世論. *pilihan raya umum* 総選挙. *Pertemuan itu dibuka untuk umum*. 会議は一般に公開された. *Hal ini akan diberitahu kepada umum*. この事は一般大衆に知らされる. 4 一般的に知られた: *Perkara ini sudah umum, bukan rahsia lagi*. この事はすでに一般に知られている, もはや秘密ではない. *Itu rahsia umum*. それは公然の秘密だ. *sebagaimana yang sudah diketahui umum* すでに周知のとおり. *Ini memang diketahui umum*. これはみんなが知っていることだ.

umumnya; *pada umumnya* 一般に.

mengumumkan 発表する, 公表する, 告知する: *Jurulatih itu mengumumkan nama pemain-pemain yang terpilih untuk mewakili sekolah*. 監督は学校を代表して選抜された選手の名前を発表した.

pengumuman 発表, 告知.

seumumnya 全体の: *kepentingan kebangsaan seumumnya* 国民全体の利益.

umur (Ar) 年齢, 生命: *Berapa umur anda? = Anda berapa tahun?* 何才ですか. *Umur saya 19 tahun*. 私の年令は19才. *bawah umur* 未成年. *cukup umur* 成年, 大人. *pendek umur* 短命, 早死. *panjang umur* 長命: *Mudah-mudahan anda panjang umur*. 長生きされるよう祈念します. *Saya sudah tua umurnya*. 私はもう年ですよ.

berumur 1 〜歳である: Saya *berumur* 19 tahun. 私は19歳です. **2** 年をとった: *Saya sudah berumur*. 私はもう年寄りだ.

seumur 1 同い年: Ali *seumur dengan* adik saya. アリは私の弟と同い年. **2** *seumur hidup* 終身, 一生涯: *sekali seumur hidup* 一生に一度. Itulah *pertama kali seumur hidupnya*. それが生まれて初めてのことだった. *Pertama kali* saya mandi air perigi *seumur hidupku*. 井戸水でマンディしたのは私の生涯で初めてのことだ. peristiwa yang *tidak dapat dilupakan seumur hidup* 生涯忘れることのできない出来事. Aku akan mencintaimu *seumur hidup*. 僕は君を生涯愛します. *dihukum seumur hidup* 終身刑を科せられる. *pekerjaan seumur hidup* 終身雇用; Jepun sudah tidak lagi mengamalkan budaya *pekerjaan seumur hidup*. 日本は終身雇用制度をもう行っていない.

uncang 小さなバッグ, ポーチ: *teh uncang* ティーバッグ.

undan; *burung undan* ペリカン.

undang I; **mengundang** 招待する; (問題・論争を)招く: Kami *diundang ke majlis perkahwinannya*. 私たちは彼の結婚式に招待された. Awak yang *mengundang kesulitan*. 君がトラブルを招いたのだぞ. *mengundang polemik* 論争を招く.

undangan 1 招待客: *Para undangan* diberi bunga telur. 招待客は飾りゆでで卵をもらった. **2** 招待: *mendapat undangan* menghadiri sukan sekolah 運動会に出席するよう招待を受ける. *menerima undangan daripadanya* 彼から招待を受ける.

undang II; *undang-undang* 法律, 規則: *undang-undang adat* 慣習法. *undang-undang antitrust* 独占禁止法. *undang-undang hak cipta* 著作権法. *undang-undang jenayah* 刑法. *undang-undang paten* 特許法. *undang-undang siber* サイバー上の法律. *tindakan undang-undang* 法的措置; *mengambil tindakan undang-undang terhadap* 〜に対して法的措置をとる. *mematuhi / mengikuti / patuh pada undang-undang* 法律に従う. *membuat undang-undang* 法律を制定する.

mengundangkan 1 法律を制定する. **2** 公布する.

memperundangkan 〜を法律にする.

undangan *majlis undangan* 立法府. *Dewan Undangan Negeri* 州議会.

perundangan 立法, 法律.

pengundang-undang 立法者, 法律制定者.

undang III ウンダン《ヌグリ・スンビラン州の伝統的地方首長, 4人いる》.

undi 投票: *undi rahsia, undi sulit* 秘密投票. *undi tidak percaya* 不信任投票. *undi penduduk* 住民投票. *kertas undi* 投票用紙. *membuang undi* 投票する.

mengundi 投票する: Hari ini hari *mengundi*. 今日は投票日です. Ramai orang tidak keluar *mengundi* semasa pilihan raya yang lepas. 多くの人が前回の選挙に投票に来なかった.

undian 1 投票, 抽選: *undian perlawanan bola sepak Piala Dunia* ワールドカップ・サッカー大会の抽選会. **2** 投票結果: Calon itu *men-*

dapat undian terbanyak. その候補者が最大の得票を得た.
pengundi 投票者, 有権者.
pengundian 投票.
undur; **berundur**, **mengundur** 後退する, 戻る, バックする, 撤退する, 辞任する: *berundur ke belakang* 後ろに戻る. *Sekiranya tentera AS berundur dalam tempoh 12 jam.* 米軍が12時間以内に撤退するならば. *satu tindakan yang mengundur ke belakang* 後退した(後ろ向きの)行動. *berundur dari jawatannya* 辞職する.
mengundurkan 1 バックさせる, 戻す: *Dia mengundurkan keretanya sedikit.* 彼は車を少しバックさせた. *Waktu di Malaysia lambat satu jam. Jadi undurkanlah waktu pada jam tangan awak selama satu jam.* マレーシアの時間は1時間遅れているので, 君の時計の時間を1時間戻してください《日本とマレーシアとの間の時差は1時間》. 2 撤退・撤収させる: *mengundurkan askarnya dari medan perang* 戦場から兵隊を撤退させる. 3 退く, 辞職する (=mengundurkan diri): *mengundurkan diri dari jawatannya* その職を辞任する. *mengundurkan diri sebagai ketua parti bagi memikul tanggungjawab atas kekalahan partinya dalam pilihan raya itu* 総選挙での敗北の責任をとって党首を辞任する. 4 延期する=menangguhkan: *mengundurkan persidangan itu dua minggu* その会議を2週間延期する.
penguduran 後退, 撤退, 退去, 辞任, 延期: *penguduran askar-askar AS dari Iraq* 米兵のイラクからの撤退. *penguduran Israel dari bumi Goza* イスラエルのゴザ地区からの退去. *pengundurannya sebagai Perdana Meneteri* 首相職からの辞任.

unggas 家禽.
unggis; **mengunggis** (ネズミやウサギが)かじる(齧る).
unggul 優秀な, 卓越した: *ahli sejarah yang unggul* 卓越した歴史家.
mengungguli 〜を上回る.
keunggulan 卓越, 抜群, トップクラス: *mencapai keunggulan dalam hal apa saja* あらゆることに卓越している.
unggun; **unggunan** 1 (木材, ゴミなどの)積み上がった山. 2 たき火, キャンプファイアー(=unggun api, api unggun): *memasang unggun api* たき火をする.
mengunggunkan 木を積み上げる: *mengunggunkan dahan dan ranting itu di belakang rumah* 家の裏に木の枝や小枝を積み上げる.
unggut; **berunggut-unggutan** 綱引き, 引っ張り合う.
mengunggut 強く引っ張る.
ungka 〔動〕ギボン.
ungkai; **mengungkai** 1 解く, ほどく: *mengungkai* simpulan tali itu 紐の結び目を解く. *mengungkai ikatan di rambutnya* 結んだ髪をほどく. 2 (袋を)開ける, ゆるめる: *mengungkai beg plastik itu lalu mengeluarkan sebungkus kacang tanah* プラスチックの袋を開けて落花生の包みを取り出す. 3 (約束を)反故にする. 4 秘密を暴く.
ungkal 頑固な.
ungkap I; **mengungkap**, **mengungkapkan** 1 (感情や思考を)言葉で表現する: *Dia tidak dapat mengungkapkan* pendapatnya de-

ngan jelas. 彼は自分の意見をはっきりと表現できない. **2**（秘密などを）暴露する, 表に出す: Wartawan itu *mengungkap* skandal tersebut. 記者がその秘密を暴いた.

ungkapan **1** 成句, 慣用句. **2** 表情（=ungkapan muka）. **3** 表現.

terungkap 表現可能な: Rasa gembira ini *tidak terungkap dengan kata-kata*. この喜びはとても言葉で言い表せない.

ungkap II; **mengungkap** 息をしようと口をパクパクあける.

terungkap-ungkap 息切れ, あえぎ.

ungkil → umpil.

ungkit; **ungkang-ungkit**, **ungkit-ungkit** 上がったり下がったりする.

mengungkit 梃子（てこ）で動かす, 持ち上げる=mengumpil, mengungkil.

mengungkit-ungkit （昔のことを）蒸し返す, 持ち出す, あれこれ問題にする: Tanah itu sekarang sudah jadi milik saya, *tak boleh diungkit-ungkit lagi*. あの土地は今や私の所有になっているのだから, そのことを蒸し返さないでくれ. Jangan *mengungkit-ungkit* soal itu. あの問題を取り上げるな.

pengungkit 梃子.

Ungku ウンク（王族の称号）.

ungu 紫, 紫色.

uniform ユニフォーム.

beruniform ユニフォームを着る.

unik （英）unique 独自の, ユニークな.

uniseks (unikséks)（英）unisex ユニセックス, 男女共通.

unit （英）unit 単位: *unit amanah* ユニットトラスト（ユニット型投資信託）. *unit pemprosesan pusat* 中央集積回路（*CPU*）. *Unit Rawatan Rapi* 集中治療室（ICU）. Ringgit adalah *unit mata wang* Malaysia. リンギットはマレーシアの通貨単位.

universiti （英）university 大学.

unjap 魚を捕らえる籠のじょうろ型に開いた入り口.

unjuk; **mengunjuk** **1** 上や前に手を上げる. **2** 手渡す.

mengunjukkan （手を）上げる, ~を手で差し出す. Dua orang sahaja yang *mengunjukkan tangan* 手を差し伸べたのは二人だけだ. *mengunjukkan* makanan itu *kepada* saya 食料を私に手渡す.

pengunjukan 進呈, 提出.

unjur I =lunjur.

mengunjur 足を投げ出して座る: Anak itu *duduk mengunjur* di depan ayahnya. その子は父親の前で足を投げ出して座っている.

mengunjurkan （床や椅子に座って足を）伸ばす: penumpang-penumpang kelas pertama dapat *mengunjurkan* kaki mereka dengan selesa. ファースト・クラスの乗客は足を伸ばしてゆったりと座ることができる.

terunjur 足を投げ出した: duduk di atas sofa *dengan kakinya terunjur*. ソファーの上に足を投げ出して座る.

unjur II

mengunjurkan 予測する, 推測する: *mengunjurkan* pertumbuhan ekonomi ke tahun 2020 2020年までの経済成長を予測する.

unjuran 予測, 推測: *unjuran pertumbuhan ekonomi* Malaysia pada kadar enam peratus tahun ini マレーシアの経済成長率予測は今年6％.

unsur （Ar）**1** 要素: *Unsur-unsur*

yang menjadikan air ialah oksigen dan hidrogen. 水を構成する要素は酸素と水素である. **2** 特徴, 傾向, 色彩: Cerita-cerita ini mempunyai *unsur agama Hindu*. これらの物語はヒンドゥ教の色彩がある.

berunsur 〜の要素を持つ, 特徴を持つ: cerita-cerita yang *beunsur* agama Hindu ヒンドゥ教的色彩のある物語. Baba adalah orang-orang yang berketurunan Cina yang mewarisi tradisi-tradisi Cina bercampur dengan *unsur-unsur kebudayaan Melayu*. ババとは, マレーの文化的要素と混交した中国の伝統を引き継いでいる華人系の人たち.

unta 〔動〕ラクダ.

untai **1** (ビーズや真珠を通す)糸やひも. **2** 糸を通してあるものを数える助数詞(〜連, 〜組): Isteri saya memakai *seuntai rantai berlian* ke majilis makan malam itu. 妻はダイヤモンドのネックレスをつけて夕食会に行った.

beruntai-untai たくさんひもがある, たくさん連なった: Jalan raya itu dihias dengan lampu yang *beruntai-untai* menjelang Hari Kebangsaan. 道路はナショナル・デーにそなえて一連のランプで飾られていた.

unting 束ねられたものを数える助数詞(〜連, 〜束).

unting-unting 垂直度を測る重り付きのひも.

untuk 《前置詞》 **1** 〜のために: menjahit sehelai baju *untuk* anaknya 子どものために服を縫う. *Untuk* perempuan sahaja bilik ini. 女性用だけですよ, この部屋は. Telefon tadi bukan *untuk* emak tetapi *untuk* kakak. さっきの電話はお母さんにでなくお姉さんにでした. **2** (〜をする)ために: Kita makan *untuk* hidup. 生きるために食べる. **3** 〜すること: Senang sahaja *untuk* mengenal orang Jepun. 日本人を見分けることは実に簡単だ. *Untuk* mendapat tempat pertama itu memang susah. 1位になることはたしかに難しい.

beruntuk 割り当て分を受け取る, それぞれに割り当てた: Anak-anaknya telah *beruntuk* masing-masing. 子どもたちはそれぞれの割り当て分を受け取っている.

memperuntukkan, menguntukkan 分配する, 割り当てる: Kerajaan telah *memperuntukkan* wang sebanyak tiga juta ringgit bagi memperbaik jalan raya. 政府は道路補修のために 300 万リンギットを割り当てた.

peruntukan **1** 分配, 割当て: *membuat peruntukan* sebanyak tiga juta ringgit *bagi* tujuan memperbaik jalan raya 道路補修のために 300 万リンギットを割り当てる. **2** (法の)規定: *peruntukan Perlembagaan* 憲法の規定. *mengikut peruntukan undang-undang yang sedia ada* 現行の法的規定によると.

untung **1** 運命, 幸運な, 幸運にも: *Untung* jika anak saya mendapat biasiswa. 息子が奨学金をもらえれば幸運だ. Wah, *untung* saya bertemu anda. ワァ, あなたに会えて幸せです. Dia *untung* dapat masuk universiti. 幸運にも彼女は大学に入れた. **2** 利益, 儲かる: *untung rugi* 損得. *untung bersih* 純利益. *untung kasar* 粗利益. Siapa *untung*, siapa *rugi*? 誰か儲かって, 誰が損したか. Tahun ini syarikat itu *untung* satu juta ringgit. 今年、会社は100万リンギットの利益をあげた.

untung-untung 1 運がよければ〜. 2 多分, おそらく〜.

beruntung 1 利益になる, もうかる: Syarikat itu *beruntung* satu juta ringgit. 会社は100万リンギットの利益をあげた. 2 運の良い: Kami *sangat beruntung* kerana mendapat tiket percuma ke konsert itu. コンサートの切符を只で入手したのでとても運が良い. *Kalau beruntung*, awak dapat jumpa penyanyi itu di sana. 運が良ければ, あそこでその歌手に会えるでしょう.

menguntungkan 1 儲かる: perniagaan yang *menguntungkan* 儲かるビジネス. 2 利益をもたらす: Projek ini akan *menguntungkan* seluruh penduduk kampung ini. このプロジェクトは全村民に利益をもたらすでしょう.

keuntungan 利益, 有益: *keuntungan bersih* 純益. *keuntungan kendalian* 営業利益. *keuntungan sebelum cukai* 税引き前利益. *keuntungan selepas cukai* 税引き後利益. *mendapat / memperoleh keuntungan sebanyak* 〜 総額〜の利益を得る. *mendatangkan keuntungan kepada* rakyat 人々に利益をもたらす.

untut 象皮病.

upacara (Sk) 儀式, 公的行事: *upacara pembukaan Piala Dunia* ワールドカップ開会式. *upacara penutup* 閉会式.

upah 賃金, 報酬: *upah benar* 実質賃金. *upah minimum* 最低賃金. *upah nominal* 名目賃金. Para pekerja belum dibayar *upah*. 労働者は賃金がまだ払われていない. *mendapat upah* 賃金を得る. Dia sanggup melakukan apa saja *asal diberi upah*. 賃金をもらえるなら何でもよろこんでする.

berupah 賃金・報酬を得る.

mengupah, mengupahkan 1 雇用する, 雇う: Mereka *mengupah* seorang pembantu rumah. 彼らはお手伝いさんを一人雇った. 2 〜に手間賃を払う: Aminah *mengupah* Faridah menjahit bajunya. アミナは服を縫う手間賃をファリダに払った(手間賃を払って服を縫ってもらう).

upahan 雇われた人: *orang upahan* 賃金労働者, サラリーマン. *buruh upahan* 雇われ人. *askar upahan* 傭兵. *pembunuh upahan* 雇われ人殺し, 殺し屋, 刺客.

upam; mengupam 〜を磨く: *mengupam piala* トロフィーを磨く.

upaya (Sk) 努力, 能力: *daya upaya* 手段, 方法. *sedaya upaya* 出来るだけ; Saya akan *mencuba sedaya upaya saya* untuk menyiapkan lukisan itu esok. 明日までに絵を描き上げるよう出来るだけ努力します.

berupaya 1 努力する, 最善を尽くす: Ali terus *berupaya* akan menunaikan janjinya. アリは約束を実現すべく努力している. 2 能力がある: Dia *berupaya* makan tiga mangkuk nasi. 彼は3杯ものご飯を食べられる. Keluarga miskin ini *tidak berupaya* menghantar anak-anak ke sekolah. この貧しい家庭は子どもを学校へ通わせられない.

mengupayakan 〜できるよう工夫する, 努力する: Saya akan *mengupayakan* supaya dia dapat pekerjaan. 彼が仕事を得られるよう私も努力する.

keupayaan 能力, 潜在能力: Semua orang mempunyai *keupayaan* fizikal yang berbeza. すべての人はそれぞれ異なる身体能力を持つ. *Program Membina Keupayaan* キャパシティ・ビルディング計画.

berkeupayaan 能力がある: sistem komputer yang *berkeupayaan tinggi* 高い能力のあるコンピューター・システム.

seupaya-upayanya 出来る限り: Saya akan berusaha *seupaya-upayanya* menolong anak kakak. 私は姉の子を出来る限り助けるよう努力した.

upeti 貢納品=ufti.

upih 葉鞘.

UPSR [Ujian Pencapaian Sekolah Rendah] 小学校学力テスト《小学校6年生に課せられる全国共通の学力試験》.

ura; **ura-ura** 提案, 思いつき: Ada *ura-ura hendak* membesarkan syarikat itu. その会社を拡大しようとする提案があった.

berura-ura 提案する, 企てる: Encik Ahmad *berura-ura hendak* membuka kedai. アハマッドさんは店を開こうと企てている.

mengura-urakan 計画する, 提案する: Mereka *mengura-urakan hendak* mendirikan taman didikan kanak-kanak. 彼らは幼稚園を設立しようと提案した.

urai; **berurai** ほどけた: *berurai air mata* 泣く.

mengurai (髪などが)ほどけている: Rambutnya *mengurai* panjang di belakangnya. 彼女の髪は背中まで長く垂れ下がっている.

menguraikan ほどく, 分解する: *menguraikan* sepanduk yang tergantung di pintu masuk dewan. 講堂の入り口に垂れ下がる垂れ幕をほどく. *menguraikan perjanjian* 協定を終結する.

uraian, penguraian 離別, 分離: *penguraian* molekul *kepada* atom-atom 分子を原子に分離する.

terurai (縛りや髪が)ほつれる, ほどける: Tali pada bungkus itu *sudah terurai*. 包みの紐がほどけてしまった. Dia kelihatan jelita *dengan rambutnya terurai*. 彼女は髪がほどけて美しく見えた.

urat I 筋, 脈 *urat darah* 血管. *urat daging* 筋. *urat leher* 首筋. *urat nadi* 動脈. *urat daun* 葉脈. *urat saraf* 神経.

urat II (イスラム教に基づき)見せてはいけないとされる身体の部分=aurat.

mengurat (女性を)からかう, 冷やかす.

urbanisasi (英) urbanisation 都市化.

urgen (urgén) (英) urgent 緊急の.

uri 胎盤.

urologi (英) urology 泌尿器科学.

urup; **mengurup** 換金する: *mengurup mata wang asing di bank* 銀行で外国通貨を換金する.

urus 取引 (=urus daya), 取引関係, ビジネス上の関係: *urus dalaman* 内部取引. *urus niaga modal* 資本取引. *urus perniagaan* ビジネス取引. *urus tadbir korporat* コーポレートガバナンス, 企業統治.

urus setia 1 常設事務局. 2 事務局職員. 3 事務局の建物.

mengurus 1 ～に気を付ける, 世話する: *pandai mengurus rumah* 家事のやりくりが上手い. *mengurus anak-anak* 子どもの世話をする. 2

管理する, 経営する: *mengurus syarikat* 会社を経営する. Siapakah yang akan *mengurus* pejabat selama awak tiada? 君が不在の間だれが会社を管理するするのか.

menguruskan 管理する, 経営する, 対処する: *menguruskan* perniagaan hingga berjaya 商売を成功するまでやりとげる. Saya akan *menguruskan* hal ini. 私がこれをやります. Kalau ada apa-apa hal penting, minta Ali *uruskan*. もし何か重要なことがあったら, アリにやってくれるよう頼みなさい.

urusan 1 用事, 仕事: Ada *urusan* sikit. ちょっとした用事がある. *Saya sibuk. Setiap hari, selalu ada urusan.* 私は忙しい. 毎日いつも用事がある. *Ada urusan apa awak di sini?* ここで君は何の用事があるのか. *Itu bukan urusan awak.* それは君に関係のないことだ. *Tetapi apa pula ada urusan saya untuk mengetahui halnya?* でもそれを私が知って何になる, 何にもならないよ. *Jangan mencampuri urusan ini.* 余計なことをするな. Awak jangan campur tangan. *Ini urusan saya.* 干渉しないでくれ, これは私の問題なのだから. Telefon bimbit sudah menjadi satu keperluan untuk *menjalankan urusan harian*. 携帯電話はいまや日常の用事をするための必需品になってしまった. *urusan rumah* dilepaskan kepada pembantu rumah 家事をお手伝いさんにまかせる. **2** 解決すべき問題: *urusan rumah tangga* 家事. Ada beberapa *urusan peribadi* yang harus saya selesaikan. 解決すべき個人的な問題がいくつかある.

berurusan 1 関係がある: Kita sudah *berurusan dengan* beberapa buah negara Afrika. アフリカ諸国とすでに関係がある. **2** かかわりを持つ, 〜に用事がある: Dia pernah *berurusan dengan* polis. 彼は警察とかかわりを持ったことがある.

pengurus 管理者, 監督者, マネージャー, 部長, 経営者: *Pengurus Besar* ジェネラル・マネージャー. *Pengurus Projek* プロジェクト・マネージャー.

pengurusan 管理, 監督, 経営, マネージメント: *pengurusan syarikat* 会社の経営, *Serahkan pengurusan itu kepadanya*. それは彼にまかせなさい.

urut I マッサージ師, あんま (＝tukang urut).

berurut マッサージをしてもらう.

mengurut マッサージする, さする, 撫でる: *mengurut kakinya* yang letih itu 疲れた足をマッサージする. *mengurut-urut rambutnya* dengan tangan kirinya 左手で髪を撫で回す.

pengurutan マッサージ.

urut II; *angka urut* 連続した数字. **urutan** 順序, 順番: *urutan nombor* 一連の数字. *menurut urutan abjad* アルファベット順によると. Susun gambar di bawah ini *mengikut urutan yang betul*. 下の絵を正しい順番に並べかえなさい.

usah 1 〜するな, 〜してはならない ＝Jangan: *Usah bimbang*. / *Usah khuatir*. 心配するな. *Usah bermain di tepi jalan*. 道端で遊ぶな. **2** (Id) 〜する必要がある: Anda *tak usah* datang besok. / *Tak usahlah* anda datang esok. 明日来なくても結構だ.

usahkan 〜するどころか, ましてや 〜: *Usahkan* belajar, *hendak* membuka buku *pun* dia malas. 勉強するどころか,本を開けることすら怠けてしない.

usaha (Sk) **1** 努力,試み: *daya usaha* 努力. *melakukan usaha untuk* ～する努力をする. *Apa yang ada pada saya ini hanya usaha*. この私にあるのは努力あるのみです. *Kejayaannya itu dicapai atas usahanya sendiri*. 彼女の成功は彼女自身の努力で達成された. *Kami melakukan usaha yang sia-sia*. 無駄な努力をした. **2** 事業: *usaha bersama*, *usaha sama* 合弁事業. *usaha negara* 国営事業. *melakukan usaha sendirian* 自営業をする.

berusaha 努力する,一生懸命働く: *berusaha bersungguh-sungguh* 一生懸命に努力する. *Saya akan berusaha keras mengatasi masalah ini*. この問題を解決するために懸命に努力します. *berusaha sendiri* 自営業を行なう.

mengusahakan **1** 事業をする,経営する,管理する: *mengusahakan kedai* 店を経営する. *mengusahakan sawah ladang* 田畑を耕作する. **2** アレンジする: *Saya akan mengusahakan supaya awak dapat melawat syarikat itu*. あなたがその会社を訪問できるように私がアレンジしましょう. *Bolehkah anda mengusahakan kami tinggal satu malam di kampung itu?* 私たちが村で一泊するようアレンジしてくれませんか.

usahawan 事業家,起業家.

pengusaha **1** 起業家. **2** 学校の理事.

pengusahaan 経営,努力: *pengusahaan sendiri* 自営業.

perusahaan 工業,産業: *perusahaan berat* 重工業. *perusahaan ringan* 軽産業. *perusahaan kecil* 小工業.

usai 終了する,解散する: *Pukul empat pasar pun usailah*. 4時になると市場が閉まった.

mengusai 解散する,ばらばらにする: *Sekalian hadirin pun mengusailah*. 出席者全員が解散した.

usang **1** (物が)使い古した,すり切れた: *pakaian yang usang* すり切れた着物. *rumah yang usang* 古い家屋. **2** (慣習や言葉が)廃れる,時代遅れの: *kata-kata yang usang* 使われていない古い言葉. **3** (土地の)肥沃土が衰える.

usap;**mengusap** **1** 拭く,拭き取る: *mengusap air mata* dengan tisu ティッシュで涙を拭く. *mengusap peluh dari mukanya* 顔の汗を拭く. **2** = **mengusapi** なでる,愛撫する: *mengusapi kepala anaknya* 子どもの頭をなでる. *mengusapi rambut kekasihnya* 恋人の髪を愛撫する. *mengusapi perutnya yang sudah memboyot* (妊娠して)ふくらんだお腹をさする. *mengusapi dada* 心配や怒りで胸をかきむしる.

usia (Sk) 年齢 → **umur**: *Usianya meningkat 40 tahun*. 彼の年齢は40歳になった. *Pramoedya meninggal dunia hari ini pada usia 81 tahun*. プラムディアは本日81歳で亡くなる.

berusia **1** 年齢が～歳である: *Dia berusia 40 tahun*. 彼は40歳です. *Hanya orang berusia 18 tahun ke atas layak masuk*. 18歳以上の者のみ入れる. **2** 高齢の(=berusia lanjut): *orang-orang berusia* 高齢者.

usik; **mengusik** **1** いじめる,邪魔する,からかう: *Dia suka mengusik gadis-gadis di kampung ini*. 彼は村

の少女たちをよくからかう. **2** 触れる, 手を出す: Saya melarang anak saya *mengusik* komputer saya. 私は息子に私のコンピューターに触ることを禁じている.

usikan からかうこと, ばかにすること, 批判: Dia tidak tahan dengan *usikan* rakan-rakan sekelasnya. 彼は同級生のからかいに我慢できない.

pengusik 邪魔者, いじめっ子.

pengusikan 邪魔, 混乱.

usir; mengusir 1 立ち退かせる, 追い出す: Pemaju itu *mengusir* penyewa-penyewa dari rumah mereka. デベロッパーは借家人を家から追い出した. **2** 追いかける: Kanak-kanak *mengusir* anjing liar itu. 子どもたちはその野良犬を追いかけた.

usiran, pengusiran 追放, 立ち退き: *pengusiran* orang asing dari negara itu 外国人の追放. *pengusiran paksa* 強制立ち退き.

ustaz (Ar) ウスターズ(男性の宗教指導者).

ustazah (Ar) ウスターザ(女性の宗教指導者).

usul I (Ar) **1** 起源(=*asal usul*, *usul asal*): Tahukah awak *usul* perkataan ini? この語源を知っているか. **2** 出身, 出自. **3** 原因.

berusul 〜に源を発する.

mengusul 源を探る, 出所を探る.

usul II (Ar) 提議, 提案.

mengusulkan 提案する, 提起する: Saya *mengusulkan* supaya lawatan akan diadakan pada bulan depan. 訪問は来月なよう提案した.

pengusul 提案者, 立案者.

usul III; *usul periksa* 綿密に調べる, 丹念に捜査する. *tanpa usul periksa* きちんと調べもせずに.

mengusul, mengusuli 分析する, 検討する.

pengusulan 調査, 研究.

usung 担ぐ.

berusung 担架で担がれる.

mengusung 担架で担ぐ: Mereka *mengusung* orang sakit itu masuk ke dalam hospital. 彼らは病人を担架で担いで病院に運び入れた.

usungan 1 担架. **2** 駕籠.

usus 腸: *usus besar* 大腸. *usus kecil* 小腸. *hujung usus* 直腸.

usut; mengusut 捜査する, 調査する: *mengusut* kes jenayah itu 犯罪事件の捜査をする. Pihak polis telah *mengusut* semua saksi-saksi yang berkenaan. 警察は全ての証人を調べた.

pengusutan 捜査, 調査.

utama (Sk) **1** 主な, 重要な: *makanan utama* 主食. *bahasa utama* 主要な言語. *watak utama* 主役. Berikut ini *berita utama*. 以下は主なニュースです. **2** 最高の, 最も優れた: *kelas utama* 最高級. Inilah salah satu *restoran utama* di sekitar sini. これがこの辺での最高級のレストランの一つです.

mengutamakan 重視する, 最優先する: Kami harus *mengutamakan* bahasa Malaysia di atas bahasa-bahasa lain. 他の言語よりもマレーシア語を最優先すべきだ. Bagi saya, kesihatan harus *diutamakan*. 私にとっては健康が最も大切だ.

keutamaan 重点, 優先権, 先行: *memberi keutamaan kepada* 〜を優先する, 重視する: *Keutamaan harus diberi kepada* soal kesihatan warga kota. 市民の健康問題を優先すべきだ. *Keutamaan akan diberi* *kepada* calon yang sudah berpengalaman. 経験のある候補者が最優先される. Keselamatan penumpang harus *diberi keutamaan*. 乗客の安全を優先しなければならない.

terutama, terutamanya とりわけ, 最も重要な, 特別な: Kami memerlukan makanan, air dan pakaian, *terutamanya* ubat-ubatan. 私たちは食料, 水, 衣服, とりわけ医薬品を必要としている. Saya suka makan buah-buahan Malaysia, *terutama sekali* buah durian. 私はマレーシアの果物が好きです, なかでもドリアンが一番好きです.

utara I 北: *utara selatan* 南北: *Lebuh Raya Utara-Selatan* 南北高速道路(マレーシア半島部を縦断する). *utara barat laut* 北北西. *utara timur laut* 北北東. *utara tepat* 真北. *bintang utara* 北極星. Kami tinggal *di sebelah utara* bandar raya Kuala Lumpur 私たちはクアラルンプール市の北側に住んでいる.

utara II ; mengutarakan 1 〜を提案する, 推挙する: Guru itu *mengutarakan supaya* Ali diberi peluang mewakili sekolah. 先生はアリに学校を代表する機会を与えてあげよう提案した. 2 (感情, 考え, 意見などを)表明する, 表現する, 述べる: Ramai penghuni *mengutarakan* tidak puas hati mereka. 多くの住民は彼らの不満を述べた. Saya tidak tahu bagaimana akan *mengutarakan* apa-apa yang terpendam di hati saya. 自分の思っていることをどうやって言い表したらよいか分からない. Saya hanya *utarakan* pandangan saya sahaja. 私は単に自分の意見を表明したにすぎない.

pengutaraan 提案: *Pengutaraan itu* telah diterima oleh pihak persatuan. 提案は協会側が受け入れた.

utas 1 縄や糸, チェーンなどを数える助数詞(〜本). 2 ビーズの玉を通す糸.

utuh 固い, 強い, 固定した: badannya *utuh* 頑丈な身体. hujah yang *utuh* 確固たる論拠. Kami tiba di rumah *dalam keadaan utuh*. 無事に家に到着した.

mengutuhkan 強化する, 完璧にする: dasar-dasar yang akan *mengutuhkan* ekonomi negara 国の経済を強化する政策. *mengutuhkan* kedudukan kita 私たちの立場を強化する.

keutuhan 固さ, 強さ, 安定さ: *keutuhan persahabatan mereka* 彼らの友情の強さ. *Keutuhan negara* bergantung pada perpaduan rakyat. 国家の安定性は国民の団結に左右される.

utus ; utusan 【古典】使者, 代表団, 使節.

berutus, berutus surat 文通する.

mengutus 1 手紙や知らせを送る: *mengutus surat* kepada datuk saya 祖父に手紙を送る. Dia selalu *mengutus berita* tentang anak-anaknya. 彼はいつも子どもたちの事を知らせてくれる. 2 使節・代理を派遣する: Pegawai itu *diutus* ke sana sebagai *utusan khas* kepada Presiden. 大統領の特別使節として役人がそこに派遣された.

mengutuskan (お金などを)送る, 言付けや連絡をする.

perutusan 1 代表団, 使節団: *perutusan* Malaysia ke Jepun 日本へ派遣されるマレーシア使節団. 2 送られてきたメッセージ. *membaca perutusan* Ratu Elizabeth semasa upacara pembukaan itu 開会式にエリザベス女王のメッセージを朗読する. **3** (年頭の挨拶など) 要人のスピーチ・訓話: *Ucapan perutusan Perdana Menteri sempena Hari Raya Aidilfitri dipancarkan melalui televisyen.* ハリラヤの総理大臣訓話がテレビで放送された.

uzur **1** (体が) 弱い, 虚弱: *Nenek sudah tua dan uzur.* おばあちゃんは年老いて身体が弱くなった. **2** ぼろぼろの, 古びた: *Basikalnya sudah uzur benar.* 自転車はたしかに使い古びた.

V

vakasi (英) vacations 休暇.
vaksin (英) vaccine ワクチン.
vakum (英) vacuum 真空. *pembersih vakum* 掃除機.
validitas (英) validity 正当性, 有効性.
vanila (英) vanilla バニラ, バニラエッセンス.
variasi (英) variation 変化, 変動.
venir (英) veneer ベニア板.
veteran (véteran) (英) veteran ベテラン, 老練者.
veto (véto) (英) veto 拒否権, 拒否: *hak (kuasa) veto* 拒否権: *mempunyai kuasa veto* 拒否権を持つ.
　memveto 拒否権を投じる.
vila (英) villa 別荘.
vinil (英) vinyl ビニール.
violet (violét) (英) violet 紫色.
virus (英) virus ウィルス. *virus komputer* コンピューターウィルス.
visa (英) visa ビザ, 査証.
vokal (英) vocal 音の, 音声の.
vokalis (英) vocalist 歌手.
vokasional (英) vocational 職業の.
volkano (英) volcano 火山.
voltan (英) voltage 電圧.
volum (英) volume ボリューム量, 容量.

W

waad (Ar) 約束, 契約: *mengubahkan waad* 約束を違える.
　berwaad 約束する, 契約を結ぶ.

wabak **1** 伝染病 (wabak penyakit): *menghidap wabak* 伝染病に感染する. *wabak penyakit* seperti

wacana

malaria dan denggi menular. マラリアやデング熱にような伝染病がはびこる. *dijangkiti wabak penyakit* 伝染病に感染する. **2** 悪癖, 悪習.
mewabak 伝染する, 広まる.
mewabakkan 広まらせる.
wacana 談話.
wad (英) ward 病棟. *wad kecemasan* 緊急病棟. Dia *dimasukkan ke dalam wad* semalam. 彼はきのう入院した. Bilakah dia boleh *keluar wad*? 彼はいつ退院できるか.
wadah 器, 容器.
wafat (Ar) (予言者や使徒たちが) 亡くなる.
wah 「わあ!」《驚きを表す感嘆詞》: "*Wah*, cantiknya rumah ini." 「わあ!この家は綺麗だ」.
wahai 「わあい!」《悲しみを示す感嘆詞》.
waham 疑い, 疑念.
mewahamkan 疑う.
wahana メディア, チャンネル.
wahid (Ar) 単一の, 唯一の.
wahyu (Ar) 神のお告げ.
wai 川.
wain (英) wine ワイン.
waja 鋼鉄 (=besi waja) *hati waja* 決意の堅い. *semangat waja* 意志の堅い.
wajah (Ar) 表情, 顔つき, 容貌: *Wajah* gadis itu sungguh jelita. その娘の容貌は実に美しい. Majalah itu mempunyai *wajah baru*. その雑誌は模様替えした. Kini, Kampung Damai *bertukar wajah menjadi* sebuah kampung yang maju. 今やカンポン・ダマイは発展した村に姿を変えた.
berwajah 〜の表情をみせる.
wajar (Jw) **1** 普通の, いつもの: *Bersikap wajarlah*. 普通の態度をとりなさいよ. *Tidak wajar* jika haiwan boleh berbicara. 動物がしゃべることができたら奇妙だ. **2** 当然のこと, そうすべきである: Orang muda *wajar* menghormati orang yang lebih tua. 若者が目上を尊敬するのは当然のことである. Memang *wajar* tindakan anda itu. あなたのあの行動は当然のことです.
mewajarkan 正当と見なす.
sewajarnya 当然である, 〜すべきである: *Sewajarnya* dia dihukum 彼が刑罰を受けるのは当然である. Saya patut mendapat jawatan yang *sewajar dengan* kelayakan saya. 私は自分の資格に合ったポストを得るのが当然であると思う.
wajib (Ar) **1** 義務: *mata pelajaran wajib* 必須科目. **2** 〜して当然である, 〜すべきだ: Kami *wajib* mengambil kursus ini. このコースを選択すべきである.
berwajib 義務のある: *pihak yang berwajib* 責任をもつ当局.
mewajibkan **1** 義務づける. **2** 強制する.
kewajipan **1** 義務. **2** 責任 (= tugas wajib).
berkewajipan 義務がある: Ibu bapa *berkewajipan* untuk membesarkan anak-anak mereka. 両親は子どもを育てる義務がある.
sewajibnya 〜すべきだ, 〜必要がある.
wak 年長の伯父あるいは叔母に対する呼称.
wakaf (Ar) **1** イスラム教の宗教団体. **2** 宗教目的の寄付.
berwakaf 宗教目的の寄付をする.
mewakafkan 公的, あるいは宗教的目的 のために寄付する: Pak Ali *mewakafkan* tanahnya untuk men-

dirikan masjid. アリスさんはモスク建築のため自分の土地を寄付した.

pewakaf 寄贈者, 寄進者.

wakil (Ar) **1** 代表者: *wakil rakyat* 国会議員. **2** 使者, 使節: *wakil khas* 特使. **3** 代理人: Saya menghadiri pertemuan ini *sebagai wakil* ketua saya. 私はその会議に上司の代理として出席した. **4** 代理店, エージェント: *wakil jualan* 販売代理店.

berwakilkan 代表として指名する.

mewakili **1** ～を代表する: Mereka *mewakili* Malaysia dalam pertandingan itu. 彼らが試合でマレーシアを代表する. **2** ～の代理人になる: Bolehkah anda *mewakili* saya selama saya pergi? 私が不在の期間私の代理人になってくれますか.

mewakilkan 譲り渡す, 権限を委任する, 代理を指名する: Anda tidak dibenarkan *mewakilkan* orang lain dalam mesyuarat itu. その会議に代理を指名することは認められない.

perwakilan **1** 代表団, 使節団, 代表者: *para perwakilan UMNO* UMNO の代表者たち. *pemain perwakilan Malaysia* マレーシア代表選手. **2** 代理店.

waktu **1** 時, 時間: *waktu Greenwich* グリニッジ(標準)時. *pada waktu puncak / sibuk* ラッシュアワーに. pada pukul 9:00 *waktu tempatan*, 10:00 *waktu Jepun* 現地時間で9時, 日本時間で10時に. *waktu dan tarikh* 日時. *Waktu sekarang* ialah pukul 12:00 tengah hari. 今の時間は昼の12時. *Waktu berjalan pantas*. 時が速く過ぎる. *Waktu telah berubah*. 時代は変った. Belajar bahasa asing itu *memakan waktu*. 外国語を学ぶことは時間がかかる. Ada *waktu* menang, ada *waktu* kalah. 勝つときもあれば, 負けるときもある. *pada waktu sedih* 哀しいとき. *Waktu ini*, dia tidak ada pekerjaan. 現在は彼は職がない. *Waktu ini*, perniagaan lembap. 今は景気が良くない. *Waktu itu* dia kaya. あの時は彼は金持ちだった. Sekarang bukan *waktu bermain*. 今は遊ぶ時間ではない. Sekarang tiba *waktu* kita berangkat. 出発する時間が来た. *Kira-kira sudah waktu* saya minta diri dulu. そろそろお暇するときです. *Sudah waktunya* kita pulang. そろそろ帰る時間です. *Selama beberapa waktu* dia menganggur. しばらくの間, 彼は失業していた. Saya bertemu dia *beberapa waktu yang lalu*. 僕は彼にしばらく前に会った. *pada waktunya* 時間通りに; Dia selalu datang *pada waktunya*. 彼はいつも時間通りに来る. Dia selalu datang *pada waktu makan*. 彼はいつも食事時に来る. Itu *soal waktu*. それは時間の問題だ. **2** ～の時《接続詞》: *Waktu* saya masih muda, saya punya banyak impian. まだ若いとき, たくさんの夢を持っていた. Ayahnya meninggal dunia *waktu* dia masih kanak-kanak. 彼がまだ子どもの頃, 父親が亡くなった.

berwaktu 定時に, 決った時に: sembahyang diberi *berwaktu* 礼拝は決まった時間に行なわれる.

sewaktu ～と同時に, ～の間に: Dia pulang *sewaktu* kami hendak keluar. 私たちが出かけようとしたとき, 彼が帰ってきた.

sewaktu-waktu いつでも: Awak boleh datang *sewaktu-waktu*. いつでも来ていいよ.

wakwak 〔動〕テナガザル.

walau たとえ～でも: *Walau apa*

walhal

pun yang terjadi, saya tidak akan mengalah. 何が起ころうとも僕は絶対負けない. *Walau apa pun yang berlaku,* 何が起ころうとも. *Walau bagaimanapun,* tidak ramai orang yang tercedera. しかしながら、怪我した人は多くない.

walaupun 〜だけれども: *Walaupun* dia miskin, tetapi dia tidak mahu bergantung pada orang lain. 彼は貧しいけれども、他人に頼りたくない. *walaupun begitu* そうであるけれども.

walhal 1 実のところ、実際には: Dia menyangka kerja kami mudah, *walhal* kerja itu begitu susah. 彼はわれわれの仕事をやさしいと考えたが、実際は非常に難しいのに. 2 〜にもかかわらず: Saya masih suka membaca buku itu, *walhal* sudah dua kali saya membacanya. 私はその本を二度も読んだにもかかわらず、まだ読みたい.

walhasil 1 結局. 2 実際には.

wali (Ar) 付添人, 後見人.
　mewalikan 後見人をする.

walimah (Ar) 結婚の披露宴.

Wan ワン《主にクランタン地域のマレー貴族に対する称号》.

wang お金: *wang ringgit* 金銭. *wang belanja* 支出金. *wang bunga* 利子. *wang hantaran* (新郎の)持参金. *wang kancing* 保証金. *wang kecil, wang pecah-receh* 小銭, 小口現金. *wang kertas* 紙幣. *wang kopi / teh* 礼金. *wang muka* 保証金, 手付金, 前金. *wang saku / poket* ポケット・マネー. *wang sagu hati* a 謝金. b 慰謝料. *wang suap / sogok* 賄賂. *wang tunai* 現金. *wang-wangan* 贋金. *mencari wang* お金をもうける. *Dia banyak wang* 彼はお金がたくさんある. *Saya tidak ada wang hari ini.* 今日はお金を持ち合わせていない.
　berwang お金を持っている, 金持ちの.
　mewangi 融資する, 金融支援する.
　mengewangkan 小切手などを現金化する.
　kewangan 金融, 財政: *Kementerian Kewangan* 財務省.
　perwangan 金融.

wangi 1 香りのよい, 香しい: *beras wangi* 香り米. *minyak wangi* 香水. 2 有名な: Namanya menjadi *wangi* di seluruh negeri. 彼女の名前は全国に有名になった.
　mewangi 良い香りがする: Bunga-bunga di taman segar *mewangi*. 公園の花々は良い香りがする.
　mewangikan 良い香りをつける. *mewangikan tubuhnya dengan bedak* 身体に白粉をつける.
　wangi-wangian 香水: *memakai wangi-wangian* 香水を使う.
　kewangian 香り.
　pewangi 香水.

wangkang ワンカン船(四角の帆をもつ中国のジャンク船).

wanita 女性, 婦人: *kaum wanita* 女性層.
　kewanitaan 女性的な, 女らしさ: Kuranglah sifat-sifat *kewanitaannya.* 女らしさが足りない.

wap 蒸気, 湯気: Apabila air mendidih, *wap* panas keluar melalui mulut cerek itu. お湯が沸くと、やかんの口から湯気が出る.
　berwap 蒸気を出す, 蒸発する.
　mengewap 蒸気になる, 沸騰する: Air yang mendidih itu *mengewap*. お湯が沸騰すると湯気が出る.
　mengewapkan 1 蒸す, ふかす. 2

蒸気にする, 蒸発させる.

pengewapan 蒸発, 気化.

warak (Ar) 信心深い.

waran (英) warrant ワラント, 令状, 証明書: *waran dividen* 配当金領収書. *waran penahanan* 差し押さえ令状. *waran penangkapan* 逮捕令状.

waras (Jw) 健康な, 元気な. *kurang waras otaknya / ingatannya / fikirannya* 少し頭がおかしい.

warga (Jw) 家族や会社, 国の一員: *warga emas, warga tua* 老年層, お年寄り. *warga kota* 都会に住む人, 市民. *warga China* = *rakyat China* 中国人《国籍から》.

warganegara 国民, 市民: *warganegara Malaysia* マレーシア国籍, マレーシア国民; Saya berbangga sebagai *warganegara* Malaysia. 私はマレーシア国民として誇りを持っています. *warganegara asing* 外国人籍. Sehingga ini belum ada *warganegara Jepun* yang dikenalpasti menjadi mangsa dalam kejadian letupan itu. その爆発事件で犠牲になった日本人は今のところまだいない.

kewarganegaraan 市民権, 国籍. *melepaskan kewarganegaraannya* 国籍を放棄する.

mewarganegarakan ～の市民になる, 国籍を取得する.

waris (Ar) 1 相続人: Anak-anaknya merupakan *warisnya* menerima harta peninggalannya. 彼の子どもたちが彼の遺産を受け取る相続人となった. 2 後見人, (子どもの)保護者 = *wali*: Ibu bapa atau *warisnya* hendaklah menandatangani surat ini. 彼の両親または保護者がこの書類にサインしてもらいたい. 3 遺産 (= *warisan*).

warisan 1 遺産, 文化財: *warisan negara* 国の文化遺産. *warisan tidak nyata* 無形文化財. *meninggalkan warisan* bernilai berjuta-juta ringgit 数百万リンギットの遺産を残す. Mereka bertengkar mengenai *warisan* orang tua mereka. 彼らは親の遺産をめぐってけんかしている. 2 相続.

mewarisi ～を相続する: Ali *mewarisi* semua harta pusaka ayahnya. アリは父の遺産を全て相続した. Tradisi ini *diwarisi* daripada satu generasi kepada generasi lain. この伝統は世代ごとに引き継がれている.

mewariskan ～に(財産を)残す, ～を相続人に指定する: Dia *mewariskan* hartanya *kepada* anaknya. 彼は財産を息子に相続させた.

pewarisan 相続.

warkah (Ar) 1 手紙 = *surat*. 2 手紙の内容.

warna 色: *Warna apa*? 何色ですか. *Warna merah*. 赤色. *warna terang* 明るい色. *warna tua* 濃い色. *warna muda* 淡い色. *warna-warta* 様々なニュース. Lampu sudah berubah *warnanya*. ランプ(信号)は色がすでに変わった. Kain ini *turun warnanya* selepas dibasuh. この布は洗濯した後に色が落ちた.

warna-warni 多彩な色, 色とりどり.

berwarna 1 ～色をした, ～色のついた: Bajunya *berwarna kuning*. 上着が黄色. *pakaian berwarna garang* 派手な色をした着物. 2 魅力的な, 特別な.

berwarna-warni 多彩な, 色彩に富んだ.

mewarnai, mewarnakan 色を塗る, 着色する: Dia *mewarnai ku-*

kunya itu *dengan* warna merah. 彼女は爪を赤く塗った. *mewarnai rambut* 髪を染める. *mewarnai* ucapannya *dengan* banyak lelucon たくさんのジョークを入れてスピーチを面白くする.

pewarna 着色剤, 染色: menggunakan *pewarna* untuk *mewarnakan* kuihnya お菓子に色を付けるために着色剤を使う.

pewarnaan 着色, 彩色.

warta (Sk) ニュース, 報道: *warta berita* ニュース報道. *warta harian* 日刊紙. *warta kerajaan* 政府のガゼット(官報).

mewartakan 知らせる, 報道する.

pewarta 記者, リポーター.

pewartaan 報道, 報告, 告示: *pewartaan notis pilihan raya umum* 総選挙告示.

wartawan 記者, ジャーナリスト: *wartawan bebas* フリーランスの記者. *wartawan politik* 政治記者. *wartawan sukan* スポーツ記者.

kewartawanan ジャーナリズム.

warung (Jw) (インドネシアの)屋台, 小さな雑貨店 → **gerai**.

wasangka (Sk): **syak wasangka** 疑い, 疑惑 Dia *menaruh syak wasangka terhadap* suaminya yang selalu pulang lewat. いつも遅く帰ってくる夫に疑惑を抱いた. *dengan tiada menaruh syak wasangka sedikit pun* 何の疑いもなく.

wasiat (Ar) 遺言: *memegang wasiat ayahnya* 父の遺言を守る.

berwasiat 遺言書を用意する.

mewasiatkan 遺言する: Ayahnya *mewasiatkan* kepadanya supaya membela ibunya dengan baik. 父は彼に母親の面倒をちゃんと見るように遺言した.

waspada; berwaspada 用心する, 警戒する: Dia selalu *waspada* dalam menjalankan tugasnya. 彼は仕事をするとき常に用心していた.

kewaspadaan 用心, 警戒.

wassalam (Ar) **1** 幸運を祈る. **2** 敬具(手紙の文末に記す).

waswas (Ar) 〜するのが心配な・不安である: Saya *berasa waswas hendak* meninggalkan rumah, takut dimasuki orang. 私は家を離れるのが心配です, だれかに入られるのではないかと.

wat 仏教寺院.

watak (Jw) **1** 性格, 性質. **2** (芝居の)登場人物: *watak utama* 主人公, 主役. *membawa watak* 〜の役柄を演じる; Hamid *membawa watak* Sultan Melaka dalam drama itu. ハミッドがそのドラマでマラカ王の役を演じた.

berwatak 〜という性格の, 〜という特徴をもった: Dia memang *berwatak pemimpin*. 彼はたしかにリーダーの性格をそなえている.

memperwatakkan 〜を特徴づける.

perwatakan 特徴.

watan (Ar) 祖国, 故郷: *anak watan* 土地っ子.

watas 境界, 境界線 = **sempadan**.

watt (英) watt ワット(電力の単位).

wau 紙製の凧(たこ) = layang-layang. *wau bulan* 月凧.

wawancara (Sk) インタビュー.

berwawancara, mewawancarai インタビューをする: Dia tidak mahu *diwawancarai*. 彼はインタビューされたくない.

pewawancara インタビューをする人.

wawas; wawasan 構想, ビジョン

Wawasan 2020 ビジョン2020《マレーシアが2020年に先進国の仲間入りをするという政府目標 Vision 2020》.

berwawasan ビジョンを持つ.

mewawaskan 目標を立てる, 目標に達する.

wayang 影絵芝居, 映画(=*wayang gambar*): *wayang China* 京劇. *wayang kulit* マレーの影絵芝居. *panggung wayang* 映画館.

mewayangkan 上演する.

wayar (英) wire ワイヤー, 針がね.

wayarles (wayarlés) (英) wireless 無線の, ワイヤレス.

wek (泣き声)ウエーン, ウエーン (Wek, wek, wek).

wenang (wénang) (Jw) 権力, 権限.

berwenang 権限を持つ.

sewenang-wenang, bersewenang-wenang 勝手気ままに行う, 横暴に行なう: Ia bertindak *sewenang-wenang* terhadap orang bawahannya. 彼は部下に対して横暴に振る舞った.

wibawa ; **kewibawaan** 威厳, 絶対的権力.

berwibawa, berkewibawaan 権限を持つ.

wijaya (Sk) 勝利.

wilayah (Ar) 領域, 区域, 地域: *Wilayah Persekutan* 連邦直轄区.

kewilayahan 地方主義.

windu (Jw) 8周年.

wira (Sk) 軍人, 勇士.

keperwiraan 英雄的行為.

pewira 英雄.

wiron (スカートなどの)ひだ.

wisata ; **berwisata** 観光する.

wisel (wisél) (英) whistle 笛.

wiski (英) whisky ウイスキー.

wisma (Jw) 家, 建物.

woksyop (英) workshop ワークショップ, 作業所, 研究会.

wol (英) wool 羊毛, 毛糸.

wuduk (Ar) 礼拝をする前に身体を清める水.

berwuduk 礼拝する前に身体を清める.

wujud (Ar) **1** 存在する: Perkara itu *tidak wujud*. そのような事はありません(事実ではない). Fenomena itu bukan perkara baru, tetapi *sudah wujud* sejak 80an lagi. その現象は決して目新しい事でなく, すでに80年代からあった(起きている). **2** 物質, 物体.

berwujud **1** 存在している. **2** 具体的な, 確かな.

kewujudan 存在, 物質: Kami tidak dimaklumkan mengenai *kewujudan* buaya di padang golf itu. そのゴルフ場にワニがいることを知らされていなかった. Saya menyedari *kewujudan* persatuan itu melalui akhbar. 新聞を通じてその協会の存在は知っていた.

mewujudkan **1** 形作る, 制作する, 策定する: *mewujudkan peraturan* 規則をつくる. *mewujudkan akta* 法律をつくる. Tsunami *diwujudkan* oleh gempa bumi. 津波は地震によってもたらされる. **2** 実現させる, 新たに導入・設置する: *mewujudkan perpaduan negara* 国家統一を実現させる. cadangan untuk *mewujudkan* sistem amaran awal bencana gempa bumi dan tsunami 地震と津波の早期警報システムを導入する計画. *mewujudkan* sistem baru 新制度をつくる・導入する.

terwujud 設立している: Sekarang telah *terwujud* di sini sebuah universiti. 今やここに大学が設立された. *Terwujudnya* sebuah universiti di sini ialah suatu yang menggembirakan benar. ここに大学が設立されたことは実に喜ばしいことだ.

perwujudan 1 実質, 物質. 2 現実化, 具体化.

X

xénofobia (英) xenophobia 外国人恐怖症, 外国嫌い.

xénon (英) xenon 〔化学〕キセノン, 希ガス元素.

xilofon (英) xylophone 木琴.

Xmas (英) Xmas クリスマス: *pokok Xmas* クリスマスツリー.

X-ray (英) X-ray X線, レントゲン: *gambar X-ray* レントゲン写真.

mengx-ray レントゲン写真を撮影する.

Y

ya 1 はい(同意, 肯定の返事): "Anda orang Jepun?" "*Ya,* saya orang Jepun."「あなたは日本人ですか」「はい, 日本人です」"Awak satu rumah tinggal pun awak tak ada tahu?" "*Ya,* saya tak ada tahu."「君は同じ家に住んでいても知らないのか」「はい, 知りません」"Kau bukan pelayan?" "*Ya,* aku bukan pelayan."「あんたはウエイトレスではないよね?」「はい, あたしはウエイトレスではありません」. 2 文末につける付加疑問=bukan?: Dia kekasihmu, *ya*? 彼女が君の恋人だよね. 3 《前の語句を強調する働き》Jangan lupa, *ya*? 忘れないでね. Besok kita jumpa lagi, *ya*? 明日また会うよね.

Ya tak ya juga. / *Ya tak yalah.* それもそうです: *Ya tak yalah,* esok ada mesyuarat. Saya hampir terlupa. それもそうですね(そういわれるとそうですね), 明日会議があります. 私はうっかりして忘れるところでした.

mengeyakan はいと言う, 同意する.

Y. A [Yang Arif] 判事, 裁判官への尊称.

Y. A. A [Yang Amat Arif] 最高裁判所長への尊称.

Y. A. B [Yang Amat Berhormat] 首相, 副首相, 州首相 (Menteri Besar)への尊称.

Y. A. Bhg [Yang Amat Berbahagia] Tun の称号をもつ人への尊称.

Yahudi; *orang Yahudi* ユダヤ人. *agama Yahudi* ユダヤ教.

yakin 確信する，楽観視する: *Saya yakin awak lulus dalam peperiksaan.* 君が試験に合格すると僕は確信する.

berkeyakinan 信頼する，信用する.

meyakini 〜を確信する.

meyakin-yakini 納得いくまで調べる.

meyakinkan 1 確信させる. 2 真剣に行う.

keyakinan 確信，信用: *kurang keyakinan diri* 自信がない.

yakni すなわち=iaitu: *Orang Islam percaya pada Tuhan yang satu, yakni Allah.* イスラム教徒は唯一の神，すなわちアッラーだけを信じる.

Y. A. M [Yang Amat Mulia]ヌグリスンビラン州の Undang(地方首長)への尊称.

Yamtuan (王に対する尊称=Yang Dipertuan)陛下.

yang 1《関係代名詞として》〜であるところの: *rumah yang besar itu* あの大きい家. *rumah yang besar cantik itu* あの大きくて美しい家. *kuih yang tidak berapa manis* あまり甘くない菓子. *Rumah yang kita lihat itu sudah terjual.* 私たちが見た家は売却された. *Saya ada seorang kawan bernama Zaki yang mempunyai isteri yang berasal dari Pulau Pinang.* 僕にはペナン出身の妻をもつザキという名の友人がいる. *Mereka tidak akan masuk kesemuanya di dalam bas yang sebuah itu.* 彼ら全員がその一台のバスに入りきれないだろう. *yang juga* 兼任: *Perdana Menteri yang juga Menteri Kewangan* 首相兼蔵相. **2**《接続詞として》〜ということ【口語】=bahawa: *Saya percaya yang awak akan berjaya.* 君は成功する，と僕は確信する. *Ali mengadu kepada cikgu yang saya menghisap rokok.* アリは僕がタバコを吸ったと先生に訴えた. **3**〜のは，〜の方《個別化，特定化を示すときに使う用法》: *yang ini* こっちのやつ. *yang besar* 大きい方. *Yang ini adik saya.* こっちが僕の弟です. *Yang mana satu anda suka?* どっちがいいですか. *Saya suka yang ini.* こっちがいいです. *Saya mahu yang besar itu.* 僕は大きい方がほしい. *Yang perempuan itu sudah kahwin.* 女性の方は結婚している. *Yang nak beranak bukan yang suami tetapi isteri.* 子を産むのは，夫の方ではなく，妻です. *"Ali?" "Yang datang minggu lepas tu."*「アリって?」「先週来たやつよ」. *Masih ramai lagi yang miskin.* 貧乏人はまだ多い. *Yang kaya tetap kaya.* 金持ちは金持ちのままだ. *Yang penting ialah kita bekerja dengan rajin.* 重要なことは，まじめに働くことだ. *"Yang dicari tak bertemu. Yang ditunggu ghaib."*「探し物は見つからず，待ち人は現れず」. *"Haa, lucu, lucu." "Apa yang lucunya?"*「はは，おかしい」「何がおかしいの?」. *"Yang kau nak tahu tu, mengapa?"*「君が知りたいのは，なぜか」. *"Sudah lama dia sakit, kak?" "Yang teruk begini, sudah tiga bulan."*「もう長いこと患っているのですか」「こんなにひどくなったのは，3カ月前から」. **4**〜のは《強調倒置表現文のとき，述部〜lah，〜kah，juga，sahaja に続く

yang 以下が主語となる》: "Siapakah *yang makan*?"「食べたのは，誰か→誰が食べたか」. "Alilah *yang makan, bukan saya*."「食べたのは，アリだよ→アリが食べた．僕じゃない」. Kakaklah *yang membuat kek ini*. このケーキを作ったのは，姉です．Suratnya sahaja *yang datang*. Orangnya tidak. 来たのは，手紙だけ．本人は来なかった．Bukan mereka *yang jahat*. Perang *yang jahat*. 彼らが悪いのではない．悪いのは戦争だ．**5**《主題語構文の yang》Pekerjaannya tidak seorang pun di Kampung Kambing itu *yang tahu*. カンビン村では彼の職業を知っている人は一人もいない．Tamu sudah banyak *yang datang*. お客はもう沢山やって来た．Bangku-bangku di bahagian belakang bas itu masih ada *yang kosong*. バスの後部座席にはまだ空席があった．Siapa yang memecahkan cawan itu tak seorang pun *yang tahu*. カップを誰が割ったのか知っているものは誰もいない．Barang yang dibuat secara massa tidak ada *yang baik*. 大量生産された商品に良いものはない．**6**《よく使う慣用句 yang：名詞句表現例》Kami tiba lebih awal daripada *yang dijadualkan*. 予定よりも早めに着いた．*Seperti yang diterangkan tadi*, さっき説明したように．*Sebagaimana yang tersebut di atas* 前述のように．*yang bukan-bukan* つまらぬこと．*yang lain-lain* その他のもの．*yang tertuduh* 被告．*Yang benar / Yang ikhlas* (手紙文の)敬具．**7**《敬称・尊称を示す》: *Yang di-Pertuan Agong* 国王陛下．*Yang di-Pertuan* スルタン，王様．*Yang Dipertua* 議長．

yasin =**surah yasin** コーランの第27章(葬儀の時に読まれる)．

yatim (Ar) 孤児 (=yatim piatu): Dengan kematian ayahnya itu dia menjadi *anak yatim*. 父親の死によって彼は孤児になった．

yayasan **1** 財団，基金．**2** 協会，学院．

Y. B. [Yang Berhormat] 大臣，副大臣，国会議長，国会議員，州議会議員への尊称．

Y. Bhg [Yang Berbahagia] Datuk, Dato', Tan Sri の称号を持つ人への尊称．

Y. B. M. [Yang Berhormat Mulia] 王族出身の国会議員，大臣，国会議長などに対する尊称．

Y. M. [Yang Mulia] 王族(Tengku, Tunku, Raja) 及び Syed, Ungku, Datu の称号を持つ人への尊称．

Y. M. M. [Yang Maha Mulia] スルタン(統治王)への尊称．

yoga ヨガ(ヒンズー教の行): *senaman yoga* ヨガ体操．

yogi ヨガの達人．

yong **1** 一番上の姉に対する呼称．**2** 一番年長の叔母・伯母に対する呼称．

Y. T. M. [Yang Teramat Mulia] 王族への尊称．

yu 〔魚〕サメ=jerung．

Yunani ギリシャ: *orang Yunani* ギリシャ人．*bahasa Yunani* ギリシャ語．

yuran 会費，料金: *membayar yuran sekolah* 学費を支払う．*Yuran untuk menjadi ahli persatuan itu ialah RM2:00 setahun*. 協会メンバーの会費は年2リンギット．

Z

zahid (Ar) 俗世を離れた.
zaitun (Ar) オリーブ.
zakar (Ar) 陰茎, 男根.
zakat (Ar) ザカット (イスラム教徒による喜捨) (=zakat fitrah): *memberi zakat kepada* orang-orang miskin 貧者にザカットを施す.
  berzakat ザカットを施す.
  menzakatkan 〜をザカットとして提供する: Mereka *menzakatkan* sebahagian dari hartanya kepada orang miskin. 彼らは財産の一部をザカットとして貧者に施した.

zalim (Ar) 残酷な: *raja yang zalim* 残酷な王.
  kezaliman 残酷, 不正行為.
  menzalimi, menzalimkan 〜に残酷に振舞う, 〜に不正行為を働く: Pekerja itu *dizalimi* oleh majikannya. その労働者は雇用主から残酷な扱いをうけた.

zaman (Ar) 時代, 期間: *zaman air batu, zaman ais* 氷河期. *zaman batu* 石器時代. *zaman batu lewat (akhir)* 新石器時代. *zaman gangsa* 青銅器時代. *Zaman Pendudukan Jepun* 日本占領時代. *zaman purbakala* 古代. *zaman dahulu* 昔, 過去の時代. *zaman ini, zaman sekarang* 現代, 今日: *Di zama ini* orang-orang perempuan tidak memakai tudung. 今日では女性はトゥドン (ベール) を被らない.
  berzaman, berzaman-zaman 長期間.
  zaman-berzaman 幾世紀にもわたり〜: Semenanjung Tanah Melayu menjadi tumpuan pedagang Barat dan Timur *zaman-berzaman*. マレー半島は数世紀にわたり東西の貿易商人の注目の的となった.
  sezaman 同時代.

zamrud (Ar) エメラルド.
zamzam 1 ザムザム (メッカにある井戸) (=telaga zamzam). 2 聖水 (=air zamzam).
zapin (Ar) ザピン (アラビアの歌と踊り).
zarah (Ar) 細かい粒, 粒子.
zat (Ar) 食品の栄養分: *zat makanan* ビタミン. *zat hijau* クロロフィル (葉緑素). *zat protein* たんぱく質.
  berzat 栄養のある: Durian itu sedap lagi *berzat*. ドリアンはおいしくてしかも栄養がある. Kita hendaklah makan makanan yang *berzat*. 栄養のある食物を食べるべきです.

zeroks (zēroks) (英) Xerox ゼロックス, 複写する.
ziarah (Ar) 1 (墓やモスク, 聖地を) 墓参りをする: setelah *ziarah* ke kuburan itu 墓参りした後. 2 (親類や友人の家を) 訪れる=berkunjung: Kami *ziarah* ke rumahnya. 私たちは彼の家を訪問した.
  berziarah 1 墓参りをする: Pada pagi raya banyak orang *berziarah* ke kuburan*. ハリラヤの朝は多くの

人は墓参りをする. **2** 訪問する: *berziarah ke rumah saudara-mara* 親戚の家を訪問する.

menziarahi 1 聖地・墓地を訪れる. 2 訪問する, (病人の)見舞いに行く: Mereka *menziarahi* saudara-mara dan sahabat-sahabat. 彼らは親類や友人を訪問する. Ramai kenalan datang *menziarahi* Encik Kassim. たくさんの知り合いがカシムさんのお見舞いにやって来た. Bonda kesayangan saya sudah uzur dan wajib saya *ziarahi*.《手紙文》最愛の母が弱っているので見舞いに行かねばならない.

ziarahan 訪問 (=kunjungan, lawatan).

zigot (英) zygote 接合子(体).

zina (Ar) 姦通, 不義: *melakukan zina* 姦通行為をする.

berzina 姦通行為をする: Mereka dituduh *berzina*. 彼らは姦通したと訴えられた.

penzina 姦通者.

perzinaan 姦通行為.

zink (英) zinc 亜鉛.

Zionisme シオニズム(ユダヤ人国家をパレスチナに建設しようとする民族運動).

zip (英) zipper ジッパー.

mengezip ジッパーを閉める.

mengezipkan ジッパーを装着する.

zirafah (英) giraffe〔動〕キリン.

zon (英) zone 地区, 地帯: *zon bebas cukai* 免税地区. *zon perdagangan bebas* 自由貿易地帯. *zon selesa* 安全地帯. *zon waktu* 同一標準時を用いる地帯.

zoo (英) zoo 動物園 (kebun binatang, taman haiwan).

Zuhal 土星.

Zuhrah 金星.

zuhur (Ar) =**sembahyang zuhur** イスラム教の戒律に基づく昼の祈り(午後1時15分ごろ). *waktu zuhur* 昼から夕方までの時間帯(午後).

Zulhijah イスラム暦の12月.

Zulkaedah (Zulkaédah) イスラム暦の11月.

zum (英) zoom 映像を拡大・縮小する: *zum ke dalam, zum masuk* ズームインする. *zum ke luar* ズームアウトする.

zuriat 子孫 (anak cucu).

付録：日本語―マレーシア語語彙集

*(　)内は語幹（辞書の見出し語）を示す．
*各単語の使い方について，本文（マレーシア語辞典）の例文を参照してください．

あ

愛	cinta
挨拶	salam
アイスクリーム	aiskrim
愛する	cinta
間	antara
相手	pasangan
空いている	kosong
合う	sesuai, padan
会う	berjumpa
青	biru
赤	merah
明かり	lampu
上がる	naik
明るい	terang
秋	musim luruh
明らか	jelas, nyata
あきらめる	putus asa
あきる	bosan, jemu
開く	terbuka
開ける	buka
上げる	menaikkan (naik)
あご(顎)	dagu
朝	pagi
浅い	cetek
足	kaki
味	rasa
明日	esok, besok
汗	peluh
遊ぶ	main
与える	beri
温い(ぬるい)	suam
頭	kepala
新しい	baharu, baru
あちら	sana
厚い	tebal
暑い, 熱い	panas
集まる	berkumpul
集める	kumpul
当てる；打つ	pukul
後(で)	nanti, kelak
穴	lubang
アナウンサー	juruhebah
貴方	anda, awak, saudara
兄	abang
姉	kakak
あの	itu
危ない	bahaya
油	minyak
甘い	manis
余りにも	terlalu, terlampau
雨	hujan
アメリカ(合衆国)	Amerika Syarikat
怪しい	curiga
謝る	minta maaf
荒い	kasar
洗う	cuci, basuh

嵐	angin kencang	意見	pendapat
争う(けんかする)	bergaduh	以後	selepas, lepas itu
アラビア語	bahasa Arab	遺産	warisan, peninggalan
現れる	muncul	石	batu
蟻	semut	意識	kesedaran (sedar)
ありがとう	terima kasih	医者	doktor
有る, 在る	ada	〜以上	lebih
あるいは	atau	椅子	kerusi
歩く	berjalan	以前	dahulu
あれ	itu	忙しい	sibuk
アレルギー	alergi	急ぐ	tergesa-gesa
泡	buih	痛い	sakit
合わせる	menyesuaikan (sesuai)	痛み	kesakitan (sakit)
安心する	lega	一	satu
安全な	selamat	位置	tempat, letak
安定した	mantap, stabil	一月	Januari
あんな	begitu, demikian	一度	sekali
案内	panduan	一日	sehari
		市場	pasar

い

胃	perut	いつ	bila
いいえ	tidak, bukan	いつか	masa depan
言い訳	alasan	一緒	bersama-sama
言う	berkata	一生懸命に	bersungguh-sungguh
家	rumah	いつでも	bila-bila saja
イカ	sotong	一杯	penuh
〜以下	kurang	いつも	sentiasa, selalu
〜以外	kecuali	糸	benang
いかがか(挨拶)	bagaimana, macam mana	井戸	perigi
息	nafas	従兄弟	sepupu
生きる	hidup	〜以内	(di) dalam
行く	pergi	犬	anjing
いくつ	berapa	稲	padi
幾らか	beberapa	命	nyawa
		祈る	berdoa, sembahyang
		今	sekarang, kini
		意味	makna
		妹	adik perempuan

〜以来	sejak	移す	berpindah
いらっしゃい	selamat datang	訴える	merayu, adu
いらない	tak perlu	腕	lengan
入り口	pintu masuk	馬	kuda
居る	ada	うまい(美味い)	sedap
要る	mahu, memerlukan (perlu)	生まれる	lahir
入れる	memasukkan (masuk)	海	laut
色	warna	生む	beranak
いろいろ	berbagai-bagai	裏	belakang
祝う	merayakan (raya)	恨み	dengki
印刷	cetak	売る	jual
印象	kesan	うるさい	bising
		うれしい	gembira, suka hati
		上着	baju

う

		噂	khabar angin
上	atas	運賃	tambang
植える	tanam	運転	pandu
伺う	mengunjung (kunjung)	運動	senam
受ける	terima	運命	nasib
動く	bergerak		

え

兎	arnab	絵	gambar
牛	lembu	映画	wayang gambar, filem
失う	hilang		
後ろ	belakang	影響	pengaruh, kesan
薄い	nipis	英語	bahasa Inggeris
嘘	bohong	駅	stesen
歌	lagu	エビ	udang
歌う	menyanyi	偉い	agung, mulia
疑う	meragukan (ragu)	選ぶ	pilih
内側	dalam	得る	dapat, beroleh
内気	malu	円	bulatan
宇宙	angkasa lepas	延期する	tangguh
打つ	pukul	援助する	bantu
撃つ	tembak	演説	ucapan
美しい	cantik, indah		

演奏	persembahkan (sembah), pertunjukan (tunjuk)
鉛筆	pensel
遠慮しないで	Jangan malu-malu

お

甥	anak saudara lelaki
おいしい	sedap
追う	kejar
王	raja
王子	putera
王女	puteri
応じる	menerima (terima)
王妃	permaisuri
往復	pergi balik
終える	selesai
多い	banyak
大きい	besar
丘	bukit
お母さん	emak, ibu
起きる	bangun
置く	letak, taruh
贈物	hadiah
送る	hantar, kirim
遅れる	lambat
起こす	membangunkan (bangun)
行う	buat
怒る	marah
起こる	berlaku, terjadi
おごる	belanja
伯父, 叔父	pak cik
惜しい(残念な)	sayang
お爺さん	datuk
教える	mengajar (ajar)
押す	tolak
雄	jantan
遅い	lambat
恐ろしい	takut
落ちる	jatuh
夫	suami
お釣り	wang baki
音	bunyi
お父さん	bapa, ayah
弟	adik lelaki
男	lelaki
大人	dewasa
踊る	tari
驚く	hairan, terkejut
同じ	sama
叔母, 伯母	mak cik
お婆さん	nenek
おはよう	selamat pagi
覚えている	ingat
おめでとう	tahniah, ucapan selamat
重い	berat
思い出す	ingat, kenang
思い出	ingatan, kenangan
思う	fikir, rasa
面白い	seronok
おもちゃ	permainan (main)
表	depan
主な	utama
親	ibu bapa
おやすみ	selamat malam
泳ぐ	berenang (renang)
オランダ	Belanda
下りる, 降りる	turun

折る	mematahkan (patah)	鏡	cermin
オレンジ	oren	輝く	sinar
下ろす, 降ろす	menurunkan (turun)	係わらず	meskipun, sekalipun
		牡蠣	tiram
終わり	akhir	鍵	kunci
終わる	habis, selesai	かき混ぜる	aduk, campur
音楽	muzik	限る	membatasi (batas)
温度	suhu, hawa	書く, 描く	tulis, melukis
女	perempuan	家具	perabot
		隠す	menyembunyikan (sembunyi)
か			
蚊	nyamuk	学生	pelajar
カーテン	langsir	隠れる	bersembunyi
〜回	kali	影	bayang-bayang
〜階	tingkat 〜	家計	nafkah
外貨	mata wang asing	過去	dahulu, lalu
海外	luar negeri	籠	bakul, keranjang
改革	pembaruan (baru)	囲む	kepung, keliling
海岸	pantai	傘	payung
会議	mesyuarat	飾る	hias
解決する	menyelesaikan (selesai)	火山	gunung berapi
		菓子	kuih-muih
外国	negeri asing	火事	kebakaran (bakar)
会社	syarikat	賢い	pandai
階段	anak tangga	貸す	meminjamkan (pinjam)
買い物	membeli-belah		
買う	beli	数	angka, nombor
飼う(ペットを)	pelihara	風	angin
		風邪	selesema, influenza
返す	mengembalikan (kembali)	風邪薬	ubat selesema
		数える	kira
帰る	balik	家族	keluarga
変える	mengubah (ubah)	肩	bahu
顔	muka	硬い	keras
香り	bau wangi	形	bentuk
科学	sains	傾く	condong
		価値	nilai

勝つ	menang	皮	kulit
楽器	alat muzik	かわいい	cantik, manis
かつぐ	mengandar (kandar)	かわいそうな	kasihan
学校	sekolah	乾く	kering
かつて	dahulu, dulu	渇く	dahaga
家庭	rumah tangga	変わる	berubah
角	sudut	癌	barah
悲しい	sedih	考え	pendapat
必ず	mesti, tentu, pasti	考える	fikir
金	wang, duit	環境	alam sekitar, suasana
金持ち	kaya		
可能(〜できる)	boleh	関係	perhubungan (hubung)
彼女	dia, ia	観光する	melancong
カバー	penutup (tutup)	看護師	jururawat
かばん	beg	感謝	berterima kasih
株	saham	患者	pesakit
かぶる	pakai	感情	perasaan (rasa)
壁	dinding	感じる	merasa (rasa)
神	tuhan	関心	minat
紙	kertas	完全な	sempurna
髪	rambut	簡単	mudah, senang
雷	guruh	感動した	terharu
噛む	gigit	頑張る	berusaha
カメラ	kamera		

き

かゆ(痒)い	gatal		
火曜日	hari Selasa	木	pokok
空	kosong	黄色	kuning
〜から	dari	消える	hilang
辛い	pedas	記憶	ingatan
ガラス	kaca	機械	mesin
体	badan, tubuh	聞く	dengar
借りる	pinjam	危険	bahaya
軽い	ringan	紀元	Tahun Masihi
彼	dia, ia	期限	batas waktu
彼ら	mereka	技術	teknologi
川	sungai	傷	luka

奇数	nombor ganjil	嫌い	tidak suka
季節	musim	切る	potong
基礎	dasar	着る	pakai
規則	peraturan	記録	rekod
北	utara	極めて	sangat
汚い	kotor	金	emas
きちんと	dengan rapi, kemas	銀	perak
切符	tiket	銀行	bank
昨日	semalam	禁止	larangan
厳しい	keras	近所	jiran, sekitar
気分が悪い	kurang sihat	禁じる	melarang
希望	harapan	金属	logam
基本	dasar, asas	金曜日	hari Jumaat
決める	menentukan (tentu)		
気持ち	perasaan (rasa)	**く**	
疑問	keraguan (ragu)		
客	tetamu	空気	udara
逆に	sebaliknya	偶数	angka genap
キャベツ	kobis	偶然	kebetulan
九	sembilan	九月	September
休暇	cuti	釘	kuku
救急車	ambulans	草	rumput
休日	hari cuti	腐る	busuk, rosak
救助隊	pasukan keselamatan	苦情	pengaduan (adu)
牛乳	susu	薬	ubat
今日	hari ini	癖	kebiasaan (biasa)
教育	pendidikan, pelajaran	果物	buah-buahan
		口	mulut
強制	memaksa	唇	bibir
競争	persaingan	靴	kasut
兄弟	adik-beradik	靴下	sarung kaki
興味	minat	国	negeri
協力	kerjasama	首	leher
許可	kebenaran (benar)	組合(労働)	kesatuan sekerja
去年	tahun lepas	クモ	labah-labah
距離	jarak, kejauhan	雲	awan
		暗い	gelap
		暮らす	hidup

クラス	kelas	決勝	perlawanan akhir
クラブ	kelab	決心する	ambil keputusan
比べる	banding	月曜日	hari Isnin
クリスマス	hari Krismas, hari Natal	煙	asap
来る	datang	蹴る	sepak
狂う	hilang akal	原因	punca, sebab
グループ	kumpulan	けんか(喧嘩)	gaduh
苦しい	susah	元気	baik, sihat
車	kereta	研究	kajian
黒い	hitam	現金	tunai
苦労する	derita, susah	言語	bahasa
加える	tambah	健康	kesihatan (sihat)
詳しい	lebih lanjut, terperinci	検査	pemeriksaan (periksa)
軍隊	tentera	現在	sekarang, kini
訓練	latihan	現代	moden
		建築	arkitek
け		憲法	perlembagaan (lembaga)
毛	bulu, rambut	権利	hak
計画	rancangan		
経験	pengalaman (alam)	**こ**	
経済	ekonomi	子	anak
経済危機	krisis ekonomi	五	lima
警察	polis	恋	cinta
計算	kira	語彙	perkataan (kata)
芸術	seni	幸運	nasib baik
携帯電話	telefon bimbit	公園	taman raya
ケーキ	kek	公害	pencemaran (cemar)
けが	luka	合格する	lulus
劇	lakonan, drama	交換する	tukar
景色	pemandangan (pandang)	航空券	tiket kapal terbang
		合計	jumlah
化粧	solek, mekap	攻撃する	serang
消す	padam	貢献する	sumbangan
結果	akibat, hasil	広告	iklan
結婚	kahwin	公衆, 大衆	kyalayak ramai

工場	kilang	事	hal, benda
洪水	banjir	今年	tahun ini
公正(な)	adil	言葉	bahasa
交代	bertukar ganti	子ども	anak, budak
校長	guru besar	諺	peribahasa
交通	lalu lintas	断る	tolak
行動	gerakan	ご飯	nasi
幸福な	bahagia	細かい	halus
公用語	bahasa rasmi	ごまかす	tipu
声	suara	困る	susah hati
コーヒー	kopi	ごみ	sampah
氷	air batu	ゴム	getah
誤解	salah faham	米	beras
五月	Mei	ごめんなさい	minta maaf
呼吸	nafas	これ	ini
国王	Yang di-Pertuan Agong	転がる	bergolek
		殺す	bunuh
国語	bahasa kebangsaan	怖い	takut
国際	antarabangsa	壊す	rosakkan (rosak)
国際電話	telefon antarabangsa	壊れる	pecah
国籍	kerakyatan (rakyat)	今月	bulan ini
国内	dalam negeri	昆虫	serangga
国民	rakyat, bangsa	今度	kemudian
ここ	sini	こんな	begitu, demikian
午後	petang	困難	kesusahan (susah)
心	hati	こんにちは	selamat petang
腰	pinggang	こんばんは	selamat malam
個人	perseorangan (orang)	コンピューター	komputer
超す	melebihi (lebih)	混乱	kacau-bilau
午前	pagi		
答え	jawapan	## さ	
ごちそう	jamuan, hidangan	さあ	marilah
国歌	lagu kebangsaan	～歳	umur-tahun ～
国会	parlimen	最近	baru-baru ini
国境	sempadan	最後	tamat, terakhir
コップ	gelas	最高	terbaik, baik sekali

最初	pertama	散歩	jalan-jalan
最新	paling baru, terbaru		
サイズ	saiz	\u3057	
財政	dasar fiskal	市	bandar
最大	terbesar	〜時	pukul 〜
才能	bakat	試合	perlawanan, pertandingan
財布	dompet		
サイン	tandatangan	幸せ	kebahagian, kegembiraan
坂	lereng, cerun		
探す	cari	塩	garam
魚	ikan	〜しか	hanya, saja
下がる	turun	しかし	tetapi
〜の先	di depan, di hadapan	四月	April
咲く	berbunga	時間	waktu
裂く	mengoyakkan (koyak)	式	upacara, istiadat
		資金	modal
叫ぶ	melaung, jerit	刺激	rangsang
避ける	elak	試験	peperiksaan, ujian
下げる	menurunkan (turun)	事件	kejadian, peristiwa
刺す	tikam	事故	kemalangan
雑誌	majalah	仕事	kerja, pekerjaan
砂糖	gula	自殺する	bunuh diri
砂漠	gurun	事実	kenyataan, fakta
寂しい	merasa sepi	辞書	kamus
〜様	Encik Cik	自信	keyakinan
		地震	gempa bumi
寒い	sejuk	〜自身	diri, sendiri
さようなら	Jumpa lagi	静か	diam, senyap
皿	pinggan	沈む	karam, tenggelam
去る	meninggalkan (tinggal)	自然	alam, semula jadi
		時代	masa, zaman
触る	sentuh	従う	turut, ikut
三	tiga	支度する	sedia
三角	segi tiga	親しい	rapat
三月	Mac	七	tujuh
賛成	setuju	七月	Julai
残念な	sesal, sayang	しっかり	dengan teguh

失敗する	gagal	出席	kehadiran (hadir)
失望する	kecewa	出発	berlepas
質問	soalan	趣味	kegemaran, hobi
失礼	kurang sopan	種類	jenis
自転車	basikal	順番	giliran
自動車	kereta	準備	persediaan (sedia)
死ぬ	mati	ショウガ	halia
しばしば	kadang-kadang	消化する	cerna
支払う	bayar	紹介する	memperkenalkan (kenal)
縛る	ikat		
島	pulau	小学校	sekolah rendah
しまう	simpan	正午	tengah hari
閉まる	tutup	正直な	jujur, tulus
事務員	kerani	少女	gadis
閉める	tutup	招待	jemputan
社会	masyarakat	状態	keadaan (ada)
写真	foto, gambar	衝突	langgar
シャツ	kemeja	少年	budak lelaki
じゃまする	ganggu, halang	商売	perniagaan (niaga)
ジャングル	hutan	商品	barang dagangan
週	minggu	丈夫な	kuat, sihat
自由	kebebasan (bebas)	醬油	kicap soya
十	sepuluh	将来	masa depan
周囲	sekitar	職業	pekerjaan (kerja)
十一月	November	食事	makan
十月	Oktober	植物	tumbuhan
習慣	kebiasaan	食料(品)	makanan
宗教	agama	女性	perempuan, wanita
住所	alamat	署名	tandatangan
十二月	Disember	知らせる	beritahu
十分な	cukup	調べる	periksa, selidiki
重要な	penting	私立・民間	swasta
修理	membaiki, membetulkan	知る	tahu
		白	putih
授業	pelajaran	信号	isyarat
宿題	kerja rumah	人口	penduduk
手段	cara	真実	kebenaran (benar)

人種	ras	ズボン	seluar panjang
信じる	percaya	すみません	minta maaf
人生	kehidupan (hidup)	住む	tinggal
親切	baik hati	する	buat
心臓	jantung	鋭い	tajam
心配	bimbang	座る	duduk
新聞	surat khabar		
深夜	tengah malam		

す

図	rajah
水泳	berenang (renang)
水道	bekalan air
水曜日	hari Rabu
吸う	menghisap (hisap)
数学	ilmu hisab
姿	nombor, angka
好き	suka
スキー	ski
過ぎる	lalu, lewat
少ない	sedikit
直ぐに	segera
すごい	hebat
錫	timah
涼しい	dingin
進む	maju
勧める	ajak
スター	bintang
素敵	sangat bagus
すでに	sudah
捨てる	buang
砂	pasir
すばらしい	bagus sekali
スプーン	sudu
すべて	semua
滑る	meluncur, tergelincir
スポーツ	sukan

せ

西欧	Barat, Eropah
正確	tepat
生活	kehidupan (hidup)
税関	kastam
成功する	berjaya
生産	pengeluaran (keluar)
政治	politik
性質	sifat
精神	semangat
成績	keputusan (putus)
成長	tumbuh
〜せいで	oleh kerana, berkat
生徒	murid, pelajar
青年	pemuda, remaja
政府	kerajaan
生物	makhluk
整理	susunan, kemas
勢力	kuasa
世界	dunia
席	tempat duduk
赤道	khatulistiwa
責任	tanggungjawab
積極的	giat, aktif
絶対	sama sekali
説明する	menerangkan (terang)
背中	belakang
狭い	sempit

迫る	mendesak (desak)
千	ribu
線	garis
選挙	pilihan raya
先月	bulan lepas
宣言	kenyataan (nyata)
全国	seluruh negeri
選手	pemain
先週	minggu lepas
先生	cikgu, guru
戦争	perang
全体	seluruh
選択	pilihan
洗濯する	basuh, cuci
全部	semua
専門	pengkhususan (khusus)

そ

そう(そのように)	begitu
掃除する	membersihkan (bersih)
想像する	membayangkan (bayang)
相談する	berunding
速度	laju
底	dasar
そこ	di sana, ke sana
そして	kemudian, lalu
育つ	membesar (besar)
育てる	membesarkan (besar)
袖	lengan baju
外	luar
その	itu
その後	selepas itu
そば	sebelah ~
空	langit
それ	itu
それぞれ(の)	masing-masing, setiap
それとも	atau
損	kerugian (rugi)
尊敬	hormat
存在	wujud
村民	penduduk kampung

た

ダース	dozen
～したい	mahu, hendak
第一	pertama
大学	universiti
大使館	kedutaan besar
大衆	orang kebanyakan
体重	berat badan
退職	berhenti kerja
大切	penting, mustahak
だいたい	lebih kurang, kira-kira
たいてい	biasanya, umumnya
大統領	presiden
大部分	kebanyakan (banyak)
逮捕	tangkap, tahan
題名	tajuk
太陽	matahari
平ら	datar, rata
耐える	bersabar, menahan (tahan)
タオル	tuala
(バスタオル)	tuala mandi
倒れる	jatuh, rebah
高い	tinggi

だから	kerana itu	箪笥	almari
たくさん	banyak	だんだん	secara berangsur-angsur
タクシー	teksi		
～だけ	sahaja, hanya		
タコ	ikan kurita	**ち**	
確か	tentu	血	darah
助ける	tolong	地位	pangkat, kedudukan
訪ねる	melawat	小さい	kecil
尋ねる	tanya	地下	di bawah tanah
ただ	hanya, cuma	近い	dekat
叩く	pukul	～(に)ちがいない	pasti, tentu
正しい	betul		
立つ	berdiri	違う(異なる)	berbeza (beza)
達する	mencapai (capai)	近づく	dekat
縦	tegak	力	kuasa
建物	bangunan	地球	bumi
建てる	membangunkan (bangun)	知識	pengetahuan (tahu)
		地図	peta
楽しい	seronok	父	bapa, ayah
楽しむ	bersukaria	地方	luar bandar
頼む	minta	茶	teh
煙草	rokok	茶色	warna coklat
たぶん	barang kali, boleh jadi	注意	perhatian
		中央	pusat
食べ物	makanan	中学(校)	sekolah menengah
食べる	makan	忠告	nasihat
卵	telur	中止する	membatalkan (batal)
タマネギ	bawang besar		
黙る	berdiam diri	注射	suntikan
多民族社会	masyarakat berbilang kaum	昼食	makan tengah hari
		中心	pusat
～(の)ため	untuk, bagi	彫刻	ukir
駄目	tak boleh	聴衆	penonton
足りる	cukup	朝食	makan pagi
誰	siapa	挑戦	cabaran
単語	perkataan (kata)	ちょうど	tepat
誕生日	hari jadi	チョーク	kapur

貯金	tabungan	積み込む	memuatkan (muat)
ちょっと(量)	sedikit	爪	kuku
ちょっと(時間)	sekejap	冷たい	dingin
沈没	karam, tenggelam	〜(する)つもり	berniat, bertujuan
		強い	kuat
つ		つらい	susah
〜(に)ついて	tentang	釣り	pancing
ついに	akhirnya	連れて行く	bawa bersama
〜を通じて	melalui 〜		
通信	komunikasi, perhubungan	**て**	
通訳する	terjemah	手	tangan
使う	guna, pakai	〜で	di, pada
捕まえる	tangkap	提案	cadangan
月	bulan	庭園	taman
次の	berikutnya	程度	darjat
付く	melekat (lekat)	丁寧	beradab, sopan santun
着く	tiba		
机	meja tulis	テーブル	meja
作る	buat	出かける	keluar
付け加える	tambah	手紙	surat
漬物	acar	敵	musuh
伝える	beritahu	出来事	kejadian, peristiwa
続ける	meneruskan (terus)	出来る	boleh
綱	tali	出口	pintu keluar
つなぐ	ikat	〜でしょう	akan
津波	tsunami	鉄	besi
つぶす	menghancurkan (hancur)	手伝う	bantu, tolong
		手袋	sarung tangan
つぶれる	runtuh	出る	keluar
妻	isteri	テレビ	televisyen
つまらない	membosankan (bosan)	点	mata
		天気	cuaca
つまり	pendeknya	電気	elektrik
罪(犯罪)	jenayah	電車	kereta api
罪(道徳上)	dosa	伝染(する)	menjangkiti
		電池	bateri

電報	telegram
電話	telefon

と

戸	pintu
～と (and)	dan
～と一緒に	dengan ～
トイレ	tandas, bilik air
トイレット・ペーパー	tisu tandas
どういたしまして	sama-sama
唐辛子	cili
同時(に)	sekaligus, serentak
どうして	mengapa, kenapa
どうしても	biar bagaimanapun
当然(の)	patut, lazim
どうぞ	sila
到着	tiba
動物	haiwan
道路	jalan
遠い	jauh
通り	jalan
通る	lalu, lewat
都会	bandar raya
時	masa, waktu
時々	kadang-kadang
毒	bisa, racun
得意	pandai
特に	terutama
特別	khas, istimewa
独立	merdeka
時計	jam
どこ	mana
所	tempat
年	tahun
年(歳)	umur
都市	bandar
～として	sebagai
図書館	perpustakaan
閉じる	tutup
土地	bumi, tanah
どちら	yang mana
～とって	untuk
届く	sampai, tiba
届ける	hantar
隣の	di sebelah
どの	mana
どのくらい	berapa
飛ぶ	terbang
止まる	henti
泊まる	menumpang (tumpang)
止める	henti
友達	kawan
土曜日	hari Sabtu
鳥	burung
努力	ikhtiar, usaha
取る	ambil
どれ	mana
泥	lumpur
泥棒	pencuri
どんな	apa

な

無い	tidak ada
ナイフ	pisau
直す	membetulkan (betul)
治る	pulih, sembuh
中	dalam
長い	panjang
仲間	rakan
～(し)ながら	sambil
泣く	menangis

鳴く	bernyanyi	西	barat
慰める	menghibur (hibur)	虹	pelangi
無くなる	hilang	日時	tarikh, hari bulan
殴る	memukul (pukul), menumbuk (tumbuk)	日常	setiap hari, tiap-tiap hari
投げる	lempar	日曜日	hari Ahad
～(が)なければ	tanpa	日光	cahaya matahari
～なしで	dengan tiada	日本	Jepun
なぜ	mengapa, kenapa	荷物	barang-barang
夏	musim panas	ニュース	beritah
何	apa	似る	serupa
名前	nama	煮る；ゆでる	didih, rebus
怠ける	malas	庭	halaman
波	ombak	鶏	ayam
涙	air mata	人気のある	popular
舐める	jilat	人間	orang, manusia
習う	belajar (ajar)	忍耐	sabar
並ぶ	berbaris, beratur	ニンニク	bawang putih
～(に)なる	menjadi (jadi)		
慣れる	menjadi biasa dengan		

ぬ

南極	kutub selatan	抜く	cabut, tarik
何時	Pukul berapa ?	脱ぐ	tanggal, buka
なんでも	apa-apa	盗む	curi
何度	berapa kali	布	kain
		塗る	cat
		濡れる	basah

に

ね

二	dua	根	akar
～に	di, pada	願い	kehendak, harapan
～に似合う	sesuai dengan ～	願う	ingin
匂い	bau	猫	kucing
苦い	pahit	鼠	tikus
二月	Februari	値段	harga
肉	daging	熱	hawa panas
逃げる	melarikan diri	熱がある	demam
		熱心に	rajin-rajin

熱中	asyik	吐気	mahu muntah
眠い	mengantuk (kantuk)	拍手	tepukan
眠る	tidur	爆弾	bom
年	tahun	博物館	muzium
捻挫する	tergeliat	激しい	hebat, keras
年末	hujung tahun	箱	peti, kotak
年齢	umur	運ぶ	bawa
		橋	jambatan

の

脳	otak	始まる	bermula
農園	kebun	初めて	pertama kali
農業	pertanian	初めは	mula-mula
能力	kemampuan	始める	memulakan (mula)
ノート	buku catatan	場所	tempat
のこぎり	gergaji	走る	lari
残す	meninggalkan (tinggal)	バス	bas
		恥ずかしい	malu
残る	tinggal	働く	bekerja (kerja)
望み	harapan	八	lapan
望む	harap	八月	Ogos
喉	kerongkong	はっきり	jelas, terang
上る,登る	naik, panjat	罰金	denda
蚤	kutu	発見される	dijumpai (jumpa)
飲む	minum	花	bunga
乗る	naik, tunggang	鼻	hidung
のろい	lambat	話	cerita
		放す	melepaskan (lepas)

は

		話す	cakap
		バナナ	pisang
歯	gigi	離れる	meninggalkan (tinggal)
はい (Yes)	Ya		
肺	paru-paru	母	emak, ibu
灰	abu	幅	kelebaran (lebar)
入る	masuk	歯ブラシ	berus gigi
ばか	bodoh	早い	awal
葉書	poskad	早く	cepat, laju
〜ばかり	sahaja, hanya	腹	perut
測る,計る	ukur	払う	bayar

針	jarum	昼	tengah hari
春	musim bunga	広い	luas
晴れる	cerah	広げる	meluaskan (luas)
パン	roti	瓶	botol
番号	nombor	品質	mutu
反対する	tentang, bantah	貧乏	miskin
判断する	timbang		

ふ

半島	semenanjung	夫婦	suami isteri
半分	separuh, setengah	増える	bertambah

ひ

フォーク	garpu
深い	dalam
普及	sebar
不況	kemerosotan ekonomi

火	api		
日	hari		
東	timur		
光	sinar, cahaya		
光る	bersinar, berkilap	服	pakaian, baju
引く	tarik	拭く	sapu
低い	rendah	副〜	timbalan 〜
飛行機	kapal terbang	復習	ulang kaji
膝	lutut	含む	termasuk (masuk)
非常に	sangat, terlalu	不公平	tidak adil
美人	cantik	無事	aman
左	kiri	不思議	keajaiban (ajaib)
必要な	perlu	婦人	wanita
人	orang	防ぐ	halang, cegah
ひどい	buruk, tak baik	不足	kekurangan (kurang)
暇である	lapang, senang		
秘密	sulit, rahsia	蓋	tutup
百	ratus	豚	babi
費用	belanja	普通	biasanya, selalunya
表	daftar	ぶつかる	langgar
秒	saat	物質	bahan
病院	hospital	太い	lebat
病気	penyakit	太る	gemuk
表情	air muka	船	kapal, perahu
標的	sasaran	部分	bahagian
開く	buka	ブミプトラ	bumiputera

冬	musim sejuk	貿易	perdagangan (dagan)
降る	turun	方言	dialek, bahasa daerah
振る	goncang, goyang	方向	arah, haluan
古い	lama, tua	帽子	topi
風呂	mandi	放送	siaran
分	minit	方法	kaedah, cara
文	ayat	訪問	lawat, kunjung
文化	kebudayaan	法律	undang-undang
文法	tatabahasa	暴力	keganasan
文房具	alat tulisan	頬	pipi
文明	peradaban, tamadun	ボート	bot, sampan

へ

〜へ	ke, kepada	ボール	bola
平均	rata-rata, hitung panjang	ほか	lain
		ポケット	saku, kocek
平和	aman, damai	保険	insuran
ページ	muka surat, halaman	星	bintang
下手	tidak pandai	欲しい	mahu, hendak
別(の)	lain	干す	kering
ベッド	katil, tempat tidur	細い	kurus
ペット	binatang kesayangan	北極	kutub utara
部屋	bilik	ホテル	hotel
減る	berkurangan (kurang)	ほどく	longgar
		ほとんど	hampir
ペン	pena	炎	nyala
変化	perubahan (ubah)	微笑む	senyum
勉強	belajar	誉める	puji
弁護士	peguam	掘る	gali
返事	jawapan	本	buku
便秘	sembelit	本気(の)	serius
便利(な)	berguna	本当	betul, benar
		翻訳	penterjemahan

ほ

ま

方	arah	まあ	Aduh!
棒	batang, kayu	毎〜	tiap-tiap

毎日	tiap-tiap hari	湖	tasik
前(以前に)	dahulu, lepas, lalu	店	kedai
前(場所の)	depan, hadapan	見せる	tunjuk
曲がる	bengkok	〜みたい	macam 〜, seperti 〜
巻く	gulung	道	jalan
負ける	kalah	見つける	dapati, temui
孫	cucu	認める	mengaku (aku)
貧しい	miskin	緑	hijau
混ぜる	campur	皆	semua orang
また	sekali lagi, semula	港	pelabuhan
まだ	masih	南	selatan
または	atau	醜い	buruk, hodoh
町	bandar	見本	contoh
間違い	salah, silap	耳	telinga
待つ	tunggu, nanti	土産	buah tangan
全く	sama sekali	未来	masa depan
〜まで	sampai, hingga	魅力	daya tarik
窓	tingkap	見る	lihat, tengok
間に合う	tepat pada waktunya	ミルク	susu
招く	ajak, jemput	民族	bangsa, kaum
守る	pelihara, jaga		
麻薬	dadah		

む

迷う	sesat jalan	向かい(の)	lawan, seberang
真夜中	tengah malam	昔	zaman dahulu
丸い	bulat	〜(に)向かって	kepada
マレーシア	Malaysia		
回す	pusing	向こう	di sana
回る	berputar	無罪	tak berdosa
満月	bulan purnama	虫	serangga
満足する	puas hati	難しい	susah
		息子	anak lelaki

み

実	buah	結ぶ	ikat
磨く	gosok	娘	anak perempuan
右	kanan	無責任	tidak bertanggungjawab
短い	pendek	無駄	sia-sia
水	air	夢中	asyik

胸	dada	持って行く	bawa
村	kampung	持ってくる	ambil
紫	ungu	もっと	lebih
無理(不可能な)	mustahil	最も多い	paling banyak
無料	percuma	もてなす	berjamu, layan

め

目	mata
芽	kuntum
姪	anak saudara perempuan
明確(な)	terang
めいめい	masing-masing
名誉	kehormatan
命令	perintah
迷惑	gangguan
メートル	meter
眼鏡	cermin mata
珍しい	luar biasa
めったに	jarang
めまい	pening kepala
面積	luasnya

も

〜も	juga, pun
もう	sudah, telah
儲ける	untung
申し込む	mohon
毛布	selimut
燃える	bakar
目的	maksud, tujuan
木曜日	hari Khamis
もし	kalau
文字	huruf
もちろん	tentu, sudah tentu
持つ	mempunyai (punya)
戻す	kembalikan
求める	minta
戻る	balik
物	benda, barang
模様	corak
催し	acara
もらう	dapat
森	hutan
問題	soal, masalah

や

矢	anak panah
山羊	kambing
野球	besbol
役	jawatan
約	lebih kurang, kira-kira
焼く	bakar
約束	janji
役割	peranan
火傷	melecur
焼ける	bakar
野菜	sayur
優しい	lemah lembut
易しい	senang, mudah
椰子	kelapa
安い	murah
休み	cuti
休む	berehat
痩せる	kurus
雇う	menggaji (gaji)

破る	menghancurkan (hancur)
山	gunung
止める	berhenti
やり直す	buat semula
やる	buat
柔らかい	lembut

ゆ

湯	air panas
夕方	petang
勇気ある	berani
有罪	salah
優勝	kemenangan (menang)
友情	persahabatan (sahabat)
夕食	makan malam
夕日	matahari terbenam
郵便	mel, pos
夕べ	petang
有望(な)	memberi harapan baik
有名(な)	masyhur, terkenal
有利	faedah
有力(な)	kuat
雪	salji
輸出	eksport
揺する	bergetar
(道を)譲る	beri laluan
ゆっくり	dengan perlahan-lahan
茹でる	rebus
輸入	import
指	jari
指輪	cincin
弓	ibu panah
夢	mimpi
許す	memaafkan (maaf)

よ

夜明け	fajar
良い	baik, bagus
用意する	sedia
養子	anak angkat
用心, 注意	awas
様子(状況)	keadaan (ada)
幼稚園	taman pendidikan kanak-kanak
曜日	hari
預金する	simpan wang
よく	selalu, sering
横切る	melintang
横線	garisan mendatar
汚れる	kotor
予想	jangkaan, dugaan
予定	rancangan, jadual
呼ぶ	panggil
読む	baca
予約	tempah
〜より	lebih daripada 〜
夜	malam
喜ぶ	gembira, senang hati
弱い	lemah
四	empat

ら

雷雨	hujan ribut
ライオン	singa
来月	bulan depan
来週	minggu depan
ライセンス	lesen
来年	tahun depan
楽(な)	senang

〜らしい	nampaknya, rupanya	歴史	sejarah
ラジオ	radio	レストラン	restoran
蘭	orkid	列車	kereta api
乱暴	ganas	レモン	limau
		練習する	berlatih
		連絡	hubungan

り

利益	keuntungan (untung)
理解(する)	faham
利口(な)	cerdik
離婚	cerai
利子	bunga
理想	cita-cita
立派(な)	baik, bagus
理由	alasan, sebab
流行	fesyen
利用	pakai, guna
量	jumlah
料金	bayaran
領収書	resit
両方	kedua
料理	masakan, hidangan
旅行	perjalanan

る

留守	tidak ada di rumah
ルネサンス	Renaisans

れ

例	contoh
零	kosong
礼儀	adab, sopan santun
冷凍(する)	beku
礼拝	sembahyang
礼をいう	ucapkan terima kasih

ろ

老人	orang tua
蠟燭	lilin
労働者	buruh
六	enam
録音	rakam
六月	Jun

わ

若い	muda
分かる	faham
別れる	berpisah
沸く	mendidih (didih)
訳	sebab
分ける	membahagi (bahagi)
わずか	sedikit
忘れる	lupa
私	saya
私たち	kami, kita
渡る	menyeberang (seberang)
笑う	ketawa
割合	kadar
割引	potongan harga
割る	pecah
悪い	buruk
湾	teluk

> 著者紹介

小野沢純［おのざわ・じゅん］拓殖大学国際学部教授

　　1965年東京外国語大学インドネシア学科卒，ジェトロ JETRO（現日本貿易振興機構）に入り，マラヤ大学留学，ジェトロ・クアラルンプール事務所，ジェトロ・ジャカルタ・センター勤務を経て，1984年東京外国語大学助教授，1993年同教授，2002年拓殖大学国際開発学部教授，現在に至る。

本田智津絵［ほんだ・ちずえ］

　　1991年東京外国語大学インドネシア・マレーシア語学科卒，イトーヨーカ堂入社。1998年12月〜2007年6月，時事通信社シンガポール支局編集担当。2007年7月よりジェトロ・シンガポール・センター。現在，シンガポール在住。

目録進呈 落丁本・乱丁本はお取替えいたします。

平成 20 年 4 月 30 日　　Ⓒ 第 1 版発行

編著者	小野沢	純
	本田	智津絵
発行者	佐藤	政人

発行所

株式会社　**大学書林**

東京都文京区小石川 4 丁目 7 番 4 号
振替口座　00120-8-43740
電話　(03) 3812-6281〜3番
郵便番号112-0002

マレーシア語辞典 ポケット版

ISBN978-4-475-00101-4　写研・横山印刷・牧製本

大学書林 語学参考書

著者	書名	判型	頁数
小野沢 純 著	基礎マレーシア語	B6判	344頁
小野沢 純 編	マレーシア語常用6000語	B小型	472頁
石井和子 編	マレーシア語会話練習帳	新書判	256頁
森 元繁 著	やさしいマレーシア語読本	B6判	328頁
石井和子 著	ジャワ語の基礎	A5判	344頁
森山幹弘 編	スンダ語会話	B6判	208頁
山下美知子 編	ピリピーノ語会話練習帳	新書判	152頁
山下美知子・リース・カセル 著	実用フィリピノ語会話	新書判	240頁
森口恒一 編	ピリピノ語基礎1500語	新書判	184頁
森口恒一 著	ピリピノ(タガログ)語文法	B6判	248頁
リース・カセル、山下美知子 編	イロカノ語会話練習帳	新書判	152頁
シンシア・ザヤス、山下美知子 編	セブアノ語会話練習帳	新書判	152頁
山下美知子、イブノ・L.アセイン 編	タウスグ語会話練習帳	新書判	152頁
山下美知子、アニシア・デル・コロ 編	パンパンゴ語会話練習帳	新書判	152頁
山下美知子、エンリコ・ナバロ 編	ビコール語会話練習帳	新書判	160頁
山下美知子、マルー・フローレス 編	ヒリガイノン語会話練習帳	新書判	152頁
坂本恭章 編	カンボジア語会話練習帳	新書判	144頁
坂本恭章 編	カンボジア語基礎1500語	新書判	160頁
坂本恭章 著	カンボジア語入門	B6判	576頁
星 実千代 編	チベット語会話練習帳	新書判	208頁
今枝由郎 著	ゾンカ語口語教本	A5判	176頁
三上直光 編	苗[フモン]語基礎1500語	新書判	150頁

― 目録進呈 ―

大学書林 語学参考書

著者	書名	判型	頁数
末永　晃 編	インドネシア語会話練習帳	新書判	152頁
森村　蕃 著	実用インドネシア語会話	新書判	442頁
末永　晃 著	インドネシア語会話ハンドブック	B6判	240頁
朝倉純孝 著	英語対照インドネシア語会話	B6判	140頁
左藤正範 著	超入門インドネシア語	A5判	200頁
末永　晃 著	インドネシア語文法入門	B6判	152頁
松岡邦夫 著	インドネシア語の学び方	B6判	208頁
森村　蕃 著	やさしいインドネシア語読本	B6判	256頁
松岡邦夫／左藤正範 著	インドネシア語を読もう	B6判	224頁
左藤正範 著	インドネシア語を書こう	B6判	208頁
左藤正範 著	インドネシア語を話そう	B6判	288頁
左藤正範 著	仕事に役立つインドネシア語	B6判	216頁
左藤正範／エディ・プリヨノ 共著	インドネシア語ことわざ用法辞典	B6判	368頁
服部英樹／粕谷俊樹 著	現代インドネシア語商業文	A5判	272頁
服部英樹／粕谷俊樹 著	新聞のインドネシア語	A5判	308頁
松岡邦夫 著	インドネシア語文法研究	B6判	288頁
末永　晃 著	インドネシア語辞典(ポケット版)	新書判	804頁
末永　晃・他編	現代インドネシア語辞典	新書判	464頁
末永　晃 編	現代日本語インドネシア語辞典	新書判	816頁
森村　蕃 編著	インドネシア語基本語用例辞典	新書判	340頁
服部英樹／粕谷俊樹 共編	新聞を読むためのインドネシア語時事用語辞典	新書判	376頁
左藤正範 編	インドネシア語分類辞典	新書判	656頁

― 目録進呈 ―

大学書林
語学参考書

著者	書名	判型	頁数
河部利夫 編	タイ語会話練習帳	新書判	160頁
松山　納／岩城雄次郎 著	実用タイ語会話	新書判	152頁
岩城雄次郎 著	英語対照タイ語会話	Ｂ６判	160頁
宇戸清治／M.ペンヤグソン 著	現代タイ語会話	Ｂ６判	512頁
松山　納／坂本比奈子 編	タイ語基礎1500語	新書判	168頁
松山　納／坂本比奈子 編	タイ語常用6000語	Ｂ小型	512頁
宇戸清治 著	やさしいタイ語文字の読み書き	Ａ５判	152頁
宇戸清治 著	やさしいタイ語基本表現	Ａ５判	204頁
坂本恭章 著	タイ語入門	Ｂ６判	854頁
岩城雄次郎 著	タイ語二十八課	Ｂ６判	204頁
岩城雄次郎／斉藤スワニー 共著	タイ語ことわざ用法辞典	Ｂ６判	224頁
岩城雄次郎 訳注	タイ国短篇小説選	Ｂ６判	200頁
岩城雄次郎 訳注	現代タイ名詩選	Ｂ６判	192頁
松山　納 著	簡約タイ語辞典	新書判	672頁
松山　納 著	タイ日・日タイ簡約タイ語辞典(合本)	新書判	1136頁
松山　納 著	日タイ辞典(ポケット版)	新書判	536頁
高橋康敏 編	カナ引きタイ語実用辞典	新書判	544頁
藪　司郎 編	ビルマ語会話練習帳	新書判	168頁
大野　徹	英語対照ビルマ語会話	Ｂ６判	148頁
大野　徹 編	ビルマ語基礎1500語	新書判	136頁
大野　徹 編	ビルマ語常用6000語	Ｂ小型	536頁
大野　徹 著	やさしいビルマ語読本	Ｂ６判	200頁

― 目録進呈 ―

大学書林
語学参考書

著者	書名	判型	頁数
竹内与之助 編	ベトナム語会話練習帳	新書判	160頁
竹内与之助 著 川口健一	実用ベトナム語会話	新書判	168頁
冨田健次 著	役に立つ ベトナム語会話集	新書判	184頁
竹内与之助 著 日隈真澄	ベトナム語基礎1500語	新書判	128頁
竹内与之助 編	ベトナム語常用6000語	B小型	344頁
冨田健次 著	ヴェトナム語の世界	B6判	184頁
冨田健次 著	ベトナム語の基礎知識	B6判	384頁
竹内与之助 訳注	ト・タム	B6判	152頁
竹内与之助 訳注	ベトナム語訳 フランス短篇小説選	B6判	170頁
竹内与之助 川口健一 訳注	ベトナム短篇小説選	B6判	152頁
竹内与之助 川口健一 今井昭夫 訳注	続ベトナム短篇小説選	B6判	256頁
ニャット・リン 竹内与之助 訳注	断　絶	B6判	208頁
カイ・フン 竹内与之助 川口健一 訳注	蝶　魂　仙　夢	B6判	240頁
竹内与之助 訳注	征　婦　吟　曲	B6判	192頁
竹内与之助 訳注	金　雲　翹　新　伝	B6判	208頁
竹内与之助 訳注	陸　雲　仙	B6判	240頁
竹内与之助 編	越　日　小　辞　典	新書判	864頁
竹内与之助 川口健一 今井昭夫 編	日　越　小　辞　典	新書判	472頁
竹内与之助 編	越日日越合本辞典	新書判	1334頁
チャンソン・インタヴォン 吉田英人 著	ラオス語入門	A5判	304頁
松山　納 著	東南アジア語の話	B6判	144頁
大野　徹 編	東南アジア大陸の言語	A5判	320頁

― 目録進呈 ―

〜大学書林〜
語学辞典

著者	書名	判型	頁数
末永　晃 編著	日本語インドネシア語大辞典	Ａ５判	1600頁
松山　納 著	タイ語辞典	Ａ５判	1306頁
松山　納 著	日タイ辞典（改訂増補版）	Ａ５判	976頁
大野　徹 著	ビルマ（ミャンマー）語辞典	Ａ５判	936頁
大野　徹 著	日本語ビルマ語辞典	Ａ５判	638頁
坂本恭章 著	カンボジア語辞典	Ａ５判	560頁
中嶋幹起 著	現代廣東語辞典	Ａ５判	832頁
土井久弥 著	ヒンディー語小辞典	Ａ５判	470頁
加賀谷 寛 著	ウルドゥー語辞典	Ａ５判	1616頁
野口忠司 著	シンハラ語辞典	Ａ５判	800頁
野口忠司 著	日本語シンハラ語辞典	Ａ５判	816頁
三枝礼子 著	ネパール語辞典	Ａ５判	1024頁
三枝礼子 編著	日本語ネパール語辞典	Ａ５判	624頁
黒柳恒男 著	新ペルシア語大辞典	Ａ５判	2020頁
黒柳恒男 著	現代ペルシア語辞典	Ａ５判	848頁
黒柳恒男 著	日本語ペルシア語辞典	Ａ５判	628頁
今岡十一郎 編著	ハンガリー語辞典	Ａ５判	1152頁
竹内和夫 著	トルコ語辞典（改訂増補版）	Ａ５判	832頁
竹内和夫 著	日本語トルコ語辞典	Ａ５判	864頁
小沢重男 編著	現代モンゴル語辞典（改訂増補版）	Ａ５判	974頁
青山秀夫・熊木 勉 編著	朝鮮語漢字語辞典	Ａ５判	1512頁
半田一郎 編著	琉球語辞典	Ａ５判	1008頁

― 目録進呈 ―